Wörterbuch rechtsterminologischer Unterschiede
Österreich-Deutschland

ÖSTERREICHISCHES DEUTSCH
SPRACHE DER GEGENWART

Herausgegeben von Rudolf Muhr

BAND 16

PETER LANG
EDITION

Rudolf Muhr / Marlene Peinhopf

Wörterbuch rechtsterminologischer Unterschiede Österreich-Deutschland

PETER LANG
EDITION

Bibliografische Information der Deutschen Nationalbibliothek
Die Deutsche Nationalbibliothek verzeichnet diese Publikation in der Deutschen Nationalbibliografie; detaillierte bibliografische Daten sind im Internet über http://dnb.d-nb.de abrufbar.

ISSN 1618-5714
ISBN 978-3-631-62079-3 (Print)
E-ISBN 978-3-653-06050-8 (E-Book)
DOI 10.3726/978-3-653-06050-8

Peter Lang Edition ist ein Imprint der Peter Lang GmbH.

Peter Lang – Frankfurt am Main · Bern · Bruxelles · New York · Oxford · Warszawa · Wien

Diese Publikation wurde begutachtet.

www.peterlang.com

Vorwort

Das vorliegende Rechtswörterbuch enthält 2.000 österreichische Rechtstermini, die sich in Form und/oder Inhalt von Termini des deutschen Rechtssystems unterscheiden. Das Wörterbuch enthält darüber hinaus (mit Ausnahme bestimmter spezifischer Fleischteile des Rinds und Schweins) englische und französische Übersetzungsvorschläge aller österreichischen Rechtsbegriffe, da diese beiden Sprachen neben Deutsch die wichtigsten Arbeitssprachen der EU sind. Insgesamt umfasst das Wörterbuch 7.960 österreichische, deutsche, englische und französische Rechtsbegriffe. Die Konzepte von 43 österreichischen und 492 deutschen Rechtsbegriffen haben keine terminologische Entsprechung im jeweils anderen Rechtssystem (sie sind als „fehlt" markiert).
Die Erstellung des Wörterbuchs fand im Kontext der Terminologiearbeit der EU statt, wo das Österreichische Deutsch nach dem Beitritt Österreichs im Jahre 1995 trotz der Pionierarbeit von H. Markhart nicht ausreichend repräsentiert war. Das vorliegende Wörterbuch ist daher auch als Modell für die Beschreibung derartiger Unterschiede zwischen Rechtssystemen anderer Mitgliedsländer der Europäischen Union und darüber hinaus anzusehen, die sich eine gemeinsame Sprache teilen. Innerhalb der EU sind 8 der 24 Amtssprachen sogenannte plurizentrische Sprachen. Es sind dies Deutsch, Englisch, Französisch, Griechisch, Niederländisch, Portugiesisch Schwedisch und Spanisch. Für sie alle gilt, dass eine Sprache mehrere Rechtssysteme repräsentiert, die sich mehr oder weniger unterscheiden und damit eine potentielle Quelle von Verständnisproblemen und Rechtsunsicherheiten sind.
Das vorliegende Wörterbuch ist daher der Versuch, substantielle Unterschiede zwischen zwei verschiedenen Rechtssystemen, die auf derselben Sprache basieren, zuverlässig zu beschreiben, indem die Methoden der Terminologiewissenschaft und die Prinzipien der Technologiearbeit der Europäischen Union angewendet wurden. Es zeigt sich, dass zahlreiche Unterschiede vorhanden sind und es notwendig ist, diese bei Übersetzungen und bei der Abhandlung von Rechtssachen zu berücksichtigen. Unterschiede in der Rechtssprache zweier Mitgliedsländer mit derselben Sprache führen nicht nur zu rechtlichen Verständnisproblemen, sondern werfen auch Probleme für das Rechtssystem des nichtdominierenden EU-Landes auf, da dieses über den Umweg der EU-Gesetzgebung an jenes des Nachbarlands terminologisch und inhaltlich angepasst wird.
Eine erste Version des Wörterbuchs wurde zwischen 2007 und 2010 im Rahmen des Projekts ATERM erstellt, das von Rudolf Muhr initiiert und geleitet wurde und dankenswerterweise vom Bundeskanzleramt der Republik Österreich finanziert wurde. Im Jahre 2010 wurden die Daten in einem

weiteren Projekt für die Aufnahme in die Terminologiedatenbank IATE der EU aufbereitet, in die dann rund 1.000 Begriffe aufgenommen wurden. Die ATERM-Daten 2012 wurden von Tatjana Suprun im Rahmen ihres Studienaufenthaltes an der Universität Graz aktualisiert. Zwischen August 2014 und Mai 2015 erfolgte dann die völlige Neubearbeitung und Erweiterung des ursprünglichen Datenbestandes, um den gesetzlichen Änderungen, die zwischenzeitlich stattgefunden hatten, Rechnung zu tragen. Der Datenbestand wurde auf 2000 österreichische Termini ausgeweitet, ihre englischen und französischen Entsprechungen durchgehend eingefügt sowie die Quellen und Definitionen der österreichischen und deutschen Begriffe überprüft und aktualisiert.
Ausgangspunkt der Beschreibung der in diesem Wörterbuch verzeichneten rechtsterminologischen Unterschiede ist das österreichische Rechtssystem. Der Fokus der Arbeit lag daher primär auf der Identifikation und Dokumentation spezifisch österreichischer Rechtsbegriffe. Die im Verlauf der Arbeiten am Wörterbuch gefundenen deutschen Rechtsbegriffe ohne österreichische Entsprechung (mehr als 2000) wurden daher bis auf wenige Ausnahmen nicht berücksichtigt. Eine Entsprechungsliste im zweiten Teil des Wörterbuchs, ausgehend von den deutschen Rechtsbegriffen, hilft beim Auffinden ihrer österreichischen Entsprechungen. Das vorliegende Wörterbuch umfasst daher nur eine begrenzte Zahl der tatsächlich vorhandenen rechtsterminologischen Unterschiede zwischen dem österreichischen und dem deutschen Rechtssystem. Eine umfassendere Beschreibung war mit den vorhandenen finanziellen sowie personellen Ressourcen leider nicht möglich und bleibt daher weiterhin ein Desideratum.

Die Autoren dieses Wörterbuchs möchten an dieser Stelle herzlich all jenen danken, die wesentlich zu seinem Zustandekommen beigetragen haben: Herrn Dr. Harald Dossi (Direktor des österreichischen Parlaments, früher: Bundeskanzleramt) für die Finanzierung der beiden ATERM-Projekte sowie den zahlreichen MitarbeiterInnen, die die erste Fassung erarbeitet haben. Tatjana Suprun (Kiew) danken wir für die Aktualisierung der Daten im Jahre 2012. Andreas Riem und Hannelore Schwabbauer, den beiden Chef-Terminologen der deutschen Abteilung der EU, sei für die Aufnahme der ATERM-Begriffe in die Terminologiedatenbank IATE der Europäischen Union gedankt. Carmen Prodinger (Canberra/Klagenfurt) (DipGI, LLB, BA(Hons), GDipLP) gilt unser Dank für die Durchsicht und Korrektur der englischen und Andrea Surwillo (Wien) für die Überprüfung der französischen Übersetzungen sowie für zahlreiche Anregungen zu ihrer Verbesserung. Die Autoren hoffen, dass das Wörterbuch Interesse und viele geneigte LeseInnen findet.

Rudolf Muhr – Marlene Peinhopf
Graz, im Mai 2015

Abkürzungsverzeichnis und Erläuterungen der Einträge

1. Überblick über die verwendeten Abkürzungen

Adj.	Adjektiv
allgmspr.	allgemeinsprachlich
AT	Österreich
ATM	österreichischer Term
DE	Deutschland
DEF	Definition
DFQ	Definitionsquelle
dt.	deutsch
DTM	deutscher Term
DTQ	Quelle des deutschen Terms
ETM	englischer Term
fachlit.	fachliterarisch
fem.	feminin
FTM	französischer Term
funkt. Äquiv.	funktionale Äquivalenz
gesetzl.	gesetzlich
Hauptb.	Hauptbegriff
mask.	maskulin
MWA	Mehrwortausdruck
Nebenb.	Nebenbegriff
neutr.	neutrum
öffentl.	öffentlich
österr.	österreichisch
pl.	Plural
REL	Relation
sg.	Singular
Subst.	Substantiv
TMQ	Termquelle

2. Beschreibung der Einträge anhand eines Beispiels:

① **ATM** ② **Abhandlungsgericht**; ③ gesetzl.; ④ 4; ⑤ Hauptb.; ⑥ Subst.; ⑦ neutr.; ⑧ sg.; ⑨ 1221; ⑩ Gerichtsverfassung; ①① **Verlassenschaftsgericht**

①② **ETM: court exercising jurisdiction over matters of probate;** ①③ **FTM: tribunal des successions**

①④ **TMQ** § 132 (2) lit. c GVGO

①⑤ **DEF** das zur Durchführung des Verlassenschaftsverfahrens zuständige Gericht.

①⑥ **DFQ** Welser, FWB Bürgerliches Recht

①⑦ **NOT** Ein Verlassenschaftsverfahren ist das Verfahren, das sich mit dem rechtlichen Schicksal eines Nachlasses beschäftigt.

①⑧ **REL** Synonym

①⑨ **DTM** **Nachlassgericht**; gesetzl.; 4; Hauptb.; Subst.; neutr.; sg.

②⓪ **DTQ** § 2358 BGB
②① **DEF** das Amtsgericht des letzten inländischen Wohnsitzes des Erblassers.
②② **DFQ** http://www.rechtswoerterbuch.de/recht/e/erbschein/ (17.09.2014)
②③ **USE**

3. Erläuterung der Informationen und Abkürzungen

(1) ATM: Kürzel für den österreichischen Begriff

(2) In dieser Position steht immer der **österreichische Begriff**

(3) Angaben zum **Vorkommensbereich der Begriffe**:

gesetzl.	gesetzlich	Der Begriff stammt aus einem Gesetzestext.
fachlit.	fachliterarisch	Der Begriff stammt aus der juristischen Fachliteratur oder aus Gerichtsurteilen (Höchstgerichte).
allgmspr.	allgemeinsprachlich	Der Begriff ist Teil der Allgemeinsprache.

(4) Angaben zur **Zuverlässigkeit des Begriffs und der Defintionen:**

4	sehr zuverlässig	Der Begriff ist gesetzlich normiert.
3	zuverlässig	Der Begriff stammt aus Gerichtsurteilen oder aus der juristischen Fachliteratur.

(5) Angaben zum **Status des Begriffs** im Kontext anderer verwandter Begriffe:

Hauptb.	Hauptbegriff	Der Begriff ist ein Hauptbegriff, d.h. er repräsentiert das Konzept allein bzw. ist der dafür am häufigsten verwendete Begriff.
Nebenb.	Nebenbegriff	Der Begriff ist ein Nebenbegriff, d.h. er wird parallel neben dem Hauptbegriff verwendet, ist jedoch ein Sekundärbegriff, dem untergeordnete Bedeutung zukommt.

(6) Angaben zur Wortklasse:

Subst.	Substantiv	Der Begriff ist ein Substantiv
Verb	Verb	Der Begriff ist ein Verb.
Adj.	Adjektiv	Der Begriff ist ein Adjektiv.
MWA	Mehrwortausdruck	Der Begriff ist eine Wortgruppe und besteht aus mindestens zwei Wörtern.

(7) / (8) Grammatische Angaben

mask.	maskulin	Grammatisches Geschlecht der Substantive und Mehrwortausdrücke
fem.	feminin	
neutr.	neutrum	
sg.	singular	Numerus des Begriffs (Substantivs, Mehrwortausdrucks)
pl.	plural	

(9) **Vierstellige EUROVOC-Nummer** aus dem Thesaurus EUROVOC der Europäischen Union, Ausgabe 4.4 (2012) – Deutsch, Europäische Union, 2014. Diese Angaben beschreiben den Sachbereich, dem der Begriff angehört.

(10) **Name des Sachbereichs / Rechtsbereichs**, dem der Begriff angehört.

(11) **Weitere Begriffe**, die neben dem Haupteintrag für das Konzept verwendet werden.

(12) **ETM**: Die **englische Entsprechung** des österreichischen Begriffs. Grundlage dafür ist das englische Recht bzw. des Commonwealth. Auf die Übertragung der deutschen Rechtsbegriffe ins Englische bzw. Französische wurde verzichtet, weil sich viele Konzepte entweder inhaltlich decken oder in Bezug auf andere Rechtssysteme schwer zu differenzieren sind.

(13) **FTM**: Die **französische Entsprechung** des österreichischen Begriffs.

(14) **TMQ**: **Termquelle:** Angabe zur Quelle, aus der der Begriff stammt.

(15) **DEF**: **Definition des Begriffs**: Die Definition ist entweder (1) eine wörtliche Legaldefinition oder (2) aus einer Legaldefinition abgeleitet. Handelt es sich um eine Ableitung aus einer Legaldefinition bzw. um eine nicht-wörtlich übernommene/selbst formulierte Definition, steht bei den Abschnitten „DFQ/DTQ" der Ausdruck *„nach"* sowie die Quelle der Definition.

(16) **DFQ**: **Definitionsquelle**: Quelle, aus der die Definition stammt.

(17) **NOT**: **Notefeld**: Hier stehen zusätzliche Angaben und Beschreibungen des Begriffs.

(18) **REL**: **Semantische Relation** zwischen dem österreichischen und dem deutschländischen Rechtsbegriff. Folgende Beziehungen kommen vor:

Synonym	Die Konzepte des österreichischen und deutschländischen Begriffs decken sich völlig oder zum großen Teil.
Teilssynonym	Die Konzepte des österreichischen und deutschländischen Begriffs decken sich nur teilweise. Das Konzept des Begriffs des einen Rechtssystems ist u.U. auf mehrere Begriffe im anderen aufgeteilt.
Falscher Freund	Beide Rechtssysteme verwenden denselben Begriff, der jeweils eine völlig andere Bedeutung hat.
funkt. Äquiv.	Die Konzepte decken sich inhaltlich nur in sehr geringem Ausmaß oder gar nicht. Der Begriff nimmt jedoch im anderen Rechtssystem dieselbe Position ein und erfüllt somit dieselbe Funktion.
Nulläquivalenz (FEHLT)	Der österreichische / deutschländische Begriff haben im jeweils anderen Rechtssystem keine Entsprechung.
Wortform	Die Konzepte der beiden Begriffe decken sich, lediglich die Form der Benennung unterscheidet sich (z.B. durch ein Fugen-s).

(19) **DTM: Der DE-Rechtsbegriff**. Die Angaben rechts davon gehören denselben Kategorien an, wie sie beim österreichischen Begriff beschrieben wurden (siehe oben).

(20) **DTQ**: Quelle für den DE-Begriff

(21) **DFQ**: Definition des DE-Begriffs

(22) **DFQ**: Quelle der Definition des DE-Begriffs

(23): **USE**: Wird nur dann verwendet, wenn der Begriff nicht mehr aktuell ist; enthält dann die Angabe „**historisch**".

Im Text des Wörterbuchs als Quelle angegebene Literatur

Hinweis: Die folgende Aufstellung enthält keine Angaben zu den zahlreichen Abkürzungen von Gesetzen, Verordnungen usw., da diese sehr umfangreich sind. Sie können sehr leicht im Internet über das Rechtsinformationssystem des österreichischen Bundeskanzleramts (https://www.ris.bka.gv.at/Bundesrecht/) bzw. über „Gesetze im Internet" (http://www.gesetze-im-internet.de/volltextsuche.html) des deutschen Bundesministeriums für Justiz und Verbrauchschutz eruriert werden.

AlpBrock2	Alpmann Brockhaus, Fachlexikon Recht, München 2005[2]
Asyl-Termbank	http://multiterm.trans.univie.ac.at:8080/multiterm/
Barta, Zivilrechtonline	http://www.uibk.ac.at/zivilrecht/buch/
Bergmann, Handlexikon der Europäischen Union	Bergmann, J., Handlexikon der Europäischen Union, Baden-Baden et al. 2015[5]
Birklbauer/Hilf/Tipold, Strafrecht BT 1	Birklbauer, A. / Hilf, M. / Tipold, A., Strafrecht. Besonderer Teil I, Wien 2012[2]
Creif21	Creifelds, C., Rechtswörterbuch, München 2014[21]
Duden	www.duden.de/woerterbuch
Glossar des österr. Parlaments	http://www.parlament.gv.at/PERK/GL/ALLG/
Handbuch der Planungsbegriffe	ÖGR (Hg.), Deutsch-österreichisches Handbuch der Planungsbegriffe, Hannover 2001
KoWe 2014 = KoWe 2014/2015	Koziol, H. / Welser, R. / Kletečka, A., Grundriss des bürgerlichen Rechts, Band I, Wien 2014[14]
KoWe 2015 = KoWe 2014/2015	Koziol, H. / Welser, R. / Kletečka, A., Grundriss des bürgerlichen Rechts, Band II, Wien 2015[14]
Mayer, FWB Öffentl. Recht	Mayer, H., Fachwörterbuch zum Öffentlichen Recht, Wien 2003
Niedermeier, Finanzsenat	Niedermeier, J., Der unabhängige Finanzsenat als zweitinstanzliche Rechtsmittelbehörde in Abgabensachen, Linz 2014
Öhlinger, Verfassungsrecht	Öhlinger, Th. / Eberhard, H., Verfassungsrecht, Wien 2014[10]
ÖRWB	Svinger, U. / Winkler, K., Österreichisches Rechtswörterbuch, Wien 2014[3]
Österr. Lebensmittelbuch	http://www.lebensmittelbuch.at/
Pitz, Patentverletzungsverfahren	Pitz, J., Patentverletzungsverfahren. Grundlagen – Praxis – Strategie, München 2010[2]
Straube, FWB Handels- u. Gesellschaftsrecht	Straube, M., Fachwörterbuch zum Handels- und Gesellschaftsrecht, Wien 2006
Welser, FWB Bürgerliches Recht	Welser, R., Fachwörterbuch zum bürgerlichen Recht, Wien 2005

Wörterverzeichnis
der rechtsterminologischen Unterschiede
Österreich – Deutschland

ATM: **13. Gehalt**; allgmspr.; 3; Nebenb.; MWA; mask./neutr.; sg.; 4426; Arbeitsrecht; **Weihnachtsremuneration**; **Weihnachtsgeld**
ETM: Christmas bonus; FTM: prime de Noël
TMQ: http://www.akstmk.at/online/urlaubs-weihnachtsgeld-43676.html (19.09.2014)
DEF: Sonderzahlung (meist in der Höhe eines Monatsgehaltes), die dem Arbeitnehmer aufgrund des Kollektivvertrags zusätzlich zum Gehalt in der Regel im November/Dezember ausgezahlt wird.
DFQ: nach http://stmk.arbeiterkammer.at/beratung/arbeitundrecht/arbeitsvertraege/ Weihnachts-Urlaubsgeld.html (19.09.2014)
REL: Synonym

DTM: **Weihnachtsgeld**; allgmspr.; 3; Hauptb.; Subst.; neutr.; sg.; **Weihnachtsgratifikation**
DTQ: http://www.hensche.de/Rechtsanwalt_Arbeitsrecht_Handbuch.html (19.09.2014)
DEF: eine freiwillige, jederzeit widerrufliche Leistung, auf die kein Rechtsanspruch besteht.
DFQ: http://www.lohn-info.de/weihnachtsgeld.html (19.09.2014)

***

ATM: **14. Gehalt**; allgmspr.; 3; Nebenb.; MWA; mask./neutr.; sg.; 4426; Arbeitsrecht; **Urlaubsgeld**
ETM: holiday payment; FTM: prime de vacances
TMQ: http://www.akstmk.at/online/urlaubs-weihnachtsgeld-43676.html (19.09.2014)
DEF: Sonderzahlung (meist in der Höhe eines Monatsgehaltes), die dem Arbeitnehmer aufgrund des Kollektivvertrags zusätzlich zum Gehalt in der Regel im Juni/Juli vor der Urlaubszeit ausgezahlt wird.
DFQ: nach http://www.akstmk.at/online/urlaubs-weihnachtsgeld-43676.html (19.09.2014)
REL: Synonym

DTM: **Urlaubsentgelt**; gesetzl.; 4; Hauptb.; Subst.; neutr.; sg.
DTQ: § 11 BUrlG
DEF: Zahlung, die sich nach dem durchschnittlichen Arbeitsverdienst bemisst, das der Arbeitnehmer in den letzten dreizehn Wochen vor dem Beginn des Urlaubs erhalten hat, mit Ausnahme des zusätzlich für Überstunden gezahlten Arbeitsverdienstes.
DFQ: § 11 (1) BUrlG
NOT: Der Begriff „**Urlaubsgeld**" ist ein Falscher Freund – es ist im Gegensatz zum „**Urlaubsentgeld**" in DE eine freiwillige Leistung des Arbeitgebers (vgl. www.rechtswörterbuch.de). Parallel dazu existiert der Begriff „**Urlaubsgratifikation".**

***

ATM: **Abänderungsangebot**; gesetzl.; 4; Hauptb.; Subst.; neutr.; sg.; 2416; Wirtschaftsrecht
ETM: offer of amendment; FTM: offre de modification mineure d'un contrat
TMQ: § 2 Z.1 Bundesvergabegesetz 2006
DEF: Angebot eines Bieters, das im Hinblick auf die ausgeschriebene Leistung eine lediglich geringfügige technische, jedoch gleichwertige Änderung, etwa bei der Materialwahl, in der Regel auf Positionsebene, beinhaltet, das von der ausgeschriebenen Leistung aber nicht in einem so weitgehenden Ausmaß wie ein Alternativangebot abweicht.
DFQ: § 2 Z.1 Bundesvergabegesetz 2006

DTM: FEHLT

***

ATM: **Abänderungsantrag**; gesetzl.; 4; Hauptb.; Subst.; mask.; sg.; 0421; Öffentl. Recht
ETM: offer of amendment; FTM: amendement
TMQ: § 41 (8) GO-NR; § 43 GO-BR

DEF: Antrag von Abgeordneten auf Abänderung eines Gesetzentwurfes oder eines Entschließungsantrages.
DFQ: http://www.parlament.gv.at/LI/GL/show.psp?P_BUCH=A (05.09.2014)
NOT: Abänderungsanträge zu einem Gegenstand können während der Ausschussberatungen oder in Zweiter Lesung im Plenum eingebracht werden (§§ 41 (8), 53 (3), 72 (3) GOG-NR).
REL: Synonym

DTM: **Änderungsantrag**; gesetzl.; 4; Hauptb.; Subst.; mask.; sg.
DTQ: § 75 BTGO; §§ 82, 85 BTGO
DEF: Antrag zu Gesetzentwürfen, durch den die vom federführenden Ausschuss empfohlenen Formulierungen geändert werden sollen. Er kann zur Zweiten Beratung von jedem Abgeordneten eingebracht werden. Änderungen in der Dritten Beratung müssen von so vielen Abgeordneten eingebracht werden, die eine Fraktion bilden können. Durch Annahme eines Änderungsantrags wird die zugrunde liegende Vorlage durch den Antragstext geändert.
DFQ: nach http://www.bundestag.de/wissen/glossar/A/aend_antraege.html (19.08.2014)

***

ATM: **Abfallbehandler/in**; gesetzl.; 4; Hauptb.; Subst.; mask./fem.; sg.; 0526; Umweltrecht
ETM: waste processor; **FTM**: **gestionnaire de déchets**
TMQ: § 2 (6) Z. 4 AWG 2002
DEF: jede Person, die Abfälle verwertet oder beseitigt.
DFQ: § 2 (6) Z. 4 AWG 2002

DTM: FEHLT

***

ATM: **Abfallsammler/in**; gesetzl.; 4; Hauptb.; Subst.; mask./fem.; sg.; 0526; Umweltrecht
ETM: garbage collector(s); FTM: collecteur(s) de déchets
TMQ: Abfallwirtschaftsgesetz 2002, Abfallnachweisverordnung
DEF: jede Person, die von Dritten erzeugte Abfälle selbst oder durch andere a) abholt, b) entgegennimmt oder c) über deren Abholung oder Entgegennahme rechtlich verfügt.
DFQ: § 2 (6) Z. 3 AWG 2002

DTM: FEHLT

***

ATM: **Abfertigung**; gesetzl.; 4; Hauptb.; Subst.; fem.; sg.; 4426; Arbeitsrecht
ETM: severance pay; FTM: indemnité(s) de licenciement
TMQ: § 23 AngG
DEF: außerordentliches Entgelt, das bei Auflösung des Arbeitsverhältnisses gebührt. Dabei ist zwischen der Abfertigung ALT (für Arbeitsverhältnisse, die vor dem 1. Jänner 2003 begonnen haben) und der Abfertigung NEU (für Arbeitsverhältnisse, die ab dem 1. Jänner 2003 begonnen haben) zu unterscheiden.
DFQ: https://www.usp.gv.at/Portal.Node/usp/.../abfertigung/Seite.230008.html (05.02.2015)
NOT: Für die Abgeltung von Rechtsansprüchen im Arbeitsrecht wird in AT der Begriff "Abfertigung" verwendet, sonst "Abfindung".
REL: Teilsynonym

DTM: **Abfindung**; gesetzl.; 4; Subst.; fem.; sg.
DTQ: Creif21
DEF: einmalige (meist Geld-) Leistung zur Ablösung von Rechtsansprüchen (im Privatrecht, Arbeitsrecht, öffentlichen Dienst, in der Sozialversicherung und Rentenversicherung üblich).
DFQ: nach Creif21

NOT: In DE steht "**Abfindung**" sowohl für AT "**Abfertigung**" als auch für "**Abfindung**".

***

ATM: Abfertigungsanspruch; gesetzl.; 4; Hauptb.; Subst.; mask.; sg.; 4426; Arbeitsrecht
ETM: entitlement to severance pay; FTM: droit aux indemnités de licenciement

TMQ: § 23 AngG

DEF: Rechtstitel, aufgrund dessen Arbeitnehmern bei Auflösung des Dienstverhältnisses ein finanzielles Entgelt gebührt.

DFQ: nach §§ 23 ff. AngG; ArbAbfG

NOT: Für die Abgeltung von Rechtsansprüchen im Arbeitsrecht wird in AT der Begriff "**Abfertigung**" verwendet, sonst "**Abfindung**".

REL: Teilsynonym

DTM: Abfindungsanspruch; gesetzl.; 4; Hauptb.; Subst.; mask.; sg.

DTQ: § 1a Kündigungsschutzgesetz

DEF: Rechtstitel, aufgrund dessen eine einmalige (meist Geld-) Leistung zur Ablösung von Rechtsansprüchen zusteht (im Privatrecht, Arbeitsrecht, öffentlichen Dienst, in der Sozialversicherung und Rentenversicherung üblich).

DFQ: nach Creif21

NOT: In DE steht „**Abfindung**" sowohl für AT „**Abfertigung**" als auch für „**Abfindung**".

***

ATM: Abfertigungsanwartschaft; gesetzl.; 4; Hauptb.; Subst.; fem.; sg.; 4426; Arbeitsrecht
ETM: severance pay rights; FTM: droit aux indemnités de départ

TMQ: BMSVG § § 3.3

DEF: die in einer Betriebsvereinbarungs-Kasse verwalteten Ansprüche eines Anwartschaftsberechtigten. Sie bestehen aus eingezahlten Abfertigungsbeiträgen, den Verzugszinsen und den Veranlagungsgewinnen.

DFQ: § 3 Z. 3 BMSVG

DTM: FEHLT

***

ATM: Abfertigungsrückstellung; gesetzl.; 4; Hauptb.; Subst.; fem.; sg.; 4426; Arbeitsrecht
ETM: severance pay reserve; FTM: réserve pour indemnités de départ

TMQ: § 14 (1) EStG 1988

DEF: finanzielle Position, die von einem Unternehmen zur Deckung möglicher Abfertigungsansprüche der Dienstnehmer gebildet wird.

DFQ: nach § 14 (1) EStG 1988

REL: Synonym

DTM: Abfindungsrückstellung; fachlit.; 3; Hauptb.; Subst.; fem.; sg.

DTQ: FG Münster 27.04.1994, 8 K 5703/93 F

DEF: gesetzlich vorgeschriebene Reserve an finanziellen Mitteln, die gebildet werden muss, um die Abfindungsansprüche von MitarbeiterInnen bedienen zu können.

DFQ: FG Münster 27.04.1994, 8 K 5703/93 F

***

ATM: Abgabenhinterziehung (1); gesetzl.; 4; Hauptb.; Subst.; fem.; sg.; 2446; Steuerrecht; **Steuerhinterziehung**
ETM: fiscal fraud; FTM: fraude fiscal

TMQ: § 33 FinStrG

DEF: die vorsätzliche Verkürzung von Abgaben unter Verletzung einer abgabenrechtlichen Anzeige-, Offenlegungs- oder Wahrheitspflicht.

DFQ: nach § 33 FinStrG

NOT: Im allgemeinen Sprachgebrauch wird nicht zwischen „**Abgaben**" und „**Steuern**" unterschieden. In der Finanzwissenschaft wird „**Abgaben**" als Oberbegriff verwendet und innerhalb der Abgaben zwischen „**Steuern**", „**Beiträgen**" und „**Gebühren**" unterschieden.

REL: Teilsynonym

DTM: **Abgabenhinterziehung**; gesetzl.; 4; Hauptb.; Subst.; fem.; sg.

DTQ: § 16 NKAG (Niedersächsisches Kommunalabgabengesetz)

DEF: die Verkürzung von Abgaben oder die Erlangung anderer nicht gerechtfertigter Abgabenvorteile durch unrichtige oder unvollständige Angaben über Tatsachen, die für die Erhebung oder Bemessung von Abgaben erheblich sind, oder die pflichtwidrige Verschweigung abgabenrechtlich erheblicher Tatsachen.

DFQ: nach § 16 NKAG (Niedersächsisches Kommunalabgabengesetz)

NOT: Der Terminus "**Abgabenhinterziehung**" wird nur in einzelnen Kommunalabgabegesetzen (KAG) verwendet, wobei unter "**Abgaben**" spezifische Steuern im Bereich der Kommunen (kommunale Abgaben) verstanden werden.

***

ATM: **Abgabenhinterziehung (2)**; gesetzl.; 4; Hauptb.; Subst.; fem.; sg.; 2446; Steuerrecht; **Steuerhinterziehung**

ETM: fiscal fraud; FTM: fraude fiscal

TMQ: § 33 FinStrG

DEF: die vorsätzliche Verkürzung von Abgaben unter Verletzung einer abgabenrechtlichen Anzeige-, Offenlegungs- oder Wahrheitspflicht.

DFQ: nach § 33 FinStrG

NOT: Im allgemeinen Sprachgebrauch wird nicht zwischen Abgaben und Steuern unterschieden. In der Finanzwissenschaft wird „**Abgaben**" als Oberbegriff verwendet und innerhalb der Abgaben zwischen „**Steuern**", „**Beiträgen**" und „**Gebühren**" unterschieden.

REL: Synonym

DTM: **Steuerhinterziehung**; gesetzl.; 4; Hauptb.; Subst.; fem.; sg.

DTQ: § 370 AO

DEF: die Verkürzung von Steuern oder die Erlangung anderer nicht gerechtfertigter Steuervorteile durch unrichtige oder unvollständige Angaben über steuerlich erhebliche Tatsachen, pflichtwidrige Verschweigung steuerlich erheblicher Tatsachen sowie pflichtwidrige Unterlassung der Verwendung von Steuerzeichen.

DFQ: nach § 370 AO und AlpBrock2

***

ATM: **Abgabestelle**; gesetzl.; 4; Hauptb.; Subst.; fem.; sg.; 1226; Gerichtsorganisation

ETM: address for service; FTM: adresse pour la signification de documents

TMQ: § 2 Z. 4 ZustG

DEF: Ort, an dem die Sendung dem Empfänger zugestellt werden darf; das ist die Wohnung oder sonstige Unterkunft, die Betriebsstätte, der Sitz, der Geschäftsraum, die Kanzlei oder der Arbeitsplatz des Empfängers, im Falle einer Zustellung anläßlich einer Amtshandlung auch deren Ort.

DFQ: § 2 Z. 4 ZustG

REL: Synonym

DTM: **Ort der Zustellung;** gesetzl.; 4; Hauptb.; MWA.; mask.; sg.
DTQ: § 177 ZPO
DEF: Ort, an dem die Person angetroffen wird, der ein Schriftstück zugestellt werden soll.
DFQ: nach § 177 ZPO
NOT: § 178 ZPO kennt darüber hinaus die „Ersatzzustellung in der Wohnung, in Geschäftsräumen und Einrichtungen".

***

ATM: **Abgang**; gesetzl., 4; Hauptb.; Subst.; mask.; sg.; 2436; Öffentl. Recht; **Defizit**
ETM: shortfall; FTM: déficit
TMQ: Bilanzgliederungsverordnung, Anlage B zu § 1
DEF: Fehlbetrag an Geld zu einem bestimmten Stichtag im Verhältnis zu einem Vergleichszeitraum und den erzielten oder voranschlagten Einnahmen.
DFQ: nach https://www.bmf.gv.at/budget/akthh/2007/200710monatserfolge.htm (18.01.2015)
REL: Synonym

DTM: **Fehlbetrag**; gesetzl.; 4; Hauptb.; Subst.; mask.; sg.; **Defizit**
DTQ: § 25 Bundeshaushaltsordnung
DEF: der Unterschied zwischen den tatsächlich eingegangenen Einnahmen (Ist- Einnahmen) und den tatsächlich geleisteten Ausgaben (Ist-Ausgaben).
DFQ: § 25 (1) Bundeshaushaltsordnung

***

ATM: **abgängig gemeldet**; gesetzl.; 4; Hauptb.; Verb; 0436; Öffentliche Sicherheit; **abgängig ausgeschrieben**
ETM: reported missing; **FTM**: **porté disparu**
TMQ: § 37 (1) EU-Polizeikooperationsgesetz 2009
DEF: Person, die als vermisst gemeldet wurde.
DFQ: Todeserklärungsgesetz 1950
REL: Synonym

DTM: **vermisst**; gesetzl.; 4; Hauptb.; Verb;
DTQ: § 4 Verschollenheitsgesetz
DEF: jemand, der verschollen ist.
DFQ: § 4 Verschollenheitsgesetz

***

ATM: **Abgängige/r**; gesetzl., 4; Hauptb.; Subst.; mask./fem.; sg.; 0436; Öffentl. Sicherheit; **Vermisste/r**
ETM: missing person; FTM: personne portée disparue
TMQ: § 24 (1) Z. 2 SPG
DEF: Person, deren Aufenthaltsort oder Verbleib unbekannt ist und von der angenommen wird, dass diese Selbstmord begehen werde oder Opfer einer Gewalttat oder eines Unfalles geworden sei.
DFQ: nach § 24 (1) Z. 2 SPG
NOT: Dazu gehört auch das Adjektiv „abgängig sein".
REL: Synonym

DTM: **Vermisste/r**; gesetzl.; 4; Hauptb.; Subst.; mask./fem.; sg.
DTQ: § 15 StUG

DEF: Person, die aus unerklärlichen Gründen von ihrem gewohnten Aufenthaltsort fern bleibt und in der Regel von Angehörigen oder Bekannten bei der Polizei als vermisst gemeldet wird.
DFQ: http://www.bka.de/DE/ThemenABisZ/Vermisstensachbearbeitung/ (10.09.2014)
***
ATM: **Abgängigkeitsanzeige**; fachlit.; 3; Hauptb.; Subst.; fem.; sg.; 0436; Öffentliche Sicherheit; **Vermisstenanzeige**
ETM: report to police of a missing person; FTM: déclaration de disparition
TMQ: http://www.bmi.gv.at/cms/BMI_OeffentlicheSicherheit/2006/11_12/start.aspx (10.09.2014)
DEF: formelle Meldung einer vermissten Person bei den zuständigen Behörden (Polizei des Wohnortes bzw. letzten Aufenthaltsortes).
DFQ: nach http://www.help.gv.at/ (10.09.2014)
REL: Synonym

DTM: **Vermisstenanzeige**; gesetzl.; 4; Hauptb.; Subst.; fem.; sg.; **Vermisstenmeldung, Vermissung**
DTQ: http://www.service-bw.de/ (10.09.2014)
DEF: Meldung bei der Polizei, dass ein Verwandter oder ein Freund plötzlich verschwunden ist, wenn zu befürchten ist, dass dieser Person etwas passiert sein könnte.
DFQ: nach http://www.service-bw.de/ (10.09.2014)
***
ATM: **abgeirrte Exekution**; gesetzl.; 4; Hauptb.; MWA; fem.; sg.; 1211; Bürgerl. Recht
ETM: third party debt order; FTM: saisie-arrêt-exécution injustifié
TMQ: OGH 3Ob258/02s, 27.11.2002
DEF: wenn der Gläubiger im Zuge einer Exekution unberechtigterweise auf Vermögenswerte eines Dritten greift.
DFQ: KoWe 2014/15

DTM: **FEHLT**
NOT: Nach § 809 ZPO ist die Pfändung von Sachen, die sich im (Mit-) Gewahrsam eines Dritten befinden, nur möglich, wenn der Dritte zur Herausgabe bereit ist.
***
ATM: **Abgeordnete/r zum Nationalrat**; gesetzl., 4; Hauptb.; MWA; mask./fem.; sg.; 0421; Öffentl. Recht; **Nationalratsabgeordnete/r**, **Mitglied des Nationalrats**
ETM: member of the National Council; FTM: député; représentant du Conseil Nationale
TMQ: http://www.parlament.gv.at/PERK/NRBRBV/NR/ABGNR/ (31.08.2014)
DEF: ein im Rahmen von allgemeinen, unmittelbaren, gleichen, geheimen und freien Wahlen zum Nationalrat gewählter Volksvertreter für die Dauer einer Gesetzgebungsperiode.
DFQ: nach Art. 26 B-VG; §§ 1 ff. NRWO; www.parlinkom.gv.at (31.08.2014)
REL: Synonym

DTM: **Abgeordnete/r des Bundestages**; gesetzl.; 4; Hauptb.; MWA; mask./fem.; sg.; **Bundestagsabgeordnete/r**, **Mitglied des Bundestages**
DTQ: § 38 GG
DEF: ein in allgemeiner, unmittelbarer, freier, gleicher und geheimer Wahl zum Bundestag für die Dauer einer Wahlperiode gewählter Volksvertreter.
DFQ: nach Art. 38 f. GG; §§ 1 ff. AbgG
***

ATM: **Abhandlungsgericht**; gesetzl.; 4; Hauptb.; Subst.; neutr.; sg.; 1221; Gerichtsverfassung; **Verlassenschaftsgericht**

ETM: court exercising jurisdiction over matters of probate; FTM: tribunal des successions

TMQ: § 132 (2) lit. c GVGO

DEF: das zur Durchführung des Verlassenschaftsverfahrens zuständige Gericht.

DFQ: Welser, FWB Bürgerliches Recht

NOT: Ein Verlassenschaftsverfahren ist das Verfahren, das sich mit dem rechtlichen Schicksal eines Nachlasses beschäftigt.

REL: Synonym

DTM: **Nachlassgericht**; gesetzl.; 4; Hauptb.; Subst.; neutr.; sg.

DTQ: § 2358 BGB

DEF: das Amtsgericht des letzten inländischen Wohnsitzes des Erblassers.

DFQ: http://www.rechtswoerterbuch.de/recht/e/erbschein/ (17.09.2014)

***

ATM: **Abhandlungspflege**; gesetzl.; 4; Hauptb.; Subst.; fem.; sg.; 1226; Gerichtsorganisation

ETM: administration of an estate; FTM: curatelle de la succession

TMQ: § 144 AußStrG

DEF: der gesetzlich geregelte Vorgang zur Sicherung und Behandlung einer Verlassenschaft, dessen Durchführung ausschließlich dem Verlassenschaftsgericht bzw. dem Gerichtskommissär vorbehalten ist.

DFQ: KoWe 2014/2015

REL: Teilsynonym

DTM: **Nachlasspflegschaft**; gesetzl., 4; Hauptb.; Subst.; fem.; sg.; **Sicherung des Nachlasses**

DTQ: § 1961 BGB

DEF: Maßnahme zur Sicherung des Nachlasses bis zur Annahme der Erbschaft bzw. wenn der Erbe unbekannt oder wenn ungewiss ist, ob er die Erbschaft angenommen hat.

DFQ: nach § 1960 BGB

***

ATM: **Abhandlungsverfahren**; gesetzl.; 4; Hauptb.; Subst.; neutr.; sg.; 1226; Gerichtsorganisation ; **Verlassenschaftsverfahren**

ETM: probate proceedings; FTM: procédure de gestion des successions

TMQ: § 28 LiegTeilG

DEF: das bezirksgerichtliche, außerstreitige Verfahren zum Zwecke der rechtmäßigen Überleitung des Nachlasses vom Erblasser auf seine Rechtsnachfolger (Erben, Legatare, Pflichtteilsberechtigte).

DFQ: nach KoWe 2014/2015

REL: Synonym

DTM: **Erbscheinsverfahren**; gesetzl.; 4; Hauptb.; Subst:, neutr.; sg.

DTQ: § 49 KostO

DEF: das auf Antrag des Erben eingeleitete gerichtliche Verfahren zur Ausstellung eines Erbscheins (gerichtlichen Dokuments über das Erbrecht).

DFQ: nach §§ 2353 ff. BGB

NOT: Zur Abwicklung des Nachlasses ist nicht immer die Ausstellung eines Erbscheins erforderlich.

***

ATM: Ablehnung der Beschwerdebehandlung; gesetzl.; 4; Hauptb.; MWA; fem.; sg.; 1226; Gerichtsorganisation

ETM: denial of treatment of a complaint; FTM: refus de traitement d'une plainte

TMQ: B231/09 VfGH

DEF: die verfassungsgesetzlich vorgesehene Befugnis der Gerichtshöfe des öffentlichen Rechts, die Behandlung von Bescheidbeschwerden in bestimmten Fällen durch Beschluss verbindlich abzulehnen.

DFQ: Mayer, FWB Öffentl. Recht; Art. 144 (2) B-VG

DTM: FEHLT

***

ATM: ablehnungsfeste Beschwerde; gesetzl.; 4; Hauptb.; MWA; fem.; sg.; 1206; Öffentl. Recht

ETM: undeniable complaint; FTM: plainte non rejetable

TMQ: Mayer, FWB Öffentl. Recht, Art. 144 (2) B-VG

DEF: Beschwerde, deren Behandlung der VfGH (z.B. aufgrund von § 133 B-VG) nicht ablehnen kann.

DFQ: nach Mayer, FWB Öffentl. Recht, Art. 144 (2) B-VG

DTM: FEHLT

***

ATM: Ableugnung des Besitzes; gesetzl.; 4; Hauptb.; MWA; fem.; sg.; 1211; Bürgerl. Recht

ETM: abnegation of property; FTM: reniement de la possession

TMQ: § 376 ABGB

DEF: wenn jemand den Besitz einer Sache vor Gericht leugnet und dessen überwiesen wird. Er muss dem Kläger deswegen allein schon den Besitz abtreten; doch behält er das Recht, in der Folge seine Eigentumsklage anzustellen.

DFQ: § 376 ABGB

DTM: FEHLT

NOT: Existiert nicht als gesetzlicher Begriff, wird jedoch im Zusammenhang mit "**Unterschlagung**", "**Zueignung**" in der Rechtsliteratur erwähnt.

***

ATM: Abmahnung; gesetzl.; 4; Hauptb.; Subst.; fem.; sg.; 0436; Öffentl. Sicherheit

ETM: warning; FTM: rappel à l'ordre

TMQ: § 81 (2) SPG

DEF: Rechtsakt, der von einem Organ des öffentlichen Sicherheitsdienstes vorzunehmen ist, wenn es eine Person auf frischer Tat betritt und der Betretene in der Fortsetzung der strafbaren Handlung verharrt oder sie zu wiederholen versucht. Die Abmahnung muss sich unmittelbar auf das vom Sicherheitsorgan wahrgenommene strafbare Verhalten beziehen und muss darauf abzielen, es zu beenden.

DFQ: Mayer, FWB Öffentl. Recht

REL: Teilsynonym; funkt. Äquiv.

DTM: Verwarnung; gesetzl.; 4; Hauptb.; Subst.; fem.; sg.

DTQ: § 56 OWiG

DEF: Rechtsakt, der bei geringfügigen Ordnungswidrigkeiten zur Anwendung kommen kann. Die Verwaltungsbehörde kann den Betroffenen verwarnen und ein Verwarnungsgeld von fünf bis fünfundfünfzig Euro erheben. Sie kann eine Verwarnung auch ohne Verwarnungsgeld erteilen.

DFQ: § 56 (1) OWiG

***

ATM: Abolition; fachlit.; 3; Hauptb.; Subst.; fem.; sg.; 0421; Öffentl. Recht

ETM: abolition; FTM: non-lieu

TMQ: http://www.parlament.gv.at (20.09.2014)

DEF: Niederschlagung eines strafgerichtlichen Verfahrens wegen eines Offizialdeliktes durch den Bundespräsidenten (Art. 65 B-VG).

DFQ: ÖRWB

DTM: FEHLT

***

ATM: Abschluss des Wählerverzeichnisses; gesetzl.; 4; Hauptb.; MWA; mask.; sg.; 1236; Wahlrecht

ETM: cofirmation of the electoral roll; FTM: achèvement/finalisation de la liste électorale

TMQ: § 34 NWRO

DEF: das Abschließen des Wählerverzeichnisses durch die Gemeinde nach Beendigung des Berichtigungs- und Beschwerdeverfahrens

DFQ: § 34 (1) NWRO

REL: Teilsynonym; funkt. Äquiv.

DTM: Abschlussbescheinigung des Wählerverzeichnisses; gesetzl.; 4; Hauptb.; MWA; fem.; sg.

DTQ: § 53 (2) BWO

DEF: die Bestätigung durch den Wahlvorsteher über die Korrektheit des Wählerverzeichnisses, nachdem er unmittelbar vor der Abstimmung nachträglich ausgestellte Wahlscheine in das Wählerverzeichnis eingetragen hat.

DFQ: nach § 53 (2) BWO

***

ATM: Abschöpfungsverfahren; gesetzl.; 4; Hauptb.; Subst.; neutr.; sg.; 1211; Insolvenzrecht; **Privatkonkurs**, **Schuldenregulierungsverfahren**

ETM: debt adjustment procedure; FTM: procédure de réalisation de l'actif d'un patrimoine surendetté

TMQ: § 199 IO

DEF: eine spezielle Art des Schuldenregulierungsverfahrens im Rahmen des Privatkonkurses. Bei Erfüllung aller Voraussetzungen und Zahlung von mindestens 10 % der Gesamtforderungen (in Härtefällen weniger) in 7 bis 10 Jahren oder 50 % nach mindestens 3 Jahren durch Abtretung des pfändbaren Teiles der Einkünfte oder durch sonstige Zahlungen wird der Schuldner von den Restschulden befreit.

DFQ: nach help.gv.at; www.gerichtsvollzieher.at; §§ 199 ff. IO

NOT: Das Abschöpfungsverfahren ist die dritte mögliche Stufe des Schuldenregulierungsverfahrens.

REL: Synonym

DTM: Verbraucherinsolvenzverfahren; gesetzl.; 4; Hauptb.; Subst.; neutr.; sg.; **vereinfachtes Insolvenzverfahren**

DTQ: § 1 (1) VbrInsFV

DEF: die dritte mögliche Phase des Verbraucherinsolvenzverfahrens, die nach Scheitern der außergerichtlichen und gerichtlichen Schuldenbereinigung eröffnet wird und darin besteht, dass das vorhandene pfändbare Vermögen des Schuldners verwertet und der Erlös nach Abzug der Verfahrenskosten an die Gläubiger ausgeschüttet wird.

DFQ: nach http://www.insolvenzrecht.de/know-how/v/vereinf-insolvenzverfahren/ (10.09.2014)

***

ATM: Abschreibung von Bestandteilen eines Grundbuchskörpers; gesetzl.; 4; Hauptb.; MWA; fem.; sg.; 1226; Gerichtsorganisation

ETM: partial transfer of land between property estates; FTM: transfert d'une partie d'une propriété fonciere

TMQ: § 74 GBG

DEF: Grundbuchseintragung, bei der Bestandteiles eines Grundbuchskörpers und seine Zuschreibung zu einem anderen Grundbuchskörper oder die Eröffnung einer neuen Einlage vorgenommen wird. Sie unterliegt besonderen Vorschriften.

DFQ: nach § 74 GBG

NOT: Sie ist nur dann zulässig, wenn der abzuschreibende Teil genau, nötigenfalls durch Pläne, von denen eine Kopie in der Urkundensammlung aufzubewahren ist, bezeichnet ist und die Urkunden vorliegen, die das Begehren zu einer Einverleibung des Eigentumsrecht entsprechend begründen (§ 741 GBG).

DTM: FEHLT

***

ATM: Abschrift aus dem Geburtenbuch; gesetzl.; 4; Hauptb.; MWA; fem.; sg.; 1211; Personenstandswesen; **Registerauszug Geburt**

ETM: copy from the birth register; FTM: copie intégrale de l'acte de naissance

TMQ: § 21 (1) PStV

DEF: amtlich beglaubigte Kopie, die den vollen Wortlaut aller früheren Eintragungen des Geburtenbuches in Bezug auf eine bestimmte Person enthält. Diese sind a) alle Haupteintragungen, die die Geburt und Namensgebung unmittelbar betreffen; b) die Vermerke, durch die eine abgeschlossene Haupteintragung berichtigt wird.

DFQ: http://www.help.gv.at/ (10.09.2014)

USE: historisch

NOT: So wie die Geburtsurkunde wird der Registerauszug Geburt (früher: "Abschrift aus dem Geburtenbuch") als Nachweis der Geburt vor den Behörden verwendet. Er stellt einen Teilauszug aus dem Zentralen Personenstandsregister (ZPR) dar und kann persönlich, schriftlich oder elektronisch beantragt werden.
(https://www.usp.gv.at/Portal.Node/usp/public/content/lexikon/61101.html, 30.01.2015)

REL: Synonym

DTM: beglaubigter Auszug aus dem Geburtenregister; fachlit.; 3; Hauptb.; MWA; mask.; sg.; **beglaubigter Ausdruck aus dem Geburtenregister**

DTQ: http://amt24.sachsen.de/ (12.09.2014)

DEF: Dokument, das alle Daten wiedegibt, die das Standesamt im Zusammenhang mit der Geburt eingetragen hat. Außer den Angaben zur Geburt (einschließlich Geburtszeit und zusätzlichen Angaben zu den Eltern) enthält der Ausdruck auch spätere Änderungen, wie etwa durch Adoption oder Namensänderung.

DFQ: http://amt24.sachsen.de/ (12.09.2014)

NOT: Die Terminologie variiert je nach Bundesland und ist nicht einheitlich normiert, da im PStG sowohl von „Auszug", als auch von „Ausdruck" von Urkunden die Rede ist.

***

ATM: Absehen von der Verfolgung; gesetzl.; 4; Hauptb.; MWA; neutr.; sg.; 1216; Strafrecht; **Diversion**

ETM: abstention from prosecution; FTM: abstention de poursuites pénales

TMQ: § 6 JGG

DEF: Verzicht auf die Verfolgung einer Jugendstraftat, die nur mit Geldstrafe oder mit einer Freiheitsstrafe bedroht ist, deren Höchstmaß fünf Jahre nicht übersteigt, und Einstellung des Ermittlungsverfahrens, wenn ein Vorgehen gemäß den §§ 190-192 StPO nicht in Betracht kommt und weitere Maßnahmen, insbesondere solche nach dem 11. Hauptstück der StPO in Verbindung mit § 7, nicht geboten erscheinen, um den Beschuldigten von der Begehung strafbarer Handlungen abzuhalten.

DFQ: § 6 (1) JGG

NOT: Wird nur im Bereich der Jugendstrafgerichtsbarkeit angewendet. „Absehen von der Verfolgung" entspricht im deutschen Recht der „Diversion" (Rücktritt von der Verfolgung). Die Differenzierung in „Absehen von der Verfolgung" und „Rücktritt von der Verfolgung" fehlt in der deutschen Jugendgerichtsbarkeit.

REL: Falscher Freund

DTM: **Absehen von der Verfolgung**; gesetzl.; 4; Hauptb.; MWA; neutr.; sg.; 1211; Bürgerl. Recht; **Diversion**

DTQ: § 45 JGG

DEF: Verzicht auf die Verfolgung einer Straftat durch den Staatsanwalt, wenn eine erzieherische Maßnahme bereits durchgeführt oder eingeleitet ist und er weder eine Beteiligung des Richters nach Absatz 3 noch die Erhebung der Anklage für erforderlich hält. Einer erzieherischen Maßnahme steht das Bemühen des Jugendlichen gleich, einen Ausgleich mit dem Verletzten zu erreichen.

DFQ: § 45 JGG

NOT: Wird nur im Bereich der Jugendstrafgerichtsbarkeit angewendet.

***

ATM: **Absetzbetrag**; gesetzl.; 4; Hauptb.; Subst.; mask.; sg.; 2446; Steuerrecht

ETM: deductible amount; FTM: montant déductible

TMQ: § 33 EStG

DEF: bestimmter, gesetzlich festgelegter Betrag, der von dem zu versteuernden Einkommen abgezogen werden kann und die Steuerlast mindert.

DFQ: nach § 33 EStG

NOT: Arbeitnehmer-, Verkehrs- und Pensionistenabsatzbeträge werden automatisch berücksichtigt, um Alleinverdiener-, Alleinerzieher-, Unterhaltsabsetzbeträge und Mehrkindzuschlag muss jedoch angesucht werden.

REL: Synonym

DTM: **Freibetrag**; gesetzl.; 4; Hauptb.; Subst.; mask.; sg.

DTQ: § 39a EStG

DEF: in den Tarif eingebauter Betrag, der das Existenzminimum des Steuerpflichtigen freilassen soll.

DFQ: http://wirtschaftslexikon.gabler.de/Definition/freibetrag.html (12.09.2014)

***

ATM: **Absicht, sich oder einem Dritten die weggenommene Sache zu erhalten**; gesetzl.; 4; Hauptb.; MWA; fem.; sg.; 1216; Strafrecht

ETM: intention to maintain one's, or a third party's, possession of misappropriated property; FTM: intention de garder pour soi ou pour un tiers une chose enlevée

TMQ: § 131 StGB

DEF: Wille, den im Zuge der Tat erlangten Gewahrsam am Diebesgut aufrechtzuerhalten und zu verteidigen.

DFQ: Birklbauer/Hilf/Tipold, Strafrecht BT 1

REL: Teilsynonym

DTM: **Absicht, sich im Besitz des gestohlenen Gutes zu erhalten**; gesetzl.; 4; Hauptb.; MWA; fem.; sg.
DTQ: § 252 StGB
DEF: der zielgerichtete Wille, die Entziehung tatsächlichen Besitzgewahrsams zu verhindern, die - zumindest aus Tätersicht – gegenwärtig ist oder unmittelbar bevorsteht, bei gleichzeitigem Willen, die Sache in der eigenen Verfügungsmacht zu erhalten.
DFQ: § 252 StGB

***

ATM: **absichtliche schwere Körperverletzung**; gesetzl.; 4; Hauptb.; MWA; fem.; sg.; 1216; Strafrecht
ETM: grievous bodily harm; FTM: lésions corporelles intentionnelles graves
TMQ: § 87 StGB
DEF: schwere Körperverletzung, die dem Geschädigten absichtlich zugefügt wurde.
DFQ: nach § 87 StGB
NOT: Wenn die Tat eine schwere Dauerfolge nach sich zieht: Freiheitsstrafe von einem bis zu zehn Jahren. Wenn die Tat den Tod des Geschädigten zur Folge hat: Freiheitsstrafe von fünf bis zu zehn Jahren.
REL: Teilsynonym

DTM: **schwere Körperverletzung**; gesetzl.; 4; Hauptb.; MWA; fem.; sg.
DTQ: § 226 StGB
DEF: Körperverletzung mit schweren, taxativ aufgezählten Folgen (Freiheitsstrafe von einem bis zu zehn Jahren). Wenn eine derartige Folge absichtlich oder wissentlich herbeigeführt wurde, Freiheitsstrafe nicht unter drei Jahren.
DFQ: nach § 226 StGB
NOT: Im deutschen StGB wird (hinsichtlich der Strafdrohung) zwischen „**schwerer Körperverletung**" und „**absichtlicher schwerer Körperverletzung**" differenziert. Im österreichischen Recht gibt es hingegen einen eigenen Deliktstatbestand.

***

ATM: **absolut untauglicher Versuch**; fachlit.; 3; Hauptb.; MWA; mask.; sg.; 1216; Strafrecht
ETM: fully nonviable attempt; FTM: tentative absolument inappropriée
TMQ: OGH 15Os73/00, 03.05.2001
DEF: Versuch, bei dem die Vollendung der Tat nach der Art der Handlung oder des Gegenstands, an dem die Tat begangen wurde, unter keinen Umständen möglich war.
DFQ: nach § 15 (3) StGB
NOT: Ein absolut untauglicher Versuch und die Beteiligung daran sind nicht strafbar.
REL: Teilsynonym

DTM: **abergläubischer Versuch**; fachlit.; 3; MWA; mask.; sg.; **irrealer Versuch**
DTQ: http://www.juraforum.de/lexikon/versuch-irrealer.html (28.08.2014)
DEF: Versuch, übersinnliche Kräfte zur Hilfe zu nehmen, um eine Tat geschehen zu lassen (z.B. Umbringen einer Person durch das Anwenden von Zaubersprüchen).
DFQ: http://www.juraforum.de/lexikon/versuch-irrealer (28.08.2014)
NOT: Ein abergläubischer Versuch bleibt straffrei, weil das Anwenden irrealer Kräfte nicht als strafrechtlich relevante Handlung eingestuft wird.

***

ATM: **Absonderungskurator/in**; fachlit., 3; Hauptb.; Subst; mask./fem.; sg.; 1211; Bürgerl. Recht; **Separationskurator/in**

ETM: administrator for the separation of estates; FTM: curateur pour la separation de biens d'une succession

TMQ: OGH 2Ob103/98f, 23.04.1998

DEF: eine bei Bedarf gerichtlich bestellte Person, die im Fall einer Nachlassseparation (Trennung des Nachlassvermögens vom sonstigen Vermögen des Erben zum Schutz der Gläubiger) die Vermengung des Nachlasses mit dem Vermögen des Erben zu verhindern hat.

DFQ: nach Welser, FWB Bürgerliches Recht

DTM: **FEHLT**

***

ATM: **Abstattungskredit**; fachlit.; 3; Hauptb.; Subst.; mask.; sg.; 1211; Bürgerl. Recht; **Kreditverkauf**

ETM: loan payable by instalments; FTM: crédit (à la consommation) amortissable par annuités

TMQ: OGH 7Ob87/12p, 27.03.2013

DEF: Kredit, bei dem der Kreditbetrag und die Kreditkosten über die Zahlung von monatlichen Kreditraten getilgt, d. h. zurückgezahlt werden können. Diese regelmäßigen Zahlungen heißen auch Annuitäten.

DFQ: http://finanzbildung.bmask.gv.at/bmsk/kreditfinanzierung/verstehen.html (17.08.2014)

REL: Synonym

DTM: **Tilgungsdarlehen**; gesetzl.; 4; Hauptb.; Subst.; neutr.; sg.; **Abzahlungskredit, Ratenkredit, Konsumentenkredit**

DTQ: § 26b PfandBG

DEF: Kredit, der als Darlehen in einer Summe zur Verfügung gestellt und durch Teilbeträge (Raten) zu tilgen ist. Er kommt als Konsumentenkredit, Teilzahlungsdarlehen, Verbraucherdarlehen vor.

DFQ: http://wirtschaftslexikon.gabler.de/Definition/ratenkredit.html (17.08.2014)

***

ATM: **Abteilungsinspektor/in**; gesetzl., 4; Hauptb.; Subst.; mask./fem.; sg.; 0421; Öffentl. Sicherheit; **AbtI**

ETM: divisional inspector; FTM: sous-brigadier/sous-brigadière de police

TMQ: Verordnung des BMI über das Führen von Dienstgraden im Exekutivdienst, BGBLA_2005_II_204

DEF: Dienstgrad für die Beamten des Exekutivdienstes.

DFQ: § 145a (2) Z. 2 BDG

NOT: Entspricht in DE ungefähr einem/er Polizeihauptmeister/in.

DTM: **FEHLT**

DFQ: http://www.bundespolizei.de/ (13.01.2015)

NOT: Die Polizei ist in DE Ländersache. Es unterscheiden sich daher auch die Dienstgrade in den einzelnen Bundesländern.

***

ATM: **Abteilungsvorstand / Abteilungsvorständin**; gesetzl.; 4; Hauptb.; Subst.; mask./fem.; sg.; 3206; Schulrecht

ETM: head of department; FTM: directeur d'un département scolaire

TMQ: § 55 (1) SchUG

DEF: Person an berufsbildenen Schulen, der außer den ihr als Lehrer/in zukommenden Aufgaben die Leitung einer Fachabteilung in Unterordnung unter den Schulleiter obliegt.

DFQ: § 55 (1) SchUG
REL: Synonym

DTM: **Abteilungsleiter/in**; gesetzl.; 4; Hauptb.; Subst.; mask./fem.; sg.; **Studiendirektor/in**
DTQ: Verwaltungsvorschrift vom 25. Mai 2005 Az.: 36-6401.50/ Baden-Württemberg
DEF: Teil des Schulleitungsteams, das den Schulleiter bei der Erfüllung seiner Aufgaben unterstützt. Er/sie leitet eine schulische Abteilung.
DFQ: § 1 Verwaltungsvorschrift vom 25. Mai 2005 Az.: 36-6401.50/ Baden-Württemberg

***

ATM: **Abtretung des Mietrechts**; gesetzl.; 4; Hauptb.; MWA; fem.; sg.; 2846; Mietrecht
ETM: assignment of tenancy rights; FTM: cession de droit au bail
TMQ: § 12 MRG
DEF: das Recht des Hauptmieters, der eine Wohnung verlässt, die Hauptmietrechte an der Wohnung seinem Ehegatten oder Verwandten in gerader Linie einschließlich der Wahlkinder oder Geschwister abzutreten, falls der Ehegatte oder die Verwandten in gerader Linie einschließlich der Wahlkinder mindestens die letzten zwei Jahre, die Geschwister mindestens die letzten fünf Jahre mit dem Hauptmieter im gemeinsamen Haushalt in der Wohnung gewohnt haben.
DFQ: nach § 12 (1) MRG
REL: Teilsynonym; funkt. Äquiv.

DTM: **Eintrittsrecht bei Tod des Mieters**; gesetzl.; 4; Hauptb; MWA; neutr.; sg.
DTQ: § 563 BGB
DEF: das Recht, wonach der Ehegatte, der mit dem Mieter einen gemeinsamen Haushalt führt, nach dem Tod des Mieters in das Mietverhältnis eintritt. Dasselbe gilt für den Lebenspartner. Leben in dem gemeinsamen Haushalt Kinder des Mieters, treten diese mit dem Tod des Mieters in das Mietverhältnis ein, wenn nicht der Ehegatte eintritt. Der Eintritt des Lebenspartners bleibt vom Eintritt der Kinder des Mieters unberührt. Andere Familienangehörige, die mit dem Mieter einen gemeinsamen Haushalt führen, treten mit dem Tod des Mieters in das Mietverhältnis ein, wenn nicht der Ehegatte oder der Lebenspartner eintritt. Dasselbe gilt für Personen, die mit dem Mieter einen auf Dauer angelegten gemeinsamen Haushalt führen.
DFQ: § 563 (1) und (2) BGB

***

ATM: **Abtuung armutshalber**; fachlit.; 3; Hauptb.; MWA; fem.; sg.; 1211; Erbrecht; **Unterbleiben der Abhandlung**
ETM: order of no administration (regarding an estate); FTM: décision du tribunal de ne pas ouvrir de procédure de règlement de la succession pour manque de masse successorale
TMQ: OGH 3Ob177/01b, 21.11.2001
DEF: das Unterbleiben der Verlassenschaftsabhandlung, wenn die Hinterlassenschaft eines Verstorbenen kein nennenswertes Vermögen umfasst und die Erben kein Abhandlungsverfahren beantragen.
DFQ: nach § 153 (1) AußStrG

DTM: FEHLT

***

ATM: **Abwehramt**; gesetzl.; 4; Hauptb.; Name; neutr.; sg.; 0821; Militärrecht; **AbwA**, **Inlandsnachrichtendienst**
ETM: Office of defence security and intelligence services; FTM: service (de sécurité) militaire

TMQ: § 1 VO über die Ausstellung von SUBV

DEF: Amt, das zuständig ist für die Abwehr von Gefahren für die militärische Sicherheit. Es beschafft Informationen über Bestrebungen und Tätigkeiten, die vorsätzliche Angriffe gegen Leben und Gesundheit von Personen, Infrastruktur und militärisch klassifizierte Informationen erwarten lassen und stellt diese der politischen und militärischen Führung dar.

DFQ: http://www.bmlv.gv.at/organisation/beitraege/n_dienste/index.shtml (18.08.2014)

REL: Synonym

DTM: **Militärischer Abschirmdienst**; gesetzl.; 4; Hauptb.; Name; mask.; sg.; **MAD**

DTQ: § 1 MADG

DEF: Einrichtung, die verantwortlich ist für die Sammlung und Auswertung von Informationen, insbesondere von sach- und personenbezogenen Auskünften, Nachrichten und Unterlagen, über 1. Bestrebungen, die gegen die freiheitliche demokratische Grundordnung, den Bestand oder die Sicherheit des Bundes oder eines Landes gerichtet sind, 2. sicherheitsgefährdende oder geheimdienstliche Tätigkeiten im Geltungsbereich dieses Gesetzes für eine fremde Macht, wenn sich diese Bestrebungen oder Tätigkeiten gegen Personen, Dienststellen oder Einrichtungen im Geschäftsbereich des Bundesministeriums der Verteidigung richten und von Personen ausgehen oder ausgehen sollen, die diesem Geschäftsbereich angehören oder in ihm tätig sind.

DFQ: § 1 (1) MADG

***

ATM: **abweichende persönliche Stellungnahme**; fachlit.; 3; Hauptb.; MWA; fem.; sg.; 0421; Öffentl. Recht

ETM: dissenting opinion; FTM: opinion personnelle divergeante

TMQ: http://www.parlament.gv.at/PERK/GL/ALLG/S.shtml (15.08.2014)

DEF: Recht jeder/jedes stimmberechtigten Teilnehmers/in, an Ausschussverhandlungen im Nationalrat zu einem Verhandlungsgegenstand in knapper Form eine vom Hauptbericht des Ausschusses abweichende persönliche Stellungnahme abzugeben, um seinen/ihren Standpunkt klarzulegen.

DFQ: http://www.parlament.gv.at/PERK/GL/ALLG/S.shtml (15.08.2014)

DTM: **FEHLT**

NOT: Im deutschen Bundestag sind bei Ausschussberichten die Minderheitenmeinungen im Bericht festzuhalten.

***

ATM: **Abweisung des Antrages auf internationalen Schutz**; gesetzl., 4; Hauptb.; MWA; fem.; sg.; 1231; Asylrecht; **Abweisung des Asylantrages**

ETM: rejection of asylum application; FTM: rejet de demande de protection internationale (demande d'asile)

TMQ: § 28 (2) AsylG

DEF: negative Entscheidung über einen Asyl-Antrag aufgrund seiner inhaltlichen Prüfung.

DFQ: Asyl-Termbank

REL: Synonym

DTM: **Ablehnung des Asylantrags**; gesetzl.; 4; Hauptb; MWA; fem.; sg.

DTQ: § 38 AsylVfG

DEF: Entscheidung, in der das Bundesamt den/die Ausländer/in nicht als Asylberechtigte/n anerkennt.

DFQ: nach § 38 (1) AsylVfG

***

ATM: **Abwesenheitskurator/in**; gesetzl., 4; Hauptb.; Subst.; mask./fem.; sg.; 1211; Bürgerl. Recht; **Prozesskurator/in**
ETM: administrator ad litem; FTM: curateur représentant le personne absente

TMQ: OGH 4R227/08a, 27.10.2008

DEF: Person, die als Kurator für abwesende oder für unbekannte Teilnehmer an einem Geschäft zu bestellen ist, wenn diese keinen ordentlichen Vertreter zurückgelassen haben, ohne einen solchen ihre eigenen Rechte oder jene eines Dritten gefährdet würden und nicht in anderer Weise für die Wahrung dieser Rechte gesorgt werden kann.

DFQ: Welser, FWB Bürgerliches Recht; § 276 ABGB

REL: Teilsynonym; funkt. Äquiv.

DTM: **Abwesenheitspfleger/in**; gesetzl.; 4; Hauptb.; Subst.; mask./fem.; sg.

DTQ: § 1911 BGB

DEF: Vertreter, der vom Gericht zur Wahrnehmung der vermögensrechtlichen Interessen einer volljährigen Person bestellt wird, deren Aufenthalt unbekannt ist.

DFQ: nach § 1911 BGB

NOT: Unter „abwesender Person" wird hier eine Person verstanden, die unbekannten Aufenthalts ist oder an der Rückkehr und Wahrnehmung ihrer Interessen verhindert ist.

***

ATM: **Abzahlungsgeschäft**; gesetzl.; 4; Hauptb.; Subst.; neutr.; sg.; 1211; Bürgerl. Recht; **Kreditverkauf**; **Ratengeschäft**
ETM: hire purchase; FTM: vente à tempérament

TMQ: § 16 KSchG

DEF: Kaufvertrag über eine bewegliche körperliche Sache, auf Grund dessen der Unternehmer die Sache vor vollständiger Bezahlung dem Verbraucher zu übergeben und dieser das Entgelt in Teilzahlungen zu entrichten hat.

DFQ: nach § 16 (2) KSchG

NOT: Als Barzahlungspreis gilt das Entgelt, das bei sofortiger Barzahlung zu entrichten wäre; als Gesamtentgelt der Barzahlungspreis samt allen Zinsen und sonstigen Zuschlägen.

REL: Synonym

DTM: **Teilzahlungsgeschäft**; gesetzl.; 4; Hauptb.; Subst:, neutr.; sg.

DTQ: § 501 BGB

DEF: Vertragserklärung zwischen Konsument und Unternehmer, die den Barzahlungspreis, den Teilzahlungspreis (Gesamtbetrag von Anzahlung und allen vom Verbraucher zu entrichtenden Teilzahlungen einschließlich Zinsen und sonstiger Kosten) sowie Betrag, Zahl und Fälligkeit der einzelnen Teilzahlungen etc. enthält.

DFQ: nach §§ 501 f. BGB; AlpBrock2

***

ATM: **Adhäsionskompetenz**; fachlit.; 3; Hauptb.; Subst.; fem.; sg.; 1206; Verfassungrecht
ETM: competence-competence; FTM: compétence de la compétence

TMQ: OGH 6Ob680/81, 16.09.1981

DEF: Kompetenz eines Gesetzgebers (Bund oder Land) zur Regelung von Bereichen, die über die ihm durch die allgemeine Kompetenzverteilung ausdrücklich zugewiesenen Sachmaterialien hinausgehen.

DFQ: Mayer, FWB Öffentl. Recht

NOT: Meist handelt es sich um die Kompetenz zur Regelung formeller Bereiche im Zusammenhang mit ausdrücklich übertragenen materiellen Sachbereichen.

REL: Synonym

DTM: **Kompetenz-Kompetenz**; fachlit., 3; Hauptb.; Subst.; fem.; sg.; **Richtlinienkompetenz**

DTQ: Mickel/Bergmann, Handlexikon der Europäischen Union

DEF: Befugnis des Staates, seine eigene Zuständigkeit durch Änderung der Verfassung zu erweitern (u. U. zu Lasten untergeordneter Glieder).

DFQ: nach Mickel/Bergmann, Handlexikon der Europäischen Union

***

ATM: **Adhäsionsprinzip**; fachlit.; 3; Hauptb.; Subst.; neutr..; sg.; 1206; Verfassungsrecht
ETM: principle of adhesion; FTM: principe d'adhésion

TMQ: Öhlinger, Verfassungsrecht

DEF: Grundsatz, wonach gewisse Regelungen der Hauptmaterie folgen, d.h. sie sind von einem Sachbereich auch ohne ausdrückliche Nennung umfasst: so verwaltungsstrafrechtliche Regelungen und Enteignungsregelungen (Art 10 (1) Z. 6 B-VG), ferner das Verwaltungsverfahren, soweit nicht der Bundesgesetzgeber von seiner Bedarfskompetenz gemäß Art. 11 (2) B-VG Gebrauch macht.

DFQ: Öhlinger, Verfassungsrecht

DTM: FEHLT

***

ATM: **Advitalitätsvertrag**; fachlit., 3; Hauptb.; Subst; mask.; sg.; 1211; Bürgerl. Recht; **Fruchtnießung auf den Todesfall**
ETM: usufruct of the surviving spouse; FTM: usufruit du conjoint survivant

TMQ: www.ratg.at/.../todesfall-einverleibung-vertrag-344.aspx (31.07.2014)

DEF: das zwischen zwei Ehepartnern gegenseitig eingeräumte lebenslange Nutzungsrecht des jeweiligen Besitzes im Falle des Vortodes eines Ehegattens.

DFQ: nach §§ 1254 ff. ABGB

NOT: Der Begriff wurde aus dem galizischen Lokalrecht aufgenommen und wird heute als totes Recht angesehen.

DTM: FEHLT

***

ATM: **Afterbestandnehmer/in**; gesetzl., 4; Hauptb.; Subst.; mask./fem.; sg.; 2846; Mietrecht; **Untermieter/in bzw. Unterpächter/in**
ETM: subtenant / sublessee; FTM: sous-locataire

TMQ: § 568 ZPO

DEF: Person, mit der ein Mietvertrag geschlossen wird, die aber kein Hauptmieter gem. § 2 (1) MRG ist.

DFQ: § 2 (1) MRG

NOT: Überlässt der Mieter / Pächter einem Dritten (ev. nur teilweise) den Gebrauch des Bestandsobjekts entgeltlich aufgrund eines Mietvertrages / Pachtvertrages, so liegt ein Untermietverhältnis / eine Unterverpachtung vor.

DTM: FEHLT

NOT: Ein Überbegriff fehlt in der deutschen Rechtsterminologie. Je nach Kontext kommen als Äquivalente „**Untermieter**" und/oder „**Unterpächter**" in Frage.

***

ATM: **Afterpfand**; gesetzl.; 4; Hauptb.; Subst.; neutr.; sg.; 1211; Pfandrecht
ETM: repledge; FTM: mise en gage subséquente

TMQ: § 454 ABGB

DEF: ein vom Pfandinhaber an einen Dritten weiterverpfändetes Pfand.

DFQ: nach § 454 ABGB

DTM: **FEHLT**

NOT: In der deutschen Rechtsterminologie gibt es dafür keinen festen Terminus. Der Sachverhalt kann mit „**weiter verpfändetes Pfand**" ausgedrückt werden.

***

ATM: **Agenden**; fachlit.; 3; Hauptb.; Subst. fem.; pl.; 1206; Öffentl. Recht; **Obliegenheiten**
ETM: agendas; FTM: tâches

TMQ: VfGH G160/08, 27.02.2009

DEF: Aufgaben, Obliegenheiten und Pflichten, die einer Behörde, einem Gericht oder einer staatlichen Verwaltungseinheit übertragen wurden.

DFQ: lohmann98

REL: Synonym

DTM: **Aufgaben**; fachlit., 3; Hauptb.; Subst.; fem.: pl.; **Obliegenheiten**; **Pflichten**

DTQ: AlpBrock2

DEF: Verhaltensanordnung, deren Missachtung nachteilige Folgen für die belastete Partei hat.

DFQ: AlpBrock2

***

ATM: **Agrarbehörde**; gesetzl.; 4; Hauptb.; Subst.; fem.; sg.; 5696; Agrarrecht
ETM: agricultural authority; FTM: autorité agricole

TMQ: § 1 AgrVG

DEF: Behörde, die für die Vollziehung aller Angelegenheiten der Bodenreform zuständig ist.

DFQ: § 2 AgrVG

REL: Teilsynonym

DTM: **Argrarverwaltung**; fachlit.; 3; Hauptb.; Subst.; fem.; sg.; **Landwirtschaftskammern**

DTQ: http://www.schleswigholstein.de/UmweltLandwirtschaft/DE/ (17.01.2015)

DEF: Behörde, die für die Verwaltung der lokalen Landwirtschaft, Fischerei, den Landschaftsschutz, Gewässerschutz, Naturschutz und die Entwicklung ländlicher Räume zuständig ist.

DFQ: nach http://www.schleswigholstein.de/UmweltLandwirtschaft/DE/ (17.01.2015)

NOT: Die Agrarverwaltung in DE ist in Landwirtschaftskammern in den westlichen und nördlichen Bundesländern und in staatliche Agrarverwaltungen in den südlichen Bundesländern geteilt, die die Funktionen der österr. Landwirtschaftkammern als Agrarverwaltungsbehörden erfüllen.

***

ATM: **AKM**; fachlit. 3; Hauptb.; Akronym; fem.; sg.; 3226; Urheberrecht
ETM: (Austrian) copyright collecting society; FTM: société (autrichienne) de gestion des droits d'auteur

TMQ: http://www.akm.co.at/ (23.01.2015)

DEF: Österreichische Gesellschaft der Autoren, Komponisten und Musikverleger. Sie ist für die Aufführungs-, Zurverfügungstellungs- und Senderechte sowie für die damit zusammenhängenden Vergütungsansprüche der musikalischen Urheber und Musikverleger zuständig.

DFQ: http://www.akm.co.at/ (23.01.2015)

REL: Synonym

DTM: **GEMA**; fachlit.; 3; Hauptb.; Akronym; fem.; sg.

DTQ: http://www.gema.de/ (23.01.2015)

DEF: Deutsche Gesellschaft für Musikalische Aufführung und Mechanische Vervielfältigungsrechte.

DFQ: http://www.gema.de/ (23.01.2015)

***

ATM: **Akt, der**; gesetzl.; 4; Hauptb.; Wortform; Subst.; mask.; sg.; 1226; Gerichtsverfassung
ETM: file; FTM: dossier

TMQ: § 8 AußStrG

DEF: Sammlung von Schriftstücken, die bei einem Gericht bzw. einer Behörde zu einer bestimmten Angelegenheit angelegt und archiviert wird.

DFQ: ED

REL: Synonym

DTM: **Akte, die**; gesetzl.; 4; Hauptb.; Subst.; fem.; sg.

DTQ: § 33 BKAG

DEF: die in einer bestimmten Angelegenheit von einer Behörde (Gericht) gesammelten und geordneten Schriftstücke und sonstigen (auch elektronischen) Dokumente.

DFQ: http://www.rechtslexikon.net/d/akten/akten.htm (08.01.2015)

***

ATM: **Aktenzahl**; gesetzl.; 4; Hauptb.; Subst.; fem.; sg.; 1226; Gerichtsverfassung; **Aktenzeichen, Geschäftszahl**
ETM: file number; FTM: numéro de dossier

TMQ: § 89l (1) GOG

DEF: die innerhalb jeder Geschäftsgattung jährlich mit I beginnende Zahl, die die Sache bei ihrem Anfall erhält. Diese Zahl ist für die Ordnung und Verwahrung der Akten maßgebend. Besteht für die Sache ein Register, so ist sie unter dieser Zahl ins Register einzutragen.

DFQ: § 374 GVGO

REL: Synonym

DTM: **Aktenzeichen**; gesetzl., 4; Hauptb.; Subst.; neutr.; sg.; **Aktenzahl**

DTQ: BGBl. I 2013, 1128-1143, Anlage 1 (zu § 11)

DEF: die Signatur eines Aktenbands (-heftes, -büschels). Es wird anhand eines Aktenplans systematisch vergeben und zusammen mit dem Aktentitel usw. auf dem Schriftgutbehälter vermerkt und im Aktenverzeichnis geführt.

DFQ: http://de.wikipedia.org/wiki/Aktenzeichen (20.08.2014)

NOT: Ist vom „**Geschäftszeichen**" (fälschlicherweise häufig „Aktenzeichen" genannt) zu unterscheiden, das auf Schriftstücken (und anderen Gegenständen) zur Kennzeichnung des Geschäftsfalls (Vorgangs) angebracht wird, zu dem sie gehören. Im Schriftverkehr ist es üblich, in Antworten das Geschäftszeichen des Empfängers zu zitieren.

***

ATM: **Aktienbuch**; gesetzl.; 4; Hauptb.; Subst.; neutr.; sg.; 6416; Unternehmensrecht; **Aktienregister**
ETM: share register; FTM: registre des actions

TMQ: § 59 AktG

DEF: Verzeichnis der Inhaber (d.h. Eigentümer) von Namensaktien und/oder Zwischenscheinen, das von der Aktiengesellschaft geführt werden muss.

DFQ: Straube, FWB Handels- u. Gesellschaftrecht

NOT: Einzutragen sind Name, Beschäftigung und Wohnort der Aktieninhaber.

REL: Synonym

DTM: **Aktienregister**; gesetzl.; 4; Hauptb.; Subst.; neutr.; sg.; **Aktienbuch**

DTQ: § 67 AktG

DEF: Register, in das die Eigentümer und Nutznießer der Namenaktien einer Aktiengesellschaft mit Namen und Wohnort eingetragen werden.

DFQ: nach § 67 AktG

NOT: „**Aktienbuch**" war der früher geläufige Begriff, das aktuelle AktG spricht vom „**Aktienregister**".

***

ATM: **aktorische Kaution**; fachlit.; 3; Hauptb.; MWA; fem.; sg.; 1226; Gerichtsorganisation ; **Sicherheitsleistung für Prozesskosten**

ETM: security for costs for court proceedings; FTM: provisions pour frais de justice

TMQ: OGH 3Ob8/07h, 25.04.2007; § 57 (1) ZPO

DEF: Sicherheit, die von einem Ausländer, der vor einem inländischen Gericht klagt, für die Prozesskosten des Beklagten auf dessen Verlangen zu leisten ist.

DFQ: nach § 57 ZPO sowie Barta, Zivilrechtonline

NOT: Für Kläger aus einem EU-Mitgliedstaat bzw. aus einem Vertragsstaat des Luganer Übereinkommens ist die Auferlegung einer solchen Kaution ausgeschlossen, weil durch diese Rechtsquellen sichergestellt ist, dass eine österreichische Entscheidung auch im Heimatstaat des Klägers vollstreckt werden kann.

REL: Synonym

DTM: **Ausländersicherheit**; fachlit., 3; Haupt.; Subst.; fem.; sg.; **Ausländersicherheitsleistung**

DTQ: BGH X ZR 135/04, 25.01.2005

DEF: prozessuale Sicherheitsleistung, welche Kläger, die ihren gewöhnlichen Aufenthalt nicht in einem Mitgliedstaat der Europäischen Gemeinschaften oder in einem Vertragsstaat des Abkommens über den europäischen Wirtschaftsraum haben, gem. § 110 ZPO auf Einrede des Beklagten zu leisten haben.

DFQ: nach Pitz, Patentverletzungsverfahren

***

ATM: **Aktuelle Europastunde**; gesetzl.; 4; Hauptb.; MWA; fem.; sg.; 0421; Öffentl. Recht

ETM: debate on European matters of topical interest; FTM: débat sur des actualités européennes

TMQ: § 74b (1) lit. a GOG-NR

DEF: Diskussion im Nationalrat über ein aktuelles Thema aus dem Zuständigkeitsbereich der Europäischen Union. Die Bestimmungen für die Aktuelle Stunde im Nationalrat gelten sinngemäß, wobei die Aktuelle Europastunde vier Mal jährlich stattfindet.

DFQ: Glossar des österr. Parlaments

DTM: FEHLT

NOT: Nach § 93b BTGO können lediglich bei der Beratung von Unionsdokumenten Mitglieder des Europäischen Parlaments sowie Mitglieder des Rates und der Kommission der Europäischen Union oder deren Beauftragte zu ihren Beratungen herangezogen werden.

***

ATM: **alkoholauffällig**; gesetzl.; 4; Hauptb.; Adj.; 4806; Straßenverkehrsrecht

ETM: sb. who has a history of alcohol-related offences; FTM: personne connue pour des infractions liées à l'abus d'alcool

TMQ: § 1 FSG-NV

DEF: Zustand eines Kraftfahrzeuglenkers, dessen Lenkberechtigung wegen Verletzung einer in den für den Kraftfahrzeugverkehr relevanten Rechtsvorschriften enthaltenen Alkoholgrenze entzogen wurde oder eines Probeführerscheinbesitzers, der eine Übertretung des § 4 (7) FSG begangen hat.

DFQ: § 1 (2) FSG-NV

DTM: FEHLT

NOT: § 13 der „Verordnung über die Zulassung von Personen zum Straßenverkehr" kennt jedoch den Begriff „**Klärung von Eignungszweifeln bei Alkoholproblematik**", der eine ärztliche Überprüfung bei Verdacht der Alkoholabhängigkeit vorschreibt.

***

ATM: allgemein begreifliche heftige Gemütsbewegung; gesetzl., 4; Hauptb.; MWA; fem.; sg.; 1216; Strafrecht

ETM: violent emotion that is generally comprehensible; FTM: émotion violente généralement compréhensible

TMQ: § 76 StGB

DEF: emotionaler Zustand, der vorliegt, wenn das Verhältnis zwischen dem ihn herbeiführenden Anlass und dem eingetretenen psychischen Ausnahmezustand allgemein verständlich ist, das heißt, wenn ein Mensch von durchschnittlicher Rechtstreue sich vorstellen kann, auch er wäre unter den gegebenen Umständen in eine solche Gemütsbewegung geraten.

DFQ: OGH 14Os158/99, 14.03.2000; § 34 Z. 8 StGB

NOT: Handeln im Affekt

REL: Synonymes Konzept, fehlender Term

DTM: FEHLT (Benennungslücke)

NOT: § 213 StGB „**zum Zorn gereizt**". Es gibt keinen entsprechenden Term im deutschen Recht, jedoch eine gesetzliche Regelung der Milderungsgründe in § 49 StGB, welche inhaltlich konform ist.

***

ATM: Allgemeine Krankenanstalten (1); gesetzl.; 4; Hauptb.; MWA; fem.; pl.; 2841; Gesundheitsrecht

ETM:: general hospitals; FTM: hôpitaux généraux

TMQ: § 2 (1) Z. 1 KAKuG

DEF: Krankenanstalten für Personen ohne Unterschied des Geschlechts, des Alters oder der Art der ärztlichen Betreuung (§ 1).

DFQ: § 2 (1) Z. 1 KAKuG

REL: Synonym

DTM: Krankenhäuser; gesetzl.; 4; Hauptb.; Subst.; neutr.; pl.

DTQ: § 107 (1) SGB V

DEF: Einrichtungen, die 1. der Krankenhausbehandlung oder Geburtshilfe dienen, 2. fachlich-medizinisch unter ständiger ärztlicher Leitung stehen, mit Hilfe von jederzeit verfügbarem ärztlichem, Pflege-, Funktions- und medizinisch-technischem Personal darauf eingerichtet sind, vorwiegend durch ärztliche und pflegerische Hilfeleistung Krankheiten der Patienten zu erkennen, zu heilen, ihre Verschlimmerung zu verhüten, Krankheitsbeschwerden zu lindern oder Geburtshilfe zu leisten.

DFQ: § 107 (1) SGB V LD

***

ATM: allgemeine Krankenanstalten (2); gesetzl.; 4; Hauptb.; MWA; fem.; pl.; 2841; Gesundheitsrecht

ETM: general hospitals; FTM: hôpitaux généraux

TMQ: § 2a (1) KAKuG

DEF: Krankenhäsuer, die einzurichten sind als a) Standardkrankenanstalten oder b) Schwerpunktkrankenanstalten.

DFQ: § 2a (1) KAKuG

REL: Synonym

DTM: **zugelassene Krankenhäuser**; gesetzl.; 4; Haupt.; MWA; neutr.; pl.

DTQ: § 108 SGB V

DEF: Krankenhäuser, die nach den landesrechtlichen Vorschriften als Hochschulklinik anerkannt sind, 2. Krankenhäuser, die in den Krankenhausplan eines Landes aufgenommen sind (Plankrankenhäuser), oder 3. Krankenhäuser, die einen Versorgungsvertrag mit den Landesverbänden der Krankenkassen und den Verbänden der Ersatzkassen abgeschlossen haben.

DFQ: § 108 SGB V

***

ATM: **allgemeine Teile der Liegenschaft**; gesetzl.; 4; Hauptb.; MWA; mask.; pl.; 2846; Mietrecht

ETM:: components of communal property; FTM: parties communes d'une propriété

TMQ: § 2 (4) WEG

DEF: Gebäude, die der allgemeinen Benützung dienen oder deren Zweckbestimmung einer ausschließlichen Benützung entgegen steht.

DFQ: § 2 (4) WEG

REL: Synonym

DTM: **gemeinschaftliches Eigentum**; gesetzl.; 4; Hauptb.; MWA; neutr.; sg.

DTQ: § 1 (5) WoEigG

DEF: Grundstück sowie die Teile, Anlagen und Einrichtungen des Gebäudes, die nicht im Sondereigentum oder im Eigentum eines Dritten stehen.

DFQ: § 1 (5) WoEigG

***

ATM: **Allgemeine Unfallversicherungsanstalt**; gesetzl.; 4; Hauptb.; Name; fem.; sg.; 2841; Sozialrecht; **AUVA**

ETM: Austrian Social Insurance for Occupational Risks; FTM: Institution générale de l'assurance-accidents

TMQ: § 24 (1) Z.1 ASVG

DEF: der gesetzliche Unfallversicherungsträger für Erwerbstätige, SchülerInnen und Studierende.

DFQ: nach www.auva.at/ (21.08.2014)

REL: Teilsynonym

DTM: **Berufsgenossenschaft**; gesetzl.; 4; Hauptb.; Subst.; fem.; sg.

DTQ: § 114 SBG 7

DEF: Träger der gesetzlichen Unfallversicherung für die Unternehmen der deutschen Privatwirtschaft und deren Beschäftigte. Daneben gibt es besondere Berufsgenossenschaften.

DFQ: nach § 114 SBG 7

***

ATM: **allgemeiner und ergänzender Bebauungsplan**; fachlit., 3; MWA; mask.; sg.; 2846; Raumordnung

ETM: general and supplementary development plan; FTM: plan général et complémentaire d'aménagement de zone

TMQ: VfGH G178/04 ua, 23.06.2005

DEF: Planung der verkehrsmäßigen Erschließung und der Art der Bebauung des Baulandes, der Sonderflächen für Beherbergungsgroßbetriebe, der Sonderflächen für Handelsbetriebe, der Sonderflächen für Einkaufszentren sowie jener sonstigen Sonderflächen und jener Vorbehaltsflächen, bei denen dies im Hinblick auf den festgelegten Verwendungszweck im Interesse einer geordneten baulichen Entwicklung erforderlich ist.

DFQ: §§ 54 ff. TROG 2006

NOT: Die allgemeinen Bebauungspläne sind möglichst für größere funktional zusammenhängende Gebiete, die ergänzenden Bebauungspläne möglichst für funktional zusammenhängende Gebiete, zu erlassen.

REL: Teilsynonym; funkt. Äquiv.

DTM: **Bebauungsplan**; gesetzl.; 4; Hauptb.; Subst.; mask.; sg.

TMQ: § 8 Bau GB

DEF: Plan, der die rechtsverbindlichen Festsetzungen für die städtebauliche Ordnung enthält. Er bildet die Grundlage für weitere, zum Vollzug dieses Gesetzbuchs erforderliche Maßnahmen.

DFQ: § 8 Bau GB

NOT: Der Begriff Bebauungsplan hat in Deutschland und Österreich ähnliche, aber nicht deckungsgleiche Bedeutungen. Eine Unterscheidung in „**allgemeine und ergänzende Bebauungspläne**" wird in DE nicht vorgenommen.

***

ATM: **Allgemeines Bürgerliches Gesetzbuch**; gesetzl., 4; Hauptb.; MWA; neutr.; sg.; 1211; Bürgerl. Recht; **ABGB**

ETM: Austrian Civil Code; FTM: Code civil autrichien

TMQ: § 0 ABGB

DEF: die am 01.01.1812 in Kraft getretene Kodifikation des österreichischen allgemeinen Privatrechts (JGS Nr.946/181, BGBl idgF).

DFQ: nach Welser, FWB Bürgerliches Recht

REL: Synonym

DTM: **Bürgerliches Gesetzbuch**; gesetzl.; 4; Hauptb.; MWA; neutr.; sg.; **BGB**

DTQ: BGB

DEF: die am 01.01.1900 in Kraft getretene zentrale Kodifikation des deutschen allgemeinen Privatrechts (RGBl. I S. 195, BGBl idgF).

DFQ: nach http://de.wikipedia.org/wiki/B%C3%BCrgerliches_Gesetzbuch (21.08.2014)

***

ATM: **allographes Testament**; fachlit.; 3; Hauptb.; MWA; neutr.; sg.; 1211; Erbrecht; **fremdhändiges Testament**

ETM: last will not authored by the testator; FTM: testament pas écrit par le testateur

TMQ: OGH 1Ob18/74, 27.02.1974

DEF: beliebig zustande gekommene Niederschrift, die der Erblasser unterschreiben muss.

DFQ: Welser, FWB Bürgerliches Recht

NOT: siehe §§ 579-581 ABGB

DTM: **FEHLT**

***

ATM: **Altabfertigungsanwartschaft;** gesetzl.; 4; Hauptb.; Subst.; fem.; sg.; 4426; Arbeitsrecht

ETM: entitlement to severance payments under legislation that has since been superceeded; FTM: droit à des indemnités de départ selon l'ancien droit

TMQ: § 3 Z. 1 BMSVG

DEF: fiktive Abfertigung nach dem Angestelltengesetz, dem Arbeiter-Abfertigungsgesetz und dem Gutsangestelltengesetz, dem § 32 (5) und (6) ORF-Gesetz, BGBl. I Nr. 83/2001; fiktive Abfertigungen der Angestellten der Österreichischen Bundesbahnen, auf deren Dienstverhältnisse die allgemeinen Vertragsbedingungen für Dienstverträge bei den Österreichischen Bundesbahnen (AVB) zur Anwendung kommen; sowie fiktives außerordentliches Entgelt nach dem Hausgehilfen- und Hausangestelltengesetz zum Zeitpunkt des Übertritts nach § 47 BMSVG.

DFQ: § 3 Z. 1 BMSVG

NOT: Spezifische Form der Abfertigung (DE: „**Abfindung**") aufgrund der „**Abfertigung neu**".

DTM: FEHLT

***

ATM: **Alternativangebot**; gesetzl.; 4; Hauptb.; Subst.; neutr.; sg.; 2031; Angebotsrecht

ETM: alternative offer; FTM: offre alternative

TMQ: § 2 Z. 2 BVergG 2006

DEF: Angebot über einen alternativen Leistungsvorschlag des Bieters.

DFQ: § 2 Z. 2 BVergG 2006

DTM: FEHLT

***

ATM: **alternative Pflichtgegenstände**; gesetzl.; 4; Hauptb.; MWA; mask.; pl.; 3206; Schulrecht

ETM: alternative compulsory school subjects FTM: sujets scolaires obligatoires alternatifs

TMQ: § 8d SchOG

DEF: Unterrichtsgegenstände, deren Besuch zur Wahl gestellt wird, wobei einer von mehreren Unterrichtsgegenständen gewählt werden kann und der gewählte Unterrichtsgegenstand wie ein Pflichtgegenstand gewertet wird.

DFQ: § 8d SchOG

REL: Teilsynonym

DTM: **Wahlpflichtfächer**; gesetzl.; 4; Hauptb.; Subst.; neutr.; pl.

DTQ: § 9 (3) AbdGymV RP 2011

DEF: Unterrichtsfächer, die in der gymnasialen Oberstufe aus mehreren Angeboten eines Wahlpflichtbereichs (z. B. Sprachen) gewählt werden müssen.

DFQ: http://www.enzyklo.de/lokal/42134 (28.08.2014)

***

ATM: **Alterspension**; gesetzl.; 4; Hauptb.; Subst.; fem.; sg.; 2836; Pensionsrecht

ETM: old age pension; FTM: pension de retraite

TMQ: § 8 ASVG

DEF: allgemeiner Begriff für die gesetzliche Altersversorgung der Hinterbliebenen und im Falle von Invalidität, Berufs- und Erwerbsunfähigkeit. Gilt für alle Berufsgruppen, die durch das ASVG, GSVG, FSGV und BSVG erfasst sind.

DFQ: nach § 1 (1) APG

NOT: Versorgungsleistungen aus dem Titel der Unfallversicherung werden hingegen als „Renten" bezeichnet.

REL: Synonym

DTM: **Altersrente für langjährig Versicherte**; gesetzl., 4; Nebenb.; MWA; fem.; sg.; **Altersrente; Ruhegehalt**

DTQ: § 36 SGB 6

DEF: Rente, auf die Versicherte Anspruch haben, wenn sie 1. das 67. Lebensjahr vollendet und 2. die Wartezeit von 35 Jahren erfüllt haben. Die vorzeitige Inanspruchnahme dieser Altersrente ist nach Vollendung des 63. Lebensjahres möglich.

DFQ: nach § 36 SGB 6

NOT: Die Versorgung, die dem Beamten, Richter oder Berufssoldaten als Altersversorgung oder bei Dienstunfähigkeit zusteht, wird als „**Ruhegehalt**" bezeichnet und kann in Anspruch genommen werden, wenn eine Dienstzeit von mindestens fünf Jahren abgeleistet wurde.

***

ATM: **Altersteilzeitgeld (1)**; gesetzl.; 4; Hauptb.; Subst.; neutr.; sg.; 2836; Pensionsrecht

ETM: part-time allowance for elderly employes; FTM: allocation de temps partiel pour personnes âgées

TMQ: § 6 (1) AlVG

DEF: finanzielle Zuwendung an ArbeitgeberInnen, die ältere ArbeitnehmerInnen beschäftigen, die ihre Arbeitszeit verringern, und diesen einen Lohnausgleich gewährt. Gebührt längstens fünf Jahre für Personen, die nach spätestens fünf Jahren das Regelpensionsalter erreichen.

DFQ: § 27 (1) AlVG

REL: Falscher Freund

DTM: **Altersteilzeitzuschlag**; gesetzl.; 4; Hauptb.; Subst.; mask.; sg.

DTQ: § 1 ATZV

DEF: nichtruhegehaltfähige Zuwendung an Beamte und Richter, soweit die Altersteilzeit mindestens mit der Hälfte der bisherigen Arbeitszeit, die für die Bemessung der ermäßigten Arbeitszeit während der Altersteilzeit zugrunde gelegt worden ist, durchgeführt wird.

DFQ: nach § 1 ATZV

***

ATM: **Altersteilzeitgeld (2)**; gesetzl.; 4; Hauptb.; Subst.; neutr.; sg.; 2836; Pensionsrecht

ETM: part-time allowance for elderly employes; FTM: allocation de temps partiel pour personnes âgées

TMQ: § 6 (1) AlVG

DEF: finanzielle Zuwendung an ArbeitgeberInnen, die ältere ArbeitnehmerInnen beschäftigen, die ihre Arbeitszeit verringern, und diesen einen Lohnausgleich gewährt. Gebührt längstens fünf Jahre für Personen, die nach spätestens fünf Jahren das Regelpensionsalter erreichen.

DFQ: § 27 (1) AlVG

REL: Synonym

DTM: **Erstattung des Aufstockungsbetrags für Arbeitgeber**; gesetzl.; 4; Hauptb.; MWA; fem.; sg.

DTQ: § 1 AltTZG

DEF: Ersatzleistung der Bundesagentur für Arbeit an ArbeitgeberInnen im Ausmaß von 20% des Regelarbeitsentgelts für Beschäftigte, die in Altersteilzeit sind, älter als 55 Jahre sind und die Arbeitszeit auf die Hälfte der bisherigen wöchentlichen Arbeitszeit reduziert haben.

DFQ: nach § 4 (1) AltTZG

***

ATM: **Altlastenatlas**; gesetzl.; 4; Hauptb.; Subst.; mask.; sg.; 5216; Umweltrecht

ETM: register of disused hazardous sites; FTM: atlas des sites contaminés

TMQ: Altlastenatlas-VO idF BGBl. II Nr. 348/2008

DEF: Verzeichnis der Flächen in Österreich, die mit Umweltgiften verseucht sind und in der Regel stillgelegte Mülldepononien umfassen, die gemäß ihrem Gefährdungsgrad eingestuft sind.

DFQ: nach Altlastenatlas-VO

REL: Synonym

DTM: **Altlastenkataster**; gesetzl.; 4; Hauptb.; Subst.; mask.; sg.

DTQ: Art. 3 BayBodSchG

DEF: katastermäßige Erfassung bestimmter schädlicher Bodenveränderungen und altlastverdächtiger Flächen.

DFQ: http://www.lfu.bayern.de/altlasten/altlastenkataster/index.htm (22.08.2014)

NOT: Altlastenkataster werden in der Regel von den Umweltämtern der Länder geführt und sind in DE durch Landesgesetze geregelt.

***

ATM: **Amt der Landesregierung**; gesetzl.; 4; Hauptb.; MWA; neutr.; sg.; 0436; Öffentl. Verwaltung

ETM: provincial government office; FTM: bureau du gouvernement regional

TMQ: Art. 106 B-VG

DEF: Hilfsorgan, das der Landesregierung zur Verfügung steht und das unter der Leitung der Landesregierung bzw. einzelner ihrer Mitglieder die Geschäfte der Verwaltung des Landes führt sowie idR unter der Leitung des Landeshauptmannes auch Agenden der mittelbaren Bundesverwaltung durchführt

DFQ: nach Mayer, FWB Öffentl. Recht

REL: Teilsynonym; funkt. Äquiv.

DTM: **Staatskanzlei**; gesetzl.; 4; Hauptb.; Subst:, fem.; sg.

DTQ: § 3 ThürGGO

DEF: Bezeichnung für die Behörde des Ministerpräsidenten.

DFQ: nach Creif21

NOT: In den Stadtstaaten: Senatskanzlei; in Baden-Württemberg: Staatsministerium.

***

ATM: **Amt: ein Amt zurücklegen**; gesetzl., 4; Hauptb.; Verb; 0421; Öffentl. Recht; **Amt: ein Amt niederlegen, eine Funktion zurücklegen**

ETM: to resign from office; FTM: se démettre d'une fonction

TMQ: § 24 (3) PSG

DEF: der Vorgang der Aufgabe einer Funktion oder Tätigkeit eines Beamten oder Funktionsträgers.

DFQ: nach § 24 (3) PSG

NOT: In österreichischen Gesetzestexten wird der Term „**zurücklegen**" neben „**niederlegen**" verwendet, wesentlich häufiger ist jedoch „**zurücklegen**".

REL: Synonym

DTM: **Amt: ein Amt niederlegen**; gesetzl.; 4; Hauptb.; Verb; 0421; Öffentl. Recht

DTQ: § 24 ArbGG

DEF: der Vorgang der Aufgabe einer Funktion oder Tätigkeit eines Beamten oder Funktionsträgers.

DFQ: § 24 ArbGG

NOT: In deutschen Gesetzestexten wird ein Amt nicht „**zurückgelegt**", sondern nur „**niedergelegt**" (vgl. § 14 (3) VerstromG).

***

ATM: **amtliche Besucher/innen**; gesetzl.; 4; Hauptb.; MWA; mask./fem.; pl.; 0806; Internationale Zusammenarbeit

ETM: official visitors; FTM: visiteurs officiels

TMQ: Art. 1 lit. f Abkommen zwischen der Republik Österreich und der Internationalen Anti-Korruptionsakademie (IACA) über den Amtssitz der Internationalen Anti-Korruptionsakademie in Österreich

DEF: in amtlicher Angelegenheit zu ihrem Sitz in Österreich eingeladene Vertreter/innen von Regierungen, internationalen Organisationen und anderen Einrichtungen, mit denen die Organisation zusammenarbeitet, sowie Gastexpert/inn/en, einschließlich Gastvortragende.

DFQ: nach Art. 1 lit. f Abkommen zwischen der Republik Österreich und der Internationalen Anti-Korruptionsakademie (IACA) über den Amtssitz der Internationalen Anti-Korruptionsakademie in Österreich

DTM: FEHLT

***

ATM: amtliche Tätigkeiten; gesetzl.; 4; Hauptb.; MWA; fem.; pl.; 0806; Internationale Zusammenarbeit

ETM: official activities; FTM: activités officielles

TMQ: Art. 1 lit. e Abkommen zwischen der Republik Österreich und der Internationalen Anti-Korruptionsakademie (IACA) über den Amtssitz der Internationalen Anti-Korruptionsakademie in Österreich

DEF: alle Tätigkeiten, die für die Durchführung der im Gründungsvertrag (einer in Österreich ansässigen internationalen Organisation) angeführten Aufgaben erforderlich sind.

DFQ: nach Art. 1 lit. e Abkommen zwischen der Republik Österreich und der Internationalen Antikorruptionsakademie (IACA) über den Amtssitz der Internationalen Anti-Korruptionsakademie in Österreich

DTM: FEHLT

***

ATM: Amtsarzt/Amtsärztin; gesetzl.; 4; Hauptb.; Subst.; mask./fem.; sg., 2841; Gesundheitswesen; **Polizeiarzt**

ETM: medical officer; FTM: médecin officiel

TMQ: § 41 (1) ÄrzteG

DEF: bei den Sanitätsbehörden hauptberuflich tätige/r Arzt/Ärztin, der/die behördliche Aufgaben zu vollziehen hat.

DFQ: § 41 (1) ÄrzteG

NOT: Als Amtsärzte/-innen gelten auch die Arbeitsinspektionsärzte/-innen gemäß § 17 (1) ArbIG 1993.

REL: Teilsynonym

DTM: Amtsarzt/Amtsärztin; gesetzl.; 4; Hauptb.; Subst.; mask./fem.; sg.

DTQ: § 2 (3) NGöGD

DEF: Arzt/Ärztin, der/die bei einem Landkreis oder einer kreisfreien Stadt im öffentlichen Gesundheitsdienst tätig und berechtigt ist, die Gebietsbezeichnung „Öffentliches Gesundheitswesen" zu führen.

DFQ: § 2 (3) NGöGD

***

ATM: Amtsbeschwerde; fachlit.; 3; Hauptb.; Subst.; fem.; sg.; 1221; Öffentl. Recht

ETM: official complaint by an administrative body; FTM: plainte officielle par un organisme de l'administration

TMQ: VwGH 2011/17/0096, 25.09.2012

DEF: (verfassungs)gesetzlich vorgesehene Bescheidbeschwerde eines Organs der Verwaltung an den VwGH, mit der die objektive Rechtswidrigkeit des Bescheides geltend gemacht wird.

DFQ: Mayer, FWB Öffentl. Recht

DTM: FEHLT

***

ATM: Amtsführende/r Präsident/in des Landesschulrates für ... (mit Beifügung des Bundeslandes); Amtsf. Präs. LSR; gesetzl.; 4; Hauptb.; MWA; mask./fem.; sg.; 3216; Schulverwaltung

ETM: acting President of the provincial education authority; FTM: président en exercice de l'autorité scolaire au niveau de la province

TMQ: § 8 (10) Bundes-Schulaufsichtsgesetz

DEF: der/die ausführende Leiter/in der Schulaufsichtsbehörde zweiter Instanz (= eines Bundeslandes), der/die in allen Angelegenheiten, die sich der Präsident des Landesschulrates nicht selbst vorbehält, an dessen Stelle tritt.

DFQ: § 6 (2) Bundes-Schulaufsichtsgesetzes; § 3 K-LSchAG

NOT: Der amtsführende Präsident führt die Geschäfte des Landeschulrats, da laut Gesetz der jeweilige Landeshauptmann Präsident des Landeschulrats ist.

REL: Teilsynonym; funkt. Äquiv.

DTM: Schulpräsident/in; gesetzl., 4; Hauptb.; Subst.; mask./fem.; sg.; **Ministerialbeautragte/r (des staatlichen Schulamts, des mittleren oberen Regierungspräsidiums, des Oberschulamts, der Landesschulbehörde, der sächsischen Bildungsagentur (SBA), des Landesverwaltungsamts usw.)**

DTQ: KMBek vom 29. Juli 2002 (KWMBl I 2002)

DEF: der/die Leiter/in des Schulamtes auf der Ebene des Regierungsbezirks.

DFQ: Art. 7 GG; www.lexikon.meyers.de; www.dbs.schule.de

NOT: Es gibt keine unmittelbare Entsprechung. Das Landesrecht regelt die Zuständigkeit für die Schulaufsicht schulartspezifisch unterschiedlich. Es gibt daher sehr viele verschiedene Organisationsformen und Begriffe.

***

ATM: Amtsführende/r Präsident/in des Stadtschulrates für Wien; gesetzl., 4; Hauptb.; MWA; mask./fem.; sg.; 3216; Schulverwaltung; **Amtsf. Präs. SSR Wien**

ETM: acting President of the Viennese educational authority; FTM: Président en exercice de l'inspection scolaire de l'Etat de Vienne

TMQ: § 6 (2) Bundes-Schulaufsichtsgesetz; § 3 K-LSchAG

DEF: der/die ausführende Leiter/in der Schulaufsichtsbehörde zweiter Instanz (= eines Bundeslandes), der/die in allen Angelegenheiten, die sich der Präsident des Landesschulrates nicht selbst vorbehält, an dessen Stelle tritt.

DFQ: § 3 Bundes-Schulaufsichtsgesetz

REL: Teilsynonym; funkt. Äquiv.

DTM: Schulpräsident/in; gesetzl.; 4; Hauptb.; Subst.; mask./fem.; sg. **Ministerialbeauftragte/r (des staatlichen Schulamts, des mittleren (oberen) Regierungspräsidiums, des Oberschulamts, der Landesschulbehörde, der sächsischen Bildungsagentur (SBA), des Landesverwaltungsamts usw.)**

DTQ: http://www.rp-karlsruhe.de/servlet/PB/menu/1153845/index.html (14.09.2014)

DEF: der/die Leiter/in des Schulamtes auf der Ebene des Regierungsbezirks.

DFQ: http://www.rp-karlsruhe.de/servlet/PB/menu/1153845/index.html (14.09.2014)

NOT: Es gibt keine unmittelbare Entsprechung. Das Landesrecht regelt die Zuständigkeit für die Schulaufsicht schulartspezifisch unterschiedlich.

***

ATM: Amtshaftung; gesetzl.; 4; Subst.; Hauptb.; Subst.; fem.; sg.; 0436; Verwaltungsrecht

ETM: public liability; FTM: responsabilité administrative

TMQ: Amtshaftungsgesetz

DEF: Haftung des Bundes, der Länder, der Gemeinden, sonstiger Körperschaften des öffentlichen Rechts und der Träger der Sozialversicherung für den Schaden am Vermögen oder an der Person, den die als ihre Organe handelnden Personen in Vollziehung der Gesetze durch ein rechtswidriges Verhalten wem immer schuldhaft zugefügt haben; dem Geschädigten haftet das Organ nicht. Der Schaden ist nur in Geld zu ersetzen.

DFQ: nach § 1 (1) AHG

REL: Synonym

DTM: **Staatshaftung**; Subst.; mask.; sg.; gesetzl.; 4; **Haftung bei Amtspflichtverletzung**

DTQ: Art. 74 (1) Z. 25 GG

DEF: Haftung eines Beamten für einen Schaden, den er durch vorsätzliche oder fahrlässige Verletzung der ihm einem Dritten gegenüber obliegenden Amtspflicht verursacht hat. Fällt dem Beamten nur Fahrlässigkeit zur Last, so kann er nur dann in Anspruch genommen werden, wenn der Verletzte nicht auf andere Weise Ersatz zu erlangen vermag.

DFQ: nach § 839 (1) BGB; § 13 (1) VermG

***

ATM: **Amtshaftungsbeschwerde**; gesetzl.; 4; Hauptb.; Subst.; fem.; sg.; 0436; Verwaltungsrecht

ETM: appeal against a public liability decision; FTM: appel contre une décision de responsabilité civile

TMQ: http://www.uvs-ooe.gv.at/ (26.08.2014)

DEF: Antrag des zur Entscheidung über eine Klage nach dem AHG berufenen Gerichtes (Amtshaftungsgericht) an den Verwaltungsgerichtshof auf Feststellung der Rechtswidrigkeit eines Bescheids.

DFQ: Mayer, FWB Öffentl. Recht

REL: Synonym

DTM: **Amtshaftungsklage**; gesetzl.; 4; Hauptb.; Subst.; fem.; sg.

DTQ: Niedersächsisches-OVG 10 LA 31/06, 29.08.2007

DEF: Klage auf Feststellung der Rechtswidrigkeit eines erledigten Verwaltungsakts.

DFQ: nach § 113 (1) VwGO

***

ATM: **Amtsrat/Amtsrätin**; gesetzl., 4; Hauptb.; Subst.; mask./fem.; sg.; 0436; Verwaltungsrecht; **AR**

ETM: (high-ranking) public official; FTM: agent de fonction publique

TMQ: § 140 (2) Z. 2 lit. a BDG

DEF: Amtstitel für Bedienstete von Bund, Ländern und Gemeinden.

DFQ: § 140 BDG, www.help.gv.at.

NOT: In Österreich ist Amtmann / Amtfrau ein Amtstitel für Gemeindebedienstete.

REL: Teilsynonym; funkt. Äquiv.

DTM: **Amtmann / Amtfrau**; gesetzl.; 4; Hauptb.; Subst.; mask./fem; sg.

DTQ: BLV Anlage 1 (zu § 9 [1])

DEF: Amtsbezeichnung für einen Beamten / eine Beamtin der Besoldungsgruppe A 11 im gehobenen Dienst.

DFQ: www.de.wikipedia.org (19.02.2015)

***

ATM: **Amtssachverständige/r**; gesetzl., 4; Hauptb.; Subst.; fem./mask.; sg.; 0436; Verwaltungsrecht; **amtliche/r Sachverständige/r**

ETM: official expert; FTM: expert officiel

TMQ: § 52 (1) AVG

DEF: die der Behörde beigegebenen oder zur Verfügung stehenden amtlichen Sachverständigen.

DFQ: nach § 52 (1) AVG

NOT: Amtssachverständige werden nur beigezogen, nicht bestellt. Sie haben meist ein Dienstverhältnis zu einer Gebietskörperschaft.

DTM: FEHLT

***

ATM: **Amtstag (1)**; gesetzl.; 4; Hauptb.; Subst.; mask.; sg.; 1221; Gerichtsverfassung

ETM: consultation day for free legal advice by the court; FTM: jour de consultation pour des conseils juridiques gratuits par le tribunal

TMQ: § 54 (1) Geo; § 434 ZPO (1)

DEF: wöchentlich mindestens ein Tag, an dem bei Bezirksgerichten mündliche Klagen, Anträge und Erklärungen in Streit- und außerstreitigen Sachen sowie in Privatanklagesachen entgegen genommen werden, damit zu anderen Zeiten alles nicht dringliche Anbringen dieser Art wegen unaufschiebbarer amtlicher Geschäfte auf diesen Tag verwiesen werden kann.

DFQ: § 54 (1) Geo

NOT: Der österr. „**Amtstag**" ist umfassender, es können auch mündliche Klagen eingebracht werden, was in DE nur vor dem Arbeitsgericht möglich ist.

REL: Teilsynonym

DTM: **Amtstag**; fachlit.; 3; Hauptb.; Subst.; mask.; sg.

DTQ: http://www.justiz.bayern.de/gericht/ag/lf/aktuell/02017/index.php (08.09.2014)

DEF: ein Tag bei Gericht, der vorgesehen ist für Angelegenheiten der freiwilligen Gerichtsbarkeit (Betreuungsangelegenheiten, Nachlassverfahren), Beratungshilfe, Tätigkeiten der Rechtsantragsstelle usw.

DFQ: http://www.lag.bayern.de/muenchen/gerichte/kempten/ (08.09.2014)

NOT: Der Begriff ist in DE weitgehend auf Bayern beschränkt. Als Amtstage gelten auch offizielle „**Sprechtage**" von Notaren außerhalb des Notariats.

***

ATM: **Amtstag (2)**; gesetzl.; 4; Hauptb.; Subst.; mask.; sg.; 1221; Gerichtsverfassung

ETM: ETM: consultation day for free legal advice by the court; FTM: jour de consultation pour des conseils juridiques gratuits par le tribunal

TMQ: § 54 (1) Geo; § 434 ZPO (1)

DEF: wöchentlich mindestens ein Tag, an dem bei Bezirksgerichten mündliche Klagen, Anträge und Erklärungen in Streit- und außerstreitigen Sachen sowie in Privatanklagesachen entgegen genommen werden, damit zu anderen Zeiten alles nicht dringliche Anbringen dieser Art wegen unaufschiebbarer amtlicher Geschäfte auf diesen Tag verwiesen werden kann.

DFQ: § 54 (1) Geo

NOT: Der österr. „**Amtstag**" ist umfassender, es können auch mündliche Klagen eingebracht werden, was in DE nur vor dem Arbeitsgericht möglich ist. Sonst wird der Begriff „**Sprechtag**" verwendet.

REL: Teilsynonym

DTM: **Sprechtag**; gesetzl.; 4; Hauptb.; Subst.; mask.; sg.; **Beratungshilfe**

DTQ: § 160 KostO

DEF: ein Tag, an dem Notare verpflichtet sind, in ihrem Notariatsbezirk Auskünfte zu erteilen, soweit hierfür ein Bedürfnis besteht und die Gemeinde geeignete Räume zur Verfügung stellt.
DFQ: nach § 16 Landesgesetz über die freiwillige Gerichtsbarkeit
NOT: Sprechtage sind den Notaren verpflichtend vorgeschrieben.

***

ATM::Amtstitel und Verwendungsbezeichnungen; gesetzl.; 4; Hauptb.; MWA; pl.; 0436; Öffentl. Verwaltung
ETM: official title; FTM: titre officiel
TMQ: § 63 BDG
DEF:: Titel und Funktionsbezeichnungen von Beamten des öffentlichen Dienstes.
DFQ:: nach § 63 BDG
REL:: Synonym

DTM::Amtsbezeichnungen; gesetzl., 4; Hauptb.; Subst.; fem.; pl.; **Dienstbezeichnungen**
DTQ:: § 9 (1) BLV
DEF:: Bezeichnungen des ihnen übertragenen Amtes, die Beamten im Dienst und auch außerhalb des Dienstes führen.
DFQ:: nach § 86 (2) BBG

***

ATM: Amtsverlag; fachlit.; 3; Hauptb.; Subst.; mask.; sg.; 0436; Verwaltungsrecht; **Budget**
ETM: budget of a public authority; FTM: fonds budgétaires par une autorité publique
TMQ: LG für ZRS Wien 42R169/01s, 26.06.2001
DEF: Budgetmittel einer Behörde.
DFQ: LG für ZRS Wien 42R169/01s, 26.06.2001
REL: Synonym

DTM: Etatmittel (der Behörde); fachlit.; 2; Nebenb.; Subst.; neutr.; pl.; **Budgetmittel**
DTQ: http://dipbt.bundestag.de/doc/btd/13/057/1305783.asc (05.09.2014)
DEF: finanzielle Mittel, die einer Behörde jährlich zur Verfügung stehen.
DFQ: http://dipbt.bundestag.de/doc/btd/13/057/1305783.asc (05.09.2014)

***

ATM: Amtsvermerk; gesetzl.; 4; Hauptb.; Subst.; mask.; sg.; 1216; Strafrecht
ETM: official record; FTM: avis officiel
TMQ: § 95 StPO
DEF: das schriftliche Festhalten der Vorbringen von Personen und anderer bedeutsamer Vorgänge, sodass ihr wesentlicher Inhalt nachvollzogen werden kann. Ein solcher Amtsvermerk ist jedenfalls vom aufnehmenden Organ und allenfalls von anderen Personen zu unterfertigen.
DFQ: nach § 95 StPO
NOT: Darüber hinaus wird in § 96 StPO die Protokollierung zur „**Aufnahme von Beweisen**" geregelt.

DTM: FEHLT
NOT: Die deutsche StPO kennt in § 168 lediglich die „**Protokollierung über jede richterliche Untersuchungshandlung**".

***

ATM: Amtsverteidiger/in; gesetzl.; 4; Hauptb.; Subst.; mask./fem.; sg.; 1221; Gerichtsverfassung
ETM: duty lawyer for criminal matters; FTM: défenseur (ou avocat) commis d'office

TMQ: § 61 (3) StPO

DEF: Strafverteidiger/in, der/die in Fällen der gesetzlich notwendigen Verteidigung von Amts wegen bestellt wird, wenn der/die Beschuldigte selbst keine/n Verteidiger/in bevollmächtigt.

DFQ: nach § 61 (3) StPO

NOT: Die Differenzierung in „**Verfahrenshilfeverteidiger/in**" und „**Amtsverteidiger/in**" („**Pflichtverteidiger/in"**) fehlt im deutschen Recht.

REL: Synonym

DTM: Pflichtverteidiger/in; gesetzl.; 4; Hauptb.; Subst.; mask./fem.; sg.

DTQ: § 49 BRAO

DEF: der/die in den Fällen notwendiger Verteidigung vom Gericht bestellte Verteidiger/in des/der Beschuldigten im Strafverfahren.

DFQ: AlpBrock2

***

ATM: Anbot; gesetzl.; 4; Hauptb.; Subst.; neutr.; sg.; 2016; Wirtschaftsrecht; **Angebot; Offert**
ETM: tender; FTM: offre

TMQ: § 46 (2) AbgEO

DEF: Vorschlag, einen Vertrag bestimmten Inhalts abzuschließen.

DFQ: Welser, FWB Bürgerliches Recht

REL: Synonym; Wortform

DTM: Angebot; gesetzl.; 4; Hauptb.; Subst.; neutr.; sg.; **Offerte**

DTQ: § 10 WpÜG

DEF: Willenserklärung, die auf den Abschluss eines Vertrages gerichtet ist.

DFQ: AlpBrock2

***

ATM: Anbotslegung; gesetzl.; 4; Hauptb.; Subst.; fem.; sg.; 2016; Wirtschaftsrecht**; Angebotslegung**
ETM: submission of (a) tender; FTM: présentation d'une offre

TMQ: § 40 UFG

DEF: Vorlage des Anbots zum Abschluss eines Rechtsgeschäftes. Ein Vertrag kommt gültig zustande, wenn das Anbot von demjenigen, an des es gerichtet ist, vollinhaltlich angenommen wurde.

DFQ: www.immodirekt.at (27.08.2014)

REL: Synonym

DTM: Angebotslegung; fachlit., 3; Hauptb.; Subst.; fem.; sg.; **Offertlegung**

DTQ: Deutscher Bundestag, Plenarprotokoll 16/120

DEF: Vorlage des Angebots zum Abschluss eines Rechtsgeschäftes.

DFQ: ED

***

ATM: Anbringen; gesetzl.; 4; Hauptb.; Subst.; neutr.; sg.; 1226; Gerichtsorganisation
ETM: application; FTM: requête

TMQ: § 13 (1) AVG

DEF: Überbegriff für Anträge, Gesuche, Anzeigen, Beschwerden und sonstige Mitteilungen, die bei der Behörde schriftlich, mündlich oder telefonisch eingebracht werden können.

DFQ: § 13 (1) AVG

REL: Synonym

DTM: Eingabe; gesetzl.; 4; Hauptb.; Subst:, fem.; sg.

DTQ: § 9 WBeauftrG

DEF: gesetzlich nicht genauer umrissene Bezeichnung für Anträge, Einwendungen und Anregungen an Verwaltungsbehörden sowie für Bitten und Beschwerden an die Volksvertretung.

DFQ: Creif21

***

ATM: **Anderslieferung**; fachlit., 3; Hauptb.; Subst; fem.; sg.; 2116; Handelsrecht; **Aliudlieferung, Falschlieferung**

ETM: faulty delivery; FTM: livraison erronée

TMQ: OGH 5Ob522/91, 17.05.1991

DEF: Lieferung einer Ware, die sich von der bestellten so stark unterscheidet, dass ein vernünftiger Kaufmann damit keinen Erfüllungsversuch unternehmen würde und vom Käufer ein Behalten der Ware als Vertragserfüllung nicht erwartet werden kann.

DFQ: nach www.uibk.ac.at/zivilrecht/buch/kap7_0.xml?section-view=true;section=2 (22.08.2014)

REL: Synonym

DTM: **Falschlieferung**; fachlit..; 3; Hauptb.; Subst.; fem.; sg.; **Aliud**

DTQ: 58. Verordnung zur Änderung der AWV, Zu Art. 1 Nr. 3

DEF: Lieferung einer anderen als der verkauften Sache.

DFQ: AlpBrock2; § 434 (3) BGB

NOT: Seit der Modernisierung des Schuldrechts mit Wirkung ab 1. Januar 2002 (Schuldrechtsreform 2002) steht ein aliud einem Sachmangel gleich und führt zur Gewährleistung mit den in § 437 BGB genannten Mängelansprüchen.

***

ATM: **Anerbe / Anerbin**; gesetzl.; 4; Hauptb.; Subst.; mask./fem.; sg.; 1211; Erbrecht

ETM: heir to the farm; FTM: héritier de la ferme

TMQ: § 3 AnerbG

DEF: begünstigte/r Erbe/Erbin eines Erbhofes, der/die die weichenden Erben abfinden muss.

DFQ: Welser, FWB Bürgerliches Recht

NOT: Diese Norm kommt zum Tragen, wenn bei der gesetzlichen Erbfolge nach dem Alleineigentümer eines Erbhofs mehrere Miterben berufen sind.

REL: Synonym

DTM: **Hoferbe / Hoferbin**; gesetzl.; 4; Hauptb.; Subst.; mask./fem.; sg.

DTQ: § 4 HöfeO

DEF: Erbe/Erbin, dem/der der Hof als Teil der Erbschaft kraft Gesetzes zufällt.

DFQ: nach § 4 HöfeO

NOT: Das deutsche Recht kennt zwar die Begriffe „**Anerbengesetz**" bzw. „**Anerbenrecht**", bezeichnet aber den Erben, der den bäuerlichen Hof übernimmt, als „**Hoferben**".

***

ATM: **Anerbengesetz**; gesetzl.; 4; Hauptb.; Subst.; neutr.; sg.; 1211; Erbrecht; **AnerbenG**

ETM: law of succession regarding agricultural estates; FTM: loi sur l'héritage agricole

TMQ: BGBl. Nr. 106/1958 zuletzt geändert BGBl. I Nr. 2/2008

DEF: Bundesgesetz über besondere Vorschriften für die bäuerliche Erbteilung.

DFQ: https://www.ris.bka.gv.at/ Gesetzesnummer=10001969 (08.12.2014)

REL: Teilsynonym

DTM: **Höfeordnung**; gesetzl.; 4; Hauptb.; Subst.; fem.; sg.; **HöfeO**

DTQ: BGBl. I S. 1933 (1976) zuletzt geändert BGBl. I S. 2586 (2008)

DEF: erbrechtliches Spezialgesetz (Bundesgesetz), das in den nordwestdeutschen Bundesländern Schleswig-Holstein, Hamburg, Niedersachsen und Nordrhein-Westfalen gilt.
DFQ: nach § 1 (1) HöfeO
***
ATM: **Anfallsalter**; gesetzl.; 4; Hauptb.; Subst.; neutr.; sg.; 4406; Pensionsrecht; **Pensionsanfallsalter**
ETM: pension age; FTM: âge de la retraite
TMQ: § 617 (11) ASVG
DEF: das gesetzlich geregelte Alter, ab dem Pensionsanprüche aus der gesetzlichen Pensionsversicherung geltend werden.
DFQ: nach http://www.help.gv.at/Content.Node/99/Seite.991005.html) (21.08.2014)
REL: Synonym

DTM: **Regelaltersgrenze**; gesetzl.; 4; Subst.; fem.; sg.; **Rentenzugangsalter**
DTQ: § 235 SGB VI
DEF: das gesetzliche Alter, ab dem jemand den Altersruhestand antreten kann.
DFQ: nach Deutscher Bundestag, Drucksache 16/11060, 21.11.2008

***
ATM: **Anfrage außerhalb einer Tagung**; gesetzl.; 4; Hauptb.; MWA; fem.; sg.; 0421; Öffentl. Recht
ETM: enquiry outside a session of parliament; FTM: demande de renseignement hors session du parlement
TMQ: § 31f (6) GOG-NR
DEF: Anfrage von fünf Abgeordneten an ein Mitglied der Bundesregierung außerhalb einer Tagung, um Auskunft darüber zu verlangen, welche Vorlagen, Dokumente, Berichte, Informationen und Mitteilungen zu einem bestimmten Vorhaben im Rahmen der Europäischen Union in seinem Wirkungsbereich innerhalb eines konkret bestimmten Zeitraums, höchstens jedoch innerhalb der letzten drei Monate, eingelangt sind. In diesem Fall hat der Befragte binnen 20 Arbeitstagen nach Übergabe der Anfrage an den Präsidenten des Nationalrates zu antworten.
DFQ: § 31f (6) GOG-NR

DTM: FEHLT
***
ATM: **Angebotsbestandteil**; gesetzl.; 4; Hauptb.; Subst.; mask.; sg.; 2016; Wirtschaftsrecht
ETM: part of tender FTM: partie de l'offre
TMQ: § 2 Z. 4 BVergG 2006
DEF: jeder gesonderte Teil eines aus mehreren Teilen bestehenden Angebotes (wie z.B. eigenständige Unterlagen, Nachweise, Erklärungen, Dokumente, eigenständige Dateien).
DFQ: § 2 Z. 4 BVergG 2006

DTM: FEHLT
***
ATM: **Angebotshauptteil**; gesetzl.; 4; Hauptb.; Subst.; mask.; sg.; 2016; Wirtschaftsrecht
ETM: main part of tender; FTM: partie principale de l'offre
TMQ: § 2 Z. 5 BVergG 2006
DEF: jener Angebotsbestandteil, der zumindest folgende Angaben enthalten muss: a) Name und Geschäftssitz des Bieters; b) die elektronische Adresse jener Stelle, die zum Empfang der Post berechtigt ist, c) den Gesamtpreis oder den Angebotspreis mit Angabe des Ausmaßes allfälliger Nachlässe und Aufschläge und, wenn die Vergabe in Teilen oder für die ganze Leistung oder für

Teile derselben Varianten vorgesehen waren, auch die Teilgesamtpreise oder Teilangebotspreise sowie die Variantenangebotspreise, d) bei veränderlichen Preisen, sofern nicht entsprechende ÖNORMen für anwendbar erklärt worden sind - die Regeln und Voraussetzungen, die eine eindeutige Preisumrechnung ermöglichen, e) allfällige Alternativ- oder Abänderungsangebotspreise sowie f) das Angebotsinhaltsverzeichnis.

DFQ: § 2 Z. 5 BVergG 2006

DTM: FEHLT

***

ATM: Angebotsinhaltsverzeichnis; gesetzl.; 4; Hauptb.; Subst.; neutr.; sg.; 2016; Wirtschaftsrecht

ETM: table of contents of tender; FTM: table des matières de l'offre

TMQ: § 2 Z. 6 BVergG 2006

DEF: vollständige Aufzählung der dem Angebotshauptteil beigeschlossenen oder gesondert eingereichten weiteren Angebotsbestandteile.

DFQ: § 2 Z. 6 BVergG 2006

DTM: FEHLT

***

ATM: Angehörige; gesetzl.; 4; Hauptb.; Subst.; mask./fem.; pl.; 2806; Familienrecht

ETM: relatives; FTM: proches, parents

TMQ: § 36a (1) AVG

DEF: 1. der Ehegatte, 2. die Verwandten in gerader Linie und die Verwandten zweiten, dritten und vierten Grades in der Seitenlinie, 3. die Verschwägerten in gerader Linie und die Verschwägerten zweiten Grades in der Seitenlinie, 4. die Wahleltern und Wahlkinder und die Pflegeeltern und Pflegekinder, 5. Personen, die miteinander in Lebensgemeinschaft leben, sowie Kinder und Enkel einer dieser Personen im Verhältnis zur anderen Person sowie 6. der eingetragene Partner.

DFQ: § 36a (1) AVG

NOT: Der DE-Term umfasst einen deutlich größeren Personenkreis.

REL: Teilsynonym

DTM: Angehörige; gesetzl.; 4; Hauptb.; Subst.; mask./fem.; pl.

DTQ: § 15 AO

DEF: 1. der Verlobte auch im Sinne des Lebenspartnerschaftsgesetzes, 2. der Ehegatte oder Lebenspartner, 3. Verwandte und Verschwägerte gerader Linie, 4. Geschwister, 5. Kinder der Geschwister, 6. Ehegatten oder Lebenspartner der Geschwister und Geschwister der Ehegatten oder Lebenspartner, 7. Geschwister der Eltern, 8. Personen, die durch ein auf längere Dauer angelegtes Pflegeverhältnis mit häuslicher Gemeinschaft wie Eltern und Kind miteinander verbunden sind (Pflegeeltern und Pflegekinder).

DFQ: §15 AO

NOT: Der Status als Angehöriger bleibt auch dann aufrecht, wenn die Ehe, Lebenpartnerschaft oder die häusliche Gemeinschaft nicht mehr besteht.

***

ATM: Angeklagte/r (1); gesetzl.; 4; Hauptb.; Subst.; fem./mask.; sg.; 1216; Strafrecht

ETM: accused person; FTM: inculpé/e

TMQ: § 48 (1) StPO

DEF: jede/r Beschuldigte, gegen den/die Anklage eingebracht worden ist.

DFQ: § 48 (1) StPO

NOT: Im österr. Recht ist unerheblich, ob es sich um das Hauptverfahren handelt oder nicht. Dies wird im dt. Recht unterschieden. Beachte außerdem „**Angeklagte/r (2)**" mit der spezifischen Entsprechung „**Angeklagte/r**".

REL: Teilsynonym

DTM: **Angeschuldigte/r**; gesetzl.; 4; Hauptb.; Subst.; fem./mask.; sg.

DTQ: § 157 StPO

DEF: der/die Beschuldigte, gegen den/die öffentliche Klage erhoben ist.

DFQ: § 157 StPO

***

ATM: **Angeklagte/r (2)**; gesetzl.; 4; Hauptb.; Subst.; mask./fem.; sg.; 1216; Strafrecht

ETM: accused person; FTM: inculpé/e, accusé/e

TMQ: § 48 (1) StPO

DEF: jede/r Beschuldigte, gegen den/die Anklage eingebracht worden ist.

DFQ: § 48 (1) StPO

NOT: Im österr. Recht ist unerheblich, ob es sich um das Hauptverfahren handelt oder nicht. Dies wird im dt. Recht unterschieden. Beachte außerdem „**Angeklagte/r (1)**" mit der spezifischen Entsprechung „**Angeschuldigte/r**".

REL: Teilsynonym

DTM: **Angeklagte/r**; gesetzl.; 4; Hauptb.; Subst.; mask./fem.; sg.

DTQ: § 157 StPO

DEF: der/die Beschuldigte oder Angeschuldigte, gegen den/die die Eröffnung des Hauptverfahrens beschlossen ist.

DFQ: Creif21

***

ATM: **Angeld**; gesetzl.; 4; Hauptb.; Subst.; neutr.; sg.; 6416; Handelsrecht

ETM: deposit; FTM: arrhes, acompte

TMQ: §§ 908 f. ABGB

DEF: Geld, das beim Abschluss eines Vertrages von einer Partei der anderen als Zeichen des Abschlusses oder zur Sicherstellung der Erfüllung gegeben wird. Voraussetzung ist ein gültiges Geschäft, sonst kann das geleistete Angeld zurückgefordert werden.

DFQ: Welser, FWB Bürgerliches Recht

NOT: Bei schuldhafter Nichterfüllung des Vertrages durch den Geber darf der Empfänger das Angeld behalten.

REL: Synonym

DTM: **Draufgabe**; gesetzl.; 4; Hauptb.; Subst.; fem.; sg.; **Naturalrabatt**; **Angeld**

DTQ: § 336 BGB

DEF: Leistung, die zum Zeichen des Vertragsabschlusses erbracht wird. Sie gilt im Zweifel nicht als Reugeld (§§ 336 ff. BGB), wird im Zweifel angerechnet und ist bei Vertragsaufhebung zurückzugeben.

DFQ: nach § 336 BGB; www.lexikon.meyers.de (14.02.2015)

***

ATM: **Angelobung**; gesetzl.; 4; Hauptb.; Subst.; fem.; sg.; 0436; Öffentl. Verwaltung

ETM: swearing-in; FTM: prestation de serment

TMQ: § 7 BDG 1979

DEF: das Versprechen eines Staatsdieners, dem Staat wie auch dem Volk treu zu dienen; dies betrifft Beamte wie auch Soldaten.

DFQ: § 7 BDG 1979; § 41 (7) WG 2001

NOT: Eine Angelobung erfüllt die gleiche Funktion wie eine Beeidigung. In Österreich werden der Bundespräsident, die Abgeordneten der Parlamente, die Berufssoldaten wie auch Grundwehrdiener angelobt.

REL: Teilsynonym

DTM: **Vereidigung**; gesetzl., 4; Hauptb.; Subst.; fem.; sg.; **Beeidigung**; **Ablegung des Diensteides**

DTQ: § 393 ZPO

DEF: die Abnahme eines Eides.

DFQ: § 393 ZPO

NOT: umfasst im deutschen Recht auch die Vereidigung von Staatsdienern, welche nach dem österreichischen Recht als „**Angelobung**" bezeichnet wird.

***

ATM: **Angriffe auf oberste Staatsorgane**; gesetzl.; 4; Hauptb.; MWA; mask.; pl.; 1216; Strafrecht

ETM: attacks against supreme organs of state; FTM: attaques contre les organes suprêmes de l'Etat

TMQ: §§ 249-251 StGB

DEF: alle Delikte, die im Besonderen Teil, 15. Abschnitt, des österr. StGB geregelt werden

DFQ: §§ 249-251 StGB

REL: Synonym; funkt. Äquiv.

DTM: **Straftaten gegen Verfassungsorgane**; gesetzl.; 4; Hauptb.; MWA; fem.; pl.

DTQ: Nichtamtliches Inhaltsverzeichnis StGB

DEF: Delikte, die in einem Teil des 4. Abschnitts des 4. Titels des deutschen StGB geregelt werden.

DFQ: §§ 105-106b StGB

***

ATM: **Anhebungsbegehren**; gesetzl.; 4; Hauptb.; Subst.; neutr.; sg. 2846; Mietrecht

ETM: rent increase request; FTM: demande d'augmentation du loyer

TMQ: § 12a (1) MRG

DEF: Ansuchen des Vermieters, den Mietzins bis zu dem nach § 16 (1) MRG zulässigen Betrag anzuheben, wenn der bisherige Hauptmietzins niedriger als der angemessene Hauptmietzins nach § 16 (1) MRG ist. Das Anhebungsbegehren kann bis spätestens sechs Monate nach Anzeige der Unternehmensveräußerung erhoben werden; zu berücksichtigen ist bei der Höhe des Mietzinses die Art der im Mietgegenstand ausgeübten Geschäftstätigkeit.

DFQ: nach § 12a (2) MRG

NOT: Diese Art der Anhebung des Mietzinses gilt nur für Geschäftsräume.

REL: Teilsynonym

DTM: **Mieterhöhungsverlangen**; gesetzl.; 4; Hauptb.; Subst.; neutr.; sg.

DTQ: § 558 BGB

DEF: Verlangen einer Erhöhung der Miete bis zur ortsüblichen Vergleichsmiete, wenn die Miete in dem Zeitpunkt, zu dem die Erhöhung eintreten soll, seit 15 Monaten unverändert ist.

DFQ: § 558 (1) BGB

***

ATM: **Anheimsagung**; gesetzl.; 4; Hauptb.; Subst.; fem.; sg.; 2416; Wirtschaftsrecht

ETM: reinstatement of a pharmacy's operating license; FTM: remise du permis d'exploitation d'une pharmacie

TMQ: § 13 ApoG

DEF: Zurücklegung der Konzession zum Betrieb einer Apotheke.

DFQ: nach § 13 ApoG

DTM: FEHLT

NOT: Es fehlt ein spezifischer Terminus. Der Sachverhalt kann ausgedrückt werden durch: „**Zurücklegung der Betriebserlaubnis für eine Apotheke**".

***

ATM: Anklage; gesetzl.; 4; Hauptb.; Subst.; fem.; sg.; 1216; Strafrecht

ETM: indicment; FTM: action publique

TMQ: § 210 StPO

DEF: der formelle Akt des Staatsanwaltes im Verfahren vor dem Schöffensenat oder Geschworenengericht, mit dem nach hinreichender Klärung der Tatumstände im Vorverfahren der Beschuldigte einer Straftat bezichtigt und seine Bestrafung gefordert wird.

DFQ: nach § 210 StPO

REL: Synonym

DTM: öffentliche Klage; gesetzl.; 4; Hauptb.; MWA; fem.; sg.; **Anklage**

DTQ: § 152 StPO

DEF: die Anklage durch den Staatsanwalt im Strafprozess. Die öffentliche Klage wird durch die Einreichung einer Anklageschrift bei Gericht oder durch den Antrag auf eine gerichtliche Voruntersuchung erhoben.

DFQ: http://www.123-rechtsinfo.eu/47/Fachbegriffe/Rechts-Lexikon.html (27.01.2015)

***

ATM: Anklage gegen Mitglieder der Bundesregierung; gesetzl.; 4; Hauptb.; MWA; fem.; sg.; 0421; Öffentliches Recht; **Ministeranklage**

ETM: impeachment of members of federal government; FTM: destitution à l'encontre de membres du gouvernement fédéral

TMQ: § 82 (2) Z. 5 GOG-NR

DEF: Anklage des Nationalrates gegen Mitglieder der Bundesregierung oder ihnen hinsichtlich der Verantwortlichkeit gleichgestellte Organe wegen Gesetzesverletzung.

DFQ: § 82 (2) Z. 5 GOG-NR

DTM: FEHLT

NOT: Vor dem Verfassungsgericht ist in einigen Bundesländern (z.B. in Nordrhein-Westfalen oder Niedersachsen) eine Anklage wegen vorsätzlicher oder grob fahrlässiger Verletzung der Verfassung oder eines anderen Gesetzes möglich. Bundesminister können vor dem Bundesverfassungsgericht nicht angeklagt werden. (http://juristisches-lexikon.ra-kdk.de/eintrag/Ministeranklage.html; 18.09.2014)

***

DTM: Ankündigung von Modernisierungsmaßnahmen; gesetzl.; 4; Hauptb.; MWA; fem.; sg.; 2846; Mietrecht

ETM: announcement of modernization measures; FTM: annonce de mesures de modernisation

DTQ: § 555c BGB

DEF: Verpflichtung des Vermieters, dem Mieter eine Modernisierungsmaßnahme spätestens drei Monate vor ihrem Beginn in Textform anzukündigen.

DFQ: nach § 555c (1) BGB

ATM: FEHLT (Benennungslücke)

TMQ: § 4 (4) MRG

DEF: Nützliche Verbesserungen im Inneren eines Mietgegenstandes bedürfen der Zustimmung des Hauptmieters.

DFQ: § 4 (4) MRG

NOT: Die Verpflichtung zur Ankündigung der nützlichen Verbesserung gilt nur für solche innerhalb eines Mietgegenstandes. Sie ist formal nicht geregelt.

***

ATM: **Anmeldungsgewerbe**; gesetzl.; 4; Hauptb.; Subst.; neutr.; sg.; 4426; Gewerberecht

ETM: trade that is subject to conditions of registration; FTM: commerce soumis à autorisation

TMQ: §§ 5, 339 GewO

DEF: Gewerbe, das bei Erfüllung der allgemeinen und den etwa vorgeschriebenen besonderen Voraussetzungen auf Grund der Anmeldung des betreffenden Gewerbes ausgeübt werden darf.

DFQ: §§ 5, 339 GewO

NOT: Bsp.: Handwerke, gebundene Gewerbe und freie Gewerbe.

REL: Synonym

DTM: **anzeigepflichtiges Gewerbe**; fachlit.; 3; Hauptb.; Subst.; neutr.; sg.

DTQ: http://www.rakcelle.de/kkm-online/archiv/2008/kkm_03.08.htm (14.09.2014)

DEF: Gewerbe, das bei der zuständigen Behörde angezeigt werden muss (Betrieb eines stehenden Gewerbes, einer Zweigniederlassung oder einer unselbständigen Zweigstelle).

DFQ: nach § 14 (1) GewO

***

ATM: **Anmerkung der Abschreibung**; gesetzl.; 4; Hauptb.; MWA; fem.; sg.; 0436; Öffentl. Verwaltung; Exekutionsrecht

ETM: formal notice of a partial transfer between estates of land; FTM: mention relative à un transfert d'une partie de propriété foncière vers une autre propriété foncièr

TMQ: § 20 lit. b GBG

DEF: spezielle Grundbuchseintragung, die die Zuschreibung eines Bestandteiles eines Grundbuchskörpers und seine Zuschreibung zu einem anderen Grundbuchskörper oder die Eröffnung einer neuen Einlage festhält. Sie unterliegt besonderen Vorschriften.

DFQ: nach §§ 20 lit. b, 74 (1) GBG

NOT: Die Abschreibung des Bestandteiles eines Grundbuchskörpers und seine Zuschreibung zu einem anderen Grundbuchskörper oder die Eröffnung einer neuen Einlage für diesen Bestandteil ist nur dann zulässig, wenn der abzuschreibende Teil genau, nötigenfalls durch Pläne, von denen eine Kopie in der Urkundensammlung aufzubewahren ist, bezeichnet ist und wenn die das Begehren begründenden Urkunden den zu einer Einverleibung des Eigentumsrechtes vorgeschriebenen Erfordernissen entsprechen.

REL: Synonymes Konzept, fehlender Term

DTM: FEHLT (Benennungslücke)

NOT: Die „**Vormerkung**" bzw. „**Eintragungen in Abteilung 3 des Grundbuchs**" haben im dt. Recht hinsichtlich der Sicherung von künftigen Rechten im Rahmen des Sachenrechts in vielerlei Hinsicht dieselbe Funktion wie die „**Anmerkung**" im österr. Recht. Sie werden jedoch nicht spezifisch benannt.

***

ATM: **Anmerkung der Aufkündigung**; gesetzl.; 4; Hauptb.; MWA; fem.; sg.; 0436; Exekutionsrecht; **Anmerkung einer gerichtlich oder notariell beurkundeten Aufkündigung einer Hypothekarforderung**

ETM: formal notice of termination; FTM: mention relative à l'annulation d'une créance hypothécair

TMQ: § 60 (1) GBG

DEF: Eintragung ins Grundbuch, mit der eine gerichtlich oder notariell beurkundete Aufkündigung einer Hypothekarforderung festgehalten wird.

DFQ: nach § 60 (1) GBG

REL: Synonymes Konzept, fehlender Term

DTM: **FEHLT** (Benennungslücke)

NOT: Die „**Vormerkung**" bzw. „**Eintragungen in Abteilung 3 des Grundbuchs**" haben im dt. Recht hinsichtlich der Sicherung von künftigen Rechten im Rahmen des Sachenrechts in vielerlei Hinsicht dieselbe Funktion wie die „**Anmerkung**" im österr. Recht. Sie werden jedoch nicht spezifisch benannt.

***

ATM: **Anmerkung der Einräumung von Wohnungseigentum**; gesetzl., 4; Hauptb.; MWA; fem.; sg.; 0436; Öffentl. Verwaltung; Wohnrecht

ETM: formal record of granting of condominium; FTM: mention relative à l'octroi de propriété

TMQ: § 40 (2) WEG

DEF: grundbücherliche Eintragung, die auf Antrag des Wohnungseigentumsbewerbers oder des Wohnungseigentumsorganisators erfolgen kann, nämlich dass die Zusage der Einräumung des Wohnungseigentums erfolgt ist.

DFQ: nach § 40 (2) WEG

NOT: Gleichzeitig mit der erstmaligen Eintragung einer Anmerkung nach Abs. 1 oder 2 sind in der Aufschrift des Gutsbestandsblatts die Worte „**Wohnungseigentum in Vorbereitung**" einzutragen.

REL: Teilsynonym

DTM: **Eintragung der Begründung von Wohnungseigentum**; gesetzl.; 4; Hauptb.; MWA; fem.; sg.

DTQ: § 29 BewG

DEF: Eintragung des Wohnungseigentums ins Grundbuch.

DFQ: nach § 4 (1) WoEigG

***

ATM: **Anmerkung der Erteilung des Zuschlages**; gesetzl.; 4; Hauptb.; MWA; fem.; sg.; 0436; Öffentl.Verwaltung; Exekutionsrecht

ETM: formal notice of acceptance of the bid; FTM: mention relative à l'attribution de l'adjudication

TMQ: § 72 (1) GBG

DEF: Eintragung ins Grundbuch, die von jenem Gericht von Amts wegen vorgenommen wird, bei dem die Zwangsversteigerung einer Liegenschaft vollzogen worden ist.

DFQ: nach § 72 (1) GBG

NOT: Eine solche Anmerkung hat zur Folge, dass weitere Eintragungen gegen den bisherigen Eigentümer nur für den Fall ein Recht entfalten, als die Versteigerung für unwirksam erklärt wird.

REL: Synonymes Konzept, fehlender Term

DTM: **FEHLT** (Benennungslücke)

NOT: Die „**Vormerkung**" bzw. „**Eintragungen in Abteilung 3 des Grundbuchs**" haben im dt. Recht hinsichtlich der Sicherung von künftigen Rechten im Rahmen des Sachenrechts in vielerlei Hinsicht dieselbe Funktion wie die „**Anmerkung**" im österr. Recht. Sie werden jedoch nicht spezifisch benannt.

***

ATM: **Anmerkung der Hypothekarklage**; gesetzl.; 4; Hauptb.; MWA; fem.; sg.; 0436; Öffentl. Verwaltung; Exekutionsrecht

ETM: notice of a mortgagee claim; FTM: mention relative à une demande de liquidation de biens immobiliers

TMQ: § 60 (1) GBG

DEF: Eintragung ins Grundbuch, die vom Pfandgläubiger gegen den eingetragenen Eigentümer der verpfändeten Liegenschaft verlangt werden kann, wenn die Anhängigkeit der Hypothekarklage ausgewiesen ist.

DFQ: § 60 (1) GBG

REL: Synonymes Konzept, fehlender Term

DTM: **FEHLT** (Benennungslücke)

NOT: Die „**Vormerkung**" bzw. „**Eintragungen in Abteilung 3 des Grundbuchs**"haben im dt. Recht hinsichtlich der Sicherung von künftigen Rechten im Rahmen des Sachenrechts in vielerlei Hinsicht dieselbe Funktion wie die „**Anmerkung**" im österr. Recht. Sie werden jedoch nicht spezifisch benannt.

***

ATM: **Anmerkung der Klage**; gesetzl.; 4; Hauptb.; MWA; fem.; sg.

ETM: priority notice (of conveyance); FTM: mention au registre foncier

TMQ: § 27 (1) WEG

DEF: grundbücherliche Eintragung, mit der das Vorzugspfandrecht einer Eigentümergemeinschaft an einem Miteigentumsanteil im Rahmen einer Pfändung geltend gemacht werden kann.

DFQ: nach § 27 (1) WEG

REL: Synonymes Konzept, fehlender Term

DTM: **FEHLT (Benennungslücke)**

NOT: Die „**Vormerkung**" bzw. „**Eintragungen in Abteilung 3 des Grundbuchs**" haben im dt. Recht hinsichtlich der Sicherung von künftigen Rechten im Rahmen des Sachenrechts in vielerlei Hinsicht dieselbe Funktion wie die „**Anmerkung**" im österr. Recht. Sie werden jedoch nicht spezifisch benannt.

***

ATM: **Anmerkung der Konkurseröffnung**; gesetzl.; 4; Hauptb.; MWA; fem.; sg.; 0436; Öffentl. Verwaltung; Exekutionsrecht

ETM: formal notice of the commencement of bankruptcy proceedings; FTM: mention relative à la déclaration de faillite

TMQ: § 20 lit. a GBG

DEF: spezielle Eintragung ins Grundbuch, die die Eröffnung des Konkurses über die gesamte Konkursmasse vermerkt, die dem Gemeinschuldner zu dieser Zeit gehört und dessen freier Verfügung entzieht.

DFQ: nach § 1 IO; § 20 lit. a GBG

REL: Teilsynonym; funkt. Äquiv.

DTM: **Eintragung der Eröffnung des Insolvenzverfahrens ins Grundbuch;** gesetzl., 4; Hauptb.; MWA; fem.; sg.

DTQ: § 32 InsO

DEF: Eintragung der Eröffnung des Insolvenzverfahrens ins Grundbuch.

DFQ: nach § 32 InsO

NOT: Die Eintragung der Eröffnung des Insolvenzverfahrens ins Grundbuch nach § 32 InsO entspricht funktional dem österr. Term. Die spezifische österr. Eintragungsform fehlt.

***

ATM: **Anmerkung der Rangordnung**; gesetzl.; 4; Hauptb.; MWA; fem.; sg.; 0436; Öffentl. Verwaltung; **bücherliche Anmerkung**

ETM: priority notice (of conveyance); FTM: mention au registre foncier (concernant le rang)

TMQ: § 53 (1) GBG

DEF: Eintragung ins Grundbuch, die entweder bloß der Ersichtlichmachung rechtserheblicher Umstände, insbesondere persönlicher Verhältnisse (z.B. Bestellung eines Sachwalters), dient; oder die darüber hinaus besonders geregelte Rechtswirkungen auslöst (z.B. Streitanmerkung).

DFQ: nach § 53 (1) GBG

REL: Teilsynonym; funkt. Äquiv.

DTM: **Vormerkung**; gesetzl.; 4; Hauptb.; Subst.; fem.; sg.

DTQ: § 883 (1) u. (3) BGB

DEF: Eintragung ins Grundbuch zur Sicherung des Anspruchs auf Einräumung oder Aufhebung eines Rechts an einem Grundstück oder an einem das Grundstück belastenden Recht oder auf Änderung des Inhalts oder des Ranges eines solchen Rechts. Die Eintragung einer Vormerkung ist auch zur Sicherung eines künftigen oder eines bedingten Anspruchs zulässig. Der Rang des Rechts, auf dessen Einräumung der Anspruch gerichtet ist, bestimmt sich nach der Eintragung der Vormerkung.

DFQ: § 883 (1) u. (3) BGB

NOT: Die „**Vormerkung**" bzw. „**Eintragungen in Abteilung 3 des Grundbuchs**" haben im dt. Recht hinsichtlich der Sicherung von künftigen Rechten im Rahmen des Sachenrechts in vielerlei Hinsicht dieselbe Funktion wie die „**Anmerkung**" im österr. Recht. Sie werden jedoch nicht spezifisch benannt.

***

ATM: **Anmerkung der Simultanhaftung**; gesetzl.; 4; Hauptb.; MWA; fem.; sg.; 0436; Öffentl. Verwaltung; Exekutionsrecht

ETM: notice of a multi-title charge; FTM: mention relative a une hypothèque simultanée

TMQ: § 20 lit. b GBG

DEF: Grundbucheintragung, mit der eine Simultanhypothek vermerkt wird. Sie umfasst das Pfandrecht, das für dieselbe Forderung ungeteilt auf zwei oder mehrere Grundbuchskörper oder Hypothekarforderungen eingetragen wurde.

DFQ: nach §§ 20 lit. b, 15 (1) GBG

DTM: **FEHLT**

***

ATM: **Anmerkung der vorbehaltenen Verpfändung**; gesetzl.; 4; Hauptb.; MWA; fem.; sg.; 0436; Exekutionsrecht

ETM: notice of a reserved right of mortgage; FTM: mention relative à un nantissement

TMQ: § 40 (1) WEG

DEF: grundbücherliche Eintragung, dass für die Begründung von Wohnungseigentum die Verpfändung bis zu einem bestimmten Betrag vorbehalten wird.

DFQ: nach § 40 (1) WEG

REL: Synonymes Konzept, fehlender Term

DTM: FEHLT (Benennungslücke)

NOT: Die „**Vormerkung**" bzw. „**Eintragungen in Abteilung 3 des Grundbuchs**" haben im dt. Recht hinsichtlich der Sicherung von künftigen Rechten im Rahmen des Sachenrechts in vielerlei Hinsicht dieselbe Funktion wie die „**Anmerkung**" im österr. Recht. Sie werden jedoch nicht spezifisch benannt.

***

ATM: Anmerkung der Zwangsverwaltung; gesetzl.; 4; Hauptb.; MWA; fem.; sg.; 0436; Exekutionsrecht

ETM: notice of receivership; FTM: mention relative à l'administration sous séquestre (sur demande des créanciers)

TMQ: § 20 lit. b GBG

DEF: Grundbucheintragung, die die Zwangsverwaltung einer Liegenschaft, eines Superädifikats oder eines Baurechts des Verpflichteten auf Antrag des betreibenden Gläubigers zugunsten einer vollstreckbaren Geldforderung festhält.

DFQ: nach § 97 (1) EO; § 20 lit. b GBG

REL: Synonymes Konzept, fehlender Term

DTM: FEHLT (Benennungslücke)

NOT: Die Eröffnung des Insolvenzverfahrens ist in das Grundbuch einzutragen: 1. bei Grundstücken, als deren Eigentümer der Schuldner eingetragen ist; 2. bei den für den Schuldner eingetragenen Rechten an Grundstücken und an eingetragenen Rechten, wenn nach der Art des Rechts und den Umständen zu befürchten ist, dass ohne die Eintragung die Insolvenzgläubiger benachteiligt würden (§ 32 InsO). Die „**Eintragung der Eröffnung des Insolvenzverfahrens**" ins Grundbuch nach § 32 InsO entspricht funktional dem österr. Term. Die spezifische österr. Eintragungsform fehlt jedoch.

***

ATM: Anmerkung des Streites; gesetzl., 4; Hauptb.; MWA; fem.; sg.; 0436; Exekutionsrecht; **Streitanmerkung**

ETM: notice of dispute; FTM: mention relative à un litigee

TMQ: § 61 (1) GBG

DEF: Eintragung ins Grundbuch, die eine Partei verlangen kann, die sich durch eine Einverleibung in ihrem bücherlichen Recht verletzt meint, die Einverleibung aus dem Grunde der Ungültigkeit im Prozesswege bestreitet und die Wiederherstellung des vorigen bücherlichen Standes verlangt. Die Anmerkung eines solchen Streites kann im Grundbuch entweder gleichzeitig mit der Klage oder später erfolgen.

DFQ: § 61 (1) GBG

DTM: FEHLT

NOT: Die „**Vormerkung**" bzw. „**Eintragungen in Abteilung 3 des Grundbuchs**" haben im dt. Recht hinsichtlich der Sicherung von künftigen Rechten im Rahmen des Sachenrechts in vielerlei Hinsicht dieselbe Funktion wie die „**Anmerkung**" im österr. Recht. Sie werden jedoch nicht spezifisch benannt.

***

ATM: Anmerkung einer Hypothekarklage; gesetzl.; 4; Hauptb.; MWA; fem.; sg.; 0436; Exekutionsrecht

ETM: notice of action against mortgagee; FTM: mention relative à une demande de liquidation de biens immobiliers

TMQ: § 60 (1) GBG

DEF: Eintragung ins Grundbuch auf Begehren eines Gläubigers gegen den Eigentümer der verpfändeten Liegenschaft, sobald die Klage anhängig ist.

DFQ: nach § 60 (1) GBG

NOT: Die Eintragung ins Grundbuch hat zur Folge, dass die Klage auch gegen jeden späteren Eigentümer des Pfandes gerichtet ist und dass die Exekution auf die verpfändete Liegenschaft auf Grund des erfolgten rechtskräftigen Urteiles gegen jeden späteren Eigentümer wirksam ist.

DTM: **FEHLT**

NOT: Die „**Vormerkung**" bzw. „**Eintragungen in Abteilung 3 des Grundbuchs**" haben im dt. Recht hinsichtlich der Sicherung von künftigen Rechten im Rahmen des Sachenrechts in vielerlei Hinsicht dieselbe Funktion wie die „**Anmerkung**" im österr. Recht. Sie werden jedoch nicht spezifisch benannt.

***

ATM: **Anmerkung persönlicher Verhältnisse**; gesetzl.; 4; Hauptb.; MWA; fem.; sg.; 0436; Öffentl. Verwaltung; Exekutionsrecht

ETM: notice of personal fixations in the land register; FTM: mention au registre foncier relative aux relations personnelles

TMQ: § 52 GBG

DEF: Eintragung ins Grundbuch zur Ersichtlichmachung persönlicher Verhältnisse, insbesondere von Beschränkungen der Vermögensverwaltung, mit der Rechtsfolge, dass, wer immer in der betreffenden Grundbuchseinlage eine Eintragung erwirkt, sich auf die Unkenntnis dieser Verhältnisse nicht berufen kann; zum Beispiel die Anmerkung der Minderjährigkeit, der Bestellung eines Sachwalters, des Eintritts der Volljährigkeit, der Konkurseröffnung.

DFQ: nach § 20 lit. a GBG

DTM: **FEHLT**

NOT: Die „**Vormerkung**" bzw. „**Eintragungen in Abteilung 3 des Grundbuchs**" haben im dt. Recht hinsichtlich der Sicherung von künftigen Rechten im Rahmen des Sachenrechts in vielerlei Hinsicht dieselbe Funktion wie die „**Anmerkung**" im österr. Recht. Sie werden jedoch nicht spezifisch benannt.

***

ATM: **Annahme an Kindes Statt**; gesetzl., 4; Hauptb.; MWA; fem.; sg.; 1211; Bürgerl. Recht; **Adoption**

ETM: adoption; FTM: adoption

TMQ: § 86 AußStrG

DEF: Vertrag, durch den zwischen dem/der Annehmenden einerseits und dem/der Angenommenen ein der ehelichen Abstammung entsprechendes Rechtsverhältnis geschaffen wird.

DFQ: Welser, FWB Bürgerliches Recht

REL: Synonym

DTM: **Annahme als Kind**; gesetzl.; 4; Hauptb.; MWA; fem.; sg.; **Adoption**

DTQ: § 5 (3) Z. 1 AdVermiG

DEF: Vertrag, durch den das Kind die rechtliche Stellung eines gemeinschaftlichen Kindes der Ehegatten oder des/der Annehmenden erlangt. Mit der Annahme erlöschen das Verwandtschaftsverhältnis des Kindes und seiner Abkömmlinge zu den bisherigen Verwandten und die sich aus ihm ergebenden Rechte und Pflichten.

DFQ: nach §§ 1754 f. BGB

***

ATM: Anonymverfügung; gesetzl.; 4; Hauptb.; Subst.; fem.; sg.; 2826; Straßenverkehrsrecht

ETM: fine against an unidentified offender; FTM: amende contre un délinquant non identifié

TMQ: § 49a VStG

DEF: Strafverfügung gegen einen unbekannten Täter.

DFQ: Mayer, FWB Öffentl. Recht

NOT: Die Behörde darf bei gewissen Verwaltungsübertretungen, für die eine Geldstrafe von bis zu 220,- Euro festgesetzt wird, von der Ausforschung eines unbekannten Täters vorerst Abstand nehmen und eine Geldstrafe ohne Festsetzung einer Ersatzstrafe vorschreiben. Die Anonymverfügung wird vor allem bei der Verhängung von geringen Verkehrsstrafen praktiziert.

DTM: FEHLT

NOT: Im dt. Recht muss der Bußgeldbescheid die Personalien des Betroffenen, die Bezeichnung der Tat nach Ort und Zeit sowie die gesetzlichen Merkmale der Tat enthalten und die angewendeten Vorschriften benennen. Er wird erst nach Aufklärung des Sachverhalts erlassen.

***

ATM: Anrainerverzeichnis; fachlit.; 3; Hauptb.; Subst.; neutr.; sg.; 0436; Öffentl.Verwaltung

ETM: building plan excerpts detailing frontages to a property; FTM: répertoire des riverains

TMQ: OGH 8Ob508/93, 08.01.1993

DEF: Auszug aus dem Grundstücksverzeichnis, bezogen auf ein oder mehrere konkrete Grundstücke und alle an diese angrenzenden (anrainenden) Grundstücke. Dieses Verzeichnis findet vor allem in baubehördlichen Verfahren Anwendung.

DFQ: Glossar des Bundesamts für Eich- und Vermessungswesen: http://www.bev.gv.at/ (12.09.2014)

DTM: FEHLT

***

ATM: Anschlusspfändung; gesetzl.; 4; Subst.; Hauptb.; fem.; sg.; 1226; Gerichtsorganisation

ETM: second levy, distress; FTM: saisie sur saisie

TMQ: § 563 GVGO

DEF: Pfändung weiterer in demselben Gewahrsam befindlicher Gegenstände.

DFQ: § 563 GVGO

NOT: Der österr. Begriff bezeichnet die Pfändung zusätzlicher Gegenstände des Gläubigers, der dt. Begriff die abermalige Pfändung der schon einmal gepfändeten Gegenstände.

REL: Falscher Freund

DTM: Anschlusspfändung; gesetzl.; 4; Hauptb.; Subst.; fem.; sg.

TMQ: § 826 ZPO

DEF: nochmalige Pfändung einer bereits gepfändeten beweglichen Sache des gleichen Schuldners. Eine nochmalige Pfändung kommt entweder für eine andere Forderung desselben Gläubigers, aber auch für die Forderung eines anderen Gläubigers in Betracht.

DFQ: http://www.rechtslexikon-online.de/Anschlusspfaendung.html (11.09.2014)

***

ATM: Anspannungsgrundsatz; fachlit.; 3; Hauptb.; Subst.; mask.; sg.; 2806; Familien- und Unterhaltsrecht; **Anspannungstheorie**, **Anspannungspflicht**

ETM: principle of adequate effort to sustain maintenance obligations; FTM: principe d'effort pour obligation alimentaire

TMQ: OGH 8Ob59/13d, 27.06.2013

DEF: ein für die Berechnung von Unterhaltszahlungen gültiger Grundsatz, wonach der Unterhaltspflichtige oder Unterhaltsberechtigte verpflichtet ist, alle ihm zumutbaren Kräfte aufzubieten, um ein adäquates Einkommen zu erzielen.

DFQ: nach §§ 94, 140 ABGB; KoWe 2014/2015

NOT: Wird ein geringeres Einkommen erzielt, als es zumutbar wäre, wird ein fiktives Einkommen zur Berechnung herangezogen.

DTM: FEHLT

***

ATM: Anspannungstheorie; fachlit.; 3; Hauptb.; Subst.; fem.; sg.; 2806; Familien- und Unterhaltsrecht; **Anspannungsgrundsatz; Anspannungspflicht**

ETM: theory of adequate effort to sustain maintenance obligations; FTM: theorie du principe d'effort pour obligation alimentaire

TMQ: OGH 6Ob5/08s, 13.03.2008

DEF: Grundsatz im Unterhaltsrecht, wonach der Unterhaltspflichtige seine Kräfte einsetzen muss, um ein Einkommen zu erzielen, das ihm die Erfüllung seiner Unterhaltspflichten ermöglicht.

DFQ: §§ 94, 140 ABGB ; Welser, FWB Bürgerliches Recht

DTM: FEHLT

***

ATM: anspruchige Sache; fachlit.; 3; Hauptb.; MWA; fem.; sg.; 1211; Bürgerl. Recht

ETM: claims to a matter held only by certain individuals; FTM: un bien muni de droits particuliers pour certaines personnes

TMQ: OGH 1Ob26/91, 09.10.1991

DEF: Sache, die nicht von jedermann, sondern nur von bestimmten Personen, den Anspruchsberechtigten, in Anspruch genommen werden kann.

DFQ: nach § 382 ABGB; KoWe 2014/2015

NOT: Diese Personen haben das so genannte „**Vorrecht der Zueignung**", das in § 382 ABGB angesprochen wird: "Freistehende Sachen können von allen Mitgliedern des Staates durch die Zueignung erworben werden, insofern diese Befugnis nicht durch politische Gesetze eingeschränkt ist oder einigen Mitgliedern das Vorrecht der Zueignung zusteht."

DTM: FEHLT (Benennungslücke)

NOT: Gem. § 958 BGB kann an einer herrenlosen beweglichen Sache Eigentum durch Inbesitznahme nicht erworben werden, wenn die Aneignung gesetzlich verboten ist oder wenn durch die Besitzergreifung das Aneignungsrecht eines anderen verletzt wird. Ein eigener Terminus für derartige Sachen fehlt jedoch.

***

ATM: Anstalt für entwöhnungsbedürftige Rechtsbrecher; gesetzl.; 4; Hauptb.; MWA; fem.; sg.; 1216; Strafrecht

ETM: rehabilitation clinic for persons convicted of alcohol and drug related offences; FTM: clinique de réhabilitation pour les personnes reconnues coupables pour abus d'alcool et infractions liées à la drogue

TMQ: § 22 StGB

DEF: Anstalt, in die jemand einzuweisen ist, der dem Missbrauch eines berauschenden Mittels oder Suchtmittels ergeben ist und wegen einer im Rausch oder sonst im Zusammenhang mit seiner Gewöhnung begangenen strafbaren Handlung oder wegen Begehung einer mit Strafe bedrohten Handlung im Zustand voller Berauschung verurteilt wurde, wenn nach seiner Person und nach der Art der Tat zu befürchten ist, dass er sonst im Zusammenhang mit seiner Gewöhnung an berauschende Mittel oder Suchtmittel eine mit Strafe bedrohte Handlung mit schweren Folgen oder doch mit Strafe bedrohte Handlungen mit nicht bloß leichten Folgen begehen werde.

DFQ: nach § 22 StGB

REL: Synonym

DTM: **Entziehungsanstalt**; gesetzl.; 4; Hauptb.; Subst.; fem.; sg.

DTQ: § 64 StGB

DEF: eine ärztlich geleitete Einrichtung, die den Hang zur Einnahme eines Übermaßes von berauschenden Mitteln zu heilen versucht. Um in eine entsprechende Anstalt eingewiesen zu werden, sind ein Hang zum Rauschmittelmissbrauch, eine damit zusammenhängende rechtswidrige Tat sowie die Gefahr weiterer erheblicher rechtswidriger Taten erforderlich.

DFQ: AlpBrock2

***

ATM: **Anstalt für geistig abnorme Rechtsbrecher**; gesetzl.; 4; Hauptb.; MWA; fem.; sg.; 1216; Strafrecht

ETM: mental health prison unit; FTM: établissement pour délinquants atteints de troubles mentaux

TMQ: § 21 StGB; § 158 (1) StVG

DEF: Anstalt, in die jemand einzuweisen ist, der eine Tat begangen hat, die mit einer ein Jahr übersteigenden Freiheitsstrafe bedroht ist, und der nur deshalb nicht bestraft werden kann, weil er sie unter dem Einfluss eines die Zurechnungsfähigkeit ausschließenden Zustandes begangen hat, der auf einer geistigen oder seelischen Abartigkeit von höherem Grad beruht, wenn nach seiner Person, nach seinem Zustand und nach der Art der Tat zu befürchten ist, dass er sonst unter dem Einfluss seiner geistigen oder seelischen Abartigkeit eine mit Strafe bedrohte Handlung mit schweren Folgen begehen werde.

DFQ: nach § 21 StGB

DTM: FEHLT

NOT: In Deutschland wird in diesem Fall die Unterbringung in einem psychiatrischen Krankenhaus angeordnet (vgl. § 63 StGB).

***

ATM: **Anstalt für den Jugendstrafvollzug**; gesetzl.; 4; Hauptb.; MWA; fem.; sg.; 1216; Jugendstrafrecht; **Jugendstrafanstalt**

ETM: youth detention centres; FTM: centres de détention pour jeunes délinquants

TMQ: § 55 (1) JGG

DEF: Sonderanstalt, die dafür bestimmt ist, dass Freiheitsstrafen an Jugendlichen vollzogen werden.

DFQ: nach § 55 (1) JGG

NOT: Beispiele sind die Strafvollzugsanstalt für Jugendliche in Gerasdorf und die Wiener Jugendgerichtshilfe.

REL: Synonym

DTM: **Einrichtung für den Vollzug der Jugendstrafe**; gesetzl.; 4; Hauptb.; MWA; fem.; sg.; **Jugendstrafanstalt**

DTQ: § 114 JGG

DEF: spezielle Einrichtung, die für die Ableistung der über Jugendliche verhängte Freiheitsstrafen eingerichtet wurde, um Verurteilte, die das vierundzwanzigste Lebensjahr noch nicht vollendet haben und sich für den Jugendstrafvollzug eignen, aufzunehmen.

DFQ: nach § 114 JGG

***

ATM: **Ansuchen**; gesetzl.; 4; Hauptb.; Subst.; neutr.; sg.; 0436; Öffentl. Verwaltung
ETM: application; FTM: demande
TMQ: § 12 APO
DEF: Eingabe eines Bürgers oder seines Vertreters bei einer Behörde mit einem bestimmten Begehren.
DFQ: nach § 12 APO
REL: Synonym

DTM: **Gesuch**; gesetzl.; 4; Hauptb.; Subst:, neutr.; sg.
DTQ: § 76 SGG
DEF: Schreiben, das eine Privatperson an eine Behörde oder an jemanden mit entsprechender Befugnis richtet, um in einem bestimmten Fall eine Bewilligung od. Genehmigung zu erhalten.
DFQ: Deutsches Universalwörterbuch, 5. Aufl.

***

ATM: **Anteilbuch**; fachlit.; 3; Hauptb.; Subst.; neutr.; sg.; 0436; Öffentl. Verwaltung
ETM: register of partners; FTM: registre des associes
TMQ: OGH 6Ob812/77, 23.02.1978
DEF: Teil des Firmenbuchs, in dem die Anteile, die die verschiedenen Gesellschafter einer GmbH an der Firma halten, verzeichnet werden.
DFQ: nach OGH 6Ob812/77, 23.02.1978; § 26 (1) GmbHG
NOT: Zur Einbringung der Nichtigkeitsklage im Sinne des § 41 (1) GmbHG ist nur berechtigt, wer als Gesellschafter im Anteilbuch eingetragen ist.

DTM: **FEHLT**

***

ATM: **Antrag auf Eröffnung eines Insolvenzverfahrens**; gesetzl.; 4; Hauptb.; MWA; mask.; sg.; 1211; Insolvenzrecht
ETM: request to open insolvency proceedings; FTM: demande d'ouverture d'une procédure d'insolvabilité
TMQ: § 70 (4) IO
DEF: Antrag eines Gläubigers oder Schuldners, das Insolvenzverfahren zu eröffnen.
DFQ: nach §§ 69 (1), 70 (1) IO
NOT: Auf Antrag des Schuldners ist das Insolvenzverfahren sofort zu eröffnen. Auf Antrag des Gläubigers wird das Insolvenzverfahren eröffnet, wenn er glaubhaft machen kann, dass er eine - wenngleich nicht fällige - Insolvenzforderung oder Forderung aus einer Eigenkapital ersetzenden Leistung hat und dass der Schuldner zahlungsunfähig ist.
REL: Synonym

DTM: **Eröffnungsantrag**; gesetzl.; 4; Hauptb.; Subst.; mask.; sg.
DTQ: § 13 InsO
DEF: Antrag auf Eröffnung eines Insolvenzverfahrens, das nur auf schriftlichen Antrag eröffnet wird. Antragsberechtigt sind die Gläubiger und der Schuldner.
DFQ: § 13 (1) InsO
NOT: Dem Antrag des Schuldners ist ein Verzeichnis der Gläubiger und ihrer Forderungen beizufügen.

***

ATM: **Antrag auf internationalen Schutz**; gesetzl.; 4; Hauptb.; MWA; mask.; sg.; 1231; Asylrecht; **Asylantrag**

ETM: application for international protection (asylum); FTM: demande de protection internationale (pour asile)

TMQ: § 2 (1) Z. 13 AsylG

DEF: das wie immer geäußerte Ersuchen eines Fremden in Österreich, sich dem Schutz Österreichs unterstellen zu dürfen, und zwar entweder in Form der Zuerkennung des Status des Asylberechtigten oder, falls dies nicht möglich ist, durch Zuerkennung des Status des subsidiär Schutzberechtigten

DFQ: nach § 2 (1) Z. 13 AsylG

NOT: Österreich hat den Terminus aus der Status-Richtlinie der EU übernommen.

REL: Synonym

DTM: **Asylantrag**; gesetzl.; 4; Hauptb.; Subst.; mask.; sg.

DTQ: § 13 AsylVfG

DEF: der schriftlich, mündlich oder auf andere Weise geäußerte Wille eines Ausländers, dem sich entnehmen lässt, dass er im Bundesgebiet Schutz vor politischer Verfolgung sucht oder dass er Schutz vor Abschiebung oder einer sonstigen Rückführung in einen Staat begehrt, in dem ihm die in § 60 Abs. 1 des Aufenthaltsgesetzes bezeichneten Gefahren drohen.

DFQ: nach § 13 AsylVfG

***

ATM: **Antrag auf Schluss der Debatte**; gesetzl.; 4; Hauptb.; MWA; mask.; sg.; 0421; Öffentl. Recht

ETM: motion for closure of the debate; FTM: motion de clôture du débat

TMQ: § 56 (1) GOG-NR

DEF: Antrag auf Beendigung der Beratungen.

DFQ: § 56 (1) GOG-NR

NOT: Der Antrag kann, nachdem wenigstens zwei zum Wort gemeldete Abgeordnete gesprochen haben, jederzeit, jedoch ohne Unterbrechung eines Redners, gestellt werden und ist vom Präsidenten ohne Debatte sofort zur Abstimmung zu bringen.

REL: Synonym

DTM: **Antrag auf Schluss der Aussprache**; gesetzl.; 4; Hauptb.; MWA; mask.; sg.

DTQ: § 25 BTGO

DEF: Antrag einer Fraktion oder von anwesenden fünf vom Hundert der Mitglieder des Bundestages, die Aussprache zu schließen.

DFQ: § 25 (2) BTGO

***

ATM: **Antrag gemäß § 27 GOG-NR**; gesetzl.; 4; MWA; mask.; sg.; 0421; Öffentl. Recht; **Selbständiger Antrag von Ausschüssen**

ETM: motion in accordance with article 27 of the rules of procedure act; FTM: motion relative à l'article 27 des règles de procédure

TMQ: http://www.parlament.gv.at/ (23.08.2014)

DEF: Antrag, den Ausschüsse selbständig stellen können auf Erlassung von Gesetzen des Parlaments, die mit dem im Ausschuss behandelten Gegenstand in inhaltlichem Zusammenhang stehen.

DFQ: nach § 27 GOG-NR

DTM: **FEHLT**

NOT: Die Ausschüsse des Deutschen Bundestages können Beschlussempfehlungen (§ 66 BTGO) abgeben; selbständige Anträge sind nicht vorgesehen.

***

ATM: **Antrag zur Geschäftsbehandlung**; gesetzl.; 4; Hauptb.; MWA; mask.; sg.; 0421; Öffentl. Recht; **Geschäftsordnungsantrag**
ETM: procedural motion; FTM: motion de règlement
TMQ: http://www.parlament.gv.at/PERK/GL/ALLG/A.shtml (12.08.2014)
DEF: ein in der Regel mündlich vorgebrachtes Begehren betreffend das Verfahren im Plenum oder im Ausschuss.
DFQ: http://www.parlament.gv.at/PERK/GL/ALLG/A.shtml (12.08.2014)
REL: Synonym

DTM: **Geschäftsordnungsantrag**; gesetzl.; 4; Hauptb.; Subst.; mask.; sg.
DTQ: § 29 (1) BTGO
DEF: Antrag, der sich auf den zur Beratung stehenden Verhandlungsgegenstand oder auf die Tagesordnung beziehen muss. Der Präsident erteilt dazu vorrangig das Wort.
DFQ: nach § 29 (1) BTGO

***

ATM: **Anwaltspflicht**; gesetzl.; 4; Hauptb.; Subst.; fem.; sg.; 1226; Gerichtsorganisation; **Anwaltszwang**
ETM: duty of representation; FTM: représentation obligatoire par un avocat
TMQ: §§ 27, 29 ZPO
DEF: die Verpflichtung einer Partei im Zivilprozess, sich unter bestimmten Voraussetzungen durch einen Rechtsanwalt vertreten zu lassen. Bei absoluter Anwaltspflicht muss sich die Partei auf jeden Fall durch einen Anwalt vertreten lassen, bei relativer Anwaltspflicht ist der Partei anheimgestellt, sich vertreten zu lassen, wenn sie es tut, dann muss es durch einen Anwalt geschehen.
DFQ: nach §§ 27, 29 ZPO
NOT: Anwaltspflicht besteht im Zivilverfahren für das Rechtsmittelverfahren und für das erstinstanzliche Verfahren vor den Landesgerichten sowie vor den Bezirksgerichten, wenn der Streitwert eine gewisse Summe übersteigt.
REL: Synonym

DTM: **Anwaltszwang**; gesetzl.; 4; Hauptb.; Subst.; mask.; sg.
DTQ: § 571 ZPO
DEF: die Verpflichtung einer Partei, sich in einem Zivilprozess durch einen beim Prozessgericht zugelassenen Rechtsanwalt vertreten zu lassen.
DFQ: AlpBrock2; § 78 ZPO
NOT: Anwaltszwang gilt für Prozesse vor den Landgerichten sowie in Berufungs- und Revisionsverfahren.

***

ATM: **Anwaltsverzeichnis**; gesetzl.; 4; Hauptb.; Subst.; neutr.; sg.; 1226; Gerichtsorganisation
ETM: register of legal practitioners; FTM: tableau de l'ordre des avocats
TMQ: § 36 (1) Z. 5 RAO
DEF: elektronisches Verzeichnis, das vom Österreichischen Rechtsanwaltskammertag geführt wird und über dessen Internetseite zugänglich sein muss. Es enthält die Berechtigungen für die elektronischen Anwaltssignaturen sowie die Liste der Rechtsanwälte mit gültiger Berufszulassung.
DFQ: § 36 (1) Z. 5 RAO; http://www.oerak.or.at/ (15.10.2014)
NOT: Die erfolgte Eintragung ist im Internet auf der Homepage des Österreichischen Rechtsanwaltskammertags (www.rechtsanwaelte.at) unverzüglich und allgemein zugänglich zu veröffentlichen.

REL: Teilsynonym; funkt. Äquiv.

DTM: **Rechtsanwaltsverzeichnis**; gesetzl.; 4; Hautpb.; Subst.; neutr.; sg.; **Bundesweites Amtliches Anwaltsverzeichnis**

DTQ: § 31 BRAO

DEF: das von der Bundesrechtsanwaltskammer geführte Gesamtverzeichnis aller Mitglieder der Rechtsanwaltskammern.

DFQ: nach § 31 BRAO

NOT: http://www.rechtsanwaltsregister.org/ (10.09.2014)

***

ATM: **Anwesenheitsquorum**; fachlit.; 3; Hauptb.; Subst.; neutr.; sg.; 0421; Öffentl. Recht
ETM: quorum; FTM: quorum

TMQ: http://www.parlament.gv.at/PERK/GL/EU/ (15.08.2014)

DEF: die für eine gültige Beschlussfassung notwendige Anzahl von einem Drittel im Plenum anwesender (bzw. im Ausschuss anwesender und stimmberechtigter) Abgeordneter zum Nationalrat bzw. Mitglieder des Bundesrates.

DFQ: nach § 82 (1) GOG-NR

NOT: Die Sitzungen des Nationalrates werden ungeachtet der Anzahl der anwesenden Nationalratsabgeordneten eröffnet. Das Anwesenheitsquorum ist nur bei Abstimmungen erforderlich.

REL: Synonym

DTM: **Beschlussfähigkeit (des Deutschen Bundestags);** gesetzl.; 4; Hauptb.; Subst.; fem.; sg.

DTQ: § 45 BTGO

DEF: wenn mehr als die Hälfte der Mitglieder des Deutschen Bundestages im Sitzungssaal anwesend ist.

DFQ: § 45 (1) BTGO

***

ATM: **Anzeige des Todes**; gesetzl.; 4; Hauptb.; MWA; fem.; sg.; 1266; Personenstandswesen
ETM: notification of a deceased person; FTM: avis de décès d'une personne

TMQ: § 28 (1) PStG 2013

DEF: Mitteilung an die zuständige Personenstandsbehörde über das Ableben einer Person, die spätestens an dem auf den Todesfall folgenden Werktag zu erfolgen hat.

DFQ: nach § 28 (1) PStG 2013

REL: Synonym

DTM: **Sterbefallmitteilung**; gesetzl.; 4; Hauptb.; Subst.; fem.; sg.

DTQ: § 78c BNotO

DEF: Mitteilung des Tods, der Todeserklärung oder der gerichtlichen Feststellung der Todeszeit einer Person an die Registerbehörde durch das zuständige Standesamt.

DFQ: § 78c BNotO

***

ATM: **Approbationsbefugnis**; gesetzl.; 4; Hauptb.; Subst.; fem.; sg.; 1206; Verfassungsrecht
ETM: authorising power; **FTM: droit à l'approbation**

TMQ: § 6 Frauenförderungsplan BMeiA

DEF: Ermächtigung des zuständigen Organs zur internen Willensbildung an einzelne natürliche Personen, im Namen des zuständigen Organs Entscheidungen zu treffen (z.B. für den Bundesminister).

DFQ: Mayer, FWB Öffentl. Recht

DTM: **FEHLT**

NOT: Der äquivalente Begriff ist „**Genehmigungsbefugnis**", dieser ist jedoch nur im Kontext des Versicherungsrechts und des Kreditwesens in Gebrauch.

***

ATM: Äquivalenzprinzip; gesetzl.; 4; Hauptb.; Subst.; neutr.; sg.; 1206; Öffentl. Recht

ETM: equivalence principle; FTM: principe d'équivalence

TMQ: VfGH B462/2013, 11.03.2014

DEF: der in der Judikatur des VfGH aus dem Gleichheitsgrundsatz (VfSlg 13.310) entwickelte Grundsatz, dass die Höhe von Beiträgen und Gebühren in einem angemessenen Verhältnis zur Gegenleistung der den Beitrag bzw. die Gebühr einhebenden Gebietskörperschaft stehen muss.

DFQ: Mayer, RWBU öff. Recht

DTM: FEHLT

***

ATM: Arbeitnehmerschutz / Arbeitnehmerinnenschutz; gesetzl.; 4; Hauptb.; Subst.; mask./fem.; sg.; 4426; Arbeitsrecht

ETM: workers' protection; FTM: protection des travailleurs

TMQ: AAV (Allgemeine Arbeitnehmerschutzverordnung)

DEF: gesetzliche Regelungen, die die Sicherheit und den Gesundheitsschutz bei der Arbeit festlegen. Sie gelten nur für die Beschäftigung von Arbeitnehmern/Arbeitnehmerinnen.

DFQ: ASchG (ArbeitnehmerInnenschutzgesetz)

REL: Synonym

DTM: Arbeitsschutz; gesetzl.; 4; Hauptb.; Subst.; mask.; sg.

DTQ: ArbSchG (Arbeitsschutzgesetz)

DEF: alle Normen, die dem/der Arbeitgeber/in öffentlich-rechtliche Pflichten zum Schutz der Arbeitnehmer/innen auferlegen. Es sind insbesondere Normen zum Schutz gegen Gefahren bei der Ausführung der Arbeit und Vorschriften über die Arbeitszeit sowie besondere Schutzbestimmungen für einzelne Gruppen von Arbeitnehmer/innen.

DFQ: nach Creif21

***

ATM: Arbeits- und Sozialgericht Wien (1); gesetzl.; 4; Hauptb.; MWA; neutr.; sg.; 1226; Gerichtsorganisation

ETM: Labour and Social Justice Court of Vienna; FTM: Tribunal du Travail et des Affaires Sociales de Vienne (en France: Conseil des Prud'hommes)

TMQ: § 3 ASGG

DEF: Gerichtshof erster Instanz für Arbeitsrechtssachen (Streitigkeiten aus dem Arbeitsverhältnis) und Sozialrechtssachen (Streitigkeiten aus dem Sozialversicherungsverhältnis usw.) im Sprengel des Landesgerichts für Zivilrechtssachen Wien.

DFQ: nach § 3 ASGG

NOT: Außerhalb Wiens sind für Arbeits- und Sozialrechtssachen die Landesgerichte zuständig.

REL: Teilsynonym; funkt. Äquiv.

DTM: Arbeitsgericht; gesetzl.; 4; Hauptb.; Subst:, neutr.; sg.

DTQ: § 1 ArbGG

DEF: Gericht erster Instanz in arbeitsrechtlichen Verfahren, insbesondere in Rechtsstreitigkeiten zwischen Arbeitnehmern und Arbeitgebern sowie zwischen den Tarifvertragsparteien.

DFQ: nach § 2 ArbGG

NOT: Rechtsmittelinstanzen sind die Landesarbeitsgerichte und das Bundesarbeitsgericht.

***

ATM: Arbeits- und Sozialgericht Wien (2); gesetzl.; 4; Hauptb.; MWA; neutr.; sg.; 1226; Gerichtsorganisation

ETM: Labour and Social Justice Court of Vienna; FTM: Tribunal du Travail et des Affaires Sociales de Vienne (en France: Conseil des Prud'hommes)

TMQ: § 3 ASGG

DEF: Gerichtshof erster Instanz für Arbeitsrechtssachen (Streitigkeiten aus dem Arbeitsverhältnis) und Sozialrechtssachen (Streitigkeiten aus dem Sozialversicherungsverhältnis usw.) im Sprengel des Landesgerichts für Zivilrechtssachen Wien.

DFQ: nach § 3 ASGG

NOT: Außerhalb Wiens sind für Arbeits- und Sozialrechtssachen die Landesgerichte zuständig.

REL: Teilsynonym; funkt. Äquiv.

DTM: Sozialgericht; gesetzl.; 4; Hauptb.; Subst.; neutr.; sg.

DTQ: § 2 SGG

DEF: Gericht, das - soweit durch Gesetz nichts anderes bestimmt ist - im ersten Rechtszug über alle Streitigkeiten entscheidet, für die der Rechtsweg vor den Gerichten der Sozialgerichtsbarkeit offensteht.

DFQ: § 8 SGG

NOT: Rechtsmittelinstanzen sind die Landessozialgerichte und das Bundessozialgericht.

***

ATM: Arbeitserlaubnis; gesetzl.; 4; Hauptb.; Subst.; fem.; sg.; 1231; Aufenthaltsrecht

ETM: working permit; FTM: permis de travail

TMQ: § 14a AuslBG

DEF: persönliche (d.h. nicht an den Arbeitgeber gebundene) Berechtigung des ausländischen Arbeitnehmers, die die Beschäftigung in Österreich auf einem selbst gewählten Arbeitsplatz in dem Bundesland, für welches die Arbeitserlaubnis ausgestellt wurde, ermöglicht.

DFQ: nach www.help.gv.at/Content.Node/93/Seite.930301.html (25.08.2014)

NOT: Ausländer haben einen Rechtsanspruch auf Arbeitserlaubnis, wenn sie a) innerhalb der letzten 14 Monate mindestens 52 Wochen lang rechtmäßig in Österreich beschäftigt und niedergelassen waren oder b) Ehegatte oder Ehegattin bzw. unverheiratetes minderjähriges Kind eines Ausländers oder einer Ausländerin mit Anspruch auf eine Arbeitserlaubnis sind und selbst bereits seit zwölf Monaten rechtmäßig in Österreich niedergelassen sind. Die Arbeitserlaubnis gilt für zwei Jahre und ist jeweils um zwei Jahre verlängerbar.

REL: Teilsynonym

DTM: Arbeitserlaubnis; gesetzl.; 4; Hauptb.; Subst.; fem.; sg.; **Arbeitsgenehmigung**

DTQ: § 1 ArGV

DEF: Erlaubnis für Arbeitnehmer, die nicht Deutsche sind, zur Ausübung einer Beschäftigung im Bundesgebiet. Die Arbeitserlaubnis wird als Teil des Aufenthaltsstitels durch die Ausländerbehörde erteilt, sofern die Arbeitsverwaltung zustimmt.

DFQ: AlpBrock2

NOT: Die Arbeitsberechtigung (Arbeitserlaubnis) für Ausländer wird nicht in Form eines eigenen Dokumentes erteilt, sondern ist integrierter Bestandteil des Aufenthaltstitels.

***

ATM: Arbeitsinspektorat; gesetzl.; 4; Hauptb.; Subst.; neutr.; sg.; 4426; Arbeitsrecht

ETM: workplace inspector; FTM: inspection du travail

TMQ: § 5 (1) ArbIG 1993

DEF: die zur Wahrnehmung des gesetzlichen Schutzes der Arbeitnehmer/innen und zur Unterstützung und Beratung der Arbeitgeber/innen und Arbeitnehmer/innen bei der Durchführung des Arbeitnehmerschutzes berufene Behörde.

DFQ: § 3 (1) ArbIG 1993

REL: Teilsynonym

DTM: **Gewerbeaufsichtsbehörde**; gesetzl.; 4; Hauptb.; Subst:, fem.; sg.; **Gewerbeaufsicht**

DTQ: § 139b GWO

DEF: technische Fachbehörde, die damit betraut ist, die Betriebe dahin gehend zu kontrollieren, inwieweit sie den Anforderungen an gesunde Arbeitsverhältnisse genügen.

DFQ: http://www.arbeitssicherheit.de/de/html/lexikon/193/Gewerbeaufsicht (03.09.2014)

NOT: In einzelnen Bundesländern wird die „**Gewerbeaufsicht**" auch als „**Amt für Arbeitsschutz**" oder als „**Staatliches Umweltamt**" bezeichnet.

***

ATM: **Arbeitskräfteüberlassung**; gesetzl.; 4; Hauptb.; Subst.; fem.; sg.; 4426; Arbeitsrecht; **Überlassung von Arbeitskräften**; **Leiharbeit**; **Personalbereitstellung**; **Personalleasing**

ETM: supply of temporary workers; FTM: intérim (louage de main-d'oeuvre)

TMQ: AÜG (Arbeitskräfteüberlassungsgesetz)

DEF: die Zurverfügungstellung von Arbeitskräften zur Arbeitsleistung an Dritte.

DFQ: § 3 AÜG

REL: Synonym

DTM: **Arbeitnehmerüberlassung**; gesetzl., 4; Hauptb.; Subst.; mask./fem.; sg.; **Leiharbeit**

DTQ: AÜG (Arbeitnehmerüberlassungsgesetz)

DEF: ein Arbeitsverhältnis, bei welchem der/die Arbeitgeber/in seinen/ihre Arbeitnehmer/in an eine/n andere/n Arbeitgeber/in verleiht.

DFQ: AlpBrock2

***

ATM: **Arbeitskräfteüberlassungsgesetz;** gesetzl., 4; Hauptb.; Subst.; neutr.; sg.; 4426; Arbeitsrecht; **AÜG**

ETM: law concerning temporary employment service providers; FTM: loi sur les fournisseurs de travail temporaire (intérim)

TMQ: §§ 1 ff. AÜG

DEF: Bundesgesetz vom 23. März 1988, mit dem die Überlassung von Arbeitskräften geregelt wird sowie das Arbeitsmarktförderungsgesetz, das Arbeitsverfassungsgesetz, das Allgemeine Sozialversicherungsgesetz und die Gewerbeordnung 1973 geändert wurden

DFQ: §§ 1 ff. AÜG

REL: Synonym

DTM: **Arbeitnehmerüberlasssungsgesetz**; gesetzl., 4; Subst.; neutr.; sg.; **AÜG**

DTQ: §§ 1 ff. AÜG

DEF: Gesetz zur Regelung der gewerbsmäßigen ArbeitnehmerInnenüberlassung.

DFQ: §§ 1 ff. AÜG

***

ATM: **Arbeitskräfteüberlassungsvertrag**; fachlit.; 3; Hauptb.; Subst.; mask.; sg.; 4426; Arbeitsrecht

ETM: contract for supply of temporary workers; FTM: contrat d'intérim)

TMQ: OGH 3Ob35/09g, 19.05.2009

DEF: ausdrückliche vertragliche Vereinbarung zwischen Arbeitskräfteüberlasser und Arbeitskraft vor der Überlassung an einen Dritten.

DFQ: nach § 11 (1) AÜG

REL: Synonym

DTM: **Arbeitnehmerüberlassungsvertrag**; fachlit.; 3; Hauptb.; Subst.; mask.; sg.

DTQ: BGH III ZR 82/06, 07.12.2006

DEF: Vertrag, der die gewerbsmäßige Überlassung eines Leiharbeitnehmers in einen Betrieb des Baugewerbes zu Arbeitertätigkeiten vorsieht.

DFQ: Schüren, Arbeitnehmerüberlassungsgesetz, 2007[3]

***

ATM: **Arbeitsmarktservice**; gesetzl.; 4; Hauptb.; Name; neutr.; sg.; 4426; Arbeitsrecht; **AMS**

ETM: Public Employment Service Austria; **FTM: agence publique pour l'emploi; en France: les associations pour l'emploi dans l'industrie et le commerce, appelées Assédic**

TMQ: § 1 AMSG

DEF: ein Dienstleistungsunternehmen des öffentlichen Rechts mit eigener Rechtspersönlichkeit, dem die Durchführung der Arbeitsmarktpolitik des Bundes obliegt.

DFQ: § 1 (1) AMSG

NOT: Die Aufgaben des AMS umfassen die Durchführung von Maßnahmen der aktiven Arbeitsmarktpolitik (Beratung, Vermittlung und arbeitsmarktpolitische Förderung), die Prüfung und Auszahlung von Lohnersatzleistungen bei Arbeitslosigkeit und ordnungspolitische Aufgaben im Rahmen des Ausländerbeschäftigungsgesetzes. Das AMS ist in einer Bundes-, neun Landes- und 106 regionale Geschäftsstellen organisiert.

REL: Synonym

DTM: **Bundesagentur für Arbeit**; gesetzl.; 4; Hauptb.; Name; fem.; sg.; **BA**

DTQ: § 6 SGB II

DEF: Einrichtung, die für Bürgerinnen und Bürger sowie für Unternehmen und Institutionen umfassende Dienstleistungsaufgaben für den Arbeits- und Ausbildungsmarkt wahrnimmt. Zur Erfüllung dieser Dienstleistungsaufgaben steht bundesweit ein flächendeckendes Netz von Arbeitsagenturen und Geschäftsstellen zur Verfügung.

DFQ: § 368 SGB III; http://www.arbeitsagentur.de (18.02.2015)

NOT: Ehemals „Bundesanstalt für Arbeit". Die Dienststellen der BA auf örtlicher Ebene wurden bis 2003 „Arbeitsämter" genannt, seit 2004 heißen sie „**Agenturen für Arbeit**".

***

ATM: **Arbeitsplatzsicherung**; gesetzl.; 4; Hauptb.; Subst.; fem.; sg.; 4426; Arbeitsrecht

ETM: job protection during compulsory military or community service; FTM: protection de l'emploi pendant le service militaire ou civil obligatoire

TMQ: APSG (Arbeitsplatzsicherungsgesetz)

DEF: gesetzliche Regelung, wonach Arbeitnehmer, die zum Präsenz- oder Ausbildungs- oder Zivildienst einberufen (zugewiesen) sind, in dem im Gesetz genannten Zeitraum weder gekündigt noch entlassen werden dürfen.

DFQ: nach § 12 APSG

NOT: Der Kündigungsschutz gilt vom Zeitpunkt der Mitteilung über die Erlassung des Einberufungsbefehles, der allgemeinen Bekanntmachung der Einberufung oder der Zustellung des Zuweisungsbescheides an bis zu dem in § 13 APSG genannten Tag.

REL: Synonym

DTM: **Arbeitsplatzschutz**; gesetzl.; 4; Hauptb.; Subst.; mask.; sg.

DTQ: ArbPlSchG (Arbeitsplatzschutzgesetz)

DEF: gesetzliche Regelung über den Schutz der Dienst- bzw. Arbeitnehmer bei Einberufung zum Wehr- bzw. Zivildienst gegen Benachteiligungen im Arbeitsverhältnis.

DFQ: nach Creif21

***

DTM: **Arglisteinrede**; gesetzl.; 4; Hauptb.; Subst.; fem.; sg.; 1211; Bürgerl. Recht

ETM: estoppel; FTM: exception de dol

DTQ: § 853 BGB

DEF: die berechtigte Abweisung einer Forderung, wenn diese durch eine unerlaubte Handlung erreicht wurde. Dies gilt selbst für den Fall, dass die Forderung verjährt ist.

DFQ: nach § 853 BGB

NOT: Erlangt jemand durch eine von ihm begangene unerlaubte Handlung eine Forderung gegen den Verletzten, so kann der Verletzte die Erfüllung auch dann verweigern, wenn der Anspruch auf Aufhebung der Forderung verjährt ist.

ATM: **FEHLT (Benennungslücke)**

NOT: Gem. § 1270 ABGB macht sich der gewinnende Teil (einer Wette) einer Arglist schuldig, wenn er von dem Ausgang Gewissheit hatte und es dem anderen Teil verheimtlichte. Eine solche Wette ist ungültig. Der verlierende Teil aber, dem der Ausgang vorher bekannt war, ist als ein Geschenkgeber anzusehen. Das Konzept der Arglisteinrede ist somit im österr. Recht vorhanden, es ist jedoch nicht benannt.

***

ATM: **Arrondierung**; gesetzl.; 4; Hauptb.; Subst.; fem.; sg.; 5606; Agrarrecht

ETM: reparcelling of land holdings; FTM: réorganisation foncière

TMQ: § 54 (2) FlurVgG

DEF: Neueinteilung oder Erschließung des land- und forstwirtschaftlichen Grundbesitzes im Interesse der Schaffung und Erhaltung einer leistungsfähigen und umweltverträglichen Landwirtschaft.

DFQ: nach § 1 (1) FlurVgG; § 1 AllgGAV

REL: Synonym

DTM: **Flurbereinigung**; gesetzl.; 4; Hauptb.; Subst.; fem.; sg.

DTQ: § 4 FlurbG

DEF: Neuordnung ländlichen Grundbesitzes zur Verbesserung der Produktions- und Arbeitsbedingungen in der Land- und Forstwirtschaft sowie zur Förderung der allgemeinen Landeskultur und der Landentwicklung.

DFQ: nach § 1 FlurbG

***

ATM: **Art. 15a-Vereinbarung**; gesetzl.; 4; Hauptb.; MWA; fem.; sg.; 1206; Verfassungsrecht

ETM: agreement pursuant to Art. 15a; FTM: accord relatif à l'art. 15

TMQ: Art. 15a (1) B-VG

DEF: Vereinbarung zwischen dem Bund und den Bundesländern über Angelegenheiten ihres jeweiligen Wirkungsbereiches. Vereinbarungen, die gesetzliche Auswirkungen haben, bedürfen der Zustimmung des Nationalrates.

DFQ: http://www.parlament.gv.at/PERK/GL/ALLG/B.shtml (23.08.2014)

REL: Synonym

DTM: **Bund-Länder-Vereinbarung**; gesetzl.; 4; Hauptb.; MWA; fem.; sg.

DTQ: § 1 (1) Z. 3 AufbauhfV

DEF: Abkommen zwischen dem Bund und den Ländern über die Verteilung von Kompetenzen und Mittel nach Art. 91b-e GG.

DFQ: nach Art. 91b-e GG

***

ATM: **Assanierung**; gesetzl.; 4; Hauptb.; Subst.; fem.; sg.; 2846; Stadtplanung; **Stadterneuerung**

ETM: urban regeneration; FTM: rénovation urbaine

TMQ: Art. 11 (1) B-VG

DEF: Recht auf Beseitigung städtebaulicher Missstände.

DFQ: nach Mayer, FWB Öffentl. Recht

NOT: wird in Österreich durch das Stadterneuerungsgesetz geregelt.

REL: Synonym

DTM: **städtebauliche Sanierungsmaßnahmen**; gesetzl.; 4; Hauptb.; MWA; fem.; pl.

DTQ: § 136 BauGB

DEF: Maßnahmen, durch die ein Gebiet zur Behebung städtebaulicher Missstände wesentlich verbessert oder umgestaltet wird.

DFQ: § 136 (2) BauGB

***

ATM: **Assignation**; gesetzl.; 4; Nebenb.; Subst.; fem.; sg.; 1211; Bürgerl. Recht; **Anweisung**

ETM: payment order; FTM: assignation

TMQ: § 1400 ABGB

DEF: Schuldverhältnis zwischen drei Personen (Assignant/Anweisender, Assignat/Angewiesener, Assignatar/Anweisungsempfänger), bei dem der Anweisungsempfänger zur Einhebung einer Leistung beim Angewiesenen und dieser zu einer Leistung auf Rechnung des Anweisenden an den Anweisungsempfänger vom Anweisenden ermächtigt wird.

DFQ: nach § 1400 ABGB

REL: Synonym

DTM: **Anweisung**; gesetzl.; 4; Hauptb.; Subst.; fem.; sg.

DTQ: § 783 BGB

DEF: Ermächtigung für einen anderen (= Angewiesenen), für Rechnung des Anweisenden an einen Dritten (Anweisungsempfänger) zu leisten.

DFQ: AlpBrock2

***

ATM: **Asylgerichtshof**; gesetzl., 4; Hauptb.; Subst.; mask.; sg.; 1231; Asylrecht; Gerichtsorganisation; **AsylGH**

ETM: Special Court for matters concerning asylum; FTM: Cour nationale du droit d'asile

TMQ: § 61 AsylG 2005 idF 2008

DEF: Rechtsmittelinstanz gegen Entscheidungen des Bundesasylamtes. Er entscheidet über Beschwerden gegen Bescheide des Bundesasylamtes und Beschwerden wegen Verletzung der Entscheidungspflicht des Bundesasylamtes.

DFQ: Leikauf/Krainz, Asyltermbank: http://multiterm.trans.univie.ac.at:8080/multiterm/ (26.08.2014)

NOT: Der Asylgerichtshof hat am 1. Juli 2008 den bis dahin bestehenden Unabhängigen Bundesasylsenat (UBAS) ersetzt.

DTM: FEHLT

NOT: Gegen Entscheidungen des Bundesamtes für Migration und Flüchtlinge ist grundsätzlich ein Rechtsmittel beim Verwaltungsgericht zulässig.

***

ATM: **Asylwerber/in**; gesetzl.; 4; Hauptb.; Subst.; mask./fem.; sg.; 1231; Asylrecht; **Asylbegehrende/r**

ETM: asylum seeker; FTM: demandeur d'asile

TMQ: § 2 (1) Z. 14 AsylG

DEF: Fremde/r ab Einbringung eines Antrags auf internationalen Schutz bis zum rechtskräftigen Abschluss, zur Einstellung oder Gegenstandslosigkeit des Verfahrens.

DFQ: nach § 2 (1) Z. 14 AsylG

NOT: Die Bezeichnung für eine Person, der in Österreich Asyl gewährt wurde, ist wie in DE „**Asylberechtigte/r**". Im allgemeinen Sprachgebrauch wird dafür auch „**anerkannter Flüchtling**" bzw. „**Konventionsflüchtling**" verwendet.

REL: Synonym

DTM: **Asylbewerber/in**; gesetzl.; 4; Hauptb.; Subst.; mask./fem.; sg.; **Asylbegehrende/r**

DTQ: § 5 (3) AsylVfG

DEF: Person, die in einem fremden Staat um Schutz und Aufnahme vor (z. B. politischer) Verfolgung bittet.

DFQ: http://www.juraforum.de/lexikon/Asylbewerber (28.08.2014)

NOT: In einem Verfahren prüft das „Bundesamt für Migration und Flüchtlinge" gemäß dem Asylverfahrensgesetz (AsylVG), inwiefern für den/die Asylbewerber/in ein Asylanspruch besteht, eine Anerkennung des/der Asylbewerbers/in als Flüchtling gemäß „Genfer Flüchtlingskonvention" (GFK) möglich ist, Gründe gemäß § 60 Abs. 2 bis 7 AufenthG vorliegen (z. B. Lebensgefahr, Foltergefahr, drohende Todesstrafe), die eine Abschiebung des/der Asylbewerbers/in verhindern. Mit der positiven Entscheidung über den Asylantrag wird der/die Asylbewerber/in zum/zur „**Asylberechtigten**".

***

ATM: **Asylwerber/in im Zulassungsverfahren**; gesetzl.; 4; Hauptb.; MWA; mask./fem.; sg.; 1231; Asylrecht

ETM: asylum seeker awaiting a decision on their application; FTM: demandeur d'asile dans le processus d'admission

TMQ: § 1 Z. 1 GVG-B 2005

DEF: Asylwerber/in, der/die einen Asylantrag eingebracht hat, über dessen Zulässigkeit noch nicht entschieden und dessen Verfahren nicht gemäß § 24 des Asylgesetzes 2005 - AsylG 2005, BGBl. I Nr. 100 eingestellt wurde.

DFQ: § 1 Z. 1 GVG-B 2005

DTM: **FEHLT**

NOT: Ein spezifischer Begriff für eine/n Asylbewerber/in während des Anerkennungsverfahrens fehlt im dt. Recht (vgl. §§ 3, 5 AsylVfG).

***

ATM: **Aufenthaltsberechtigungskarte**; gesetzl.; 4; Hauptb.; Subst.; fem.; sg.; 1231; Asylrecht

ETM: card affirming an asylum seeker's right of residence; FTM: : carte de séjour provisoire d'un demandeur d'asile

TMQ: § 51 AsylG

DEF: Identitätsdokument, das einem Asylwerber auszustellen ist, dessen Verfahren zuzulassen ist und dem ein Aufenthaltsrecht gemäß § 13 (1) AsylG zukommt. Es dient dem Nachweis der

Identität für Verfahren nach dem Asylgesetz und der Rechtmäßigkeit des Aufenthaltes im Bundesgebiet.

DFQ: nach § 51 (1) u. (2) AsylG

REL: Teilsynonym

DTM: **Bescheinigung über die Aufenthaltsgestattung**; gesetzl.; 4; Hauptb.; MWA; fem.; sg.

DTQ: § 63 AsylVfG

DEF: ein mit den Angaben zur Person und einem Lichtbild versehenes Ausweisdokument, das dem Ausländer innerhalb von drei Tagen nach der Asylantragstellung ausgestellt wird.

DFQ: § 63 (1) AsylVfG

NOT: Der „Bescheinigung über die Aufenthaltsgestattung" stehen im österr. Asylrecht zwei Dokumente gegenüber: die „**Verfahrenskarte**" (bis zur Zulassung des Verfahrens) und die „**Aufenthaltsberechtigungskarte**" (ab Zulassung).

***

ATM: **Aufenthaltsbewilligung**; gesetzl.; 4; Hauptb.; Subst.; fem.; sg.; 1231; Aufenthaltsrecht

ETM: residence permit; FTM: autorisation de séjour

TMQ: §§ 58-69 NAG

DEF: vorübergehende, befristete Aufenthaltsberechtigung für Ausländer in Österreich, die nicht zur dauernden Niederlassung berechtigt und in der Regel auf 12 Monate begrenzt ist, jedoch verlängert werden kann.

DFQ: nach §§ 58-69 NAG

REL: Teilsynonym

DTM: **Aufenthaltserlaubnis**; gesetzl., 4; Hauptb.; Subst.; fem.; sg.; **Aufenthaltsgenehmigung** (Oberbegriff)

DTQ: § 7 AufenthG

DEF: befristeter Aufenthaltstitel für Ausländer in Deutschland, dessen Dauer durch den Aufenthaltszweck bestimmt wird.

DFQ: nach §§ 4, 7 f., 16 ff. AufenthG

NOT: Staatsangehörige eines Mitgliedsstaates der EU bedürfen für den Aufenthalt keiner Aufenthaltserlaubnis.

***

ATM: **Aufgriffsrecht**; fachlit.; 3; Hauptb.; Subst.; neutr.; sg.; 1211; Erbrecht

ETM: preemptive right; FTM: droit de préemption

TMQ: OGH 8Ob594/85, 21.08.1985

DEF: 1. das einem Erben oder Dritten zustehende Recht, den ganzen Nachlass oder bestimmte körperliche oder unkörperliche Sachen gegen Zahlung eines Übernahmspreises zu erwerben. 2. das gesellschaftsvertraglich vereinbarte Recht einzelner Gesellschafter, unter bestimmten Bedingungen Gesellschaftsanteile ausscheidender Gesellschafter zu erwerben.

DFQ: ÖRWB

NOT: In den OGH-Urteilen finden sich Belege für beide Bedeutungen des Begriffs.

DTM: FEHLT

NOT: Terminus in Bedeutung (2) ist auch im dt. Recht in Verwendung.

***

ATM: **Aufkündigung wegen erheblich nachteiligen Gebrauches des Mietgegenstandes**; gesetzl.; 4; Hauptb.; MWA; fem.; sg.; 2846; Mietrecht

ETM: termination of tenancy because of significantl misuse of rental property; FTM: résiliation du bail en raison de l'utilisation nettement défavorable du bien loué

TMQ: § 29 (1) Z. 5 MRG

DEF: die gesetzlich vorgesehene Kündigungsmöglichkeit eines Mietvertrages, wenn der Mieter den Mietgegenstand in arger Weise vernachlässigt oder durch sein rücksichtsloses, anstößiges oder sonst grob ungehöriges Verhalten den Mitbewohnern das Zusammenwohnen verleidet oder sich gegenüber dem Vermieter oder einer im Haus wohnenden Person einer mit Strafe bedrohten Handlung gegen das Eigentum, die Sittlichkeit oder die körperliche Sicherheit schuldig macht, sofern es sich nicht um Fälle handelt, die nach den Umständen als geringfügig zu bezeichnen sind.

DFQ: nach § 30 (2) Z. 3 MRG

REL: Synonym

DTM: außerordentliche fristlose Kündigung aus wichtigem Grund; gesetzl.; 4; Hauptb.; MWA; fem.; sg.

DTQ: § 543 BGB

DEF: Kündigung eines Mietvertrages, wenn dem Kündigenden unter Berücksichtigung aller Umstände des Einzelfalls, insbesondere eines Verschuldens der Vertragsparteien, und unter Abwägung der beiderseitigen Interessen die Fortsetzung des Mietverhältnisses bis zum Ablauf der Kündigungsfrist oder bis zur sonstigen Beendigung des Mietverhältnisses nicht zugemutet werden kann.

DFQ: nach § 543 (1) BGB

***

DTM: Auflagen; gesetzl.; 4; Hauptb.; Subst.; fem.; pl.; 2806; Jugendstrafrecht

ETM: obligation; FTM: obligations

DTQ: § 15 JGG

DEF: eine Art Zuchtmittel, um einem straffälligen Jugendlichen eindringlich zum Bewusstsein zu bringen, dass er für das von ihm begangene Unrecht einzustehen hat. Der Richter kann dem Jugendlichen auferlegen, 1. nach Kräften den durch die Tat verursachten Schaden wiedergutzumachen, 2. sich persönlich bei dem Verletzten zu entschuldigen, 3. Arbeitsleistungen zu erbringen oder 4. einen Geldbetrag zugunsten einer gemeinnützigen Einrichtung zu zahlen.

DFQ: §§ 13, 15 (1) JGG

ATM: FEHLT

***

ATM: Auflassung (1); gesetzl.; 4; Hauptb.; Subst.; fem.; sg.; 1211; Öffentl. Recht

ETM: removal; FTM: suppression

TMQ: § 1 BStG

DEF: Auflösung, Stilllegung oder Abtragung einer Anlage, von Straßenteilen, öffentlichen Einrichtungen etc.

DFQ: nach § 1 BStG

REL: Falscher Freund

DTM: Auflassung; gesetzl.; 4; Hauptb.; Subst.; fem.; sg.

DTQ: § 925 (1) BGB

DEF: Übertragung des Eigentums an einem Grundstück, die nach der erforderlichen Einigung des Veräußerers und des Erwerbers bei gleichzeitiger Anwesenheit beider Teile vor einer zuständigen Stelle erklärt wird.

DFQ: nach § 925 (1) BGB

***

ATM: Auflassung (2); gesetzl.; 4; Hauptb.; Subst.; fem.; sg.; 1211; Öffentliches Recht

ETM: dissolution; FTM: fermeture

TMQ: § 1 PfSG
DEF: Stilllegung eines Notariats, einer Schule oder einer anderen öffentlichen Einrichtung.
DFQ: nach § 43 AWG; Art. 14 B-VG
DTM: FEHLT
***
ATM: auflösende Aussetzung; fachlit., 3; Hauptb.; MWA; fem.; sg.; 4426; Arbeitsrech; **Unterbrechung**
ETM: suspension of an employment relationship with an assurance of reemployment; FTM: suspension d'un rapport de travail incluant un accord de réemploi
TMQ: OGH 10Ob14/04p, 23.04.2005
DEF: einvernehmliche Beendigung des Arbeitsverhältnisses zu einem bestimmten Stichtag mit einer Zusage des Arbeitgebers auf Wiedereinstellung zu einem gewissen Zeitpunkt bzw. mit einer konkreten Wiedereinstellungsvereinbarung.
DFQ: https://www.wko.at/ (15.09.2014)
DTM: FEHLT
***
ATM: Aufnahmsvoraussetzungen; gesetzl.; 4; Hauptb.; Subst.; fem.; pl.; 3206; Schulrecht
ETM: conditions for admission; FTM: conditions d'admission
TMQ: § 17 (1) SchOG
DEF: Bedingungen, unter denen jemand in einen bestimmten Schultyp aufgenommen werden kann.
DFQ: § 17 (1) SchOG
REL: Synonym
DTM: Aufnahmevoraussetzungen; gesetzl.; 4; Hautpb.; Subst.; fem.; pl.
DTQ: § 5 AbdGymV RP 2011 Rheinland-Pfalz
DEF: Bedingungen, unter denen jemand in einen bestimmten Schultyp aufgenommen werden kann.
DFQ: § 5 AbdGymV RP 2011
***
ATM: Aufsandungserklärung; gesetzl.; 4; Hauptb.; Subst.; fem.; sg.; 1226; Grundbuchsrecht; **Intabulationsklausel**
ETM: consent to registration (of land); FTM: consentement à l'inscription
TMQ: § 16 BImmoG
DEF: ausdrückliche Erklärung desjenigen, dessen Recht durch eine Einverleibung im Grundbuch beschränkt, belastet, aufgehoben oder übertragen werden soll, dass er in die Einverleibung ins Grundbuch einwilligt.
DFQ: ÖRWB
REL: Synonym
DTM: Eintragungsbewilligung; gesetzl.; 4; Hauptb.; Subst.; fem.; sg.
DTQ: § 19 GBO
DEF: Zustimmung zu einer Eintragung ins Grundbuch durch denjenigen, dessen Rechte von ihr betroffen sind.
DFQ: nach § 19 GBO
***
ATM: Aufschließung; gesetzl.; 4; Hauptb.; Subst.; fem.; sg.; 5621; Baurecht
ETM: preparation of site for amenities; FTM: aménagement du site
TMQ: OGH 8Ob153/08w, 19.05.2009

DEF: Arbeiten auf einem Baugrundstück, die dem Bau eines Gebäudes vorangehen und Bereiche wie Wasser, Strom, Gras, Fernheizung, Telefon und Abwasser betreffen.

DFQ: nach www.help.gv.at (14.08.2014)

REL: Synonym

DTM: **Erschließung**; gesetzl.; 4; Hauptb.; Subst.; fem.; sg.

DTQ: § 123 BauGB

DEF: Herstellung der Nutzungsmöglichkeiten von Grundstücken durch Anschluss an Ver- und Entsorgungsnetze wie Elektrizität, Gas, Wasser und Abwasser (technische Erschließung) sowie den Anschluss an das Straßennetz.

DFQ: http://www.juraforum.de/lexikon/erschliessung-recht (20.09.2014)

NOT: Ein Grundstück an sich ist noch kein Bauland. Zuvor müssen die technischen Voraussetzungen geschaffen werden, die eine bauliche Nutzung überhaupt ermöglichen. Die Bebauung von Grundstücken setzt daher deren Erschließung voraus.

***

ATM: **Aufschließungsbeitrag**; gesetzl.; 4; Hauptb.; Subst.; mask.; sg.; 5621; Baurecht

ETM: land improvement contribution; FTM: taxe locale d'équipement

TMQ: § 25 Oö. ROG 1994

DEF: Abgabe, die der Eigentümer eines Grundstücks oder Grundstücksteils, das im rechtswirksamen Flächenwidmungsplan als Bauland gewidmet, jedoch nicht bebaut ist, zu entrichten hat.

DFQ: nach § 25 Oö. ROG 1994

NOT: In Oberösterreich, Salzburg und Tirol. Der Aufschließungsbeitrag wird in gleichen Teilbeträgen auf einen Zeitraum von 5 Jahren vorgeschrieben.

REL: Teilsynonym

DTM: **Erschließungsbeitrag**; gesetzl.; 4; Hauptb.; Subst.; mask.; sg.

DTQ: § 127 BauGB

DEF: Abgabe, die die Gemeinden zur Deckung ihres anderweitig nicht gedeckten Aufwands für Erschließungsanlagen erheben können.

DFQ: nach § 127 BauGB

NOT: In Österr. wird zwischen „**Aufschließungsbeitrag**" (für Grundstücke, die zwar Bauland sind, jedoch noch nicht bebaut sind) und „**Erschließungsbeitrag**" (für bebaute Grundstücke) unterschieden, wohingegen das dt. Recht nur einen Begriff, nämlich „**Erschließungsbeitrag**" kennt (jedoch sind auch hier alle Grundstücke beitragspflichtig, sobald sie baulich genutzt werdendürfen, vgl. § 133 BauGB).

***

ATM: **Aufschließungsgebiet**; gesetzl.; 4; Hauptb.; Subst.; neutr.; sg.; 5621; Baurecht

ETM: urbanization zone; FTM: zone à urbaniser

TMQ: § 37 Salzburger ROG 2009

DEF: Flächen, deren Ausweisung als Bauland Widmungsverbote entgegenstehen, die aber unter bestimmten Voraussetzungen trotzdem ausgewiesen und als Aufschließungsgebiete gekennzeichnet werden können.

DFQ: nach § 37 (1) Salzburger ROG 2009

REL: Teilsynonym

DTM: **Erschließungsgebiet**; gesetzl.; 4; Hauptb.; Subst:, neutr.; sg.

DTQ: §§ 124 ff. BauGB

DEF: Gebiet, auf dem Bauland durch Herstellung von öffentlichen Straßen, Wegen, Plätzen, Parkflächen und Parks nutzbar gemacht wird.

DFQ: Creif21

***

ATM: **Aufschließungszone**; gesetzl.; 4; Hauptb.; Subst.; fem.; sg.; 5621; Baurecht
ETM: urbanisation zone; FTM: zone à urbaniser

TMQ: Handbuch der Planungsbegriffe

DEF: Unterteilung des Baulandes in verschiedenen Zonen, wenn eine geordnete Siedlungsentwicklung gesichert werden soll.

DFQ: OGH 7Ob132/05w, 11.07.2005; http://www.raumordnung-noe.at/ (13.08.2014)

NOT: Aufschließungszonen bewirken, dass Grundstücke vorerst nicht zum Bauplatz erklärt, keine Baubewilligungen erteilt und auch die Grundstücksgrenzen nicht verändert werden dürfen. Dies ist erst möglich, wenn nach Eintritt bestimmter Voraussetzungen der Gemeinderat durch einen Beschluss die Aufschließungszone frei gibt.

DTM: FEHLT

NOT: Ist mit dem „**Erschließungsgebiet**" identisch. „**Erschließungszonen**" werden im Gesetz allerdings nicht eigens genannt.

***

ATM: **Aufseher/in im Betrieb**; gesetzl.; 4; Hauptb.; MWA; mask./fem.; sg.; 4426; Arbeitsrecht
ETM: overseer; FTM: surveillant

TMQ: § 333 ASVG

DEF: Person, die Vorgesetztenfunktion bzw. im Zuge eines Arbeitsgangs Weisungsbefugnis hat und einen Teil des Betriebes überwacht.

DFQ: nach §333 ASVG

DTM: FEHLT

***

ATM: **Aufsichtsbeschwerde (1)**; gesetzl.; 4; Hauptb.; Subst.; fem.; sg.; 1211; Öffentl. Recht;
Dienstaufsichtbeschwerde
ETM: disciplinary complaint; FTM: recours hiérarchique

TMQ: § 89 SPG

DEF: formelle Beschwerde gegen Maßnahmen von Behörden, die als gesetzeswidrig betrachtet werden.

DFQ: nach § 89 SPG

NOT: Üblicherweise als „**Dienstaufsichtsbeschwerde**" bezeichnet und auch so in den Urteilen der Höchstgerichte verwendet. Im Gegensatz zur dt. Dienstaufsichtsbeschwerde handelt es sich um einen formal genau geregelten Vorgang.

REL: Teilsynonym; funkt. Äquiv.

DTM: **Dienstaufsichtsbeschwerde**; fachlit.; 3; Hauptb.; Subst.; fem.; sg.

DTQ: AlpBrock2

DEF: formlose Eingabe, die eine dienstrechtliche Überprüfung, also vor allem des dienstlichen Verhaltens des angegriffenen Beamten, herbeiführen soll. Im einen wie im anderen Sinne verpflichtet die Dienstaufsichtsbeschwerde kraft des verfassungsrechtlichen Petitionsrechts die Aufsichtsbehörde, die Beschwerde entgegenzunehmen, sich sachlich mit ihr zu befassen und sie zu bescheiden. Der Bescheid muss zu erkennen geben, dass eine sachliche Prüfung stattgefunden hat und ob etwas veranlasst wurde. Eine Begründung ist - auch bei ablehnender Entscheidung - nicht erforderlich.

DFQ: AlpBrock2; www.juraforum.de (18.01.2015)

***

ATM: **Aufsichtsbeschwerde (2)**; gesetzl.; 4; Hauptb.; Subst.; fem.; sg., 1211; Öffentl. Recht; **Anrufung des Aufsichtsrechtes der Vollzugsbehörden**
ETM: disciplinary complaint; FTM: recours hiérarchique
TMQ: § 78 GOG
DEF: Anbringen, das darauf gerichtet ist, dass die Aufsichtsbehörde von ihrem Aufsichtsrecht Gebrauch macht. Es ist mit ihr kein subjektives Recht auf Erledigung verbunden.
DFQ: Mayer, FWB Öffentl. Recht
REL: Teilsynonym; funkt. Äquiv.

DTM: **Dienstaufsichtsbeschwerde**; fachlit.; 3; Hauptb.; Subst.; fem.; sg.
DTQ: BGH III ZR 342/02, 09.10.2003
DEF: die an eine übergeordnete Behörde gerichtete Anregung zur Nachprüfung oder zum Einschreiten. Sie ist neben und unabhängig von einem förmlichen Rechtsbehelf zulässig und von der formellen Beschwerde und dem Widerspruch im Verwaltungsverfahren (Widerspruchsverfahren) zu unterscheiden.
DFQ: Creif21

***

ATM: **Auftrag auf den Todesfall**; fachlit.; 3; Hauptb.; MWA; mask.; sg.; 1211; Erbrecht
ETM: directions in the event of death; FTM: ordre en cas de décès
TMQ: OGH 6 Ob 594/80, 29.10.1980
DEF: Übergabe einer Sache durch den Erblasser an einen Dritten mit dem Auftrag, sie nach dem Tod des Erblassers einem Begünstigten herauszugeben.
DFQ: Welser, FWB Bürgerliches Recht
NOT: Gesetzlich nicht geregelt; Rechtsnatur und Wirkungen eines solchen "Auftrages auf den Todesfall" sind strittig.

DTM: FEHLT

***

ATM: **Auktorbenennung**; gesetzl.; 4; Hauptb.; Subst.; fem.; sg.; 1211; Bürgerl. Recht
ETM: subrogration; FTM: désignation d'un remplaçant
TMQ: § 22 ZPO
DEF: Namhaftmachung des Vormannes (Auktors) durch den mittelbarern Besitzer einer Sache, wenn dieser vom Eigentümer geklagt wird, sich aber nicht in den Rechtsstreit einlassen will. Der Vormann kann mit Zustimmung des Inhabers den Prozess übernehmen.
DFQ: Welser, FWB Bürgerliches Recht
REL: Synonym

DTM: **Urheberbenennung bei Besitz**; gesetzl.; 4; Hauptb.; MWA; fem.; sg.
DTQ: § 76 ZPO
DEF: Nennung des mittelbaren Besitzers in einem Schriftsatz durch den Besitzer, der verklagt wird. Er kann auch die Ladung des mittelbaren Besitzers in die Verhandlung zur Erklärung beantragen.
DFQ: nach § 76 (1) ZPO

***

ATM: **Ausfolgung**; gesetzl.; 4; Hauptb.; Subst.; fem.; sg.; 1226; Gerichtsorganisation
ETM: submission of (of a document); FTM: délivrance (d'un document)
TMQ: § 1 NO
DEF: Übergabe eines Dokuments, einer Urkunde oder einer Sache durch eine Behörde oder Amtsperson.

DFQ: nach § 395 ABGB
REL: Synonym

DTM: **Aushändigung**; gesetzl.; 4; Hauptb.; Subst.; fem.; sg.
DTQ: § 410 BGB
DEF: Übergabe eines Dokuments, einer Urkunde oder einer Sache durch eine Behörde oder Amtsperson.
DFQ: ED

***

ATM: **Ausfolgungsverfahren**; gesetzl.; 4; Hauptb.; Subst.; neutr.; sg.; 1211; Erbrecht
ETM: transfer of a deceased's estate (where administration is occuring overseas); FTM: procédé de remise de l'héritage du défunt (où l'administration se produit à l'étranger
TMQ: § 150 AußStrG
DEF: eigenes Verfahren, das vom Abhandlungsverfahren zu unterscheiden ist. Es ist bezüglich des beweglichen inländischen Vermögens (z.B. Bankguthaben) durchzuführen, wenn das Verlassenschaftsverfahren an sich im Ausland durchgeführt wird. Wurde der ausländische bewegliche Nachlass eines Inländers von der ausländischen Behörde in die Abhandlung mit einbezogen, dann hat das österreichische Gericht darüber trotzdem die Abhandlung zu pflegen.
DFQ: nach http://www.internationales-erbrecht.de (01.09.2014)

DTM: FEHLT

***

ATM: **Ausforschung**; gesetzl., 4; Hauptb.; Subst; fem.; sg.; 0421; Strafrecht; **Ermittlung**; **Fahndung**
ETM: investigation; FTM: investigation
TMQ: § 22 ARHV
DEF: das Ausfindigmachen des Aufenthalts von Beschuldigten durch die Behörde.
DFQ: nach § 130 (1) StPO
NOT: Gelegentlich auch in Bezug auf Objekte verwendet (Ausforschung einer Adresse).
REL: Synonym

DTM: **Ermittlung des Aufenthaltsortes**; gesetzl., 4; Hauptb.; MWA; fem.; sg; **Fahndung**
DTQ: § 163e StPO
DEF: das Ausfindigmachen des Aufenthaltes eines Beschuldigten oder Täters durch die Staatsanwaltschaft.
DFQ: nach http://www.juraforum.de/urteile/begriffe/ermittlung-des-aufenthaltsortes (16.02.2015)
NOT: Die Staatsanwaltschaft ist befugt, von allen Behörden Auskunft zu verlangen und Ermittlungen jeder Art entweder selbst vorzunehmen oder durch die Behörden und Beamten des Polizeidienstes vornehmen zu lassen, soweit nicht andere gesetzliche Vorschriften ihre Befugnisse besonders regeln.

***

DTM: **Auslagenersatz für Inhaber/innen von Wahlämtern**; gesetzl.; 4; Hauptb.; MWA; mask.; sg.; 0416; Wahlrecht
ETM: reimbursement of expenses for holders of official functions in elections; FTM: remboursement des frais pour les détenteurs de postes officiels dans les élections
DTQ: § 10 WBO

DEF: Ersatz von Kosten, die Wahlleiter/innen, Beisitzer/innen der Wahlausschüsse und Mitglieder der Wahlvorstände erhalten, wenn sie außerhalb ihres Wahlbezirks tätig werden (Fahrtkosten, Tage- und Übernachtungsgelder nach dem Bundesreisekostengesetz).

DFQ: nach § 10 (1) NRWO

ATM: FEHLT

NOT: In Österreich ist die Mitwirkung bei Wahlen ein Ehrenamt, für das keine Entschädigungen von Auslagen vorgesehen sind, da die Wahlleiter/innen usw. in der Regel aus dem Wahlbezirk stammen.

***

ATM: Ausführungsnähe; fachlit.; 3; Hauptb.; Subst.; fem.; sg.; 1216; Strafrecht

ETM: act that leads to a crime or is related to a crime but falls short of constituting a crime in and of itself; FTM: acte qui mène au délit ou qui est lié à un délit mais qui n'est pas un crime en soi

TMQ: OGH 12Os154/08a, 26.03.2009

DEF: wenn eine Handlung, die zu einer strafbaren Handlung führt bzw. mit dieser verbunden ist, selbst noch keinen definierten Tatbestand darstellt.

DFQ: nach § 15 StGB

NOT: Für die Strafbarkeit von - an sich tauglichen - Versuchshandlungen spielt es keine Rolle, ob objektiv (noch) eine Aussicht auf den erstrebten Erfolg besteht. Denn es kommt für den Begriff der „Ausführungsnähe" auf die Beurteilung des Tatgeschehens durch den Täter an; die inkriminierte Tathandlung muss nach seinem Plan, das heißt nach dem Plan des Täters, ausführungsnah sein. Daraus folgt, dass Ausführungsnähe - objektiv betrachtet - keineswegs mit Erfolgsnähe ident sein muss (OGH 13Os163/73, 28.02.1974 13).

DTM: FEHLT

NOT: Eine Straftat versucht, wer nach seiner Vorstellung von der Tat zur Verwirklichung des Tatbestandes unmittelbar ansetzt (§ 22 StGB). Das dt. Recht betont die Unmittelbarkeit des Versuchs.

***

ATM: ausführungsnahe Handlung; fachlit.; 3; Hauptb.; MWA; fem.; sg.; 1216; Strafrecht

ETM: act that leads to a crime or is related to a crime but falls short of constituting a crime in and of itself; FTM: acte qui mène au délit ou qui est lié à un délit mais qui n'est pas un crime en soi

TMQ: OGH 13Os47/05v, 27.07.2005

DEF: eine der Ausführung einer Straftat unmittelbar vorangehende Handlung.

DFQ: nach § 15 (2) StGB; OGH 12Os1/07z, 15.02.2007

NOT: Mit der Setzung einer ausführungsnahen Handlung gilt die Tat gem. § 15 (2) StGB als versucht.

REL: Synonym

DTM: unmittelbares Ansetzen; gesetzl.; 4; Hauptb.; MWA; neutr.; sg.; **Versuch (einer Straftat)**

DTQ: § 22 StGB

DEF: Handlung, die beim Versuch die Grenze zum Versuchsbeginn bezeichnet. Wann von einem unmittelbaren Ansetzen auszugehen ist, ist umstritten.

DFQ: http://www.lexexakt.de/glossar/unmittelbaresansetzen.php (14.06.2014)

***

ATM: Ausgedinge; gesetzl.; 4; Hauptb.; Subst.; neutr.; sg.; 1211; Erbrecht; **Altenteil**

ETM: provision for maintenance upon retirement; FTM: pension (de) vieillessee

TMQ: § 14 (1) AnerbG

DEF: der den ortsüblichen Lebensumständen angemessene Unterhalt auf Lebenszeit auf einem Erbhof, den der überlebende Ehegatte, der nicht Anerbe ist, verlangen kann.

DFQ: nach § 14 (1) AnerbG; KoWe 2014/2015

NOT: Das Ausgedinge ist eine Mischung aus bloßen Forderungsrechten, persönlichen Dienstbarkeiten und Reallasten. Es soll Altbauern einen ruhigen Lebensabend sichern.

REL: Synonym

DTM: **Altenteil**; gesetzl.; 4; Hauptb.; Subst.; neutr.; sg.; **Ausgedinge**

DTQ: § 14 HöfeO

DEF: Reallast, die durch notariellen Übergabevertrag zumeist im Bereich von landwirtschaftlichen Anwesen insbesondere bei der Hofübergabe an die nächste Generation eingeräumt wird und durch die die Altersversorgung des Übergebers gesichert werden soll. Zumeist betreffen solche Regelungen das Wohnen, die Versorgung mit Nahrung und Kleidung sowie die Zahlung von Geldrenten.

DFQ: www.ndeex.de/php/glossar.php?item=&ID=1203676271 (16.09.2014)

***

ATM: **ausgegliederte Verwaltungseinrichtungen**; gesetzl.; 4; Hauptb.; MWA; fem.; pl.
ETM: outsourced administrative bodies; FTM: organes administratifs externalisés

TMQ: § 1 (2) Z. 6 BImmoG

DEF: vom Bund verschiedene Rechtsträger, deren Raumbedarf nach den Rechtsvorschriften über den Wirkungsbereich eines haushaltsleitenden Organs einem Eigenbedarf von diesem gleichzuhalten ist.

DFQ: § 1 (2) Z. 6 BImmoG

DTM: **FEHLT**

***

ATM: **ausgestalteter Käfig**; gesetzl.; 4; Hauptb.; MWA; mask.; sg.; 5696; Agrarrecht
ETM: appropriately equipped cage; FTM: cage appropriée et équipée

TMQ: 1. Tierhaltungsverordnung, Anlage 6.1

DEF: Käfig, der mit einem Nest, Sitzstangen und geeignetem Material zum Scharren und Picken ausgestattet ist.

DFQ: 1. Tierhaltungsverordnung, Anlage 6.1

DTM: **FEHLT**

***

ATM: **Ausgleichsquote**; gesetzl.; 4; Hauptb.; Subst.; fem.; sg.; 1211; Insolvenzrecht
ETM: composition rate; FTM: taux de redressement judiciaire

TMQ: § 156 KO

DEF: Summe (mindestens 40% der Forderungen), die innerhalb von zwei Jahren vom Tag der Annahme des Ausgleichsvorschlags zu bezahlen ist.

DFQ: nach § 3 (1) Z. 3 AO

USE: historisch. Durch die Insolvenzordnung 2010 weggefallen.

NOT: Der Prozentsatz der Forderungen, den die Gläubiger erhalten sollen, beträgt mindestens 40% aller Forderungen.

DTM: **FEHLT**

***

ATM: **Ausgleichstagsatzung**; gesetzl.; 4; Hauptb.; Subst.; fem.; sg.; 1211; Insolvenzrecht; **Gerichtstermin beim Ausgleichsgericht**

ETM: hearing at the court dealing with matters of insolvency; FTM: (jour d')audience au tribunal competent en procédure de redressement judiciaire

TMQ: §§ 4 (3), 37 (1) AO

DEF: Verhandlungstermin beim Ausgleichsgericht.

DFQ: nach § 4 AO

USE: historisch. Durch die Insolvenzordnung 2010 weggefallen.

NOT: Die Ausgleichstagsatzung ist vorbehaltlich eines Antrags nach § 68 AO auf längstens acht Wochen anzuordnen.

DTM: FEHLT

***

ATM: **Ausgleichstaxe**; gesetzl.; 4; Hauptb.; Subst.; fem.; sg.; 1211; Insolvenzrecht

ETM: compensatory tax; FTM: contribution compensatoire

TMQ: § 9 BEinstG

DEF: Abgabe, die der Arbeitgeber zu leisten hat, falls er die ihn treffende gesetzliche Behinderteneinstellungspflicht nicht erfüllt.

DFQ: nach § 9 BEinstG

USE: historisch. Durch die Insolvenzordnung 2010 weggefallen.

REL: Synonym

DTM: **Ausgleichsabgabe**; gesetzl., 4; Hauptb.; Subst.; fem.; sg.; **Schwerbehindertenabgabe**

DTQ: § 77 SGB IX

DEF: Abgabe, die Arbeitgeber, die die vorgeschriebene Zahl Schwerbehindeter nicht beschäftigen, für jeden unbesetzten Pflichtplatz monatlich zu entrichten haben.

DFQ: § 77 SGB IX

***

ATM: **Ausgleichsverfahren**; gesetzl.; 4; Hauptb.; Subst.; neutr.; sg.; 1211; Insolvenzrecht

ETM: creditor settlement proceedings; FTM: procédure de redressement judiciaire

TMQ: § 1 (1) AO

DEF: Verfahren, das an Stelle des Konkurses eröffnet wird, wenn die Voraussetzungen für die Konkurseröffnung (§§ 66 und 67 KO) oder drohende Zahlungsunfähigkeit vorliegen. Der Schuldner kann es bei dem für die Konkurseröffnung zuständigen Gericht (Ausgleichsgericht) beantragen.

DFQ: § 1 (1) AO

USE: historisch. Durch die Insolvenzordnung 2010 weggefallen.

DTM: FEHLT

***

ATM: **Ausgleichsvermittler/in**; gesetzl., 4; Hauptb.; Subst.; mask./fem.; sg.; 1211; Insolvenzrecht; **Schiedsrichter/in**

ETM: settlement administrator ; FTM: médiateur / arbitreur

TMQ: § 271 GewO

DEF: Person, die einen außergerichtlichen Ausgleich im Falle der Insolvenz eines Gläubigers vermittelt (konzessioniertes Gewerbe).

DFQ: § 271 GewO

USE: historisch. Durch die Insolvenzordnung 2010 weggefallen.

DTM: FEHLT

***

ATM: **Ausgleichsverwalter/in**; gesetzl.; 4; Hauptb.; Subst.; mask./fem.; sg.; 1211; Insolvenzrecht

ETM: settlement administrator; FTM: administrateur judiciaire

TMQ: § 8 (1) AO

DEF: gerichtlich bestellte/r Verwalter/in zur kaufmännischen Abwicklung eines gerichtlichen Ausgleichsverfahrens.

DFQ: nach § 29 (1) AO

USE: historisch. Durch die Insolvenzordnung 2010 weggefallen.

DTM: FEHLT

***

ATM: Ausländergrunderwerb; gesetzl.; 4; Hauptb.; Subst.; mask.; sg.; 1606; Wirtschaftsrecht

ETM: purchase of land by foreigners; FTM: acquisition de terrains par des étrangers

TMQ: Ausländergrunderwerbsgesetz

DEF: behördliches Genehmigungsverfahren, wenn Ausländer/innen Eigentum oder Miteigentum an Liegenschaften in Österreich erwerben.

DFQ: nach https://www.help.gv.at/ (16.09.2014)

NOT: Ausgenommen sind Angehörige von EU- und EWR-Mitgliedstaaten, sie sind InländerInnen gleichgestellt. Das Genehmigungsverfahren gilt nur für Angehörige von Drittstaaten.

DTM: FEHLT

***

ATM: ausschließlicher Gerichtsstand; gesetzl.; 4; Hauptb.; MWA; mask.; sg.; 1226; Gerichtsorganisation;

ETM: exclusive jurisdiction; FTM: le lieu de juridiction exclusive

TMQ: §§ 76 ff. JN

DEF: ausschließliche Zuständigkeit des Gerichts, in dessen Sprengel die Parteien ihren gemeinsamen gewöhnlichen Aufenthalt haben oder zuletzt gehabt haben, für Streitigkeiten über die Scheidung, die Aufhebung, die Nichtigerklärung oder die Feststellung des Bestehens oder Nichtbestehens einer Ehe sowie über die Auflösung, die Nichtigerklärung oder die Feststellung des Bestehens oder Nichtbestehens einer eingetragenen Partnerschaft zwischen den Parteien.

DFQ: nach § 76 ff. JN

NOT: Von einem solchen ausschließlichen Gerichtsstand kann jedoch mit einer Gerichtsstandsvereinbarung abgewichen werden.

REL: Teilsynonym

DTM: ausschließlicher Gerichtsstand; gesetzl.; 4; Hauptb.; MWA; mask.; sg.

DTQ: § 12 ZPO

DEF: Gerichtsstand, der allen anderen, nicht ausschließlichen Gerichtsständen vorgeht, und nur dann gegründet ist, wenn dies gesetzlich ausdrücklich bestimmt ist. Wenn für eine Klage ein ausschließlicher Gerichtsstand begründet ist, ist keine abweichende Vereinbarung zulässig.

DFQ: http://www.rechtslexikon.net/d/gerichtsstand/gerichtsstand.htm (08.02.2015); § 40 (2) Z. 2 ZPO

NOT: Begrifflich enger als der österr. Term. Von der Zuständigkeit kann nicht durch Gerichtsstandsvereinbarung abgewichen werden; entspricht dem österr. Begriff „**Zwangsgerichtsstand**" (vgl. § 38 ZPO „**nicht ausschließlicher Gerichtstand**").

***

ATM: Ausschuss des Nationalrates; gesetzl., 4; Hauptb.; MWA; mask.; sg.; 0421; Öffentl. Recht; **Nationalratsausschuss**

ETM: Committee of the Austrian National Council; FTM: commission du Conseil national

TMQ: Art. 51b (2) B-VG
DEF: ein vom Nationalrat bestimmtes Gremium zur Behandlung bestimmter Angelegenheiten.
DFQ: Mayer, FWB Öffentl. Recht
REL: Synonym

DTM: **Bundestagsausschuss**; gesetzl.; 4; Hauptb.; Subst.; mask.; sg.; **Ausschuss des Bundestages**
DTQ: BGH VIII ZR 25/04, 16.03.2005
DEF: Organ, das vom Bundestag für verschiedene Angelegenheiten bestellt wird, z.B. für Angelegenheiten der Europäischen Union, für auswärtige Angelegenheiten, für Verteidigung etc.
DFQ: nach http://www.bundestag.de/bundestag/ausschuesse18/ (14.10.2014)
***

DTM: **Ausschuss für Jugendarbeitsschutz bei der Aufsichtsbehörde;** gesetzl.; 4; Hauptb.; MWA; mask.; sg.; 2826; Jugendschutz

ETM: Committee on youth health and safety protection at the workplace to the supervisory authority; FTM: comité de l'autorité de surveillance pour la protection contre les maladies et les accidents du travail des jeunes

DTQ: § 56 JArbSchG
DEF: Gremium, das die Aufsichtsbehörde in allen allgemeinen Angelegenheiten des Jugendarbeitsschutzes berät und dem Landesausschuss Vorschläge für die Durchführung des Jugendarbeitsschutzgesetzes macht. Er klärt über Inhalt und Ziel des Jugendarbeitsschutzes auf.
DFQ: § 57 (2) JArbSchG
ATM: FEHLT
***

ATM: **Ausschussobmann / Ausschussobfrau (des Nationalrats) (1)**; gesetzl., 4; Hauptb.; Subst.; mask./fem.; sg.; 0421; Öffentl. Recht; **Obmann / Obfrau des Ausschusses des Parlaments**

ETM: committee chairman (of the National Council); FTM: président d'une commission (du Conseil national)

TMQ: § 34 (2) GO-NR
DEF: Leiter/in eines Ausschusses des österreichischen Parlaments, der/die den Ausschuss zu seinen/ihren Sitzungen einberuft; er/sie eröffnet und schließt die Sitzungen, handhabt die Geschäftsordnung und achtet auf deren Beobachtung; er/sie sorgt für die Aufrechterhaltung der Ruhe und Ordnung während der Sitzung und ist auch berechtigt, die Sitzung zu unterbrechen.
DFQ: § 34 (2) (4) GO-NR
REL: Synonym

DTM: **Ausschussvorsitzende/r (des Bundestags)**; gesetzl.; 4; Hauptb.; mask./fem.; sg.; Subst.; **Vorsitzende/r des Ausschusses des Bundestags**
DTQ: § 16 GO-BT
DEF: Vorsitzende eines Ausschusses des deutschen Bundestags, dem/der die Vorbereitung, Einberufung und Leitung der Ausschusssitzungen sowie die Durchführung der Ausschussbeschlüsse obliegt.
DFQ: nach §§ 58 f. GO-BT
***

ATM: **Ausschussobmann / Ausschussobfrau (2)**; gesetzl.; 4; Hauptb.; Subst.; mask./fem.; sg.; 0421; Öffentl. Recht

ETM: chairperson of the commission (of the National Council) dealing with the preparation of parliamentary materials; FTM: président d'une commission (de

l'Assemblée nationale) traitant de la préparation des documents parlementaires

TMQ: § 35 GOG-NR

DEF: Vorsitzende/r eines Ausschusses zur Vorbehandlung parlamentarischer Materialien im Nationalrat.

DFQ: § 35 GOG-NR; www.parlinkom.gv.at (29.07.2014)

REL: Falscher Freund

DTM: **Ausschussobmann / Ausschussobfrau**; fachlit.; 3; Hauptb.; Subst.; mask./fem.; sg.

DTQ: http://www.bundestag.de/service/glossar/O/obleute.html (29.07.2014)

DEF: Abgeordnete/r, der/die in den einzelnen Ausschüssen Hauptansprechpartner/in seiner/ihrer jeweiligen Fraktionsführung ist. In jedem Ausschuss gibt es je Fraktion einen Obmann oder eine Obfrau.

DFQ: www.bundestag.de/ausschuesse/aufgaben.html (29.07.2014)

NOT: Die Obleute bestimmen einerseits den Kurs ihrer Fraktion in den einzelnen Ausschüssen maßgeblich mit. Andererseits sind sie Schlichtungsinstanz, wenn es bei Verhandlungen zu Konflikten kommt.

***

ATM: **Aussendung (des Ministeriums)**; fachlit.; 3; Hauptb.; Subst.; fem.; sg.; 0436; Öffentl. Recht

ETM: official statement; FTM: communiqué officiel

TMQ: http://www.bmeia.gv.at/das-ministerium/presse/aussendungen/ (31.07.2014)

DEF: offizielle Stellungnahme einer öffentlichen Einrichtung an einen bestimmten Personenkreis bzw. in einer öffentlichen Sache.

DFQ: ED

REL: Synonym

DTM: **Mitteilung (des Ministeriums)**; fachlit., 3; Hauptb.; Subst.; fem.; sg.; **Verlautbarung (des Ministeriums)**

DTQ: http://www.stgb-brandenburg.de/energieeinsparverordnung.html (30.10.2014)

DEF: offizielle Stellungnahme aus aktuellem Anlass.

DFQ: ED

***

ATM: **Außenscharrraum**; gesetzl.; 4; Hauptb.; Subst.; mask.; sg.; 5631; Agrarrecht

ETM: outdoor chicken run; FTM: poulailler avec espace extérieur pour gratter

TMQ: 1. Tierhaltungsverordnung, Anlage 6.1

DEF: überdachter, eingestreuter Außenklimabereich, der an einer oder mehreren Seiten begrenzt wird (z.B. durch Gitter oder Windnetze) und nicht isoliert ist.

DFQ: 1. Tierhaltungsverordnung, Anlage 6.1

REL: Teilsynonym; funkt. Äquiv.

DTM: **Kaltscharrraum**; gesetzl.; 4; Hauptb.; Subst.; mask.; sg.

DTQ: § 2 Z. 8 TierSchNutztV

DEF: witterungsgeschützter, mit einer flüssigkeitsundurchlässigen Bodenplatte versehener, nicht der Klimaführung des Stalles unterliegender Teil der Stallgrundfläche, der vom Stallgebäude räumlich abgetrennt, den Legehennen unmittelbar zugänglich und mit Einstreumaterial ausgestattet ist

DFQ: § 2 Z. 8 TierSchNutztV

***

ATM: **außer Obligo**; fachlit.; 3; Hauptb.; Adverbphrase; 1211; Bürgerl. Recht; **unter Ausschluss der Haftung, ohne Gewähr**
ETM: without recourse; FTM: sans garantie
TMQ: OGH 1Ob218/681, 03.10.1968
DEF: Formulierung, mit der ein Anbieter erklärt, dass er für die Leistung keine Haftung / keine weitere Verpflichtung übernimmt.
DFQ: nach OGH 1Ob218/681, 03.10.1968
REL: Teilsynonym

DTM: **ohne Obligo**; fachlit.; 3; Hauptb.; Adverbphrase; **ohne Gewähr**
DTQ: http://www.rechtslexikon.net/d/ohne-obligo/ohne-obligo.htm (02.02.2015)
DEF: Vermerk, durch den ein Idossant seine Haftung aus dem Wechsel bei dessen Begebung ausschließt (sog. Angstklausel).
DFQ: Creif21
NOT: In DE kann die Wendung „**ohne Obligo**" auch „**unter Ausschluss der Haftung**" bedeuten.

***

ATM: **außerordentliche Stafmilderung**; gesetzl.; 4; Hauptb.; MWA; fem.; sg.; 1216; Strafrecht
ETM: special mitigation of sentence; FTM: atténuation extraodinaire de la peine
TMQ: § 41 StGB
DEF: Möglichkeit des Strafgerichts, die Strafe zu mildern, wenn die Milderungsgründe die Erschwerungsgründe beträchtlich überwiegen und begründete Aussicht besteht, dass der Täter auch bei Verhängung einer das gesetzliche Mindestmaß unterschreitenden Freiheitsstrafe keine weiteren strafbaren Handlungen begehen werde.
DFQ: nach § 41 StGB
REL: Synonym

DTM: **Strafmilderung**; gesetzl.; 4; Hauptb.; Subst.; fem.; sg.
DTQ: § 31 BtMG
DEF: Unterschreiten des an sich vorgeschriebenen Regelstrafrahmens für eine bestimmte Straftat.
DFQ: nach § 49 StGB
NOT: Dem deutschen Terminus „Strafmilderung" wird das Adjektiv „außerordentlich" nicht beigefügt.

***

ATM: **Außerstreitverfahren**; gesetzl.; 4; Hauptb.; Subst.; neutr.; sg.; 1211; Bürgerl. Recht; **Verfahren außer Streitsachen**
ETM: non-adversarial proceedings; FTM: procédure en matière gracieuse
TMQ: § 1 AußStrG
DEF: zivilrechtliches Verfahren, durch das bürgerliche Rechtssachen nicht im Prozessweg erledigt werden (z.B. Pflegschaftssachen, Nachlassverfahren).
DFQ: ÖRWB
NOT: Außerstreitsachen sind meist durch eine rechtsfürsorgende Präventivtätigkeit eines Richters gekenneichnet.
REL: Teilsynonym; funkt. Äquiv.

DTM: **freiwillige Gerichtsbarkeit**; gesetzl.; 4; Hauptb.; MWA; fem.; sg.
DTQ: § 1 FamFG
DEF: Teil der ordentlichen Gerichtsbarkeit, bei der es - im Gegensatz zur streitigen Gerichtsbarkeit, die vor allem der Verfolgung privater Ansprüche dient - um eine vorsorgende Mitwirkung der Gerichte an der Gestaltung der Privatrechtsordnung durch Begründung, Fortbildung und Um-

gestaltung von Privatrechtsverhältnissen geht. Wichtige Aufgaben der freiwilligen Gerichtsbarkeit sind Angelegenheiten der Rechtsfürsorge für die Person oder das Vermögen des Schutzbefohlenen (Vormundschafts-, Familien-, Betreuungs- und Unterbringungssachen, Nachlass- und Teilungssachen, Registersachen u.a.).

DFQ: AlpBrock2

NOT: Die Aufgabenbereiche des „Außerstreitverfahrens“ und der „freiwilligen Gerichtsbarkeit“ decken sich nicht im Detail.

***

ATM: **Aussetzung des Wahrspruchs der Geschworenen;** gesetzl., 4; Hauptb.; MWA; fem.; sg.; 1226; Gerichtsorganisation

ETM: suspension of judgement; FTM: suspension du jugement

TMQ: OGH 14Os77/99, 09.11.1999

DEF: das Absehen von der Urteilsverkündung durch den Schwurgerichtshof, wenn er einstimmig der Ansicht ist, dass sich die Geschworenen bei ihrem Ausspruch in der Hauptsache geirrt haben. Die Sache wird dann dem Obersten Gerichtshof vorgelegt.

DFQ: nach § 334 (1) StPO

DTM: **FEHLT**

NOT: In Deutschland gibt es keine Schwurgerichte mehr.

***

ATM: **Ausspähung von Staatsgeheimnissen**; gesetzl.; 4; Hauptb.; MWA; fem.; sg.; 0821; Strafrecht

ETM: spying on state secrets; FTM: espionnage de secrets d'Etat

TMQ: § 254 StGB

DEF: Straftat, bei der jemand ein Staatsgeheimnis mit dem Vorsatz zurückhält oder sich verschafft, es einer fremden Macht einer über- oder zwischenstaatlichen Einrichtung oder der Öffentlichkeit bekannt oder zugänglich zu machen und dadurch die Gefahr eines schweren Nachteils für die Landesverteidigung der Republik Österreich oder für die Beziehungen der Republik Österreich zu einer fremden Macht oder einer über- oder zwischenstaatlichen Einrichtung herbeiführt.

DFQ: nach § 254 (1) StGB

REL: Synonym

DTM: **landesverräterische Ausspähung und Auskundschaften von Staatsgeheimnissen**; gesetzl.; 4; Hauptb.; Subst.; fem.; sg.

DTQ: § 96 StGB

DEF: Straftat, bei der sich jemand ein Staatsgeheimins verschafft, um es zu verraten bzw. sich ein Staatsgeheimnis, das von einer amtlichen Stelle oder auf deren Veranlassung geheimgehalten wird, verschafft, um es zu offenbaren.

DFQ: nach § 96 DStGB

***

ATM: **Ausstattung**; gesetzl.; 4; Hauptb.; Subst.; fem.; sg.; 1211; Bürgerl. Recht

ETM: groom's portion; FTM: dot

TMQ: § 1231 ABGB

DEF: Vermögenswerte, die dem Bräutigam in der Regel von dessen Eltern als Hilfe zur Einrichtung des Haushaltes gegeben werden.

DFQ: nach § 1231 ABGB; Welser, FWB Bürgerliches Recht

NOT: Im österr. Recht bezieht sich „**Ausstattung**“ auf den Bräutigam, „**Heiratsgut**“ auf die Braut.

REL: **Teils**ynonym

DTM: Ausstattung; gesetzl.; 4; Hauptb.; Subst.; fem.; sg.

DTQ: § 1624 BGB

DEF: alles, was einem Kind mit Rücksicht auf seine Verheiratung oder auf die Erlangung einer selbständigen Lebensstellung von den Eltern zugewendet wird.

DFQ: Creif21

NOT: Im dt. Recht wurde dieser Terminus als ein geschlechtsneutraler eingeführt, so dass er sich auf Mann oder Frau beziehen kann.

***

ATM: Ausstattungskategorie; gesetzl.; 4; Hauptb.; Subst.; fem.; sg.; 2846; Mietrecht

ETM: housing category; FTM: catégorie d'équipement

TMQ: § 5 (1) MRG

DEF: Ausstattungszustand der Wohnung im Zeitpunkt des Abschlusses des Mietvertrags.

DFQ: nach § 15a (2) MRG

NOT: Gesetzlich werden die Kategorien A-D unterschieden.In DE besteht das System der „**ortsüblichen Vergleichsmiete**". Die Ausstattungskategorien existieren in Mietpreisspiegeln, die von einzelnen Gemeinden oder Gebietskörperschaften festgelegt werden. Sie sind nicht gesetzlich geregelt bzw. vereinheitlicht und unterscheiden sich daher erheblich.

DTM: FEHLT

DTQ: Vgl. § 558 (2) BGB

***

ATM: Ausstufung; gesetzl.; 4; Hauptb.; Subst.; fem.; sg.; 5216; Umweltrecht

ETM: declassification; FTM: déclassification

TMQ: § 7 AWG

DEF: Verfahren zum Nachweis, dass ein bestimmter Abfall, welcher gem. einer Verordnung nach § 4 als gefährlich erfasst ist, im Einzelfall nicht gefährlich ist.

DFQ: nach § 7 (1) AWG

DTM: FEHLT

***

ATM: Austausch; gesetzl.; 4; Hauptb.; Subst.; mask.; sg.; 1211; Bürgerl. Recht

ETM: replacement; FTM: échange ou remplacement de qc. présentant des défauts

TMQ: § 932 ABGB

DEF: Gewährleistungsbehelf, der in der Erbringung einer neuen, mangelfreien Leistung anstelle einer mangelhaften Leistung besteht.

DFQ: nach KoWe 2014/2015

REL: Synonym

DTM: Nacherfüllung; gesetzl.; 4; Hauptb.; Subst.; fem.; sg.; **Ersatzlieferung, Nachlieferung**

DTQ: § 439 BGB

DEF: Erfüllung einer Gewährleistungspflicht durch Lieferung einer anderen, mangelfreien Sache bzw. durch Beseitigung des Mangels.

DFQ: nach Creif21; § 439 BGB

***

ATM: Ausübung unmittelbarer Zwangsgewalt; gesetzl., 4; Hauptb.; MWA; fem.; sg.; 0421; Öffentl. Sicherheit, **Akt sofortigen Polizeizwanges, faktische Amtshandlung, verfahrensfreier Verwaltungsakt**

ETM: executive exercise of direct force and orders under executive direction; FTM: ordonnance de police et exercice direct de la force

TMQ: §§ 50, 78 SPG

DEF: ein von den Organen der Verwaltung im Rahmen der Hoheitsverwaltung gesetzter individueller normativer Akt, mit dem einseitig ein Befehl erteilt oder Zwang ausgeübt wird.

DFQ: Mayer, FWB Öffentl. Recht

NOT: Es handelt sich um die einfachste Form hoheitlichen Handelns, da formale Kriterien in den Hintergrund treten, um das öffentliche Interesse an Sicherheit und Strafverfolgung nicht zu gefährden.

REL: Synonym

DTM: **Polizeiverfügung**; gesetzl., 4; Hauptb.; Subst.; fem.; sg.; **Amtshandlung**

DTQ: http://www.juraforum.de/lexikon/ (20.08.2014)

DEF: ein Verwaltungsakt, der eine Anordnung durch die Polizei darstellt und ein Gebot bzw. Verbot, die Versagung bzw. Einschränkung oder Rücknahme einer Erlaubnis enthält, um einen Einzelfall zu regeln. Sie kann nicht nur mündlich oder schriftlich, sondern auch durch Zeichen (z. B. Regelung des Straßenverkehrs durch die Polizei) erfolgen.

DFQ: http://www.juraforum.de/lexikon/ (20.08.2014)

NOT: Beispiele: Platzverweis, Ingewahrsamnahme, Sicherstellung von Sachen, Beschlagnahme, Durchsuchung.

***

ATM: **Aviso geben;** fachlit., 3; Hauptb.; MWA; Verbphrase; 4816; Transportwesen; **Hinweis geben**

ETM: to notify in advance; FTM: notifier par avance

TMQ: OGH 7Ob646/85, 21.11.1985

DEF: eine Sendung ankündigen, einen Hinweis geben.

DFQ: http://www.help.gv.at/ (14.08.2014)

NOT: Insbesondere im Bereich des Transportwesens üblich für „**von einer Sendung verständigen**".

REL: Synonym

DTM: **mitteilen**; fachlit.; 3; Hauptb.; Verb; **ankündigen**

DTQ: Duden

DEF: einen Hinweis auf Lieferung / Sendung geben.

DFQ: www.dwds.de (01.08.2014)

***

ATM: **Bande**; gesetzl.; 4; Nebenb.; Subst.; fem.; sg.; 1216; Strafrecht; **kriminelle Vereinigung**

ETM: criminal organisation; FTM: organisation criminelle

TMQ: § 278 StGB

DEF: ein auf längere Zeit angelegter Zusammenschluss von mehr als zwei Personen, der darauf ausgerichtet ist, dass von einem oder mehreren Mitgliedern der Vereinigung ein oder mehrere Verbrechen, andere erhebliche Gewalttaten gegen Leib und Leben, nicht nur geringfügige Sachbeschädigungen, Diebstähle oder Betrügereien, oder Vergehen nach den §§ 104a, 165, 177b, 233 bis 239, 241a bis 241c, 241e, 241f, 304 oder 307 oder nach den §§ 114 Abs. 2 oder 116 des Fremdenpolizeigesetzes ausgeführt werden.

DFQ: § 278 f. StGB

USE: historisch

NOT: „**Bande**" ist der veraltete Term für „**kriminelle Vereinigung**" (außer Kraft getreten am 30.09.2002)

REL: Teilsynonym

DTM: **Bande**; gesetzl.; 4; Nebenb.; Subst.; fem.; sg.; **kriminelle Vereinigung**

DTQ: § 244 StGB

DEF: Gruppe von mindestens drei Personen, die sich ausdrücklich oder stillschweigend zur Begehung mehrerer selbstständiger, aber ungewisser Taten zusammengetan haben.

DFQ: nach § 244 (1) Z. 2 StGB

***

ATM: **Bankrott**; allgmspr.; 3; Nebenb.; Subst.; mask.; sg.; 1211; Insolvenzrecht; **Zahlungsunfähigkeit**

ETM: bankruptcy; FTM: faillite

TMQ: http://diepresse.com/home/wirtschaft/international/486766/index.do (24.07.2014)

DEF: Zustand eines Staates, wenn er nicht mehr in der Lage ist, sich über den Kapitalmarkt zu refinanzieren. Es hängt also verstärkt damit zusammen, ob ein Staat noch in der Lage ist, Investoren zu finden.

DFQ: http://www.securitykag.at/blog.php?id=465 (12.01.2015)

NOT: Alltagssprachlich wird „**Bankrott**" in Österreich synonym zu „**Konkurs**" als Bezeichnung für die dauerhafte Insolvenz verwendet (ohne strafrechtliche Implikation). Es ist in DE ein strafrechtlich relevantes Vergehen, für das in AT der Begriff „**Betrügerische Krida**" steht.

REL: Falscher Freund

DTM: **Bankrott**; gesetzl.; 4; Hauptb.; Subst.; mask.; sg.; 1216; Strafrecht

DTQ: § 283 StGB

DEF: Insolvenzstraftat, bei der jemand bei Überschuldung bzw. drohender oder bereits eingetretener Zahlungsunfähigkeit vorsätzlich bestimmte, die Gläubiger benachteiligende Handlungen begeht.

DFQ: nach § 283 StGB; AlpBrock2

NOT: Alltagssprachlich wird damit ebenfalls die Zahlungsunfähigkeit einer Person, einer Firma oder eines Staates bezeichnet.

***

ATM: **Bauansuchen**; gesetzl.; 4; Hauptb.; Subst.; neutr.; sg.; 2846; Baurecht

ETM: application for planning approval; FTM: demande de permis de construire

TMQ: § 22 TBO 2011

DEF: schriftliches Ansuchen bei einer Behörde um die Erteilung der Baubewilligung.

DFQ: nach § 22 TBO 2011

NOT: Das Baurecht fällt in den Kompetenzbereich der Länder und wird in den einzelnen Landesgesetzen unterschiedlich geregelt.

REL: Synonym

DTM: **Bauantrag**; gesetzl.; 4; Hauptb.; Subst.; mask.; sg.

DTQ: § 52 LBO

DEF: schriftlicher Antrag an die Baubehörde (Bauamt der jeweiligen Gemeinde) zur Erteilung der Durchführungsbewilligung von Bauvorhaben (Neu-, Zu- und Umbau, Änderungen der Widmung, Abbruch von Gebäuden usw.).

DFQ: nach § 52 LBO

NOT: Das Baurecht fällt auch in DE in den Kompetenzbereich der Länder und wird in den einzelnen Landesgesetzen unterschiedlich geregelt.

***

ATM: **Bauberechtigte/r**; gesetzl.; 4; Hauptb.; Subst.; mask./fem.; sg.; 2846; Baurecht

ETM: beneficiary; FTM: titulaire du droit de superficie

TMQ: § 5 BauRG

DEF: natürliche oder juristische Person, der am Bauwerk die Rechte des Eigentümers und an dem Grundstücke, soweit im Baurechtsvertrag nichts anderes bestimmt ist, die Rechte des Nutznießers zustehen.

DFQ: nach § 6 (2) BauRG

NOT: Das Baurecht gilt als unbewegliche Sache; das auf Grund des Baurechtes erworbene oder hergestellte Bauwerk als Zugehör des Baurechtes.

REL: Synonym

DTM: **Erbbauberechtigte/r**; gesetzl.; 4; Hauptb.; Subst.; mask./fem.; sg.

DTQ: § 1 ErbbauRG

DEF: Person, die das Recht hat, ein fremdes Grundstück zur Bebauung zu benutzen.

DFQ: http://www.erbrecht-heute.de/ (10.09.2014)

NOT: Dieses Erbbaurecht wird aber nicht ohne Gegenleistung eingeräumt, sodass der/die Erbbauberechtigte regelmäßig ein entsprechendes Entgelt, den sogenannten Erbbauzins, zahlen muss.

***

ATM: **Baubewilligung**; gesetzl.; 4; Hauptb.; Subst.; fem.; sg.; 2846; Baurecht; **Baugenehmigung**

ETM: building license; FTM: autorisation de construire

TMQ: www.help.gv.at (31.01.2015)

DEF: bescheidmäßige Bewilligung einer Bauführung.

DFQ: § 26 (1) TBO

NOT: Das Baurecht fällt in den Kompetenzbereich der Länder und wird in den einzelnen Landesgesetzen unterschiedlich geregelt.

REL: Synonym

DTM: **Baugenehmigung**; gesetzl.; 4; Hauptb.; Subst.; fem.; sg.

DTQ: AlpBrock2

DEF: schriftliche Erteilung der Bauberechtigung durch die untere Bauaufsichtsbehörde; der Bauherr erhält die Berechtigung eines zuvor mit Abgabe eines Bauantrags beantragten Bauvorhabens.

DFQ: § 58 LBO-BW

NOT: Das Baurecht fällt in DE in den Kompetenzbereich der Länder, die Terminologie ist daher nicht einheitlich. Im Bundesland Bremen wird ebenfalls der Begriff „**Baubewilligung**" verwendet.

***

ATM: **Baubewilligungsverfahren**; gesetzl.; 4; Hauptb.; Subst.; neutr.; sg.; 2846; Baurecht

ETM: procedure for authorisation of the construction; FTM: procédure d'autorisation de construire

TMQ: https://www.wien.gv.at/amtshelfer/bauen-wohnen/ (14.09.2014)

DEF: behördliches Verfahren zur Genehmigung eines Bauvorhabens, wie z.B. die Bauanzeige, das Vereinfachte Baubewilligungsverfahren, die Allgemeine Baubewilligung von Bauten oder baulichen Anlagen usw.

DFQ: nach https://www.wien.gv.at/amtshelfer/bauen-wohnen/ (22.08.2014)

REL: Synonym

DTM: **Baugenehmigungsverfahren**; fachlit.; 3; Subst.; neutr.; sg.

DTQ: § 15 BauGB

DEF: behördlicher Vorgang, bei dem die Bauaufsichtsbehörde gegebenenfalls unter Beteiligung anderer Dienststellen und Behörden die Vereinbarkeit des jeweiligen Vorhabens mit den öffentlich-rechtlichen Vorschriften prüft.

DFQ: http://www.berlin.de/ba-lichtenberg/buergerservice/ (14.09.2014)

NOT: Sofern diese Vorschriften dem Vorhaben nicht entgegenstehen, wird eine Baugenehmigung erteilt, auf die der Antragsteller/die Antragstellerin (Bauherr/in) einen Rechtsanspruch hat.

***

ATM: **Baugrundlagenbestimmung**; gesetzl.; 4; Hauptb.; Subst.; fem.; sg.; Baurecht; 2846

ETM: stipulation of conditions for the planned use of municipal land; FTM: fixation d'un plan municipal d'occupation des sols

TMQ: Handbuch der Planungsbegriffe

DEF: Festlegung der näheren Bestimmungen für die Bebauung vor der Einbringung eines Bauantrages.

DFQ: § 3 Vbg. BauG

REL: Synonymes Konzept, fehlender Term

DTM: **FEHLT (Benennungslücke)**

NOT: § 9 BauGB regelt den Inhalt eines Bebauungsplans, in dessen Rahmen die Grundlagen der Bebauung festgelegt werden. Ein eigener Terminus dafür fehlt jedoch.

***

ATM: **Baulandgrenze**; gesetzl., 4; Hauptb.; Subst.; fem.; sg.; 2846; Baurecht; **Siedlungsgrenze**

ETM: border of a buliding area; FTM: limite d'un terrain à bâtir

TMQ: Handbuch der Planungsbegriffe

DEF: Grenze, bis zu der Bauten errichtet werden dürfen und wo die sog. Freilandnutzung - in der Regel die klassische land- und forstwirtschaftliche Nutzung - anschließt.

DFQ: Glossar der Tiroler Raumordnung: www.tirol.gv.at/raumordnung (04.08.2014)

DTM: **FEHLT**

***

ATM: **Baulandsicherungsgesellschaft**; gesetzl.; 4; Hauptb.; Subst.; fem.; sg.; 2846; Baurecht

ETM: public company supporting real estate development; FTM: société publique pour lasauvegarde des terrains à bâtir

TMQ: Handbuch der Planungsbegriffe

DEF: eine vom Land Salzburg eingerichtete Gesellschaft mit beschränkter Haftung (Land-Invest) zur Unterstützung der Gemeinden sowie des Landes bei der Entwicklung von Wohnbauland und Betriebsiedlungsflächen.

DFQ: § 77 Salzburger ROG 2009; Handbuch der Planungsbegriffe

NOT: Die Land-Invest ist die Baulandsicherungsgesellschaft des Landes Salzburg.

DTM: **FEHLT**

***

ATM: **Baulandumlegung**; gesetzl., 4; Hauptb.; Subst.; fem.; sg.; 2849; Baurecht; **Umlegung**

ETM: development boundary; FTM: remaniement parcellaire de terrains à bâtir

TMQ: Handbuch der Planungsbegriffe

DEF: ein geregeltes Verfahren mit dem Ziel, ein abgegrenztes Gebiet im Bauland, welches auf Grund ungünstiger Grundstücksformen und fehlender Erschließung nicht bebaubar ist, einer geordneten bodensparenden Bebauung zuzuführen.

DFQ: §§ 72 ff. Tiroler ROG 2006; https://www.tirol.gv.at/landwirtschaft-forstwirtschaft/agrar/bauen/bau-baulandumlegung/ (14.11.2014)

REL: Synonym

DTM: **Umlegung**; gesetzl.; 4; Hauptb.; Subst.; fem.; sg.; **Baulandumlegung**

DTQ: §§ 45 ff. BauGB

DEF: ein gesetzlich geregeltes förmliches Grundflächentauschverfahren zur Erschließung oder Neugestaltung von Gebieten.

DFQ: §§ 45 ff. BauGB

NOT: Bebaute und unbebaute Grundstücke können durch Umlegung in der Weise neu geordnet werden, dass nach Lage, Form und Größe für die bauliche oder sonstige Nutzung zweckmäßig gestaltete Grundstücke entstehen.

***

ATM: **Baulandvertrag**; gesetzl.; 4; Hauptb.; Subst.; mask.; sg.; 2846; Baurecht

ETM: agreement under private law on the use of a building area; FTM: accord de droit privé pour l'utilisation des terrains à bâtir

TMQ: Handbuch der Planungsbegriffe

DEF: privatrechtliche Vereinbarung, welche mit Grundeigentümern über die Verwendung von Grundstücken innerhalb angemessener Frist entsprechend einer Flächenwidmung und einer Baulandzonierung abgeschlossen wird.

DFQ: Handbuch der Planungsbegriffe

DTM: **FEHLT**

***

ATM: **Baurecht**; gesetzl.; 4; Hauptb.; Subst.; neutr.; sg. ; 2846; Baurecht

ETM: right of development; FTM: droit de superficie

TMQ: § 1 BauRG

DEF: das dingliche, veräußerliche, vererbliche Recht, auf oder unter der Bodenfläche eines fremden Grundstücks ein Bauwerk zu haben.

DFQ: nach § 6 (2) BauRG

NOT: Das Baurecht gilt als unbewegliche Sache; das auf Grund des Baurechtes erworbene oder hergestellte Bauwerk als Zugehör des Baurechtes.

REL: Synonym

DTM: **Erbbaurecht**; gesetzl.; 4; Hauptb.; Subst.; neutr.; sg.

DTQ: § 1 ErbbauRG

DEF: das veräußerliche und vererbliche Recht, auf oder unter der Oberfläche eines fremden Grundstücks ein Bauwerk zu haben.

DFQ: nach § 1 ErbbauRG

***

ATM: **bautechnisch betreute Fremdobjekte**; gesetzl.; 4; Hauptb.; MWA; neutr.; pl.; 2846; Baurecht

ETM: supervised foreign building objects; FTM: objets de construction étrangers supervisées

TMQ: § 1 (2) Z. 3 BImmoG

DEF: in die Verwaltungskompetenz eines anderen als des Bundesministers für Wirtschaft und Arbeit fallende bundeseigene Liegenschaften oder Einmietungen des Bundes bei Dritten, die daher am 31. Dezember 2000 nicht in der Verwaltung, über Ersuchen aber in der bautechnischen Betreuung der Bundesgebäudeverwaltung Österreich oder der Auftragsverwaltung der Länder sind.

DFQ: § 1 (2) Z. 3 BImmoG

DTM: **FEHLT**

***

ATM: **Bauwerkehaftung**; fachlit.; 3; Hauptb.; Subst.; fem.; sg.; 2846; Baurecht

ETM: liability of the owner of a building for damage; FTM: responsabilité du propriétaire d'un bâtiment

TMQ: Welser, FWB Bürgerliches Recht

DEF: Haftung des Gebäudehalters, wenn durch Einsturz oder Ablösung von Teilen eines Gebäudes oder eines anderen auf einem Grundstück aufgeführten Werkes jemand verletzt oder sonst ein Schaden verursacht wird.

DFQ: Welser, FWB Bürgerliches Recht; § 1319 ABGB

REL: Synonym

DTM: **Gebäudehaftung**; fachlit.; 3; Hauptb.; Subst.; fem.; sg.

DTQ: AlpBrock2

DEF: Haftung des Eigenbesitzers eines Grundstücks für Schäden, die durch den Einsturz eines auf dem Grundstück befindlichen Gebäudes oder durch das Lösen von Teilen eines auf dem Grundstück befindlichen Gebäudes entstanden sind.

DFQ: nach § 836 BGB; www.lexexact.de (02.02.2015)

***

ATM: **Bauzins**; gesetzl.; 4; Hauptb.; Subst.; mask.; sg.; 2846; Baurecht

ETM: developmental licence fee; FTM: redevance emphytéotique

TMQ: § 3 (2) BauRG

DEF: Entgelt für die Bestellung eines Baurechts, das der Berechtigte an den Grundstückseigentümer in wiederkehrenden Leistungen zahlt.

DFQ: § 3 (2) BauRG; Welser, FWB Bürgerliches Recht

REL: Synonym

DTM: **Erbbauzins**; gesetzl.; 4; Hauptb.; Subst.; mask.; sg.

DTQ: § 9 ErbbauRG

DEF: Entgelt für die Bestellung des Erbbaurechts in wiederkehrenden Leistungen.

DFQ: § 9 ErbbauRG; AlpBrock2

***

ATM: **Bebauungsvorschrift**; gesetzl., 4; Hauptb.; Subst.; fem.; sg.; 2846; Baurecht; **Bauvorschrift**

ETM: development regulation; FTM: réglementation de la construction d'un bâtiment

TMQ: Handbuch der Planungsbegriffe

DEF: verbindliche Regelung über Art und Maß der Bebauung eines Grundstückes, die in einem Bebauungsplan enthalten sein kann.

DFQ: Handbuch der Planungsbegriffe

REL: Synonym

DTM: **Bauvorschrift**; gesetzl.; 4; Hauptb.; Subst.; fem.; sg.

DTQ: https://www.verwaltungsservice.bayern.de/dokumente/leistung/99220711325 (17.09.2014)

DEF: eine von der Gemeinde bzw. Stadt getroffene Regelung über die Gestaltung von Gebäuden (z. B. Dachform, Materialien usw.), Werbeanlagen und Grundstücken (z. B. Einfriedungen, Begrünung usw.).

DFQ: https://www.verwaltungsservice.bayern.de (17.09.2014)

***

ATM: **Bedarfskompetenz**; fachlit.; 3; Hauptb.; Subst.; fem.; sg.; 1211; Verfassungsrecht; **Bedarfsgesetzgebungskompetenz**

ETM: external competence; FTM: compétence de besoin

TMQ: Welser, FWB Bürgerliches Recht

DEF: Zuständigkeitsbestimmung im B-VG, die darauf abstellt, ob ein Bedarf nach einheitlichen Vorschriften vorhanden ist oder ein solcher als vorhanden erachtet wird. Sie kommt nur dem Bund zu und die einzelenen Angelegenheiten, in denen dies möglich ist, sind abschließend genannt.

DFQ: Art. 11 (2) und (5) B-VG; http://www.salzburg.gv.at/572-begriffe_fuer_nicht-juristen.pdf (15.02.2015)

DTM: FEHLT

***

ATM: bedingte Entlassung aus einer Freiheitsstrafe; gesetzl.; 4; Hauptb.; MWA; fem.; sg.; 1216; Strafrecht

ETM: release on parole; FTM: libération conditionnelle

TMQ: § 17 JGG

DEF: bedingte Nachsicht eines Teiles der Strafe unter Bestimmung einer Probezeit.

DFQ: nach § 46 (1) StGB; § 17 JGG

NOT: Es gilt § 46 (1) - (5) StGB mit der Maßgabe, dass die mindestens zu verbüßende Strafzeit jeweils einen Monat beträgt und dass außer Betracht bleibt, ob es der Vollstreckung der Strafe bedarf, um der Begehung strafbarer Handlungen durch andere entgegenzuwirken.

REL: Synonym; funkt. Äquiv.

DTM: Strafaussetzung; gesetzl.; 4; Hauptb.; Subst.; fem.; sg.

DTQ: § 21 JGG

DEF: gerichtliche Maßnahme, durch die der Vollzug einer Freiheitsstrafe ausgesetzt und dem Verurteilten eine Bewährungsfrist bewilligt wird, nach deren Ablauf bei guter Führung die Strafe erlassen wird.

DFQ: nach §§ 56 ff. StGB

NOT: Im dt. StGB wird jede Strafhöhe in einem einzelnen Paragraphen geregelt. § 57 StGB: Aussetzung des Strafrestes bei zeitiger Freiheitsstrafe; § 57a StGB: Aussetzung des Strafrestes bei lebenslanger Freiheitsstrafe; § 57b StGB: Aussetzung des Strafrestes bei lebenslanger Freiheitsstrafe als Gesamtstrafe.

***

ATM: bedingte Erbantrittserklärung; gesetzl.; 4; Hauptb.; MWA; fem.; sg.; 1211; Erbrecht

ETM: acceptance of inheritance subject to liabilities limited by the worth of the inherited estate; FTM: acceptation de l'héritage sous bénéfice d'inventaire

TMQ: § 815 ABGB

DEF: Annahme einer Erbschaft mit Haftungsbeschränkung. Es ist ein Inventar zu errichten, der Erbe haftet zwar persönlich mit seinem ganzen Vermögen, allerdings nur bis zum Wert der von ihm übernommenen Erbschaft.

DFQ: Welser, FWB Bürgerliches Recht

NOT: Soweit in Bundesgesetzen der Begriff „**Erbserklärung**" verwendet wird, ist darunter ab 1. Jänner 2005 die „**Erbantrittserklärung**" zu verstehen.

DTM: FEHLT

NOT: Im dt. Recht gibt es nur die Erbannahme oder die Auschlagung des Erbes (§1432 BGB).

***

ATM: bedingte Strafnachsicht; gesetzl.; 4; Hauptb.; MWA; fem.; sg.; 1216; Strafrecht; **teilbedingte Strafnachsicht**

ETM: conditional suspension of sentence; FTM: sursis conditionnel de l'exécution des peines

TMQ: § 43 StGB

DEF: das vorläufige Absehen vom Vollzug der verhängten Geld- oder Freiheitsstrafe oder eines Teiles derselben unter bestimmten Voraussetzungen und Festsetzung einer Probezeit.

DFQ: nach ÖRWB; § 43 StGB

REL: Synonym

DTM: **Strafaussetzung zur Bewährung**; gesetzl.; 4; Hauptb.; MWA; fem.; sg.

DTQ: § 56 ff. StGB

DEF: Vorbehalt der Vollstreckung einer Freiheitsstrafe unter bestimmten Voraussetzungen (insb. Resozialisierungserwartung) und unter Einräumung einer Bewährungsfrist.

DFQ: nach AlpBrock2

***

ATM: **bedingter Zahlungsbefehl**; gesetzl.; 4; Hauptb.; Subst.; mask.; sg.; 1211; Bürgerl. Recht

ETM: payment order; FTM: injonction de payer

TMQ: § 246 ZPO

DEF: die im Zuge eines Mahnverfahrens an den Beklagten ergehende Aufforderung, die Geldansprüche samt Zinsen bei sonstiger Exekution zu zahlen.

DFQ: nach §§ 246 ff. ZPO

NOT: Der Beklagte kann dagegen, wenn er die geltend gemachten Ansprüche bestreitet, binnen vier Wochen Einspruch erheben. Im Fall der Erhebung des Einspruchs findet das ordentliche Verfahren über die Klage statt.

REL: Synonym

DTM: **Mahnbescheid**; gesetzl.; 4; Hauptb.; Subst.; mask.; sg.;

DTQ: § 692 ZPO

DEF: Bescheid, der im Mahnverfahren auf einen entsprechenden Antrag des Gläubigers hin an den Schuldner ergeht. Legt der Schuldner nicht rechtzeitig gegen den Mahnbescheid Widerspruch ein, kann der Gläubiger den Erlass eines Vollstreckungsbescheides beantragen.

DFQ: http://www.juraforum.de/lexikon/mahnbescheid (19.02.2015); § 692 ZPO

***

ATM: **beeidete/r Buchprüfer/in**; gesetzl.; 4; Hauptb.; MWA; mask./fem.; sg.; 4026; Rechnungswesen

ETM: registered auditor; FTM: expert-comptable

TMQ: § 3 (1) GenRevG 1997

DEF: beeidete/r Wirtschaftstreuhänder/in.

DFQ: § 18 WTBG

REL: Synonym

DTM: **vereidigte/r Buchprüfer/in**; gesetzl.; 4; Hauptb.; MWA; mask./fem.; sg.

DTQ: § 129 (1) WPO

DEF: Buchprüfer/in, der/die die berufliche Aufgabe hat, Prüfungen auf dem Gebiet des betrieblichen Rechnungswesens, insb. Buch- und Bilanzprüfungen, durchzuführen.

DFQ: nach § 129 (1) WPO

***

ATM: **beeidigte/r Dolmetscher/in**; gesetzl.; 4; Hauptb.; MWA; mask./fem.; sg.; 3231; Informationsverarbeitung

ETM: sworn interpreter; FTM: interprète assermenté

TMQ: § 1 SDG

DEF: Dolmetscher/in, der/die speziell für Gerichte und Behörden (Polizei, Zoll, Gendarmerie, Asylamt usw.) zur Verfügung steht und dementsprechende spezifische Kenntnisse haben muss.

DFQ: http://www.gerichtsdolmetscher.at/ (14.02.2015)

NOT: Unterschieden wird ferner zwischen „**allgemein beeideten**" und „**ad-hoc-beeideten**" DolmetscherInnen: „allgemein beeidet" bedeutet, dass der/die Dolmetscher/in für alle Verfahren, in denen er/sie tätig wird, ein für allemal beeidet ist, während der/die „ad hoc" beeidete Dolmetscher/in nur in Ausnahmefällen für ein bestimmtes Verfahren vereidigt wird.

REL: Synonym

DTM: **vereidigte/r Dolmetscher/in**; gesetzl.; 4; Hauptb.; MWA; mask./fem.; sg.

DTQ: § 4 HmbDolmG

DEF: Dolmetscher/in, der/die im Bereich der Gerichtsbarkeit herangezogen wird, um bei der Verhandlung mit Personen, die der deutschen Sprache nicht mächtig sind, bzw. für gehör- oder sprachbehinderte Personen zu übersetzen.

DFQ: Creif21

***

ATM: **Beeidigung**; gesetzl.; 4; Hauptb.; Subst.; fem.; sg.; 0421; Öffentl. Verwaltung; **Angelobung**
ETM: swearing-in; FTM: prestation de serment

TMQ: § 305 (1) StPO

DEF: eine besondere Art des Versprechens, das den Eidleistenden zu einer Wahrheitsaussage in beispielsweise einem Prozess oder zur Treue einer Organisation gegenüber verpflichtet.

DFQ: nach § 305 (1) StPO

NOT: In Österreich werden Staatsdiener in Form einer „**Angelobung**" zur Treue verpflichtet, insb. beim Militär.

REL: Teilsynonym

DTM: **Vereidigung**; gesetzl., 4; Hauptb.; Subst.; fem.; sg.; **Beeidigung**; **Ablegung des Diensteides**

DTQ: § 393 ZPO

DEF: Versicherung der Wahrheit einer Zeugen- und Sachverständigenaussage oder Parteivernehmung durch Eid, d.h. in besonders feierlicher Form.

DFQ: AlpBrock2; § 393 ZPO; § 59 StPO

NOT: Der Terminus umfasst im dt. Recht auch die Vereidigung von Staatsdienern, welche nach dem österr. Recht als „Angelobung" bezeichnet wird.

***

ATM: **Befreiungsschein (1)**; gesetzl.; 4; Hauptb.; Subst.; mask.; sg.; 1231; Aufenthaltsrecht
ETM: work permit exemption certificate; FTM: dispense de permis de travail

TMQ: § 15 (1) AuslBG

DEF: Dokument, das einen Ausländer zur Aufnahme jedweder Beschäftigung in jedem Bundesland Österreichs berechtigt und an eine Reihe von Bedingungen geknüpft ist.

DFQ: nach § 15 (1) AuslBG; www.wkw.at/ (12.09.2014)

NOT: Ein Befreiungsschein ist auszustellen, wenn der Ausländer in Österreich während der letzten acht Jahre mindestens fünf Jahre mit einer dem Ausländerbeschäftigungsgesetz unterliegenden Tätigkeit erlaubt beschäftigt war.

DTM: **FEHLT**

NOT: In Deutschland wird die „**Arbeitsberechtigung**" (**Arbeitserlaubnis**) für Ausländer nicht in Form eines eigenen Dokumentes erteilt, sondern ist integrierter Bestandteil des Aufenthaltstitels. Siehe den Eintrag „Arbeitserlaubnis".

***

ATM: **Befreiungsschein (2)**; gesetzl.; 4; Hauptb.; Subst.; mask.; sg.; 1231; Aufenthaltsrecht

ETM: work permit exemption certificate ; FTM: dispense de permis de travail

TMQ: § 15 (1) AuslBG

DEF: Dokument, das einen Ausländer zur Aufnahme jedweder Beschäftigung in jedem Bundesland Österreichs berechtigt und an eine Reihe von Bedingungen geknüpft ist.

DFQ: nach § 15 (1) AuslBG; nach www.wkw.at/ (12.09.2014)

REL: Falscher Freund

DTM: **Befreiungsschein**; gesetzl.; 4; Hauptb.; Subst.; mask.; sg.; **Befreiungsausweis**

DTQ: § 31 AHStatDV

DEF: ein Ausweis, der einen Versicherten von der Bezahlung von Rezeptgebühren bzw. Praxisgebühren befreit.

DFQ: nach Eichinger et al., Basiswissen Arbeits- und Sozialrecht

***

ATM: **befristeter Haupt- oder Untermietvertrag**; gesetzl.; 4; Hauptb.; MWA; mask.; sg.; 2846; Mietrecht

ETM: fixed-term tenancy agreement / fixed-term subtenancy contract; FTM: contrat de location à durée déterminée / contrat de sous-location à durée déterminée

TMQ: § 29 (2) MRG

DEF: Mietvertrag, der schriftlich beliebig oft um jede - bei Wohnungen jedoch drei Jahre nicht unterschreitende - Vertragsdauer erneuert werden kann.

DFQ: nach § 29 (4) MRG

NOT: Die Bedingung des Eigenbedarfs gilt in diesem Fall nicht.

REL: Teilsynonym; funkt. Äquiv.

DTM: **Zeitmietvertrag**; gesetzl.; 4; Hauptb.; Subst.; mask.; sg.

DTQ: § 575 BGB

DEF: Mietverhältnis auf bestimmte Zeit, das vereinbart werden kann, wenn der Vermieter nach Ablauf der Mietzeit 1. die Räume als Wohnung für sich, seine Familienangehörigen oder Angehörige seines Haushalts nutzen will, 2. in zulässiger Weise die Räume beseitigen oder so wesentlich verändern oder instand setzen will oder 3. die Räume an einen zur Dienstleistung Verpflichteten vermieten will.

DFQ: nach § 575 (1) BGB

***

ATM: **befugter Gewerbsmann**; gesetzl.; 4; MWA; mask./fem.; sg.; 1211; Bürgerl. Recht

ETM: authorized professional; FTM: commerçant autorisé (à vendre des choses de même nature)

TMQ: Welser, FWB Bürgerliches Recht

DEF: Person, die nach gewerberechtlichen Vorschriften zum Verkehr mit bestimmten Sachen befugt ist.

DFQ: Welser, FWB Bürgerliches Recht; KoWe 2014/2015; nach § 367 ABGB

NOT: Beim gutgläubigen Erwerb maßgebend ist die Gewerbeberechtigung. Damit ein Erwerb redlich ist, muss der Erwerber den Veräußerer aus wahrscheinlichen Gründen für den Eigentümer bzw. für jemanden halten können, der die Verfügungsbefugnis hat. Der redliche Besitzer erwirbt Eigentum, wenn er die Sache gegen Entgelt in einer öffentlichen Versteigerung, von einem Unternehmer im gewöhnlichen Betrieb seines Unternehmens oder von jemandem erworben hat, dem sie der vorige Eigentümer anvertraut hatte.

DTM: FEHLT (Benennunglücke)

NOT: Im dt. Recht gibt es ebenso den gutgläubigen Erwerb, es existiert jedoch kein Terminus für den „**Übertragenden**".

***

ATM: **Begehung durch Unterlassung**; gesetzl.; 4; Hauptb.; MWA; fem.; sg.; 1216; Strafrecht

ETM: crime by omission; FTM: crime d'omission

TMQ: § 2 StGB

DEF: das Verüben eines Delikts, indem man einer besonders durch die Rechtsordnung normierten Verpflichtung nicht nachkommt. Die Unterlassung der Erfolgsabwendung ist einer Verwirklichung des gesetzlichen Tatbildes durch ein Tun gleichzuhalten.

DFQ: nach § 2 StGB

REL: Synonym

DTM: **Begehen durch Unterlassen**; gesetzl.; 4; Hauptb.; MWA; neutr.; sg.

DTQ: § 13 StGB

DEF: das Verüben eines Delikts, indem man es unterlässt, einen Erfolg abzuwenden, der zum Tatbestand eines Strafgesetzes gehört. Man ist nur dann strafbar, wenn man rechtlich dafür einzustehen hat, dass der Erfolg nicht eintritt, und wenn das Unterlassen der Verwirklichung des gesetzlichen Tatbestandes durch ein Tun entspricht.

DFQ: nach § 13 StGB

***

ATM: **begünstigte Drittstaatsangehörige**; gesetzl.; 4; Hauptb.; MWA; mask./fem.; pl.; 1231; Aufenthaltsrecht

ETM: privileged relatives from a third-country; FTM: parent privilégiés d'un pays tiers

TMQ: § 2 (4) Z. 11 FPG

DEF: Ehegatten, eingetragene Partner, eigene Verwandte und Verwandte des Ehegatten oder eingetragenen Partners eines EWR-Bürgers oder Schweizer Bürgers oder Österreichers, die ihr unionsrechtliches oder das ihnen auf Grund des Freizügigkeitsabkommens EG-Schweiz zukommende Aufenthaltsrecht in Anspruch genommen haben, in gerader absteigender Linie bis zur Vollendung des 21. Lebensjahres, darüber hinaus, sofern ihnen Unterhalt tatsächlich gewährt wird, sowie eigene Verwandte und Verwandte des Ehegatten oder eingetragenen Partners in gerader aufsteigender Linie, sofern ihnen Unterhalt tatsächlich gewährt wird, insofern dieser Drittstaatsangehörige den unionsrechtlich aufenthaltsberechtigten EWR-Bürger oder Schweizer Bürger, von dem sich seine unionsrechtliche Begünstigung herleitet, begleitet oder ihm nachzieht.

DFQ: § 2 (4) Z. 11 FPG

DTM: FEHLT

***

ATM: **Begünstigung eines Gläubigers**; gesetzl.; 4; Hauptb.; MWA; fem.; sg.; 1216; Strafrecht; **Gläubigerbevorzugung, Gläubigerbegünstigung**

ETM: privileging of creditors; FTM: traitement préférentiel des créanciers

TMQ: § 158 StGB

DEF: wenn jemand nach Eintritt seiner Zahlungsunfähigkeit einen Gläubiger begünstigt und dadurch die anderen Gläubiger oder wenigstens einen von ihnen benachteiligt.

DFQ: nach § 158 StGB

NOT: Ist eine von mehreren Straftaten des Konkursrechts.

REL: Synonym

DTM: **Gläubigerbegünstigung**; gesetzl.; 4; Hauptb.; Subst.; fem.; sg.

DTQ : § 283c StGB
DEF: wenn jemand in Kenntnis seiner Zahlungsunfähigkeit einem Gläubiger eine Sicherheit oder Befriedigung gewährt, die dieser nicht oder nicht in der Art oder nicht zu der Zeit zu beanspruchen hat, und ihn dadurch absichtlich oder wissentlich vor den übrigen Gläubigern begünstigt.
DFQ: nach § 283c StGB
NOT: Ist eine von mehreren Insolvenzstraftaten.
***
ATM: **Begutachtungsplakette**; gesetzl.; 4; Hauptb.; Subst.; fem.; sg.; 0436; Straßenverkehrsrecht;
Pickerl
ETM: roadworthiness label; FTM: plaquettes de contrôle
TMQ: § 57a (5) KFG
DEF: ein an gut sichtbarer Stelle am Fahrzeug angebrachter Aufkleber, der anzeigt, ob ein Kraftfahrzeug den gesetzlich festgelegten Erfordernissen der Verkehrs- und Betriebssicherheit entspricht.
DFQ: nach § 57a (5) KFG
NOT: Das Datum der wiederkehrenden Begutachtung ist darauf vermerkt.
REL: Synonym
DTM: **Prüfplakette**; gesetzl., 4; Hauptb.; Subst.; fem.; sg.; **TÜV-Plakette**
DTQ: § 29 StVZO
DEF: eine gesetzlich vorgeschriebene Plakette, die Halter von zulassungspflichtigen Fahrzeugen nur dann bekommen, wenn sie ihr Fahrzeug in regelmäßigen Zeitabständen auf die Verkehrstauglichkeit hin überprüfen lassen.
DFQ: nach § 29 StVZO
NOT: Prüfplaketten sind von der Zulassungsbehörde oder den zur Durchführung von Hauptuntersuchungen berechtigten Personen zuzuteilen und auf dem hinteren amtlichen Kennzeichen dauerhaft und gegen Missbrauch gesichert anzubringen.
***
ATM: **Begutachtungssenat**; gesetzl.; 4; Hauptb.; Subst.; mask.; sg.; 1226; Gerichtsorganisation
ETM: judicial council; FTM: conseil (superieur) de la magistrature
TMQ: § 36 GOG
DEF: Senat, der im Rahmen der Geschäftsverteilung bei jedem Gerichtshof gebildet wird und sich aus dem Präsidenten und sechs weiteren, wenn möglich, in verschiedenen Geschäftssparten tätigen Richtern zusammen setzt.
DFQ: § 36 GOG; § 11 OGHG
NOT: Auf Ansuchen des Bundesministers für Justiz oder des Präsidenten des Oberlandesgerichtes soll der Begutachtungssenat zu Gesetzes- oder Verordnungsentwürfen Gutachten abgeben.
DTM: **FEHLT**
***
ATM: **Begutachtungsverfahren**; gesetzl.; 4; Hauptb.; Subst.; neutr.; sg.; 0421; Öffentl. Recht
ETM: evaluation procedure by special interest groups; FTM: procédures d'évaluation
TMQ: Glossar des österr. Parlaments
DEF: Prozess im vorparlamentarischen Verfahren, in dem bestimmte Interessengruppen zu einem Gesetzentwurf der Bundesministerien ("Ministerialentwurf") Stellungnahmen abgeben können.
DFQ: Glossar des österr. Parlaments
NOT: Auch Ausschüsse haben die Möglichkeit, Stellungnahmen zu ihnen zugewiesenen Verhandlungsgegenständen einzuholen.

REL: Synonym

DTM: Anhörung; fachlit.; 3; Hauptb.; Subst.; fem.; sg.

DTQ: § 70 BTGO

DEF: eine – häufig öffentliche – Befragung von Sachverstädigen und Interessenvertretern, zu der die jeweils zuständigen Ausschüsse des Bundestages bei fachlich schwierigen oder politisch umstrittenen Gesetzentwürfen laden.

DFQ: Glossar des Bundestages http://www.bundestag.de/service/glossar/A/anhoerungen/245328 (23.08.2014)

NOT : Die Fraktionen bemühen sich in der Regel, Sachverständige zu benennen, von denen sie Unterstützung der eigenen politischen Position erwarten.

***

ATM: beharrliche Verfolgung; gesetzl.; 4; Hauptb.; MWA; fem.; sg.; 1221; Strafrecht; **Stalking**
ETM: stalking; FTM: harcèlement criminel

TMQ: § 107a StGB

DEF: Straftat, bei der jemand eine Person in einer Weise beharrlich verfolgt, die geeignet ist, diese Person in ihrer Lebensführung unzumutbar zu beeinträchtigen. Dies kann erfolgen, indem man eine längere Zeit hindurch fortgesetzt 1. die räumliche Nähe der Person aufsucht, 2. im Wege einer Telekommunikation oder unter Verwendung eines sonstigen Kommunikationsmittels oder über Dritte Kontakt zu ihr herstellt, 3. unter Verwendung ihrer personenbezogenen Daten Waren oder Dienstleistungen für sie bestellt oder 4. unter Verwendung ihrer personenbezogenen Daten Dritte veranlasst, mit ihr Kontakt aufzunehmen.

DFQ: nach 107a StGB:

REL: Synonym

DTM: Nachstellung; gesetzl.; 4; Hauptb.; Subst.; fem.; sg.; **Stalking**

DTQ: § 238 StGB

DEF: Straftat, bei der jemand einem Menschen unbefugt nachstellt, indem er beharrlich 1. seine räumliche Nähe aufsucht, 2. unter Verwendung von Telekommunikationsmitteln oder sonstigen Mitteln der Kommunikation oder über Dritte Kontakt zu ihm herzustellen versucht, 3. unter missbräuchlicher Verwendung von dessen personenbezogenen Daten Bestellungen von Waren oder Dienstleistungen für ihn aufgibt oder Dritte veranlasst, mit diesem Kontakt aufzunehmen, ihn mit der Verletzung von Leben, körperlicher Unversehrtheit, Gesundheit oder Freiheit seiner selbst oder einer ihm nahe stehenden Person bedroht oder 5. eine andere vergleichbare Handlung vornimmt und dadurch seine Lebensgestaltung schwerwiegend beeinträchtigt.

DFQ: nach § 238 (1) StGB

***

ATM: Beharrungsadresse; fachlit.; 3; Nebenb.; Subst.; fem.; sg.; 0436; Öffentl. Verwaltung; **ständige Adresse, Klärungsadresse**
ETM: permanent adress; FTM: adresse permanente

TMQ: www.help.gv.at (14.09.2014)

DEF: Adresse des dauerhaften Aufenthaltes einer Person.

DFQ: www.help.gv.at (14.09.2014)

DTM: FEHLT

***

ATM: Beharrungsbeschluss; gesetzl.; 4; Hauptb.; Subst.; mask.; sg.; 0421; Öffentl. Recht
ETM: reaffirmation of a rejected bill; FTM: passer outre le veto

TMQ: www.parlinkom.gv.at (14.09.2014)

DEF: Willenskundgebung des Nationalrates durch Beschluss, mit dem ein Veto des Bundesrates (= der von Bundesrat gegen einen Beschluss des Nationalrates beschlossene Einspruch) entkräftet wird.

DFQ: Art. 42 (4) B-VG; §§ 77, 82 (2) Z. 3 GOG-NR; § 43 GO-BR

NOT: In Österreich eine spezifische Form des Beschlusses, mit dem Entscheidungen der Zweiten Kammer des Parlaments überstimmt werden. Darüber hinaus kann eine übergeordnete Köperschaft Bechlüsse durch Beharren wieder aufheben.

DTM: FEHLT

***

ATM: **Behördenkennzahl**; gesetzl.; 4; Hauptb.; Subst.; fem.; sg.; 0421; Öffentl. Recht; **Aktenzeichen**; **Aktenzahl**; **Geschäftszahl**
ETM: reference number; FTM: numéro de reference

TMQ: www.help.gv.at (18.09.2014)

DEF: Zahl, die sich auf jedem Schreiben einer Behörde befindet, um ersichtlich zu machen, unter welcher Zahl der Akt bearbeitet wird.

DFQ: www.help.gv.at/applications (18.09.2014)

NOT: Diese Behördenkennzahl ist wichtig für alle weiteren Fragen und bei jedem Schriftwechsel mit der zuständigen Behörde. Aktenzeichen ändern sich grundsätzlich im Laufe des Verfahrens.

REL: Falscher Freund

DTM: **Behördenkennzahl**; gesetzl., 4; Hauptb.; Subst.; fem.; sg.; **BKZ**

DTQ: www.lexexakt.at (18.09.2014)

DEF: die ersten vier Ziffern der Seriennummer eines deutschen Reisepasses oder Personalausweises, in der die ausstellende Behörde kodiert ist.

DFQ: www.lexexakt.at (18.09.2014)

NOT: Die Behördenkennzahlen für Pass und Ausweis sind nicht immer identisch.

***

ATM: **Beinfleisch**; gesetzl.; 4; Hauptb.; Subst.; neutr.; sg.; 6026; Lebensmittelrecht; **Zwerchspitz**
ETM: leg meat; FTM: viande de jarret

TMQ: Österr. Lebensmittelbuch, Kap. 14 A.3.1.3

DEF: M. serratus ventr., Mm. intercostales

DFQ: Österr. Lebensmittelbuch, Kap. 14 A.3.1.3

NOT: Wird in Deutschland definiert als: Fleisch der Wadenpartie vom Rind und/oder Kalb und/oder Schwein und/oder Lamm. http://www.fleischwirtschaft.de/dokumentation/fachbegriffe/ (15.09.2014)

REL: Synonym

DTM: **Querrippe**; gesetzl.; 4; Hauptb.; Subst.; fem.; sg.; **Zwerchrippe, Vordere Spannrippe**

DTQ: http://www.gutekueche.de/rezepte/kochwissen/warenkunde/fleischstuecke-rind.1814.htm (22.01.2015)

DEF: Teil des Rindes, der vor und hinter dem Vorderlauf, auf halber Höhe des Rindes, liegt.

DFQ: http://www.gutekueche.de/rezepte/kochwissen/warenkunde/fleischstuecke-rind.1814.htm (22.01.2015)

***

ATM: **Beiried**; gesetzl.; 4; Hauptb.; Subst.; neutr.; sg.; 6026; Lebensmittelrecht
ETM: roast beef; FTM: rôti de bœuf

TMQ: Österr. Lebensmittelbuch, Kap. 14 A.3.1.3

DEF: M. longissimus dorsi, M. spinalis et semi- spinalis dorsi (1.-6. Lendenwirbel); liegt zwischen dem Knöpfel und dem Rostbraten.

DFQ: Österr. Lebensmittelbuch, Kap. 14 A.3.1.3

REL: Sonym

DTM: **Roastbeef**; gesetzl.; 4; Hauptb.; Subst.; neutr.; sg.; **Lende**

DTQ: Leitsätze für Fleisch und Fleischerzeugnisse, GMBl Nr. 5/6 ff vom 04.02.2010

DEF: die von den Lendenwirbeln und den letzten vier Brustwirbeln gelöste äußere Lendenmuskulatur (in erster Linie M. longissimus dorsi) des Rindes.

DFQ: Leitsätze für Fleisch und Fleischerzeugnisse, GMBl Nr. 5/6 ff vom 04.02.2010

***

ATM: **Beitragstäter/in (1)**; gesetzl.; 4; Hauptb.; Subst.; mask./fem.; sg.; 1221; Strafrecht
ETM: accomplice; FTM: complice

TMQ: OGH 13Os69/09k, 23.07.2009

DEF: Person, die einen anderen dazu bestimmt, eine strafbare Handlung zu begehen oder sonst zu ihrer Ausführung beiträgt. Auch der/die Beitragstäter/in begeht die Tat.

DFQ: nach § 12 StGB

REL: Teilsynonym

DTM: **Mittäter/in**; gesetzl.; 4; Hauptb.; Subst.; mask./fem.; sg.

DTQ: § 25 (2) StGB

DEF: Person, die mit anderen eine Straftat gemeinschaftlich begeht. Auch der/die Mittäter/in wird als Täter/in bestraft.

DFQ: nach § 25 (2) StGB

NOT: Mittäterschaft setzt voraus, dass die Täter auf Grund eines gemeinsamen Tatplanes tätig werden; dass sie nur zufällig am gleichen Tatort Straftaten verüben, reicht nicht aus.

***

ATM: **Beitragstäter/in (2)**; gesetzl.; 4; Hauptb.; Subst.; mask./fem.; sg. 1221; Strafrecht
ETM: accomplice; FTM: complice

TMQ: OGH 13Os69/09k, 23.07.2009

DEF: Person, die einen anderen dazu bestimmt, eine strafbare Handlung zu begehen oder sonst zu ihrer Ausführung beiträgt. Auch der/die Beitragstäter/in begeht die Tat.

DFQ: nach § 12 StGB

REL: Synonym

DTM: **Gehilfe / Gehilfin**; gesetzl.; 4; Hauptb.; Subst.; mask./fem.; sg.

DTQ: § 27 StGB

DEF: Person, die vorsätzlich einem anderen zu dessen vorsätzlich begangener rechtswidriger Tat Hilfe geleistet hat. Die Strafe für den/die Gehilfen/Gehilfin richtet sich nach der Strafdrohung für den/die Täter/in, ist jedoch zu mildern.

DFQ: nach § 27 StGB

***

ATM: **belastetes Grundstück**; gesetzl., 4; Nebenb.; MWA; neutr.; 1211; Bürgerl. Recht; sg.; **dienendes Grundstück; Grunddienstbarkeit**
ETM: servient tenement; FTM: fonds servant

TMQ: § 5 Allg. GAG

DEF: eine mit einer Servitut (Personal- oder Grunddienstbarkeit) belastete Liegenschaft.

DFQ: nach §§ 472 ff. ABGB

REL: Synonym

DTM: **dienendes Grundstück**; gesetzl.; 4; Hauptb.; MWA; neutr.; sg.

DTQ: §§ 1018 ff. BGB

DEF: ein mit einer Servitut belastetes Grundstück.

DFQ: §§ 1018 ff. BGB; www.lexexakt.de (29.08.2014)

NOT: Die Bezeichnung „**dienstbares Grundstück**" anstatt „**dienendes Grundstück**", wie es in Österreich üblich ist, wird in Deutschland zwar nicht verwendet, doch existiert die Phrase „ein Grundstück dienstbar machen".

***

ATM: **Benützungsart**; gesetzl.; 4; Hauptb.; Subst.; fem.; sg.; 1211; Grundbuch

ETM: form of usage; FTM: type d'exploitation

TMQ: § 10 VermG

DEF: eine der im Vermessungsgesetz genannten Formen der Bodennutzung.

DFQ: http://www.bev.gv.at/portal/ (10.08.2014)

NOT: In § 10 VermG sind folgende Benützungsarten vorgesehen: 1. Bauflächen, 2. landwirtschaftlich genutzte Grundflächen, 3. Gärten, 4. Weingärten, 5. Alpen, 6. Wald, 7. Gewässer, 8. Sonstige.

REL: Synonym

DTM: **Nutzungsart**; gesetzl.; 4; Hauptb.; Subst.; fem.; sg.

DTQ: www.agrar.de/Aktuell/...nutzungsart/10626/ (10.08.2014)

DEF: eine Art der land- und forstwirtschaftlichen Nutzung eines Gebiets.

DFQ: http://www.geoinformatik.uni-rostock.de/einzel.asp?ID=455743469 (10.08.2014)

***

ATM: **Beobachtungsfahrt**; gesetzl.; 4; Hauptb.; Subst.; fem.; sg.; 1216; Straßenverkehrsrecht

ETM: test drive under the supervision of a medical health officer; FTM: essai sur piste en surveillance d'un médecin officiel

TMQ: § 1 Z. 7 FSG-GV

DEF: Fahrt von mindestens 30 Minuten für die Gruppe 1 und mindestens 45 Minuten für die Gruppe 2 im Beisein eines Amtsarztes und/oder gegebenenfalls eines technischen Sachverständigen. Es ist dabei die Beherrschung des Fahrzeuges, das verkehrsangepasste und mit Rücksicht auf andere Verkehrsteilnehmer umsichtige Fahren sowie die Kompensation von gesundheitlichen Mängeln zu beobachten.

DFQ: § 1 Z. 7 FSG-GV

DTM: FEHLT

***

ATM: **Berauschung im Dienst**; gesetzl.; 4; Hauptb.; MWA; fem.; sg.; 0821; Militärrecht

ETM: intoxication on duty; FTM: intoxication en service

TMQ: § 23 MilStG

DEF: militärisches Delikt, bei dem sich ein Soldat, wenn auch nur fahrlässig, im Dienst durch den Genuss von Alkohol oder den Gebrauch eines anderen berauschenden Mittels in einen Zustand versetzt, der ihn zu seinem Dienst ganz oder teilweise untauglich macht. Wenn über ihn schon mehr als einmal wegen eines Verhaltens derselben Art eine Disziplinarstrafe verhängt worden ist, wird er bestraft.

DFQ: nach § 23 MilStG

DTM: FEHLT

NOT: Das deutsche WStG kennt den Begriff der „**selbstverschuldeten Trunkenheit**". Diese wird allerdings nicht als Straftatbestand geführt, sondern führt lediglich bei Begehung eines Delikts zu keiner Milderung der Strafe.

***

ATM: **Berechtigungssprengel**; gesetzl.; 4; Hauptb.; Subst.; mask.; sg.; 3206; Schulrecht

ETM: special school district for music and sports; FTM: district spécial scolaire pour les matières artistiques et sport

TMQ: § 13 (2) PfSG

DEF: ein eigener (sprengelübergreifender) Schulsprengel für Hauptschulen und Hauptschulklassen sowie für Neue Mittelschulen und Klassen von Neuen Mittelschulen mit besonderer Berücksichtigung der musischen oder sportlichen Ausbildung. Für diese Sprengel gilt die herkömmliche Sprengelzugehörigkeit nicht.

DFQ: nach § 13 (3b) PfSG

NOT: Es können auch für Polytechnische Schulen eigene Berechtigungssprengel vorgesehen werden, vgl. § 13 (3c) PfSG.

DTM: FEHLT

***

ATM: **Bereichssprecher/in**; fachlit.; 3; Hauptb.; Subst.; mask./fem.; sg.; 0421; Öffentl. Recht

ETM: spokesperson (for..); FTM: porte-parole (de/des/pour..)

TMQ: www.parlinkom.gv.at (23.08.2014)

DEF: Abgeordnete/r einer Fraktion, der/die ein bestimmtes Thema vorrangig innerhalb seines/ihres Klubs betreut. Es kann auch mehrere BereichssprecherInnen geben.

DFQ: Glossar des österr. Parlaments

DTM: FEHLT

***

ATM: **Bereitstellungsschein**; gesetzl.; 4; Hauptb.; Subst.; mask.; sg.; 0821; Militärrecht

ETM: call-up; FTM: avis d'incorporation

TMQ: § 24 (2) WG

DEF: Schreiben, das den Wehrpflichtigen über Zeitpunkt und Ort, an dem der Präsenzdienst/Zivildienst anzutreten ist, informiert.

DFQ: nach § 24 (2) WG; www.bmlv.gv.at/miliz/mobilmachung.shtml (28.09.2014)

REL: Synonym

DTM: **Einberufungsbescheid**; gesetzl.; 4; Hauptb.; Subst.; mask.; sg.

DTQ: § 21 WPflG

DEF: die verbindliche Aufforderung an einen gemusterten und einberufenen Wehrpflichtigen, sich zu seinem Wehrdienst in einer bestimmten Kaserne einzufinden.

DFQ: nach § 21 WPflG; www.zentralstelle-kdv.de/z.php?ID=168 (28.09.2014)

***

ATM: **Bergbuch**; gesetzl.; 4; Hauptb.; Subst.; neutr.; sg.; 0436; Öffentl. Verwaltung

ETM: register of mining development; FTM: livre foncier des mines

TMQ: § 1 BergBV

DEF: grundbuchähnliches Verzeichnis der Bergwerksliegenschaften und der Bergwerksberechtigungen, die als unbewegliche Sachen gelten und Gegenstand der Eintragung sind.

DFQ: nach § 40 MinroG

REL: Synonym

DTM: **Berggrundbuch**; gesetzl.; 4; Hauptb.; Subst:, neutr.; sg.

DTQ: § 44 SächsJG

DEF: öffentliches Register, das vom Grundbuchamt mit dem Zweck geführt wird, Bergrechte (z.B. Bergwerkseigentum) offen zu legen.

DFQ: http://wirtschaftslexikon.gabler.de/ (10.08.2014)
NOT: Das Berggrundbuch ist landesrechtlich geregelt, die Vorschriften über das Grundbuch finden meist entsprechende Anwendung.

***

ATM: **Berichtigungsantrag gegen das Wählerverzeichnis;** gesetzl.; 4; Hauptb.; MWA; mask.; sg.; 4016; Öffentl. Recht

ETM: application for correction of the electoral roll; FTM: requête en correction de la liste électorale

TMQ: § 28 (1) NRWO
DEF: Antrag, mit dem jeder Staatsbürger die Aufnahme eines Wahlberechtigten in das Wählerverzeichnis oder die Streichung eines nicht Wahlberechtigten aus dem Wählerverzeichnis begehren kann.
DFQ: nach § 28 (1) NRWO
REL: Synonym

DTM: **Einspruch gegen das Wählerverzeichnis**; gesetzl.; 4; Hauptb.; MWA; mask.; sg.
DTQ: § 22 BWO
DEF: Einspruch, mit dem jemand geltend macht, dass das Wählerverzeichnis unrichtig oder unvollständig ist.
DFQ: § 22 (1) BWO

***

ATM: **Berichtstagsatzung**; gesetzl.; 4; Hauptb.; Subst.; fem.; sg. 1211; Insolvenzrecht

ETM: creditors meeting; FTM: réunion de l'assemblée des créanciers

TMQ: § 91a IO
DEF: Gläubigerversammlung, in der die Entscheidung über die weitere Vorgangsweise (Fortführung oder Schließung des Unternehmens, Sanierungsplan) getroffen werden soll, wenn das Unternehmen noch nicht geschlossen wurde. Diese Tagsatzung kann mit der allgemeinen Prüfungstagsatzung verbunden werden. Sie hat spätestens 90 Tage nach Eröffnung des Insolvenzverfahrens stattzufinden.
DFQ: § 91a IO
NOT: Die Berichtstagsatzung kann auch den Zweck der ersten Gläubigerversammlung erfüllen. Sie ist, wenn sie gleichzeitig mit der Eröffnung des Insolvenzverfahrens angeordnet wird, im Edikt, sonst gesondert, öffentlich bekanntzumachen.
REL: Synonym

DTM: **Berichtstermin**; gesetzl.; 4; Hauptb.; Subst.; mask.; sg.
DTQ: § 29 InsO
DEF: Gläubigerversammlung, in der auf der Grundlage eines Berichts des Insolvenzverwalters über den Fortgang des Insolvenzverfahrens beschlossen wird.
DFQ: § 29 InsO
NOT: Der Termin soll nicht über sechs Wochen und darf nicht über drei Monate hinaus angesetzt werden.

***

ATM: **Berücksichtigungsprinzip der überörtlichen Raumordnung;** fachlit., 3; Hauptb.; MWA; neutr.; sg.; 1616; Raumordnung

ETM: principle of accountability regarding development on a supralocal level; FTM: principe de prise en considération de l'aménagement suprarégional du territoire

TMQ: Handbuch der Planungsbegriffe

DEF: gegenseitige Rücksichtnahmepflicht der Interessen von Bund und Ländern. Die Länder und der Bund dürfen dabei einander nicht unterlaufen.

DFQ: nach Handbuch der Planungsbegriffe

DTM: FEHLT

***

ATM: berufsbildende mittlere Schule; gesetzl.; 4; Hauptb.; MWA; fem.; sg.; 3206; Schulrecht;
mittlere Schule, Fachschule, BMS
ETM: vocational school; FTM: école professionnelle

TMQ: § 55 (1) SchOG

DEF: Schule, die ein bis vier Jahre dauert. BMS mit einer Ausbildungsdauer von ein oder zwei Jahren vermitteln eine teilweise, solche mit einer Ausbildungsdauer von drei oder vier Jahren mit Abschlussprüfung eine abgeschlossene Berufsausbildung. Für die Absolvent/innen gelten die einschlägigen Berechtigungen der Gewerbeordnung.

DFQ: http://www.bmukk.gv.at/schulen/ (28.09.2014)

NOT: Der Begriff „**Mittelschule**" wird in Österreich in erster Linie als Synonym für „AHS" bzw. „Gymnasium" verwendet und ist in seiner spezifisch deutschen Verwendung (nur in Bayern und Sachsen) ein Falscher Freund.

REL: Falscher Freund

DTM: Mittelschule; fachlit.; 3; Hauptb.; Subst.; fem.; sg.

DTQ: http://www.schule.sachsen.de/ (28.09.2014)

DEF: Schule, die eine allgemeine und berufsvorbereitende Bildung vermittelt. Am Ende der Klasse 9 kann der Hauptschulabschluss oder der qualifizierende Hauptschulabschluss und am Ende der Klasse 10 der Realschulabschluss erworben werden.

DFQ: http://www.schule.sachsen.de/ (28.09.2014)

***

ATM: Berufspflichtverletzung; gesetzl.; 4; Hauptb.; Subst.; fem.; sg.; 1226; Gerichtsorganisation
ETM: breach of professional duty; FTM: prévarication

TMQ: § 155 (1) NO

DEF: schuldhafte Verletzung einer ihm in der NO oder in einer anderen Rechtsvorschrift für die Ausübung seines Berufes auferlegten Pflicht durch einen Notar oder Notariatskandidaten.

DFQ: § 155 (1) NO

REL: Synonym

DTM: Amtspflichtverletzung; gesetzl.; 4; Hauptb.; Subst.; fem.; sg.

DTQ: § 19 (1) BNotO

DEF: vorsätzliche oder fahrlässige Verletzung einer ihm einem anderen gegenüber obliegenden Amtspflicht durch einen Notar.

DFQ: § 19 (1) BNotO

***

ATM: Berufstitel; gesetzl.; 4; Hauptb.; Subst.; mask.; sg.; 0436; Öffentl. Verwaltung
ETM: honorary (job) title; FTM: titre honorifique

TMQ: Art. 65 (2) lit. b B-VG

DEF: Auszeichnung von Personen, die sich in langjähriger Ausübung ihres Berufes Verdienste um die Republik Österreich erworben haben. Sie wird vom Bundespräsidenten verliehen.

DFQ: nach Art 65. (2) lit. b B-VG

NOT: Es gibt auch „**berufsspezifische Ehrentitel**". Die beiden Begriffe decken sich nur teilweise, da es sich im österr. Fall z.T. um berufsbezogene Ehrentitel handelt; im dt. Fall um Amtsbezeichnungen, die mit dem übertragenen Amt zusammenhängen.

REL: Teilsynonym; funkt. Äquiv.

DTM: **Amtsbezeichnung**; gesetzl.; 4; Hauptb.; Subst.; fem.; sg.

DTQ: § 86 BBG

DEF: Bezeichnung des übertragenen Amtes, die Beamtinnen und Beamte im Dienst führen. Sie wird vom Bundespräsidenten oder von einer von ihm bestimmten Stelle festgesetzt.

DFQ: § 86 BBG; www.documentarchiv.de (19.01.2015)

NOT: Nichtakademische Titel wurden im deutschen Kaiserreich bis 1918 vom Staat als Ehrenbezeichnungen verliehen. Die Abschaffung des Titels beruhte auf der Verfassung des Deutschen Reiches von 1919, die in Art. 109 (4) bestimmte: „Titel dürfen nur verliehen werden, wenn sie ein Amt oder einen Beruf bezeichnen; akademische Grade sind hierdurch nicht betroffen."

***

ATM: **Berufsunfähigkeitspension**; gesetzl.; 4; Hauptb.; Subst.; fem.; sg.; 4406; Pensionsrecht; **Invaliditätspension**

ETM: disability support pension; FTM: pension d'invalidité

TMQ: § 6 ASVG

DEF: staatliche Versorgungsleistung, die die Aufgabe hat, Einkommen zu ersetzen, wenn die Arbeitsfähigkeit des Versicherten infolge seines körperlichen oder geistigen Zustandes auf weniger als die Hälfte derjenigen eines körperlich und geistig gesunden Versicherten von ähnlicher Ausbildung und gleichwertigen Kenntnissen und Fähigkeiten herabgesunken ist.

DFQ: nach § 273 (1) ASVG

NOT: „**Pension**" ist in Österreich der allgemeine Begriff für „**Rente**" und nicht auf die Altersrente der Beamten beschränkt und daher in diesem Zusammenhang ein Falscher Freund.

REL: Teilsynonym; funkt. Äquiv.

DTM: **Rente wegen voller Erwerbsminderung**; gesetzl.; 4; Hauptb.; MWA; fem.; sg.

DTQ: §§ 33 (5), 43 (1) SGB VI

DEF: staatliche Versorgungsleistung, die die Aufgabe hat, Einkommen zu ersetzen, wenn die Erwerbsfähigkeit des Versicherten soweit eingeschränkt oder ganz weggefallen ist, dass die Person nicht mehr in der Lage ist, 3 Stunden pro Tag eine berufliche Tätigkeit auszuüben.

DFQ: nach §§ 33 (5), 43 (1) SGB VI

NOT: Ersetzt mit 01.01.2001 die Begriffe der Erwerbs- bzw. Berufsunfähigkeitsrente

***

ATM: **Berufung**; gesetzl.; 4; Hauptb.; Subst.; fem.; sg.; 1216; Strafrecht; **Schuldberufung**

ETM: appeal; FTM: appel

TMQ: § 282 (1) StGB

DEF: Rechtsmittel gegen den Ausspruch über die Strafe und gegen den Ausspruch über die privatrechtlichen Ansprüche, insbesondere bei Fehler in der Beweiswürdigung.

DFQ: §§ 282 (1), 464 (2) StGB

REL: Teilsynonym

DTM: **Berufung**; gesetzl.; 4; Hauptb.; Subst.; fem.; sg.

DTQ: § 312 StPO

DEF: Rechtsmittel gegen Urteile des Amtsgerichts (Strafrichters) oder des Schöffengerichts. Die Berufung wird angenommen, wenn sie nicht offensichtlich unbegründet ist.

DFQ: § 313 StPO, AlpBrock2

NOT: Die gesetzlichen Festlegungen hinsichtlich der Berufung im dt. Recht lassen einen breiten Spielraum der Abweisung zu. Es können (anders als im österr. Recht) neue Beweismittel vorgelegt werden.

***

ATM: **Berufungsvorentscheidung**; fachlit.; 3; Hauptb.; Subst.; fem.; sg.; 0436; Verwaltungsrecht;
Abänderung der Entscheidung
ETM: preliminary decision (of appeal); FTM: décision préliminaire sur l'appel

TMQ: Welser, FWB Bürgerliches Recht

DEF: eine im österreichischen Verwaltungsverfahrensrecht normierte Regelung, die es einer Behörde erlaubt, eine Berufung binnen zwei Monaten (nach Einlangen bei der Behörde erster Instanz) selbst zu erledigen.

DFQ: Welser, FWB Bürgerliches Recht; § 64a AVG; § 51 (6) VStG; § 276 BAO

REL: Synonym

DTM: **Abhilfe**; gesetzl.; 4; Hauptb.; Subst.; fem.; sg.

DTQ: § 306 (2) StPO

DEF: Reaktion eines Gerichts oder des Vorsitzenden, dessen Entscheidung angefochten wird, wenn es bzw. er die Beschwerde für begründet hält. Andernfalls ist die Beschwerde vor Ablauf einer Woche dem Beschwerdegericht vorzulegen.

DFQ: nach § 306 (2) StPO

***

ATM: **Berufungswerber/in**; gesetzl.; 4; Hauptb.; Subst.; mask./fem.; sg.; 1211; Bürgerl. Recht
ETM: appellant; FTM: demandeur en appel

TMQ: § 468 ZPO

DEF: Partei im Zivilverfahren, die das Rechtsmittel der Berufung ergriffen hat

DFQ: nach § 468 ZPO

REL Synonym

DTM: **Berufungskläger/in**; gesetzl.; 4; Hauptb.; Subst.; mask./fem.; sg.

DTQ: § 511 ZPO

DEF: Partei im Zivilprozess, die das Rechtsmittel der Berufung ergriffen hat.

DFQ: nach § 511 ZPO

***

ATM: **Besachwalterung**; gesetzl.; 4; Hauptb.; Subst.; fem.; sg.; 1211; Bürgerl. Recht
ETM: guardianship; FTM: tutelle

TMQ: § 268 (1) ABGB

DEF: Bestellung eines Sachwalters, wenn eine volljährige Person, die an einer psychischesn Krankheit leidet oder geistig behindert ist, alle oder einzelne ihrer Angelegenheiten nicht ohne Gefahr eines Nachteils für sich selbst zu besorgen vermag.

DFQ: nach § 268 (1) ABGB

NOT: Der Sachwalter ist auf Antrag oder von Amts wegen zu bestellen.

REL: Synonym

DTM: **rechtliche Betreuung**; gesetzl.; 4; Hauptb.; Subst.; fem.; sg.

DTQ: § 1896 (1) BGB

DEF: Bestellung eines Betreuers, wenn ein Volljähriger auf Grund einer psychischen Krankheit oder einer körperlichen, geistigen oder seelischen Behinderung seine Angelegenheiten ganz oder teilweise nicht besorgen kann.

DFQ: nach § 1896 (1) BGB

NOT: Der Betreuer ist auf Antrag oder von Amts wegen zu bestellen.

***

ATM: **Beschädigung von Heeresgut**; gesetzl.; 4; Hauptb.; MWA; fem.; sg.; 0821; Militärstrafrecht

ETM: damage to army property ; FTM: dommages à la propriété de l'armée

TMQ: § 32 MilStG

DEF: Delikt, bei dem jemand grob fahrlässig eine Sache, die dem Bundesheer gehört oder für dieses oder für den Einsatz bestimmt ist, zerstört, beschädigt, unbrauchbar macht oder preisgibt und dadurch fahrlässig an der Sache einen 2 000 Euro übersteigenden Schaden verursacht und eine Gefahr für das Leben, die Gesundheit oder die körperliche Sicherheit einer größeren Zahl von Menschen oder die Gefahr eines erheblichen Nachteils herbeiführt.

DFQ: § 32 MilStG

REL: Synonym

DTM: **Sabotagehandlungen an Verteidigungsmitteln**; gesetzl.; 4; Hauptb.; MWA; fem.; pl.

DTQ: § 109e (1) StGB

DEF: Delikt, bei dem jemand ein Wehrmittel oder eine Einrichtung oder Anlage, die ganz oder vorwiegend der Landesverteidigung oder dem Schutz der Zivilbevölkerung gegen Kriegsgefahren dient, unbefugt zerstört, beschädigt, verändert, unbrauchbar macht oder beseitigt und dadurch die Sicherheit der Bundesrepublik Deutschland, die Schlagkraft der Truppe oder Menschenleben gefährdet.

DFQ: § 109e (1) StGB

***

ATM: **Beschaffungsgruppen**; gesetzl.; 4; Hauptb.; Subst.; fem.; pl.; 0436; Öffentl. Verwaltung

ETM: procurement groups; FTM: groupes d'approvisionnement

TMQ: § 2 Z. 1 BC-V

DEF: Güter und Dienstleistungen, die in der Verordnung des Bundesministers für Finanzen zur Bestimmung jener Güter und Dienstleistungen, die nach dem Bundesgesetz über die Errichtung einer Bundesbeschaffung Gesellschaft mit beschränkter Haftung (BB-GmbH-Gesetz) zu beschaffen sind, aufgezählt werden.

DFQ: § 2 Z. 1 BC-V

NOT: Im Wesentlichen handelt es sich um Strom, Gas, Telekomleistungen, Fuhrpark, Treibstoffe, Güter und Dienstleistungen im IT-Bereich.

DTM: FEHLT

***

ATM: **Beschäftiger/in**; gesetzl.; 4; Hauptb.; Subst.; mask./fem.; sg.; 4426; Arbeitsrecht

ETM: user enterprises; FTM: entreprise utilisatrice de travailleurs intérimaires

TMQ: Welser, FWB Bürgerliches Recht

DEF: Person, die im Rahmen eines Leiharbeitsverhältnisses Arbeitskräfte eines Überlassers zur Arbeitsleistung für betriebseigene Aufgaben einsetzt.

DFQ: § 3 (3) AÜG

NOT: Der Begriff ist nur im Rahmen der ArbeitnehmerInnenüberlassung (Leiharbeit, Personalleasing) üblich.

REL: Synonym

DTM: **Entleiher/in**; gesetzl.; 4; Hauptb.; Subst.; mask./fem.; sg.

DTQ: §§ 1 ff. AÜG

DEF: Person, der Arbeitgeber/innen als Verleiher/innen Dritte als Arbeitnehmer/innen (Leiharbeitsnehmer/innen) im Rahmen ihrer wirtschaftlichen Tätigkeit zur Arbeitsleistung überlassen.

DFQ: nach § 1 (1) AÜG

NOT: Der Begriff ist nur im Rahmen der ArbeitnehmerInnenüberlassung (Leiharbeit, Personalleasing, Zeitarbeit) üblich.

***

ATM: Beschäftigungsbewilligung; gesetzl.; 4; Hauptb.; Subst.; fem.; sg.; 1231; Aufenthaltsrecht

ETM: working permit; FTM: permis de travail

TMQ: § 3 AuslBG

DEF: die vom Arbeitsmarktservice dem Arbeitgeber erteilte Berechtigung zur Beschäftigung einer konkret beantragten Arbeitskraft auf einem genau bezeichneten Arbeitsplatz.

DFQ: nach § 3 AuslBG

NOT: Die Beschäftigungsbewilligung wird vom Arbeitgeber beantragt, sie wird befristet auf maximal ein Jahr ausgestellt und kann jeweils um maximal ein Jahr verlängert werden.

DTM: FEHLT

NOT: In Deutschland wird die „Arbeitsberechtigung" (Arbeitserlaubnis) für Ausländer nicht in Form eines eigenen Dokumentes erteilt, sondern ist integrierter Bestandteil des Aufenthaltstitels. Siehe Eintrag „Arbeitserlaubnis"

***

ATM: Vollstreckungsverfügung; gesetzl.; 4; Hauptb.; Subst.; fem.; sg.; 0436; Verwaltungsrecht; **Bescheid über eine Zwangsstrafe**

ETM: writ of coercive penalty; FTM: arrêt d'astreinte

TMQ: § 10 (2) VVG

DEF: Mitteilung durch eine Behörde über eine Strafe, die verhängt wurde, weil jemand einer Ladung nicht Folge geleistet hat.

DFQ: nach § 19 AVG und § 5 VVG

REL: Falscher Freund

DTM: Vollstreckungsverfügung; fachlit.; 3; Hauptb.; Subst.; fem.; sg.; 1211; Insolvenzrecht

DTQ: § 152 FGO

DEF: gerichtliche Verfügung, mit der eine Geldforderung vollstreckt wird, d.h. anerkannt und dem Adressaten aufgetragen wird.

DFQ: nach § 152 FGO

***

ATM: Bescheidbeschwerde; gesetzl.; 4; Hauptb.; Subst.; fem.; sg.; 1221; Verwaltungsrecht

ETM: appeal against a decision; FTM: recours contre des actes administratifs individuels

TMQ: § 250 BAO

DEF: Beschwerde, mit der ein einzelner einen ihn bindenden Bescheid beim Verfassungsgerichtshof oder beim Verwaltungsgerichtshof bekämpfen kann, wenn subkjektive Rechte beeinträchtigt wurden. Sie ist im österreichischen Recht grundsätzlich gegen alle Bescheide letzt-instanzlicher Behörden der Verwaltung zulässig.

DFQ: Mayer, FWB Öffentl. Recht

DTM: FEHLT (Benennungslücke)

NOT: Gem. Art. 19 (4) GG steht jedem, der durch die öffentliche Gewalt in seinen Rechten verletzt wurde, der Rechtsweg offen. Soweit eine andere Zuständigkeit nicht begründet ist, ist der ordentliche Rechtsweg gegeben. Ein eigener Terminus dafür fehlt jedoch.

***

ATM: **Beschleunigungsstreifen**; gesetzl.; 4; Hauptb.; Subst.; mask.; sg.; 2826; Straßenverkehrsrecht

ETM: acceleration lane; FTM: voie d'accélération

TMQ: § 2 (1) lit. 6c StVO

DEF: Fahrstreifen, der bei Einfahrten zum Einordnen in den fließenden Verkehr dient.

DFQ: nach § 2 (1) lit. 6c StVO

REL: Synonym

DTM: **Einfädelungsstreifen**; gesetzl.; 4; Hauptb.; Subst.; mask.; sg.

DTQ: § 7a StVO

DEF: Fahrstreifen, insbesondere auf Autobahnen und Kraftfahrstraßen, der zur Einfahrt in die durchgehende Fahrbahn dient.

DFQ: nach § 7a StVO

***

ATM: **Beschuldigte/r**; gesetzl.; 4; Hauptb.; Subst.; mask./fem.; sg.; 1221; Strafrecht

ETM: accused (person); FTM: accusé

TMQ: § 48 (1) StPO

DEF: Person, die auf Grund bestimmter Tatsachen konkret verdächtig ist, eine strafbare Handlung begangen zu haben und gegen die wegen dieses Verdachts ermittelt oder Zwang ausgeübt wird; bzw. eine im Verdacht einer Verwaltungsübertretung stehende Person von dem Zeitpunkt der ersten von der Behörde gegen sie gerichtete Verfolgungshandlung bis zum Abschluss der Strafsache.

DFQ: § 48 (1) StPO; § 32 (1) VStG

NOT: Es ist kein Oberbegriff, sondern bezeichnet lediglich eine Person, gegen die Ermittlungen eingeleitet wurden.

REL: Teilsynonym

DTM: **Beschuldigte/r**; gesetzl.; 4; Hauptb.; Subst.; mask./fem.; sg.

DTQ: § 157 StPO

DEF: Person, gegen die sich Ermittlungstätigkeiten wegen des Verdachts der Begehung einer Straftat richten.

DFQ: AlpBrock2

NOT Unter den Oberbegriff „**Beschuldigter**" fallen auch der „**Angeschuldigte**", gegen den Anklage erhoben worden ist, und der „**Angeklagte**" im Hauptverfahren.

***

ATM: **Besitzauflassung**; fachlit.; 3; Hauptb.; Subst.; fem.; sg.; 1206; Bürgerl. Recht; ***brevi manu traditio*; Übergabe kurzer Hand**

ETM: where an individual in mere possession of goods obtains rights of ownership; FTM: transfert (de la possession) "par la main courte"

TMQ: OGH 1Ob220/05t, 13.12.2005

DEF: Vorgang der ‚Besitzübergabe', bei dem sich die zu übergebende Sache bereits beim Sachinhaber, der nun Besitzer werden soll, befindet. Statt die Sache körperlich hin- und herzuverschieben, erklären die Parteien auf erweisliche Art ihr Einverständnis, dass ab nun der Inhaber Besitzer sein soll: Der Inhaber wird *solo animo* zum Besitzer.

DFQ: KoWe 2014/2015

REL: Synonym

DTM: **Übergabe kurzer Hand**; gesetzl., 4; Hauptb.; MWA; fem.; sg.; ***brevi manu traditio***

DTQ: § 929 2. Satz BGB

ETM: district administrative authority; FTM: autorité administrative du district

TMQ: Art. 118a (2) B-VG

DEF: Bezirkshauptmannschaft, die die mittelbare Bundesverwaltung in jedem politischen Bezirk eines Bundeslandes durchführt. Die Festlegung politischer Bezirke fällt in die Kompetenz der Bundesländer.

DFQ: nach § 4 (2) Bgld. BH-G

NOT: In Bayern, Rheinland-Pfalz, Niedersachsen und Nordrhein-Westfalen gibt es „**Regierungsbezirke**" bzw. „**Bezirksverbände**" und „**Kommunalverbände**", die ebenfalls als „**Bezirk**" bezeichnet werden, jedoch in der Hierarchie der Verwaltungseinheiten eine Stufe höher angesiedelt sind, da sie mehrere Kreise zu „**Bezirken**" zusammenfassen.

REL Synonym

DTM: **Kreisverwaltungsbehörde**; gesetzl.; 4; Hauptb.; Subst.; fem.; sg.; **Landratsamt**, **Kreishaus**, **Kreisverwaltung**

DTQ: § 9 (2) BWahlG

DEF: Oberbegriff für die 71 Landratsämter als untere staatliche Verwaltungsbehörden und die 25 kreisfreien Städte, soweit sie im übertragenen Wirkungskreis staatliche Aufgaben, die sonst vom Landratsamt als der unteren staatlichen Verwaltungsbehörde wahrzunehmen sind, erfüllen.

DFQ: https://www.verwaltungsservice.bayern.de/dokumente/behoerdeordner/8111031172 (30.11.2014)

***

ATM: **Bezirkswahlbehörde**; gesetzl.; 4; Hauptb.; Subst.; fem.; sg.; 0436; Öffentl. Verwaltung

ETM: district electoral commission; FTM: commission électorale du district

TMQ: § 10 (1) NRWO

DEF: die für jeden politischen Bezirk (Verwaltungsbezirk), jede Stadt mit eigenem Statut und in der Stadt Wien am Sitz eines jeden Magistratischen Bezirksamtes zuständige Behörde, die zur Durchführung der Nationalratswahl eingesetzt wird. Sie besteht aus dem Bezirkshauptmann, in Städten mit eigenem Statut aus dem Bürgermeister, in der Stadt Wien aus dem Leiter des Magistratischen Bezirksamtes oder einem von ihm zu bestellenden ständigen Vertreter als Vorsitzendem und Bezirkswahlleiter sowie aus neun Beisitzern.

DFQ: nach § 10 (1) NRWO

REL: Teilsynonym; funkt. Äquiv.

DTM: **Kreiswahlausschuss**; gesetzl.; 4; Hauptb.; Subst.; mask.; sg.

DTQ: § 4 BWO

DEF: idas für einen oder mehrere Landkreise zuständige Gremium zur Durchführung der Bundestagswahl, das aus dem Kreiswahlleiter und sechs Beisitzern besteht.

DFQ: nach http://www.bundeswahlleiter.de/de/glossar/texte/Kreiswahlausschuss.html (14.08.2014)

NOT: Die Funktion der beiden Gremien ist nicht völlig deckungsgleich, da die Bezirkswahlbehörde lediglich die formale Durchführung der Wahl im jeweiligen politischen Bezirk vornimmt, während die Kreiswahlausschüsse für die Wahl der 299 Direktmandate zuständig sind.

***

ATM: **Bezirkswahlleiter/in**; gesetzl.; 4; Hauptb.; Subst.; mask./fem.; sg.; 0436; Öffentl. Verwaltung

ETM: district chief electoral officer; FTM: chef électoral de district

TMQ: § 10 (2) NRWO

DEF: der/die jeweilige Bezirkshauptmann/Bezirkshauptfrau, in Städten mit eigenem Statut der/die Bürgermeister/in, in der Stadt Wien der/die Leiter/in des Magistratischen Bezirksamtes oder ein/e von ihm/ihr zu bestellende/r ständige/r Vertreter/in als Vorsitzernde/r.

DFQ: nach § 10 (2) NRWO

REL: Teilsynonym; funkt. Äquiv.

DTM: **Kreiswahlleiter/in**; gesetzl.; 4; Hauptb.; Subst.; mask./fem.; sg.

DTQ: § 3 BWO

DEF: eine von der Landesregierung beauftragte Person, die vor jeder Wahl ernannt wird.

DFQ: nach § 3 BWO; http://www.bundeswahlleiter.de/de/glossar/texte/Kreiswahlleiter.html (24.02.2015)

***

ATM: **Bildnisschutz**; gesetzl.; 4; Hauptb.; Subst.; mask.; sg.; 3226; Urheberrecht

ETM: right to one's own image; FTM: droit à l'image

TMQ: § 78 UrhG

DEF: Schutz des Abgebildeten oder, falls er gestorben ist, ohne die Veröffentlichung gestattet oder angeordnet zu haben, eines nahen Angehörigen, durch den sichergestellt wird, dass Bildnisse von diesen Personen weder öffentlich ausgestellt noch auf eine andere Art verbreitet werden.

DFQ: nach § 78 (1) UrhG

REL Synonym

DTM: **Recht am eigenen Bild**; gesetzl.; 4; Hauptb.; MWA; neutr.; sg.; **Bildnisschutz**

DTQ: http://www.bverfg.de/entscheidungen/rs20080226_1bvr160207.html (20.01.2015)

DEF: Schutz des Abgebildeten, durch den sichergestellt wird, dass Bildnisse nur mit seiner Einwilligung verbreitet oder öffentlich zur Schau gestellt werden.

DFQ: nach § 22 KunstUrhG

***

ATM: **Bildungskarenz**; gesetzl.; 4; Hauptb.; Subst.; fem.; sg.; 2826; Sozialrecht

ETM: training leave; FTM: congé de formation

TMQ: § 11 AVRAG

DEF: eine Form der Karenz, die es ArbeitnehmerInnen ermöglicht, zwei bis zwölf Monate von der Arbeit freigestellt an Weiterbildungen teilzunehmen, ohne dafür das Dienstverhältnis auflösen zu müssen.

DFQ: http://www.vida.at/servlet/ContentServer?pagename=S03/Page/Index&n=S03_13.3 (18.08.2014)

NOT: Die Dauer dieser Bildungskarenz kann zwischen zwei Monaten und einem Jahr liegen. Unter bestimmten Bedingungen erhält der/die Dienstnehmer/in in der Zeit der Bildungskarenz „**Weiterbildungsgeld**" vom Arbeitsamt.

REL Teilsynonym

DTM: **Bildungsurlaub**; gesetzl.; 4; Hauptb.; Subst.; mask.; sg.

DTQ: § 37 VII BetrVG

DEF: eine Form des Urlaubs, die es ArbeitnehmerInnen ermöglicht, verschiedentlich durch Tarifvertrag oder Betriebsvereinbarung bezahlt oder unbezahlt politische, berufliche oder allgemeine Weiterbildung im Rahmen hierfür anerkannter Veranstaltungen in Anspruch zu nehmen.

DFQ: Creif21

***

ATM: **Bildungsrahmenplan und Bildungsplan**; gesetzl.; 4; Hauptb.; MWA; mask.; sg.; 2826; Sozialrecht

ETM: education master programme and training programme; FTM: plan directeur de l'éducation et plan formation

TMQ: Art. 2 Z. 8 Vereinbarung zwischen dem Bund und den Ländern gemäß Art. 15a B-VG über die frühe sprachliche Förderung in institutionellen Kinderbetreuungseinrichtungen

DEF: der bundesländerübergreifende Bildungsrahmenplan für elementare Bildungseinrichtungen in Österreich und der Bildungsplan-Anteil zur sprachlichen Förderung in elementaren Bildungseinrichtungen der Ämter der Landesregierungen der österreichischen Bundesländer, des Magistrats der Stadt Wien sowie des Bundesministeriums für Unterrichtet, Kunst und Kultur, erarbeitet durch das Charlotte-Bühler-Institut.

DFQ: Art. 2 Z. 8 Vereinbarung zwischen dem Bund und den Ländern gemäß Art. 15a B-VG über die frühe sprachliche Förderung in institutionellen Kinderbetreuungseinrichtungen

DTM: FEHLT

***

ATM: Bildungsteilzeitgeld; gesetzl.; 4; Hauptb.; Subst.; neutr.; sg.; 4426; Arbeitsrecht

ETM: benefits for further education and part time employment; FTM: aide à la formation continue et de l'emploi à temps partiel

TMQ: § 26a (1) AlVG

DEF: eine Form des Arbeitslosengeldes für Personen, die die Teilnahme an einer im Wesentlichen der Dauer der Bildungsteilzeit entsprechenden Weiterbildungsmaßnahme nachweisen.

DFQ: nach § 26 (1) AlVG

DTM: FEHLT

***

ATM: Bildungsstandards zur Sprech- und Sprachkompetenz zu Beginn der Schulpflicht; gesetzl.; 4; Hauptb.; MWA; mask.; pl.; 3206; Schulrecht

ETM: educational standards for speech and language skills at the beginning of compulsory education; FTM: normes éducatives sur les capacités langagières au début de la scolarité obligatoire

TMQ: Art. 2 Z. 3 Vereinbarung zwischen dem Bund und den Ländern gemäß Art. 15a B-VG über die frühe sprachliche Förderung in institutionellen Kinderbetreuungseinrichtungen

DEF: jene sprachlichen Kompetenzen, die beim Eintritt in die erste Schulstufe der Volksschule gegeben sein sollen und vom Bundesministerium für Unterricht, Kunst und Kultur in Zusammenarbeit mit der Pädagogischen Hochschule Linz erstellt wurden.

DFQ: Art. 2 Z.3 Vereinbarung zwischen dem Bund und den Ländern gemäß Art. 15a B-VG über die frühe sprachliche Förderung in institutionellen Kinderbetreuungseinrichtungen.

DTM: FEHLT

***

ATM: Bittleihe; gesetzl.; 4; Hauptb.; Subst.; fem.; sg.; 1211; Bürgerl. Recht; **Prekarium**

ETM: precarium; FTM: précaire

TMQ: § 974 ABGB

DEF: Leihvertrag, bei dem weder die Dauer noch ein genau bestimmtes Gebrauchsrecht geregelt ist und der Verleiher die Sache jederzeit zurückfordern kann.

DFQ: ÖRWB

DTM: FEHLT

NOT: Das dt. Recht kennt die Bittleihe nicht, steht aber einer entsprechenden vertraglichen Vereinbarung nicht entgegen. http://www.lexexakt.de/glossar/bittleihe.php (28.11.2014)

***

ATM: **Blattlinie**; gesetzl.; 4; Hauptb.; Subst.; fem.; sg.; 3226; Medienrecht; **grundlegende Richtung**
ETM: editorial policy; FTM: ligne éditoriale

TMQ: § 25 (1) MedienG

DEF: die grundlegende Richtung (allgemeine Ausrichtung) eines periodischen Druckwerks, die nach gesetzlichen Bestimmungen zu veröffentlichen und erklären ist.

DFQ: § 25 (4) MedienG

REL: Teilsynonym; funkt. Äquiv.

DTM: **publizistische Grundhaltung**; allgmspr.; 3; Hauptb.; MWA; fem.; sg.

DTQ: http://www.juramagazin.de/ (26.02.2015)

DEF: die von der Geschäftsleitung vorgegebene Richtung eines Medienprodukts.

DFQ: http://epub.ub.uni-muenchen.de/523/1/MA_Krase_Bjoern.pdf (26.02.2015)

NOT: Es fehlt eine dem österr. Recht vergleichbare Regelung im Gesetz. Der Begriff wird in manchen Publikationen verwendet.

***

ATM: **blauer Brief**; allgmspr., 3; Hauptb.; MWA; mask.; sg.; 1226; Gerichtsverfassung; **RSa-Brief, Rückscheinbrief blau**
ETM: special registered post; FTM: courrier spécial

TMQ: http://www.help.gv.at/ (18.09.2014)

DEF: behördliches Schriftstück mit Rückschein, das nur dem Empfänger selbst zu eigenen Handen zugestellt werden darf.

DFQ: nach http://www.help.gv.at/ (18.09.2014)

NOT: Der RSa-Brief ist kein eingeschriebener Brief. Er ist für die Zustellung durch einen Zustelldienst bestimmt. Bei Zustellung durch die Gemeinde wird anstelle des Rückscheins ein Zustellschein verwendet.

DTM: FEHLT

NOT: Nach dt. Zustellungsrecht kommt entweder eine „**Zustellung mit Zustellungsurkunde**" oder eine „**Zustellung durch Einschreiben mit Rückschein eigenhändig**" in Frage.

***

ATM: **Bleistiftwert**; fachlit.; 3; Hauptb.; Subst.; mask.; sg.; 1211; Bürgerl. Recht
ETM: estimated proceeds from the sale of a pledge; FTM: recette estimée de la vente d'un gage

TMQ: OGH 3Ob181/06y, 13.09.2006

DEF: Wert, der den voraussichtlich erzielbaren Erlös von Pfandstücken bezeichnet und den der Exekutor (Gerichtsvollzieher) in einem Pfändungsprotokoll zu vermerken hat.

DFQ: nach § 253 (1) EO

DTM: FEHLT

***

ATM: **Blockredezeit**; fachlit.; 3; Hauptb.; Subst.; fem.; sg.; 0421; Öffentl. Recht; **Wiener Stunde**
ETM: allocated speaking time; FTM: temps de parole limité

TMQ: Glossar des österr. Parlaments; § 57 (6) GOG-NR

DEF: die im Rahmen von Plenarsitzungen des Nationalrates fix zugeteilte Zeiteinheit, die jeder Fraktion unter Berücksichtigung ihrer Stärke zur Behandlung der Tagesordnung zugeteilt wird und über die sie innerhalb der Grenzen der Geschäftsordnung frei verfügen kann.

DFQ: Glossar des österr. Parlaments

DTM: FEHLT

***

ATM: **Blutschande**; gesetzl.; 4; Hauptb.; Subst.; fem.; sg.; 1216; Strafrecht; **Inzest**
ETM: incest; FTM: inceste

TMQ: § 211 StGB

DEF: Straftatbestand, der erfüllt ist, wenn jemand mit einer Person, die mit ihm in gerade Linie verwandt ist, den Beischlaf vollzieht; wenn jemand eine Person, mit der er in absteigender Linie verwandt ist, zum Beischlaf verführt; bzw. wenn jemand mit seinem Bruder oder mit seiner Schwester den Beischlaf vollzieht.

DFQ: nach § 211 StGB

REL: Synonym

DTM: **Beischlaf zwischen Verwandten**; gesetzl., 4; Hauptb.; MWA; mask.; sg.; **Inzest**; **Blutschande**

DTQ: § 173 StGB

DEF: Straftatbestand, der erfüllt ist, wenn jemand mit einem leiblichen Abkömmling den Beischlaf vollzieht; wenn jemand mit einem leiblichen Verwandten aufsteigender Linie den Beischlaf vollzieht; bzw. wenn leibliche Geschwister miteinander den Beischlaf vollziehen.

DFQ: nach § 173 StGB

NOT: Inzest wird in Österreich und Deutschland nur zwischen in gerader Linie Verwandten – also Eltern, Großeltern, Urgroßeltern und deren Kindern, Enkeln, Urenkeln – sowie zwischen Voll- und Halbgeschwistern (letzteres ist rechtlich umstritten) verfolgt. In Österreich wird nicht bestraft, wer zur Tatzeit jünger als 19 Jahre alt war und zur Tat verführt wurde. In Deutschland wird nicht bestraft, wer zur Zeit der Tat noch nicht achtzehn Jahre alt war.

***

ATM: **Bodenbeschaffungsfonds**; gesetzl.; 4; Hauptb.; Subst.; mask.; sg.; 2846; Raumplanung
ETM: fund for the acquisition of land; FTM: fonds pour l'acquisition de terrains

TMQ: Handbuch der Planungsbegriffe

DEF: operatives Instrument der Raumordnung.

DFQ: §§ 1 ff. K-BBFG

NOT: Aufgabenbereich: Unterstützung der Gemeinden bei der Verwirklichung der Ziele der örtlichen Raumplanung (ÖEK); Schaffung und Verbesserung der räumlichen Voraussetzungen für eine leistungsfähige Wirtschaft (Flächensicherung); treuhändige Sicherung von Grundflächen für den geförderten Wohnbau und zur Betriebsansiedlung.

DTM: FEHLT

***

ATM: **Bonitierung**; gesetzl.; 4; Hauptb.; Subst.; fem.; sg.; 6006; Agrarrecht; **Bodenschätzung**
ETM: land appraisal; FTM: estimation du sol

TMQ: § 1 BoSchätzG 1970

DEF: Unterziehung der landwirtschaftlich nutzbaren Bodenflächen des Bundesgebietes einer Bodenschätzung zur Schaffung von Bewertungsgrundlagen, insbesondere für steuerliche Zwecke.

DFQ: §§ 1 ff. BoSchätzG 1970

REL Synonym

DTM: **Bodenschätzung**; gesetzl., 4; Hauptb.; Subst.; fem.; sg.; **Bodenbonitierung**

DTQ: § 1 ff. BodSchätzG

DEF: Klassifizierung der land- und forstwirtschaftlich genutzten Böden nach Bodenzusammensetzung und Alterserscheinungen unter Berücksichtigung der auf den Boden einwirkenden Grundwasser- und Klimaverhältnisse. Sie erfolgt nach sog. Musterstücken und stuft die Böden nach Bodenzahlen (1-100) ein.

DFQ: § 1 ff. BodSchätzG

***

DTM: Briefwahlvorstand; gesetzl.; 4; Hauptb.; Subst.; mask.; sg.; 0416; Wahlrecht

ETM: postal vote electoral commission; FTM: commission électorale de vote par correspondance

DTQ: § 7 (1) BWO

DEF: spezielle Wahlkommission innerhalb eines Wahlkreises, die für die Entgegennahme der Wahlbriefe zuständig ist.

DFQ: nach § 7 (1) BWO

ATM: FEHLT

NOT: Für die Entgegennahme der Wahlkarten im Rahmen der Briefwahl ist in Österreich die Bezirkswahlbehörde bzw. im Ausland die jeweilige österr. Vertretungsbehörde zuständig.

***

DTM: Briefwahlvorsteher/in; gesetzl.; 4; Hauptb.; Subst.; mask./fem.; sg.; 0416; Wahlrecht

ETM: chairman of the postal vote election commission FTM: président de la commission électorale de vote par correspondance

DTQ: § 7 BWO

DEF: Vorsitzende/r eines Briefwahlvorstandes, der/die für die Entgegennahme der Wahlbriefe innerhalb eines Wahlkreises zuständig ist.

DFQ: nach § 7 (5) BWO

ATM: FEHLT

***

ATM: Bringungsrecht; gesetzl.; 4; Hauptb.; Subst.; neutr.; sg.; 6006; Agrarrecht

ETM: (public) right of way; FTM: droit au désenclavement

TMQ: § 1 Güter- und Seilwege-Grundsatzgesetz 1967

DEF: das zugunsten von Grundstücken, die land- oder forstwirtschaftlichen Zwecken gewidmet sind, eingeräumte Recht, Personen und Sachen über fremden Grund zu bringen.

DFQ: § 1 (1) Güter- und Seilwege-Grundsatzgesetz 1967

DTM: FEHLT

***

ATM: Bringungsweg; fachlit.; 3; Hauptb.; Subst.; mask.; sg.; 6006; Agrarrecht

ETM: public right of way; FTM: voie de désenclavement

TMQ: Welser, FWB Bürgerliches Recht

DEF: Weg, der der Bringung von land- oder forstwirtschaftlich gewonnenen Erzeugnissen dient.

DFQ: Welser, FWB Bürgerliches Recht

NOT: Im Güter- und Seilwege-Grundsatzgesetz 1967 finden sich für die Einräumung von Bringungswegen ähnliche Regelungen wie im Notwegerecht.

DTM: FEHLT

***

ATM: Brustkern; gesetzl., 4; Hauptb.; Subst.; mask.; sg.; 6026; Lebensmittelrecht; **Brustkern ausgelöst**; **Dickes Kügerl**

ETM: centre cut brisket; FTM: gros bout de poitrine

TMQ: Österr. Lebensmittelbuch, Kap. 14 A.3.1.3

DEF: M. pectoralis superf. et prof.

DFQ: Österr. Lebensmittelbuch, Kap. 14 A.3.1.3

REL: Synonym

DTM: **Brust**; fachlit., 3; Hauptb.; Subst.; fem.; sg.; **Brustspitze**; **Brustkern**; **Nachbrust**

DTQ: http://www.gutekueche.de/rezepte/kochwissen/warenkunde/fleischstuecke-rind.1814.htm (09.08.2014)

DEF: Teil des Rindes, der unterhalb der Querrippe liegt und in die Bereiche Brustspitze, Brustkern und Nachbrust aufgeteilt wird.

DFQ: http://www.gutekueche.de/rezepte/kochwissen/warenkunde/fleischstuecke-rind.1814.htm (09.08.2014)

***

ATM: **Buchbesitz**; fachlit.; 3; Hauptb.; Subst.; mask.; sg.; 1211; Bürgerl. Recht; **Tabularbesitz**

ETM: registered property; FTM: propriété d'un bien immobilier (publiée à la conservation des hypothèques)

TMQ: Welser, FWB Bürgerliches Recht

DEF: der rechtmäßige Besitz eines dinglichen Rechtes auf unbewegliche Sachen, der durch Eintragung im Grundbuch entsteht.

DFQ: nach §§ 321, 323 ABGB; KoWe 2014/2015

NOT: Er wird nur durch die ordentliche Eintragung in diese öffentlichen Bücher erlangt. Der Buchbesitz ist mit keinem Besitzschutz ausgestattet.

REL: Teilsynonym; funkt. Äquiv.

DTM: **Erwerb durch Einigung und Eintragung**; gesetzl.; 4; Hauptb.; MWA; mask.; sg.; **Übereignung unbeweglicher Sachen**; **Eigentumsübertragung an einem Grundstück**

DTQ: § 873 BGB

DEF: Besitzerwerb durch eine Grundbucheintragung, die nicht von Amts wegen erfolgt, sondern einen Eintragungsantrag nach der GBO voraussetzt.

DFQ: nach §§ 873 ff. BGB; AlpBrock2

NOT: Ist möglich in den Fällen der rechtsändernden und der berichtigenden Eintragung sowie im Falle der Eintragung eines Widerspruchs in das Grundbuch.

***

ATM: **bücherlicher Vormann**; gesetzl.; 4; Hauptb.; MWA; mask.; sg.; 1211; Bürgerl. Recht

ETM: previous owner; FTM: ancien propriétaire (selon la conservation des hypothèques)

TMQ: § 21 GBG

DEF: Person, die zur Zeit des Ansuchens als Eigentümer der Liegenschaft oder des Rechtes, in Ansehnung deren die Eintragung erfolgen soll, im Grundbuch erscheint oder doch gleichzeitig als solche einverleibt oder vorgemerkt wird.

DFQ: nach § 21 GBG

DTM: FEHLT

***

ATM: **Buchservitut**; gesetzl.; 4; Hauptb.; Subst.; fem. bzw. neutr.; sg.; 1211; Bürgerl. Recht; **ruhende Dienstbarkeit**

ETM: (registered) easement; FTM: servitude (inscrite au livre foncier)

TMQ: OGH 5Ob118/07z, 13.07.2007

DEF: eine im Grundbuch eingetragene Dienstbarkeit, die trotz Vereinigung von Berechtigtem und Eigentümer der dienenden Liegenschaft in einer Person bis zu ihrer Löschung im Grundbuch fortbesteht; die Buchservitut lebt wieder auf, wenn das Eigentum an herrschendem und dienendem Grundstück wieder zwei verschiedenen Personen zusteht.

DFQ: Welser, FWB Bürgerliches Recht; § 526 ABGB

REL: Teilsynonym

DTM: **Grunddienstbarkeit**; gesetzl.; 4; Hauptb.; Subst.; fem.; sg.

DTQ: §§ 1018 ff. BGB

DEF: Belastung eines dienenden Grundstücks zugunsten des jeweiligen Eigentümers des herrschenden Grundstücks. Die Grunddienstbarkeit muss ins Grundbuch eingetragen werden

DFQ: www.lexexact.de (13.01.2015); § 873 (1) BGB, §§ 1018 ff. BGB

***

ATM: **Budgetausschuss des Nationalrates**; gesetzl.; 4; Hauptb.; MWA; mask.; sg.; 0421; Öffentl. Recht

ETM: buget commitee (of the national assembly); FTM: comité budgétaire (de conseil nationale)

TMQ: § 32a GOG-NR

DEF: einer der gesetzlich vorgeschriebenen Ausschüsse des Nationalrates. Diesem Ausschuss obliegen insbesondere die Vorberatung des jeweiligen Bundesfinanzgesetzes, die Mitwirkung an der Haushaltsführung sowie die Vorberatung des Bundesrechnungsabschlusses.

DFQ: www.parlament.gv.at (18.02.2015); § 32a GOG-NR; Art. 51b und Art. 51c (2) B-VG

REL Synonym

DTM: **Haushaltsausschuss des Deutschen Bundestages**; gesetzl.; 4; Hauptb.; MWA; mask.; sg.

DTQ: § 5 ESMFinG

DEF: ein ständiger Parlamentsausschuss, der für die Beratungen des Haushaltsgesetzes und für die Überwachung (parlamentarische Kontrolle) des Haushaltsvollzugs zuständig ist.

DFQ: http://www.bundestag.de/ausschuesse (18.02.2015)

***

ATM: **Bundesamt für Verfassungsschutz und Terrorismusbekämpfung;** gesetzl., 4; MWA; neutr.; sg.; 0421; Öffentl. Sicherheit; **BVT**

ETM: Federal Agency for State Protection and Counterterrorism; FTM: administration fédérale pour de protection de la constitution et la lutte contre le terrorisme

TMQ: Abkommen zur Bekämpfung nuklearterroristischer Handlungen

DEF: der zivile österreichische Inlandsgeheimdienst, der dem Verfassungsschutz und der Terrorismusbekämpfung dient.

DFQ: www.facts.biz.ly/BVT.html (01.02.2015); §§ 1 ff. SPG

NOT: ist ein 2002 aus der österreichischen Staatspolizei sowie einigen Sondereinheiten hervorgegangenes Amt im Zuständigkeitsbereich des BM für Inneres.

REL: Teilsynonym; funkt. Äquiv.

DTM: **Bundesamt für Verfassungsschutz**; gesetzl.; 4; Hauptb.; MWA; neutr.; sg.; **BfV**

DTQ: www.verfassungsschutz.de (01.02.2015)

DEF: ein deutscher Inlands-Nachrichtendienst, dessen wichtigste Aufgabe die Überwachung von Bestrebungen gegen die freiheitliche, demokratische Grundordnung der Bundesrepublik Deutschland ist.

DFQ: www.verfassungsschutz.de (01.02.2015); §§ 1 ff. BVerfSchG

NOT: Das BfV verfügt über keine polizeilichen Befugnisse.

***

ATM: **Bundesbedienstete**; gesetzl.; 4; Hauptb.; Subst.; mask./fem.; pl.; 4411; Öffentl. Recht; **Bedienstete**; **Dienstnehmer/innen im öffentlichen Dienst**

ETM: federal public service; FTM: agents de la fonction publique

TMQ: § 2 (1) B-BSG

DEF: alle Personen, die in einem öffentlich-rechtlichen oder privatrechtlichen Dienstverhältnis oder in einem in § 12 (2) Z. 4 lit. a bis f des Gehaltsgesetzes 1956, BGBl. Nr. 54, angeführten Ausbildungsverhältnis zum Bund stehen, sowie Lehrlinge des Bundes.

DFQ: § 2 (1) B-BSG

REL: Teilsynonym; funkt. Äquiv.

DTM: **Beschäftigte des öffentlichen Dienstes des Bundes**; gesetzl.; 4; Hauptb.; MWA; mask./fem.; pl.; **Beschäftigte im öffentlichen Dienst (Bund, Länder, Kommunen)**

DTQ: § 4 BPersVG

DEF: die Beamt/innen und Arbeitnehmer/innen einschließlich der zu ihrer Berufsausbildung Beschäftigten sowie Richter/innen, die an eine der in § 1 genannten Verwaltungen oder zur Wahrnehmung einer nichtrichterlichen Tätigkeit an ein Gericht des Bundes abgeordnet sind.

DFQ: § 4 BPersVG

***

ATM: **Bundesdenkmalamt**; gesetzl.; 4; Hauptb.; Subst.; neutr.; sg.; 2831; Denkmalschutz; **BDA**

ETM: federal agency for the protection of monuments; FTM: inspection générale des monuments historiques

TMQ: § 2a DMSG

DEF: dem Bundesministerium für Wissenschaft und Kunst unterstehende Denkmalbehörde für den Denkmalschutz und die Denkmalpflege mit Sitz in Wien.

DFQ: nach § 2a DMSG; http://www.bda.at/ (11.03.2015)

NOT: Auf Länderebene arbeiten in Österreich die neun Landeskonservatorate des Bundesdenkmalamtes.

REL: Teilsynonym; funkt. Äquiv.

DTM: **Landesdenkmalamt**; gesetzl.; 4; Hauptb.; Subst.; neutr.; sg.

DTQ: DSchG Bln

DEF: eine Oberbehörde des Landes, deren Aufgabe der Schutz und die Pflege von Bau- und Kunstdenkmälern einschließlich der Bodendenkmäler ist.

DFQ: http://juristisches-lexikon.ra-kdk.de/eintrag/Landesdenkmalamt.html (24.09.2014)

NOT: In Deutschland liegt die Zuständigkeit für Denkmalschutz und Denkmalpflege bei den Bundesländern. Denkmalschutzbehörden sind Vollzugsbehörden, die Entscheidungen darüber treffen, ob ein Kulturdenkmal zerstört, beseitigt, transloziert, umgestaltet, in Stand gesetzt oder in seinem Aussehen verändert werden darf.

***

ATM: **Bundesfinanzgericht**; gesetzl.; 4; Hauptb.; Subst.; neutr.; sg.; 1221; Gerichtsorganisation

ETM: federal finance court; FTM: Cour des finances fédérales

TMQ: Art. 134 B-VG

DEF: Gericht, das über Beschwerden gegen Bescheide eines Finanzamtes in Steuer-, Beihilfen- oder Finanzstrafsachen oder eines Zollamtes in Zoll- oder Finanzstrafsachen sowie gegen Bescheide betreffend Wiener Landes- und Gemeindeabgaben (beispielsweise Abfallwirtschaftsgesetz und Vergnügungssteuer) und die abgabenrechtlichen Verwaltungsübertretungen zu diesen Abgaben entscheidet.

DFQ: https://www.bfg.gv.at/das-bfg/ueber.html (10.01.2015)

NOT: Hat mit 01.01.2014 die UFS-Senate abgelöst und ist die höchse Instanz in Finanzsachen.

REL: Teilsynonym; funkt. Äquiv.

DTM: **Bundesfinanzhof**; gesetzl.; 4; Hauptb.; Subst:, mask.; sg.

DTQ: Art. 95 (1) GG

DEF: die höchste Instanz der Finanzgerichtsbarkeit, die in Rechtsbehelfsverfahren in erster Linie über die Rechtmäßigkeit der Festsetzung von Steuern und Zöllen, außerdem unter anderem über Kindergeld, Investitionszulage und bestimmte berufsrechtliche Angelegenheiten der Steuerberater entscheidet.

DFQ: http://www.bundesfinanzhof.de/gericht/aufgaben (10.02.2015)

***

ATM: **Bundesfinanzgesetz**; gesetzl.; 4; Hauptb.; Subst.; neutr.; sg.; 1206; Öffentl. Recht

ETM: federal budget act; FTM: loi de finances

TMQ: Bundesfinanzgesetz 2015

DEF: Gesetz, das aus den Bedeckungs- und Ermächtigungsregeln für die Haushaltsführung, dem Bundesvoranschlag, dem Personalplan und weiteren Anlagen besteht. Seit 2013 setzt sich der Bundesvoranschlag aus dem Ergebnisvoranschlag (Aufwendungen und Erträge), dem Finanzierungsvoranschlag (Auszahlungen und Einzahlungen) und den Angaben zur Wirkungsorientierung zusammen.

DFQ: https://www.bmf.gv.at/budget/das-budget/bundesfinanzgesetz-und-beilagen.html (10.01.2015)

NOT: Zu unterscheiden vom „**Bundeshaushaltsgesetz**“: Das Bundesgesetz vom 4. April 1986 über die Führung des Bundeshaushaltes (**Bundeshaushaltsgesetz**), BGBl 1986/213 idgF, regelt die Haushaltsführung durch die Bundesverwaltung.

REL: Teilsynonym

DTM: **Haushaltsgesetz**; gesetzl.; 4; Hauptb.; Subst.; neutr.; sg.

DTQ: Haushaltsgesetz 2008

DEF: Gesetz, durch das für ein oder mehere Rechnungsjahre der Haushaltsplan, d.h. alle Einnahmen und Ausgaben des Bundes, festgestellt wird.

DFQ: nach Creif21

NOT: In das Haushaltsgesetz dürfen nur Vorschriften aufgenommen werden, die sich auf die Einnahmen und die Ausgaben des Bundes und auf den Zeitraum beziehen, für den das Haushaltsgesetz beschlossen wird. Haushaltsgesetze werden sowohl vom Bund als auch von den einzelnen Ländern aufgestellt.

***

ATM: **Bundesgesundheitsagentur**; gesetzl.; 4; Hauptb.; Subst.; fem.; sg.; 2841; Gesundheitsorganisation

ETM: federal health agency; FTM: Agence fédérale de la santé

TMQ: § 20 (1) G-ZG

DEF: öffentlich-rechtlicher Fonds zur Planung, Steuerung und Finanzierung des Gesundheitswesens auf Bundesebene. Die Agentur hat darauf zu achten, dass eine qualitativ hochwertige, effektive und effiziente, allen frei zugängliche und gleichwertige Gesundheitsversorgung in Österreich, insbesondere durch die Zielsteuerung Gesundheit sichergestellt und die Finanzierbarkeit des österreichischen Gesundheitswesens unter Einhaltung der Finanzrahmenverträge abgesichert wird.

DFQ: § 20 (4) G-ZG; https://www.gesundheit.gv.at/.../lexikon (20.01.2015)

DTM: FEHLT

DFQ: http://wirtschaftslexikon.gabler.de/Definition/bundesgesundheitsamt-bga.html (18.09.2014)

NOT: Es gibt in DE drei Bundesoberbehörden für den Gesundheitsschutz, die aus dem früheren Bundesgesundheitsamt hervorgegangen sind: (1) Bundesinstitut für Arzneimittel und Medizinprodukte (BfArM), (2) Robert Koch-Institut - Bundesinstitut für Infektionskrankheiten und nicht übertragbare Krankheiten sowie (3) Bundesinstitut für gesundheitlichen Verbraucherschutz und Veterinärmedizin (BgVV).

***

ATM: **Bundesgesundheitskommission**; gesetzl.; 4; Hauptb.; Subst.; fem.; sg.; 2841; Gesundheitsorganisation

ETM: Federal Health Commission; FTM: Commission fédérale de la Santé

TMQ: § 20 (1) G-ZG

DEF: ein Organ der Bundesgesundheitsagentur (BGA). Ihr gehören laut Artikel 16 der Vereinbarung gemäß Art. 15a BV-G über die Organisation und Finanzierung des Gesundheitswesens Vertreterinnen/Vertreter des Bundes, der Sozialversicherung aller Länder, der Interessensvertretungen der Städte und Gemeinden, der konfessionellen Krankenanstalten, der Patientenvertretungen und der Österreichischen Ärztekammer, sowie weitere nicht stimmberechtigte Mitglieder an.

DFQ: https://www.gesundheit.gv.at (20.01.2015)

DTM: **FEHLT**

***

ATM: **Bundeshaushaltsgesetz**; gesetzl.; 4; Hauptb.; Subst.; neutr.; sg.; 1206; Öffentl. Recht; **BHG**

ETM: federal budget code; FTM: loi du le budget fédéral

TMQ: §§ 1 ff. BHG

DEF: Gesetz, das die Haushaltsführung des Bundesbudgets regelt, d.h. die Vorarbeiten für das Bundesfinanzrahmengesetz und den Budgetbericht; die Vorbereitung und Erstellung der Entwürfe für das Bundesfinanzrahmengesetz und das Bundesfinanzgesetz; die Einnahmen- und Ausgabengebarung; die Bundesvermögens- und Schuldengebarung; den Zahlungsverkehr; die Verrechnung; die Innenprüfung; die Rechnungslegung; sowie das Budget- und Personalcontrolling.

DFQ: nach § 1 (2) BHG

REL Synonym

DTM: **Bundeshaushaltsordnung**; gesetzl.; 4; Hauptb.; Subst.; fem.; sg.; **BHO**

DTQ: www.bundestag.de (11.01.2015)

DEF: Bundesgesetz, das die Haushaltswirtschaft des Bundes einschließlich Rechnungslegung und Prüfung durch den Bundesrechnungshof regelt.

DFQ: §§ 1 ff. BHO

NOT: Trotz der Bezeichnung „Ordnung" ist die BHO ein formelles Bundesgesetz, das Vorschriften für die Aufstellung des Haushaltsplanes und dessen Durchführung, für Kassen- und Buchführung und Rechnungslegung sowie für Prüfungen von Unternehmen mit eigener Rechtspersönlichkeit enthält. Die Bundeshaushaltsordnung ist neben dem Finanzverfassungsrecht der Verfassung unmittelbar geltendes Recht.

***

ATM: **Bundesheer**; gesetzl.; 4; Hauptb.; Subst.; neutr.; sg.; 0821; Verteidigung

ETM: Austrian Armed Forces; FTM: Armée fédérale autrichienne

TMQ: § 1 WG

DEF: die bewaffnete Streitmacht der Republik Österreich.

DFQ: nach § 1 (1) WG

REL: Teilsynonym; funkt. Äquiv.

DTM: **Bundeswehr**; gesetzl.; 4; Hauptb.; Subst.; fem.; sg.

DTQ: Art. 115b GG

DEF: die Gesamtheit der Einrichtungen zur militärischen Landesverteidigung. Sie besteht u.a. aus den Streitkräften und der Bundeswehrverwaltung.

DFQ: nach Creif21

***

ATM: Bundeskammer der Architekten und Ingenieurkonsulenten; gesetzl.; 4; Hauptb.; MWA; fem.; sg.; 4426; Arbeitsrecht; **BAIK**

ETM: federal chamber of architects and engineering consultants; FTM: chambre fédérale des architectes et ingénieurs consultants

TMQ: § 1 (1) ZTKG 1993

DEF: Körperschaft öffentlichen Rechts und die gesetzliche Berufsvertretung der staatlich befugten und beeideten Ziviltechniker/innen.

DFQ: § 1 (1) ZTKG 1993

REL: Teilsynonym; funkt. Äquiv.

DTM: Bundesarchitektenkammer; gesetzl., 4; Hauptb.; Subst.; fem.; sg.; **BAK**

DTQ: www.bak.de (18.03.2015)

DEF: Körperschaft öffentlichen Rechts und ein öffentlich-rechtlicher Berufsverband der Architekt/innen.

DFQ: www.bundesingenieurkammer.de (18.03.2015)

NOT: Der österr. Terminus umfasst neben der dt. „**Bundesarchitektenkammer**" auch die dt. „**Bundesingenieurkammer**".

***

ATM: Bundeskammer der Tierärzte Österreichs; gesetzl.; 4; Hauptb.; MWA; fem.; sg.; 4426; Arbeitsrecht; **Österreichische Tierärztekammer**; **ÖTK**

ETM: federal chamber of veterinary surgeons; FTM: chambre fédérale des vétérinaires

TMQ: www.tieraerztekammer.at (06.03.2015)

DEF: die gesetzliche Interessensvertretung der österreichischen Veterinärmediziner/innen auf Bundesebene.

DFQ: www.tieraerztekammer.at (06.03.2015)

REL Teilsynonym; funkt. Äquiv.

DTM: Bundestierärztekammer; gesetzl., 4; Hauptb.; Subst.; fem.; sg.; **Arbeitsgemeinschaft der Deutschen Tierärztekammern e. V.**; **BTK**

DTQ: www.bundestieraerztekammer.de (06.03.2015)

DEF: die gesetzliche Interessensvertretung der deutschen Tierärzte/Tierärztinnen auf Bundesebene.

DFQ: www.bundestieraerztekammer.de (06.03.2015)

***

ATM: Bundesminister/in; gesetzl.; 4; Hauptb.; Subst.; mask./fem.; sg.; 0436; Öffentl. Recht

ETM: federal minister; FTM: ministre fédéral

TMQ: Art. 69 B-VG

DEF: Mitglied der österreichischen Bundesregierung einschließlich des Bundeskanzlers.

DFQ: nach Art. 69 ff. B-VG

NOT: Der/Die Bundeskanzler/in ist unter den Bundesminister/innen als Vorsitzende/r der Bundesregierung lediglich *primus/prima inter pares*.

REL: Teilsynonym

DTM: Bundesminister/in; gesetzl.; 4; Hauptb.; Subst.; mask./fem.; sg.

DTQ: Art. 62 GG

DEF: Mitglied der deutschen Bundesregierung neben (!) dem/der Bundeskanzler/in.

DFQ: nach Art. 62 GG

***

ATM: **Bundesministerium für Inneres**; gesetzl.; 4; Hauptb.; MWA; neutr.; sg.; 0436; Öffentl. Recht; **BMI**

ETM: Federal Ministry for Internal Affairs; FTM: Ministère fédéral de l'Intérieur

TMQ: www.bmi.gv.at (28.02.2015)

DEF: oberste Sicherheitsbehörde, die für das Sicherheitswesen, Angelegenheiten der Staatsbürgerschaft, Wahlen, Volksabstimmungen und Volksbegehren sowie den Zivildienst ist.

DFQ: www.bmi.gv.at (28.02.2015); nach Art. 78a B-VG; § 4 SPG

REL Teilsynonym; funkt. Äquiv.

DTM: **Bundesministerium des Innern**; gesetzl.; 4; Hauptb.; MWA; neutr.; sg.; **Bundesministerium des Inneren**; **BMI**; **Bundesinnenministerium**

DTQ: www.bmi.bund.de (28.02.2015)

DEF: das Innenministerium der Bundesrepublik Deutschland, das maßgeblich die Innenpolitik bestimmt.

DFQ: www.bmi.bund.de (28.02.2015)

***

ATM: **Bundespolizeidirektion**; gesetzl.; 4; Hauptb.; Subst.; fem.; sg.; 0421; Öffentl. Sicherheit

ETM: Federal Police directorate; FTM: Direction de la police fédérale

TMQ: § 8 SPG

DEF: regionale Zentrale der Bundespolizei, die in Landeshauptstädten bzw. auch in größeren Städten angesiedelt ist (derzeit gibt es vierzehn).

DFQ: nach § 8 SPG; www.polizei.at (28.02.2015)

NOT: Die österr. Bundespolizei ist für alle Belange der öffentlichen Sicherheit zuständig, soweit sie nicht ausdrücklich den Sicherheitsdirektionen zugeordnet wurden (vgl. § 2 (2) SPG).

REL: Teilsynonym; funkt. Äquiv.

DTM: **Bundespolizeipräsidium**; gesetzl.; 4; Hauptb.; Subst.; neutr.; sg.

DTQ: § 57 BPolG

DEF: Zentrale der deutschen Bundespolizei, die weiters über neue regionale Bundespolizeidirektionen verfügt.

DFQ: www.polizei.de (28.02.2015)

NOT: Die Bundespolizei ist nur für den Grenzschutz sowie die Bahn- und Luftsicherheit zuständig.

***

ATM: **Bundessache in Gesetzgebung und Vollziehung**; gesetzl.; 4; Hauptb.; MWA; fem.; sg.; 1206; Verfassungsrecht

ETM: exclusive federal jurisdiction (and execution); FTM: compétence législative exclusive de la Fédération

TMQ: Art. 10 (1) B-VG

DEF: Bereiche, in denen Gesetzgebung und Vollziehung Bundessache sind. Sie sind in Art. 10 B- VG taxativ aufgezählt.

DFQ: Art. 10 B-VG

REL: Synonym

DTM: **ausschließliche Gesetzgebung des Bundes**; gesetzl.; 4; Hauptb.; MWA; fem.; sg.

DTQ: www.bundestag.de/wissen/glossar (17.03.2015)

DEF: Bereich der ausschließlichen Gesetzgebung, in dem die Länder keine Befugnis zur Gesetzgebung haben, soweit sie dazu nicht vom Bund ausdrücklich ermächtigt werden.

DFQ: nach Art. 71 GG

***

ATM: **Bundesverfassungsgesetz**; gesetzl.; 4; Hauptb.; Subst.; neutr.; sg.; 1206; Verfassungsrecht; **B-VG**
ETM: constitutional law; FTM: la Constitution
TMQ: B-VG
DEF: Gesetz, in dem wesentliche Grundlagen des Rechtsstaats der Republik Österreich verankert sind und das den höchsten Rang aller Gesetze einnimmt.
DFQ: nach Art. 1 ff. B-VG
NOT: Das B-VG wurde am 01.10.1920 von der Konstituierenden Nationalversammlung beschlossen.
REL Teilsynonym; funkt. Äquiv.

DTM: **Grundgesetz**; gesetzl.; 4; Hauptb.; Subst.; neutr.; sg.; **GG**
DTQ: www.bundestag.de (15.02.2015)
DEF: das Verfassungsgesetz der Bundesrepublik Deutschland, das im Rang über allen anderen deutschen Rechtsnormen steht und in dem die wesentlichen staatlichen System- und Werteentscheidungen festgelegt sind.
DFQ: Art. 1 ff. GG
NOT: Das GG wurde vom Parlamentarischen Rat am 08.05.1949 beschlossen und von den Alliierten genehmigt.

***

ATM: **Bundesversammlung**; gesetzl.; 4; Hauptb.; Subst.; fem.; sg.; 0421; Öffentl. Recht
ETM: federal assembly; FTM: assemblée fédérale
TMQ: Art. 38, 60 (6), 63 B-VG
DEF: kollegiales Vollzugsorgan, welches aus den Mitgliedern des Nationalrates und des Bundesrates besteht und den Bundespräsidenten angelobt, bzw. allein befugt ist, Kriegserklärungen zu beschließen.
DFQ: www.parlinkom.gv.at (18.09.2014)
NOT: Abgesehen von ihrer Kompetenz, einen Krieg zu erklären, beziehen sich die Aufgaben der Bundesversammlung auf den Bundespräsidenten: Angelobung, Zustimmung zur behördlichen Verfolgung, Beschlussfassung über eine Anklage vor dem Verfassungsgerichtshof wegen schuldhafter Verletzung der Bundesverfassung in Ausübung seines Amtes, Beschlussfassung über die Abhaltung einer Volksabstimmung zur Absetzung des Bundespräsidenten bzw. der Bundespräsidentin.
REL: Teilsynonym; funkt. Äquiv.

DTM: **Bundesversammlung**; gesetzl.; 4; Hauptb.; Subst.; fem.; sg.
DTQ: /www.bundestag.de/wissen/glossar/B/bundesversammlung.html (18.09.2014)
DEF: parlamentarische Versammlung der Bundesrepublik Deutschland, bestehend aus den Mitgliedern des Deutschen Bundestags und des Bundesrates, deren ausschließliche Aufgabe es ist, den Bundespräsidenten zu wählen.
DFQ: Art. 54 GG
NOT: Die Kompetenzen der deutschen Bundesversammlung reichen weniger weit als die der österreichischen. Die deutsche Bundesversammlung besteht aus den Mitgliedern des Bundestages und einer gleichen Anzahl von Mitgliedern, die von den Volksvertretungen der Länder nach den Grundsätzen der Verhältniswahl gewählt werden.

***

ATM: **Bundesvoranschlag**; gesetzl.; 4; Hauptb.; Subst.; mask.; sg.; 1206; Öffentl. Recht
ETM: federal budget estimates; FTM: projet de budget fédéral
TMQ: § 2 (1) BHG

DEF: die Gegenüberstellung der Einnahmen und Ausgaben des Bundes, die als Anlage im Bundesfinanzgesetz enthalten sein muss.

DFQ: nach Art. 51 (3) B-VG; § 18 (1) BHG

REL: Teilsynonym; funkt. Äquiv.

DTM: **Haushaltsplan**; gesetzl.; 4; Hauptb.; Subst.; mask.; sg.

DTQ: § 110 GG

DEF: die durch das Haushaltsgesetz festgestellte Zusammenstellung aller Einnahmen und Ausgaben des Bundes für ein oder mehrere Rechnungsjahre.

DFQ: nach § 110 GG

***

ATM: **Bundeswahlleiter/in**; gesetzl.; 4; Hauptb.; Subst.; mask./fem.; sg.; 0421; Öffentl. Recht

ETM: federal electoral commissioner; FTM: directeur du scrutin fédéral

TMQ: § 12 (2) NRWO

DEF: der/die jeweilige Bundesminister/in für Inneres als Vorsitzende/r der Bundeswahlbehörde.

DFQ: nach § 12 (2) NRWO

REL: Teilsynonym; funkt. Äquiv.

DTM: **Bundeswahlleiter/in**; gesetzl.; 4; Hauptb.; Subst.; mask./fem.; sg.

DTQ: § 1 BWO

DEF: eine vom Bundesministerium des Innern auf unbestimmte Zeit ernannte Person, die mit der Leitung der Bundestagswahl betraut ist.

DFQ: nach § 1 BWO

***

ATM: **Bundeswahlvorschlag**; gesetzl.; 4; Hauptb.; Subst.; mask.; sg.; 0421; Öffentl. Recht

ETM: declaration of candidate nominations for federal elections; FTM: liste de candidats proposés par un parti aux élections nationales

TMQ: § 106 (1) NRWO

DEF: Kandidatenliste einer Partei bei Nationalratswahlen für das dritte Ermittlungsverfahren.

DFQ: Glossar des österr. Parlaments

NOT: Das erste Ermittlungsverfahren findet auf Ebene der Landes-/Regionalwahlkreise, das zweite Ermittlungsverfahren auf Ebene der Landeswahlkreise statt.

DTM: FEHLT

NOT: Die Wahl zum deutschen Bundestag erfolgt über Landeslisten. Dem dritten Ermittlungsverfahren entspricht die Verteilung von Überhangs- und Ausgleichsmandaten.

***

ATM: **Bundes-Zielsteuerungskommission**; gesetzl.; 4; Hauptb.; MWA; fem.; sg.; 2841; Gesundheitsorganisation

ETM: Federal control commission for goals of public health care goals; FTM: Commission fédérale de contrôle des objectifs relatifs à la santé publique

TMQ: § 22 (1) G-ZG

DEF: Kommission, die im Rahmen der Zielsteuerung-Gesundheit den Entwurf für den Bundes-Zielsteuerungsvertrag zu beraten und zur Beschlussfassung dem Bund, dem Hauptverband der österreichischen Sozialversicherungsträger und den Ländern einvernehmlich zu empfehlen hat.

DFQ: nach § 22 (1) G-ZG

DTM: FEHLT

***

ATM: Bürge und Zahler; gesetzl.; 4; Hauptb.; MWA; mask.; sg.; 1211; Bürgerl. Recht
ETM: absolute guarantor; FTM: garant payeur
TMQ: § 1357 ABGB
DEF: Person, die sich als Bürge und Zahler verpflichtet hat und als ungeteiler Mitschuldner für die ganze Schuld haftet. Es hängt von der Willkür des Gläubigers ab, ob er zuerst den Hauptschuldner oder den Bürgen oder beide zugleich belangen will.
DFQ: nach § 1357 ABGB; www.arbeiterkammer.at (13.02.2015)
REL Synonym

DTM: selbstschuldnerische Bürgschaft; fachlit.; 3; Hauptb.; MWA; fem.; sg.
DTQ: AlpBrock2
DEF: Verpflichtung des Bürgen, anstelle des Darlehensnehmers für die Rückzahlung, auch mit seinem Privatvermögen, zu haften.
DFQ: nach § 773 (1) Z. 1 BGB; www.gruenderleitfaden.de (13.02.2015)
NOT: Bürgschaft, bei welcher dem Bürgen die Einrede der Vorausklage (§ 771 BGB) nicht zusteht. Der selbstschuldnerisch haftende Bürge haftet nicht subsidiär, wohl aber akzessorisch.

***

ATM: Bürgerinitiative; gesetzl.; 4; Hauptb.; Subst.; fem.; sg.; 0421; Öffentl. Recht
ETM: parliamentary petition; FTM: initiative citoyenne
TMQ: § 100c (2) GOGNR
DEF: schriftlich unterbreitetes Anliegen an den Nationalrat, das von mindestens 500 österreichischen StaatsbürgerInnen, die das 16. Lebensjahr vollendet haben, zu unterzeichnen ist. Das Anliegen muss sich auf eine Angelegenheit beziehen, für die der Bund (und nicht etwa ein Land oder eine Gemeinde) zuständig ist.
DFQ: Glossar des österr. Parlaments

DTM: FEHLT
NOT: Das deutsche Recht kennt diesen Begriff nur im Zusammenhang mit der "**Europäischen Bürgerintitiative**", die jedoch Unionsrecht ist.

***

ATM: Bußgeld; fachlit.; 3; Nebenb.; Subst.; neutr.; sg.; 1216; Verwaltungsstrafrecht; **Organstrafverfügung**
ETM: police fine; FTM: amende administrative
TMQ: OGH 3Ob127/05f, 20.10.2005
DEF: Geldstrafe, die von Exekutivorganen (Polizei) wegen bestimmter von ihnen dienstlich wahrgenommener oder vor ihnen eingestandener Verwaltungsübertretungen verfügt werden kann.
DFQ: nach § 50 VStG
REL: Synonym

DTM: Geldbuße; gesetzl., 4; Hauptb.; Subst.; fem.; sg.; **Bußgeld**
DTQ: § 17 OWiG
DEF: Hauptsanktionsmittel in Form eines Geldbetrages, das bei Ordnungswidrigkeiten verhängt wird, welche nicht als Straftaten angesehen werden können.
DFQ: http://www.juraforum.de/lexikon/geldbusse, (21.09.2014); § 17 OWiG

***

DTM: Bußgeldkatalog; gesetzl.; 4; Hauptb.; Subst.; mask.; sg.; 4806; Straßenverkehrsrecht
ETM: register of fines; FTM: catalogue des amendes
DTQ: § 26a StVG

DEF: Katalog, in dem unter Berücksichtigung der Bedeutung der Ordnungswidrigkeit bestimmt wird, in welchen Fällen, unter welchen Voraussetzungen und in welcher Höhe das Verwarnungsgeld erhoben, die Geldbuße festgesetzt und für welche Dauer das Fahrverbot angeordnet werden soll.

DFQ: § 26a (2) StVG

ATM: FEHLT

NOT: In Österreich gibt es keinen einheitlichen Katalog an Verkehrsstrafen. Die Strafen und Strafhöhe vaiieren je nach Bundesland.

***

ATM: Chefinspektor/in; gesetzl.; 4; Hauptb.; Subst.; mask./fem.; sg.; 0436; Öffentl. Sicherheit

ETM: chief inspector (UK), captain (UK); FTM: inspecteur en chef

TMQ: § 1 Verordnung der Bundesministerin für Inneres über das Führen von Dienstgraden im Exekutivdienst; § 145a (2) Z. 2 BDG

DEF: Dienstgrad für eine/n Beamten/Beamtin des Exekutivdienstes in der Verwendungsgruppe E 2a, der/die eine Ausbildung zum/zur dienstführenden Beamten/Beamtin ("Chargen") absolviert hat.

DFQ: nach § 1 Verordnung der Bundesministerin für Inneres über das Führen von Dienstgraden im Exekutivdienst; § 145a (2) Z. 2 BDG

NOT: Nach Absolvierung des Chargenkurses werden uniformierte Beamte in der Regel als Sachbearbeiter bzw. Gruppenkommandanten auf Polizeiinspektionen verwendet, wobei ihnen durch ihre Ausbildung die Karriere bis zum Leiter einer Polizeiinspektion, eines Fachbereiches in einem Landespolizeikommando oder bis zum stellvertretenden Bezirkspolizeikommandanten eines kleineren Bezirkes offen steht.

DTM: FEHLT

NOT: Aufgrund der Länderkompetenz variieren die Rangbezeichnungen und Funktionen z.T. erheblich. Die Angabe einer genauen Entsprechung ist daher nicht möglich.

***

ATM: Courtage; gesetzl.; 4; Hauptb.; Subst.; fem.; sg.; 2426; Finanzrecht; **Maklergebühr, Mäklergebühr, Sensarie**

ETM: brokerage; FTM: courtage

TMQ: § 39 (1) BörseG

DEF: Gebühr, die dem Börsesensal für die von ihm vermittelten Geschäfte zusteht.

DFQ: nach § 39 (1) BörseG

NOT: Der Begriff wird auch für die Vermittlungsgebühr von Versicherungsmaklern verwendet.

REL: Teilsynonym

DTM: Courtage; fachlit.; 3; Hauptb.; Subst.; fem.; sg.

DTQ: Creif21

DEF: 1. Vermittlungsprovision eines Maklers; 2. Provision einer Bank für die Kreditvermittlung.

DFQ: nach AlpBrock2; Creif21

***

ATM: Croquis (1); fachlit.; 3; Hauptb.; Subst.; neutr.; sg.; 1206; Gerichtsorganisation

ETM: statement of the procurator general regarding a nullity appeal; FTM: prise de position du procurateur général relative à un recours en nullité

TMQ: OGH 13Os21/01, 06.06.2001

DEF: Stellungnahme des Generalprokurators an den Obersten Gerichtshof zu einer Nichtigkeitsbeschwerde zur Wahrung des Gesetzes.

DFQ: nach VfGH G151/99, 16.03.2000

DTM: FEHLT

***

ATM: Croquis (2); fachlit.; 3; Hauptb.; Subst.; neutr.; sg.; 0421; Öffentl. Recht

ETM: manuscript for the presiding president of the Austrian National Council; FTM: manuscrit préparé pour le président du Conseil National autrichien

TMQ: Glossar des österr. Parlaments

DEF: vorbereitetes Manuskript für den/die vorsitzführende/n Präsidenten/Präsidentin zur korrekten Durchführung parlamentarischer Verhandlungen und Abstimmungen.

DFQ: http://www.parlament.gv.at/ (23.02.2015)

DTM: FEHLT

***

DTM: Dauermietvertrag; gesetzl.; 4; Hauptb.; Subst.; mask.; sg.; 2846; Mietrecht

ETM: permanent tenancy agreement; FTM: contrat de location de longue durée

DTQ: http://www.mietrechtslexikon.de (23.09.2014)

DEF: Mietvertrag zwischen einem gemeinnützigen Wohnungsbauunternehmen, der den Mietern, die in der Regel auch an der Wohnbaugenossenschaft mit einem Genossenschaftsanteil beteiligt sein müssen, nicht nur ein Mietrecht, sondern ein Dauernutzungsrecht an der Wohnung einäumt.

DFQ: http://www.mietrechtslexikon.de (23.09.2014)

ATM: FEHLT

***

DTM: Dauerwohnrecht; gesetzl.; 4; Hauptb.; Subst.; neutr.; sg.; 2846; Bürgerl. Recht

ETM: permanent right of residence; FTM: bail à vie

DTQ: § 31 (1) WoEigG

DEF: die Belastung eines Grundstücks in der Weise, dass derjenige, zu dessen Gunsten die Belastung erfolgt, berechtigt ist, unter Ausschluss des Eigentümers eine bestimmte Wohnung in einem auf dem Grundstück errichteten oder zu errichtenden Gebäude zu bewohnen oder in anderer Weise zu nutzen.

DFQ: nach § 31 (1) WoEigG

ATM: FEHLT

***

ATM: Datenbeschädigung; gesetzl.; 4; Hauptb.; Subst.; fem.; sg.; 1216; Strafrecht

ETM: improper data alteration; FTM: détérioration de données

TMQ: § 126a StGB

DEF: Straftatbestand, der erfüllt ist, wenn jemand einen anderen dadurch schädigt, dass er automationsunterstützt verarbeitete, übermittelte oder überlassene Daten, über die er nicht oder nicht allein verfügen darf, verändert, löscht oder sonst unbrauchbar macht oder unterdrückt.

DFQ: nach § 126a (1) StGB

REL Synonym

DTM: Datenveränderung; gesetzl.; 4; Hauptb.; Subst.; fem.; sg.

DTQ: § 303a StGB

DEF: Straftatbestand, der erfüllt ist, wenn jemand rechtswidrig Daten löscht, unterdrückt, unbrauchbar macht oder verändert.

DFQ: nach §§ 202a u. 303a StGB

***

ATM: **Datenschutzgesetz**; gesetzl.; 4; Hauptb.; Subst.; neutr.; sg.; 3236; Datenschutzrecht; **DSG**
ETM: data protection act; FTM: loi sur la protection des données
TMQ: §§ 1 ff. DSG
DEF: Bundesgesetz über den Schutz personenbezogener Daten (2000)
DFQ: §§ 1 ff. DSG
REL Teilsynonym; funkt. Äquiv.

DTM: **Bundesdatenschutzgesetz**; gesetzl.; 4; Hauptb.; Subst.; neutr.; sg.; **BDSG**
DTQ: §§ 1 ff. BDSG
DEF: Bundesgesetz, das zusammen mit den Datenschutzgesetzen der Länder und anderen bereichsspezifischeren Regelungen den Umgang mit personenbezogenen Daten regelt, die in IT-Systemen oder manuell verarbeitet werden.
DFQ: http://de.wikipedia.org/wiki/Bundesdatenschutzgesetz (12.01.2015)
NOT: Datenschutzgesetze gibt es in Deutschland auch auf Länderebene.

***

ATM: **Datenverarbeitungsregister**; gesetzl.; 4; Hauptb.; Subst.; neutr.; sg.; 3236; Datenschutzrecht
ETM: data retention register; FTM: registre de données
TMQ: § 2 Z. 1 DVRV 2012
DEF: das von der Datenschutzbehörde gemäß § 16 Abs. 1 DSG 2000 zu führende Register der Auftraggeber mit den von ihnen betriebenen Datenanwendungen.
DFQ: § 2 Z. 1 DVRV 2012

DTM: FEHLT

***

DTM: **Dauerarrest**; gesetzl.; 4; Hauptb.; Subst.; mask.; sg.; 2806; Jugendstrafrecht
ETM: unconditional detention; FTM: détention à plein temps
DTQ: § 16 (4) JGG
DEF: Arrest, der mindestens eine Woche und höchstens vier Wochen beträgt. Er wird nach vollen Tagen oder Wochen bemessen.
DFQ: § 16 (4) JGG
ATM: FEHLT

***

ATM: **dauernde Sachentziehung (1)**; gesetzl.; 4; Hauptb.; MWA; fem.; sg; 1216; Strafrecht
ETM: permanent deprivation of property; FTM: privation permanente d'un bien mobilier
TMQ: § 135 StGB
DEF: Straftatbestand, der erfüllt ist, wenn jemand einen anderen dadurch schädigt, dass er eine fremde bewegliche Sache aus dessen Gewahrsam dauernd entzieht, ohne die Sache sich oder einem Dritten zuzueignen.
DFQ: nach § 135 (1) StGB

DTM: FEHLT
NOT: In Deutschland stellt dieser Fall grundsätzlich KEINE Straftat dar - eine Ausnahme bildet § 248b StGB (Unbefugter Gebrauch eines Fahrzeugs).

***

ATM: **dauernde Sachentziehung (2)**; gesetzl.; 4; Hauptb.; MWA; fem.; sg.; 1216; Strafrecht
ETM: permanent deprivation of property; FTM: privation permanente d'un bien mobilier

TMQ: § 135 StGB

DEF: Straftatbestand, der erfüllt ist, wenn jemand einen anderen dadurch schädigt, dass er eine fremde bewegliche Sache aus dessen Gewahrsam dauernd entzieht, ohne die Sache sich oder einem Dritten zuzueignen.

DFQ: nach § 135 (1) StGB

REL Synonym

DTM: **Unterschlagung**; gesetzl.; 4; Hauptb.; Subst.; fem.; sg.

DTQ: § 246 StGB

DEF: Straftatbestand, der erfüllt ist, wenn jemand eine fremde bewegliche Sache sich oder einem Dritten rechtswidrig zueignet.

DFQ: nach § 246 (1) StGB

***

ATM: **Dauersiedlungsraum**; gesetzl.; 4; Hauptb.; Subst.; mask.; sg.; 2846; Raumplanung
ETM: permanent settlement area; FTM: région de colonisation permanente

TMQ: Handbuch der Planungsbegriffe

DEF: Raum, der als theoretisch besiedelbar gilt, also für eine kontinuierliche Nutzung zur Verfügung steht.

DFQ: Handbuch der Planungsbegriffe

NOT: In Österreich beträgt der Dauersiedlungsraum ca. 39% des Staatsgebietes.

DTM: FEHLT

***

ATM: **Dauersubstitut/in**; gesetzl.; 4; Hauptb.; Subst.; mask./fem.; sg.; 1226; Gerichtsorganisation
ETM: permanent notarial substitute; FTM: suppléant permanent d'un notaire

TMQ: § 120 (1) NO

DEF: ein/e von dem/der zu substituierenden Notar/in vorgeschlagene/r Notar/in oder Notariatskandidat/in desselben Kammersprengels, der/die für alle während eines Kalenderjahres eintretenden Substitionsfälle im Vorhinein zum/zur Substituten/Substitutin bestellt wird.

DFQ: nach § 120 (1) NO

REL Synonym

DTM: **ständige/r Vertreter/in**; gesetzl.; 4; Hauptb.; MWA; mask./fem.; sg.; **Notarvertreter/in**

DTQ: § 7g BNotO

DEF: Person, die für die Zeit der Abwesenheit eines Notars / einer Notarin oder bei dessen/deren Verhinderung der/die bestellte/r Vertreter/in ist. Die Bestellung kann auch von vornherein für die während eines Kalenderjahres eintretenden Behinderungsfälle ausgesprochen werden.

DFQ: nach § 7g BNotO

***

ATM: **Definitivstellung**; gesetzl.; 4; Hauptb.; Subst.; fem.; sg.; 0436; Öffentl. Verwaltung; **definitives Dienstverhältnis**; **Pragmatisierung**
ETM: tenure; FTM: nomination à vie

TMQ: § 125 (9) UnivG

DEF: Wandlung eines Dienstverhältnisses auf Antrag des Beamten in ein Dientsverhältnis auf Dauer, wenn er neben den Ernennungserfordernissen die für seine Verwendung vorgesehenen Definitivstellungserfordernisse erfüllt und eine Dienstzeit von sechs Jahren im provisorischen Dienstverhältnis vollendet hat.

DFQ: nach § 11 (1) BDG

NOT: Der Eintritt der Definitivstellung ist mit Bescheid festzustellen.

REL Synonym

DTM: Ernennung auf Lebenszeit; gesetzl., 4; Hauptb.; MWA; fem.; sg.; **Verbeamtung**

DTQ: § 11 BBG

DEF: Ernennung einer Person, welche die in § 7 BBG bezeichneten Voraussetzungen erfüllt und sich in einer Probezeit (von mindestens 3 Jahren) in vollem Umfang bewährt hat, auf Lebenszeit.

DFQ: nach § 11 BBG

***

ATM: Delegation; gesetzl.; 4; Hauptb.; Subst.; fem.; sg.; 1226; Gerichtsorganisation
ETM: transfer; FTM: délégation

TMQ: § 30 JN

DEF: Übertragung eines Rechtsstreites, wenn ein Gericht aus einem der in § 19 JN vorgesehenen Gründe an der Ausübung der Gerichtsbarkeit gehindert ist, an ein anderes Gericht gleicher Gattung.

DFQ: nach §§ 30 ff. JN

NOT: Das gehinderte Gericht hat die Hinderung dem im Instanzenzuge übergeordneten Gerichte anzuzeigen. Dieses hat sodann ein anderes Gericht gleicher Gattung zur Verhandlung und Entscheidung der Rechtssache zu bestimmen. „Delegation" bedeutet auch die Übertragung der Zuständigkeit einer Behörde auf eine andere.

REL Synonym

DTM: gerichtliche Bestimmung der Zuständigkeit; gesetzl., 4; Hauptb.; MWA; fem.; sg.; **Delegation**

DTQ: § 36 ZPO

DEF: Entscheidung über die gerichtliche Zuständigkeit durch ein übergeordnetes Gericht im Falle der Verhinderung des zuständigen Gerichts oder bei ungeklärter Zuständigkeit.

DFQ: nach § 36 ZPO

***

ATM: Deliktskonkurrenz; fachlit.; 3; Hauptb.; Subst.; fem.; sg.; 1216; Strafrecht; **Zusammentreffen strafbarer Handlungen**
ETM: coconcurrence of offences; FTM: concours idéal de qualification

TMQ: OGH 11Os27/05p, 03.05.2005

DEF: gleichzeitiges Begehen mehrerer strafbarer Handlungen derselben oder verschiedener Art durch eine Tat oder durch mehrere selbstständige Taten. Wenn über diese strafbaren Handlungen gleichzeitig erkannt wird, ist, wenn die zusammentreffenden Gesetze nur Freiheitsstrafen oder nur Geldstrafen vorsehen, auf eine einzige Freiheitsstrafe oder Geldstrafe zu erkennen. Diese Strafe ist nach dem Gesetz zu bestimmen, das die höchste Strafe androht.

DFQ: nach StGB § 33

REL Synonym

DTM: Tateinheit; gesetzl.; 4; Hauptb.; Subst.; fem.; sg.

DTQ: § 52 StGB

DEF: mehrfache Verwirklichung von Straftatbeständen durch Handlungseinheit, ohne dass diese zu einer tatbestandlichen Bewertungseinheit zusammengefasst werden und ohne dass ein Fall von Gesetzeskonkurrenz gegeben ist.

DFQ: AlpBrock2

***

ATM: Demolierungsauftrag; fachlit., 3; Hauptb.; Subst; mask.; sg.; 2846; Stadtplanung; **Abbruchbescheid**

ETM: demolition order; FTM: ordre de démolition

TMQ: OGH 6Ob1617/92, 27.08.1992

DEF: der von der jeweils zuständigen Behörde zu erteilende Auftrag, eine Sache niederzureißen.

DFQ: KoWe 2014/2015

REL: Synonym

DTM: **Beseitigungsverfügung**; fachlit.; 3; Hauptb.; Subst.; fem.; sg.; 1211; Baurecht; **Baubeseitigungsverfügung**

DTQ: http://www.juraforum.de (18.02.2015)

DEF: Verwaltungsakt, der von der zuständigen Bauaufsichtsbehörde erlassen wird und der die Beseitigung eines Bauvorhabens anordnet.

DFQ: http://www.juraforum.de (18.02.2015)

***

ATM: **Depurierungspflicht**; fachlit.; 3; Hauptb.; Subst.; fem.; sg.; 1211; Bürgerl. Recht

ETM: duty to release encumbrances; FTM: obligation de librérer un bien de toutes charges

TMQ: OGH 4Ob118/01h, 29.05.2001

DEF: Pflicht des Veräußerers, eine Sache (unabhängig von der Kenntnis des Erwerbers) lastenfrei zu machen. Schulden und Rückstände, die auf der Sache haften (z.B. Hypotheken und Pfandrechte) müssen stets vertreten werden.

DFQ: KoWe 2014/2015; § 928 ABGB

DTM: FEHLT

***

ATM: **der/die an Jahren älteste am Sitz des Nationalrates anwesende Abgeordnete;** gesetzl.; 4; Hauptb.; MWA; mask./fem.; sg.; 0421; Öffentl. Recht

ETM: oldest member of parliament present at the seat of the National Council; FTM: membre le plus âgé qui est présent au siège du Conseil national

TMQ: § 6 (2) GOG-NR

DEF: jene/r Abgeordnete, der/die den Vorsitz des Nationalrates übernimmt, wenn die gewählten Präsidenten an der Ausübung ihres Amtes verhindert oder ihre Ämter erledigt sind.

DFQ: nach § 6 (2) GOG-NR

REL: Teilsynonym

DTM: **Alterspräsident/in**; gesetzl.; 4; Hauptb.; Subst.; mask./fem.; sg.

DTQ: § 1 (3) BTGO

DEF: das älteste Mitglied des Bundestages, dem - mit seiner Zustimmung - die Aufgabe zukommt, die konstituierende Sitzung nach einer Bundestagswahl zu eröffnen und zu leiten, bis die Wahl des neuen Bundestagspräsidenten vollzogen ist und dieser sein Amt antreten kann.

DFQ: http://www.bundestag.de/service/glossar/A/alterspraesident/247426 (26.09.2014)

***

ATM: **Derogation (1)**; fachlit.; 3; Hauptb.; Subst.; fem.; sg.; 1206; Öffentl. Recht

ETM: derogation; FTM: dérogation

TMQ: OGH 5Ob26/76, 23.11.1976

DEF: Beendigung des Geltungsbereiches einer Norm durch eine später erlassene oder speziellere Norm.

DFQ: ÖRWB

NOT Es gelten die Grundsätze „*Lex posterior derogat legi priori.*" und „*Lex specialis derogat legi generali.*"

REL: Teilsynonym

DTM: **Derogation**; fachlit.; 3; Hauptb.; Subst.; fem.; sg.

DTQ: BGH VII ZR 249/04,30.3.2006

DEF: Aufheben oder Ersetzen eines Rechtssatzes durch einen späteren ranggleichen oder ranghöheren in der Art, dass er nicht vollständig beseitigt (abrogiert), sondern seine Geltung nur teilweise beendet wird.

DFQ: Creif21

***

ATM: **Derogation (2)**; fachlit.; 3; Hauptb.; Subst.; fem.; sg.; 1206; Öffentl. Recht
ETM: abrogation; FTM: abrogation (partielle)

TMQ: OGH 5Ob26/76, 23.11.1976

DEF: Beendigung des Geltungsbereiches einer Norm durch eine später erlassene oder speziellere Norm.

DFQ: ÖRWB

NOT Es gelten die Grundsätze „*Lex posterior derogat legi priori.*" und „*Lex specialis derogat legi generali.*"

REL: Synonym

DTM: **Abrogation**; fachlit.; 3; Hauptb.; Subst.; fem.; sg.

DTQ: Creif21

DEF: das vollständige Außerkraftsetzen eines Gefüges von Rechtssätzen durch später erlassene Rechtssätze.

DFQ: Creif21

***

ATM: **derogatorische Klausel**; fachlit.; 3; Hauptb.; MWA; fem.; sg.; 1211; Bürgerl. Recht; **Widerrufsverzicht**
ETM: derogatory clause; FTM: clause dérogatoire

TMQ: OGH 2Ob774/53, 24.03.1954

DEF: der einer letztwilligen Verfügung angehängte Beisatz, dass jede spätere Anordnung nichtig sein soll.

DFQ: http://www.rechteinfach.at/erbrecht/ (18.06.2014); § 716 ABGB

DTM: FEHLT

***

ATM: **Desertion**; gesetzl.; 4; Hauptb.; Subst.; fem.; sg.; 0821; Militärrecht
ETM: desertion; FTM: désertion

TMQ: § 9 (1) MilStG

DEF: Straftat, bei der sich jemand durch unerlaubte Abwesenheit von seiner Truppe bzw. militärischen Dienststelle dem Dienst im Bundesheer für immer oder dem Dienst im Einsatz bei der militärischen Landesverteidigung zu entziehen sucht.

DFQ: § 9 (1) MilStG

REL Synonym

DTM: **Fahnenflucht**; gesetzl.; 4; Hauptb.; Subst.; fem.; sg.

DTQ: § 16 WStG

DEF: Straftat, bei der jemand eigenmächtig seine Truppe oder Dienststelle verlässt oder ihr fernbleibt, um sich der Verpflichtung zum Wehrdienst dauernd oder für die Zeit eines bewaffneten Einsatzes zu entziehen oder die Beendigung des Wehrdienstverhältnisses zu erreichen.

DFQ: § 16 WStG

***

ATM: Devisenausländer/innen; fachlit.; 3; Hauptb.; Subst.; mask./fem.; pl.; 1211; Bürgerl. Recht

ETM: Forex non-residents; FTM: Forex non-résidents

TMQ: OGH 1Ob580/79, 14.12.1979

DEF: natürliche Personen, die ihren Wohnsitz oder gewöhnlichen Aufenthalt nicht im Inland haben und sich nicht über drei Monate in Österreich aufhalten, sowie juristische Personen, die ihren Sitz oder Ort der Leitung im Ausland haben.

DFQ: www.rzb.co.at (19.03.2015)

REL Synonym

DTM: Ausländer/innen; gesetzl.; 4; Hauptb.; Subst.; mask./fem.; pl.; **Devisenausländer/innen**; **Gebietsfremde (alte Ausdrücke, die im Gesetz nicht mehr vorkommen)**

DTQ: § 2 (5) AWG

DEF: alle Personen und Personengesellschaften, die keine Inländer sind.

DFQ: § 2 (5) AWG

***

ATM: Deviseninländer/innen; fachlit.; 3; Hauptb.; Subst.; mask./fem.; pl.; 1211; Bürgerl. Recht

ETM: residents; FTM: résident

TMQ: OGH 3Ob148/88, 22.02.1989

DEF: natürliche Personen, die ihren Wohnsitz oder gewöhnlichen Aufenthalt im Inland haben; Personen, die sich bereits über drei Monate mit Verbleibsabsicht (wirtschaftlicher Mittelpunkt) in Österreich aufhalten; juristische Personen, die den Sitz und Ort der Leitung in Inland haben. Inländische Niederlassungen eines ausländischen Unternehmens und inländische Betriebe eines Ausländers gelten ohne Rücksicht darauf, ob sie rechtlich selbständig sind oder nicht, als Inländer, auch wenn sich der Ort ihrer Leitung im Ausland befindet.

DFQ: http://www.bankkonditionen.at/service/lexikon (19.03.2015)

NOT: Der Status Deviseninländer/in ist nicht ident mit dem Status der Staatsbürgerschaft.

REL Synonym

DTM: Inländer/innen; gesetzl.; 4; Hauptb.; Subst.; mask./fem.; pl.; **Deviseninländer/innen**, **Gebietsansässige (alte Ausdrücke, die im Gesetz nicht mehr vorkommen)**

DTQ: § 2 (15) AWG

DEF: natürliche Personen mit Wohnsitz oder gewöhnlichem Aufenthalt im Inland; juristische Personen und Personengesellschaften mit Sitz oder Ort der Leitung im Inland; Zweigniederlassungen ausländischer juristischer Personen oder Personengesellschaften, wenn die Zweigniederlassungen ihre Leitung im Inland haben und es für sie eine gesonderte Buchführung gibt; Betriebsstätten ausländischer juristischer Personen oder Personengesellschaften im Inland, wenn die Betriebsstätten ihre Verwaltung im Inland haben.

DFQ: § 2 (15) AWG

***

ATM: Devolution; fachlit.; 3; Hauptb.; Subst.; fem.; sg.; 1221; Verwaltungsrecht

ETM: transfer; FTM: dévolution

TMQ: OGH Bkv2/02, 29.05.2002,

DEF: Übergang der Zuständigkeit einer Verwaltungsbehörde auf die Verwaltungsoberbehörde.

DFQ: ÖRWB

NOT: Hauptanwendungsfall ist das Nichtentscheiden einer Verwaltungsbehörde über einen Parteiantrag innerhalb von sechs Monaten und ein schriftlicher Antrag der Partei an die Oberbehörde.

DTM: FEHLT

NOT: Die Erlassung eines unterlassenen Verwaltungsakts kann durch eine Verpflichtungsklage beim Verwaltungsgericht erzwungen werden. Siehe AT Devolutionsantrag.

***

ATM: Devolutionsantrag; gesetzl.; 4; Hauptb.; Subst.; mask.; sg.; 1221; Verwaltungsrecht

ETM: application for transfer to higher decision-making authority; FTM: demande de transfert de compétence

TMQ: § 73 (2) AVG

DEF: Antrag einer Partei an die zuständige Oberbehörde auf Erlassung einer Entscheidung, wenn diese von der zuständigen Behörde nicht innerhalb einer bestimmten Frist getroffen wird.

DFQ: nach Mayer, FWB Öffentl. Recht

REL: Teilsynonym

DTM: Verpflichtungsklage; gesetzl.; 4; Hauptb.; Subst.; fem.; sg.; **Untätigkeitsklage**

DTQ: § 42 (1) VwGO

DEF: Klage beim Verwaltungsgericht, mit der die Verurteilung zum Erlass eines abgelehnten oder unterlassenen Verwaltungsakts begehrt wird.

DFQ: nach § 42 (1) VwGO

NOT: Das Synonym „**Untätigkeitsklage**" ist kein gesetzlicher Terminus, sondern ein Überbegriff für Anfechtungsklagen oder Verpflichtungsklagen in einer besonderen verwaltungsprozessualen Konstellation.

***

ATM: dicke Schulter; gesetzl.; 4; Hauptb.; MWA; fem.; sg.; 6026; Lebensmittelrecht

ETM: shoulder clod; FTM: jumeau à pot-au-feu

TMQ: Österr. Lebensmittelbuch, Kap. 14 A.3.1.3

DEF: M. triceps brachii; bildet den hinteren Hauptteil der Schulter.

DFQ: Österr. Lebensmittelbuch, Kap. 14 A.3.1.3

REL: Synonym

DTM: dicker Bug; gesetzl.; 4; Hauptb.; MWA; mask.; sg.; **dickes Bugstück**; **Schulter**

DTQ: http://www.gutekueche.de/rezepte/kochwissen/warenkunde/fleischstuecke-rind.1814.htm (14.02.2015)

DEF: Teil des Rindes, der sich im hintersten Teil der Schulter befindet.

DFQ: http://www.gutekueche.de/rezepte/kochwissen/warenkunde/fleischstuecke-rind.1814.htm (14.02.2015)

***

ATM: dicker Spitz; gesetzl., 4; Hauptb.; MWA; mask.; sg.; 6026; Lebensmittelrecht; **Zwerchspitz**; **Beinfleisch**

TMQ: Österr. Lebensmittelbuch, Kap. 14 A.3.1.3

DEF: M. trapezius; liegt unter der Schulter und dem Rieddeckel.

DFQ: Österr. Lebensmittelbuch, Kap. 14 A.3.1.3; http://www.ama-marketing.at/ (15.09.2014)

REL: Synonym

DTM: Blattrippe; gesetzl.; 4; Hauptb.; Subst.; fem.; sg.; **Leiter**

DTQ: http://www.fleischwirtschaft.de/dokumentation/fachbegriffe/ (15.09.2014)

DEF: der mit Rippenknochen durchzogene Teil der Rinderwand.

DFQ: http://www.fleischwirtschaft.de/dokumentation/fachbegriffe/ (15.09.2014)

***

ATM: **Diebstahl durch Einbruch**; gesetzl.; 4; Hauptb.; MWA; mask.; sg.; 1216; Strafrecht; **Einbruchsdiebstahl**

ETM: burglary; FTM: cambriolage

TMQ: § 129 StGB

DEF: Diebstahl, bei dem jemand 1. in ein Gebäude, in ein Transportmittel, in eine Wohnstätte oder sonst einen abgeschlossenen Raum, der sich in einem Gebäude oder Transportmittel befindet, oder in einen Lagerplatz einbricht, einsteigt oder mit einem nachgemachten oder widerrechtlich erlangten Schlüssel oder einem anderen nicht zur ordnungsgemäßen Öffnung bestimmten Werkzeug eindringt; 2. ein Behältnis aufbricht oder mit einem der genannten Mitteln öffnet; 3. sonst eine Sperrvorrichtung aufbricht oder mit einem der genannten Mittel öffnet.

DFQ: nach § 129 Z. 1-3 StGB

REL: Teilsynonym

DTM: **Wohnungseinbruchdiebstahl**; gesetzl.; 4; Hauptb.; Subst.; mask.; sg.

DTQ: § 244 StGB

DEF: Diebstahl, bei dem jemand zur Ausführung der Tat in eine Wohnung einbricht, einsteigt, mit einem falschen Schlüssel oder einem anderen nicht zur ordnungsmäßigen Öffnung bestimmten Werkzeug eindringt oder sich in der Wohnung verborgen hält.

DFQ: nach § 244 (1) Z. 3 StGB

***

ATM: **Diebstahl im Rahmen einer kriminellen Vereinigung;** gesetzl.; 4; Hauptb.; MWA; mask.; sg.; 1216; Strafrecht

ETM: organised theft; FTM: vol dans le cadre d'une organisation criminelle

TMQ: § 130 StGB

DEF: Diebstahl, der von einem Mitglied einer kriminellen Vereinigung unter Mitwirkung eines anderen Mitglieds dieser Vereinigung begangen wird.

DFQ: nach § 130 StGB

REL Synonym

DTM: **Bandendiebstahl**; gesetzl.; 4; Hauptb.; Subst.; mask.; sg.

DTQ: § 244 StGB

DEF: Diebstahl, der von einem Mitglied einer Bande, die sich zur fortgesetzten Begehung von Raub oder Diebstahl verbunden hat, unter Mitwirkung eines anderen Bandenmitglieds begangen wird.

DFQ: nach § 244 (1) Z. 2 StGB

***

ATM: **Dienst der Informationsgesellschaft**; gesetzl.; 4; Hauptb.; MWA; mask.; sg.; 3226; Telekommunikationsrecht

ETM: online commercial information services; FTM: service de la société de l'information

TMQ: § 3 Z.1 ECG

DEF: ein in der Regel gegen Entgelt elektronisch im Fernabsatz auf individuellen Abruf des Empfängers bereitgestellter Dienst, insbesondere der Online-Vertrieb von Waren und Dienstleistungen, Online-Informationsangebote, die Online-Werbung, elektronische Suchmaschinen und Datenabfragemöglichkeiten sowie Dienste, die Informationen über ein elektronisches Netz übermitteln, die den Zugang zu einem solchen vermitteln oder die Informationen eines Nutzers speichern.

DFQ: § 3 Z. 1 ECG

REL: Teilsynonym

DTM: **Telemedien**; gesetzl., 4; Hauptb.; Subst.; neutr.; pl.; **Teledienste und Mediendienste**

DTQ: § 1 TMG

DEF: alle elektronischen Informations- und Kommunikationsdienste, sofern es sich nicht um Telekommunikation oder um Rundfunk handelt.

DFQ: nach § 1 (1) TMG

NOT: Unter dem Begriff „Telemedien" werden im Telemediengesetz „**Teledienste**" und „**Mediendienste**" zusammengefasst.

***

ATM: **Dienstbezeichnung**; gesetzl.; 4; Hauptb.; Subst.; fem.; sg.; 0821; Militärwesen

ETM: military aircraft identifier; FTM: nom du service

TMQ: Militärluftfahrzeug-Kennzeichen-Verordnung (seit 2008 außer Kraft)

DEF: Zeichen, unter welchem ein Militärluftfahrzeug beim Bundesministerium für Landesverteidigung in Evidenz geführt wird.

DFQ: nach § 1 (2) Militärluftfahrzeug-Kennzeichen-Verordnung

DTM: **FEHLT**

NOT: Fehlt im Bereich Militärwesen.

***

ATM: **Diensteid**; gesetzl., 4; Nebenb.; Subst.; mask.; sg.; 0436; Öffentl. Verwaltung; **Beeidigung**, **Angelobung**

ETM: oath of office; FTM: serment professionnel

TMQ: § 29 (1) RStDG

DEF: Eid, den ein Richter bei Antritt seiner ersten Planstelle zu leisten hat.

DFQ: § 29 (1) RStDG

NOT Der Eid lautet: „Ich schwöre, dass ich die in der Republik Österreich geltende Rechtsordnung unverbrüchlich beachten und meine ganze Kraft in den Dienst der Republik stellen werde."

REL: Teilsynonym

DTM: **Diensteid**; gesetzl.; 4; Hauptb.; Subst.; mask.; sg.; **Vereidigung**

DTQ: § 64 BBG

DEF: Eid, den Beamte zu leisten haben.

DFQ: nach § 64 (1) BBG

NOT: Der Eid lautet: „Ich schwöre, das Grundgesetz und alle in der Bundesrepublik Deutschland geltenden Gesetze zu wahren und meine Amtspflichten gewissenhaft zu erfüllen, so wahr mir Gott helfe. "

***

ATM: **Diensterfindung**; gesetzl.; 4; Hauptb.; Subst.; fem.; sg.; 4426; Arbeitsrecht; **Arbeitnehmererfindung**

ETM: service invention; FTM: invention par un employé

TMQ: § 7 PatG

DEF: eine Erfindung eines Dienstnehmers, wenn sie ihrem Gegenstande nach in das Arbeitsgebiet des Unternehmens, in dem der Dienstnehmer tätig ist, fällt und wenn 1. entweder die Tätigkeit, die zu der Erfindung geführt hat, zu den dienstlichen Obliegenheiten des Dienstnehmers gehört oder 2. wenn der Dienstnehmer die Anregung zu der Erfindung durch seine Tätigkeit in dem Unternehmen erhalten hat oder 3. das Zustandekommen der Erfindung durch die Benützung der Erfahrungen oder der Hilfsmittel des Unternehmers wesentlich erleichtert worden ist.

DFQ: § 7 (3) PatG

REL: Teilsynonym

DTM: **Diensterfindung**; gesetzl., 4; Hauptb.; Subst.; fem.; sg.; **Arbeitnehmererfindung**, **gebundene Erfindung**

DTQ: § 4 ArbnErfG

DEF: eine während der Dauer des Arbeitsverhältnisses gemachte Erfindung, die entweder 1. aus der dem Arbeitnehmer im Betrieb oder in der öffentlichen Verwaltung obliegenden Tätigkeit entstanden ist oder 2. maßgeblich auf Erfahrungen oder Arbeiten des Betriebes oder der öffentlichen Verwaltung beruht.

DFQ: § 4 (2) ArbnErfG

NOT: Während die Diensterfindung im österr. Recht nur im rein privatrechtlichen Kontext existiert, erstreckt sie sich im dt. Recht auch auf Beamte und Soldaten.

***

ATM: **Dienstgeber/in**; gesetzl., 4; Hauptb.; Subst.; mask./fem.; sg.; 4426; Arbeitsrecht; **Arbeitgeber/in**

ETM: employer; FTM: employeur

TMQ: § 2 (1) AngG; § 47 (1) EStG

DEF: natürliche oder juristische Person oder eingetragene Personengesellschaft, die als Vertragspartei des Beschäftigungs- oder Ausbildungsverhältnisses mit dem/der Arbeitnehmer/in die Verantwortung für das Unternehmen oder den Betrieb trägt, bzw. Person, die Arbeitslohn für nichtselbstständige Arbeit auszahlt.

DFQ: § 2 (1) ASchG; § 47 (1) EStG

REL Synonym

DTM: **Arbeitgeber/in**; gesetzl.; 4; Hauptb.; Subst.; mask./fem.; sg.

DTQ: § 612a BGB

DEF: Person, die aufgrund des Arbeitsvertrages die Arbeitsleistung vom / von der Arbeitnehmer/in fordern kann. Arbeitgeber/in können sein: natürliche Personen, Personengesellschaften, juristische Personen.

DFQ: http://www.anwalt24.de/ (13.03.2015)

***

ATM: **Dienstnehmer/in**; gesetzl., 4; Hauptb.; Subst.; mask./fem.; sg.; 4426; Arbeitsrecht; **Arbeitnehmer/in**

ETM: employee; FTM: employé/e

TMQ: § 1153 ABGB; § 47 (1) EStG

DEF: Person, die im Rahmen eines Beschäftigungs- oder Ausbildungsverhältnisses tätig ist, und sich aufgrund eines Arbeitsvertrags einem/er Arbeitgeber/in gegenüber zur Arbeitsleistung verpflichtet, bzw. eine natürliche Person, die Einkünfte aus nichtselbständiger Arbeit bezieht.

DFQ: § 2 (1) ASchG; § 47 (1) EStG; https://www.help.gv.at/ (28.03.2015)

NOT: Eine Definition für „**Dienstnehmer/in**" fehlt im Gesetz. Eine gesetzliche Definition existiert lediglich für den Begriff „**Arbeitnehmer/in**". Beide Begriffe werden jedoch parallel verwendet.

REL Synonym

DTM: **Arbeitnehmer/in**; gesetzl.; 4; Hauptb.; Subst.; mask./fem.; sg.

DTQ: § 622 (1) BGB

DEF: Person, die in einem Arbeitsverhältnis steht und vom / von der Arbeitgeber/in abhängige, nach Art und Umfang weisungsgebundene, also persönlich unselbständige Arbeit leistet.

DFQ: Creif21

***

ATM: **Dienstnehmerhaftung**; gesetzl.; 4; Hauptb.; Subst.; fem.; sg.; 4426; Arbeitsrecht

ETM: employee's liability; FTM: responsabilité civile de l'employeur

TMQ: § 99 (3) BHG

DEF: Haftung, die im Falle einer Schädigung des Dienstgebers oder eines Dritten durch den Dienstnehmer zum Tragen kommt.

DFQ: KoWe 2014/2015

REL Teilsynonym

DTM: **Arbeitnehmerhaftung**; gesetzl.; 4; Hauptb.; Subst.; fem.; sg.; **Haftung des Arbeitnehmers**

DTQ: § 619a BGB

DEF: Haftung, die sowohl bei einer Schlechtleitsung des Arbeitnehmers als auch bei einer Schädigung des Arbeitgebers, anderer Arbeitnehmer oder betriebsfremder Dritter in Frage kommt.

DFQ: http://www.rechtslexikon.net (24.03.2015)

***

ATM: **Dienstverhältnis**; gesetzl.; 4; Hauptb.; Subst.; neutr.; sg.; 4426; Arbeitsrecht; **Arbeitsverhältnis**

ETM: employment relationship; FTM: relation de travail

TMQ: § 100 ABGB

DEF: Rechtsverhältnis, in dem der Arbeitnehmer dem Arbeitgber seine Arbeitskraft schuldet. Dies ist der Fall, wenn die tätige Person in der Betätigung ihres geschäftlichen Willens unter der Leitung des Arbeitgebers steht oder im geschäftlichen Organismus des Arbeitgebers dessen Weisungen zu folgen verpflichtet ist.

DFQ: nach § 47 (2) EStG

NOT: Im österr. Recht gibt es den Begriff „**Dienstverhältnis**" synonym zu „**Arbeitsverhältnis**", während im dt. Recht der Begriff „**Dienstverhältnis**" als Oberbegriff verwendet wird.

REL Synonym

DTM: **Arbeitsverhältnis**; gesetzl.; 4; Hauptb.; Subst:, neutr.; sg.; **Dienstverhältnis**

DTQ: § 619a BGB

DEF: Rechtsverhältnis, in dem der Verpflichtete Dienstleistungen in abhängiger Stellung erbringt.

DFQ: Creif21

***

ATM: **Dienstvertrag (1)**; gesetzl., 4; Hauptb.; Subst.; mask.; sg.; 4426; Arbeitsrecht; **Arbeitsvertrag**

ETM: employment contract; FTM: contrat de travail

TMQ: § 1151 (1) ABGB

DEF: Konsensualvertrag, mit dem sich eine Person zur Erbringung von persönlicher Arbeit unter Leitung und mit den Mitteln in wirtschaftlicher Unterordnung und Eingliederung in das Unternehmen des Dienstgebers grundsätzlich gegen Entgelt verpflichtet.

DFQ: ÖRWB

NOT: In AT werden „**Dienstvertrag**" und „**Arbeitsvertrag**" synonym verwendet. Im ABGB ist die Benennung „Dienstvertrag" üblich, in neueren Gesetzen hingegen „Arbeitsvertrag". Beide entsprechen inhaltlich der dt. Kategorie „**Dienstvertrag**". Damit ist eine „**unselbständige Beschäftigung**" lt. EStG gemeint.

REL Teilsynonym

DTM: Dienstvertrag; gesetzl.; 4; Hauptb.; Subst.; mask.; sg.

DTQ: § 611 BGB

DEF: Vertrag, durch den derjenige, welcher Dienste zusagt, zur Leistung der versprochenen Dienste, der andere Teil zur Gewährung der vereinbarten Vergütung verpflichtet wird.

DFQ: § 611 (1) BGB

NOT: Es handelt sich um einen Oberbegriff. Der Terminus „**Dienstvertrag**" schließt auch den „**Werkvertrag**" mit ein.

***

ATM: Dienstvertrag (2); gesetzl., 4; Hauptb.; Subst.; mask.; sg.; 4426; Arbeitsrecht; **Arbeitsvertrag**

ETM: employment contract; FTM: contrat de travail

TMQ: § 1151 (1) ABGB

DEF: Konsensualvertrag, mit dem sich eine Person zur Erbringung von persönlicher Arbeit unter Leitung und mit den Mitteln in wirtschaftlicher Unterordnung und Eingliederung in das Unternehmen des Dienstgebers grundsätzlich gegen Entgelt verpflichtet.

DFQ: ÖRWB

NOT: In AT werden „**Dienstvertrag**" und „**Arbeitsvertrag**" synonym verwendet. Beide entsprechen inhaltlich der dt. Kategorie „Arbeitsvertrag". „**freier Dienstvertrag**" (AT) = „**freier Dienstvertrag**" (DE); „**Arbeitsvertrag**" (AT) = „**Arbeitsvertrag**" (DE); „**Dienstvertrag**" (AT) = „**Arbeitsvertrag**" (DE); „**Dienstvertrag**" (DE) = **Überbegriff**, der als solcher in AT fehlt; „**Werkvertrag**" (AT) = „**Werkvertrag**" (DE).

REL Synonym

DTM: Arbeitsvertrag; gesetzl.; 4; Hauptb.; Subst.; mask.; sg.

DTQ: § 3 (1) TzBfG

DEF: Vertrag, der zwischen einem Arbeitgeber und einem Arbeitnehmer geschlossen wird, ein Arbeitsverhältnis begründet und die wechselseitigen Rechtsbeziehungen regelt. Ein mit Arbeitsvertrag angestellter Mitarbeiter ist bezüglich seiner Arbeitszeit, des Arbeitsortes sowie der Art der Tätigkeit an die Weisungen seines Arbeitgebers gebunden.

DFQ: http://www.juraforum.de/ (15.03.2015)

***

ATM: Dienstzettel; gesetzl.; 4; Hauptb.; Subst.; mask.; sg.; 4426; Arbeitsrecht

ETM: statement of terms and conditions of employment; FTM: attestation de travail

TMQ: § 1164a ABGB

DEF: schriftliche Aufzeichnung über die wesentlichen Rechte und Pflichten aus dem freien Dienstvertrag, die der Dienstgeber dem freien Dienstnehmer unverzüglich nach Beginn des Dienstverhältnisses auszuhändigen hat.

DFQ: nach § 1164a (1) ABGB

DTM: FEHLT

***

ATM: Dienstzeugnis; gesetzl.; 4; Hauptb.; Subst.; neutr.; sg.; 4426; Arbeitsrecht; **Zeugnis**

ETM: professional reference; FTM: certificat de travail

TMQ: § 39 LAG

DEF: schriftliche Bestätigung über die Dauer und Art der erbrachten Leistung, die der Dienstgeber bei Beendigung des Dienstverhältnisses dem Angestellten auf Verlangen auszustellen hat.

DFQ: nach § 39 (1) AngG

NOT: Eintragungen und Anmerkungen im Zeugnis, durch die dem Angestellten die Erlangung einer neuen Stelle erschwert wird, sind unzulässig.

REL Synonym

DTM: **schriftliches Zeugnis über das Dienstverhältnis**; gesetzl.; 4; Hauptb.; MWA; neutr.; sg.; **Zeugnis**

DTQ: § 630 BGB

DEF: Schriftstück über das Diensverhältnis und dessen Dauer, das der Verpflichtete bei der Beendigung eines dauernen Dienstverhältnisses vom Arbeitgeber fordern kann.

DFQ: nach § 630 BGB

***

ATM: **differenzierte Pflichtgegenstände**; gesetzl.; 4; Hauptb.; MWA; mask.; pl.; 3206; Schulrecht
ETM: differentiated compulsory subjects; FTM: les matières obligatoires différenciée

TMQ: § 8 lit. n SchOG

DEF: Unterrichtsgegenstände Deutsch, Mathematik und Lebende Fremdsprache, in denen an der Neuen Mittelschule ab der 7. Schulstufe eine Unterscheidung nach grundlegender und vertiefter Allgemeinbildung erfolgt, wobei die Inhalte der vertieften Allgemeinbildung eine Auseinandersetzung mit den grundlegenden Bildungsinhalten in einer über die Grundanforderungen hinausgehenden Art auf einem höheren Komplexitätsgrad vorzusehen haben.

DFQ: § 8 lit. n SchuOG

DTM: **FEHLT**

NOT: Aufgrund der komplexen Gesetzeslage von 16 unterschiedlichen dt. Landesgesetzen im Schulbereich ist die Angabe äquivalenter Begriffe nicht möglich.

***

ATM: **Dirimierungsrecht**; gesetzl.; 4; Hauptb.; Subst.; neutr.; sg.; 1211; Öffentl. Recht
ETM: chairman's right to a a casting vote; FTM: la voix du président est prépondérante

TMQ: § 128 ÄrzteG

DEF: Recht des Vorsitzenden, bei Stimmengleichheit in einer Abstimmung durch seine Stimme eine Entscheidung herbeizuführen.

DFQ: nach § 118b (5) ÄrzteG

DTM: **FEHLT** (Benennungslücke)

DEF: Bei Stimmengleichheit gibt die Stimme des Vorsitzenden den Ausschlag.

DFQ: § 19 (1) BVerfGG

NOT: Der Vorgang der Letztentscheidung durch die Stimme des Vorsitzenden ist in zahlreichen deutschen Gesetzen verankert. Es gibt jedoch keine eigene Bezeichnung dafür. Die übliche Formulierung ist: „**gibt die Stimme des Vorsitzenden den Ausschlag**".

***

ATM: **Diskretionsfähigkeit**; fachlit.; 3; Hauptb.; Subst.; fem.; sg.; 1216; Strafrecht
ETM: capacity to discern; FTM: capacité de discernement

TMQ: OGH 14Os162/07s, 11.03.2008

DEF: die Fähigkeit einer Person, das Unrecht einer Tat einzusehen.

DFQ: ÖRWB

REL Synonym

DTM: **Einsichtsfähigkeit**; gesetzl.; 4; Hauptb.; Subst.; fem.; sg.

DTQ: § 136a (2) StPO

DEF: die Fähigkeit, das Unrecht der Tat einzusehen.

DFQ: Creif21

***

ATM: **dislozierte Wochenkliniken**; gesetzl.; 4; Hauptb.; MWA; fem.; pl.; 2841; Gesundheitswesen
ETM: detached short-stay hospital clinics; FTM: hôpitaux externes effectuant des traitements de courte duré

TMQ: § 2b (2) Z. 3 KAKuG

DEF: Krankenanstalten, deren ärztliche Versorgung durch eine Abteilung derselben Fachrichtung erfolgt, die in einer anderen Krankenanstalt bzw. an einem anderen Krankenanstaltenstandort eingerichtet ist, und die zur Durchführung von Behandlungen mit kurzer Verweildauer dienen.

DFQ: nach § 2b (2) Z. 3 KAKuG

DTM: **FEHLT**

***

ATM: **Dispositionsfähigkeit**; fachlit.; 3; Hauptb.; Subst.; fem.; sg.; 1216; Strafrecht
ETM: volition; FTM: capacité de disposer

TMQ: OGH 12Os89/09v, 16.07.2009

DEF: die Fähigkeit, bei Vorliegen der Diskretionsfähigkeit nach dieser Einsicht zu handeln.

DFQ: ÖRWB

REL Synonym

DTM: **Steuerungsfähigkeit**; fachlit.; 3; Hauptb.; Subst; fem.; sg.

DTQ: BGH 1 StR 105/09, 21.04.2009

DEF: die Fähigkeit, nach einer Einsicht in das Unrecht einer Tat zu handeln.

DFQ: http://www.rechtslexikon.net (18.03.2015)

***

ATM: **Dispositionsgrundsatz**; fachlit., 3; Hauptb.; Subst; mask.; sg.; 1211; Bürgerl. Recht; **Dispositionsmaxime**
ETM: principle of party disposition; FTM: le principe de disposer de l'objet de litige

TMQ: OGH 7Ob42/09s, 30.03.2009

DEF: Grundsatz im Zivilprozess, nach dem die Parteien frei über den Streitgegenstand verfügen können. Der Prozess beginnt durch die Erhebung einer Klage und die Parteien können ihn bis zur Urteilsverkündung durch einen Vergleich oder eine Vereinbarung des Ruhens wieder beenden.

DFQ: nach https://www.help.gv.at (12.01.2015)

REL Synonym

DTM: **Dispositionsmaxime**; fachlit., 3; Hauptb.; Subst.; fem.; sg.; **Dispositionsgrundsatz**; **Verfügungsgrundsatz**

DTQ: OLG Karlsruhe 17 W 45/08, 23.04.2009

DEF: Grundsatz, nach dem die Parteien (Beteiligten) über den Streitgegenstand und insoweit über Gang und Inhalt des Verfahrens grundsätzlich frei verfügen können, so z.B. im Zivilprozess durch Einschränkung oder Rücknahme der Klage bzw. Anerkennung des Klageanspruchs.

DFQ: AlpBrock2; Creif21

***

ATM: **Dissolutionsvereinbarung**; fachlit.; 3; Hauptb.; Subst.; fem.; sg.; 1211; Bürgerl. Recht; **Auflösungsvereinbarung**
ETM: mutual termination of contract; FTM: convention de dissolution d'un contrat

TMQ: OGH 3Ob245/11t, 18.04.2012

DEF: einverständliche Auflösung eines Vertragsverhältnisses durch die beteiligten Parteien ohne Rücksicht auf die vereinbarte Dauer.

DFQ: Welser, FWB Bürgerliches Recht

REL Teilsynonym

DTM: **Aufhebungsvertrag;** gesetzl., 4; Hauptb.; Subst.; mask.; sg.; 4426; Arbeitsrecht; **Auflösungsvertrag**; **Auflösungsvereinbarung**

DTQ: § 623 BGB

DEF: vertragliche Einigung, mit der die Parteien die durch einen zwischen ihnen geschlossenen Vertrag bestehenden Verpflichtungen beseitigen können.

DFQ: nach http://www.anwalt24.de/ (11.08.2014)

NOT: Bezieht sich in DE primär auf das Arbeitsrecht. Während eine Kündigung eine einseitige Erklärung ist und daher auch dann wirkt, wenn der Gekündigte damit nicht einverstanden ist, ist der Aufhebungsvertrag eine zweiseitige Regelung, die nur dann wirksam ist, wenn beide Vertragsparteien zustimmen.

***

ATM: **Disziplinarmaßnahme**; gesetzl.; 4; Hauptb.; Subst.; fem.; sg.; 4426; Arbeitsrecht; **Disziplinarstrafe**

ETM: disciplinary measures; FTM: sanction disciplinaire

TMQ: § 102 ArbVG

DEF: Zufügung eines rechtlich zulässigen Nachteiles durch den Arbeitgeber an den Arbeitnehmer mit dem ausdrücklich erklärten Zweck, eine dienstlich bedeutsame Verfehlung des Arbeitnehmers zu vergelten und ihn sowie die übrigen Mitglieder der Belegschaft von solchen Verfehlungen abzuschrecken. Disziplinarmaßnahmen dienen der Aufrechterhaltung der Disziplin im Betrieb und werden vom Betriebsrat verhängt.

DFQ: OGH 4 Ob 36/79, 04.03.1980; nach § 102 ArbVG

NOT: Sie ist im Einzelfall nur zulässig, wenn sie in einem Kollektivvertrag oder in einer Betriebsvereinbarung vorgesehen ist.

REL Synonym

DTM: **Betriebsbuße**; fachlit.; 3; Hauptb.; Subst; fem.; sg.

DTQ: Creif21

DEF: betriebsinterne Maßnahme, z.B. wegen Unpünktlichkeit, Verletzung des Rauch- oder Alkoholverbots, Beschädigung von Arbeitsgeräten etc. In Betracht kommen hierbei v.a. Verwarnung, Verweis, Geldbuße, Versetzung etc.

DFQ: Creif21

NOT: Betriebsbußen und Bußordnungen beruhen auf entsprechenden Ermächtigungen in Betriebsvereinbarungen oder Tarifverträgen.

***

ATM: **Disziplinarstrafe**; gesetzl.; 4; Hauptb.; Subst.; fem.; sg.; 4426; Arbeitsrecht

ETM: disciplinary punishment; FTM: peine disciplinaire

TMQ: § 92 (1) BDG

DEF: Strafe, die bei Verstoß gegen Berufsordnungen bestimmter Berufsgruppen, insb. Beamten, verhängt wird. Disziplinarstrafen sind: der Verweis, die Geldbuße bis zur Höhe eines halben Monatsbezuges, die Geldstrafe in der Höhe von einem Monatsbezug bis zu fünf Monatsbezügen, die Entlassung.

DFQ: http://www.help.gv.at (19.01.2015); § 92 (1) BDG

REL Synonym

DTM: **Disziplinarmaßnahme**; gesetzl., 4; Hauptb.; Subst.; fem.; sg.; **Disziplinarverfügung**

DTQ: § 5 BDG

DEF: Sanktion aufgrund eines Dienstvergehens von Beamten. Disziplinarmaßnahmen sind: der Verweis, die Geldbuße, die Kürzung der Dienstbezüge, die Zurückstufung, die Entfernung aus dem Beamtenverhältnis.

DFQ: nach § 5 (1) BDG

***

ATM: **Diversion**; gesetzl.; 4; Hauptb.; Subst.; fem.; sg.; 1216; Strafrecht; **Rücktritt von der Verfolgung**, **diversionelle Erledigung**

ETM: diversion / withdrawal of of charges; FTM: diversion / désistement de procédure pénale

TMQ: § 198 StPO

DEF: das Zurücktreten von der Verfolgung einer Straftat durch die Staatsanwaltschaft, wenn der Sachverhalt hinreichend geklärt ist und eine Bestrafung im Hinblick auf 1. die Zahlung eines Geldbetrages oder 2. die Erbringung gemeinnütziger Leistungen oder 3. die Bestimmung einer Probezeit, in Verbindung mit Bewährungshilfe und der Erfüllung von Pflichten, oder 4. einen Tatausgleich nicht geboten erscheint, um den Beschuldigten von der Begehung strafbarer Handlungen abzuhalten oder der Begehung strafbarer Handlungen durch andere entgegenzuwirken.

DFQ: nach § 198 (1) StPO

NOT: In AT synonym zu „**Rücktritt von der Verfolgung**". Sie wird auch im Erwachsenenstrafrecht angewendet, im Gegensatz zu DE, wo die Diversion auf das Jugendstrafrecht beschränkt ist.

REL: Teilsynonym

DTM: **Absehen von der Verfolgung**; gesetzl.; 4; Hauptb.; Subst.; fem.; sg.; **Diversion**

DTQ: § 45 JGG

DEF: der Verzicht auf die Erhebung einer Anklage durch den Staatsanwalt, wenn eine erzieherische Maßnahme bereits durchgeführt oder eingeleitet ist und der Staatsanwalt weder eine Beteiligung des Richters noch die Erhebung der Anklage für erforderlich hält. Einer erzieherischen Maßnahme steht das Bemühen des Jugendlichen gleich, einen Ausgleich mit dem Verletzten zu erreichen.

DFQ: nach § 45 (2) JGG

***

ATM: ***dolus principalis***; fachlit., 3; Nebenb.; MWA; mask.; sg.; 1216; Strafrecht; **Wissentlichkeit**

ETM: oblique intent; FTM: dol général

TMQ: OGH 13Os115/73, 08.11.1973

DEF: eine Vorsatzform, bei der der Täter den schädlichen Erfolg seines Handelns nicht will, den Eintritt jedoch als gewiss voraussieht.

DFQ: ÖRWB

REL: Synonym

DTM: **direkter Vorsatz**; fachlit., 3; Hauptb.; MWA; mask.; sg.; ***dolus directus*** **zweiten Grades**

DTQ: BGH 4 StR 162/00, 20.06.2000

DEF: eine Vorsatzform, bei der sicheres Wissen oder ein Für-sicher-halten vorausgesetzt wird, wobei es auf das Willenselement nicht ankommt.

DFQ: nach AlpBrock2

***

ATM: **doppelter Besitz**; fachlit.; 3; Hauptb.; MWA; mask.; sg.; 1211; Bürgerl. Recht

ETM: duality of indirect and direct possession; FTM: possession divisée

TMQ: Welser, FWB Bürgerliches Recht

DEF: Besitzform, bei der Sachbesitz und Rechtsbesitz nebeneinander bestehen. Bei Kollision der beiden Besitzarten geht der Rechtsbesitz größtenteils vor.

DFQ: Welser, FWB Bürgerliches Recht

REL Synonym

DTM: **Besitzmittlungsverhältnis**; fachlit., 3; Hauptb.; Subst.; neutr.; sg.; **mittelbarer Besitz**

DTQ: AlpBrock2

DEF: Rechtsverhältnis zwischen dem unmittelbaren Besitzer und dem mittelbaren Besitzer einer Sache. Es berechtigt den unmittelbaren Besitzer gegenüber dem mittelbaren Besitzer auf Zeit zum Besitz, wie z.B. bei Miete oder Pacht.

DFQ: nach AlpBrock2 und § 868 BGB

***

ATM: **Doppelvertretung**; fachlit.; 3; Hauptb.; Subst.; fem.; sg.; 1226; Gerichtsorganisation

ETM: breach of lawyer's fiduciary duty; FTM: prévarication lorque le même avocat représente les deux parties

TMQ: VwGH 2008/06/0188, 24.02.2009

DEF: wenn ein Anwalt beiden Teilen in demselben Rechtsstreit dient oder einen Rat erteilt. Es handelt sich um ein schweres Disziplinarvergehen, das mit einer Geldbuße bis € 45.000 oder der Untersagung der Ausübung der Rechtsanwaltschaft geahndet werden kann.

DFQ: nach § 10 (1) RAO; http://www.parlament.gv.at/ (18.02.2015)

REL Synonym

DTM: **Parteiverrat**; gesetzl., 4; Hauptb.; Subst.; mask.; sg.; **Prävarikation**

DTQ: § 356 StGB

DEF: wenn ein Anwalt oder ein anderer Rechtsbeistand bei den ihm in dieser Eigenschaft anvertrauten Angelegenheiten in derselben Rechtssache beiden Parteien durch Rat oder Beistand pflichtwidrig dient.

DFQ: nach § 356 (1) StGB

NOT: Während die Doppelvertretung in AT in einem Disziplinarverfahren geahndet wird, zieht der Parteiverrat in DE ein ordentliches Strafverfahren nach sich. Äquivalent in der Sache, nicht jedoch in den Konsequenzen.

***

ATM: **Dringliche Anfrage**; gesetzl.; 4; Hauptb.; MWA; fem.; sg.; 0421; Öffentl. Recht

ETM: urgent enquiry; FTM: demande urgente

TMQ: § 57b (1) GOG-NR

DEF: schriftliche Anfrage an ein Mitglied der Bundesregierung, deren dringliche Behandlung im Plenum von fünf Abgeordneten bzw. fünf Mitgliedern des Bundesrates verlangt wird. Sie muss am Tag der Einbringung des Verlangens mündlich vorgetragen und einer entsprechenden Beantwortung, samt nachfolgender Debatte, zugeführt werden.

DFQ: Glossar des österr. Parlaments

NOT: Eine Dringliche Anfrage im Nationalrat gelangt nach Erledigung der Tagesordnung, spätestens jedoch um 15 Uhr, frühestens aber drei Stunden nach Eingang in die Tagesordnung zum Aufruf. Dazu wird die Behandlung der Tagesordnung allenfalls unterbrochen.

DTM: FEHLT

***

ATM: **Dringlicher Antrag**; gesetzl.; 4; Hauptb.; MWA; mask.; sg.; 0421; Öffentl. Recht

ETM: urgent motion; FTM: proposition de résolution d'urgence

TMQ: § 57b GOG-NR

DEF: schriftliche Anfrage an ein Mitglied der Bundesregierung, welche am Tag der Einbringung im Plenum mündlich vorgetragen und entsprechend einer Beantwortung zugeführt werden muss. Es können damit Entschließungsanträge - also Wünsche über die Ausübung der Vollziehung - dringlich thematisiert werden.

DFQ: http://www.parlament.gv.at/ (17.03.2015); § 93 GOG-NR

NOT: Pro Sitzung ist nur ein Dringlicher Antrag möglich.

REL: Teilsynonym; funkt. Äquiv.

DTM: **Große Anfrage**; gesetzl.; 4; Hauptb.; MWA; fem.; sg.; **Eilantrag**

DTQ: § 100 BTGO

DEF: schriftliche Anfrage an die Bundesregierung um Stellungnahmen zu wichtigen politische Fragen. Sie ist dem Präsidenten einzureichen, muss kurz und bestimmt gefasst sein und kann mit einer kurzen Begründung versehen werden.

DFQ: nach http://www.bundestag.de/service/glossar/A/anfragen/ (13.03.2015); § 100 BTGO

***

ATM: **dritte/r Präsident/in des Nationalrates**; gesetzl., 4; Hauptb.; MWA; mask./fem.; sg.; 0421; Öffentl. Recht; **3. Präs. NR**

ETM: third president of the parliament; FTM: troisième président du Conseil national

TMQ: Art. 64 B-VG

DEF: Person, die am Beginn einer Gesetzgebungsperiode vom Nationalrat neben dem/der Präsidenten/in und dem/der Zweiten Präsidenten/in aus seiner Mitte gewählt wird.

DFQ: www.parlament.gv.at (07.01.2015); nach Art. 64 (1) B-VG

NOT: Als Kollegium sind die drei PräsidentInnen des Nationalrates zur Vertretung des/der Bundespräsidenten/in sowohl im Falle einer längeren Verhinderung als auch bei dauernder Erledigung der Stelle des/der Bundespräsidenten/in, beispielsweise durch Tod oder Absetzung, berufen.

REL Teilsynonym; funkt. Äquiv.

DTM: **Vizepräsident/in des Deutschen Bundestages**; gesetzl.; 4; Hauptb.; MWA; mask./fem.; sg.

DTQ: § 5 BRHG

DEF: Stellvertreter/in des/der Präsidenten/in des Deutschen Bundestages, der/die zusammen mit jenem/r das Bundestagspräsidium bildet. Er/sie wird vom Deutschen Bundestag und vom Bundesrat jeweils ohne Aussprache auf Vorschlag der Bundesregierung gewählt und vom/von der Bundespräsidenten/in ernannt.

DFQ: www.bundestag.de (07.01.2015); nach § 5 (1) BRHG

NOT: Die Zahl der Stellvertreter ist nicht vorgeschrieben. Seit 1994 sieht die Geschäftsordnung aber für jede Fraktion die Entsendung mindestens einer Vizepräsidentin beziehungsweise eines Vizepräsidenten vor.

***

ATM: **Drittschuldneranfrage**; gesetzl.; 4; Hauptb.; Subst.; fem.; sg.; 1211; Bürgerl. Recht

ETM: creditor's right to disclosure of debtor's personal details; FTM: droit du créancier de connaître le lieu de travail du débiteur

TMQ: § 1 (1) DSAV

DEF: im Wege der automationsunterstützten Datenverarbeitung durchzuführende Anfrage an den Hauptverband der österreichischen Sozialversicherungsträger um Bekanntgabe der im § 294a (1) Z. 2 EO angeführten Daten (Arbeitsplatz des Schuldners usw.).

DFQ: nach § 1 (1) DSAV

DTM: **FEHLT**

NOT: In DE muss der Gläubiger selbst den Arbeitsplatz des Schuldners ausfindig machen.

***

ATM: **Drittschuldnerauskunft**; gesetzl.; 4; Hauptb.; Subst.; fem.; sg.; 1211; Bürgerl. Recht

ETM: social security agency's provision of debtor's personal details to creditors; FTM: renseignement transmis au créancier par la sécurité sociale concernant le lieu de travail du débiteur

TMQ: § 1 (1) DSAV

DEF: amtliche Mitteilung vom Hauptverband der österreichischen Sozialversicherungsträger an den Gläubiger, in der die im § 294a (1) Z. 2 EO angeführten Daten des Schuldners bekannt gegeben werden.

DFQ: nach § 1 (1) DSAV

DTM: FEHLT

***

ATM: **Drittverbot**; gesetzl.; 4; Hauptb.; Subst.; neutr.; sg.; 1211; Bürgerl. Recht

ETM: third-party prohibition; FTM: interdiction envers et à tiers

TMQ: § 379 (3) Z. 3 EO

DEF: gerichtliches Verbot an den Drittschuldner, Leistungen an den Schuldner zu erbringen, mit gleichzeitigem Verbot an den Schuldner, diese Leistungen zu fordern.

DFQ: ÖRWB

NOT: Der Terminus „Drittverbot" tritt auch in anderen Fällen auf (z.B. im Strafprozess, § 109 StPO), meint aber grundsätzlich dasselbe.

REL Synonym

DTM: **vorläufiges Zahlungsverbot**; gesetzl.; 4; Hauptb.; MWA; neutr.; sg.; 1211; Bürgerl. Recht; **Zahlungsverbot an den Drittschuldner**, **Arrestatorium**

DTQ: https://www.justiz.bayern.de/ (14.03.2015)

DEF: die im Insolvenzverfahren ausgesprochene Aufforderung an Personen, die Verpflichtungen gegenüber dem Schuldner haben, nicht mehr an den Schuldner zu leisten, sondern an den Verwalter.

DFQ: nach § 28 (3) InsO

***

ATM: **Drucksorte**; gesetzl.; 4; Hauptb.; Subst.; fem.; sg.; 0436; Öffentl. Verwaltung

ETM: form; FTM: formulaire

TMQ: § 50 (5) VStG

DEF: ein formgerechter (amtlicher) Vordruck / ein Formular, das im amtlichen Schrift- und Zahlungsverkehr verwendet wird.

DFQ: nach § 50 (5) VStG

NOT: Die Gestaltung der für die Organstrafverfügung zu verwendenden Drucksorten, die Art ihrer Ausstellung und die Gebarung mit diesen Drucksorten sowie mit den eingehobenen Strafbeträgen sind durch Verordnung der Bundesregierung zu regeln.

REL Synonym

DTM: **Formular**; gesetzl.; 4; Hauptb.; Subst.; neutr.; sg.

DTQ: § 130c ZPO

DEF: ein (amtlicher) Vordruck zur Beantwortung bestimmter Fragen oder für bestimmte Angaben.

DFQ: Duden

***

ATM: **durchschnittliche Lage**; gesetzl.; 4; Hauptb.; MWA; fem.; sg.; 2846; Mietrecht; **Wohnumgebung**

ETM: average residential area; FTM: zone résidentielle moyenne

TMQ: § 2 (3) RichtWG

DEF: Lage einer Wohnung, die nach allgemeinen Verkehrsauffassung und der Erfahrung des täglichen Lebens zu beurteilen ist, wobei eine Lage (Wohnumgebung) mit einem überwiegenden Gebäudebestand, der in der Zeit von 1870 bis 1917 errichtet wurde und im Zeitpunkt der Errichtung überwiegend kleine, mangelhaft ausgestattete Wohnungen (Wohnungen der Ausstattungskategorie D) aufgewiesen hat, höchstens als durchschnittlich einzustufen ist.

DFQ: § 2 (3) RichtWG

REL: Synonym

DTM: **Wohnumgebung**; gesetzl.; 4; Hauptb.; Subst.; fem.; sg.

DTQ: § 3 Z. 3 lit. d WoStichPrG

DEF: Lage einer Wohnung in Bezug auf öffentliche Verkehrsmittel, Versorgungseinrichtungen, Gemeinschaftsanlagen, Frei- und Grünflächen, die Häufigkeit der Verkehrsbedienung, sowie die Verkehrs- und Immissionsbelastung der Wohngegend.

DFQ: § 3 Z. 3 lit. d WoStichPrG

***

ATM: **Durchsuchung von Menschen**; gesetzl.; 4; Hauptb.; MWA; fem.; sg.; 1216; Strafrecht; **Personendurchsuchung**, **Personsdurchsuchung**

ETM: personal search; FTM: fouille de personnes

TMQ: § 40 SPG

DEF: Untersuchung von festgenommenen Menschen durch Organe des öffentlichen Sicherheitsdienstes, um sicherzustellen, dass diese während ihrer Anhaltung weder ihre eigene körperliche Sicherheit noch die anderer gefährden und nicht flüchten; sowie Untersuchung von Menschen, von denen anzunehmen ist, dass sie mit einem gegen Leben, Gesundheit, Freiheit oder Eigentum gerichteten gefährlichen Angriff in Zusammenhang stehen oder einen Gegenstand bei sich haben, von dem Gefahr ausgeht.

DFQ: nach § 40 (1)+(2) SPG

NOT: In den Urteilen der Höchstgerichte werden auch die Termini „**Personsdurchsuchung**" und „**Personendurchsuchung**" verwendet; in der StPO jedoch nur „**Durchsuchung einer Person**".

REL Synonym

DTM: **Durchsuchung einer Person**; gesetzl.; 4; Hauptb.; MWA; fem.; sg; **Personendurchsuchung**

DTQ: § 102 StPO

DEF: Durchsung einer Person, die als Täter oder Teilnehmer einer Straftat oder der Begünstigung oder Hehlerei verdächtig ist, sowohl zum Zweck ihrer Ergreifung als auch dann, wenn zu vermuten ist, dass die Durchsuchung zur Auffindung von Beweismitteln führen werde.

DFQ: nach § 102 StPO

***

ATM: **DVR-Nummer**; gesetzl.; 4; Hauptb.; Subst.; fem.; sg.; 3226; Datenschutz; **Datenverarbeitungsregister-Nummer**

ETM: registration number of the data processing register; FTM: numéro d'enregistrement du registre de traitement de données

TMQ: § 2. Z. 6 DVRV 2012

DEF: vom Datenverarbeitungsregister zugewiesene Registernummer.

DFQ: § 2 Z. 6 DVRV 2012

DTM: FEHLT

***

ATM: **e-card**; gesetzl.; 4; Hauptb.; Kurzform; Subst.; fem.; sg.; 2836; Sozialrecht; **Sozialversicherungskarte, SV-Chipkarte**

ETM: social security card (US), national insurance card (UK); FTM: carte vitale

TMQ: § 31a (4) Z. 3 ASVG

DEF: eine Chipkarte, die mit Name, Titel und Sozialversicherungsnummer der Karteninhaberin/des Karteninhabers versehen ist und von der Informationen über den Versicherungsstatus (z.B. zuständige Krankenversicherungsträger) abgerufen werden können (z.B. von einer Ärztin/einem Arzt mit Chipkarten-Leser).

DFQ: nach § 31a (4); help.gv.at (24.11.2014)

NOT: Die e-card dient auch als Auslandskrankenscheinersatz („Europäische Krankenversicherungskarte“ - EKVK) und als kann als Bürgerkarte (E-Signatur) eingesetzt werden.

REL: Synonym

DTM: **Krankenversichertenkarte**; gesetzl.; 4; Hauptb.; Subst.; fem.; sg.; **elektronische Gesundheitskarte, Krankenversicherungskarte, KV-Karte, KVK**

DTQ: § 291 SGB 5

DEF: darf vorbehaltlich § 291a nur für den Nachweis der Berechtigung zur Inanspruchnahme von Leistungen im Rahmen der vertragsärztlichen Versorgung sowie für die Abrechnung mit den Leistungserbringern verwendet werden.

DFQ: § 291 SGB 5

***

ATM: **Edikt (1)**; gesetzl.; 4; Hauptb.; Subst.; neutr.; sg.; 1226; Gerichtsorganisation; Verwaltungsrecht

ETM: edict; FTM: avis officiel

TMQ: § 44a (1) AVG

DEF: eine amtliche Bekanntmachung der Behörde, die in der Regel vorgesehen ist, wenn Informationen (etwa Anberaumung einer mündlichen Verhandlung, Zustellung eines Schriftstückes) an einen unbestimmten oder unbekannten Adressatenkreis weitergegeben werden sollen.

DFQ: Welser, FWB Öffentliches Recht

NOT: Edikt: hier nur im gerichtlichen Kontext Edikt im Verwaltungsverfahrensrecht.

REL: Teilsynonym

DTM: **öffentliche Bekanntmachung**; gesetzl.; 4; Hauptb.; MWA; fem.; sg.

DTQ: § 56a VwGO

DEF: 1. DEF nach VwGO (im Massenverfahren): § 56a (2) Die öffentliche Bekanntmachung erfolgt durch Aushang an der Gerichtstafel oder durch Einstellung in ein elektronisches Informationssystem, das im Gericht öffentlich zugänglich ist und durch Veröffentlichung im elektronischen Bundesanzeiger sowie in den im Beschluss nach Absatz 1 Satz 2 bestimmten Tageszeitungen. 2. DEF nach § 63 Abs.3 VwVfG: Die öffentliche Bekanntmachung wird dadurch bewirkt, dass die Behörde die Mitteilung oder die Aufforderung in ihrem amtlichen Veröffentlichungsblatt und außerdem in örtlichen Tageszeitungen, die in dem Bereich verbreitet sind, in dem sich die Entscheidung voraus-sichtlich auswirken wird, bekannt macht.

DFQ: § 56a VwGO; § 63 (3) VwVfG

NOT: Das Instrument der öffentlichen Bekanntmachung durch die Behörde ist in verschiedenen Gesetzen (VwVfG, VwZG, VwGO) vorgesehen und wird nicht einheitlich definiert. Die Veröffentlichung von Insolvenzeröffnungen erfolgt elektronisch auf www.insolvenzbekanntmachungen.de. Dies entspricht der österr. Ediktsdatei.

***

ATM: **Edikt (2)**; gesetzl.; 4; Hauptb.; Subst.; neutr.; sg.; 1226; Gerichtsorganisation

ETM: edict; FTM: avis officiel

TMQ: § 71 (2) EO

DEF: eine öffentliche Kundmachung eines Gerichtes in gesetzlich bestimmten Fällen; durch Anschlag einer Ausfertigung des Ediktes an der Gerichtstafel (oder Aufnahme in die Ediktsdatei (ED) oder durch Einschaltung in bestimmten Zeitungen), durch die alle davon Betroffenen als verständigt gelten (z.B. Konkursedikt, Versteigerungsedikt, vgl. § 71 EO).

DFQ: ÖRWB

REL Synonym

DTM: **öffentliche Bekanntmachung**; gesetzl.; 4; MWA; Subst.; neutr.; sg.

DTQ: § 948 ZPO

DEF: erfolgt durch Anheftung an die Gerichtstafel und durch einmalige Einrückung in den elektronischen Bundesanzeiger, sofern nicht das Gesetz für den betreffenden Fall eine abweichende Anordnung getroffen hat; Zusätzlich kann die öffentliche Bekanntmachung in einem von dem Gericht für Bekanntmachungen bestimmten elektronischen Informations- und Kommunikationssystem erfolgen.

DFQ: nach § 948 ZPO

NOT: Die Veröffentlichung von Insolvenzeröffnungen erfolgt elektronisch auf www.insolvenzbekanntmachungen.de. Dies entspricht der österr. Ediktsdatei.

***

ATM: **Ediktsdatei**; gesetzl.; 4; Hauptb.; Subst.; fem.; sg.; 1206; Gerichtsorganisation

ETM: public announcement of an edict; FTM: Journal Officiel

TMQ: § 23 Exekutionsordnung

DEF: die öffentliche Bekanntmachung erfolgt durch Aufnahme in die Ediktsdatei.

DFQ: § 71 (1) EO

NOT: In der Ediktsdatei werden gerichtliche Bekanntmachungen veröffentlicht. Heute befinden sich in der Ediktsdatei u.a. alle Bekanntmachungen aus dem Insolvenzverfahren (sog. Insolvenzdatei), Veröffentlichungen der Bezirksgerichte, die im Zusammenhang mit gerichtlichen Versteigerungen stehen und Bekanntmachungen über die Eintragungen in das Firmenbuch. (https://www.usp.gv.at/../lexikon/103798.html) (20.01.2015)

REL Synonym

DTM: **Insolvenzbekanntmachung**; gesetzl.; 4; Hauptb.; MWA; fem.; sg.; **öffentliche Bekanntmachung**

DTQ: § 8 Unternehmensregisterverordnung (URV)

DEF: die öffentliche Bekanntmachung erfolgt durch eine zentrale und länderübergreifende Veröffentlichung im Internet; diese kann auszugsweise geschehen. Dabei ist der Schuldner genau zu bezeichnen, insbesondere sind seine Anschrift und sein Geschäftszweig anzugeben.

DFQ: nach § 9 InsO

NOT: www.insolvenzbekanntmachungen.de

***

ATM: **Ediktalfrist**; gesetzl.; 4; Hauptb.; Subst.; fem.; sg.; 1226; Gerichtsorganisation

ETM: time period for filing claims against a deceased's estate; FTM: délai des créanciers de la succession pour présenter leurs revendications

TMQ: § 38 (2) Allg. GAG

DEF: jene Frist, vor deren Ablauf die Verlassenschaftsgläubiger ihre Ansprüche geltend machen können.

DFQ: KoWe 2014/2015

DTM: FEHLT

***

ATM: Ediktalladung; fachlit.; 3; Hauptb.; Subst.; fem.; sg.; 0436; Verwaltungsrecht

ETM: public announcement of an edict; FTM: annonce publique de l'avis officiel

TMQ: Glossar des österr. Parlaments; www.parlament.gv.at/ (13.08.2014)

DEF: die Kundmachung einer mündlichen Verhandlung im Verwaltungsverfahren durch Anschlag in der Gemeinde oder durch Verlautbarung in der für amtliche Kundmachungen der Behörde bestimmten Zeitung, wenn außer den bekannten Beteiligten noch andere Personen als Beteiligte in Betracht kommen.

DFQ: nach Mayer, FWB Öffentl. Recht

REL Synonym

DTM: Ladung durch öffentliche Bekanntmachung; gesetzl.; 4; Hauptb.; MWA; fem.; sg.

DTQ: § 232 Strafprozessordnung

DEF: die öffentliche Bekanntmachung erfolgt durch Aushang an der Gerichtstafel oder durch Einstellung in ein elektronisches Informationssystem, das im Gericht öffentlich zugänglich ist und durch Veröffentlichung im elektronischen Bundesanzeiger sowie in den im Beschluss nach Absatz 1 Satz 2 bestimmten Tageszeitungen. Sie kann zusätzlich in einem von dem Gericht für Bekanntmachungen bestimmten Informations- und Kommunikationssystem erfolgen.

DFQ: § 65a VGO

***

ATM: Ediktalverfahren (1); fachlit.; 3; Hauptb.; Subst.; neutr.; sg.; 1226; Gerichtsorganisation

ETM: public summons; FTM: convocation publique du tribunal concernant l'avis officiel

TMQ: VwGH 2007/03/018, vom 25.06.2008

DEF: eine Aufforderung des Gerichts durch Veröffentlichung, gerichtet an Unbekannte, sich binnen einer Frist zu melden.

DFQ: KoWe 2007 Band 2

DTM: FEHLT

***

ATM: Ediktalverfahren (2); fachlit.; 3; Hauptb.; Subst.; neutr.; sg.; 1226/1211; Gerichtsorganisation/Erbrecht

ETM: intestacy proceedings; FTM: convocation publique du tribunal concernant l'avis officiel

TMQ: OGH 3Ob49/05k, 24.08.2005

DEF: das Verfahren, das vom Gerichtskommissär einzuleiten ist, falls keine Erben bekannt sind oder nach der Aktenlage Anhaltspunkte dafür bestehen, dass neben den bekannten Personen noch andere als Erben oder Noterben in Betracht kommen.

DFQ: nach § 158 AußStrG

REL Synonym

DTM: (öffentliche) Aufforderung zur Anmeldung der Erbrechte; gesetzl.; 4; Hauptb.; MWA; neutr.; sg.

DTQ: § 1965 BGB

DEF: das Vorgehen, bevor es zur Feststellung kommt, dass kein anderer Erbe als der Fiskus vorhanden ist.

DFQ: nach §§ 1964 f. BGB

NOT: Die Aufforderung darf unterbleiben, wenn die Kosten dem Bestand des Nachlasses gegenüber unverhältnismäßig groß sind.

***

ATM: **Ediktalzustellung**; gesetzl.; 4; Hauptb.; Subst.; fem.; sg.; 1226; Gerichtsorganisation; **Zustellung durch öffentliche Bekanntmachung**

ETM: public notice; **FTM: notification par voie de publication**

TMQ: VwGH 2001/06/0157, 18.06.2003

DEF: Zustellung durch Anschlag an der Amtstafel, gerichtet an Personen, deren Abgabestelle unbekannt ist, oder an eine Mehrheit von Personen, die der Behörde nicht bekannt sind.

DFQ: nach § 25 Zustellgesetz; §§ 115 ff. ZPO

REL Synonym

DTM: **öffentliche Zustellung**; gesetzl.; 4; Hauptb.; MWA; fem.; sg.

DTQ: § 10 VwZG; § 185 ZPO

DEF: die öffentliche Zustellung erfolgt in den gesetzlich vorgesehenen Fällen (insbesondere wenn der Aufenthaltsort des Empfängers unbekannt und eine Zustellung an einen Vertreter oder Zustellungsbevollmächtigten nicht möglich ist) durch Bekanntmachung einer Benachrichtigung an der Stelle, die von der Behörde hierfür allgemein bestimmt ist, oder durch Veröffentlichung einer Benachrichtigung im Bundesanzeiger oder im elektronischen Bundesanzeiger.

DFQ: nach § 10 VwZG

***

ATM: **Ediktsdatei**; gesetzl.; 4; Hauptb.; Subst.; fem.; sg.; 1226; Gerichtsorganisation

ETM: database of decisions; FTM: Journal Officiel

TMQ: § 23 EO

DEF: Internet-Homepage für Veröffentlichungen der Gerichte, betrieben vom Bundesministerium für Justiz.

DFQ: http://www.edikte.justiz.gv.at/ (10.12.2014)

REL: Synonym; enger

NOT: Diese elektronische Plattform wurde im Gegensatz zum deutschen Pendant ausschließlich für Veröffentlichungen der Gerichte eingerichtet.

DTM: **elektronischer Bundesanzeiger**; gesetzl.; 4; Hauptb.; MWA; fem.; sg.; **eBAnz**

DTQ: § 43 (2) GWB

DEF: der Bundesanzeiger (BAnz) ist neben dem Bundesgesetzblatt ein weiteres Verkündungs- und Bekanntmachungsorgan der deutschen Bundesbehörden. Es wird vom Bundesministerium der Justiz herausgegeben. Zusätzlich ist der Bundesanzeiger Pflichtveröffentlichungsblatt für gerichtliche und sonstige Bekanntmachungen, für alle Handelsregistereintragungen sowie für gesetzlich vorgeschriebene Veröffentlichungen von Jahresabschlüssen und Hinterlegungsbekanntmachungen der Unternehmen.

DFQ: Wikipedia

***

ATM: **Ehebuch**; gesetzl.; 4; Hauptb.; Subst.; neutr.; sg.; 0436; Öffentl. Verwaltung

ETM: register of marriages; FTM: registre des mariages

TMQ: §§ 24-26 PStG

DEF: behördliches Register, das von den Standesämtern geführt wird und in dem alle Ehen, die in seinem Zuständigkeitsbereich geschlossen wurden, eingetragen werden.

DFQ: nach § 24 PStG

NOT: Die Personenstandsbücher wurden mit 01.11.2014 in das Zentrale Melderegister integriert.

REL: Synonym

DTM: Eheregister; gesetzl.; 4; Hauptb.; Subst.; neutr.; sg.

DTQ: § 15 dPStG

DEF: behördliches Register, das von den Standesämtern geführt wird und in dem alle Ehen, die in im Zuständigkeitsbereich geschlossen wurden, eingetragen werden.

DFQ: nach § 15 dPStG

NOT: Ersetzt das mit 31.12.2008 abgeschaffte Familienbuch.

***

ATM: Ehebuch; gesetzl.; 4; Hauptb.; Subst.; neutr.; sg.; 0436; Öffentl. Verwaltung

ETM: register of marriages; FTM: registre des mariages

TMQ: § 15 (2) EheG

DEF: die Personenstandsbehörden führen als Personenstandsbücher das Geburtenbuch, Ehebuch und Sterbebuch, um Geburt, Eheschließung und Tod von Personen und der damit im Zusammenhang stehenden Daten zu registrieren.

DFQ: http://www.help.gv.at/Content.Node/99/Seite.991239.html

NOT: Das „**Ehebuch**" ist in AT das amtliche Register für Eheschließungen. In DE ist es ein Sachbuch (Ratgeber) über das Führen einer erfolgreichen Ehe. Letzeres wird in AT „**Heiratsbuch**" genannt, was in DE die Bezeichnung für das „**Ehebuch/Eheregister**" ist.

REL: Falscher Freund

DTM: Heiratsbuch; gesetzl.; 4; Hauptb.; Subst.; neutr.; sg.

DTQ: § 77 (1) PStG

DEF: Personenstandsbuch, in dem vor dem 31.12.2008 die Eheschließungen im Beisein der Ehegatten und etwaiger Trauzeugen vom Standesbeamten zu beurkunden wurden.

DFQ: Creif21

USE historisch

***

ATM: eheliches Gebrauchsvermögen; gesetzl.; 4; Hauptb.; MWA; neutr.; sg.; 1211; Bürgerl. Recht

ETM: matrimonial assets; FTM: biens mobiliers matrimoniaux

TMQ: § 81 (2) EheG

DEF: bewegliche oder unbewegliche körperlichen Sachen, die während aufrechter ehelicher Lebensgemeinschaft dem Gebrauch beider Ehegatten gedient haben; hierzu gehören auch der Hausrat und die Ehewohnung.

DFQ: Legaldefinition nach § 81 (2) EheG

REL: Teilsynonym; enger

DTM: Gegenstände des ehelichen Haushalts; gesetzl.; 4; Hauptb.; MWA; mask.; pl.; **Haushaltsgegenstände**, **Hausrat**

DTQ: § 1369 (1) BGB

DEF: alle beweglichen Sachen, die von den Eheleuten für den gemeinsamen Gebrauch oder Verbrauch in Wohnung und Hauswirtschaft bestimmt sind (z.B. Wohnungseinrichtung, Gartenmöbel).

DFQ: Schellhammer, Familienrecht

***

ATM: Ehelichkeitsbestreitungsklage; gesetzl.; 4; Hauptb.; Subst.; fem.; sg.; 1211; Zivilrecht; **Feststellung der Nichtabstammung vom Ehemann der Mutter**

ETM: claim to rebut the presumption of legitimacy; FTM: action en nullité de paternité

MQ OGH 3Ob313/05h, 25.01.2006

DEF: die Klage, mit der die gesetzliche Vermutung, dass ein nach der Eheschließung und vor der Scheidung, Aufhebung oder Nichtigerklärung der Ehe geborenes Kind ehelich ist, widerlegt werden konnte.

DFQ: nach §§ 156, 158 ABGB

NOT: Das Abstammungsverfahren ist seit 01.01.2005 (FamErbRÄG 2004) ein Außerstreitverfahren und daher verwendet das Gesetz nunmehr die Formulierung „**Feststellung der Nichtabstammung vom Ehemann der Mutter**".

REL Synonym

DTM: **Vaterschaftsanfechtungsklage**; gesetzl.; 4; Hauptb.; Subst.; fem.; sg.; **Ehelichkeitsanfechtungsklage**

DTQ: § 1600 (1) BGB

DEF: die Klage, mit der ein Mann berechtigt ist, die Vaterschaft anzufechten.

DFQ: nach § 1600 (1) BGB

NOT: Seit 01.07.1998 (BGH XII ZR 345/00) wird statt „**Ehelichkeitsanfechtungsklage**" der Terminus „**Vaterschaftsanfechtungsklage**" verwendet.

***

ATM: **Ehepakt**; gesetzl.; 4; Hauptb.; Subst.; mask.; sg.; 1211; Bürgerl. Recht; **Ehevertrag**, **Heiratsvertrag**

ETM: prenupital agreement; FTM: contrat de mariage

TMQ: § 1217 ABGB (alte Schreibweise: Ehe-Pact)

DEF: ein Vertrag, in dem die Verheirateten eine Regelung der wirtschaftlichen Verhältnisse beschließen.

DFQ: nach § 1217 ABGB

REL Synonym

DTM: **Ehevertrag**; gesetzl.; 4; Hauptb.; Subst.; mask.; sg.

DTQ: § 1408 (1) BGB

DEF: die Ehegatten können ihre güterrechtlichen Verhältnisse durch Vertrag (Ehevertrag) regeln, insbesondere auch nach der Eingehung der Ehe den Güterstand aufheben oder ändern.

DFQ: § 1408 (1) dBGB

***

ATM: **Eheverlöbnis**; gesetzl.; 4; Nebenb.; Subst.; neutr.; sg.; 1211; Bürgerl. Recht; **Verlöbnis**

ETM: engagement; FTM: fiançailles

TMQ: §§ 45-46, 1247 ABGB

DEF: ein vorläufiges Versprechen, sich zu ehelichen.

DFQ: nach ABGB § 45

REL: Teilsynonym; enger

NOT: Ist nach ABGB kein Vertrag, sondern nur ein vorläufiges Versprechen.

DTM: **Verlöbnis**; gesetzl.; 4; Hauptb.; Subst.; neutr.; sg.

DTQ: §§ 1297 ff. BGB

DEF: ein Vertrag, durch den sich Mann und Frau versprechen, die Ehe miteinander einzugehen.

DFQ: Creif21

***

ATM: **Ehevertrag**; gesetzl.; 4; Hauptb.; Subst.; mask.; sg.; 1211; Zivilrecht

ETM: prenuptial agreement; FTM: contrat de fondation de mariage

TMQ: § 44 ABGB

DEF: In dem Ehevertrage erklären zwei Personen verschiedenen Geschlechtes gesetzmäßig ihren Willen, in unzertrennlicher Gemeinschaft zu leben, Kinder zu zeugen, sie zu erziehen, und sich gegenseitig Beistand zu leisten.

DFQ: § 44 ABGB

NOT: Begriff der Ehe, Ergebnis der Eheschließung.

REL: Falscher Freund

DTM: **Ehevertrag**; gesetzl.; 4; Hauptb.; Subst.; mask.; sg.; 1211; Bürgerl. Recht

DTQ: § 1408 BGB

DEF: ein Vertrag zur Regelung der güterrechtlichen Verhältnisse der Ehegatten.

DFQ: nach § 1408 BGB

***

ATM: **eidesstattliche Erklärung**; gesetzl.; 4; Hauptb.; MWA; fem.; sg.; 1206; Gerichtswesen; **eidesstättige Erklärung**, **Erklärung an Eides statt**

ETM: declaration on oath; FTM: déclaration sous serment

TMQ: § 72 (3) BVergG

DEF: die Glaubhaftmachung einer Tatsache an Eides statt.

DFQ: nach www.help.gv.at (10.09.2014)

NOT: Dieses „Bescheinigungsmittel" findet sich in verschiedenen Rechtsmaterien und ist dort jeweils genauer gesetzlich geregelt.

REL: Synonym

DTM: **eidesstattliche Versicherung**; gesetzl.; 4; fem.; Hauptb.; MWA; sg.; **Versicherung an Eides statt**

DTQ: § 261 (1) BGB; § 294 ZPO

DEF: eine Form der Beteuerung der Richtigkeit einer Erklärung.

DFQ: nach Creif21

***

ATM: **Eierfrucht**; gesetzl.; 4; Hauptb.; Subst.; mask.; sg.; 6006; Agrarrecht; **Melanzani**

ETM: eggplant; FTM: aubergine

TMQ: Saatgutverordnung 2006 2.10.32.

DEF: Solanum melongena L.

DFQ: Saatgutverordnung 2006 2.10.32

NOT: Die Bezeichnung „**Eierfrucht**" ist in AT auf die Saatgutverordnung beschränkt. Die allgemein übliche Bezeichnung ist in AT „**Melanzani**".

REL: Synonym

DTM: **Aubergine**; gesetzl.; 4; Hauptb.; Subst.; fem.; sg.

DTQ: SatV 7.1.1.3

DEF: Solanum melongena L.

DFQ: Saatgutverordnung 2006 2.10.32

***

ATM: **Eigenberechtigung**; gesetzl.; 4; Nebenb.; Subst.; fem.; sg.; 1211; Bürgerl. Recht; **Geschäftsfähigkeit**, **Volljährigkeit**

ETM: legal capacity; FTM: capacité juridique

TMQ: § 164 (1) ABGB

DEF: die Fähigkeit, eigenständig rechtlich zu handeln, d.h. Pflichten einzugehen und Rechte zu erwerben.

DFQ: nach http://www.help.gv.at/ (31.08.2014)

REL: Synonym

DTM: **Geschäftsfähigkeit**; gesetzl.; 4; Hauptb.; Subst.; fem.; sg.

DTQ: § 106 BGB

DEF: die Fähigkeit durch eigenes Handeln wirksam Rechtsgeschäfte abzuschließen.

DFQ: nach Creif21

***

ATM: **eigener Wirkungsbereich**; gesetzl.; 4; MWA; mask.; sg.; 0436; Öffentl. Recht/Verfassungsrecht

ETM: allocated operational sphere; FTM: domaine d' activité propre

TMQ: Art. 119a (1) B-VG

DEF: die Sachzuständigkeit für bestimmte Aufgaben der Verwaltung und Rechtssprechung, die eine staatliche Instanz selbständig besorgen kann.

DFQ: nach Art. 119a (1) B-VG; Mayer, FWB Öffentl. Recht

REL: Synonym

NOT: Üblicherweise im Zusammenhang mit den Aufgaben von Gemeinden bzw. staatlichen Amtsträgern (z.B. Staatsanwälte usw.) verwendet.

DTM: **eigene Angelegenheiten**; gesetzl.; 4; Hauptbegriff; MWA; fem.; pl.

DTQ: Art. 83 GG

DEF: die Länder führen die Bundesgesetze als eigene Angelegenheit aus, soweit dieses Grundgesetz nichts anderes bestimmt oder zuläßt.

DFQ: nach Art. 83 GG

***

ATM: **eigennützige Hehlerei**; fachlit.; 3; Hauptb.; MWA; fem.; sg.; 1216; Strafrecht

ETM: self-interested handling stolen goods; FTM: recel intéressé d'objets volés

TMQ: OGH 12Os109/88, 13.10.1988

DEF: das Kaufen, als Pfand Nehmen oder sonst an sich Bringen einer Sache, die ein Rechtsbrecher durch eine bestimmte Straftat erlangt hat.

DFQ: ÖRWB

NOT: Tatbestand des § 164 (2) StGB. Es wird in der Fachliteratur bzw. in der Judikatur zwischen „**eigennütziger**", „**fremdnütziger**" bzw. „**fahrlässiger**" **Hehlerei** unterschieden. (OGH 9Os94/81, 29.09.1981)

REL Teilynonym

DTM: **Hehlerei**; gesetzl.; 4; Hauptb.; Subst.; fem.; sg.

DTQ: § 259 StGB

DEF: Hehlerei begeht, wer eine Sache, die ein anderer gestohlen oder sonst durch eine gegen fremdes Vermögen gerichtete rechtswidrige Tat erlangt hat, ankauft oder sonst sich oder einem Dritten verschafft, sie absetzt oder absetzen hilft, um sich oder einen Dritten zu bereichern.

DFQ: § 259 StGB

NOT: Der § 259 StGB beschreibt vier Handlungsvarianten. Das Ankaufen, sich verschaffen, absetzen und die Absatzhilfe. (http://www.juraforum.de/lexikon/hehlerei)

***

ATM: **eigentliche Zusatzfrage**; gesetzl.; 4; Hauptb.; MWA; fem.; sg.; 1216; Strafrecht

ETM: essential supplementary question; FTM: question supplémentaire essentielle

TMQ: § 313 StPO

DEF: eine Frage an die Geschworenen nach Strafausschließungs- und Strafaufhebungsgründen.

DFQ: nach § 313 StPO

NOT: Nach der StPO kann mit dieser Frage auch nach Rechtfertigungs- und Schuldausschließungsgründen gefragt werden.

DTM: FEHLT

***

ATM: Eigentümergemeinschaft; gesetzl.; 4; Hauptb.; Subst.; fem.; sg.; 2846; Wohnungseigentumsrecht

ETM: community of property owners / owners corporation; FTM: communauté des copropriétaires

TMQ: § 2 (5) WEG

DEF: sie ist eine juristische Person mit Rechtsfähigkeit in dem durch § 18 (1)-(2) WEG umschriebenen Umfang, die aus allen Wohnungseigentümern zur Verwaltung der Liegenschaft gebildet wird.

DFQ: nach § 2 (5) WEG

REL: Synonym

DTM: Gemeinschaft der Wohnungseigentümer; gesetzl.; 4; Hauptb.; MWA; fem.; sg.; 2846; Wohnungseigentumsrecht

DTQ: § 10 WoEigG

DEF: der Inhaber der Rechte und Pflichten des Sondereigentums und des gemeinschaftlichen Eigentums.

DFQ: § 10 WoEigG

***

ATM: Eigentümerpartnerschaft; gesetzl.; 4; Hauptb.; Subst.; fem.; sg.; 2846; Wohnungseigentumsrecht

ETM: concurrent estate; FTM: partenariat de copropriétaires

TMQ: § 2 (10) WEG

DEF: Rechtsgemeinschaft zweier natürlicher Personen, die gemeinsam Wohnungseigentümer eines Wohnungseigentumsobjekts sind.

DFQ: § 2 (10) WEG

DTM: FEHLT

***

ATM: Eigentümerversammlung; gesetzl.; 4; Hauptb.; Subst.; fem.; sg.; 2846; Wohnungseigentumsrecht

ETM: meeting of property owners; FTM: assemblée des copropriétaires

TMQ: § 24 (1) WEG

DEF: dient vornehmlich zur Willensbildung in der Eigentümergemeinschaft von gemeinsamem Wohnungseigentum.

DFQ: nach § 24 (1) WEG

REL: Synonym

DTM: Wohnungseigentümerversammlung; gesetzl.; 4; Hauptb.; Subst.; fem.; sg.; **Versammlung der Wohnungseigentümer**

DTQ: § 23 WoEigG

DEF: zuständig für Angelegenheiten, über die nach dem WoEigG oder nach einer Vereinbarung der Wohnungseigentümer die Wohnungseigentümer durch Beschluss entscheiden können.

DFQ: nach § 23 WoEigG

***

ATM: Eigentumsblatt; gesetzl.; 4; Hauptb.; Subst.; neutr.; sg.; 1211; Gerichtsorganisation; **B-Blatt**

ETM: statement of ownership; FTM: feuillet du livre foncier désignant le(s) proprétaire(s) d'un bien immobilier

TMQ: § 10 Allg GAG

DEF: neben dem Gutsbestandsblatt und dem Lastenblatt ein Teil der Grundbuchseinlage. Es verzeichnet alle EigentümerInnen einer Liegenschaft und führt die urkundliche Grundlage für den Eigentumserwerb des Grundstückes an.

DFQ: nach help.gv.at 22.11.2014

REL Synonym

DTM: **Abteilung 1**; gesetzl.; 4; Hauptb.; Subst.; fem.; sg.

DTQ: Creif21

DEF: die Abteilung 1 ist Teil des Grundbuchblattes und verzeichnet sämtliche EigentümerInnen des jeweiligen Grundstückes und die Grundlage seiner Eintragung.

DFQ: nach www.wowi.de/baufinanzierung.html#7673 (14.09.2014)

***

ATM: **Eigentumsfreiheitsklage**; fachlit.; 3; Hauptb.; Subst.; fem.; sg.; 1211; Zivilrecht; ***actio negatoria***

ETM: actio negatoria; FTM: action négatoire

TMQ: OGH 5Ob217/13t, 30.06.2014; § 523 ABGB

DEF: Klage des Eigentümers auf Beseitigung und Unterlassung von Störungen seines Eigentums, die keine Besitzentziehung ist.

DFQ: http://www.rechteasy.at/index.php/Eigentumsfreiheitsklage (22.09.2014)

REL Synonym

DTM: **Beseitigungs- und Unterlassungsanspruch**; gesetzl.; 4; Hauptb.; MWA; fem.; sg.; 1211; Bürgerl. Recht; **quasinegatorischer Unterlassungsanspruch**

DTQ: § 1004 BGB

DEF: schützt den Eigentümer gegen jede Eigentumsstörung, die nicht Besitzentziehung oder -vorenthaltung ist.

DFQ: http://de.wikipedia.org/wiki/Unterlassungsanspruch (28.09.2014)

***

ATM: **Eigentumsklage**; gesetzl.; 4; Hauptb.; Subst.; fem.; sg.; 1211; Bürgerl. Recht; ***rei vindicatio***

ETM: replevin action; FTM: action en revendication

TMQ: § 366 ABGB

DEF: Klage des Eigentümers auf Herausgabe der Sache von jedem Inhaber.

DFQ: nach § 366 ABGB

REL Synonym

DTM: **Herausgabeklage**; gesetzl.; 4; Hauptb.; Subst.; fem.; sg.

DTQ: BGH XII ZR 66/07, 29. April 2009

DEF: Klage des Eigentümers auf Herausgabe der Sache von dem Besitzer.

DFQ: nach § 985 BGB

NOT: Die rechtliche Grundlage findet sich in § 985 BGB (Herausgabeanspruch).

***

ATM: **Eigenzuständigkeit**; gesetzl.; 4; Hauptb.; Subst.; fem.; sg.; 1211; Bürgerl. Recht

ETM: subject-matter jurisdiction; FTM: compétence propre

TMQ: Anl. 1 ADV-Form Verordnung 2002

DEF: darunter versteht man die Zuständigkeit eines Zivilgerichtes zur Erledigung einer Streitsache, ohne Rücksicht auf deren Wert.

DFQ: nach § 49 JN

REL: Falscher Freund

DTM: **Eigenzuständigkeit (des Kindes)**; fachlit.; 3; Hauptb.; Subst.; fem.; sg.

DTQ: Huber, Münchener Kommentar zum BGB, 5. Auflage 2008

DEF: die Berechtigung des Kindes in Angelegenheiten des Zeugnisverweigerungsrechts und der Ärztlichen Betreuung eigene Entscheidungen treffen zu können.

DFQ: nach Huber, Münchener Kommentar zum BGB, 5. Auflage; §§ 383 ff. ZPO; §§ 52 ff. StPO 2008; § 1626 BGB

***

ATM: **Eignung der Person zum Wehrdienst**; gesetzl.; 4; Hauptb.; MWA; fem.; sg.; 0821; Militärrecht

ETM: person's suitability for military service; FTM: aptitude au service militaire

TMQ: § 17 (1) Wehrgesetz

DEF: die Eignung der Personen nach Abs. 1 zum Wehrdienst ist auf Grund der ärztlichen und psychologischen Untersuchungen mit einem der folgenden Beschlüsse festzustellen: „**tauglich**" oder „**vorübergehend untauglich**" oder „**untauglich**".

DFQ: § 17 (2) Wehrgesetz

REL: Synonym

DTM: **Tauglichkeitsgrade**; gesetzl.; 4; Hauptb.; Subst.; mask.; pl.

DTQ: § 8a Wehrpflichtgesetz

DEF: Tauglichkeitsgrade werden festgesetzt: wehrdienstfähig, vorübergehend nicht wehrdienstfähig, nicht wehrdienstfähig.

DFQ: § 8a Wehrpflichtgesetz

***

ATM: **Einantwortung**; gesetzl.; 4; Hauptb.; Subst.; fem.; sg.; 1211; Bürgerl. Recht; Erbrecht; **gerichtliche Übergabe**

ETM: formal transfer of inheritance; FTM: transfert de patrimoine à l'héritier

TMQ: § 550 ABGB

DEF: die gerichtliche Übergabe des Nachlasses eines Verstorbenen in den rechtlichen Besitz des Erben.

DFQ: nach § 797 ABGB

REL: Teilsynonym; funkt. Äquiv.

DTM: **Anfall der Erbschaft**; gesetzl.; 4; Hauptb.; MWA; mask.; sg.; **Erbanfall**, **Erbschaftsanfall**

DTQ: § 1942 BGB

DEF: die Erbschaft geht mit dem Erbanfall kraft Gesetz auf den Erben über, ohne dass es einer Annahme der Erbschaft bedarf.

DFQ: Creif21

NOT: Es gibt in DE kein eigenes Verfahren: Das Eigentum geht mit dem Tod des Erblassers automatisch an die Erben über.

***

ATM: **Einantwortungsurkunde**; gesetzl.; 4; Hauptb.; Subst.; fem.; sg.; 1226; Gerichtsorganisation

ETM: certificate of inheritance; FTM: ordonnance de prendre possession d'une succession

TMQ: § 10 (4) AnerbG

DEF: Gerichtsbeschluss, der außer den Daten des Erblasser jene der Erben enthält, welche Erbserklärung sie abgegeben haben, welche Erbquote sie erhalten und – wenn Liegenschaften vorhanden waren – welche grundbücherlichen Anordnungen durchzuführen sind.

DFQ: §§ 10 ff. AnerbG

REL Synonym

DTM: **Erbschein**; gesetzl.; 4; Hauptb.; Subst.; fem.; sg.

DTQ: § 2353 BGB

DEF: das amtliche Zeugnis des Nachlassgerichts, in dem die Person des Erblassers und des (der) Erben, die Größe der Erbteile sowie ggf. Beschränkungen des Erbrechts durch Einsetzung eines Nacherben oder eines Testamentvollstreckers anzugeben sind.

DFQ: Creif21

***

ATM: **Einantwortungsbeschluss**; gesetzl.; 4; Hauptb.; Subst.; mask.; sg.; 1211; Bürgerl. Recht; Erbrecht

ETM: judgment on division of statutory entitlements to an estate; FTM: jugement d'envoi en possession

TMQ: § 161 (1)

DEF: ein Gerichtsbeschluss, der nach Beendigung des Verlassenschaftsverfahrens ausgestellt wird. Darin wird festgehalten, wer zu welcher Quote Erbin/Erbe ist.

DFQ: nach www.help.gv.at (12.01.2015); § 178 (1) Außerstreitgesetz

REL Synonym

DTM: **Erbschein**; gesetzl.; 4; Hauptb.; Subst.; fem.; sg.

DTQ: § 2353 BGB

DEF: das amtliche Zeugnis des Nachlassgerichts, in dem die Person des Erblassers und des (der) Erben, die Größe der Erbteile sowie ggf. Beschränkungen des Erbrechts durch Einsetzung eines Nacherben oder eines Testamentvollstreckers anzugeben sind.

DFQ: Creif21

***

ATM: **eingeschränkte Verschlusssachen**; gesetzl.; 4; Hauptb.; MWA; fem.; pl.; 0406; Öffentl. Sicherheit

ETM: restricted classified information; FTM: informations classifiées réservées à utilisation interne

TMQ: BS 2001/264 Anhang 3

DEF: wenn die unbefugte Weitergabe der Informationen den Interessen der Aufrechterhaltung der öffentlichen Ruhe, Ordnung und Sicherheit, der umfassenden Landesverteidigung, der auswärtigen Beziehungen, den wirtschaftlichen Interessen einer Körperschaft des öffentlichen Rechts, der Vorbereitung einer Entscheidung oder dem überwiegenden Interesse der Parteien zuwiderlaufen würde.

DFQ: BGBl. III Nr. 54/2007

NOT: Äquivalenz aufgrund zwischenstaatlicher Verträge

REL: Synonym

DTM: **VS-Nur für den Dienstgebrauch**; gesetzl.; 4; Hauptb.; MWA; fem.; sg.; 0421; Öffentl. Recht

DTQ: § 19, Allgemeine Verwaltungsvorschrift des Bundesministeriums des Inneren zum materiellen und organisatorischen Schutz von Verschlusssachen (VS-Anweisung) vom 31. März 2006

DEF: nur für den Dienstgebrauch bestimmt, wenn die Kenntnisnahme durch Unbefugte für die Interessen der Bundesrepublik Deutschland oder eines ihrer Länder nachteilig sein kann.

DFQ: BGBl. III Nr. 54/2007

***

ATM: **eingetragene Erwerbsgesellschaft**; gesetzl.; 4; Hauptb.; MWA; fem.; sg.

ETM: limited professional partnership; FTM: société (enregistrée) à but lucratif (immatriculée)

TMQ: § 1 EGG (aF)

DEF: eine Gesellschaft, die auf einen gemeinschaftlichen Erwerb oder auf die Nutzung und Verwaltung eigenen Vermögens unter gemeinsamer Firma gerichtet ist, zu deren Zweck jedoch eine offene Handelsgesellschaft oder eine Kommanditgesellschaft nicht gegründet werden kann.

DFQ: § 1 EGG (aF)

USE historisch

NOT: Die Gründung einer eingetragenen Erwerbsgesellschaft (das sind Offene Erwerbsgesellschaften = OEG und Kommandit- Erwerbsgesellschaften = KEG) ist ab 31.12.2006 nicht mehr möglich.

DTM: **FEHLT**

***

ATM: **eingetragene Unternehmerin**; gesetzl.; 4; Hauptb.; MWA; fem.; sg.; 1211; Bürgerl. Recht/Wirtschaftsrecht; **e.U.**

ETM: registered sole trader (female); FTM: entrepreneuse enregistrée

TMQ: § 19 UGB

DEF: eine natürliche Person, die als Einzelunternehmerin im Firmenbuch eingetragen ist.

DFQ: nach § 19 UGB

REL: Synonym

DTM: **eingetragene Kauffrau**; gesetzl.; 4; Hauptb.; MWA; fem.; sg.; **e. Kfm**

DTQ: § 19 HGB

DEF: eine natürliche Person, die als Kauffrau im Handelsregister eingetragen ist.

DFQ: nach § 19 HGB

***

ATM: **eingetragener Unternehmer**; gesetzl.; 4; Hauptb.; MWA; mask.; sg.; 1211; Bürgerl. Recht/Wirtschaftsrecht; **e.U.**

ETM: registered sole trader (male); FTM: entrepreneur enregistré

TMQ: § 19 UGB

DEF: eine natürliche Person, die als Einzelunternehmer im Firmenbuch eingetragen ist.

DFQ: nach § 19 UGB

REL: Synonym

DTM: **eingetragener Kaufmann**; gesetzl.; 4; Hauptb.; MWA; mask.; sg.; **e. Kfm**

DTQ: § 19 HGB

DEF: eine natürliche Person, die als Kaufmann bzw. Kauffrau im Handelsregister eingetragen ist.

DFQ: nach § 19 HGB

***

ATM: **Eingriff in fremdes Jagd- oder Fischereirecht**; gesetzl.; 4; Hauptb.; MWA; mask.; sg.; 1216; Strafrecht

ETM intervention in foreign hunting or fishing rights; FTM: intervention à la chasse étrangère ou des droits de pêche

TMQ: § 137 StGB

DEF: das vorsätzliche Nachstellen eines Wildes, das Fischen, das Töten bzw. Verletzen oder das sich oder einem Dritten Zueignen von Wild oder Fischen unter Verletzung fremden Jagd- oder Fischereirechts.

DFQ: nach § 137 StGB

REL Synonym

DTM: Jagdwilderei und Fischwilderei; gesetzl.; 4; Hauptb.; MWA; fem.; sg.

DTQ: §§ 292 f. StGB

DEF: das Nachstellen, Fangen, Erlegen oder das sich oder einem Dritten Zueignen von Wild bzw. das sich oder einem Dritten Zueignen, Beschädigen oder Zerstören von Sachen, die dem Jagdrecht unterliegen, bzw. das Fischen oder sich oder einem Dritten Zueignen.

DFQ: nach §§ 292 (1), 293 StGB

***

ATM: einheitliche Streitpartei; gesetzl.; 4; Hauptb.; MWA; fem.; sg.; 1211; Zivilrecht; **gebundene Streitgenossenschaft**

ETM: joinder of parties; FTM: partie cohérent au différend unique

TMQ: § 14 ZPO

DEF: liegt dann vor, wenn das Urteil über den geltend gemachten Anspruch für oder gegen alle Streitgenossen gleich lauten muss (§ 14 ZPO).

DFQ: § 14 ZPO; OGH 4Ob14/06x, 20.04.2006

REL: Synonym

NOT: Es gibt nur ein Prozessrechtsverhältnis. Personenmehrheit wird im Prozess zu Prozesspartei.

DTM: notwendige Streitgenossenschaft; gesetzl.; 4; Hauptb.; MWA; fem.; sg.

DTQ: § 62 (1) ZPO

DEF: liegt vor bei notwendiger einheitlicher Sachentscheidung für alle Streitgenossen.

DFQ: § 62 (1) dZPO; AlpBrock2

NOT: Nach Auffassung des BGH liegt ein solcher Fall nicht bereits dann vor, wenn aus Gründen der Logik eine einheitliche Entscheidung notwendig oder wünschenswert wäre, sondern nur in Fällen der Rechtskrafterstreckung. (AlpBrock2)

***

ATM: Einlage; gesetzl.; 4; Hauptb.; Subst.; fem.; sg.; 1226; Gerichtsorganisation; **Grundbuchseinlage**

ETM: land register folio; FTM: feuillet du livre foncier

TMQ: § 3 (3) Allgemeines Grundbuchsgesetz 1955

DEF: entspricht einer als rechtliche Einheit zu behandelnden Liegenschaft (Grundbuchskörper) im Grundbuch.

DFQ: ÖRWB

REL: Synonym; funkt. Äquiv.

DTM: Grundbuchblatt; gesetzl.; 4; Hauptb.; Subst.; neutr.; sg.

DTQ: § 3 (1) GBO

DEF: jedes Grundstück erhält im Grundbuch eine besondere Stelle (Grundbuchblatt).

DFQ: § 3 (1) GBO

NOT: Das Grundbuchblatt ist für das Grundstück als das Grundbuch im Sinne des Bürgerlichen Gesetzbuchs anzusehen. (§ 3 (1) GBO)

***

ATM: Einlagezahl; gesetzl.; 4; Hauptb.; Subst.; fem.; sg.; 1226; Gerichtsorganisation; **EZ**

ETM: property folio identifier; FTM: numéro de parcelle

TMQ: Grundbuchsumstellungsgesetz § 2b (1)
DEF: die Bezeichnung für eine Grundbuchseinlage.
DFQ: nach http://www.help.gv.at/ (25.08.2014)
NOT: Im Grundbuch wird jeder Grundbuchskörper (die Liegenschaft, auf die sich die Eintragungen beziehen) als eigene Einlage erfasst, die mit einer Einlagezahl versehen wird. Die Liegenschaft kann aus mehreren Grundstücken bestehen, die regelmäßig in einer Katastralgemeinde liegen.
REL Synonym

DTM: **Bestandsnummer**; gesetzl.; 4; Hauptb.; Subst.; fem.; sg.
DTQ: Brandenburgisches Vorschriftensystem; Gemeinsame Allgemeine Verfügung vom 30. Oktober 2013 (ABl. S. 3015)
DEF: jeder Bestand erhält eine Bestandsnummer. Diese Nummer besteht aus der Nummer des Grundbuchbezirks (= Gemarkungsschlüssel) und der Nummer des Grundbuchblattes.
DFQ: Verwaltungsvorschrift Liegenschaftskataster - VVLIKA des Saarlandes (01.04.2001)

***

ATM: **Einlaufstelle**; gesetzl.; 4; Hauptb.; Subst.; fem.; sg.; 1226; Gerichtsorganisation
ETM: count registry; FTM: bureaux d'enregistrement
TMQ: § 37 (1) GEO
DEF: übernehmen alle an die Verwahrungsabteilung einlangenden Schriftstücke und versehen sie mit dem Eingangsvermerk.
DFQ: § 332 (1) GEO
REL: Teilsynonym; breiter
NOT: Die Einlaufstelle ist eine allgemeine Eingangsstelle, während die Rechtsantragstelle auch beratende Funktion hat.

DTM: **Rechtsantragstelle**; gesetzl.; 4; Hauptb.; Subst.; fem.; sg.
DTQ: http://www.justizportal.niedersachsen.de/portal/live.php? (27.08.2014)
DEF: Die Aufgabe der Rechtsantragstelle besteht darin, Anträge und Erklärungen, die gegenüber dem Gericht abzugeben sind, formgerecht aufzunehmen.
DFQ: http://www.justizportal.niedersachsen.de/portal/live.php? (27.08.2014)

***

ATM: **Einlösungsverhältnis**; fachlit.; 3; Hauptb.; Subst.; neutr.; sg.; 1211; Bürgerl. Recht
ETM: coverage ratio; FTM: relation de couverture
TMQ: Welser, FWB Bürgerliches Recht
DEF: das Verhältnis zwischen dem Anweisenden und dem Angewiesenen in einem Rechtsverhältnis, bei dem mehr als zwei Personen beteiligt sind und schuldrechtliche Ansprüche zum Gegenstand ha.
DFQ: nach Welser, FWB Bürgerliches Recht
REL Synonym

DTM: **Deckungsverhältnis**; fachlit.; 3; Hauptb.; Subst.; neutr.; sg.
DTQ: AlpBrock2; Creif21
DEF: Rechtsverhältnis zwischen Anweisendem und Angewiesenem, das dem Angewiesenen einen Erstattungsanspruch verleiht.
DFQ: nach AlpBrock2

***

ATM: **Einmalerlag**; gesetzl.; 4; Hauptb.; Subst.; mask.; sg.; 1211; Bürgerl. Recht; **Einmalprämie; Einmalzahlung**
ETM: single premium; FTM: prime unique

TMQ: § 2 Inhalt und Gliederung der versicherungsmathematischen Grundlagen
DEF: eine besondere Form der Prämienzahlung bei einer Lebensversicherung. Ein bestimmter Betrag wird zu Beginn als Einmalprämie (=Einmalerlag) einbezahlt.
DFQ: https://www.bawagpsk-versicherung.at/glossar.html (18.09.2014)
NOT: Im österr. Versicherungsrecht gebräuchlicher Begriff, der eine einmalige Prämienzahlung bezeichnet. Der inhaltlich ähnliche Begriff „**Einmalzahlung**" ist gegenüber dem dt. Term ein Falscher Freund, da er in DE nur im Arbeitsrecht verwendet wird und einmalige Zahlungen eines Arbeitgebers meint.
REL Falscher Freund

DTM: **Einmalzahlung**; gesetzl.; 4; Hauptb.; Subst.; fem.; sg.; 4426; Arbeitsrecht
DTQ: § 25d (1) KredWG
DEF: Zuwendungen des Arbeitgebers, die dem Arbeitsentgelt zuzurechnen sind und nicht für die Arbeit in einem einzelnen Entgeltabrechnungszeitraum gezahlt werden (zum Beispiel Weihnachts-, Urlaubsgeld, Urlaubsabgeltung, Tantiemen, Gratifikationen und Ähnliches).
DFQ: http://www.enzyklo.de/Begriff/Einmalzahlungen (19.09.2014)
***

ATM: **Einmanngesellschaft**; fachlit.; 3; Hauptb.; Subst.; fem.; sg.; 1211; Bürgerl. Recht/Wirtschaftsrecht
ETM: one-man company; FTM: société unipersonnelle
TMQ: OGH 3Ob24/60; 19.04.1961
DEF: bei Kapitalgesellschaften mögliche Vereinigung aller Anteile in einer Hand; zur Gründung sind jedoch immer zumindest zwei Personen erforderlich.
DFQ: ÖRWB
REL: Synonym; funkt. Äquiv.

DTM: **Einpersonengesellschaft**; gesetzl.; 4; Hauptb.; Subst.; fem.; sg.; **Einmanngesellschaft**
DTQ: AlpBrock2
DEF: Kapitalgesellschaft, bei der alle Geschäftsanteile in einer Hand vereinigt sind.
DFQ: wirtschaftslexikon.gabler.de (20.01.2015)
NOT: § 1 GmbHG und § 2 AktG lassen die Gründung einer Einpersonen-GmbH und Einpersonen-AG ausdrücklich zu.
***

ATM: **Einreisetitel**; gesetzl.; 4; Hauptb.; Subst.; mask.; sg.; 1231; Aufenthaltsrecht; **Visum**
ETM: visa; FTM: visa
TMQ: § 1 (1) Fremdenpolizeigesetz 2005 (FPG)
DEF: Visa, Bewilligungen zur Wiedereinreise während der Gültigkeitsdauer eines Aufenthaltsverbotes und besondere Bewilligungen während zwölf Monaten nach einer Zurückweisung, einer Zurückschiebung oder einer Ausweisung. Ist ein Einreisetitel für einen kurzfristigen Aufenthalt. Drittausländer oder Drittausländerinnen (Nicht-EU-Bürger oder Nicht-EU-Bürgerinnen), die nach Österreich reisen, ohne sich hier niederzulassen, benötigen ein Visum. Andernfalls ist ein Aufenthaltstitel notwendig.
DFQ: nach § 2 (1) FPG
REL Synonym

DTM: **Visum**; gesetzl.; 4; Hauptb.; Subst.; neutr.; sg.
DTQ: § 6 AufenthG
DEF: ein Aufenthaltstitel, der einen zeitlich befristeten Aufenthalt nach der Einreise erlaubt.
DFQ: nach § 6 AufenthG

NOT: Das Visum wird von der Auslandsvertretung des Einreiselandes im Ausreiseland als Sichtvermerk in den Reisepass erteilt.

***

ATM: **Einschreiter/in**; gesetzl.; 4; Hauptb.; Subst.; mask./fem.; sg.; 0436; Verwaltungsrecht; **Antragsteller/in**

ETM: plaintiff; FTM: requérant

TMQ: § 6 (1) AVG

DEF: jemand, der mit einem Begehren an eine Behörde herantritt.

DFQ: nach § 13 AVG

REL: Synonym

DTM: **Antragsteller/in**; gesetzl.; 4; Hauptb.; Subst.; mask./fem.; sg.

DTQ: § 150 (2) GewO

DEF: jemand, der im Verwaltungsverfahren ein bestimmtes Begehren an eine Behörde richtet.

DFQ: nach Creif21

NOT: Der Begriff wird sowohl für verwaltungsbehördliche als auch für gerichtliche Verfahren verwendet.

***

ATM: **Einstellung der Amtstätigkeit des Gerichtes**; gesetzl.; 4; Hauptb.; MWA; fem.; sg.; 1211; Zivilrecht

ETM: adjournment of proceedings; FTM: cessation des fonctions de la cour

TMQ: § 161 ZPO

DEF: die Unterbrechung aller Verfahren, die an einem Gericht anhängig sind aufgrund von Krieg oder anderer Ereignisse.

DFQ: § 161 ZPO

REL: Synonym

DTM: **Stillstand der Rechtspflege**; gesetzl.; 4; Hauptb.; MWA; mask.; sg.

DTQ: § 245 ZPO

DEF: hört infolge eines Krieges oder eines anderen Ereignisses die Tätigkeit des Gerichts auf, so wird für die Dauer dieses Zustandes das Verfahren unterbrochen.

DFQ: § 245 ZPO

***

ATM: **einstweilige Verfügung**; gesetzl.; 4; Hauptb.; MWA; fem.; sg.; 1221; Zivilrecht

ETM: interlocutory order; FTM: ordonnance de référé

TMQ: § 382g EO

DEF: eine richterliche Entscheidung, mit der vor oder während eines Verfahrens ein Recht des Antragsstellers (der gefährdeten Partei) gesichert werden soll.

DFQ: nach Welser, FWB Bürgerliches Recht

REL: Teilsynonym; breiter

NOT: Maßnahme des Gerichts, die die künftige Exekution oder einen Unterlassungsanspruch des Antragstellers sichern und für diesen v.a. den Verlust von Exekutionsobjekten durch Festhaltung der augenblicklichen Vermögenslage des Schuldners verhindern soll.

DTM: **einstweilige Verfügung**; gesetzl.; 4; Hauptb.; MWA; fem.; sg.; **Regelungsverfügung**

DTQ: Creif21

DEF: eine vorläufige Anordnung des Gerichtes, die der Sicherung eines Anspruchs (Streitgegenstand) oder des Rechtsfriedens dient.

DFQ: nach Creif21

NOT: Man unterscheidet zwischen „**Sicherungsverfügung**“, „**Regelungsverfügung**“ und „**Leistungsverfügung**“.

***

ATM: einstweilige Vorkehrung; gesetzl.; 4; Hauptb.; MWA; fem.; sg.; 1221; Zivilrecht

ETM: interlocutory order; FTM: mesure(s) provisoire(s)

TMQ: § 458 ZPO

DEF: können vom Richter während der Verhandlung angeordnet werden, sofern dies zur Abwendung der dringenden Gefahr widerrechtlicher Beschädigung, zur Verhütung von Gewalttätigkeiten oder zur Hintanhaltung eines unwiederbringlichen Schadens nötig erscheint.

DFQ: nach § 458 ZPO

REL: Teilsynonym

DTM: einstweilige Anordnung; gesetzl.; 4; Hauptb.; MWA; fem.; sg.

DTQ: § 644 ZPO

DEF: eine vorläufige Entscheidung des Gerichts im Verlauf eines vor ihm geführten Rechtsstreits im Verfahren der Verwaltungsgerichte.

DFQ: nach § 23 VSchDG

***

ATM: einstweiliger Rechtsschutz; fachlit.; 3; Hauptb.; MWA; mask.; sg.; 1226; Zivilrecht

ETM: provisional remedy; FTM: protection juridique provisoire

TMQ: http://www.help.gv.at/

DEF: gerichtliche Sofortmaßnahmen, die auf Antrag unter bestimmten, in der Exekutionsordnung vorgesehenen Voraussetzungen zur einstweiligen Sicherung getroffen werden.

DFQ: §§ 378 ff. EO; http://www.help.gv.at/ (14.01.2015)

REL Synonym

DTM: vorläufiger Rechtsschutz; fachlit.; 3; Hauptb.; MWA; mask.; sg.

DTQ: §§ 890 ff. DZPO

DEF: die Möglichkeit, subjektive Rechte bereits vor einer Entscheidung im Hauptsacheverfahren wirksam zu schützen

DFQ: §§ 890 ff. DZPO

NOT: Im Zivilprozess kann vorläufiger Rechtsschutz erlangt werden durch: **Arrest** §§ 916 ff. ZPO **Einstweilige Verfügung** §§ 890, 916-945, § 940 ZPO **Einstweilige Anordnung**.

***

ATM: Eintrittsschein; gesetzl.; 4; Hauptb.; Subst.; mask.; sg.; 0421; Öffentl. Recht / Wahlrecht

ETM: election scrutineer's admission statement; FTM: certificat d'admission

TMQ: § 61 (1) NRWO

DEF: ein vom Gemeindewahlleiter, in Wien vom Bezirkswahlleiter, ausgestelltes Dokument, das Wahlzeugen zum Eintritt in das Wahllokal ermächtigt und beim Betreten des Wahllokals der Wahlbehörde vorzuweisen ist.

DFQ: nach § 61 (1) NRWO

DTM: FEHLT

***

ATM: Eintrittserklärung; fachlit.; 3; Hauptb.; Subst.; fem.; sg.; 1211; Zivilrecht

ETM: declaration to join an additional party to the proceedings; FTM: déclaration d'ahésion à une procédure

TMQ: OGH 3Ob129/0, 24.08.2005

DEF: nach § 234 ZPO ein Eintritt in den Prozess als Partei. Dies ist nur mit Zustimmung des Prozessgegners zulässig.

DFQ: nach § 234 ZPO; OGH 3Ob129/0, 24.08.2005

DTM: FEHLT

NOT: **Eintrittserklärung**: In DE nur als Eintritt in eine politische Partei, in einen Verein oder in eine Gesellschaft bürgerlichen Rechts in Verwendung.

***

ATM: **Einverleibung**; gesetzl.; 4; Hauptb.; Subst.; fem.; sg.; 1226; Gerichtsorganisation; **Intabulation**

ETM: registration in the land register; FTM: inscription au livre foncier

TMQ: § 431 ABGB

DEF: eine Eintragung im Grundbuch, die dem unbedingten Rechtserwerb oder Rechtsverlust dient; einverleibt werden das Eigentumsrecht, ein Pfandrecht, eine Dienstbarkeit, die Löschung eines Pfandrechts, die Löschung einer Dienstbarkeit.

DFQ: nach § 431 ABGB; § 8 GBG 1955; KoWe13I, 358

NOT: § 8 GBG nennt drei Arten von grundbücherlichen Eintragungen: „**Einverleibung**", „**Vormerkung**„ und „**Anmerkung**". Die Einverleibung dient dem unbedingten Rechtserwerb oder Rechtsverlust.

REL: Teilsynonym; enger

DTM: **Eintragung ins Grundbuch**; gesetzl.; 4; Hauptb.; MWA; fem.; sg.; 1211; Bürgerl. Recht

DTQ: § 873 (1) BGB

DEF: **Z**ur Übertragung des Eigentums an einem Grundstück, zur Belastung eines Grundstücks mit einem Recht sowie zur Übertragung oder Belastung eines solchen Rechts ist die Einigung des Berechtigten und des anderen Teils über den Eintritt der Rechtsänderung und die Eintragung der Rechtsänderung in das Grundbuch erforderlich, soweit nicht das Gesetz ein anderes vorschreibt.

DFQ: § 873 (1) BGB

NOT: Das BGB spricht nur von der „**Eintragung**" ins Grundbuch (§ 873 BGB), hat jedoch keinen eigenen Terminus für eine Eintragung, die einem „**unbedingten Rechtserwerb**" dient.

***

ATM: **Einvernahme**; gesetzl.; 4; Hauptb.; Subst.; fem.; sg.; 1216; Strafrecht; **Vernehmung, Einvernehmung**

ETM: questioning; FTM: interrogatoire

TMQ: § 134 (1) StPO

DEF: eine mündliche Befragung der Beschuldigten/des Beschuldigten, von Zeuginnen/Zeugen, Sachverständigen oder der Partei durch eine Behörde.

DFQ: https://www.help.gv.at/ (14.08.2014)

REL Synonym

NOT: Der Sprachgebrauch ist in AT nicht einheitlich und variiert je nach Gesetz. Es kommen vor: „**Vernehmung**", „**Einvernehmung**", „**Einvernahme**" und „**Vernehmung**".

DTM: **Vernehmung**; gesetzl.; 4; Hauptb.; Subst.; fem.; sg.

DTQ: § 78c StPO

DEF: die Befragung einer Person durch Behörden oder ein Gericht.

DFQ: http://www.lexexakt.de/glossar/vernehmung.php (14.08.2014)

***

ATM: **einvernehmliche Scheidung**; fachlit.; 3; MWA; fem.; sg.; 1211; Zivilrecht / Eherecht; **Scheidung im Einvernehmen; einverständliche Scheidung**

ETM: divorce by mutual consent; FTM: divorce par consentement mutuel

TMQ: OGH 4Ob232/07g, 08.04.2008

DEF: Scheidung aufgrund eines gemeinsamen Scheidungsantrags der Ehepartner, wenn die eheliche Gemeinschaft seit mindestens einem halben Jahr aufgehoben ist und Einigung über die wesentlichen Scheidungsfolgen besteht.

DFQ: nach § 55a EheG

REL: Synonym

NOT: Begriff kommt in AT im Gesetz nicht vor, wohl aber in Gerichtsurteilen und ist auch der allgemein übliche Begriff in der Judikatur. Der gesetzliche österr. Begriff „**einverständliche Scheidung**" ist in AT hingegen weitgehend ungebräuchlich. In DE kommt der Begriff „**einvernehmliche Scheidung**" in der Alltagssprache in geringem Umfang vor. In AT fehlt der dt. Begriff „**einverständliche Scheidung**" in der Alltagssprache völlig.

DTM: **einverständliche Scheidung**; gesetzl.; 4; fem.; Hauptb.; MWA; sg.; **Konventionalscheidung; einvernehmliche Scheidung**

DTQ: § 630 ZPO

DEF: Scheidung, die zustande kommt, wenn die Gatten seit einem Jahr getrennt leben und beide die Scheidung beantragen und sich in den wesentlichsten Punkten einig sind.

DFQ: nach § 630 ZPO bzw. §§ 1565 ff. BGB

***

ATM: **Einwendung**; gesetzl.; 4; Hauptb.; Subst.; fem.; sg.; 0421; Öffentl. Recht; Parlament; **Einwendungsdebatte**

ETM: objection; FTM: objection

TMQ: § 50 (1) GOG-NR

DEF: Widerspruch gegen eine Vorgangsweise, sei es in Bezug auf die Tagesordnung einer Sitzung des Nationalrates oder des Bundesrates, sei es auf die Art, wie ein Protokoll geführt wurde usw.

DFQ: § 50 (1) GOG-NR

REL: Teilsynonym

DTM: **Einspruch gegen das Amtliche Protokoll**; gesetzl.; 4; Hauptb.; MWA; mask.; sg.

DTQ: § 121 BTGO

DEF: Einwand gegen das Amtliche Protokoll, der vom Schriftführer oder durch Befragung des Bundestages erledigt werden kann.

DFQ: § 121 BTGO

***

ATM: **Eisenbahnbuch**; gesetzl.; 4; Hauptb.; Subst.; neutr.; sg.; 1226; Gerichtsorganisation / Grundbuchsrecht

ETM: railway register; FTM: registre des chemins de fer

TMQ: § 2 EisBG

DEF: ein Buch, in das alle im Besitze einer Eisenbahnunternehmung stehenden Grundstücke einzutragen sind, welche zum Betriebe der Eisenbahn zu dienen haben (= Eisenbahngrundstücke).

DFQ: § 2 EisBG

NOT: Ist ein eigenes Grundbuch für die Leigenschaften der Eisenbahnen.

DTM: **FEHLT**

***

ATM: elektronische Beurkundungssignatur; gesetzl.; 4; Hauptb.; MWA; fem.; sg.; 1226; Zivilrecht; Informationssicherheit

ETM: electronic certification; FTM: signature de certification électronique

TMQ: § 134 (1) NO

DEF: eine fortgeschrittene elektronische Signatur, die auf einem qualifizierten Zertifikat beruht und von einer sicheren Signaturerstellungseinheit erstellt wird.

DFQ: § 2 Z. 3a SigG

REL: Synonym

DTM: qualifizierte elektronische Signatur; gesetzl.; 4; Hauptb.; MWA; fem.; sg.; **einfaches elektronisches Zeugnis**

DTQ: § 39a Beurkundungsgesetz

DEF: elektronische Signaturen nach Nummer 2, Signaturgesetz, die a) auf einem zum Zeitpunkt ihrer Erzeugung gültigen qualifizierten Zertifikat beruhen und b) mit einer sicheren Signaturerstellungseinheit erzeugt werden.

DFQ: § 2 SigG

***

ATM: Eltern- und Geschwisterrente; gesetzl.; 4; Hauptb.; MWA; fem.; sg.; 2826; Sozialrecht

ETM: parents' and siblings' payout; FTM: pension pour parents et proches

TMQ: § 219 (1) ASVG

DEF: eine staatliche Versorgungsleistung für bedürftige Eltern (Großeltern) und unversorgte Geschwister des Versicherten, dessen Tod durch einen Arbeitsunfall oder eine Berufskrankheit verursacht wurde, haben Anspruch auf Eltern- beziehungsweise Geschwisterrente von zusammen jährlich 20 v. H. der Bemessungsgrundlage, wenn der Versicherte ihren Lebensunterhalt überwiegend bestritten hat.

DFQ: § 219 (1) ASVG

REL: Synonym; breiter

NOT: In AT erstreckt sich die Rente auch auf Geschwister, die vom Einkommen eines durch einen Unfall oder Berufskrankheit Verstorbenen zur Gänze abhängig waren.

DTM: Elternrente; gesetzl.; 4; Hauptb.; Subst.; fem.; sg.

DTQ: § 96 SGB 7

DEF: eine staatliche Versorgungsleistung der Eltern oder Großeltern von Verstorbenen, die sie wesentlich aus ihrem Arbeitsverdienst unterhalten haben oder ohne den Versicherungsfall wesentlich unterhalten hätten. Sie bekommen 20% (bei einem Elternpaar 30%) des letzten Arbeitseinkommens des Verstorbenen.

DFQ: nach § 96 SGB 7

***

ATM: Elternkarenz; gesetzl.; 4; Hauptb.; Subst.; fem.; sg.; 2826; Arbeitsrecht; **Elternkarenzurlaub; Familienpause**

ETM: parental leave; FTM: congé parental

TMQ: § 7 (3) Frauenförderungsplan

DEF: Dem Arbeitnehmer ist auf sein Verlangen Karenz gegen Entfall des Arbeitsentgelts bis zum Ablauf des zweiten Lebensjahres seines Kindes, sofern im Folgenden nicht anderes bestimmt ist, zu gewähren, wenn er mit dem Kind im gemeinsamen Haushalt lebt.

DFQ: § 2 (1) Väter-Karenzgesetz (VKG)

REL Synonym

DTM: Elternzeit; gesetzl.; 4; Hauptb.; Subst.; fem.; sg.

DTQ: § 15 Gesetz zum Elterngeld und zur Elternzeit

DEF: zeitlich begrenzte Beurlaubung vom Beruflich für maixmal 3 Jahre zur Betreuung eines Kindes, das im Haushalt des Arbeitnehmers lebt und von diesem selbst betreut und erzogen wird.

DFQ: nach § 15 Gesetz zum Elterngeld und zur Elternzeit

***

ATM: **Elternteilzeit**; fachlit.; 3; Hauptb.; Subst.; fem.; sg.; 2826; Arbeitsrecht; **Teilzeitkarenz**; **Teilzeitbeschäftigung**

ETM: part-time employment (as part of parental leave); FTM: travail à temps partiel (pendant le congé parental)

TMQ: § 15 Mutterschutzgesetz; § 8 Väterkarenzgesetz

DEF: ein gesetzlich geregelter Anspruch auf Herabsetzung der bisherigen Arbeitszeit bzw. auf Änderung der Lage der bisherigen Arbeitszeit nach der Geburt eines Kindes zum Zweck der Kinderbetreuung.

DFQ: nach http://www.arbeiterkammer.at/ (20.08.2014)

NOT: Dieser Anspruch gilt nur für Eltern, die mit dem Kind im gemeinsamen Haushalt leben bzw. die Obsorge für das Kind innehaben. Zusätzlich hängt der Anspruch auf Elternteilzeit von der Betriebsgröße und von der Dauer der Betriebszugehörigkeit ab.

REL: Teilsynonym

DTM: **familienbedingte Teilzeit**; gesetzl.; 4; Hauptb.; MWA.; fem.; sg.; **familienbedingte Beurlaubung**

DTQ: § 92 BBG

DEF: ein unbezahlter Urlaub von aktiven Beamten und Beamtinnen zur Betreuung eines Kindes unter 18 Jahren oder von pflegebedürftigen Angehörigen.

DFQ: nach § 92 BBG

NOT: Der Begriff beschränkt sich auf MitarbeiterInnen des öffentlichen Dienstes.

***

ATM: **Endbeschluss**; gesetzl.; 4; Hauptb.; Subst.; mask.; sg.; 1211; Zivilrecht

ETM: final decree on proprietary rights; FTM: décision finale en matière de complainte possessoire

TMQ: §§ 454 ff. ZPO

DEF: eine sacherledigende Entscheidung eines Gerichtes im Besitzstörungsverfahren, die nach Schluss der mändlichen Verhandlung verkündet werden und hat provisorischen Charakter, als er einer petitorischen Geltendmachung von Rechten nicht entgegensteht.

DFQ: nach Welser, FWB Bürgerliches Recht; § 459 ZPO

DTM: FEHLT

***

ATM: **Endbesteuerung**; gesetzl.; 4; Hauptb.; Subst.; fem.; sg.; 2446; Steuerrecht

ETM: witholding tax on capital gains; FTM: prélèvement à la source

TMQ: Art. 7 BewG 1955

DEF: bei bestimmten Kapitalerträgen (z.B. Zinserträge aus Bankguthaben und Forderungswertpapieren) wird eine Kapitalertragsteuer in Höhe von 25% abgezogen. Das bedeutet, dass mit dem Abzug der Kapitalertragssteuer die Einkommensteuer als abgegolten gilt. Diese Form der Steuerabgeltung gilt für alle natürlichen Personen.

DFQ: nach www.fmwt.at (22.11.2014)

NOT: Die endbesteuerten Kapitalerträge sind nicht mehr in die Einkommensteuererklärung aufzunehmen und bleiben daher mit 25% endbesteuert.

DTM: FEHLT

NOT: Der Begriff „**Endbesteuerung**" steht im Zusammenhang mit dem Begriff „**Quellensteuer**", d.h. dass die Steuer direkt „an der Quelle" eingehoben wird, d.h. von den Banken an den Fiskus abgeliefert werden muss.

***

ATM: **Endigungsfreiheit**; fachlit.; 3; Hauptb.; Subst.; fem.; sg.; 1211; Zivilrecht

ETM: freedom to end contractual relations; FTM: droit de résilier le contrat

TMQ: KoWe 2014/2015

DEF: bedeutet, dass die Parteien ein bestehendes Schuldverhältnis jederzeit einvernehmlich auflösen können.

DFQ: nach KoWe 2014/2015

REL Synonym

DTM: **Aufhebungsfreiheit**; fachlit.; 3; Hauptb.; Subst.; fem.; sg.; **Vertragsfreiheit**

DTQ: Boemke: Privatautonomie im Arbeitsvertragsrecht NZA 1993 Heft 12

DEF: bezeichnet im Vertragsrecht das Recht der Parteien, sich von geschlossenen Verträgen zu lösen (hierzu kann es gesetzliche oder vertragliche Regelungen geben z.B. Kündigungsfristen usw.)

DFQ: www.mein-wirtschaftslexikon.de/v/vertragsfreiheit.php (24.09.2014)

NOT: Die Aufhebungsfreiheit ist Teil der Vertragsfreiheit nach Art. 2 (1) BGB.

***

ATM: **Englischer**; gesetzl.; 4; Hauptb.; Subst.; mask.; sg.; 6026; Lebensmittelrecht

ETM: sirloin with tenderloin; FTM: entrecôte avec filet

TMQ: Österr. Lebensmittelbuch, Kap. 14 A.3.1.3

DEF: Oberbegriff für Teilstücke des Rinds bestehend aus Rostbraten, Beiried und Lungenbraten.

DFQ: nach Österr. Lebensmittelbuch, Kap. 14 A.3.1.3

NOT: Dieser Sammelbegriff fehlt im dt. Lebensmittelrecht. Am ehesten entspricht der Begriff „**Roastbeef mit Filet**".

DTM: FEHLT

***

ATM: **Enquete-Kommission**; gesetzl.; 4; Hauptb.; MWA; fem.; sg.; 0421; Öffentl. Recht; **Untersuchungsausschuss**

ETM: commission of inquiry; FTM: commission d'enquête

TMQ: § 98 (4) GOG-NR

DEF: eine vom Nationalrat per Beschluss eingesetzte Kommission zur Vorbereitung von Entscheidungen über umfangreiche und bedeutsame Angelegenheiten, der nur Abgeordnete angehören können.

DFQ: nach § 98 (4)-(5)

REL: Synonym; enger

DTM: **Enquete-Kommission**; gesetzl.; 4; Hauptb.; MWA; mask.; sg.

DTQ: § 56 BTGO

DEF: eine Kommission zur Vorbereitung von Entscheidungen über umfangreiche und bedeutsame Sachkomplexe. Die Mitglieder der Enquete--Kommission werden im Einvernehmen der Fraktionen benannt.

DFQ: http://www.bundestag.de/service/glossar/E/enquete.html (22.08.2014)

NOT: Enquete-Kommissionen bestehen aus Abgeordneten und externen Sachverständigen. Sie legen dem Bundestag Berichte und Empfehlungen bis zum Ende der Wahlperiode vor. Auf deren

Grundlage kann der nächste Bundestag darüber entscheiden, ob die Enquete-Kommission ihre Arbeit fortsetzt.

***

ATM: Entführung einer geisteskranken oder wehrlosen Person; gesetzl.; 4; Hauptb.; MWA; fem.; sg.; 1216; Strafrecht

ETM: abduction of a mentally ill or defenseless person; FTM: enlèvement d'une personne mentalement malade ou sans défense

TMQ: § 100 StGB

DEF: das Entführen einer geisteskranken oder wehrlosen Person in der Absicht, dass sie vom Täter oder einem Dritten sexuell missbraucht wird.

DFQ: nach § 100 StGB

DTM: FEHLT

***

ATM: Entführung einer unmündigen Person; gesetzl.; 4; Hauptb.; MWA; fem.; sg.; 1216; Strafrecht

ETM: abduction of an underage person; FTM: enlèvement d'une personne mineure

TMQ: § 101 StGB

DEF: das Entführen einer unmündigen Person in der Absicht, dass sie vom Täter oder einem Dritten sexuell missbraucht wird.

DFQ: nach § 101 StGB

DTM: FEHLT

***

ATM: entgangener Gewinn; gesetzl.; 4; Hauptb.; MWA; mask.; sg.; 1211; Bürgerl. Recht

ETM: loss of profits; FTM: perte de profit

TMQ: § 1293 ABGB

DEF: entgangener Gewinn liegt dann vor, wenn der Eintritt einer Vermögensvermehrung verhindet, also eine Erwerbschance vernichtet wird.

DFQ: § 1293 ABGB

NOT: Anders als in DE wird der entgangene Gewinn nicht immer ersetzt, sondern nur je nach Grad des Verschuldens (§§ 324, 1323 ABG) abgegolten.

REL: Synonym; enger

DTM: entgangener Gewinn; gesetzl.; 4; Hauptb.; MWA; mask.; sg.

DTQ: § 252 BGB

DEF: als entgangen gilt der Gewinn, welcher nach dem gewöhnlichen Lauf der Dinge oder nach den besonderen Umständen, insbesondere nach den getroffenen Anstalten und Vorkehrungen, mit Wahrscheinlichkeit erwartet werden konnte.

DFQ: § 252 BGB

***

ATM: Entgeltfortzahlungs-Zuschuss; gesetzl.; 4; Hauptb.; MWA; mask.; sg.; 4426; Arbeitsrecht

ETM: partial continuation of pay (in the case of a work-related accident); FTM: maintien partiel de la rémunération en cas d'un accident de travail

TMQ: § 2 (1)-(2) Entgeltfortzahlungs-Zuschussverordnung

DEF: teilweiser Ersatz der Engeltfortzahlung im Falle eines Arbeitsunfalles eines Beschäftigen in Firmen, die durchgehend weniger als 51 Mitarbeiter beschäftigen.

DFQ: nach § 2 (1)-(2) Entgeltfortzahlungs-Zuschussverordnung

REL: Synonym; funkt. Äquiv.

DTM: Erstattung nach dem Aufwendungsausgleichsgesetz für Arbeitgeberaufwendungen; gesetzl.; 4; Hauptb.; MWA; mask.; sg.

DTQ: § 2 Aufwendungsausgleichsgesetz (AAG)

DEF: teilweiser Ersatz der Engeltfortzahlung durch die Krankenkasse im Falle der Arbeitsunfähigkeit eines Beschäftigen in Firmen, die weniger als 30 Mitarbeiter beschäftigen.

DFQ: nach § 2 AAG

***

ATM: Enthaftung; gesetzl.; 4; Hauptb.; Subst.; fem.; sg.; 1216; Strafrecht; **Freilassung**

ETM: release; FTM: mise en liberté

TMQ: § 9 (2) StPO

DEF: die Freilassung eines Gefangenen oder einer Gefangenen aus der Haft.

DFQ: nach § 396 (1) StPO; http://www.help.gv.at/ (28.01.2015)

REL Synonym

DTM: Freilassung; gesetzl.; 4; Hauptb.; Subst.; fem.; sg.

DTQ: § 128 StPO

DEF: Hält der Richter die Festnahme nicht für gerechtfertigt oder ihre Gründe für beseitigt, so ordnet er die Freilassung an.

DFQ: § 128 (2) StPO

***

ATM: Entlassung; gesetzl.; 4; Hauptb.; Subst.; fem.; sg.; 4426; Arbeitsrecht; **fristlose Entlassung**

ETM: dismissal; FTM: licenciement immédiat

TMQ: § 1156 ABGB

DEF: vorzeitige Beendigung des Arbeitsverhältnisses durch den Arbeitgeber aus einem wichtigen Grund.

DFQ: nach Welser, FWB Bürgerliches Recht; § 27 AngG

NOT: In AT steht das Recht der vorzeitigen Entlassung lediglich dem Arbeitgeber zu.

REL Teilsynonym; enger

DTM: fristlose Kündigung aus wichtigem Grund; gesetzl.; 4; Hauptb.; MWA; fem.; sg.

DTQ: § 626 BGB

DEF: das Dienstverhältnis kann von jedem Vertragsteil aus wichtigem Grund ohne Einhaltung einer Kündigungsfrist gekündigt werden, wenn Tatsachen vorliegen, auf Grund derer dem Kündigenden unter Berücksichtigung aller Umstände des Einzelfalles und unter Abwägung der Interessen beider Vertragsteile die Fortsetzung des Dienstverhältnisses bis zum Ablauf der Kündigungsfrist oder bis zu der vereinbarten Beendigung des Dienstverhältnisses nicht zugemutet werden kann.

DFQ: § 626 (1) BGB

NOT: **„Entlassung“** (DE) ist ein Überbegriff für jede durch Kündigung vom Arbeitgeber herbeigeführte Beendigung des Arbeitsverhältnisses (Creif21).

***

ATM: Entlassungsschutz; gesetzl.; 4; Hauptb.; Subst.; mask.; sg.; 4426; Arbeitsrecht

ETM: protection against dismissal; FTM: protection contre le licenciement

TMQ: § 12 (1) Arbeitsplatz-Sicherungsgesetz 1991

DEF: besonderer Schutz vor Entlassung für bestimmte Arbeitnehmergruppen z.B. werdende Mütter sowie Mütter und Väter, die einen Karenzurlaub oder eine Elternteilzeit in Anspruch nehmen, Betriebsräte oder diesen gleichgestellte Personen, Präsenz- und Zivildiener, Frauen im Ausbildungsdienst, Behinderte und Opferbefürsorgte, Vertragsbedienstete, Hausbesorger sowie Lehrlinge

DFQ: nach § 120 (1) ArbVG; § 10 (1) Mutterschutzgesetz 1979

REL Synonym

DTM: **Schutz vor außerordentlicher Kündigung**; fachlit.; 3; Hauptb.; MWA; mask.; sg.

DTQ: Bleicher. Arbeitsrecht. Ein juristischer Ratgeber. 2003

DEF: besondere Schutzbestimmungen für bestimmte Personengruppen (z.B. schwangere Arbeitnehmerinnen und Personalratsmitglieder), die nicht mit sofortiger Wirkung gekündigt oder versetzt werden dürfen.

DFQ: BPersVG § 47; AlpBrock2;

***

ATM: **Entsagung**; gesetzl.; 4; Hauptb.; Subst.; fem.; sg.; 1211; Bürgerl. Recht; **Verzicht; Erlass; Schulderlass**

ETM: remission (of debt); FTM: remise (de dette)

TMQ: § 1444 ABGB

DEF: die Aufhebung einer Verbindlichkeit durch Rechtsaufgabe des Gläubigers.

DFQ: Welser, FWB Bürgerliches Recht; § 1444 ABGB

NOT: Der Verzicht kann entgeltlich oder unentgeltlich sein, bedarf aber der Zustimmung des Gläubigers.

REL Synonym

DTM: **Erlass**; gesetzl.; 4; Hauptb.; Subst.; fem.; sg.; **Verzicht**

DTQ: § 397 BGB

DEF: Das Schuldverhältnis erlischt, wenn der Gläubiger dem Schuldner durch Vertrag die Schuld erlässt.

DFQ: Creif21

***

ATM: **Entschädigungsbürge/-bürgin**; gesetzl.; 4; Hauptb.; Subst.; mask./fem.; sg.; 1211; Bürgerl. Recht

ETM: counter-guarantor; FTM: contre-garant

TMQ: § 1348 ABGB

DEF: verpflichtet sich gegenüber dem Bürgen, den Schaden zu ersetzen, den er durch die Bürgschaft erleidet. Ist jemand, der dem Bürgen auf den Fall, daß derselbe durch seine Bürgschaft zu Schaden kommen sollte, Entschädigung zusagt.

DFQ: nach §§ 1348, 1362 ABGB

REL Synonym

DTM: **Rückbürge/-bürgin**; fachlit.; 3; Hauptb.; Subst.; mask./fem.; sg.

DTQ: BGH IX ZR 201/98, 29.06.2004

DEF: Möglichkeit des Bürgen, sich gegen seine Inanspruchnahme durch einen weiteren Bürgen (den sog. Rückbürgen) abzusichern; hier hat der Bürge bei Leistung an den Gläubiger einen Rückgriffsanspruch gegen den Rückbürgen und dieser gegen den Hauptschuldner.

DFQ: nach Creif21

***

ATM: **Entschlagungsrecht**; gesetzl.; 4; Hauptb.; Subst.; neutr.; sg.; 1206; Zivilrecht; **Zeugnisverweigerungsrecht**

ETM: witness' right to silence; FTM: droit de refuser de témoigner

TMQ: § 38 VStG

DEF: befugt den Zeugen, vor staatlichen Stellen und unter gewissen Voraussetzungen, zur Verweigerung einer Auskunft, welche ihn oder Dritte betreffen.

DFQ: nach § 321 ZPO

REL Synonym

DTM: **Zeugnisverweigerungsrecht**; gesetzl.; 4; Hauptb.; Subst.; neutr.; sg.

DTQ: § 65 BBG

DEF: auf Grund persönlicher Beziehungen oder zur Wahrung des Berufsgeheimnisses können bestimmte Personen das Zeugnis verweigern und brauchen dann als Zeuge in dem betreffenden Verfahren überhaupt nicht auszusagen.

DFQ: Creif21

***

ATM: **Entschließung des/der Bundespräsidenten/Bundespräsidentin**; gesetzl.; 4; Hauptb.; MWA; fem.; sg.; 1206; Verfassungsrecht

ETM: resolution of the president; FTM: résolution du Président

TMQ: Entschließung des Bundespräsidenten betreffend die Anordnung einer Volksbefragung

DEF: ein Rechtsakt des Bundespräsidenten in Angelegenheiten, die in seine Kompetenz fallen. Sie bedürfen in der Regel zu ihrer Gültigkeit der Gegenzeichnung durch den Bundeskanzler oder durch den zuständigen Bundesminister, sofern sie nicht seine alleinige Kompetenz sind.

DFQ: nach Öhlinger, Verfassungsrecht

REL: Synonym

DTM: **Anordnung des/der Bundespräsidenten/Bundespräsidentin**; gesetzl.; 4; Hauptb.; MWA; fem.; sg

DTQ: Art. 58 S. 1 GG

DEF: Rechtsakt des deutschen Bundespräsidenten in Angelegenheiten, die in seine Kompetenz fallen. Sie bedürfen zu ihrer Gültigkeit der Gegenzeichnung durch den Bundeskanzler oder durch den zuständigen Bundesminister.

DFQ: nach Art. 58 S. 1 GG

***

ATM: **Entschließungsantrag**; gesetzl.; 4; Hauptb.; Subst.; mask.; sg.; 0421; Öffentl. Recht

ETM: motion for a resolution; FTM: proposition de résolution

TMQ: § 55 (2) GOG-NR

DEF: ein Antrag, der von mindestens fünf Abgeordnete bzw. drei Mitglieder des Bundesrates eingebracht wird und die auf Fassung einer politischen Willenserklärung des Nationalrates resp. des Bundesrates gegenüber der Regierung abzielt.

DFQ: Glossar des österr. Parlaments: http://www.parlament.gv.at/

NOT: Entschließungsanträge können auch von Ausschüssen gestellt oder im Rahmen von Plenarberatungen im Nationalrat oder Bundesrat eingebracht werden.

REL: Teilsynonym

DTM: **Entschließungsantrag**; gesetzl.; 4; Hauptb.; Subst.; mask.; sg.

DTQ: § 88 BTGO

DEF: In Entschließungen bringt der Bundestag seine Auffassung zu politischen Fragen zum Ausdruck und/oder fordert die Bundesregierung zu einem bestimmten Verhalten auf. Rechtsverbindlich sind sie nicht. Ein Entschließungsantrag muss sich auf eine bereits vorliegende Initiative wie etwa einen Gesetzentwurf beziehen und von einer Fraktion oder mindestens fünf Prozent der Abgeordneten unterzeichnet sein.

DFQ: Glossar des Deutschen Bundestags: http://www.bundestag.de/service/glossar/E/

***

ATM: entschuldbare Fehlleistung; gesetzl.; 4; Hauptb.; MWA; fem.; sg.; 4426; Arbeitsrecht

ETM: excusable malperformance; FTM: faute excusable

TMQ: § 2 (3) DHG

DEF: liegt vor, wenn der Eintritt eines Schadens nur bei außerordentlicher Aufmerksamkeit voraussehbar gewesen wäre; für eine entschuldbare Fehlleistung trifft den Arbeitnehmer keine Schadenersatzpflicht.

DFQ: nach §§ 2 f. DHG; § 49 (3) Außerstreitgesetz

DTM: FEHLT

NOT Münchner Handbuch zum Arbeitsrecht, 2. Auflage 2000. Nach allgemeinem Schuldrecht haftet der Arbeitnehmer in vollem Umfang für alle von ihm verursachten und zu vertretenden Schädigungen des Arbeitgebers nach den Grundsätzen der positiven Forderungsverletzung oder nach Deliktsrecht (dazu Rn. 1ff.). In DE trifft den Arbeitnehmer jedoch ebenfalls keine Schadenersatzpflicht, wenn sein Verhalten lediglich auf leichteste Fahrlässigkeit (culpa levissima) beruht.

***

ATM: Entwendung; gesetzl.; 4; Hauptb.; Subst.; fem.; sg.; 1216; Strafrecht

ETM: petty theft; FTM: chapardage

TMQ: § 141 StGB

DEF: der Fall, wenn jemand aus Not, aus Unbesonnenheit oder zur Befriedigung eines Gelüstes eine Sache geringen Wertes einem anderen entzieht oder sich oder einem Dritten zueignet.

DFQ: nach § 141 (1) StGB

NOT: Die Entwendung ist ein Ermächtigungsdelikt.

REL Synonym

DTM: Diebstahl und Unterschlagung geringwertiger Sachen; gesetzl.; 4; Hauptb.; MWA; mask.; sg.

DTQ: § 248a StGB

DEF: ein Antragsdelikt, es sei denn, dass die Strafverfolgungsbehörde wegen des besonderen öffentlichen Interesses an der Strafverfolgung ein Einschreiten von Amts wegen für geboten hält.

DFQ: nach § 248a StGB

NOT: Während die Entwendung im österr. StGB ein eigenes Delikt darstellt, ist § 248a des dStGB nur eine privilegierte Form des Diebstahls bzw. der Unterschlagung.

***

ATM: entwöhnungsbedürftiger Rechtsbrecher; gesetzl.; 4; Hauptb.; MWA; mask.; sg.; 1216; Strafrecht

ETM: offender requiring rehabilitation from drug/alcohol addiction; FTM: délinquant nécessitant une cure de désintoxication

TMQ: § 159 (1) StGB

DEF: Person, die dem Missbrauch eines berauschenden Mittels oder Suchtmittels ergeben ist und wegen einer im Rausch oder sonst im Zusammenhang mit seiner Gewöhnung begangenen strafbaren Handlung oder wegen Begehung einer mit Strafe bedrohten Handlung im Zustand voller Berauschung verurteilt wird.

DFQ: nach § 22 StGB; § 159 Strafvollzugsgesetz

REL: Synonym

DTM: Person mit dem Hang, alkoholische Getränke oder andere berauschende Mittel im Übermaß zu sich zu nehmen; gesetzl.; 4; Hauptb.; MWA; fem.; sg.

DTQ: § 64 StGB

DEF: Person, die alkoholische Getränke oder andere berauschende Mittel im Übermaß zu sich zu nimmt und eine rechtswidrigen Tat verübt hat, für die sie wegen mangelnder Schuldfähigkeit nicht veruteilt wurde.

DFQ: § 64 StGB

NOT: Das Gericht soll für eine solche Person die Unterbringung in einer Entziehungsanstalt anordnen, wenn die Gefahr besteht, dass sie infolge ihres Hanges erhebliche rechtswidrige Taten begehen wird.

***

ATM: **entwürdigende Behandlung**; gesetzl.; 4; Hauptb.; MWA; fem.; sg.; 0821; Militärisches Disziplinarrecht

ETM: degrading treatment; FTM: traitement dégradant

TMQ: § 35 MilStG

DEF: wenn ein Soldat 1. einen Untergebenen oder Rangniedereren in einer die Menschenwürde verletzenden Weise behandelt oder 2. aus Bosheit einem Untergebenen den Dienst erschwert und ihn dadurch in einen qualvollen Zustand versetzt.

DFQ: § 35 MilStG

REL: Teilsynonym

DTM: **entwürdigende Behandlung**; gesetzl.; 4; Hauptb.; MWA; fem.; sg.

DTQ: § 31 WStG

DEF: 1. wer einen Untergebenen entwürdigend behandelt oder ihm böswillig den Dienst erschwert, oder 2. wer es fördert oder pflichtwidrig duldet, daß ein Untergebener die Tat gegen einen anderen Soldaten begeht.

DFQ: § 31 WStG

***

ATM: **Entziehung der Lenkberechtigung**; gesetzl.; 4; Hauptb.; MWA; fem.; sg.; 4806; Straßenverkehrsrecht; **Führerscheinentzug; Entziehung der Lenkerberechtigung**

ETM: driver's licence disqualification; FTM: retrait du permis de conduire

TMQ: 5. Abschn. Führerscheingesetz

DEF: Besitzern einer Lenkberechtigung, bei denen die Voraussetzungen für die Erteilung der Lenkberechtigung nicht mehr gegeben sind, ist von der Behörde entsprechend den Erfordernissen der Verkehrssicherheit die Lenkberechtigung zu entziehen oder die Gültigkeit der Lenkberechtigung einzuschränken.

DFQ: § 24 (1) Z. 1-2 Führerscheingesetz

REL Synonym

DTM: **Entziehung der Fahrerlaubnis**; gesetzl.; 4; Hauptb.; MWA; fem.; sg.

DTQ: § 69 StGB; § 3 StVG

DEF: erweist sich der Inhaber einer Fahrerlaubnis als ungeeignet zum Führen von Kraftfahrzeugen, wird ihm die Fahrerlaubnis von der Fahrerlaubnisbehörde entzogen.

DFQ: § 3 StVG

***

ATM: **Entziehung von Energie**; gesetzl.; 4; Hauptb.; MWA; fem.; sg.; 1216; Strafrecht

ETM: misappropriation of energy resource; FTM: détournement d'énergie

TMQ: § 132 StGB

DEF: das Entziehen von Energie aus einer Anlage, die der Gewinnung, Umformung, Zuführung oder Speicherung von Energie dient, mit dem Vorsatz, sich oder einen Dritten unrechtmäßig zu bereichern.

DFQ: nach § 132 (1) StGB

REL Synonym

DTM: Entziehung elektrischer Energie; gesetzl.; 4; Hauptb.; MWA; fem.; sg.

DTQ: § 248c StGB

DEF: das Entziehen fremder elektrischer Energie aus einer elektrischen Anlage oder Einrichtung mittels eines Leiters, der zur ordnungsmäßigen Entnahme von Energie aus der Anlage oder Einrichtung nicht bestimmt ist, mit der Absicht, die elektrische Energie sich oder einem Dritten rechtswidrig zuzueignen.

DFQ: nach § 248c (1) StGB

***

ATM: Enunziation; gesetzl.; 4; Hauptb.; Subst.; fem.; sg.; 1226; Gerichtsorganisation

ETM: legally binding order; FTM: constatation judiciaire

TMQ: VwGH 2007/12/0085, 05.09.2008

DEF: rechtliche Äußerung, Feststellung bzw. Anordnung einer Behörde oder eines Gerichts.

DFQ: nach VwGH 2000/08/0158, 21.02.2001

NOT: Bei der Beurteilung, ob eine behördliche Enunziation einen Bescheid darstellt, kommt es auf die objektiven Merkmale eines Bescheides an (Hinweis E 27.11.1986, 86/08/0143).

DTM: FEHLT

***

ATM: Erbansprecher; gesetzl.; 4; Hauptb.; Subst.; mask.; sg.; 1211; Bürgerl. Recht; Erbrecht; **Erbprätendent**

ETM: claimant to a deceased's estate; FTM: prétendant à un héritage

TMQ: § 159 (3) AußStrG

DEF: eine Person, die einen Erbrechtstitel hat und erklärt, ihr Erbe antreten zu wollen.

DFQ: nach §§ 159, 163 AußStrG; KoWe 2014/2015

NOT: Wenn es mehrere Erbansprecher gibt, wird in einem außerstreitigen Verfahren das beste Erbrecht festgestellt; alle übrigen Erbantrittserklärungen werden abgewiesen.

REL Synonym

DTM: Erbprätendent; fachlit.; 3; Hauptb.; Subst.; mask.; sg.

DTQ: Münchener Kommentar zum BGB

DEF: jemand, der behauptet, es stehe ihm ein Erbrecht zu und dieses Recht gegen den wahren Erben geltend macht.

DFQ: Münchener Kommentar zum BGB, 4. Auflage 2004 zu BGB § 2018 Herausgabepflicht des Erbschaftsbesitzers

***

ATM: Erbantrittserklärung; gesetzl.; 4; Hauptb.; Subst.; fem.; sg.; 1211; Bürgerl. Recht; Erbrecht; **Erbserklärung; Antretung der Erbschaft**

ETM: declaration of acceptance of inheritance; FTM: déclaration de l'acceptation de l'héritage

TMQ: § 800 ABGB; § 159 AußStrG

DEF: die gegenüber dem Abhandlungsgericht abgegebene Erklärung, eine Erbschaft anzunehmen. Sie muss enthalten, ob sie unbedingt oder unbedingt erfolgt.

DFQ: nach §§ 799 f. ABGB

NOT: Die Novelle zum AußStrG (BGBl. I Nr. 111/2003) hat den bis dahin üblichen Ausdruck „**Erbserklärung**" durch den Ausdruck „**Erbantrittserklärung**" ersetzt, der aber nur die positive Erbserklärung erfasst. Die Erklärung, eine Erbschaft nicht anzutreten, wird stattdessen als „Erbsentschlagung" bezeichnet.

REL: Teilsynonym; funkt. Äquiv.

DTM: **Annahme und Ausschlagung der Erbschaft**; gesetzl.; 4; Hauptb.; MWA; fem.; sg.
DTQ: § 1943 BGB
DEF: die ausdrückliche rechtsgeschäftliche Erklärung, endgültig Erbe zu werden. Ab Annahme der Erbschaft kann diese nicht mehr ausgeschlagen werden.
DFQ: nach § 1943 BGB
NOT: Im Gegensatz zur österr. Rechtsordnung (mit der hereditas iacens) tritt in DE die Stellung als Erbe unmittelbar mit dem Erbfall ein, ohne dass es einer Annahmeerklärung bedarf.

***

ATM: **Erbenmachthaber**; gesetzl.; 4; Hauptb.; Subst.; mask.; sg.; 1211; Bürgerl. Recht; Erbrecht
ETM: executor; FTM: autorisé des héritiers
TMQ: § 6 (2) Z. 2 GUG
DEF: eine Person, die von einem Erben mit der Vertretung im Rahmen der Verlassenschaftsabhandlung betraut ist und für die unbedingte Annahme oder Ausschlagung einer Erbschaft eine auf das einzelne Geschäft ausgestellte Spezialvollmacht benötigt.
DFQ: nach § 1008 (2) ABGB
REL: Teilsynonym; funkt. Äquiv.

DTM: **Bevollmächtigter**; gesetzl.; 4; Hauptb.; Subst.; mask.; sg.
DTQ: § 1945 BGB
DEF: eine Person, die einen Erben vor dem Nachlassgericht vertritt und (bei der Ausschlagung der Erbschaft) einer öffentlich beglaubigten Vollmacht bedarf.
DFQ: nach § 1945 BGB
NOT: Eine Spezialvollmacht, wie sie das österr. Recht vorsieht, ist nicht erforderlich.

***

ATM: **Erblasserschulden**; gesetzl.; 4; Hauptb.; Subst.; fem.; pl.; 1211; Bürgerl. Recht; Erbrecht; **Erbgangsschulden; Erbfallsschulden; Nachlassschulden**
ETM: deceased's estate debts; FTM: dettes et charges de la succession
TMQ: OGH RS0115037; 25.04.2001
DEF: Verbindlichkeiten, die der Erblasser aus seinem Vermögen zu leisten gehabt hätte.
DFQ: § 548 ABGB
REL: Synonym

DTM: **Nachlassverbindlichkeiten**; gesetzl.; 4; Hauptb.; Subst.; mask.;pl.; **Erbfallschulden**
DTQ: § 1967 BGB
DEF: alle Schulden, für die der Erbe mit dem Nachlass haftet.
DFQ: Alpmann und Schmidt, Per defintionen: Zivilrecht: 3. Aufl.

***

ATM: **Erbhof**; gesetzl.; 4; Hauptb.; Subst.; mask.; sg.; 6006/1211; Agrarrecht/Erbrecht
ETM: ancestral farming estate; FTM: ferme héréditaire
TMQ: § 1 AnerbG
DEF: ein mit einer Hofstelle versehener land- und forstwirtschaftlicher Betrieb, der im Eigentum einer natürlichen Person, von Ehegatten oder eines Elternteils und eines Kindes steht und mindestens einen zur angemessenen Erhaltung von zwei erwachsenen Personen ausreichenden, jedoch das Zwanzigfache dieses Ausmaßes nicht übersteigenden Durchschnittsertrag haben.
DFQ: § 1 AnerbG
REL: Teilsynonym

DTM: **Hof**; gesetzl.; 4; Hauptb.; Subst.; mask.; sg.

DTQ: § 1 HöfeO

DEF: eine im Gebiet der Länder Hamburg, Niedersachsen, Nordrhein-Westfalen und Schleswig-Holstein belegene land- oder forstwirtschaftliche Besitzung mit einer zu ihrer Bewirtschaftung geeigneten Hofstelle, die im Alleineigentum einer natürlichen Person oder im gemeinschaftlichen Eigentum von Ehegatten (Ehegattenhof) steht oder zum Gesamtgut einer fortgesetzten Gütergemeinschaft gehört, sofern sie einen Wirtschaftswert von mindestens € 10.000,- hat.

DFQ: § 1 HöfeG

***

ATM: **Erbrechtsausweis**; fachlit.; 3; Hauptb.; Subst.; mask.; sg.; 1211; Bürgerl. Recht; Erbrecht

ETM: proof of right to estate; FTM: preuve de l'héritage

TMQ: OGH 9Ob61/00m, 02.03.2000

DEF: Nachweis des Erbrechts, der üblicherweise mit der Abgabe einer (bedingten oder unbedingten) Erbserklärung erbracht ist bzw. wenn der Erbprätent im Erbstreit gewinnt.

DFQ: nach Welser, FWB Bürgerliches Recht

NOT: Das Erbrecht ist spätestens gehörig ausgewiesen, wenn der Erbprätendent im Erbrechtsstreit obsiegt; der hinreichende Ausweis des Erbrechts hat Bedeutung für die Einräumung der Verwaltung des Nachlasses.

DTM: FEHLT

***

ATM: **Erbrechtsklage**; gesetzl.; 4; Hauptb.; Subst.; fem.; sg.; 1211; Bürgerl. Recht; Erbrecht

ETM: action against succession claims; FTM: action en revendication de la succession

TMQ: OGH 3Ob176/01f, 24.04.2002

DEF: bis zum 31.12.2004 fand bei widersprechenden Erbantrittserklärungen der Erbrechtsstreit um die Frage, welcher der Erbprätendenten das bessere Erbrecht hat, im streitigen Verfahren statt. Das Verlassenschaftsgericht hatte die Erben auf den Zivilrechtsweg zu verweisen (Erbrechtsklage). Seit dem AußStrG 2005 wird ein solcher Erbrechtsstreit allerdings im außerstreitigen Verfahren abgewickelt.

DFQ: Welser, FWB Bürgerliches Recht

USE historisch

NOT: Seit 2005 abgeschafft; nicht zu verwechseln mit der „**Erbschaftsklage**", die erst nach der Einantwortung eingereicht werden kann.

DTM: FEHLT

***

ATM: **Erbrechtstitel**; gesetzl.; 4; Hauptb.; Subst.; mask.; sg.; 1211; Bürgerl. Recht; Erbrecht; **Delationsgrund**; **Berufungsgrund**

ETM: certificate of inheritance; FTM: titre de succession

TMQ: § 159 (1) Z. 2 AußStrG

DEF: der Titel, aus dem sich die Erbenstellung ergibt. Die drei Erbrechtstitel sind der nach gesetzlicher Vorschrift erklärte Wille des Erblassers (Testament), ein Erbvertrag und das Gesetz.

DFQ: nach § 533 ABGB

REL Synonym

DTM: **Berufungsgrund**; gesetzl.; 4; Hauptb.; Subst.; mask.; sg.; **Grund der Berufung**

DTQ: § 1948 BGB

DEF: der Titel, durch den man zur Erbfolge berechtigt wird. Man kann durch Testament, durch Erbvertrag und gesetzlich zum Erben berufen sein.

DFQ: nach § 1948 BGB

***

ATM: **Erbsausschlagung**; gesetzl.; 4; Hauptb.; Subst.; fem.; sg.; 1211; Bürgerl. Recht; Erbrecht; **Erbsentschlagung; negative Erbantrittserklärung;** (vor dem 1.1.2005 auch**: negative Erbserklärung)**

ETM: disclaimer of interest; FTM: renonciation à une succession

TMQ: OGH 1Ob131/99t, 23.11.1999

DEF: unwiderrufliche Erklärung eines Erbberechtigten gegenüber dem Abhandlungsgericht, die Erbschaft nicht anzutreten zu wollen.

DFQ: Welser, FWB Bürgerliches Recht

NOT: Soweit in Bundesgesetzen der Begriff „**Erbserklärung**" verwendet wird, ist darunter ab 01.01.2005 die „**Erbantrittserklärung**" zu verstehen.

REL: Synonym

DTM: **Ausschlagung der Erbschaft**; gesetzl.; 4; Hauptb.; MWA; fem.; sg.; **Erbausschlagung**

DTQ: § 1643 (2) BGB

DEF: der Erbe, der noch nicht die Annahme der Erbschaft erklärt hat, kann binnen einer bestimmten Frist die Erbschaft ausschlagen.

DFQ: nach Creif21

***

ATM: **Erbschaftsklage**; gesetzl.; 4; Hauptb.; Subst.; fem.; sg.; 1211; Bürgerl. Recht; Erbrecht

ETM: application for redivision of estate; FTM: action en revendication de la succession

TMQ: § 823 ABGB

DEF: die gesetzlich verankerte Möglichkeit, dass der Besitznehmer auch nach erhaltener Einantwortung von jenem, der ein besseres oder gleiches Erbrecht zu haben behauptet, auf Abtretung oder Teilung der Erbschaft belangt werden kann. Das Eigentum einzelner Erbschaftsstücke wird nicht mit der Erbschafts-, sondern mit der Eigentumsklage verfolgt.

DFQ: § 823 ABGB

REL: Teilsynonym; enger

DTM: **Erbschaftsklage**; fachlit.; 3; Hauptb.; Subst.; fem.; sg.

DTQ: Creif21

DEF: Klage, mit der der Anspruch auf Auskunft über den Bestand der Erbschaft und über den Verbleib der Erschaftsgegenstände sowie auf Feststellung des Erbrechts festgestellt wird.

DFQ: nach Creif21

***

ATM: **Erbseinsetzung**; gesetzl.; 4; Hauptb.; Subst.; fem.; sg.; 1211; Bürgerl. Recht; Erbrecht; **Erbeinsetzung**

ETM: designation of heir; FTM: institution d'héritier

TMQ: § 713 ABGB

DEF: die Bestimmung eines oder mehrerer Gesamtrechtsnachfolger durch den Erblasser (in letztwilliger Verfügung oder Erbvertrag).

DFQ: Welser, FWB Bürgerliches Recht

REL Synonym

DTM: **Erbeinsetzung**; gesetzl.; 4; Hauptb.; Subst.; fem.; sg.

DTQ: § 2087 (1) BGB

DEF: der Erblasser bestimmt die Person des Erben und den Umfang seiner Beteiligung am Nachlass durch einseitige letztwillige Verfügung oder durch Erbvertrag.

DFQ: Creif21

***

ATM: **Erbsentschlagung**; gesetzl.; 4; Hauptb.; Subst.; fem.; sg.; 1211; Bürgerl. Recht; Erbrecht; **Erbsausschlagung; negative Erbantrittserklärung; vor dem 1.1.2005 auch: negative Erbserklärung**
ETM: disclaimer of interest; FTM: renonciation à une succession

TMQ: OGH 3Ob239/08f, 19.11.2008

DEF: unwiderrufliche Erklärung eines Erbberechtigten gegenüber dem Abhandlungsgericht, die Erbschaft nicht anzutreten.

DFQ: Welser, FWB Bürgerliches Recht

REL Synonym

NOT: Soweit in Bundesgesetzen der Begriff „**Erbserklärung**" verwendet wird, ist darunter ab 01.01.2005 die „**Erbantrittserklärung**" zu verstehen.

DTM: **Ausschlagung der Erbschaft**; gesetzl.; 4; Hauptb.; MWA; fem.; sg.; 1211; Bürgerl. Recht; **Erbausschlagung**

DTQ: § 1643 (2) BGB

DEF: der Erbe, der noch nicht die Annahme der Erbschaft erklärt hat, kann binnen einer bestimmten Frist die Erbschaft ausschlagen.

DFQ: Creif21

***

ATM: **Erfolgszusage**; gesetzl.; 4; Hauptb.; Subst.; fem.; sg.; 1211; Bürgerl. Recht; Vertragsrecht
ETM: performance guarantee; FTM: garantie de bonne exécution

TMQ: OGH RS0022438, 13.11.1928

DEF: Begriff aus dem Vertragsrecht: Ist der Zusagende „für den Erfolg (des Dritten aber) eingestanden, so haftet er für volle Genugtuung, wenn die Leistung des Dritten ausbleibt" (§ 880a 2. HalbS ABGB). Hier liegt ein Fall der Garantie(übernahme) vor. Eine Erfolgszusage macht den Garanten ersatzpflichtig, wenn der Dritte die Leistung nicht erbringt.

DFQ: http://www.uibk.ac.at/zivilrecht/buch/kap15_0.xml?

REL Synonym

DTM: **Erfüllungsgarantie**; fachlit.; 3; Hauptb.; Subst.; fem.; sg.; **Vertragserfüllungsgarantie**

DTQ: http://www.juraforum.de/lexikon/erfuellungsgarantie (05.02.2015)

DEF: die vertragliche Übernahme einer Einstandspflicht für die ordnungsgemäße Erfüllung vertraglicher Ansprüche, etwa aus einem Kaufvertrag oder Werkvertrag. Dabei wird die Garantie für den Eintritt eines bestimmten Erfolges oder den Nichteintritt eines bestimmten Schadens übernommen.

DFQ: http://www.juraforum.de/lexikon/erfuellungsgarantie (05.02.2015)

***

DTM: **Erfrischungsgeld**; gesetzl.; 4; Hauptb.; Subst.; neutr.; sg.; 0416; Wahlrecht
ETM: allowance for refreshments; FTM: la rémunération de rafraîchissement

DTQ: § 10 (2) WBO

DEF: ein Auslagenersatz, von je € 21, das den Mitgliedern der Wahlausschüsse für die Teilnahme an einer nach § 5 BWO einberufenen Sitzung von Wahlausschüssen und den Mitgliedern der Wahlvorstände für den Wahltag das auf ein Tagegeld gewährt werden kann.

DFQ: nach § 10 (2) WBO

ATM: **FEHLT**

***

ATM: **Erfüllung des Sanierungsplans**; gesetzl.; 4; Hauptb.; MWA.; fem.; sg.; 1211; Insolvenzrecht

ETM: fulfillment of the debt restructuring agreement; FTM: accomplissement du plan de redressement en cas d'insolvabilité

TMQ: § 141 (6) IO

DEF: wenn der Schuldner den Festlegungen des Sanierungsplans nachkommt und die Forderungen der Gläubiger in der vorgeschriebenen Weise nachkommt oder bei Verzug den Fehlbetrag innerhalb einer vierzehntägigen Nachfrist gezahlt hat.

DFQ: nach § 156b IO

REL Synonym

DTM: **FEHLT**

***

ATM: **Ergänzung**; gesetzl.; 4; Hauptb.; Subst.; fem.; sg.; 8021; Militärrecht

ETM: full compilation (of data for the purpose of military conscription); FTM: recensement pour déterminer qui est astreint au service militaire

TMQ: § 12 Wehrgesetz

DEF: die Erfassung, Stellung und Einberufung der Wehrpflichtigen.

DFQ: § 12 Wehrgesetz

REL Synonym

DTM: **Erfassung**; gesetzl.; 4; Hauptb.; Subst.; mask.; sg.

DTQ: § 15 WPflG

DEF: die Erhebung der notwendigen Meldedaten aus dem Melderegister durch die Erfassungsbehörden zur Feststellung der Wehrpflicht der Betroffenen.

DFQ: nach § 15 WPflG

***

ATM: **Ergänzungsabgabe**; fachlit.; 3; Hauptb.; Subst.; fem.; sg.; 2831; Baurecht

ETM: supplementary tax; FTM: impôt supplémentaire

TMQ: OGH 5Ob273/04i, 28.02.2005

DEF: wird erhoben, wenn bei einer Änderung von Bauplatzgrenzen die Bauplatzanzahl oder die Gesamtgröße geändert wurde; eine Ergänzungsabgabe könnte aber auch wegen einem zu niedrigen Bauklassenkoeffizienten zustande kommen.

DFQ: nach www.st-poelten.gv.at 28.01.2015

REL: Falscher Freund

DTM: **Ergänzungsabgabe**; gesetzl.; 4; Hauptb.; Subst.; fem.; sg.

DTQ: Art. 106 (1) Z. 6 GG

DEF: eine zusätzliche Einkommen- und Körperschaftsteuer, deren Ertrag vollständig dem Bund zusteht; das Gesetz zur Einführung der Ergänzungsabgabe bedarf nach Art. 105 (3) des GG der Zustimmung des Bundesrates

DFQ: nach Art. 106 (1) Z. 6 GG

***

ATM: **Ergänzungsbehörden**; gesetzl.; 4; Hauptb.; Subst.; fem.; pl.; 0821; Militärrecht

ETM: United States army recruiting command (US); army recruitment office; FTM: centre d'information et de recrutement des forces armées;

TMQ: § 13 Wehrgesetz

DEF: innerhalb jedes Ergänzungsbereiches ist ein Militärkommando einzurichten, das jedenfalls für die Ergänzung zuständig ist.

DFQ: § 13 (1) Wehrgesetz
REL: Teilsynonym; funkt. Äquiv.

DTM: **Wehrersatzbehörden**; gesetzl.; 4; Hauptb.; Subst.; fem.; pl.
DTQ: § 14 Wehrpflichtgesetz
DEF: dem Bundesministerium der Verteidigung unterstehende Behörden der Bundeswehrverwaltung, denen die Aufgaben des Wehrersatzwesens übertragen sind: 1. Bundesamt für Wehrverwaltung - Bundesoberbehörde, 2. Wehrbereichsverwaltungen - Bundesmittelbehörden, 3. Kreiswehrersatzämter -Bundesunterbehörden.
DFQ: § 14 Wehrpflichtgesetz

***

ATM: **erheblich nachteiliger Gebrauch**; gesetzl.; 4; Hauptb.; MWA; mask.; sg.; 1211; Mietrecht
ETM: significant misuse of leased property; FTM: importante utilisation défavorable significatif du bien loué
TMQ: § 1118 ABGB
DEF: wenn jemand den Mietgegenstand in arger Weise vernachlässigt oder durch sein rücksichtsloses, anstößiges oder sonst grob ungehöriges Verhalten den Mitbewohnern das Zusammenwohnen verleidet oder sich gegenüber dem Vermieter oder einer im Haus wohnenden Person einer mit Strafe bedrohten Handlung gegen das Eigentum, die Sittlichkeit oder die körperliche Sicherheit schuldig macht.
DFQ: nach § 30 (2) Z. 3 MRG
NOT: Es liegt funktionale Äquivalenz vor, da im österr. Fall auf das Verhalten des Vermieters Bezug genommen wird, im dt. Fall auf die Wirkung des Verhaltens auf das Mietverhältnis.
REL: Teilsynonym; funkt. Äquiv.

DTM: **wichtiger Grund (für die außerordentliche fristlose Kündigung)**; gesetzl.; 4; Hauptb.; MWA; mask.; sg.
DTQ: § 543 BGB
DEF: liegt insbesondere vor, wenn der Mieter die Rechte des Vermieters dadurch in erheblichem Maße verletzt, dass er die Mietsache durch Vernachlässigung der ihm obliegenden Sorgfalt erheblich gefährdet oder sie unbefugt einem Dritten überlässt usw.
DFQ: nach §§ 543 BGB (2) ff.
NOT: Im BGB werden noch weitere Gründe genannt, die auch das Fehlverhalten des Vermieters betreffen.

***

ATM: **erhöhte Fütterungen**; gesetzl.; 4; Hauptb.; MWA; fem.; pl.; 6006; Agrarrecht
ETM: elevated feeding systems; FTM: systèmes d'alimentation élevée
TMQ: Tierhaltungsverordnung, Anlage 6,1,8
DEF: Fütterungsanlagen, die mindestens 35 cm über einer darunterliegenden nutzbaren Fläche angebracht sind. Stangen oder Laufstege, von denen aus die Hühner fressen, müssen eine problemlose Fortbewegung der Tiere gewährleisten.
DFQ: Tierhaltungsverordnung, Anlage 6,1,8

DTM: FEHLT

***

ATM: **Erhöhung des Hauptmietzinses**; gesetzl.; 4; Hauptb.; MWA; fem.; sg.; 2846; Mietrecht
ETM: rent increase; FTM: augmentation de loyer
TMQ: § 18 MRG

DEF: das Recht des Vermieters, den Mietzins zu erhöhen, wenn die Kosten einer größeren Erhaltungsarbeit einschließlich der Verzinsungs- und Geldbeschaffungskosten in der Summe die Mietzinsreserven oder Mietzinsabgänge bzw. die währen des Verteilungszeitraums zu erwartenden Hauptmietzinseinnahmen übersteigen.

DFQ: § 18 (1) MRG

REL: Teilsynonym

DTM: Mieterhöhung nach Modernisierungsmaßnahmen; gesetzl.; 4; Hauptb.; MWA; fem.; sg.

DTQ: § 559 BGB

DEF: eine Mieterhöhung, wenn der Vermieter Modernisierungsmaßnahmen im Sinne des § 555b Nummer 1, 3, 4, 5 oder 6 BGB durchgeführt hat. Er kann die jährliche Miete um 11 Prozent der für die Wohnung aufgewendeten Kosten erhöhen.

DFQ: nach § 559 (1) BGB

***

ATM: erkennungsdienstliche Behandlung; gesetzl.; 4; Hauptb.; MWA; fem.; sg.; 1231; Asylrecht

ETM: identification procedures; FTM: mesures anthropométriques

TMQ: § 44 AsylG 2005

DEF: die von den Organen des Sicherheitsdienstes oder des Bundesasylamtes zum Zwecke der Identitätsfeststellung durchgeführte Erhebung personenbezogener und biometrischer Daten des Asylsuchenden nach seiner Festnahme oder Vorführung in der Erstaufnahmstelle.

DFQ: § 44 AsylG 2005; Asyl-DB

REL: Teilsynonym; enger

DTM: erkennungsdienstliche Maßnahmen; gesetzl.; 4; Hauptb.; MWA; fem.; pl.; 0436; Öffentl. Sicherheit; **erkennungsdienstliche Behandlung**

DTQ: § 24 BPolG

DEF: können zur Gefahrenabwehr durchgeführt werden, wenn dies zur Identitätsfeststellung erforderlich ist und der Betroffene Störer ist oder die Angaben verweigert bzw. Grund für die Annahme besteht, dass er über seine Identität täuscht.

DFQ: lexexakt.de; Creif21

NOT: Dienen der Strafverfolgungsvorsorge.

***

DTM: Erklärung außerhalb der Tagesordnung; gesetzl.; 4; Hauptb.; Subst.; fem.; sg.; 0421; Öffentliches Recht

ETM: statement of position on matters not included in the agenda; FTM: déclaration sur matières non inclus dans l'ordre du jour

DTQ § 32 BTGO

DEF: eine tatsächliche oder persönliche Erklärung außerhalb der Tagesordnung vor Eintritt in die Tagesordnung, nach Schluß, Unterbrechung oder Vertagung einer Aussprache.

DFQ: § 32 BTGO

ATM: FEHLT

***

ATM: Erklärung des letzten Willens; gesetzl.; 4; Hauptb.; MWA; fem.; sg.; 1211; Bürgerl. Recht; Erbrecht; **Testament**

ETM: last will and testament; FTM: acte de dernière volonté

TMQ: § 552 ABGB

DEF: Anordnung, wodurch ein Erblasser sein Vermögen oder einen Teil desselben einer oder mehreren Personen widerruflich auf den Todesfall überläßt.

DFQ: § 552 ABGB

REL Synonym

DTM: **letztwillige Verfügung**; gesetzl.; 4; Hauptb.; MWA; fem.; sg.; **Testament**, **letzter Wille**

DTQ: § 1937 BGB

DEF: einseitige Verfügung von Todes wegen, wodurch die Erben bestimmt werden.

DFQ: § 1937 BGB

***

DTM: **Erklärung zur Abstimmung**; gesetzl.; 4; Hauptb.; Subst.; fem.; sg.; 0421; Öffentliches Recht
ETM: statement regarding vote; FTM: déclaration de vote

DTQ: § 31 BTGO

DEF: Recht eines jeden Mitglieds des Bundestages zur abschließenden Abstimmung eine mündliche Erklärung, die nicht länger als fünf Minuten dauern darf, oder eine kurze schriftliche Erklärung abgeben, die in das Plenarprotokoll aufzunehmen ist.

DFQ: § 31 BTGO

ATM: FEHLT

***

ATM: **Erlässe**; gesetzl.; 4; Hauptb.; Subst.; mask.; pl.; 1226; Gerichtsorganisation; Verwaltungsrecht; **Verwaltungsverordnung, Weisung**
ETM: administrative decree; FTM: réglementation administrative

TMQ: Art. 1 § 8 Geschäftsordnung für die Gerichte I. und II. Instanz

DEF: generelle Anordnungen einer Verwaltungsbehörde, deren Adressaten ausschließlich nachgeordnete Verwaltungsorgane sind; eine Verwaltungsverordnung muss eine imperative Formulierung aufweisen.

DFQ: Mayer, FWB Öffentl. Recht

NOT: Der rechtliche Status der beiden Termini ist gleich - es unterscheiden sich lediglich die Pluralformen.

REL Synonym

DTM: **Erlasse**; gesetzl.; 4; Hauptb.; Subst.; mask.; pl.; **Verwaltungsvorschrift; Runderlass; Richtlinie**

DTQ: § 49a GBV

DEF: Schreiben einer obersten Bundes- oder Landesbehörde, gleich welchen Inhalts, an eine ihr unterstellte Behörde oder Institution, insbesondere die Schreiben der Ministerien an die Behörden ihres Geschäftsbereichs.

DFQ: Verwaltungslexikon www.olev.de (*12.12.2014)*

***

ATM: **Erlassung des Zinses**; gesetzl.; 4; Hauptb.; MWA; fem.; sg.; 2846; Mietrecht
ETM: remission of rent; FTM: remise du loyer

TMQ: § 1103 ABGB

DEF: ein verhältnismäßiger Teil des Mietzinses wird dem Bestandnehmer (Mieter) erlassen, wenn die in Bestand genommene Sache wegen außerordentlicher Zufälle, als Feuer, Krieg oder Seuche, großer Überschwemmungen, Wetterschläge, oder wegen gänzlichen Mißwachses gar nicht gebraucht oder benutzt werden kann.

DFQ: nach §§ 1104-1105 ABGB

REL Synonym

DTM: **Mietminderung bei Sach- und Rechtsmängeln**; gesetzl.; 4; Hauptb.; MWA; fem.; sg.

DTQ: § 536 MRG

DEF: die Mietsache zur Zeit der Überlassung an den Mieter mangelhaft, der ihre Tauglichkeit zum vertragsgemäßen Gebrauch aufhebt, oder entsteht während der Mietzeit ein solcher Mangel, so ist der Mieter für die Zeit, in der die Tauglichkeit aufgehoben ist, von der Entrichtung der Miete befreit. Für die Zeit, während der die Tauglichkeit gemindert ist, hat er nur eine angemessen herabgesetzte Miete zu entrichten.

DFQ: § 536 (1) MRG

***

ATM: erläuternde Bemerkungen; gesetzl.; 4; Hauptb.; MWA; fem.; pl.; 0431; Öffentliches Recht; Parlament

ETM: explanatory notes; FTM: notes explicatives

TMQ: Glossar des österr. Parlaments: http://www.parlament.gv.at/ (28.08.2014)

DEF: Erklärungen zu einzelnen Bestimmungen in Regierungsvorlagen, Initiativanträgen (Initiativanträge enthalten eine Begründung) oder Ausschussberichten, die zur Interpretation herangezogen werden können.

DFQ: Glossar des österr. Parlaments: http://www.parlament.gv.at/ (28.08.2014)

REL: Synonym

DTM: Begründung der Vorlage; gesetzl.; 4; Hauptb.; MWA; fem.; sg.

DTQ: § 69 (6) BTGO

DEF: Gesetzentwürfe müssen, Anträge können mit einer kurzen Begründung versehen werden.

DFQ: § 76 (2) BTGO

***

ATM: Ermächtigungsdelikt; fachlit.; 3; Hauptb.; Subst.; neutr.; sg.; 1216; Strafrecht

ETM: offences prosecuted on complaint; FTM: délit poursuivi sur plainte

TMQ: OLG Linz 8Bs93/08w, 25.03.2008

DEF: Ermächtigungsdelikte sind Offizialdelikte, die der öffentliche Ankläger nur mit Ermächtigung des Verletzten oder eines anderen Beteiligten verfolgen kann.

DFQ: Eder-Rieder, M.: Der Opferschutz.:

REL Synonym

DTM: Antragsdelikt; fachlit.; 3; Hauptb.; Subst.; neutr.; sg.

DTQ: http://www.lexexakt.de/glossar/antragsdelikt.php

DEF: Delikt bei dem die Staatsanwaltschaft nicht von Gesetz wegen ermittelt (Offizialdelikt), sondern nur auf Antrag durch den Verletzten bzw. je nach Delikt auch bei Vorliegen eines besonderen öffentlichen Interesses an der Strafverfolgung.

DFQ: nach AlpBrock2; §§ 77 ff. StGB

***

ATM: Ermahnung; gesetzl.; 4; Hauptb.; Subst.; fem.; sg.; 1216; Strafrecht

ETM: warning; FTM: avertissement

TMQ: § 234 StPO

DEF: eine Warnung durch den Vorsitzenden in einer Strafverhandlung bzw. in einem Verwaltungsstrafverfahren, bevor der Angeklagte auf einige Zeit oder für die ganze Dauer der Verhandlung aus dieser entfernt wird.

DFQ: nach § 234 StPO; § 34 AVG

DTM: FEHLT

DFQ: § 231b StPO; 68 VwVfG

NOT: Gemäß der dStPO und dem VwVfG wird der Angeklagte wegen ordnungswidrigen Benehmens sofort - ohne vorhergehende Ermahnung - aus dem Sitzungszimmer entfernt.

***

ATM: **Ermittlung der Ehefähigkeit**; gesetzl.; 4; MWA; fem.; sg.; 1211/2806; Bürgerl. Recht/Eherecht; **Aufgebot, Anmeldung der Eheschließung**

ETM: statement of marriageability; FTM: certificat de capacité matrimoniale

TMQ: § 42 PStG

DEF: Verfahren, das vor der Personenstandsbehörde (Standesamt) stattfindet und dazu dient, die Ehevoraussetzungen zu prüfen und das Vorhandensein allfälliger Ehehindernisse festzustellen.

DFQ: nach § 42 PStG

NOT: Die „**Ermittlung der Ehefähigkeit**" wird in AT allgemein auch als „**Aufgebot**" bzw. auch als „**Anmeldung der Eheschließung**" bezeichnet. Sie setzt anders als in DE das persönliche Erscheinen der Verlobten vor dem Standesbeamten voraus und umfasst auch die Prüfung der Ehevoraussetzungen.

REL: Teilsynonym

DTM: **Anmeldung der Eheschließung**; gesetzl.; 4; Hauptb.; MWA; fem.; sg.

DTQ: §§ 12-13 PStG

DEF: mündliche oder schriftliche Mitteilung der Verlobten an ein Standesamt, die Ehe eingehen zu wollen. In der Folge prüft das Standesamt, ob Ehehindernisse vorliegen.

DFQ: nach §§ 12-13 PStG

***

ATM: **erpresserische Entführung**; gesetzl.; 4; Hauptb.; MWA; fem.; sg.; 1216; Strafrecht

ETM: abduction for the purpose of extortion; FTM: enlèvement extorsionnaire

TMQ: § 102 StGB

DEF: das Entführen oder sich auf andere Weise Bemächtigen eines anderen ohne dessen Einwilligung mit Gewalt oder nachdem er die Einwilligung durch gefährliche Drohung oder List erlangt hat, um einen Dritten zu einer Handlung, Duldung oder Unterlassung zu nötigen.

DFQ: nach § 102 (1) StGB

REL: Teilsynonym

DTM: **erpresserischer Menschenraub**; gesetzl.; 4; Hauptb.; MWA; mask.; sg.

DTQ: § 239a StGB

DEF: das Entführen oder sich auf andere Weise Bemächtigen eines Menschen, um die Sorge des Opfers, um sein Wohl oder die Sorge eines Dritten um das Wohl des Opfers zu einer Erpressung auszunutzen sowie das Ausnutzen der von ihm durch eine solche Handlung geschaffene Lage eines Menschen.

DFQ: nach § 239a (1) StGB

***

ATM: **Ersatz des Ausmietungsschadens**; gesetzl.; 4; Hauptb.; MWA; mask.; sg.; 1211; Mietrecht

ETM: compensation for improper termination of tenancy; FTM: l'indemnisation des dommages causés par la résiliation illicite du bail

TMQ: § 36 MRG

DEF: ein Ersatz des erlittenden Schadens, den ein Vermieter an einen ausgemieteten Mieter zahlen muss, wenn der Vermieter aus Gründen des § 30 (2) Z. 8, 9, 10, 11, 14, 15 oder 16, MRG bzw. auf Grund einer Kündigung nach § 30 (2) Z. 13 MRG wegen des Eintritts eines bestimmten Bedarfes einen gerichtlichen Exekutionstitel auf Räumung des Mietgegenstandes erwirkt hat, den Mietgegenstand aber nach dessen Räumung entweder gar nicht oder anderweitig verwertet, ohne durch eine mittlerweile eingetretene Änderung der Verhältnisse dazu veranlasst zu sein.

DFQ: nach § 36 MRG

DTM: **FEHLT**

***

ATM: **Ersatz von Aufwendungen auf eine Wohnung**; gesetzl.; 4; Hauptb.; MWA; mask.; sg.; 1211; Mietrecht; **Ablöse**

ETM: compensation for apartment outlays; FTM: remboursement de dépenses sur un appartement

TMQ: § 10 MRG

DEF: das gesetzlich eingeräumte Recht, wonach ein Hauptmieter einer Wohnung, der in den letzten zwanzig Jahren vor der Beendigung des Mietverhältnisses in der gemieteten Wohnung Aufwendungen zur wesentlichen Verbesserung (§ 9) gemacht hat, die über seine Mietdauer hinaus wirksam und von Nutzen sind, oder der solche Aufwendungen dem Vormieter oder dem Vermieter abgegolten hat, hat bei der Beendigung des Mietverhältnisses Anspruch auf Ersatz dieser Aufwendungen vermindert um eine jährliche Abschreibung.

DFQ: § 10 (1) MRG

REL: Synonym

DTM: **Ersatz sonstiger Aufwendungen**; gesetzl.; 4; Hauptb.; MWA; mask.; sg.; 1211; Bürgerl. Recht

DTQ: § 539 BGB

DEF: das Recht des Mieters, vom Vermieter Aufwendungen, die er auf die Mietsache getätigt hat, nach den Vorschriften über die Geschäftsführung ohne Auftrag ersetzt zu verlangen.

DFQ: § 539 (1) BGB

***

ATM: **Ersatzfreiheitsstrafe**; gesetzl.; 4; Hauptb.; Subst.; fem.; sg.; 1216; Strafrecht

ETM: imprisonment for non-payment of fine; FTM: peine de substitution privative de liberté

TMQ: § 19 (3) StGB

DEF: eine Freiheitsstrafe für den Fall der Uneinbringlichkeit einer Geldstrafe (zwei Tagessätze sind ein Tag Ersatzfreiheitsstrafe).

DFQ: § 19 (3) StGB; www.help.gv.at (18.11.2015)

NOT: Im österr. Recht fehlt sowohl der Begriff „**Ersatzzwangshaft**", „**Zwangshaft**", als auch „**Erzwingungshaft**". Sie sind im dt. Recht Ordnungsmittel im Zusammenhang mit der Einbringung ausstehender Geldbußen oder Abgaben.

REL Synonym

DTM: **Ersatzzwangshaft**; gesetzl.; 4; Hauptb.; Subst.; fem.; sg. **Zwangshaft**; **Erzwingungshaft**; **Ersatzfreiheitsstrafe**

DTQ: § 16 VwVG

DEF: kann nach § 96 Ordnungswidrigkeitengesetz angeordnet werden, wenn eine Geldbuße nicht gezahlt und der Betroffene nicht zahlungsunfähig ist.

DFQ: nach §§ 96, 97 OWiG 574/Erbs O 187

NOT: Erforderlich ist ein Antrag der Vollstreckungsbehörde beim Gericht. Die Dauer der Erzwingungshaft wegen einer Geldbuße darf sechs Wochen, wegen mehrerer in einer Bußgeldentscheidung festgesetzter Geldbußen drei Monate nicht übersteigen. Ist das Zwangsgeld uneinbringlich, so kann das Verwaltungsgericht auf Antrag der Polizei die Ersatzzwangshaft anordnen, wenn bei Androhung des Zwangsgeldes hierauf hingewiesen worden ist. Die Ersatzzwangshaft beträgt mindestens einen Tag, höchstens zwei Wochen.

***

ATM: **Ersatzrichter/in**; gesetzl.; 4; Hauptb.; Subst.; mask./fem.; sg.; 1216; Strafrecht
ETM: substitute judge; FTM: juge suppléant

TMQ: § 221 (4) StPO

DEF: Richter/in, der/die für den Fall der Verhinderung eines Richters zu laden ist, wenn zu erwarten ist, dass die Hauptverhandlung mehr als zehn Verhandlungstage in Anspruch nehmen wird.

DFQ: nach § 221 (4) StPO

REL Synonym

DTM: **Ergänzungsrichter/in**; gesetzl.; 4; Hauptb.; Subst.; mask./fem.; sg.

DTQ: § 192 (2) GVG

DEF: Richter/in, der/die bei Verhandlungen von längerer Dauer vom Vorsitzenden zugezogen wird. Er/sie hat der Verhandlung beizuwohnen und im Falle der Verhinderung eines Richters für ihn einzutreten.

DFQ: § 192 (2) GVG

***

ATM: **Ersatzempfänger/in**; gesetzl.; 4; Hauptb.; Subst.; mask./fem.; sg.; 1226; Gerichtsorganisation
ETM: substitute addressee; FTM: destinataire de substitution

TMQ: § 16 (2) Zustellgesetz

DEF: kann jede erwachsene Person sein, die an derselben Abgabestelle wie der Empfänger wohnt oder Arbeitnehmer oder Arbeitgeber des Empfängers ist und die - außer wenn sie mit dem Empfänger im gemeinsamen Haushalt lebt - zur Annahme bereit ist.

DFQ: § 16 (2) Zustellgesetz

DTM: FEHLT

NOT: Die dZPO kennt den „**Ersatzempfänger**" nicht, sondern nur die „**Zustellung an Vertreter**" (bei nicht prozessfähigen Empfängern) bzw. „**an Bevollmächtigte**" bzw. „**an Prozessbevollmächtigte**".

***

ATM: **Ersichtlichmachung**; gesetzl.; 4; Hauptb.; Subst.; fem.; sg.; 1211; Erbrecht; Grundbuchrecht
ETM: cross-references within the land registry entry; FTM: renvoi vers un autre enregistrement dans le livre foncier

TMQ: AnerbG § 20

DEF: ein Hinweis im Grundbuch, der auf eine Eintragung an einer anderen Stelle im Grundbuch hindeutet.

DFQ: nach AnerbG § 20

DTM: FEHLT

NOT: Das dt. Grundbuchrecht kennt lediglich die „**Vormerkung**", die in bestimmter Weise die Funktion der österr. „**Anmerkung**" hat.

***

ATM: **erste allgemeine Hilfeleistungspflicht**; gesetzl.; 4; Hauptb.; MWA; fem.; sg. 0436; Öffentl. Sicherheit
ETM: duty to give first aid; FTM: obligation générale d'assistance

TMQ: § 19 SPG

DEF: trifft die Sicherheitsbehörden, wenn Leben, Gesundheit, Freiheit oder Eigentum von Menschen gegenwärtig gefährdet sind oder eine solche Gefährdung unmittelbar bevorstehen. Sie haben die Gefahrenquelle festzustellen und für unaufschiebbare Hilfe zu sorgen. Ferner sind die Sicherheitsbehörden dazu verpflichtet zur Abwehr der Gefahr zuständige Behörden zu informieren bzw. zunächst selbst ungeachtet der Zuständigkeit Hilfe zu leisten.

DFQ: nach § 19 SPG

REL: Synonymes Konzept, fehlender Term

DTM: **FEHLT** (Benennungslücke)

NOT: In § 323c dStGB ist normiert, dass bei Unglücksfällen oder gemeiner Gefahr oder Not Hilfe geleistet werden muss und unterlassene Hilfeleistung strafbar ist.

***

ATM: **erste Tagsatzung**; gesetzl.; 4; Hauptb.; Subst.; fem.; sg.; 1226; Gerichtsorganisation; **vorbereitende Tagsatzung**

ETM: first hearing; FTM: première audience

TMQ: § 386 Geschäftsordnung für die Gerichte I. und II. Instanz

DEF: im zivilgerichtlichen Verfahren jegliche erste Verhandlung in einem Prozess.

DFQ: nach § 239 ZPO

NOT: Bis 31.12.2002 diente dieser Termin zur Vorbringung formeller Einreden. Der Begriff wird in aktuellen Gerichtsdokumenten nach wie vor in der Bedeutung „**erster Verhandlungstermin**" verwendet. Mit der ZPO-Novelle 2003 wurde die „**vorbereitende Tagsatzung**" eingeführt, die der Erarbeitung des Prozessprogramms dienen soll.

REL: Synonym

DTM: **früher erster Termin**; gesetzl.; 4; Hauptb.; MWA; mask.; sg.; **erster Verhandlungstermin**

DTQ: § 275 dZPO

DEF: im Zivilprozess eine mündliche Verhandlung, die vor dem Gericht bei Anwesenheit der Beteiligten durch mündlichen Vortrag durchgeführt wird. Der Vorsitzende bestimmt einen frühen ersten Termin in den Fällen, in denen eine rasche Erledigung geboten und möglich erscheint.

DFQ: nach Gabler Wirtschaftslexikon (15.08.2014)

***

ATM: **Erstreckung**; gesetzl.; 4; Hauptb.; Subst.; fem.; sg.; 1211; Zivilrecht; **Vertagung**

ETM: adjournment; FTM: ajournement

TMQ: § 134 ZPO

DEF: Verlegung einer Tagsatzung durch richterliche Entscheidung.

DFQ: nach § 134 ZPO

NOT: Solche Erstreckung kann auf Antrag oder von Amts wegen stattfinden. In AT gibt es diese strenge Unterscheidung zwischen Terminänderung vor bzw. nach Beginn der Verhandlung offenbar nicht (vgl. § 134 ZPO).

REL Synonym

DTM: **Verlegung / Vertagung**; gesetzl.; 4; Hauptb.; Subst.; fem.; sg.; 1211; Bürgerl. Recht

DTQ: § 227 ZPO

DEF: die Bestimmung eines neuen Gerichtstermins nach Beginn der Verhandlung.

DFQ: nach Creif21

NOT: Vor Beginn der Verhandlung spricht man von Verlegung.

***

ATM: **Erwerb der Staatsbürgerschaft durch Legitimation**; gesetzl.; 4; Hauptb.; MWA; mask.; sg.; 1231; Bürgerl. Recht; **Erwerb der Staatsbürgerschaft durch Geburt**

ETM: acquisition of nationality through legitimation(birth); FTM: acquisition de la nationalité par légitimation (naissance)

TMQ: § 7 StbG

DEF: der Erwerb der Staatsbürgerschaft ehelicher oder unehelicher Kinder durch Abstammung, d.h., wenn ein Elternteil (bei unehelichen Kindern: der Vater) österreichischer Staatsbürger ist.

DFQ: nach § 7 StbG

REL Synonym

DTM: **Erwerb der deutschen Staatsangehörigkeit durch Geburt**; gesetzl.; 4; Hauptb.; MWA; mask.; sg.

DTQ: § 34 Personenstandsverordnung

DEF: Durch die Geburt erwirbt ein Kind die deutsche Staatsangehörigkeit, wenn ein Elternteil die deutsche Staatsangehörigkeit besitzt.

DFQ: § 4 StAG

***

ATM: **Erwerbsunfähigkeitspension**; gesetzl.; 4; Hauptb.; Subst.; fem.; sg.; 2826; Pensionsrecht; **Invaliditätspension**

ETM: invalidity benefit; FTM: pension d'invalidité

TMQ: § 123 (1) Bauern-Sozialversicherungsgesetz (BSVG)

DEF: staatliche Versorgungsleistung, die die Aufgabe hat, Einkommen zu ersetzen, wenn der (die) Versicherte, infolge von Krankheit oder anderen Gebrechen oder Schwäche seiner (ihrer) körperlichen oder geistigen Kräfte außerstande ist, einem regelmäßigen Erwerb nachzugehen.

DFQ: nach §§ 123 (1), 124 (1)-(2) BSVG

NOT: Dieser Begiff bezieht sich ausschließlich auf Leistungen aus der Pensionsversicherung der Bauern und ist gegenüber dem dt. Begriff irreführend, da eingeschränkt. Der parallele Begriff für Angestellte ist „**Berufsunfähigkeitspension**" sowie die „**Erwerbsunfähigkeitspension**" für Versicherte der Gewerblichen Sozialversicherung bzw. der Versicherungsanstalt der Bauern.

REL: Teilsynonym; enger

DTM: **Rente wegen voller Ewerbsminderung**; gesetzl.; 4; Hauptb.; MWA; fem.; sg.

DTQ: §§ 33 (5), 43 (1) SGB 6

DEF: staatliche Versorgungsleistung, die die Aufgabe hat, Einkommen zu ersetzen, wenn die Erwerbsfähigkeit des Versicherten soweit eingeschränkt oder ganz weggefallen ist, dass die Person nicht mehr in der Lage ist, 3 Stunden pro Tag eine berufliche Tätigkeit auszuüben.

DFQ: nach §§ 33 (5), 43 (1) SGB 6

NOT: Ersetzt mit 01.01.2001 die Begriffe der „**Erwerbs- bzw. Berufsunfähigkeitsrente**"

***

ATM: **Erwiderung auf eine tatsächliche Berichtigung**; gesetzl.; 4; Hauptb.; MWA; fem.; sg.; 0421; Öffentl. Recht

ETM: response by a member to personal allegations made before parliament; FTM: réponse d'un membre du parlement concernant une correction réelle relative à sa personne

TMQ: § 58 (1) GOG-NR

DEF: eine persönliche Entgegnung eines Mandatars oder einer Mandatarin im Rahmen einer Nationalrats- bzw. einer Bundesratssitzung auf einen in einer tatsächlichen Berichtigung behaupteten Sachverhalt seine/ihre Person betreffend.

DFQ: Glossar des österr. Parlaments: http://www.parlament.gv.at/PERK/GL/ALLG/E.shtml (20.01.2015)

DTM: FEHLT

***

DTM: **Erziehungsmaßregeln**; gesetzl.; 4; Hauptb.; Subst.; mask.; sg.; 2816; Jugendstrafrecht

ETM: disciplinary measures in the educational context; FTM: mesures disciplinaires éducatives

DTQ: § 9 JGG

DEF: 1. die Erteilung von Weisungen, 2. die Anordnung, Hilfe zur Erziehung im Sinne des § 12 in Anspruch zu nehmen.

DFQ: § 9 JGG

ATM: **FEHLT**

NOT: Das öJGG bevorzugt die Diversion und das Absehen von der Verfolgung.

***

ATM: **Eskomptierung**; fachlit.; 3; Nebenb.; Subst.; fem.; sg.; 2421; Börsenrecht; **Eskontierung; Diskontierung**

ETM: 1. discounting (in advance); 2. to make allowance for; FTM: accorder un escompte anticipé

TMQ: OGH 8Ob217/99s, 24.02.2000

DEF: ein Geschäftsvorgang, bei dem ein Diskontgeber (i.d.R. eine Bank) einen (noch nicht fälligen) Wechsel, Scheck oder eine offene Forderung und zahlt diesem dafür die um den Zwischenzins (Diskont) und eine Provision verminderte Wechsel-, Scheck- oder Forderungssumme erwirbt.

DFQ: Welser, FWB Bürgerliches Recht

NOT: (1) Nebenbegriff zu „**Diskontierung**"; (2) im Börsenwesen: Wenn der Kurs einer Aktie ein erwartetes Ereignis, zum Beispiel eine Dividendenerhöhung oder eine Gewinnsteigerung, bereits vorwegnimmt, nennt man das „**eskomptieren**". Die Erwartung bildet sich bereits im Kurs ab.

REL: Synonym

DTM: **Diskontierung**; gesetzl.; 4; Hauptb.; Subst.; fem.; sg.

DTQ: § 21 (1) KWG

DEF: der Ankauf von Wechseln und Schecks seitens eines Kreditinstitutes.

DFQ: Boos/Fischer/Schulte-Mattler, Kreditwesengesetz, 3. Auflage 2008

NOT: DE-"**Eskomptierung**" = AT-"**Eskomptierung**" im Börsenwesen. Börsenausdruck für die Vorwegnahme von Ereignissen durch die Kursentwicklung. So wird bei tatsächlichem Eintritt des Ereignisses an der Börse der Kurs nicht oder nur gering beeinflusst. Quelle: http://boersenlexikon.faz.net/eskompti.htm (18.09.2014)

***

ATM: **Eskontierung**; gesetzl.; 4; Nebenb.; Subst.; fem.; sg.; 1211; Börsenrecht; **Eskomptierung; Diskontierung**

ETM: 1. discounting (in advance); 2. to make allowance for; FTM: accorder un escompte anticipé

TMQ: Art. 16 § 83 (3) NBG

DEF: der Diskontgeber (idR eine Bank) erwirbt einen (noch nicht fälligen) Wechsel, Scheck oder eine offene Forderung vom Diskontnehmer und zahlt diesem dafür die um den Zwischenzins (Diskont) und eine Provision verminderte Wechsel-, Scheck- oder Forderungssumme. Das der Diskontierung zugrunde liegende Rechtsgeschäft ist ein Kaufvertrag oder Darlehensvertrag.

DFQ: Welser, FWB Bürgerliches Recht

NOT: Nebenbegriff zu „**Diskontierung**"

REL: Synonym

DTM: **Diskontierung**; gesetzl.; 4; Hauptb.; Subst.; fem.; sg.; 1211; Bürgerl. Recht

DTQ: § 21 (1) KWG

DEF: der Ankauf von Wechseln und Schecks seitens eines Kreditinstitutes.

DFQ: Boos/Fischer/Schulte-Mattler, Kreditwesengesetz, 3. Auflage 2008

***

ATM: **Eventualbegehren**; gesetzl.; 4; Hauptb.; Subst.; neutr.; sg.; 1211; Zivilrecht

ETM: pleading in the alternative; FTM: titre subsidiaire

TMQ: § 82 (5) ASGG

DEF: der Kläger stellt in einem zivilgerichtlichen Verfahren zwei oder mehrere Begehren, wobei über das zweite (und in der Folge über die anderen) nur dann entschieden werden soll, wenn das erste Begehren zurückgewiesen oder abgewiesen wird.

DFQ: ÖRWB

REL Synonym

DTM: **Hilfsantrag**; fachlit.; 3; Hauptb.; Subst.; mask.; sg.; **Eventualantrag**

DTQ: Creif21

DEF: ein Antrag, der nur für den Fall gestellt ist, dass der in erster Linie gestellte Antrag (Hauptantrag) keinen Erfolg hat.

DFQ: nach Creif19

NOT: Widerspricht eine Partei mit ihrem Hauptantrage der Erledigterklärung des Gegners, so kann sie nicht mit einem Hilfsantrag den Rechtsstreit für erledigt erklären.

***

ATM: **Eventualfrage (an die Geschworenen)**; gesetzl.; 4; Hauptb.; MWA; fem.; sg.; 1216; Strafrecht

ETM: question in the alternative; FTM: question à titre subsidiaire

TMQ: § 314 (1) StPO

DEF: Frage an die Geschworenen, die es ihnen ermöglicht, die Tat des Angeklagten unter anderen rechtlichen Gesichtspunkten zu beurteilen, als dies nach der Hauptfrage, die aufgrund der Anklage gestellt wurde, möglich ist.

DFQ: nach § 314 (1) StPO

DTM: **FEHLT**

***

ATM: **Evidenzbüro des Obersten Gerichtshofs**; gesetzl.; 4; Hauptb.; MWA; neutr.; sg.; 1226; Gerichtsorganisation;

ETM: supreme court registry office; FTM: service de documentation et d'études de la Cour de cassation

TMQ: § 14 (1) OGHG

DEF: obliegt die Erfassung und Aufbereitung der Entscheidungen des Obersten Gerichtshofes sowie der für den Obersten Gerichtshof allenfalls bedeutsamen Entscheidungen anderer Gerichte.

DFQ: § 14 (1) OGHG

REL: Teilsynonym

DTM: **Dokumentationsstelle des BGH**; fachlit.; 3; Hauptb.; MWA; fem.; sg.

DTQ: http://www.bundesgerichtshof.de/bgh/aufgabe/dokumentation.php

DEF: seit 1968 für die Aufnahme von Entscheidungen sämtlicher Instanzen aus dem Bereich der ordentlichen Gerichtsbarkeit in die juris-Rechtsprechungsdatenbank zuständig.

DFQ: http://www.bundesgerichtshof.de/ (14.10.2014)

NOT: Jährlich werden ca. 11.500 Entscheidungen aus diesem Bereich neu in die Datenbank eingegeben; hierzu werden ca. 185 Fachzeitschriften ausgewertet. Wichtige Entscheidungen des Bundesgerichtshofs werden in Entscheidungssammlungen und in Fachzeitschriften veröffentlicht.

***

ATM: **Evidenzgemeinde**; gesetzl.; 4; Hauptb.; Subst.; fem.; sg.; 0436; Öffentl. Verwaltung;
ETM: place of birth; FTM: commune de naissance

TMQ: § 5 Staatsbürgerschaftsverordnung 1985

DEF: für Personen, die vor dem 01.07.1966 in Österreich geboren sind, ist die Geburtsgemeinde die zuständige Evidenzgemeinde. Für Personen, die ab dem 01.07.1966 in Österreich geboren sind, ist die Gemeinde, in der die Mutter zum Zeitpunkt der Geburt ihren Wohnort hatte, die zuständige Evidenzgemeinde.

DFQ: www.help.gv.at (18.09.2014)

DTM: **FEHLT**

***

ATM: **Exekution**; gesetzl.; 4; Hauptb.; Subst.; fem.; sg.; 1211; Exekutionsrecht; **Zwangsvollstreckung**
ETM: enforcement; FTM: exécution

TMQ: §§ 1 ff. EO

DEF: die Durchsetzung von Rechten (z.B. Eintreibung von Schulden oder Räumung einer Wohnung) durch staatliche Zwangsgewalt.

DFQ: nach http://www.help.gv.at/ (18.09.2014))

NOT: Die Parteien im Exekutionsverfahren heißen betreibende Partei (Gläubiger oder Gläubigerin) und verpflichtete Partei (Schuldner oder Schuldnerin). Die betreibende Partei benötigt zur Exekution einen Exekutionstitel. Er ist die rechtliche Grundlage für die Bewilligung und Durchführung von gerichtlichen Pfändungen.

REL Synonym

DTM: **Zwangsvollstreckung**; gesetzl.; 4; Hauptb.; Subst.; fem.; sg.; 1211; Pfändungsrecht

DTQ: §§ 704-945 ZPO

DEF: das Verfahren, in dem Leistungs- und Haftungsansprüche durch staatlichen Zwang verwirklicht werden. Sie wird durch eigene Vollstreckungsorgane durchgeführt.

DFQ: Creif21

NOT: Als Parteien stehen sich in der Zwangsvollstreckung der Gläubiger („**Vollstreckungsgläubiger**") und der Schuldner („**Vollstreckungsschuldner**") gegenüber.

***

ATM: **Exekution auf das bewegliche Vermögen**; gesetzl.; 4; Hauptb.; MWA; fem.; sg.; 1211; Exekutionsrecht; **Mobiliarexekution**, **Fahrnisexekution**
ETM: seizure of moveables; FTM: saisie de biens mobiliers

TMQ: EO Überschrift Zweiter Titel

DEF: die Pfändung (Beschlagnahme) und der Verkauf von beweglichen körperlichen Sachen zur Abdeckung von ausstehenden Forderungen des Gläubigers.

DFQ: nach § 249 EO

NOT: Ist eine Form der Exekution wegen Geldforderungen, die nach dem Exekutionsobjekt unterschieden wird: 1. Exekution auf körperliche Sachen („**Fahrnisexekution**") (§§ 249-289); 2. Exekution auf Geldforderungen („**Forderungsexekution**") (§§ 290-324); 3. Exekution auf Ansprüche auf Herausgabe und Leistung körperlicher Sachen („**Anspruchsexekution**") (§§ 325-329); 4. Exekution auf andere Vermögensrechte (§§ 330-345).

REL Synonym

DTM: **Zwangsvollstreckung in das bewegliche Vermögen;** gesetzl.; 4; Hauptb.; MWA; fem.; sg.

DTQ: § 803 ZPO

DEF: eine Form der Pfändung, die nach dem Vollstreckungsgegenstand unterschieden wird: 1. „**Zwangsvollstreckung in körperliche Sachen**" (§§ 808 ff. ZPO); 2. „**Zwangsvollstreckung in Forderungen und andere Vermögensrechte**" (§§ 828-856 ZPO).

DFQ: § 803 ZPO

***

ATM: **Exekution auf das unbewegliche Vermögen**; gesetzl.; 4; Hauptb.; MWA; fem.; sg.; 1211; Exekutionsrecht; **Immobiliarexekution, Liegenschaftsexekution**

ETM seizure of real property; FTM: saisie immobilière

TMQ: § 65 (2) EO

DEF: Exekution wegen Geldforderungen, die auf die unbeweglichen Güter des Schuldners greift.

DFQ: nach §§ 87 ff. EO

NOT: Bei der Immobiliarexekution unterscheidet man 3 Exekutionsmittel: 1. „**Zwangsweise Pfandrechtsbegründung**"; 2. „**Zwangsverwaltung**"; 3. „**Zwangsversteigerung**".

REL: Synonym

DTM: **Zwangsvollstreckung in das unbewegliche Vermögen**; gesetzl.; 4; Hauptb.; MWA; fem.; sg.; 1211; Pfändungsrecht; **Immobiliarvollstreckung, Immobiliarzwangsvollstreckung**

DTQ: § 864 (1) ZPO

DEF: Der Zwangsvollstreckung in das unbewegliche Vermögen unterliegen außer den Grundstücken auch die Berechtigungen, für welche die auf Grundstücke beziehenden Vorschriften gelten, die im Schiffsregister eingetragenen Schiffe und die Schiffsbauwerke, die im Schiffsbauregister eingetragen sind oder in dieses Register eingetragen werden können.

DFQ: § 864 ZPO

***

ATM: **Exekutionsbedienstete/r**; gesetzl.; 4; Hauptb.; Subst.; mask./fem.; sg.; 0431; Öffentl. Sicherheit

ETM: employee of the public security services; FTM: agent des services de sécurité publique

TMQ: § 145a (1) BDG

DEF: Amtstitel für alle in den Sicherheitsorganen tätigen Personen.

DFQ: nach § 145a (1) BDG

NOT Dazu zählen: 1. Angehörige des Wachkörpers Bundespolizei, 2. Angehörige der Gemeindewachkörper, 3. Angehörige des rechtskundigen Dienstes bei Sicherheitsbehörden, wenn diese Organe zur Ausübung unmittelbarer Befehls- und Zwangsgewalt ermächtigt sind, und 4. sonstige Angehörige der Landespolizeidirektionen und des Bundesministeriums für Inneres, wenn diese Organe die Grundausbildung für den Exekutivdienst (Polizeigrundausbildung) absolviert haben und zur Ausübung unmittelbarer Befehls- und Zwangsgewalt ermächtigt sind.

REL Synonym

DTM: **Polizeibeamter/-beamtin;** gesetzl.; 4; Hauptb.; Subst.; mask./fem.; sg.; 0431; Öffentl. Sicherheit

TMQ: § 36 STVO

DEF: Oberbegriff für bestimmte, bei den Polizeien tätige Amtsträger.

DFQ: nach http://de.wikipedia.org/wiki/Polizeibeamter (10.02.2015)

NOT: Dazu gehören neben den Polizeivollzugsbeamten, auch das Personal im technischen Dienst und Verwaltungsbeamte bei Polizeibehörden.

***

ATM: **Exekution zur Erwirkung von Handlungen oder Unterlassungen**; gesetzl.; 4; Hauptb.; MWA; fem.; sg.; 1211; Exekutionsrecht

ETM: enforcement to effect certain acts or omissions; FTM: exécution

TMQ: Überschrift Dritter Abschnitt EO

DEF: Diese umfasst die Exekution auf: 1. Herausgabe von Sachen 2. Überlassung oder Räumung von unbeweglichen Sachen 3. Durchführung, Unterlassung oder Duldung einer Handlung.

DFQ: http://www.help.gv.at/ (22.01.2015)

REL: Synonym

DTM: **Zwangsvollstreckung zur Erwirkung der Herausgabe von Sachen und zur Erwirkung von Handlungen oder Unterlassungen**; gesetzl.; 4; fem.; Hauptb.; MWA; sg.; 1211; Pfändungsrecht

DTQ: Überschrift Buch 8 Abschnitt 3 ZPO

DEF: die Vollstreckung wegen anderer Forderungen (d.h. nicht wegen Geldforderungen) auf: 1. Herausgabe oder Leistung beweglicher oder unbeweglicher Sachen (§§ 883-885 ZPO); 2. Vornahme einer vertretbaren oder unvertretbaren Handlung (§§ 887, 888 ZPO), Abgabe einer Willenserklärung (§ 894 ZPO) oder einer eidesstattlichen Versicherung nach bürgerlichem Recht (§889 ZPO); 3. Duldung und/oder Unterlassung (§ 890 ZPO).

DFQ: AlpBrock2

***

ATM: **Exekution zur Sicherstellung**; gesetzl.; 4; Hauptb.; MWA; fem.; sg.; 1211; Exekutionsrecht; **Sicherstellungsexekution; Exekutionshandlungen zur Sicherung von Geldforderungen**

ETM: enforcement for the purposes of security; FTM: (autorisation d')exécution à titre de sûreté

TMQ: Art. 27 (1) EGEO

DEF: die Sicherung bestimmter noch nicht vollstreckbarer Ansprüche, deren Einbringung ansonsten „vereitelt oder erheblich erschwert würde".

DFQ: nach § 370 EO

REL: Synonym

NOT: Die Möglichkeit der Sicherstellungsexekution besteht nur für einen sehr beschränkten Kreis möglicher Exekutionstitel, nämlich für Endurteile und Zahlungsaufträge von Zivilgerichten und gerichtliche Beschlüsse in Außerstreitsachen und auch das bloß dann, wenn sie Geldforderungen betreffen.

DTM: **dinglicher Arrest**; gesetzl.; 4; Hauptb.; MWA; mask.; sg.

DTQ: § 916 dZPO

DEF: Mittel zur Sicherung einer Zwangsvollstreckung wegen einer Geldforderung oder wegen eines Anspruchs, der in eine Geldforderung übergehen kann.

DFQ: nach Creif21; §§ 916, 917 ZPO

NOT: Es muss ein Arrestgrund vorliegen, d.h. die Wahrscheinlichkeit, dass die Vollstreckung des Arrestanspruchs vereitelt oder wesentlich erschwert werden würde.

***

ATM: **Exekutionsantrag**; gesetzl.; 4; Hauptb.; Subst.; mask.; sg.; 1211; Exekutionsrecht; **Antrag auf Exekutionsbewilligung**

ETM: application for enforcement order; FTM: demande d'exécution

TMQ: § 54 (2) EO

DEF: ein Antrag auf Exekutionsbewilligung, der unter genauen Bestimmungen der Exekutionsordnung vom Antragsteller gestellt werden muss; unter anderem hat er die genaue Bezeichnung des Antragstellers und den Exekutionstitel zu beinhalten.

DFQ: nach § 54 EO

REL Synonym

DTM: **Vollstreckungsantrag**; fachlit.; 3; Hauptb.; Subst.; mask.; sg.

DTQ: BGH IX ZB 102/07, 29.05.2008

DEF: eine der Voraussetzungen der Zwangsvollstreckung, indem der Gläubiger einen Antrag auf Vollstreckung eines gültigen Schuldtitels z.B. an ein Gericht oder einen Gerichtsvollzieher stellt.

DFQ: nach http://richter.lohkamp.info/ (18.09.2014); Creif21

****

ATM: **Exekutionsbescheid**; fachlit.; 3; Hauptb.; Subst; mask.; sg.; 1211; Exekutionsrecht; **Vollstreckungsbescheid**

ETM: enforcement order; FTM: mandat d'exécution

TMQ: OGH 13R237/04g; 29.10.2004

DEF: ein Titel, der bei Antrag auf Exekution ergeht und die Grundlage der Exekution bilden kann.

DFQ: § 230 BAO

REL Synonym

DTM: **Vollstreckungsbescheid**; gesetzl.; 4; Hauptb.; Subst.; mask.; sg.

DTQ: § 700 ZPO

DEF: in einem gerichtlichen Mahnverfahren auf Antrag des Antragstellers ergehender Titel, der gem. § 700 (1) ZPO einem (ohne Sicherheitsleistung) für vorläufig vollstreckbar erklärtem Versäumnisurteil gleichsteht und daher Grundlage für die Durchführung der Zwangsvollstreckung sein kann.

DFQ: nach AlpBrock2; § 700 ZPO

****

ATM: **Exekutionsbeschränkung**; gesetzl.; 4; Hauptb.; Subst.; fem.; sg.; 1211; Exekutionsrecht

ETM: restrictions on enforcement; FTM: les restrictions à la saisissabilité

TMQ: § 42 MRG

DEF: beschränkt den Zugriff auf das Vermögen eines Schuldners im Falle der Exekution.

DFQ: nach KoWe 2014/2015

REL Synonym

DTM: **Beschränkung der Zwangsvollstreckung**; gesetzl.; 4; Hauptb.; MWA; fem.; sg.

DTQ: § 775 ZPO

DEF: eine Zwangsvollstreckung ist einzustellen oder zu beschränken, wenn die Ausfertigung einer vollstreckbaren Entscheidung vorgelegt wird, aus der sich ergibt, dass das zu vollstreckende Urteil oder seine vorläufige Vollstreckbarkeit aufgehoben oder dass die Zwangsvollstreckung für unzulässig erklärt oder ihre Einstellung angeordnet ist sowie aus weiteren Gründen.

DFQ: nach § 775 ZPO

****

ATM: **Exekutionsbewilligung**; gesetzl.; 4; Hauptb.; Subst.; fem.; sg.; 1211; Exekutionsrecht; **Exekutionstitel**

ETM: approval for enforcement; FTM: autorisation d'exécution

TMQ: § 7 (6) EO

DEF: die Bewilligung der Exekution, sie erfolgt auf Antrag der anspruchsberechtigten Partei (betreibender Gläubiger) aufgrund eines Exekutionstitels.

DFQ: nach §§ 3 ff. EO

NOT: Ist die formelle Zustimmung des Gerichts aufgrund eines Exekutionstitels. Im deutschen Recht fehlt dieser Term, er ist identisch mit dem Vollstreckungstitel, der sowohl den Titel, als auch die Bewilligung zur Vollstreckung umfasst.

REL: Teilsynonym; enger

DTM: **Vollstreckungstitel**; gesetzl.; 4; Hauptb.; Subst.; mask.; sg.; **Schuldtitel**

DTQ: § 794 ZPO

DEF: eine gerichtliche Urkunde, in der die Rechtmäßigkeit eines materiellen Anspruchs festgestellt worden ist.

DFQ: nach § 794 ZPO; Creif21

NOT: Die Urkunde muss die Parteien, Inhalt, Art und Umfang der Zwangsvollstreckung enthalten. Der Inhalt muss vollstreckungsfähig, daher bestimmt oder wenigstens bestimmbar sein.

***

ATM: **Exekutionsgericht**; gesetzl.; 4; Hauptb.; Subst.; neutr.; sg.; 1211; Exekutionsrecht

ETM: execution court; FTM: tribunal d'exécution

TMQ: § 17 EO

DEF: immer das Bezirksgericht, in dem die unbewegliche Sache verbüchert ist, der Schuldner seinen allgemeinen Gerichtsstand bzw. seinen Wohnsitz hat.

DFQ: nach §§ 17, 18 EO

REL Synonym

DTM: **Vollstreckungsgericht**; gesetzl.; 4; Hauptb.; Subst.; neutr.; sg.

DTQ: § 764 (2) ZPO

DEF: stets das Amtsgericht, das in dieser Eigenschaft für alle vom Gesetz dem Vollstreckungsgericht zugewiesenen Aufgaben funktionell zuständig ist.

DFQ: Creif21

NOT: Das Vollstreckungsgericht ist für bestimmte Maßnahmen auch das Vollstreckungsorgan. Es kann ohne mündliche Verhandlung entscheiden.

***

ATM: **Exekutionshandlungen zur Sicherung von Geldforderungen**; gesetzl.; 4; Hauptb.; MWA; fem.; pl.; 1211; Exekutionsrecht; **Sicherstellungsexekution; Exekution zur Sicherstellung**

ETM: enforcements for the purposes of security; FTM: (autorisations d')exécution à titre de sûreté

TMQ: § 371a EO

DEF: die Sicherung bestimmter noch nicht vollstreckbarer Ansprüche, deren Einbringung ansonsten – wie die EO formuliert (§ 370) – „vereitelt oder erheblich erschwert würde"

DFQ: http://www.uibk.ac.at/zivilrecht/buch/kap19_0.xml? S. 1113 (20.12.2014)

REL: Synonym

DTM: **dinglicher Arrest**; gesetzl.; 4; Hauptb.; MWA; mask.; sg.

DTQ: §§ 916, 917 ZPO

DEF: ein Mittel zur Sicherung einer Zwangsvollstreckung wegen einer Geldforderung oder wegen eines Anspruchs, der in eine Geldforderung übergehen kann.

DFQ: nach §§ 916, 917 ZPO

***

ATM: **Exekutionsmittel**; gesetzl.; 4; Hauptb.; Subst.; neutr.; sg.; 1211; Exekutionsrecht

ETM: enforcement procedure; FTM: moyens d'exécution

TMQ: § 14 EO

DEF: ein rechtliches Mittel, das zur Durchführung der Exekution herbeigezogen wird; die gleichzeitige Anwendung mehrerer Exekutionsmittel ist gestattet.

DFQ: nach www.uibk.ac.at/zivilrecht; § 14 EO

REL Synonym

DTM: **Vollstreckungsmittel**; gesetzl.; 4; Hauptb.; Subst.; neutr.; sg.

DTQ: § 11 LVwVG

DEF: Mittel, mit dem die öffentliche Gewalt (Justiz und Verwaltung) den Betroffenen der Zwangsvollstreckung gegen seinen Willen zu einem bestimmten Tun oder Unterlassen zwingen kann.

DFQ: nach Creif21

***

ATM: **Exekutionsobjekt**; gesetzl.; 4; Hauptb.; Subst.; neutr.; sg.; 1211; Exekutionsrecht

ETM: object of enforcement; FTM: : biens faisant l'objet des mesures d'exécution

TMQ: § 54b (1) Z. 5 EO

DEF: ein Vermögensgegenstand, auf den bei der Exekution gegriffen werden soll.

DFQ: nach www.uibk.ac.at/zivilrecht/buch/index.html (*20.11.2014*); § 21 EO

REL Synonym

DTM: **Vollstreckungsobjekt**; gesetzl.; 4; Hauptb.; Subst.; neutr.; sg.

DTQ: BGH, 17.07.2008 - IX ZR 245/06

DEF: der Gegenstand, der zur Befriedigung des Volstreckungsgläubigers herangezogen wird.

DFQ: nach Gerhardt, Walter „Vollstreckungsrecht“, 2. Auflage

NOT: Vollstreckungsobjekt der Zwangsvollstreckung in Geldforderungen sind z.B. alle auf Geld gerichteten Forderungen.

***

ATM: **Exekutionsordnung**; gesetzl.; 4; Hauptb.; Subst.; fem.; sg.; 1211; Exekutionsrecht; **EO**

ETM: enforcement code; FTM: Code autrichien relatif aux procédures d'exécution

TMQ: EO

DEF: das österreichische Bundesgesetz vom 27. Mai 1896 über das Exekutions- und Sicherungsverfahren.

DFQ: EO

REL: Teilsynonym

DTM: **Gesetz über die Zwangsversteigerung und Zwangsverwaltung**; gesetzl.; 4; Hauptb.; MWA; neutr.; sg.; **Zwangsversteigerungsgesetz; ZVG**

DTQ: ZVG

DEF: das deutsche Gesetz vom 24. März 1897, in dem die Zwangsversteigerung und die Zwangsverwaltung geregelt ist.

DFQ: ZVG

NOT: Wesentliche Fragen der Zwangsvollstreckung sind auch in der dZPO geregelt.

***

ATM: **Exekutionsstundung**; fachlit.; 3; Hauptb.; Subst.; fem.; sg.; 1211; Exekutionsrecht

ETM: forbearance of enforcement; FTM: atermoiement d'exécution

TMQ: OGH 8Ob27/94, 09.02.1995

DEF: die Verschiebung des Fälligkeitszeitpunktes einer Forderung durch Vereinbarung mit dem betreibenden Gläubiger und zwar nach Entstehung des Exekutionstitels (bzw. bei gerichtlichen Entscheidungen nach dem im § 35 (1) angegebenen Zeitpunkt), woraufhin der Verpflichtete die Einstellung der Exekution beantragen kann.

DFQ: nach § 40 EO; help.gv.at (*03.12.2014*)

REL Synonym

DTM: **Stundung**; gesetzl.; 4; Hauptb.; Subst.; fem.; sg.

DTQ: § 775 (4) ZPO

DEF: im Zusammenhang mit der Zwangsvollstreckung die nach Erlass des zu vollstreckenden Urteils ergehende Erklärung des Vollstreckungsgläubigers, die Fälligkeit der Leistung hinauszuschieben, woraufhin die Zwangsvollstreckung einzustellen bzw. zu beschränken ist.

DFQ: nach Creif21; § 775 (4) ZPO

***

ATM: **Exekutionstitel**; gesetzl.; 4; Hauptb.; Subst.; mask.; sg.; 1211; Exekutionsrecht

ETM: enforcement title; FTM: titre d'exécution

TMQ: § 1 EO

DEF: einer der in § 1 EO taxativ aufgezählten Akten und Urkunden, aufgrund deren Exekution geführt werden kann (z.B. Urteile und Beschlüsse von Zivilgerichten, Zahlungsbefehle, Entscheidungen von Verwaltungsbehörden etc.).

DFQ: nach http://www.uibk.ac.at/zivilrecht/buch/ (20.09.2014)

REL Synonym

NOT: Im dt. Recht umfasst dieser Term sowohl den Titel, als auch die Bewilligung zur Exekution.

DTM: **Vollstreckungstitel**; gesetzl.; 4; Hauptb.; Subst.; mask.; sg.

DTQ: § 794 ZPO

DEF: in den meisten Fällen eine gerichtliche Entscheidung bzw. eine vollstreckbare Urkunde, deren Vorliegen die Voraussetzung für eine Zwangsvollstreckung bildet.

DFQ: nach Creif21

NOT: Vgl. http://www.justiz.nrw.de/BS/recht_a_z/index.php (26.09.2014)

***

ATM: **Exekutionsvereitelung**; fachlit.; 3; Hauptb.; Subst.; fem.; sg.; 1216; Strafrecht; **Vollstreckungsvereitelung**

ETM: obstructing a creditor's enforcement order; FTM: empêchement d'exécution

TMQ: OGH 9ObA59/02w, 05.06.2002

DEF: ein strafrechtlicher Tatbestand, bei dem ein Schuldner, der einen Bestandteil seines Vermögens verheimlicht, beiseite schafft, veräußert oder beschädigt, eine nicht bestehende Verbindlichkeit vorschützt oder anerkennt oder sonst sein Vermögen wirklich oder zum Schein verringert und dadurch die Befriedigung eines Gläubigers durch Zwangsvollstreckung oder in einem anhängigen Zwangsvollstreckungsverfahren vereitelt oder schmälert (Freiheitsstrafe bis zu sechs Monaten oder Geldstrafe bis zu 360 Tagessätzen).

DFQ: nach § 162 StGB

REL Synonym

DTM: **Vereiteln der Zwangsvollstreckung**; gesetzl.; 4; Hauptb.; MWA; neutr.; sg.

DTQ: § 288 StGB

DEF: iein Straftatbestand, bei dem jemand bei einer ihm drohenden Zwangsvollstreckung in der Absicht, die Befriedigung des Gläubigers zu vereiteln, Bestandteile seines Vermögens veräußert oder beiseite schafft (Freiheitsstrafe bis zu zwei Jahren oder Geldstrafe)

DFQ: nach § 288 StGB

NOT: Der Straftatbestand im dStGB ist bei weitem nicht so detailliert wie jener des öStGB.

***

ATM: **Exekutionsverfahren**; gesetzl.; 4; Hauptb.; Subst.; neutr.; sg.; 1211; Exektutionsrecht

ETM: enforcement proceedings; FTM: procédure d'exécution

TMQ: § 44 (5) EO
DEF: der Prozess zur Abwicklung der Exekution, der zwei Stadien besteht: dem Bewilligungsverfahren und den Exekutionsvollzug.
DFQ: nach http://www.uibk.ac.at/zivilrecht/ (20.09.2014)
REL Synonym

DTM: **Zwangsvollstreckungsverfahren**; gesetzl.; 4; Hauptb.; Subst.; neutr.; sg.
DTQ: § 227 (3) Z. 7 ZPO
DEF: das Verfahren, in dem Leistungs- und Haftungsansprüche durch den Einsatz von staatlichem Zwang verwirklicht werden können.
DFQ: nach Creif21
***

ATM: **Exekutionsvoraussetzungen**; fachlit.; 3; Hauptb.; Subst; fem.; pl.; 1211; Exekutionsrecht
ETM: requirements of an enforcement order; FTM: conditions d'exécution
TMQ: OGH 3Ob79/00i, 23.08.2000
DEF: bilden die Grundlage für die Einleitung einer Exekution und umfasst unter anderem das Vorliegen eines Exekutionstitels.
DFQ: nach § 1 EO
REL Synonym

DTM: **Voraussetzungen der Zwangsvollstreckung**; gesetzl.; 4; Hauptb.; MWA; fem.; pl.
DTQ: § 750 ZPO
DEF: Vorbedingungen, die erfüllt sein müssen, damit eine Zwangsvollstreckung überhaupt beginnen kann.
DFQ: nach § 750 ZPO
NOT: Z.B. müssen die Personen, für und gegen die eine Zwangsvollstreckung stattfinden soll, in dem Urteil oder in der ihm beigefügten Vollstreckungsklausel namentlich bezeichnet sein.
***

ATM: **Exekutive**; gesetzl.; 4; Hauptb.; Subst.; fem.; sg.; 0421; Öffentl. Sicherheit; **Polizei, Wachkörper; Organe des öffentlichen Sicherheitsdienstes**
ETM: law enforcement agencies; FTM: services de police
TMQ: § 5 (1) Tragen von Uniformen und die Verpflichtung zur Ausweisleistung
DEF: die zusammenfassende Bezeichnung der Wachkörper (Bundespolizei, Justizwache, Gemeindesicherheitswachen).
DFQ: nach de.wikipedia.org (20.11.2014)
NOT: Beamter im Exekutivdienst (Wachebeamter) (§ 17 (4) Z. 1 (BDG)
REL Synonym

DTM: **Polizei**; allgmspr.; 3; Hauptb.; Subst.; fem.; sg.
DTQ: http://www.polizei.de/Polizei/ (20.11.2014)
DEF: die zusammenfassende Bezeichnung für alle Organe, die verschiedenste Tätigkeiten der öffentlichen Verwaltung zur Abwehr von Gefahren für die öffentliche Sicherheit und Ordnung sowie zur Beseitigung bereits bestehender Störungen wahrnehmen.
DFQ: nach Creif21
***

ATM: **Exekutivorgane**; gesetzl.; 3; Hauptb.; Subst.; neutr.; pl.; 0421; Öffentl. Sicherheit
ETM: executive bodies; FTM: organes exécutifs
TMQ: § 1 (1) Vertrag zwischen der Republik Österreich und der Bundesrepublik Deutschland über den Durchgangsverkehr von Exekutivorganen und die Durchbeförderung von Häftlingen

DEF: staatliche Organe zur Durchsetzung der Rechtssprechung der Bundesgendarmerie, Bundespolizei, Justizwache, Zollwache und der Gemeindesicherheitswachen.

DFQ: nach § 1 Vertrag zwischen der Republik Österreich und der Bundesrepublik Deutschland über den Durchgangsverkehr von Exekutivorganen und die Durchbeförderung von Häftlingen

NOT: Der Begriff wird darüber hinaus in AT und DE auch in der Bedeutung „**ausführendes Organ**" von Staaten, Bundesländern, Organisationen, Firmen, Vereinen usw. verwendet.

REL Synonym

DTM: **Strafverfolgungsbehörden**; gesetzl.; 4; Hauptb.; Subst.; fem.; pl.

DTQ: § 12 (3) Gesetz über die Bundespolizei

DEF: zu ihnen gehören vor allem die Staatsanwaltschaften und die Polizeien (in Deutschland die Landespolizeien, die Bundespolizei und das Bundeskriminalamt), aber auch die Zollverwaltung sowie im Bereich des Abgabenrechts die Finanzverwaltung mit ihrer Steuerfahndung.

DFQ: http://de.wikipedia.org/wiki/Strafverfolgungsbeh%C3%B6rde (14.10.2014)

***

ATM: **Exekutor (1)**; allgmspr.; 3; Nebenb.; Subst.; mask.; sg.; 1211; Exekutionsrecht; **Gerichtsvollzieher, Vollzugsbeamter**
ETM: bailiff (UK), marshal (US); FTM: huissier

TMQ: http://www.schuldnerberatung-wien.at/beratung/Gerichtsvollzieher.html (20.09.2014)

DEF: der Gerichtsvollzieher bzw. Exekutor oder auch Vollzugsbeamter ist ein Gerichtsbediensteter mit der Aufgabe, festzustellen, ob ein beklagter Schuldner über pfändbare Fahrnisse (bewegliche Gegenstände) verfügt.

DFQ: http://www.schuldnerberatung-wien.at/beratung/Gerichtsvollzieher.html (20.09.2014)

NOT: In AT wird in der Allgemeinsprache auschließlich „**Exekutor**" verwendet. „**Gerichtsvollzieher**" ist fach- bzw. behördensprachlich.

REL: Synonym

DTM: **Gerichtsvollzieher**; gesetzl.; 4; Hauptb.; Subst.; mask.; sg.

DTQ: § 154 GVG

DEF: ein Beamter der Justiz, der mit Zustellungen, Ladungen und Vollstreckungen betraut ist.

DFQ: nach § 154 GVG

***

ATM: **Exekutor (2)**; gesetzl.; 4; Nebenb.; Subst.; mask.; sg.; 1211; Erbrecht; **Testamentsexekutor, Testamentsvollstrecker/in**
ETM: executor; FTM: exécuteur testamentaire

TMQ: § 816 ABGB

DEF: Person, die der Erblasser zum Vollzieher (Executor) seines letzten Willens ernannt hat.

DFQ: nach § 816 ABGB

REL: Teilsynonym

DTM: **Testamentsvollstrecker/in**; gesetzl.; 4; Hauptb.; Subst.; mask./fem; sg.

DTQ: §§ 2197 ff. BGB

DEF: Person, die der Erblasser zur Vollziehung seiner letztwilligen Verfügungen und zur Verwaltung des Nachlasses eingesetzt hat.

DFQ: nach §§ 2197 ff. BGB

***

ATM: **Expositurklasse**; gesetzl.; 4; Hauptb.; Subst.; fem.; sg.; 3206; Schulrecht
ETM: outside classroom; FTM: classe à l'extérieur

TMQ: 12 (1) SchuOG

DEF: eine Organisationsform von Schulen, bei der einzelne Klassen an anderen Schulstandorten eingerichtet werden.

DFQ: nach 12 (1) SchuOG

NOT: Falscher Freund, da in AT von allen Schultypen Außenklassen außerhalb der Stammschule eingerichtet werden können.

REL: Falscher Freund

DTM: **Außenklasse**; gesetzl.; 4; Hauptb.; Subst.; fem.; sg.; **Partnerklasse**

DTQ: § 15 (6) SchG Baden-Württemberg

DEF: eine Klasse einer Sonderschule, die mit ihren Lehrern an eine allgemeinbildende Schule „umzieht" und eine enge Kooperation mit einer dortigen Klasse eingeht, eine Form der Integration von Behinderten im Schulalltag.

DFQ: http://elterninitiative-rhein-neckar.de/schule_aussenklassen.htm (05.09.2014)

NOT: Die Schulorgnisation ist Sache der dt. Bundesländer (BL) und kann daher in anderen BL verschieden sein.

***

ATM: **Exszindierungsklage**; gesetzl.; 4; Hauptb.; Subst.; fem.; sg.; 1211; Exekutionsrecht; **Widerspruchsklage**

ETM: third party counterclaim; FTM: demande en tierce opposition

TMQ: OGH 6Ob177/08k, 01.10.2008

DEF: eine Klage, die eingereicht werden kann, wenn bei einer Exekution in die Rechte eines Dritten (z.B. Vermieter) eingegriffen wird und der Gläubiger der Aufforderung zur Einstellung der Exekution nicht nachkommt.

DFQ: nach § 37 EO

REL Synonym

DTM: **Drittwiderspruchsklage**; gesetzl.; 4; Hauptb.; Subst.; fem.; sg.; **Widerspruchsklage; Interventionsklage**

DTQ: § 771 ZPO

DEF: eine Klage, mit der der Drittwiderspruchkläger ein veräußerungshinderndes Recht (z.B. Eigentum) an einem Gegenstand geltend machen kann, in den ein Gläubiger bei einem vom Drittwiderspruchskläger verschiedenen Schuldner die Zwangsvollstreckung betreibt.

DFQ: nach § 771 ZPO

NOT: Ziel dieser Klage ist es, dass die Zwangsvollstreckung in den betreffenden Gegenstand vom zuständigen Gericht für unzulässig erklärt wird. (vgl. Creif21)

***

ATM: **Extabulation**; gesetzl.; 4; Hauptb.; Subst.; fem.; sg.; 0436; Öffentliche Verwaltung / Grundbuchsrecht

ETM: cancellation; FTM: radiation

TMQ: § 8 GBG

DEF: bezeichnet die Einverleibung der Löschung im Grundbuch, was idR zu unbedingtem Rechtsverlust führt.

DFQ: nach Iro, Gert „Bürgerliches Recht IV. Sachenrecht.", 2. Auflage

NOT: § 8 GBG nennt drei Arten von grundbücherlichen Eintragungen: „**Einverleibung**", „**Vormerkung**" und „**Anmerkung**". Die Einverleibung dient dem unbedingten Rechtserwerb oder Rechtsverlust.

REL Synonym

DTM: **Löschung (im Grundbuch)**; gesetzl.; 4; Hauptb.; Subst.; fem.; sg.

DTQ: § 875 BGB

DEF: die Eintragung ins Grundbuch, dass ein Grundstücksrecht bzw. sonstige eintragungsfähige Umstände nicht mehr bestehen.

DFQ: nach Creif21

***

ATM: **Externistenprüfung**; gesetzl.; 4; Hauptb.; Subst.; fem.; sg.; 3206; Schulrecht

ETM: external examination; FTM: examen spécial d'entrée

TMQ: § 42 (1) SchuOG

DEF: eine Prüfung, mit deren Ablegung auch ohne vorhergegangenen Schulbesuch - die mit dem Zeugnis über den erfolgreichen Besuch einer Schulstufe oder einer Schulart (Form bzw. Fachrichtung einer Schulart) verbundenen Berechtigungen sowie - die mit der erfolgreichen Ablegung einer Reifeprüfung, Reife- und Diplomprüfung, Diplomprüfung oder Abschlußprüfung verbundenen Berechtigungen erworben werden können.

DFQ: nach § 42 (1) SchuOG

REL Synonym

DTM: **Schulfremdenprüfung**; gesetzl.; 4; Hauptb.; Subst.; fem.; sg.; **Abschlussprüfung für Schulfremde; Externenprüfung; Nichtschülerprüfung**

DTQ: http://www.hauptschulabschluss-nachholen.de/externenpruefung-hauptschulabschluss/ (05.09.2014)

DEF: zielt darauf ab, dass all diejenigen einen Schulabschluss nachträglich erhalten können, die dies während der allgemeinen Schulpflicht nicht geschafft haben.

DFQ: http://www.hauptschulabschluss-nachholen.de/externenpruefung-hauptschulabschluss/ (05.09.2014)

NOT: Wichtig: Je nach Bundesland unterscheiden sich die Prüfungsbedingungen (in manchen kann lediglich die Hautschulprüfung auf diese Weise nachgeholt werden, in anderen auch die Matura).

***

ATM: **Externistenreifeprüfung**; gesetzl.; 4; Hauptb.; Subst.; fem.; sg.; 3206; Schulrecht

ETM: high school diploma external examination; FTM: examen externe du baccalauréat

TMQ: § 1 (1) Z. 4 Externistenprüfungsverordnung

DEF: Prüfungen, die einer Reifeprüfung, einer Reife- und Diplomprüfung, einer Diplomprüfung oder einer Abschlußprüfung entsprechen (im folgenden Externistenreifeprüfung, Externistenreife- und Diplomprüfung, Externistendiplomprüfung oder Externistenabschlußprüfung genannt).

DFQ: § 1 (1) Z. 4 Externistenprüfungsverordnung

REL: Synonym; funkt. Äquiv.

DTM: **Externen-Abiturprüfung**; gesetzl.; 4; Hauptb.; Subst.; fem.; sg.

DTQ: § 3 APVO-EW Schleswig Holstein

DEF: wer das Zeugnis der allgemeinen Hochschulreife erwerben will, ohne Schülerin oder Schüler einer öffentlichen Schule oder einer staatlich anerkannten Ersatzschule mit diesem Bildungsabschluss oder einer Waldorfschule zu sein, kann sich der Abiturprüfung nach der Landesverordnung über die Abiturprüfung für Externe unterziehen.

DFQ: nach § 3 APVO-EW Schleswig Holstein

***

ATM: **Fahne der Republik Österreich**; gesetzl.; 4; Hauptb.; MWA; fem.; sg.; 1206; Verfassungsrecht; **Flagge der Republik Österreich**

ETM: national flag; FTM: drapeau national

TMQ: StGB § 248, Art. 2
DEF: eines der Hoheitszeichen der Republik Österreich, das in den Farben rot-weiß-rot gehalten ist.
DFQ: nach § 248 (1) StGB; Art. 8a B-VG; Wappengesetz
REL Synonym
NOT: Die Begriffe „**Fahne**" und „**Flagge**" werden in den Gesetzen parallel nebeneinander verwendet.

DTM: **Bundesflagge**; gesetzl.; 4; Hauptb.; Subst.; fem.; sg.
DTQ: Art. 22 GG
DEF: eines der Hoheitszeichen der Bundesrepublik Detuschland in den Farben schwarz-rot-gold.
DFQ: nach Art. 22 GG
NOT: Ihr Missbrauch wird als Ordnungswidrigkeit bestraft (§ 124 OWiG).

***

ATM: **fahrlässige Abgabenverkürzung**; gesetzl.; 4; Hauptb.; MWA; fem.; sg.; 2446; Finanzstrafrecht

ETM: negligent underpayment of tax; FTM: fraude fiscale involontaire (par imprudence)

TMQ: § 34 FinStrG
DEF: die strafrechtlich relevante Begehung einer verminderten Zahlung von Beträgen an öffentliche Körperschaften (Bund, Länder, Gemeinden) durch Nichteinhaltung der gebotenen Sorgfalt unter Verletzung einer abgabenrechtlichen Anzeige-, Offenlegungs- oder Wahrheitspflicht.
DFQ: nach Achatz, Markus: FWB zum Steuerrecht
NOT: „**Abgaben**" ist im österr. Steuerrecht ein Überbegriff für alle Arten von Steuern, Abgaben usw. die von Gebietskörperschaften (Bund, Länder, Gemeinden) zur Deckung ihres Finanzbedarfs eingehoben werden. (Achatz, FWB Steuerrecht)
REL Teilsynonym; breiter

DTM: **leihtfertige Abgabenverkürzung**; gesetzl.; 4; Hauptb.; MWA; mask.; sg.
DTQ: § 18 NKAG
DEF: die leichtfertige Begehung einer Steuerverkürzung des § 370 (1) AO, wobei Leichtfertigkeit: eine grobe Verletzung der Sorgfaltspflicht (vergleichbar der groben Fahrlässigkeit) bedeutet.
DFQ: nach Wikipedia; § 378 AO
NOT: 1. Zu den in § 16 (1) bezeichneten Taten siehe „**Abgabenhinterziehung**" 2. Zur Bedeutung von „leichtfertig" siehe „**leichtfertige Steuerhinterziehung**" 3. Der Terminus „**leichtfertige Abgabenverkürzung**" wird nur in einzelnen Kommunalabgabegesetzen (KAG) verwendet, wobei unter „**Abgaben**" spezifische Steuern im Bereich der Kommunen verstanden werden.

***

ATM: **fahrlässige Herbeiführung einer Feuersbrunst**; gesetzl.; 4; Hauptb.; MWA; fem.; sg.; 1216; Strafrecht

ETM: negligent arson; FTM: incendie involontaire

TMQ: § 170 StGB
DEF: begeht jemand, der durch mangelnde Sorgfalt einen Brand verursacht hat.
DFQ: nach §§ 6 (1), 170 StGB
REL: Synonym
NOT: Der Begriffsteil „**fahrlässig**" wird im Gesetz nicht näher definiert. Im OGH-Urteil 11Os85/79 wird dazu ausgeführt: Fahrlässiges Handeln im Sinne des § 6 (1) StGB setzt voraus, daß der Täter nach den Umständen des Einzelfalls zur Sorgfaltsübung verpflichtet ist, diese aber, die er nach seinen geistigen und körperlichen Verhältnissen einzuhalten befähigt und deren Einhal-

tung ihm auch im konkreten Fall zumutbar ist, außer Acht läßt und nicht daran denkt, daß sein Handeln tatbildmäßiges Unrecht verwirklichen könnte (Foregger-Serini2, Anm. II zu § 6).

DTM: **fahrlässige Brandstiftung**; gesetzl.; 4; Hauptb.; MWA; fem.; sg.

DTQ: § 306d dStGB

DEF: begeht jemand, der durch mangelnde Sorgfalt einen Brand verursacht hat.

DFQ: § 306d dStGB

NOT: Der Begriffsteil „fahrlässig" wird im Gesetz nicht näher definiert. § 276 (2) BGB normiert: (2) Fahrlässig handelt, wer die im Verkehr erforderliche Sorgfalt außer Acht lässt.

***

ATM: **fahrlässige Nichtbefolgung von Befehlen**; gesetzl.; 4; Hauptb.; MWA; neutr.; sg.; 0821; Militärisches Disziplinarrecht

ETM: negligent noncompliance with an order; FTM: non-respect des des ordres par imprudence

TMQ: § 13 MilStG

DEF: Militärstraftat, bei der jemand fahrlässig einen Befehl nicht befolgt und dadurch eine Gefahr für das Leben, die Gesundheit oder die körperliche Sicherheit von Menschen oder die Gefahr eines erheblichen Nachteils (§ 2 Z. 4) herbeiführt.

DFQ: § 13 MilStG

REL Synonym

DTM: **leichtfertiges Nichtbefolgen eines Befehls**; gesetzl.; 4; Hauptb.; MWA; neutr.; sg.

DTQ: § 21 WStG

DEF: Militärstraftat, bei der jemand leichtfertig einen Befehl nicht befolgt und dadurch wenigstens fahrlässig eine schwerwiegende Folge (§ 2 Nr. 3) verursacht.

DFQ: § 21 (1), (3) WStG

***

ATM: **fahrlässige Preisgabe eines militärischen Geheimnisses**; gesetzl.; 4; Hauptb.; MWA; fem.; sg.; 0821; Militärisches Disziplinarrecht

ETM: negligent disclosure of a military secret; FTM: la divulgation par imprudence d'un secret militaire

TMQ: § 27 MilStG

DEF: wenn jemand ein militärisches Geheimnis (§ 26 (1)) fahrlässig begeht bzw. durch die Tat aber eine Gefahr für das Leben, die Gesundheit oder die körperliche Sicherheit von Menschen oder die Gefahr eines erheblichen Nachteils (§ 2 Z. 4) herbeiführt.

DFQ: § 27 MilStG

NOT: Ein vergleichbarer Straftatbestand fehlt in DE Gesetzen. Das dStGB kennt in § 94 Landesverrat, § 95 Offenbaren von Staatsgeheimnissen, § 96 Ausspähung, und § 97 Preisgabe von Staatsgeheimnissen. Letzteres kommt dem österr. Term am nächsten.

REL: Teilsynonym

DTM: **Preisgabe von Staatsgeheimnissen**; gesetzl.; 4; Hauptb.; MWA; fem.; sg.

DTQ: § 97 StGB

DEF: wenn jemand ein Staatsgeheimnis, das von einer amtlichen Stelle oder auf deren Veranlassung geheimgehalten wird, an einen Unbefugten gelangen läßt oder öffentlich bekanntmacht und dadurch fahrlässig die Gefahr eines schweren Nachteils für die äußere Sicherheit der Bundesrepublik Deutschland verursacht.

DFQ: § 97 (1) StGB

***

ATM: **fahrlässige Tötung unter besonders gefährlichen Verhältnissen**; gesetzl.; 4; Hauptb.; MWA; fem.; sg.; 1216; Strafrecht

ETM: involuntary manslaughter under especially dangerous conditions; FTM: homicide par imprudence dans des conditions particulièrement dangereuses

TMQ: § 81 StGB

DEF: das fahrlässige Herbeiführen des Todes eines anderen Menschen 1. unter besonders gefährlichen Verhältnissen, 2. nachdem der Täter sich vor der Tat, wenn auch nur fahrlässig, durch Genuss von Alkohol oder den Gebrauch eines anderen berauschenden Mittels.

DFQ: nach § 81 (1) StGB

NOT: Die Tat ist mit Freiheitsstrafe bis zu drei Jahren zu bestrafen.

REL: Teilsynonym; breiter

DTM: **fahrlässige Tötung**; gesetzl.; 4; Hauptb.; MWA; fem.; sg.

DTQ: § 222 StGB

DEF: das Verursachen des Todes eines Menschen durch Fahrlässigkeit.

DFQ: nach § 222 StGB

NOT: Die dt. Rechtsordnung kennt keine dem österr. § 81 StGB vergleichbare Qualifikation des Delikts.

***

ATM: **fahrlässige Wachverfehlung**; gesetzl.; 4; Hauptb.; MWA; mask.; sg.; 0821; Militärisches Disziplinarrecht

ETM: negligent misconduct during guard duty; FTM: conduite imprudente pendant le service de garde

TMQ § 25 MilStG

DEF: wenn ein Soldat, die im § 24 MiStG angeführte Tat fahrlässig begeht und dadurch eine Gefahr für das Leben, die Gesundheit oder die körperliche Sicherheit von Menschen oder die Gefahr eines erheblichen Nachteils (§ 2 Z. 4) herbeiführt.

DFQ: § 25 MilStG

NOT: Das MilStG unterscheidet die Tatbestände „**vorsätzlichen Wachverfehlung**“ und „**Fahrlässige Wachverfehlung**“. Beide sind im DE-Begriff „**Wachverfehlung**“ enthalten.

REL: Teilsynonym

DTM: **Wachverfehlung**; gesetzl.; 4; Hauptb.; Subst.; mask.; sg.

DTQ: § 44 WStG

DEF: begeht, wer als Wachvorgesetzter es unterläßt, die Wache pflichtgemäß zu beaufsichtigen, 2. pflichtwidrig seinen Postenbereich oder Streifenweg verläßt oder 3. sich außerstande setzt, seinen Dienst zu versehen. (2) Ebenso wird bestraft, wer im Wachdienst in anderen als den in Absatz 1 bezeichneten Fällen Befehle nicht befolgt, die für den Wachdienst gelten, und dadurch wenigstens fahrlässig eine schwerwiegende Folge (§ 2 (3)) verursacht.

DFQ: nach § 44 (1)-(3)) WStG

NOT: Die Wachverfehlung wird mit einer Freiheitsstrafe bis zu drei Jahren bestraft.

***

ATM: **Fahrnisexekution**; gesetzl.; 4; Hauptb.; Subst.; fem.; sg.; 1211; Exekutionsrecht; **Mobiliarexekution, Execution auf das bewegliche Vermögen**

ETM: seizure of moveables; FTM: saisie mobilière

TMQ: Art. III, § 11 EO

DEF: die Exekution auf bewegliche körperliche Sachen, die durch gerichtliche Pfändung und öffentliche Zwangsversteigerungen erfolgt.

DFQ: nach www.uibk.ac.at/zivilrecht; § 14 EO

REL Synonym

DTM: Mobiliarzwangsvollstreckung; gesetzl.; 4; Hauptb.; Subst.; fem.; sg.; **Zwangsvollstreckung in das bewegliche Vermögen**

DTQ: § 803 ZPO

DEF: die Zwangsvollstreckung in das bewegliche Vermögen, d.h. in bewegliche Sachen.

DFQ: nach Creif21; § 803 ZPO

***

ATM: Fahrprüfung; gesetzl.; 4; Hauptb.; Subst.; fem.; sg.; 4806; Verkehrsrecht; **Führerscheinprüfung**

ETM: driving test; FTM: examen du permis de conduire

TMQ: § 1 (1) Fahrprüfungsverordnung (FSG-PV)

DEF: eine Prüfung mit der eine Person ausreichende Kenntnisse und ausreichendes Verständnis 1. die für das Lenken eines Kraftfahrzeuges maßgeblichen kraftfahrrechtlichen Bestimmungen und Verkehrsvorschriften und 2. das für das sichere Lenken von Kraftfahrzeugen maßgebende Verhalten unter Berücksichtigung der technischen Umstände und Gefahren, insbesondere im Hinblick auf Bremswege, Fahrbahnbeschaffenheit, Reaktionsvermögen, Sicherheitsabstand, Sichtverhältnisse und Fahrzeugeigenschaften einschließlich Ladung nachweist.

DFQ: nach § 1 (1) FSG-PV

REL Synonym

DTM: Fahrerlaubnisprüfung; gesetzl.; 4; Hauptb.; Subst.; fem.; sg.

DTQ: § 15 Fahrerlaubnis-Verordnung (FeV)

DEF: Prüfung mit der eine Person, die theoretische und einer praktische Befähigungzum Lenken eines Kraftfahrzeigs nachweist.

DFQ: nach § 15 FeV

***

ATM: faktische Amtshandlung; gesetzl.; 4; MWA; fem.; sg.; 0436; Öffentl. Recht / Öffentl. Sicherheit; **Akt unmittelbarer verwaltungsbehördlicher Befehls- und Zwangsgewalt, Akt sofortigen Polzeizwanges, verfahrensfreier Verwaltungsakt**

ETM: official action; FTM: acte administratif

TMQ: OGH 1Ob6/97g, 15.05.1997

DEF: ein von den Organen der Verwaltung im Rahmen der Hoheitsverwaltung gesetzter individueller normativer Akt, mit dem einseitig ein Befehl erteilt oder Zwang ausgeübt wird.

DFQ: Mayer, FWB Öffentl. Recht

NOT: Die einfachste Form hoheitlichen Handelns, da formale Kriterien in den Hintergrund treten, um das öffentliche Interesse an Sicherheit und Strafverfolgung nicht zu gefährden.

REL: Synonym

DTM: Polizeiverfügung; gesetzl.; 4; Hauptb.; MWA; fem.; sg.

DTQ: § 16 Sicherheits- und Ordnungsgesetz

DEF: (1) Verfügungen (Ordnungs- und Polizeiverfügungen) als Maßnahmen zur Gefahrenabwehr, die in die Rechte des Einzelnen eingreifen, sind, sofern nicht die nachfolgenden Vorschriften, ein besonderes Gesetz oder eine Verordnung über die öffentliche Sicherheit oder Ordnung die Befugnisse der Polizei und der Ordnungsbehörden besonders regeln, nur zulässig, soweit sie 1. zur Beseitigung einer Störung der öffentlichen Sicherheit oder Ordnung oder 2. zur Abwehr einer im einzelnen Falle bevorstehenden Gefahr für die öffentliche Sicherheit oder Ordnung erforderlich sind.

DFQ: § 16 Sicherheits- und Ordnungsgesetz

NOT: Beispiele: Platzverweis, Ingewahrsamnahme, Sicherstellung von Sachen, Beschlagnahme, Durchsuchung.

***

ATM: **Fakturengerichtsstand**; gesetzl.; 4; Hauptb.; Subst.; mask.; sg.; 1211; Bürgerl. Recht/Handelsrecht; **Gerichtsstand des Erfüllungsortes**

ETM: exclusive place of contractual performance and payment; FTM: lieu exclusif de de facturation, de juridiction et d'exécution de l'obligation contractuelle

TMQ: § 2 JN

DEF: der auf der vertragskonformen Rechnung zwischen Handelstreibenden festgelegte Ort, an dem die Zahlung erfolgt und auch Klagen aus dem Geschäft eingebracht werden können.

DFQ: nach JN § 88; ÖRWB

REL Synonym

DTM: **Gerichtsstand des Erfüllungsorts**; gesetzl.; 4; Hauptb.; MWA; mask.; sg.; **Leistungsort, Erfüllungsort**

DTQ: § 29 ZPO

DEF: jener Ort, an dem in einem Schuldverhältnis die Leistung zu erfolgen hat und wo das örtliche Gericht bei Streigkeiten auf Begleichung der Leistung zuständig ist.

DFQ: nach § 29 ZPO; § 269 BGB; Creif21

NOT: Fehlt es an einer solchen Vereinbarung und ist ein bestimmter Leistungsort auch nicht aus den Umständen (insbesondere der Natur des Schuldverhältnisses, vgl. aber auch § 269 (3) BGB) zu entnehmen, ist (unveränderlicher) Leistungsort der Wohnsitz (bzw. bei im Gewerbebetrieb des Schuldners entstandenen Verbindlichkeiten der Ort der gewerblichen Niederlassung, § 269 (2) BGB) des Schuldners der jeweiligen Leistung (§ 269 (1) BGB) zum Zeitpunkt der Begründung des Schuldverhältnisses.

***

ATM: **Fallfrist**; gesetzl.; 4; Hauptb.; Subst.; fem.; sg.; 1211; Bürgerl. Recht; **Ausschlussfrist, Präklusivfrist**

ETM: limitation period; FTM: délai de forclusion

TMQ: VermG § 5

DEF: eine richterliche, verwaltungsbehördliche oder vertragliche Frist, nach deren Ablauf es nicht mehr möglich ist, ein Recht geltend zu machen.

DFQ: nach ÖRWB

REL Synonym

DTM: **Ausschlussfrist**; gesetzl.; 4; Hauptb.; Subst.; fem.; sg.; **Verfallfrist; Präklusivfrist**

DTQ: § 462 BGB

DEF: jene Frist, welche zum Untergang eines nicht wahrgenommenen Rechts führt.

DFQ: nach AlpBrock2

***

ATM: **falsche Beweisaussage**; gesetzl.; 4; Hauptb.; MWA; fem.; sg.; 1216; Strafrecht

ETM: perjury; FTM: faux témoignage

TMQ: § 288 (1) StGB

DEF: wenn jemand vor Gericht als Zeuge oder, soweit er nicht zugleich Partei ist, als Auskunftsperson bei seiner förmlichen Vernehmung zur Sache falsch aussagt oder als Sachverständiger einen falschen Befund oder ein falsches Gutachten erstattet, unter Eid ablegt oder mit einem Eid bekräftigt oder sonst einen in den Gesetzen vorgesehenen Eid vor Gericht falsch schwört.

DFQ: nach § 288 (1) StGB

REL Synonym

DTM: falsche uneidliche Aussage; gesetzl.; 4; Hauptb.; MWA; fem.; sg.

DTQ: § 153 (1) dStGB

DEF: der Fall, wenn jemand vor Gericht oder vor einer anderen zur eidlichen Vernehmung von Zeugen oder Sachverständigen zuständigen Stelle als Zeuge oder Sachverständiger uneidlich falsch aussagt.

DFQ: nach § 153 (1) dStGB

***

ATM: falsche Urkunde; gesetzl.; 4; Hauptb.; MWA; fem.; sg.; 1216; Strafrecht

ETM: fradulently signed document; FTM: faux document

TMQ: § 223 StGB

DEF: eine urkundliche Erklärung, die mit dem Anschein ausgestellt wird, als stamme sie von einer anderen Person.

DFQ: OGH 13Os28/08d, 17.12.1974

NOT: „Falsch" ist im Sinne von unecht in Bezug auf den Urkundenaussteller zu verstehen.

REL: Synonym

DTM: unechte Urkunde; gesetzl.; 4; Hauptb.; MWA; fem.; sg.

DTQ: § 267 StGB

DEF: eine Urkunde, deren Erklärung nicht von dem in ihr bezeichneten Aussteller herrührt.

DFQ: http://www.rechtswoerterbuch.de/recht/u/urkunde-unechte/ (28.09.2014)

***

ATM: Familienbeihilfe; gesetzl.; 4; Hauptb.; Subst.; fem.; sg.; 2826; Sozialrecht; **Kinderbetreuungsgeld**, **Kindergeld**

ETM: child benefit payments; FTM: allocations familiales

TMQ: § 2 (1) Familienlastenausgleichsgesetz 1967

DEF: eine vom Staat geleistete Sozialleistung an den Erziehungsberechtigten für Kinder im Alter bis 18 Jahren bzw. bei Studium oder Ausbildung bis 26. Jahren. Damit sollen Kosten, die Eltern auf Grund ihrer Unterhaltspflicht gegenüber den Kindern entstehen, ausgeglichen werden.

DFQ: nach § 2 (1) Familienlastenausgleichsgesetz 1967; www.help.gv.at (*28.11.2014)*

REL Synonym

NOT: In AT gibt es zusätzlich zur zweimonatlichen Zahlung der Familienbeihilfe eine zusätzliche Auszahlung des Kinderfreibeitrags.

DTM: Kindergeld; gesetzl.; 4; Hauptb.; Subst.; neutr.; sg.

DTQ: EStG § 62

DEF: eine staatliche Leistung, die einen finanziellen Ausgleich der durch Unterhalt und Erziehung eines Kindes bewirkten Kosten beabsichtigt.

DFQ: nach §§ EStG 32, 62; AlpBrock2

NOT: Dazu gibt es in DE zwei Möglichkeiten: (a) als Kinderfreibetrag nach § 32 EStG oder (b) als monatlich zu zahlende Steuervergütung nach Maßgabe der §§ 62 ff. EStG.

***

ATM: Familiengeld bei Gewährung von Anstaltspflege; gesetzl.; 4; Hauptb.; MWA; mask.; sg; 2826; Sozialrecht

ETM: family support payments in the case of hospitalisation; FTM: allocation familiale accordée en cas de traitement en établissement hospitalier

TMQ: §§ 195 (1) ff. ASVG

DEF: finanzielle Unterstützung aus den Mitteln der Unfallversicherung für Familienangehörige während der Unfallheilbehandlung in einer Kranken-, Kur- oder sonstigen Anstalt wegen der Folgen eines Arbeitsunfalles oder wegen einer Berufskrankheit.

DFQ: nach §§ 195 (1) ff. ASVG

DTM: FEHLT

***

ATM: Familienhärteausgleich; gesetzl.; 4; Hauptb.; Subst.; mask.; sg.; 2826; Sozialrecht

ETM: family hardship payments; FTM: allocation d'urgence

TMQ: Abschnitt IIa des FLAG 1967, § 38a-b

DEF: finanzielle Zuwendung des Staates zur Milderung oder Beseitigung der Notsituation für Familien sowie werdenden Müttern, die durch ein besonderes Ereignis unverschuldet in Not geraten sind.

DFQ: nach § 38a FLAG

DTM: FEHLT

***

ATM: Familienhospizkarenz; gesetzl.; 4; Hauptb.; Subst.; fem.; sg.; 4426; Arbeitsrecht; **Hospizkarenz**

ETM: family care leave; FTM: congé pour charges familiales

TMQ: APG § 4

DEF: bietet Arbeitnehmer und Arbeitnehmerinnen die Möglichkeit, sterbende Angehörige sowie ihre – im gleichen Haushalt lebenden – schwerst erkrankten Kinder über einen bestimmten Zeitraum zu begleiten.

DFQ: http://www.help.gv.at/ (18.12.2014)

DTM: FEHLT

***

ATM: Familienlastenausgleich; gesetzl.; 4; Hauptb.; Subst.; mask.; sg.; 1211; Bürgerl. Recht

ETM: family social welfare equalisation scheme; FTM: plan de compensation pour charges de famille

TMQ: Familienlastenausgleichsgesetz 1967

DEF: eine staatliche Förderung von Familien in Form von Sach- und Geldleistungen, durch die jene Unterhaltskosten ausgeglichen werden sollen, die die Versorgung und Betreuung von Kindern verursacht.

DFQ: nach §§ 1, 2 Familienlastenausgleichsgesetz

REL: Synonym; funkt. Äquiv.

DTM: Familienleistungsausgleich; gesetzl.; 4; Hauptb.; Subst.; mask.; sg.; 2826; Sozialrecht/Steuerrecht

DTQ: § 31 EStG

DEF: die steuerliche Entlastung von Familien mit Kindern zur Sicherung des steuerfreien Existenzminimums durch das Gesetz zur Familienförderung.

DFQ: nach § 31 EStG

***

ATM: Familienname (1); gesetzl.; 4; Hauptb.; Subst.; mask.; sg.; 2806; Familienrecht

ETM: surname; FTM: nom de famille

TMQ: § 93 ABGB

DEF: der gemeinsame Name der Ehegatten, zu welchem der Familienname eines der Ehegatten bestimmt wurde. Haben die Eltern einen gemeinsamen Familiennamen, so erhält das Kind diesen. Die Ehepartner können jedoch auch ihre Geburtsnamen behalten. In diesem Fall erhält das Kind den Familiennamen, den die Eltern dem Standesbeamten gegenüber vor oder bei der Eheschließung in öffentlicher oder öffentlich beglaubigter Urkunde zum Familiennamen der aus der Ehe stammenden Kinder bestimmt haben.

DFQ: nach §§ 93, 139 ABGB; § 29 PStV

REL: Teilsynonym; enger

DTM: **Ehename**; gesetzl.; 4; Hauptb.; Subst.; mask.; sg.; 1211; Bürgerl. Recht; **(gemeinsamer) Familienname**

DTQ: § 1355 BGB

DEF: der Name, den die die Ehegatten durch Erklärung gegenüber dem Standesamt nennen. Dieser gilt zugleich als Nachname der Kinder. Es kann der Namen der Frau oder des Mannes sein. Bestimmen die Ehegatten keinen Ehenamen, so führen sie ihren zur Zeit der Eheschließung geführten Namen auch nach der Eheschließung.

DFQ: nach § 1355 BGB

NOT: Führen die Eltern keinen gemeinsamen Ehenamen, so bestimmen sie durch Erklärung gegenüber dem Standesbeamten den Namen, den der Vater oder die Mutter zur Zeit der Erklärung führt, zu dessen Familiennamen.

***

ATM: **Familienname (2)**; gesetzl.; 4; Hauptb.; Subst.; mask.; sg.; 1211; Bürgerl. Recht
ETM: surname; FTM: nom de famille

TMQ: § 93 ABGB

DEF: der gemeinsame Name der Ehegatten, zu welchem der Familienname eines der Ehegatten bestimmt wurde. Haben die Eltern einen gemeinsamen Familiennamen, so erhält das Kind diesen. Die Ehepartner können jedoch auch ihre Geburtsnamen behalten.In diesem Fall erhält das Kind den Familiennamen, den die Eltern dem Standesbeamten gegenüber vor oder bei der Eheschließung in öffentlicher oder öffentlich beglaubigter Urkunde zum Familiennamen der aus der Ehe stammenden Kinder bestimmt haben.

DFQ: nach §§ 93, 139 ABGB; § 29 PStV

REL: Synonym

DTM: **gemeinsamer Familienname**; gesetzl.; 4; Hauptb.; MWA; mask.; sg.; **Ehename**

DTQ: § 1355 BGB

DEF: der Name, den die die Ehegatten durch Erklärung gegenüber dem Standesamt nennen. Dieser gilt zugleich als Nachname der Kinder. Es kann der Namen der Frau oder des Mannes sein. Bestimmen die Ehegatten keinen Ehenamen, so führen sie ihren zur Zeit der Eheschließung geführten Namen auch nach der Eheschließung.

DFQ: nach § 1355 BGB

NOT: Im dt. Recht ist der gemeinsam bestimmte Familienname synonym zu Ehename, den die Ehepartner vor dem Standesamt für sich festlegen, doch kann dies auch unterbleiben.

***

ATM: **Familienverfahren**; gesetzl.; 4; Hauptb.; Subst.; neutr.; sg.; 1231; Asylrecht
ETM: refugee family support proceedings; FTM: procédure familiale

TMQ: AsylG 2005

DEF: spezielles Verfahren für Familienangehörige eines Asylberechtigten, subsidiär Schutzberechtigten oder Asylwerbers, das darauf abzielt, den Schutz auf die Familienangehörigen (soweit sie ihn beantragen) auszudehnen und damit die Familie als Einheit zu erhalten. Es wird allen der bestmögliche Schutz gewährt, den ein Famlienmitglied erreicht hat.

DFQ: nach §§ 34, 35 AsylG 2005
REL: Falscher Freund

DTM: **beschleunigtes Familienverfahren**; fachlit.; 3; MWA; neutr.; sg.; 2806; Familienrecht
DTQ: Keidel, Theodor et. al. (2009): FamFG Familienverfahren. Freiwillige Gerichtsbarkeit. Grauer Kommentar
DEF: Oberbegriff für alle Angelegenheiten, die Familien betreffen (Scheidung, Pflegschaftsanglegenheiten usw.).
DFQ: nach Keidel, Theodor et. al. (2009): FamFG Familienverfahren. Freiwillige Gerichtsbarkeit.
NOT: Fehlt als Begriff im Asylwesen, beschränkt in DE auf Familienangelegenheiten (Scheidung, Pflegschaft usw.).

***

ATM: **Februarpatent**; fachlit.; 3; Hauptb.; Subst.; neutr.; sg.; 1206; Verfassungsrecht; **Reichsverfassung**
ETM: February patent; FTM: décret de fevrier
TMQ: VfGH, 09.03.1988 G144/8
DEF: Kaiserliches Manifest, welches 1861 die Grundlage für den Wiederbeginn des österreichischen Parlamentarismus bedeutete.
DFQ: nach Glossar des österreichischen Parlaments: http://www.parlament.gv.at/ (05.02.2015)

DTM: FEHLT

***

DTM: **federführender Ausschuss**; gesetzl.; 4; Hauptb.; MWA; mask.; sg.; 0421; Öffentliches Recht
ETM: lead parliamentary committee; FTM: comité parlementaire de premier plan
DTQ: §§ 63, 80 BTGO
DEF: Ausschuss, der dem Bundestag Bericht erstattet, wenn eine Vorlage mehreren Ausschüssen zur Behandlung zugewiesen wurde.
DFQ: nach § 63 BTOG
ATM: FEHLT

***

ATM: **Feilbieten im Umherziehen**; gesetzl.; 4; Hauptb.; MWA; neutr.; sg.; 1236; Gewerberecht
ETM: itinerant trade; FTM: vente ambulante
TMQ: § 2 a.F. GewO 1994
DEF: ein Verkauf von bestimmten Waren in kleinem Rahmen an Orten außerhalb einer gewerblichen Niederlassung, der eine Bewilligung der jeweiligen Gemeinde voraussetzt und auf Ort oder Zeit beschränkt sein kann.
DFQ: nach GewO § 53
REL: Teilsynonym; funkt. Äquiv.

DTM: **Reisegewerbe**; gesetzl.; 4; Hauptb.; Subst.; neutr.; sg.
DTQ: § 55 GewO
DEF: das Anbieten von Waren oder Leistungen außerhalb einer gewerblichen Niederlassung, das allerdings eine Reisegewerbekarte (siehe Reisegewerbekarte) erfordert.
DFQ: nach GewO §55

***

ATM: **Felddienstbarkeit**; gesetzl.; 4; Nebenb.; MWA; fem.; sg.; 1211 / 5606; Bürgerl. Recht / Agrarrecht; **Feldservitut, Rustikalservitut**
ETM: easement over agricultural land; FTM: servitude rurale

TMQ: Art. 3 § 7 (2) Agrarbehördengesetz 1950

DEF: eine Dienstbarkeit, bei der im Regelfall das herrschende Grundstück landwirtschaftlich genutzt wird und die Servitutut am dieneden Grundstück der besseren Nutzung des herrschenden Grundstücks dient.

DFQ: nach Welser, FWB Bürgerliches Recht

NOT: Gemäß § 477 ABGB sind dies in erster Linie: das Recht, 1. einen Fußsteig, Viehtrieb oder Fahrweg auf fremden Grund und Boden zu halten; 2. das Wasser zu schöpfen, das Vieh zu tränken, das Wasser ab- und herzuleiten; 3. das Vieh zu hüten und zu weiden; 4. Holz zu fällen, verdorrte Äste und Reiser zu sammeln, Eicheln zu lesen, Laub zu rechen; 5. zu jagen, zu fischen, Vögel zu fangen; 6. Steine zu brechen, Sand zu graben, Kalk zu brennen.

DTM: FEHLT

NOT: Die Feldservitut in AT fällt in DE unter den allgemeinen Begriff „**Grunddienstbarkeit**". Eine detaillierte Regelung wie in AT gibt es im dt. Recht nicht.

***

ATM: Ferialarbeit; fachlit.; 3; Hauptb.; Subst.; fem.; sg.; 4406; Arbeitsrecht

ETM: holiday work; FTM: emploi de vacances

TMQ: OGH 10ObS59/05g, 06.09.2005

DEF: eine Tätigkeit von Schülern und Studenten, darunter sind Tätigkeiten, die ausschließlich während der Ferien erfolgen, sowie Tätigkeiten, die überwiegend während der Hauptferien, keinesfalls jedoch länger als zwei Wochen außerhalb der Hauptferien, durchgeführt werden.

DFQ: nach Schülerbeihilfengesetz Art. 2 § 4

REL: Teilsynonym; funkt. Äquiv.

DTM: Ferienarbeit; fachlit.; 3; Hauptb.; Subst.; fem.; sg.

DTQ: BGH, 1 StR 79/00, 05.04.2000

DEF: die Tätigkeit von Schülern und Studenten, die für maximal vier Wochen innerhalb der Ferien ausgeübt werden darf.

DFQ: JArbSchG § 5

***

ATM: Ferialsachen; gesetzl.; 4; Hauptb.; Subst.; fem.; pl.; 1226; Gerichtsorganisation

ETM: special hearings during holiday periods; FTM: audience urgente pendant les vacances judicaires

TMQ: § 224 (1) Z. 1-7 ZPO

DEF: bestimmte zivilgerichtliche Streitigkeiten, die ohne Rücksicht auf Gerichtsferien zu führen sind.

DFQ: nach § 224 ZPO

NOT: Sind Rechtsfragen, die entweder durch ihre Dringlichkeit in der verhandlungsfreien Zeit behandelt werden oder von vornherein als Ferialsachen festgeschrieben sind und somit nicht durch die verhandlungsfreie Zeit verlängert werden können. Ferialsachen sind aufgezählt in § 224 (1) Z. 1-7 ZPO.

DTM: FEHLT

NOT: "**Ferialsachen**" waren Rechtsfragen, die vor der Abschaffung der Gerichtsferien von 15.7. bis 15.9. in DE innerhalb dieser Zeitspanne behandelt wurden. Der Term ist in DE veraltet, da die Gerichtsferien mit 01.01.1997 abgeschafft wurden.

***

ATM: Feststellung der Nichtabstammung vom Ehemann der Mutter; gesetzl.; 4; Hauptb.; MWA; fem.; sg.; 2806; Familienrecht; **früher: Ehelichkeitsbestreitung**

ETM: action to contest paternity; FTM: action en désaveu de paternité

TMQ: § 156 ABGB

DEF: stammt ein Kind, das während der Ehe der Mutter oder vor Ablauf von 300 Tagen nach dem Tod des Ehemanns der Mutter geboren worden ist, nicht von diesem ab, so hat das Gericht dies auf Antrag festzustellen.

DFQ: nach § 156 ABGB

NOT: Da das Abstammungsverfahren seit 01.01.2005 ein Außerstreitverfahren ist, verwendet das Gesetz nunmehr den neuen Ausdruck anstelle von „**Bestreitung**" (Änderungen im Abstammungsrecht durch das FamErbRÄG 2004, Rosenmayr).

REL: Teilsynonym; enger

DTM: **Anfechtung der Vaterschaft**; gesetzl.; 4; Hauptb.; MWA; fem.; sg.; **früher: Ehelichkeitsanfechtung bzw. Anfechtung der Anerkennung**

DTQ: § 1599 (1) BGB

DEF: erweist sich für die Beteiligten von Anfang an oder auch erst später die an äußere Entscheidungsmerkmale angeknüpfte Zuordnung des Kindes zum Vater als nicht sicher genug, so haben sie im Prinzip die Möglichkeit der Einzelfallklärung durch die gerichtliche Feststellung in Form der Anfechtung der Vaterschaft.

DFQ: nach Münchener Kommentar zum BGB, 5. Auflage 2008

NOT: Diese Anfechtung greift sowohl gegenüber der Vermutung oder Fiktion der Abstammung aus der Ehe gem. §§ 1592 (1), 1593 (frühere Ehelichkeitsanfechtung), als auch gegenüber der Vermutung oder Fiktion anerkannter Abstammung bei Geburt außerhalb einer Ehe (frühere Anfechtung der Anerkennung).

***

ATM: **fettes Meisel**; gesetzl.; 4; Hauptb.; MWA; neutr.; sg.; 6026; Lebensmittelrecht
ETM: chuck tenderloin; FTM: filet paleron

TMQ: Österr. Lebensmittelbuch, Kap. 14 A.3.1.3

DEF: überdeckt am Hals das magere Meisel.

DFQ: Österr. Lebensmittelbuch, Kap. 14 A.3.1.3

REL: Teilsynonym

DTM: **Halsteil**; fachlit.; 3; Hauptb.; Subst.; mask.; sg.

DTQ: http://www.fleischwirtschaft.de/dokumentation/fachbegriffe/ (15.09.2014)

DEF: Teilstück des Vorderviertels: Abgedeckter Rücken.

DFQ: http://www.fleischwirtschaft.de/dokumentation/fachbegriffe/ (15.09.2014)

NOT: Ist Teil des Kamms (Halses) und nicht extra ausgewiesen. (15.09.2014

***

ATM: **Feuerbohne**; gesetzl.; 4; Hauptb.; Subst.; fem.; sg.; 6006; Agrarrecht
ETM: runner bean; FTM: haricot à rames

TMQ: Saatgutverordnung 2006 2.26.

DEF: Phaseolus coccineus L.

DFQ: Saatgutverordnung 2006 2.26.

REL: Synonym

DTM: **Prunkbohne**; gesetzl.; 4; Hauptb.; Subst.; fem.; sg.

DTQ: SatV 7.1.1.8

DEF: Phaseolus coccineus.

DFQ: Saatgutverordnung 2006 2.26.

***

ATM: **fideikommissarische Substitution**; gesetzl.; 4; Hauptb.; MWA; fem.; sg.; 1211; Bürgerl. Recht; **Nacherbschaft**
ETM: fideicommissary substitution; FTM: substitution fidéicommissaire
TMQ: § 608 ABGB
DEF: eine mittels letztwilliger Verfügung getroffene Anordnung, dass ein Erbe die angetretene Erbschaft nach seinem Tod oder bei Eintritt eines bestimmten Ereignisses einer dritten Person überlasse.
DFQ: ÖRWB
REL: Synonym

DTM: **Nacherbschaft**; gesetzl.; 4; Hauptb.; Subst.; fem.; sg.; **Erwerb von Todes wegen**
DTQ: § 6 Erbschaftsteuer- und Schenkungsteuergesetz
DEF: ein Vermögen kann durch die Anordnung einer Vor- und Nacherbschaft über zwei Generationen hinweg vererbt werden. Hierzu bestimmt der Testierende, dass sein Vermögen zunächst nur einer Person zukommen soll (Vorerbe), legt aber gleichzeitig bereits fest, wer es nach dieser Person bekommen soll (Nacherbe).
DFQ: nach § 6 Erbschaftsteuer- und Schenkungsteuergesetz

***

ATM: **fideikommissarische Substitution auf den Überrest**; fachlit.; 3; Hauptb.; MWA; fem.; sg.; 1211; Bürgerl. Recht; Erbrecht; **Nacherbschaft auf den Überrest; befreite Vorerbschaft**
ETM: fideicommissary substitution of the remnant; FTM: substitution fidéicommissaire sur le reste
TMQ: OGH 6Ob136/07d, 27.02.2009
DEF: der Umstand, dass der Nacherbe nur dasjenige bekommt, was beim Tod des Vorerben noch übrig ist.
DFQ: Welser, FWB Bürgerliches Recht, Band II
REL Synonym
NOT: Die Substitution auf den Überrest ist zwar im Gesetz nicht geregelt, wird aber allgemein als zulässig angesehen.

DTM: **befreite Vorerbschaft**; fachlit.; 3; Hauptb.; MWA; fem.; sg.; 1211; Bürgerl. Recht
DTQ: http://www.institut-fuer-internationales-erbrecht.de (28.09.2014)
DEF: der Fall, wenn der Erblasser den Nacherben auf dasjenige eingesetzt, was von der Erbschaft bei dem Eintritt der Nacherbfolge übrig sein wird.
DFQ: nach § 2137 (1) BGB

***

ATM: **Finanzmarktaufsichtsbehörde**; gesetzl.; 4; Hauptb.; Subst.; fem.; sg.; 2421; Finanzrecht; **Finanzmarktaufsicht; FMA**
ETM: Financial Market Authority; FTM: autorité des marchés financiers
TMQ: BMSVG § 28
DEF: eine Anstalt öffentlichen Rechts mit eigener Rechtspersönlichkeit mit Sitz in Wien, die zur Durchführung der Bankenaufsicht, der Versicherungsaufsicht, der Wertpapieraufsicht und der Pensionskassenaufsicht eingerichtet ist.
DFQ: nach § 1 FMABG
REL: Teilsynonym; funkt. Äquiv.

DTM: **Bundesanstalt für Finanzdienstleistungsaufsicht**; gesetzl.; 4; Hauptb.; MWA; fem.; sg.; **BaFin**
DTQ: § 7a VersRuecklG

DEF: eine bundesunmittelbare, rechtsfähige Anstalt des öffentlichen Rechts mit Sitz in Bonn und in Frankfurt am Main, die die Aufgaben des früheren Bundesaufsichtsamtes für das Kreditwesen, des Bundesaufsichtsamtes für das Versicherungswesen und des Bundesaufsichtsamtes für den Wertpapierhandel wahrnimmt.

DFQ: nach § 1 FinDAG

***

ATM: **Finanzordnungswidrigkeit**; gesetzl.; 4; Hauptb.; Subst.; fem.; sg.; 1216; Finanzstrafrecht

ETM: fiscal offence; FTM: infraction fiscale

TMQ: BAO § 155

DEF: Vorsatzdelikt, welches vorliegt, wenn Abgaben oder Vorauszahlungen nicht oder verspätet entrichtet werden oder wenn unter Verletzung der abgabenrechtlichen Offenlegungs- oder Wahrheitspflicht Zahlungserleichterungen für die Entrichtung von Abgabenschuldigkeiten ungerechtfertigt erwirkt werden.

DFQ: nach Art. 1 §§ 49 f. FinStrG

REL Synonym

DTM: **Steuerordnungswidrigkeit**; gesetzl.; 4; Hauptb.; Subst.; fem.; sg.

DTQ: § 377 (1) AO

DEF: Zuwiderhandlung gegen Steuergesetze, die mit Geldbuße geahndet werden kann.

DFQ: § 377 (1) AO

***

ATM: **Finanzprokuratur**; gesetzl.; 4; Hauptb.; Subst.; fem.; sg.; 2436; Finanzverwaltung

ETM: office of the procurator general (at the Ministry of Finance); FTM: office du Procureur Général (au ministère des Finances);

TMQ: § 1 Finanzprokuraturgesetz

DEF: eine Einrichtung des Bundes zur umfassenden rechtlichen Beratung und Rechtsvertretung im Sinne des Staates. Ist als Anwalt und Berater der Republik Österreich tätig.

DFQ: §1 Finanzprokuraturgesetz

DTM: FEHLT

NOT: Die rechtliche Vertetung der Bundesrepublik Deutschland übernimmt die Rechtsabteilung des Auswärtigen Amtes.

***

ATM: **Firmenbuch**; gesetzl.; 4; Hauptb.; Subst.; neutr.; sg.; 4006; Unternehmsrecht

ETM: commercial register; FTM: registre du commerce et des sociétés

TMQ: StrauHuGR1

DEF: ein öffentliches Verzeichnis der rechtserheblichen Tatsachen und Rechtverhältnissen aller einzutragenden Rechtsträger.

DFQ: nach §§ 1 ff. FBG; StrauHuGR1

NOT: Das Firmenbuch besteht aus dem „**Hauptbuch**" und der „**Urkundensammlung**". Änderungen eingetragener Tatsachen sind, unbeschadet sonstiger gesetzlicher Vorschriften, beim Gericht unverzüglich anzumelden; das Gericht hat die Eintragungen entsprechend zu ändern, im Fall ihrer Unzulässigkeit zu löschen.

REL Synonym

DTM: **Handelsregister**; gesetzl.; 4; Hauptb.; Subst:, neutr.; sg.

DTQ: § 8 HGB

DEF: ein öffentliches Verzeichnis bestimmter für den Handelsverkehr rechtserheblicher Tatsachen und Rechtsverhältnisse.

DFQ: nach Creif21

***

ATM: **Firmenkollektivvertrag**; fachlit.; 3; Hauptb.; Subst.; mask.; sg.; 4426; Arbeitsrecht

ETM: company-wide collective agreement; FTM: convention collective d'entreprise

TMQ: OGH 8ObA32/07z, 16.01.2008

DEF: Kollektivvertrag zwischen einem einzelnen Arbeitgeber und einer Gewerkschaft. Er regelt die Rechte und Pflichten der Vertragsparteien und enthält Rechtsnormen, die den Inhalt, den Abschluss und die Beendigung von Arbeitsverhältnissen sowie betriebliche und betriebsverfassungsrechtliche Fragen ordnen können. Er gilt räumlich nur für die betreffenden Firmenbetriebe.

DFQ: nach §§ 2 ff. ArbVG

REL Synonym

DTM: **Firmentarifvertrag**; gesetzl.; 4; Hauptb.; Subst.; mask.; sg.

DTQ: §§ 1 ff. TVG

DEF: ein Vertrag, der die Rechte und Pflichten der Tarifvertragsparteien regelt und Rechtsnormen enthält, die den Inhalt, den Abschluss und die Beendigung von Arbeitsverhältnissen sowie betriebliche und betriebsverfassungsrechtliche Fragen ordnen können.

DFQ: §§ 1 ff. TVG

***

ATM: **Flächenwidmungsplan**; gesetzl.; 4; Hauptb.; Subst.; mask.; sg.; 2846; Raumplanung

ETM: land use plan; FTM: plan d'occupation des sols

TMQ: BewG § 80, Handbuch der Planungsbegriffe

DEF: gliedert das gesamte Gebiet einer Gemeinde und legt die Nutzungsart für alle Flächen entsprechend den räumlich- unktionellen Erfordernissen fest.

DFQ: www.raumplanung.steiermark.at

REL Synonym

DTM: **Flächennutzungsplan**; gesetzl.; 4; Hauptb.; Subst.; mask.; sg.

DTQ: § 5 BauGB

DEF: dort ist für das ganze Gemeindegebiet die sich aus der beabsichtigten städtebaulichen Entwicklung ergebende Art der Bodennutzung nach den voraussehbaren Bedürfnissen der Gemeinde in den Grundzügen darzustellen.

DFQ: § 5 Allgemeines Städtebaurecht

***

ATM: **Fledermaus**; gesetzl.; 4; Hauptb.; Subst.; fem.; sg.; 6026; Lebensmittelrecht; **Schalblattel**

TMQ: Österr. Lebensmittelbuch, Kap. 14 A.3.1.3

DEF: ein kleines Stück Fleisch, das aus dem Kreuzbein ausgelöst wird.

DFQ: Österr. Lebensmittelbuch, Kap. 14 A.3.1.3

REL: Teilsynonym

DTM: **FEHLT**

***

ATM: **Fluchtlinie**; gesetzl.; 4; Hauptb.; Subst.; fem.; sg.; 2846; Raumplanung

ETM: building line; FTM: alignement des constructions

TMQ: Handbuch der Planungsbegriffe

DEF: ein Regelungsinhalt des Bebauungsplans mit welchem die Abgrenzung von öffentlichen Verkehrsflächen oder die Grenze zwischen Gebieten mit verschiedenen Flächenwidmungen beziehungsweise Bebauungsbestimmungen gebildet wird.

DFQ: Handbuch der Planungsbegriffe

NOT: Zu unterscheiden sind „**Straßenfluchtlinien**“, „**Baufluchtlinien**“, „**Grenzlinien**“.

REL Synonym

DTM: **Baulinie**; gesetzl.; 4; Hauptb.; Subst.; fem.; sg.

DTQ: Creif21

DEF: eine im Bebauungsplan festgelegte Linie, der Bauflucht, auf der ein Gebäude zwingend errichtet werden muss und trennt somit die bebaubare von der nichtbebaubaren Grundstücksfläche.

DFQ: http://www.baulexikon.de/Bautechnik/../BAUlexikon_baulinie.htm (06.08.2014); http://www.architektur- lexikon.de/lexikon/fluchtlinie.htm (06.08.2014); § 23 BauNVO

NOT: „**Fluchtlinie**“ ist in DE eine veraltete Bezeichnung.

***

ATM: **Kommassierung**; fachlit.; 3; Nebenb.; Subst.; fem.; sg.; 6006; Agrarrecht; **Flurbereinigung**
ETM: land reparcelling; FTM: remembrement

TMQ: VwGH 2005/07/0066, 06.07.2006

DEF: eine Neueinteilung oder Erschließung des land- und forstwirtschaftlichen Grundbesitzes im Interesse der Schaffung und Erhaltung einer leistungsfähigen und umweltverträglichen Landwirtschaft.

DFQ: Art. 1 § 1 Flurverfassungs-Grundsatzgesetz 1951; § 1 AllgGAV

REL: Teilsynonym; enger

DTM: **Umlegung**; gesetzl.; 4; Hauptb.; Subst.; fem.; sg.

DTQ: Creif21

DEF: eine Erschließung oder Neugestaltung von Gebieten, wodurch bebaute und unbebaute Grundstücke durch Umlegung in der Weise neu geordnet werden können, dass nach Lage, Form und Größe für die bauliche oder sonstige Nutzung zweckmäßig gestaltete Grundstücke entstehen.

DFQ: nach §§ 45 ff. BauGB

***

ATM: **Forderungsexekution**; gesetzl.; 4; Hauptb.; Subst.; fem.; sg.; 1211; Exekutionsrecht
ETM: enforcement of receivables; FTM: saisie de créances

TMQ: § 47 EO

DEF: die gerichtliche Pfändung von Forderungen, die einem verpflichteten Schuldner gegen einen Dritten zustehen. Die Exekution auf Geldforderungen des Verpflichteten erfolgt durch Pfändung und Überweisung, wobei das Gericht, welches die Exekution bewilligt, dem Drittschuldner verbietet, an den Verpflichteten zu bezahlen. Zugleich ist dem Verpflichteten selbst jede Verfügung über seine Forderung sowie über das für dieselbe etwa bestellte Pfand und insbesondere die Einziehung der Forderung zu untersagen.

DFQ: nach § 294 EO

REL Synonym

DTM: **Zwangsvollstreckung wegen Geldforderungen**; gesetzl.; 4; Hauptb.; MWA; fem.; sg.

DTQ: § 136 FlurbG

DEF: ein Verfahren, in dem Leistungs- und Haftungsansprüche durch staatlichen Zwang verwirklicht werden.

DFQ: nach Creif21; §§ 803, 882a ZPO

***

ATM: **förderungswürdige Leistung**; gesetzl.; 4; Hauptb.; MWA; fem.; sg.; 1606; Finanzrecht; **Subvention**

ETM: eligible performance; FTM: prestation éligibles

TMQ: Verordnung des Bundesministers für Finanzen über Allgemeine Rahmenrichtlinien für die Gewährung von Förderungen aus Bundesmitteln (ARR 2004) § 2

DEF: wenn an ihr ein erhebliches öffentliches Interesse besteht und sie daher geeignet ist, zur Sicherung oder Steigerung des Gemeinwohles oder zur Hebung des zwischenstaatlichen und internationalen Ansehens der Republik Österreich oder zum Fortschritt in geistiger, körperlicher, kultureller, sozialer oder wirtschaftlicher Hinsicht beizutragen. Allgemeiner Zweck jeder Förderung ist primär die Hilfe zur Selbsthilfe.

DFQ: Verordnung des Bundesministers für Finanzen über Allgemeine Rahmenrichtlinien für die Gewährung von Förderungen aus Bundesmitteln (ARR 2004) § 2

NOT: In DE auf Krankenkassenbereich eingeschränkt.

REL: Falscher Freund

DTM: **förderungswürdige Leistung**; gesetzl.; 4; Hauptb.; MWA; fem.; sg.; 2841; Sozialrecht

DTQ: LSG der Länder Berlin und Brandenburg, 15.12.2010, L 7 KA 62/09 KL

DEF: besondere Leistung im Rahmen eines kassenärztlichen Vertrags, die bevorzugt abgegolten wird.

DFQ: LSG der Länder Berlin und Brandenburg, 15.12.2010, L 7 KA 62/09 KL, S

***

ATM: **Formgebrechen**; gesetzl.; 4; Hauptb.; Subst.; neutr.; sg.; 1206; Zivilrecht

ETM: procedural irregularities; FTM: irrégularité formelle

TMQ: § 20 BAG

DEF: Gestaltungen, die gesetzlich normierten Vorschriften widersprechen, die die formale Behandlung des Anbringens sicherstellen oder erleichtern. Auch das Fehlen von notwendigen Beilagen gilt als Formgebrechen.

DFQ: Erlass zum Anwendungsbereich des §85 BAO

NOT: Kleinerer Formmangel, der nicht zur Nichtigkeit des Vertrags bzw. der Eingabe bei Behörden führt und geheilt werden kann.

REL Synonym

DTM: FEHLT

NOT: Das BGB (§ 125) kennt nur den Formmangel, der sich auf das ist das Fehlen eines unentbehrlichen Bestandteils bzw. auf eine gesetzlich vorgeschriebenen Form bezieht.

***

ATM: **Frachtbriefdoppel**; gesetzl.; 4; Hauptb.; Subst.; neutr.; sg.; 2016; Transportrecht; **Frachtbriefduplikat; Duplikatfrachtbrief**

ETM: duplicate of the consignment note; FTM: duplicata de la lettre de voiture

TMQ: EBG § 67

DEF: die Bestätigung des Beförderers im Eisenbahnverkehr über die Übernahme eines Gutes, welche dem Absender übergeben wird.

DFQ: nach Art. 6 § 4 COTIF; §§ 67 ff. EBG

NOT: Im Frachtbriefdoppel können zudem weitere relevante Angaben zum Gut (etwa die Masse oder Zahl der zu befördernden Stücke oder nachträgliche Verfügungen) festgehalten werden.

REL Synonym

DTM: **Absenderausfertigung des Frachtbriefs**; gesetzl.; 4; Hauptb.; MWA; fem.; sg.

DTQ: § 418 HGB

DEF: ein Frachtbrief ausgestellt und von beiden Parteien unterzeichnet worden, so kann der Absender sein Verfügungsrecht nur gegen Vorlage der Absenderausfertigung des Frachtbriefs ausüben, sofern dies im Frachtbrief vorgeschrieben ist.

DFQ: § 418 HGB

***

ATM: **Frächter**; gesetzl.; 4; Hauptb.; Subst.; mask.; sg.; 1211; Bürgerl. Recht; **Frachtführer; Transportunternehmer**

ETM: carrier; FTM: transporteur

TMQ: § 1 (4) Abgabenexekutionsordnungs-DV

DEF: ein Kaufmann, der gewerbsmäßig die Beförderung von Gütern zu Lande, auf Flüssen oder sontigen Binnengewässern übernimmt.

DFQ: ÖRWB

REL: Synonym

NOT: Der gesetzliche Haupttterminus ist auch in AT „**Frachtführer**" (§ 425 HGB), der jedoch im allgemeinen Sprachgebrauch überhaupt nicht verankert ist. Stattdessen wird „**Frächter**" verwendet. Dieser Begriff kommt auch in zahlreichen oberstgerichtlichen Urteilen vor.

DTM: **Frachtführer**; gesetzl.; 4; Hauptb.; Subst.; mask.; sg.; 2016; Transportrecht; **Transportunternehmer**

DTQ: § 423 HGB

DEF: wer es unternimmt, gegen Entgelt Frachgut zu Land (Straße, Schien), auf Binnengewässern oder mit Luftfahrzeugen zu befördern und an den Empfänger abzuliefern.

DFQ: Creif21

***

ATM: **freie/r Dienstnehmer/in**; gesetzl.; 4; Hauptb.; MWA; mask./fem.; sg.; 4426; Arbeitsrecht

ETM: freelance worker; FTM: prestataire indépendant

TMQ: ABGB § 1164a

DEF: Person, die sich in gewisser Regelmäßigkeit zu wiederkehrenden Dienstleistungen verpflichtet, die im Wesentlichen persönlich und überwiegend mit den Mitteln des Auftraggebers verrichtet werden.

DFQ: nach „Der freie Dienstvertrag", Arbeiterkammer Salzburg, 2007

NOT: Im Vergleich zu herkömmlichen Arbeitnehmern haben demnach die freien Dienstnehmer meist einen größeren Spielraum in Bezug auf Weisungen des Auftraggebers, insbesondere was Arbeitszeit, Arbeitsort und Arbeitsablauf betrifft.

REL: Synonym

DTM: **freie/r Mitarbeiter/in**; fachlit.; 3; Hauptb.; MWA; mask./fem.; sg.; **Scheinselbstständige/r, freie/r Arbeitnehmer/in**

DTQ: BGH III ZR 56/0, 01.08.2007

DEF: Person, die, ohne (abhängige) Arbeitnehmerin zu sein, vereinbarungsgemäß Arbeitsleistungen in Form eines Dienstvertrags (z. B. bei Medienanstalten oder in der Werbung) erbringt. Die Anstellungsverhältnisse sind vielfach arbeitnehmerähnlich.

DFQ: nach Creif21

***

ATM: **freies Gewerbe**; gesetzl.; 4; Hauptb.; MWA; neutr.; sg.; 1621; Gewerberecht

ETM: unrestricted industry; FTM: activité professionnelle non soumise à autorisation

TMQ: Mayer, FWB Öffentl. Recht

DEF: eine Tätigkeit nach der Gewerbeordnung bzw. ihren Nebengesetzen, die nicht als reglementierte Gewerbe oder Teilgewerbe ausdrücklich angeführt ist.

DFQ: nach §§ 5 (2), 349 GewO 1994

REL: Synonym

NOT: Die Liste der freien Unternehmenstätigkeiten enthält eine umfangreiche Aufzählung von Gewerben, für die kein Befähigungsnachweis erforderlich ist.

DTM: **zulassungsfreies Handwerk**; gesetzl.; 4; Hauptb.; MWA; neutr.; sg.; **handwerksähnliches Gewerbe**

DTQ: § 18 Handwerksordnung

DEF: ein zulassungsfreies Handwerk im Sinne dieses Gesetzes, wenn es handwerksmäßig betrieben wird und in Anlage B Abschnitt 1 zu diesem Gesetz aufgeführt ist.

DFQ: nach § 18 Handwerksordnung

***

ATM: **Freifahrt und Fahrtenbeihilfe**; gesetzl.; 4; Hauptb.; MWA; fem.; sg.; 2841; Sozialrecht

ETM: travel allowance for trainees; FTM: prime de transport pour apprenti(e)

TMQ: FamLAG

DEF: der Ersatz der im Tarif jeweils vorgesehenen Fahrpreise für die Beförderung der Lehrlinge zwischen der Wohnung und der betrieblichen Ausbildungsstätte von Seiten des Bundes.

DFQ: § 30j FamLAG

DTM: **FEHLT**

NOT: Fehlt als bundesweite Regelung.

***

ATM: **Freihaltefläche**; gesetzl.; 4; Hauptb.; Subst.; fem.; sg.; 2846; Raumplanung

ETM: protected land reserved for specific use set by law; FTM: espace réservé à un usage déterminé

TMQ: Handbuch der Planungsbegriffe

DEF: dienen z.B. der Erhaltung von wesentlichen Freiraumfunktionen wie der agrarischen Produktions-, der der ökologischen Ausgleichs- oder der Erholungsfunktion.

DFQ: Handbuch der Planungsbegriffe, S. 139

DTM: **FEHLT**

***

ATM: **Freihandverkauf**; gesetzl.; 4; Hauptb.; Subst.; mask.; sg.; 1226; Gerichtsorganisation; **Verkauf aus freier Hand; freihändiger Verkauf**

ETM: sale by private treaty; FTM: vente amiable

TMQ: GOG § 6

DEF: Verkauf gepfändeter Gegenstände, die einen Börsenpreis haben, durch Vermittlung eines Handelsmaklers oder Vollstreckungsorgans zum Börsenpreis aus freier Hand; anstelle einer Versteigerung.

DFQ: nach § 268 EO

REL Synonym

DTM: **freihändiger Verkauf**; gesetzl.; 4; Hauptb.; MWA; mask.; sg.

DTQ: § 385 BGB

DEF: hat die Sache einen Börsen- oder Marktpreis, so kann der Schuldner den Verkauf aus freier Hand durch einen zu solchen Verkäufen öffentlich ermächtigten Handelsmäkler oder durch eine zur öffentlichen Versteigerung befugte Person zum laufenden Preis bewirken.

DFQ: § 385 BGB

***

ATM: Freiheitsentziehung; gesetzl.; 4; Hauptb.; Subst.; fem.; sg.; 1216; Strafrecht; **Freiheitsberaubung**

ETM: deprivation of liberty; FTM: privation de la liberté

TMQ: § 99 StGB

DEF: Straftat, die jemand begeht, indem er einen anderen widerrechtlich gefangen hält oder ihm auf andere Weise die persönliche Freiheit entzieht.

DFQ: nach § 99 StGB

NOT: Wird in AT zur Bezeichnung eines Straftatbestandes wie auch einer strafrechtlichen Maßnahme verwendet.

REL Synonym

DTM: Freiheitsberaubung; gesetzl.; 4; Hauptb.; Subst.; fem.; sg.

DTQ: § 239 StGB

DEF: Straftat, die begeht, wer einen Menschen durch Einsperren oder auf andere Art - wenn auch vorübergehend - vorsätzlich und widerrechtlich daran hindert, seien Aufenthaltsort nach eigenem Willen zu verlassen.

DFQ: nach Creif21; § 239 StGB

***

ATM: Freilassungserklärung; gesetzl.; 4; Hauptb.; Subst.; fem.; sg.; 1211; Zivilrecht, Grundbuchsrecht

ETM: lien release (US); certificate of satisfaction; FTM: acte de radiation d'hypothèque

TMQ: NTG § 5

DEF: eine Einwilligungserklärung des Berechtigten, belastete Liegenschaftsteile freizugeben und damit die lastenfreie Veräußerung dieser zu ermöglichen.

DFQ: nach www.boerse-on.at (28.10.2014)

REL Synonym

DTM: Löschungsbewilligung; gesetzl.; 4; Hauptb.; Subst.; fem.; sg.

DTQ: § 875 BGB

DEF: die Bewilligung zur Löschung eines Rechts an einem Grundstück im Grundbuch.

DFQ: nach § 875 BGB

***

ATM: freistehende Sache; gesetzl.; 4; Hauptb.; MWA; fem.; sg.; 1211; Bürgerl. Recht; ***res nullius***

ETM: derelict; FTM: chose sans maître (*res nullius*)

TMQ: § 382 ABGB

DEF: Sache, die in niemandes Eigentum steht und von jedem Mitglied eines Staates durch Zueignung erworben werden kann.

DFQ: nach § 382 ABGB

NOT: Dieses Recht erlischt allerdings, wenn es durch politische Gesetze eingeschänkt ist oder andere Mitglieder des Staates ein Vorrecht auf den Erwerb der Sache haben.

REL: Synonym

DTM: herrenlose Sache; gesetzl.; 4; Hauptb.; MWA; fem.; sg.

DTQ: § 958 (1) BGB

DEF: Sache, an der Eigentum erworben wird, wenn man sie in Eigenbesitz nimmt.

DFQ: nach § 958 (1) BGB

NOT: Eigentum wird nicht erworben, wenn die Aneignung gesetzlich verboten ist oder wenn durch die Besitzergreifung das Aneignungsrecht eines anderen verletzt wird.

***

ATM: **Freizeichen**; gesetzl.; 4; Hauptb.; Subst.; neutr.; sg.; 1606; Markenrecht

ETM: genericised trade mark; FTM: marque tombée dans le domaine public

TMQ: MarkSchG § 33b

DEF: die abgeschlossene Entwicklung einer Marke zur gebräuchlichen Bezeichnung.

DFQ: § 33b MarkSchG

DTM: FEHLT

NOT: Freizeichen war die heute überholte Markenbezeichnung für Warenzeichen, die sich im freien Gebrauch mehrerer selbständiger Gewerbetreibender befanden (z.B. weißes Kreuz auf grünem Grund für Drogerien).

***

DTM: **Freizeitarrest**; gesetzl.; 4; Hauptb.; Subst.; mask.; sg.; 2806; Jugendstrafrecht

ETM: imprisonment during leisure time; FTM: emprisonnement pendant le temps libre

DTQ: § 16 (2) JGG

DEF: wird für die wöchentliche Freizeit des Jugendlichen verhängt und auf eine oder zwei Freizeiten bemessen.

DFQ: § 16 (2) JGG

ATM: FEHLT

***

ATM: **Fremdenpolizei**; gesetzl.; 4; Hauptb.; Subst.; fem.; sg.; 1231; Aufenthaltsrecht

ETM: foreign visitors branch (of the police), FTM: police des étrangers

TMQ: § 2 (2) Fremdenpolizeigesetz 2005

DEF: 1. die Verhinderung der rechtswidrigen Einreise von Fremden, 2. die Überwachung des Aufenthalts Fremder im Bundesgebiet, 3. die Ausstellung von Unbedenklichkeitsbescheinigungen, 4. die Zurückschiebung und die Durchbeförderung von Fremden, und 5. die Verhinderung und Beendigung von strafbaren Handlungen nach diesem Bundesgesetz.

DFQ: § 2 (2) Fremdenpolizeigesetz 2005

REL Synonym

DTM: **Ausländeramt**; gesetzl.; 4; Hauptb.; Subst.; neutr.; sg.; **Zentrale Ausländerbehörde**

DTQ: http://www.bonn.de/rat_verwaltung_buergerdienste/ (12.08.2014)

DEF: für aufenthaltsrechtliche Angelegenheiten ist immer die Ausländerbehörde zuständig, in deren Bezirk der/die Ausländer/in den Hauptwohnsitz hat oder in deren Bezirk sie/er einzureisen beabsichtigt.

DFQ: http://www.bonn.de/rat_verwaltung_buergerdienste/ (12.08.2014)

NOT: Die dt. Bundesländer führen das Aufenthaltsgesetz als eigene Angelegenheit durch. Meistens gibt es in jedem Landkreis oder in einer kreisfreien Stadt ein Ausländeramt das für das Ausländerrecht zuständig ist.

***

ATM: **Fremde/r**; gesetzl.; 4; Hauptb.; Subst.; fem./mask.; sg.; 1231; Aufenthaltsrecht

ETM: foreigner; FTM: étranger

TMQ: § 2 (1) 2 NAG

DEF: eine Person, welche die österreichische Staatsbürgerschaft nicht besitzt.

DFQ: § 2 (1) 2 NAG

REL Synonym

DTM: **Ausländer/in**; gesetzl.; 4; Hauptb.; Subst.; mask./fem.; sg.

DTQ: § 2 AufenthG

DEF: jeder, der nicht Deutscher im Sinne des Art. 116 (1) des Grundgesetzes ist.

DFQ: § 2 AufenthG

***

ATM: **fremdnützige Hehlerei**; fachlit.; 3; Hauptb.; MWA; fem.; sg.; 1216; Strafrecht

ETM: concealment of goods stolen by another; FTM: recel pour un tiers

TMQ: OGH 19881019, 10.6.2009

DEF: die Unterstützung eines Rechtsbrechers, eine durch eine bestimmte Straftat erlangte Sache zu verheimlichen oder zu verwerten.

DFQ: § 164 (1) StGB; ÖRWB

REL: Teilsynonym; enger

DTM: **Hehlerei**; gesetzl.; 4; Hauptb.; Subst.; fem.; sg.

DTQ: § 259 StGB

DEF: Hehlerei begeht, wer eine Sache, die ein anderer gestohlen oder sonst durch eine gegen fremdes Vermögen gerichtete rechtswidrige Tat erlangt hat, ankauft oder sonst sich oder einem Dritten verschafft, sie absetzt oder absetzen hilft, um sich oder einen Dritten zu bereichern.

DFQ: § 259 StGB

***

ATM: **Frikandeau**; gesetzl.; 4; Hauptb.; Subst.; neutr.; sg.; 6026; Lebensmittelrecht

TMQ: http://www.ama-marketing.at/home/groups/6/teilstuecke/KALB40.SWF (15.09.2014)

DEF: einer von vier Teilen des Schlögels (Schinkens) von Rind, Kalb oder Schwein.

DFQ: http://www.fleisch-teilstuecke.at/tsdetail-schwein/fts/2143/2000.2100.2145/ (15.09.2014)

REL: Teilsynonym

DTM: **Unterschale**; gesetzl.; 4; Hauptb.; Subst.; fem.; sg.

DTQ: http://www.fleischwirtschaft.de/dokumentation/fachbegriffe/pages/index.prl?key=Frikandeau&ok=ok (15.09.2015)

DEF: Teilstück der Rinder- und Kalbskeule.

DFQ: http://www.fleischwirtschaft.de/dokumentation/fachbegriffe/pages/index.prl?key=Frikandeau&ok=ok (15.09.2015)

***

ATM: **Fristerstreckungsantrag**; fachlit.; 4; Hauptb.; Subst.; mask.; sg.; 0421; Öffentliches Recht

ETM: request for extension of the decision making period; FTM: demande de prorogation de délai

TMQ: http://www.parlament.gv.at/PERK/GL/ALLG/F.shtml (31.08.2014)

DEF: Nationalrat und Bundesrat können ihren Ausschüssen eine Frist zur Berichterstattung über einen ihnen zugewiesenen Gegenstand setzen. Diese Frist kann vor ihrem Ablauf erstreckt werden (§ 43 (2) GOG-NR) (§ 45 (4) GO-BR).

DFQ: http://www.parlament.gv.at/PERK/GL/ALLG/F.shtml (31.08.2014)

DTM: FEHLT

***

ATM: **Fristsetzungsantrag (1)**; gesetzl.; 4; Hauptb.; Subst.; mask.; sg.; 431; Öffentliches Recht

ETM: application to set a time limit; FTM: demande de fixation d'un délai (par ordonnance)

TMQ: § 43 GOG-NR

DEF: Nationalrat und Bundesrat können ihren Ausschüssen eine Frist zur Berichterstattung über einen ihnen zugewiesenen Gegenstand setzen. Dies hat zur Folge, dass nach Ablauf der gesetzten Frist die Beratungen über diesen Gegenstand bei der nachfolgenden Nationalrats- bzw. Bundesratssitzung aufgenommen werden müssen, auch wenn bis dahin kein Bericht des Ausschusses vorliegt.

DFQ: http://www.parlament.gv.at/PERK/GL/ALLG/F.shtml (30.11.2014)

DTM: FEHLT

***

ATM: Fristsetzungsantrag (2); gesetzl.; 4; Hauptb.; Subst.; mask.; sg.; 436; Verwaltungsrecht
ETM: application for judicial deadline; FTM: demande de fixation d'un délai judiciaire

TMQ: § 21 (1) Verwaltungsgerichtshofgesetz 1985; § 91 GOG

DEF: ein Gericht mit der Vornahme einer Verfahrenshandlung, etwa der Anberaumung oder Durchführung einer Tagsatzung oder Verhandlung, der Einholung eines Sachverständigengutachtens oder der Ausfertigung einer Entscheidung, säumig, so kann eine Partei stets bei diesem Gericht den an den übergeordneten Gerichtshof gerichteten Antrag stellen, er möge dem Gericht für die Vornahme der Verfahrenshandlung eine angemessene Frist setzen;

DFQ: § 91 GOG, (1)

REL: Teilsynonym

DTM: gerichtliche Fristsetzung; gesetzl.; 4; Hauptb.; MWA.; mask.; sg.;

TMQ: § 62 Bundesdisziplinargesetz

DEF: ein behördliches Disziplinarverfahren nicht innerhalb von sechs Monaten seit der Einleitung durch Einstellung, durch Erlass einer Disziplinarverfügung oder durch Erhebung der Disziplinarklage abgeschlossen worden, kann der Beamte bei dem Gericht die gerichtliche Bestimmung einer Frist zum Abschluss des Disziplinarverfahrens beantragen.

DFQ: § 62 (1) Bundesdisziplinargesetz

NOT: Das Rechtsinstitut der Fristsetzung besteht darüber hinaus in zahlreichen anderen Gesetzen und rechtlichen Kontexten.

***

ATM: Fruchtgenuss; gesetzl.; 4; Hauptb.; Subst.; mask.; sg.; 1211; Bürgerl. Recht; **Fruchtnießung**, **Fruchtgenussrecht**, **Nießbrauch**, ***ususfructus***
ETM: usufruct; FTM: usufruit

TMQ: § 14 (2) Anerbengesetz

DEF: ein dingliches Recht, eine fremde Sache unter Schonung der Substanz ohne Einschränkung zu gebrauchen.

DFQ: Welser, FWB Bürgerliches Recht

REL Synonym

NOT: Fruchtgenussrechte werden meist an Liegenschaften begründet, doch sind bewegliche Sachen an sich nicht ausgenommen.

DTM: Nießbrauch; gesetzl.; 4; Hauptb.; Subst.; mask.; sg.; 1211; Bürgerl. Recht; **Fruchtgenuss, *ususfructus***

DTQ: §§ 1030 ff. BGB

DEF: das Recht, aus der mit dem Nießbrauch belasteten Sache alle oder einzelne Nutzungen ziehen zu dürfen.

DFQ: §§ 1030 ff., 1089 ff. BGB; www.lexexact.de (05.10.2015); AlpBrock2

NOT: In dt. Gesetzen findet sich ausschließlich der Terminus „**Nießbrauch**“.

***

ATM: **Fruchtgenusslegat**; fachlit.; 3; Hauptb.; Subst.; neutr.; sg.; 1211; Bürgerl. Recht; Erbrecht; **Fruchtgenussvermächtnis, Vermächtnis des Fruchtgenusses**
ETM: legacy of usufruct; FTM: héritage de l'usufruit

TMQ: OGH 91/13/0226, 27.04.1994

DEF: das testamentarisch eingeräumte Recht, eine fremde Sache, mit Schonung der Substanz, ohne alle Einschränkung zu genießen.

DFQ: nach § 509 ABGB iVm § 535 ABGB

REL Synonym

DTM: **Nießbrauchvermächtnis**; gesetzl.; 4; Hauptb.; Subst.; neutr.; sg.; **Nießbrauch an einer Erbschaft**

DTQ: http://www.institut-fuer-internationales-erbrecht.de/erbrecht-deutschland/ (29.09.2014)

DEF: eine Form des Vermächtnisses, in deren Rahmen der Vermächtnisgeber einer dritten Person ein Nießbrauchrecht einräumt.

DFQ: nach § 1089 BGB; http://www.erbrecht-heute.de/Niessbrauchvermaechtnis.html (29.09.2014)

NOT: Bei dem Nießbrauchsvermächtnis fällt die Erbschaftsteuer im Unterschied zur Vor- und Nacherbfolge nur einmal an.

***

ATM: **Fruchtnießer**; gesetzl.; 4; Hauptb.; Subst.; mask.; sg.; 1211; Bürgerl. Recht; **Nießbraucher**, **Usufruktuar**
ETM: usufructuary; FTM: usufruitier

TMQ: § 511 ABGB

DEF: ein Berechtigter aus einem Fruchtgenußrecht.

DFQ: Welser, FWB Bürgerliches Recht

REL Synonym

NOT: Hat das uneingeschränkte Recht auf den vollen Ertrag einer fremden Sache (z.B. Erträge aus dem Bergbau, forstmäßig geschlagenes Holz).

DTM: **Nießbraucher**; gesetzl.; 4; Hauptb.; Subst.; mask.; sg.

DTQ: § 1036 BGB

DEF: jemand der das Recht des Nießbrauchs an einer Sache besitzt und berechtigt ist, die Sachen in seinen Besitz zu nehmen (§ 1036 BGB) und grundsätzlich umfassend (Früchte, Zinsen u.a.) zu nutzen

DFQ: nach §§ 1036 ff. BGB; www.juraforum.de/lexikon/Nießbrauch

***

ATM: **Fruchtnießung**; gesetzl.; 4; Hauptb.; Subst.; fem.; sg.; 1211; Bürgerl. Recht; Erbrecht; **Fruchtgenussrecht**
ETM: usufruct; FTM: usufruit

TMQ: § 478 ABGB

DEF: ein dingliches Recht, eine fremde Sache unter Schonung der Substanz ohne Einschränkung zu gebrauchen.

DFQ: nach §§ 509 ff. ABGB; Welser, FWB Bürgerliches Recht

REL: Synonym

DTM: **Nießbrauch**; gesetzl.; 4; Hauptb.; Subst.; fem.; sg.; **Fruchtgenuss**, ***ususfructus***

DTQ: §§ 1030 ff. BGB

DEF: das Recht, aus der mit dem Nießbrauch belasteten Sache alle oder einzelne Nutzungen ziehen zu dürfen

DFQ: nach §§ 1030 ff., §§ 1089 ff. BGB; AlpBrock2

NOT: Im BGB findet sich ausschließlich der Terminus „**Nießbrauch**".

***

ATM: **Fruchtnießung auf den Todesfall**; gesetzl.; 4; MWA; fem.; sg.; 1211; Bürgerl. Recht; Erbrecht; **Advitalitätsrecht**

ETM: usufruct of the surviving spouse; FTM: usufruit du conjoint

TMQ: § 1255 ABGB

DEF: das durch einen Ehepakt begründete Recht des überlebenden Ehegatten auf Fruchtnießung des verstorbenen Ehegatten, das sich jedoch nur auf das frei verebliche Vermögen bezieht.

DFQ: nach § 1255 ABGB; Welser, FWB Bürgerliches Recht

DTM: **FEHLT**

***

ATM: **Führerschein**; gesetzl.; 4; Hauptb.; Subst.; mask.; sg.; 2826; Straßenverkehrsrecht

ETM: driver's licence; FTM: permis de conduire

TMQ: § 2 (1) Führerscheingesetz (FSG)

DEF: Dokument, das zum Lenken von Kraftfahrzeugen und das Ziehen von Anhängern entsprechend den Begriffsbestimmungen des Kraftfahrgesetzes 1967 berechtigt.

DFQ: nach § 1 (1) FSG

REL: Synonym

DTM: **Fahrerlaubnis**; gesetzl.; 4; Hauptb.; Subst.; fem.; sg.; **Führerschein**

DTQ: § 4 Fahrerlaubnis-Verordnung (FeV)

DEF: wer auf öffentlichen Straßen ein Kraftfahrzeug führt, bedarf der Fahrerlaubnis.

DFQ: § 4 Fahrerlaubnis-Verordnung - FeV

***

ATM: **Führerscheinklassen**; fachlit.; 3; Hauptb.; Subst. fem.; pl.; 2826; Straßenverkehrsrecht; **Lenkberechtigung für die Klasse x**

ETM: driving licence categories; FTM: catégories de permis de conduire

TMQ: OGH 4Ob99/08z, 08.07.2008

DEF: eine Einteilung der Lenkberechtigungen nach einzelnen Kraftfahrzeugtypen und Personengruppen.

DFQ: §§ 18 ff. Führerscheingesetz

REL Synonym

DTM: **Fahrerlaubnisklassen**; gesetzl.; 4; Hauptb.; Subst.; fem.; pl.

DTQ: § 6 Fahrerlaubnis-Verordnung (FeV)

DEF: eine Einteilung der Fahrerlaubnis für bestimmte Personengruppen und Kraftfahrzeugtypen.

DFQ: § 6 FeV

***

ATM: **Führerscheinregister**; gesetzl.; 4; Hauptb.; Subst.; neutr.; sg.; 2826; Straßenverkehrsrecht

ETM: driving licence register; FTM: registre des permis de conduire

TMQ: § 16 FSG

DEF: Verzeichnis aller Lenkerberechtigungen, das bei der Bundesrechenzentrum GmbH geführt wird. Im Führerscheinregister werden auch der Führerscheinentzug oder Nachschulungen eingetragen.

DFQ: nach § 16, 16a FSG

REL: Teilsynonym; funkt. Äquiv.

DTM: **Zentrales Fahrerlaubnisregister**; gesetzl.; 4; Hauptb.; Subst.; neutr.; sg.
DTQ: § 48 (2) StVG
DEF: dient zur Speicherung von Daten, die erforderlich sind, um feststellen zu können, welche Fahrerlaubnisse und welche Führerscheine eine Person besitzt.
DFQ: § 49 StVG
NOT: Das Zentrale Fahrerlaubnisregister enthält nur so genannte Positivdaten. Die Negativdaten (z.B. Daten für die Ahndung von Verkehrsverstößen) werden hingegen im Fahreignungsregister gespeichert.

***

ATM: **Futterrübe**; gesetzl.; 4; Hauptb.; Subst.; fem.; sg.; 6006; Agrarrecht
ETM: fodder beet; FTM: betterave fourragère
TMQ: Saatgutverordnung 2006 1.4.2
DEF: Beta vulgaris L. var. crassa Mansf.
DFQ: Saatgutverordnung 2006 1.4.2
REL Synonym

DTM: **Runkelrübe**; gesetzl.; 4; Hauptb.; Subst.; fem.; sg.
DTQ: SatV 7.1.
DEF: Beta vulgaris L. var. crassa Mansf.
DFQ: Saatgutverordnung 2006 1.4.2

***

ATM: **Garnisonsort**; gesetzl.; 4; Hauptb.; Subst.; mask.; sg.; 0821; Militärrecht
ETM: garrison; FTM: territoire de la garnison
TMQ: § 2 (12) ADV
DEF: der durch besondere Vorschriften bestimmte territoriale Bereich, in dem Teile des Bundesheeres ständig untergebracht sind.
DFQ: § 2 (12) ADV
REL Synonym

DTM: **Standort**; fachlit.; 3; Hauptb.; Subst.; mask.; sg.
DTQ: http://www.streitkraeftebasis.de/portal/a/streitkraeftebasis (13.09.2014)
DEF: Orte, an denen die deutsche Bundeswehr militärische Einrichtungen unterhält.
DFQ: http://www.bundeswehr.de/ (28.08.2014)

***

ATM: **Gästeblattsammlung**; gesetzl.; 4; Hauptb.; Subst.; mask.; sg.; 1211; Bürgerl. Recht
ETM: collection of guest details; FTM: collection des fiches de clients
TMQ: § 10 (1) Meldegesetz (MeldeG)
DEF: Inhaber von Beherbergungsbetrieben oder deren Beauftragte haben zur Erfüllung der Meldepflicht eine von der Meldebehörde signierte Gästeblattsammlung aufzulegen.
DFQ: § 10 (1) MeldeG

DTM: FEHLT

***

ATM: **Gebarung**; gesetzl.; 4; Hauptb.; Subst.; fem.; sg.; 2436; Haushaltsrecht; **Finanzgebarung**, **finanzielle Gebarung**
ETM: financial management; FTM: gestion financière
TMQ: § 1 (1) Bundeshaushaltsgesetz (BAO)

DEF: die Gesamtheit der in einem bestimmten Zeitraum zur Erreichung eines bestimmten Wirtschaftsziels getroffenen, vermögensändernden Maßnahmen.

DFQ: **iate.europa.eu (18.09.2015)**; §§ 213 ff. BAO

NOT: Der Begriff „**Haushaltsplan**" kommt in österr. Gesetzen vor, die internationale Abkommen zum Gegenstand haben.

REL Synonym

DTM: **Haushaltsplan**; gesetzl.; 4; Hauptb.; Subst.; mask.; sg.; 1211; Bürgerl. Recht; **Haushalts- und Wirtschaftsführung**, **Bundeshaushaltsplan**, **Bundesbudget**

DTQ: § 29 Bundeshaushaltsordnung (BHO)

DEF: dient der Feststellung und Deckung des Finanzbedarfs, der zur Erfüllung der Aufgaben des Bundes im Bewilligungszeitraum voraussichtlich notwendig ist. Der Haushaltsplan ist Grundlage für die Haushalts- und Wirtschaftsführung.

DFQ: § 2 BHO

***

ATM: **Gebarungsüberprüfung**; gesetzl.; 4; Hauptb.; Subst.; fem.; sg.; 2436; Verfassungsrecht; **Prüfungsauftrag an den Rechnungshof**

ETM: audit (of financial management); FTM: audit (de la gestion financière)

TMQ: § 123a (1) B-VG

DEF: die Prüfung 1. der gesamten Ausgaben- und Einnahmengebarung des Bundes; 2. die gesamte Schuldengebarung des Bundes; 3. die Gebarung mit dem beweglichen und unbeweglichen Bundesvermögen.

DFQ: § 1 (1) Rechnungshofgesetz 1948

NOT: Die Überprüfung des Rechnungshofes hat sich auf die ziffernmäßige Richtigkeit, die Übereinstimmung mit den bestehenden Vorschriften, ferner auf die Sparsamkeit, Wirtschaftlichkeit und Zweckmäßigkeit zu erstrecken.

DTM: **FEHLT (Benennungslücke)**;

DTQ: § 88 Bundeshaushaltsordnung

DEF: die Prüfung erstreckt sich auf die Einhaltung der für die Haushalts- und Wirtschaftsführung geltenden Vorschriften und Grundsätze, insbesondere darauf, ob 1. das Haushaltsgesetz und der Haushaltsplan eingehalten worden sind

DFQ: § 90 Bundeshaushaltsordnung

NOT: In der BHO ist nur von der „**Prüfung**" die Rede, ein spezifischer Begriff fehlt.

***

ATM: **Gebäudedienstbarkeit**; fachlit.; 3; Hauptb.; Subst.; fem.; sg.; 1211; Bürgerl. Recht/Grundbuchrecht; **Haus-Servitut, Hausdienstbarkeit**

ETM: urban servitude; FTM: servitude urbaine

TMQ: OGH 7Ob290/03b, 30.06.2004

DEF: nach §§ 477 ff. ABGB eine sog. Grunddienstbarkeit (Servitut), die das Benutzen von Wohngebäuden erleichtert und z.B. das Recht einschließt, Wasser über das Grundstück des Nachbarn zu leiten oder das Haus höher zu bauen usw.

DFQ: nach §§ 475 ff. ABGB; Welser, FWB Bürgerliches Recht

NOT: Gem. § 475 ABGB sind das für gewöhnlich: das Recht, 1. eine Last seines Gebäudes auf ein fremdes Gebäude zu setzen; 2. einen Balken oder Sparren in eine fremde Wand einzufügen; 3. ein Fenster in der fremden Wand zu öffnen; es sei des Lichtes oder der Aussicht wegen; 4. ein Dach oder einen Erker über des Nachbars Luftraum zu bauen; 5. den Rauch durch des Nachbars Schorstein zu führen; 6. die Dachtraufe auf fremden Grund zu leiten; 7. Flüssigkeiten auf des Nachbars Grund zu gießen oder durchzuführen.

DTM: FEHLT

NOT: Die Gebäudedienstbarkeit fällt unter den allgemeinen Begriff „**Grunddienstbarkeit**". Eine wie in AT detaillierte Regelung gibt es im dt. Recht nicht.

***

ATM: **Gebietskrankenkasse**; gesetzl.; 4; Hauptb.; Subst.; fem.; sg.; 2836; Sozialrecht; **Gebietskrankenkassa**; **GKK**

ETM: regional health insurance fund; FTM: caisse regionale d'assurance maladie

TMQ: § 23 (1) Z. 1 ASVG

DEF: die Institution, die für die Durchführung der Krankenversicherung in jedem Bundesland zuständig ist.

DFQ: §§ 23 (1), 26 ASVG

NOT: Die Gebietskrankenkasse führt für einen gesetzlich definierten Personenkreis die bundesweite Krankenversicherung, sowie Unfall-, Pensions- und Arbeitslosenversicherung durch.

REL: Teilsynonym; funkt. Äquiv.

DTM: **Allgemeine Ortskrankenkasse**; gesetzl.; 4; Hauptb.; Subst.; fem.; sg.; **AOK**

DTQ: § 143 SGB V

DEF: bestehen für abgegrenzte Regionen, die sich aufgrund von Beschlüssen der jeweiligen Landesregierungen zusammenschließen können.

DFQ: § 143 SGB V

NOT: Krankenkassen-Träger der gesetzlichen Krankenversicherung. Die Kassen sind in folgende Arten gegliedert: „**Allgemeine Ortskrankenkasse**", „**Betriebskrankenkasse**", „**Innungskrankenkasse**", „**Seekrankenkasse**", „**bei der Seekasse**", „**Landwirtschaftliche Krankenkasse**", „**landwirtschaftliche Sozialversicherung**", „**Bundesknappschaft im Bergbau**" usw.

***

ATM: **gebundenes Gewerbe**; gesetzl.; 4; Hauptb.; MWA; neutr.; sg.; 1621; Gewerberecht; **reglementiertes Gewerbe**

ETM: regulated trade; FTM: métier réglementé

TMQ: §§ 18 ff., 94 ff. GewO

DEF: eine der in § 94 GewO aufgezählten Tätigkeit, für deren Ausübung ein Befähigungsnachweis erforderlich ist.

DFQ: nach §§ 18 ff., 94 ff. GewO; Mayer, FWB Öffentl. Recht

REL: Synonym; funkt. Äquiv.

NOT: Bis zur Gesetzesrechtsnovelle 2002 waren Handwerke damit nicht erfasst.

DTM: **erlaubnispflichtiges Gewerbe**; gesetzl.; 4; Hauptb.; MWA; neutr.; sg.; **genehmigungspflichtiges Gewerbe**

DTQ: § 29 GewO

DEF: ein Gewerbe für das eine behördliche Zulassung erforderlich ist.

DFQ: nach §§ 29 ff., insbesondere § 35 GewO Gewerbeuntersagung wegen Unzuverlässigkeit und § 15 (2) GewO Empfangsbescheinigung; Betrieb ohne Zulassung.

NOT: Um ein Gewerbe auszuüben, bedarf es bei den meisten Gewerben keiner besonderen Erlaubnis, sondern lediglich einer „**Gewerbeanzeige**".

***

ATM: **Geburtsurkunde**; gesetzl.; 4; Hauptb.; Subst.; fem.; pl. 0436; Öffentl. Verwaltung

ETM: birth certificate; FTM: acte de naissance

TMQ: § 33 Personenstandsgesetz

DEF: neben der Heiratsurkunde und der Sterbeurkunde eine der drei wesentlichen Personenstandsurkunden.

DFQ: § 33 Personenstandsgesetz; http://www.help.gv.at/ (04.10.2014)

NOT: Die Geburtsurkunde enthält den Familiennamen und den Vornamen des Kindes, den Zeitpunkt und Ort der Geburt des Kindes, das Geschlecht des Kindes, den Familiennamen und Vornamen der Eltern, ihren Wohnort sowie die Zugehörigkeit zu einer gesetzlich anerkannten Kirche oder Religionsgesellschaft.

REL: Teilsynonym; breiter

DTM: **beglaubigter Registerausdruck**; fachlit.; 3; Hauptb.; Subst.; mask.; sg.; **beglaubigte Abschrift aus dem Geburtenregister; Abstammungsurkunde**

DTQ: https://www.hamburg.de/behoerdenfinder/hamburg/11254336/ (22.09.2014)

DEF: nach dem in Deutschland (Stand 2007) gültigen Personenstandsgesetz eine Personenstandsurkunde, die aus dem Geburtenbuch erstellt wird. Sie zeigt im Gegensatz zur Geburtsurkunde die Herkunft einer Person von bestimmten Eltern, die tatsächliche Abstammung, auch bei Adoption.

DFQ: https://www.hamburg.de/behoerdenfinder/hamburg/11254336/ (22.09.2014)

NOT: Die Abstammungsurkunde wurde am 01.01.2009 durch das Personenstandsrechtsreformgesetz abgeschafft.

***

ATM: **gefährdete Partei**; fachlit.; 3; Hauptb.; Subst.; fem.; sg.; 1226; Bürgerl. Recht

ETM: creditor's bankruptcy petition; FTM: partie demanderesse (demandeur)

TMQ: http://www.help.gv.at/ (28.08.2014)

DEF: die Partei im Verfahren über Antrag auf einstweilige Verfügung.

DFQ: nach §§ 378 ff. EO; http://www.help.gv.at/ (28.08.2014)

DTM: FEHLT

NOT: Parteien im Verfahren über vorläufigen Schutz sind: „**Antragsgegner**" und „**Schuldner**" (§§ 395 ff. dZPO).

***

ATM: **Gefahrenzonenplan**; gesetzl.; 4; Hauptb.; Subst.; mask.; sg.; 2846; Raumplanung

ETM: hazard map; FTM: plan des zones dangereuses

TMQ: Handbuch der Planungsbegriffe

DEF: ein flächenhaftes Gutachten über die Gefährdung durch Wildbäche, Lawinen und Erosion.

DFQ: §§ 2 ff. Gefahrenzonenpläne

NOT: Er soll als Grundlage für die Raumplanung, das Bau- und das Sicherheitswesen dienen.

DTM: FEHLT

***

ATM: **gefährliche Drohung**; gesetzl.; 4; Hauptb.; MWA; fem.; sg.; 1216; Strafrecht

ETM: threat; FTM: menace

TMQ: § 107 StGb

DEF: wer einen anderen gefährlich bedroht, um ihn in Furcht und Unruhe zu versetzen oder gar mit Tod oder Verstümmelung droht, ist mit einer Freiheitsstrafe von ein bis drei Jahren zu bestrafen.

DFQ: § 107 StGB

REL: Synonym

DTM: **Bedrohung**; gesetzl.; 4; Hauptb.; MWA; fem.; sg.

DTQ: § 241 StGB

DEF: (1) Wer einen Menschen mit der Begehung eines gegen ihn oder eine ihm nahestehende Person gerichteten Verbrechens bedroht, wird mit Freiheitsstrafe bis zu einem Jahr oder mit Geldstrafe bestraft. (2) Ebenso wird bestraft, wer wider besseres Wissen einem Menschen vortäuscht, daß die Verwirklichung eines gegen ihn oder eine ihm nahestehende Person gerichteten Verbrechens bevorstehe.

DFQ: § 241 StGB

***

ATM: **gefährlicher Rückfallstäter**; gesetzl.; 4; Hauptb.; MWA; mask.; sg.; 1216; Strafrecht

ETM: dangerous repeat offender; FTM: récidiviste dangereux

TMQ: § 23 StGB

DEF: ein zu mindestens zwei Jahren Freiheitsstrafe Verurteilter, der wegen schwerwiegender Vergehen bestraft wurde, mindestens zweimal wegen diesen Taten verurteilt wurde oder wenn eine Wiederholungstat zu befürchten ist.

DFQ: nach §§ 23, 33 StGB

REL: Synonym

DTM: **FEHLT**

NOT: Der frühere Begriff **„gefährlicher Gewohnheitsverbrecher“** wurde 1969 im dStGB abgeschafft. Creif21

***

ATM: **Gegner der gefährdeten Partei**; fachlit.; 3; MWA; mask.; sg.; 1226; Bürgerl. Recht/Exekutionsrecht

ETM: opponent of the jeopardised party; FTM: adversaire de la partie demanderesse

TMQ: § 379 EO

DEF: die Partei gegen die die „gefährdete Partei“ im Rahmen eines Exekutionsverfahrens einen Antrag auf einstweilige Verfügung und damit zur Sicherung des Rechtes gestellt hat.

DFQ: nach §§ 378, 379 EO

DTM: **FEHLT**

NOT: §§ 395 ff. dZPO Parteien im Verfahren über vorläufigen Schutz sind: „**Antragsgegner**“ und „**Schuldner**“.

***

ATM: **Gehaltsexekution**; gesetzl.; 4; Hauptb.; Subst.; fem.; sg.; 1226; Bürgerl. Recht/Exekutionsrecht; **Lohnexekution**

ETM: attachment of earnings order; FTM: saisie-arrêt sur salaire

TMQ: § 98 (1) EheG

DEF: eine gerichtliche Pfändung von bestimmten Teilen des Einkommens oder anderer Forderungen bis zum unpfändbaren Freibetrag (Existenzminimum).

DFQ: nach http://www.ooe.schuldnerberatung.at/; §§ 249 ff., 291a EO

REL Synonym

NOT: Der häufigste Fall einer Forderungsexekution.

DTM: **Zwangsvollstreckung wegen einer Geldforderung**; gesetzl.; 4; Hauptb.; Subst.; fem.; sg.; 1211; Bürgerl. Recht; **Gehaltspfändung / Lohnpfändung**

DTQ: §§ 882a dZPO

DEF: die Zwangsvollstreckung in das Arbeitseinkommen des Schuldners.

DFQ: § 850-850k dZPO

***

ATM: **geheime Verschlusssachen**; gesetzl.; 4; Hauptb.; MWA; fem.; pl.; 0436; Öffentl. Sicherheit

ETM: secret classified information; FTM: informations classifiées

TMQ: §§ 2, 2a Abkommen über den gegenseitigen Schutz von Verschlusssachen

DEF: wenn die Informationen vertraulich sind und ihre Preisgabe zudem die Gefahr einer erheblichen Schädigung der Interessen der Aufrechterhaltung der öffentlichen Ruhe, Ordnung und Sicherheit, der umfassenden Landesverteidigung oder der auswärtigen Beziehungen, der wirtschaftlichen Interessen einer Körperschaft des öffentlichen Rechts, der Vorbereitung einer Entscheidung oder der überwiegenden Interessen der Parteien schaffen würde.

DFQ: nach §§ 2, 2a Abkommen über den gegenseitigen Schutz von Verschlusssachen

REL: Teilsynonym; funkt. Äquiv.

DTM: **geheime Verschlusssachen**; gesetzl.; 4; Hauptb.; MWA; fem.; pl.

DTQ: §§ 2, 2a Abkommen über den gegenseitigen Schutz von Verschlusssachen

DEF: wenn die Kenntnisnahme durch Unbefugte die Sicherheit der Bundesrepublik Deutschland oder eines ihrer Länder gefährden oder ihren Interessen schweren Schaden zufügen kann.

DFQ: nach §§ 2, 2a Abkommen über den gegenseitigen Schutz von Verschlusssachen

***

ATM: **Gehsteig**; gesetzl.; 4; Hauptb.; Subst.; mask.; sg.; 4806; Verkehrsrecht; **Gehweg**

ETM: pavement; FTM: trottoir

TMQ: § 25 Bodenmarkierungsverordnung

DEF: ein für den Fußgängerverkehr bestimmter, von der Fahrbahn durch Randsteine, Bodenmarkierungen oder dgl. abgegrenzter Teil der Straße.

DFQ: § 1 (10) Straßenverkehrsordnung 1960

REL Synonym

DTM: **Gehweg**; gesetzl.; 4; Hauptb.; Subst.; mask.; sg.; **Bürgersteig**

DTQ: § 12 StVO

DEF: der Teil der Verkehrsfläche einer Straße, der für den Fußverkehr vorgesehen ist.

DFQ: nach § 12 StVO

***

ATM: **geistig abnorme/r Rechtsbrecher/in**; gesetzl.; 4; Hauptb.; MWA; fem./mask.; sg.; 1216; Strafrecht

ETM: mentally ill offender; FTM: délinquant atteint de troubles mentaux

TMQ: § 158 (1) Strafvollzugsgesetz

DEF: eine Person, die eine Tat, die mit einer ein Jahr übersteigenden Freiheitsstrafe bedroht ist, begangen hat, und nur deshalb nicht bestraft werden kann, weil er sie unter dem Einfluß eines die Zurechnungsfähigkeit ausschließenden Zustandes (§ 11) begangen hat, die auf einer geistigen oder seelischen Abartigkeit von höherem Grad beruht.

DFQ: nach § 21 StGB; § 158 Strafvollzugsgesetz

REL Synonym

DTM: **psychisch kranke/r Rechtsbrecher/in**; fachlit.; 3; Hauptb.; MWA; fem./mask.; sg.

DTQ: Jöckel, D. (1992). Ambulante Behandlung psychisch kranker Rechtsbrecher . Fortschr. Neurol. Psychiat. 60. 123-124.

DEF: eine Person, die eine rechtswidrige Tat im Zustand der Schuldunfähigkeit (§ 20) oder der verminderten Schuldfähigkeit (§ 21) begangen hat und infolge seines Zustandes weiterhin erhebliche rechtswidrige Taten zu erwarten sind und er deshalb für die Allgemeinheit gefährlich ist.

DFQ: § 20 dStGB

NOT: Ohne Schuld handelt, wer bei Begehung der Tat wegen einer krankhaften seelischen Störung, wegen einer tiefgreifenden Bewußtseinsstörung oder wegen Schwachsinns oder einer schweren anderen seelischen Abartigkeit unfähig ist, das Unrecht der Tat einzusehen oder nach dieser Einsicht zu handeln.

***

ATM **Geldfluss aus der Finanzierungstätigkeit**; gesetzl.; 4; Hauptb.; MWA; mask.; sg.; 2436; Budgetrecht

ETM: extraordinary budget; FTM: budget extraordinaire

TMQ § 33 (7) BHG

DEF Einzahlungen aus der Aufnahme von Finanzschulden, Einzahlungen aus liquiden Mitteln, Einzahlungen aus der Aufnahme von vorübergehend zur Kassenstärkung eingegangenen Geldverbindlichkeiten, Einzahlungen infolge eines Kapitalaustausches bei Währungstauschverträgen, Einzahlungen aus dem Abgang von Finanzanlagen, Auszahlungen aus der Tilgung von Finanzschulden, Auszahlungen aus der Tilgung von vorübergehend zur Kassenstärkung eingegangenen Geldverbindlichkeiten, Auszahlungen infolge eines Kapitalaustausches bei Währungstauschverträgen, Auszahlungen für den Erwerb von Finanzanlagen und Auszahlungen aus liquiden Mitteln.

DFQ nach § 33 (7) Z. 1-8 BHG

REL Synonym; breiter

DTM **Kreditfinanzierungsplan**; gesetzl.; 4; Hauptb.; Subst.; mask.; sg.

DTQ § 13 BHO

DEF Darstellung der Einnahmen aus Krediten und der Tilgungsausgaben.

DFQ §13 (4) Z. 4 BHO

***

ATM: **Geldwäscherei**; gesetzl.; 4; Hauptb.; Subst.; fem.; sg.; 1216; Strafrecht

ETM: money laundering; FTM: blanchiment d'argent

TMQ: § 165 StGb

DEF: das Verbergen oder die Verschleierung der Vermögensbestandteile, die aus einem Verbrechen oder einem in die Zuständigkeit der Gerichte fallenden Finanzvergehens des Schmuggels oder der Hinterziehung von Eingangs- oder Ausgangsabgaben eines anderen herrühren.

DFQ: § 165 StGb

REL Synonym

DTM: **Geldwäsche**; gesetzl.; 4; Hauptb.; Subst.; fem.; sg.

DTQ: § 261 dStGB

DEF: das Einschleusen von vermögenswerten Gegenständen.

DFQ: § 261 dStGB

NOT: Insb. Bargeld, Wertpapiere, Edelsteine, Kunstwerke, aber auch Grundstücke, Forderungen (Buchgeld), Firmen- oder Gesellschaftsbeteiligungen.

***

ATM: **Gelegenheitsmarkt**; gesetzl.; 4; Hauptb.; Subst.; mask.; sg.; 4426; Gewerberecht; **Quasimarkt**

ETM: periodic market; FTM: marché périodique

TMQ: § 286 (2) GewO

DEF: eine marktähnliche Verkaufsveranstaltung zu verstehen, die nur gelegentlich aus besonderen Anlässen abgehalten wird.

DFQ: § 286 (2) GewO

NOT: Ein Markt darf nur aufgrund einer Verordnung der Gemeinde, in welcher der Markt abgehalten werden soll, stattfinden.

DTM: FEHLT

NOT: Der Begriff kommt alltagssprachlich auch in DE vor. In der dt. Gewerbeordnung gibt es die Kategorie des „**Spezialmarkts**" (s. §§ 68 ff. GewO), die Ähnlichkeit mit dem österr. Begriff hat.

***

ATM: Gelenkkraftfahrzeug; gesetzl.; 4; Hauptb.; Subst.; neutr.; sg.; 6821; Kraftfahrzeugsrecht
ETM: articulated vehicle; FTM: véhicule articulé

TMQ: § 2 (1) Z. 10 Kraftfahrgesetz 1967

DEF: ein Sattelzugfahrzeug mit einem so auf diesem aufliegenden Sattelanhänger, daß ein wesentlicher Teil seines Eigengewichtes oder, bei gleichmäßiger Verteilung der Ladung auf der Ladefläche, seines Gesamtgewichtes vom Sattelzugfahrzeug getragen wird.

DFQ: § 2 (1) Z. 10 Kraftfahrgesetz 1967

REL: Synonym

DTM: Gelenkfahrzeug; gesetzl.; 4; Hauptb.; Subst.; mask.; sg.

DTQ: § 32 (3) Z. 4 Straßenverkehrs-Zulassungs-Ordnung

DEF: Kraftfahrzeuge, deren Nutzfläche durch ein Gelenk unterteilt ist, bei denen der angelenkte Teil jedoch kein selbstständiges Fahrzeug darstellt).

DFQ: § 32 (3) Z. 4 Straßenverkehrs-Zulassungs-Ordnung

***

ATM: gelindere Mittel; gesetzl.; 4; Hauptb.; MWA; neutr.; pl.; 1216; Strafrecht
ETM: milder measures; FTM: mesures plus légères

TMQ: § 173 (5) StPO

DEF: fördernde Maßnahmen, die dem Voranschreiten der Auflösung eines Delikts dienen und so z.B. von einer Haftstrafe abgesehen werden kann.

DFQ: § 173 (5) StPO

REL: Synonym

NOT: Beispiele: das Gelöbnis, bis zur rechtskräftigen Beendigung des Strafverfahrens weder zu fliehen noch sich verborgen zu halten, noch sich ohne Genehmigung der Staatsanwaltschaft von seinem Aufenthaltsort zu entfernen, das Gelöbnis, keinen Versuch zu unternehmen, die Ermittlungen zu erschweren usw.

DTM: weniger einschneidende Maßnahmen; gesetzl.; 4; Hauptb.; MWA; fem.; pl.

DTQ: § 116 dStPO

DEF: Maßnahmen, welche die Erwartung hinreichend begründen, dass der Zweck der Untersuchungshaft auch durch sie erreicht werden kann.

DFQ: § 116 dStPO; §§ 45, 47 JGG

NOT: Beispiele: die Anweisung, sich zu bestimmten Zeiten bei dem Richter, der Strafverfolgungsbehörde oder einer von ihnen bestimmten Dienststelle zu melden, die Anweisung, den Wohn- oder Aufenthaltsort oder einen bestimmten Bereich nicht ohne Erlaubnis des Richters oder der Strafverfolgungsbehörde zu verlassen, die Anweisung, die Wohnung nur unter Aufsicht einer bestimmten Person zu verlassen, die Leistung einer angemessenen Sicherheit durch den Beschuldigten usw.

***

ATM: Gemeindebau; fachlit.; 3; Hauptb.; Subst; mask.; sg.; 2846; Wohnungsrecht; **sozialer Wohnbau**
ETM: public housing; FTM: logement social

TMQ: LG für ZRS Wien, 40R427/00s, 18.12.2000

DEF: wird in Österreich ein Wohnblock des kommunalen sozialen Wohnungsbaus bezeichnet. Gemeindebauten sind seit den 1920er Jahren ein wichtiger Bestandteil der Architektur und Kultur von Wien geworden.

DFQ: http://de.wikipedia.org/wiki/Gemeindebau (20.08.2014)

REL Synonym

DTM: **soziale Wohnungsraumförderung**; fachlit.; 3; fem.; sg.; Hauptb.; Subst.; **sozialer Wohnungsbau**

DTQ: § 1 WoFG

DEF: mit öffentlichen Geldern (Zuschüsse, zinsbillige Darlehen) geförderter und steuerlich begünstigter Wohnungsbau für Haushalte mit geringem Einkommen sowie Familien und andere Haushalte mit Kindern, Alleinerziehende, Schwangere, ältere Menschen, behinderte Menschen, Wohnungslose und sonstige hilfebedürftige Personen.

DFQ: § 1 WoFG

NOT: Die Wohnungen aus dem Bereich „**sozialer Wohnungsbau**" dürfen allerdings nur an Wohnungssuchende mit Wohnberechtigungsschein übergeben werden. Durch die Kostenmiete werden Mieterhöhungen dieser Wohnungen beschränkt.

***

ATM: **Gemeindebewohner/innen**; gesetzl.; 4; Hauptb.; Subst; mask./fem.; pl.; 0436; Öffentl. Verwaltung; **Gemeindebürger/innen**

ETM: resident of the municipality; FTM: habitant de la commune

TMQ: OGH 1Ob157/04a, 12.08.2004

DEF: Personen, die in der Gemeinde ihren Hauptwohnsitz haben bzw. die ihren Hauptwohnsitz zwar nicht in der Gemeinde haben, aber über eine Liegenschaft oder einen Gewerbebetrieb im Gemeindegebiet verfügen.

DFQ: Tiroler Gemeindeordnung 2001

NOT: Davon werden die Gemeindebürger unterschieden, zu denen nur die Personen mit österr. Staatsbürgerschaft mit Hauptwohnsitz in der Gemeinde gezählt werden.

REL Synonym

DTM: **Gemeindeeinwohner/innen**; gesetzl.; 4; Hauptb.; Subst.; mask./fem.; pl.; **Gemeindebürger/innen**

DTQ: § 8 (1) HGO

DEF: Personen, die in der Gemeinde ihren Wohnsitz haben.

DFQ: § 8 (1) HGO; www.lexexact.de (13.07.2014)

***

ATM: **Gemeinderat**; gesetzl.; 4; Hauptb.; Subst.; mask.; sg.; 0421; Öffentl. Recht; **Gemeindevertretung**

ETM: municipal council; FTM: conseil municipal

TMQ: Art 117 B-VG

DEF: auf Grund des gleichen, unmittelbaren, persönlichen, freien und geheimen Wahlrechtes gewählte Volksvertretung innerhalb einer der Gemeinde.

DFQ: nach Art. 117 B-VG; Öhlinger, Verfassungsrecht, 245

NOT: In Vorarlberg wird der „**Gemeinderat**", als „**Gemeindevertretung**" bezeichnet.

REL: Synonym; breiter

DTM: **Gemeindevertretung**; gesetzl.; 4; Hauptb.; Subst.; fem.; sg.; **Stadtverordnetenversammlung, Gemeinderat**

DTQ: Creif21

DEF: die vom Volk direkt gewählte Volksvertretung innerhalb einer Gemeinde.

DFQ: nach Art. 28 GG; Creif21; AlpBrock2

NOT: Die Bezeichnung ist uneinheitlich; nach Gemeindegröße und Gemeindeverfassung wird als der „**Gemeinderat**", teilweise auch als „**Gemeindevertretung**", in Städten als „**Stadtverordnetenversammlung**", auch „**Rat**", „**Stadtrat**", „**Stadtvertretung**" genannt.

***

ATM: **Gemeindewachkörper**; gesetzl.; 4; Hauptb.; Subst.; mask.; sg.; 0436; Öffentl. Sicherheit; **Gemeindesicherheitswache, Stadtpolizei**
ETM: municipal police; FTM: police municipale

TMQ: B-VG 10 (1) Z. 14

DEF: eine örtliche Sicherheitspolizei, die die funktion der Veranstaltungspolizei, Straßenpolizei, Marktpolizei, Fundbehörde sowie die Angelegenheiten der Sittlichkeitspolizei inne hat. Kann auf Antrag auch alle anderen Aufgaben der Polizei übernehmen.

DFQ: nach §§ 9, 14 Sicherheitspolizeigesetz

NOT: Eine Stadtpolizei gibt es in AT nur in sehr wenigen Gemeinden.

REL: Teilsynonym

DTM: **Stadtpolizei**; gesetzl.; 4; Hauptb.; Subst.; fem.; sg.; **Ordnungspolizei**

DTQ: http://www.frankfurt.de/sixcms/detail.php?id=2948 (28.09.2014)

DEF: eine kommunale Einrichtung, die, je nach Land unterschiedlich ausgeprägt, polizeiliche Aufgaben wahrnimmt.

DFQ: de.wikipedia.org (26.09.2014)

***

ATM: **Gemeindewahlbehörde**; gesetzl.; 4; Hauptb.; Subst.; fem.; sg.; 0416; Wahlrecht
ETM: municipal electoral commission; FTM: commission électorale municipale

TMQ: § 8 NWRO

DEF: das in jeder Gemeinde für die Durchführung von Wahlen zuständige Gremium, das aus dem Bürgermeister oder einem von ihm zu bestellenden ständigen Vertreter als Vorsitzendem und Gemeindewahlleiter sowie aus neun Beisitzern besteht.

DFQ: § 8 (1) NRWO

REL: Teilsynonym; funkt. Äquiv.

DTM: **Wahlvorstand**; gesetzl.; 4; Hauptb.; Subst.; mask.; sg.

DTQ: § 6 (7) BWO

DEF: zuständige Behörde, die für die ordnungsmäßige Durchführung der Wahl im jeweiligen Wahlbezirk zuständig ist. Der Wahlvorsteher leitet die Tätigkeit des Wahlvorstandes in den einzelnen Wahllokalen.

DFQ: § 6 (7) BWO

***

ATM: **Gemeindewahlleiter/in**; gesetzl.; 4; Hauptb.; Subst.; mask./fem.; sg.; 0416; Wahlrecht
ETM: municipal chief electoral officer; FTM: directeur de l'élection municipale

TMQ: § 8 (2) NRWO

DEF: Leiter der Gemeindewahlbehörde, die aus dem Bürgermeister oder einem von ihm zu bestellenden ständigen Vertreter als Vorsitzendem und Gemeindewahlleiter sowie aus neun Beisitzern besteht.

DFQ: § 8 (2) NRWO

REL: Synonym

DTM: **Wahlvorsteher/in**; gesetzl.; 4; Hauptb.; Subst.; mask./fem.; sg.
DTQ: § 6 BWO
DEF: Vorsitzende des Wahlvorstands.
DFQ: http://www.bundeswahlleiter.de/de/glossar/ (29.09.2014)

***

ATM: **gemeine Substitution**; gesetzl.; 4; Nebenb.; MWA; fem.; sg.; 1211; Erbrecht; **Ersatzerbschaft**; **Nacherbschaft**
ETM: substitution; FTM: héritage substitué
TMQ: § 604 ABGB
DEF: Verfügung des Erblassers, dass ein anderer Erbe sein soll, wenn der Ersteingesetzte die Erbschaft nicht erlangt.
DFQ: http://www.notar.at/ (28.08.2014)
REL: Synonym

DTM: **Ersatzerbe**; gesetzl.; 4; Hauptb.; Subst.; mask./fem.; sg.
DTQ: § 2096 BGB
DEF: Erbe/Erbin, den/die der Erblasser für den Fall einsetzt, dass der eigentliche Erbe vor oder nach dem Eintritt des Erbfalls wegfällt.
DFQ: nach § 2096 BGB

***

ATM: **gemeinsame Obsorge**; gesetzl.; 4; Hauptb.; MWA; fem.; sg.; 1211; Familienrecht
ETM: joint custody; FTM: exercice en commun de l'autorité parentale
TMQ: PassG-DV § 5
DEF: die gemeinsame Fürsorge der Eltern für ihr Kind. Diese besteht in aufrechter Ehe, ab dem Zeitpunkt der Eheschließung, wenn die Eltern einander nach der Geburt des Kindes heiraten, wenn eine Bestimmung beim Standesamt (am Ort der Geburt des Kindes) erfolgt oder wenn eine Vereinbarung über die Obsorge dem Gericht vorgelegt wurde.
DFQ: https://www.help.gv.at/ (17.08.2014)
REL: Teilsynonym

DTM: **gemeinschaftliche elterliche Sorge**; gesetzl.; 4; Hauptb.; MWA; mask.; sg.; **gemeinsames Sorgerecht**
DTQ: § 1626 BGB
DEF: die Eltern haben die Pflicht und das Recht, für das minderjährige Kind zu sorgen (elterliche Sorge). Die elterliche Sorge umfasst die Sorge für die Person des Kindes (Personensorge) und das Vermögen des Kindes (Vermögenssorge).
DFQ: § 1626 BGB

***

ATM: **Generaldebatte**; gesetzl.; 4; Hauptb.; Subst.; fem.; sg.; 1206; Öffentl. Recht; **zweite Lesung**
ETM: general debate; FTM: débat général
TMQ: § 70 (2) GPR-NR
DEF: die allgemeine Beratung über die Vorlage als Ganzes und zugleich die zweite Lesung eines Gesetzesvorschlags.
DFQ: § 70 (2) GPR-NR
REL: Synonym

DTM: **allgemeine Aussprache**; gesetzl.; 4; Hauptb.; MWA; fem.; sg.; **Beratung von Gesetzentwürfen**
DTQ: § 79 BTGO

DEF: die allgemeine Beratung einer Vorlage (Gesetzesentwurfs etc.) üblicherweise in der zweiten und dritten Lesung.

DFQ: http://www.bundestag.de/service/glossar/ (12.08.2014)

***

ATM: **Generaldirektion für die öffentliche Sicherheit**; gesetzl.; 4; Hauptb.; MWA; fem.; sg.; 0436; Öffentl. Sicherheit

ETM: directorate-general for public security; FTM: direction générale pour la sécurité publique

TMQ: § 6 SPG

DEF: eine besondere Organisationseinheit zur Besorgung der Angelegenheiten der staatlichen Sicherheitsverwaltung als 2. Sektion des BMI.

DFQ: nach § 6 SPG; Mayer, FWB Öffentl. Recht

DTM: **FEHLT**

NOT: Eine ähnliche Einrichtung fehlt in DE aufgrund der föderalen Struktur. Ähnliche Funktionen hat die Bundespolizei, das Bundeskriminalamt und das Bundesamt für den Verfassungsschutz (BfV).

***

ATM: **Generalklausel zugunsten der Länder**; gesetzl.; 4; Hauptb.; MWA; fem.; sg.; 1206; Verfassungsrecht

ETM: residual legislative powers; FTM: compétence législative concurrente

TMQ: Art. 15 B-VG

DEF: soweit eine Angelegenheit nicht ausdrücklich durch Bundesverfassungsgesetz dem Bund zugewiesen ist, verbleibt sie im selbständigen Wirkungsbereich der Länder und damit auch im Bereich ihrer Gesetzgebung.

DFQ: Art. 15 B-VG

REL: Synonym

DTM: **konkurrierende Gesetzgebung**; gesetzl.; 4; Hauptb.; MWA; fem.; sg.

DTQ: Art .72 GG

DEF: bezeichnet innerhalb eines Bundesstaates die Regelung, dass sowohl die übergreifende staatliche Einheit als auch die Gliedstaaten in einer bestimmten Rechtsmaterie die Gesetzgebungszuständigkeit haben.

DFQ: Creif21

***

ATM: **Generalprokurator**; gesetzl.; 4; Hauptb.; Subst.; mask./fem.; sg.; 1221; Gerichtsorganis.

ETM: procurator general; FTM: procureur general (de la Republique)

TMQ: § 2 StAG

DEF: Leiter/in der Generalprokuratur, der einer Staatsanwaltschaft entsprechenden Behörde beim Obersten Gerichtshof, unmittelbar dem Bundesminister für Justiz unterstellt.

DFQ: nach IATE § 2 StAG; § 22 StPO

NOT: Die Generalprokuratur ist der Oberstaatsanwaltschaft gleichgeordnet, daher gibt es zwischen ihnen kein Aufsichts- und Weisungsrecht. Beide unterstehen direkt dem Justizminister. Die Generalprokuratur wirkt an allen Strafverfahren des Obersten Gerichtshofs mit. Dabei schreitet sie nicht als Anklagebehörde ein; sie vertritt die Interessen des Staates in der Rechtspflege.

REL: Teilsynonym; funkt. Äquiv.

DTM: **Generalbundesanwalt**; gesetzl.; 4; Hauptb.; Subst.; mask./fem.; sg.

DTQ: § 142a (1) GVG

DEF: Leiter/in der Bundesanwaltschaft, die als höchste Instanz der Staatsanwaltschaft beim Bundesgerichtshof besteht.

DFQ: § 142a (1) GVG

NOT: Ist die Staatsanwaltschaft beim Bundesgerichtshof, die sich aus dem Generalbundesanwalt und Bundesanwälten zusammensetzt. Der Generalbundesanwalt übt in den zur Zuständigkeit von Oberlandesgerichten im ersten Rechtszug gehörenden Strafsachen das Amt der Staatsanwaltschaft auch bei diesen Gerichten aus.

***

ATM: **Generalprokuratur**; gesetzl.; 4; Hauptb.; Subst.; fem.; sg.; 1221; Gerichtsorganis.

ETM: procurator general's office; FTM: bureau du procureur general (de la Republique)

TMQ: § 2 StAG

DEF: der Staatsanwaltschaft entsprechende Behörde beim Obersten Gerichtshof, unmittelbar dem Bundesminister für Justiz unterstellt.

DFQ: nach § 2 StAG; § 22 StPO

REL: Teilsynonym; funkt. Äquiv.

NOT: Die Generalprokuratur ist der Oberstaatsanwaltschaft gleichgeordnet, daher gibt es zwischen ihnen kein Aufsichts- und Weisungsrecht. Beide unterstehen direkt dem Justizminister. Die Generalprokuratur wirkt an allen Strafverfahren des Obersten Gerichtshofs mit. Dabei schreitet sie nicht als Anklagebehörde ein; sie vertritt die Interessen des Staates in der Rechtspflege.

DTM: **Bundesanwaltschaft**; gesetzl.; 4; Hauptb.; Subst.; fem.; sg.

DTQ: § 142a (1) GVG

DEF: Ermittlungs-und Anklagebehörde des Bundes,die zuständig ist für bestimmte gegen den Bund oder die Allgemeinheit gerichtete strafbare Handlungen,wie zum Beispiel verbotener Nachrichtendienst,Sprengstoffdelikte,Angriffe auf Magistraten und Beamte des Bundes, Falschgelddelikte oder Widerhandlungen gegen das Kriegsmaterialgesetz.

DFQ: nach § 142a (1) GVG; AlpBrock2

NOT: Ist die Staatsanwaltschaft beim Bundesgerichtshof, die sich aus dem Generalbundesanwalt und Bundesanwälten zusammensetzt.

***

ATM: **gerichtliche Hinterlegung der Schuld**; gesetzl.; 4; Hauptb.; MWA; fem.; sg.; 1226; Gerichtsorganisation;

ETM: consignation; FTM: consignation

TMQ: § 1425 ABGB

DEF: Recht des Schuldners, bei Vorliegen von stichhältigen Hinterlegungsgründen, seine Schuld bei Gericht zu hinterlegen. Gründe dafür sind: Der Gläubiger ist unbekannt, abwesend oder im Gläubigerverzug.

DFQ: nach § 1425 ABGB; Welser, FWB Bürgerliches Recht

REL: Synonym

DTM: **Hinterlegung**; gesetzl.; 4; Hauptb.; MWA; fem.; sg.

DTQ: § 374 BGB

DEF: Geld, Wertpapiere und sonstige Urkunden sowie Kostbarkeiten kann der Schuldner bei einer dazu bestimmten öffentlichen Stelle für den Gläubiger hinterlegen, wenn der Gläubiger im Verzug der Annahme ist. Das Gleiche gilt, wenn der Schuldner aus einem anderen in der Person des Gläubigers liegenden Grund oder infolge einer nicht auf Fahrlässigkeit beruhenden Ungewißheit über die Person des Gläubigers seine Verbindlichkeit nicht oder nicht mit Sicherheit erfüllen kann.

DFQ: § 372 BGB

***

ATM: **gerichtliche Veräußerung**; gesetzl.; 4; Hauptb.; MWA; fem.; sg.; 1211; Exekutionsrecht; **gerichtliche Versteigerung**

ETM: judicial foreclosure; FTM: vente judiciaire

TMQ: § 119 EO

DEF: zur Konkursmasse gehörende Sachen, die gerichtlich im Zuge einer Versteigerung veräußert werden.

DFQ: § 119 EO

NOT: Der allgemein übliche Begriff ist jedoch „**gerichtliche Versteigerung**".

REL: Synonym

DTM: **öffentliche Versteigerung**; gesetzl.; 4; Hauptb.; MWA; fem.; sg.

DTQ: § 1235 BGB

DEF: staatlicher Hoheitsakt und Normalfall der Verwertung gepfändeter Sachen durch den Gerichtsvollzieher, § 814 ZPO, der die erste Pfändung vorgenommen hat.

DFQ: AlpBrock2

***

ATM: **gerichtliche Versteigerung**; gesetzl.; 4; Hauptb.; MWA; fem.; sg.; 1226; Gerichtsorganisation

ETM: judicial foreclosure; FTM: vente aux enchères judiciaire

TMQ: § 8 (1) Fünftes Rückstellungsgesetz

DEF: zur Konkursmasse gehörende Sachen, die gerichtlich im Zuge einer Versteigerung veräußert werden.

DFQ: § 119 EO

NOT: Allgemein üblicher Begriff für „**gerichtliche Veräußerung**" der EO.

REL Synonym

DTM: **öffentliche Versteigerung**; gesetzl.; 4; Hauptb.; MWA; fem.; sg.

DTQ: § 1235 BGB

DEF: staatlicher Hoheitsakt und Normalfall der Verwertung gepfändeter Sachen durch den Gerichtsvollzieher, der die erste Pfändung vorgenommen hat.

DFQ: nach AlpBrock2; § 814 ZPO

***

ATM: **gerichtlicher Erlag**; gesetzl.; 4; Hauptb.; MWA; mask.; sg.; 1226; Gerichtsorganisation

ETM: consignation; FTM: consignation

TMQ: § 284 Geschäftsordnung für die Gerichte I. und II. Instanz

DEF: Hinterlegung bei Gericht im engeren Sinn. Zum gerichtlichen Erlag sind geeignet: 1. in- und ausländisches Geld, 2. Wertpapiere, Sparkassen- und sonstige Einlagebücher, andere in Geld oder Geldeswert umsetzbare Urkunden, 3. Juwelen und andere Kostbarkeiten. Gerichtlicher Erlag und gerichtliche Verwahrung bilden zusammen die gerichtliche Hinterlegung im weiteren Sinne.

DFQ: nach § 284 (1)-(2) GEO Gerichte

REL: Synonym; enger

DTM: **Hinterlegung**; gesetzl.; 4; Hauptb.; Subst.; fem.; sg.; 1211; Bürgerl. Recht

DTQ: § 374 (1) BGB

DEF: die Ablieferung von Geld, Wertpapieren, sonstigen Urkunden oder Kostbarkeiten bei einer (öffentlichen) Hinterlegungsstelle oder Hinterlegungskasse zur Aufbewahrung bis zur Herausgabe an einen berechtigten Empfänger; die Aufgaben der Hinterlegungsstellen sind den Amtsgerichten, die der Hinterlegungskassen den Kassen der Justizverwaltung übertragen.

DFQ: AlpBrock2

***

ATM: **gerichtliches Gefangenenhaus**; gesetzl.; 4; MWA; neutr.; sg.; 1226; Strafrecht; Strafvollzug; **Gefängnis, Justizanstalt**

ETM: prison; FTM: maison d'arrêt

TMQ: § 8 (1) StVG

DEF: ein Gefangenenhaus bei Gerichtshöfen erster Instanz.

DFQ: §§ Anlage zum StVG

NOT: Dient dem Vollzug der Untersuchungshaft und kurzer Freiheitsstrafen, sowie der Dauer des Aufenthalts bis zur Überstellung in eine Strafvollzugsanstalt und unterliegt dem jeweiligen Landesgericht. Es existieren 16 gerichtliche Gefangenenhäuser im Bundesgebiet. (http://strafvollzug.justiz.gv.at)

DTM: FEHLT

NOT: In DE ist der Strafvollzug ausschließlich Ländersache, die Untersuchungshaft wird in Untersuchungshaftanstalten durchgeführt.

***

ATM: **gerichtliches Gefangenenhaus**; gesetzl.; 4; Hauptb.; MWA; neutr.; sg.; 1216; Strafrecht; Strafvollzug

ETM: provincial court detention centre; FTM: centre de détention de la magistrature

TMQ: § 9 (1) StVzG

DEF: die Justizanstalt eines Landesgerichtes, die für die Untersuchungshaft sowie für Freiheitsstrafen, deren Strafzeit achtzehn Monate nicht übersteigt, zuständig ist.

DFQ: § 9 (1)-(2) StVzG

REL: Synonym

DTM: **Untersuchungshaftanstalt**; gesetzl.; 4; Hauptb.; Subst.; fem.; sg.; 1216; Strafrecht; **Justizvollzugsanstalt**

DTQ: http://www.hamburg.de/justizbehoerde/ (20.08.2014)

DEF: dient zur Anhaltung von Beschuldigten die dort in Untersuchungshaft genommen werden, wenn sie der Tat dringend verdächtig sind und ein Haftgrund besteht.

DFQ: § 112 StPO; Untersuchungshaftvollzugsordnung

***

ATM: **Gerichtsanhängigkeit**; gesetzl.; 4; Hauptb.; Subst.; fem.; sg.; 1211; Zivilrecht

ETM: pendency (of prosecution); FTM: litispendance

TMQ: § 232 ZPO Anmerkung

DEF: das Einlangen der Klage bei Gericht.

DFQ: § 232 ZPO Anmerkung

NOT: Gerichtsanhängigkeit begründet ein zweiseitiges Prozessrechtsverhältnis zwischen Kläger und Gericht. Wenn die Anhängigmachung rechtmäßig war, bleiben die sachliche, örtliche oder internationale Zuständigkeit und die Zulässigkeit des (außer)streitigen Rechtsweges aufrecht. Ab Gerichstanhängigkeit werden Verjährung und Ersitzung unterbrochen, die höchstpersönlichen Rechte werden vererblich. Siehe auch „**Streitanhängigkeit**".

REL Synonym

DTM: **Anhängigkeit**; gesetzl.; 4; Hauptb.; Subst.; fem.; sg.; 1211; Bürgerl. Recht

DTQ: § 267 FamFG

DEF: der Zeitpunkt, in dem die Klage beim Gericht eingereicht wird. Wenn ein Gericht mit ihm befasst ist, also sobald ein Antrag, eine Klage oder ein Rechtsmittel bei dem Gericht eingereicht ist und solange das Gericht in dem Verfahren noch tätig werden kann.

DFQ: nach AlpBrock2; Creif21; § 261 dZPO; www.lexexact.de

NOT: Siehe auch „**Rechtsanhängigkeit**".

***

ATM: **Gerichtshof**; gesetzl.; 4; Hauptb.; Subst.; mask.; sg.; 1221; Gerichtsorganis.
ETM: courts of justice; FTM: cour de justice

TMQ: § 30 Gerichtsorganisationsgesetz

DEF: die gesetzliche und amtliche Bezeichnung für die Landesgerichte, das Handelsgericht Wien, das Arbeits- und Sozialgericht Wien, die Oberlandesgerichte, den Obersten Gerichtshof, ferner den Verwaltungs- und den Verfassungsgerichtshof.

DFQ: http://elan.justiz.gv.at/Buergerinfo/content/lex/main.htm (20.08.2014)

REL: Falscher Freund

DTM: **Gerichtshof**; gesetzl.; 4; Hauptb.; Subst.; mask.; sg.

DTQ: www.bundesgerichtshof.de/richter/gem_senat2.php (20.08.2014)

DEF: Bezeichnung für die aufgrund Art. 95 GG errichteten höchsten Gerichte des Bundes und die Verfassungs- und Verwaltungsgerichtshöfe der Länder.

DFQ: Creif21

NOT: Früher allgemein die übliche Bezeichnung für ein Kollegialgericht (Creif21).

***

ATM: **Gerichtshöfe erster Instanz**; gesetzl.; 4; Hauptb.; MWA; mask.; pl.; 1221; Gerichtsorganis.
ETM: courts of first instance; FTM: tribunal de première instance

TMQ: § 30 (1) GOG

DEF: die Landesgerichte sowie das Handelsgericht Wien, der Jugendgerichtshof Wien und das Arbeits- und Sozialgericht Wien.

DFQ: § 30 (1) GOG

NOT: **Landesgericht als Gerichtshof 1. Instanz**: Vor die Gerichtshöfe erster Instanz gehören alle bürgerlichen Rechtsstreitigkeiten, welche nicht den Bezirksgerichten zugewiesen sind.

REL: Falscher Freund

DTM: **Gericht erster Instanz**; gesetzl.; 4; Hauptb.; MWA; neutr.; sg.;

DTQ: § 721 ZPO

DEF: das Gericht, das für die jeweilige Rechtssache zuständig ist und nicht das Berufungs- oder Revisionsgericht.

DFQ: § 721 ZPO

NOT: Falscher Freund! Gerichtshierarchie (aufsteigend) Amtsgericht-Landgericht-Oberlandesgericht-Bundesgerichtshof

***

ATM: **Gerichtskommissär**; gesetzl.; 4; Hauptb.; Subst.; mask.; sg.; 1221; Gerichtsorganis.
ETM: court commissioner; FTM: commissaire judiciaire

TMQ: § 2 (1) Gerichtskommissärsgesetz

DEF: ein vom Gericht beauftragter Notar, der dazu verpflichtet ist, bestimmte Amtshandlungen wie Verlassenschaftssachen, Pflegeschaftssachen und Feilbietungssachen vorzunehmen.

DFQ: § 1 GKG; http://www.notar.at/ (02.08.2014)

DTM: FEHLT

***

ATM: **Gerichtspraxis**; gesetzl.; 4; Hauptb.; Subst.; fem.; sg.; 1226; Gerichtsorganis.

ETM: court-based legal traineeship; FTM: stage

TMQ: §§ 1 ff. RPG

DEF: das juristische Praktikum, das Voraussetzung für das Richteramt, den Rechtsanwalts- und Notariatsberuf ist.

DFQ: nach §§ 1 ff. RPG; http://gerichtspraxis.justiz.gv.at/ (02.09.2014)

REL: Teilsynonym; funkt. Äquiv.

NOT: Alltagssprachlich **„Gerichtsjahr"** genannt. Aufgrund der Verschiedenheit der Ausbildungssysteme nur eingeschränkt äquivalent.

DTM: **Rechtsreferendariat**; fachlit.; 3; Hauptb.; Subst.; neutr.; sg.; **Vorbereitungsdienst**

DTQ: http://www.rechtsreferendariat-bw.de/ (24.09.2014)

DEF: ein ca. zwei Jahre dauernder Vorbereitungsdienst zwischen dem ersten und zweiten Staatsexamen, in der die Anwärter die Befähigung zum Richteramt und zum höheren Dienst erlangen.

DFQ: nach § 5b DRiG; § 10 GVG

***

ATM: **Gerichtssprengel**; gesetzl.; 4; Hauptb.; Subst.; mask.; sg.; 1226; Gerichtsorganis.; **Sprengel, Gerichtsbezirk**

ETM: judicial district; FTM: arrondissement judiciaire

TMQ: § 24 AußStrG

DEF: der einem Gericht gesetzlich zugewiesene örtliche Wirkungsbereich.

DFQ: § 24 AußStrG

REL Synonym

DTM: **Gerichtsbezirk**; gesetzl.; 4; Hauptb.; Subst.; mask.; sg.

DTQ: § 19 dZPO

DEF: das Territorium, auf dem ein Gericht die Gerichtsbarkeit ausübt.

DFQ: § 19 dZPO

***

ATM: **Gerichtstag zur öffentlichen Verhandlung**; gesetzl.; 4; Hauptb.; MWA; mask.; sg.; 1216; Strafrecht

ETM: public hearing day; FTM: jour de l'audience publique

TMQ: § 363c StPO

DEF: der Tag, der für die Verhandlung von Rechtsstreitigkeiten vom Gericht bestimmt wird. Er ist vom Vorsitzenden anzuberaumen, wenn über die Berufung nicht schon in der nichtöffentlichen Sitzung entschieden wurde.

DFQ: nach §§ 286, 294, 363c StPO

DTM: FEHLT

NOT: Heute wird unter Gerichtstag meist der „**auswärtige Gerichtstag**" verstanden, also die Abhaltung einer Verhandlung außerhalb des Gerichtssitzes.

***

ATM: **geringstes Gebot**; gesetzl.; 4; Hauptb.; MWA; neutr.; sg.; 1211; Exekutionsrecht

ETM: minimum bid; FTM: mise à prix

TMQ: § 151 (1) EO

DEF: der halbe Schätzwert bei einer Zwangsversteigerung.

DFQ: § 151 (1) EO

REL: Synonym

NOT: Gebote, die das geringste Gebot nicht erreichen, dürfen bei der Versteigerung nicht berücksichtigt werden.

DTM: **Mindestgebot**; gesetzl.; 4; Hauptb.; Subst:, neutr.; sg.

DTQ: § 817a ZPO

DEF: bei einer öffentlichen Versteigerung ein Gebot, das mindestens die Hälfte des gewöhnlichen Verkaufswertes der Sache erreicht.

DFQ: § 817a ZPO

NOT: Nur auf ein solches Gebot darf der Zuschlag erteilt werden.

***

ATM: **Gesamtänderung der Bundesverfassung**; gesetzl.; 4; Hauptb.; MWA; fem.; sg.; 1206; Verfassungsrecht

ETM: fundamental amendment of the federal constitution; FTM: révision totale de la Constitution fédérale

TMQ: § 44 (3) BVG

DEF: eine grundlegende Novelle der Österreichischen Bundesverfassung, insbesondere des Bundes-Verfassungsgesetzes.

DFQ: nach § 44 (3) BVG; Mayer, FWB Öffentl. Recht

REL: Teilsynonym; breiter

NOT: Eine Gesamtänderung der Bundesverfassung kann nur durch eine Volksabstimmung durchgesetzt werden. Dies bezeichnet jedoch nicht die komplette Neuerung der gesamten Verfassung, sondern bezieht sich auf die Änderung eines oder mehrerer Baugesetze.

DTM: **Änderung des Grundgesetzes**; fachlit.; 3; fem.; Hauptb.; MWA; sg.; **Grundgesetzänderung**

DTQ: http://www.bundestag.de/wissen/glossar/G/grundgesetz.html (01.08.2014)

DEF: eine Änderung oder Ergänzung des Grundgesetzes.

DFQ: Art. 79 GG; http://www.bundestag.de/wissen/glossar/G/grundgesetz.html (22.11.2014)

NOT: Das Grundgesetz kann nur durch ein Gesetz geändert werden, das den Wortlaut des Grundgesetzes ausdrücklich ändert oder ergänzt. Ein solches Gesetz bedarf der Zustimmung von zwei Dritteln der Mitglieder des Bundestages und zwei Dritteln der Stimmen des Bundesrates.

***

ATM: **Gesamthandgläubigerschaft**; fachlit.; 3; Hauptb.; Subst.; fem.; sg.; 1211; Bürgerl. Recht

ETM: joint creditors; FTM: créanciers devant agir collectivement

TMQ: OGH RS0017312, 27.10.1981

DEF: Gemeinschaft, bei der nur alle Gläubiger gemeinsam Erfüllung verlangen können.

DFQ: nach KoWe II, 140; § 890 ABGB

NOT: Gläubiger können nur gemeinsam fordern, trotzdem haben sie den Einzelklagsbefugnis.

REL: Teilsynonym

DTM: **Gemeinschaft zur gesamten Hand**; fachlit.; 3; Hauptb.; MWA; fem.; sg.; **Gesamthandgemeinschaft**

DTQ: § 61 GNotKG

DEF: besondere juristische Form der verdichteten Mitberechtigung, wobei die Mitglieder als Gesamthandgläubiger oder (und) Gesamthandschuldner nur gemeinschaftlich fordern bzw. leisten können.

DFQ: http://www.wissen.de/ (25.09.2014)

***

ATM: **Gesamthandschuld**; fachlit.; 3; Hauptb.; Subst.; fem.; sg.; 1211; Bürgerl. Recht

ETM: joint debtors; FTM: débiteurs devant agir collectivement

TMQ: OGH 7Ob97/12h, 29.08.2012

DEF: wenn mehrere Personen eine nur gemeinsam erbringbare Leistung schulden oder wenn sie sich in anderen Fällen nur zu gemeinsamen Erbringung der Leistung verpflichten.

DFQ: KoWe 13 II, 140

REL Synonym

DTM: **gemeinschaftliche Schuld**; fachlit.; 3; Hauptb.; MWA; fem.; sg.; 1211; Bürgerl. Recht; **Schuldnergemeinschaft**

DTQ: http://www.wirtschaftslexikon24.net/d/gesamthandsschuld/gesamthandsschuld.htm (05.08.2014)

DEF: die Gesamthänder haften gemeinsam mit dem gesamthänderisch gebundenen Vermögen, über das sie nur gemeinschaftlich verfügen können.

DFQ: AlpBrock2

NOT: Die Sache wird auch als „**Gesamthandschuld**" bezeichnet, öfters aber als „**Gesamthandsschuld**" (mit Fugen-s).

***

ATM: **Gesamtsache**; gesetzl.; 4; Hauptb.; Subst.; fem.; sg.; 1211; Bürgerl. Recht

ETM: single entity; FTM: universalité de biens

TMQ: § 302 ABGB

DEF: ein Inbegriff von mehreren besondern Sachen, die als eine Sache angesehen, und mit einem gemeinschaftlichen Namen bezeichnet werden.

DFQ: § 302 ABGB

REL Synonym

DTM: **Sachgesamtheit**; gesetzl.; 4; Hauptb.; Subst.; fem.; sg.

DTQ: § 1 VerstV

DEF: die Gesamtheit mehrerer Einzelsachen, die aufgrund einer gemeinsamen Zweckbestimmung eine wirtschaftliche Einheit bilden.

DFQ: AlpBrock2

NOT: Wegen des im Sachenrecht geltenden Spezialitätsprinzips kann über Sachgesamtheiten nur durch Bestimmung über jede einzelne Sache verfügt werden.

***

ATM: **Geschäftsführung im Notfall**; gesetzl.; 4; Hauptb.; MWA; fem.; sg.; 1211; Bürgerl. Recht

ETM: negotiorum gestio; FTM: d'affaires sans mandat (en cas d'urgence)

TMQ: § 1036 ABGB

DEF: ein fremdes Geschäft, das der Geschäftsführer ohne Auftrag zur Abwendung eines unmittelbar drohenden Schadens durchführt.

DFQ: nach § 1036 ABGB; KoWe II, 393

REL: Teilsynonym; enger

DTM: **berechtigte Geschäftsführung ohne Auftrag**; fachlit.; 3; Hauptb.; MWA; fem.; sg.

DTQ: http://www.anwalt24.de/rund-ums-recht/Rechtswoerterbuch (GoA) (08.09.2014)

DEF: wenn die Geschäftsübernahme dem Interesse und dem Willen des Geschäftsherrn entspricht (vgl. § 683 BGB) und außerdem, wenn ohne die Geschäftsführung eine Pflicht des Geschäftsherrn, deren Erfüllung im öffentlichen Interesse liegt, oder eine gesetzliche Unterhaltspflicht des Geschäftsherrn nicht rechtzeitig erfüllt werden würde (vgl. § 679 BGB).

DFQ: http://www.juraforum.de/lexikon/ (GoA) (08.09.2014)

***

ATM: **Geschäftsirrtum ieS (über die Natur des Geschäfts oder bedeutsame Eigenschaft des Partners)**; gesetzl.; 4; Hauptb.; MWA; mask.; sg.; 1211; Bürgerl. Recht

ETM: mistake about the characteristics of a person or thing; FTM: erreur sur les qualités d'une personne ou d'une chose

TMQ: §§ 871 (2), 873 ABGB

DEF: wenn der Erklärende über a) die Natur des Geschäfts oder b) seinen Inhalt oder c) für das Geschäft bedeutsame Eigenschaft des Partners irrt.

DFQ: nach §§ 871 (2), 873 ABGB; http://www.uibk.ac.at/zivilrecht/buch/kap5_0.xml? (31.08.2014)

REL: Synonym; enger

DTM: **Eigenschaftsirrtum**; gesetzl.; 4; Hauptb.; Subst.; mask.; sg.; **ausnahmsweise beachtlicher Motivirrtum**

DTQ: § 119 (2) BGB

DEF: wenn sich der Erklärende über eine verkehrswesentliche Eigenschaft einer Person oder einer Sache irrt.

DFQ: http://lexexakt.de/glossar/eigenschaftsirrtum.php (31.08.2014); § 119 (2) BGB

***

ATM: **Geschäftsirrtums ieS (über den Inhalt des RG)**; gesetzl.; 4; Hauptb.; MWA; mask.; sg.; 1211; Bürgerl. Recht; **Inhaltsirrtum**

ETM: contractual mistake; FTM: erreur portant sur le contenu de la déclaration

TMQ: §§ 871 (2), 873 ABGB

DEF: der Erklärende irrt über a) die Natur des Geschäfts oder über b) seinen Inhalt oder c) für das Geschäft bedeutsame Eigenschaft des Partners.

DFQ: nach §§ 871 (2), 873 ABGB

REL: Synonym

DTM: **Inhaltsirrtum**; gesetzl.; 4; Hauptb.; Subst.; mask.; sg.;

DEF: Willensmangel, bei dem der Erklärende eine fehlerhafte Vorstellung von Inhalt oder Tragweite der von ihm abgegebenen Willenserklärung hat.

DFQ: nach § 119 (1) Z. 1 BGB; AlpBrock2

NOT: Beim Inhaltsirrtum gibt es folgende Unterfälle: 1. error in persona, wenn der Erklärende sich über die Person des Vertragspartners irrt. 2. error in objecto, wenn der Erklärende sich über die Identität des Vertragsgegenstandes irrt. 3. error in negotio, wenn der Erklärende sich über den Geschäftstyp irrt.

***

ATM: **Geschäftsordnungsgesetz des Nationalrates**; gesetzl.; 4; Hauptb.; MWA; neutr.; sg.; 1226; Öffentl. Recht; **GOG -NR**

ETM: federal rules of procedure of the national council; FTM: loi fédérale sur le règlement intérieur du conseil national

TMQ: §§ 1 ff. GOG-NR

DEF: Bundesgesetz vom 4. Juli 1975 über die GO-NR (Geschäftsordnungsgesetz 1975).

DFQ: §§ 1 ff. GOG-NR

NOT: Regelt detailliert Organisation und Arbeitsweise des österr. Parlaments.

REL Synonym

DTM: **Geschäftsordnung des Deutschen Bundestages**; gesetzl.; 4; Hauptb.; MWA; fem.; sg.; **BTGO 1980**

DTQ: §§ 1 ff. BTGO 1980

DEF: Geschäftsordnung des Deutschen Bundestages in der Fassung der Bekanntmachung vom 2. Juli 1980 (BGBl. I S. 1237).

DFQ: nach §§ 1 ff. BTGO 1980; www.bundestag.de

NOT: Regelt detailliert Organisation und Arbeitsweise des dt. Parlaments.

***

ATM: **Geschlechtsname der Mutter**; gesetzl.; 4; Hauptb.; MWA; mask.; sg.; 0431; Personenstandsrecht; **Familienname der Mutter, Mädchenname der Mutter**

ETM: maiden name; FTM: nom de jeune fille

TMQ: § 18 PStV

DEF: der Familienname der Mutter.

DFQ: § 18 PStV

REL: Synonym

DTM: **Geburtsname der Mutter**; gesetzl.; 4; Hauptb.; MWA; mask.; sg.; **Familienname der Mutter**

DTQ: § 1617 BGB

DEF: führen die Eltern keinen Ehenamen und steht ihnen die Sorge gemeinsam zu, so bestimmen sie durch Erklärung gegenüber dem Standesamt den Namen, den der Vater oder die Mutter zur Zeit der Erklärung führt, zum Geburtsnamen des Kindes.

DFQ: § 1617 BGB

***

ATM: **Geschworenenbank**; gesetzl.; 4; Hauptb.; Subst.; fem.; sg.; 1216; Strafrecht

ETM: jury; FTM: jury

TMQ: § 32 (1) StPO

DEF: ein Gericht, das aus acht Laienrichtern besteht und gemeinsam mit dem Schwurgerichtshof, der sich aus drei Berufsrichtern zusammensetzt, das Geschworenengericht bildet.

DFQ: § 32 (1) StPO

DTM: **FEHLT**

NOT: Geschworenengerichte gibt es in DE nicht (mehr). Es gibt auch im dt. Strafrecht ein Schwurgericht (Große Strafkammer), es fehlt jedoch ein eigener Terminus für die dabei tätig werdenden Laienrichter (Schöffen). http://www.wissen-digital.de/lexikon/Schwurgericht (08.12.2014)

***

ATM: **Geschworenengericht**; gesetzl.; 4; Hauptb.; Subst.; neutr.; sg.; 1216; Strafrecht

ETM: jury trial; FTM: cour d'assises

TMQ: §§ 31 f. StPO

DEF: setzt sich aus dem Schwurgerichtshof und der Geschworenenbank zusammen und besteht aus drei Berufsrichtern sowie acht Laienrichtern (Geschworenen) und ist für bestimmte schwere Verbrechen nach § 32 STPO zuständig.

DFQ: §§ 31 f. StPO

NOT: Obliegt das Hauptverfahren bei allen strafbaren Handlungen, die mit einer lebenslangen Freiheitsstrafe oder mit einer zeitlichen Freiheitsstrafe bedroht sind, deren Untergrenze nicht weniger als 5 Jahre und deren Obergrenze mehr als 10 Jahre beträgt; sowie bei bestimmten politischen Delikten oder weiteren Straftaten, für die die Zuständigkeit des Geschworenengerichtes festgelegt wird (z.B. Verstöße gegen das Verbotsgesetz). Der Schwurgerichtshof besteht aus drei Berufsrichtern, die Geschworenenbank ist mit acht Laienrichtern besetzt.

REL Synonym

DTM: **Große Strafkammer des Landgerichts**; gesetzl.; 4; Hauptb.; MWA; fem.; sg.; **Schwurgericht**

DTQ: §§ 79-92 GVG

DEF: Gericht, das sich aus drei Berufsrichtern und zwei Lainerichtern (Schöffen) zusammensetzt und für bestimmte schwere Delikte (§§ 79-92 GVG) zuständig ist.

DFQ: nach §§ 79-92 GVG; AlpBrock2; Creif21

NOT: Das Schwurgericht ist zuständig für Mord und Totschlag, sowie für bestimmte Delikte bei Todesfolge.

***

ATM: **Geschworene/r**; gesetzl.; 4; Hauptb.; Subst.; mask./fem.; sg.; 1216; Strafrecht

ETM: juror; FTM: juré(e)

TMQ: Art 91 B-VG

DEF: unbesoldetes Laienamt zur Entscheidung über bestimmte schwere Straftaten.

DFQ: Art 91 B-VG

REL: Teilsynonym; funkt. Äquiv.

NOT: Laienrichter, die bei den mit schweren Strafen bedrohten Verbrechen, die das Gesetz zu bezeichnen hat, sowie bei allen politischen Verbrechen und Vergehen über die Schuld des Angeklagten entscheiden. Sie wirken nur bei der Hauptverhandlung und Urteilsfindung in der ersten Instanz mit. Acht Geschworene entscheiden allein über die Schuldfrage. Wird diese bejaht, erfolgt im Anschluss daran gemeinsam mit den drei Berufsrichtern die Festsetzung der Strafe.

DTM: **Schöffe / Schöffin**; gesetzl.; 4; Hauptb.; Subst.; mask./fem.; sg.

DTQ: §§ 30 f. GVG

DEF: ein in der Hauptverhandlung eines Strafverfahrens tätiger juristischer Laie, der als ehrenamtlicher Richter berufen wurde.

DFQ: nach §§ 30 f. GVG; AlpBrock2

NOT: Geschworene hießen früher die ehrenamtlichen Richter beim Schwurgericht. Sie tragen jetzt wie die übrigen ehrenamtlichen Beisitzer bei den Strafgerichten die Bezeichnung „**Schöffe**".

***

ATM: **Gesellschaftsinsolvenzverfahren**; gesetzl.; 4; Hauptb.; MWA; neutr.; sg.; 1211; Insolvenzrecht;

ETM: Corporate insolvency proceedings; FTM: procédure d'insolvabilité de l'entreprise

TMQ: §§ 65, 275 (1) IO

DEF: ein Insolvenzverfahrens über das Vermögen einer eingetragenen Personengesellschaft oder im Laufe eines solchen Insolvenzverfahrens das Insolvenzverfahren über das Privatvermögen eines unbeschränkt haftenden Gesellschafters.

DFQ: § IO

NOT: Vor der Insolvenzrechtsänderung 2010 wurde dieser Vorgang als „**Gesellschaftskonkurs**" bezeichnet.

DTM: **FEHLT** (Benennunglücke)

DTQ: § 11 InsO

DEF: Ein Insolvenzverfahren kann ferner eröffnet werden über das Vermögen einer Gesellschaft ohne Rechtspersönlichkeit (offene Handelsgesellschaft, Kommanditgesellschaft, Partnerschaftsgesellschaft, Gesellschaft des Bürgerlichen Rechts, Partenreederei, Europäische wirtschaftliche Interessenvereinigung).

DFQ: § 11 (2) InsO

***

ATM: **gesetzliche Zession**; gesetzl.; 4; Hauptb.; MWA; fem.; sg.; 1211; Bürgerl. Recht; **Legalzession**
ETM: statutory subrogation; FTM: subrogation légale
TMQ: § 1358 ABGB
DEF: ein Forderungsübergang auf einen neuen Gläubiger von Gesetzes wegen.
DFQ: nach § 1358 ABGB; KoWe 2014/2015
REL: Synonym
NOT: Wer eine fremde Schuld bezahlt, für die er persönlich oder mit bestimmten Vermögensstücken haftet, tritt in die Rechte des Gläubigers und kann die Forderung gegen den Schuldner geltend machen, ohne dass es einer Einlösungserklärung bedarf.

DTM: **gesetzlicher Forderungsübergang**; gesetzl.; 4; mask.; Hauptb.; MWA; sg.; **Legalzession**
DTQ: § 412 BGB
DEF: eine von Gesetzes wegen bestimmte Abtretung an einen neuen Gläubiger.
DFQ: Creif21

***

ATM: **gesetzlicher Schulerhalter**; gesetzl.; 4; Hauptb.; MWA; mask.; sg.; 3206; Schulrecht
ETM: statutory education authority; FTM: les fournisseurs de la scolarité obligatoire (institutions responsables de la scolarité obligatoire)
TMQ: Art. 16 (6) B-VG
DEF: der Bund, soweit die Gesetzgebung und Vollziehung in den Angelegenheiten der Errichtung, Erhaltung und Auflassung von öffentlichen Schulen Bundessache ist. Gesetzlicher Schulerhalter ist das Land oder nach Maßgabe der landesgesetzlichen Vorschriften die Gemeinde oder ein Gemeindeverband, soweit die Gesetzgebung oder Ausführungsgesetzgebung und die Vollziehung in den Angelegenheiten der Errichtung, Erhaltung und Auflassung von öffentlichen Schulen Landessache ist.
DFQ: Art. 16 (6) B-VG
REL: Synonym

DTM: **Schulträger**; gesetzl.; 4; Hauptb.; Subst.; mask.; sg.
DTQ: § 2 (7) Brandenburgisches Schulgesetz (BbgSchulGl)
DEF: eine juristische oder natürliche Person, die für die Errichtung, Organisation und Verwaltung der einzelnen Schule rechtlich unmittelbar die Verantwortung trägt und zur Unterhaltung der Schule eigene Leistungen erbringt.
DFQ: § 2 (7) BbgSchulGl
NOT: Aufgrund des Umstands, dass in DE das Schulwesen Kompetenz der Länder ist, gibt es diesbezüglich verschiedene Begriffe.

***

ATM: **Gesetzliches Vorzugspfandrecht**; gesetzl.; 4; Hauptb.; MWA; neutr.; sg.; 1211; Exekutionsrecht
ETM: preferential right to exercise a lien; FTM: **droit de gage préférentiel légale**
TMQ: § 27 (1) WEG
DEF: ein Rechtstitel an jedem Miteigentumsanteil im Sinne des WEG2002, in dem durch § 216 (1) Z. 3 der Exekutionsordnung bestimmten Ausmaß zu Gunsten der Forderungen der Eigentümergemeinschaft und der Rückgriffsforderungen eines anderen Wohnungseigentümers.
DFQ: § 27 (1) WEG

DTM: FEHLT

***

ATM: **Gesichtspunktetheorie**; fachlit.; 3; Hauptb.; Subst.; fem.; sg.; 1206; verfassungsrecht; **Gesichtspunkttheorie**
ETM: method of determining jurisdiction; FTM: méthode pour déterminer la compétence
TMQ: Mayer, FWB Öffentl. Recht
DEF: eine Interpretationsmethode des Verfassungsrechts, mit der ein bestimmter Gegenstand (ein bestimmter Lebenssachverhalt) unter verschiedenen „Gesichtspunkten", die unterschiedlichen Kompetenztatbeständen zuzuordnen sind, geregelt werden kann.
DFQ: Mayer, FWB Öffentl. Recht
NOT: Welche Gesichtspunkte einer bestimmten Kompetenz zuzuordnen sind, ist mit Hilfe der Versteinerungstheorie zu ermitteln. Beispiel: Prostitution kann unter dem Gesichtspunkt der Sittlichkeitspolizei durch den Landesgesetzgeber, unter dem Gesichtspunkt der Gesundheitspolizei durch den Bundesgesetzgeber geregelt werden.

DTM: **FEHLT**

***

ATM: **Gesundenuntersuchung**; gesetzl.; 4; Hauptb.; Subst.; fem.; sg.; 2841; Sozialrecht; **Vorsorgeuntersuchung**
ETM: (preventive) medical check-up; FTM: examen médical préventif
TMQ: § 132b ASVG
DEF: ein Anspruch auf eine jährliche medizinische Vorsorgeuntersuchung.
DFQ: § 132b ASVG
REL: Teilsynonym; funkt. Äquiv.
NOT: Anspruch steht allen Versicherten und ihren Angehörigen zu.

DTM: **Vorsorgeuntersuchung**; gesetzl.; 4; Hauptb.; Subst.; fem.; sg.
DTQ: § 25 SGB V
DEF: eine Maßnahme zur Vorbeugung von Erkrankungen.
DFQ: § 25 SGB V; BM für Arbeit und Soziales, Übersicht über das Sozialrecht
NOT: Anspruch steht nur ab dem 35. Lebensjahr.

***

ATM: **Gewährleistung**; gesetzl.; 4; Hauptb.; Subst.; fem.; sg.; 1211; Bürgerl. Recht
ETM: liability for defects; FTM: garantie des vices cachés
TMQ: §§ 922 ff. ABGB
DEF: verschuldensunabhängige Haftung des Schuldners für einen Mangel an einer verkauften Sache oder Dienstleistung.
DFQ: nach §§ 922-933b ABGB; Welser, FWB Bürgerliches Recht
REL Synonym

DTM: **Mängelhaftung**; gesetzl.; 4; Hauptb.; Subst.; fem.; sg.; **Gewährleistung, Mängelbürgschaft, Sachmängelhaftung**
DTQ: §§ 434 ff. BGB
DEF: die Verpflichtung des Vertragspartners, für Mängel an der verkauften Sache oder dem hergestellten Werk einzustehen.
DFQ: §§ 434 ff. BGB; http://www.wissen.de/wde/generator/wissen/ressorts/bildung/index,page=1184942.html (08.12.2014)
NOT: Die Mängelhaftung ersetzt seit 2002 die Gewährleistung.

***

ATM: **Gewährleistungsansprüche**; gesetzl.; 4; Hauptb.; Subst.; fem.; pl.; 1211; Bürgerl. Recht
ETM: claim for defects; FTM: droit découlant du constat d'un vice caché
TMQ: § 31e KSchG
DEF: Ansprüche aus der Gewährleistung.
DFQ: nach §§ 922-933b ABGB; Welser, FWB Bürgerliches Recht
REL Synonym

DTM: **Mängelansprüche**; gesetzl.; 4; Hauptb.; Subst; fem.; pl.; **Gewährleistungsansprüche**
DTQ: § 438 BGB
DEF: Ansprüche aus Gewährleistung, Mängelhaftung oder Mängelbürgschaft.
DFQ: §§ 438 ff. BGB
***
ATM: **Gewährleistungsrecht**; gesetzl.; 4; Hauptb.; Subst.; neutr.; sg.; 1211; Bürgerl. Recht
ETM: right to claim for defects; FTM: droit de garantie
TMQ: Art. 1 § 13 Bundesimobiliengesetz
DEF: das Recht aus der Gewährleistung.
DFQ: §§ 922 ff. ABGB
REL Synonym

DTM: **Mängelrecht**; gesetzl.; 4; Hauptb.; Subst.; neutr.; sg.; **Gewährleistungsrecht**
DTQ: §§ 423 ff. BGB
DEF: die Rechte, die ein Gläubiger hat, wenn der Schuldner die Leistung mangelhaft erbringt.
DFQ: **nach** §§ 423 ff. BGB; www.lexexact.de
***
ATM: **Gewaltentrennung**; gesetzl.; 4; Hauptb.; Subst.; fem.; sg.; 0426; Verfassungsrecht
ETM: separation of powers; FTM: séparation des pouvoirs
TMQ: Mayer, FWB Öffentl. Recht
DEF: die Aufteilung der staatlichen Gewalt in drei Gewalten.
DFQ: nach Art. 94 B-VG; www.parlinkom.gv.at (14.12.2014); Mayer, FWB Öffentl. Recht
REL: Synonym
NOT: Wird zwischen legislativer (gesetzgebender), exekutiver (vollziehender) und judikativer (rechtsprechender) Gewalt unterschieden.

DTM: **Gewaltenteilung**; gesetzl.; 4; Hauptb.; Subst.; fem.; sg.; **Funktionentrennung**
DTQ: AlpBrock2
DEF: Grundsatz, wonach die gesetzgebende, die vollziehende und die rechtsprechende Gewalt voneinander unabhängig sind und sich gegenseitig kontrollieren.
DFQ: nach Art. 20 (2) GG; www.bundestag.de (09.12.2014)
***
ATM: **Gewaltgeber**; gesetzl.; 4; Hauptb.; Subst.; mask./fem.; sg.; 1211; Bürgerl. Recht; **Vollmachtgeber, Machtgeber**
ETM: principal; FTM: mandant
TMQ: §§ 1003 ff. ABGB
DEF: jemand, der einen anderen beauftragt, Geschäfte in seinem Namen durchzuführen.
DFQ: nach §§ 1002 ff. ABGB; Welser, FWB Bürgerliches Recht
REL Synonym
NOT: Insofern der Gewalthaber nach dem Inhalte der Vollmacht den Gewaltgeber vorstellt, kann er ihm Rechte erwerben und Verbindlichkeiten auflegen. Personen, welche zur Besorgung be-

stimmter Geschäfte öffentlich bestellt worden, sind schuldig, über einen darauf sich beziehenden Auftrag ohne Zögerung gegen den Auftragenden sich ausdrücklich zu erklären, ob sie denselben annehmen oder nicht. (ABGB)

DTM: **Vollmachtgeber**; gesetzl.; 4; Hauptb.; Subst.; mask./fem.; sg.; **Vertretene/r**

DTQ: §§ 164 ff. BGB

DEF: Person, die einer anderen Person durch eine Willenserklärung (Vollmacht) Vertretungsmacht verschafft.

DFQ: nach §§ 164 ff. BGB; Creif21

***

ATM: **Gewalthaber**; gesetzl.; 4; Hauptb.; Subst.; mask./fem.; sg.; 1211; Bürgerl. Recht; **Bevollmächtigte**, **Machthaber**, **Vertreter**

ETM: agent; FTM: mandataire

TMQ: § 1002 ABGB

DEF: jemand, der ein ihm aufgetragenes Geschäft im Namen eines anderen zur Besorgung übernimmt.

DFQ: § 1002 ABGB

REL Synonym

DTM: **Vertreter**; gesetzl.; 4; Hauptb.; Subst.; mask.; sg.; **Bevollmächtigte**

DTQ: § 164 BGB

DEF: Person, die ein Rechtgeschäft im Namen eines anderen durchführt.

DFQ: § 164 BGB

***

ATM: **Gewerbe der Rauchfangkehrer**; gesetzl.; 4; Hauptb.; MWA; neutr.; sg.; 4426; Gewerberecht

ETM: chimney sweep trade; FTM: métier de ramoneur

TMQ: § 94 Z. 55 GewO 1994

DEF: ein Gewerbe für das Reinigen, Kehren und Überprüfen von Rauch- und Abgasfängen, von Rauch- und Abgasleitungen sowie von den dazugehörigen Feuerstätten.

DFQ: nach § 120 (1) GewO 1994; http://www.wienerrauchfangkehrer.at/ (09.09.2014)

REL: Teilsynonym; funkt. Äquiv.

DTM: **Schornsteinfegerwesen**; gesetzl.; 4; Hauptb.; Subst; neutr.; sg.; **Schornsteinfegerhandwerk**

DTQ: §§ 1 ff. SchfG

DEF: das Gewerbe für das Kehrmonopol und die Beleihung der Bezirksschornsteinfegermeister.

DFQ: nach §§ 1 ff. SchfG; § 16 LVG

***

ATM: **Gewerbeberechtigung**; gesetzl.; 4; Hauptb.; Subst.; fem.; sg.; 4426; Gewerberecht

ETM: business licence; FTM: autorisation d'exercer une activité commerciale

TMQ: § 38 GewO 1994

DEF: eine Befugnis zur Ausübung einer gewerblichen Tätigkeit.

DFQ: nach http://www.help.gv.at/Content.Node/99/Seite.990109.html (10.11.2014); §§ 38 ff. GewO 1994

NOT: Früher „**Gewerbeschein**". Die Gewerbebehörde bestätigt diese Befugnis durch Eintragung ins Gewerberegister und durch Ausfertigung eines Ausdrucks.

REL: Teilsynonym

DTM: **Gewerbezulassung**; fachlit.; 3; Hauptb.; Subst.; fem.; sg.

DTQ: AlpBrock2

DEF: ein Oberbegriff für gewerberechtliche Erlaubnisse, Genehmigungen, Konzessionen und Bewilligungen.

DFQ: nach AlpBrock2; www.lexexact.de (10.10.2014); § 15 (2) GewO

***

ATM: **Kommunalsteuer**; gesetzl.; 4; Hauptb.; Subst.; fem.; sg.; 4426; Steuerrecht; **früher: Gewerbesteuer**

ETM: business tax; FTM: taxe professionnelle

TMQ: Kommunalsteuergesetz 1993

DEF: eine Steuer von 3% auf die Lohnsumme.

DFQ: http://www.aeiou.at/aeiou.encyclop.g/g366323.htm (12.11.2014)

REL: Teilsynonym; funkt. Äquiv.

DTM: **Gewerbesteuer**; gesetzl.; 4; Hauptb.; Subst.; fem.; sg.

DTQ: §§ 1 ff. GewStG

DEF: eine sog. Objektsteuer, da der Gewerbebetrieb ohne Rücksicht auf die persönlichen Verhältnisse der Beteiligten und ihre persönliche Beziehung als Besteuerungsgegenstand erfasst werden.

DFQ: AlpBrock2

***

ATM: **Gewerbliche Selbständigen-Kranken- und Pensionsversicherung**; gesetzl.; 4; Hauptb.; MWA; fem.; sg.; 2836; Sozialrecht

ETM: health and pension insurance for self-employed persons in commercial business; FTM: l'assurance pour la santé et retraite pour les personnes non salariées exerçant un métier réglementé

TMQ: ASVG § 2 (2)

DEF: Sozialversicherung für Unternehmerinnen und Unternehmer in Österreich. Pensionsversicherung und Krankenversicherung für Gewerbetreibende, Freiberufler und Neue Selbständige.

DFQ: http://esv-sva.sozvers.at (11.12.2014)

REL: Teilsynonym; funkt. Äquiv.

NOT: Die SVA der werblichen Wirtschaft ist eine gesetzliche Pflichtversicherung. In DE besteht keine gesetzliche Pflichtversicherung für Gewerbetreibende und Freiberufler. Sie können sich bei einer gesetzlichen Krankenkasse oder bei einer privaten Versicherung versichern lassen.

DTM: **Innungskrankenkassen**; gesetzl.; 4; Hauptb.; Subst.; fem.; pl.

DTQ: §§ 157-164 SGB V

DEF: Einrichtungen von einer oder mehreren Handwerksinnungen für die Handwerksbetriebe ihrer Mitglieder, die in die Handwerksrolle eingetragen sind.

DFQ: § 157 (1) SGB V

NOT: Entsprechen in Organisaton und Status nur teilweise der Gewerblichen Sozialversicherung in AT.

***

ATM: **Gewerbsmäßigkeit**; gesetzl.; 4; Hauptb.; Subst.; fem.; sg.; 4426; Gewerberecht

ETM: business activity; FTM: activité à titre professionnel

TMQ: § 1 GewO

DEF: eine Tätigkeit die gewerbsmäßig ausgeübt wird, wenn sie selbständig, regelmäßig und in der Absicht betrieben wird, einen Ertrag oder sonstigen wirtschaftlichen Vorteil zu erzielen, gleichgültig für welche Zwecke dieser bestimmt ist.

DFQ: § 1 GewO
NOT: Der dt. Begriff ist ausschließlich auf das Strafrecht bezogen.
REL: Falscher Freund

DTM: **Gewerbsmäßigkeit**; gesetzl.; 4; Hauptb.; Subst.; fem.; sg.
DTQ: AlpBrock2
DEF: liegt vor, wenn der Täter versucht, bestimmte Verbrechen ür den Lebensunterhalt zu nutzen.
DFQ: § 243 (1) Z. 3 StGB
***

ATM: **Gewinnkarenz**; gesetzl.; 4; Hauptb.; Subst.; fem.; sg.; 1211; Bürgerl. Recht
ETM: waiting period until an insurance claim can be made; FTM: carence jusqu'à la prise en charge par l'assurance
TMQ: § 3 (3) Z. 7 Gewinnplan-Verordnung
DEF: die Zeit, die vergehen muss, ehe ein Versicherungsschutz besteht.
DFQ: http://www.qdk.at/wissenswertes/karenzfrist/ (12.08.2014)
REL: Synonym

DTM: **Wartezeiten**; gesetzl.; 4; Hauptb.; Subst.; fem.; pl.
DTQ: § 197 Gesetz über den Versicherungsvertrag
DEF: Zeiten, in denen eine Versicherung bereits besteht, aber bestimmte Leistungen oder die Leistung selbst erst nach Ablauf mehrerer Monate oder gar Jahre erfolgen.
DFQ: http://www.geld.de/sachversicherungen-lexikon-allgemeine-wartezeit-bei-versicherungen.html (12.08.2014)
***

ATM: **Gläubigereinberufung**; gesetzl.; 4; Hauptb.; Subst.; fem.; sg.; 1211; Bürgerl. Recht; **Gläubigerkonvokation; Einberufung der Verlassenschaftsgläubiger**
ETM: public notice to creditors of a deceased's estate; FTM: convocation des créanciers successoraux
TMQ: OGH 7Ob220/08s, 18.03.2009; § 813 ABGB
DEF: die Gläubigereinberufung (Gläubigerkonvokation) und die Forderungsanmeldung dienen dazu, dem bedingt die Erbschaft antretenden Erben eine Übersicht über den Schuldenstand (und damit auch über den Wert des Nachlasses) zu verschaffen.
DFQ: nach OGH 7Ob220/08s, 18.03.2009; §§ 813 ff. ABGB
NOT: Hat den Zweck dem Erben bzw. der Erbin oder dem Verlassenschaftskurator bzw. der Verlassenschaftskuratorin eine Übersicht über die Schulden zu verschaffen. Der Erbe soll entscheiden können, ob und allenfalls bis zu welcher Quote Ansprüche befriedigt werden können und ob gegebenenfalls ein Nachlasskonkurs zu eröffnen ist.
REL Synonym

DTM: **Aufgebot der Nachlassgläubiger**; gesetzl.; 4; Hauptb.; MWA; neutr.; sg.
DTQ: § 2061 f. BGB
DEF: das zivile Aufgebot zur Anmeldung von Ansprüchen der Nachlassgläubiger.
DFQ: nach §§ 1970 ff., 2061 f. BGB; §§ 946 ff., 989 ff. ZPO
***

ATM: **Gliedstaatsvertrag**; fachlit.; 3; Hauptb.; Subst; mask.; sg.; 0436; Öffentl. Recht; **Konkordat**
ETM: state treaty; FTM: traité entre les Länder federal
TMQ: VfGH A26/05, 09.03.2007
DEF: Vereinbarung zwischen 1) Bund und einem bzw. mehreren Ländern oder 2) von mindestens zwei Ländern untereinander.

DFQ: nach Mayer, FWB Öffentl. Recht; Art. 15a B-VG

NOT: Vom Bund oder einem Land abgeschlossene Verträge mit anderen (Teil-) Staaten bzw. Völkerrechtsubjekten heißen in AT **„Staatsverträge"**.

REL: Teilsynonym; enger

DTM: **Staatsvertrag**; gesetzl.; 4; Hauptb.; Subst.; mask.; sg.

DTQ: Art. 29 GG

DEF: völkerrechtlicher Vertrag, der nicht nur vom Bund bzw. einem Land mit anderen Staaten oder Völkerrechtssubjekten abgeschlossen werden kann, sondern auch zwischen den einzelnen Ländern untereinander bzw. zwischen Bund und Ländern.

DFQ: Creif21

***

ATM: **Glücksvertrag**; gesetzl.; 4; Hauptb.; Subst.; mask.; sg.; 1211; Bürgerl. Recht

ETM: aleatory contract; FTM: contrat aléatoire

TMQ: § 1267 ABGB

DEF: ein Vertrag, mit dem die Hoffnung eines noch ungewissen Vorteiles versprochen und angenommen wird.

DFQ: nach §§ 1267, 1276 ABGB

NOT: Er gehört, je nachdem etwas versprochen wird oder nicht, zu den entgeltlichen oder unentgeltlichen Verträgen.

REL: Teilsynonym; funkt. Äquiv.

DTM: **Hoffnungskauf**; fachlit.; 3; Hauptb.; Subst.; mask.; sg.

DTQ: § 762 BGB

DEF: ein Kauf einer unsicheren Sache oder eines unsicheren Rechtes ohne Gewähr.

DFQ: § 762 BGB; http://www.economia48.com/deu/d/hoffnungskauf/hoffnungskauf.htm (18.112.2014)

NOT: Durch Spiel oder durch Wette wird eine Verbindlichkeit nicht begründet. Das auf Grund des Spieles oder der Wette Geleistete kann nicht deshalb zurückgefordert werden, weil eine Verbindlichkeit nicht bestanden hat.

***

ATM: **GOMEX-Satz**; fachlit.; 3; MWA; Hauptb.; mask.; sg.; 2411; Börserecht; **Offenmarktsatz**

ETM: securities repurchase rate; FTM: taux de prise en pension

TMQ: www.wienerborse.at/beginner/lexicon/g/gomex-satz.html (18.12.2014)

DEF: Zinssatz zur Refinanzierung der Geschäftsbanken durch die Österreichische Nationalbank.

DFQ: www.hypolandesbank.at/m029/at/de/content/.../boerse_lexikon.shtml (18.11.2014)

NOT: Nach einer gewissen Zeitdauer müssen die Wertpapiere um den GOMEX-Satz aufgezinst von den Geschäftsbanken zurückgekauft werden.

REL: Synonym

DTM: **Wertpapierpensionssatz**; fachlit.; 3; Hauptb.; Subst.; mask.; sg.

DTQ: http://www.trading.de/Boersenlexikon/Wertpapierpensionssatz.html (18.12.2014)

DEF: der Zinssatz, den die Deutsche Bundesbank beziehungsweise die Europäische Zentralbank den Kreditinstituten für die zwischenzeitliche Liquiditätsgewährung in Form von Wertpapierpensionsgeschäften berechnet.

DFQ: § 5 LiqV; http://www.trading.de/Boersenlexikon/Wertpapierpensionssatz.html (18.12.2014)

NOT: Meist befindet sich der Wertpapierpensionssatz zwischen dem Diskontsatz und dem Lombardsatz. Seit 1985 ist der Wertpapierpensionssatz zum hauptsächlichen Leitzinssatz aufgestiegen, an dem das Niveau der Geldmarktzinsen vornehmlich ausgerichtet wird.

***

ATM: **Gratfleisch**; gesetzl.; 4; Hauptb.; Subst.; neutr.; sg.; 6026; Lebensmittelrecht
ETM: thin skirt; FTM: hampe
TMQ: Österr. Lebensmittelbuch, Kap. 14 A.3.1.3
DEF: an der Innenseite des Vorderviertels gelegener Muskel.
DFQ: Österr. Lebensmittelbuch, Kap. 14 A.3.1.3
REL: Teilsynonym

DTM: **Nierenzapfen**; gesetzl.; 4; Hauptb.; Subst.; mask.; sg.
DTQ: http://www.fleischwirtschaft.de/dokumentation/fachbegriffe/ (15.09.2014)
DEF: Fleischzapfen in der Brusthöhle, zwischen den beiden Nierenstollen; nicht zur Skelettmuskulatur gehörend
DFQ: http://www.fleischwirtschaft.de/dokumentation/fachbegriffe/ (15.09.2014)

***

ATM: **Grenzkataster**; gesetzl.; 4; Hauptb.; Subst.; mask.; sg.; 0436; Öffentl. Verwaltung
ETM: cadastral survey; FTM: plan cadastral
TMQ: §§ 8 ff. Vermessungsgesetz
DEF: dient zum verbindlichen Nachweis der Grenzen der Grundstücke. Die Grundstücke sind durch Maßzahlen (Koordinaten) in cm-Genauigkeit festgelegt.
DFQ: nach §§ 8 ff. Vermessungsgesetz; http://www.meingrundstueck.at/Lexikon/ (21.09.2014)
REL: Teilsynonym; funkt. Äquiv.

DTM: **Katasterplan**; gesetzl.; 4; Hauptb.; Subst.; mask.; sg.
DTQ: § 1 GBO
DEF: die grafische, genau maßstäbliche Darstellung der Grundstücke des Katasters.
DFQ: http://www.privatimmobilien.de/glossar/katasterplan.html (18.08.2014)

***

ATM: **Grenzübertrittskarte**; gesetzl.; 4; Hauptb.; Subst.; fem.; sg.; 1211; Bürgerl. Recht; **Grenzübertrittsschein, Ausflugsschein, Sammelausflugsschein**
ETM: local border traffic permit; FTM: permis de franchissement local de la frontière
TMQ: Art. 7 ff. Kleiner Grenzverkehr
DEF: ein Personaldokument, das Personen und deren Familienangehörigen, die im grenznahen Bereich wohnen, zum täglichen Grenzübertritt und zu einem Aufenthalt in bestimmter Dauer im Grenzbezirk des anderen Staates berechtigt.
DFQ: Art. 7 39/04 Zollabkommen; Art. 7 ff. Kleiner Grenzverkehr
NOT: Bemerkung: alle österr. Nachbarländer (bis auf CH und LIE) sind Mitgliedsländer der EU.

DTM: FEHLT

***

ATM: **grob fahrlässige Beeinträchtigung von Gläubigerinteressen**; gesetzl.; 4; Hauptb.; MWA; fem.; sg.; 1216; Strafrecht
ETM: negligent bankruptcy; FTM: faillite par négligence
TMQ: § 159 StGB
DEF: umfasst drei Tatbestände 1. grob fahrlässige Herbeiführung der Zahlungsunfähigkeit wegen kridaträchtiger Handlungen (aufgelistet in § 159 (5)); 2. grob fahrlässige Vereitelung oder Schmälerung der Befriedigung wenigstens eines Gläubigers durch kridaträchtiges Handeln in Kenntnis oder fahrlässiger Unkenntnis der eigenen Zahlungsunfähigkeit; 3. grob fahrlässige Beeinträchtigung der eigenen wirtschaftlichen Lage durch kridaträchtiges Handeln, sodass Zah-

lungsunfähigkeit eingetreten wäre, wenn nicht von der öffentlichen Hand mittelbare oder unmittelbare Zuwendungen erfolgt wären.

DFQ: § 159 StGB

REL: Teilsynonym; enger

NOT: Kridaträchtiges Handeln liegt etwa vor, wenn jemand z.B. einen bedeutenden Bestandteil seines Vermögens zerstört, beschädigt, unbrauchbar macht, verschleudert oder verschenkt.

DTM: **fahrlässiger Bankrott**; fachlit.; 3; Hauptb.; MWA; mask.; sg.

DTQ: BGH 5 StR 415/03, 22.01.2004,

DEF: eine abgeschwächte Form des Bankrotts, die ebenfalls in § 283 StGB geregelt ist und für die mildere Strafdrohungen vorgesehen sind.

DFQ: § 283 StGB

***

ATM: **grobe Fahrlässigkeit**; gesetzl.; 4; Hauptb.; MWA; fem.; sg.; 1216; Strafrecht

ETM: gross negligence; FTM: faute lourde

TMQ: § 6 StGB

DEF: Außerachtlassung der im Verkehr erforderlichen Sorgfalt.

DFQ: § 6 StGB

REL: Synonym; breiter

NOT: Im Strafrecht im Zivilrecht sind beide Terimini ident (§§ 1295, 1297 ABGB; § 276 BGB)

DTM: **FEHLT**; gesetzl.; 4; Hauptb.; Adj.

NOT: Der Begriff fehlt im dStGB, kommt jedoch in zahlreichen anderen Gesetzen vor. Er spielt vor allem im Haftungsrecht eine Rolle (§ 277 BGB).

***

DTM: **Große Jugendkammer**; gesetzl.; 4; Hauptb.; MWA; fem.; sg.; 2806; Jugendstrafrecht

ETM: large chamber of the juvenile court; FTM: grande chambre du tribunal pour enfants

DTQ: § 33b (1) JGG

DEF: mit drei Richtern einschließlich des Vorsitzenden und zwei Jugendschöffen besetzt. In Verfahren über Berufungen gegen Urteile des Jugendrichters mit dem Vorsitzenden und zwei Jugendschöffen (kleine Jugendkammer) besetzt.

DFQ: § 33b (1) JGG

ATM: **FEHLT**

***

ATM: **große Legitimationsurkunde**; gesetzl.; 4; Hauptb.; MWA; fem.; sg.; 1206; Rechtsberufe; **große LU, Substitutionsberechtigung**

ETM: authorisation (issued by the relevant legal association) for a trainee lawyer to substitute a lawyer; FTM: légitimation délivrée par la Chambre des avocats autorisant un avocat stagiaire de représenter un avocat

TMQ: § 15 (4) RAO

DEF: durch diese Urkunde wird der Rechtsanwaltsanwärter vom Ausbildungsanwalt ermächtigt, ihn vor allen Gerichten und Behörden zu vertreten, auch wenn dort die Beiziehung eines Rechtsanwalts gesetzlich vorgeschrieben ist.

DFQ: § 15 (1)-(2) RAO

NOT: Vgl. auch „**kleine Legitimationsurkunde**“.

DTM: **FEHLT** (Benennungslücke)

NOT: Der Vorgang an sich ist in § 53 (4) BRAO geregelt: „Die Rechtsanwaltskammer soll die Vertretung einem Rechtsanwalt übertragen. Sie kann auch andere Personen, welche die Befähigung zum Richteramt erlangt haben, oder Referendare, die seit mindestens zwölf Monaten im Vorbereitungsdienst beschäftigt sind, zu Vertretern bestellen. § 7 gilt entsprechend."

***

ATM: **Großverfahren**; gesetzl.; 4; Hauptb.; Subst.; neutr.; sg.; 0436; Verwaltungsrecht; **Massenverfahren**
ETM: class action; FTM: action collective

TMQ: § 44 a AVG

DEF: ein Verwaltungsverfahren an welchem voraussichtlich mehr als 100 Personen beteligt sind.

DFQ: nach § 44 a AVG; Mayer, FWB Öffentl. Recht

REL Synonym

DTM: **Massenverfahren**; fachlit.; 3; Hauptb.; Subst.; neutr.; sg.

DTQ: § 65 (3) VwGO

DEF: ein Großverfahren bei denen eine notwendige Beiladung von mehr als 50 Personen in Betracht kommt.

DFQ: § 65 (3) VwGO; AlpBrock2

***

ATM: **Grundbuchseinlage**; gesetzl.; 4; Hauptb.; Subst.; fem.; sg.; 1211; Grundbuchsrecht; **Grundbuchskörper**
ETM: real property register folio; FTM: inscription au livre foncier

TMQ: § 6 (1) Allg GAG

DEF: jede Grundbuchseinlage besteht aus dem Gutsbestandsblatte, dem Eigentumsblatte und dem Lastenblatte.

DFQ: § 6 (1) Allg GAG

REL: Synonym

NOT: Ist bestimmt zur Eintragung der Grundbuchskörper und ihrer Änderungen und der sich auf die Grundbuchskörper beziehenden dinglichen Rechte und ihrer Änderungen.

DTM: **Grundbuchblatt**; gesetzl.; 4; Hauptb.; Subst.; fem.; sg.

DTQ: § 4 GBV

DEF: jedes Grundbuchblatt besteht aus der Aufschrift, dem Bestandsverzeichnis und drei Abteilungen.

DFQ: § 4 GBV

***

ATM: **grundlegende Richtung**; gesetzl.; 4; Hauptb.; MWA; fem.; sg.; 1211; Presserecht; **Blattlinie**
ETM: editorial policy; FTM: ligne éditoriale

TMQ: § 25 (1) MedienG

DEF: die grundlegende Richtung (allgemeine Ausrichtung) eines periodischen Druckwerks, die nach gesetzlichen Bestimmungen zu veröffentlichen und erklären ist.

DFQ: § 25 (4) MedienG

REL: Teilsynonym; funkt. Äquiv.

DTM: **publizistische Grundhaltung**; allgmspr.; 4; Hauptb.; MWA; fem.; sg.

DTQ: Checkliste zur Charta „Qualität im Journalismus", Herausgegeben vom Deutschen Journalisten-Verband (DJV) DJV-Arbeitsgruppe Qualitätssicherung.

DEF: von der Geschäftsleitung vorgegebene Richtung eines Medienprodukts.

DFQ: **Eigendefinition**

NOT: Es fehlt eine dem österr. Recht vergleichbare gesetzliche Regelung. Der Begriff wird in manchen Publikationen verwendet.

***

ATM: **Grundrechtsbeschwerde**; gesetzl.; 4; Hauptb.; Subst.; fem.; sg.; 1211; Bürgerl. Recht

ETM: claim of fundamental rights violation to the Supreme Court; FTM: recours pour violation dun droit fondamental

TMQ: § 1 Grundrechtsbeschwerde-Gesetz

DEF: erletzung des Grundrechtes auf persönliche Freiheit durch eine strafgerichtliche Entscheidung oder Verfügung steht dem Betroffenen nach Erschöpfung des Instanzenzuges die Grundrechtsbeschwerde an den Obersten Gerichtshof zu.

DFQ: § 1 Grundrechtsbeschwerde-Gesetz

DTM: FEHLT

***

ATM: **Grundsatzgesetz**; gesetzl.; 4; Hauptb.; Subst.; neutr.; sg.; 1211; Öffentliches Recht

ETM: framework law; FTM: loi-cadre

TMQ: Art. 12 (2) B-VG

DEF: ein Gesetz, das sich auf die Aufstellung von Grundsätzen beschränkt und keine Einzelregelungen treffen darf.

DFQ: nach Art. 12 (2) B-VG; Öhlinger, Verfassungsrecht, 122 f.

NOT: Z.B. Güter- und Seilwege-Grundsatzgesetz 1967

REL Synonym

DTM: **Rahmengesetz**; gesetzl.; 4; Hauptb.; Subst:, neutr.; sg.

DTQ: Beamtenrechtsrahmengesetz (BRRG), Titel

DEF: war im deutschen Recht ein Gesetz des Bundes das den jeweiligen Rechtsbereich nicht vollständig regelt, sondern nur in den wesentlichen Grundzügen. Die Detailregelungen - die Ausfüllung des Rahmens - bleiben der Gesetzgebung der einzelnen Länder überlassen.

DFQ: http://www.uni-protokolle.de/Lexikon/Rahmengesetz.html (25.11.2014)

NOT: Historisch. Die Rahmengesetzgebung wurde mit 01.09.2008 aus dem dt. Grundgesetz gestrichen. Rahmengesetzgebungskompetenz ist im Zuge der Föderalismusreform aus dem Grundgesetz gestrichen worden. Gemäß Art. 75 GG a.F. hatte der Bund in den dort genannten Fällen und soweit eine bundeseinheitliche Regelung erforderlich ist (Art. 75 (1) iVm Art. 72 GG) eine Rahmengesetzgebungskompetenz.

***

ATM: **Grundsatzgesetzgebung**; gesetzl.; 4; Hauptb.; Subst.; fem.; sg.; 1211; Öffentliches Recht

ETM: framework legislation; FTM: législation-cadre

TMQ: Mayer, FWB Öffentl. Recht

DEF: das Recht des Bundes, Grundsätze eines Rechtsgebietes gesetzlich zu regeln, wobei für die Erlassung der Ausführungsgesetze der Landesgesetzgeber zuständig ist.

DFQ: Art. 12 B-VG ff.; Mayer, FWB Öffentl. Recht

NOT: Dagegen ist die Erlassung von Ausführungsgesetzen und die Vollziehung, der in Art. 12 B-VG geregelten Angelegenheiten, wie Armenwesen, Bevölkerungspolitik, Elektrizitätswesen usw., Landessache.

DTM: FEHLT

NOT: Historisch. Die Rahmengesetzgebung wurde mit 01.09.2008 aus dem dt. Grundgesetz gestrichen. Rahmengesetzgebungskompetenz ist im Zuge der Föderalismusreform aus dem Grundgesetz gestrichen worden. Gemäß Art. 75 GG a.F. hatte der Bund in den dort genannten Fällen und soweit eine bundeseinheitliche Regelung erforderlich ist (Art. 75 (1) iVm Art. 72 GG) eine Rahmengesetzgebungskompetenz.

***

ATM: **Grundsteuerkataster, der**; gesetzl.; 4; Hauptb.; Subst.; mask.; sg.; 1211, Grundbuchsrecht; **Kataster, Hauptbuch des Grundbuchs**
ETM: fiscal cadastre; FTM: cadastre fiscal

TMQ: § 5 (1) Allgemeines Grundbuchsanlegungsgesetz

DEF: dient der Veranschaulichung der Lage der Liegenschaften und enthält die Benützungsarten, die Flächenausmaße und sonstige Angaben zur leichteren Kenntlichmachung der Grundstücke.

DFQ: http://www.bev.gv.at/portal/.. (18.12.2014)

REL: Synonym

NOT: Besteht aus dem technischen Operat und dem Grundstücksverzeichnis. Im Gegensatz zum Grenzkataster besteht für Grundstücke des Grundsteuerkatasters keine Rechtssicherheit der Grenzen, in dem Grundstücke und deren Grenzen verzeichnet sind.

DTM: **Liegenschaftskataster, das**; gesetzl.; 4; Hauptb.; Subst.; neutr.; sg.; **Kataster**

DTQ: § 4 dVermG

DEF: ein Verzeichnis sämtlicher Bodenflächen innerhalb einer vermessungstechnischen Einheit, das genauen Aufschluss über die tatsächlichen Verhältnisse des Grundstücks (z.B. Lage, Größe, Nutzung) gibt.

DFQ: § 4 dVermG; Creif21

***

ATM: **Grundstücke**; gesetzl.; 4; Hauptb.; Subst.; mask.; pl.; 1211, Grundbuchsrecht; **Parzelle**
ETM: land lot; FTM: immeuble

TMQ: § 5 (1) Z. 2 Allg GAG

DEF: jene Teile einer Katastralgemeinde, die im Zeitpunkt des Inkrafttretens des Vermessungsgesetzes als solche im Grundsteuerkataster mit einer eigenen Nummer bezeichnet sind oder später durch Grundbuchsbeschluß neu gebildet werden. Ist die kleinste selbständige Grundbuchseinheit.

DFQ: § 5 (1) Z. 2 Allg GAG

NOT: Kleinster Teil eines Grundbuchs.

REL Synonym

DTM: **Flurstück**; gesetzl.; 4; Hauptb.; Subst.; mask.; sg.; **Parzelle**

DTQ: § 3 (2) Z. 2 LGVerm

DEF: die amtliche Bezeichnung für die kleinste Buchungseinheit des Liegenschaftskatasters.

DFQ: § 3 (2) Z. 2 LGVerm

NOT: **„Grundstück“** ist alltagssprachlich.

***

ATM: **Grundstücksnummer**; gesetzl.; 4; Hauptb.; Subst.; fem.; sg.; 1211; Grundbuchsrecht
ETM: lot number; FTM: numéro de parcelle

TMQ: § 9 (3) Z. 1 Vermessungsgesetz

DEF: eine eigene Nummer eines Grundstückes, das im Grenzkataster oder im Grundsteuerkataster als solches bezeichnet wird.

DFQ: § 9 (3) Z. 1 Vermessungsgesetz

REL Synonym

NOT: Steht in arabischen Ziffern, denen nach Grundstücksteilungen hinter einem Schrägstrich weitere Ziffern folgen können; z.B. das Grundstück 123/14. Ist im Regelfall ein Grundstück, welches aus einer Aufteilung des Grundstückes 123 entstanden ist.

DTM: **Flurstücksnummer**; gesetzl.; 4; Hauptb.; Subst.; fem.; sg.

DTQ: § 7 Klärschlammverordnung

DEF: mit arabischen Ziffern geschriebene Zahl, unter der jede katastertechnische Buchungseinheit (Flurstück) innerhalb eines begrenzten Bezirks (Katasterbezirk) auf der Flurkarte bezeichnet ist.

DFQ: http://www.geoinformatik.uni-rostock.de/einzel.asp?ID=1647933696 (25.11.2014)

NOT: Besteht aus einer Zahl, einer Kombination von Zahl und Buchstabe (z.B. 234 a) oder einer Kombination zweier Zahlen besteht (z.B. 234/34 – gesprochen: 234 aus 34). Jede Zahl kommt innerhalb desselben Katasterbezirkes nur einmal vor.

***

ATM: **Grundverkehrsgesetz**; gesetzl.; 4; Hauptb.; Subst.; neutr.; sg.; 1211, Grundbuchsrecht

ETM: land transfer law; FTM: loi sur les transactions foncières

TMQ: §§ 1 ff. Steiermärkischen Grundverkehrsgesetz

DEF: ein Landesgesetz, welches den rechtsgeschäftlichen Erwerb von Rechten an land- und fortstwirtschaftlichen Grundstücken regelt.

DFQ: §§ 1 ff. Steiermärkischen Grundverkehrsgesetz; Mayer, FWB Öffentl. Recht

NOT: Findet sich auch in Tirol, Vorarlberg, Burgenland und Salzburg.

DTM: **FEHLT**

***

ATM: **Grundversorgung (von Asylwerbern)**; gesetzl.; 4; Hauptb.; Subst.; fem.; sg.; 1231; Internat. Recht; **Bundesbetreuung**

ETM: basic services (for asylum seekers) FTM: soins primaires (pour des demandeurs d'asile)

TMQ: § 1 (2) Grundversorgungsgesetz - Bund 2005

DEF: umfasst die angemessene Verpflegung, Gewährung eines monatlichen Taschengeldes für Personen in organisierten Unterkünften und für unbegleitete minderjährige Fremde, die Durchführung einer medizinischen Untersuchung im Bedarfsfall bei der Erstaufnahme nach den Vorgaben der gesundheitsbehördlichen Aufsicht und andere Maßnahmen, die für das alltägliche Leben notwendig sind.

DFQ: §§ 6 (1) ff. Grundversorgungsgesetz - Bund 2005

DTM: **Bundesbetreuung**; gesetzl.; 4; Hauptb.; Subst.; fem.; sg.; **Versorgung von Asylbewerbern**

DTQ: § 3 AsylbLG

DEF: der notwendige Bedarf an Ernährung, Unterkunft, Heizung, Kleidung, Gesundheits- und Körperpflege und Gebrauchs- und Verbrauchsgütern des Haushalts, der durch Sachleistungen gedeckt wird.

DFQ: § 3 AsylbLG

***

ATM: **Grundversorgungsvereinbarung**; gesetzl.; 4; Hauptb.; Subst.; fem.; sg.; 1231; Internat. Recht

ETM: provision of basic services agreement; FTM: accord relatif aux soins primaires

TMQ: § 1 (2) Grundversorgungsgesetz - Bund 2005

DEF: die Vereinbarung zwischen dem Bund und den Ländern gemäß Art. 15a B-VG über gemeinsame Maßnahmen zur vorübergehenden Grundversorgung für hilfs- und schutzbedürftige Fremde (Asylwerber, Asylberechtigte, Vertriebene und andere aus rechtlichen oder faktischen Gründen nicht abschiebbare Menschen) in Österreich in der geltenden Fassung.

DFQ: § 1 (2) Grundversorgungsgesetz - Bund 2005

DTM: FEHLT

***

ATM: Grundwasserschongebiet; gesetzl.; 4; Hauptb.; Subst.; neutr.; sg.; 2846; Wasserrecht

ETM: groundwater source conservation zone; FTM: zone pour la protection des eaux souterraines

TMQ: Handbuch der Planungsbegriffe

DEF: jener Teil des Einzugsgebietes einer Wasserversorgungsanlage bzw. jener Teil eines Grundwasservorkommens, welcher durch Verordnung des Landeshauptmannes zu ihrem Schutz bestimmt wird.

DFQ: Handbuch der Planungsbegriffe

DTM: FEHLT

***

ATM: Grundwasserschutzgebiet; gesetzl.; 4; Hauptb.; Subst.; neutr.; sg.; 2846; Wasserrecht

ETM: groundwater protection zone; FTM: zone protégée de captage des eaux souterraines

TMQ: Handbuch der Planungsbegriffe

DEF: ein in einem Verfahren der Wasserrechtsbehörde festgelegter Teil des Wassereinzugsgebietes.

DFQ: http://www.wvsb.at/lexikonG.htm (06.12.2014)

REL: Synonym; enger

DTM: Wasserschutzgebiet; gesetzl.; 4; Hauptb.; Subst.; neutr.; sg.; 1211; Bürgerl. Recht

DTQ: § 19 WHG

DEF: Teil eines Trinkwassereinzugsgebietes, in dem zum Schutz des (Grund-)Wassers Nutzungsbeschränkungen erlassen sind. Wasserschutzgebiete gliedern sich meist in Fassungsbereich, engere und Weitere Schutzzone.

DFQ: http://www.umweltdatenbank.de/cms/lexikon/lexikon- w/wasserschutzgebiet.html (06.12.2014)

***

ATM: Gruppeninspektor; gesetzl.; 4; Hauptb.; Subst.; mask.; sg.; 1211; Beamtendienstrecht; **Gruppeninspektorin, GrInsp**

ETM: group sergeant; FTM: inspecteur de groupe

TMQ: § 145a (1) BDG 1979

DEF: ein Dienstgrad der österreichischen Sicherheitsexekutive.

DFQ: §§ 1 ff. Führen von Dienstgraden im Exekutivdienst; § 145a (1)-(3) Beamten-Dienstrechtsgesetz 1979

DTM: FEHLT

NOT: Entspricht in DE ungefähr dem **Polizeioberwachtmeister**. Die Polizei ist in DE Ländersache, allerdings sind die Amtsbezeichnungen für den mittleren, gehobenen und den höheren Dienst bis zur Besoldungsgruppe A 16 bundeseinheitlich. Länderspezifische Bezeichnungen gibt es lediglich im sog. Vorbereitungsdienst.

***

ATM: Gutsbestandsblatt; gesetzl.; 4; Hauptb.; Subst; neutr.; sg.; 1211; Grundbuchsrecht; **A-Blatt**

ETM: particular section of the land register that enumerates the property particulars and encumbrances; FTM: : feuillet du livre foncier désignant les immeubles, les charges pré-existantes et les restrictions du droit à disposer de ces immeubles

TMQ: §§ 6 f. Allgemeines Grundbuchsanlegungsgesetz

DEF: Teil des Grundbuchs und dort einer Grundbuchseinlage, in die Grundstücke und die Eigentumsverhältnisse sowie eventuell vorhandene Lasten und Beschränkungen eingetragen sind.

DFQ: §§ 6 f. Allgemeines Grundbuchsanlegungsgesetz

NOT: Jede Grundbuchseinlage besteht aus drei Blättern, wobei eine davon das Gutsbestandsblatt („**A-Blatt**") ist (weiters: „**Eigentumsblatt**" und „**Lastenblatt**"). Es Enthält die Angaben aller Grundstücke, die zur Liegenschaft gehören, sowie alle mit dem Eigentum an dem Grundstück verbundenen Rechte.

REL: Synonym

DTM: **Bestandsverzeichnis**; gesetzl.; 4; Hauptb.; Subst; neutr.; sg.

DTQ: § 6 Verordnung zur Durchführung der Grundbuchordnung

DEF: die Abteilung eines Grundbuchblattes, welche sämtliche Grundstücke und die mit ihnen verbundenen Rechte und Belastungen anführt.

DFQ: § 6 Verordnung zur Durchführung der Grundbuchordnung

***

ATM: **Haftrücklass**; gesetzl.; 4; Hauptb.; Subst.; mask.; sg.; 1211; Bürgerl. Recht; **Haftungsrücklass**

ETM: retention; FTM: rétention de garantie

TMQ: § 4 (4) BTVG

DEF: ein Betrag, der vom Werkbesteller/Käufer vom Rechnungsbetrag nach Vereinbarung vorerst einbehalten wird und allfällige Gewährleistungsansprüche decken soll.

DFQ: Welser, FWB Bürgerliches Recht

NOT: Der Haftrücklass wird nach Ablauf der Gewährleistungsfrist und Behebung allfälliger Mängel ausbezahlt. (Welser, FWB Bürgerliches Recht)

REL: Teilsynonym; breiter

DTM: **Einbehalt**; gesetzl.; 4; Hauptb.; Subst.; mask.; sg.; 2846; Baurecht; **Sicherheitseinbehalt**

DTQ: § 17 Vergabe- und Vertragsordnung für Bauleistungen (VOB)

DEF: im Baurecht ein Teil der Vergütung für eine Leistung, die der Auftraggeber nach Fälligkeit noch für einen gewissen Zeitraum als Sicherheit für etwaige Mängelansprüche gegenüber dem ausführenden Unternehmer zurückbehalten kann.

DFQ: Wikipedia: http://de.wikipedia.org/wiki/Einbehalt (29.11.2014)

***

ATM: **Haftung für Besorgungsgehilfen**; fachlit.; 3; Hauptb.; MWA; fem.; sg.; 1211; Bürgerl. Recht / Handelsrecht

ETM: culpa in eligendo; FTM: culpa in eligendo

TMQ: OGH 1Ob41/80, 29.04.1981

DEF: Regelung der Haftung für Versorgungs- und Verrichtungsgehilfen.

DFQ: nach § 1315 ABGB

REL Synonym

DTM: **Haftung für den Verrichtungsgehilfen**; fachlit.; 3; Hauptb.; MWA; fem.; sg.

DTQ: § 831 BGB

DEF: wer einen anderen zu einer Verrichtung bestellt, ist zum Ersatz des Schadens verpflichtet, den der andere in Ausführung der Verrichtung einem Dritten widerrechtlich zufügt.

DFQ: § 831 BGB

***

ATM: **Halbschrift**; gesetzl.; 4; Hauptb.; Subst.; fem.; sg.; 1211; Bürgerl. Recht; **Rubrik**

ETM: record of proceedings before judgment; FTM: qualités du jugement

TMQ: Geschäftsordnung für die Gerichte I. und II. Instanz Art. 1 § 58

DEF: der Kopf eines Schriftsatzes, bestehend aus den Angaben über Gericht, Parteien, Parteienvertreter, Streitgegenstand und Gegenstand des Schriftsatzes

DFQ: ÖRWB

NOT: Die Halbschrift wird vom Gericht abgestempelt und dem Einschreiter zum Nachweis der Einbringung des Schriftsatzes übergeben bzw. zugeschickt. (ÖRWB)

REL: Teilsynonym; breiter

DTM: **Rubrum**; fachlit.; 3; Hauptb.; Subst.; neutr.; sg.; **Urteilskopf**

DTQ: AlpBrock2

DEF: bezeichnet den Urteilskopf, der die Parteien, ihre gesetzlichen Vertreter, die Prozessbevollmächtigten, die Namen der Richter und das Datum der letzten mündlichen Verhandlung nennt.

DFQ: lexexakt.de; AlpBrock2

NOT: Das Rubrum enthält: 1. das Gerichtsaktenzeichen 2. den Vermerk des Urkundsbeamten der Geschäftsstelle über Verkündung und Zustellung des Urteils 3. die Überschrift »im Namen des Volkes« 4. die Bezeichnung der Urteilsart 5. die Bezeichnung der Parteien -ihrer gesetzlichen Vertreter und der Prozessbevollmächtigten 6. die Bezeichnung des Gerichts -die Namen der Richter, die bei der Entscheidung mitgewirkt haben 7. den Tag, an dem die mündliche Verhandlung geschlossen wurde.

***

ATM: **Hals**; gesetzl.; 4; Hauptb.; Subst.; mask.; sg.; 6026; Lebensmittelrecht; **Tristel**, **Vorderes Ausgelöstes**
ETM: neck; FTM: cou

TMQ: Österr. Lebensmittelbuch, Kap. 14 A.3.1.3

DEF: M. sternocephalicus, M. longissimus cervicis.

DFQ: Österr. Lebensmittelbuch, Kap. 14 A.3.1.3

NOT: Der Halsteil ist in der österr. Form der Zerlegung kürzer als in der dt Form.

REL: Synonym

DTM: **Nacken**; gesetzl.; 4; Hauptb.; Subst.; mask.; sg.; **Hals**, **Vorderer Kamm**

DTQ: http://www.gutekueche.de/rezepte/kochwissen/warenkunde/fleischstuecke-rind.1814.htm (01.12.2014)

DEF: der Bereich zwischen Kamm, Rippen und Brust.

DFQ: http://www.gutekueche.de/rezepte/kochwissen/warenkunde/fleischstuecke-rind.1814.htm (01.12.2014)

***

DTM: **Hammelsprung**; gesetzl.; 4; Hauptb.; Subst.; mask.; sg.; 0421; Öffentl. Recht
ETM: voting procedure in which parliamentarians go through one of three different doors, each symbolising agreement, failure or refusal; FTM: procédure de vote au cours de laquelle les députés passent par trois portes différentes, signifiant accord, refus ou abstention

DTQ: Broschüre „Auf einem Blick. Das Plenum des Deutschen Bundestages", herausgegeben vom Deutschen Bundestag. Berlin, 2014.

DEF: eine bestimmte Abstimmungsform, die zur Anwendung kommt, wenn der Sitzungsvorstand über das Ergebnis einer Abstimmung uneins ist. Hierbei verlassen die Abgeordneten den Saal und betreten ihn durch verschiedene Türen, die mit „Ja", „Nein" und „Enthaltung" gekennzeichnet sind. Dabei werden sie von zwei Schriftfüh rern an jeder Tür gezählt.

DFQ: § 51 (2) BTGO

ATM: FEHLT

NOT: In der Geschäftsordnung des österr. Nationalrats gibt es die „**namentliche Abstimmung**", die sich jedoch im Ablauf völlig unterscheidet und unter Verwendung von Ja-Nein Stimmzetteln erfolgt (vgl. Eintrag „namentliche Abstimmung")..

***

ATM: Handelsagent/in; gesetzl.; 4; Hauptb.; Subst.; mask./fem.; sg.; 1211; Bürgerl. Recht; **Handelsvertreter/in**

ETM: agent; FTM: agent commercial

TMQ: § 1 (3) HVertrG

DEF: selbständige/r Gewerbetreibende/r, der/die ständig damit betraut ist, für einen anderen Unternehmer Geschäfte zu vermitteln oder in dessen Namen abzuschließen.

DFQ: § 1 HVertrG

NOT: Handelsagent ist nach § 1 (3) HVertrG ein zulässiges Synonym zur Hauptbezeichnung (selbständiger) Handelsvertreter.

REL Synonym

DTM: Handelsvertreter/in; gesetzl.; 4; Hauptb.; Subst.; mask./fem.; sg.

DTQ: § 84 HGB

DEF: selbständige/r Gewerbetreibende/r, der/die ständig damit betraut ist, für einen anderen Unternehmer Geschäfte zu vermitteln oder in dessen Namen abzuschließen.

DFQ: § 84 HGB

***

ATM: Handelsgericht; gesetzl.; 4; Hauptb.; Subst.; neutr.; sg.; 1221; Gerichtsverfassung

ETM: commercial court; FTM: tribunal de commerce

TMQ: § 51 Jurisdiktionsnorm

DEF: ein Gerichtshof erster Instanz mit der sachlichen Zuständigkeit insbesondere für Streitigkeiten aus Handelsgeschäften, nach dem Aktiengesetz, aus Wechselgeschäften, Muster-Marken-Streitigkeiten und wegen unlauteren Wettbewerbs.

DFQ: ÖRWB, 3. Aufl.

NOT: Nur in Wien ist ein eigenes Handelsgericht eingerichtet, ansonsten werden die Gerichtshöfe erster Instanz als Handelsgerichte tätig.

REL Synonym

DTM: Kammer für Handelssachen; gesetzl.; 4; Hauptb.; MWA; neutr.; sg.; **Handelsgericht**

DTQ: § 93 GVG

DEF: Spruchkörper des Landgerichts, der mit einem Berufsrichter als Vorsitzenden und zwei ehrenamtlichen Richtern besetzt ist und anstelle der Zivilkammer für Handelssachen zuständig ist.

DFQ: http://www.lg-muenster.nrw.de/.../Kammer_fuer_Handelssachen/index.php (12.01.2015)

NOT: Handelssachen sind die in § 95 GVG aufgezählten bürgerlichen Rechtsstreitigkeiten.

***

ATM: Handelsgroßbetrieb; gesetzl.; 3; Hauptb.; Subst.; mask.; sg.; 2846; Handelsrecht

ETM: large company; FTM: grand établissement commercial

TMQ: Handbuch der Planungsbegriffe

DEF: Bauten oder Teile von Bauten mit Verkaufsräumen von Betrieben des Handels allein oder zusammen mit solchen des Gewerbes, in denen die in der Anlage 1 des Salzburger Raumordnungsgeszetzes 2009 festgelegte Gesamtverkaufsfläche überschritten wird.

DFQ: § 32 Salzburger Raumordnungsgesetz 2009 (ROG 2009)

NOT: Davon werden nicht erfasst: Betriebe des Kraftfahrzeug- und des Maschinenhandels, Betriebe des konventionellen Baustoffhandels, Baumschulen und Berufsgärtnereien.

DTM: FEHLT

***

ATM: Handlungsfähigkeit; gesetzl.; 4; Hauptb.; Subst.; fem.; sg.; 1211; Bürgerl. Recht

ETM: legal capacity; FTM: capacité juridique

TMQ: ABGB § 21

DEF: handlungsfähig ist, wer fähig ist, durch eigenes Verhalten Rechte und Pflichten zu begründen. Die Handlungsfähigkeit wird unterteilt in Geschäftsfähigkeit und Deliktsfähigkeit.

DFQ: www.help.gv.at

REL: Teilssynonym; enger

DTM: Handlungsfähigkeit; gesetzl.; 4; Hauptb.; Subst.; fem.; sg.

DTQ: § 36 SGB 1

DEF: 1. Im Zivilrecht zählen zu Handlungsfähigkeit die Geschäftsfähigkeit, Deliktsfähigkeit und Verschuldungsfähigkeit. 2. Im Strafrecht versteht man unter einer handlungsfähigen Person jemanden, der fähig ist, im strafrechtlichen Sinn Handlungen vorzunehmen.

DFQ: www.lexexakt.de (09.01.2015)

***

ATM: Handpfand; gesetzl.; 4; Nebenb.; Subst.; neutr.; sg.; 1211; Bürgerl. Recht; **Faustpfand**

ETM: chattel mortgage; FTM: gage

TMQ: § 448 ABGB

DEF: eine bewegliche Sache, an der ein Pfandrecht besteht.

DFQ: Welser, FWB Bürgerliches Recht

REL: Synonym

DTM: Faustpfand; gesetzl.; 4; Hauptb.; Subst.; mask.; sg.

DTQ: § 838 ZPO

DEF: das Pfandrecht an einer beweglichen Sache, bei dem der unmittelbare Besitz an den Pfandgläubiger übertragen wird.

DFQ: www.wirtschaftslexikon24.net/d/faustpfand/faustpfand.htm (09.11.2014)

***

ATM: Hauptausschuss des Nationalrates; gesetzl.; 4; Hauptb.; MWA; mask.; sg.; 0421; Öffentliches Recht

ETM: main committee of the National Council; FTM: la commission principale du conseil national

TMQ: § 31 (2) GOG-NR

DEF: Organ des Nationalrats, das nach dem Grundsatz der Verhältniswahl aus seiner Mitte gewählt wird und durch das dieser u.a. an der Vollziehung des Bundes mitwirkt

DFQ: Mayer, FWB Öffentl. Recht

NOT: Der Hauptausschuss des Nationalrates hat auch Befugnisse bei der österreichischen Mitwirkung im Rahmen der Europäischen Union. Zu den genauen Aufgaben siehe § 29 (2) GOG-NR.

DTM: FEHLT

DFQ: http://www.bundestag.de/ausschuesse/index.html (14.11.2014)

***

ATM: Hauptbuch der Staatsschuld; gesetzl.; 4; Hauptb.; MWA; neutr.; sg.; 2436; Finanzrecht

ETM: national debt ledger; FTM: grand livre de la dette publique

TMQ: ABGB § 230b
DEF: ein Register, in das alle Finanzschulden des Bundes ordnungsgemäß einzutragen sind.
DFQ: Art. 121 B-VG
REL: Synonym

DTM: **Bundesschuldbuch**; gesetzl.; 4; Hauptb.; Subst.; neutr.; sg.; 0436; Öffentl. Recht
DTQ: § 5 BSchuWG
DEF: für den Bund geführtes Buch, das der Begründung, Dokumentation und Verwaltung von Schuldbuchforderungen sowie der Dokumentation und Verwaltung der sonstigen Verbindlichkeiten dient.
DFQ: § 5 BSchuWG
***

ATM: **Hauptfrage**; gesetzl.; 4; Hauptb.; Subst.; fem.; sg.; 1216; Strafrecht
ETM: central question for the jury concerning the accused's guilt; FTM: question essentielle possée à un jury pour établir si l'accusé est coupbale ou pas
TMQ: § 312 StPO
DEF: die Frage an die Geschworenen, die darauf gerichtet ist, ob der Angeklagte schuldig ist, die der Anklage zugrunde liegende strafbare Handlung begangen zu haben.
DFQ: § 312 StPO

DTM: FEHLT
***

ATM: **Hauptmiete**; gesetzl.; 4; Hauptb.; Subst.; fem.; sg.; 1211; Mietrecht
ETM: main tenancy; FTM: bail ou location principale
TMQ: § 2 Mietrechtsgesetz
DEF: ein Mietverhältnis, das aufgrund eines Mietvertrages zwischen dem Mieter und dem Eigentümer oder Fruchtnießer der Liegenschaft oder dem Wohnungseigentümer entsteht.
DFQ: Welser, FWB Bürgerliches Recht
NOT: Für das Mietverhätnis zwischen Mieter und Wohungseigentümer fehlt im DE ein eigener Terminus. Es gibt jedoch den Terminus „**Hauptmieter**".

DTM: FEHLT
***

ATM: **Hauptmietzins**; gesetzl.; 4; Hauptb.; Subst.; mask.; sg.; 2846; Mietrecht; **Kategorienbetrag**
ETM: main tenancy rental amount; FTM: loyer principale
TMQ: § 15 (1) MRG
DEF: der je Quadratmeter der Nutzfläche und Monat für eine gemietete Wohnung der Ausstattungskategorien A, B oder C angemessene Betrag, der ausgehend vom Richtwert (§ 1 RichtWG) unter Berücksichtigung allfälliger Zuschläge und Abstriche zu berechnen ist.
DFQ: § 15 (2) MRG
NOT: Zum Unterschied von DE ist der Hauptmietzins für die einzelnen Wohnungskategorien in der Höhe und die Ausstattungskategorien der Wohnungen gesetzlich festgelegt.
REL: Teilsynonym

DTM: **ortsübliche Vergleichsmiete**; gesetzl.; 4; Hauptb.; MWA; fem.; sg.; 1211; Bürgerl. Recht; **Grundmiete**
DTQ: http://www.kmk.org/bildung-schule/allgemeine-bildung/sonstiges-einzelfragen/schulen-in-freier-traegerschaft.html
DEF: wird gebildet aus den üblichen Entgelten, die in der Gemeinde oder einer vergleichbaren Gemeinde für Wohnraum vergleichbarer Art, Größe, Ausstattung, Beschaffenheit und Lage ein-

schließlich der energetischen Ausstattung und Beschaffenheit in den letzten vier Jahren vereinbart oder, von Erhöhungen nach § 560 abgesehen, geändert worden sind.

DFQ: § 558 (2) BGB

***

ATM: **Hauptverband der österreichischen Sozialversicherungsträger**; gesetzl.; 4; Hauptb.; MWA; mask.; sg.; 2836; Sozialversicherungsrecht

ETM: Federation of Austrian Social Insurance Entities; FTM: association principale des des organismes de sécurité sociale en Autriche

TMQ: ASVG § 31 (1)

DEF: Dachorganisation der in § 2 (2) ASVG bezeichneten Sonderversicherungen und der in § 23 bis 25 bezeichneten Krankenversicherungen, Unfallversicherungen und Pensionsversicherungen.

DFQ: ASVG § 31 (1)

NOT: In AT umfasst der Hauptverband auch die Pensionsversicherungen, was in DE nicht der Fall ist. Demgegenüber fehlen die Pflegeversicherungen, die es in AT derzeit nicht gibt.

REL: Teilsynonym; funkt. Äquiv.

DTM: **Spitzenverband Bund der Krankenkassen**; gesetzl.; 4; Hauptb.; MWA; mask.; sg.; 1211; Bürgerl. Recht

DTQ: § 217a SGB V

DEF: die Krankenkassen und Pflegeversicherungen bilden den Spitzenverband Bund der Krankenkassen.

DFQ: § 217a SGB V

NOT: Der Spitzenverband umfasst 131 Krankenkassen. (Aug. 2014)

***

ATM: **Hauptwohnsitz**; gesetzl.; 4; Hauptb.; Subst.; mask.; sg.; 0436; Melderecht

ETM: main place of residence; FTM: résidence principale

TMQ: § 1 (7) Meldegesetz 1991 (MeldeG)

DEF: an jener Unterkunft begründet, an der er sich in der erweislichen oder aus den Umständen hervorgehenden Absicht niedergelassen hat, diese zum Mittelpunkt seiner Lebensbeziehungen zu machen; trifft diese sachliche Voraussetzung bei einer Gesamtbetrachtung der beruflichen, wirtschaftlichen und gesellschaftlichen Lebensbeziehungen eines Menschen auf mehrere Wohnsitze zu, so hat er jenen als Hauptwohnsitz zu bezeichnen, zu dem er das überwiegende Naheverhältnis hat.

DFQ: § 1 (7) MeldeG

REL: Synonym

DTM: **Hauptwohnung**; gesetzl.; 4; Hauptb.; Subst.; fem.; sg.; **Hauptwohnsitz**

DTQ: § 12 (2) Melderechtsrahmengesetz (MRRG)

DEF: die vorwiegend benutzte Wohnung des Einwohners.

DFQ: § 12 (2) MRRG

***

ATM: **Hauptwohnsitzbestätigung**; gesetzl.; 4; Hauptb.; Subst.; fem.; sg.; 0436; Melderecht

ETM: confirmation of place of residence for homeless people; FTM: confirmation d'endroit de résidence principale pour les sans-abri sans-abris

TMQ: § 19a (1) Meldegesetz (MeldeG)

DEF: Bestätigung der Meldebehörde gegenüber einem Obdachlosen (auf Antrag), dass er den Mittelpunkt seiner Lebensbeziehungen in dieser Gemeinde hat, wenn er 1. glaubhaft macht, dass er seit mindestens einem Monat den Mittelpunkt seiner Lebensbeziehungen ausschließlich im

Gebiet dieser Gemeinde hat, und 2. im Gebiet dieser Gemeinde eine Stelle bezeichnen kann, die er regelmäßig aufsucht (Kontaktstelle).

DFQ: § 19a (1) MeldeG

DTM: **FEHLT**

***

ATM: **Hausbesorger/in**; gesetzl.; 4; Hauptb.; Subst.; mask./fem.; sg.; 1211; Mietrecht; **Hauswart, Hausmeister/in**

ETM: caretaker; FTM: concierge

TMQ: § 2 HbG

DEF: Person, die sowohl die Reinhaltung als auch die Wartung und Beaufsichtigung eines Hauses im Auftrag des Hauseigentümers gegen Entgelt zu verrichten hat.

DFQ: § 2 (1) HbG

NOT: Das Hausbesorgergesetz ist auf Dienstverhältnisse, die nach 30.06.2000 abgeschlossen werden, nicht mehr anzuwenden. Es ist jedoch einschließlich künftiger Änderungen weiterhin auf Dienstverhältnisse anzuwenden, die vor 01.07.2000 abgeschlossen wurden.

REL Synonym

DTM: **Hauswart**; gesetzl.; 4; Hauptb.; Subst.; mask.; sg.; **Hausmeister/in**

DTQ: § 2 Z. 14 BetrKV

DEF: Person, die im Wesentlichen für die Reinigung und Instandhaltung eines Hauses verantwortlich ist und für diese Tätigkeiten vom Hauseigentümer oder der Hausverwaltungen entschädigt wird.

DFQ: § 2 Z. 14 BetrKV

***

ATM: **Hausdienstbarkeit**; fachlit.; 3; Hauptb.; Subst.; fem.; sg.; 1211; Bürgerl. Recht; **Urbanalservitut, Haus-Servitut, Gebäudedienstbarkeit**

ETM: urban servitude; FTM: servitude urbaine

TMQ: Welser, FWB Bürgerliches Recht

DEF: nach §§ 477 ff. ABGB eine sog. Grunddienstbarkeit (Servitut), die das Benutzen von Wohngebäuden erleichtert und z.B. das Recht einschließt, Wasser über ds Grundstück des Nachbarn zu leiten oder das Haus höher zu bauen usw.

DFQ: §§ 475 ff. ABGB; Welser, FWB Bürgerliches Recht

NOT: Gem. § 475 ABGB sind das für gewöhnlich: das Recht, 1. eine Last seines Gebäudes auf ein fremdes Gebäude zu setzen; 2. einen Balken oder Sparren in eine fremde Wand einzufügen; 3. ein Fenster in der fremden Wand zu öffnen; es sei des Lichtes oder der Aussicht wegen; 4. ein Dach oder einen Erker über des Nachbars Luftraum zu bauen; 5. den Rauch durch des Nachbars Schorstein zu führen; 6. die Dachtraufe auf fremden Grund zu leiten; 7. Flüssigkeiten auf des Nachbars Grund zu gießen oder durchzuführen.

DTM: **FEHLT**

NOT: Die Gebäudedienstbarkeit fällt unter den allgemeinen Begriff „**Grunddienstbarkeit**". Eine wie in AT detaillierte Regelung gibt es im dt. Recht nicht.

***

ATM: **Hausdurchsuchung**; gesetzl.; 4; Hauptb.; Subst.; fem.; sg.; 0436; Öffentliche Sicherheit

ETM: domiciliary visit; FTM: perquisition

TMQ: § 1 Gesetz zum Schutze des Hausrechtes

DEF: die Durchsuchung der Wohnung oder sonstiger zum Hauswesen gehörigen Räumlichkeiten.

DFQ: § 1 Gesetz zum Schutze des Hausrechtes

NOT: Sie darf in der Regel nur kraft eines mit Gründen versehenen richterlichen Befehles unternommen werden. Dieser Befehl ist den Betheiligten sogleich oder doch innerhalb der nächsten 24 Stunden zuzustellen.

REL: Synonym

DTM: **Durchsuchung der Wohnung und anderer Räume**; gesetzl.; 4; MWA; fem.; sg.; 1216; Strafrecht; **Haussuchung**; **Hausdurchsuchung**

DTQ: §§ 102 ff. dStPO

DEF: die Durchsuchung der Wohnung und anderer Räume eines Verdächtigen zum Zweck seiner Ergreifung als auch der Auffindung von Beweismitteln.

DFQ: § 102 dStPO

***

ATM: **Haushaltsversicherung**; gesetzl.; 4; Hauptb.; Subst.; fem.; sg.; 1211; Bürgerl. Recht

ETM: (household) contents insurance; FTM: assurance multirisques-habitation

TMQ: § 6 Feuerschutzsteuergesetz-DV

DEF: eine Versicherung gegen Schäden an allen beweglichen Gegenständen in der eigenen Wohnung und umfasst eine Feuer-, Sturmschaden-, Leitungswasser-, Einbruchdiebstahl- und Glasbruchversicherung.

DFQ: AK Wien: http://wien.arbeiterkammer.at/beratung/konsumentenschutz/... Haushaltsversicherungen.html (10.01.2015)

REL Synonym

DTM: **Hausratsversicherung**; gesetzl.; 4; Hauptb.; Subst.; fem.; sg.; 1211; Bürgerl. Recht; **Haushaltsversicherung**

DTQ: www.geld.de/hausratsversicherung.html (10.12.2014)

DEF: schützt das Wohnungsinventar vor Schäden, die durch Feuer, Leitungswasser, Sturm und Hagel oder Einbruchdiebstahl entstehen.

DFQ: www.geld.de/hausratsversicherung.html (10.12.2014)

***

ATM: **Haus-Servitut**; gesetzl.; 4; Nebenb.; Subst.; fem.; sg.; 1211; Bürgerl. Recht; **Gebäudedienstbarkeit, Urbanalservitut, Hausdienstbarkeit**

ETM: urban easement; FTM: servitude urbaine

TMQ: § 475 ABGB

DEF: durch Haus-Servituten wird ein Hausbesitzer befugt, etwas auf dem Grunde seines Nachbars vorzunehmen, was dieser dulden muß.

DFQ: § 475 ABGB

NOT: Gem. § 475 ABGB sind das für gewöhnlich: das Recht, 1. eine Last seines Gebäudes auf ein fremdes Gebäude zu setzen; 2. einen Balken oder Sparren in eine fremde Wand einzufügen; 3. ein Fenster in der fremden Wand zu öffnen; es sei des Lichtes oder der Aussicht wegen; 4. ein Dach oder einen Erker über des Nachbars Luftraum zu bauen; 5. den Rauch durch des Nachbars Schorstein zu führen; 6. die Dachtraufe auf fremden Grund zu leiten; 7. Flüssigkeiten auf des Nachbars Grund zu gießen oder durchzuführen.

DTM: FEHLT

NOT: Die Gebäudedienstbarkeit fällt unter den allgemeinen Begriff „**Grunddienstbarkeit**“. Eine wie in AT detaillierte Regelung gibt es im dt. Recht nicht.

***

ATM: **Heeresfahrschullehrer/in**; gesetzl.; 4; Hauptb.; Subst.; mask./fem.; sg.; 0821; Kraftfahrrecht; **Heeresfahrlehrer/in**; **Heeresfahrlehrpersonal**

ETM: army driving school teacher; FTM: moniteur d'auto-école de l'armée

TMQ: § 3 (1) HLBV

DEF: Person, die das Recht hat, praktischen und/oder theoretischen Unterricht in der militärischen Kraftfahrausbildung zu erteilen.

DFQ: § 3 (1) und (4) HLBV

DTM: **Fahrlehrer/in bei der Bundeswehr**; gesetzl.; 4; Hauptb.; MWA; mask./fem.; sg.; **Ausbildungsfahrlehrer**

DTQ: http://www.streitkraeftebasis.de/portal/a/streitkraeftebasis/ (12.08.2014)

DEF: Person, die für die Ausbildung der angehenden Kraftfahrer in der Bundeswehr verantwortlich ist und sie dabei von technischer Theorie bis Fahrpraxis schult .

DFQ: http://www.streitkraeftebasis.de/portal/a/streitkraeftebasis/ (12.08.2014); § 9b Fahrlehrergesetz (FahrlG)

***

ATM: **Heereskraftfahrer/in**; gesetzl.; 4; Hauptb.; Subst.; mask./fem.; sg.; 0821; Kraftfahrrecht

ETM: army driver; FTM: chauffeur de l'armée

TMQ: § 3 (3) HLBV

DEF: 1. Soldaten, 2. Wehrpflichtige des Miliz- und des Reservestandes, 3. Frauen, die zum Ausbildungsdienst heranziehbar sind, und 4. sonstige Bedienstete, Verwaltungspraktikanten und Lehrlinge, jeweils im Bereich der Heeresverwaltung sowie der Zentralstelle des Bundesministeriums für Landesverteidigung und Sport, die jeweils über eine Heereslenkberechtigung verfügen.

DFQ: § 3 (3) HLBV

DTM: **Kraftfahrer/in der Bundeswehr**; fachlit.; 3; Hauptb.; MWA; mask./fem.; sg.

DTQ: http://www.streitkraeftebasis.de/portal/a/streitkraeftebasis/ (12.08.2014)

DEF: Person, die die Dienstfahrerlaubnis der Bundeswehr erworben hat und Fahrzeuge der Bundeswehr lenken darf.

DFQ: nach http://www.streitkraeftebasis.de/portal/a/streitkraeftebasis/ (12.08.2014)

***

ATM: **Heereslenkberechtigung**; gesetzl.; 4; Hauptb.; Subst.; fem.; sg.; 0821; Kraftfahrrecht

ETM: permission to steer a military vehicle; FTM: permission pour diriger de véhicule militaire

TMQ: § 3 (2) Heereslenkberechtigungsverordnung 2013

DEF: die Berechtigung zum Lenken von Heeresfahrzeugen.

DFQ: § 22 (1) Führerscheingesetz

DTM: **Dienstfahrerlaubnis**; gesetzl.; 4; Hauptb.; Subst.; fem.; sg.; **militärischer Führerschein**

DTQ: § 26 Fahrerlaubnis-Verordnung (FeV)

DEF: von Dienststellen der Bundeswehr, der Bundespolizei und der Polizei (§ 73 (4)) erteilte Fahrerlaubnisse. Sie berechtigen nur zum Führen von Dienstfahrzeugen berechtigen.

DFQ: § 26 FeV

***

ATM: **Heeresnachrichtenamt**; gesetzl.; 4; Hauptb.; Name; neutr.; sg.; 0821; Landesverteidigung; **HNaA**

ETM: military intelligence service; FTM: service de renseignement militaire

TMQ: § 20 Militärbefugnisgesetz

DEF: dient der Beschaffung, Bearbeitung, Auswertung und Darstellung von Informationen über das Ausland oder über internationale Organisationen oder sonstige zwischenstaatliche Einrichtungen betreffend militärische und damit im Zusammenhang stehende sonstige Tatsachen, Vorgänge und Vorhaben.

DFQ: § 20 Militärbefugnisgesetz

REL: Synonym

DTM: **Bundesnachrichtendienst**; gesetzl.; 4; Hauptb.; Name; mask.; sg.; 1211; Bürgerl. Recht; **BND**

DTQ: § 1 BND-Gesetz

DEF: Aufgabe des Bundesnachrichtendienstes ist es, seine Abnehmer zur richtigen Zeit bedarfsgerecht mit belastbaren Informationen umfassend zu versorgen. Als Dienstleister für Bundesregierung, Ressorts und auch Bundeswehr umfasst dies Informationen zu wichtigen politischen, wirtschaftlichen aber auch technischen Entwicklungen, militärischen Fragestellungen und abstrakten oder konkreten Bedrohungen für die Sicherheit der Bundesrepublik Deutschland und deren Bürger.

DFQ: http://www.bnd.bund.de/DE/Arbeitsfelder/Aufgaben/aufgaben_node.html (12.12.2014)

***

ATM: **Hehlerei**; gesetzl.; 4; Hauptb.; Subst.; fem.; sg.; 1216; Strafrecht

ETM: receiving stolen goods; FTM: recel

TMQ: § 164 StGB

DEF: Hehlerei begeht, wer den Täter einer mit Strafe bedrohten Handlung gegen fremdes Vermögen nach der Tat dabei unterstützt, eine Sache, die dieser durch sie erlangt hat, zu verheimlichen oder zu verwerten, sowie wer eine solche Sache kauft, sonst an sich bringt oder einem Dritten verschafft.

DFQ: § 164 StGB

REL: Teilsynonym; enger

DTM: **Hehlerei**; gesetzl.; 4; Hauptb.; Subst.; fem.; sg.

DTQ: § 259 StGB

DEF: Hehlerei begeht, wer eine Sache, die ein anderer gestohlen oder sonst durch eine gegen fremdes Vermögen gerichtete rechtswidrige Tat erlangt hat, ankauft oder sonst sich oder einem Dritten verschafft, sie absetzt oder absetzen hilft, um sich oder einen Dritten zu bereichern.

DFQ: § 259 StGB

***

ATM: **Heimatrollenauszug**; fachlit.; 4; Nebenb.; Subst.; mask.; sg.; 1211; Bürgerl. Recht; **Heimatschein**

ETM: certificate of residence; FTM: acte d'origine

TMQ: https://www.help.gv.at/Portal.Node/hlpd/public/content/99/Seite.991145.html (08.12.2014)

DEF: der Heimatschein (Heimatrollenauszug) diente als Beweis über den Besitz des Heimatrechtes. Er wurde vom Staatsbürgerschaftsnachweis abgelöst.

DFQ: https://www.help.gv.at/Portal.Node/hlpd/public/content/99/Seite.991145.html (08.12.2014)

USE historisch

NOT: Der Begriff ist heute historisch, spielt aber noch für ältere Personen beim Nachweis von Pensions- bzw. Anspruchberechtigungen eine Rolle. Eine Besonderheit des Staatsbürgerschaftsrechtes war seit Erlassung des Heimatrechtsgesetzes seine Verbindung mit dem Heimatrecht (Recht auf ungestörten Aufenthalt in der Heimatgemeinde und Anspruch auf Armenversorgung). (help.gv.at)

DTM: FEHLT

***

ATM: **Heimatschein**; gesetzl.; 4; Hauptb.; Subst.; mask.; sg.; 1211; Bürgerl. Recht; **Heimatrollen-auszug**

ETM: certificate of origin; FTM: certificat d'origine

TMQ: www.help.gv.at (08.12.2014); § 7 Durchführung des Verbotsgesetzes 1947

DEF: amtliches Dokument, mit dem der Besitz des Heimatrechtes in einem bestimmten Ort nachgewiesen wurde. Der H. wurde vom Staatsbürgerschaftsnachweis abgelöst, der zugleich das Heimatrecht umfasst.

DFQ: https://www.help.gv.at/Portal.Node/hlpd/public/content/99/Seite.991145.html (08.12.2014)

NOT: Der Begriff ist heute historisch, spielt aber noch für ältere Personen beim Nachweis von Pensions- bzw. Anspruchberechtigungen eine Rolle.

DTM: FEHLT

***

ATM: **Heimfälligkeitsklage**; fachlit.; 3; Hauptb.; Subst.; fem.; sg.; 1211; Bürgerl. Recht; **Erbschaftsklage**

ETM: escheat action; FTM: demande d'envoi en possession d'une succession en déshérence

TMQ: Welser, FWB Bürgerliches Recht; § 823 ABGB

DEF: gibt es keinen Erbberechtigten oder tritt niemand die Erbschaft an, so fällt die Verlassenschaft dem Staat zu. Zur Durchsetzung dieses Rechts steht dem Staat die sog. Heimfälligkeitsklage zur Verfügung.

DFQ: Welser, FWB Bürgerliches Recht

DTM: FEHLT

NOT: In § 1936 BGB „**Gesetzliches Erbrecht des Staates**" ist dem österr. „**Heimfallsrecht**" ein vergleichbares Rechtsinstitut verankert. Eine Klage ist nicht eigens benannt.

***

ATM: **Heimfallsrecht**; gesetzl.; 4; Hauptb.; Subst.; neutr.; sg.; 1211; Bürgerl. Recht; **Heimfallrecht, Kaduzität**

ETM: escheat; FTM: succession en déshérence

TMQ: § 6 Eisenbahnbuchgesetz

DEF: das Recht des Staates, sich einen erblosen Nachlass anzueignen.

DFQ: ÖRWB

REL Synonym

NOT: § 760 ABGB: Wenn kein zur Erbfolge Berechtigter vorhanden ist oder wenn niemand die Erbschaft erwirbt, fällt die Verlassenschaft als ein erbloses Gut dem Staate anheim.

DTM: **gesetzliches Erbrecht des Staates (Fiskus)**; fachlit.; 3; Hauptb.; MWA; neutr.; sg.; 1211; Bürgerl. Recht; **Staatserbrecht**

DTQ: § 1936 (1) BGB

DEF: wenn zur Zeit des Erbfalls weder ein Verwandter, ein Lebenspartner noch ein Ehegatte des Erblassers vorhanden, so ist der Fiskus des Bundesstaats, dem der Erblasser zur Zeit des Todes angehört hat, gesetzlicher Erbe. Hat der Erblasser mehreren Bundesstaaten angehört, so ist der Fiskus eines jeden dieser Staaten zu gleichem Anteil zur Erbfolge berufen.

DFQ: § 1936 (1) BGB

NOT: Rechtsgrundlage: § 1936 BGB

***

ATM: **Heiratsgut**; gesetzl.; 4; Nebenb.; Subst.; neutr.; sg.; 1211; Bürgerl. Recht; **Ausstattung**

ETM: dowry; FTM: dot

TMQ: § 3 Erbschafts- und Schenkungssteuergesetz

DEF: Güter, die einer Person zur Erleichterung des mit der Ehegemeinschaft verbundenen Aufwands zukommen, wenn diese nicht über ausreichendes Vermögen verfügt. Ist von den Eltern / Großeltern aufzubringen.

DFQ: § 1220 ABGB; ÖRWB 3. Aufl.

REL: Synonym

NOT: Historisch: Bezeichnete das Vermögen, das dem Mann von der Frau oder einem Dritten (für die Frau) zur Erleichterung des Eheaufwandes überlassen wird. Der Begriff wurde durch „**Ausstattung**“ ersetzt und die geschlechtsbezogene Komponente fallen gelassen.

DTM: **Ausstattung**; gesetzl.; 4; Hauptb., Subst:, fem.; sg.

DTQ: § 1624 BGB

DEF: alles, was einem Kind mit Rücksicht auf seine Verheiratung oder auf die Erlangung einer selbständigen Lebensstellung von den Eltern zugewendet wird.

DFQ: Creif21

NOT: Im dt. Recht wurde dieser Terminus als ein geschlechtsneutraler eingeführt, so dass er sich auf Mann oder Frau beziehen kann. Abgelöst wurde somit der frühere Begriff „**Aussteuer**“ (für den Anspruch einer Tochter gegenüber ihren Eltern)

***

ATM: **Heiratsurkunde**; gesetzl.; 4; Hauptb.; Subst.; fem.; sg.; 1211; Personenstandsrecht

ETM: certificate of marriage; FTM: certificat de mariage

TMQ: § 34 (1) PStG

DEF: offizielles Dokument des Standesamtes, das die Eheschließung bestätigt. Es enthält die Vornamen und die Familiennamen der Ehegatten, Ort und Tag ihrer Geburt sowie die rechtliche Zugehörigkeit eines Ehegatten zu einer Religionsgemeinschaft, sofern sich die Zugehörigkeit aus dem Registereintrag ergibt und den Ort und Tag der Eheschließung.

DFQ: § 34 (1) PStG

REL Synonym

DTM: **Eheurkunde**; gesetzl.; 4; Hauptb.; Subst.; fem.; sg.; **Heiratsurkunde**

DTQ: § 57 PStG

DEF: ein offizielles Dokument des Standesamtes, das die Eheschließung bestätigt. Es enthält die Vornamen und die Familiennamen der Ehegatten, Ort und Tag ihrer Geburt sowie die rechtliche Zugehörigkeit eines Ehegatten zu einer Religionsgemeinschaft, sofern sich die Zugehörigkeit aus dem Registereintrag ergibt und den Ort und Tag der Eheschließung.

DFQ: § 57 PStG

NOT: Der Begriff „**Heiratsurkunde**“ kommt in drei gegenwärtig gültigen Gesetzen ebenfalls noch vor. Allerdings ist „**Eheurkunde**“ der übliche.

***

ATM: **Herausgeber**; gesetzl.; 4; Hauptb.; Subst.; mask.; sg.; 1211; Bürgerl. Recht

ETM: publisher of classified information; FTM: éditeur d'informations classifiées

TMQ: Art. 1 Abkommen über den Austausch und gegenseitigen Schutz klassifizierter Informationen

DEF: die Partei sowie jede ihrer Hoheitsgewalt unterstehende natürliche oder juristische Person, die klassifizierte Informationen freigibt.

DFQ: Art. 1 Abkommen über den Austausch und gegenseitigen Schutz klassifizierter Informationen

DTM: FEHLT

***

ATM: **Herbeiführung der Dienstuntauglichkeit**; gesetzl.; 4; Hauptb.; MWA; fem.; sg.; 0821; Militärstrafrecht

ETM: self-inflicted injury causing unfitness for service; FTM: action causant l'incapacité pour le service militaire

TMQ: § 10 (1) MilStG

DEF: wer in der Absicht, sich seinem Dienst zu entziehen, seine gänzliche oder teilweise Dienstuntauglichkeit herbeiführt, ist, wenn er sich dadurch, wenn auch nur fahrlässig, seinem Dienst für länger als vierundzwanzig Stunden entzieht, mit Freiheitsstrafe bis zu sechs Monaten oder mit Geldstrafe bis zu 360 Tagessätzen, entzieht er sich aber seinem Dienst für länger als acht Tage, mit Freiheitsstrafe bis zu einem Jahr zu bestrafen.

DFQ: § 10 (1) MilStG

REL: Synonym

DTM: **Selbstverstümmelung**; gesetzl.; 4; Hauptb.; Subst.; fem.; sg.

DTQ: § 17 (1) WStG

DEF: wenn sich ein Soldat oder einen anderen mit dessen Einwilligung durch Verstümmelung oder auf andere Weise zum Wehrdienst untauglich macht oder machen läßt. Dies gilt auch dann, wenn der Täter die Untauglichkeit nur für eine gewisse Zeit oder teilweise herbeiführt.

DFQ: § 17 WStG

***

ATM: **Hineinvermächtnis (1)**; fachlit.; 3; Hauptb.; Subst.; neutr.; sg.; 1211; Erbrecht; **unechtes Vorausvermächtnis; unechtes Prälegat**

ETM: adjustment of inheritence to account for additional legacies; FTM: faux prélegs

TMQ: OGH 2Ob41/11k, 24.04.2012

DEF: ein Vermächtnis, das einem Erben neben seinem Erbteil hinterlassen wird und auf den Erbteil anzurechnen ist, so dass dem Erben daraus kein zusätzlicher Vorteil erwächst.

DFQ: Welser, FWB Bürgerliches Recht

DTM: FEHLT

***

ATM: **Hineinvermächtnis (2);** fachlit.; 3; Hauptb.; Subst.; neutr.; sg.; 1211; Erbrecht

ETM: testator's instructions to apportion the estate; FTM: instructions du testateur de répartir la succession

TMQ: OGH 5Ob312/61, 25.10.1961

DEF: die Verfügung des Erblassers, mit der einem Erben eine bestimmte Sache in Anrechnung auf seinen Erbteil überlassen wird. Das Hineinvermächtnis hat bei mehreren Erben die Funktion einer Teilungsanordnung.

DFQ: OGH 5Ob312/61, 25.10.1961

NOT: Das Hineinvermächtnis ist nicht im ABGB geregelt, wird aber in der Rechtsprechung verwendet.

REL: Teilsynonym; breiter

DTM: **Teilungsanordnung**; gesetzl.; 4; Hauptb.; Subst.; fem.; sg.

DTQ: § 2048 BGB

DEF: 1. ist eine Anordnung des Erblassers durch letztwillige Verfügung über die Auseinandersetzung 2. ist die Verfügung des Erblassers, dass ein Erbe auch ein Vermächtnis erhalten soll, wobei der Zuwendungsempfänger keinen Vermögensvorteil gegenüber den übrigen Erben haben soll.

DFQ: 1. nach § 2048 BGB; 2. nach Lange/Kuchinke, Lehrbuch des Erbrechts

***

ATM: **hinkendes Rechtsgeschäft**; gesetzl.; 4; Hauptb.; MWA; neutr.; sg.; 1211; Bürgerl. Recht; **schwebend unwirksames Geschäft**, ***negotium claudicans***
ETM: transaction lacking proper consent; FTM: acte juridique imparfait

TMQ: OGH 3Ob500/58, 17.12.1958

DEF: Geschäft, das von einem Geschäftsunfähigen im eigenen Namen oder von einem zu einer Vertretung nicht Befugten im fremden Namen geschlossen werden.

DFQ: nach § 865 ABGB; Welser FWB Bügerliches Recht; http://www.uibk.ac.at/zivilrecht/buch/pdf/zivilrecht2004_kapitel4.pdf (01.12.2014)

REL: Synonym

NOT: Schließen Minderjährige ein sie verpflichtendes und daher zustimmungsbedürftiges Geschäft ohne Einwilligung ihres gesetzlichen Vertreters, ist das Geschäft schwebend unwirksam, aber nicht nichtig! Sog. hinkendes Rechtsgeschäft / *negotium claudicans*. – Beide Parteien bleiben vorläufig an das Geschäft gebunden, für keine Partei entstehen aber zunächst Erfüllungspflichten.

DTM: **Vertragsschluss ohne Einwilligung**; gesetzl.; 4; H/N; MWA; mask.; sg.; ***negotium claudicans***, **hinkendes Geschäft (sehr selten)**

DTQ: § 108 BGB

DEF: schließt der Minderjährige einen Vertrag ohne die erforderliche Einwilligung des gesetzlichen Vertreters, so hängt die Wirksamkeit des Vertrags von der Genehmigung des Vertreters ab.

DFQ: § 108 (1) BGB

***

ATM: **Hinterbliebenenpension**; gesetzl.; 4; Hauptb.; Subst.; fem.; sg.; 1211; Bürgerl. Recht
ETM: survivor's pension; FTM: pension de survivants

TMQ: § 257 ASVG

DEF: als Hinterbliebenenpensionen gebühren Witwenpensionen, Witwerpensionen und Waisenpensionen, wenn die Wartezeit erfüllt ist (§ 236). Für diese Leistungen gilt die Wartezeit jedenfalls als erfüllt, wenn der Versicherte bis zum Tod Anspruch auf Pension aus der Pensionsversicherung hatte.

DFQ: § 257 ASVG

REL Synonym

NOT: Voraussetzung für die Gewährung der Rente an die Familienangehörigen ist, dass der Versicherte infolge eines Arbeitsunfalls oder einer Berufskrankheit verstorben ist.

DTM: **Hinterbliebenenrente**; gesetzl.; 4; Hauptb.; Subst.; fem.; sg.

DTQ: § 29c PKDBSa; § 70 SGB 7

DEF: Leistungen an Witwe bzw. den Witwer, wenn die Ehe vor Vollendung des 60. Lebensjahres geschlossen war bzw. für die leiblichen und die an Kindes statt angenommenen Kinder des Arbeitnehmers. Im Einzelnen handelt es sich um Renten wegen Todes an den verwitweten Ehegatten, um die Erziehungsrente und um die Waisenrente.

DFQ: § 29c PKDBSa

NOT: Voraussetzung ist, dass der Versicherte infolge eines Arbeitsunfalls oder einer Berufskrankheit verstorben ist.

***

ATM: **hintere Stelze**; gesetzl.; 4; Hauptb.; MWA; fem.; sg.; 6026; Lebensmittelrecht
ETM: knuckle of pork; FTM: jambonneau

TMQ: Österr. Lebensmittelbuch, Kap. 14

DEF: der obere Teil der hinteren Schweinebeins.

DFQ: Österr. Lebensmittelbuch, Kap. 14

REL: Teilsynonym

DTM: **Eisbein**; gesetzl.; 4; Hauptb.; Subst.; mask.; sg.; **Schweinshaxe**

DTQ: Leitsätze für Fleisch und Fleischerzeugnisse; GMBl Nr. 5/6 ff. vom 04. 02. 2010

DEF: die Teile der Extremitäten des Schweines zwischen Knie- bzw. Ellbogengelenk und den Fußwurzelgelenken.

DFQ: GMBl Nr. 5/6 ff. (vom 04. 02. 2010) 1.32

***

ATM: **hinterer Wadschinken**; gesetzl.; 4; Hauptb.; MWA; mask.; sg.; 6026; Lebensmittelrecht

ETM: boned shank; FTM: gîte

TMQ: Österr. Lebensmittelbuch, Kap. 14 A.3.1.1

DEF: M. flexor digitalis pedis profundus, M. tibialis anterior, M. extensor digitalis pedis longus, M. fibularis tertius, M. extensor digitalis pedis lateralis, M. fibularis longus

DFQ: Österr. Lebensmittelbuch, Kap. 14 A.3.1.1

REL: Teilsynonym

DTM: **Hinterhesse**; fachlit.; 3; Hauptb.; Subst.; fem.; sg.

DTQ: http://www.fleisch-teilstuecke.at/de/tsdetail-rind/fts/1222/1000.1200/ (15.11.2014)

DEF: der obere Bereich der Rinderbeine.

DFQ: http://www.fleischwirtschaft.de/dokumentation/fachbegriffe/pages/ (15.11.2014)

***

ATM: **hinterer Wadschinken ohne Knochen**; gesetzl.; 4; Hauptb.; MWA; mask.; sg.; 6026; Lebensmittelrecht; **Wadelstutzen**; **Gschnatter mit Ludl**

ETM: Shank without bone / silverside heel; FTM: gîte désossé

TMQ: Österr. Lebensmittelbuch, Kap. 14 A.3.1.3

DEF: dem Schwarzen und Weißen Scherzel vorgelagertes, „flachsiges" (sehnenreiches) Fleisch.

DFQ: Österr. Lebensmittelbuch, Kap. 14 A.3.1.3

REL: Teilsynonym

DTM: **dickes Beinfleisch**; fachlit.; 3; Hauptb.; MWA; neutr.; sg.; **Beinscheiben**; **Hesse**; **Wade**

DTQ: http://www.fleischwirtschaft.de/dokumentation/fachbegriffe/pages/ (15.09.2014)

DEF: Fleisch der Wadenpartie - der obere Teil des Rinderbeins.

DFQ: http://www.fleischwirtschaft.de/dokumentation/fachbegriffe/pages/ (15.09.2014)

NOT: Dieser Teil des Rinds wird in DE üblicherweise in Form von Beinscheiben für Suppen verkauft und nicht als Gulaschfleisch ausgelöst. Daher der Ausdruck „**Beinfleisch**".

***

ATM: **hinteres Ausgelöstes**; gesetzl.; 4; Hauptb.; MWA; neutr.; sg.; 6026; Lebensmittelrecht

ETM: chuck back rib; FTM: partie de la jambe arrière

TMQ: Österr. Lebensmittelbuch, Kap. 14 A.3.1.3

DEF: M. longissimus dorsi, M. spinalis et semispinalis, M. multifidus - Teil des Rückens zwischen Hals und Rostbraten zwischen 1. und 6. Rippe.

DFQ: Österr. Lebensmittelbuch, Kap. 14 A.3.1.3

REL: Teilsynonym

DTM: **Fehlrippenkamm**; gesetzl.; 4; Hauptb.; Subst.; mask.; sg.; **Halsgrad**

DTQ: http://www.gutekueche.de/rezepte/kochwissen/warenkunde/fleischstuecke-rind.1814.htm (25.09.2014)

DEF: zwischen Hals und Hochrippe liegendes Teilstück.

DFQ: http://www.fleischwirtschaft.de/dokumentation/fachbegriffe/ (25.09.2014)

***

ATM: **Hinterlegung**; gesetzl.; 4; Hauptb.; MWA; fem.; sg.; 0421; Öffentliches Recht / Zustellrecht

ETM: deposit (at the post office); FTM: dépôt (dans un bureau de poste)

TMQ: § 17 ZustG

DEF: kann das Dokument an der Abgabestelle nicht zugestellt werden ist das Dokument durch den Zustelldienst bei seiner zuständigen Geschäftsstelle, in allen anderen Fällen aber beim zuständigen Gemeindeamt oder bei der Behörde, wenn sie sich in derselben Gemeinde befindet, zu hinterlegen.

DFQ: § 17 ZustG

NOT: Die Zustellung durch Hinterlegung ist möglich, wenn das Schriftstück weder unmittelbar dem Empfänger noch durch Ersatzzustellung zugestellt werden kann. Der Adressat ist hiervon schriftlich zu verständigen.

REL: **Synonym**

DTM: **Ersatzzustellung durch Niederlegung**; gesetzl.; 4; Hauptb.; MWA; fem.; sg.

DTQ: § 181 ZPO; § 32 GVGA

DEF: ist die Zustellung nicht ausführbar, kann das zuzustellende Schriftstück auf der Geschäftsstelle des Amtsgerichts, in dessen Bezirk der Ort der Zustellung liegt, niedergelegt werden. Wird die Post mit der Ausführung der Zustellung beauftragt, ist das zuzustellende Schriftstück am Ort der Zustellung oder am Ort des Amtsgerichts bei einer von der Post dafür bestimmten Stelle niederzulegen.

DFQ: § 181 ZPO

NOT: Die Zustellung durch Niederlegung ist zulässig, wenn Ersatzzustellung nicht möglich ist. Der Adressat muss schriftlich verständigt werden.

***

ATM: **Hinterlegung bei Gericht**; gesetzl.; 4; Hauptb.; MWA; fem.; sg.; 1226; Gerichtsorganisation

ETM: deposit into court; FTM: dépôt judiciaire

TMQ: EO § 307

DEF: wird die Forderung, deren Pfändung und Überweisung, wenn auch vorbehaltlich früher erworbener Rechte Dritter, ausgesprochen wurde, nicht nur vom betreibenden Gläubiger, sondern auch von anderen Personen in Anspruch genommen, so ist bei Vorliegen einer unklaren Sach- und Rechtslage der Drittschuldner befugt und auf Antrag eines Gläubigers verpflichtet, den Betrag der Forderung samt Nebengebühren nach Maßgabe ihrer Fälligkeit zugunsten aller dieser Personen beim Exekutionsgericht zu hinterlegen.

DFQ: EO § 307

REL: Teilsynonym

DTM: **Hinterlegung**; gesetzl.; 4; Hauptb.; Subst.; fem.; sg.

DTQ: § 372 BGB

DEF: die Ablieferung von Geld, Wertpapieren, sonstigen Urkunden oder Kostbarkeiten bei einer (öffentlichen) Hinterlegungsstelle oder Hinterlegungskasse zur Aufbewahrung bis zur Herausgabe an den berechtigten Empfänger.

DFQ: AlpBrock2

NOT: Die Aufgaben der Hinterlegungsstellen sind den Amtsgerichten, die der Hinterlegungskassen den Kassen der Justizverwaltung übertragen (§ 1 (2)-(3) HintO). Voraussetzung der Annahme zur Hinterlegung ist eine (Annahme-)Verfügung der Hinterlegungsstelle, die nur auf begründeten Antrag des Hinterlegers oder auf Ersuchen einer zuständigen Behörde ergeht (§ 6 HintO).

***

ATM: **Hinterlegung und Kundmachung des Kollektivvertrages**; gesetzl.; 4; MWA; fem.; sg.; 4426; Arbeitsrecht

ETM: submission and publication of a collective agreement; FTM: dépôt et publication d'une convention collective de travail

TMQ: § 14 ArbVG

DEF: jeder Kollektivvertrag ist nach seinem Abschluß unverzüglich von den daran beteiligten kollektivvertragsfähigen Körperschaften beim Bundesministerium für soziale Verwaltung zu hinterlegen. Das Bundesministerium für soziale Verwaltung hat innerhalb einer Woche nach der Hinterlegung die Kundmachung des Abschlusses des Kollektivvertrages durch Einschaltung im Amtsblatt zur Wiener Zeitung zu veranlassen.

DFQ: § 14 ArbVG

REL Synonym

DTM: **Übersendungs- und Mitteilungspflicht des Tarifvertrages**; gesetzl.; 4; MWA; fem.; sg.

DTQ: § 7 TVG

DEF: die Tarifvertragsparteien sind verpflichtet, dem Bundesministerium für Arbeit und Soziales innerhalb eines Monats nach Abschluß kostenfrei die Urschrift oder eine beglaubigte Abschrift sowie zwei weitere Abschriften eines jeden Tarifvertrags und seiner Änderungen zu übersenden; sie haben ihm das Außerkrafttreten eines jeden Tarifvertrags innerhalb eines Monats mitzuteilen.

DFQ: § 7 TVG

***

ATM: **Hochschullehrgänge**; gesetzl.; 4; Hauptb.; Subst; mask.; pl.; 3206; Schulrecht

ETM: university courses; FTM: cursus de maîtrise universitaire

TMQ: § 35 (2)Hochschulgesetz 2005

DEF: Bildungsangebote, deren Arbeitsaufwand mindestens 60 ECTS-Credits beträgt.

DFQ: § 35 (2) Hochschulgesetz 2005

DTM: FEHLT

***

ATM: **Höfeabteilung**; gesetzl.; 4; Hauptb.; Subst.; fem.; sg.; 1211; Bürgerl. Recht

ETM: section (in the Tyrolian land registry) concerning „closed farms"; FTM: séction pour les fermes fermées séction pour les fermes tyroliennes fermées (dans le livre foncier tyrolien)

TMQ: § 18 (2) GUG

DEF: eine der beiden Abteilungen im Hauptbuch des Tiroler Grundbuches, nämlich die Abteilung für sogenannte geschlossene Höfe.

DFQ: www.uibk.ac.at/zivilrecht/buch/pdf/zivilrecht2004_kapitel2.pdf, S. 102 (12.12.2014)

NOT: In Tirol zerfällt das Grundbuch in zwei Abteilungen, nämlich die Höfeabteilung für geschlossene Höfe und die Abteilung für die übrigen, sogenannten „walzenden" Grundstücke.

DTM: FEHLT

***

ATM: **Hofrat**; gesetzl.; 3; Hauptb.; Subst.; mask.; sg.; 0436; Öffentl. Recht; **HR** (Kurzbez.)

ETM: senior official at the level of departments of public administration; FTM: haut fonctionnaire au niveau des départements de l'administration publique

TMQ: § 140 BDG

DEF: Beamter in der Verwendungsgruppe A 1 (höhere Beamte).

DFQ: § 140 Beamten-Dienstrechtsgesetz 1979

NOT: Hofräte leiten größere Organisationseinheiten (Abteilungen, Unterabteilungen) in Behörden. Vorgesetzte sind die Amtsleiter bzw. Sektionschefs in Ministerien.

REL Synonym

DTM: **Ministerialrat**; gesetzl.; 4; Hauptb.; Subst; mask.; sg.; **Parlamentsrat**

DTQ: § 5 Laufbahn des höheren allgemeinen Verwaltungsdienstes und Laufbahn des höheren bautechnischen Verwaltungsdienstes

DEF: BeamtInnen der Besoldungsgruppen A 16, die das Leiten und Führen von Organisationseinheiten und Sonder-, Stabs- und Spezialistenfunktionen ausüben.

DFQ: § 5 (2)-(3); Verordnung über die Laufbahnen der Beamtinnen und Beamten beim Bundeseisenbahnvermögen

***

ATM: **Hofrat des Obersten Gerichtshofes**; gesetzl.; 4; Hauptb.; MWA; mask.; sg.; 0436; Öffent. Recht; **Hofrätin des Obersten Gerichtshofes, HR OGH**

ETM: title for executives (judges) of the Austrian Supreme Court; FTM: titre des juges de la cour suprême

TMQ: § 65 RStDG

DEF: Amtstitel für höhere Beamte des Bundes; Mitglieder des OGH.

DFQ: www.ogh.gv.at (16.12.2014); § 1 (1) OGHG; § 65 RStDG

USE historisch

NOT: Funktionstitel für leitende Juristen des OGH.

DTM: FEHLT

***

ATM: **holographes Testament**; fachlit.; 3; Hauptb.; MWA; neutr.; sg.; 1211; Erbecht; **eigenhändiges Testament**

ETM: holographic will; FTM: testament olographe

TMQ: OGH 1Ob286/97h, 15.12.1997

DEF: ein Testament, das der Erblasser eigenhändig schreibt und eigenhändig mit seinem Namen unterfertigt.

DFQ: § 578 ABGB

NOT: Die Angabe des Tages, des Jahres und des Ortes ist nicht notwendig, jedoch ratsam.

REL Synonym

DTM: **eigenhändiges Testament**; gesetzl.; 4; Hauptb.; MWA; neutr.; sg.; **holographisches Testament**

DTQ: § 2247 BGB

DEF: ein Testament, das der Erblasser durch eine eigenhändig geschriebene und unterschriebene Erklärung errichtet.

DFQ: § 2247 BGB

***

ATM: **Hüferscherzel**; gesetzl.; 4; Hauptb.; Subst.; neutr.; sg.; 6026; Lebensmittelrecht; **Hüferl**

ETM: centre cut rump; FTM: rumsteck

TMQ: Österr. Lebensmittelbuch, Kap. 14 A.3.1.3

DEF: M. tensor fasciae latae, ist der gegen das Beiried liegende Teil des Knöpfels.

DFQ: Österr. Lebensmittelbuch, Kap. 14 A.3.1.3; http://www.ama-marketing.at/ (15.09.2014)

REL: Teilsynonym

DTM: **Hüfte**; gesetzl.; 4; Hauptb.; Subst.; fem.; sg.; **Flanke**

DTQ: Leitsätze für Fleisch und Fleischerzeugnisse, GMBl Nr. 5/6 ff. vom 04.02.2010

DEF: ein Teilstück der Rinderkeule, an das Roastbeef anschließende, an der Außenfläche des Beckenbodens liegende und zum Kreuzbein reichende äußere Hüftmuskulatur

DFQ: http://www.fleischwirtschaft.de/dokumentation/fachbegriffe/pages/ (05.09.2014)

***

ATM: **Hüferschwanzel**; gesetzl.; 4; Hauptb.; Subst.; neutr.; sg.; 6026; Lebensmittelrecht; **Hüferl**; **Hieferschwanzel**

ETM: tail of rump; FTM: aiguillette baronne

TMQ: Österr. Lebensmittelbuch, Kap. 14 A.3.1.3

DEF: M. glutaeus medius, ist der gegen das Beiried liegende Teil des Knöpfels, der in einen dünneren Teil, das Hüferscherzel, ausläuft.

DFQ: Österr. Lebensmittelbuch, Kap. 14 A.3.1.3; http://www.ama-marketing.at/ (28.09.2014)

REL: Teilsynonym

DTM: **Bürgermeisterstück**; gesetzl.; 4; Hauptb.; Subst.; neutr.; sg.; **Hüftspitze**; **falsches Filet und/oder Schaufelstück**

DTQ: http://www.fleisch-teilstuecke.at/de/tsdetail-rind/fts/1213/1000.1200/ (28.09.2014)

DEF: ein Teil der Nuss/Kugel.

DFQ: http://www.fleisch-teilstuecke.at/de/tsdetail-rind/fts/1213/1000.1200/ (28.09.2014)

***

ATM: **Hyperocha**; gesetzl.; 4; Hauptb.; Subst.; fem.; sg.; 1211; Bürgerl. Recht; Exekutionsrecht; **Verwertungsüberschuss**

ETM: securities surplus; FTM: excédent de réalisation

TMQ: § 126 EO

DEF: Betrag, der bei der Verwertung einer Pfandsache erlöst wird und der die zugrundeliegende Schuld übersteigt und dem Pfandbesteller auszufolgen ist.

DFQ: ÖRWB; § 126 EO

REL Synonym

DTM: **Verwertungsüberschuss**; fachlit.; 3; Hauptb.; Subst.; mask.; sg.

DTQ: BGH-Rechtssatz IX ZR 238/02

DEF: liegt vor, soweit nach Abzug der Forderungen, deretwegen sich der Pfandleiher aus dem Pfand befriedigen darf (vgl. §§ 1210, 1247 Satz 2 BGB, regelmäßig Darlehen nebst Zinsen, Vergütung und Verwertungskosten), noch ein Restbetrag verbleibt.

DFQ: http://www.landkreis-wuerzburg.de/ Pfandmittlergewerbe (15.12.2014)

NOT: **„Hyperocha“** ist in DE veraltet.

***

ATM: **Hypothekarklage**; gesetzl.; 4; Hauptb.; Subst.; fem.; sg.; 1211; Bürgerl. Recht

ETM: hypothecary action; FTM: demande de liquidation de biens immobiliers

TMQ: § 60 (1) GBG

DEF: Recht eines Pfandgläubigers, dessen Forderung nach Verlauf einer bestimmten Zeit nicht befriedigt wurde, die Feilbietung des Pfandes gerichtlich zu verlangen.

DFQ: § 461 ABGB; § 60 (1) GBG

NOT: Die Klage kann aufgrund einer Anmerkung in das Grundbuch eingetragen werden, die dann auf alle künftigen Eigentümer des Pfands anwendbar ist.

DTM: FEHLT

***

ATM: **Idealkonkurrenz**; fachlit.; 3; Hauptb.; Subst.; fem.; sg.; 1216; Strafrecht; **Tateinheit**
ETM: concurrent offences; FTM: concours idéal
TMQ: OGH 11Os94/14d, 25.11.2014; § 28 StGB
DEF: kann ein Sachverhalt unter mehrere strafbare Handlungen subsumiert werden, ist prinzipiell von echter Idealkonkurrenz auszugehen und der Täter demnach wegen sämtlicher dieser strafbaren Handlungen zu verurteilen.
DFQ: OGH 11Os94/14d, 25.11.2014
REL Synonym

DTM: **Tateinheit**; gesetzl.; 4; Hauptb.; Subst.; fem.; sg.; **Idealkonkurrenz**
DTQ: § 52 StGB
DEF: die Verletzung mehrer Strafgesetze bzw. mehrmalige Verletzung desselben Strafgesetzes durch dieselbe Handlung.
DFQ: § 52 StGB
***

ATM: **Identitätsdaten**; gesetzl.; 4; Hauptb.; Subst; fem.; pl.; 0436; Melderecht
ETM: personal data; FTM: les données d'identité
TMQ: § 1 (5a) Meldegesetz 1991 (MeldeG)
DEF: die Namen, das Geschlecht, die Geburtsdaten (Ort, Datum, Bundesland, wenn im Inland gelegen, und Staat, wenn im Ausland gelegen), die Melderegisterzahl (ZMR-Zahl) und die Staatsangehörigkeit, bei Fremden überdies Art, Nummer, Ausstellungsbehörde und Ausstellungsdatum sowie der Staat der Ausstellung ihres Reisedokumentes.
DFQ: § 1 (5a) MeldeG
REL: Synonym

DTM: **personenbezogene Daten**; gesetzl.; 4; Hauptb.; MWA; mask.; pl.
DTQ: § 1, 2 (1) Melderechtsrahmengesetz (MRRG)
DEF: 1. Familiennamen, 2. frühere Namen, 3. Vornamen, 4. Doktorgrad, 5. Ordensname, Künstlername, 6. Tag und Ort der Geburt, 7. Geschlecht, 8. gesetzlicher Vertreter (Vor- und Familiennamen, Doktorgrad, Anschrift, Tag der Geburt, Sterbetag), 9. Staatsangehörigkeiten, 10. rechtliche Zugehörigkeit zu einer Religionsgesellschaft, 11. gegenwärtige und frühere Anschriften, Haupt- und Nebenwohnung, bei Zuzug aus dem Ausland auch die letzte frühere Anschrift im Inland, 12. Tag des Ein- und Auszugs, 13. Familienstand, bei Verheirateten oder Lebenspartnern zusätzlich Tag und Ort der Eheschließung oder der Begründung der Lebenspartnerschaft, 15. Ehegatte oder Lebenspartner (Vor- und Familienname, Doktorgrad, Tag der Geburt, Anschrift, Sterbetag), 16. minderjährige Kinder (Vor- und Familiennamen, Tag der Geburt, Sterbetag) 17. Ausstellungsbehörde, -datum, Gültigkeitsdauer und Seriennummer des Personalausweises/Passes, 18. Übermittlungssperren, 19. Sterbetag und -ort.
DFQ: §§ 1, 2 (1) MRRG
***

ATM: **im Nichteinbringungsfall**; gesetzl.; 4; Hauptb.; MWA; PräpG; 1216; Strafrecht; **uneinbringlich, nicht einbringlich**
ETM: in case of irrecoverability (of a claim or fine); FTM: en cas d'impossibilité de recouvrement
TMQ: § 18 Sicherheitskontrollgesetz 1991
DEF: bezeichnet eine Forderung oder Strafe, die aus finanziellen Gründen, wie z.B. aus Gründen der Mittellosigkeit nicht eingetrieben werden kann.
DFQ: §§ 391 (1) StPO
NOT: Stattdessen wird der Schuldner oft zu einer Freiheitsstrafe angehalten.

REL Synonym

DTM: **im Fall der Uneinbringlichkeit**; gesetzl.; 4; Hauptb.; MWA; PräpG; **uneinbringliche Geldstrafe, Uneinbringlichkeit des Zwangsgeldes**

DTQ: § 43a (3) StGB

DEF: wenn der Versuch der Staatsanwaltschaft als zuständiger Strafvollstreckungsbehörde erfolglos blieb, die Geldstrafe durch Zwangsvollstreckung unter Inanspruchnahme der jedem Gläubiger zur Verfügung Rechte beizutreiben.

DFQ: Münchener Kommentar zum StGB (§ 43)

***

ATM: **immerwährende Neutralität**; gesetzl.; 4; Hauptb.; MWA; fem.; sg.; 0421; Öffentl. Recht

ETM: permanent neutrality; FTM: neutralité permanente

TMQ: Art. 1 (1) Neutralitätsgesetz

DEF: zum Zwecke der dauernden Behauptung seiner Unabhängigkeit nach außen und zum Zwecke der Unverletzlichkeit seines Gebietes erklärt Österreich aus freien Stücken seine immerwährende Neutralität.

DFQ: Art. 1 Neutralitätsgesetz iVm Art. 9a B-VG

NOT: Österreich wird aufgrund des Staatsvertrags von 1955 zur Sicherung dieser Zwecke in aller Zukunft keinen militärischen Bündnissen beitreten und die Errichtung militärischer Stützpunkte fremder Staaten auf seinem Gebiete nicht zulassen.

DTM: FEHLT

NOT: Die Bundesrepublik Deutschland ist kein neutraler Staat.

***

ATM: **Immobiliarexekution**; gesetzl.; 4; Hauptb.; Subst.; fem.; sg.; 1211; Bürgerl. Recht / Exekutionsrecht; **Exekution auf das unbewegliche Vermögen, Liegenschaftsexekution**

ETM: execution order against real estate; FTM: saisie immobilière

TMQ: OGH 3Ob81/91, 18.09.1991

DEF: die Exekution wegen Geldforderungen, die auf die unbeweglichen Güter des Schuldners greift.

DFQ: §§ 87 ff. EO

REL Synonym

DTM: **Zwangsvollstreckung in das unbewegliche Vermögen**; gesetzl.; 4; Hauptb.; MWA; fem.; sg.; **Immobilienvollstreckung**; **Immobiliarzwangsvollstreckung**; **Immobiliarvollstreckung**;

DTQ: § 865 (1) ZPO

DEF: die Zwangsvollstreckung in das unbewegliche Vermögen, nämlich in Grundstücke, grundstücksgleiche Rechte und Schiffe; ihr unterliegen auch die beweglichen Sachen und Rechte, auf die sich die Hypothek erstreckt z.B. Bodenfrüchte etc.

DFQ: Creif21

***

ATM: **Immunität**; gesetzl.; 4; Hauptb.; Subst.; fem.; sg.; 1206; Öffentl. Recht, Parlament

ETM: immunity; FTM: immunité

TMQ: Art. 57 (6) B-VG

DEF: eine eingeschränkte Form rechtlicher Verantwortlichkeit für eigenes strafbares Handeln und soll Abgeordnete vor Einschüchterung durch (willkürliche) Verhaftungen bzw. Erhebung (ungerechtfertigter) Anklagen schützen.

DFQ: Stolzlechner „Einführung in das öffentliche Recht", 4. Auflage

REL: Teilsynonym; breiter

NOT: Die parlamentarische Immunität teilt sich auf in berufliche und außerberufliche Immunität: ad1) bezieht sich auf Handlungen eines Abgeordneten in Ausübung seines Berufes (insb. Plenum, Ausschüsse etc.); d.h. er darf niemals wegen seines Abstimmungsverhaltens und wegen in parlamentarischen Debatten getätigten Äußerungen ausschließlich vom Parlament selbst (z.B. Ruf zur Ordnung) zur Verantwortung gezogen werden ad2) schützt den Abgeordneten vor strafrechtlicher Verfolgung, nicht aber vor zivilrechtlichen Klagen und bezieht sich auf alle sonstigen politischen Aktivitäten des Abgeordneten (z.B. Wahlveranstaltungen etc.); d.h. in einem solchen Fall darf der Abgeordnete nur mit Zustimmung des Parlaments verfolgt werden.

DTM: **Immunität**; gesetzl.; 4; Hauptb.; Subst.; fem.; sg.

DTQ: BGH, 9.5.2006, 5 StR 453/05

DEF: Immunität ist die Beschränkung der Strafverfolgung bei Parlamentsabgeordneten (in den meisten Fällen ist die Zustimmung des Parlaments erforderlich) und begründet somit ein Prozesshindernis. Indemnität bedeutet strafrechtliche Verantwortungsfreiheit (Straflosigkeit) und ist im Unterschied dazu ein Begriff des materiellen Stafrechts.

DFQ: Art. 46 GG; Creif21

NOT: Die Immunität des Abgeordneten wird durch die Indemnität ergänzt.

***

ATM: **Impugnationsklage**; fachlit.; 3; Hauptb.; Subst.; fem.; sg.; 1211; Exekutionsrecht; **Vollstreckungsbekämpfungsklage**

ETM: counterclaim against an execution order; FTM: recours contre l'autorisation d'exécution

TMQ: OGH 3Ob12/14g, 23.07.2014

DEF: eine Klage im Exekutionsverfahren, deren Zweck darin besteht, geltend zu machen, dass die Behauptungen des betreibenden Gläubigers nicht den Tatsachen entsprechen.

DFQ: OGH 3Ob12/14g, 23.07.2014; § 36 EO

NOT: Der Anwendungsbereich der Impugnationsklage ist auf Fälle eingeschränkt, in denen Einwendungen gegen die Exekutionsbewilligung nicht mit Rekurs vorgebracht werden können. Somit kommen für die Impugnationsklage nur Sachverhalte in Betracht, die bei Bewilligung der Exekution noch nicht aktenkundig waren bzw auch bei einem mangelfreien erstgerichtlichen Exekutionsverfahren hätten ermittelt werden müssen. (OGH 3Ob12/14g, 23.07.2014)

REL Synonym

DTM: **Klage gegen Vollstreckungsklausel**; gesetzl.; 4; Hauptb.; Subst.; fem.; sg.; **Klauselgegenklage**;

DTQ: § 768 ZPO

DEF: ein Rechtsmittel mit dem der Schuldner sich gegen die Erteilung einer qualifzierten Klausel wehren kann, wenn es an materiellen Voraussetzungen für die Erteilung fehlt.

DFQ: www.lexexakt.de/glossar/klauselgegenklage.php (12.12.2014)

***

ATM: **Imstichlassen eines Verletzten**; gesetzl.; 4; Hauptb.; MWA; neutr.; sg.; 1216; Strafrecht

ETM: offender's (deliberate) failure to provide necessary assistance to his victim; FTM: omission délibérée du délinquant, de fournir l'assistance nécessaire aux blessés

TMQ: § 94 StGB

DEF: das vorsätzliche Unterlassen des Täters, einem anderen (Menschen) die erforderliche Hilfe zu leisten, dessen Verletzung er verursacht hat.

DFQ: § 94 StGB

REL: Teilsynonym

DTM: Aussetzung durch Im-Stich-Lassen; fachlit.; 4; Hauptb.; MWA; fem.; sg.
TMQ: BGH 1 StR 233/11, 19.10.2011
DEF: wer einen Menschen in einer hilflosen Lage im Stich läßt, obwohl er ihn in seiner Obhut hat oder ihm sonst beizustehen verpflichtet ist, und ihn dadurch der Gefahr des Todes oder einer schweren Gesundheitsschädigung aussetzt.
DFQ: § 221 (2) StGB

***

ATM: indirekte Exekution; fachlit.; 3; Hauptb.; MWA; fem.; sg.; 1211/?; Bürgerl. Recht/Exekutionsrecht
ETM: enforcement of legal rights through coercive measures; FTM: exécution d'un droit découlant d'une action ou d'une omission par peine ou amende
TMQ Rechberger, Walter H. / Oberhammer, Paul (2009): Exekutionsrecht, S. 146.
DEF: eine Vollstreckung von Ansprüchen auf Handlungen oder Unterlassungen durch Beugemittel (Geld- oder Haftstrafen).
DFQ: §§ 354-366 EO
DTM: FEHLT
NOT: Im dt. Zwangsvollstreckungrecht ist analog dazu die Vollstreckung durch Zwangsgeld oder Zwangshaft vorgesehen.

***

ATM: indirekte Stellvertretung; fachlit.; 3; Hauptb.; MWA; fem.; sg.; 1211; Bürgerl. Recht; **mittelbare Stellvertretung**
ETM: indirect representation; FTM: suppléance indirecte
TMQ: OGH 6 Ob 323/00v, 22.02.2001
DEF: der Stellvertreter gibt nicht zu erkennen, für einen Dritten zu handeln, ist aber von diesem beauftragt, auf dessen Rechnung zu handeln.
DFQ: ÖRWB
NOT: §§ 1017 ff. ABGB und §§ 383 ff. HGB enthalten Teilregelungen.
REL: Synonym
DTM: mittelbare Stellvertretung; fachlit.; 3; Hauptb.; MWA; fem.; sg.; **verdeckte Stellvertetung**
DTQ: Creif21
DEF: kein Fall der echten Stellvertretung, weil hier der „Vertreter" nicht im Namen des Vertretenen, sondern im eigenen Namen, wenn auch im Interesse des Geschäftshernn, das Rechtsgeschäft abschließt.
DFQ: Creif21
NOT: Nicht im BGB geregelt, Teilregelungen enthalten §§ 383 ff. HGB.

***

ATM: Individualantrag; fachlit.; 3; Hauptb.; Subst.; mask.; sg.; 1211; Zivilrecht; **Individualbeschwerde**
ETM: individual application; FTM: requête individuelle
TMQ: VfGH, G149/2014 ua, 09.12.2014
DEF: ein subsidiärer Rechtsbehelf, mit dem eine einzelne Person eine generelle Rechtsnorm (Verordnungen, Gesetze) beim Verfassungsgerichtshof direkt anfechten kann. Ist eine Beschwerde, die ein Einzelner wegen der behaupteten Gesetzwidrigkeit einer Verordnung bzw. der behaupteten Verfassungswidrigkeit eines Gesetzes erhebt.
DFQ: Mayer, FWB Öffentl. Recht
REL Synonym

NOT: Mayer, FWB Öffentl. Recht führt Individualbeschwerde nur noch in der Bedeutung eines Rechtsbehelfes gem. Art. 34 MRK an, mit dem Verletzungen der MRK beim EGMR geltend gemacht werden können.

DTM: FEHLT

***

ATM: Industriebetrieb; gesetzl.; 4; Hauptb.; Subst.; mask.; sg.; 6806; Gewerberecht

ETM: industrial plant; FTM: entreprise industrielle

TMQ: § 7 GewO 1994

DEF: ist bestimmt durch das zumindest überwiegende Vorliegen der in § 7 (1) GewO aufgezählten Merkmale. Die Industrieförmigkeit kann durch starke Ausprägung der die Produktion betreffenden Merkmale (Z. 2-6) ebenso begründet sein wie durch eine starke Ausprägung der Großbetriebscharakteristika (Z. 1-7) bei zugleich schwächerer Ausprägung der die Organisation der Produktion betreffenden Merkmale.

DFQ: OGH RS0116869, 29.08.2002

DTM: FEHLT

NOT: Der Begriff findet sich in keinem dt. Gesetzestext und ist nur allgemeinsprachlich in Gebrauch.

***

ATM: Ingenieurkonsulent/in für Vermessungswesen; gesetzl.; 4; Hauptb.; MWA; mask./fem.; sg.; 3606; Vermessungswesen; **IKV**

ETM: cadastral surveyor; FTM: géomètre-expert

TMQ: § 4 (2b) ZTG

DEF: ein Ziviltechniker, der zur Verfassung von Teilungsplänen zur katastralen und grundbücherlichen Teilung von Grundstücken und von Lageplänen, zur grundbücherlichen Abschreibung ganzer Grundstücke, zu Grenzermittlungen nach dem Stande der Katastralmappe oder auf Grund von Urkunden, einschließlich Vermarkung und Verfassung von Plänen zur Bekanntgabe von Fluchtlinien berechtigt ist.

DFQ: § 4 (2b) ZTG

REL: Teilsynonym; funkt. Äquiv.

DTM: öffentlich bestellte/r Vermessungsingenieur/in; gesetzl.; 4; Hauptb.; MWA; mask./fem.; sg.; **ÖbVI**

DTQ: § 12 (1) Vermessungsgesetz für Baden-Württemberg

DEF: ein Träger eines öffentlichen Amtes, welcher neben Aufgaben, wie Katastervermessungen und ingenieurgeodätische Vermessungen, auch Bestandsdokumentationen und die Erstellung, Verwaltung bzw. Nutzung von raumbezogenen Geodaten übernehmen kann.

DFQ: http://bdvi.de (19.12.2014)

***

ATM: Inhaber; gesetzl.; 4; Hauptb.; Subst.; mask.; sg.; 1211; Bürgerl. Recht

ETM: possessor; FTM: possesseur

TMQ: § 309 ABGB

DEF: wer eine Sache in seiner Macht oder Gewahrsame hat, heißt ihr Inhaber.

DFQ: § 309 ABGB

NOT: Hat der Inhaber einer Sache den Willen, sie als die seinige zu behalten, so ist er ihr Besitzer. Wie im römischen Recht: Detentor.

DTM: FEHLT

NOT: Das dt. Recht unterscheidet nicht zwischen Inhaber und Besitzer (§ 859 BGB).

***

ATM: **Initiativanträge**; gesetzl.; 4; Hauptb.; Subst.; mask.; pl.; 0421; Öffentliches Recht, Parlament

ETM: legislative initiative by members of parliament; FTM: propositions législatives des députés;

TMQ: § 69 (4) GOG-NR

DEF: Gesetzesvorschläge von Abgeordneten.

DFQ: § 69 (4) GOG-NR

REL Synonym

DTM: **Vorlagen von Mitgliedern des Bundestages**; gesetzl.; 4; Hauptb.; MWA; fem.; pl.

DTQ: § 75 (1) BTGO

DEF: Gesetzesvorschläge von Mitgliedern des Bundestages. Sie müssen von einer Fraktion oder von fünf vom Hundert der Mitglieder des Bundestages unterzeichnet sein.

DFQ: § 76 (1) BTGO

***

ATM: **Inkapazität**; fachlit.; 3; Hauptb.; Subst.; fem.; sg.; 1211; Bürgerl. Recht; **Erbunfähigkeit**

ETM: incapacity to inherit; FTM: incapacité de succéder

TMQ: Welser, FWB Bürgerliches Recht

DEF: Personen, die des Ehebruches oder der Blutschande gerichtlich geständig oder überwiesen sind, sind im Verhältnis zueiander vom Erbrecht aus einer Erklärung des letzten Willens ausgeschlossen.

DFQ: Welser, FWB Bürgerliches Recht

NOT: Leitet sich aus § 543 ABGB ab.

DTM: **FEHLT (Benennungslücke)**

NOT: Deckt sich teilweise mit § 2333 BGB (Entziehung des Pflichtteils)

***

ATM: **Innehabung**; gesetzl.; 4; Hauptb.; Subst.; fem.; sg.; 1211; Bürgerl. Recht

ETM: possession; FTM: possession

TMQ: § 389 (2) ABGB

DEF: ein faktisches Rechtsverhältnis, bei dem eine Person eine Sache in ihrer Macht bzw. ihrem Gewahrsam hat.

DFQ: nach § 309 ABGB

NOT: Die Innehabung stellt auf etwas rein Äußerliches ab. Hat der Inhaber einer Sache den Willen, sie als die seinige zu behalten, so ist er ihr Besitzer.

DTM: **FEHLT**

NOT: Der Begriff der Innehabung (wie im römischen Recht = Detention) existiert im BGB nicht.

***

ATM: **Insolvenzdatei**; gesetzl.; 4; Hauptb.; Subst.; fem.; sg.; 1226; Gerichtsorganisation; **Ediktdatei**

ETM: insolvency register; FTM: registre des procédures d'insolvabilité

TMQ: § 218 (1) Insolvenzordnung

DEF: Teil der Ediktsdatei des Bundesministeriums für Justiz; das ausschließliche Bekanntmachungsorgan aller Belange im Zuge eines Sanierungs- oder Konkursverfahrens.

DFQ: www.help.at (20.12.2014); § 218 (1) IO

REL Synonym

NOT: Wird in AT auf der Seite http://www.edikte.justiz.gv.at/ veröffentlicht.

DTM: **Insolvenzbekanntmachung**; gesetzl.; 4; Hauptb.; MWA; fem.; sg.; **Öffentliche Bekanntmachung**

DTQ: § 9 InsO

DEF: eine Bekanntmachung, die vorzunehmen ist, wenn ein Insolvenzverfahren bei Gericht beantragt worden ist. Dabei ist der Schuldner genau zu bezeichnen, insbesondere sind seine Anschrift und sein Geschäftszweig anzugeben.

DFQ: https://www.insolvenzbekanntmachungen.de/fragen.html (20.12.2014)

NOT: Wird in DE auf der Seite https://www.insolvenzbekanntmachungen.de veröffentlicht.

***

ATM: **Insolvenzedikt**; gesetzl.; 4; Hauptb.; Subst.; neutr.; sg.; 1211; Insolvenzrecht; **Ediktdatei**
ETM: insolvency edict; FTM: registre des procédures d'insolvabilité

TMQ: § 218 (1) IO

DEF: die öffentliche Bekanntmachung nach der Verordnung (EG) Nr. 1346/2000 vom 29.05.2000 über Insolvenzverfahren (EU-Insolvenzverordnung), die an das Handelsgericht Wien zu richten ist, das die bekannt gegebenen Daten in die Insolvenzdatei aufzunehmen hat.

DFQ: § 218 (1) IO

DTM: **öffentliche Bekanntmachung**; gesetzl.; 4; Hauptb.; Subst.; fem.; sg.

TMQ: § 9 InsO

DEF: eine zentrale und länderübergreifende Veröffentlichung im Internet; diese kann auszugsweise geschehen. Dabei ist der Schuldner genau zu bezeichnen, insbesondere sind seine Anschrift und sein Geschäftszweig anzugeben.

DFQ: § 9 (1) InsO

NOT Das Äquivalent zur österr. Insolvenzdatei ist in DE www.insolvenzbekanntmachungen.de.

***

ATM: **Insolvenz-Entgelt**; gesetzl.; 4; Hauptb.; MWA; neutr.; sg.; 1211; Bürgerl. Recht; **Insolvenz-Ausfallgeld**
ETM: insolvency payments scheme; FTM: indemnité d'insolvabilité

TMQ: § 1 (1) IESG

DEF: die Leistung des Insolvenz-Entgelt-Fonds, welche im Rahmen der gesetzlichen Bestimmungen – insbesondere des Insolvenz-Entgeltsicherungsgesetzes (IESG) – anstelle der nicht bezahlten Arbeitnehmerforderungen ausbezahlt wird.

DFQ: http://www.insolvenzentgelt.at/... Fachbegriffe (23.11.2014)

NOT: Insolvenzentgeltgesichert sind aufrechte, nicht verjährte sowie nicht ausgeschlossene Ansprüche aus dem Arbeitsverhältnis. Darunter fallen: laufendes Entgelt einschließlich der Sonderzahlungen sowie Abfertigung, Urlaubsersatzleistungen, Kündigungsentschädigung, sonstige Ansprüche wie Aufwandsersätze, Spesen, Diäten und die zur Rechtsverfolgung dieser Ansprüche gegen den Arbeitgeber notwendigen Kosten, also Prozess- und Anwaltskosten.

REL Synonym

DTM: **Insolvenzgeld**; gesetzl.; 4; Hauptb.; Subst:, neutr.; sg.

TQL § 12 (2) InsO

DEF: ein Entgelt, auf das Arbeitnehmer und ähnliche Personen Anspruch haben, und zwar als Ausgleich für ihren Anspruch auf Arbeitsentgelt für die letzten 3 Monate vor Eröffnung des Insolvenzverfahrens oder der Abweisung eines solchen Antrags mangels Masse bei Zahlungsunfähigkeit ihres Arbeitgebers.

DFQ: Creif21

***

ATM: **Insolvenz-Entgelt-Fonds**; gesetzl.; 4; Hauptb.; MWA; mask.; sg.; 2416; Insolvenzrecht; **IEF**
ETM: public insolvency payments fund; FTM: fonds de garantie (des dépôts)

TMQ: § 5 (5) IESG

DEF: die staatliche (Garantie-) Einrichtung in Österreich, welche zur Sicherung der Ansprüche von Beschäftigten im Falle der Insolvenz des Arbeitgebers geschaffen worden ist.

DFQ: http://www.insolvenzentgelt.at/... Fachbegriffe (23.12.2014)

NOT: Der Insolvenz-Entgelt-Fonds wird vor allem durch die Beiträge der Arbeitgeber finanziert.

DTM: FEHLT

NOT: In DE wird das Insolvenzgeld durch die Agentur für Arbeit ausbezahlt.

***

ATM: Insolvenzforderungen; gesetzl.; 4; Hauptb.; Subst.; fem.; pl.; 2416; Insolvenzrecht

ETM: creditors claims; FTM: revendications d'insolvabilité

TMQ: § 51 IO

DEF: Forderungen von Gläubigern, denen vermögensrechtliche Ansprüche an den Schuldner zur Zeit der Eröffnung des Insolvenzverfahrens zustehen (Insolvenzgläubiger) sowie aus dem Gesetz gebührende Unterhaltsansprüche und Ansprüche aus der Beendigung des Beschäftigungsverhältnisses.

DFQ: § 51 (1) IO

REL: Synonym

DTM: Forderungen der Insolvenzgläubiger; gesetzl.; 4; Hauptb.; Subst.; fem.; pl.

DTQ: § 87 InsO

DEF: Forderungen der Insolvenzgläubiger an den Schulnder, die einen begründeten Vermögensanspruch gegen den Schuldner haben.

DFQ: § 39 InsO

***

ATM: Insolvenzgericht; gesetzl.; 4; Hauptb.; Subst.; neutr.; sg.; 1226; Gerichtsorganisation

ETM: bankruptcy court; FTM: tribunal des faillites

TMQ: § 63 (1) IO

DEF: Gerichtshof erster Instanz, in dessen Sprengel der Gemeinschuldner sein Unternehmen betreibt oder mangels eines solchen seinen gewöhnlichen Aufenthalt hat und in dessen Zuständigkeit die Abhandlung des Konkurses des Gemeinschuldners fällt.

DFQ: § 63 (1) IO

REL: Teilsynonym; enger; funkt. Äquiv.

DTM: Insolvenzgericht; gesetzl.; 4; Subst.; neutr.; sg.; 1211; Bürgerl. Recht

DTQ: § 2 InsO

DEF: das Amtsgericht, in dessen Bezirk ein Landgericht seinen Sitz hat und als Insolvenzgericht für den Bezirk dieses Landgerichts ausschließlich zuständig ist.

DFQ: § 2 InsO

***

ATM: Insolvenzverfahren; gesetzl.; 4; Hauptb.; Subst.; neutr.; sg.; 1211; Insolvenzrecht; **Sanierungsverfahren**, **Konkursverfahren**

ETM: insolvency; FTM: procédure d'insolvabilité

TMQ: § 1 (1) Insolvenzordnung (IO)

DEF: bei Zahlungsunfähigkeit oder Überschuldung (§§ 66, 67) ist auf Antrag ein Insolvenzverfahren zu eröffnen.

DFQ: § 1 (1) IO

NOT: Der Begriff „**Insolvenzverfahren**" ist im österr. Insolvenzrecht ein Überbegriff für zwei Arten von Verfahren: „**Sanierungsverfahren**" und „**Konkursverfahren**". Im dt. Recht wird diese Unterscheidung nicht vorgenommen, sondern lediglich von „**Sanierung**" gesprochen.
REL: Teilsynonym; funkt. Äquiv.

DTM: **Insolvenzverfahren**; gesetzl.; 4; Hauptb.; Subst.; neutr.; sg.
DTQ: § 1 InsO
DEF: Eröffnungsgrund ist die Zahlungsunfähigkeit, die drohende Zahlungsunfähigkeit und bei einer juristischen Person auch die Überschuldung.
DFQ: §§ 17-19 InsO
NOT: Das dt. Recht kennt nur in der Alltagssprache den Begriff „**Konkurs**". Der allgemeine Begriff ist „**Insolvenz**".

***

ATM: **Insolvenzvermögen**; gesetzl.; 4; Hauptb.; Subst.; neutr.; sg.; 1221; Insolvenzrecht
ETM: insolvent estate; FTM: masse de l'insolvabilité
TMQ: §§ 50, 273 (1) IO
DEF: die gemeinschaftliche Insolvenzmasse, aus der die Insolvenzforderungen, nach dem Verhältnis ihrer Beträge zu befriedigen sind, soweit das Insolvenzvermögen nicht zur Befriedigung der Masseforderungen und der Ansprüche der Absonderungsberechtigten verwendet wird
DFQ: § 50 IO
REL: Teilsynonym; breiter

DTM: **Insolvenzmasse**; gesetzl.; 4; Hauptb.; Subst.; fem.; sg.; **erfasstes Vermögen**
DTQ: § 35 InsO
DEF: das gesamte Vermögen, das dem Schuldner zur Zeit der Eröffnung des Verfahrens gehört und das er während des Verfahrens erlangt.
DFQ: § 35 InsO

***

ATM: **in Streit verfangene Sache**; gesetzl.; 4; Hauptb.; MWA; fem.; sg.; 1211; Zivilrecht; **Streitsache**
ETM: litigious object; FTM: objet en contestation
TMQ: § 234 ZPO; § 347 ABGB
DEF: Sache, die Streitgegenstand eines zivilgerichtlichen Verfahrens ist.
DFQ: § 234 ZPO
REL: Synonym
NOT: Der Verkauf einer in Streit verfangenen Sache oder Forderung hat auf den Prozess keinen Einfluss. Der Erwerber ist nicht berechtigt, ohne die Zustimmung des Gegners als Hauptpartei in den Prozess einzutreten. (§ 234 ZPO)

DTM: **in Streit befangene Sache**; gesetzl.; 4; Hauptb.; MWA; fem.; sg.
DTQ: § 265 (1) ZPO
DEF: jeder Gegenstand, von dessen Inhaberschaft die Aktiv- oder Passivlegitimation (Sachbefugnis) einer der Prozessparteien abhängt, d.h., die Sache, die Streitgegenstand eines zivilgerichtlichen Verfahrens ist.
DFQ: § 265 ZPO; AlpBrock2

***

ATM: **institutionelle Kinderbetreuungseinrichtungen**; gesetzl.; 4; Hauptb.; MWA; fem.; pl.; 2826; Kinderbetreuung

ETM: institutional childcare facilities; FTM: services institutionnels de garde d'enfants

TMQ: Art. 2 Z. 1 Vereinbarung zwischen dem Bund und den Ländern gemäß Art. 15a B-VG über die frühe sprachliche Förderung in institutionellen Kinderbetreuungseinrichtungen

DEF: öffentliche und private Kindergärten und -krippen oder vergleichbare Einrichtungen, sowie alterserweiterte Gruppen, wobei private solche sind, bei denen die Kinderbetreuung nicht im privaten Haushalt stattfindet, die unter denselben Aufnahme- und Ausschließungsbedingungen wie die öffentlichen allgemein zugänglich und nicht auf Gewinn gerichtet sind, sowie Betriebskindergärten und -krippen, sowie vergleichbare Einrichtungen.

DFQ: Art. 2 Z. 1 Vereinbarung zwischen dem Bund und den Ländern gemäß Art. 15a B-VG über die frühe sprachliche Förderung in institutionellen Kinderbetreuungseinrichtungen

DTM: FEHLT

***

ATM: **Intabulation (1)**; gesetzl.; 4; Hauptb.; Subst.; fem.; sg.; 1211; Bürgerl. Recht, Grundbuchsrecht

ETM: registration in the land register; FTM: registration au livre foncier

TMQ: § 431 ABGB

DEF: eine Eintragung im Grundbuch, die dem unbedingten Rechtserwerb oder Rechtsverlust dient; einverleibt werden das Eigentumsrecht, ein Pfandrecht, eine Dienstbarkeit, die Löschung eines Pfandrechts, die Löschung einer Dienstbarkeit.

DFQ: nach § 431 ABGB; § 8 GBG 1955; KoWe13I, 358

REL Synonym

DTM: **Eintragung in das Grundbuch**; gesetzl.; 4; Hauptb.; MWA; fem.; sg.

DTQ: § 873 (1) BGB

DEF: zur Übertragung des Eigentums an einem Grundstück, zur Belastung eines Grundstücks mit einem Recht sowie zur Übertragung oder Belastung eines solchen Rechts ist die Einigung des Berechtigten und des anderen Teils über den Eintritt der Rechtsänderung und die Eintragung der Rechtsänderung in das Grundbuch erforderlich, soweit nicht das Gesetz ein anderes vorschreibt.

DFQ: § 873 (1) BGB

***

ATM: **Intabulation (2)**; gesetzl.; 4; Hauptb.; Subst.; fem.; sg.; 1211; Bürgerl. Recht, Grundbuch; **Einverleibung**

ETM: registration in the land register; FTM: registration au livre foncier

TMQ: § 431 ABGB

DEF: eine Eintragung im Grundbuch, die dem unbedingten Rechtserwerb oder Rechtsverlust dient; einverleibt werden das Eigentumsrecht, ein Pfandrecht, eine Dienstbarkeit, die Löschung eines Pfandrechts, die Löschung einer Dienstbarkeit.

DFQ: nach § 431 ABGB; § 8 GBG 1955

NOT: § 8 GBG nennt drei Arten von grundbücherlichen Eintragungen: „**Einverleibung**", „**Vormerkung**" und „**Anmerkung**". Die Einverleibung dient dem unbedingten Rechtserwerb oder Rechtsverlust.

REL: Synonym

DTM: **Erwerb durch Einigung und Eintragung**; gesetzl.; 4; Hauptb.; MWA; mask.; sg.; **Eintragung ins Grundbuch**

DTQ: § 873 (1) BGB

DEF: zur Übertragung des Eigentums an einem Grundstück, zur Belastung eines Grundstücks mit einem Recht sowie zur Übertragung oder Belastung eines solchen Rechts ist die Einigung des Berechtigten und des anderen Teils über den Eintritt der Rechtsänderung und die Eintragung der Rechtsänderung in das Grundbuch erforderlich, soweit nicht das Gesetz ein anderes vorschreibt.

DFQ: § 873 (1) BGB

NOT: Im Rechtsverkehr ist der Begriff „**Eintragung ins Grundbuch**" üblich.

***

ATM: **Intabulationsklausel**; gesetzl.; 4; Hauptb.; Subst.; fem.; sg.; 1211; Bürgerl. Recht, Grundbuchsrecht; **Aufsandungserklärung**

ETM: consent to registration in the land register; FTM: déclaration de transfert de propriété d'un bien foncier

TMQ: OGH RS0003241, 22.09.1964

DEF: die ausdrückliche Erklärung desjenigen, dessen Recht durch eine Einverleibung im Grundbuch beschränkt, belastet, aufgehoben oder übertragen werden soll, dass er in die Einverleibung ins Grundbuch einwilligt.

DFQ: www.help.gv.at (Aufsandungserklärung)

REL Synonym

DTM: **Eintragungsbewilligung**; gesetzl.; 4; Hauptb.; Subst.; fem.; sg.

DTQ: § 19 GBO

DEF: die Zustimmung zu einer Eintragung ins Grundbuch durch denjenigen, dessen Rechte von ihr betroffen sind.

DFQ: § 19 GBO

***

ATM: **Integrationsförderung**; gesetzl.; 4; Hauptb.; Subst.; fem.; sg.; 2811; Aufenthaltsrecht

ETM: policies aimed at promoting integration; FTM: politiques promouvant l'intégration

TMQ: Art. 4 § 17 (1) NAG

DEF: Bezeichnung für Maßnahmen, mit denen die Einbeziehung von Fremden (die zur Niederlassung in Österreich berechtigt sind) in das gesellschaftliche, wirtschaftliche und kulturelle Leben in Österreich sowie die Chancengleichheit mit österreichischen Staatsbürgern in diesen Bereichen herbeigeführt werden sollen

DFQ: Art. 4 § 17 (1) NAG

DTM: FEHLT

NOT Der Begriff „**Integrationsförderung**" fehlt als gesetzlicher Terminus. Er wird jedoch im „Bundesweiten Integrationsprogramm" verwendet, das 2010 veröffentlicht wurde.

***

ATM: **Integritätsabgeltung**; gesetzl.; 4; Hauptb.; Subst.; fem.; sg.; 4406; Arbeitsrecht

ETM: lump-sum compensation payment; FTM: indemnisation du préjudice

TMQ: § 213a ASVG

DEF: eine einmalige Kapitalleistung, wenn ein Arbeitsunfall durch die grob fahrlässige Außerachtlassung von Arbeitnehmerschutzvorschriften verursacht wurde, und der Versicherte dadurch eine erhebliche und dauernde Beeinträchtigung der körperlichen oder geistigen Integrität erlitten hat und überdies ein Anspruch auf Versehrtenrente besteht.

DFQ: § 213a (1) ASVG; http://www.auva.at/... Leistungen-ABC (05.12.2015)

DTM: FEHLT

***

ATM: **Intimationsbescheid**; gesetzl.; 4; Hauptb.; Subst.; mask.; sg.; 0436; Gerichts- und Verwaltungsorganisation; **Intimierungsbescheid**

ETM: ruling issued by an authority other than the original decision-maker; FTM: décision rendue par une autorité autre que celle qui l'a prise

TMQ: OGH RS0059336, 12.03.1992

DEF: die Ausfertigung eines Bescheides, die durch eine andere als die willensbildende Behörde erfolgt.

DFQ: OGH RS0059336, 12.03.1992

NOT: Z.B. werden Bescheide des Bundespräsidenten meistens durch den zuständigen Bundesminister intimiert.

DTM: FEHLT

***

ATM: **Invaliditätspension (1)**; gesetzl.; 4; Hauptb.; Subst.; fem.; sg.; 2826; Sozialrecht

ETM: disability support pension; FTM: pension d'invalidité

TMQ: § 254 (1) ASVG

DEF: eine staatliche Versorgungsleistung aus der Pensionsversicherung der Arbeiter, die für den Fall der geminderten Arbeitsfähigkeit gewährt wird, wenn die Arbeitsfähigkeit des Versicherten infolge seines körperlichen oder geistigen Zustandes auf weniger als die Hälfte derjenigen eines körperlich und geistig gesunden Versicherten von ähnlicher Ausbildung und gleichwertigen Kenntnissen und Fähigkeiten in jedem dieser Berufe herabgesunken ist.

DFQ: §§ 254, 255 ASVG

REL: Teilsynonym; breiter

NOT: Die AT-DE Begriffe decken sich nur teilweise, da im österr. Recht die Abstufungen „verminderte" bzw. „volle" Berufsunfähigkeit fehlen.

DTM: **Rente wegen voller Erwerbsminderung**; gesetzl.; 4; Hauptb.; MWA; fem.; sg.; **Rente wegen verminderter Erwerbsfähigkeit**

DTQ: § 43 SGB 6

DEF: eine staatliche Versorgungsleistung, auf die Anspruch besteht, wenn Berufstätige wegen Krankheit oder Behinderung auf nicht absehbare Zeit außerstande sind, unter den üblichen Bedingungen des allgemeinen Arbeitsmarktes mindestens drei bzw. sechs Stunden täglich erwerbstätig zu sein und in den letzten fünf Jahren vor Eintritt der Erwerbsminderung drei Jahre Pflichtbeiträge für eine versicherte Beschäftigung oder Tätigkeit haben und die allgemeine Wartezeit erfüllt haben.

DFQ: § 43 SGB 6

NOT: Es wird zwischen „teilweise erwerbsgemindert" (nicht mehr als 6 Stunden arbeitsfähig) und voll erwerbsgemindert (nicht mehr als 3 Stunden arbeitsfähig) unterschieden.

***

ATM: **Invaliditätspension (2)**; gesetzl.; 4; Hauptb.; Subst.; fem.; sg.; 2826; Sozialrecht; **Berufsunfähigkeitspension, Erwerbsunfähigkeitspension**

ETM: disability support pension; FTM: pension d'invalidité

TMQ: § 254 ASVG

DEF: staatliche Versorgungsleistung, die die Aufgabe hat, Einkommen zu ersetzen, wenn die Arbeitsfähigkeit eines Arbeitnehmers infolge seines körperlichen oder geistigen Zustandes auf weniger als die Hälfte derjenigen eines körperlich und geistig gesunden Versicherten von ähnlicher Ausbildung und gleichwertigen Kenntnissen und Fähigkeiten in jedem dieser Berufe herabgesunken ist.

DFQ: § 255 (1) ASVG

NOT: Dieser Begriff bezieht sich ausschließlich auf Leistungen aus der Pensionsversicherung der Arbeiter. Der parallele Begriff für Angestellte ist „**Berufsunfähigkeitspension**" sowie die „**Erwerbsunfähigkeitspension**" für Versicherte der Gewerblichen Sozialversicherung bzw. der Versicherungsanstalt der Bauern.

REL: Teilsynonym

DTM: **Rente wegen Erwerbsunfähigkeit**; gesetzl.; 4; Hauptb.; MWA; fem.; sg.

DTQ: § 33 (5) SGB 6

DEF: staatliche Versorgungsleistung, die die Aufgabe hat, Einkommen weitestgehend zu ersetzen, wenn die Versicherten auf dem allgemeinen Arbeitsmarkt auf nicht absehbare Zeit weniger als drei Stunden täglich arbeiten können.

DFQ: http://www.deutsche-rentenversicherung.de/... Rente bei voller Erwerbsminderung (12.12.2014)

***

ATM: **Jagdkarte**; gesetzl.; 4; Hauptb.; Subst.; fem.; sg.; 2826; Jagdrecht

ETM: hunting permit; FTM: permis de chasse

TMQ: § 36 (1) K-JG

DEF: niemand darf jagen, ohne im Besitz einer gültigen Kärntner Jagdkarte (Jagdkarte, Jagdgastkarte) zu sein.

DFQ: § 36 (1) K-JG

NOT: In AT ist die Regelung der Jagd Landessache. Es gibt kein Rahmengesetz, sondern 9 verschiedene Landesjagdgesetze.

REL Synonym

DTM: **Jagdschein**; gesetzl.; 4; Hauptb.; Subst.; fem.; sg.

DTQ: § 15 (5) Bundesjagdgesetz

DEF: die behördliche Erlaubnis zur Ausübung der Jagd.

DFQ: http://www.anwalt24.de/...Jagdschein (07.12.2014)

***

ATM: **Jagdprüfung**; gesetzl.; 4; Hauptb.; Subst.; fem.; sg.; 2826; Jagdrecht

ETM: hunting licence examination; FTM: examen du permis de chasse

TMQ: § 37 (6) Kärntner Jagdgesetz 2000 (K-JG)

DEF: eine Prüfung zur Erlangung der Jagdkarte, welche die gesetzliche Grundlage für die Ausübung der Jagd in Österreich bildet. Der Bewerber hat nachzuweisen, daß er die zur Ausübung der Jagd unerläßlichen Kenntnisse insbesondere über das Jagdrecht, das Waffen- und Schießwesen, den Jagdbetrieb, die Wildkunde, die Hege, die Verhütung von Wildschäden und das Kärntner Naturschutzrecht sowie eine ausreichende Vertrautheit mit der Handhabung von Jagdwaffen besitzt.

DFQ: § 37 (6) K-JG

NOT: In AT ist die Regelung der Jagd Landessache. Es gibt kein Rahmengesetz, sondern 9 verschiedene Landesjagdgesetze.

REL Synonym

DTM: **Jägerprüfung**; gesetzl.; 4; Hauptb.; Subst.; fem.; sg.

DTQ: § 15 (5) Bundesjagdgesetz

DEF: die erste Erteilung eines Jagdscheines ist davon abhängig, daß der Bewerber im Geltungsbereich dieses Gesetzes eine Jägerprüfung bestanden hat, die aus einem schriftlichen und einem mündlich-praktischen Teil und einer Schießprüfung bestehen soll;

DFQ: § 15 (5) Bundesjagdgesetz

***

ATM: **Jahrgangsvorstand/-vorständin**; gesetzl.; 4; Hauptb.; Subst.; mask./fem.; sg.; 3206; Schulrecht; **Klassenvorstand/-vorständin**

ETM: form teacher in higher vocational schools; FTM: professeur principal dans les écoles professionnelles supérieures

TMQ: § 54 (4) SchUG

DEF: an den berufsbildenden höheren Schulen die Bezeichnung für den Leiter einer Schulklasse, anstelle der sonst üblichen Bezeichnung „**Klassenvorstand**".

DFQ: § 54 (4) SchUG

REL: Teilsynonym

DTM: **Klassenleiter/in**; gesetzl.; 4; Hauptb.; Subst.; mask./fem.; sg.; 1211; Bürgerl. Recht; **Kollegstufenleiter/in**

DTQ: § 24 (2) Schulordnung für die öffentlichen berufsbildenden Schulen

DEF: leitet die Klasse einer berufsbildenden Schule.

DFQ: § 24 (2) Schulordnung für die öffentlichen berufsbildenden Schulen

NOT: Eine begriffliche Differenzierung wie in AT ist im dt. Berufsschulwesen nicht vorhanden.

***

ATM: **Journalbeamter / Journalbeamtin**; fachlit.; 3; Hauptb.; Subst; mask./fem.; sg.; 0436; Verwaltungsorganisation; **diensthabende/r Beamter/Beamtin**

ETM: official on duty; FTM: fonctionnaire de service

TMQ: OGH 1Ob7/89, 26.04.1989

DEF: ein/e Dienst tuende/r Beamter/Beamtin für außerhalb der Bürozeit auftretende, dringend zu erledigende Fälle in einem Amt.

DFQ: Variantenwörterbuch des Deutschen

REL: Teilsynonym

DTM: **diensthabende/r Beamter/Beamtin**; fachlit.; 3; Hauptb.; MWA; mask./fem.; sg.

DTQ: BGH, 29.5.2002, 5 StR 199/02

DEF: jene/r Beamte/Beamtin, der/die zum fraglichen Zeitpunkt dienstrechtlich tätig und auch verantwortlich ist.

DFQ: nach BGH 5 StR 199/02, 29.5.2002

NOT: Er/sie kann hierbei sowohl vor Ort sein als auch Bereitschaftsdienst haben.

***

ATM: **Journaldienst**; gesetzl.; 4; Hauptb.; Subst.; mask.; sg.; 0436; Verwaltungsorganisation; **Dienststellenbereitschaft**

ETM: on-call duty; FTM: service d'astreinte

TMQ: § 50 (1) BDG 1979

DEF: die Verpflichtung des Arbeitnehmers, sich außerhalb der im Dienstplan vorgeschriebenen Dienststunden in einer Dienststelle oder an einem bestimmten anderen Ort aufzuhalten und bei Bedarf oder auf Anordnung seine dienstliche Tätigkeit aufzunehmen.

DFQ: § 50 (1) BDG 1979

NOT: In AT v.a. bei Behörden und Institutionen (Spitäler, Ärzte usw.) in Gebrauch.

REL Synonym

DTM: **Bereitschaftsdienst**; gesetzl.; 4; Hauptb.; Subst.; mask.; sg.

DTQ: § 7 (1) ArbZG

DEF: Zeitspanne, während der sich der Arbeitnehmer für Zwecke des Betriebes an einer vom Arbeitgeber bestimmten Stelle innerhalb oder außerhalb des Betriebs aufhalten muss, um seine volle Arbeitstätigkeit aufnehmen zu können, wenn das erforderlich wird.

DFQ: BAG, Urteil vom 30.01.96, Az. 3 AZR 1030/94, AP Nr. 5

***

ATM: Judikatschuld; fachlit.; 3; Hauptb.; Subst.; fem.; sg.; 1211; Bürgerl. Recht

ETM: judgement debt with a 30 year limitation period; FTM: dette établie par un tribunal qui se prescrit dans un délai de 30 ans

TMQ: OGH 11Os123/07h, 29.01.2008

DEF: ein durch vollstreckbares Urteil zuerkannter Anspruch. Das Recht, dieses Urteil zwangsweise durchzusetzen, verjährt erst in 30 Jahren ab der Entscheidung.

DFQ: Welser, FWB Bürgerliches Recht

NOT: Lautet allerdings das Urteil auf künftig fällig werdende, wiederkehrende Leistungen, gilt für diese die kurze Verjährungsfrist des § 1480 ABGB.

DTM: FEHLT

***

DTM: Jugendarrest; gesetzl.; 4; Hauptb.; Subst.; mask.; sg.; 2806; Jugendstrafrecht

ETM: juvenile detention; FTM: détention pour mineurs

DTQ: § 16 JGG

DEF: Freizeitarrest, Kurzarrest oder Dauerarrest.

DFQ: § 16 (1) JGG

ATM: FEHLT

NOT: Das öJGG legt fest, dass für die Ahndung von Jugendstraftaten die allgemeinen Strafgesetze gelten, das Strafausmaß ist jedoch reduziert. Darüber hinaus hat die Anwendung des Jugendstrafrechts hat vor allem den Zweck, den Täter von strafbaren Handlungen abzuhalten.

***

ATM: Jugendgerichtshof; gesetzl.; 4; Hauptb.; Subst.; mask.; sg.; 1226; Gerichtsorganisation

ETM: juvenile court; FTM: tribunal des mineurs

TMQ: § 30 (1) GOG

DEF: ein Gericht für Jugendstrafsachen, Jugendschutzsachen, Strafsachen junger Erwachsener und die Pflegschaftssachen von Minderjährigen.

DFQ: nach www.parlament.gv.at; § 30 GOG; § 46a (1) JGG

USE historisch

NOT: Der Jugendgerichtshof wurde mit 01.01.2003 aufgelöst. Der Begriff kommt jedoch noch in älteren Gesetzen vor.

REL Synonym

DTM: Jugendgericht; gesetzl.; 4; Hauptb.; Subst.; neutr.; sg.

DTQ: § 33 JGG

DEF: ein Gericht mit besonderer Zuständigkeit für Jugendliche und Heranwachsende.

DFQ: nach § 33 JGG; AlpBrock2

***

DTM: Jugendstaatsanwalt/-anwätlin; gesetzl.; 4; Hauptb.; Subst.; mask./fem.; sg.; 2806; Jugendstrafrecht

ETM: prosecutor for juvenile cases; FTM: procureur pour les affaires de mineurs

DTQ: § 36 (1) JGG

DEF: Staatsanwalt/-anwältin, der/die für Verfahren bestellt ist, die in die Zuständigkeit der Jugendgerichte gehören.

DFQ: § 36 (1) JGG

ATM: **FEHLT**

***

ATM: **Jugendliche (1)**; gesetzl.; 4; Hauptb.; Subst.; mask./fem.; pl.; 2816; Jugendstrafrecht/Arbeitsrecht/Sozialrecht

ETM: underage person; FTM: mineurs

TMQ: § 1 (2) JGG; § 3 Kinder- und Jugendlichen-Beschäftigungsgesetz 1987 (KJBG); § 2 Jugendgerichtsgesetz 1988

DEF: **Jugendgerichtsgesetz**: wer das vierzehnte, aber noch nicht das achtzehnte Lebensjahr vollendet hat.

DEF: **Kinder- und Jugendlichen-Beschäftigungsgesetz**: sind Personen bis zur Vollendung des 18. Lebensjahres, die nicht als Kinder im Sinne des § 2 (1) gelten und damit älter als 15 Jahre sind.

DEF: **Bundes-Jugendförderungsgesetz**: sind alle jungen Menschen bis zur Vollendung ihres 30. Lebensjahres.

DFQ: nach § 1 (2) JGG; § 3 KJBG; 2 (1) Bundes-Jugendförderungsgesetz

NOT: Die Begriffe decken sich im Bereich des Jugendstrafrechts und Jugendarbeitsrechts, nicht aber in Bezug auf das Sozialrecht.

REL: Teilsynonym

DTM: **Jugendliche**; gesetzl.; 4; Hauptb.; Subst.; mask./fem.; pl.

DTQ: § 2 Gesetz zum Schutz der arbeitenden Jugend; § 1 Jugendgerichtsgesetz (JGG)

DEF: **Jugendgerichtsgesetz**: wer zur Zeit der Tat das vierzehnte, aber noch nicht das achtzehnte Lebensjahr vollendet hat.

DEF: **Jugendarbeitsschutzgesetz**: Jugendlicher im Sinne dieses Gesetzes ist, wer 15, aber noch nicht 18 Jahre alt ist.

DFQ: nach § 2 Gesetz zum Schutz der arbeitenden Jugend; § 1 JGG

***

ATM: **Jugendliche (2)**; gesetzl.; 4; Hauptb.; Subst.; mask./fem.; pl.; 2826; Sozialrecht

ETM: underage persons; FTM: adolescents mineurs

TMQ: § 2 (1) Bundes-Jugendförderungsgesetz

DEF: alle jungen Menschen bis zur Vollendung ihres 30. Lebensjahres.

DFQ: § 2 (1) Bundes-Jugendförderungsgesetz

NOT: Der Begriff „junger Mensch" des dSBG VIII, der sich bis zum 27. Lebensjahr erstreckt, ist in AT nicht vorhanden. Lediglich im Zusammenhang mit der Familienbeihilfe erstreckt sich die Leistung bis zum 24. Lebensjahr, ohne dass jedoch der Begriff „junger Mensch" verwendet wird. Die Förderung ist an die Berufausbildung gebunden. Daneben existiert noch der Begriff „junge Erwachsene" im Kontext des Kinder- und Jugendhilfegesetzes, der das Alter dieser Gruppe zwishen 18-21 Jahren ansetzt.

REL: Falscher Freund

DTM: **junge Menschen**; gesetzl.; 4; MWA.; mask.; pl.; 1211; Bürgerl. Recht; **junge Volljährige**

DTQ: SBG VIII § 7

DEF: Personen, die noch nicht 27 Jahre alt sind.

DFQ: SBG VIII § 7

***

DTM: **Jugendstrafe**; gesetzl.; 4; Hauptb.; Subst.; fem.; sg.; 2806; Jugendstrafrecht

ETM: sentence for young offenders; FTM: détention en maison de redressement

DTQ: § 17 (1) JGG

DEF: Freiheitsentzug in einer für ihren Vollzug vorgesehenen Einrichtung.

DFQ: § 17 (1) JGG

NOT: Der Richter verhängt eine Jugendstrafe, wenn wegen der schädlichen Neigungen des Jugendlichen, die in der Tat hervorgetreten sind, Erziehungsmaßregeln oder Zuchtmittel zur Erziehung nicht ausreichen oder wenn wegen der Schwere der Schuld Strafe erforderlich ist.

ATM: FEHLT

NOT: Der Begriff existiert in AT nur in der Alltagssprache.

***

ATM: Jugendversammlung; gesetzl.; 4; Hauptb.; Subst.; fem.; sg.; 4406; Arbeitsrecht

ETM: young employees' meeting; FTM: réunion des jeunes salariés

TMQ: § 124 ArbVG

DEF: die Jugendversammlung besteht aus der Gesamtheit der jugendlichen Arbeitnehmer des Betriebes und der Mitglieder des Jugendvertrauensrates, die nicht jugendliche Arbeitnehmer sind.

DFQ: § 124 ArbVG

REL Synonym

DTM: Jugend- und Auszubildendenversammlung; gesetzl.; 4; Hauptb.; Subst.; fem.; sg.

DTQ: § 71 BetrVG

DEF: eine Versammlung der Arbeitnehmer des § 60 BetrVG, die von der JAV (Jugend- und Auszubildendenvertretung) eines Betriebes einberufen werden kann, um dieser Arbeitnehmergruppe die Gelegenheit zu geben, die sie betreffenden Angelegenheiten unter sich, mit dem Betriebsrat und ggf. dem Arbeitgeber zu erörtern

DFQ: nach § 71 BetrVG; Koch „Erfurter Kommentar zum Arbeitsrecht" 9. Auflage 2009

***

ATM: Jugendvertrauensrat; gesetzl.; 4; Hauptb.; Subst.; mask.; sg.; 4406; Arbeitsrecht

ETM: young workers council; FTM: conseil d'assistance aux jeunes

TMQ: § 125 ArbVG

DEF: der Jugendvertrauensrat besteht idR in Betrieben mit 5 bis 10 jugendlichen Arbeitnehmern aus einer Person (Jugendvertreter), in Betrieben mit 11 bis 30 jugendlichen Arbeitnehmern aus zwei Mitgliedern etc., wird von diesen gewählt und ist berufen, die wirtschaftlichen, sozialen, gesundheitlichen und kulturellen Interessen der jugendlichen Arbeitnehmer des Betriebes wahrzunehmen.

DFQ: §§ 123 ff. ArbVG

REL Synonym

NOT: Beachte: „**Jugendvertretung**" (Falscher Freund) ist in AT der Sammelbegriff für folgende Organe: Jugendversammlung, Wahlvorstand für die Wahl des Jugendvertrauensrates und Jugendvertrauensrat.

DTM: Jugend- und Auszubildendenvertretung; gesetzl.; 4; Hauptb.; Subst.; fem.; sg.; **JAV**

DTQ: § 60 (1) BetrVG

DEF: ein betriebsverfassungsrechtliches Vertretungsorgan der jugendlichen Arbeitnehmer und Auszubildenden eines Betriebes.

DFQ: **nach** § 60 BetrVG; AlpBrock2

NOT: Jugend- und Auszubildendenvertretungen werden in Betrieben mit mindestens fünf Arbeitnehmern, die das 18. Lebensjahr noch nicht vollendet haben (jugendliche Arbeitnehmer) oder die zu ihrer Berufsausbildung beschäftigt sind und das 25. Lebensjahr noch nicht vollendet haben gewählt. (§ 60 (1) BetrVG)

***

ATM: **Kinder- und Jugendhilfe**; gesetzl.; 4; Hauptb.; Subst.; fem.; sg.; 2836; Jugendwohlfahrtsrecht
ETM: child and youth welfare; FTM: assistance à la jeunesse

TMQ: § 1 Kinder- und Jugendhilfegesetz 2013

DEF: umfasst alle Leistungen öffentlicher und privater Kinder- und Jugendhilfeträger, die dazu beitragen, die Rechte der Kinder und Jugendlichen auf Förderung ihrer Entwicklung und Erziehung zu eigenverantwortlichen und gemeinschaftsfähigen Persönlichkeiten zu unterstützen, sie vor allen Formen von Gewalt zu schützen und die Erziehungskraft der Familie zu stärken.

DFQ: http://www.bmfj.gv.at/familie/kinder-jugendhilfe.html nach (20.12.2014)

REL Synonym

DTM: **Jugendhilfe**; gesetzl., 4; Hauptb.; Subst.; fem.; sg.;

DTQ: § 2 SGB VIII

DEF: umfasst Leistungen und andere Aufgaben zugunsten junger Menschen und Familien.

DFQ: § 2 SGB VIII

***

ATM: **Kinder- und Jugendhilfeträger**; gesetzl., 4; Hauptb.; Subst.; mask.; sg.; 2836; Jugendhilfe; **Jugendamt**
ETM: Youth Welfare Office; FTM: organisme d'aide sociale à la jeunesse

TMQ: § 10. (1) Kinder- und Jugendhilfegesetz 2013

DEF: eingerichtet bei der zuständigen Bezirksverwaltungsbehörde (Bezirkshauptmannschaft) oder beim zuständigen Magistrat (in Wien das Amt für Jugend und Familie bei der MA 11) – sichert die Unterstützung der von Gewalt betroffenen Kinder oder Jugendlichen.

DFQ: www.help.gv.at (20.12.2014)

REL: Teilsynonym; funktionale Äquiv.

DTM: **Jugendamt**; gesetzl.; 4; Hauptb.; Subst.; neutr.; sg.;

DTQ: § 42 SGB VIII

DEF: eine durch Bundesgesetz errichtete örtliche Jugendbehörde und als Träger der örtlichen Jugendhilfe berechtigt und verpflichtet, ein Kind oder einen Jugendlichen in seine Obhut zu nehmen.

DFQ: nach § 42 SGB VIII sowie Creif21

NOT: Ein Jugendamt besteht in jedem Kreis bzw. jeder kreisfreien Stadt. Zusätzlich gibt es ein Landesjugendamt.

***

ATM: **junge Erwachsene**; gesetzl.; 4; Hauptb.; Subst.; mask./fem.; pl.; 2836; Jugendhilfe
ETM: young adults; FTM: jeune adulte

TMQ: § 4. Z. 2, Bundes- Kinder- und Jugendhilfegesetz 2013

DEF: Personen, die das 18., aber noch nicht das 21. Lebensjahr vollendet haben.

DFQ: § 4. Z. 2, Bundes-Kinder- und Jugendhilfegesetz 2013

NOT: Der Begriff „junge Erwachsene" ist in AT in der Jugendhilfe von Bedeutung, weil bestimmte Untersützungen in Anspruch genommen werden können. Im österr. Jugendstrafrecht hat der Begriff nur eingeschränkte Bedeutung, da Jugendliche ab dem 18. Lebensjahr voll strafmündig sind. Es gelten jedoch besondere Bedingungen bei der Bemessung des Strafausmaßes und der Prozessführung. Heranwachsende werden in DE bis zum 21. Lebensjahr hingegen nach dem Jugendstrafgesetz behandelt.

REL: Synonym

DTM: Heranwachsende; gesetzl.; 4; Hauptb.; Subst.; mask./fem.; pl.

DTQ: § 1 JGG

DEF: Personen, die zur Zeit der Tat achtzehn, aber noch nicht einundzwanzig Jahre alt sind.

DFQ: § 1 JGG

***

ATM: Jurisdiktionsnorm; gesetzl.; 4; Hauptb.; Subst.; fem.; sg.; 1226; Gerichtsverfassung; **JN**

ETM: Civil Jurisdiction Act; FTM: loi relative à la procédure civile et l'organisation judiciaire

TMQ: Jurisdiktionsnorm

DEF: enthält Bestimmungen über Organisation, Besetzung und Zuständigkeit der Zivilgerichte.

DFQ: http://www.uibk.ac.at/zivilrecht/buch/pdf/zivilrecht2004_kapitel19.pdf (23.11.2014)

REL: Teilsynonym; enger; 1226

DTM: Gerichtsverfassungsgesetz; gesetzl., 4; Hauptb.; Subst.; neutr.; sg.; **GVG**

DTQ: Gerichtsverfassungsgesetz

DEF: regelt nicht nur den organisatorischen Aufbau der ordentlichen Gerichte, sondern konkretisiert wesentliche rechtsstaatliche Grundsätze und prägen dadurch die gesamte Tätigkeit der Gerichte.

DFQ: Kissel / Mayer, Gerichtsverfassungsgesetz: GVG, 7. Aufl. C.H.Beck. 2013.

***

ATM: Jus; fachlit.; 3; Hauptb.; Subst.; neutr.; sg.; 1206; Rechtswissenschaft; **Rechtswissenschaft(en)**

ETM: law; FTM: droit

TMQ: http://www.studieren.at/rechtswissenschaften-jus-studium (20.11.2014)

DEF: Studium der Rechtswissenschaft(en)

DFQ: http://www.studieren.at/rechtswissenschaften-jus-studium (20.11.2014)

NOT: Der Terminus stammt vom lateinischen ius, iuris (n) und wird in Österreich im Singular verwendet.

REL Synonym

DTM: Jura; fachlit.; 4; Hauptb.; Subst.; ohne Art.; sg.; **Rechtswissenschaft(en)**

DTQ: http://www.studis-online.de/Studienfuehrer/jurastudium.php (22.12.2014)

DEF: Studium der Rechtswissenschaft(en)

DFQ: http://www.jura.uni-koeln.de/startseite.html?&no_cache=1&L=0 (22.12.2014)

NOT: Der lateinische Terminus wird in Deutschland im Plural verwendet: iura = die Rechte.

***

ATM: Justizanstalt; gesetzl.; 4; Hauptb.; Subst.; fem.; sg.; 1206; Strafrecht

ETM: detention centre; FTM: établissement pénitentiaire

TMQ: § 3. (1) Sprengelverordnung für den Strafvollzug

DEF: bezeichnet in Österreich alle Gefängnisse des judikativen Strafvollzugs. Diese Einrichtungen sind dem Bundesministerium für Justiz unterstellt und für den Vollzug von Freiheitsstrafen und Untersuchungshaft oder den Maßnahmenvollzug ausgelegt.

DFQ: http://de.wikipedia.org/wiki/Gerichtliches_Gefangenenhaus#Gerichtliche_Gefangenen (20.11.2014)

REL: Synonym

DTM: Justizvollzugsanstalt; gesetzl.; 4; Hauptb.; Subst.; fem.; sg.

DTQ: § 1 StVollzG
DEF: eine Einrichtung, die für den Vollzug von Freiheitsstrafen zuständig ist.
DFQ: § 1 StVollzG

***

ATM: **Justizanstalt für Jugendliche Gerasdorf**; fachlit.; 3; Hauptb.; MWA; fem.; sg.; 1216; Strafrecht
ETM: youth detention centre in Gerasdorf; FTM: établissement pénitentiaire pour mineurs à Gerasdorf
TMQ: http://strafvollzug.justiz.gv.at/einrichtungen/justizanstalten/... (21.08.2014)
DEF: die einzige Strafvollzuganstalt für männliche Jugendliche in Österreich; verantwortlich für Insaßen im Alter von 14 – 19 Jahren sowie für junge Erwachsene bis zu 27 Jahre, die dem Jugendvollzug unterstellt sind.
DFQ: http://strafvollzug.justiz.gv.at/einrichtungen/justizanstalten/... (21.08.2014)
REL: Synonym; funkt. Äquiv.

DTM: **Jugendarrestanstalt**; gesetzl.; 4; Hauptb.; Subst.; fem.; sg.
DTQ: § 1 (1) JAVollzO
DEF: Strafvollzugseinrichtung für Jugendliche, in der Dauerarrest und Kurzarrest von mehr als zwei Tagen bis maximal vier Wochen verbüßt werden.
DFQ: § 1 (1) und (2) JAVollzO

***

DTM: **Justizvollzugsfachwirt/in;** gesetzl.; 4; Hauptb.; Subst.; mask./fem.; sg.; 1216; Strafvollzug;
ETM: prison officer; FTM: agent pénitentiaire
DTQ: http://www.mj.niedersachsen.de/ (28.08.2014)
DEF: Beamter/Beamtin des mittleren Justizdienstes, der/die bei den Gerichten, Amts- und Staatsanwaltschaften tätig ist. Hier arbeiten sie auf allen Gebieten der freiwilligen und streitigen Gerichtsbarkeit sowie in den Verwaltungsabteilungen.
DFQ: http://www.aubi-plus.de/beruf/justizfachwirt-beamter-beamtin-des-mittleren-justizdienstes-1352/ (28.08.2014)
ATM: FEHLT

***

ATM: **Justizwache**; gesetzl.; 4; Hauptb.; Subst.; fem.; sg.; 1216; Strafvollzug
ETM: prison guard service; FTM: service de garde des prisons
TMQ: § 13a. StVG
DEF: als Wachkörper den Vollzugsbehörden beigegeben und für die Bewachung der Strafgefangenen zuständig.
DFQ: § 13a. StVG
REL: 1206 Strafrecht
NOT: Der Strafvollzug ist in AT Kompetenz des Bundes, in DE Landeskompetenz.

DTM: **Allgemeiner Vollzugsdienst in den Justizvollzugsanstalten**; fachlit.; 3; Hauptb.; MWA; mask.;
DTQ: http://www.justiz.nrw.de/Gerichte_Behoerden/Stellen/ausbildung/berufe/... (21.08.2014)
DEF: in den Justizvollzugsanstalten zuständig für die Beaufsichtigung, Versorgung und Betreuung der Gefangenen.
DFQ: http://www.justiz.nrw.de/Gerichte_Behoerden/Stellen/ausbildung/berufe/... (21.08.2014)

***

ATM: **Justizwachebeamter/-beamtin**; gesetzl.; 4; Hauptb.; Subst.; mask./fem.; sg.; 1216; Strafvollzug; **Justizwachebedienstete**

ETM: prison guard; FTM: surveillant pénitentiaire; gardiens de prison

TMQ: § 29 (2) Geschäftsordnung für die Gerichte I. und II. Instanz

DEF: Person, die in den Gefangenhäusern der Gerichtshöfe und der Wiener Bezirksgerichte den Gefangenaufsichtsdienst versieht.

DFQ: § 29 (2) Geschäftsordnung für die Gerichte I. und II. Instanz

REL: Synonym

DTM: **Justizvollzugsbeamter/-beamtin**; gesetzl.; 4; Hauptb.; Subst.; mask./fem.; sg.; **Beamter/Beamtin im allgemeinen Vollzugsdienst**

DTQ: BPräsKldgJWAnO (BGBl. I S. 1153)

DEF: Person, die in den Justizvollzugsanstalten zuständig ist für die Beaufsichtigung, Versorgung und Betreuung der Gefangenen.

DFQ: http://www.justiz.nrw.de/Gerichte_Behoerden/Stellen/ausbildung/berufe/... (21.08.2014)

NOT: In DE ist der Strafvollzug Ländersache.

***

ATM: **Kaduzität**; fachlit.; 3; Nebenb.; Subst.; fem.; sg.; 1211; Bürgerl. Recht; **Heimfallsrecht**

ETM: escheat; FTM: succession en déshérence

TMQ: OGH 6Ob726/83, 19.01.1984

DEF: wenn kein zur Erbfolge Berechtigter vorhanden ist oder wenn niemand die Erbschaft erwirbt, fällt die Verlassenschaft als ein erbloses Gut dem Staate anheim.

DFQ: § 760 ABGB

REL: Synonym

DTM: **gesetzliches Erbrecht des Fiskus**; gesetzl.; 4; Hauptb.; MWA; fem.; sg.; **Staatserbrecht**

DTQ: § 1936 BGB

DEF: zur Zeit des Erbfalls weder ein Verwandter, ein Lebenspartner noch ein Ehegatte des Erblassers vorhanden, so ist der Fiskus des Bundesstaats, dem der Erblasser zur Zeit des Todes angehört hat, gesetzlicher Erbe. Hat der Erblasser mehreren Bundesstaaten angehört, so ist der Fiskus eines jeden dieser Staaten zu gleichem Anteil zur Erbfolge berufen.

DFQ: § 1936 BGB

***

ATM: **Kaiserteil**; gesetzl.; 4; Hauptb.; Subst.; mask.; sg.; 6026; Lebensmittelrecht; **Schale**

TMQ: http://www.ama-marketing.at/home/groups/6/teilstuecke/RIND40.SWF (15.09.2014)

DEF: liegt unter dem Tafelstück und wird in das schwanzseitige Beinscherzei und das kopfseitige Schwarze Scherzel geteilt.

DFQ: http://www.ama-marketing.at/home/groups/6/teilstuecke/RIND40.SWF (15.09.2014)

DTM: FEHLT

***

ATM: **Kammer der Wirtschaftstreuhänder**; gesetzl.; 4; Hauptb.; MWA; fem.; sg.; 0406; Verfassungsrecht; **KWT**

ETM: (Austrian) Chamber of Tax Consultants and Certified Accountants; FTM: Chambre (autrichienne) des commissaires aux comptes et conseillers fiscaux

TMQ: § 7 (2) BibuG

DEF: eine Körperschaft des öffentlichen Rechts, in der Steuerberater und Wirtschaftsprüfer organisiert sind.

DFQ: www.kwt.or.at/.. organisation (27.12.2014)

NOT: In DE sind die Agenden auf zwei Kammern aufgeteilt.
REL: Mehrfachrelation

DTM: **Bundessteuerberaterkammer**; gesetzl.; 4; Hauptb.; Subst.; fem.; sg.; **Wirtschaftsprüferkammer**
DTQ: § 9 (4) GwG; § 342b (8) HGB
DEF: die gesetzlichen Interessensvertretungen der deutschen Wirtschaftsprüfer bzw. Steuerberater auf Bundesebene.
DFQ: www.bstbk.de; wpk.de (27.11.2014)

***

ATM: **Kammer für Arbeiter und Angestellte**; gesetzl.; 4; Hauptb.; MWA; fem.; sg.; 0406; Verfassungsrecht; **Arbeiterkammer**; **AK**
ETM: Chamber of Labour; FTM: Chambre du travail
TMQ: § 3 (1) AKG
DEF: die gesetzliche Interessenvertretung der Arbeitnehmer (einschließlich der zuvor als Arbeitnehmer beschäftigten Arbeitslosen und Pensionisten) auf Landesebene.
DFQ: §§ 3, 4 AKG
NOT: Die Kammern für Arbeiter und Angestellte bilden zusammen die Bundesarbeitskammer.
REL Synonym

DTM: **Arbeitskammer**; gesetzl.; 4; Hauptb.; Subst.; fem.; sg.
DTQ: Gesetz Nr. 1290 über die Arbeitskammer des Saarlandes
DEF: Arbeitskammern sind Körperschaften des öffentlichen Rechts, die die Interessen der Arbeitnehmer vertreten.
DFQ: Creif21
NOT: Die Arbeitskammern bestehen im Gegensatz zu AT jedoch nicht in allen Bundesländern.

***

ATM: **Kammerschauspieler**; gesetzl.; 4; Hauptb.; Subst.; mask.; sg.; 1211; Bürgerl. Recht; **Kammerschauspielerin**
ETM: (honorific) title awarded to an actor of outstanding ability; FTM: titre honorifique accordé à des acteurs exceptionnels
TMQ: Art. 1 Schaffung von Berufstiteln
DEF: für Personen, die als Künstler an einem der Pflege der Musik oder der darstellenden Kunst gewidmeten österreichischen Kunstinstitut tätig sind.
DFQ: Art. 1 Schaffung von Berufstiteln
NOT: Auf Grund des Art. 65 (2) lit. b des Bundes-Verfassungsgesetzes ist der Bundepräsident berechtigt, Amtstitel zu schaffen bzw. zu verleihen.

DTM: **FEHLT**

***

ATM: **Kanalbenützungsgebühr**; gesetzl.; 4; Hauptb.; Subst.; fem.; sg.; 2846; Wasserrecht
ETM: water treatment levy; FTM: redevance d'assainissement
TMQ: § 8 (3) Kanalabgabengesetz 1955 des Landes Steiermark
DEF: eine an die Gemeinde zu entrichtende Gebühr für die Benutzung des Abwasserentsorgungssystems.
DFQ: Kanalabgabengesetz 1955 des Landes Steiermark
NOT: Ist in den jeweiligen Landesgesetzen geregelt jedoch mit einheiltlicher Terminologie.
REL Synonym

DTM: Abwassergebühr; gesetzl.; 4; Hauptb.; Subst.; fem.; sg.

DTQ: § 65 (1) Wassergesetz für das Land Nordrhein-Westfalen

DEF: eine Gebühr, die die Gemeinde für die Benützung der Abwasseranlagen erhebt.

DFQ: § 65 (1) Wassergesetz für das Land Nordrhein-Westfalen

***

ATM: Karenz; gesetzl.; 4; Hauptb.; Subst.; fem.; sg.; 2806; Sozialrecht; **Mutterschaftskarenz**; **Karenzurlaub**

ETM: maternity/paternity leave; FTM: congé de maternité

TMQ: § 15 MSchG

DEF: die Freistellung von der Arbeitsleistung gegen Entfall des Arbeitsentgelts für die Betreuung von Kindern nach der Geburt.

DFQ: nach help.gv.at; § 15 MSchG; Art. 1 § 2 VKG

NOT: Anspruch auf diese haben Mütter und Väter, die unselbstständig erwerbstätig sind, wenn sie mit einem Kind im gemeinsamen Haushalt leben. Freigestellte Elternteile genießen arbeitsrechtlichen Schutzregelungen (z.B. Kündigungsschutz) und beziehen in der Regel Kinderbetreuungsgeld. Karenz kann bis zum Ablauf des 2. Lebensjahres des Kindes in Anspruch genommen werden und die Mindestdauer beträgt drei Monate.

REL Synonym

DTM: Elternzeit; gesetzl.; 4; Hauptb.; Subst.; fem.; sg.

DTQ: § 15 (1) BEEG

DEF: den Eltern als Arbeitnehmern unter Zahlung von Erziehungsgeld/Elterngeld durch den Staat zur Erziehung eines Kindes gewährte arbeitsfreie Zeit von höchstens drei Jahren, die von jedem Elternteil allein oder von beiden El- temteilen gemeinsam genommen werden kann.

DFQ: http://www.rechtslexikon.net/d/elternzeit/elternzeit.htm (14.12.2014)

NOT: Kann bis zur Vollendung des dritten Lebensjahres des Kindes beantragt werden.

***

ATM: Karenzgeld; gesetzl.; 4; Hauptb.; Subst.; neutr.; sg.; 2806; Sozialrecht

ETM: parental allowance; FTM: allocation congé parental

TMQ: Karenzgeldgesetz (KGG), BGBl. I Nr. 47/1997

DEF: ein aus dem Familienlastenausgleichsfonds gezahlter Geldbetrag, der Eltern zur Erziehung ihrer Kindern (auch Pflege- und Adoptivkinder) bis zum vollendeten zweiten Lebensjahr zugesprochen wurde.

DFQ: Karenzgeldgesetz (KGG), BGBl. I Nr. 47/1997

NOT: Der Begriff „**Karenzgeld**" wurde mit 01.01.1998 durch „**Karenzurlaubsgeld**" ersetzt. Der Begriff kommt jedoch noch weiterhin in verschiedenen Gesetzen vor.

REL Synonym

DTM: Elterngeld; gesetzl.; 4; Hauptb.; Subst:, neutr.; sg.

DTQ: § 25 SGB I

DEF: ein Entgeltersatz nach der Geburt eines Kindes, für jemanden, der mit seinem Kind in einem Haushalt lebt, dieses Kind selbst betreut und erzieht und keine oder keine volle Erwerbstätigkeit ausübt.

DFQ: Creif21

NOT: Frühere Bezeichnung: „**Erziehungsgeld**"

***

ATM: Karenzurlaub; gesetzl.; 4; Hauptb.; Subst.; mask.; sg.; 2806; Sozialrecht; **Karenz**; **Beurlaubung gegen Entfall der Bezüge**

ETM: parental leave; FTM: congé parental

TMQ: §§ 5, 12 ASVG

DEF: Freistellung von der Arbeitsleistung gegen Entfall des Arbeitsentgelts für die Betreuung von Kindern nach der Geburt.

DFQ: nach §§ 5, 12 ASVG

REL Synonym

DTM: **Elternzeit**; gesetzl.; 4; Hauptb.; Subst.; mask.; sg.; **Erziehungsurlaub**

DTQ: § 15 (1) BErzGG

DEF: Anspruch des Arbeitnehmers oder der Arbeitnehmerin gegenüber dem Arbeitgeber. Während der Elternzeit ruhen die Hauptpflichten des Arbeitsverhältnisses. Das Arbeitsverhältnis bleibt aber bestehen und nach Ablauf der Elternzeit besteht ein Anspruch auf Rückkehr zur früheren Arbeitszeit.

DFQ: http://www.bmfsfj.de/...Elternzeit (18.12.2014)

***

ATM: **Karenzurlaub zur Pflege eines behinderten Kindes**; gesetzl.; 4; Hauptb.; MWA; mask.; sg.; 2806; Sozialrecht

ETM: special parental leave to care for a disabled child; FTM: congé parental pour la prise en charge dun enfant handicapé

TMQ: § 29e Vertragsbedienstetengesetz

DEF: ein Urlaub unter Entfall der Bezüge (Karenzurlaub), wenn sich der Bedienstete der Pflege eines im gemeinsamen Haushalt lebenden behinderten Kindes widmet.

DFQ: § 29e (1) Vertragsbedienstetengesetz

DTM: FEHLT

NOT: Im Gesetz zur Förderung der beruflichen Aufstiegsfortbildung gibt es eine ähnliche Förderungsmaßnahme, die jedoch strukturell nicht mit dem Karenzurlaub vergleichbar ist.

***

ATM: **Karenzurlaubsgeld**; gesetzl.; 4; Hauptb.; Subst.; neutr.; sg.; 2841; Sozialrecht; **Karenzgeld**

ETM: parental allowance; FTM: allocation de congé parental

TMQ: § 2 (4) Frauenförderungsplan BMGFJ; BGBl. II Nr. 193/2007

DEF: finanzielle Ersatzleistung für den Entfall des Arbeitsentgelds während der Zeit der Karenz nach dem Mutterschutzgesetz bzw. nach dem Väterkarenzgesetz.

DFQ: § 2 (1) Karenzurlaubsgeldgesetz

REL Synonym

NOT: Der Begriff „**Karenzurlaubsgeld**“ wurde mit 01.01.1998 durch den Begriff „**Karenzgeld**“ ersetzt.

DTM: **Erziehungsgeld**; gesetzl.; 4; Hauptb.; Subst.; neutr.; sg.; **Elterngeld**; **Bundeserziehungsgeld**; **Landeserziehungsgeld**

DTQ: http://www.bmas.de/...Glossar. Erziehungsgeld (10.12.2014)

DEF: Lohnersatzleistung für den berechtigten Elternteil während der Betreuung des Kindes in den ersten drei Lebensjahren.

DFQ: http://www.bmas.de/...Glossar. Erziehungsgeld (10.12.2014)

NOT: Historisch. Durch den Begriff „**Elterngeld**“ abgelöst. Einige Bundesländer (Bayern, Baden-Württemberg, Sachsen und Thüringen) zahlen im 3. Lebensjahr freiwillig noch zusätzlich ein reduziertes Landeserziehungsgeld.

***

ATM: **Karfiol**; gesetzl.; 4; Hauptb.; Subst.; mask.; sg.; 6006; Agrarrecht

ETM: cauliflower; FTM: chou-fleur

TMQ: Saatgutverordnung 2006 2.10.1.

DEF: Brassica oleracea L.

DFQ: Saatgutverordnung 2006 2.10.1.

REL Synonym

DTM: **Blumenkohl**; gesetzl.; 4; Hauptb.; Subst.; mask.; sg.

DTQ: SatV 7.1.1.2

DEF: Brassica oleracea L.

DFQ: Saatgutverordnung 2006 2.10.1.

***

ATM: **Katastralgemeinde**; gesetzl.; 4; Hauptb.; Subst.; fem.; sg.; 1211; Grundbuchrecht

ETM: cadastral district; FTM: territoire cadastral

TMQ: § 7 (1) VermG

DEF: diejenigen Teile der Erdoberfläche, die im Grenzkataster oder im Grundsteuerkataster als solche namentlich bezeichnet sind. Sie bestehen aus einer beliebig großen Anzahl von einzelnen Grundstücken, die ihrerseits die kleinsten räumlichen Objekte des Grundbuchs- und Vermessungsrechtes darstellen.

DFQ: http://www.meingrundstueck.at/lexikon/Katastralgemeinde.html (13.11.2014)

NOT: Verwaltungseinheit, für die jeweils ein Grundbuch (Hauptbuch) angelegt ist.

REL Teilsynonym

DTM: **Grundbuchbezirk**; gesetzl.; 4; Hauptb.; Subst.; fem.; sg.; **Katasterbezirk**, **Gemarkung**

DTQ: § 1 (1) GBV

DEF: Bezirk, für den die Grundbücher eingerichtet sind. Im Allgemeinen das Gemeindegebiet oder eine Gemarkung.

DFQ: http://www.geoinformatik.uni-rostock.de/einzel.asp?ID=-1045799803 (21.12.2014)

NOT: Katasterbezirke und Gemarkungen sind grundsätzlich deckungsgleich.

***

ATM: **Kategoriebetrag**; gesetzl.; 4; Hauptb.; Subst.; mask.; sg.; 2846; Mietrecht

ETM: monthly statutory rent based on the quality of fixtures and calculated per square metre; FTM: : loyer légal par mètre carré et catégorie d'équipement de l'appartement

TMQ: § 15a (3) MRG

DEF: die Höhe des Nutzungsentgelts je Quadratmeter der Nutzfläche und Monat für die jeweilige Ausstattungskategorie, der die Wohnung angehört.

DFQ: § 15a (3) MRG

DTM: **FEHLT**

***

ATM: **Kausalgerichtsbarkeit**; fachlit.; 3; Hauptb.; Subst.; fem.; sg.; 1226; Verfassungsrecht

ETM: exclusive jurisdiction of the Constitutional Court to hear pecuniary claims against public bodies; FTM: la compétence de la Cour Constitutionnelle concernant les revendications pécuniaires contre des organismes publics pour lesquels il n'existe aucune compétence d'un tribunal ordinaire

TMQ: VfGH A26/05, 09.03.2007

DEF: Kompetenz des Verfassungsgerichthofs, über vermögensrechtliche Ansprüche gegen den Bund, die Länder, die Gemeinden und die Gemeindeverbände, die weder im ordentlichen

Rechtsweg auszutragen noch durch Bescheid einer Verwaltungsbehörde zu erledigen sind, zu entscheiden.

DFQ: 137 B-VG

DTM: FEHLT

***

ATM: Kaution (1); gesetzl.; 4; Hauptb.; Subst.; fem.; sg.; 1216; Strafrecht; **Sicherheitsleistung**, **Sicherheit**

ETM: bail; FTM: caution

TMQ: §§ 1 f. KautSG; § 180 StPO

DEF: Sicherstellung durch Hinterlegung von Geld oder Wertpapieren, gegen welche ein inhaftierter Beschuldigter freigelassen werden kann, sofern ausschließlich der Haftgrund der Fluchtgefahr vorliegt.

DFQ: §§ 1 f. KautSG; § 180 StPO

REL Synonym

DTM: Kaution; gesetzl.; 4; Hauptb.; Subst.; fem.; sg.; **Sicherheit**

DTQ: §§ 116, 232 f. StPO; § 108 ZPO

DEF: Sicherheitsleistung des Beschuldigten im Strafverfahren.

DFQ: nach §§ 116, 232 f. StPO; § 108 ZPO

***

ATM: Kaution (2); gesetzl.; 4; Hauptb.; Subst.; mask.; sg.; 1211; Bürgerl. Recht; **Sicherheitsleistung**

ETM: security deposit; FTM: caution; dépôt de garantie

TMQ: § 1 Fundierte Bankschuldverschreibungen

DEF: eine Sicherstellung durch Hinterlegung von Geld, Wertpapieren, Stellung einer Bürgschaft, einer Hypothek oder Hingabe eines Kautionswechsels für den Fall des Eintritts eines bestimmten Tatbestandes.

DFQ: § 1 (1) Fundierte Bankschuldverschreibungen

REL: Synonym; breiter

DTM: Sicherheitsleistung; gesetzl.; 4; Hauptb.; Subst.; mask.; sg.; 1211; Bürgerl. Recht

DTQ: BGB Abschnitt 7, § 232 (1)

DEF: die Hinterlegung von Geld oder Wertpapieren, Verpfändung von Forderungen etc., die zur vorläufigen Durchsetzung von Rechten oder zur Abwehr von Gegenrechten (z.B. des Zurückbehaltungsrechts) dient.

DFQ: BGB Abschnitt 7, § 232 (1)

***

ATM: Kaution (3); gesetzl.; 4; Hauptb.; Subst.; fem.; sg.; 2846; Mietrecht

ETM: rent deposit; FTM: caution;

TMQ: § 16b (1) MRG

DEF: Sicherheitsleistung im Zusammenhang mit Mietverträgen von Räumen für künftig entstehende Ansprüche des Vermieters gegen den Mieter.

DFQ: § 16b (1) MRG

REL Synonym

DTM: Mietkaution; gesetzl.; 4; Hauptb.; Subst.; fem.; sg.; 1211; Bürgerl. Recht

DTQ: § 22 (SGB) Zweites Buch (II)

DEF: eine Sicherheitsleistung des Mieters an den Vermieter zur Absicherung künftiger Forderungen des Vermieters aus dem Mietverhältnis bezeichnet. Die Mietkaution muss der Mieter bei Beginn des Mietverhältnisses zahlen.

ATM: **Klagsrücknahme**; gesetzl.; 4; Hauptb.; Subst.; fem.; sg.; 1211; Bürgerl. Recht; **Klagsrückziehung**
ETM: withdrawal of claim; FTM: désistement d'une action
TMQ: § 72 ASGG
DEF: bezeichnet die Handlung, bei der der Kläger seine Klage zurückzieht, was ohne Zustimmung des Beklagten nur bis zum Einlangen der Klagebeantwortung oder des Einspruchs gegen den Zahlungsbefehl gemacht werden kann.
DFQ: § 237 ZPO
REL Synonym
NOT: Wenn gleichzeitig auf den Anspruch verzichtet wird, kann die Klage ohne Zustimmung des Beklagten bis zum Schlusse der mündlichen Streitverhandlung zurückgenommen werden. (...) Die zurückgenommene Klage kann neuerlich angebracht werden, wenn nicht bei deren Zurücknahme auf den geltend gemachten Anspruch verzichtet wurde.

DTM: **Klagerücknahme**; gesetzl.; 4; Hauptb.; Subst.; fem.; sg.
DTQ: § 269 ZPO
DEF: eine Prozesshandlung, durch welche der Kläger auf die Entscheidung über seine Klage ganz oder zum Teil verzichtet.
DFQ: Creif21
***

ATM: **Klagsrückziehung**; gesetzl.; 4; Hauptb.; Subst.; fem.; sg.; 1211; Bürgerl. Recht; **Klagsrücknahme**, **Klagerücknahme**
ETM: withdrawal of claim; FTM: désistement d'une action
TMQ: § 44 Schiedsgerichtsordnung der Wiener Börse
DEF: bezeichnet die Handlung, bei der der Kläger seine Klage zurückzieht, was ohne Zustimmung des Beklagten nur bis zum Einlangen der Klagebeantwortung oder des Einspruchs gegen den Zahlungsbefehl gemacht werden kann.
DFQ: § 237 ZPO
REL Synonym

DTM: **Klagerücknahme**; gesetzl.; 4; Hauptb.; Subst.; fem.; sg.
DTQ: § 269 ZPO
DEF: eine Prozesshandlung, durch welche der Kläger auf die Entscheidung über seine Klage ganz oder zum Teil verzichtet.
DFQ: Creif21
***

ATM: **Klassenschülerzahl**; gesetzl.; 4; Hauptb.; Subst.; fem.; sg.; 3206; Schulrecht; **Richtwert**
ETM: maximum number of students per class; FTM: nombre maximum d'élèves par classe
TMQ: § 14 SchOG
DEF: der gesetzlich festgelegte maximale und minimale Richtwert für die Bildung von Schulklassen (und die Zuweisung von Lehrern an eine Schule).
DFQ: § 14 (1) SchOG
REL: Synonym

DTM: **Schülerhöchstzahl**; gesetzl.; 4; Hauptb.; Subst.; mask.; sg.
DTQ: RdErl. d. MK v. 7. 7. 2011 - 15- 84001/3 - VORIS 22410
DEF: die für die Bildung von Schulklassen maximale Anzahl von SchülerInnen pro Klasse.
DFQ: RdErl. d. MK v. 7. 7. 2011 - 15- 84001/3 - VORIS 22410

NOT: Diesbezüglich gibt es in DE keine einheitliche Terminologie. Die vorliegende stammt aus Niedersachsen.

***

ATM: **Klassenlehrer/in**; fachlit.; 4; Hauptb.; Subst.; mask./fem.; sg.; 3206; Schulrecht

ETM: class/form primary school teacher; FTM: instituteur principal

TMQ: § 13 SchUG

DEF: Schulen mit Klassenlehrersystem sind Volksschulen und ein Teil der Sonderschulen. In ihnen wird der gesamte Unterricht – mit Ausnahme einzelner Gegenstände wie Religion, Textiles Werken und Ernährung und Haushalt – von einem Klassenlehrer bzw. einer Klassenlehrerin erteilt.

DFQ: Glossar Informationsblätter zum Schulrecht. Teil 3, hgg. BM für Unterricht, Kunst und Kultur

NOT: In den übrigen Schulen besteht ein Fachlehrersystem. Das heißt, jeder Lehrer und jede Lehrerin unterrichtet nur einzelne Gegenstände, dafür aber in verschiedenen Klassen. Im Detail bestehen aufgrund der Unterschiede in der Schulorganisation der der dt. Bundesländern. Beiden Schulsystemen ist gemeinsam, dass die LehrerInnen in der Volksschule/Grundschule in der ersten beiden Schulstufen als KlassenlehrerInnen arbeiten und dort eine Lehrperson die Mehrzahl der Unterrichtsgegenstände unterrichtet. Dies ändert sich in AT aber der 3. Schulstufe, wo auch andere LehrerInnen dazu kommen.

REL: Teilsynonym; funkt. Äquiv.

DTM: **Klassenlehrer/in**; gesetzl.; 4; Hauptb.; Subst.; mask./fem.; sg.; 1211; Bürgerl. Recht; **Klassenleiter/in**

DEF: Grundschullehrer werden meist als Klassenlehrer eingesetzt und erteilen dann fächerübergreifenden Unterricht, d.h. sie unterrichten eine Vielzahl an Grundfächer der Schule, wie zum Beispiel Mathematik, Deutsch, Musik.

DFQ: § 15 Bremisches Schulverwaltungsgesetz

NOT: Die Terminologie ist in den verschiedenen Bundesländern nicht einheitlich.

***

ATM: **Klassenvorstand/-vorständin**; gesetzl.; 4; Hauptb.; Subst.; mask./fem.; sg.; 3206; Schulrecht; **Klassenlehrer/in**, **Jahrgangsvorstand/-vorständin**

ETM: class/form teacher; FTM: professeur principal

TMQ: § 54 SchUG

DEF: ihm/ihr obliegt für seine Klasse in Zusammenarbeit mit den anderen Lehrern die Koordination der Erziehungsarbeit, die Abstimmung der Unterrichtsarbeit auf die Leistungssituation der Klasse und die Belastbarkeit der Schüler, die Beratung der Schüler in unterrichtlicher und erzieherischer Hinsicht, die Pflege der Verbindung zwischen Schule und Erziehungsberechtigten, die Wahrnehmung der erforderlichen organisatorischen Aufgaben sowie die Führung der Amtsschriften.

DFQ: § 54 SchUG

NOT: Schulen mit Klassenlehrersystem sind Volksschulen und ein Teil der Sonderschulen. In ihnen wird der gesamte Unterricht – mit Ausnahme einzelner Gegenstände wie Religion, Textiles Werken und Ernährung und Haushalt – von einem Klassenlehrer bzw. einer Klassenlehrerin erteilt. (In den übrigen Schulen besteht ein Fachlehrersystem. D.h., jeder Lehrer und jede Lehrerin unterrichtet nur einzelne Gegenstände, dafür aber in verschiedenen Klassen.)

REL: Synonym

DTM: **Klassenlehrer/in**; gesetzl.; 4; Hauptb.; Subst.; mask./fem.; sg.; 1211; Bürgerl. Recht; **Klassenleiter/in**, **Klassleiter/in**, **Kollegstufenleiter/in**

DEF: Lehrer/in, der/die in besonderer Weise Verantwortung für die Erziehungsarbeit in seiner oder ihrer Klasse trägt.

DFQ: § 15 Bremisches Schulverwaltungsgesetz

NOT: Die Terminologie ist in den verschiedenen Bundesländern nicht einheitlich.

***

ATM: **klassifizierter Vertrag**; gesetzl.; 4; Hauptb.; MWA; mask.; sg.; 1211; Bürgerl. Recht

ETM: classified contract; FTM: contrat classifié

TMQ: Art. 1 Abkommen über den Austausch und gegenseitigen Schutz klassifizierter Informationen

DEF: ein Vertrag zwischen einem Vertragspartner vom Staat der einen Partei und einem Vertragspartner vom Staat der anderen Partei, der klassifizierte Informationen enthält oder dessen Erfüllung den Zugang zu klassifizierten Informationen oder deren Herstellung voraussetzt

DFQ: Art. 1 Abkommen über den Austausch und gegenseitigen Schutz klassifizierter Informationen

DTM: FEHLT

***

ATM: **kleine Legitimationsurkunde**; gesetzl.; 4; Hauptb.; MWA; fem.; sg.; 1206; Gerichtswesen; **kleine LU**

ETM: authorisation (issued by the relevant legal association) for a trainee lawyer to substitute a lawyer on the condition that mandatory representation by a lawyer is not necessary;

FTM: légitimation délivrée par la Chambre des avocats autorisant un avocat stagiaire de représenter un avocat en matières où la représentation par un avocat n'est pas obligatoire

TMQ: §15 (4) RAO

DEF: durch diese Urkunde geht die Berichtigung einher, vor Gericht und Behörden zu vertreten, bei denen nicht zwingend ein Anwalt vorgeschrieben ist.

DFQ: http://www.tiroler-rak.at/kammer/ausbildung/eintragung-rechtsanwaltsanwaerter (22.11.2014)

DTM: FEHLT (Benennungslücke)

NOT: Der Vorgang an sich ist in § 53 (4) BRAO geregelt: „Die Rechtsanwaltskammer soll die Vertretung einem Rechtsanwalt übertragen. Sie kann auch andere Personen, welche die Befähigung zum Richteramt erlangt haben, oder Referendare, die seit mindestens zwölf Monaten im Vorbereitungsdienst beschäftigt sind, zu Vertretern bestellen. § 7 gilt entsprechend."

***

DTM: **Kleine Jugendkammer**; gesetzl.; 4; Hauptb.; MWA; fem.; sg.; 2806; Jugendstrafrecht

ETM: small chamber of the juvenile court; FTM: petite chambre du tribunal pour enfants

DTQ: § 33b (1) JGG

DEF: besetzt aus dem Vorsitzenden und zwei Jugendschöffen und für Verfahren über Berufungen gegen Urteile des Jugendrichters zuständig.

DFQ: § 33b (1) JGG

ATM: FEHLT

***

ATM: **kleiner Späh- und Lauschangriff**; fachlit.; 3; Hauptb.; MWA; mask.; sg.; 1211; Bürgerl. Recht

ETM: data interception; FTM: interception de données

TMQ: http://www.parlament.gv.at/PAKT/VHG/XXIV/III/III_00206/fnameorig_204174.html (24.11.2014)

DEF: technische Bild- oder Tonübertragung und Bild- oder Tonaufnahme, die sich auf Vorgänge und Äußerungen beschränkt, die zur Kenntnisnahme einer von der Überwachung informierten Person bestimmt sind.
DFQ: ÖJZ 1999, 85
REL: Teilsynonym; breiter

DTM: **kleiner Lauschangriff**; fachlit.; 3; Hauptb.; MWA; mask.; sg.; 1216; Strafrecht
DTQ: AlpBrock2
DEF: Abhören des nicht öffentlich gesprochenen Wortes außerhalb von Wohnungen unter Voraussetzung des Verdachtes einer schweren Straftat gem. § 100a stop.
DFQ: AlpBrock2
NOT: Bis zur Genehmigung von Abhörmaßnahmenin Wohnungen im Jahre 1998 („großer Lauschangriff") war nur diese Form der Überwachung gesetzlich zulässig. Im dt. Recht ist der Spähangriff nicht zugelassen.

***

ATM: **Kleinmotorrad**; gesetzl.; 4; Hauptb.; Subst.; neutr.; sg.; 4806; Kraftfahrzeugrecht
ETM: small motorcycle; FTM: cyclomoteur
TMQ: § 2 (1) Z. 10 Kraftfahrgesetz 1967
DEF: ein Motorrad dessen Antriebsmotor, wenn er ein Hubkolbenmotor ist, einen Hubraum von nicht mehr als 50 cm^3 hat.
DFQ: § 2 (1) Z. 10 Kraftfahrgesetz 1967
REL: Synonym

DTM: **Kleinkraftrad**; gesetzl.; 4; Hauptb.; MWA; neutr.; sg.
DTQ: § 6 (1) Fahrerlaubnis-Verordnung (FeV)
DEF: mit einer durch die Bauart bestimmten Höchstgeschwindigkeit von nicht mehr als 45 km/h und einer elektrischen Antriebsmaschine oder einem Verbrennungsmotor mit einem Hubraum von nicht mehr als 50 cm^3 oder einer maximalen Nenndauerleistung bis zu 4 kW im Falle von Elektromotoren,
DFQ: § 6 (1) FeV

***

ATM: **Klub**; fachlit.; 3; Hauptb.; Subst; mask.; sg.; 0421; Öffentl. Recht; **Parlamentsklub**
ETM: (parliamentary) group; FTM: groupe parlementaire
TMQ: § 7 GOB-NR
DEF: Zusammenschluss von mindestens 5 Abgeordneten zum Nationalrat derselben wahlwerbenden Partei.
DFQ: §§ 7 f. GOG-NR
REL Synonym
NOT: Abgeordnete, die nicht derselben wahlwerbenden Partei angehören, können sich nur mit Zustimmung des Nationalrates in einem Klub zusammenschließen.

DTM: **Fraktion**; gesetzl.; 4; Hauptb.; Subst.; mask.; sg.
DTQ: § 10 BTGO 1980
DEF: der Zusammenschluss von Mitgliedern des Bundestages, wobei die Zahl der Abgeordneten hierzu mindestens fünf Prozent der Mitglieder des Bundestages betragen muss (Fraktionen gibt es auch auf Ebene der Landtage).
DFQ: §§ 10 ff. BTGO 1980
NOT: Zusammenschließen können sich Mitglieder, die derselben Partei oder solchen Parteien angehören, die auf Grund gleichgerichteter politischer Ziele in keinem Land miteinander im Wett-

bewerb stehen. Mit Genehmigung des Bundestages kann von diesen Voraussetzungen abgewichen werden.

***

ATM: **Klubobmann / Klubobfrau**; gesetzl.; 4; Hauptb.; Subst.; mask./fem.; sg.; 0421; Öffentl. Recht
ETM: chairman of a political group in parliament; FTM: président d'un groupe parlementaire
TMQ: § 1 (1) BezBegrBVG
DEF: Leiter/Leiterin eines Parlamentsklubs im Parlament.
DFQ: nach § 8 GOG-NR; Art. 1 § 1 BezBegrBVG; www.parlinkom.gv.at (18.08.2014)
REL Synonym

DTM: **Fraktionsvorsitzende/r**; gesetzl.; 4; Hauptb.; Subst.; mask./fem.; sg.
DTQ: § 1 (4) BTGO
DEF: Leiter/Leiterin einer Fraktion, vertritt die Interessen der jeweiligen Fraktion.
DFQ: www.bundestag.de (18.08.2014); AlpBrock2

***

ATM: **Klubzwang**; fachlit.; 3; Hauptb.; Subst.; mask.; sg.; 0421; Öffentl. Recht
ETM: party discipline; FTM: discipline de vote
TMQ: OGH-Entscheidungstext 6Ob153/97m
DEF: die (Selbst-)Verpflichtung der Abgeordneten des Parlaments, die einer Partei gehören, ein einheitliches Abstimmungsverhalten zu befolgen.
DFQ: www.parlinkom.gv.at
REL Synonym

DTM: **Fraktionszwang**; gesetzl.; 4; Hauptb.; Subst.; mask.; sg.; **Fraktionsdisziplin**
DTQ: Art. 77 Bremische Verfassung
DEF: Verpflichtung der Abgeordneten einer Parlamentsfraktion, entsprechend einem zuvor gefaßten Fraktionsbeschluß einheitlich abzustimmen.
DFQ: http://www.rechtslexikon.net/d/fraktionszwang/fraktionszwang.htm (19.12.2014)
NOT: Findet gesetzlich nur in Landesgesetzen Erwähnung. Ist zulässig, entspricht aber nicht der Stellung des Abgeordneten, der als Vertreter des ganzen Volkes an Weisungen und Aufträge nicht gebunden und nur seinem Gewissen unterworfen ist.

***

ATM: **Kochbutter**; gesetzl.; 4; Hauptb.; Subst.; fem.; sg.; 6026; Lebensmittelrecht
ETM: cooking butter; FTM: le beurre pour la cusine
TMQ: Österr. Lebensmittelbuch, Kap. B32 2.1.1.10
DEF: Butter der dritten Qualitätsstufe. Sie kann stärker ausgeprägte sensorische Fehler aufweisen. Sie wird aus rohem, thermisiertem oder pasteurisiertem Milchrahm, Molkerahm oder einer Mischung von Milchrahm und Molkerahm hergestellt.
DFQ: Österr. Lebensmittelbuch, Kap. B32 2.1.1.10
REL Synonym

DTM: **FEHLT**

***

ATM: **Kodizill**; gesetzl.; 4; Hauptb.; Subst.; mask.; sg.; 1211; Bürgerl. Recht
ETM: codicil; FTM: codicille
TMQ: § 553 ABGB

DEF: § 553 ABGB grenzt das Testament vom Kodizill ab: Letzteres ist eine letztwillige und jederzeit widerrufbare Anordnung, durch die im Gegensatz zum Testament kein Erbe eingesetzt wird, sondern nur Vermächtnisse und andere Verfügungen (zB die letztwillige Bestellung eines Vormunds) festgelegt werden (von einem Vermächtnis spricht man, wenn nur bestimmte Dinge aus dem Nachlass an einen sogenannten Vermächtnisnehmer übergehen).

DFQ: § 553 ABGB; http://www.uibk.ac.at/zivilrecht/buch/kap17_0.xml?section=2;section-view=true (13.12.2014)

NOT: In einem Kodizill werden nicht bestimmte Personen zu einer entsprechenden Quote des Nachlasses als Erben eingesetzt, sondern es wird diesen i.A. eine genau bezeichnete Sache, ein sogenanntes Legat (=Vermächtnis), zugewendet.

DTM: FEHLT

NOT: Die Zuwendung eines Vermögensvorteils aus dem Nachlass an eine Person (Vermächtnis) ist auch in DE möglich, erfolgt aber im Rahmen eines Testaments.

***

ATM: **Kollaudierung**; gesetzl.; 4; Hauptb.; Subst.; fem.; sg.; 1211; Bürgerl. Recht; **Benützungsbewilligung**

ETM: final building inspection; FTM: mise en conformité relative au permis de construire

TMQ: § 3 (2) Z. 5 WBFG

DEF: bescheidmäßige Feststellung der Plan- und Gesetzmäßigkeit durch die Baubehörde. So dürfen bewilligungspflichtige Bauführungen und Anlagen erst ab Erteilung dieser Bewilligung benützt werden.

DFQ: http://www.mein-wirtschaftslexikon.de/k/kollaudierung.php (11.01.2015)

REL: Synonym

DTM: **öffentlich-rechtliche Bauabnahme**; fachlit.; 3; Hauptb.; MWA; fem.; sg.; **behördliche Bauabnahme**, **Endabnahme**

DTQ: OLG Hamm U 14/95-9, 05.05.1995

DEF: dient der Überprüfung durch die Baubehörden, ob ein Bauwerk öffentlich-rechtlichen Vorschriften entspricht.

DFQ: „Der Bauvertrag in der Praxis für Verwalter und Bauträger". Band 66

NOT: Nicht mit der zivilrechtlichen „**Bauabnahme**" zu verwechseln.

***

ATM: **Kolleg**; gesetzl.; 4; Hauptb.; Subst.; neutr.; sg.; 3206; Schulrecht

ETM: college; FTM: collège

TMQ: § 75 (1) SchOG

DEF: weiterführender Schultyp für Absolventen einer 1. allgemein bildenden höheren Schule (Reifeprüfung) oder 2. berufsbildenden höheren Schule einer anderen Fachrichtung (Reife- und Diplomprüfung), 3. Berufsreifeprüfung oder 4. Studienberechtigungsprüfung für den entsprechenden Bereich eine fachtheoretische und praktische Ausbildung in einem bestimmten Fachbereich.

DFQ: http://www.schulpsychologie.at/bildungsinformation/nach-der-matura/bildungsinfos/kolleg/ (14.12.2014)

NOT: Funktional gleichrangiger Schultyp, jedoch mit etwas anderen Aufnahmebedingungen. Führt ebenfalls nicht zu einer spezifischen Hochschulreife und schließt nach idR 4 Semestern mit einer Diplomprüfung ab.

DTM: FEHLT

***

ATM: Kollegialbehörde mit richterlichem Einschlag; fachlit.; 3; Hauptb.; MWA; fem.; sg.; 1226; Verwaltungsrecht

ETM: collegial body with quasi-judicial functions; FTM: organe collégial avec des fonctions quasi judiciaires

TMQ: VfGH B1148/08, 12.03.2009

DEF: weisungsfreie, kollegiale Verwaltungsbehörde, die der einfache Bundes- oder Landesgesetzgeber gem. Art. 20 (2) iVm 133 Z4 B-VG einrichten kann, der wenigstens ein Richter angehört und die in Verwaltungsverfahren letztinstanzlich entscheidet

DFQ: Mayer, FWB Öffentl. Recht

DTM: FEHLT

***

ATM: Kollegium des Bezirksschulrates; gesetzl.; 4; Hauptb.; MWA; mask.; sg.; 0436; Öffentl. Recht

ETM: council of the local district school board; FTM: corps du conseil scolaire de district

TMQ: § 3 (1) Bundes-Schulaufsichtsgesetz

DEF: war eines von drei Leitungsorganen der österreichischen Schulaufsicht der ersten Instanz, dem der Leiter der Bezirksverwaltungsbehörde sowie vom Land zu bestellende Mitglieder angehören, unter denen sich Väter und Mütter schulbesuchender Kinder und Vertreter der Lehrerschaft befinden müssen.

DFQ: § 14 Bundes-Schulaufsichtsgesetz

NOT: Teilweise historisch: Die Bezirksschulräte wurden in einigen Bundesländern in sog. Bildungsdirektionen umgewandelt, die die Bezirksschulräte ersetzen.

DTM: FEHLT

NOT: Die Schulaufsicht ist wie die Bildungshohheit Kompetenz der Länder und variiert daher je nach Bundesland. Die erste Ebene der Schulaufsicht ist in der Regel auf der Ebene der Landkreise in Form des Schulamts angesiedelt.

***

ATM: Kollegium des Landesschulrates; gesetzl.; 4; Hauptb.; MWA; neutr.; sg.; 3216; Schulrecht

ETM: provincial education authority council; FTM: corps de l'autorité scolaire au niveau de la province / corps de l'académie

TMQ: § 5 Bundes-Schulaufsichtsgesetz

DEF: eines von drei Leitungsorganen der österreichischen Schulaufsicht der zweiten Instanz, dem der Präsident des Landeschulrates sowie vom Land zu bestellende Mitglieder angehören, unter denen sich Väter und Mütter schulbesuchender Kinder und Vertreter der Lehrerschaft befinden müssen.

DFQ: §§ 5, 8 (2) Bundes-Schulaufsichtsgesetz

DTM: FEHLT

NOT: Die Schulaufsicht ist wie die Bildungshohheit Kompetenz der Länder und variiert daher je nach Bundesland. Die zweite Ebene der Schulaufsicht ist in der Regel auf der Ebene der Regierungsbezirke angesiedelt.

***

ATM: Kollektivvertrag; gesetzl.; 4; Hauptb.; Subst.; mask.; sg.; 4426; Arbeitsrecht

ETM: collective agreement; FTM: convention collective

TMQ: § 2 (1) ArbVG

DEF: Vereinbarung, die zwischen kollektivvertragsfähigen Körperschaften der Arbeitgeber einerseits und der Arbeitnehmer andererseits schriftlich abgeschlossen wird.

DFQ: § 2 (1) ArbVG

REL: Teilsynonym; funkt. Äquiv.

NOT: Durch Kollektivverträge können geregelt werden: 1. Die Rechtsbeziehungen zwischen den Kollektivvertragsparteien; 2. die gegenseitigen aus dem Arbeitsverhältnis entspringenden Rechte und Pflichten der Arbeitgeber und der Arbeitnehmer (...)

DTM: **Tarifvertrag**; gesetzl.; 4; Hauptb.; Subst.; mask.; sg.

DTQ: § 1 (1) TVG

DEF: Vertrag, der die Rechte und Pflichten der Tarifvertragsparteien regelt und Rechtsnormen enthält, die den Inhalt, den Abschluss und die Beendigung von Arbeitsverhältnissen sowie betriebliche und betriebsverfassungsrechtliche Fragen ordnen können.

DFQ: § 1 (1) TVG

***

ATM: **Kollektivvertragsangehörigkeit**; gesetzl.; 4; Hauptb.; Subst.; fem.; sg.; 4426; Arbeitsrecht; **Kollektivvertragsunterworfenheit**

ETM: being subject to a collective agreement; FTM: être soumis à une convention collective

TMQ: § 8 ArbVG

DEF: die Geltung eines Kollektivvertrags für Arbeitgeber, Arbeitnehmer bzw. Arbeitsverhältnisse.

DFQ: § 8 ArbVG

REL: Teilsynonym; funkt. Äquiv.

NOT: Kollektivvertragsangehörig sind, sofern der Kollektivvertrag nicht anderes bestimmt, innerhalb seines räumlichen, fachlichen und persönlichen Geltungsbereichs die Arbeitgeber und die Arbeitnehmer, die zur Zeit des Abschlusses des Kollektivvertrags Mitglieder der am Kollektivvertrag beteiligten Parteien waren oder später werden, die Arbeitgeber, auf die der Betrieb oder ein Teil dessen übergeht und die Arbeitgeber, die im Rahmen eines verbundenen Gewerbes fachübergreifende Leistungen erbringen.

DTM: **Tarifgebundenheit**; gesetzl.; 4; Hauptb.; Subst.; fem.; sg.

DTQ: § 3 TVG

DEF: die Geltung eines Tarifvertrags für die Mitglieder der Tarifvertragsparteien sowie den Arbeitgeber, der selbst Partei des Tarifvertrages ist.

DFQ: § 3 TVG

NOT: Rechtsnormen des Tarifvertrages über betriebliche und betriebsverfassungsrechtliche Fragen gelten für alle Betriebe, deren Arbeitgeber tarifgebunden ist. Die Tarifgebundenheit bleibt bestehen, bis der Tarifvertrag endet.

***

ATM: **Kollektivvertragsautonomie**; fachlit.; 3; Hauptb.; Subst.; fem.; sg.; 4426; Arbeitsrecht

ETM: collective bargaining autonomy; FTM: autonomie de négocier une convention collective

TMQ: OGH 9ObA104/02p, 18.12.2002

DEF: die Freiheit der Kollektivvertragsparteien, die inhaltliche Gestaltung der Rechtsverhältnisse selbst zu bestimmen (insbesondere, was das Entgelt anbelangt).

DFQ: OGH 9ObA104/02p, 18.12.2002

REL Synonym

DTM: **Tarifautonomie**; gesetzl.; 4; Hauptb.; Subst.; fem.; sg.

DTQ: § 1 AEntG

DEF: die vom Staat garantierte Freiheit der Tarifpartner hinsichtlich der Festlegung der Bedingungen (insbesondere der Entlohnung) für unselbständige Arbeit.

DFQ: www.lexexakt.de (17.12.2014)

NOT: Sie ist eine Konsequenz aus der Einsicht, dass weder Staat noch der einzelne Arbeitnehmer in der Lage ist, einen gerechten Preis für seine Arbeit auszuhandeln.

***

ATM: **Kollektivvertragsunterworfenheit**; fachlit.; 3; Hauptb.; Subst.; fem.; sg.; 4426; Arbeitsrecht; **Kollektivvertragsangehörigkeit**

ETM: being bound by a collective agreement; FTM: être soumis à une convention collective

TMQ: OGH 8ObA10/08s, 16.06.2008

DEF: die Geltung eines Kollektivvertrags für Arbeitgeber, Arbeitnehmer bzw. Arbeitsverhältnisse.

DFQ: OGH 8ObA10/08s, 16.06.2008

NOT: Kollektivvertragsangehörig sind, sofern der Kollektivvertrag nicht anderes bestimmt, innerhalb seines räumlichen, fachlichen und persönlichen Geltungsbereichs die Arbeitgeber und die Arbeitnehmer, die zur Zeit des Abschlusses des Kollektivvertrags Mitglieder der am Kollektivvertrag beteiligten Parteien waren oder später werden, die Arbeitgeber, auf die der Betrieb oder ein Teil dessen übergeht und die Arbeitgeber, die im Rahmen eines verbundenen Gewerbes fachübergreifende Leistungen erbringen.

REL Synonym

DTM: **Tarifgebundenheit**; gesetzl.; 4; Hauptb.; Subst.; fem.; sg.

DTQ: § 3 TVG

DEF: die Geltung eines Tarifvertrags für die Mitglieder der Tarifvertragsparteien sowie den Arbeitgeber, der selbst Partei des Tarifvertrages ist.

DFQ: § 3 TVG

NOT: Rechtsnormen des Tarifvertrages über betriebliche und betriebsverfassungsrechtliche Fragen gelten für alle Betriebe, deren Arbeitgeber tarifgebunden ist. Die Tarifgebundenheit bleibt bestehen, bis der Tarifvertrag endet.

***

ATM: **Kollisionskurator**; gesetzl.; 4; Hauptb.; Subst.; mask.; sg.; 1211; Prozessrecht

ETM: guardian ad litem; FTM: curateur qui résout des conflits avec d'autres entités juridiques pour les personnes incapables d'agir

TMQ: OGH 1Ob7/94, 11.03.1994

DEF: eine Person, die vom Gericht zu bestellen ist, wenn in einer bestimmten Angelegenheit die Interessen einer minderjährigen oder sonst nicht voll handlungsfähigen Person und jene ihres gesetzlichen Vertreters einander widerstreiten.

DFQ: § 271 (1) ABGB

NOT: Ein Kollisionskurator kann beispielsweise im Rahmen einer Verlassenschaftsabhandlung von Amts wegen zu bestellen sein.

DTM: FEHLT

***

ATM: **Kommassierung**; gesetzl.; 4; Hauptb.; Subst.; fem.; sg.; 5621; Raumplanung; **Flurbereinigung**, **Arrondierung**

ETM: land reparcelling; FTM: remembrement (rural, parcellaire, agricole)

TMQ: § 5,1, ANHANG II zu § 14 Abs. 1 Durchführung von gemeinschaftlichen Marktordnungsmaßnahmen im Weinbereich

DEF: die Vereinigung von Grundstücken, die Verbesserung der Form von Grundstücken, der Verkehrserschließung und der Bewirtschaftungsverhältnisse, um die Mängel der Agrarstruktur in einem kleineren zusammenhängenden Gebiet zu beheben.

DFQ: „Deutsch-Österreichisches Handbuch der Planungsbegriffe"

REL Synonym

DTM: **Flurbereinigung**; gesetzl.; 4; Hauptb.; Subst.; fem.; sg.; 1211; Bürgerl. Recht; **Bodenreform**

DTQ: § 4 FlurbG

DEF: die Neuordnung ländlicher Grundstücke zur Verbesserung der Produktions- und Arbeitsbedingungen in der Land- und Forstwirtschaft sowie zur Förderung der allgemeinen Landeskultur und –entwicklung.

DFQ: Creif21

***

ATM: **Kommerzialrat/-rätin**; gesetzl.; 4; Hauptb.; Subst.; mask./fem.; sg.; 4426; Gewerberecht; **KommR**

ETM: honorific title awarded to businessmen or women with outstanding abilities; FTM: titre honorifique accordé à des entrepreneurs exceptionnels

TMQ: Art. 1 BGBl. II Nr. 261/2002

DEF: Berufstitel, der für Angehörige des Wirtschaftslebens bestimmt ist unter der Voraussetzung, dass sie in Ausübung ihres Berufes eine seit mindestens 15 Jahren zu würdigende Tätigkeit (Prokura, Geschäftsführung usw.) ausgeübt und sich dabei besondere Verdienste erworben haben und das Ansehen eines ausgezeichneten Fachmannes genießen.

DFQ: https://www.wko.at/... Berufstitel (14.12.2014)

REL Synonym

NOT: Als Kommerzialräte bezeichnen sich auch die Laienbeisitzer bei den Senaten des Handelsgerichtes Wien und der übrigen „Landes- als Handelsgerichte".

DTM: **Kommerzienrat/-rätin**; gesetzl.; 4; Hauptb.; Subst.; mask./fem.; sg.

DTQ: www.documentarchiv.de

DEF: ein Ehrentitel, der im Deutschen Reich vor allem bis 1919 an Persönlichkeiten der Wirtschaft verliehen wurde.

DFQ: http://de.wikipedia.org/wiki/Kommerzienrat (28.08.2014)

NOT: Historisch - der Titel wurde abgeschafft: Die Abschaffung des Titels beruhte auf der Verfassung des Deutschen Reiches von 1919, die in Artikel 109 (4) bestimmte: „Titel dürfen nur verliehen werden, wenn sie ein Amt oder einen Beruf bezeichnen; akademische Grade sind hierdurch nicht betroffen."

***

ATM: **Kommunalsteuer**; gesetzl.; 4; Hauptb.; Subst.; fem.; sg.; 2446; Steuerrecht; **Körperschaftssteuer**

ETM: municipal tax; FTM: taxe municipale

TMQ: §§ 1 ff. KommStG 1993

DEF: eine ausschließliche Gemeindeabgabe unter der die Arbeitslöhne unterliegen, die jeweils in einem Kalendermonat an die Dienstnehmer einer im Inland (Bundesgebiet) gelegenen Betriebsstätte des Unternehmens gewährt worden sind.

DFQ: §§ 1 ff. KommStG 1993; AchSteuR1

NOT: Mit dem Steuerreformgesetz 1993 wurde die Lohnsummensteuer (Gewerbesteuer) von der Kommunalsteuer abgelöst.

REL: Teilsynonym; funkt. Äquiv.

DTM: **Gewerbesteuer**; gesetzl.; 4; Hauptb.; Subst.; fem.; sg.

DTQ: §§ 1 ff. GewStG

DEF: eine Gemeindesteuer und wird immer an jene Gemeinde entrichtet, in der sich das Unternehmen befindet. Somit stellt sie eine wichtige Einnahmequelle für die Kommunen dar.

DFQ: http://www.juraforum.de/lexikon/gewerbesteuer (11.12.2015)

***

ATM: **Kommuniqué**; gesetzl.; 4; Hauptb.; Subst.; neutr.; sg.; 1206; Öffentl. Recht
ETM: press release; FTM: communiqué

TMQ: § 39 (1) GO-NR

DEF: vom Obmann eines Parlamentsauschusses und einem Schriftführer gefertigter Text, der vom Ausschuss der Parlamentsdirektion zur Veröffentlichung übergeben wird.

DFQ: § 39 (1) GO-NR

DTM: FEHLT

NOT: Der dt. Bundestag gibt Pressemitteilungen heraus, diese sind jedoch nicht in der Geschäftsordnung verankert.

***

ATM: **Kompensation**; gesetzl.; 4; Hauptb.; Subst.; fem.; sg.; 1211; Bürgerl. Recht; **Aufrechnung**
ETM: set-off; FTM: compensation

TMQ: § 1438 ABGB

DEF: Wenn Forderungen gegenseitig zusammentreffen, die richtig, gleichartig und so beschaffen sind, daß eine Sache, die dem Einen als Gläubiger gebührt, von diesem auch als Schuldner dem Andern entrichtet werden kann; so entsteht, in so weit die Forderungen sich gegen einander ausgleichen, eine gegenseitige Aufhebung der Verbindlichkeiten (Compensation), welche schon für sich die gegenseitige Zahlung bewirket.

DFQ: § 1438 ABGB; Jurisdiktionsnorm § 96

REL Synonym

DTM: **Aufrechnung**; gesetzl.; 4; Hauptb.; Subst.; fem.; sg.; **Kompensation**

DTQ: Buch 2, Abschnitt 4, Titel 3 BGB

DEF: Schulden zwei Personen einander Leistungen, die ihrem Gegenstand nach gleichartig sind, so kann jeder Teil seine Forderung gegen die Forderung des anderen Teiles aufrechnen, sobald er die ihm gebührende Leistung fordern und die ihm obliegende Leistung bewirken kann.

DFQ: § 387 BGB

NOT: Der Begriff „**Kompensation**" ist auch in dt. Texten zu finden, doch in eher alltagssprachlicher Bedeutung.

***

ATM: **Kompetenzartikel**; fachlit.; 3; Hauptb.; Subst.; mask.; sg.; 0406; Öffentl. Recht
ETM: constitutional provisions on the allocation of competencies; FTM: articles constitutionnels relatifs à la répartition des compétences

TMQ: VfGH, 02.10.2006, V79/03 ua

DEF: gängiger Begriff für die Artikel 10 - 15 B-VG, die die Zuständigkeitsverteilung in Gesetzgebung und Vollziehung zwischen Bund und Ländern regeln.

DFQ: Öhlinger, Verfassungsrecht

DTM: FEHLT

NOT: In der dt. juristischen Literatur ist dieser Begriff nicht üblich. Die Kompetentzverteilung zwischen Bund und Ländern sind in den §§ 30 ff. GG geregelt.

***

ATM: **Konkursverfahren**; gesetzl.; 4; Hauptb.; Subst.; neutr.; sg.; 1211; Insolvenzrecht

ETM: bankruptcy; FTM: faillite

TMQ: § 167 (3) Insolvenzordnung (IO)

DEF: ist zu eröffnen bei Vorliegen von Zahlungsunfähigkeit oder Überschuldung, wenn 1. der Insolvenzverwalter angezeigt hat, dass die Insolvenzmasse nicht ausreicht, um die Masseforderungen zu erfüllen, oder 2. der Schuldner den Sanierungsplanantrag zurückzieht oder das Gericht den Antrag zurückweist oder 3. der Sanierungsplan in der Sanierungsplantagsatzung abgelehnt und die Tagsatzung nicht erstreckt wurde oder 4.dem Sanierungsplan vom Gericht die Bestätigung versagt wurde.

DFQ: § 167 (3) IO; https://www.usp.gv.at (13.12.2015)

NOT: Im österr. Insolvenzrecht wird seit 2010 explizit zwischen „**Sanierungsverfahren**" und „**Konkursverfahren**" unterschieden, wobei bei letzterem die Insolvenzmasse nicht zur Begleichung der Schuld bzw. zur Durchführung einer Sanierung reicht. Reicht die Insolvenzmasse nicht, wird das „**Konkursverfahren**" eröffnet.

REL Teilsynonym, funkt. Äquiv.

DTM: **Insolvenzverfahren**; gesetzl.; 4; Hauptb.; Subst.; neutr.; sg.

DTQ: § 1 InsO

DEF: Eröffnungsgrund ist die Zahlungsunfähigkeit, die drohende Zahlungsunfähigkeit und bei einer juristischen Person auch die Überschuldung.

DFQ: §§ 17-19 InsO

NOT: Im dt. Insolvenzrecht wird nicht wie im österr. Recht zwischen Sanierungsverfahren und Konkursverfahren unterschieden, obwohl es auch die Möglichkeit der „**Sanierung**" gibt.

***

ATM: **Konsortialvertrag**; gesetzl.; 4; Hauptb.; Subst.; mask.; sg.; 4006; Wirtschaftsrecht; **Syndikatsvertrag**, **Poolvertrag**, **Stimmbindungsvertrag**

ETM: consortium agreement; FTM: contrat entre actionnaires de lier leurs droits de vote

TMQ: Straube, FWB Handels- u. Gesellschaftsrecht

DEF: Vereinbarung, in der mehrere Gesellschafter ihren Einfluss vereinigen, um eine stabile Mehrheit oder eine Sperrminorität zu bilden bzw. Minderheitenrechte auszuüben.

DFQ: § 136 AktG; Münchener Kommentar

REL Synonym

DTM: **Stimmbindungsvertrag**; gesetzl.; 4; Hauptb.; Subst.; mask.; sg.; 1211; Bürgerl. Recht

DTQ: AlpBrock2

DEF: schuldrechtlicher Vertrag, in dem sich ein Gesellschafter zu einem bestimmten Abstimmverhalten in einer Gesellschafterversammlung (bzw. Hauptversammlung) verpflichtet. Stimmbindungsverträge sind grundsätzlich wirksam, einklagbar und gem. §894 ZPO vollstreckbar.

DFQ: AlpBrock2

***

ATM: **Konsulararchiv**; gesetzl.; 4; Hauptb.; Subst.; mask.; sg.; 1206; Öffentl. Recht

ETM: consular archive; FTM: archives consulaires

TMQ: Art. 1 (10) Konsularvertrag zwischen Österreich und Ungarn

DEF: alle Papiere, Schriftstücke, Korrespondenzen, Bücher, Filme, elektromagnetischen Datenträger und Register des Konsulats sowie die Schlüsselmittel und Chiffriergeräte, die Karteien und die zum Schutz oder zur Aufbewahrung derselben bestimmten Einrichtungsgegenstände.

DFQ: Art. 1 (10) Konsularvertrag zwischen Österreich und Ungarn

DTM: FEHLT

***

ATM: **Konsumentenschutz**; gesetzl.; 4; Hauptb.; Subst.; mask.; sg.; 1211; Konsumentenschutz

ETM: consumer protection; FTM: protection du consommateur

TMQ: § 1 Konsumentenschutzgesetz (KSchG)

DEF: ein Sammelbegriff für alle gesetzlichen Regelungen, die den Verbraucher vor Schaden durch Übervorteilung beim Einkauf sowie vor unsicheren und gesundheitsschädlichen Produkten bewahren soll

DFQ: nach http://www.sozialministerium.at/site/Konsumentenschutz/Wir_ueber_uns/ (24.11.2014)

NOT: In AT wird dies durch ein eigenes Gesetz, dem Konsumentenschutzgesetz, geregelt. Allerdings wird der Begriff „**Verbraucherschutz**" durch EU-Vorgaben zunehmend in Rechtstexten verwendet.

REL Synonym

DTM: **Verbraucherschutz**; gesetzl.; 4; Hauptb.; Subst.; mask.; sg.; 1211; Bürgerl. Recht

DTQ: § 29a EGBGB

DEF: bezeichnet die Gesamtheit aller rechtlichen Vorschriften, die es zum Ziel haben, den Verbraucher vor Benachteiligung im Wirtschaftsverkehr schützen und seine rechtliche Stellung zu stärken.

DFQ: AlpBrock2

***

ATM: **Kontumaz**; gesetzl.; 4; Nebenb.; Subst.; fem.; sg.; 2841; Gesundheitsrecht; **Quarantäne, Seuchensperre**

ETM: quarantine; FTM: quarantaine

TMQ: Art. 4 Abwehr und Tilgung von Tierseuchen - Durchführungsbestimmungen

DEF: „Verkehrssperre, um die Ausbreitung von Seuchen zu verhindern", eine Sperre also, die der Ausbreitung von Seuchen „Trotz bieten", Einhalt gebieten soll.

DFQ: http://www.wissen.de/wortherkunft/kontumaz (12.01.2015)

REL: Synonym

DTM: **Quarantäne**; gesetzl.; 4; Hauptb.; Subst.; fem.; sg.

DTQ: § 30 IfSG

DEF: vorübergehende Isolierung von Personen oder Tieren, die von einer ansteckenden Krankheit befallen sind oder bei denen Verdacht darauf besteht (als Schutzmaßnahme gegen eine Verbreitung der Krankheit).

DFQ: Duden

NOT: Im dt. Rechtssystem bedeutet „**Kontumaz**" „**Nichterscheinen vor Gericht**", das allerdings als veraltet gilt.

***

ATM: **Konzernvertretung**; gesetzl.; 4; Hauptb.; Subst.; fem.; sg.; 4406; Arbeitsrecht

ETM: corporate group council; FTM: comité de groupe

TMQ: § 88a ArbVG

DEF: in einem Konzern im Sinne des § 15 des Aktiengesetzes 1965 oder des § 115 des Gesetzes über Gesellschaften mit beschränkter Haftung, in dem in mehr als einem Unternehmen Betriebsräte bestehen, kann eine Konzernvertretung zur Vertretung der gemeinsamen Interessen der in diesem Konzern beschäftigten Arbeitnehmer errichtet werden.

DFQ: § 88a (1) ArbVG

REL Synonym

DTM: **Konzernbetriebsrat**; gesetzl.; 4; Hauptb.; Subst.; mask.; sg.

DTQ: § 54 dBetrVG

DEF: ein Betriebsrat, der für einen Konzern (§ 18 (1) des Aktiengesetzes) durch Beschlüsse der einzelnen Gesamtbetriebsräte errichtet werden kann und der zuständig ist für die Behandlung von Angelegenheiten, die den Konzern oder mehrere Konzernunternehmen betreffen und nicht durch die einzelnen Gesamtbetriebsräte innerhalb ihrer Unternehmen geregelt werden können

DFQ: §§ 54 ff. dBetrVG

***

ATM: **Konzipient/in**; fachlit.; 4; Hauptb.; Subst.; mask./fem.; sg.; 1206; Gerichtswesen

ETM: trainee lawyer; FTM: avocat stagiaire

TMQ: OGH 3Ob170/05d, 25.01.2006

DEF: Rechtsanwaltsanwärter/in, der/die sich nach Ablegen der akademischen Prüfung (Magister iuris) auf die Rechtsanwaltsprüfung vorbereitet.

DFQ: http://juristenblatt.at/index.php?id=161 (24.11.2014)

REL Teilsynonym; funkt. Äquiv.

DTM: **Rechtsreferendar/in**; gesetzl.; 4; Hauptb.; Subst.; mask./fem.; sg.; 1211; Bürgerl. Recht

DTQ: § 8 JAG

DEF: Bezeichnung für einen im Vorbereitungsdienst stehenden, angehenden Juristen.

DFQ: Creif21

***

ATM: **Koordinator/in für Sicherheit und Gesundheitsschutz für die Ausführungsphase**; gesetzl.; 4; Hauptb.; MWA; mask./fem.; sg.; 6831; Baurecht; **Baustellenkoordinator/in**, **Planungskoordinator/in**

ETM: Coordinator for Health and Safety during the Construction Stage; FTM: Coordinateur santé et sécurité pour la phase de construction

TMQ: § 2 (1) Z. 7 BauKG

DEF: natürliche oder juristische Person oder sonstige Gesellschaft mit Rechtspersönlichkeit, die vom Bauherrn oder Projektleiter mit der Durchführung der in § 5 genannten Aufgaben für die Ausführungsphase des Bauwerks betraut wird.

DFQ: § 2 (1) Z. 7 BauKG

DTM: FEHLT

***

ATM: **Körperverletzung eines Vorgesetzten und tätlicher Angriff auf einen Vorgesetzten**; gesetzl.; 4; Hauptb.; MWA; fem.; sg.; 0821; Militärrecht

ETM: (aggravated) assault of superior; FTM: lésions corporelles et agression envers un supérieur

TMQ: § 22 MilStG

DEF: wer im Dienst, mit Beziehung auf den Dienst oder wegen der dienstlichen Stellung des Angegriffenen einen militärischen Vorgesetzten, Ranghöheren oder eine Wache 1. am Körper verletzt oder an der Gesundheit schädigt, 2. am Körper mißhandelt und dadurch fahrlässig verletzt oder an der Gesundheit schädigt oder 3. tätlich angreift.

DFQ: § 22 MilStG

REL Synonym

DTM: **tätlicher Angriff gegen einen Vorgesetzten**; gesetzl.; 4; Hauptb.; MWA; mask.; sg.

DTQ: § 25 WStG

DEF: wer es unternimmt, gegen einen Vorgesetzten tätlich zu werden.

DFQ: § 25 (1) WStG

***

ATM: **Körperverletzung mit schweren Dauerfolgen**; gesetzl.; 4; Hauptb.; MWA; fem.; sg.; 1216; Strafrecht

ETM: bodily injury with serious lasting consequences; FTM: lésions corporelles graves ayant des conséquences permanentes

TMQ: § 85 StGB

DEF: Verletzung eines anderen am Körper, wobei die Tat für immer oder für lange Zeit den Verlust oder eine schwere Schädigung der Sprache, des Sehvermögens, des Gehörs oder der Fortpflanzungsfähigkeit; eine erhebliche Verstümmelung oder eine auffalle Verunstaltung oder ein schweres Leiden, Siechtum oder Berufsunfähigkeit des Geschädigten zur Folge hat.

DFQ: § 85 StGB

REL: Synonym

DTM: **schwere Körperverletzung**; gesetzl.; 4; Hauptb.; MWA; fem.; sg.

DTQ: § 226 StGB

DEF: Verletzung eines anderen am Körper, die zur Folge hat, dass die verletzte Person 1. das Sehvermögen auf einem Auge oder beiden Augen, das Gehör, das Sprechvermögen oder die Fortpflanzungsfähigkeit verliert, 2. ein wichtiges Glied des Körpers verliert oder dauernd nicht mehr gebrauchen kann oder 3. in erheblicher Weise dauernd entstellt wird oder in Siechtum, Lähmung oder geistige Krankheit oder Behinderung verfällt.

DFQ: nach § 226 (1) StGB

***

ATM: **Körperverletzung mit tödlichem Ausgang**; gesetzl.; 4; Hauptb.; MWA; fem.; sg.; 1216; Strafrecht

ETM: assault causing death; FTM: lésions corporelles ayant entraîné la mort

TMQ: § 86 StGB

DEF: bezeichnet den Tatbestand einer Körperverletzung, die den Tod des Geschädigten zur Folge hat.

DFQ: § 86 StGB

NOT: Freiheitsstrafe von einem bis zu zehn Jahren.

REL: Synonym

DTM: **Körperverletzung mit Todesfolge**; gesetzl.; 4; Hauptb.; MWA; fem.; sg.

DTQ: § 227 StGB

DEF: der Tatbestand der Körperverletzung, bei der der Täter den Tod der verletzten Person verursacht.

DFQ: § 227 StGB

***

ATM: **Körperverletzung von Untergebenen und tätlicher Angriff auf Untergebene**; gesetzl.; 4; Hauptb.; MWA; fem.; sg.; 1216; Militärstrafrecht

ETM: injury to subordinates and assault on subordinates; FTM: lésions corporelles à ses subordonnés et agressions sur les subordonnés

TMQ: § 36 MilStG

DEF: wenn ein Soldat im Dienst oder mit Beziehung auf den Dienst einen Untergebenen oder Rangniedereren 1. am Körper verletzt oder an der Gesundheit schädigt, 2. am Körper mißhandelt und dadurch fahrlässig verletzt oder an der Gesundheit schädigt oder 3. tätlich angreift.

DFQ: § 36 MilStG

REL: Teilsynonym

DTM: **Mißhandlung**; gesetzl.; 4; Hauptb.; Subst.; fem.; sg.

DTQ: § 30 WStG

DEF: wenn ein Soldat einen Untergebenen körperlich mißhandelt oder an der Gesundheit beschädigt oder es fördert oder pflichtwidrig duldet, daß ein Untergebener die Tat gegen einen anderen Soldaten begeht.

DFQ: § 30 WStG

***

ATM: **Kranken- und Unfallversicherung öffentlich Bediensteter**; gesetzl.; 4; Hauptb.; MWA; fem.; sg.; 2841; Sozialrecht; **BVA**

ETM: accident and health insurance for public service employees; FTM: accident et l'assurance maladie pour les employés de la fonction publique

TMQ: ASVG § 2 (2)

DEF: die nach B-KUVG § 1 zuständige gesetzliche Krankenversicherung der in einem öffentlich-rechtlichen Dienstverhältnis zum Bund, einem Bundesland, einem Gemeindeverband oder einer Gemeinde stehenden Dienstnehmer und zahlreicher anderer Berufsgruppen, die im weiteren dem öffentlichen Bereich angehören.

DFQ: nach ASVG § 2 (2)

REL: Teilsynonym; breiter

DTM: **Betriebskrankenkassen öffentlicher Verwaltungen**; gesetzl.; 4; Hauptb.; MWA; fem.; pl.

DTQ: SVB V, § 156

DEF: Krankenkassen, die von öffentlichen Körperschaften errrichtet werden, wenn diesen Betrieben regelmäßig mindestens 1.000 Versicherungspflichtige beschäftigt werden. In der Regel schließen sich diese zu Verbänden zusammen.

DFQ: SVB V, § 156

NOT: Für die dt. Beamten gibt es keine gesetzliche Pflichtversicherung. Sie haben die Wahl, dass sie sich bei einer gesetzlichen Krankenkasse oder bei deiner Privatkrankenkasse versichern lassen. Daneben gibt es noch die ursprünglich staatliche „Deutsche Beamtenversicherung", die heute jedoch zum privaten AXXA Konzern gehört.

***

ATM: **Kranken-, Unfall- und Pensionsversicherung der Bauern**; gesetzl.; 4; Hauptb.; MWA; fem.; sg.; 2841; Sozialrecht

ETM: accident, health and pension insurance for farmers; FTM: l'assurance accident, maladie et de retraite pour les agriculteurs

TMQ: ASVG § 2 (2)

DEF: regelt die Kranken- und die Pensionsversicherung sowie die Unfallversicherung der im Inland in der Land- und Forstwirtschaft selbständig Erwerbstätigen und ihrer mittätigen Angehörigen, sowie die Krankenversicherung der Bezieher einer Pension (Übergangspension) aus der Pensionsversicherung.

DFQ: BSVG § 1

REL: Teilsynonym; funkt. Äquiv.

DTM: **Sozialversicherung für Landwirtschaft, Forsten und Gartenbau**; gesetzl.; 4; Hauptb.; MWA; fem.; sg.

DTQ: SVLFGG § 1

DEF: zuständig für die Durchführung der landwirtschaftlichen Unfallversicherung, der Alterssicherung der Landwirte, der landwirtschaftlichen Krankenversicherung und der landwirtschaftlichen Pflegeversicherung.

DFQ: SVLFGG § 1

***

ATM: **Krankenanstalten (Heil- und Pflegeanstalten)**; gesetzl.; 4; Hauptb.; MWA; fem.; pl.; 2841; Sozialrecht

ETM: hospitals and nursing homes; FTM: hôpitaux et maisons de soins infirmiers

TMQ: § 1 (1) a) KAKuG

DEF: Einrichtungen, die 1. zur Feststellung und Überwachung des Gesundheitszustands durch Untersuchung, 2. zur Vornahme operativer Eingriffe, 3. zur Vorbeugung, Besserung und Heilung von Krankheiten durch Behandlung, 4. zur Entbindung, 5. für Maßnahmen medizinischer Fortpflanzungshilfe oder 6. zur Bereitstellung von Organen zum Zweck der Transplantation bestimmt sind.

DFQ: § 1 (1) KAKuG LD

REL: Synonym

DTM: **Krankenhäuser**; gesetzl.; 4; Hauptb.; Subst.; neutr.; pl.

DTQ: § 107 SGB V

DEF: Einrichtungen, die 1. der Krankenhausbehandlung oder Geburtshilfe dienen, 2. fachlich-medizinisch unter ständiger ärztlicher Leitung stehen, mit Hilfe von jederzeit verfügbarem ärztlichem, Pflege-, Funktions- und medizinisch-technischem Personal darauf eingerichtet sind, vorwiegend durch ärztliche und pflegerische Hilfeleistung Krankheiten der Patienten zu erkennen, zu heilen, ihre Verschlimmerung zu verhüten, Krankheitsbeschwerden zu lindern oder Geburtshilfe zu leisten.

DFQ: § 107 (1) SGB V LD

***

ATM: **Krauskohl**; gesetzl.; 4; Hauptb.; Subst.; mask.; sg.; 6006; Agrarrecht

ETM: curly kale; FTM: chou frisé

TMQ: Saatgutverordnung 2006

DEF: Brassica oleracea L.

DFQ: Saatgutverordnung 2006 2.10.3.

REL Synonym

DTM: **Grünkohl**; gesetzl.; 4; Hauptb.; Subst.; mask.; sg.

DTQ: SatV 7.1.1.2

DEF: Brassica oleracea.

DFQ: Saatgutverordnung 2006 2.10.3.

***

ATM: **Kreisgericht**; gesetzl.; 4; Hauptb.; Subst.; neutr.; sg.; 1211; Bürgerl. Recht

ETM: circuit court; FTM: tribunal de grande instance

TMQ: 32 (1) Lugano Abkommen

DEF: bis 1993 wurden die nicht in einer Landeshauptstadt ansässigen Landesgerichte (Gerichtshöfe erster Instanz) Kreisgerichte genannt (Ausnahme: Landesgericht Feldkirch). Sie waren Gerichtshof erster Instanz, zuständig für alle nicht dem Bezirksgericht zugewiesenen Sachen.

DFQ: http://de.wikipedia.org/wiki/Kreisgericht (23.08.2014)

NOT: historisch

REL: Falscher Freund

DTM: **Kreisgericht**; gesetzl.; 4; Hauptb.; Subst.; neutr.; sg.; 1211; Bürgerl. Recht; **Amtsgericht;**

TMQ: http://universal_lexikon.deacademic.com/98243/Kreisgericht (22.10.2014)

DEF: entsprach in der DDR (und für eine Übergangszeit auch in den neuen Bundesländern) dem Amtsgericht der Bundesrepublik Deutschland. Wurde durch das Amtsgericht ersetzt.

DFQ: http://universal_lexikon.deacademic.com/98243/Kreisgericht (22.10.2014)

***

ATM: **Kridatar/in**; fachlit.; 4; Hauptb.; Subst.; mask./fem.; sg.; 1211; Bürgerl. Recht; **Gemeinschuldner/in, Schuldner/in**
ETM: debtor; FTM: débiteur

TMQ: OGH 6Ob70/07y, 25.05.2007

DEF: Schuldner im Insolvenzverfahren.

DFQ: § 275 (1) IO

USE historisch

NOT: Veralteter Ausdruck, in der Bedeutung „**Schuldner**" im Insolvenzverfahren, der bis 2010 dem ebenfalls überholten Begriff „**Gemeinschuldner**" entsprach, der bis 1998 auch im dt. Recht üblich war. Er wurde 1998 im dt. Recht und 2010 im österr. Insolvenzrecht durch „**Schuldner**" ersetzt.

REL: Synonym

DTM: **Schuldner/in**, gesetzl., 4; Hauptb.; Subst.; mask./fem., sg.

TMQ § 227 InSO

NOT: War im früheren Insolvenzrecht eine natürliche oder juristische Person, über die aufgrund von Zahlungsfähigkeit oder Überschuldung ein Insolvenzverfahren eröffnet wurde.

DFQ: §§ 80 ff. InsO

***

ATM: **kriminelle Organisation**; gesetzl.; 4; Hauptb.; MWA; fem.; sg.; 1216; Strafrecht
ETM: criminal organisation; FTM: organisation criminelle

TMQ: § 278a StGB

DEF: Wer eine auf längere Zeit angelegte unternehmensähnliche Verbindung einer größeren Zahl von Personen gründet oder sich an einer solchen Verbindung als Mitglied beteiligt (§ 278 (3)), 1. die, wenn auch nicht ausschließlich, auf die wiederkehrende und geplante Begehung schwerwiegender strafbarer Handlungen, die das Leben, die körperliche Unversehrtheit, die Freiheit oder das Vermögen bedrohen, oder schwerwiegender strafbarer Handlungen im Bereich der sexuellen Ausbeutung von Menschen, der Schlepperei oder des unerlaubten Verkehrs mit Kampfmitteln, Kernmaterial und radioaktiven Stoffen, gefährlichen Abfällen, Falschgeld oder Suchtmitteln ausgerichtet ist, 2. die dadurch eine Bereicherung in großem Umfang anstrebt und 3. die andere zu korrumpieren oder einzuschüchtern oder sich auf besondere Weise gegen Strafverfolgungsmaßnahmen abzuschirmen sucht.

DFQ: § 278a StGB

NOT: Ersetzt den älteren Begriff der „**Bande**".

REL: Teilsynonym; funkt. Äquiv.

DTM: **Bande**; gesetzl.; 4; Hauptb.; Subst.; fem.; sg.

DTQ: § 146 (2) StGB

DEF: der Begriff der Bande setzt den Zusammenschluß von mindestens drei Personen voraus, die sich mit dem Willen verbunden haben, künftig für eine gewisse Dauer mehrere selbständige, im einzelnen noch ungewisse Straftaten des im Gesetz genannten Deliktstyps zu begehen. Ein „gefestigter Bandenwille" oder ein „Tätigwerden in einem übergeordneten Bandeninteresse" ist nicht erforderlich.

TMQ nach StGB § 244 (1)

DEQ BGH: GSSt 1/00; 22.03.2001 zu StGB § 244 Abs. 1

***

ATM: **kriminelle Vereinigung**; gesetzl.; 4; Hauptb.; MWA; fem.; sg.; 1216; Strafrecht
ETM: criminal syndicat; FTM: syndicat criminel
TMQ: § 278 StGB
DEF: ein auf längere Zeit angelegter Zusammenschluss von mehr als zwei Personen, der darauf ausgerichtet ist, dass von einem oder mehreren Mitgliedern der Vereinigung ein oder mehrere Verbrechen, andere erhebliche Gewalttaten gegen Leib und Leben, nicht nur geringfügige Sachbeschädigungen, Diebstähle oder Betrügereien, Vergehen nach den §§ 104a, 165, 177b, 233-239, 241a-241c, 241e, 241f, 304 oder 307, in § 278d (1) genannte andere Vergehen oder Vergehen nach den §§ 114 (1) oder 116 des Fremdenpolizeigesetzes ausgeführt werden.
DFQ: § 278 (1) StGB
REL: Teilsynonym; funkt. Äquiv.

DTM: **Bildung krimineller Vereinigungen**; gesetzl.; 4; Hauptb.; Subst.; fem.; sg.
TMQ StGB § 244 (1)
DEF: eine Vereinigung, deren Zwecke oder deren Tätigkeit darauf gerichtet sind, Straftaten zu begehen, oder wer sich an einer solchen Vereinigung als Mitglied beteiligt, für sie um Mitglieder oder Unterstützer wirbt oder sie unterstützt.
DEQ nach § 244 (1) StGB
NOT: Für den Begriff „**Bildung krimineller Vereinigungen**" ist im Gesetz keine inhaltliche Festlegung vorhanden. Es ist daher offen, was in diesem Zusammenhang als „**kriminelle Handlung**" einer solchen Gruppe gilt.

***

ATM: **Kronfleisch mit Herzzapfen**; gesetzl.; 4; Hauptb.; MWA; neutr.; sg.; 6026; Lebensmittelrecht;
Dünnes und Dickes Kronfleisch, Herzzapfen
ETM: thick and thin skirt; FTM: steak
TMQ: Österr. Lebensmittelbuch, Kap. 14 A.3.1.3
DEF: der Zwerchfellmuskel.
DFQ: Österr. Lebensmittelbuch, Kap. 14 A.3.1.3
REL: Teilsynonym

DTM: **Nierenzapfen und Saumfleisch**; gesetzl.; 4; Hauptb.; MWA; mask.-neutr; sg.
DTQ: http://www.fleisch-teilstuecke.at/tsdetail-rind/fts/1502/1000.1998/ (15.09.2014)
DEF: Fleischzapfen in der Brusthöhle, zwischen den beiden Nierenstollen.
DFQ: http://www.fleisch-teilstuecke.at/tsdetail-rind/fts/1502/1000.1998/ (15.09.2014)

***

ATM: **Kruspelspitz**; gesetzl.; 4; Hauptb.; Subst.; mask.; sg.; 6026; Lebensmittelrecht
TMQ: Österr. Lebensmittelbuch, Kap. 14 A.3.1.3
DEF: M. rhomboideus, liegt „verborgen" unter der Schulter.
DFQ: Österr. Lebensmittelbuch, Kap. 14 A.3.1.3, http://www.ama-marketing.at/ (15.09.2014)
NOT: Ist Teil des Kamms bzw. der Hochrippe.

DTM: FEHLT

***

ATM: **Kündigung aus wichtigen Gründen**; gesetzl.; 4; Hauptb.; MWA; fem.; sg.; 2846; Mietrecht
ETM: termination of the rental agreement for important reasons; FTM: résiliation du bail pour des raisons importantes
TMQ: § 30 MRG
DEF: ein wichtiger Grund für eine Kündigung des Mietverhältnisses ist insbesondere, wenn der Mieter trotz Mahnung mit der Bezahlung des Mietzines mindestens acht Tage im Rückstand ist,

vom Mietgegenstand einen erheblich nachteiligen Gebrauch macht, den Mietgegenstand mit oder ohne Beistellung von Einrichtungsgegenständen ganz weitergegeben hat, die vermietete Wohnung nicht zur Befriedigung des dringenden Wohnbedürfnisses des Mieters regelmäßig verwendet wird usw.

DFQ: § 30 (2) MRG

REL: Synonym

DTM: **ordentliche Kündigung des Vermieters**; gesetzl.; 4; Hauptb.; MWA; fem.; sg.; 1211; Bürgerl. Recht

DTQ: § 573 BGB

DEF: Beendigung des Mietverhältnisses durch den Vermieter, der ein berechtigtes Interesse an der Beendigung des Mietverhältnisses hat, wie z.B. der Mieter seine vertraglichen Pflichten schuldhaft nicht unerheblich verletzt hat, oder der Vermieter die Räume als Wohnung für sich, seine Familienangehörigen oder Angehörige seines Haushalts benötigt usw.

DFQ: § 573 (1)-(2) BGB

NOT: Die Kündigung zum Zwecke der Mieterhöhung ist ausgeschlossen.

***

ATM: **Kundmachung**; gesetzl.; 4; Hauptb.; Subst.; fem.; sg.; 0426; Öffentl. Recht

ETM: promulgation (of a law); FTM: promulgation (d'une loi)

TMQ: Art. 49 (1) B-VG

DEF: das Veröffentlichen von Gesetzen im Gesetzblatt bzw. seit 2004 elektronisch im Rechtsinformaitonssystem des Bundeskanzleramts.

DFQ: Art. 49 (1) B-VG

REL: Synonym

DTM: **Verkündung**; gesetzl.; 4; Hauptb.; Subst.; fem.; sg.; 1211; Bürgerl. Recht

DTQ: Art. 72 (3) GG

DEF: bezeichnet die Bekanntgabe von Rechtsvorschriften in der durch Verfassung, Gesetz bzw. sonstige Bestimmungen vorgeschriebenen Form.

DFQ: Creif21

***

ATM: **Kundmachung des Kollektivvertrages**; gesetzl.; 4; Hauptb.; MWA; fem.; sg.; 4426; Arbeitsrecht

ETM: publication of the collective agreement; FTM: publication des conventions collectives

TMQ: § 14 ArbVG

DEF: das Bundesministerium für soziale Verwaltung hat innerhalb einer Woche nach der Hinterlegung (des Kollektivvertrages) die Kundmachung des Abschlusses des Kollektivvertrages durch Einschaltung im „Amtsblatt zur Wiener Zeitung" zu veranlassen.

DFQ: § 14 (3) ArbVG

REL: Teilsynonym; funkt. Äquiv.

DTM: **Bekanntgabe des Tarifvertrags**; gesetzl.; 4; Hauptb.; MWA; fem.; sg.

DTQ: § 8 TVG

DEF: die Arbeitgeber sind verpflichtet, die für ihren Betrieb maßgebenden Tarifverträge an geeigneter Stelle im Betrieb auszulegen.

DFQ: § 8 TVG

***

ATM: **Kuratel**; gesetzl.; 4; Nebenb.; Subst.; fem.; sg.; 1211; Bürgerl. Recht; **Sachwalterschaft**

ETM: legal guardianship; FTM: curatelle

TMQ: § 275 (1) ABGB

DEF: Rechtsinstitut, das alle Tätigkeiten umfasst, die erforderlich sind, um die dem Sachwalter (Kurator) übertragenen Angelegenheiten zu besorgen. Der Sachwalter (Kurator) hat dabei das Wohl des Pflegebefohlenen bestmöglich zu fördern.

DEF: nach § 275 (1) ABGB

USE historisch

NOT: Veralterteter Begriff, der durch „**Sachwalterschaft**" abgelöst wurde, jedoch noch im ABGB vorkommt. Siehe „**Sachwalterschaft**".

REL Synonym

DTM: **rechtliche Betreuung**; gesetzl.; 4; Hauptb.; MWA; fem.; sg.

DTQ: BGB, Buch 4, Abschnitt 3, Titel 2

DEF: dient der Regelung der Rechtsstellung psychisch kranker sowie körperlich, geistig oder seelisch behinderter volljähriger Personen.

DFQ: Creif21

***

ATM: **Kurator/in**; gesetzl.; 4; Hauptb.; Subst.; mask./fem.; sg.; 1211; Bürgerl. Recht; **Sachwalter/in**

ETM: legal guardian; FTM: curateur

TMQ: § 274 (1) ABGB

DEF: jemand, der, ohne ein Elternteil oder sonst mit der Obsorge Minderjähriger betraut zu sein, die Fürsorge für schutzbedürftige Personen wahrnimmt und idR zu bestellen ist, wenn eine volljährige Person, die an einer psychischen Krankheit leidet oder geistig behindert ist, alle oder einzelne ihrer Angelegenheiten nicht ohne Gefahr eines Nachteils für sich selbst zu besorgen vermag.

DFQ: nach §§ 273 ff. ABGB; KoWe13I, 565 f

REL Synonym

DTM: **Betreuer/in**; gesetzl.; 4; Hauptb.; Subst.; mask./fem.; sg.; 1211; Bürgerl. Recht

DTQ: § 1896 (1) BGB

DEF: kann ein Volljähriger auf Grund einer psychischen Krankheit oder einer körperlichen, geistigen oder seelischen Behinderung seine Angelegenheiten ganz oder teilweise nicht besorgen, so bestellt das Vormundschaftsgericht auf seinen Antrag oder von Amts wegen für ihn einen Betreuer.

DFQ: § 1896 (1) BGB

***

ATM: **Kurator/in für die Leibesfrucht**; gesetzl.; 4; Hauptb.; MWA; mask./fem.; sg.; 1211; Bürgerl. Recht; ***curator ventris***

ETM: guardian ad litem of a foetus; FTM: curateur du foetus

TMQ: OGH 1Ob2259/96d, 16.12.1996

DEF: Sachwalter, den das Gericht zur Vertretung eines gezeugten, aber noch nicht geborenen Kindes bestellt, um dessen Rechte zu erhalten.

DFQ: nach §§ 22, 269 ABGB

REL Synonym

DTM: **Pflegschaft für eine Leibesfrucht**; gesetzl.; 4; Hauptb.; MWA; mask.; sg.

DTQ: § 1912 BGB

DEF: Pfleger für eine Leibesfrucht zur Wahrung ihrer künftigen Rechte, soweit diese einer Fürsorge bedarf.

DFQ: § 1912 BGB

NOT Ist eine Person, die zur Wahrung der künftigen Rechte eines ungeborenen Kindes bestellt wird. Der Begriff „**Pfleger für die Leibesfrucht**“ existiert im Gesetz nicht, lediglich „**Pfleger**“ und „**Pflegschaft für eine Leibesfrucht**“.

***

ATM: **Kurzarbeitsbeihilfe**; gesetzl.; 4; Hauptb.; Subst.; fem.; sg.; 4406; Arbeitsrecht

ETM: short-term (working) allowance; FTM: allocation chômage partiel

TMQ: § 37b (1) Arbeitsmarktservicegesetz

DEF: eine finanzielle Unterstützung des AMS, die Arbeitgebern gewährt werden kann, welche zur Vermeidung von Arbeitslosigkeit Kurzarbeit für Arbeitnehmer durchführen.

DFQ: § 37b (1) Arbeitsmarktservicegesetz

REL: Teilsynonym; funkt. Äquiv.

DTM: **Kurzarbeitergeld**; gesetzl.; 4; Hauptb.; Subst.; neutr.; sg.; 1211; Bürgerl. Recht

DTQ: § 169 SGB III

DEF: eine Leistung der Arbeitsförderung, die unter gewissen Umständen gewährt wird, wenn die regelmäßige betriebliche Arbeitszeit wegen unvermeidbaren, vorübergehenden Arbeitsmangels verkürzt wird.

DFQ: Creif21

***

DTM: **Kurzarrest**; gesetzl.; 4; Hauptb.; Subst.; mask.; sg.; 2806; Jugendstrafrecht

ETM: short-term imprisonment; FTM: emprisonnement de courte durée

DTQ: § 16 (3) JGG

DEF: wird statt des Freizeitarrestes verhängt, wenn der zusammenhängende Vollzug aus Gründen der Erziehung zweckmäßig erscheint und weder die Ausbildung noch die Arbeit des Jugendlichen beeinträchtigt werden. Dabei stehen zwei Tage Kurzarrest einer Freizeit gleich.

DFQ: § 16 (3) JGG

ATM: **FEHLT**

***

ATM: ***laesio enormis***; fachlit.; 3; Hauptb.; MWA; fem.; sg.; 1211; Bürgerl. Recht; **Verkürzung über die Hälfte**

ETM: laesio enormis; FTM: lésion (droit civil français)

TMQ: OGH 14Os7/09z, 21.04.2009

DEF: Recht zur Anfechtung eines Vertrages, wenn bei einem entgeltlichen Rechtsgeschäft ein Vertragsteil weniger als die Hälfte dessen bekommt, was der andere Vertragsteil als Gegenleistung erhält.

DFQ: nach Welser, FWB Bürgerliches Recht; § 934 ABGB

REL: Teilsynonym

DTM: **Wucher**; gesetzl.; 4; Hauptb.; Subst.; mask.; sg.

DTQ: § 138 BGB

DEF: nichtig ist insbesondere ein Rechtsgeschäft, durch das jemand unter Ausbeutung der Zwangslage, der Unerfahrenheit, des Mangels an Urteilsvermögen oder der erheblichen Willensschwäche eines anderen sich oder einem Dritten für eine Leistung Vermögensvorteile versprechen oder gewähren lässt, die in einem auffälligen Missverhältnis zu der Leistung stehen.

DFQ: § 138 BGB

NOT: Das dt. Zivilrecht kennt keinen geschriebenen Grundsatz der *laesio enormis*. Der Bundesgerichtshof geht aber in ständiger Rechtsprechung davon aus, dass ein Geschäft nach § 138 (1)

BGB sittenwidrig und damit nichtig ist, wenn ein auffälliges Missverhältnis zwischen dem Wert der Leistung und dem der Gegenleistung besteht.

***

ATM: Landbutter; gesetzl.; 4; Hauptb.; Subst.; fem.; sg.; 6026; Lebensmittelrecht

ETM: countryside butter; FTM: beurre de campagne

TMQ: ÖLMB Kap. B32 2.1.1.7

DEF: wird ausschließlich aus nicht pasteurisiertem Milchrahm hergestellt und entspricht mindestens der Qualitätsstufe Tafelbutter.

DFQ: ÖLMB Kap. B32 2.1.1.7

DTM: FEHLT

***

ATM: Landesamtsdirektor/in; gesetzl.; 4; Hauptb.; Subst.; mask./fem.; sg.; 0436; Öffentl. Recht

ETM: director of the provincial government's internal services office; FTM: directeur de l'office du gouvernement d'un état fédéré (Land)

TMQ: Art. 106 B-VG

DEF: rechtskundige/r Verwaltungsbeamter/Verwaltungsbeamtin, der/die zur Leitung des inneren Dienstes des Amtes der Landesregierung bestellt wird.

DFQ: Art. 106 B-VG

REL: Teilsynonym; funkt. Äquiv.

DTM: Chef der Staatskanzlei; gesetzl.; 4; Hauptb.; MWA; mask.; sg.

DTQ: § 3 (2) ThürGGO

DEF: Leiter/Leiterin der Geschäfte der Staatskanzlei.

DFQ: § 3 (2) ThürGGO

NOT: Die einzelnen dt. Bundesländern unterscheiden sich stark im Organisationsaufbau - Verallgemeinerungen sind daher nicht möglich. Die Gegenüberstellung ist nur beispielhaft.

***

DTM: Landesausschuss für Jugendarbeitsschutz; gesetzl.; 4; Hauptb.; MWA; mask.; sg.; 2826; Arbeitsrecht

ETM: provincial committee for the protection of young workers; FTM: comité de l'état fédéré (Land) pour la protection des jeunes travailleurs

DTQ: § 55 JArbSchG

DEF: berät die oberste Landesbehörde in allen allgemeinen Angelegenheiten des Jugendarbeitsschutzes und macht Vorschläge für die Durchführung dieses Gesetzes. Er klärt über Inhalt und Ziel des Jugendarbeitsschutzes auf.

DFQ: § 57 JArbSchG

ATM: FEHLT

***

ATM: Landesgericht (1); gesetzl.; 4; Hauptb.; Subst.; neutr.; sg.; 1226; Gerichtsorganisation

ETM: circuit court (UK) / regional court; FTM: tribunal de grande instance / tribunal regional

TMQ: Art. 1 § 283 (1) Geschäftsordnung für die Gerichte I. und II. Instanz

DEF: Gerichtshof erster Instanz, der für alle nicht den Bezirksgerichten zugewiesenen Sachen zur Entscheidung in erster Instanz, aber auch in zweiter Instanz zur Entscheidung über Rechtsmittel gegen Entscheidungen der Bezirksgerichte zuständig ist.

DFQ: www.justiz.gv.at (18.12.2014)

REL: Teilsynonym

DTM: **Landgericht**; gesetzl.; 4; Hauptb.; Subst.; neutr.; sg.

DTQ: § 12 GVG

DEF: Gericht der ordentlichen Gerichtsbarkeit, das im Gerichtsaufbau zwischen Amtsgericht und Oberlandesgericht angesiedelt ist.

DFQ: http://www.juraforum.de/lexikon/landgericht (28.11.2014)

***

ATM: **Landesgericht (2)**; gesetzl.; 4; Hauptb.; Subst.; neutr.; sg.; 1211; Bürgerl. Recht; **LG**

ETM: circuit court (UK) / regional court; FTM: tribunal de grande instance / tribunal regional

TMQ: Art. 1 § 283 (1) Geschäftsordnung für die Gerichte I. und II. Instanz

DEF: ein Gerichtshof erster Instanz, der für alle nicht den Bezirksgerichten zugewiesenen Sachen zur Entscheidung in erster Instanz, aber auch in zweiter Instanz zur Entscheidung über Rechtsmittel gegen Entscheidungen der Bezirksgerichte zuständig ist

DFQ: www.justiz.gv.at (28.11.2014)

REL Falscher Freund

DTM: **Landesgericht**; gesetzl.; 4; Hauptb.; Subst.; neutr.; sg.; 1211; Bürgerl. Recht; **Gerichte der Länder** (meist Plural)

DTQ: § 154 GVG

DEF: jedes staatliche Gericht, dessen Träger nicht der Bund, sondern ein oder mehrere der sechzehn Länder der Bundesrepublik Deutschland ist.

DFQ: http://de.wikipedia.org/wiki/Landesgericht_(Deutschland) (14.12.2014)

NOT: Der Gegenbegriff ist „**Bundesgerichte**“, die laut Art. 95 GG der Bundesgerichtshof, das Bundesverwaltungsgericht, den Bundesfinanzhof, das Bundesarbeitsgericht und das Bundessozialgericht sind.

***

ATM: **Landesgesetzblatt**; gesetzl.; 4; Hauptb.; Subst.; neutr.; sg.; 0426; Öffentl. Recht

ETM: Provincal Law Gazette; FTM: Journal officiel de l'état fédéré (Land)

TMQ: Art. 97 (1) B-VG

DEF: dient der Kundmachung der Rechtsvorschriften des jeweiligen Bundeslandes

DFQ: Mayer, FWB Öffentl. Recht

REL: Synonym

DTM: **Gesetz- und Verordnungsblatt**; gesetzl.; 4; Hauptb.; Subst:, neutr.; sg.

DTQ: § 18 (2) FrhEntzG

DEF: dient der Verkündung der Rechtsvorschriften des jeweiligen Landes.

DFQ: Creif21

***

ATM: **Landeshauptleutekonferenz**; gesetzl.; 4; Hauptb.; Subst.; fem.; sg.; 0436; Öffentl. Recht

ETM: governor's conference; FTM: conférence des gouverneurs des états fédérés

TMQ: Art. 19 (4) Stabilitätspakt 2012 (Bund - Länder)

DEF: die Landeshauptleutekonferenz ist ein informelles (d.h. gesetzlich nicht normiertes) Treffen der neun Landeshauptleute. Bei diesen Treffen werden Länderangelegenheiten besprochen und es wird versucht, eine gemeinsame Linie zur Vertretung der Interessen der einzelnen Bundesländer festzulegen, um dann mit dieser gemeinsamen Position Verhandlungen mit dem Bund zu führen.

DFQ: http://www.politik-lexikon.at/landeshauptleutekonferenz/ (29.11.2014)

REL Synonym

DTM: **Ministerpräsidentenkonferenz**; fachlit.; 3; Hauptb.; Subst.; fem.; sg.; **MPK**
DTQ: http://www.bundesrat.de/... /glossar (29.11.2014)
DEF: ein Gremium, in denen die Länder in ihrem eigenen Zuständigkeitsbereich zusammenarbeiten. Sie sind deshalb keine Organe des Bundes oder Teile des Bundesrates.
DFQ: http://www.bundesrat.de/... /glossar (29.11.2014)
NOT: Ziel ihrer Beratungen ist die Abstimmung gemeinsamer Positionen der Länder untereinander bzw. gegenüber dem Bund in wichtigen politischen Fragen außerhalb des normalen Gesetzgebungsverfahrens.

***

ATM: **Landeshauptmann / Landeshauptfrau**; gesetzl.; 4; Hauptb.; Subst.; mask./fem.; sg.; 0436; Öffentl. Recht; **LH**
ETM: governor; FTM: gouverneur
TMQ: Art. 97 (1) B-VG
DEF: der/die Vorsitzende der Landesregierung in Österreich.
DFQ: § 7 (4) Landes Verfassungsgesetz 1960
REL Synonym
NOT: Wird vom Landtag gewählt und vom Bundespräsidenten angelobt; in Wien: Wiener Bürgermeister ist gleichzeitig „**Landeshauptmann**"; üblich ist auch die weibliche Form „**Landeshauptfrau**".

DTM: **Ministerpräsident/in**; gesetzl.; 4; Hauptb.; Subst.; mask./fem.; sg.
DTQ: Art. 115i (2) GG
DEF: der/die Vorsitzende der Landesregierung in Deutschland.
DFQ: AlpBrock2
NOT: In Bremen und Hamburg: „**Erster Bürgermeister**"; in Berlin: „**Regierender Bürgermeister**"; üblich ist auch die weibliche Form „**Ministerpräsidentin**".

***

ATM: **Landesrat/-rätin**; gesetzl.; 4; Hauptb.; Subst.; mask./fem.; sg.; 0436; Öffentl. Recht
ETM: member of the provincial government; membre du gouvernement d'un état fédéré (Land)
TMQ: VfGH V91/07 ua, 05.03.2008
DEF: Mitglied der Landesregierung eines österreichischen Bundeslandes.
DFQ: Mayer, FWB Öffentl. Recht
NOT: Nicht zu verwechseln mit der dt. Funktionsbezeichnung „**Landrat**", die den Leiter der Kreisverwaltung bezeichnet.
REL Synonym

DTM: **Landesminister/in**; gesetzl.; 4; Hauptb.; Subst.; mask./fem.; sg.; **Staatsminister/in**, **Senator/in**, **Minister**
DTQ: § 3 LMinG (SH); Art. 63 SaVerf; § 15c SenatG (Bremen)
DEF: Mitglied der Landesregierung eines deutschen Bundeslandes.
DFQ: AlpBrock2; http://de.wikipedia.org/wiki/Landesregierung_(Deutschland) (26.06.2009)
NOT: In Bayern und Sachsen: „**Staatsminister**"; in den Stadtstaaten: „**Senator**".

***

ATM: **Landesschulinspektor**; gesetzl.; 4; Hauptb.; Subst.; mask.; sg.; 1211; Bürgerl. Recht
ETM: province-based school inspector; FTM: inspecteur pédagogique régional
TMQ: § 8 Bundes-Schulaufsichtsgesetz

DEF: ein Schul- und Fachinspektor in der Verwendungsgruppe SI 1 dem die Fachaufsicht in einzelnen Bereichen des Schulwesens (AHS, BHS, sonderpädagogik usw.) aufgetragen ist.

DFQ: §18 Bundes-Schulaufsichtsgesetz; § 227 (1) Beamten-Dienstrechtsgesetz 1979

DTM: FEHLT

NOT: Das dt. Schulwesen ist länderspezifisch organisiert. Eine unmittelbare Entsprechung dieser Funktion fehlt daher. In der Regel sind die Regierungen der Regierungsbezirke die obere (mittlere) Schulaufsichtsbehörde. Je nach Bundesland sind dort z.B. wie in Bayern „**Minsterialbeauftragte**" oder z.B. in Nordrhein-Westfalen „**Dezernentinnen und Dezernenten der Bezirksregierung**" für die Schulaufsicht auf der oberen Aufsichtseben zuständig.

***

ATM: **Landesschulrat**; gesetzl.; 4; Hauptb.; Subst.; mask.; sg.; 3216; Schulrecht; **LSR**

ETM: provincial education authority; FTM: autorité scolaire au niveau l'état fédéré (Land)

TMQ: § 81a (2) B-VG

DEF: die zweite Instanz der Schulbehörde, die für jeweils ein Bundesland zuständig ist und dort die Schulaufsicht und Schulverwaltung wahrnimmt.

DFQ: Art. 14 B-VG; http://de.wikipedia.org/wiki/Landesschulrat (26.06.2009)

NOT: In Wien: „**Stadtschulrat für Wien**".

DTM: FEHLT

DFQ: www.dbs.schule.de (09.12.2014); Creif21

NOT: Eine entsprechende Ebene der Schulverwaltung fehlt in DE. Das jeweilige Landesrecht bestimmt die für die Schulaufsicht zuständigen Behörden.

***

ATM: **Landeswahlleiter/in**; gesetzl.; 4; Hauptb.; Subst.; mask./fem.; sg.; 0416/?; Wahlrecht/Öffentl. Recht

ETM: chief provincial electoral officer; FTM: responsable du scrutin au niveau de l'état fédéré (Land)

TMQ: § 11 (2) NRWO

DEF: der jeweilige Landeshauptmann oder ein von ihm zu bestellender ständiger Vertreter als Vorsitzender der Landeswahlbehörde und Landeswahlleiter.

DFQ: § 11 (2) NRWO

REL: Teilsynonym; funkt. Äquiv.

DTM: **Landeswahlleiter/in**; gesetzl.; 4; Hauptb.; Subst.; mask./fem.; sg.

DTQ: § 2 BWO

DEF: ein von der Regierung des jeweiligen Bundeslandes oder von einer von ihr benannten Stelle auf unbestimmte Zeit ernannte Person, die mit der Leitung der Bundestagswahl im jeweiligen Bundesland betraut ist.

DFQ: § 2 BWO; www.bundestag.de/... /glossar (30.09.2014)

***

ATM: **Landeswahlvorschlag**; gesetzl.; 4; Hauptb.; Subst.; mask.; sg.; 0416/?; Wahlrecht/Öffentl. Recht; **Regionalparteiliste**

ETM: declaration of candidate nominations for provincial elections; FTM: liste régionale

TMQ: § 42 NRWO

DEF: der Wahlvorschlag (Kandidatenliste um ein Nationalratsmandat) einer wahlwerbenden Partei für das erste und zweite Ermittlungsverfahren, der aus der Landesparteiliste und aus der Regionalparteiliste besteht.

DFQ: § 42 (1) NRWO

REL: Teilsynonym; funkt. Äquiv.

DTM: **Kreiswahlvorschlag**; gesetzl.; 4; Hauptb.; Subst.; mask.; sg.

DTQ: § 34 (1) BWO

DEF: die Aufstellung eines Kandidaten für ein Direktmandat bei der Wahl zum Deutschen Bundestag für den jeweiligen Wahlkreis durch eine politische Partei oder durch politisch engagierte Bürger.

DFQ: § 34 (1) BWO; http://www.bundeswahlleiter.de/... /glossar (01.09.2014)

***

ATM: **Landtag**; gesetzl.; 4; Hauptb.; Subst.; mask.; sg.; 1206; Öffentl. Recht

ETM: provincial parliament; FTM: parlement de l'état fédéré (Land)

TMQ: Art. 95 (1) B-VG

DEF: das gesetzgebende Organ im jeweiligen Bundesland der Republik Österreich.

DFQ: Art. 95 B-VG; Mayer, FWB Öffentl. Recht

REL Synonym

DTM: **Landtag**; gesetzl.; 4; Hauptb.; Subst.; mask/das/die.; sg.; 1211; Bürgerl. Recht; **Abgeordnetenhaus**, **Bürgerschaft**

DTQ: § 128 GO LT (Bayern) / Art. 38 BLNVerf / Art. 6 Hmb Verf

DEF: die gewählte Volksvertretung eines deutschen Bundeslandes.

DFQ: Creif21

NOT: In Berlin: „**Abgeordnetenhaus**"; in Bremen und Hamburg: „**Bürgerschaft**"; in den übrigen Ländern: „**Landtag**".

***

ATM: **Landtagsabgeordnete/r**; gesetzl.; 4; Hauptb.; Subst.; mask./fem.; sg.; 1206; Öffentl. Recht

ETM: member of the provincial parliament; FTM: membre du du parlement de l'état fédéré (Land)

TMQ: § 13 (1) Geschäftsordnung der Steiermärkischen Landesregierung - GeOLR

DEF: Abgeordenete/r im Landtag eines österreichischen Bundeslandes.

DFQ: Art. 95 f. B-VG

REL Synonym

DTM: **Mitglied des Landtages**; gesetzl.; 4; Hauptb.; MWA; neutr.; sg.; 1211; Bürgerl. Recht; **Mitglied der Bürgerschaft**, **Mitglied des Abgeordnetenhauses**, **Landtagsabgeordnete/r**

DTQ: § 31 LTGO (MV) / § 3 (1) HbgDatSchO / § 1 GOAbgh (Berlin)

DEF: amtliche Bezeichnung für einen Abgeordneten im Landesparlament eines deutschen Bundeslandes.

DFQ: http://de.wikipedia.org/wiki/Mitglied_des_Landtages (26.11.2014)

NOT: In Berlin: „**Mitglied des Abgeordnetenhauses**"; in Bremen und Hamburg: „**Mitglied der Bürgerschaft**"; in den übrigen Ländern: „**Mitglied des Landtages**".

***

ATM: **Landzwang**; gesetzl.; 4; Hauptb.; Subst.; mask.; sg.; 1216; Strafrecht

ETM: instigation to criminal offences and approval of criminal offences; FTM: l'instigation au crime et a l'apologie du crime

TMQ: § 275 StGB

DEF: strafrechtlicher Tatbestand, den begeht, wer die Bevölkerung oder ein großer Personenkreis durch eine Drohung mit einem Angriff auf Leben, Gesundheit, körperliche Unversehrtheit, Freiheit oder Vermögen in Furcht und Unruhe versetzt.

DFQ: § 275 (1) StGB

REL Synonym

DTM: **Störung des öffentlichen Friedens durch Androhung von Straftaten**; gesetzl.; 4; Hauptb.; MWA; fem.; sg.; **Landzwang**

DTQ: § 126 dStGB

DEF: der Straftatbestand der Androhung gewisser gemeingefährlicher Straftaten (z.B. von Tötungsverbrechen, Raub u. dgl.), wenn durch diese Androhung wenigstens bei einem Teil der Bevölkerung das Gefühl der Rechtssicherheit erschüttert wird.

DFQ: Creif21

***

ATM: **Lastenblatt (1)**; gesetzl.; 4; Hauptb.; Subst.; neutr.; sg.; 1211; Grundbuchsrecht; **C-Blatt**

ETM: folio/page/section in the land register listing all encumbrances; FTM: feuillet du livre foncier réservé aux charges, privilèges, hypothèques, servitudes etc. de l'immeuble

TMQ: §§ 6, 11 ff. GBG

DEF: hat alle eine Liegenschaft belastenden dinglichen Rechte sowie die an den eingetragenen Rechten erworbenen Rechte und die sie treffenden Beschränkungen, ferner Wiederkaufs-, Vorkaufs- und Bestandrechte und solche Beschränkungen in der Verfügung über den Grundbuchskörper oder einen Teil des Grundbuchskörpers anzugeben, denen jeder Eigentümer des belasteten Gutes unterworfen ist.

DFQ: § 11 Allgemeines Grundbuchsanlegungsgesetz

NOT: Dem österr. „**Lastenblatt**" entspricht die Abteilung 2 und 3 des dt. Grundbuchs, da dort die Verbindlichkeiten auf diese beiden Abteilungen aufgeteilt sind.

REL: Teilsynonym

DTM: **Dritte Abteilung**; gesetzl.; 4; Hauptb.; MWA; fem.; sg.

DTQ: § 11 GBV

DEF: hier werden Hypotheken, Grundschulden und Rentenschulden einschließlich der sich auf diese Rechte beziehenden Vormerkungen, Widersprüche und Veränderungen eingetragen.

DFQ: § 11 (1) GBV

***

ATM: **Lastenblatt (2)**; gesetzl.; 4; Hauptb.; Subst.; neutr.; sg.; 1211; Grundbuchsrecht; **C-Blatt**

TMQ: §§ 6, 11 ff. GBG

ETM: folio/page/section in the land register listing all encumbrances; FTM: feuillet du livre foncier réservé aux charges, privilèges, hypothèques, servitudes etc. de l'immeuble

DEF: hat alle eine Liegenschaft belastenden dinglichen Rechte sowie die an den eingetragenen Rechten erworbenen Rechte und die sie treffenden Beschränkungen, ferner Wiederkaufs-, Vorkaufs- und Bestandrechte und solche Beschränkungen in der Verfügung über den Grundbuchskörper oder einen Teil des Grundbuchskörpers anzugeben, denen jeder Eigentümer des belasteten Gutes unterworfen ist.

DFQ: § 11 Allgemeines Grundbuchsanlegungsgesetz

NOT: Dem österr. „**Lastenblatt**" entspricht die Abteilung 2 und 3 des dt. Grundbuchs, da dort die Verbindlichkeiten auf diese beiden Abteilungen aufgeteilt sind.

REL: Teilsynonym

DTM: **zweite Abteilung**; gesetzl.; 4; Hauptb.; Subst:, fem.; sg.

DTQ: § 10 (1) GBV

DEF: hier werden eingetragen: a) alle Belastungen des Grundstücks oder eines Anteils am Grundstück, mit Ausnahme von Hypotheken, Grundschulden und Rentenschulden, einschließlich der sich auf diese Belastungen beziehenden Vormerkungen und Widersprüche; b) die Beschränkung des Verfügungsrechts des Eigentümers sowie die das Eigentum betreffenden Vormerkungen und Widersprüche; c) die im Enteignungsverfahren, im Verfahren zur Klarstellung der Rangverhältnisse (§§ 90-115 der Grundbuchordnung) und in ähnlichen Fällen vorgesehenen, auf diese Verfahren hinweisenden Grundbuchvermerke.

DFQ: § 10 (1) GBV

***

ATM: **Legatar/in**; gesetzl.; 4; Nebenb.; Subst.; mask./fem.; sg.; 1211; Erbrecht; **Vermächtnisnehmer/in**
ETM: legatee; FTM: légataire

TMQ: § 535 ABGB

DEF: Person, der kein Erbteil, der sich auf den ganzen Nachlaß bezieht, sondern nur eine einzelne Sache, Eine oder mehrere Sachen von gewisser Gattung; eine Summe; oder ein Recht zugedacht wird und kein Erbe, sondern nur ein Vermächtnisnehmer zu betrachten.

DFQ: § 535 ABGB

NOT: Der Begriff wird vor allem im ABGB verwendet, in neueren Gesetzen steht stattdessen „**Vermächtnisnehmer**".

REL: Synonym

DTM: **Vermächtnisnehmer/in**; gesetzl.; 4; Hauptb.; Subst.; mask./fem.; sg.; 1211; Bürgerl. Recht

DTQ: § 2187 BGB

DEF: Person, die mit einem Vermächtnis bedacht worden ist. Bedacht werden kann eine natürliche oder juristische Person.

DFQ: http://www.rechtslexikon.net (18.01.2015)

***

ATM: **Legisvakanz**; fachlit.; 3; Hauptb.; Subst.; fem.; sg.; 0426; Öffentl. Recht; **vacatio legis**
ETM: vacatio legis; FTM: vacatio legis

TMQ: VfGH G232/06, 14.12.2007; § 3 ABGB; § 4 BGBlG

DEF: Zeitraum zwischen Veröffentlichung und Inkrafttreten eines Gesetzes oder einer behördlichen Anordnung, der dazu dient, die Voraussetzungen für die Vollziehung eines Gesetzes erst zu schaffen.

DFQ: Legistische Richtlinien 1990; https://www.bka.gv.at/DocView.axd?CobId=1656 (26.11.2014)

NOT: IdR treten Gesetze mit Ablauf des Kundmachungstages in Kraft; der Gesetzgeber kann jedoch ein späteres Inkrafttreten festsetzen.

DTM: **FEHLT**

***

ATM: **Legitimation durch Erklärung des Bundespräsidenten**; fachlit.; 3; Hauptb.; MWA; fem.; sg.; 1211; Zivilrecht; **Ehelicherklärung durch den Bundespräsidenten**, ***legitimatio per rescriptum principis***
ETM: declaration of legitimacy by the Federal President of the Republic of Austria ; FTM: légitimitation par le Président de la République Autriche

TMQ: OGH 3Ob611/82, 27.10.1982

DEF: die Erklärung unehelicher Kinder zu ehelichen durch den Bundespräsidenten auf Ansuchen der Eltern.

DFQ: nach Art. 65 (2) lit. d B-VG iVm § 162 ABGB

REL: Teilsynonym; enger

DTM: **Legitimation durch Verfügung des Vormundschaftsgerichts auf Antrag des Vaters**; gesetzl.; 4; Hauptb.; MWA; fem.; sg.; **Ehelicherklärung**

DTQ: http://universal_lexikon.deacademic.com/7609/Legitimation

DEF: die Ehelicherklärung eines nichtehelichen Kindes durch das Vormundschaftsgericht auf Antrag des Kindsvaters, wenn die Ehelicherklärung dem Wohle des Kindes entspricht und ihr keine schwerwiegenden Gründe entgegenstehen.

DFQ: § 1723 BGB aF

NOT: Historisch. § 1723 BGB aF wurde am 01.07.1998 aufgehoben, da durch die Neuregelung des Kindschaftsrechts (Gesetz vom 16.12.1997) gleiche rechtliche Bedingungen für eheliche wie nicht eheliche Kinder geschaffen wurden.

***

ATM: **Lehrling**; gesetzl.; 4; Hauptb.; Subst.; mask.; sg.; 4426; Arbeitsrecht

ETM: trainee; FTM: apprenti

TMQ: § 1 BAG

DEF: eine Person, die auf Grund eines Lehrvertrages (§ 12) zur Erlernung eines in der Lehrberufsliste (§ 7) angeführten Lehrberufes bei einem Lehrberechtigten (§ 2) fachlich ausgebildet und im Rahmen dieser Ausbildung verwendet (§ 9) wird.

DFQ: § 1 BAG

REL Synonym

DTM: **Auszubildende/r**; gesetzl.; 4; Hauptb.; Subst.; fem./mask.; sg.; **Azubi**

DTQ: § 5 (2) Z. 7 BBiG

DEF: ein Arbeitnehmer, der aufgrund eines Berufsausbildungsvertrages in einem geordneten Ausbildungsgang bestimmte Fertigkeiten und Kenntnisse erwirbt, die ihn für den von ihm ausgewählten Beruf qualifizieren sollen.

DFQ: http://www.rechtslexikon.net/d/auszubildender/auszubildender.htm (15.01.2015)

***

ATM: **Lehrverhältnis**; gesetzl.; 4; Hauptb.; Subst.; neutr.; sg.; 4426; Arbeitsrecht

ETM: apprenticeship; FTM: apprentissage

TMQ: § 12 (1) BAG

DEF: spezifisches Arbeitsverhältnis, das durch den Eintritt des Lehrlings in die fachliche Ausbildung und Verwendung sowie durch einen Lehrvertrag begründet wird.

DFQ: § 12 (1) BAG

REL Synonym

DTM: **Berufsausbildungsverhältnis**; gesetzl.; 4; Hauptb.; Subst.; neutr.; sg.

DTQ: BBiG, Abschnitt 2

DEF: besonders ausgestaltetes Arbeitsverhältnis, dessen Zweck auf die Berufsausbildung gerichtet ist.

DFQ: Creif21

***

ATM: **Lehrvertrag**; gesetzl.; 4; Hauptb.; Subst.; mask.; sg.; 4426; Arbeitsrecht

ETM: apprenticeship contract; FTM: contrat d'apprentissage

TMQ: § 2a (2) Berufsausbildungsgesetz

DEF: Vertrag, der die arbeitsrechtliche Beziehung zwischen Lehrling und Lehrberechtigtem zum Gegenstand hat

DFQ: § 12 BAG

REL Synonym

DTM: **Berufsausbildungsvertrag**; gesetzl.; 4; Hauptb.; Subst.; mask.; sg.; 1211; Bürgerl. Recht

DTQ: § 3 BBiG

DEF: Vertrag, der zwischen Ausbildendem und Auszubildendem geschlossen wird und ein Berufsausbildungsverhältnis begründet

DFQ: § 3 (1) BBiG

***

ATM: **Leichenbeschau**; gesetzl.; 4; Hauptb.; Subst.; fem.; sg.; 1216; Strafrecht; **Totenbeschau**
ETM: coroner's inquest; FTM: examen du cadavre

TMQ: § 128 StPO

DEF: die Besichtigung der äußeren Beschaffenheit einer Leiche durch den Gemeindearzt oder einen amtlich bestellten Arzt, sofern nicht ein natürlicher Tod feststeht.

DFQ: § 128 StPO

REL Synonym

DTM: **Leichenschau**; gesetzl.; 4; Hauptb.; Subst.; fem.; sg.

DTQ: § 87 (1) StPO

DEF: Besichtigung der äußeren Beschaffenheit einer Leiche, die idR erforderlich ist, wenn eine Straftat als Todesursache nicht ausgeschlossen werden kann.

DFQ: nach AlpBrock2; § 87 (1) StPO

NOT: Die Leichenschau wird auf Antrag der Staatsanwaltschaft oder auch vom Richter unter Zuziehung eines Arztes vorgenommen. Ein Arzt wird nicht zugezogen, wenn dies zur Aufklärung des Sachverhalts offensichtlich entbehrlich ist. (§ 87 (1) StPO)

***

ATM: **Leiter der Generalprokuratur**; gesetzl.; 4; Hauptb.; MWA; mask./fem.; sg.; 0436; Gerichtsorganisation; **Generalprokurator**
ETM: procurator general; FTM: procureur général

TMQ: § 40 Z. 5 DV-StAG

DEF: leitet die Staatsanwaltschaft beim Obersten Gerichtshof (Generalprokuratur).

DFQ: § 175 (1) Richter- und Staatsanwaltschaftsdienstgesetz

NOT: Er/sie vertritt die Behörde nach außen, beaufsichtigt die Tätigkeiten der ihm/ihr unterstehenden Organe und kann ihnen Weisungen erteilen.

REL: Teilsynonym; funkt. Äquiv.

DTM: **Generalbundesanwalt**; gesetzl.; 4; Hauptb.; Subst.; mask./fem.; sg.

DTQ: § 142 (1) Z. 1 GVG

DEF: höchste/r Beamter/Beamtin der Staatsanwaltschaft beim Bundesgerichtshof sowie Vorgesetzte/r der Bundesanwälte und oberste/r Ankläger/in der Bundesrepublik Deutschland.

DFQ: §§ 142 ff. GVG

***

ATM: **Lenkberechtigung**; gesetzl.; 4; Nebenb.; Subst.; fem.; sg.; 0436; Kraftfahrrecht; **Lenkerberechtigung**
ETM: driver's license (US), driving licence (UK); FTM: permis de conduire

TMQ: § 1 (3) FSG

DEF: von der zuständigen Behörde erteilte Berechtigung zum Lenken eines Kraftfahrzeuges einer bestimmten Klasse bzw. zum Ziehen eines Anhängers.

DFQ: § 1 FSG

REL: Synonym

NOT: Parallel verwendeter Begriff zu „**Lenkerberechtigung**", ohne dass eine Bedeutungsdifferenz erkennbar wäre.

DTM: **Fahrerlaubnis**; gesetzl.; 4; Hauptb.; Subst.; fem.; sg.

DTQ: § 2 StVG

DEF: die amtliche Berechtigung, ein Kraftfahrzeug auf öffentlicher Straße zu führen.

DFQ: § 2 (1) StVG

NOT: Die Fahrerlaubnis wird in bestimmten Klassen erteilt. Sie ist durch eine amtliche Bescheinigung (Führerschein) nachzuweisen.

***

ATM: **Lenkberechtigung für Anfänger**; gesetzl.; 4; Hauptb.; Subst.; fem.; sg.; 0436; Straßenverkehrsrecht; **Probeführerschein**

ETM: probationary driving licence; FTM: permis de conduire probatoire

TMQ: § 4 (1) Führerscheingesetz

DEF: Lenkberechtigungen für alle Klassen mit Ausnahme der Klassen AM und F, die Personen erteilt werden, die vorher keine in- oder eine ausländische Lenkberechtigung für eine dieser Klassen besessen haben. Sie haben unterliegen einer Probezeit von zwei Jahren.

DFQ: § 4 (1) Führerscheingesetz

REL: Synonym

DTM: **Fahrerlaubnis auf Probe**; gesetzl.; 4; Hauptb.; Subst.; mask.; sg.

DTQ: § 2a Straßenverkehrsgesetz

DEF: bei erstmaligem Erwerb einer Fahrerlaubnis wird diese auf Probe erteilt; die Probezeit dauert zwei Jahre vom Zeitpunkt der Erteilung an.

DFQ: § 2a Straßenverkehrsgesetz

***

ATM: **Lenkerberechtigung**; gesetzl.; 4; Hauptb.; Subst.; fem.; sg.; 0436; Straßenverkehrsrecht; **Lenkberechtigung**

ETM: driver's license (US), driving licence (UK); FTM: permis de conduire

TMQ: § 78 KFG 1967

DEF: von der zuständigen Behörde erteilte Berechtigung zum Lenken eines Kraftfahrzeuges einer bestimmten Klasse bzw. zum Ziehen eines Anhängers.

DFQ: § 1 FSG

NOT: Parallel verwendeter Begriff zu „**Lenkberechtigung**", ohne dass eine Bedeutungsdifferenz erkennbar wäre.

REL Synonym

DTM: **Fahrerlaubnis**; gesetzl.; 4; Hauptb.; Subst.; fem.; sg.; 1211; Bürgerl. Recht

DTQ: § 2 StVG

DEF: die amtliche Berechtigung, ein Kraftfahrzeug auf öffentlicher Straße zu führen.

DFQ: § 2 (1) StVG

NOT: Die Fahrerlaubnis wird in bestimmten Klassen erteilt. Sie ist durch eine amtliche Bescheinigung (Führerschein) nachzuweisen.

***

ATM: **letztwillige Verfügung**; gesetzl.; 4; Hauptb.; MWA; fem.; sg.; 1211; Bürgerl. Recht; Erbrecht; **Testament, Kodizill**
ETM: last will and testament; FTM: acte de dernière volonté

TMQ: § 553 ABGB

DEF: eine einseitige und jederzeit widerrufbare letztwillige Verfügung, durch die der Erblasser im Falle seines Todes einen oder mehrere Erben einsetzt und bestimmt, wie das vorhandene Vermögen zum Zeitpunkt seines Todes zur Gänze oder quotenmäßig auf diese übergehen soll.

DFQ: nach Welser, FWB Bürgerliches Recht; § 553 ABGB

REL: Teilsynonym; breiter

NOT: Im österr. Recht wird „**letztwillige Verfügung**" als Überbegriff für Testament und Kodizill verwendet.

DTM: **Testament**; gesetzl.; 4; Hauptb.; Subst.; neutr.; sg.; **letztwillige Verfügung**

DTQ: § 1937 BGB

DEF: kann entweder ein Testament (vgl.: § 1937) oder eine einzelne Anordnung innerhalb eines Testaments oder eines Erbvertrages meinen.

DFQ: Riem, JuS Lern-CD Zivilrecht I

NOT: Da das dt. Recht das Kodizill nicht kennt, ist dort „**letztwillige Verfügung**" mit „**Testament**" gleichzusetzen.

***

ATM: **Leumundsnote**; fachlit.; 3; Nebenb.; Subst.; fem.; sg.; 1216; Strafrecht; **Strafregisterbescheinigung (neu seit 01.06.2009); früher auch: Führungszeugnis, Leumundszeugnis**

ETM: criminal record check / certificate of good conduct; FTM: certificat de bonne vie et mœurs

TMQ: OGH 12Os23/02, 18.04.2002

DEF: eine Bescheinigung, die auf Antrag einer Person durch den Bürgermeister bzw. die Bundespolizeibehörden sowie durch die österreichischen Vertretungsbehörden im Ausland über die im Strafregister enthaltenen Verurteilungen des Antragstellers ausgestellt wird, bzw. darüber, dass das Strafregister keine Verurteilungen enthält.

DFQ: OGH 12Os23/02, 18.04.2002

USE historisch

NOT Mit § 10 (5) Strafregistergesetz 1968 geändert.

REL: Synonym

DTM: **Führungszeugnis**; gesetzl.; 4; Hauptb.; Subst.; fem.; sg.; **Strafregisterauszug**

DTQ: § 31 BZRG

DEF: schriftliche Auskunftserteilung der Behörde, auf der aufscheint, ob und ggf. welche Strafvermerke für die betreffende Person im Bundeszentralregister eingetragen sind.

DFQ: Creif21

***

ATM: **Leumundszeugnis**; gesetzl.; 4; Hauptb.; Subst.; neutr.; sg.; 1216; Strafrecht; **Strafregisterbescheinigung (neu seit 01.06.2009); früher auch: Leumundsnote, Führungszeugnis**
ETM: certificate of good conduct; FTM: certificat de bonne vie et mœurs

TMQ: OGH 9Ob12/05p, 11.05.2005

DEF: Bescheinigung über sämtliche gemäß § 2 (1) lit. a gekennzeichneten Verurteilungen des Antragstellers, über Daten gemäß § 2 (1) Z. 7-8 oder darüber, dass das Strafregister keine solche Verurteilungen oder Einträge enthält.

DFQ: § 10 (1) lit. a Strafregistergesetz 1968

NOT: historisch
REL Synonym
DTM: **Führungszeugnis**; gesetzl.; 4; Hauptb.; Subst., neutr.; sg.
DTQ: § 31 BZRG
DEF: schriftliche Auskunftserteilung der Behörde, auf der aufscheint, ob und ggf. welche Strafvermerke für die betreffende Person im Bundeszentralregister eingetragen sind.
DFQ: Creif21
***
ATM: **Liegenschaftsexekution**; gesetzl.; 4; Hauptb.; Subst.; fem.; sg.; 1211; Bürgerl. Recht; **Exekution auf das unbewegliche Vermögen, Immobiliarexekution; Zwangsversteigerung**
ETM: execution against the debtor's goods and chattels; FTM: saisie d'un immeuble
TMQ: OGH 3Ob251/05s, 30.05.2006
DEF: zielt darauf ab, eine Liegenschaft, also ein Grundstück, das dem Schuldner gehört, zu verwerten.
DFQ: nach § 87ff EO; http://www.forderungseintreibung.at/...liegenschaftsexekution.htm (15.11.2015)
REL Synonym
DTM: **Zwangsvollstreckung in das unbewegliche Vermögen**; gesetzl.; 4; Hauptb.; MWA; fem.; sg.; **Immobilienvollstreckung, Immobiliarzwangsvollstreckung, Immobiliarvollstreckung**
DTQ: § 865 (1) ZPO
DEF: die Zwangsvollstreckung in das unbewegliche Vermögen, nämlich in Grundstücke, grundstücksgleiche Rechte und Schiffe; ihr unterliegen auch die beweglichen Sachen und Rechte, auf die sich die Hypothek erstreckt z.B. Bodenfrüchte etc.
DFQ: Creif21
***
ATM: **Linie**; gesetzl.; 4; Hauptb.; Subst.; fem.; sg.; 1211; Erbrecht; **Parentel, gesetzliches Erbrecht der Verwandten**
ETM: line of descent; FTM: ordre successoral légal
TMQ: § 731 ABGB
DEF: die gesetzliche Erbfolge unter den Verwandten, die in einer gewissen Reihenfolge zum Zug kommen. Es gibt vier Gruppen, die auch Parentelen genannt werden.
DFQ: §§ 731 ff. ABGB; https://www.help.gv.at/... gesetzliche Erbfolge (16.12.2015)
REL Synonym
NOT: Zu den einzelnen Linien s. § 731 ABGB. Hierbei gilt der Grundsatz: Die nähere Linie schließt die entferntere aus (z.B. schließen vorhandene Kinder allfällige Enkel von der Erbfolge aus).
DTM: **Ordnung**; gesetzl.; 4; Hauptb.; Subst.; fem.; sg.
DTQ: § 1924 BGB
DEF: die gesetzliche Erbfolge unter Verwandten unterteilt das Gesetz in fünf Ordnungen.
DFQ: §§ 1924 ff. BGB; Creif21
***
ATM: **Liniensystem**; fachlit.; 3; Hauptb.; Subst.; neutr.; sg.; 1211; Bürgerl. Recht; Erbrecht; **Parentelensystem**
ETM: order of intestate succession; FTM: ordre successoral légal
TMQ: http://www.rechteinfach.at/erbrecht (14.01.2015)

DEF: die Verwandten erben in Österreich nach dem sogenannten Parentelensystem (auch Liniensystem) genannt. Eine Parentel besteht aus einem Stammhaupt bzw. einem Stammelternpaar und seinen Nachkommen.

DFQ: nach §§ 727 ff. ABGB; http://www.rechteinfach.at/erbrecht (14.01.2015)

REL: Teilsynonym; funkt. Äquiv.

NOT: Die erste Linie bilden die (ehelichen und unehelichen) Kinder des/r Verstorbenen und deren Nachkommen; § 731 (1) ABGB. Stirbt ein Kind vor dem Erblasser, treten dessen Kinder an seine Stelle; sog Repräsentation. Die zweite Linie bilden die Eltern und deren Nachkommen, das sind die Geschwister des oder der Verstorbenen; § 731 (2) ABGB. Die dritte Linie stellen die Großeltern und deren Nachkommen; § 731 (3) ABGB; und die vierte und letzte Linie bilden die Urgroßeltern; § 731 (4) ABGB.

DTM: **Ordnungssystem**; fachlit.; 3; Hauptb.; Subst.; neutr.; sg.; **Erbenordnung**

DTQ: http://www.erbrecht-heute.de/Aktuell/Die-Erbenordnung.html (14.01.2015)

DEF: das Erbrecht nach Stämmen.

DFQ: nach §§ 1924-1930 BGB; http://www.rechtpraktisch.de/artikel.html?id=165#2 (14.01.2015)

NOT: In der 1. Ordnung ist der Erblasser selbst ein Elternteil. Die Erben der 1. Ordnung sind seine Abkömmlinge, also Kinder, Enkel usw. Die 2. Ordnung bilden die Eltern des Erblassers und deren Nachkommen. Die 3. Ordnung wird von den Großeltern und ihren Nachkommen gebildet und so weiter. § 1930 BGB legt die Rangfolge der Ordnungen fest. Eine Ordnung kommt nicht zur Erbfolge, wenn in einer vorhergehenden ein Verwandter vorhanden ist.

***

ATM: **List**; gesetzl.; 4; Hauptb.; Subst.; fem.; sg.; 1211; Bürgerl. Recht; **Arglist**
ETM: fraud; FTM: dol

TMQ: § 870 ABGB

DEF: im vertragsrechtlichen Sinne die bewusste Täuschung bzw. die bewusste Verursachung eines Irrtums.

DFQ: Welser, FWB Bürgerliches Recht

REL Synonym

DTM: **Täuschung**; gesetzl.; 4; Hauptb.; Subst.; fem.; sg.; 1211; Bürgerl. Recht; **arglistige Täuschung**

DTQ: § 123 BGB

DEF: Erregung bzw. Aufrechterhaltung eines Irrtums durch Vorspiegelung falscher oder durch Verschweigen wahrer Tatsachen trotz bestehender Aufklärungspflicht.

DFQ: Creif21

NOT: Z.B. beim Kauf von Gebrauchtwagen.

***

ATM: **Liste der Rechtsanwälte**; gesetzl.; 4; Hauptb.; MWA; fem.; sg.; 1221; Gerichtsorganiation; **Rechtsanwaltsliste**
ETM: list of lawyers; FTM: tableau des avocats

TMQ: § 5 (1) RAO

DEF: Liste, in die ein Rechtsanwalt eingetragen sein muss, und die von der Rechtsanwaltskammer, in deren Sprengel er seinen Kanzleisitz nimmt, geführt wird.

DFQ: §§ 1, 5 RAO

REL: Teilsynonym; funkt. Äquiv.

DTM: **Rechtsanwaltsverzeichnis**; gesetzl.; 4; fem.; Hauptb.; Subst.; sg.; **Liste der Rechtsanwälte**

DTQ: § 31 BRAO

DEF: elektronisches Verzeichnis der in einem Bezirk zugelassenen Rechtsanwälte, das von der Rechtsanwaltskammer geführt wird.

DFQ: § 31 BRAO

NOT: Die Eintragung in die Verzeichnisse erfolgt, sobald der Rechtsanwalt die Errichtung der Kanzlei nachgewiesen hat.

***

ATM: **Lohnexekution**; fachlit.; 3; Hauptb.; Subst.; fem.; sg.; 1211; Bürgerl. Recht; **Gehaltsexekution, Exekution wegen Geldforderungen**

ETM: attachment of earnings; FTM: saisie-arrêt sur salaire

TMQ: OGH 3Ob76/06g, 27.06.2006

DEF: eine gerichtliche Pfändung von bestimmten Teilen des Einkommens oder anderer Forderungen bis zum unpfändbaren Freibetrag (Existenzminimum).

DFQ: https://www.help.gv.at/... Exekution wegen Geldforderungen (16.01.2015); §§ 249 ff., 291a EO

NOT: Der häufigste Fall der Forderungsexekution.

REL Synonym

DTM: **Lohnpfändung**; fachlit.; 3; Hauptb.; Subst.; fem.; sg.; **Gehaltspfändung;**

DTQ: AlpBrock2

DEF: die Forderungspfändung des Arbeitseinkommens.

DFQ: AlpBrock2; §§ 828 ff., 850 ff. dZPO

***

ATM: **Lokalaugenschein**; gesetzl.; 4; Hauptb.; Subst.; mask.; sg.; 1216; Strafrecht; **Augenschein**

ETM: on-the-spot investigation; FTM: descente judiciaire sur les lieux

TMQ: § 15 (2) Z. 4 Pflanzenschutzgesetz 2011

DEF: die Besichtigung einer Örtlichkeit oder eines Augenscheinsgegenstandes an Ort und Stelle im Zuge einer behördlichen bzw. gerichtlichen Beweisaufnahme.

DFQ: http://www.help.gv.at/Content.Node/99/Seite.991190.html (07.01.2015)

REL Synonym

DTM: **Augenschein**; gesetzl.; 4; Hauptb.; Subst.; mask.; sg.; 1211; Bürgerl. Recht; **Inaugenscheinnahme**

DTQ: § 144 ZPO

DEF: ein Beweismittel, bei dem das Gericht durch unmittelbare sinnliche Wahrnehmung Beweise über eine Tatsache erhebt.

DFQ: Creif21

***

ATM: **Löschungsklage**; gesetzl.; 4; Hauptb.; Subst.; fem.; sg.; 1211; Grundbuchrecht

ETM: claim for cancellation; FTM: action en radiation

TMQ: § 62 Allgemeines Grundbuchsgesetz 1955

DEF: die Klage des durch eine Einverleibung im Grundbuch in seinen bürgerlichen Rechten Verletzten gegen den zu Unrecht Eingetragenen auf Ungültigkeit und Einverleibung der Löschung der Eintragung.

DFQ: Welser, FWB Bürgerliches Recht

REL: Falscher Freund

DTM: **Löschungsklage**; fachlit.; 3; Hauptb.; Subst.; fem.; sg.; 1211; Markenrecht; **Klage auf Löschung; Klage wegen Nichtigkeit**

DTQ: OLG Karlsruhe (Urt. v. 19.02.2004 - Az. 6 U 186/02)

DEF: eine sog. Popularklage, mit der die Löschung der Eintragung einer Marke aufgrund der Verfallsgründe des § 49 MarkenG oder des Bestehens älterer Rechte gemäß § 51 MarkenG vor den ordentlichen Gerichten verlangt werden kann.

DFQ: http://www.kennzeichenstreit.de/loeschungsklage.html (20.12.2014)

***

ATM: **Lungenbraten**; gesetzl.; 4; Hauptb.; Subst.; mask.; sg.; 6026; Lebensmittelrecht; **Filet**
ETM: tenderloin; FTM: filet

TMQ: Österr. Lebensmittelbuch, Kap. 14, A.3.1.4

DEF: M. iliopsoas; Liegt unter dem Beiried; Man unterscheidet den Lungenbratenzapfen (das „Dicke Ende"), die Lungenbratenmitte und den Lungenbratenspitz (das „Spitze Ende").

DFQ: Österr. Lebensmittelbuch, Kap. 14, A.3.1.4

REL: Synonym

DTM: **Filet**; gesetzl.; 4; Hauptb.; Subst.; neutr.; sg.; **Lende**, **Schlachtbraten**

DTQ: Leitsätze für Fleisch und Fleischerzeugnisse, GMBl Nr. 5/6 ff. vom 04.02.2010)

DEF: bei warmblütigen Tieren mit Ausnahme des Geflügels die von Knochen abgetrennte und von größeren Fettgewebsauflagerungen befreite innere Lendenmuskulatur (innere Hüftmuskulatur Psoasmuskulatur, Rückenbeugemuskulatur.

DFQ: Leitsätze für Fleisch und Fleischerzeugnisse, GMBl Nr. 5/6 ff. vom 04.02.2010; A. 2.501

***

ATM: **Machtgeber/in**; gesetzl.; 4; Hauptb.; Subst.; mask./fem.; sg.; 1211; Bürgerl. Recht; **Gewaltgeber/in**, **Vollmachtgeber/in**
ETM: principal; FTM: mandant

TMQ: § 1009 ABGB

DEF: jene Person, in deren Namen eine Handlung gesetzt wird bzw. in deren Namen eingeschritten wird. Der Machtgeber ist im ursprünglichen Besitz der Rechte bzw. Rollen.

DFQ: www.egiz.gv.at/files/download/Leitfaden-MOA-Vollmachten.pdf (16.01.2015)

REL Synonym

DTM: **Vollmachtgeber/in**; gesetzl.; 4; Hauptb.; Subst.; mask./fem.; sg.

DTQ: § 166 BGB

DEF: jemand, der eine Vertretungsmacht erteilt.

DFQ: AlpBrock2

***

ATM: **Machthaber/in**; gesetzl.; 4; Hauptb.; Subst.; mask./fem.; sg.; 1211; Bürgerl. Recht; **Gewalthaber/in**, **Bevollmächtigte/r**
ETM: agent; FTM: mandataire

TMQ: § 1021 ABGB

DEF: jene Person, die in Namen des Machtgebers tätig wird. Auf sie wurden die Rechte bzw. Rollen des Machtgebers per Vollmacht übertragen.

DFQ: www.egiz.gv.at/files/download/Leitfaden-MOA-Vollmachten.pdf (16.01.2015)

REL Synonym

DTM: **Bevollmächtigte/r**; gesetzl.; 4; Hauptb.; Subst.; mask./fem.; sg.

DTQ: § 167 BGB

DEF: jemand, dem eine Vertretungsmacht erteilt wird.

DFQ: AlpBrock2

***

ATM: **mageres Meisel**; gesetzl.; 4; Hauptb.; MWA; neutr.; sg.; 6026; Lebensmittelrecht
ETM: clod; FTM: faux-filet
TMQ: Österr. Lebensmittelbuch, Kap. 14 A.3.1.3
DEF: M. supra spinam; Vorderster Teil der Schulter, unter dem Fetten Meisel gelegen.
DFQ: Österr. Lebensmittelbuch, Kap. 14 A.3.1.3
REL: Teilsynonym

DTM: **falsches Filet**; gesetzl.; 4; Hauptb.; MWA; neutr.; sg.; **Schaufelstück**, **Schulterfilet**
DTQ: http://www.gutekueche.de/rezepte/... fleischstuecke-rind (16.09.2014)
DEF: der kopfwärts auf der äußeren Seite des Schulterblattes befindliche Muskel (M. supra spinam) des Rindes.
DFQ: http://www.fleischwirtschaft.de/dokumentation/fachbegriffe/ (16.09.2014)

***

ATM: **Magistrat**; gesetzl.; 4; Hauptb.; Subst.; mask.; sg.; 1206; Kommunalrecht; **Stadtamt, Gemeindeamt**
ETM: municipal council; FTM: administration municipale
TMQ: § 14 Abs. 2 Statut der Landeshauptstadt Graz 1967
DEF: in Städten mit eigenem Statut Bezeichnung für die Verwaltungsbehörde der Gemeinde.
DFQ: Mayer, FWB Öffentl. Recht
NOT: Die Bezeichnung in den Stadtgemeinden ohne eigenes Statut ist: „**Stadtamt**"; in allen anderen Gemeinden: „**Gemeindeamt**". In AT sieht die Bundesverfassung das Organ des Gemeindevorstandes zwingend vor (vgl. Art. 117 (1) B-VG): in Städten ohne eigenem Statut wird dieser als „**Stadtrat**" bezeichnet, in Städten mit eigenem Statut als „**Stadtsenat**".
REL: Teilynonym

DTM: **Magistrat**; gesetzl.; 4; Hauptb.; Subst.; mask.; sg.; **Gemeindevorstand**
DTQ: § 39 VerfBrhv
DEF: Kollegialorgan, das in einigen wenigen deutschen Gemeinden an der Spitze der Gemeindeverwaltung steht und aus dem (Ober-)Bürgermeister sowie haupt- und ehrenamtlichen Stadträten gebildet wird. Er bildet die Spitze der Verwaltung einer Stadt.
DFQ: http://de.wikipedia.org/wiki/Magistrat (Deutschland) (28.11.2014)
NOT: In einigen wenigen dt. Bundesländern (z.B. in Hessen oder auch in der Stadt Bremerhaven) gibt es auf Gemeindeebene nicht nur das gewählte Organ der Gemeindevertretung und den vom Volk gewählten Bürgermeister, sondern auch einen Magistrat (Gemeindevorstand), der sich aus dem Bürgermeister und mehreren von der Gemeindevertretung gewählten Beigeordneten zusammensetzt.

***

ATM: **Mahnklage**; gesetzl.; 4; Hauptb.; Subst.; fem.; sg.; 1211; Bürgerl. Recht
ETM: application for default summons; FTM: demande en injonction de payer
TMQ: Art. 1 § 388 Geschäftsordnung für die Gerichte I. und II. Instanz
DEF: die Klage, die auf Geldleistungsansprüche bis einschließlich 30.000,- € gerichtet ist und in einem vereinfachten Verfahren die rasche Erlangung eines Exekutionstitels emöglicht.
DFQ: § 244 ff. ZPO
REL: Teilsynonym; funkt. Äquiv.

DTM: **Mahnantrag**; gesetzl.; 4; Hauptb.; Subst.; fem.; sg.
DTQ: § 690 dZPO
DEF: ein Antrag, der auf den Erlass eines Mahnbescheids gerichtet ist, wodurch das Mahnverfahren - ein vereinfachte Verfahren zur Durchsetzung von Geldforderungen - ausgelöst wird.

DFQ: § 690 ZPO; Creif21

NOT: Das dt. Zivilprozessrecht kennt ein obligatorisches Mahnverfahren nicht, wenngleich seine Einführung gelegentlich diskutiert wurde. Es liegt somit in der Hand des Gläubigers, ob er den Erlass eines Mahnbescheids beantragen oder seine Forderung sogleich im streitigen Verfahren vor dem Zivilgericht geltend machen möchte.

***

ATM: **Mahnverfahren**; gesetzl.; 4; Hauptb.; Subst.; neutr.; sg.; 1211; Verwaltungsrecht

ETM: non-payment summary proceedings; FTM: procédure d'injonction de payer

TMQ: §§ 244 ff. ZPO

DEF: ein für Geldleistungsansprüche bis € 30.000,- zwingend vorgesehenes vereinfachtes schriftliches Verfahren.

DFQ: §§ 244 ff. ZPO

NOT: Dient der Kosten sparenden Erlangung eines Exekutionstitels (des Zahlungsbefehls) für voraussichtlich unbestrittene Geldforderungen. Die Durchführung des Mahnverfahrens obliegt dem Rechtspfleger.

REL: Teilsynonym; breiter

DTM: **Mahnverfahren**; gesetzl.; 4; Hauptb.; Subst.; neutr.; sg.

DTQ: §§ 688 ff. ZPO

DEF: ein Verfahren, das für möglicherweise nicht bestrittene Ansprüche auf eine Geldsumme rasch ohne mündliche Verhandlung zu einem Vollstreckungstitel führen soll.

DFQ: §§ 688 ff. ZPO; Creif21

NOT: Funktionell zuständig ist der Rechtspfleger, in DE gibt es jedoch keine Obergrenze für die Geldleistungsansprüche. Es liegt somit in der Hand des Gläubigers, ob er den Erlass eines Mahnbescheids beantragen oder seine Forderung sogleich im streitigen Verfahren vor dem Zivilgericht geltend machen möchte.

***

ATM: **Mandatar/in**; gesetzl.; 4; Nebenb.; Subst.; mask./fem; sg.; 0426; Öffentl. Recht; Parlament; **Abgeordneter**

ETM: parliamentary representative; FTM: député

TMQ: §§ 3, 8 (3) Hochschülerinnen- und Hochschülerschaftsgesetz; Mayer, FWB Öffentl. Recht

DEF: das gewählte Mitglied des Nationalrats, eines Landtags oder eines Gemeinderats bzw. einer Körperschaft öffentlichen Rechts, wobei diese Bezeichnung idR üblich für einen Abgeordneten zum Gemeinderat ist.

DFQ: nach Mayer, FWB Öffentl. Recht

REL: Synonym

NOT: Parallelbegriff zu „**Abgeordneter**". In DE nicht üblich. Auch allgemein für jmd. der ein Mandat (Vertretung) ausübt, z.B. ein Rechtsanwalt.

DTM: **Abgeordnete/r**; gesetzl.; 4; Hauptb.; Subst.; mask./fem; sg.

DTQ: Art 38 GG

DEF: ein Mitglied des Deutschen Bundestages sowie ein Mitglied des Berliner Landesparlaments (Abgeordnetenhaus).

DFQ: http://www.bundestag.de/wissen/glossar/A/abgeordnete.html (30.11.2014); Art. 38 GG

NOT: „Mandatar" in DE in der Bedeutung „Rechtsvertreter" in Gebrauch.

***

ATM: **Mandatsverfahren (1)**; Hauptb.; gesetzl.; Hauptb.; Subst.; neutr.; sg.; 1211; Bürgerl. Recht

ETM: mandating process; FTM: procédure d'octroi de mandats

TMQ: § 57 (2) ZPO

DEF: ein Verfahren, in dem der Kläger in einer zur Geltendmachung einer Forderung an Geld oder anderen vertretbaren Sachen eingebrachten Klage beantragen kann, dass gegen den Beklagten ein Zahlungsauftrag (Mandat) erlassen werde, wenn alle Tatsachen, auf welche der Anspruch des Klägers in der Hauptsache sowie die Nebenforderungen sich gründen, durch in Urschrift von unbedenklicher äußerer Form beigebrachte Urkunden bewiesen werden.

DFQ: §§ 548 ff. ZPO

REL: Synonym; enger

DTM: **Urkundenprozess**; gesetzl.; 4; Hauptb.; Subst; mask.; sg.

DTQ: §§ 592 ff. ZPO

DEF: ein Prozess bei dem sämtliche zur Begründung eines Anspruchs auf Zahlung erforderlichen Tatsachen nur durch Urkunden bewiesen werden können.

DFQ: nach §§ 592 ff. dZPO; www.lexexact.de

***

ATM: **Mandatsverfahren (2)**; gesetzl.; 4; Hauptb.; Subst.; neutr.; sg.; 1216; Verwaltungsstrafrecht

ETM: mandating procedure; FTM: procédure de l'ordonnance pénale

TMQ: § 47 VStG

DEF: ein abgekürztes Verfahren, in dem eine Behörde durch eine Strafverfügung ohne weiteres Verfahren eine Geldstrafe bis zu 365 Euro festsetzen kann, wenn von einem Gericht, einer Verwaltungsbehörde, einem Organ der öffentlichen Aufsicht oder einer Militärwache aufgrund eigener dienstlicher Wahrnehmung oder eines vor ihnen abgelegten Geständnisses eine Verwaltungsübertretung angezeigt oder wenn das strafbare Verhalten aufgrund automatischer Überwachung festgestellt wurde. (im Verwaltungstrafrecht)

DFQ: §§ 47 ff. VStG

NOT: Die Strafe wird ohne Hauptverhandlung festgesetzt.

REL: Teilsynonym; funkt. Äquiv.

DTM: **Strafbefehlsverfahren**; gesetzl.; 4; Hauptb.; Subst.; neutr.; sg.

DTQ: § 433 dStPO

DEF: ein Verfahren, dass auf kürzestem Weg die Verhängung von Strafen oder Maßregeln der Besserung und Sicherung ermöglichen soll.

DFQ: nach §§ 407 ff. dStPO; http://www.rechtsanwaelte-sb.de/strafrecht/ (30.08.2014)

NOT: Die Strafe wird ohne Hauptverhandlung festgesetzt.

***

ATM: **Mängelbehebungsauftrag**; gesetzl.; 4; Hauptb.; Subst.; mask.; sg.; 0436; Verwaltungsrecht

ETM: order to remedy defects within an application; FTM: ordre de réparation d'un vice

TMQ: Verwaltungsgerichtshofgesetz 1985

DEF: Aufforderung einer Behörde oder eines Gerichts, einen formalen Fehler, der einem an diese Stellen gerichteten Schriftsatz anhaftet, binnen einer bestimmten Frist zu verbessern, beispielsweise eine Unterschrift nachzuholen.

DFQ: https://www.bvwg.gv.at/Glossar/M/maengelbehebungsauftrag.html (30.11.2014); § 85 (2) BAO

NOT: Ist die Zurückweisung einer Berufung/Beschwerde aufgrund von formalen Mängeln, die jedoch die Einwendung als solche nicht berührt und lediglich die Korrektur der formalen Gestaltung der Eingabe betrifft.

DTM: FEHLT

***

ATM: **Mängelrüge**; gesetzl.; 4; Hauptb.; Subst.; fem.; sg.; 2026; Verbaucherrecht

ETM: notice of defects; FTM: réclamation pour vices

TMQ: § 377 UGB; 933a ABGB

DEF: die Anzeige von Mängeln durch den Übernehmer einer Sache (Käufer) an den Übergeber (Verkäufer), um einen Schaden geltend zu machen und Schadenersatz zu verlangen.

DFQ: nach § 377 UGB; § 933a ABGB

NOT: Wird die Mängelrüge unterlassen, kann der Käufer Ansprüche auf Schadenersatz wegen des Mangels selbst nicht mehr geltend machen.

REL: Teilsynonym; enger

DTM: **Mängelanzeige**; gesetzl.; 4; Hauptb.; Subst.; fem.; sg.

DTQ: § 536c BGB

DEF: das Anzeigen eines Mangels der Mietsache durch den Mieter an den Vermieter im Laufe der Mietzeit.

DFQ: § 536c (1) BGB

NOT: Eine ebensolche Anzeigepflicht besteht, wenn eine Maßnahme zum Schutz der Mietsache gegen eine nicht vorhergesehene Gefahr erforderlich wird oder ein Dritter sich ein Recht an der Sache anmaßt.

***

ATM: **Manifestationsklage**; fachlit.; 3; Hauptb.; Subst.; fem.; sg.; 1211; Bürgerl. Recht

ETM: action seeking an order for disclosure; FTM: action en justice pour obtenir des informations

TMQ: OGH 6Ob307/98k, 28.01.1999

DEF: eine privatrechtliche Klage, um per Urteil Auskunft von jemanden zu erlangen, ein Verzeichnis des Vermögens oder der Schulden anzugeben, was ihm von diesem Vermögen, von den Schulden oder von der Verschweigung oder Verheimlichung des Vermögens bekannt ist und einen Eid dahin zu leisten, dass seine Angaben richtig und vollständig sind.

DFQ: Art. XLII EGZPO

NOT: Die Stufenklage enthält ein zweistufiges Klagebegehren: Die Manifestationsklage und das (vorerst unbestimmte) Begehren auf Herausgabe des Vermögens oder Zahlung der Schulden.

REL Synonym

DTM: **Auskunftsklage**; fachlit.; 3; Hauptb.; Subst.; fem.; sg.

DTQ: Kasper, Münchener Anwaltshandbuch Erbrecht - 2. Auflage 2007

DEF: findet immer dann ihre Anwendung, wenn ein Kläger seinen Klageanspruch nicht geltend machen kann, weil der Beklagte entsprechende Auskünfte nicht erteilt.

DFQ: nach § 254 dZPO; § 47 InsO; http://www.juraforum.de/lexikon/auskunftsklage (12.01.2015)

NOT: Wird z.B. die von einem Insolvenzverwalter geschuldete Auskunft nicht freiwillig erteilt, kann der Anspruchsteller Klage erheben. Ein entsprechendes Rechtsschutzinteresse besteht schon dann, wenn der Anspruchsteller Aussonderungsrechte behauptet und nicht ausgeschlossen erscheint, dass solche vorliege. (Ganter, Münchener Kommentar Insolvenzordnung, 2. Auflage 2007)

***

ATM: **Manipulationsgebühr**; gesetzl.; 4; Hauptb.; Subst.; fem.; sg.; 1231; Transportrecht; **Bearbeitungsgebühr**

ETM: processing fee; FTM: frais de traitement

TMQ: § 6 LKW-Tafel-Verordnung

DEF: Sammelbegriff der die Kosten für Porto, Verpackung und Bearbeitung im Bereich von Logistikaufträgen umfasst.

DFQ: http://www.enu.at/allgemeine-geschaeftsbedingungen (14.01.2015)

NOT: Der Begriff ist vor allem im Transport- und Bankwesen gebräuchlich, darüber hinaus auch bei Behörden und im Geschäftsverkehr.

REL: Teilsynonym; breiter

DTM: **Transportkosten**; gesetzl.; 4; Hauptb.; Subst.; fem.; sg.

DTQ: § 4 (1) Nr. 2.6 Verordnung über die Berufsausbildung zum Kaufmann im Groß- und Außenhandel

DEF: für die Raumüberbrückung von Transportgütern (Einsatzstoffe, Halb- und Fertigprodukte, Ersatzteile etc.) und Personen anfallenden Kosten der Bereitstellung und Bereithaltung von Transportkapazität und -betriebsbereitschaft, der Durchführung von Transportvorgängen und des Fremdbezugs von Transportleistungen.

DFQ: http://wirtschaftslexikon.gabler.de/Definition/transportkosten.html (13.01.2015)

NOT: In der Logistik ist in DE durchaus auch der Fachbegriff „**Manipulationsgebühr**" üblich, während in allen anderen Bereichen ausschließlich „**Bearbeitungsgebühr**" verwendet wird.

***

ATM: **Manuduktionspflicht**; fachlit.; 3; Hauptb.; Subst.; fem.; sg.; 1226; Zivilrecht; **Rechtsmittelbelehrung; Rechtsbelehrung**

ETM: duty to provide counsel; FTM: obligation de renseigner les parties

TMQ: RS0096483, (15.12.1989)

DEF: die gesetzlich vorgeschriebene Verpflichtung eines Richters oder Verwaltungsbeamten zur Erteilung einer mündlichen Rechtsbelehrung für unvertretene oder nicht qualifizierte Personen.

DFQ: https://www.help.gv.at/... Rechtsbelehrung (05.12.2014); §§ 432, 435 ZPO

REL: Synonym; enger

NOT: Die Verletzung der Manuduktionspflicht stellt einen Verfahrensmangel dar.

DTM: **Belehrungspflicht**; gesetzl.; 4; Hauptb.; Subst.; fem.; sg.; 1211; Bürgerl. Recht; **Rechtbelehrungspflicht**

DTQ: AlpBrock2

DEF: die Verpflichtung von Gericht, Staatsanwaltschaft und Polizei, den Beschuldigten, Zeugen oder Sachverständige im Ermittlungsverfahren und in der Hauptverhandlung auf bestimmte Rechte hinzuweisen.

DFQ: nach §§ 136, 163 StPO; § 499 dZPO; AlpBrock2

***

ATM: **Markenschutzgesetz**; gesetzl.; 4; Hauptb.; Subst.; neutr.; sg.; 2036; Markenrecht; **MSchG**

ETM: law on the protection of trademarks; FTM: loi relative à la protection des marques

TMQ: §§ 1 ff. MSchG

DEF: Bundesgesetz über den Schutz von Marken und sonstigen Kennzeichnen aus dem Jahre 1970

DFQ: §§ 1 ff. MSchG

REL Synonym

NOT: Seit Sommer 1999 gibt es in AT ein neues Markenschutzgesetz. Marken können alle Zeichen sein, die sich graphisch darstellen lassen, insbesondere Wörter einschließlich Personennamen, Abbildungen, Buchstaben, Zahlen und die Form oder Aufmachung der Ware, soweit solche Zeichen geeignet sind, Waren oder Dienstleistungen eines Unternehmens von denjenigen anderer Unternehmen zu unterscheiden.

DTM: **Markengesetz**; gesetzl.; 4; Hauptb.; Subst.; neutr.; sg.; **MarkenG**

DTQ: §§ 1 ff. MarkenG

DEF: Gesetz über den Schutz von Marken und sonstigen Kennzeichen aus dem Jahre 1994

DFQ: §§ 1 ff. MarkenG

NOT: Schützt Marken, geschäftliche Bezeichnungen und geografische Herkunftsangaben.

***

ATM: **Maßnahmenbeschwerde**; gesetzl.; 4; Hauptb.; Subst.; fem.; sg.; 0436; Verwaltungsrecht

ETM: legal remedy against arbitrary conduct of public authorities; FTM: recours juridique contre l'arbitraire des pouvoirs publics

TMQ: Art. 130 (1) Z. 2 B-VG

DEF: Rechtsmittel gegen Akte unmittelbarer Befehls- und Zwangsgewalt. Sie ist direkt beim Bundesverwaltungsgericht einzubringen.

DFQ: https://www.bvwg.gv.at/Glossar/M/massnahmenbeschwerde.html (16.01.2015)

NOT: Ist ein Rechtsistitut, das im dt. Recht fehlt und Sicherheit gegen verwaltungsrechtliche Willkür ermöglichen soll.

DTM: FEHLT

***

ATM: **Markt**; gesetzl.; 4; Hauptb.; Subst.; mask.; sg.; 4031; Gewerberecht

ETM: local market; FTM: marché local

TMQ: § 286 (1) GewO

DEF: eine Veranstaltung, bei der auf einem örtlich bestimmten Gebiet (Marktplatz, Markthalle) zu bestimmten Markttagen und Marktzeiten Waren feilgeboten und verkauft werden.

DFQ: § 286 (1) GewO

REL Synonym

NOT: Ein Markt darf nur aufgrund einer Verordnung der Gemeinde, in welcher der Markt abgehalten werden soll, stattfinden.

DTM: **Wochenmarkt**; gesetzl.; 4; Hauptb.; Subst.; mask.; sg.; 1211; Bürgerl. Recht

DTQ: § 67 GewO

DEF: eine regelmäßig wiederkehrende, zeitlich begrenzte Veranstaltung, auf der eine Vielzahl von Anbietern eine oder mehrere der folgenden Warenarten feilbietet.

DFQ: § 67 GewO

NOT: In der dt. Gewerbeordnung wird genauer als in der österreichischen zwischen Großmarkt, Wochenmarkt, Spezialmarkt und Jahrmarkt unterschieden (§§ 64 ff. GewO).

***

ATM: **Maßnahmenvollzug**; gesetzl.; 4; Hauptb.; Subst.; mask.; sg.; 1206; Strafrecht; **Vollzug der mit Freiheitsentziehung verbundenen vorbeugenden Maßnahmen**

ETM: enforcement of an order; FTM: régime d'exécution de mesures de sécurité

TMQ: § 12 (2) Strafvollzugsgesetz

DEF: ein System sogenannter vorbeugender Maßnahmen. Der Zweck der Maßnahme liegt nicht in der Bestrafung des Täters, sondern in der Reduktion der Gefährlichkeit des Täters für die Zukunft.

DFQ: http://www.justiz.gv.at/web2013/../2c94848a45f4a1ff01461dd36013082a.de.html (17.12.2014)

NOT: Das Gesetz unterscheidet zwischen geistig abnormen Rechtsbrechern (§ 21 StGB), entwöhnungsbedürftigen Rechtsbrechern (§ 22 StGB) und gefährlichen Rückfallstätern (§ 23 StGB). Die größte Bedeutung haben die vorbeugenden Maßnahmen im Umgang mit geistig abnormen Rechtsbrechern; diese werden in der vorbeugenden Maßnahme grundsätzlich unbefristet so lange angehalten, bis anzunehmen ist, dass die Gefährlichkeit, gegen die sich die Anhaltung gerichtet hat, nicht mehr besteht. (RichterInnenwoche 2014: Pressemitteilung vom 22.05.2014)

REL Synonym

DTM: **Maßregelvollzug**; gesetzl.; 4; Hauptb.; Subst.; mask.; sg.; **Maßregeln der Besserung und Sicherung; Sicherungsverwahrung;**

DTQ: www.bundestag.de/dasparlament/.../14191668.html (01.07.2014)

DEF: in Deutschland eine vom Strafrichter angeordnete (im Gegensatz zu den eigentlichen Strafen, welche 'verhängt' werden) Rechtsfolge für eine rechtswidrige Tat, die neben oder anstelle einer Strafe, in manchen Fällen auch bei schuldlosem Handeln des Täters, verhängt werden können.

DFQ: http://www.juraforum.de/lexikon/massregeln-der-besserung-und-sicherung (01.07.2014)

***

ATM: **materielle Wahrheitsforschung**; gesetzl.; 4; Hauptb.; MWA; fem.; sg.; 1216; Strafrecht
ETM: duty to uncover the material truth; FTM: principe de l'examen d'office

TMQ: OGH 4Ob25/00f, 15.02.2000

DEF: die Pflicht aller an der Strafverfolgung beteiligten Organe, die Wahrheit mit allen rechtlich zur Verfügung stehenden Mittel zu erforschen und alle Umstände, die der Belastung oder Entlastung des Beschuldigten dienen, in gleicher Weise zu berücksichtigen, ohne an Erklärungen und Anträge der Parteien gebunden zu sein.

DFQ: § 3 StPO

REL: Synonym

DTM: **Ermittlungsgrundsatz**; gesetzl.; 4; Hauptb.; Subst.; fem.; sg.; **Inquisitionsprinzip, Untersuchungsgrundsatz**

DTQ: Creif21

DEF: die Pflicht aller an der Strafverfolgung beteiligten Organe, die Wahrheit mit allen rechtlich zur Verfügung stehenden Mittel zu erforschen und alle Umstände, die der Belastung oder Entlastung des Beschuldigten dienen, in gleicher Weise zu berücksichtigen, ohne an Erklärungen und Anträge der Parteien gebunden zu sein.

DFQ: Creif21

***

ATM: **Matura**; gesetzl.; 3; Hauptb.; Subst.; fem.; sg.; 3206; Schulrecht; **Reifeprüfung**
ETM: high school diploma; FTM: baccalauréat

TMQ: § 9 (2) Z2 Gesundheits- und Krankenpflege-EWR-Qualifikationsnachweis-Verordnung 2008

DEF: der Abschluss der allgemein bildenden höheren Schulen (AHS) sowie ein Teil der abschließenden Prüfung an der berufsbildenden höheren Schule (BHS). Damit erwirbt man den allgemeinen Hochschulzugang.

DFQ: http://www.abc.berufsbildendeschulen.at/de/glossar_details.asp?id=35 (17.01.2015)

REL Synonym

DTM: **Abitur**; allgmspr.; 3; Hauptb.; Subst.; neutr.; sg.; **Reifeprüfung**

DTQ: www.schule-bw.de/unterricht/faecher/latein/abitur (01.07.2009)

DEF: Sekundarschulabschluss, der nach 12 bzw. 13 Schuljahren in der gymnasialen Oberstufe erworben wird und die Allgemeine Hochschulreife verleiht, d.h. den Zugang zu allen Hochschulen und Fachrichtungen eröffnet.

DFQ: http://www.bildungsserver.de/glossarset.html?Id=59&sp=0& (17.01.2015)

***

ATM: **Maturant / Maturantin**; fachlit.; 3; Hauptb.; Subst.; mask./fem.; sg.; 3201; Schulrecht
ETM: high school graduate; FTM: bachelier

TMQ: OGH 2Ob62/04p, 20.02.2006

DEF: jemand, der die Reifeprüfung erfolgreich absolviert und damit die allgemeine Hochschulreife erlangt hat.

DFQ: http://de.wikipedia.org/wiki/Maturant (26.09.2014)

REL Synonym

DTM: **Abiturient / Abiturientin**; allgmspr.; 3; Hauptb.; Subst.; mask./fem; sg.

DTQ: http://www.student-online.net/dictionary/ (11.01.2015)

DEF: Träger eines Abiturs, der dazu berechtigt ist, seine Studien an einer Hochschule aufzunehmen, meist als Abgänger eines Gymnasiums vor dem Eintritt in Hochschule, Ausbildung oder Wehrdienst.

DFQ: http://www.student-online.net/dictionary/ (11.01.2015)

NOT: Der Begriff ist in DE allgemeinsprachlich und nicht sehr üblich. Stattdessen wird die Formulierung „**hat das Abitur gemacht**" verwendet.

***

ATM: **Mediengesetz**; gesetzl.; 4; Hauptb.; Subst.; neutr.; sg.; 3226; Medienrecht; **MedienG**
ETM: media law; FTM: loi sur les médias

TMQ: §§ 1 ff. MedienG

DEF: Bundesgesetz vom 12. Juni 1981 über die Presse und andere publizistische Medien.

DFQ: §§ 1 ff. MedienG

NOT: Es soll zur Sicherung des Rechtes auf freie Meinungsäußerung und Information die volle Freiheit der Medien gewährleisten.

REL: Teilsynonym; funkt. Äquiv.

DTM: **Pressegesetz**; gesetzl.; 4; Hauptb.; Subst.; neutr.; sg.; 3231; Presserecht

TMQ: Gesetz über die Presse (Landespressegesetz [Baden-Württemberg])
http://www.presserecht.de (13.01.2015)

DEF: besonders das Pressewesen betreffende Rechtsvorschriften, die durch Art. 5 I 2, 3, II GG und Verfassungsbestimmungen der Länder geregelt sind. Die Gesetzgebungsbefugnis liegt nach der Föderalismusreform I bei den Ländern (Art. 70 GG).

DFQ: http://wirtschaftslexikon.gabler.de/Definition/presserecht.html (13.01.2015)

***

ATM: **Medieninhaber/in**; gesetzl.; 4; Hauptb.; Subst.; mask./fem.; sg.; 3231; Presserecht
ETM: media owner; FTM: propriétaire de média

TMQ: § 2 Privatradiogesetz

DEF: ein in- oder ausländischer Inhaber einer Tages- oder Wochenzeitung oder ein in- oder ausländischer Fernseh- oder Hörfunkveranstalter;

DFQ: § 2 Privatradiogesetz

REL: Teilsynonym; funkt. Äquiv.

DTM: **Verantwortliche/r im Sinne des Presserechts**; fachlit.; 3; Hauptb.; MWA; mask./fem.; sg.; **V.i.S.d.P.**

DTQ: http://de.wikipedia.org/wiki/Verantwortlich_im_Sinne_des_Presserechts (13.01.2015)

DEF: formelhafte Einleitung zur Angabe der Personen, die im Sinne des deutschen Presserechts für den Inhalt einer Zeitung, Zeitschrift oder ähnlichem verantwortlich sind.

DFQ: http://de.wikipedia.org/wiki/Verantwortlich_im_Sinne_des_Presserechts;
http://wirtschaftslexikon.gabler.de/Definition/presserecht.html (13.01.2015)

NOT: Verantwortlich für strafbare Handlungen der Presse ist i.Allg., v.a. bei periodischen Druckschriften, der Redakteur. Es wird vermutet, dass er die Veröffentlichung eines Druckwerkes, dessen Inhalt eine strafbare Handlung begründet, als eigene Äußerung gewollt hat, wenn auch diese Vermutung widerlegt werden kann. (Gabler, Presserecht)

***

ATM: **medizinisch unterstützte Fortpflanzung**; gesetzl.; 4; Hauptb.; MWA; fem.; sg.; 2841; Medizinrecht

ETM: medically assisted reproduction; FTM: procréation médicalement assistée

TMQ: ABGB § 157

DEF: im Sinn dieses Bundesgesetzes die Anwendung medizinischer Methoden zur Herbeiführung einer Schwangerschaft auf andere Weise als durch Geschlechtsverkehr.

DFQ: § 1 FMedG

REL: Synonym

DTM: **medizinisch unterstützte Erzeugung menschlichen Lebens**; gesetzl.; 4; fem.; Hauptb.; MWA; sg.

DTQ: Art. 74 GG

DEF: die Anwendung medizinischer Methoden zur Herbeiführung einer Schwangerschaft und den Schutz von Embryonen.

DFQ: Art. 74 GG StZG

***

ATM: **Mehrarbeitsstunden**; gesetzl.; 4; Hauptb.; subst; fem.; pl.; 4426; Arbeitsrecht

ETM: additional working hours (that are not overtime); FTM: heures de travail additionnels (qui ne sont pas des heures supplémentaires)

TMQ: Arbeitszeitgesetz § 19d (1) Z. 3a

DEF: Arbeitsleistung, die über das vereinbarte Ausmaß der wöchentlichen Normalarbeitszeit hinausgeht, aber noch nicht Überstundenarbeit ist. Sie können vom Arbeitgeber angeordnet werden, wenn Sie im Arbeits- bzw. Kollektivvertrag verankert sind.

DFQ: https://www.wko.at/... /Teilzeitbeschaeftigung_-_Mehrarbeit.html (12.12.2014)

NOT: Für Mehrarbeitsstunden gebührt ein gesetzlicher Zuschlag von 25% des auf die Arbeitsstunde entfallenden Normallohnes.

REL: Teilsynonym; funkt. Äquiv.

DTM: **Mehrarbeitsstunden**; gesetzl.; 4; Hauptb.; Subst; fem.; pl.

TMQ: Bundesmehrarbeitsvergütungsverordnung - BMVergV

DEF: die im Rahmen der regelmäßigen Arbeitszeit geleisteten Arbeitsstunden, die über 38.5 Stunden in der Woche hinausgehen. Überschreitungen der 38.5 Stunden in der Woche, die infolge eines Jahreszeitenausgleichs oder dadurch eintreten, dass an einzelnen Arbeitstagen dienstplanmäßig nicht gearbeitet wird, gelten nicht als Mehrarbeitsstunden.

DFQ: http://www.der-oeffentliche-dienst.de/themen/arbeiter.php?loadid=28 (12.12.2014)

NOT: Wann die Mehrarbeit in bezahlte Überstunden übergeht, ist vom Tarifvertrag abhängig. In der Regel sind Mehrarbeitsstunden nicht höher zu bezahlen als Arbeitsstunden der Normalarbeitszeit.

***

ATM: **Mehrdienstleistung (1)**; gesetzl.; 4; Hauptb.; Subst.; fem.; sg.; 4411; Beamtdendienstrecht

ETM: extra work; FTM: heures additionnelles de travail supplémentaires

TMQ: § 47a Beamten-Dienstrechtsgesetz 1979

DEF: (a) die Überstunden, und (b) jene Teile des Journaldienstes, während derer der Beamte verpflichtet ist, seiner dienstlichen Tätigkeit nachzugehen

DFQ: § 47a Beamten-Dienstrechtsgesetz 1979

REL Synonym

DTM: **Mehrarbeit**; gesetzl.; 4; Hauptb.; Subst.; fem.; sg.

DTQ: § 59 Gesetz zur Regelung des Statusrechts der Beamtinnen und Beamten in den Ländern

DEF: Beamtinnen und Beamte sind verpflichtet, ohne Vergütung über die regelmäßige wöchentliche Arbeitszeit hinaus Dienst zu tun, wenn zwingende dienstliche Verhältnisse dies erfordern und sich die Mehrarbeit auf Ausnahmefälle beschränkt.

DFQ: § 88 BBG

***

ATM: Mehrdienstleistung (2); gesetzl.; 4; Hauptb.; Subst; fem.; sg.; 4411; Beamtendienstrecht

ETM: extra work; FTM: heures supplémentaires

TMQ: § 49 BDG 1979; § 45 VBG 1948

DEF: liegt vor, wenn die Dienstzeit die auf Anordnung (oder einen einer Anordnung gleichzuhaltenden Sachverhalt, (s. § 49 (1) BDG 1979) über die regelmäßige Wochendienstzeit hinaus überschritten wird. Mehrdienstleistungen, die an Werktagen erbracht werden, sollen nach Möglichkeit – eine Verpflichtung der Vorgesetzten - im selben Quartal (s. § 49 (2) BDG 1979) durch Freizeit 1:1 ausgeglichen werden.

DFQ: https://diresy.bka.gv.at/index.php/Mehrdienstleistung (15.01.2015)

NOT: Oberbegriff für alle Arbeiten, die über die übliche Arbeitszeit hinausgehen. Ist insbesondere im öffentl. Dienst üblich.

REL: Teilsynonym

DTM: Überstunden; gesetzl.; 4; Hauptb.; Subst.; fem.; pl.

DTQ: § 17 (1) Bundesangestelltentarifvertrag (BAT); § 7 (6) TVöD

DEF: Arbeitsstunden, die die dienstplanmäßige oder betriebsübliche Arbeitszeit überschreiten. Seit 01.10.2005 findet sich die Regelung in § 7 (6) TVöD (allgemeiner Teil).

DFQ: nach § 17 (1) BAT; § 7 (6) TVöD

***

ATM: mehrfache Ehe; gesetzl.; 4; Hauptb.; MWA; fem.; sg.; 1216; Strafrecht; **Bigamie**

ETM: bigamy; FTM: bigamie

TMQ: § 192 StGB; § 24 EheG

DEF: wer eine neue Ehe schließt, obwohl er verheiratet ist, oder wer mit einer bereits verheirateten Person eine Ehe schließt, begeht eine strafbare Handlung.

DFQ: § 192 StGB

REL: Synonym

DTM: Doppelehe; gesetzl.; 4; Hauptb.; Subst.; fem.; sg.; **Bigamie**

DTQ: § 172 StGB

DEF: wer eine Ehe schließt, obwohl er verheiratet ist, oder wer mit einem Verheirateten eine Ehe schließt, wird mit Freiheitsstrafe bis zu drei Jahren oder mit Geldstrafe bestraft.

DFQ: § 172 StGB

***

ATM: Mehrkindzuschlag; gesetzl.; 4; Hauptb.; Subst.; mask.; sg.; 2841; Sozialrecht

ETM: multiple child bonus; FTM: supplément d' allocation familiale à partir du troisième enfant

TMQ: § 9 Familienlastenausgleichsgesetz 1967

DEF: Anspruch von € 20 monatlich für jedes im Bundesgebiet lebende (Ausnahme EU-Raum) dritte und weitere Kind, für das Familienbeihilfe gewährt wird.

DFQ: http://www.bmfj.gv.at/familie/finanzielle-unterstuetzungen/mehrkindzuschlag.html (17.01.2015)

NOT: Es besteht nur dann ein Anspruch, wenn das zu versteuernde Familieneinkommen im Kalenderjahr, das vor dem Kalenderjahr liegt, für das der Antrag gestellt wird, eine bestimmte Höhe nicht überschritten hat.

REL: Teilsynonym; funkt. Äquiv.

DTM: **Kinderzuschlag**; gesetzl.; 4; Hauptb.; Subst.; mask.; sg.

TMQ: § 6a Bundeskindergeldgesetz

DEF: wird Eltern gewährt, die zwar ihren eigenen Bedarf durch Erwerbseinkommen grundsätzlich bestreiten können, aber nicht über ausreichend finanzielle Mittel verfügen, um den Bedarf ihrer Kinder zu decken.

DFQ: http://www.familien-wegweiser.de/wegweiser/stichwortverzeichnis,did=39986.html (12.11.2014)

NOT: Es besteht nur funktionale Äquivalenz, da es sowhl strukturelle, als auch Unterschiede in den Details der Gewährung gibt.

***

ATM: **Mehrzweckstreifen**; gesetzl.; 4; Hauptb.; Subst.; mask.; sg.; 2826; Straßenverkehrsrecht

ETM: multipurpose traffic lane; FTM: voie de circulation polyvalente

TMQ: § 1 (7a) StVO

DEF: ein Radfahrstreifen oder ein Abschnitt eines Radfahrstreifens, der unter besonderer Rücksichtnahme auf die Radfahrer von anderen Fahrzeugen befahren werden darf, wenn für diese der links an den Mehrzweckstreifen angrenzende Fahrstreifen nicht breit genug ist oder wenn das Befahren durch Richtungspfeile auf der Fahrbahn für das Einordnen zur Weiterfahrt angeordnet ist.

DFQ: § 1 (7a) StVO

NOT: Es handelt sich um eine spezielle Art des Radfahrstreifens, die in DE fehlt.

DTM: **FEHLT**

***

ATM: **Meistbot**; gesetzl.; 4; Hauptb.; Subst.; neutr.; sg.; 1211; Bürgerl. Recht

ETM: highest bid; FTM: offre maximale

TMQ: § 155 EO

DEF: höchstes bei einer Versteigerung einer Sache abgegebenes Anbot.

DFQ: ÖRWB

NOT: Der Meistbietende, dem der Zuschlag erteilt wurde, hat das Meistbot binnen zwei Monaten ab Rechtskraft der Zuschlagserteilung bei Gericht zu erlegen. In welcher Form es erlegt wird, d.h. ob in Raten oder der ganze Betrag auf einmal, ist unerheblich, es muss lediglich innerhalb der Zwei-Monate-Frist erfolgen: http://www.edikte.justiz.gv.at/edikte/ex/edparm3.nsf/h/exhlgl00

REL Synonym

DTM: **Meistgebot**; gesetzl.; 4; Hauptb.; Subst:, neutr.; sg.

DTQ: § 81 ZVG

DEF: das höchste in dem Versteigerungtermin abgegeben Gebot.

DFQ: AlpBrock2; § 81ZVG

***

ATM: **Meistbotsverteilungstagsatzung**; gesetzl.; 4; Hauptb.; Subst; fem.; sg.; 1211; Bürgerl. Recht

ETM: date for distribution of auction proceeds among creditors; FTM: date pour la répartition des bénéfices d'une licitation judiciaire aux créanciers

TMQ: § 209 Exekutionsordnung

DEF: ein gerichtlich anberaumter Termin zur Verhandlung über die Verteilung des Erlöses aus einer gerichtlichen Versteigerung unter den Gläubigern. Meistbotsverteilungstagsatzung ist eine besondere Form einer Tagsatzung. Der Meistbietende oder die Meistbietende in einer gerichtlichen Versteigerung, dem oder der der Zuschlag erteilt wurde, hat das Meistgebot binnen zwei

Monaten zu zahlen. Nach vollständiger Zahlung wird bei Gericht eine Meistbotsverteilungstagsatzung terminlich festgelegt.

DFQ: § 209 EO

REL Synonym

DTM: **Termin zur Verteilung des Versteigerungserlöses**; gesetzl.; 4; Hauptb.; Subst; mask.; sg.

DTQ: § 105 ZVG

DEF: nach der Erteilung des Zuschlags hat das Gericht einen Termin zur Verteilung des Versteigerungserlöses zu bestimmen.

DFQ: § 105 ZVG

***

ATM: **Meldeamt**; gesetzl.; 4; Hauptb.; Subst.; neutr.; sg.; 0436; Melderecht; **Meldebehörde**

ETM: residents' registration office; FTM: organisme chargé de déclaration de domicile

TMQ: Meldegesetz 1991 Anlage 3

DEF: die zuständige Stelle für das Meldewesen in Österreich.

DFQ: §§ 1 ff. MeldeG; http://de.wikipedia.org/wiki/Einwohnermeldeamt (03.07.2009)

NOT: In AT ist das Meldeamt Teil einer Gemeinde.

REL Synonym

DTM: **Einwohnermeldeamt**; gesetzl.; 4; Hauptb.; Subst.; fem.; sg.; **Meldebehörde**

DTQ: Anlage zu § 9 ReNoPatAusbV

DEF: eine für das Meldewesen zuständige kommunale Behörde, die sich als Meldestelle mit der im Meldewesen verankerten Meldepflicht befasst.

DFQ: §§ 1 ff. MRRG

***

ATM: **Meldeauskunft**; gesetzl.; 4; Hauptb.; Subst.; fem.; sg.; 0436; Melderecht

ETM: request for information from residents' registration office; FTM: demande de renseignement au registre de la population

TMQ: § 18 (1) MeldeG

DEF: Auskunft, ob und zutreffendenfalls wo innerhalb des Bundesgebietes ein eindeutig bestimmbarer Mensch angemeldet ist.

DFQ: § 18 (1) MeldeG

REL Synonym

NOT: Die Meldebehörde hat auf Verlangen gegen Nachweis der Identität Auskunft zu erteilen, ob und zutreffendenfalls wo innerhalb des Bundesgebietes ein eindeutig bestimmbarer Mensch angemeldet ist. Scheint der gesuchte Mensch nicht als angemeldet auf oder besteht in Bezug auf ihn eine Auskunftssperre, so hat die Auskunft der Meldebehörde zu lauten: „Es liegen über den/die Gesuchte(n) keine Daten für eine Meldeauskunft vor."

DTM: **Melderegisterauskunft**; gesetzl.; 4; Hauptb.; Subst.; fem.; sg.

DTQ: §§ 21 f. MRRG

DEF: eine Auskunft aus dem Melderegister.

DFQ: §§ 21 f. MRRG

NOT: Einfache und erweiterte Meldeauskunft.

***

ATM: **Melderegister**; gesetzl.; 4; Hauptb.; Subst.; neutr.; sg.; 0436; Melderecht; **Informationsverbundsystem**

ETM: civil registry/ population registry; FTM: registre de la population

TMQ: § 14 MeldeG

DEF: lokales Melderegister, in dem die Meldebehörden die Meldedaten aller bei ihnen angemeldeten Menschen einschließlich der zugehörigen Abmeldungen evident zu halten haben.

DFQ: § 14 (1) MeldeG; www.zmr.bmi.gv.at (20.10.2014)

REL Synonym

DTM: **(lokale) Melderegister**; gesetzl.; 4; Hauptb.; Subst.; neutr.; sg.

DTQ: § 1 MRRG

DEF: ein amtliches Verzeichnis, das im Rahmen des polizeilichen Meldewesens Personaldaten erfasst, die der Meldepflicht unterliegen.

DFQ: § 1 (1) MRRG

NOT: Bis Ende 2015 ist der Aufbau eines übergreifenden Bundesmelderegisters (BMR) in Ergänzung zu den kommunalen Registern geplant.

***

ATM: **Melderegisterzahl**; gesetzl.; 4; Hauptb.; Subst.; fem.; sg.; 0436; Melderecht; **ZMR-Zahl**

ETM: civil registry identifier code; FTM: numéro d'identification au registre (central) de la population

TMQ: § 16 (4) MeldeG

DEF: Zahl zur Sicherung der Unverwechselbarkeit der An- und Abgemeldeten auf dem Meldezettel, die keine Informationen über den Betroffenen enthält.

DFQ: § 16 (4) MeldeG; www.zmr.bmi.gv.at

DTM: **FEHLT**

***

ATM: **Meldebestätigung (aus dem zentralen Melderegister)**; gesetzl.; 4; Hauptb.; Subst.; fem.; sg.; 0436; Melderecht; **Bestätigung der Meldung**

ETM: residence registration confirmation form; FTM: déclaration de résidence

TMQ: § 19 (1) MeldeG

DEF: bestätigt, dass jemand an einem bestimmten Ort gemeldet ist und dient zur Vorlage bei der Behörde.

DFQ: § 2 MeldeG

REL: Synonym

NOT: **„Meldezettel“** bezeichnete vor der Meldgesetznovelle 2002 sowohl das Formular als auch die amtliche Meldebestätigung (auf dem ausgefüllten Formular) und wird oft noch in dieser Bedeutung verwendet.

DTM: **Meldebescheinigung**; gesetzl.; 4; Hauptb.; Subst.; mask.; sg.; **Meldebestätigung**

DTQ: § 18 (1) BMG Bundesmeldegesetz

DEF: über die Anmeldung in einer aktuellen Wohnung der Nachweis gegenüber Dritten (Behörden, Privatinstitutionen). Dient zum Nachweis der An-, Ab- oder Ummeldung.

DFQ: https://service.berlin.de/dienstleistung/120702/ (14.01.2015);
http://www.stuttgart.de/item/show/316317 (14.01.2015)

NOT: Die Terminologie variiert je nach Bundesland.

***

ATM: **Mengeneigentum**; fachlit.; 4; Hauptb.; Subst; neutr.; sg.; 1211; Bürgerl. Recht; **Quantitätseigentum**

ETM: undivided co-ownership interest; FTM: droits de propriété indivis

TMQ: OGH RS0010924, 31.03.1982

DEF: ein Unterfall des Miteigentums, bei dem Miteigentum an einem Gemenge vertretbarer (ununterscheidbarer) Sachen besteht.

DFQ: Welser, FWB Bürgerliches Recht

NOT: Die Anteile werden nicht in einer Quote, sondern in einem Quantum ausgedrückt. Es findet eine vereinfachte Auseinandersetzung statt.

DTM: FEHLT

***

ATM: **Mengenvindikation**; fachlit.; 3; Hauptb.; Subst.; fem.; sg.; 1211; Bürgerl. Recht; **Quantitätsvindikation**
ETM: partition action; FTM: action en partage

TMQ: Welser, FWB Bürgerliches Recht

DEF: eine Klage, die unmittelbar auf die Abtrennung einer entsprechenden Teilmenge des Eigentums gerichtet ist.

DFQ: nach OGH RS0081568; Welser, FWB Bürgerliches Recht
http://www.uibk.ac.at/zivilrecht/buch/kap8_0.xml?section=4;section-view=true#BEHJBAFJ (08.12.2014)

DTM: FEHLT

***

ATM: **Meuterei**; gesetzl.; 4; Hauptb.; Subst.; fem.; sg.; 0821; Militärstrafrecht
ETM: mutiny; FTM: mutinerie

TMQ: § 18 MilStG

DEF: wer in Gemeinschaft mit einem oder mehreren Soldaten durch Anwendung von Gewalt oder gefährlicher Drohung 1. einen militärischen Vorgesetzten, Ranghöheren oder eine Wache an der Ausübung des Dienstes zu hindern oder zur Ausübung des Dienstes in einem bestimmten Sinn zu zwingen sucht oder 2. sich Befehlsbefugnis anmaßt.

DFQ: § 18 MilStG

REL: Teilsynonym

DTM: **Meuterei**; gesetzl.; 4; Hauptb.; Subst.; fem.; sg.

DTQ: § 27 WStG

DEF: wenn Soldaten sich zusammenrotten und mit vereinten Kräften eine Gehorsamsverweigerung (§ 20), eine Bedrohung (§ 23), eine Nötigung (§ 24) oder einen tätlichen Angriff (§ 25) begehen.

DFQ: § 27 (1) WStG

***

DTM: **Mieterhöhung bis zur ortsüblichen Vergleichsmiete**; gesetzl.; 4; Hauptb.; MWA; fem.; sg.; 2846; Mietrecht
ETM: rent increase to reflect the local comparative rent; FTM: augmentation du loyer au niveau du loyer indexé

DTQ: § 558 BGB

DEF: eine Erhöhung der Miete, die der Vermieter verlangen kann, wenn die Miete in dem Zeitpunkt, zu dem die Erhöhung eintreten soll, seit 15 Monaten unverändert ist.

DFQ: § 558 (1) BGB

ATM: FEHLT

***

ATM: **Mietervereinigung Österreichs**; fachlit.; 3; Hauptb.; MWA; fem.; sg.; 0421; Mietrecht; **MVÖ**
ETM: Austrian Tenants Association; FTM: association (autrichienne) des locataires

TMQ: http://www.mietervereinigung.at/default.aspx?id=66 (08.07.2009)

DEF: ein österreichischer Verein, der es sich zum Ziel gesetzt hat, an der Verbesserung der Wohnverhältnisse der Menschen mitzuwirken und sich dafür sowohl allgemein politisch als auch im konkreten Einzelfall einzusetzen.

DFQ: nach http://www.mietervereinigung.at/default.aspx?id=66 (18.12.2014)

REL: Teilsynonym; funkt. Äquiv.

DTM: **Deutscher Mieterverbund e.V.**; fachlit.; 3; Hauptb.; MWA; mask.; sg.; **DMB**

DTQ: www.mieterbund.de (11.10.2014)

DEF: die höchste Instanz der Interessenvertretung von Mieterinnen und Mietern in Deutschland.

DFQ: www.mieterbund.de (11.10.2014)

***

ATM: **Mietgegenstände**; gesetzl.; 4; Hauptb.; Subst.; mask.; pl.; 2846; Mietrecht

ETM: leased objects; FTM: locataires loue

TMQ: § 1 (1) MRG

DEF: Wohnungen, einzelne Wohnungsteile oder Geschäftsräumlichkeiten aller Art (wie im besonderen Geschäftsräume, Magazine, Werkstätten, Arbeitsräume, Amts- oder Kanzleiräume) samt den etwa mitgemieteten (§ 1091 ABGB) Haus- oder Grundflächen (wie im besonderen von Hausgärten, Abstell-, Lade- oder Parkflächen) und für die genossenschaftlichen Nutzungsverträge über derartige Objekte.

DFQ: § 1 (1) MRG

REL: Synonym

DTM: **Mietsache**; gesetzl.; 4; Hauptb.; Subst.; fem.; sg.

DTQ: § 535 (1) BGB

DEF: der Gegenstand des Mietvertrags während der Mietzeit.

DFQ: § 535 (1) BGB

***

ATM: **mietrechtliche Normwohnung**; gesetzl.; 4; Hauptb.; MWA; fem.; sg.; 2846; Mietrecht

ETM: standard rental apartment; FTM: appartement standard à louer

TMQ: § 2 RichtWG

DEF: eine Wohnung mit einer Nutzfläche zwischen 30 Quadratmeter und 130 Quadratmeter in brauchbarem Zustand, die aus Zimmer, Küche (Kochnische), Vorraum, Klosett und einer dem zeitgemäßen Standard entsprechenden Badegelegenheit (Baderaum oder Badenische) besteht, über eine Etagenheizung oder eine gleichwertige stationäre Heizung verfügt und in einem Gebäude mit ordnungsgemäßem Erhaltungszustand auf einer Liegenschaft mit durchschnittlicher Lage (Wohnumgebung) gelegen ist.

DFQ: § 2 (1) RichtWG

DTM: FEHLT

***

ATM: **Mietzins**; gesetzl.; 4; Hauptb.; Subst.; mask.; sg.; 2846; Mietrecht

ETM: rent; FTM: loyer

TMQ: § 1 (1) MRG

DEF: das vom Mieter für die Überlassung eines Mietgegenstandes in Hauptmiete zu entrichtende Entgelt. Besteht aus 1. dem Hauptmietzins, 2. dem auf den Mietgegenstand entfallenden Anteil an den Betriebskosten und den von der Liegenschaft zu entrichtenden laufenden öffentlichen Abgaben, 3. dem auf den Mietgegenstand entfallenden Anteil für allfällige besondere Aufwendungen, 4. dem angemessenen Entgelt für mitvermietete Einrichtungsgegenstände oder sonstige Leistungen, die der Vermieter über die Überlassung des Mietgegenstandes hinaus erbringt.

DFQ: § 15 (1) MRG; Welser, FWB Bürgerliches Recht

NOT: Im alltäglichen Sprachgebrauch wird ausschließlich „**Miete**" verwendet, während „**Mietzins**" juristisch fachsprachlich ist.

REL Synonym

DTM: **Miete**; gesetzl.; 4; Hauptb.; Subst.; fem.; sg.

DTQ: § 535 BGB

DEF: das vereinbarte Entgelt für die Gebrauchsüberlassung von Wohnraum auf Grund von Mietverträgen oder ähnlichen Nutzungsverhältnissen einschließlich Umlagen, Zuschlägen und Vergütungen.

DFQ: § 9 WoGG

NOT: Vor Reform 2001 auch „**Mietzins**".

***

ATM: **Mietzinsbeihilfe**; gesetzl.; 4; Hauptb.; Subst.; fem.; sg.; 2841; Sozialrecht

ETM: rental subsidy; FTM: allocation logement

TMQ: § 107 EStG; AchSteuR1

DEF: finanzielle Ausgleichszahlung an den unbeschränkt steuerpflichtigen Hauptmieter einer Wohnung durch das Finanzamt, wenn durch die Erhöhung des Hauptmietzinses außergewöhnliche Belastungen entstanden sind, die seine wirtschaftliche Leistungsfähigkeit wesentlich beeinträchtigen.

DFQ: nach § 107 EStG 1988; AchSteuR1

NOT: Auf Antrag des unbeschränkt steuerpflichtigen Hauptmieters werden Erhöhungen des Hauptmietzinses als außergewöhnliche Belastung (§ 34) berücksichtigt, wenn sie seine wirtschaftliche Leistungsfähigkeit wesentlich beeinträchtigen. Kommen als Hauptmieter einer Wohnung mehrere Personen in Betracht, so kann der Antrag nur von einer dieser Personen gestellt werden.

REL: Teilsynonym

DTM: **Wohngeld**; gesetzl.; 4; Hauptb.; Subst.; neutr.; sg.; **Mietzuschuss; Lastenzuschuss**; **Mietbeihilfe**

TMQ: § 1 Wohngeldgesetz

DEF: dient der wirtschaftlichen Sicherung angemessenen und familiengerechten Wohnens. Wird als Zuschuss zur Miete (Mietzuschuss) oder zur Belastung (Lastenzuschuss) für den selbst genutzten Wohnraum geleistet.

DFQ: § 1 Wohngeldgesetz

NOT: Die „**Mietbeihilfe**" steht laut Unterhaltssicherungsgesetz lediglich Wehrpflichtigen und Zivildienern zu.

***

ATM: **Mietzinsreserve**; gesetzl.; 4; Hauptb.; Subst.; fem.; sg.; 2846; Mietrecht

ETM: rental reserve fund; FTM: réserve sur loyer destinée aux travaux d'entretien et d'amélioration

TMQ: § 3 (1) MRG

DEF: der Unterschiedsbetrag, der sich aus der Gegenüberstellung der ausgewiesenen Einnahmen und Ausgaben eines Kalenderjahres eines Miethauses errechnet. Muss für Erhaltungsarbeiten herangezogen werden und ist nicht ein (von der allgemeinen Regel, daß Früchte und Erträgnisse einer Sache ihren Eigentümern zufallen, ausgenommenes) Sondervermögen, sondern eine bloße Rechnungsgröße als Grundlage mietrechtlicher Entscheidungen.

DFQ: nach § 20 (2) MRG; OGH RS0070634. 09.10.1984

NOT: Es kann sich auch um einen Mietzinsabgang (Fehlbetrag) handeln, wenn die Ausgaben die Einnahmen übersteigen.

DTM: FEHLT

NOT: Eine vergleichbares Rechtsinstitut fehlt in DE. Demnach ist der Besitzer der Immobilie für ihren Erhalt verantwortlich. Dafür steht ihm das Recht zu, die Miete bei Modernisierung (§559 BGB) um bis zu elf Prozent der Modernisierungskosten zu erhöhen u.zw. frühestens ein Jahr nach Einzug oder der letzten Mieterhöhung. Die Miete nur bis zur ortsübliche Vergleichsmiete erhöht werden und innerhalb von drei Jahren nicht höher sein als 20%.

***

ATM: militärische Rechtsgüter; gesetzl.; 4; Hauptb.; MWA; mask.; sg.; 0821; Militärrecht

ETM: military assets; FTM: biens juridiques militaires

TMQ: § 1 (1) Z. 7 Militärbefugnisgesetz

DEF: 1. Leben und Gesundheit von Personen, die mit der Vollziehung militärischer Angelegenheiten betraut sind, während ihrer Dienstausübung, oder 2. darüber hinaus Leben und Gesundheit von Organwaltern verfassungsmäßiger Einrichtungen sowie von Vertretern ausländischer Staaten oder internationaler Organisationen oder sonstiger zwischenstaatlicher Einrichtungen, sofern deren Schutz jeweils im Rahmen der militärischen Landesverteidigung zu gewährleisten ist, oder 3. militärische Bereiche oder Heeresgut oder militärische Geheimnisse.

DFQ: § 1 (1) Z. 7 Militärbefugnisgesetz

DTM: FEHLT

***

ATM: militärischer Diebstahl; gesetzl.; 4; Hauptb.; MWA; mask.; sg.; 0821; Militärrecht

ETM: military theft; FTM: vol militaire

TMQ: § 31 (1) MilStG

DEF: wer einen Diebstahl begeht 1. unter Ausnützung einer durch den Einsatz geschaffenen außerordentlichen Lage, 2. unter wenn auch nur fahrlässiger Herbeiführung einer Gefahr für das Leben, die Gesundheit oder die körperliche Sicherheit von Menschen oder einer Gefahr eines erheblichen Nachteils (§ 2 Z. 4) oder 3. an einer Sache, deren Bewachung ihm obliegt.

DFQ: § 31 (1) MilStG

DTM: FEHLT

***

ATM: Minderheitsbericht; gesetzl.; 4; Hauptb.; Subst.; mask.; sg.; 0426; Öffentliches Recht

ETM: minority report; FTM: rapports de la minorité

TMQ: § 42 (4) GOG-NR

DEF: der schriftliche Bericht von wenigstens drei stimmberechtigten Teilnehmern an den Ausschußverhandlungen (§ 32) in Form eines abgesonderten Gutachtens.

DFQ: § 42 (4) GOG-NR

REL: Synonym

DTM: FEHLT (Benennungslücke); **Berichterstattung**

TMQ: § 66 (1) BTGO

NOT: Laut § 66 (2) BTGO über die Berichterstattung der Bundestagsausschüsse an das Plenum müssen die Berichte der Ausschüsse die Beschlußempfehlung des federführenden Ausschusses mit Begründung sowie die Ansicht der Minderheit und die Stellungnahmen der beteiligten Ausschüsse enthalten. Ein gesondertes Minderheitenrecht (Gutachten usw.) wird in der BTGO nicht normiert.

***

ATM: **Mindestanteil**; gesetzl.; 4; Hauptb.; Subst.; mask.; sg.; 1211; Bürgerl. Recht

ETM: minimum residential co-ownership interest; **FTM**: **proportion minimale requise pour l'acquisition de biens immobiliers**

TMQ: § 2 (9) WEG

DEF: jener Miteigentumsanteil an der Liegenschaft, der zum Erwerb von Wohnungseigentum an einem Wohnungseigentumsobjekt erforderlich ist. Er entspricht dem Verhältnis des Nutzwerts des Objekts zur Summe der Nutzwerte aller Wohnungseigentumsobjekte der Liegenschaft.

DFQ: § 2 (9) WEG

DTM: FEHLT

***

ATM: **Ministerialentwurf**; gesetzl.; 4; Hauptb.; Subst.; mask.; sg.; 0421; Öffentliches Recht

ETM: **ministerial draft**; **FTM: projet ministériel**

TMQ: http://www.parlament.gv.at/PERK/GL/ALLG/M.shtml (08.01.2015)

DEF: die Erstfassung eines Gesetzesentwurfs seitens eines Ministeriums, der einem Begutachtungsverfahren unterzogen wird.

DFQ: http://www.parlament.gv.at/PERK/GL/ALLG/M.shtml (08.01.2015)

REL: Synonym

DTM: **Vorlage der Bundesregierung**; gesetzl.; 4; Hauptb.; MWA; fem.; sg.

TMQ: § 76 (1) GG

DEF: ein Gesetzesentwurf, der von einem Ministerium zunächste dem Bundesrat und nach dessen Stellungnahme dem Bundestag zugeleitet wird.

DFQ: § 76 (1) GG

***

ATM: **Missbrauch der Amtsgewalt**; gesetzl.; 4; Hauptb.; MWA; mask.; sg.; 1216; Strafrecht; **Amtsmissbrauch**, **strafbare Verletzungen der Amtspflicht, Korruption und verwandte strafbare Handlungen**

ETM: misfeasance in public office; **FTM**: **abus de pouvoir**

TMQ: § 302 StGB

DEF: Straftat, bei der ein Beamter mit dem Vorsatz, dadurch einen anderen an seinen Rechten zu schädigen, seine Befugnis, im Namen des Bundes, eines Landes, eines Gemeindeverbandes, einer Gemeinde oder einer anderen Person des öffentlichen Rechtes als deren Organ in Vollziehung der Gesetze Amtsgeschäfte vorzunehmen, wissentlich missbraucht.

DFQ: § 302 StGB

REL: Synonym

DTM: **Straftaten im Amt**; gesetzl.; 4; Hauptb.; MWA; fem.; pl.; **Amtsdelikte**

TMQ: StGB Dreißigster Abschnitt §§ 331 ff.

DEF: mit Strafe bedrohte Verbrechen und Vergehen im Amte.

DFQ: Creif21

NOT: Das dStGB listet im 30. Abschnitt detailliert insgesamt 25 Straftaten auf, die von Amtsträgern begangen werden können. Der pauschale Überbegriff wird nicht definiert. Dazu gehören: Aussageerpressung (§ 343 StGB) Falschbeurkundung im Amt (§ 348 StGB) Gebühren- und Abgabenüberhebung und Leistungskürzung (§§ 352, 353 StGB) Rechtsbeugung (§ 339 StGB) Urkundenunterdrückung (§ 274 StGB) Vorteilsnahme und Bestechlichkeit (§ 331) usw.

***

ATM: **Missbrauch der Dienststellung**; gesetzl.; 4; Hauptb.; MWA; mask.; sg.; 0821; Militärrecht

ETM: abuse of command authority; FTM: abus de pouvoir de commandement

TMQ: § 34 MilStG

DEF: wenn ein Soldat, seine Dienststellung zu Befehlen, Forderungen oder Zumutungen, die in keiner Beziehung zum militärischen Dienst stehen, einem Untergebenen, Rangniedereren oder einem Angehörigen von ihnen (§ 72 StGB) gegenüber gröblich missbraucht.

DFQ: § 34 MilStG

REL: Synonym

DTM: **Missbrauch der Befehlsbefugnis zu unzulässigen Zwecken**; gesetzl.; 4; Hauptb.; MWA; mask.; sg.

DTQ: § 32 WStG

DEF: wenn ein Soldat seine Befehlsbefugnis oder Dienststellung gegenüber einem Untergebenen zu Befehlen, Forderungen oder Zumutungen missbraucht, die nicht in Beziehung zum Dienst stehen oder dienstlichen Zwecken zuwiderlaufen.

DFQ: § 32 WStG

***

ATM: **Missbrauch eines Autoritätsverhältnisses**; gesetzl.; 4; Hauptb.; MWA; mask.; sg.; 1206; Strafrecht

ETM: abuse of authority; FTM: abus d'une position d'autorité

TMQ: § 212 StGB

DEF: unter Strafe gestellte sexuelle Handlungen unter Ausnützung seiner Stellung mit einer mit ihm in absteigender Linie verwandten minderjährigen Person, seinem minderjährigen Wahlkind, Stiefkind oder Mündel oder mit einer minderjährigen Person, die seiner Erziehung, Ausbildung oder Aufsicht untersteht. Dasselbe gilt, wer als Arzt, klinischer Psychologe, Gesundheitspsychologe, Psychotherapeut, Angehöriger eines Gesundheits- und Krankenpflegeberufes oder Seelsorger mit einer berufsmäßig betreuten Person; als Angestellter einer Erziehungsanstalt oder sonst als in einer Erziehungsanstalt Beschäftigter mit einer in der Anstalt betreuten Person oder als Beamter mit einer Person, die seiner amtlichen Obhut anvertraut ist, unter Ausnützung seiner Stellung dieser Person gegenüber eine geschlechtliche Handlung vornimmt oder von einer solchen Person an sich vornehmen lässt oder, um sich oder einen Dritten geschlechtlich zu erregen oder zu befriedigen, dazu verleitet, eine geschlechtliche Handlung an sich selbst vorzunehmen.

DFQ: § 212 StGB

REL: Teilsynonym; funkt. Äquiv.

DTM: **sexueller Missbrauch von Schutzbefohlenen**; gesetzl.; 4; Hauptb.; MWA; mask.; sg.; 1216; Strafrecht

TMQ: § 174 dStGB

DEF: sexuelle Handlungen an einer Person unter sechzehn Jahren, die zur Erziehung, zur Ausbildung oder zur Betreuung in der Lebensführung anvertraut ist; an einer Person unter achtzehn Jahren, die zur Erziehung, zur Ausbildung oder zur Betreuung in der Lebensführung anvertraut oder im Rahmen eines Dienst- oder Arbeitsverhältnisses untergeordnet ist, unter Missbrauch einer mit dem Erziehungs-, Ausbildungs-, Betreuungs-, Dienst- oder Arbeitsverhältnis verbundenen Abhängigkeit oder an seinem noch nicht achtzehn Jahre alten leiblichen oder angenommenen Kind vornimmt oder an sich von dem Schutzbefohlenen vornehmen lässt.

DFQ: § 174 dStGB

NOT: Dies ist mit Freiheitsstrafe von drei Monaten bis zu fünf Jahren zu bestrafen.

***

ATM: **Missbrauch von Tonaufnahme- und Abhörgeräten**; gesetzl.; 4; Hauptb.; MWA; mask.; sg.; 1206; Strafrecht

ETM: illegal recording of private conversations; FTM: enregistrement illégal d'une conversation privée

TMQ: § 120 StGB

DEF: der Fall, wenn jemand ein Tonaufnahmegerät oder ein Abhörgerät benützt, um sich oder einem anderen Unbefugten von einer nicht öffentlichen und nicht zu seiner Kenntnisnahme bestimmten Äußerung eines anderen Kenntnis zu verschaffen. Weiters wer ohne Einverständnis des Sprechenden die Tonaufnahme einer nicht öffentlichen Äußerung eines anderen einem Dritten, für den sie nicht bestimmt ist, zugänglich macht oder eine solche Aufnahme veröffentlicht.

DFQ: § 120 (1)-(2) StGB

REL: Synonym

DTM: **Verletzung der Vertraulichkeit des Wortes**; gesetzl.; 4; Hauptb.; MWA; fem.; sg.

DTQ: § 201 dStGB

DEF: unbefugte Aufnehmen des nichtöffentlich gesprochenen Wortes eines anderen auf einen Tonträger oder eine so hergestellte Aufnahme, um sie einem Dritten zugänglich zu machen.

DFQ: § 201 dStGB

NOT: Die Wiedergabe und Verwertung von Telefongesprächen, die von Dritten mitgeschnitten wurden, ist schlechthin unzulässig, soweit der Inhalt dem Kernbereich privater Lebensgestaltung, der sogenannten Intimsphäre, zugeordnet werden muss. Gesprächsteile, die nicht dem Kernbereich privater Sphäre angehören, können verwertet werden, wenn die Interessen der Allgemeinheit im Verhältnis zu den grundrechtlich geschützten Belangen der Gesprächspartner so überwiegen, dass eine Verwertung der Tonbandaufnahmen als zulässig anzusehen ist. (Bayerisches Oberstes Landesgericht, Urteil vom 20.01.1994, Aktenzeichen 5 St RR 143/93)

***

ATM: **missbräuchliche Verwendung des militärischen Hoheitszeichens**; gesetzl.; 4; Hauptb.; MWA; fem.; sg.; 0821; Militärrecht; 1216 Strafrecht

ETM: misuse of the military state emblem; FTM: utilisation abusive de l'emblème militaire d'État

TMQ: § 48a Wehrgesetz 2001

DEF: wer das militärische Hoheitszeichen entgegen den Bestimmungen des § 7 (4) (Kennzeichnung militärischer Sachgüter) führt oder sonst missbräuchlich oder herabwürdigend verwendet.

DFQ: § 48a Wehrgesetz 2001

REL: Teilssynonym; enger

DTM: **Missbrauch von Titeln, Berufsbezeichnungen und Abzeichen**; gesetzl.; 4; Hauptb.; MWA; mask.; sg.

DTQ: § 132a (1), (4) dStGB

DEF: wenn jemand unbefugt inländische oder ausländische Amts- oder Dienstbezeichnungen, akademische Grade, Titel oder öffentliche Würden führt und inländische oder ausländische Uniformen, Amtskleidungen oder Amtsabzeichen trägt.

DFQ: § 132a (1), (4) dStGB

***

ATM: **Misstrauensantrag**; gesetzl.; 4; Hauptb.; Subst.; mask.; sg.; 1206; Öffentliches Recht

ETM: motion of no confidence; FTM: motion de censure

TMQ: http://www.parlament.gv.at/PERK/GL/ALLG/M.shtml (10.01.2015)

DEF: Misstrauenskundgebung gegen ein Mitglied der Bundesregierung oder die gesamte Bundesregierung durch Abgeordnete zum Nationalrat.

DFQ: http://www.parlament.gv.at/PERK/GL/ALLG/M.shtml (10.01.2015); § 82 (4) Geschäftsordnungsgesetz 1975

NOT: Findet ein Misstrauensantrag im Nationalrat eine Mehrheit, ist das jeweilige Regierungsmitglied bzw. die gesamte Bundesregierung vom Bundespräsidenten bzw. von der Bundespräsidentin des Amtes zu entheben.

REL: Teilsynonym

DTM: **Misstrauensantrag gegen den Bundeskanzler**; gesetzl.; 4; Hauptb.; MWA; mask.; sg.

TMQ: § 97 BTGO

DEF: Antrag gemäß Art. 67 (1) GG dem Bundeskanzler das Misstrauen aussprechen. Der Antrag ist von einem Viertel der Mitglieder des Bundestages oder einer Fraktion, die mindestens ein Viertel der Mitglieder des Bundestages umfaßt, zu unterzeichnen.

DFQ: § 97 BTGO

NOT: Ein Misstrauensantrag gegen einzelne Mitglieder der deutschen Bundesregierung ist in der BTGO nicht vorgesehen. Misstrauensanträge können nur gegen den Bundeskanzler gerichtet sein.

***

ATM: **mit Freiheitsentziehung verbundene vorbeugende Maßnahmen**; gesetzl.; 4; Hauptb.; MWA; mask.; pl.; 1206; Strafrecht; **Maßnahmenvollzug; vorbeugende Maßnahmen**

ETM: preventive detention (of dangeous, chemically dependent or mentally ill offenders); FTM: mesures préventives associées à la privation de liberté

TMQ: § 25 StGB

DEF: ist neben oder an Stelle einer Strafe durch das Gericht zu erkennen und bedingt die dauernde Anhaltung des Veruteilten, wenn beim Täter eine besondere Gefährlichkeit gegeben ist oder dieser aufgrund mangelnder Schuldfähigkeit nicht verurteilt werden kann. Der Zweck der Maßnahme liegt aber nicht in der Ahndung dieser Tat, sondern in der Reduktion der Gefährlichkeit des Täters für die Zukunft.

DFQ: nach §§ 21-25 StGB und Broschüre „Strafvollzug in Österreich" http://www.justiz.gv.at/... strafvollzug/...download (12.01.2015)

NOT Der Maßnahmenvollzug betrifft gefährliche Rückfallstäter (§ 23 StGB), entwöhnungsbedürftige Rechtsbrecher (§ 22 StGB) und geistig abnorme Rechtsbrecher (§ 22 StGB).

REL: Teilsynonym; funkt. Äquiv.

DTM: **freiheitsentziehende Maßregeln der Besserung und Sicherung**; gesetzl.; 4; Hauptb.; MWA; fem.; pl.; **Maßregelvollzug**

DTQ: Dritter Abschnitt StVollzG

DEF: eine freiheitsentziehende Maßnahme. Der Sicherungsverwahrte wird zum Schutz der Allgemeinheit sicher untergebracht. Ihm soll geholfen werden, sich in das Leben in Freiheit einzugliedern.

DFQ: § 129 StVollzG

***

ATM: **Miteigentum**; gesetzl.; 4; Hauptb.; Subst.; neutr.; sg.; 1211; Grundbuchsrecht

ETM: co-ownership; FTM: copropriété

TMQ: § 10 Grundbuchsgesetz; OGH RS0124190

DEF: ein gemeinschaftliches Eigentum an einer gemeinsamen beweglichen Sache oder Liegenschaft.

DFQ: nach §§ 361, 825 ff. ABGB

REL: Teilsynonym; funkt. Äquiv.

DTM: **Miteigentum nach Bruchteilen**; gesetzl.; 4; Hauptb.; MWA; neutr.; sg.; **Bruchteilseigentum**

TMQ: § 1008 BGB

DEF: das Eigentum an einer Sache zwei oder mehreren Personen, das nur zu einem gedanklichen Bruchteil zusteht, der sich aber auf die ganze Sache erstreckt und nicht real auf einen Teil der Sache beschränkt ist. Daher spricht man auch vom ideellen Bruchteil.

DFQ: nach §§ 1008-1011 BGB; http://www.lexexakt.de/... /glossar?title=miteigentum.php (08.01.2015)

***

ATM: **Miteigentumsbewerber**; gesetzl.; 4; Hauptb.; Subst.; mask.; sg.; 1211; Bürgerl. Recht

ETM: applicant for co-ownership; FTM: demandeur de copropriétaires

TMQ: § 2 (6) WEG

DEF: derjenige, dem im Fall der Begründung von vorläufigem Wohnungseigentum schriftlich, sei es auch bedingt oder befristet, vom (früheren) Alleineigentümer die Einräumung von Miteigentum an der Liegenschaft und der Erwerb von Wohnungseigentum an einem bestimmt bezeichneten Wohnungseigentumsobjekt zugesagt wurde.

DFQ: § 2 (6) WEG

DTM: **FEHLT**

***

ATM: **Miteigentumsgemeinschaft**; gesetzl.; 4; Hauptb.; Subst.; fem.; sg.; 1211; Bürgerl. Recht

ETM: community of co-owners; FTM: communauté des copropriétaire

TMQ: Welser, FWB Bürgerliches Recht

DEF: besteht aus mehreren Personen, die Eigentum zu ideellen Anteilen an einer gemeinsamen Sache haben.

DFQ: Welser, FWB Bürgerliches Recht

REL: Teilsynonym; funkt. Äquiv.

DTM: **Bruchteilsgemeinschaft**; gesetzl.; 4; Hauptb.; Subst.; fem.; sg.; **Miteigentum nach Bruchteilen**

TMQ: § 55 Bundesentschädigungsgesetz

DEF: das Eigentum an einer Sache von mehreren nach Bruchteilen.

DFQ: §§ 741-758 BGB; http://www.juraforum.de/lexikon/bruchteilsgemeinschaft (08.01.2015)

***

ATM: **mittelbare Bundesverwaltung**; gesetzl.; 4; Hauptb.; MWA; fem.; sg.; 1206; Öffentl. Recht

ETM: delegated federal administration; FTM: administration déléguée

TMQ: § 102 (1) B-VG

DEF: die Wahrnehmung der in Art. 10 B-VG genannten, dem Bund zur Vollziehung übertragenen Aufgaben durch Landesbehörden.

DFQ: Art. 102 B-VG; Mayer, FWB Öffentl. Recht

NOT: Die Landesbehörden werden hier funktionell wie Bundesbehörden tätig.

REL Synonym

DTM: **Auftragsverwaltung**; gesetzl.; 4; Hauptb.; Subst.; fem.; sg.; **Bundesauftragsverwaltung**

TMQ: § 14 Graduiertenförderungsgesetz

DEF: die Ausführung von Bundesgesetzen durch Länder im Auftrag des Bundes.

DFQ: Art. 85 GG; AlpBrock2

NOT: Die wichtigsten Bereiche sind die Bundesfernstraßenverwaltung (Art. 90 (2) GG), die Aufgaben der Kernenergie (Art. 87c GG i.V.m. § 24 AtomG), soweit eine entsprechende Bestimmung vorhanden ist, das Verteidigungswesen und der Zivilschutz (Art. 87b (2) S. 1 GG) und Geldleistungsgesetze, wenn der Bund mehr als die Hälfte der Kosten trägt (Art. 104a (3) S. 2 GG, so z.B. für Leistungen nach dem BAföG: §§ 39, 56 BAföG).

***

ATM: **mittelbare Diskriminierung**; gesetzl.; 4; Hauptb.; MWA; fem.; sg.; 1236; Gleichbehandlungsrecht

ETM: indirect discrimination; FTM: discrimination indirecte

TMQ: § 5 (1) Bundes-Gleichbehandlungsgesetz (B-GIB)

DEF: liegt vor, wenn dem Anschein nach neutrale Vorschriften, Kriterien oder Verfahren Personen, die einer ethnischen Gruppe angehören, oder Personen mit einer bestimmten Religion oder Weltanschauung, eines bestimmten Alters oder mit einer bestimmten sexuellen Orientierung gegenüber anderen Personen in besonderer Weise benachteiligen können, es sei denn, die betreffenden Vorschriften, Kriterien oder Verfahren sind durch ein rechtmäßiges Ziel sachlich gerechtfertigt und die Mittel sind zur Erreichung dieses Zieles angemessen und erforderlich.

DFQ: § 13a (21) B-GIB

REL: Synonym

DTM: **mittelbare Benachteiligung**; gesetzl.; 4; Hauptb.; MWA; fem.; sg.; **mittelbare Diskriminierung**

DTQ: § 3 (2) Allgemeines Gleichbehandlungsgesetz

DEF: liegt vor, wenn dem Anschein nach neutrale Vorschriften, Kriterien oder Verfahren Personen wegen eines in § 1 genannten Grundes gegenüber anderen Personen in besonderer Weise benachteiligen können, es sei denn, die betreffenden Vorschriften, Kriterien oder Verfahren sind durch ein rechtmäßiges Ziel sachlich gerechtfertigt und die Mittel sind zur Erreichung dieses Ziels angemessen und erforderlich.

DFQ: § 3 (2) Allgemeines Gleichbehandlungsgesetz

***

ATM: **mittelbare Erwerbungsart des Besitzes**; gesetzl.; 4; Hauptb.; MWA; fem.; sg.; 1211; Bürgerl. Recht; **mittelbarer Erwerb**

ETM: indirect acquisition; FTM: acquisition médiate de possession

TMQ: 314 ABGB

DEF: wenn man eines Rechtes, oder einer Sache, die einem Andern gehört, habhaft wird.

DFQ: nach § 314 ABGB

REL: Teilsynonym; breiter

DTM: **mittelbarer Besitz**; gesetzl.; 4; Hauptb.; MWA; mask.; sg.

DTQ: § 868 BGB

DEF: besitzt jemand eine Sache als Nießbraucher, Pfandgläubiger, Pächter, Mieter, Verwahrer oder in einem ähnlichen Verhältnis, vermöge dessen er einem anderen gegenüber auf Zeit zum Besitz berechtigt oder verpflichtet ist, so ist auch der andere Besitzer.

DFQ: § 868 BGB

NOT: Das dt. Recht kennt kennen Begriff für den mittelbaren Besitzerwerb, sondern nur den mittelbaren Besitz. Davon abgeleitet, kann man ebenfalls von mittelbarem Besitzerwerb sprechen, der jedoch inhaltlich anders gestaltet ist.

***

ATM: **Mittelpunkt der Lebensbeziehungen**; gesetzl.; 4; Hauptb.; MWA; mask.; sg.; 0436; Melderecht

ETM: locality around which a person's most important work and personal connections are centred; FTM: centre des relations vitales

TMQ: § 1 (8) Meldegesetz 1991 (MeldeG)

DEF: insbesondere folgende Kriterien maßgeblich: Aufenthaltsdauer, Lage des Arbeitsplatzes oder der Ausbildungsstätte, Ausgangspunkt des Weges zum Arbeitsplatz oder zur Ausbildungsstätte, Wohnsitz der übrigen, insbesondere der minderjährigen Familienangehörigen und der Ort, an dem sie ihrer Erwerbstätigkeit nachgehen, ausgebildet werden oder die Schule oder den Kindergarten besuchen, Funktionen in öffentlichen und privaten Körperschaften.

DFQ: § 1 (8) MeldeG

DTM: **FEHLT**

***

ATM: **Mittelschule**; gesetzl.; 4; Hauptb.; Subst.; fem.; sg.; 3206; Schulrecht; **AHS, Gymnasium, BHS**

ETM: secondary school; FTM: école secondaire

TMQ: Entschließung des Bundespräsidenten vom 14. Mai 1930

DEF: Sammelbegriff für Allgemeinbildende höhere und berufsbildende mittlere und höhere Schulen, Gymnasien, Realgymnasien und die, die nach der Pflichtschule ab dem 8. schulahr) besucht werden können.

DFQ: Entschließung des Bundespräsidenten vom 14. Mai 1930

REL: Falscher Freund

DTM: **Mittelschule**; gesetzl.; 4; Hauptb.; Subst.; fem.; sg.; **Realschule**

DEF: in Sachsen eine weiterführende Schulform; bis 1964 in Deutschland Bezeichnung für Realschule.

DFQ: http://de.wikipedia.org/wiki/Mittelschule (18.01.2015)

NOT: Vermittelt berufsbezogene und allgemeine Kenntnisse, Fähigkeiten und Fertigkeiten: der Unterricht wird in Vollzeitform erteilt und schließt mit der Abschlussprüfung ab. Die Ausbildung dauert ein Jahr und führt zur Fachhochschulreife: Schulinformationszentrum Hamburg http://www.hamburg.de/contentblob/72752/data/hibb-fachoberschule.pdf (18.01.2015)

***

ATM: **mittleres und dünnes Kügerl**; gesetzl.; 4; Hauptb.; MWA; neutr.; sg.; 6026; Lebensmittelrecht

TMQ: Österr. Lebensmittelbuch, Kap. 14 A.3.1.3

DEF: M. obliquus abdominis externus; schließen an das Dicke Kügerl an.

DFQ: Österr. Lebensmittelbuch, Kap. 14 A.3.1.3

REL: Teilsynonym

DTM: **Brustkern und Nachbrust**; fachlit.; 3; Hauptb.; MWA; mask.; sg.

DTQ: http://www.gutekueche.de/rezepte/kochwissen/warenkunde/fleischstuecke-rind.1814.htm (22.08.2015)

DEF: liegt unterhalb der Querrippe und ist der gegen die Spannrippe liegende Teil des Bauches. Brust des Großviehs, i.d.R. ohne Knochen.

DFQ: http://www.gutekueche.de/rezepte/kochwissen/warenkunde/fleischstuecke-rind.1814.htm (22.08.2015)

***

ATM: **Mitvermächtnis**; fachlit.; 3; Hauptb.; Subst.; neutr.; sg.; 1211; Bürgerl. Recht

ETM: shared legacy; FTM: héritage partagé

TMQ: OGH 7 Ob 576/90, 07.06.1990

DEF: ein Vermächtnis, das mehreren Personen ungeteilt oder ausdrücklich zu gleichen Teilen zugedacht ist.

DFQ: § 689 ABGB

REL Synonym

DTM: gemeinschaftliches Vermächtnis; gesetzl.; 4; Hauptb.; MWA; neutr.; sg.

DTQ: § 2157 BGB

DEF: ein Vermächtnis, in dem mehreren derselbe Gegenstand vermacht wird.

DFQ: § 2157 BGB

***

ATM: Mitwirkung am Selbstmord; gesetzl.; 4; Hauptb.; MWA; fem.; sg.; 1216; Strafrecht
ETM: assisted suicide; FTM: participation au suicide

TMQ: § 78 StGB

DEF: vorsätzliche Verleiten eines anderen Menschen sich selbst zu töten bzw. die Hilfeleistung dazu.

DFQ: § 78 StGB; OGH 11Os82/98, 27.10.1998

DTM: FEHLT

NOT Die dt. Rechtsordnung stellt die Mitwirkung am Selbstmord nicht unter Strafe.

***

DTM: Molkensahne; gesetzl.; 4; Hauptb.; Subst.; fem.; sg.; 6026; Lebensmittelrecht; **Molkenrahm**
ETM: whey cream; FTM: crème de petit-lait

DTQ: MilchErzV

DEF: bei Entrahmung von Molke anfallendes Erzeugnis, auch unter Verwendung von Lactase mit mindestens 10,0% Fett.

DFQ: MilchErzV

ATM: FEHLT

***

ATM: Morgengabe; gesetzl.; 4; Hauptb.; Subst.; fem.; sg.; 1211; Eherecht
ETM: morning gift; FTM: dot

TMQ: § 1232 ABGB

DEF: das Geschenk, welches der Mann seiner Gattin am ersten Morgen zu geben verspricht.

DFQ: § 1232 ABGB

USE historisch

NOT: Diese Norm trat am 31.12.2009 außer Kraft (BGBl. I Nr. 75/2009).

DTM: FEHLT

***

ATM: Motorkarren; gesetzl.; 4; Hauptb.; Subst.; mask.; sg.; 4816; Kraftfahrzeugrecht
ETM: motorised carts; FTM: chariots à moteur

TMQ: § 2 (1) Z. 10 Kraftfahrgesetz 1967

DEF: ein Kraftwagen mit einem höchsten zulässigen Gesamtgewicht von nicht mehr als 7 000 kg mit einer Bauartgeschwindigkeit von nicht mehr als 40 km/h, der nach seiner Bauart und Ausrüstung dazu bestimmt ist, wahlweise als Lastkraftwagen oder als Zugmaschine, als Lastkraftwagen oder als selbstfahrende Arbeitsmaschine, als Zugmaschine oder als selbstfahrende Arbeitsmaschine oder als Lastkraftwagen, als Zugmaschine oder als selbstfahrende Arbeitsmaschine verwendet zu werden.

DFQ: § 2 (1) Z. 10 Kraftfahrgesetz 1967

DTM: FEHLT

***

ATM: **mündiger Minderjähriger**; gesetzl.; 4; Hauptb.; MWA; mask.; sg.; 1211; Bürgerl. Recht; **Jugendlicher**
ETM: minors of partial capacity; FTM: mineur responsable
TMQ: § 2 ZPO
DEF: eine beschränkt geschäftsfähige Person zwischen 14 und 18 Jahren die unter dem besonderen Schutz der Gesetze steht.
DFQ: nach § 21 (2) ABGB
NOT: Der Begriff gilt im Zivilrecht

DTM: FEHLT
NOT: Siehe Schuldunfähigkeit des Kindes (im Strafrecht). Die Begriffe „**Unmündigkeit**" oder „**unmündig**" werden in dt. Gesetzen als Rechtsbegriffe nicht verwendet. Anstelle von „**Unmündigkeit**" benutzt das dt. Recht je nach Bedeutungszusammenhang die Rechtsbegriffe „**Minderjährigkeit**" (§§ 2, 106 BGB), „**Geschäftsfähigkeit**" (bzw. „**Geschäftsunfähigkeit**" oder „**beschränkte Geschäftsfähigkeit**", §§ 104, 106 BGB) oder „**Deliktsfähigkeit**" (§ 828 BGB).

***

ATM: **mündliche Streitverhandlung**; gesetzl.; 4; Hauptb.; MWA; fem.; sg.; 1211; Zivilrecht
ETM: oral hearing; FTM: procédure orale
TMQ: § 54 Zivilprozessordnung
DEF: die (...) mündliche Streitverhandlung besteht in der Regel aus mehreren Verhandlungsterminen. Sie umfasst die Erörterung des Sach- und Rechtsvorbringens sowie die Durchführung des Beweisverfahrens. Ist dieses beendet, verkündet der Richter den Schluss der mündlichen Verhandlung und fällt das Urteil.
DFQ: http://www.jus24.at/a/ablauf-des-zivilverfahrens-erster-instanz (13.01.2015)
REL: Synonym

DTM: **mündliche Verhandlung**; gesetzl.; 4; Hauptb.; MWA; fem.; sg.
DTQ: § 137 ZPO
DEF: die aufgrund des Mündlichkeitsgrundsatzes regelmäßig erforderliche Verhandlung der (...) Parteien bzw. Beteiligten über den Rechtsstreit vor dem erkennenden Gericht.
DFQ: AlpBrock2
NOT: Besteht in der Regel aus mehreren Terminen.

***

ATM: **Musterfirmazeichnung**; fachlit.; 3; Hauptb.; Subst.; fem.; sg.; 4006; Wirtschaftsrecht; **Musterzeichnung**
ETM: specimen signature; FTM: spécimen de signature
TMQ: www.help.gv.at (13.01.2015)
DEF: eine Unterschriftenprobe zu Vergleichszwecken. Die Firma ist der in das Firmenbuch eingetragene Name des Unternehmers oder der Unternehmerin, unter dem er oder sie Geschäfte betreibt und zeichnet (unterschreibt).
DFQ: https://www.help.gv.at/Portal.Node/hlpd/public/content/99/Seite.990086.html (13.01.2015)
NOT: Die Firma ist der in das Firmenbuch eingetragene Name des Unternehmers oder der Unternehmerin, unter dem er oder sie Geschäfte betreibt und zeichnet (unterschreibt).

DTM: FEHLT

***

ATM: **Musterschutzgesetz**; gesetzl.; 4; Hauptb.; Subst.; neutr.; sg.; 6416; Markenrecht; **MuSchG**
ETM: design protection law; FTM: loi relative à la protection des dessins et modèles
TMQ: § 1 MuSchG

DEF: Bundesgesetz vom 07.06.1990 über den Schutz von Mustern.
DFQ: §§ 1 ff. MuSchG
REL Synonym

DTM: **Geschmacksmustergesetz**; gesetzl.; 4; Hauptb.; Subst.; neutr.; sg.; **GeschmMG**
DTQ: §§ 1 f. GeschmMG
DEF: Gesetz vom 12.03.2004 über den rechtlichen Schutz von Mustern und Modellen.
DFQ: §§ 1 ff. GeschmMG

***

ATM: **Musterzeichnung**; gesetzl.; 4; Hauptb.; Subst.; fem.; sg.; 1211; Bürgerl. Recht; **Musterfirmazeichnung**
ETM: specimen signature; FTM: spécimen de signature
TMQ: StrauHuGR1
DEF: eine Unterschriftenprobe zu Vergleichszwecken.
DFQ: https://www.help.gv.at/Portal.Node/hlpd/public/content/99/Seite.990086.html (13.01.2015); § 107 UGB; StrauHuGR1
NOT: Die Firma ist der in das Firmenbuch eingetragene Name des Unternehmers oder der Unternehmerin, unter dem er oder sie Geschäfte betreibt und zeichnet (unterschreibt).

DTM: **FEHLT**

***

ATM: **Nachbarn**; gesetzl.; 4; Hauptb.; Subst.; mask.; pl.; 5206; Umweltrecht
ETM: neighbours; FTM: voisins
TMQ: Abfallwirtschaftsgesetz 2002
DEF: Personen, die durch die Errichtung, den Bestand, den Betrieb oder eine Änderung einer Behandlungsanlage gefährdet oder belästigt oder deren Eigentum oder deren dingliche Rechte gefährdet werden könnten.
DFQ: Abfallwirtschaftsgesetz 2002 § 6 (5)
NOT: Spezifische Definition des Abfallwirtschaftsgesetzes, das die Parteienstellung der Anrainer begründet.

DTM: **FEHLT**
NOT: Der allgemeinsprachliche Begriff kommt vielfach in dt. Rechtstexten vor, wird dort aber nicht näher definiert. In § 907 BGB wird der allgemeine Sachverhalt normiert. Dort ist die Rede von „**Eigentümer eines Grundstücks**" und „**Nachbargrundstücken**".

***

ATM: **Nachlasspflichtteil**; fachlit.; 3; Hauptb.; Subst.; mask.; sg.; 1211; Erbrecht; **gemeiner Pflichtteil**
ETM: statutory entitlements (to an inheritance); FTM: réserve héréditaire
TMQ: OGH 2Ob186/10g, 29.09.2011
DEF: der ziffernmäßig bestimmte Pflichtteil, den der Pflichtteilsberechtigte aus dem Nachlass erhält.
DFQ: Welser, FWB Bürgerliches Recht
REL Synonym

DTM: **Pflichtteilsbetrag**; gesetzl.; 4; Hauptb.; Subst.; mask.; sg.; **Pflichtteilswert**
DTQ: BGH IV ZR 54/13, 20.11.2013
DEF: der Betrag, den ein Pflichtteilsberechtigter aus dem Bestand des Nachlasses erhält.
DFQ: http://www.erbrecht-heute.de/Aktuell/Muss-ein-Berechtigter-den-Pflichtteilswert-beweisen-laut-BGB.html

NOT: Zur Ermittlungs des Nachlasswertes vgl. §§ 2311-2313 BGB.

***

ATM: nahestehende Organisation; gesetzl.; 4; Hauptb.; MWA; fem.; sg.; 0416; Parteienrecht

ETM: party-affiliated group; FTM: organisation affiliée

TMQ: § 2 (3) Parteiengesetz 2012

DEF: eine von der politischen Partei (einschließlich ihrer Gliederungen im Sinne des § 5 (1)) getrennte Organisation mit eigener Rechtspersönlichkeit, die diese politische Partei unterstützt oder an der Willensbildung dieser politischen Partei insbesondere durch Entsendungen in Organe mitwirkt oder an deren Willensbildung diese politische Partei insbesondere durch Entsendungen in Organe mitwirkt, sofern diese Art der Zusammenarbeit zwischen der politischen Partei und der Organisation entweder in deren Rechtsgrundlagen oder in den Satzungen der Partei festgelegt ist.

DFQ: § 2 (3) Parteiengesetz 2012

REL Synonym

DTM: FEHLT

NOT: In DE entsprechen den parteinahen Organisationen teilweise den „**parteinahen Stiftungen**“, die jedoch nicht gesetzlich geregelt sind und darüber hinaus in vieler Hinsicht den österr. „**Parteiakdemien**“ der einzelnen politischen Parlamentsparteien entsprechen. Sowohl in AT wie auch in DE werden die politischen Akademien, wie auch die parteinahen Stiftungen staatlich gefördert.

***

DTM: Nachlasspfleger/in; gesetzl.; 4; Hauptb.; Subst.; mask./fem.; sg.; 1226; Gerichtsorganisation; **Prozesspfleger/in**

ETM: curator of the estate; FTM: curateur à succession vacante

DTQ: § 1960 BGB

DEF: bis zur Annahme der Erbschaft oder bis zur Ermittlung des unbekannten Erben bei Bedarf vom Gericht bestellte Person, die für die Sicherung des Nachlasses zu sorgen hat. Der Nachlasspfleger ist gesetzlicher Vertreter des Erben.

DFQ: Creif21

ATM: FEHLT

NOT: Die Rechtsfigur des Abhandlungspflegers ist dem österreichischen Recht an sich unbekannt. Die Abhandlungspflege ist Aufgabe des Verlassenschaftsgerichtes und des Gerichtskommissärs. Die Übertragung solcher Agenden durch den Erblasser an einen Dritten als „Abhandlungspfleger“ ist ungültig. Der Erblasser kann darüber hinaus auch nicht einen Abhandlungspfleger als Vertreter eigenberechtigter Erben ernennen. Der Terminus kommt in in der Rechtspraxis vor, wenn man in D-AT Erbangelegenheiten eine zum dt. Recht denkbare analoge, jedoch im österr. Recht fehlende Institution bezeichnen will. Die Rechtsfigur des Abhandlungspflegers gibt es im österr. Recht nicht. Der Begriff existiert aufgrund von Gerichtsentscheiden, die Erbschaftangelegenheiten betreffen. (nach KoWe 2014/2015)

***

ATM: Nachlassseparation; fachlit.; 3; Hauptb.; Subst.; fem.; sg.; 1211; Erbrecht

ETM: separate satisfaction; FTM: séparation de la succession du patrimoine des héritiers

TMQ: OGH 21.11.2013, 1Ob108/13h

DEF: die Absonderung der Erbschaft vom Vermögen des Erben. Sie kann von einem Erbschaftsgläubiger, einem Legatar oder einem Noterben verlangt werden, wenn er befürchtet, dass er durch

Vermengung der Verlassenschaft mit dem Vermögen des Erben für seine für seine Forderung Gefahr laufen könne

DFQ: nach § 812 ABGB

NOT: Über einen Antrag auf Absonderung der Verlassenschaft hat das Gericht zu entscheiden (§ 175 AußStrG).

REL: Teilsynonym; funkt. Äquiv.

DTM: **Nachlassverwaltung**; gesetzl.; 4; Hauptb.; Subst.; fem.; sg.; **Befriedigung der Nachlassgläubiger**

DTQ: § 1975 BGB

DEF: eine Nachlasspflegschaft zum Zwecke der Befriedigung der Nachlassgläubiger, wenn Grund zu der Annahme besteht, dass die Befriedigung der Nachlassgläubiger aus dem Nachlass durch das Verhalten oder die Vermögenslage des Erben gefährdet wird.

DFQ: nach §§ 1975, 1981 (2) BGB

NOT: Wenn eine Nachlassverwaltung angeordnet wurde, beschränkt sich die Haftung des Erben für die Nachlassverbindlichkeiten auf den Nachlass.

***

ATM: **Nachlassverwaltung**; fachlit.; 3; Nebenb.; Subst.; fem.; sg.; 1211; Erbrecht

ETM: right to administer a deceased estate; FTM: administration des successions

TMQ: OGH 2Ob243/07k, RS0123139, 24.01.2008

DEF: das gesetzliche Recht des Erben, der bei Antretung der Erbschaft sein Erbrecht hinreichend ausweist, das Verlassenschaftsvermögen zu benützen, zu verwalten und die Verlassenschaft zu vertreten, solange das Verlassenschaftsgericht nichts anderes anordnet.

DFQ: § 810 (1) ABGB

NOT: Der Begriff der „**Nachlassverwaltung**" kommt nur in OGH Urteilen vor (eigentlich ist „**Verlassenschaftsverwaltung**" korrekt) und meint lediglich das formale Recht des Erben die Verlassenschaft zu verwalten.

REL: Falscher Freund

DTM: **Nachlassverwaltung**; gesetzl.; 4; Hauptb.; Subst.; fem.; sg.

DTQ: § 1975 BGB

DEF: eine Nachlasspflegschaft zum Zwecke der Befriedigung der Nachlassgläubiger, mit der der Erbe seine Haftung für die Nachlassverbindlichkeiten auf den Nachlass beschränken kann.

DFQ: AlpBrock2

NOT: Kann von einem Nachlassgäubiger oder vom Erben (zum Zwecke der Beschränkung der Haftung des Erben für die Nachlassverbindlichkeiten auf den Nachlass) beantragt werden.

***

ATM: **Nachschulung**; gesetzl.; 4; Hauptb.; Subst.; fem.; sg.; 4806; Verkehrsrecht

ETM: education program for repeat traffic offenders; FTM: séparation de la succession du patrimoine des héritiers

TMQ: § 1 Nachschulungsverordnung

DEF: ein verkehrspsychologischer Kurs für verkehrs- oder alkoholauffällige Kraftfahrzeuglenker oder Lenker mit sonstiger Problematik (insbesondere Suchtmittel- oder Arzneimittelmissbrauch) unabhängig davon, ob es sich um einen Probeführerscheinbesitzer handelt oder nicht sowie für Lenker, denen eine besondere Maßnahme im Rahmen des Vormerksystems gemäß § 30b (3) Z. 1 FSG angeordnet wurde.

DFQ: § 1 (1) Nachschulungsverordnung

REL: Teilsynonym

DTM: **Aufbauseminar**; gesetzl.; 4; Hauptb.; Subst.; neutr.; sg.

DTQ: § 35 FeV

DEF: Rehabilitationsseminar, das angeordnet wird, wenn der Inhaber einer Fahrerlaubnis wegen einer innerhalb der Probezeit begangenen Straftat oder Ordnungswidrigkeit eine rechtskräftige Entscheidung ergangen ist, die nach § 28 Absatz 3 Nummer 1 und 3 in das Fahreignungsregister einzutragen ist. Die Verkehrszuwiderhandlungen, die bei den Teilnehmern zur Anordnung der Teilnahme an dem Aufbauseminar geführt haben, und die Ursachen dafür sind zu diskutieren.

DFQ: § 2a StVG; § 35 (2) FeV

***

ATM: **Nachsicht von Voraussetzungen für die Ausübung von Gewerben**; gesetzl.; 4; Hauptb.; MWA; fem.; sg.; 1236; Gewerberecht; **Nachsicht vom Gewerbeausschluss**

ETM: waiver of conditions for the issue of a trade/business licence; FTM: délivrance d'une autorisation d'exerce un commerce réglementé

TMQ: § 26 GewO

DEF: Entscheidung einer Behörde, das Recht auf Gewerbeausübung zu erteilen, obwohl eigentlich hindernde Gründe vorliegen, die jedoch milde bewertet werden bzw. wenn die Möglichkeit der Wiederholung einer Straftat ausgeschlossen werden kann.

DFQ: nach §§ 13, 26 GewO

DTM: FEHLT

***

ATM: **Nachstellung**; gesetzl.; 4; Hauptb.; Subst.; fem.; sg.; 0821; Militärrecht

ETM: summons to retake the medical examination (or military service); FTM: repasser l'examen médical (pour le service militaire)

TMQ: § 18b (1) Wehrgesetz

DEF: Wehrpflichtige, die ihrer Stellungspflicht trotz Aufforderung nicht nachkommen, sind vom Militärkommando einer Nachstellung zuzuweisen.

DFQ: § 18b (1) Wehrgesetz

REL: Teilsynonym

DTM: **unentschuldigtes Fernbleiben von der Musterung**; fachlit.; 3; Hauptb.; MWA; mask.; sg.

DTQ: VG Hamburg Beschluss vom 25.09.2009 Az. 10 W 1218/09

DEF: bleibt der Wehrpflichtige der Musterung unentschuldigt fern und scheitert eine polizeiliche Vorführung oder verspricht diese keinen Erfolg, ist nach Aktenlage zu entscheiden. Dies gilt auch dann, wenn sich der Wehrpflichtige nicht untersuchen lässt.

DFQ: § 17 (10) Wehrpflichtgesetz

***

ATM: **nachträglicher Strafausspruch**; gesetzl.; 4; Hauptb.; MWA; mask.; sg.; 1206; Jugendstrafrecht

ETM: retroactive criminal conviction and sentence; FTM: condamnation pénale et peine rétroactives

TMQ: § 15 (1) JGG

DEF: wenn der Rechtsbrecher wegen einer vor Ablauf der Probezeit begangenen strafbaren Handlung neuerlich verurteilt wird, so ist die Strafe auszusprechen, wenn dies in Anbetracht der Verurteilung zusätzlich zu dieser geboten erscheint, um den Rechtsbrecher von weiteren strafbaren Handlungen abzuhalten.

DFQ: § 15 (1) JGG

REL: Synonym

DTM: **Verhängung der Jugendstrafe**; gesetzl.; 4; Hauptb.; MWA; fem.; sg.

DTQ: § 30 JGG

DEF: stellt sich vor allem durch schlechte Führung des Jugendlichen während der Bewährungszeit heraus, daß die in dem Schuldspruch mißbilligte Tat auf schädliche Neigungen von einem Umfang zurückzuführen ist, daß eine Jugendstrafe erforderlich ist, so erkennt das Gericht auf die Strafe, die es im Zeitpunkt des Schuldspruchs bei sicherer Beurteilung der schädlichen Neigungen des Jugendlichen ausgesprochen hätte.

DFQ: § 30 JGG (1)

***

ATM: **Nachtragserbteilung**; gesetzl.; 4; Hauptb.; Subst.; fem.; sg.; 1211; Erbrecht

ETM: distribution of capital gains on inheritence; FTM: distribution de la valeur ajoutée du patrimoine

TMQ: § 18 (1) Anerbengesetz

DEF: eine Erbteilung des Mehrwertes, der sich ergibt, wenn der Anerbe binnen zehn Jahren nach dem Tod des Erblassers oder, falls er minderjährig ist, nach dem Eintritt der Volljährigkeit das Eigentum am ganzen Erbhof oder an dessen Teilen durch ein oder mehrere Rechtsgeschäfte unter Lebenden auf einen anderen, so hat er jenen Betrag herauszugeben, um den der bei einem Verkauf des Erbhofs oder seiner Teile erzielbare Erlös den inneren Wert des seinerzeitigen Übernahmspreises (§ 11) übersteigt. Dieser Mehrbetrag ist auf Antrag als nachträglich hervorgekommenes Verlassenschaftsvermögen zu behandeln, über das eine Nachtragserbteilung einzuleiten ist.

DFQ: § 18 (1) AnerbG

NOT: Es handelt sich um jenen Betrag, um den der bei einem Verkauf des Erbhofs oder seiner Teile erzielbare Erlös den inneren Wert des seinerzeitigen Übernahmspreises übersteigt.

DTM: FEHLT

***

ATM: **nahe Angehörige**; gesetzl.; 4; Hauptb.; subst; fem./mask.; pl.; **Familienangehöriger**

ETM: close relatives; FTM: proches parents

TMQ: § 4 Z. 5, Bundes-Kinder- und Jugendhilfegesetz 2013

DEF: bis zum dritten Grad Verwandte oder Verschwägerte und Ehepartner und Ehepartnerinnen oder Lebensgefährten und Lebensgefährtinnen oder eingetragene Partner und Partnerinnen von Elternteilen; der Ehegatte und Personen anzusehen, die mit dem Vertragsbediensteten in gerader Linie verwandt sind, ferner Geschwister, Stief-, Wahl- und Pflegekinder sowie die Person, mit der der Vertragsbedienstete in Lebensgemeinschaft lebt.

DFQ: nach § 4 Z. 5, Bundes-Kinder- und Jugendhilfegesetz 2013; § 29 (2) Vertragsbedienstetengesetz 1948

REL: Teilsynonym

DTM: **Angehöriger**; gesetzl.; 4; Hauptb.; Subst.; mask.; sg.; **Familienangehöriger**

DTQ: § 11 StGB

DEF: **(a)** Verwandte und Verschwägerte gerader Linie, der Ehegatte, der Lebenspartner, der Verlobte, auch im Sinne des Lebenspartnerschaftsgesetzes, Geschwister, Ehegatten oder Lebenspartner der Geschwister, Geschwister der Ehegatten oder Lebenspartner, und zwar auch dann, wenn die Ehe oder die Lebenspartnerschaft, welche die Beziehung begründet hat, nicht mehr besteht oder wenn die Verwandtschaft oder Schwägerschaft erloschen ist, b) Pflegeeltern und Pflegekinder

DFQ: § 11 StGB

***

ATM: **Namensehe (1)**; gesetzl.; 4; Hauptb.; Subst.; fem.; sg.; 1211; Eherecht

ETM: marriage for the purpose of acquiring a preferred surname; FTM: mariage conclu afin d'acquerir un patronyme

TMQ: § 23 EheG

DEF: eine Ehe, die ausschließlich oder vorwiegend zu dem Zweck geschlossen ist, einem der Ehegatten die Führung des Familiennamens des anderen Ehegatten zu ermöglichen, ohne dass die eheliche Lebensgemeinschaft begründet werden soll.

DFQ: § 23 EheG

NOT: Die Namensehe kann durch eine Nichtigkeitsklage angefochten werden.

REL: Teilsynonym; breiter

DTM: **Scheinehe**; fachlit.; 4; Nebenb.; Subst.; fem.; sg.

DTQ: BGH 30.03.2011, XII ZB 212/09

DEF: eine Ehe, bei deren Schließung sich beide Ehegatten darüber einig waren, dass sie keine eheliche Lebensgemeinschaft (gem. § 1353 (1) BGB) begründen wollen.

DFQ: § 1314 (2) Z. 5 BGB

NOT: Eine Scheinehe stellt einen Eheaufhebungsgrund dar. Der Begriff kommt nur in einem BGH-Urteil vor.

***

ATM: **namentliche Abstimmung im Nationalrat**; gesetzl.; 4; Hauptb.; MWA; fem.; sg.; 0436; Öffentliches Recht

ETM: parliamentary roll-call vote: FTM: vote par appel nominal (au conseil national)

TMQ: § 66 (4) GOG-NR

DEF: letztgültige Entscheidungsfindung im Parlament durch Verwendung von Ja- bzw. Nein-Stimmkarten oder Bekunden des persönlichen Willens bei Namensaufruf (im Nationalrat) bzw. durch mündliche Stimmabgabe mit „Ja" oder „Nein" nach Namensaufruf (im Bundesrat).

DFQ: nach § 66 (4)-(7) GOG-NR; § 55 GO-BR; www.parlinkom.gv.at

REL: Teilsynonym; funkt. Äquiv.

DTM: **Hammelsprung**; fachlit.; 3; Hauptb.; Subst.; mask.; sg.; **namentliche Abstimmung**

DEF: spezifische Form der namentlichen Abstimmung im Bundestag. Die Abgeordneten verlassen den Saal und werden bei der Rückkehr durch eine von drei Türen (Ja - Nein - Enthaltung) gezählt. Kommt zum Einsatz, wenn sich z. B. der Sitzungsvorstand über das Ergebnis einer Abstimmung auch nach der Gegenprobe nicht einig ist.

DFQ: § 51 (2) Geschäftsordnung Bundestag; www.bundestag.de; www.lexexakt.de

NOT: Die „**namentliche Abstimmung**" ist in der Geschäftsordung des Bundestags vorgesehen und gleicht der österr. Form der Abstimmung.

***

ATM: **Nationalrat**; gesetzl.; 4; Hauptb.; Subst.; mask.; sg.; 0421; Öffentl. Recht; **NR**

ETM: (Austrian) National Council; FTM: parlement; Conseil national (autrichien)

TMQ: Art. 24 B-VG

DEF: das direkt vom Volk gewählte Organ, das gemeinsam mit dem Bundesrat die gesetzgebende Funktion des Bundes ausübt.

DFQ: nach Art. 24 ff. B-VG

NOT: Der Nationalrat kontrolliert die Regierung und kann durch Vertrauensentzug eine Amtsenthebung erzwingen.

REL Teilsynonym; funkt. Äquiv.

DTM: **Bundestag**; gesetzl.; 4; Hauptb.; Subst.; mask.; sg.

DTQ: Art. 38 GG
DEF: vom Volk gewähltes gesetzgebendes Organ des Bundes.
DFQ: nach Art. 38 ff. GG; http://www.bundestag.de/bundestag/aufgaben (14.01.2015)
NOT: Der Bundestag wird alle vier Jahre gewählt.

***

ATM: **Nationalratsabgeordnete/r**; fachlit.; 3; Hauptb.; Subst; mask./fem.; sg.; 0421; Öffentl. Recht; **Abgeordnete/r zum Nationalrat**
ETM: member of the National Council; FTM: membre du conseil national
TMQ: OGH 10ObS41/06m, 17.08.2006
DEF: ein im Rahmen von allgemeinen, unmittelbaren, gleichen, geheimen und freien Wahlen zum Nationalrat gewählter Volksvertreter für die Dauer einer Gesetzgebungsperiode.
DFQ: §§ 1 ff. NRWO; www.parlinkom.gv.at
REL Teilsynonym; funkt. Äquiv.

DTM: **Mitglied des Bundestages**; gesetzl.; 4; Hauptb.; MWA; neutr.; sg.; **Abgeordnete/r des Bundestages**
DTQ: § 13 BTGO
DEF: der Deutsche Bundestag besteht vorbehaltlich der sich aus diesem Gesetz ergebenden Abweichungen aus 598 Abgeordneten. Sie werden in allgemeiner, unmittelbarer, freier, gleicher und geheimer Wahl von den wahlberechtigten Deutschen nach den Grundsätzen einer mit der Personenwahl verbundenen Verhältniswahl gewählt.
DFQ: § 1 ff. Bundeswahlgesetz

***

ATM: **Nationalratsabgeordnete/r**; fachlit.; 3; Hauptb.; Subst; mask./fem.; sg.; 0421; Öffentl. Recht; **Abgeordnete/r zum Nationalrat**
ETM: member of the National Council; FTM: membre du conseil national
TMQ: OGH 10ObS41/06m, 17.08.2006
DEF: ein im Rahmen von allgemeinen, unmittelbaren, gleichen, geheimen und freien Wahlen zum Nationalrat gewählter Volksvertreter für die Dauer einer Gesetzgebungsperiode.
DFQ: §§ 1 ff. NRWO; www.parlinkom.gv.at
REL Synonym; funkt. Äquiv.

DTM: **Bundestagsabgeordnete/r**; fachlit., 3; mask./fem.; sg.; Hauptb.; Subst.; **Mitglied des Bundestages**
DTQ: BGH, 19.12.2008, 2 StR 383/08
DEF: ein in allgemeiner, unmittelbarer, freier, gleicher und geheimer Wahl zum Bundestag für die Dauer einer Wahlperiode gewählter Volksvertreter.
DFQ: nach Art. 38 f. GG; §§ 1 ff. AbgG
NOT: „**Bundestagsabgeordneter**" ist der alltagssprachlich übliche Begriff, der auch fachliterarisch verwendet wird.

***

ATM: **Nationalratsausschuss**; gesetzl.; 4; Hauptb.; Subst.; mask.; sg.; 0421; Öfentl. Recht; **Ausschuss des Nationalrates**
ETM: Committee of the Austrian National Council; FTM: Commission du Conseil national autrichien
TMQ: OGH 14Os44/96 (14Os142/96), 19.11.1996
DEF: vom Nationalrat bestimmtes Gremium zur Behandlung bestimmter Angelegenheiten.
DFQ: nach Mayer, FWB Öffentl. Recht

REL Synonym

DTM: **Bundestagsausschuss**; gesetzl.; 4; Hauptb.; Subst.; mask.; sg.; **Ausschuss des Bundestages**

DTQ: § 54 BTGO

DEF: ihre Aufgabe ist es, Gesetzesvorlagen inhaltlich zu beraten und Beschlüsse des Plenums vorzubereiten.

DFQ: http://www.bundestag.de/service/glossar/A/ausschuesse/245346 (14.01.2015)

***

ATM: **Nationalratspräsident/in**; fachlit.; 3; Hauptb.; Subst; mask./fem.; sg.; 0421; Öffentl. Recht; **Präsident/in des Nationalrates**

ETM: President of the National Council; FTM: Président du Conseil National

TMQ: OGH 11Os124/07f (11Os125/07b), 29.04.2008

DEF: der Vorsitzende des Nationalrats, der Abgeordnetenkammer des österreichischen Parlaments.

DFQ: nach Art. 30 ff. B-VG; www.parlinkom.gv.at (04.07.2009)

REL Synonym

DTM: **Bundestagspräsident/in**; gesetzl.; 4; Hauptb.; Subst.; mask./fem.; sg.; **Präsident des Deutschen Bundestages, BT-Präs**

DTQ: § 14 WahlprüfG

DEF: Vorsitzender des deutschen Bundestages, der von Letzterem gewählt wird.

DFQ: nach Art. 40 (1) GG; www.lexexact.de; www.bundestag.de (17.01.2015)

***

ATM: **Nationalratswahl**; gesetzl.; 4; Hauptb.; Subst.; fem.; sg.; 0421; Öffentl. Recht

ETM: Austrian parliamentary elections; FTM: élections nationales autrichiennes

TMQ: § 44 (1) NRWO

DEF: der Nationalrat wird vom Bundesvolk auf Grund des gleichen, unmittelbaren, persönlichen, freien und geheimen Wahlrechtes der Männer und Frauen, die am Wahltag das 16. Lebensjahr vollendet haben, nach den Grundsätzen der Verhältniswahl gewählt.

DFQ: Art. 26 B-VG

REL Synonym

DTM: **Bundestagswahl**; gesetzl.; 4; Hauptb.; Subst.; fem.; sg.

DTQ: § 2 (2) ParteiG

DEF: die Abgeordneten des Deutschen Bundestages werden in allgemeiner, unmittelbarer, freier, gleicher und geheimer Wahl gewählt.

DFQ: Art. 38 GG

NOT: Sie sind Vertreter des ganzen Volkes, an Aufträge und Weisungen nicht gebunden und nur ihrem Gewissen unterworfen. Wahlberechtigt ist, wer das achtzehnte Lebensjahr vollendet hat; wählbar ist, wer das Alter erreicht hat, mit dem die Volljährigkeit eintritt.

***

ATM: **Nebensache**; fachlit.; 3; Nebenb.; Subst.; fem.; sg.; 1211; Bürgerl. Recht; **Zugehör, Zubehör**

ETM: accessory; FTM: accessoire

TMQ: OGH 9Ob1/07y, 02.03.2007

DEF: was mit einer Sache in fortdauernde Verbindung gesetzt wird. Dahin gehören nicht nur der Zuwachs einer Sache, so lange er von derselben nicht abgesondert ist, sondern auch die Nebensachen, ohne welche die Hauptsache nicht gebraucht werden kann, oder die das Gesetz oder der Eigentümer zum fortdauernden Gebrauche der Hauptsache bestimmt hat.

DFQ: § 294 ABGB

NOT: Parallelbegriff zu „**Zugehör**".

REL: Synonym

DTM: **Zubehör**; gesetzl.; 4; Hauptb.; Subst.; neutr.; sg.

DTQ: § 97 BGB

DEF: selbsständige, bewegliche Dinge, die, ohne Bestandteil der Hauptsache zu sein, dem wirtschaftlichen Zweck der Hauptsache zu dienen bestimmt sind und zu ihr in einem dieser Bestimmung entsprechenden räumlichen Verhältnis stehen.

DFQ: nach Creif21

***

ATM: **negative Erbantrittserklärung**; gesetzl.; 4; Hauptb.; MWA; fem.; sg.; 1211; Erbrecht; **Erbsentschlagung; Erbverzicht, Erbsausschlagung; vor dem 1.1.2005 auch: negative Erbserklärung**

ETM: disclaimer of inheritance; FTM: renonciation à une succession

TMQ: OGH-3Ob239/08f, 19.11.2008

DEF: die unwiderrufliche Erklärung eines Erbberechtigten gegenüber dem Abhandlungsgericht, die Erbschaft nicht anzutreten.

DFQ: Welser, FWB Bürgerliches Recht

REL: Synonym

NOT: Soweit in Bundesgesetzen der Begriff „**Erbserklärung**" verwendet wird, ist darunter ab 01.01.2005 die Erbantrittserklärung zu verstehen.

DTM: **Ausschlagung der Erbschaft**; gesetzl.; 4; Hauptb.; MWA; fem.; sg.; **Erbausschlagung**

DTQ: § 1643 (2) BGB

DEF: Der Erbe, der noch nicht die Annahme der Erbschaft erklärt hat, kann binnen einer bestimmten Frist die Erbschaft ausschlagen.

DFQ: nach Creif21

***

ATM: **Nest**; gesetzl.; 4; Hauptb.; Subst.; neutr.; sg.; 1211; Bürgerl. Recht

ETM: nest; FTM: nid

TMQ: Tierhaltungsverordnung, Anlage 6 (1) Z. 5

DEF: ein gesonderter Bereich zur Eiablage für einzelne Hennen oder Gruppen von Hennen (Gruppennest), für dessen Bodengestaltung Drahtgitter, das mit dem Geflügel in Berührung kommen könnte, nicht verwendet werden darf.

DFQ: Tierhaltungsverordnung, Anlage 6 (1)

NOT: Enthält Spezifizierung in Bezug auf Materialien, die nicht verwendet werden dürfen.

REL: Teilsynonym

DTM: **Nest**; gesetzl.; 4; Hauptb.; Subst.; neutr.; sg.

DTQ: TierSchNutztV § 2 (5)

DEF: ein gesonderter Bereich zur Eiablage.

DFQ: TierSchNutztV § 2 (5)

***

ATM: **Neue Mittelschule**; gesetzl.; 4; Hauptb.; MWA; fem.; sg.; 3206; Schulrecht

ETM: new secondary school; FTM: nouvelle école secondaire

TMQ: Abschn. 2a SchOG

DEF: schließt als vierjähriger Bildungsgang an die 4. Stufe der Volksschule an. Sie hat die Aufgabe, die Schüler je nach Interesse, Neigung, Begabung und Fähigkeit für den Übertritt in mittlere oder in höhere Schulen zu befähigen und auf das Berufsleben vorzubereiten. Unter Beachtung des Prinzips der inklusiven Pädagogik ist Schülern mit sonderpädagogischem Förderbedarf, die in eine Neue Mittelschule aufgenommen wurden, eine der Aufgabe der Sonderschule (§ 22) entsprechende Bildung zu vermitteln.

DFQ: § 21a (1)-(2) SchOG

NOT: Dieser Schultyp ersetzt ab 2018 die Hauptschule, die in Leistungsgruppen unterteilt war.

DTM: FEHLT

***

ATM: Neuerungsverbot; gesetzl.; 4; Hauptb.; Subst.; neutr.; sg.; 1211; Bürgerl. Recht

ETM: rule against introduction of new evidence; FTM: interdiction de présenter de nouveaux moyens

TMQ: OGH 10Ob21/08y, 12.05.2009

DEF: das Verbot des Vorbringens neuer Einwände, Ansprüche, Tatumstände oder Beweise bei der Verhandlung vor dem Berufungsgericht. Tatumstände und Beweise, die nach Inhalt des Urteils und der sonstigen Prozessakten in erster Instanz nicht vorgekommen sind, dürfen von den Parteien im Berufungsverfahren nur zur Dartuung oder Widerlegung der geltend gemachten Berufungsgründe vorgebracht werden.

DFQ: nach § 482 ZPO

DTM: FEHLT

NOT: Vgl. dazu Schmidt: Prozessförderung durch das Mittel der Präklusion im österreichischen und deutschen Recht - de lege lata - de lege ferenda. ZRP 2000 Heft 10

***

ATM: Neuerungsvertrag; gesetzl.; 4; Hauptb.; Subst.; mask.; sg.; 1211; Bürgerl. Recht; **Novation**, **Novationsvertrag**

ETM: novation; FTM: novation

TMQ: § 1377 ABGB

DEF: die Umänderung von Rechten oder Pflichten (im Schuldverhältnis) „ohne Hinzukunft einer dritten Person" (wie dies etwa bei der Bürgschaft der Fall ist), wobei „die alte Verbindlichkeit in eine neue übergeht".

DFQ: nach § 1376 ABGB; Barta, Zivilrechtonline

REL: Synonym

DTM: Novation; fachlit.; 3; Hauptb., Subst.; fem.; sg.; **Schuldersetzung**, **Schuldumwandlung**, **Schuldumschaffung**

DTQ: BGH II ZR 264/07, 02.03.2009

DEF: Vertrag zwischen Gläubiger und Schuldner, mit dem eine Forderung des Gläubigers durch eine neue Forderung ausgetauscht wird.

DFQ: AlpBrock2

NOT: Die Novation führt zum Erlöschen der alten mit der Begründung der neuen Forderung. Eine ausdrückliche gesetzliche Regelung fehlt, die Zulässigkeit ergibt sich aber aus § 311 (1) BGB. (AlpBrock2)

***

ATM: Nichtigkeit der Ehe; gesetzl.; 4; Hauptb.; MWA; fem.; sg.; 1211; Eherecht; **eine Ehe für ungültig erklären**

ETM: marriage annulment; FTM: annulation de mariage

TMQ: EheG, Abschn. D.

DEF: die Ungültigkeit der Ehe, wenn ein Formmangel, ein Mangel der Geschäftsfähigkeit, eine Namens-oder Staatsangehörigkeitsehe, eine Wiederverheiratung bei Todeserklärung oder ein Verstoß gegen das Eheverbot vorliegen.

DFQ: nach §§ 20 ff. EheG

DTM: FEHLT

NOT: In DE gibt es eine Nichtigkeit der Ehe ex tunc seit 01.07.1998 nicht mehr, da der Gesetzgeber heute davon ausgeht, dass es unbillig wäre, einen ganzen Lebensabschnitt, in dem die Beteiligten zumindest dem öffentlichen Anschein und in der Regel auch der eigenen Überzeugung nach verheiratet waren, rechtlich als quasi „nicht gewesen" zu qualifizieren.

***

ATM: Nichtigkeitsbeschwerde; gesetzl.; 4; Hauptb.; Subst.; fem.; sg.; 1216; Strafrecht

ETM: motion to quash; FTM: pourvoi en cassation

TMQ: § 23 (1) StPO

DEF: Rechtsmittel im Strafverfahren gegen die Urteile der Gerichtshöfe erster Instanz (an den Obersten Gerichtshof), das ergriffen werden kann, wenn bestimmte (prozessuale oder materielle) Nichtigkeitsgründe vorliegen.

DFQ: nach §§ 281 ff. StPO

NOT: Die Nichtigkeitsbeschwerde kann gegen ein freisprechendes Urteil nur zum Nachteil, gegen ein verurteilendes sowohl zum Vorteil als auch zum Nachteil des Angeklagten ergriffen werden. Sie ist binnen drei Tagen nach Verkündung des Urteils beim Gerichtshof erster Instanz anzumelden.

REL Synonym

DTM: Revision; gesetzl.; 4; Hauptb.; Subst.; fem.; sg.

DTQ: § 335 StPO

DEF: kann nur darauf gestützt werden, daß das Urteil auf einer Verletzung des Gesetzes beruhe. Das Gesetz ist verletzt, wenn eine Rechtsnorm nicht oder nicht richtig angewendet worden ist.

DFQ: nach §§ 333 ff. StPO

NOT: Im Zivilprozessrecht ist die Revision ein Rechtsmittel gegen Urteile, das nur eine Überprüfung auf Rechtsfehler ermöglicht.

***

ATM: Nichtigkeitsbeschwerde zur Wahrung des Gesetzes; gesetzl.; 4; Hauptb.; MWA; fem.; sg.; 1211; Bürgerl. Recht

ETM: motion to quash judgment based on errors of law; FTM: pourvoi en nullité afin de préserver la loi

TMQ: § 23 (1) StGB

DEF: Die Generalprokuratur kann von Amts wegen oder im Auftrag des Bundesministers für Justiz gegen Urteile der Strafgerichte, die auf einer Verletzung oder unrichtigen Anwendung des Gesetzes beruhen, sowie gegen jeden gesetzwidrigen Beschluss oder Vorgang eines Strafgerichts Nichtigkeitsbeschwerde zur Wahrung des Gesetzes erheben, und zwar auch nach Rechtskraft der Entscheidung sowie dann, wenn die berechtigten Personen in der gesetzlichen Frist von einem Rechtsmittel oder Rechtsbehelf keinen Gebrauch gemacht haben.

DFQ: § 23 (1) StGB

NOT: Die Staatsanwaltschaften haben Fälle, in denen sie eine Beschwerde für erforderlich halten, von Amts wegen den Oberstaatsanwaltschaften vorzulegen; diese entscheiden, ob die Fälle an die Generalprokuratur weiterzuleiten sind. Im Übrigen ist jedermann berechtigt, die Erhebung einer Nichtigkeitsbeschwerde zur Wahrung des Gesetzes anzuregen: § 23 (2) StGB.

DTM: FEHLT

***

ATM: Nichtigkeitsgrund; gesetzl.; 3; Hauptb.; Subst.; mask.; sg.; 1216; Strafrecht

ETM: grounds to quash judgment; FTM: cause de nullité

TMQ: § 281 StPO

DEF: Rechts- oder Verfahrensfehler, aufgrund dessen eine Nichtigkeitsbeschwerde eingebracht werden kann.

DFQ: nach § 281 StPO

REL: Teilsynonym; funkt. Äquiv.

DTM: **absoluter Revisionsgrund**; gesetzl.; 4; Hauptb.; Subst.; mask.; pl.; **Verfahrensmängel**

DTQ: § 338 StPO; § 547 ZPO

DEF: ein Verstoß gegen Verfahrensgrundsätze, welcher so schwerwiegend ist, dass das Urteil als auf der Rechtsverletzung beruhend angesehen wird.

DFQ: nach http://www.juraforum.de/lexikon/absoluter-revisionsgrund (31.08.2014)

***

ATM: **Niederlassungsbewilligung**; gesetzl.; 4; Hauptb.; Subst.; fem.; sg.; 1231; Aufenthaltsrecht

ETM: permanent residence permit; FTM: permis d'établissement

TMQ: Art. 4 § 8 (1) Z. 1 Niederlassungs- und Aufenthaltsgesetz

DEF: Aufenthaltstitel mit der Erlaubnis für eine nicht bloß vorübergehende (vgl. Aufenthaltsbewilligung), jedoch dennoch befristete Niederlassung im Bundesgebiet zu einem bestimmten Zweck mit der Möglichkeit, anschließend einen Aufenthaltstitel „Daueraufenthalt - EG" zu erlangen.

DFQ: nach Art. 4 § 8 (1) Z. 1 Niederlassungs- und Aufenthaltsgesetz

REL: Teilsynonym; funkt. Äquiv.

NOT: Im Gegensatz zum dt. Recht ist die österr. Niederlassungsbewilligung befristet.

DTM: **Niederlassungserlaubnis**; gesetzl.; 4; Hauptb.; Subst.; fem.; sg.

DTQ: §9 AufenthG

DEF: Aufenthaltstitel für Ausländer in Deutschland, der unbefristet gilt und zur Aufnahme einer Erwerbstätigkeit berechtigt.

DFQ: nach §9 AufenthG; Creif21

***

ATM: **Niederlassungsbewilligung - beschränkt**; gesetzl.; 4; Hauptb.; MWA; fem.; sg.; 1231; Aufenthaltsrecht

ETM: residence permit - restricted; FTM: carte de séjour temporaire

TMQ: § 44 NAG

DEF: ein Aufenthaltstitel, der überwiegend zum Zwecke der Arbeitstätigkeit erteilt wird, wobei jedoch besondere Bestimmungen gelten.

DFQ: nach § 44 NAG

NOT: Eine genaue Entsprechung liegt aufgrund vieler Detailbestimmungen nicht vor, es handelt sich jedoch um das nächste konzeptionelle Äquivalent.

REL: Teilsynonym; funkt. Äquiv.

DTM: **Aufenthaltstitel zur Ausübung einer Beschäftigung**; gesetzl.; 4; Hauptb.; MWA; mask.; sg.

DTQ: Aufenthaltsgesetz §§ 4, 18

DEF: die Berechtigung zur Einreise und zum Aufenthalt in Deutschland bei gleichzeitiger Erteilung der Arbeitserlaubnis.

DFQ: nach Aufenthaltsgesetz §§ 4, 18 (2)

NOT: Aufenthaltsgesetz § 18 (2) Einem Ausländer kann ein Aufenthaltstitel zur Ausübung einer Beschäftigung erteilt werden, wenn die Bundesagentur für Arbeit nach § 39 zugestimmt hat oder durch Rechtsverordnung nach § 42 oder zwischenstaatliche Vereinbarung bestimmt ist, dass die Ausübung der Beschäftigung ohne Zustimmung der Bundesagentur für Arbeit zulässig ist. Beschränkungen bei der Erteilung der Zustimmung durch die Bundesagentur für Arbeit sind in den Aufenthaltstitel zu übernehmen.

***

ATM: **Niederlassungsnachweis**; gesetzl.; 4; Hauptb.; Subst.; mask.; sg.; 1231; Aufenthaltsrecht

ETM: proof of residence authorisation; FTM: certificat d'établissement

TMQ: § 3 (1) Ausländerbeschäftigungsgesetz

DEF: wurde mit dem Fremdengesetz am 01.01.2003 zum Zweck der Harmonisierung von Aufenthalt und Beschäftigung eingeführt. Er berechtigte Ausländer und Ausländerinnen zum Aufenthalt und zur Ausübung einer Beschäftigung im gesamten Bundesgebiet.

DFQ: § 3 (1) Ausländerbeschäftigungsgesetz

USE historisch

NOT: Dieser Begriff ist historisch (seit 2006 werden keine neuen Niederlassungsnachweise mehr ausgestellt), kommt jedoch noch in Gesetzen vor. An seine Stelle ist der „**Daueraufenthalt – EG**" getreten.

REL: Synonym

DTM: **Aufenthaltsgenehmigung**; gesetzl.; 4; Hauptb.; Subst.; fem.; sg.; 0436; Öffentl. Sicherheit / Fremdenrecht

DTQ: § 5 Ausländergesetz

DEF: der Oberbegriff für die in § 5 Ausländergesetz aufgeführten Formen der Aufenthaltsgenehmigung: „**Aufenthaltserlaubnis**", „**Aufenthaltsbewilligung**", „**Aufenthaltsberechtigung**" und „**Aufenthaltsbefugnis**". In § 4 des Aufenthaltsgesetz (Kernstück des Zuwanderungsgesetzes) wird als Oberbegriff für Visum, Aufenthaltserlaubnis und Niederlassungserlaubnis der Begriff des Aufenthaltstitels benutzt.

DFQ: § 5 Ausländergesetz

USE historisch

NOT: „**Aufenthaltsgenehmigung**" ist ab 2004 durch „**Aufenthaltstitel**" als Überbegriff abgelöst worden und zwar im Auländergesetz das völlig neu gestaltet und zum „**Aufenthaltsgesetz**" umgewandelt wurde.

***

ATM: **Niederschrift für die Ermittlung der Ehefähigkeit**; gesetzl.; 4; Hauptb.; MWA; fem.; sg.; 1211; Eherecht; **Aufgebot**

ETM: recorded statement of marriageability; FTM: procès verbal d'un certificat de capacité matrimoniale

TMQ: § 24 Personenstandsverordnung

DEF: die Bekanntgabe der Absicht der Eheschließung am Standesamt, über die eine Niederschrift aufzunehmen ist. Sie wird bei der Anmeldung erstellt.

DFQ: § 24 Personenstandsverordnung; www.help.gv.at

REL: Synonym

NOT: Das „**Aufgebot**" ist die Niederschrift zur Ermittlung der Ehefähigkeit.

DTM: **Anmeldung zur Eheschließung**; gesetzl.; 4; Hauptb.; Subst:, fem.; sg.

DTQ: § 12 PStG

DEF: die beabsichtigte Eheschließung muss mündlich oder schriftlich bei einem Standesamt, in dessen Zuständigkeitsbereich einer der Eheschließenden seinen Wohnsitz oder seinen gewöhnlichen Aufenthalt hat, von den Eheschließenden angemeldet werden. Hat keiner der Eheschließenden Wohnsitz oder gewöhnlichen Aufenthalt im Inland, so ist das Standesamt, vor dem die Ehe geschlossen werden soll, für die Entgegennahme der Anmeldung zuständig.

DFQ: nach § 12 PStG

***

ATM: **Nierenbraten mit Niere**; gesetzl.; 4; Hauptb.; MWA; mask.; sg.; 6026; Lebensmittelrecht
ETM: loin with kidney; FTM: longe de reins
TMQ: Österr. Lebensmittelbuch, Kap. 14 A.2
DEF: Teil des Kalbsrückens, endet kopfwärts mit der 7. Rippe.
DFQ: Österr. Lebensmittelbuch, Kap. 14 A.2
REL: Synonym

DTM: **Rücken mit Filet und Niere**; fachlit.; 3; Hauptb.; MWA; mask.; sg.
DTQ: http://www.fleisch-teilstuecke.at/tsdetail-kalb/fts/3202/3000.3002.3013/ (15.09.2014)
DEF: gerolltes Kalbfleisch ohne grobe Sehnen und ohne gelbe Bauchhaut, mit Kalbsniere.
DFQ: http://www.fleischwirtschaft.de/dokumentation/fachbegriffe/ (15.09.2014)

***

ATM: **Nominale**; gesetzl.; 4; Hauptb.; Subst.; neutr.; sg.; 2411; Geldwirtschaft; **Nominalwert, Nennwert**
ETM: nominal value; FTM: valeur nominale
TMQ: § 66a (1) Börsegesetz 1989
DEF: Geldbetrag, auf den ein Finanzinstrument lautet.
DFQ: nach Glossar der ÖNB (http://www.oenb.at/de/glossar/glossar_alles.jsp?letter=n&#tcm:14-12864) (08.07.2009)
NOT: Paralleler Begriff zu „**Nennwert**", der vor allem im Zusammenhang mit Aktien verwendet wird. Das Nominale stellt eine Referenzgröße dar, aus der vertragliche Berechtigungen oder Verpflichtungen ihrer Höhe nach abgeleitet werden (z.B. die Höhe von Zinszahlungen). Das Nominale (auch Nominalwert oder Nennwert) muss nicht mit dem Wert des zugrundeliegenden Instruments übereinstimmen.
REL Synonym

DTM: **Nennwert**; gesetzl.; 4; Hauptb.; Subst.; neutr.; sg.; **Nominalwert**
DTQ: § 337 (1) HGB
DEF: bei einer Aktie jener Wert, mit dem die Aktie am Grundkapital der Gesellschaft beteiligt ist.
DFQ: nach http://boersenlexikon.faz.net/nominalw.htm (08.07.2009)

***

ATM: **Nostrifikation**; gesetzl.; 4; Hauptb.; Subst.; fem.; sg.; 1211; Bürgerl. Recht
ETM: nostrification; FTM: nostrification
TMQ: § 75 Schulunterrichtsgesetz
DEF: die Anerkennung von Zeugnissen und Prüfungen, die von einem österreichischen Staatsbürger im Ausland abgelegt wurden.
DFQ: nach § 75 Schulunterrichtsgesetz; § 14 Hebammengesetz; § 64 UG 2002
REL: Teilsynonym
NOT: Im Zuge der Nostrifikation werden nicht-österr. Qualifikationsnachweise als gleichwertig mit den Prüfungen und Zeugnissen im Sinne des österr. Bundesgesetzes bestätigt.

DTM: **Anrechnung von Leistungsnachweisen**; gesetzl.; 4; Hauptb.; MWA; fem.; sg.
DTQ: § 3 JAO
DEF: die Anerkennung von Prüfungen, die an einer anderen (ausländischen) Bildungseinrichtung erbracht wurden.
DFQ: nach § 3 JAO
NOT: Ist in DE Ländersache: z.B. §§ 31 (2), 34 (1) des Gesetzes über die Hochschulen und Berufsakademien in Baden-Württemberg (Landeshochschulgesetz – LHG).

***

ATM: **Nostrifikation ausländischer Zeugnisse**; gesetzl.; 4; Hauptb.; MWA; fem.; sg.; 1211; Bürgerl. Recht

ETM: nostrification of foreign certificates; FTM: nostrification de certificats étrangers

TMQ: § 75 (1) SchuG

DEF: die Gleichwertigkeitsanerkennung über einen im Ausland zurückgelegten Schulbesuch oder über im Ausland abgelegte Prüfungen von Personen mit Hauptwohnsitz im Inland oder von ausländischer Zeignisse über einen im Ausland zurückgelegten Schulbesuch oder über im Ausland abgelegte Prüfungen von Personen mit Hauptwohnsitz im Inland oder von österreichischen Staatsbürgern mit Hauptwohnsitz im Ausland.

DFQ: nach § 75 (1) SchuG

REL: Synonym

DTM: **Anerkennung ausländischer Bildungsabschlüsse**; gesetzl.; 4; Hauptb.; MWA; fem.; sg.; 3206; Studienrecht

DTQ: http://www.mk.niedersachsen.de/ (20.01.2015)

DEF: mit ausländischen Bildungsnachweisen wie mit Schulzeugnissen, Studienbescheinigungen oder Hochschuldiplomen ist es möglich, in Ausbildungen, Schulen und Hochschulen einzutreten, wenn Kenntnisse und Fertigkeiten vorliegen, die den für den jeweiligen Bildungsgang vorgeschriebenen Aufnahmevoraussetzungen gleichwertig sind.

DFQ: http://www.mk.niedersachsen.de/ (20.01.2015)

***

ATM: **Nostrifikationsprüfung**; gesetzl.; 4; Hauptb.; Subst.; fem.; sg.; 1211; Bürgerl. Recht

TMQ: § 21 Externistenprüfungsverordnung

DEF: soweit den Anforderungen nach Abs. § 75 (3) SchuG nur zum Teil entsprochen wird, ist die Nostrifikation vom erfolgreichen Besuch einzelner Schulstufen oder Unterrichtsgegenstände als außerordentlicher Schüler oder von der erfolgreichen Ablegung von Prüfungen abhängig zu machen.

DFQ: § 75 (4) SchuG

REL: Synonym

DTM: **Eignungsprüfung im Inland**; gesetzl.; 4; Hauptb.; MWA; fem.; sg.

DTQ: § 11 (1) BQFG

DEF: eine Ausgleichsmaßnahme, mit der wesentliche Unterschiede zwischen den nachgewiesenen Berufsqualifikationen und der entsprechenden inländischen Berufsbildung durch die Absolvierung eines höchstens dreijährigen Anpassungslehrgangs, der Gegenstand einer Bewertung sein kann, oder das Ablegen einer Eignungsprüfung im Inland ausgeglichen werden.

DFQ: nach § 11 (1) BQFG

***

ATM: **Notariatsakt**; gesetzl.; 4; Hauptb.; Subst.; mask.; sg.; 1226; Gerichtsorganisation; **Notariatsurkunde**

ETM: notarial act; FTM: acte notarié

TMQ: § 52 Notariatsordnung

DEF: eine vom Notar über Ersuchen der Parteien hergestellte schriftliche Urkunde über ein Rechtsgeschäft oder eine Rechtserklärung, die durch die Mitwirkung des Notars mit der Kraft einer öffentlichen Urkunde ausgestattet wird.

DFQ: http://www.online-notar.at/index.php?id=17 (08.07.2009)

REL Synonym

DTM: **notarielle Urkunde**; gesetzl.; 4; Hauptb.; MWA; fem.; sg.; **Notariatsakt**

DTQ: § 797 (2) ZPO

DEF: eine von einer Notarin oder von einem Notar aufgenommene amtliche Urkunde. Aus ihr kann unter besonderen Umständen die Zwangsvollstreckung wie aus einem Urteil betrieben werden.

DFQ: http://www.justiz.nrw.de/BS/rechta_z/N/Notarielle_Urkunde/index.php (08.07.2009)

***

ATM: **Notariatskammer**; gesetzl.; 4; Hauptb.; Subst.; fem.; sg.; 1226; Gerichtsorganisation

ETM: Chamber of Notaries; FTM: Chambre des notaires

TMQ: § 124 (1) NO

DEF: obliegt die Wahrung der Ehre und Würde des Standes und die Vertretung der Standesinteressen. Sie sind Körperschaften des öffentlichen Rechtes.

DFQ: § 134 (1)

REL: Synonym

DTM: **Notarkammer**; gesetzl.; 4; Hauptb.; Subst.; fem.; sg.; 1226; Gerichtsorganisation

DTQ: § 65 Bundesnotarordnung (BNotO)

DEF: Notare, die in einem Oberlandesgerichtsbezirk bestellt sind, bilden eine Notarkammer. Sie hat hat ihren Sitz am Ort des Oberlandesgerichts.

DFQ: § 65 BNotO

***

ATM: **Notariatskandidat/in**; gesetzl.; 4; Hauptb.; Subst.; mask./fem.; sg.; 1226; Gerichtsorganisation

ETM: notarial applicant; FTM: candidat notaire

TMQ: § 117 (1)-(2) NO

DEF: ein/e Angestellte/r eines Notars, die unter seiner Leitung und Aufsicht zum Notariat ausgebildet und in das bei der Notariatskammer geführte Verzeichnis der Notariatskandidaten eingetragen.

DFQ: § 117 (1)-(2) NO

REL: Teilsynonym

DTM: **Notarassessor/in**; gesetzl.; 4; Hauptb.; Subst.; mask./fem.; sg.;

DTQ: § 7a Bundesnotarordnung (BNotO)

DEF: Person, die einen dreijährigen Anwärterdienst geleistet hat und sich im Anwärterdienst des Landes befindet, in dem sie sich um die Bestellung als Notar/in bewirbt.

DFQ: § 7a BNotO

***

ATM: **Notariatskollegium**; gesetzl.; 4; Hauptb.; Subst.; neutr.; sg.; 1226; Gerichtsorganisation

ETM: council of notaries; FTM: conseil des notaires

TMQ: § 124 (1) NO

DEF: gebildet aus den Notaren, die im Gebiet eines Bundeslandes ihren Amtssitz haben und die im Verzeichnis der Notariatskandidaten dieses Bundeslandes eingetragenen Notariatskandidaten.

DFQ: § 124 (1) NO

NOT: Die Notare und Notariatskandidaten in Wien, Niederösterreich und im Burgenland sowie die Notare und Notariatskandidaten in Tirol und Vorarlberg bilden je ein gemeinsames Kollegium. Jedes Kollegium besteht aus der Gruppe der Notare und der Gruppe der Notariatskandidaten.

DTM: FEHLT

***

ATM: **Notariatsprüfung**; gesetzl.; 4; Hauptb.; Subst.; fem.; sg.; 1226; Gerichtsorganisation

ETM: notarial admission exam; FTM: examen de notaire

TMQ: § 6 (1) Notariatsprüfungsgesetz (NPG)

DEF: durch die Notariatsprüfung sollen die für die Ausübung des Berufs eines Notars nötigen theoretischen und praktischen Kenntnisse und Fähigkeiten des Prüfungswerbers nachgewiesen werden.

DFQ: § 6 (1) NPG

REL: Synonym

DTM: **notarielle Fachprüfung**; gesetzl.; 4; Hauptb.; MWA; fem.; sg.; 1226; Gerichtsorganisation

DTQ: § 7a Bundesnotarordnung (BNotO)

DEF: dient dem Nachweis, dass und in welchem Grad ein Rechtsanwalt für die Ausübung des Notaramtes als Anwaltsnotar fachlich geeignet ist. Sie gliedert sich in einen schriftlichen und einen mündlichen Teil.

DFQ: § 7a BNotO

***

ATM: **Notariatsprüfungskommission**; gesetzl.; 4; Hauptb.; Subst.; fem.; sg.; 1226; Gerichtsorganisation; **Senat der Notariatsprüfungskommission**

ETM: notarial admissions commission; FTM: commission des examens de notaire

TMQ: § 3 Notariatsprüfungsgesetz (NPG)

DEF: bestehen bei den Oberlandesgerichten für den jeweiligen Oberlandesgerichtssprengel. Ihr gehören an der Präsident des Oberlandesgerichts als Präses, der Vizepräsident des Oberlandesgerichts als sein Stellvertreter und als weitere Mitglieder (Prüfungskommissäre) die hiezu durch den Präses bestimmten Richter und die von der Notariatskammer gewählten Notare.

DFQ: § 3 NPG

REL: Teilsynonym; Funkt. Äquival.

DTM: **Prüfungsamt für die notarielle Fachprüfung bei der Bundesnotarkammer**; gesetzl.; 4; Hauptb.; MWA; neutr.; sg.; 1226; Gerichtsorganisation;

DTQ: § 7g BNotO

DEF: entscheidet über die Zulassung zur Prüfung, bestimmt die Prüfer einschließlich des weiteren Prüfers sowie die Prüfungsausschüsse, setzt die Prüfungstermine fest, lädt die Prüflinge, stellt das Prüfungsergebnis fest, erteilt das Prüfungszeugnis, entscheidet über die Folgen eines Prüfungsverstoßes und über Widersprüche nach § 7d (2) Z. 1.

DFQ: § 7g BNotO

***

ATM: **Notariatssubstitut/in**; gesetzl.; 4; Hauptb.; Subst.; mask./fem.; sg.; 1226; Gerichtsorganisation; **Notarsubstitut/in**

ETM: replacement notary; FTM: notaire suppléant

TMQ: § 119 (1) NO

DEF: Notar/in, der/die bei Verwaisung der Amtsstelle, insbesondere durch Suspension, Amtsentsetzung, Tod oder Amtsverzicht die Geschäfte des Notariats weiterführt.

DFQ: nach § 119 (1) NO

REL Synonym

DTM: **Notariatsverwalter/in**; gesetzl.; 4; Hauptb.; Subst; mask./fem.; sg.

DTQ: § 64 BNotO

DEF: wenn das Amt eines zur hauptberuflichen Amtsausübung bestellten Notars erloschen oder sein Amtssitz verlegt worden ist oder im Fall des § 8 (1) Z. 2 ein zur hauptberuflichen Amtsausübung bestellter Notar sein Amt nicht persönlich ausübt, so soll in der Regel an seiner Stelle ein Notarassessor oder eine sonstige zum Amt eines Notars befähigte Person damit betraut werden, das Amt des Notars vorübergehend wahrzunehmen.

DFQ: § 53 BNotO

***

ATM: **Notariatsurkunde**; gesetzl.; 4; Hauptb.; Subst.; fem.; sg.; 1226; Gerichtsorganisation; **Notariatsakt**

ETM: notarial statement; FTM: acte notarié

TMQ: § 52 Notariatsordnung

DEF: eine vom Notar über Ersuchen der Parteien hergestellte schriftliche Urkunde über ein Rechtsgeschäft oder eine Rechtserklärung, die durch die Mitwirkung des Notars mit der Kraft einer öffentlichen Urkunde ausgestattet wird.

DFQ: http://www.online-notar.at/index.php?id=17 (08.07.2009)

REL: Synonym

DTM: **notarielle Urkunde**; gesetzl.; 4; Hauptb.; MWA; fem.; sg.;

DTQ: § 797 (2) ZPO

DEF: eine von einem Notar aufgenommene amtliche Urkunde.

DFQ: nach http://www.justiz.nrw.de/BS/rechta_z/N/Notarielle_Urkunde/index.php (08.07.2009)

***

ATM: **Notarsubstitut/in**; gesetzl.; 4; Hauptb.; Subst.; mask./fem.; sg.; 1226; Gerichtsorganisation; **substituierende/r Notar/in**

ETM: replacement notary; FTM: notaire suppléant

TMQ: §§ 119 (1) ff. NO

DEF: ein vom Präsidenten des Gerichtshofs erster Instanz am Sitz der Kammer bestellter Vertreter des Notars, wenn dieser durch Urlaub, Krankheit oder Abwesenheit an seiner Tätigkeit verhindert ist.

DFQ: § 119 (1)-(2) NO

REL: Synonym

DTM: **Notarvertreter/in**; gesetzl.; 4; Hauptb.; Subst.; mask./fem.; sg.

DTQ: § 39 BNotO

DEF: Vertreter eines Notars für die Zeit seiner Abwesenheit oder Verhinderung, wenn sie mehr als eine Woche dauert.

DFQ: § 39 BNotO

***

ATM: **Notbetrug**; gesetzl.; 4; Hauptb.; Subst.; mask.; sg.; 1206; Strafrecht

ETM: petty fraud; FTM: tromperie (en situation de détresse)

TMQ: § 150 StGB

DEF: Betrug mit nur geringem Schaden, der aus einer Notlage heraus begangen wird.

DFQ: nach § 150 StGB

NOT: Androhung einer Freiheitsstrafe bis zu einem Monat oder Geldstrafe bis zu 60 Tagessätzen. Der Täter ist nur mit Ermächtigung des Verletzten zu verfolgen. Wer die Tat zum Nachteil seines Ehegatten, eines Verwandten in gerader Linie, seines Bruders oder seiner Schwester oder zum Nachteil eines anderen Angehörigen, sofern er mit diesem in Hausgemeinschaft lebt, begeht, ist nicht zu bestrafen.

DTM: FEHLT

***

ATM: **Noterbe/-erbin**; gesetzl.; 4; Hauptb.; Subst.; mask./fem.; sg.; 1211; Erbrecht; **Pflichtteilsberechtigte/r**

ETM: person entitled to a statutory share of the deceased estate; AME: forced heir; FTM: héritier réservataire

TMQ: § 787 (2) ABGB

DEF: Person, die der Erblasser in der letzten Anordnung bedenken muss. Dies sind seine Kinder, in Ermangelung solcher seine Eltern, und der Ehegatte.

DFQ: nach §§ 762, 764 ABGB

REL Synonym

DTM: **Pflichtteilsberechtigte/r**; gesetzl.; 4; Hauptb.; Subst.; mask./fem.; sg.; 1211; Bürgerl. Recht

DTQ: § 2328 BGB

DEF: ein Abkömmling, ein Elternteil oder der Ehegatte des Erblassers, der durch Verfügung von Todes wegen von der Erbfolge ausgeschlossen ist, und der vom Erben den Pflichtteil verlangen kann.

DFQ: nach § 2303 BGB

NOT: Der Pflichtteil besteht in der Hälfte des Wertes des gesetzlichen Erbteils.

***

ATM: **Nötigung zur Teilnahme an politischen Vereinigungen**; gesetzl.; 4; Hauptb.; MWA; fem.; sg.; 1206; Militärrecht

ETM: coercion to participate in a political group; FTM: contrainte de participer à des associations politiques

TMQ: § 47 MilStG

DEF: wenn jemand einen Soldaten durch Gewalt oder Drohung oder Einschüchterung oder Verletzung an der Ehre zu nötigen sucht, einer politischen Vereinigung beizutreten oder aus einer solchen auszutreten.

DFQ: § 47 MilStG

DTM: **FEHLT**

***

ATM: **notorische Tatsache**; fachlit.; 3; Hauptb.; MWA; fem.; sg.; 0436; Verwaltungsrecht; **offenkundige Tatsache**

ETM: undisputed fact; FTM: fait notoire

TMQ: BMF04 0101/7-IV/4/95

DEF: Tatsachen, die bei der Behörde offenkundig sind, und solche, für deren Vorhandensein das Gesetz eine Vermutung aufstellt, bedürfen keines Beweises.

DFQ: § 45 AVG

REL: Synonym

DTM: **offenkundige Tatsache**; gesetzl.; 4; Hauptb.; MWA; fem.; sg.

DTQ: § 28 VerkStatG

DEF: Tatsachen, die bei dem Gericht offenkundig sind, bedürfen keines Beweises.

DFQ: § 291 ZPO

***

ATM: **Notstandshilfe**; gesetzl.; 4; Hauptb.; Subst.; fem.; sg.; 2836; Sozialrecht

ETM: emergency unemployment benefit; FTM: aide d'urgence

TMQ: § 8 (2a) ASVG

DEF: Sozialleistung für Arbeitslose, die den Anspruch auf Arbeitslosengeld oder Übergangsgeld erschöpft haben, wenn der (die) Arbeitslose der Vermittlung zur Verfügung steht und sich in Notlage befindet, die vorliegt, wenn dem Arbeitslosen die Befriedigung der notwendigen Lebensbedürfnisse unmöglich ist.

DFQ: § 33 (1)-(3) ASVG
REL: Teilsynonym; funkt. Äquiv.

DTM: **Arbeitslosengeld II**; gesetzl.; 4; Hauptb.; Subst.; neutr.; sg.
DTQ: § 19 SGB II
DEF: eine Grundsicherung für Arbeitsuchende, die in Deutschland 2005 durch die Zusammenlegung von Sozial- und Arbeitslosenhilfe entstand und deren Zweck die Sicherung des Lebensunterhaltes für erwerbsfähige hilfbedürftige Personen bis zum 65. Lebensjahr ist.
DFQ: nach AlpBrock2; „Sozialrecht", BM für Arbeit und Soziales, 2/41

***

ATM: **Nottestament (1)**; fachlit.; 3; Hauptb.; Subst.; neutr.; sg.; 1211; Erbrecht; **begünstigte letzte Anordnung**
ETM: nuncupative will / deathbed will; FTM: testament privilégié
TMQ: OGH 3 Ob 174/11a, 08.11.2011,
DEF: ein mündlich oder schriftlich bei gleichzeitiger Gegenwart zweier fähiger Zeugen errichtetes Testament, wenn unmittelbar die Gefahr droht, dass der Erblasser stirbt oder die Fähigkeit zu testieren verliert, seinen letzten Willen auf andere Weise kundzutun.
DFQ: nach § 597 ABGB
REL: Teilsynonym; enger

DTM: **Nottestament vor dem Bürgermeister**; gesetzl.; 4; Hauptb.; MWA; neutr.; sg.
ETM: nuncupative will / deathbed will made before the mayor; FTM: testament privilégié devant le maire
DTQ: § 2249 BGB
DEF: ein Testament zur Niederschrift des Bürgermeisters der Gemeinde, in welcher der Erblasser sich aufhält, wenn Grund zur Sorge besteht, dass der Erblasser früher sterben werde, als die Errichtung eines Testaments vor einem Notar möglich ist.
DFQ: nach § 2249 BGB
NOT: Der Bürgermeister muss zu der Beurkundung zwei Zeugen zuziehen. Als Zeuge kann nicht zugezogen werden, wer in dem zu beurkundenden Testament bedacht oder zum Testamentsvollstrecker ernannt wird.

***

ATM: **Nottestament (2)**; gesetzl.; 4; Hauptb.; Subst.; neutr.; sg.; 1211; Erbrecht; **begünstigte letzte Anordnung**
ETM: nuncupative will / deathbed will; FTM: testament privilégié en présence de trois témoins
TMQ: OGH 3 Ob 174/11a, 08.11.2011
DEF: ein mündlich oder schriftlich bei gleichzeitiger Gegenwart zweier fähiger Zeugen errichtetes Testament, wenn unmittelbar die Gefahr droht, dass der Erblasser stirbt oder die Fähigkeit zu testieren verliert, seinen letzten Willen auf andere Weise kundzutun.
DFQ: nach § 597 ABGB
REL: Teilsynonym; funkt. Äquiv.

DTM: **Nottestament vor drei Zeugen**; gesetzl.; 4; Hauptb.; MWA; neutr.; sg.; 1211; Bürgerl. Recht
ETM: nuncupative will before three witnesses; FTM: testament privilégié avant trois témoins
DTQ: § 2250 BGB

DEF: ein Testament, das durch mündliche Erklärung vor drei Zeugen errichtet wird, wenn sich der Erblasser in so naher Todesgefahr befindet, dass voraussichtlich auch die Errichtung eines Nottestaments vor dem Bürgermeister nicht mehr möglich ist.

DFQ: nach § 2250 (2) BGB

***

ATM: **Notverordnung**; fachlit.; 3; Hauptb.; Subst.; fem.; sg.; 0436; Öffentl. Recht

ETM: emergency ordinance; FTM: ordonnance d'urgence / décret-loi

TMQ: OGH Bsw6586/03, 07.04.2009

DEF: vorläufige gesetzändernde Verordnung, mit der der Bundespräsident auf Vorschlag der Bundesregierung unter seiner und deren Verantwortlichkeit Maßnahmen treffen kann, wenn die sofortige Erlassung von Maßnahmen, die verfassungsgemäß einer Beschlussfassung des Nationalrates bedürfen, zur Abwehr eines offenkundigen, nicht wieder gutzumachenden Schadens für die Allgemeinheit zu einer Zeit notwendig wird, in der der Nationalrat nicht versammelt ist, nicht rechtzeitig zusammentreten kann oder in seiner Tätigkeit durch höhere Gewalt behindert ist.

DFQ: nach Art. 18 (3) B-VG

NOT: Eine solche Verordnung bedarf der Gegenzeichnung der Bundesregierung.

DTM: FEHLT

DFQ: Creif21

NOT: Das dt. Grundgesetz sieht kein vergleichbares Recht zum Erlass von Notverordnungen vor, sondern nur ein vereinfachtes Gesetzgebungsverfahren gemäß Art. 115 dGG. (Creif21)

***

ATM: **Notverordnungsrecht**; fachlit.; 3; Hauptb.; Subst.; neutr.; sg.; 0436; Öffentl. Recht

ETM: emergency powers law; FTM: droit de prendre des ordonnances en vertu des pleins pouvoirs

TMQ: OGH 2Ob158/00z, 08.06.2000

DEF: Recht des Bundespräsidenten, auf Vorschlag der Bundesregierung unter seiner und deren Verantwortlichkeit Maßnahmen, die verfassungsgemäß einer Beschlussfassung des Nationalrates bedürfen, durch vorläufige gesetzändernde Verordnungen zu treffen, wenn die sofortige Erlassung dieser Maßnahmen zur Abwehr eines offenkundigen, nicht wieder gutzumachenden Schadens für die Allgemeinheit zu einer Zeit notwendig wird, in der der Nationalrat nicht versammelt ist, nicht rechtzeitig zusammentreten kann oder in seiner Tätigkeit durch höhere Gewalt behindert ist.

DFQ: nach Art. 18 (3) B-VG

NOT: Eine solche Verordnung bedarf der Gegenzeichnung der Bundesregierung.

REL: Teilsynonym; funkt. Äquiv.

DTM: **Gesetzgebungsnotstand**; gesetzl.; 4; Hauptb.; Subst:, mask.; sg.

DTQ: Art. 81 (1) GG

DEF: eine Situation, die für den Fall, dass das parlamentarische Regierungssystem nicht mehr funktioniert, ein außerordentliches Gesetzgebungsverfahren rechtfertigt

DFQ: nach Art. 81 GG

NOT: Der Gesetzgebungsnotstand wird vom Bundespräsidenten auf Antrag der Bundesregierung mit Zustimmung des Bundesrates für eine Gesetzesvorlage erklärt, wenn der Bundestag sie ablehnt, obwohl die Bundesregierung sie als dringlich bezeichnet hat. Lehnt der Bundestag die Gesetzesvorlage nach Erklärung des Gesetzgebungsnotstandes erneut ab oder nimmt er sie in einer für die Bundesregierung als unannehmbar bezeichneten Fassung an, so gilt das Gesetz als zustande gekommen, soweit der Bundesrat ihm zustimmt. Das gleiche gilt, wenn die Vorlage vom Bundestage nicht innerhalb von vier Wochen nach der erneuten Einbringung verabschiedet wird.

***

ATM: **Notverteidiger/in**; fachlit.; 3; Hauptb.; Subst; mask./fem.; sg.; 1226; Gerichtsorganisation; **Dringlichkeitsverteidiger**
ETM: on-call lawyer; FTM: avocat d'urgence
TMQ: OGH 13Os178/03, 14.07.2004
DEF: eine bei Gericht tätige, zum Richteramt befähigte Person, die mit ihrer Zustimmung in dringenden Fällen vom Vorsteher des Gerichts zum Verteidiger bestellt werden kann.
DFQ: nach § 62 (2) StPO
REL: Teilsynonym; funkt. Äquiv.

DTM: **Notanwalt/-anwältin**; gesetzl.; 4; Hauptb.; Subst.; mask./fem.; sg.
DTQ: § 78b ZPO
DEF: Das Prozessgericht kann einer Partei auf ihren Antrag durch Beschluss für den Rechtszug einen Rechtsanwalt zur Wahrnehmung ihrer Rechte beiordnen, wenn sie einen zu ihrer Vertretung bereiten Rechtsanwalt nicht findet und die Rechtsverfolgung oder Rechtsverteidigung nicht mutwillig oder aussichtslos erscheint.
DFQ: nach § 78b ZPO

***

ATM: **Nuncupatio**; fachlit.; 3; Hauptb.; Subst.; fem.; sg.; 1211; Erbrecht; **mündliche Erklärung, Bekräftigung, Bestätigung**
ETM: nuncupative testament; FTM: testament nuncupatif
TMQ: OGH 5Ob185/12k, 20.11.2012
DEF: die ausdrückliche Erklärung des Erblassers beim letzten Willen, welche er von einer anderen Person niederschreiben ließ, dass der Aufsatz seinen letzten Willen enthält.
DFQ: nach § 579 ABGB
NOT: Die Erklärung muss vor drei fähigen Zeugen abgegeben werden, wovon wenigstens zwei zugleich anwesend sein müssen.

DTM: **FEHLT**

***

ATM: **Nuss**; gesetzl.; 4; Hauptb.; Subst.; fem.; sg.; 6026; Lebensmittelrecht; **Zapfen**
ETM: thick flank; FTM: tranche grasse
TMQ: Österr. Lebensmittelbuch, Kap. 14
DEF: M. quadriceps femoris; liegt in der Mitte des Knöpfels (Schinkens).
DFQ: ÖLMB Kap. 14, A.3.1.3; http://www.ama-marketing.at/home/groups/6/teilstuecke/ (20.08.2014)
REL: Teilsynonym

DTM: **Kugel**; gesetzl.; 4; Hauptb.; Subst.; fem.; sg.; **Blume**, **Rose**
DTQ: Leitsätze für Fleisch und Fleischerzeugnisse; GMBl Nr. 5/6 ff. vom 04.02.2010
DEF: liegt im vorderen Bereich der Keule am Hinterlauf etwas unterhalb des Filets.
DFQ: http://www.gutekueche.de/rezepte/kochwissen/warenkunde/fleischstuecke-rind.1814.htm (20.08.2014)

***

ATM: **Nussdeckel**; gesetzl.; 4; Hauptb.; Subst.; mask.; sg.; 6026; Lebensmittelrecht
TMQ: http://www.fleisch-teilstuecke.at/tsdetail-rind/fts/1235/1000.1200.1218/ (15.09.2014)
DEF: Teil der Nuss.

DFQ: http://www.fleisch-teilstuecke.at/tsdetail-rind/fts/1235/1000.1200.1218/ (15.09.2014)

REL Synonym

DTM: **Kugeldeckel**; gesetzl.; 4; Hauptb.; Subst.; mask.; sg.

DTQ: http:// www.fleischwirtschaft.de/.../fachbegriffe (15.09.2015)

DEF: Teilstück der Keule.

DFQ: http://www.fleischwirtschaft.de/.../fachbegriffe/ (15.09.2015)

***

ATM: **Nutzfläche**; gesetzl.; 4; Hauptb.; Subst.; fem.; sg.; 2846; Mietrecht

ETM: floor space; FTM: surface utile

TMQ: § 17 (2) MRG

DEF: die gesamte Bodenfläche einer Wohnung oder eines sonstigen Mietgegenstandes abzüglich der Wandstärken und der im Verlauf der Wände befindlichen Durchbrechungen (Ausnehmungen). Keller- und Dachbodenräume, soweit sie ihrer Ausstattung nach nicht für Wohn- oder Geschäftszwecke geeignet sind, sowie Treppen, offene Balkone und Terrassen sind bei der Berechnung der Nutzfläche nicht zu berücksichtigen. Veränderungen der Nutzfläche auf Grund baulicher Maßnahmen des Mieters oder sonstigen Nutzers im Inneren der Wohnung oder des sonstigen Mietgegenstandes einschließlich der Verglasung von Balkonen bleiben bis zur Beendigung seines Miet- oder sonstigen Nutzungsverhältnisses unberücksichtigt.

DFQ: § 17 (2) MRG

REL: Synonym

DTM: **Grundfläche**; gesetzl.; 4; Hauptb.; Subst.; fem.; sg.

DTQ: § 3 WoFlV (1)-(2)

DEF: nach den lichten Maßen zwischen den Bauteilen zu ermitteln; dabei ist von der Vorderkante der Bekleidung der Bauteile auszugehen. Bei fehlenden begrenzenden Bauteilen ist der bauliche Abschluss zu Grunde zu legen.

DFQ: § 3 WoFlV (1)-(2)

NOT: Bei der Ermittlung der Grundfläche sind namentlich einzubeziehen die Grundflächen von 1. Tür- und Fensterbekleidungen sowie Tür- und Fensterumrahmungen, 2. Fuß-, Sockel- und Schrammleisten, 3. fest eingebauten Gegenständen, wie z. B. Öfen, Heiz- und Klimageräten, Herden, Bade- oder Duschwannen, 4. freiliegenden Installationen, 5. Einbaumöbeln und 6. nicht ortsgebundenen, versetzbaren Raumteilern.

***

ATM: **nützliche Geschäftsführung**; fachlit.; 3; Hauptb.; MWA; fem.; sg.; 1231; Unternehmensrecht; **nützliche GoA**

ETM: beneficial but unauthorised conducting of business; FTM: gestion d'affaires utile sans mandat

TMQ: OGH 1Ob226/06a, 28.11.2006; § 1037 ABGB

DEF: ein fremdes Geschäft, das der Geschäftsführer ohne Auftrag zum klaren, überwiegenden Vorteil des Geschäftsherrn durchführt.

DFQ: nach § 1037 ABGB; KoWe II, 394

NOT: Es werden folgende Formen der GoA unterschieden: „**Notfall GoA**"; „**nützliche GoA**"

REL: Teilsynonym

DTM: **berechtigte Geschäftsführung ohne Auftrag**; fachlit.; 3; Hauptb.; MWA; fem.; sg.

DTQ: http://www.juraforum.de/lexikon/geschaeftsfuehrung-ohne-auftrag (08.12.2014)

DEF: wenn ein Geschäftsführer eine Tätigkeit für den Geschäftsherrn übernimmt und dadurch in dessen Rechts- und Interessenkreis eingreift, ohne von diesem beauftragt oder anderweitig dazu berechtigt zu sein. Der nicht-beauftragte Geschäftsführer hat das Geschäft so zu führen, wie das Interesse des Geschäftsherrn mit Rücksicht auf dessen wirklichen oder mutmaßlichen Willen es erfordert.

DFQ: nach § 677 ff. BGB; http://www.juraforum.de/lexikon/geschaeftsfuehrung-ohne-auftrag (08.12.2014)

NOT: Es werden folgende Formen der GoA unterschieden: „**berechtigte GoA**"; „**unberechtigte GoA**".

***

ATM: **nützliche Verbesserung durch bautechnische Maßnahmen**; gesetzl.; 4; Hauptb.; MWA; fem.; sg.; 2846; Mietrecht

ETM: structural renovations resulting in useful improvements; FTM: amélioration utile par des mesures de construction

TMQ: § 4 MRG

DEF: Verbesserungen des Hauses oder einzelner Mietgegenstände, durch die die Neuerrichtung oder Umgestaltung von Wasserleitungs-, Lichtleitungs-, Gasleitungs-, Beheizungsanlagen, der Kanalisations- und sanitären Anlagen, Personenaufzügen, die Schalldämmung verbessert bzw. der Anschluss an die Fernwärmeversorgung vorgenommen wird usw.

DFQ: nach § 4 (2) MRG

REL: Synonym

DTM: **Modernisierungsmaßnahmen**; gesetzl.; 4; Hauptb.; Subst.; mask.; sg.

DTQ: § 555b BGB

DEF: bauliche Veränderungen, durch die in Bezug auf die Mietsache Endenergie, erneuerbare Primärenergie, Wasser nachhaltig eingespart oder das Klima nachhaltig geschützt, der Gebrauchswert der Mietsache nachhaltig erhöht, die allgemeinen Wohnverhältnisse auf Dauer verbessert oder neue Wohnräume geschaffen werden, aber auch solche Maßnahmen, die der Vermieter nicht zu vertreten hat und die keine Erhaltungsmaßnahmen nach § 555a BGB sind.

DFQ: nach § 555b BGB

***

ATM: **Nutzwert**; gesetzl.; 4; Hauptb.; Subst.; mask.; sg.; 2846; Wohnungseigentumsrecht

ETM: value of ownership interests in a condomium flat; FTM: valeur des droits de participation à un immeuble de copropriété

TMQ: § 2 (8) WEG

DEF: Maßzahl, mit der der Wert eines Wohnungseigentumsobjekts im Verhältnis zu den Werten der anderen Wohnungseigentumsobjekte der Liegenschaft bezeichnet wird. Er ergibt sich aus der Nutzfläche des Objekts und aus Zuschlägen oder Abstrichen für werterhöhende oder wertvermindernde Eigenschaften desselben.

DFQ: § 2 (8) WEG

DTM: FEHLT

***

ATM: **Nutzwertberechnung**; gesetzl.; 4; Hauptb.; Subst.; fem.; sg.; 2846; Wohnungseigentumsrecht; **Parifizierung**

ETM: calculation of the value of ownership interests in a condomium building; FTM: calcul de la valeur des droits de participation à un immeuble de copropriété

TMQ: § 9 (2) WEG 2002

DEF: Bestimmung der Verhältnisse der Eigentumsanteile der einzelnen Miteigentümer (z.B. eines Wohnobjektes) beispielsweise zur Ermittlung des Betriebskostenanteils

DFQ: nach www.help.gv.at (09.07.2009)

NOT: Als Basis der Berechnung dient in erster Linie die Nutzfläche.

REL: Teilsynonym; enger

DTM: **Bemessung der Miteigentumsanteile**; fachlit.; 3; Hauptb.; MWA; fem.; sg.

DTQ: Beck'scher Online-Kommentar zum WEG § 3 (09.07.2014)

DEF: Ermittlung des Verhältnisses der Eigentumsanteile der einzelnen Miteigentümer, welche grundsätzlich durch die Miteigentümer frei erfolgen kann, wobei eine weitgehende Übereinstimmung zwischen dem jeweiligen Miteigentumsanteil und Wohnungswert oder Wohn/Nutzfläche sinnvoll ist.

DFQ: nach Beck'scher Online-Kommentar WEG § 3 (09.07.2014)

***

ATM: **Oberlandesgericht als Arbeits- und Sozialgericht**; gesetzl.; 4; Hauptb.; MWA; neutr.; sg.; 1226; Gerichtsorganisation

ETM: court of second instance in matters of labour and social affairs; FTM: cour d'appel (de deuxième instance) en matière de droit du travail et droit social

TMQ: § 195 Gewerbliches Sozialversicherungsgesetz

DEF: Gerichte der zweiten Instanz für arbeits- und sozialrechtliche Verfahren in Österreich.

DFQ: §§ 2 ff., 11 ASGG

NOT: Die Senate der Oberlandesgerichte sind aus drei Richtern und zwei fachkundigen Laienrichtern zusammenzusetzen.

REL: Teilsynonym; funkt. Äquiv.

DTM: **Landesarbeitsgericht**; gesetzl.; 4; Hauptb.; Subst.; neutr.; sg.

DTQ: § 1 ArbGG

DEF: Gerichte der zweiten Instanz für arbeitsrechtliche Verfahren in Deutschland.

DFQ: nach §§ 1 ff. ArbGG

NOT: Der Instanzenzug ist grundsätzlich 3-stufig: Gegen Entscheidungen des Arbeitsgerichts ist Berufung bzw. Beschwerde beim Landesarbeitsgericht möglich. In dritter Instanz entscheidet das Bundesarbeitsgericht.

***

ATM: **Oberstaatsanwalt/-anwältin**; gesetzl.; 4; Hauptb.; Subst.; mask./fem.; sg.; 1206; Strafrecht

ETM: chief Public Prosecutor; FTM: procureur général

TMQ: § 118 Richter- und Staatsanwaltschaftsdienstgesetz

DEF: beim Oberlandesgericht tätige/r Staatsanwalt/-anwältin.

DFQ: nach § 2 StAG

REL Synonym

DTM: **Generalstaatsanwalt/-anwältin**; gesetzl.; 4; Hauptb.; Subst.; mask./fem.; sg.

DTQ: http://www.schleswig-holstein.de/... /Generalstaatsanwalt/Generalstaatsanwalt_node.html (11.12.2014)

DEF: Person, der die Dienstaufsicht für die Staatsanwälte beim Oberlandesgericht sowie für die Staatsanwälte ihres Bezirks obliegt.

DFQ: http://www.schleswig-holstein.de/... /Generalstaatsanwalt/Generalstaatsanwalt_node.html (11.12.2014)

***

ATM: **Oberste Zivilluftfahrtbehörde**; gesetzl.; 4; Hauptb.; MWA; fem.; sg.; 0436; Öffentliche Sicherheit; ; **OZB**

ETM: Civil Aviation Authority; FTM: autorité de l'aviation civile

TMQ: Art. 1 Luftverkehrsabkommen

DEF: eine dem Bundesministerium für Verkehr, Innovation und Technologie eingegliederte Behörde, die für die Regelung der Rechtsgrundlagen auf nationaler Ebene, die Vertretung Österreichs in der EU und in internationalen Gremien sowie für Verhandlungen von bilateralen Luftverkehrsabkommen; für luftfahrtbehördliche Bewilligungen und die Aufsicht über Unternehmen, wie Flughäfen, Luftfahrtunternehmen und Flugsicherungsdienstleister, sowie die Qualitätskontrolle im Sinne der Sicherheit in der Zivilluftfahrt zuständig ist.

DFQ: nach http://www.bmvit.gv.at/verkehr/luftfahrt/behoerden/ozb/index.html (11.01.2015)

REL Synonym

DTM: **Luftfahrt-Bundesamt**; gesetzl.; 4; Hauptb.; MWA; fem.; sg.; **LBA**

DTQ: http://www.lba.de/DE/LBA/dasLBA_node.html (11.01.2015)

DEF: sorgt als Bundesoberbehörde im Geschäftsbereich des Bundesministeriums für Verkehr und digitale Infrastruktur (BMVI) für die Sicherheit eines Fluges lange bevor dieser beginnt. Durch die Wahrnehmung von mehr als 100 Zulassungs-, Genehmigungs- und Aufsichtsfunktionen gewährleistet das LBA den hohen Sicherheitsstandard der Luftfahrt in Deutschland.

DFQ: http://www.lba.de/DE/LBA/Aufgabe/Aufgaben_node.html (11.01.2015)

***

ATM: **Oberster Gerichtshof**; gesetzl.; 4; Hauptb.; MWA; mask.; sg.; 1221; Gerichtsorganisation; **OGH**

ETM: Supreme Court; FTM: Cour suprême

TMQ: Art. 92 B-VG

DEF: in Wien befindlicher, für das ganze Bundesgebiet zuständiger Gerichtshof zur letztinstanzlichen Entscheidung in Zivil- und Strafsachen.

DFQ: ÖRWB

REL: Teilsynonym; funkt. Äquiv.

DTM: **Bundesgerichtshof**; gesetzl.; 4; Hauptb.; Subst.; mask.; sg.; **BGH**

DTQ: Art. 95 GG

DEF: Revisionsgericht, das vor allem die Sicherung der Rechtseinheit durch Klärung grundsätzlicher Rechtsfragen und die Fortbildung des Rechts zur Aufgabe hat. Er trifft grundsätzlich keine eigenen Tatsachenfeststellungen, sondern beschränkt sich auf die Nachprüfung der rechtlichen Beurteilung eines Falles durch die Vorinstanzen, an deren tatsächliche Feststellungen es gebunden ist, es sei denn, diese wurden ihrerseits verfahrensfehlerhaft getroffen.

DFQ: http://www.bundesgerichtshof.de/.../aufgabeOrganisation_node.html (12.01.2015)

***

ATM: **Oberstudienrat/-rätin**; gesetzl.; 4; Hauptb.; Subst.; mask./fem.; sg.; 0436; Öffentl. Recht; **Oberstudienrätin, OStR**

ETM: honorary title for senior teachers at secondary school; FTM: titre honorifique accordé à des professeurs exceptionnels

TMQ: § 1 Schaffung von Berufstiteln

DEF: Berufstitel für Personen, die im Lehr- oder Erziehungsdienst tätig sind und „sich in langjähriger Ausübung ihres Berufes Verdienste um die Republik Österreich erworben haben".

DFQ: § 65 (2) lit. b BVG

NOT: **„Oberstudienrat"** bzw. **„Oberstudienrätin"** ist ein Auszeichnungstitel (Berufstitel) für L1-Lehrer/innen und IL/l1-Lehrer/innen bei überdurchschnittlicher Leistungsfeststellung und besonderen Verdiensten. Die Verleihung dieser Berufstitel ist frühestens ab dem 25. Dienstjahr und nach Vollendung des 50. Lebensjahres möglich.

REL: Falscher Freund

DTM: **Oberstudienrat/-rätin**; gesetzl.; 4; Hauptb.; Subst.; mask./fem.; sg.

DTQ: Verordnung über die Laufbahnen der Bundesbeamtinnen und Bundesbeamten Anlage 1 (zu § 9 (1))

DEF: Amtsbezeichnung für die fest angestellten (beamteten) Lehrer/innen an höheren Schulen.

DFQ: BesGr A 14 Besoldungsgruppe A 14 § 1 Laufbahnämter

***

ATM: Obsorge; gesetzl.; 4; Hauptb.; Subst.; fem.; sg.; 1211; Bürgerl. Recht

ETM: parental authority; FTM: autorité parentale

TMQ: § 144 ABGB

DEF: umfasst die Gesamtheit der Rechte und Pflichten der Eltern gegenüber ihren minderjährigen Kindern, insbesondere die Pflege und Erzeihung, Vermögens-verwaltung und Vertretung Die Eltern haben das minderjährige Kind zu pflegen und zu erziehen, sein Vermögen zu verwalten und es in diesen sowie allen anderen Angelegenheiten zu vertreten. Pflege und Erziehung sowie die Vermögensverwaltung umfassen auch die gesetzliche Vertretung in diesen Bereichen. Die Obsorge für das Kind erlischt mit dem Eintritt seiner Volljährigkeit.

DFQ: nach § 144 ABGB

REL Synonym

DTM: elterliche Sorge; gesetzl.; 4; Hauptb.; MWA; fem.; sg.

DTQ: § 1626 BGB

DEF: umfasst die Sorge für die Person des Kindes und das Vermögen des Kindes sowie die Vertretung des Kindes.

DFQ: nach § 1626 BGB

***

ATM: Obsorge einer anderen Person; gesetzl.; 4; Hauptb.; MWA; fem.; sg.; 1211; Bürgerl. Recht

ETM: guardianship; FTM: tutelle

TMQ: § 187 ABGB

DEF: Ausübung der elterlichen Rechte und Pflichten gegenüber einem minderjährigen Kind durch eine andere Person, wenn dies weder durch Eltern, noch Großeltern oder Pflegeeltern möglich ist.

DFQ: nach § 187 ABGB

NOT: Der Terminus trat durch das KindRÄG 2001 an die Stelle des früheren Terminus „**Vormundschaft**".

REL: Synonym

DTM: Vormundschaft; gesetzl.; 4; Hauptb.; Subst.; mask.; sg.

DTQ: § 1774 BGB

DEF: die vom Gericht angeordnete umfassende Sorge für einen Minderjährigen (Sorge für Person und Vermögen, Vertretung), wenn dieser nicht unter elterlicher Sorge steht oder wenn die Eltern weder in den die Person noch in den das Vermögen betreffenden Angelegenheiten zur seiner Vertretung berechtigt sind.

DFQ: nach § 1774 BGB; AlpBrock2

***

ATM: Offenlegungsgrundsatz; fachlit.; 3; Hauptb.; Subst.; mask.; sg.; 1211; Bürgerl. Recht

ETM: principle of disclosure; FTM: principe de transparence lors de la suppléance d'une autre personne

TMQ: OGH 8Ob22/11k, 23.03.2011

DEF: derjenige, der nicht im eigenen Namen, sondern als Vertreter eines Anderen oder als Organ einer juristischen Person rechtsgeschäftlich handeln will, muss dies auf unzweifelhafte Weise zum Ausdruck bringen (RIS-Justiz RS0019427). Legt der Vertreter daher nicht offen, dass er im Namen eines Anderen handeln will, so kommt das Geschäft im Zweifel im eigenen Namen zustande.

DFQ: OGH 8Ob22/11k, 23.03.2011

REL Synonym

DTM: **Offenkundigkeitsprinzip**; fachlit.; 3; Hauptb.; Subst.; neutr.; sg.

DTQ: http://www.rechtslexikon24.net/... /offenkundigkeitsprinzip.htm (15.01.2015)

DEF: bedeutet bei der Stellvertretung, dass das Handeln des Vertreters grundsätzlich nur dann unmittelbar für und gegen den Geschäftsherrn wirkt, wenn der Vertreter erkennbar in fremdem Namen auftritt.

DFQ: http://www.rechtslexikon24.net/... /offenkundigkeitsprinzip.htm (15.01.2015)

***

ATM: **öffentliche Pflichtschulen**; gesetzl.; 4; Hauptb.; MWA; fem.; pl.; 3206; Schulrecht; **allgemeinbildende Pflichtschulen**

ETM: public compulsory schools; FTM: écoles publiques obligatoires

TMQ: Abschn. I. (1) Pflichtschulerhaltungs-Grundsatzgesetz

DEF: die vom gesetzlichen Schulerhalter (Land, Gemeinden oder Gemeindeverbände) errichteten und erhaltenen Volks-, Haupt- und Sonderschulen, Neue Mittelschulen, Polytechnische Schulen sowie Berufsschulen, mit Ausnahme der land- und forstwirtschaftlichen Berufsschulen.

DFQ: Abschn. I. (1) und (3) Pflichtschulerhaltungs-Grundsatzgesetz

NOT: Aufgrund der starken Differenziertheit des dt. Schulsystems ist ein direkter Vergleich nur bedingt möglich.

REL: Teilsynonym; funkt. Äquiv.

DTM: **Schularten im Bereich der allgemeinen Bildung**; gesetzl.; 4; Hauptb.; MWA; fem.; pl.; 1211; Bürgerl. Recht

DTQ: http://www.kmk.org/fileadmin/pdf/Bildung/AllgBildung/Schema-Bildungsgaenge_und_Schularten-Stand_2014-08.pdf (05.09.2014)

DEF: aufgrund der Schulhoheit der deutschen Bundesländer die Grundschule, verschiedene Formen der Gesamtschule, Hauptschulen und Realschulen

DFQ: nach http://www.kmk.org/fileadmin/pdf/Bildung/AllgBildung/Schema-Bildungsgaenge_und_Schularten-Stand_2014-08.pdf

NOT: Art. 36 des Bayerischen Gesetzes über das Erziehungs- und Unterrichtswesen (BayEUG) als terminus technicus für die Bezeichnung einer Standardschullaufbahn verwendet.

***

ATM: **Offert, das**; fachlit.; 3; Hauptb.; Subst; neutr.; sg.; 2016; Wirtschaftsrecht; **Anbot, Angebot**

ETM: offer; FTM: offre

TMQ: OGH 4Ob175/02t, 24.09.2002

DEF: der Vorschlag, einen Vertrag bestimmten Inhalts abzuschließen.

DFQ: Welser, FWB Bürgerliches Recht

NOT: Grammatische Form: „**das Offert**"; In Urteilen des OGH wird zunehmend die Form „**die Offerte**" verwendet. Ursache dafür ist die Orientierung an dt. Gerichtsurteilen bzw. EU-Urteilen.

DTM: **Offerte, die**; allgmspr.; 3; Hauptb.; Subst.; fem.; sg.; **Angebot**

DTQ: www.die-immobilien-offerte.de/ (11.07.2009)

DEF: die Willenserklärung, die auf den Abschluss eines Vertrages gerichtet ist.

DFQ: AlpBrock2

NOT: Grammatische Form: „**die Offerte**".

***

ATM: **Omnibus**; gesetzl.; 4; Hauptb.; Subst.; mask.; sg.; 4816; Kraftfahrrecht
ETM: omnibus; FTM: omnibus; autobus

TMQ: § 2 (1) Z. 7 KFG

DEF: Kraftwagen (Z. 3), der nach seiner Bauart und Ausrüstung zur Beförderung von Personen bestimmt ist und außer dem Lenkerplatz für mehr als acht Personen Plätze aufweist.

DFQ: § 2 (1) Z. 7 KFG

REL: Synonym

DTM: **Kraftomnibus**; gesetzl.; 4; Hauptb.; Subst.; mask.; sg.;

DTQ: § 30d (1) Straßenverkehrs-Zulassungs-Ordnung (StVZO)

DEF: Kraftfahrzeug zur Personenbeförderung mit mehr als acht Sitzplätzen außer dem Fahrersitz.

DFQ: § 30d (1) StVZO

***

ATM: **Oppositionsklage**; fachlit.; 3; Hauptb.; Subst.; fem.; sg.; 1211; Bürgerl. Recht; **Vollstreckungsgegenklage; Einwendungen gegen den Anspruch**
ETM: action to oppose enforcement; FTM: action en opposition une à exécution

TMQ: OGH 3Ob213/13i, 21.05.2014

DEF: im Exekutionsverfahren die Klage einer Person, gegen die Exekution geführt wird, mit der Einwendungen gegen den Anspruch geltend gemacht werden, und sich auf die Behauptung stützen, dass neue Umstände eingetreten sind, die den Anspruch aufheben oder hemmen.

DFQ: nach ÖRWB; § 35 EO

REL Synonym

DTM: **Vollstreckungsabwehrklage**; gesetzl.; 4; Hauptb.; Subst.; fem.; sg.; **Vollstreckungsgegenklage**

DTQ: § 767 ZPO

DEF: eine Klage im Zwangsvollstrekungsverfahren, durch die Einwendungen, die den durch das Urteil festgestellten Anspruch selbst betreffen, geltend gemacht werden.

DFQ: nach AlpBrock2

***

ATM: **ordentlicher Schüler**; gesetzl.; 4; Hauptb.; Subst.; mask.; sg.; 3206; Schulrecht
ETM: regular pupil; FTM: élève régulier

TMQ: § 3 (1) SchuG

DEF: wer a) die gesetzlichen Aufnahmsvoraussetzungen für die betreffende Schulart und Schulstufe erfüllt, b) die Unterrichtssprache der betreffenden Schule soweit beherrscht, daß er dem Unterricht zu folgen vermag, und c) die Eignung für die betreffende Schulart besitzt, zu deren Feststellung im Zweifelsfalle ein Gutachten des Schularztes oder des Amtsarztes einzuholen ist.

DFQ: § 3 (1) SchuG

DTM: FEHLT

***

ATM: **Ordination**; fachlit.; 3; Hauptb.; Subst.; fem.; sg.; 0421; Öffentl. Recht; **Bestimmung der Zuständigkeit durch den Obersten Gerichtshof**
ETM: Supreme Court right to determine its jurisdictional competency; FTM: droit exceptionnel de la Cour suprême de déterminer la juridiction compétente

TMQ: OGH 1Nd545/77, 17.03.1978

DEF: für eine bürgerliche Rechtssache die Voraussetzungen für die örtliche Zuständigkeit eines inländischen Gerichts im Sinne dieses Gesetzes oder einer anderen Rechtsvorschrift nicht gegeben oder nicht zu ermitteln, so hat der Oberste Gerichtshof aus den sachlich zuständigen Gerichten eines zu bestimmen, welches für die fragliche Rechtssache als örtlich zuständig zu gelten hat.

DFQ: § 28 (1) JN

DTM: FEHLT

NOT: Die gerichtliche Bestimmung der Zuständigkeit ist in § 36 dZPO geregelt. Ein spezieller Terminus für die Bestimmung der Zuständigkeit durch ein höheres Gericht bzw. durch den BGH fehlt.

***

ATM: **Ordner**; gesetzl.; 4; Hauptb.; Subst.; mask.; sg.; 0436; Öffentl. Recht

ETM: whip; FTM: députés chargés de maintenir l'ordre

TMQ: §§ 5, 17 GO-NR

DEF: vom Plenum gewählte Abgeordnete des Nationalrats/ Mitglieder des Bundesrates, die den Präsidenten bei der Leitung der Verhandlungen und bei der Aufrechterhaltung der Ruhe und Ordnung im Sitzungssaal unterstützen.

DFQ: nach §§ 5, 17 GO-NR

DTM: FEHLT

NOT: Den Begriff des „**Ordners**" gibt es im dt. Recht nur im Versammlungsrecht.

***

ATM: **organisierte Schwarzarbeit**; gesetzl.; 3; Hauptb.; Subst; mask.; sg.; 4406/1216; Arbeitsrecht/Strafrecht

ETM: organised illicit work; FTM: travail au noir organisé

TMQ: § 153e (1) StGB

DEF: wer gewerbsmäßig 1. Personen zur selbstständigen oder unselbstständigen Erwerbstätigkeit ohne die erforderliche Anmeldung zur Sozialversicherung oder ohne die erforderliche Gewerbeberechtigung anwirbt, vermittelt oder überlässt, 2. eine größere Zahl illegal erwerbstätiger Personen (Z. 1) beschäftigt oder mit der selbstständigen Durchführung von Arbeiten beauftragt oder 3. in einer Verbindung einer größeren Zahl illegal erwerbstätiger Personen (Z. 1) führend tätig ist.

DFQ: § 153e (1) StGB

NOT: Im österr. Kontext wird besonders der Aspekt der „organisierten" Schwarzarbeit betont, der in DE als Begriff nur in Polizeikreisen üblich ist.

REL Teilsynonym

DTM: **Schwarzarbeit**; gesetzl.; 4; Hauptb.; Subst.; mask.; sg.

DTQ: § 1 SchwarzArbG

DEF: wer die in § 1 (2) SchwarzArbG genannten Bedingungen erfüllt, insbesondere wer als Arbeitgeber, Unternehmer oder versicherungspflichtiger Selbstständiger seine sich auf Grund der Dienst- oder Werkleistungen ergebenden sozialversicherungsrechtlichen Melde-, Beitrags- oder Aufzeichnungspflichten nicht erfüllt, als Steuerpflichtiger seine steuerlichen Pflichten nicht erfüllt, als Empfänger von Sozialleistungen seine Mitteilungspflichten gegenüber dem Sozialleistungsträger nicht erfüllt, seine Gewerbe nicht anzeigt oder betreibt, ohne in der Handwerksrolle eingetragen zu sein.

DFQ: nach § 1 SchwarzArbG

***

ATM: **Organmandat**; fachlit.; 3; Hauptb.; Subst; neutr.; sg.; 2826; Straßenverkehrsrecht; **Organstrafverfügung**; **Strafmandat**

ETM: administrative fine; FTM: amende administrative

TMQ: OGH 15Os158/97, 04.12.1997

DEF: eine Geldstrafe, die von öffentlichen Aufsichtsorganen (Polizei, Stadtwache) wegen bestimmter von ihnen dienstlich wahrgenommener oder vor ihnen eingestandener Verwaltungsübertretungen durch die Übergabe eines Organmandats ausgesprochen wird.

DFQ: nach § 50 (1) VStG

NOT: Allgemeinsprachlicher österr. Begriff, der auch in Gerichtsurteilen vorkommt und synonym mit „**Organstrafverfügung**" ist.

REL Synonym

DTM: **Verwarnung**; gesetzl.; 4; Hauptb.; Subst:, fem.; sg.; **Bußgeld**

DTQ: § 56 Gesetz über Ordnungswidrigkeiten (OWiG)

DEF: bei geringfügigen Ordnungswidrigkeiten kann die Verwaltungsbehörde den Betroffenen verwarnen und ein Verwarnungsgeld von fünf bis fünfundfünfzig Euro erheben. Sie kann eine Verwarnung ohne Verwarnungsgeld erteilen.

DFQ: § 56 (1) OWiG

***

ATM: **Organstrafverfügung**; gesetzl.; 4; Hauptb.; Subst.; fem.; sg.; 2826; Straßenverkehrsrecht; **Organmandat, Strafmandat**

ETM: administrative fine; FTM: amende administrative

TMQ: § 50 VStG 1991

DEF: Geldstrafe, die von Exekutivorgangen (Polizei) wegen bestimmter von ihnen dienstlich wahrgenommener oder vor ihnen eingestandener Verwaltungsübertretungen verfügt werden kann.

DFQ: nach § 50 Verwaltungsstrafgesetz 1991

REL: Synonym

NOT: Paralleler Begriff zu „**Organmandat**".

DTM: **Verwarnung**; gesetzl.; 4; Hauptb.; Subst.; fem.; sg.; **Geldbuße**

DTQ: § 56 Gesetz über Ordnungswidrigkeiten (OWiG)

DEF: eine Ahndung von geringfügigen Ordnungswidrigkeiten nach § 56 ff. des deutschen Ordnungswidrigkeitengesetzes (OWiG). Sie kann mit oder ohne Erhebung eines Verwarnungsgeldes verbunden sein. Sie kann mündlich oder schriftlich erfolgen..Die schriftliche Verwarnung, insbesondere im Straßenverkehrsrecht, ist fast immer mit einer Zahlungsaufforderung zwischen 5 und 35 EUR verbunden.

DFQ: § 56 (1) Gesetz über Ordnungswidrigkeiten (OWiG)

***

ATM: **örtliches Raumordnungskonzept**; gesetzl.; 4; Hauptb.; MWA; neutr.; sg.; 2846; Raumordnung; **ÖROKO**

ETM: spatial planning at local level; FTM: l'aménagement du territoire locale

TMQ: Handbuch der Planungsbegriffe

DEF: die örtliche Variante eines Ortsentwicklungskonzeptes, wie es in allen österreichischen Bundesländern als grundlegendes Planungsinstrument in der örtlichen Raumordnung vorgesehen ist.

DFQ: nach https://www.tirol.gv.at/landesentwicklung/raumordnung/oertliche-raumordnung/oerk/ (12.01.2015)

NOT: Der Planungszeitraum für dieses Konzept beträgt in der Regel 10 Jahre.

REL: Teilsynonym; funkt. Äquiv.

DTM: **Landesplanung**; gesetzl.; 4; Hauptb.; Subst.; fem.; sg.

DTQ: http://www.mwkel.rlp.de/Landesplanung/ (20.01.2015)

DEF: steuert die zusammenfassende, überörtliche und überfachliche Planung für das Land.

DFQ: http://www.mwkel.rlp.de/Landesplanung/ (20.01.2015)

NOT: Dabei stehen der Landesplanung folgende zentrale Planungs- und rechtsverbindliche Instrumente zur Verfügung: Landesentwicklungsprogramm (LEP IV); Erlasse/ Rundschreiben zur Umsetzung von einzelnen Zielen und Grundsätzen des LEP: Raumordnungsverfahren / vereinfachte raumordnerische Prüfungen für geplante raumwirksame Einzel- und Großprojekte / landesplanerischer Einspruch.

***

ATM: **Österreichische Agentur für Gesundheit und Ernährungssicherheit GmbH**; gesetzl.; 4; Hauptb.; MWA; fem.; sg.; 2841; Gesundheitsrecht; **AGES**

ETM: Austrian Agency for Health and Food Safety; FTM: Agence autrichienne pour la santé et la sécurité alimentaire

TMQ: § 1 (1) GESG

DEF: zentrale Behörde, die für die Wahrung des Schutzes der Gesundheit von Menschen, Tieren und Pflanzen, zur wirksamen und effizienten Evaluierung und Bewertung der Ernährungssicherheit und zur epidemiologischen Überwachung übertragbarer und nicht übertragbarer Krankheiten beim Menschen zuständig ist.

DFQ: nach § 1 (1) GESG

REL: Funkt. Äquiv.

DTM: **Bundesamt für Verbraucherschutz und Lebensmittelsicherheit**; gesetzl.; 4; Hauptb.; MWA; neutr.; sg.

DTQ: § 1 BVL-Gesetz

DEF: eine wissenschaftliche Fachbehörde mit einem breiten Aufgabenspektrum in den Bereichen Lebensmittel, Futtermittel, Verbraucherprodukte, Pflanzenschutzmittel, Tierarzneimittel und Gentechnik.

DFQ: http://www.bvl.bund.de/... /dasBundesamt_aufgaben_node.html (20.08.2014)

***

ATM: **Österreichische Apothekerkammer**; gesetzl.; 4; Hauptb.; MWA; fem.; sg.; 4411; Kammerrecht

ETM: Austrian Chamber of Pharmacists; FTM: Chambre autrichienne des pharmaciens

TMQ: ASGG § 20 a.F.

DEF: die gesetzliche Interessensvertretung der österreichischen Apotheker auf Bundesebene.

DFQ: http://www.apotheker.or.at/ (19.01.2015)

NOT: Es ist keine völlige Deckungsgleichtheit gegeben, da es eine Aufteilung eine Dachorganisation nach dt. Vorbild aufgrund einer fehlenden Teilung in Angestellte und Apothekenleitern in AT nicht gibt.

REL: Teilsynonym

DTM: **Bundesvereinigung deutscher Apothekervereinigungen**; fachlit.; 3; Hauptb.; MWA; fem.; sg.

DTQ: http://www.abda.de/ (22.01.2015)

DEF: die Spitzenorganisation Interessensvertretungen der deutschen Apotheker auf Bundesebene und umfasst die 17 Apothekerkammern und die 17 Landesapotherkerverbände.

DFQ: nach http://www.abda.de/ (22.01.2015)

***

ATM: **Österreichische Ärztekammer**; gesetzl.; 4; Hauptb.; MWA; fem.; sg.; 4411; Kammerrecht

ETM: Austrian Medical Chamber; FTM: Chambre autrichienne des médecins

TMQ: § 341 Allgemeines Sozialversicherungsgesetz

DEF: vertritt gemäß Ärztegesetz die gemeinsamen beruflichen, sozialen und wirtschaftlichen Interessen aller in Österreich tätigen Ärztinnen und Ärzte. Sie sorgt für die Wahrung des Ansehens, der Rechte und die Einhaltung der Pflichten der ÄrztInnen. Ihre Mitglieder sind die neun Landesärztekammern, als deren öffentlich-rechtlicher Dachverband die Österreichische Ärztekammer fungiert.

DFQ: http://www.aerztekammer.at/aufgaben-der-oesterreichischen-aerztekammer (22.01.2015)

NOT: Die Ärztekammern sind berufliche Vertretungen, d.h. durch Gesetz eingerichtete Selbstverwaltungskörper mit Zwangsmitgliedschaft.

REL Synonym

DTM: **Bundesärztekammer**; gesetzl.; 4; Hauptb.; Subst.; fem.; sg.

DTQ: www.bundesaerztekammer.de/ (13.01.2015)

DEF: die Spitzenorganisation der ärztlichen Selbstverwaltung; sie vertritt die berufspolitischen Interessen der 470.422 Ärztinnen und Ärzte (Stand: 31.12.2013) in der Bundesrepublik Deutschland. Als Arbeitsgemeinschaft der 17 deutschen Ärztekammern wirkt die Bundesärztekammer (BÄK) aktiv am gesundheitspolitischen Meinungsbildungsprozess der Gesellschaft mit und entwickelt Perspektiven für eine bürgernahe und verantwortungsbewusste Gesundheits- und Sozialpolitik.

DFQ: http://www.bundesaerztekammer.de/page.asp?his=0.1.13 (13.01.2015)

NOT: Die Bundesärztekammer ist keine Kammer oder sonstige Körperschaft des öffentlichen Rechts, sondern ein nicht eingetragener Verein.

***

ATM: **Österreichische Hochschülerschaft**; gesetzl.; 4; Hauptb.; MWA; fem.; sg.; 3211; Universitätsrecht; **ÖH**

ETM: Austrian Student Union; FTM: Union autrichienne des étudiants

TMQ: § 2 Hochschülerinnen- und Hochschülerschaftsgesetz 1998

DEF: die gesetzlich eingerichtete Interessensvertretung der Studierenden an Universitäten und Fachhochschul- Studienlehrgängen st die bundesweite gesetzliche Interessensvertretung der Studenten. Die gesetzlichen Grundlagen der österreichischen Hochschülerschaft fußen auf dem HochschülerInnenschaftsgesetz, der Hochschulwahlordnung und der Satzung der Hochschülerschaft.

DFQ: Mayer, FWB Öffentl. Recht

NOT: Die Hochschülerschaft ist eine Körperschaft öffentlichen Rechts mit Zwangsmitgliedschaft.

REL: Teilsynonym; funkt. Äquiv.

DTM: **Allgemeiner Studentenausschuss**; gesetzl.; 4; Hauptb.; Mehrwort.; mask.; sg.; **AStA**

DTQ: http://www.historisches-lexikon-bayerns.de/artikel/artikel_44409 (13.12.2014)

DEF: die gewählte Studentenvertretung einer Hochschule mit dem Recht zur verpflichtenden Beitragserhebung von allen eingeschriebenen Studenten.

DFQ: http://www.historisches-lexikon-bayerns.de/artikel/artikel_44409 (13.12.2014)

NOT: Die Interessensvertretung der Studierenden ist nicht bundeseinheitlich geregelt. In einigen deutschen Bundesländern – insbesondere dort, wo keine verfasste Studierendenschaft und stattdessen eine sogenannte Unabhängige Studierendenschaft besteht – gibt es zahlreiche abweichende Bezeichnungen.

***

ATM: **Österreichische Karte**; gesetzl.; 4; Hauptb.; MWA; fem.; sg.; 3606; Geodäsie; **ÖK**

ETM: Official Austrian Topographic Map; FTM: carte topographique autrichienne

TMQ: Anl. 2 Emissionskatasterverordnung

DEF: das topographische Grundkartenwerk Österreichs. Es wird seit August 2011 gemeinsam mit dem Institut für Militärisches Geowesen (IMG) des Bundesministeriums für Landesverteidigung und Sport (BMLVS) herausgegeben und inhaltlich mit einem zusätzlichen militärischen Aufdruck versehen.

DFQ: http://www.bev.gv.at/portal/.. (12.01.2015)

REL Synonym

DTM: **digitale topografische Karte**; gesetzl.; 4; Hauptb.; MWA; fem.; sg.; **DTK**

DTQ: www.bkg.bund.de/.../Digitale-Karten/Topographische-Karten/.. (12.01.2015)

DEF: das amtliche topografische Kartenwerk Deutschlands, das in mehreren Maßstäben, seit 1990 in digitaler Form, herausgegeben wird.

DFQ: http://de.wikipedia.org/wiki/Topografische_Karte (12.01.2015)

***

ATM: **Österreichische Nationalbank**; gesetzl.; 4; Hauptb.; MWA; fem.; sg.; 2416; Bankwesen; **OeNB**

ETM: Austrian National Bank; FTM: Banque nationale d'Autriche

TMQ: Art. 1 § 1 Nationalbankgesetz 1984

DEF: Zentralbank der Republik Österreich.

DFQ: nach www.oenb.at (14.01.2015)

NOT: Sie wirkt im Rahmen des Eurosystems an einer stabilitätsorientierten Geldpolitik mit, trägt zur Sicherung der Finanzmarktstabilität in AT bei und versorgt die österreichische Bevölkerung und Wirtschaft mit qualitativ hochwertigem und damit sicherem Bargeld.

REL: Synonym; funkt. Äquiv.

DTM: **Deutsche Bundesbank**; gesetzl.; 4; Hauptb.; MWA; fem.; sg.

DTQ: § 247 (2) BGB

DEF: Zentralbank der Bundesrepublik Deutschland.

DFQ: nach www.bundesbank.de (14.01.2015)

***

ATM: **Österreichische Notariatskammer**; gesetzl.; 4; Hauptb.; MWA; fem.; sg.; 1226; Gerichtsorganisation

ETM: Austrian Chamber of Notaries; FTM: Chambre autrichienne des notaires

TMQ: § 140 (1) NO

DEF: setzt sich aus den Notariatskammern Österreichs zusammen (Art. 120a Abs. 1 B-VG). Sie ist eine Körperschaft öffentlichen Rechtes und hat ihren Sitz in Wien. Ihr Wirkungsbereich erstreckt sich auf das gesamte Bundesgebiet.

DFQ: § 140 (1) NO

REL: Synonym; funkt. Äquiv.

DTM: **Bundesnotarkammer**; gesetzl.; 4; Hauptb.; Subst.; fem.; sg.

DTQ: § 76 (1) Bundesnotarordnung (BNotO)

DEF: bundesweite Notarvertretung, die aus den einzelnen Notarkammern der Oberlandesgerichtsbezirke gebildet wird.

DFQ: § 76 (1) BNotO

***

ATM: **Österreichische Raumordnungskonferenz**; gesetzl.; 4; Hauptb.; MWA; fem.; sg.; 2846; Raumplanung; **ÖROK**

ETM: Austrian Regional Planning Conference; FTM: Conférence autrichienne de l'aménagement du territoire

TMQ: Handbuch der Planungsbegriffe

DEF: eine von Bund, Ländern und Gemeinden getragene Einrichtung zur Koordination der Raumordnung auf gesamtstaatlicher Ebene.

DFQ: http://www.oerok.gv.at/die-oerok/ (17.12.2014)

REL Synonym

DTM: **Ministerkonferenz für Raumordnung**; gesetzl.; 4; Hauptb.; MWA; fem.; sg.; **MKRO**

DTQ: § 26 (2) ROG

DEF: eine politische Kooperationsplattform der Länder untereinander und mit dem Bund für den Bereich der Raumordnung. Die Ministerkonferenz setzt sich zusammen aus den für die Landesplanung zuständigen Ministerinnen, Ministern, Senatorinnen und Senatoren aller Länder und des Bundes.

DFQ: http://mvi.baden-wuerttemberg.de/de/ministerium/ministerkonferenz-fuer-raumordnung/ (17.12.2014)

NOT: Die Ministerkonferenz für Raumordnung tritt in der Regel ein Mal jährlich zusammen.

***

ATM: **Österreichische Zahnärztekammer**; gesetzl.; 4; Hauptb.; MWA; fem.; sg.; 4411; Kammerrecht

ETM: Austrian Dentists Chamber; FTM: Chambre autrichienne des dentistes

TMQ: ÄrzteG § 80a

DEF: die gesetzliche Interessensvertretung der österreichischen Zahnärzte auf Bundesebene.

DFQ: www.zahnaerztekammer.at (20.01.2015)

REL Synonym

DTM: **Bundeszahnärztekammer**; gesetzl.; 4; Hauptb.; Subst.; fem.; sg.

DTQ: § 291a SGB_5

DEF: die gesetzliche Interessensvertretung der deutschen Zahnärzte auf Bundesebene.

DFQ: www.bzaek.de (20.01.2015)

***

ATM: **Österreichisches Zentrales Vertretungsverzeichnis**; gesetzl.; 4; Hauptb.; MWA; neutr.; sg.; 1226; Gerichtsorgansation

ETM: Austrian central register of provision powers submitted to laywers and notaries; FTM: Registre central autrichien des pouvoirs de disposition soumis à des avocats et des notaires

TMQ: http://www.notar.at/notar/de/home/infoservice/vorsorge/oezvv/ (13.08.2014)

DEF: ein zentrales Register, in dem alle einem Notar oder Rechtsanwalt vorgelegten Vorsorgevollmachten registriert werden können.

DFQ: http://www.notar.at/notar/de/home/infoservice/vorsorge/oezvv/ (13.08.2014)

REL Synonym

DTM: **Zentrales Vorsorgeregister**; gesetzl.; 4; Hauptb.; MWA; neutr.; sg.

DTQ: § 78 (2) Z. 1 Bundesnotarordnung (BNotO)

DEF: Verzeichnis der notariell hinterlegten Vorsorgevollmachten und Betreuungsverfügungen und Angaben über Vollmachtgeber, Bevollmächtigte, die Vollmacht und deren Inhalt sowie über Vorschläge zur Auswahl des Betreuers, Wünsche zur Wahrnehmung der Betreuung und über den Vorschlagenden.

DFQ: §§ 78a, § 78 (2) Z. 1 BNotO

***

ATM: **Österreichischer Amtskalender**; fachlit.; 3; Hauptb.; MWA; mask.; sg.; 0436; Verwaltungsrecht

ETM: Austrian Official Calendar; FTM: calendrier administratif

TMQ: www.amtskalender.com/ (23.04.2009)

DEF: das offizielle Lexikon der Behörden und Institutionen Österreichs, in dem Personen, Behörden, Ämter, Kammern, Standesvertretungen und Interessensvertretungen verzeichnet sind.

DFQ: nach www.amtskalender.com (14.08.2014)

DTM: **FEHLT**

***

ATM: **Österreichischer Gewerkschaftsbund**; gesetzl.; 4; Hauptb.; MWA; mask.; sg.; 4426; Arbeitsrecht

ETM: Austrian Trade Union Federation; FTM: Fédération des syndicats autrichiens

TMQ: § 98 BibuG

DEF: Zusammenschluss der überparteilichen Interessensvertretungen der unselbständigen Erwerbstätigen in wirtschaftlicher, politischer, sozialer und kultureller Hinsicht gegenüber Staat, Parteien und Arbeitgeber.

DFQ: nach www.oegb.at (14.08.2014)

REL: Teilsynonym; funkt. Äquiv.

DTM: **Deutscher Gewerkschaftsbund**; gesetzl.; 4; Hauptb.; MWA; mask.; sg.

DEF: der Spitzenverband der deutschen Industriegewerkschaften.

DFQ: Creif21

***

ATM: **Österreichischer Rechtsanwaltskammertag**; gesetzl.; 4; Hauptb.; MWA; mask.; sg.; 4411; Kammerrecht; **ÖRAK**

ETM: Austrian Lawyers Association; FTM: barreau autrichien

TMQ: § 20 ASGG a.F.

DEF: die gesetzliche Interessensvertretung der österreichischen Rechtsanwälte auf Bundesebene.

DFQ: www.rechtsanwaelte.at (18.12.2014)

REL Teilsynonym; funkt. Äquiv.

DTM: **Bundesrechtsanwaltskammer**; gesetzl.; 4; Hauptb.; Subst.; fem.; sg.; **BRAK**

DTQ: § 175 BRAO

DEF: die gesetzliche Interessensvertretung der deutschen Rechtsanwälte auf Bundesebene.

DFQ: www.brak.de (18.12.2014)

***

ATM: **Österreichischer Städte- und Gemeindebund**; gesetzl.; 4; Hauptb.; MWA; mask.; sg.; 0436; Öffentl. Recht

ETM: Austrian Association of Cities and Towns; FTM: Association autrichiennes des villes et l'Association des communes autrichiennes

TMQ: § 5 (5) Pflegefondsgesetz

DEF: ein freiwilliger und mitgliedsbeitragspflichtiger Zusammenschluss von Gemeinden und Städten zur Wahrnehmung ihrer Interessen vor allem in Bezug auf Verteilung der Finanzmittel und Besteuerungsrechte zwischen Bund, Ländern und Gemeinden.

DFQ: nach www.staedtebund.at (08.01.2015)

REL: Teilsynonym; funkt. Äquiv.

DTM: **Deutscher Städte- und Gemeindebund**; gesetzl.; 4; Hauptb.; MWA; mask.; sg.

DEF: ein kommunaler Spitzenverband, der die Interessen der kommunalen Selbstverwaltung kreisangehöriger Städte und Gemeinden in Deutschland und Europa vertritt.

DFQ: www.dstgb.de (08.01.2015)

***

ATM: **Österreichischer Städtetag**; fachlit.; 3; Hauptb.; MWA; mask.; sg.; 0436; Öffentl. Recht

ETM: General Assembly of Austrian Cities; FTM: Assemblée générale des villes

TMQ: VwGH 92/02/0024, 30.04.1992

DEF: die jährlich stattfindende Generalversammlung des Österreichischen Städtebundes und seiner 250 Mitgliedsstädte und -gemeinden.

DFQ: http://www.staedtebund.gv.at/de/organisation/staedtebund/aufgaben.html#c366 (08.01.2015)

REL: Falscher Freund

DTM: **Deutscher Städtetag**; gesetzl.; 4; Hauptb.; MWA; mask.; sg.; 1211; Bürgerl. Recht

DEF: Spitzenverband aller kreisfreien und der meisten kreisangehörigen Städte.

DFQ: www.staedtetag.de (08.01.2015)

***

ATM: **Österreichisches Patentamt**; gesetzl.; 4; Hauptb.; MWA; neutr.; sg.; 4426; Gewerberecht; **ÖPA**

ETM: Austrian Patent Office; FTM: Office autrichien des brevets

TMQ: § 14 GebG

DEF: die Zentralbehörde für den gewerblichen Rechtsschutz in Österreich mit Sitz in Wien.

DFQ: www.patentamt.at; § 58a Patentgesetz 1970

REL: Synonym

DTM: **Deutsches Patent- und Markenamt**; gesetzl.; 4; Hauptb.; MWA; neutr.; sg.; **DPMA**

DTQ: § 19 GeschmG

DEF: die Zentralbehörde auf dem Gebiet des gewerblichen Rechtsschutzes in Deutschland mit Hauptsitz in München.

DFQ: www.dpma.de; § 26 PatG

***

ATM: **Österreichisches Raumordnungskonzept**; gesetzl.; 4; Hauptb.; MWA; neutr.; sg.; 2846; Raumordnung; **ÖRK**

ETM: Austrian spatial development principles; FTM: modèle autrichienne de l'aménagement du territoire

TMQ: Handbuch der Planungsbegriffe

DEF: ein gemeinsames Leitbild und Handlungsprogramm auf gesamtstaatlicher Ebene für raumrelevante Planungen und Maßnahmen von Bund, Ländern, Städten und Gemeinden.

DFQ: http://www.oerok.gv.at/raum-region/oesterreichisches-raumentwicklungskonzept.html (17.01.2015)

REL: Teilsynonym; funkt. Äquiv.

DTM: **Leitvorstellung der Raumordnung**; gesetzl.; 4; Hauptb.; MWA; fem.; sg.; **Leitbild der Raumordnung**

DTQ: § 1 ROG

DEF: eine nachaltige Raumentwicklung, die die sozialen und wirtschaftlichen Ansprüche an den Raum mit seinen ökologischen Funktionen in Einklang bring und zu einer dauerhaften großräumig ausgewogenen Ordnung führt.

DFQ: Handbuch der Planungsbegriffe; § 1 ROG

***

ATM: **Österreichisches Zentrales Testamentsregister**; gesetzl.; 4; Hauptb.; MWA; neutr.; sg.; 1226; Gerichtsorganisation

ETM: Austrian Central Register of Wills; FTM: registre autrichien central des testaments

TMQ: § 140c (1) NO

DEF: dient der Registrierung der Verwahrung der bei Gerichten, Notaren und Rechtsanwälten hinterlegten letztwilligen Anordnungen, Erbverträge, Vermächtnisverträge, Erb- und Pflichtteilsverzichtsverträge sowie weiteren Urkunden über sonstige Erklärungen auf den Todesfall.

DFQ: § 140c (1) NO

REL Synonym

DTM: **Zentrales Testamentsregister der Bundesnotarkammer**; gesetzl.; 4; Hauptb.; MWA; neutr.; sg.

DTQ: § 78b Bundesnotarordnung (BNotO)

DEF: 1. Verwahrangaben zu erbfolgerelevanten Urkunden, die a) von Notaren oder Gerichten ab 01.01.2012 zu übermitteln sind, b) nach § 1 des Testamentsverzeichnis-Überführungsgesetzes zu überführen sind. 2. Mitteilungen, die nach § 9 des Testamentsverzeichnis-Überführungsgesetzes zu überführen sind.

DFQ: § 78b BNotO

***

ATM: **Parallelbeschwerde**; fachlit.; 3; Hauptb.; Subst.; fem.; sg.; 0436; Öffentl. Recht

ETM: parallel complaint; FTM: plainte parallèle

TMQ: VwGH 18.02.2009 2005/04/0104

DEF: eine fristgebundene Anrufung von beiden Gerichtshöfen des öffentlichen Rechts (Verwaltungsgerichtshof und Verfassungsgerichtshof) zur Beschwerde gegen einen Bescheid.

DFQ: nach Mayer, FWB Öffentl. Recht

DTM: FEHLT

***

ATM: **Parifizierung**; fachlit.; 3; Hauptb.; Subst.; fem.; sg.; 2846; Wohnungseigentumsrecht; **Nutzwertberechnung**

ETM: partition / calculation of the value of ownership interests in a condomium building; FTM: le calcul de la valeur des droits de participation á un immeuble de copropriété

TMQ: BMF, 12.01.2009, BMF-010203/0016-VI/6/2009

DEF: Berechnung der Maßzahl, mit der der Wert eines Wohnungseigentumsobjekts im Verhältnis zu den Werten der anderen Wohnungseigentumsobjekte der Liegenschaft bezeichnet wird. Er ergibt sich aus der Nutzfläche des Objekts und aus Zuschlägen oder Abstrichen für werterhöhende oder wertvermindernde Eigenschaften desselben.

DFQ: § 2 (8) WEG

REL: Teilsynonym

DTM: **Bemessung der Miteigentumsanteile**; fachlit.; 3; Hauptb.; MWA; fem.; sg.

DTQ: Beck'scher Online-Kommentar (22.01.2015)

DEF: die Ermittlung des Verhältnisses der Eigentumsanteile der einzelnen Miteigentümer, welche grundsätzlich durch die Miteigentümer frei erfolgen kann, wobei eine weitgehende Übereinstimmung zwischen dem jeweiligen Miteigentumsanteil und Wohnungswert oder Wohn/Nutzfläche sinnvoll ist.

DFQ: nach Beck'scher Online-Kommentar WEG § 3

NOT: Der Term „**Nutzwertberechnung**" exisitert im dt. Vergaberecht, nicht jedoch als solches im Wohnungseigentumsrecht.

***

ATM: **Paritätische Schiedskommission**; gesetzl.; 4; Hauptb.; MWA; fem.; sg.; 1211; Bürgerl. Recht

ETM: arbitration commission dealing with disputes concerning health insurance fund contracts; FTM: commission paritaire d'arbitrage qui règle des disputes concernant des contrats de caisse d'assurance-maladie

TMQ: § 344 ASVG

DEF: Kommisssion, die die Schlichtung und Entscheidung von Streitigkeiten, die im Zusammenhang mit Krankenkassenverträgen von Ärzten stehen. Besteht aus vier Mitgliedern, von denen zwei von der zuständigen Ärztekammer und zwei vom Krankenversicherungsträger, der Partei des Einzelvertrages ist, bestellt werden.

DFQ: nach § 344 (1) ASVG

NOT: Ist aufgrund von § 344 ASVG in jedem Bundesland eingerichtet. Die Tätigkeit ist auf Steitfragen zwischen niedergelassenen Ärzten und Krankenkassen beschränkt.

DTM: FEHLT

***

ATM: **Paritionsfrist**; fachlit.; 3; Hauptb.; Subst.; fem.; sg.; 1211; Zivilrecht; **Leistungsfrist**

ETM: performance period; FTM: délai de prestation

TMQ: OGH RS0037608; Mayer, FWB Öffentl. Recht

DEF: eine gerichtlich festgelegte Frist zur Erbringung einer Leistung, die den Möglichkeiten und Verhältnissen des Verpflichteten angemessen ist. Sie beträgt in der Regel 14 Tage.

DFQ: nach § 409 ZPO

DTM: FEHLT

NOT: Der Begriff der „**Leistungsfrist**" ist im dt. Recht nur im Zusammenhang mit Allgemeinen Geschäftsbedingungen (§ 308 BGB) und im HGB in Verwendung.

***

ATM: **parlamentarischer Klub**; gesetzl.; 4; Hauptb.; MWA; mask.; sg.; 0421; Öffentl. Recht; **Parlamentsklub**, **Fraktion**

ETM: parliamentary party / congressional faction; FTM: groupe parlementaire

TMQ: § 8 GOG-NR, § 1 KlubFG

DEF: der Zusammenschluss von Mitgliedern des Parlaments, die Abgeordnete derselben wahlwerbenden Partei sind, wobei, was den Nationalrat angeht, eine Zahl von mindestens fünf Abgeordneten erforderlich ist.

DFQ: nach §§ 7 ff. GOG-NR

NOT: Abgeordnete, die nicht derselben wahlwerbenden Partei angehören, können sich nur mit Zustimmung des Nationalrates in einem Klub zusammenschließen. Die Präsidenten und die Obmänner der Klubs bilden die Präsidialkonferenz.

REL: Synonym

DTM: **Fraktion**; gesetzl.; 4; Hauptb.; MWA; fem.; sg.

DTQ: § 10 BTGO 1980

DEF: die Fraktionen sind Vereinigungen von mindestens fünf vom Hundert der Mitglieder des Bundestages, die derselben Partei oder solchen Parteien angehören, die auf Grund gleichgerichteter politischer Ziele in keinem Land miteinander im Wettbewerb stehen.

DFQ: § 10 (1) S 1 BTGO 1980

NOT: Fraktionen kann es auch in Landtagen geben.

***

ATM: **Parteiengehör**; gesetzl.; 4; Hauptb.; Subst.; neutr.; sg.; 0436; Gerichtsorganisation
ETM: right to be heard; FTM: droit d'être entendu

TMQ: § 45 VwGG

DEF: das Recht der Partei, in einem Verfhren ihre Rechte und rechtlichen Interessen hinreichend geltend zu machen und vom Inhalt des Verfahrens und der Handlungen der anderen Parteien entsprechend Kenntnis zu erlangen.

DFQ: nach http://www.help.gv.at/Content.Node/99/Seite.991235.html (13.01.2015)

REL Synonym

DTM: **rechtliches Gehör**; gesetzl.; 4; Hauptb.; Subst.; neutr.; sg.

DTQ: Art. 103 (1) GG

DEF: gewährleistet, dass dem Betroffenen vor Gericht Gelegenheit gegeben werden muss, zu den verhandelten Tatsachen Stellung nehmen zu können. Das Gericht hat dann die Aufgabe, diese Angaben zur Kenntnis zu nehmen und zu erwägen. Dabei ist zu beachten, dass dieser Grundsatz bei allen Gerichten Gültigkeit hat.

DFQ: http://www.juraforum.de/lexikon/grundsatz-des-rechtlichen-gehoers (13.01.2015)

***

ATM: **Parteienverkehr**; gesetzl.; 4; Hauptb.; Subst.; mask.; sg.; 1221; Gerichtswesen; **Amtsstunden**, **Öffnungszeiten**
ETM: office hours; FTM: heures de bureau; horaires d'un service public

TMQ: § 13 AVG

DEF: jene Zeit, zu der persönlich bei einer Behörde vorgesprochen werden kann und mündliche als auch schriftliches Anbringen angenommen werden.

DFQ: nach http://www.help.gv.at/Content.Node/99/Seite.991236.html (13.07.2009)

REL: Teilsynonym

DTM: **Öffnungszeiten**; gesetzl.; 4; Hauptb.; MWA; fem.; pl.; **Amtsstunden**

DTQ: § 17 BWO

DEF: Zeit, in der Ämter und Behörden den Bürgern ihre Dienste zur Verfügung stellen

DFQ: nach § 18 ZollVG

***

ATM: **Parteienvernehmung**; gesetzl.; 4; Hauptb.; Subst.; fem.; sg.; 1221; Gerichtswesen; **Beweis durch Vernehmung der Parteien**
ETM: examination of the parties' evidence; FTM: audition des parties

TMQ: OGH 1Ob174/14s, 22.10.2014; § 371 ZPO

DEF: der Beweis über streitige, für die Entscheidung erhebliche Tatsachen kann durch die Vernehmung der Parteien geführt werden. Die Beweisführung durch Vernehmung der Partei wird durch Beschluss angeordnet. Gegen diesen Beschluss ist ein abgesondertes Rechtsmittel nicht zulässig. Die Beweisführung geschieht dadurch, dass das Gericht an die zu vernehmende Partei über die Tatsachen, deren Beweis durch die Vernehmung hergestellt werden soll, die geeigneten Fragen stellt.

DFQ: nach §§ 371, 375-377 ZPO

NOT: Die Parteien sind zuerst ohne Beeidigung zu befragen; der unbeeideten Vernehmung kann die Abhörung unter Eid folgen. Wenn das Ergebnis der unbeeideten Befragung nicht ausreicht, um das Gericht von der Wahrheit oder Unwahrheit der zu beweisenden Tatsachen zu überzeugen, so kann das Gericht die eidliche Vernehmung anordnen.

REL Synonym

DTM: **Parteivernehmung**; gesetzl.; 4; Hauptb.; Subst.; fem.; sg.; **Beweis durch Parteivernehmung**

DTQ: § 445 ZPO, Titel 10

DEF: ein in der ZPO vorgesehenes Beweismittel. Im Rahmen der Beweisaufnahme wird eine Partei zum Beweisthema vernommen.

DFQ: §§ 445 ff., 452, 536 ZPO

NOT: Das Berufungsgericht darf die Vernehmung oder Beeidigung einer Partei, die im ersten Rechtszuge die Vernehmung abgelehnt oder die Aussage oder den Eid verweigert hatte, nur anordnen, wenn es der Überzeugung ist, dass die Partei zu der Ablehnung oder Weigerung genügende Gründe hatte und diese Gründe seitdem weggefallen sind. War eine Partei im ersten Rechtszuge vernommen und auf ihre Aussage beeidigt, so darf das Berufungsgericht die eidliche Vernehmung des Gegners nur anordnen, wenn die Vernehmung oder Beeidigung im ersten Rechtszuge unzulässig war.

***

ATM: **Parteistimme**; gesetzl.; 4; Hauptb.; Subst.; fem.; sg.; 0416; Wahlrecht

ETM: party vote; FTM: suffrages de parti

TMQ: § 49 (3) Nationalrats-Wahlordnung 1992

DEF: jeder Wahlberechtigte hat nur eine Stimme.

DFQ: § 36 (2) Nationalrats-Wahlordnung 1992

REL: Teilsynonym

DTM: **Zweitstimme**; gesetzl.; 4; Hauptb.; Subst.; fem.; sg.; 1211; Bürgerl. Recht

TMQ: § 4 Bundeswahlgesetz

DEF: jeder Wähler hat zwei Stimmen, eine Erststimme für die Wahl eines Wahlkreisabgeordneten, eine Zweitstimme für die Wahl einer Landesliste.

DFQ: § 4 Bundeswahlgesetz

NOT: Die Zweitstimme entscheidet über die Wahl einer bestimmten wahlwerbenden Partei. Die Zweitstimme in den Wahlgesetzen mancher dt. Bundesländer als „**Parteienstimme**" (Sachsen-Anhalt), „**Listenstimme**" (Sachsen) oder „**Landesstimme**" (Thüringen, Rheinland-Pfalz, Hessen) bezeichnet.

***

ATM: **Patientensprecher/in**; gesetzl.; 4; Hauptb.; Subst.; mask./fem.; sg.; 1206; Gesundheitsrecht; **Patientenombudsmann/-frau**

ETM: patient advocate / patient ombudsman; FTM: représentants des patients / ombudsman des patients

TMQ: § 11e KAKuG

DEF: Person, die zur Prüfung allfälliger Beschwerden und auf Wunsch zur Wahrnehmung der Patienteninteressen unabhängige Patientenvertretungen in Krankenanstalten leitet.

DFQ: nach § 11e KAKuG

NOT: Der Begriff „**Patientenombudsmann**" ist in AT weiter verbreitet als „**Patientensprecher**". Letzterer ist jedoch der gesetzlich normierte Begriff.

REL: Synonym

DTM: **Patientenfürsprecher/in**; gesetzl.; 4; Hauptb.; Subst.; mask./fem.; sg.; **Patientenombudsmann/-frau**

DEF: Person, die im Krankenhaus Patientenrechte wahrnimmt.

DFQ: http://www.bmg.bund.de/praevention/patientenrechte/informationsangebote-fuer-patienten.html (21.08.2014)

NOT: Sind nur in einigen dt. Bundesländern gesetzlich vorgeschrieben.

***

ATM: **ruhende Verlassenschaft**; gesetzl.; 4; Nebenb.; MWA; fem.; sg.; 1211; Bürgerl. Recht; **hereditas iacens; ruhende Erbschaft**

ETM: estate in abeyance; FTM: succession en suspens

TMQ: OGH RS0110024, 19.05.1998

DEF: Bezeichnung mit der das Vermögen des Verstorbenen oder der von seinem Tod bis zur Beendigung des Verlassenschaftsverfahrens genannt wird.

DFQ: http://www.help.gv.at/Content.Node/79/Seite.792020.html (14.01.2015)

NOT: Die Verlassenschaft wird in dieser Zeit wie eine juristische Person behandelt.

DTM: **FEHLT**

NOT: Der Nachlass wird nicht durch das Gericht übergeben. Der Erbe tritt entweder sofort sein Erbe an oder er schlägt dieses aus.

***

ATM: **Pensionsversicherung**; gesetzl.; 4; Hauptb.; Subst.; fem.; sg.; 2836; Pensionsrecht

ETM: old age insurance; FTM: assurance-retraite

TMQ: § 221 ASVG

DEF: trifft Vorsorge für die Versicherungsfälle des Alters, der geminderten Arbeitsfähigkeit (Invalidität, Berufsunfähigkeit, Dienstunfähigkeit) und des Todes sowie für die Rehabilitation und für Maßnahmen der Gesundheitsvorsorge.

DFQ: § 221 ASVG

REL Synonym

DTM: **gesetzliche Rentenversicherung**; gesetzl.; 4; Hauptb.; MWA; fem.; sg.

DTQ: § 23 SBG I

DEF: trifft Vorsorge für die Versicherungsfälle des Alters, der geminderten Arbeitsfähigkeit (Invalidität, Berufsunfähigkeit, Dienstunfähigkeit) und des Todes sowie für die Rehabilitation und für Maßnahmen der Gesundheitsvorsorge.

DFQ: nach § 23 SGB I

***

ATM: **Perklusionsrecht**; fachlit.; 3; Hauptb.; Subst.; neutr.; sg.; 1211; Zivilrecht; **Sperrecht**

ETM: right of self-redress; FTM: le droit d'auto-assistance

TMQ: OGH 7Ob49/00g, 29.03.2000

DEF: räumt dem Bestandgeber ein Selbsthilferecht ein, wonach er zur Vermeidung des Erlöschens seines Pfandrechts vorübergehend die Entfernung einer eingebrachten Sache verhindern kann.

DFQ: OGH 7Ob49/00g, 29.03.2000; § 1101 ABGB

NOT: Macht der Bestandgeber von diesem Selbsthilferecht (Sperrrecht, Perklusionsrecht) Gebrauch, so hat er binnen drei Tagen um pfandweise Beschreibung anzusuchen oder die Sache herauszugeben.

REL Synonym

DTM: **Selbsthilferecht**; gesetzl.; 4; Hauptb.; Subst.; neutr.; sg.

DTQ: § 562b BGB

DEF: das Recht des Vermieters die Entfernung der Sachen, die seinem Pfandrecht unterliegen, auch ohne Anrufen des Gerichts zu verhindern.

DFQ: nach § 562b BGB

***

ATM: **Permanenterklärung**; gesetzl.; 4; Hauptb.; Subst.; fem.; sg.; 0436; Öffentl. Recht

ETM: declaration of permanence of the parliamentary committee's work; FTM: déclaration de permanence des travaux de la commission parlementaire

TMQ: http://www.parlament.gv.at/PERK/GL/ALLG/P.shtml (26.08.2014)

DEF: die Möglichkeit eines Ausschusses des Nationalrates auch außerhalb der regulären Tagungszeiten des Nationalrates Sitzungen abzuhalten.

DFQ: http://www.parlament.gv.at/PERK/GL/ALLG/P.shtml (26.08.2014)

DTM: FEHLT

***

ATM: **Personaldienstbarkeiten**; fachlit.; 3; Hauptb.; Subst.; fem.; pl.; 1211; Bürgerl. Recht; **Personalservitute**; **persönliche Dienstbarkeiten**

ETM: personal servitudes; FTM: servitudes personnelles

TMQ: OGH 7Ob66/07t, 18.04.2007

DEF: Servitute, die eine bestimmte Person als solche zum Subjekt haben, welcher ein Vorteil verschafft werden soll.

DFQ: nach § 473 ABGB; KoWe 2014/2015

NOT: Das ABGB kennt drei Personaldienstbarkeiten: das Fruchtgenussrecht, das Gebrauchsrecht und das Wohnungsrecht. Der österr. Begriff ist tendentiell umfassender.

REL: Teilsynonym

DTM: **beschränkte persönliche Dienstbarkeiten**; gesetzl.; 4; Hauptb.; MWA; fem.; pl.

DTQ: §§ 1090 ff. BGB

DEF: ein Grundstück kann in der Weise belastet werden, dass derjenige, zu dessen Gunsten die Belastung erfolgt, berechtigt ist, das Grundstück in einzelnen Beziehungen zu benutzen, oder dass ihm eine sonstige Befugnis zusteht, die den Inhalt einer Grunddienstbarkeit bilden kann (beschränkte persönliche Dienstbarkeit).

DFQ: § 1090 BGB

***

ATM: **Personalservitut**; fachlit.; 3; Hauptb.; Subst.; neutr.; sg.; 1211; Bürgerl. Recht; **Personaldienstbarkeit**; **persönliche Dienstbarkeit**

ETM: personal servitude; FTM: servitude personnelle

TMQ: OGH 1Ob125/01s (29.05.2001)

DEF: Recht einer bestimmten Person, der ein Vorteil verschafft werden soll. Dieses Recht endet daher spätestens mit dem Tod des Berechtigten oder der Berechtigten.

DFQ: http://www.help.gv.at/Content.Node/99/Seite.991240.html (20.01.2015)

NOT: Gewöhnlich tritt der Fruchtgenuss als Personalservitut in Erscheinung. (OGH 1Ob125/01s, 29.05.2001). Das ABGB kennt drei Personaldienstbarkeiten: das Fruchtgenussrecht, das Gebrauchsrecht und das Wohnungsrecht. Der österr. Begriff ist tendentiell breiter.

REL: Teilsynonym

DTM: **beschränkte persönliche Dienstbarkeit**; gesetzl.; 4; Hauptb.; MWA; fem.; sg.

DTQ: §§ 1090-1093 BGB

DEF: Befugnis einer bestimmten Person, das belastete Grundstück in einzelnen Beziehungen zu nutzen.

DFQ: http://www.juraforum.de/lexikon/beschraenkte-persoenliche-dienstbarkeit (20.01.2015)

NOT: Die beschränkte persönliche Dienstbarkeiten unterscheidet sich vom Nießbrauch als dem umfassenden Nutzungsrecht durch ihre Beschränkung auf einzelne Aspekte der Grundstücksnutzung (daher der Name beschränkte persönliche Dienstbarkeit), hat aber mit ihm gemein, dass sie unveräußerlich und unvererblich ist.

***

ATM: **Personsdurchsuchung**; fachlit.; 4; Hauptb.; Subst.; fem.; sg.; 1216; Strafrecht; **Personendurchsuchung**; **Durchsuchung einer Person**
ETM: strip search; FTM: fouille de personnes

TMQ: § 144 StPO

DEF: a) die Durchsuchung der Bekleidung einer Person und der Gegenstände, die sie bei sich hat und b) die Besichtigung des unbekleideten Körpers einer Person.

DFQ: § 117 (3) StPO

NOT: In diesem Kontext ist eine Flut paralleler Begriffe festzustellen: In den Urteilen der Höchstgerichte wird „**Personsdurchsuchung**" und ebenso häufig „**Personendurchsuchung**" verwendet (auch in Dokumenten der Polizei), ohne dass ein begrifflicher Unterschied feststellbar ist. In der StPO wird „**Durchsuchung einer Person**" verwendet, im Sicherheitspolizeigesetz „**Durchsuchung von Menschen**".

REL Synonym

DTM: **Durchsuchung einer Person**; gesetzl.; 4; Hauptb.; MWA; fem.; sg; **Personendurchsuchung**

DTQ: § 102 StPO

DEF: die Durchsuchung einer Person bei Vorliegen einer Straftat, Begünstigung, Strafvereitelung oder Hehlerei.

DFQ: nach §102 StPO

***

ATM: **Pfand in enger Bedeutung**; gesetzl.; 4; Nebenb.; MWA; neutr.; sg.; 1211; Bürgerl. Recht; **Faustpfand, Handpfand**
ETM: dead pledge; FTM: gage (sur des meubles)

TMQ: § 448 ABGB

DEF: eine bewegliche Sache, an der ein Pfandrecht besteht.

DFQ: nach Welser, FWB Bürgerliches Recht

REL: Synonym

DTM: **Faustpfand**; gesetzl.; 4; Hauptb.; Subst.; neutr.; sg.

DTQ: § 838 ZPO

DEF: Pfandrecht an beweglichen Sachen, bei dem der unmittelbare Besitz an den Pfandgläubiger übertragen wird.

DFQ: http://www.rechtslexikon.net/d/faustpfand/faustpfand.htm (20.02.2015)

***

ATM: **Pfändungsmarke**; gesetzl.; 4; Hauptb.; Subst.; fem.; sg.; 1221; Bürgerl. Recht; **Kuckuck**
ETM: seal of distraint; FTM: scellé

TMQ: § 253 EO

DEF: eine Marke, die von Gerichtsvollziehern oder -vollzieherinnen auf gepfändete Gegenstände aufgeklebt wird.

DFQ: § 253 EO

NOT: Auf der Pfändungsmarke ist der Bundesadler abgebildet, weshalb sie alltagssprachlich als „**Kuckuck**" bezeichnet wird.

REL Synonym

DTM: **Pfandsiegel**; gesetzl., 4; Hauptb.; Subst.; neutr.; sg.

DTQ: § 808 (2) ZPO

DEF: ein amtliches Siegel, das im Rahmen einer Zwangsvollstreckung durch den Gerichtsvollzieher bei der Pfändung von Sachen, die sich im Gewahrsam des Schuldners befinden, auf diesen angebracht wird, um die Beschlagnahme öffentlich zu dokumentieren

DFQ: § 808 (2) ZPO; http://www.lexexakt.de

***

ATM: **Pfandvorrechtsklage**; fachlit.; 3; Hauptb.; Subst.; fem.; sg.; 1211; Bürgerl. Recht

ETM: claim to exercise the right of seizure; FTM: plainte pour la prérogative de saisie

TMQ: OGH 8Ob313/00p, 11.06.2001

DEF: die Klage eines Pfandgläubigers, welcher die ihm verpfändete Sache nicht innehat, gegen einen Dritten, der die Pfändung an der Sache betreibt, um sein Pfandvorrecht durchzusetzen.

DFQ: nach § 258 EO

DTM: FEHLT

***

ATM: **Pflegeanstalten für chronisch Kranke**; gesetzl.; 4; Hauptb.; MWA; fem.; pl.; 2841; Gesundheitsrecht

ETM: nursing homes for the chronically ill; FTM: établissements de soins pour malades chroniques

TMQ: § 2 (1) Z. 3 KAKuG

DEF: Krankenanstalten für chronisch Kranke, die ärztlicher Betreuung und besonderer Pflege bedürfen.

DFQ: § 2 (1) Z. 3 KAKuG

REL: Synonym

DTM: **stationäre Pflegeeinrichtungen**; gesetzl.; 4; Hauptb.; MWA; fem.; pl.; **Pflegeheime**, **Geriatrische Fachkrankenhäuser**, **Allgemeinkrankenhäuser mit selbstständigen geriatrischen Abteilungen**

DTQ: § 71 (2) SBG XI

DEF: selbständig wirtschaftende Einrichtungen, in denen Pflegebedürftige: 1. unter ständiger Verantwortung einer ausgebildeten Pflegefachkraft gepflegt werden, 2. ganztägig (vollstationär) oder tagsüber oder nachts (teilstationär) untergebracht und verpflegt werden können.

DFQ: § 71 (2) SBG XI

***

ATM: **Pflegefreistellung**; gesetzl.; 4; Hauptb.; Subst.; fem.; sg.; 2841; Sozialrecht

ETM: leave of absence to care for dependants; FTM: exemption du travail pour prendre soin d'un parent

ETM: filial leave; FTM: congé filial

TMQ: § 16 (1) Gesetz über die Vereinheitlichung des Urlaubsrechtes und die Einführung einer Pflegefreistellung

DEF: die Beurlaubung gegen Erhalt der Bezüge im Ausmaß einer Woche wegen der notwendigen Pflege eines im gemeinsamen Haushalt lebenden, erkrankten, nahen Angehörigen oder der notwendigen Betreuung seines Kindes (Wahl- oder Pflegekindes) infolge Ausfalles einer Person, die das Kind ständig betreut hat.

DFQ: nach § 16 (1) Gesetz über die Vereinheitlichung des Urlaubsrechtes und die Einführung einer Pflegefreistellung

NOT: Ein Anspruch auf Freistellung im Ausmaß einer weiteren Woche ohne Anspruch auf Entgeltfortzahlung besteht für die Plege eines seines im gemeinsamen Haushalt lebenden erkrankten Kindes (Wahl- oder Pflegekindes), welches das zwölfte Lebensjahr noch nicht überschritten hat. Diese Bestimmungen gelten nur für Beschäftigte in einem privatrechtlichen Anstellungsverhältnis.

REL Synonym

DTM: **Pflegezeit**; gesetzl.; 4; Hauptb.; Subst.; fem.; sg.

DTQ: § 3 Pflegezeitgesetz (PflegeZG)

DEF: Beschäftigte sind von der Arbeitsleistung vollständig oder teilweise freizustellen, wenn sie einen pflegebedürftigen nahen Angehörigen in häuslicher Umgebung pflegen (Pflegezeit). Der Anspruch nach Satz 1 besteht nicht gegenüber Arbeitgebern mit in der Regel 15 oder weniger Beschäftigten. Die maximale Dauer der Freistellung beträgt 6 Monate.

DFQ: nach §§ 3-4 PflegeZG

NOT: Nach § 2 PflegeZG ist noch die „**Kurzzeitige Arbeitsverhinderung**" aus Anlass der Pflege eines nahen Angehörigen im Ausmaß bis zu 10 Tagen möglich.

***

ATM: **Pflegschaftsgericht**; gesetzl.; 4; Hauptb.; Subst.; neutr.; sg.; 1226; Gerichtsorganisation; **Vormundschaftsgericht** (alt)

ETM: family court; FTM: chambre des affaires familiales

TMQ: § 109 (1) JN

DEF: das Gericht, dem zur Besorgung der Geschäfte, die nach den Bestimmungen über die Rechte zwischen Eltern und minderjährigen Kindern, die Obsorge einer anderen Person, die Sachwalterschaft und die Kuratel obliegen.

DFQ: nach § 109 (1) JN

NOT: Es ist das Gericht zuständig, in dessen Sprengel der Minderjährige oder sonstige Pflegebefohlene seinen gewöhnlichen Aufenthalt, mangels eines solchen im Inland seinen Aufenthalt hat.

REL: Teilsynonym; breiter

DTM: **Familiengericht**; gesetzl.; 4; Hauptb.; Subst.; neutr.; sg.; **Vormundschaftsgericht** (alt)

DTQ: BGH XII ZB 652/11, 05.12.2012

DEF: das Gericht, das für Verfahren, die Vormundschaft, Pflegschaft für Minderjährige oder Adoption betreffen, zuständig ist; ebenso für bestimmte Zivilrechtsstreitigkeiten, die eine besondereNähe zu familienrechtlich geregelten Rechtsstreitigkeiten aufwe

DFQ: http://www.bundesanzeiger-verlag.de/.../Das_neue_FamFG_-_Leitfaden_des_VAMV.pdf (20.10.2014)

NOT: Die bislang für diese Angelegenheiten zuständigen Vormundschaftsgerichte wurden durch das FamFG vom 17.12.2008 (BGBl. I S. 2586, 2587 ff.) aufgelöst.

***

ATM: **Pflichtenangelobung**; gesetzl.; 4; Hauptb.; Subst.; fem.; sg.; 0436; Öffentl. Recht

ETM: compulsory swearing-in; FTM: prestation de serment des agents contractuels

TMQ: § 5 (1) Vertragsbedienstetengesetz

DEF: das Gelöbnis, das der Vertragsbedienstete beim Dienstantritt durch Handschlag leistet, die Gesetze der Republik Österreich zu befolgen und alle mit seinem Dienst verbundenen Pflichten treu und gewissenhaft zu erfüllen.

DFQ: nach § 5 (1) Vertragsbedienstetengesetz

NOT: Spezfische Form der Vereidigung von nichtbeamteten Miterabeitern in der öffentlichen Verwaltung.

DTM: **FEHLT**

***

ATM: **Pflichtgegenstände**; gesetzl.; 4; Hauptb.; Subst.; mask.; pl.; 3206; Schulrecht

ETM: compulsory school subjects; FTM: matières obligatoires

TMQ: § 8 (d) SchuOG

DEF: jene Unterrichtsgegenstände, deren Besuch für alle in die betreffende Schule aufgenommenen Schüler verpflichtend ist, sofern sie nicht vom Besuch befreit oder im Falle des Religionsunterrichtes auf Grund der Bestimmungen des Religionsunterrichtsgesetzes vom Besuch abgemeldet worden sind

DFQ: § 8 (d) SchuOG

REL: Synonym

DTM: Pflichtfächer; gesetzl.; 4; Hauptb.; Subst.; neutr.; pl.

DTQ: § 9 (3) AbdGymV Rheinland-Pfalz 2011

DEF: bezeichnet den Unterricht an allgemeinbildenden und berufsbildenden Schulen, an dem alle Schüler im Laufe ihrer Schulzeit unter versetzungsrelevanter Leistungsbewertung in Noten oder Punkten teilnehmen müssen.

DFQ: http://de.wikipedia.org/wiki/Ordentliches_Lehrfach (22.12.2014)

***

ATM: Pflichtteilsausweis; fachlit.; 4; Hauptb.; Subst.; mask.; sg.; 1211; Erbrecht

ETM: proof of ascertainment of the statutory share; FTM: preuve apportée par l'héritier réservataire nécessaire à l'obtention de la part réservataire

TMQ: OGH 24.03.1994, 2Ob511/94

DEF: der durch den Erben dem Gericht gegenüber zu erbringende Nachweis, dass er die gebührenden Pflichtteile berichtigt oder sichergestellt hat, wenn ein Zweifel entsteht, ob ein minderjähriger oder pflegebefohlener Noterbe in dem Pflichtteile verletzt sei.

DFQ: Welser, FWB Bürgerliches Recht

DTM: FEHLT

***

ATM: Pflichtteilsminderung; fachlit.; 4; Hauptb.; Subst.; fem.; sg.; 1211; Erbrecht

ETM: reduction of the statutory share; FTM: abaissement de la part réservataire

TMQ: OGH 09.08.2011, 4 Ob 98/11g

DEF: die Minderung des Pflichtteils auf die Hälfte, wenn der Erblasser und der Pflichtteilsberechtigte zu keiner Zeit in einem Naheverhältnis standen, wie es in der Familie zwischen solchen Verwandten gewöhnlich besteht.

DFQ: nach § 773a ABGB

NOT: Der Erblasser kann den Pflichtteil von Aszendenten und Deszendenten, nicht jedoch jenen des Ehegatten herabsetzen (Welser, FWB Bürgerliches Recht).

REL: Teilsynonym; enger

DTM: Pflichtteilsbeschränkung; gesetzl.; 4; Hauptb.; Subst.; fem.; sg.; 1211; Bürgerl. Recht

DTQ: § 2338 BGB

DEF: die Beschränkung des Pflichtteils eines Abkömmlings, wenn sich dieser in solchem Maße der Verschwendung ergeben hat oder in solchem Maße überschuldet ist, dass sein späterer Erwerb erheblich gefährdet wird.

DFQ: nach § 2338 (1) BGB

***

ATM: Pfuscher/in; fachlit.; 3; Nebenb.; Subst; mask./fem.; sg.; 4406; Arbeitsrecht; **Schwarzarbeiter/in**

ETM: person engaged in illicit work; FTM: travailleur au noir

TMQ: OGH 1Ob148/01y, 26.06.2001

DEF: jemand, der ohne ausreichende Qualifikation Arbeiten verrichtet und/oder jemand, der ohne Gewerbeberechtigung oder ohne Abführung von anfallenden Steuern für jemanden anderen arbeitet.

DFQ: nach OGH 1Ob148/01y, 26.06.2001

REL Synonym

DTM: **Schwarzarbeiter/in**; gesetzl.; 4; Hauptb.; Subst.; mask./fem.; sg.

DTQ: § 1 SchwarzArbG

DEF: Person, die die in § 1 (2) SchwarzArbG genannten Bedingungen erfüllt, insbesondere wer als Arbeitgeber, Unternehmer oder versicherungspflichtiger Selbstständiger seine sich auf Grund der Dienst- oder Werkleistungen ergebenden sozialversicherungsrechtlichen Melde-, Beitrags- oder Aufzeichnungspflichten nicht erfüllt usw.

DFQ: § 1 SchwarzArbG

***

ATM: **Physikatsprüfung**; gesetzl.; 4; Hauptb.; Subst.; fem.; sg.; 2841; Gesundheitsrecht
ETM: public health officer exam; FTM: examen pour nomination du médecin-conseil

TMQ: § 4 TTG

DEF: eine Prüfung für Ärzte, ohne welche sie nicht als Amtsarzt in den öffentlichen Sanitätsdienst eintreten dürfen.

DFQ: nach § 22 FSG-GV

DTM: **FEHLT**

***

ATM: **Pickerl**; fachlit.; 3; Hauptb.; Subst.; neutr.; sg.; 4806; Kraftfahrzeugrecht; **Begutachtungsplakette**
ETM: roadworthiness certificate; FTM: plaquette de contrôle

TMQ: OGH, 22.03.2004, 1Ob23/04w

DEF: ein an gut sichtbarer Stelle am Fahrzeug angebrachter Aufkleber, der anzeigt, ob ein Kraftfahrzeug den gesetzlich festgelegten Erfordernissen der Verkehrs- und Betriebssicherheit entspricht.

DFQ: § 57a (5) KFG 1967

REL Synonym

DTM: **Prüfplakette**; gesetzl.; 4; Hauptb.; Subst.; fem.; sg.; **TÜV-Plakette**

DTQ: § 29 StVZO

DEF: eine gesetzlich vorgeschriebene Plakette, die Halter von zulassungspflichtigen Fahrzeugen nur dann bekommen, wenn sie ihr Fahrzeug in regelmäßigen Zeitabständen auf die Verkehrstauglichkeit hin überprüfen lassen

DFQ: nach § 29 StVZO

***

ATM: **Platte**; gesetzl.; 4; Hauptb.; Subst.; fem.; sg.; 6026; Lebensmittelrecht

TMQ: Österr. Lebensmittelbuch, Kap. 14 A.3.1.3

DEF: besteht aus Beinfleisch (Zwerchried), Dünnes Kügerl: Riedhüfel und Bauchfleisch.

DFQ: Österr. Lebensmittelbuch, Kap. 14 A.3.1.3

REL: Teilsynonym

DTM: **Lappen**; fachlit.; 3; Hauptb.; Subst.; mask.; sg.; **Dünnung**

DTQ: http://www.gutekueche.de/rezepte/kochwissen/warenkunde/fleischstuecke-rind.1814.htm (15.09.2015)

DEF: Flankenstück von Rind, Kalb, Schaf.

DFQ: http://www.fleischwirtschaft.de/dokumentation/fachbegriffe/ (15.09.2015)

***

ATM: **Platzverbot**; gesetzl.; 4; Hauptb.; Subst.; neutr.; sg.; 0436; Öffentl. Sicherheit

ETM: order to leave the scene; FTM: exclusion du terrain

TMQ: § 36 SPG

DEF: ein polizeiliches Verbot, einen Gefahrenbereich zu betreten. Es tritt mittels Verordnung in Kraft und endet, sobald keine Gefahr mehr besteht.

DFQ: nach § 36 SPG

REL Synonym

DTM: **Platzverweisung**; gesetzl.; 4; Hauptb.; Subst:, fem.; sg.

DTQ: § 20 Gesetz über das Bundeskriminalamt

DEF: das Bundeskriminalamt kann zur Abwehr einer Gefahr eine Person vorübergehend von einem Ort verweisen oder ihr vorübergehend das Betreten eines Ortes verbieten.

DFQ: § 20 Gesetz über das Bundeskriminalamt

***

ATM: **politischer Bezirk (1)**; gesetzl.; 4; Hauptb.; MWA; mask.; sg.; 0436; Öffentl. Recht; **Bezirk**

ETM: district; FTM: arrondissement

TMQ: § 85 Nationalrats-Wahlordnung 1992

DEF: stellen die unterste Verwaltungseinheit der staatlichen Verwaltung dar. Sie umfassen jeweils den Bereich aller Gemeinden, für die eine bestimmte Bezirkshauptmannschaft als Verwaltungsbehörde zuständig ist.

DFQ: http://www.statistik.at/web_de/klassifikationen/regionale_gliederungen/ politische_bezirke/index.html (12.01.2015)

NOT: Sie sind jedoch keine Körperschaften, sondern die unterste Stufe der staatlichen Verwaltung. Der Kreis hat mit dem österr. „**Bezirk**" gemeinsam, daß er die mittlere Stufe zwischen Land und Gemeinden ist, aber im Gegensatz zum Bezirk eine Selbstverwaltungskörperschaft. Die Einteilung des Bundesgebietes in politische Bezirke ist Ländersache.

REL: Teilsynonym; enger

DTM: **Landkreis**; gesetzl.; 4; Hauptb.; Subst.; mask.; sg.; **Kreis**

DTQ: www.kreis-aachen.de/ (12.01.2015)

DEF: im Verwaltungsaufbau über den kreisangehörigen Gemeinden stehende eigenständige (nicht staatliche) juristische Person des öffentlichen Rechts (Gebietskörperschaft) mit dem Recht zur Selbstverwaltung. Das Gebiet eines Kreises deckt sich im Regelfall mit dem Bezirk der unteren staatlichen Verwaltungsbehörde.

DFQ: AlpBrock2

***

ATM: **Politischer Bezirk (2)**; gesetzl.; 4; Hauptb.; MWA; mask.; sg.; 0436; Öffentl. Recht; **Bezirk**

ETM: district; FTM: arrondissement

TMQ: § 85 Nationalrats-Wahlordnung 1992

DEF: stellen die unterste Verwaltungseinheit der staatlichen Verwaltung dar. Sie umfassen jeweils den Bereich aller Gemeinden, für die eine bestimmte Bezirkshauptmannschaft als Verwaltungsbehörde zuständig ist.

DFQ: http://www.statistik.at/web_de/klassifikationen/regionale_gliederungen/ politische_bezirke/index.html (12.01.2015)

NOT: Eine Entsprechung zum dt. „**Regierungsbezirk**" gibt es in der österr. Verwaltungsstruktur nicht, der eine Gruppe von Landkreisen und kreisfreihen Städten umfasst und eine Selbstverwaltungskörperschaft ist. Diese Verwaltungsebene fehlt in AT. Sie fällt mit dem jeweiligen Bundesland zusammen. Die Einteilung des Bundesgebietes in politische Bezirke ist Ländersache.

REL: Falscher Freund

DTM: **Regierungsbezirk**; gesetzl.; 4; Hauptb.; Subst.; mask.; sg.

DTQ: www.unterfranken.de (12.01.2015)

DEF: ein Regierungsbezirk ist der Bezirk einer allgemeinen Landesmittelbehörde, in der ressortverschiedene Aufgaben gebündelt werden. (...) Die Landesmittelbehörde steht als Mittelinstanz zwischen oberen und obersten Landesbehörden (Ministerium) und dem Landrat als unterer Landesbehörde

DFQ: http://de.wikipedia.org/wiki/Regierungsbezirk (12.01.2015)

NOT: Diese Verwaltungsebene ist nur in einigen größeren Flächenländern eingerichtet.

***

ATM: **Polizeiinspektion (1)**; gesetzl.; 4; Hauptb.; Subst.; fem.; sg.; 421; Öffentl. Sicherheit

ETM: police station; FTM: commissariat de police

TMQ: § 10 (1) Sicherheitspolizeigesetz

DEF: die unterste Organisationseinheit der österreichischen Polizei, die der Landespolizeidirektion unterstellt ist und vom Bundesminister für Inneres in Zusammenwirken mit den jeweiligen Landesbehörden eingerichtet wird.

DFQ: nach § 10 (1)-(4) Sicherheitspolizeigesetz

REL: Teilsynonym

DTM: **Polizeistation,** gesetzl.; 4; Hauptb.; Subst.; fem.; sg. **Polizeikommissariat**, **Polizeirevier**

DQM Organisation der Polizei des Landes Niedersachsen, RdErl. d. MI vom 28.11.2012 - P22-01512 (Nds.MBl. Nr.44/2012 S.1108; ber. Nr.1/2013 S.19)

DEF: Polizeistationen gemäß Anlage 6 sind Organisationseinheiten der Polizeiinspektionen oder Polizeikommissariate.

DFQ: Organisation der Polizei des Landes Niedersachsen, RdErl. d. MI vom 28.11.2012 - P22-01512 (Nds.MBl. Nr.44/2012 S.1108; ber. Nr.1/2013 S.19) 2.5.1.2

NOT: Die Polizei ist in DE Ländersache. Es gibt daher verschiedene Organisationsformen und Begriffe: „**Polizeiinspektion**“ (Bayern, Mecklenburg-Vorpommern, Rheinland-Pfalz, Saarland, Thüringen) erfüllen in anderen deutschen Ländern das „**Polizeirevier**“ (Baden-Württemberg, Bremen, Hessen (Großstädte), Sachsen, Sachsen-Anhalt, Schleswig- Holstein), die „**Polizeistation**“ (Hessen), das „**Polizeikommissariat**“ (Hamburg, Niedersachsen), die „**Polizeiwache**“ (Brandenburg) und der „**Polizeiabschnitt**“ (Berlin).

***

ATM: **Polizeiinspektion (2)**; gesetzl.; 4; Hauptb.; Subst.; fem.; sg.; 0421; Öffentl. Sicherheit

ETM: police station; FTM: commissariat de police

TMQ: § 1a (2) Anhalteordnung

DEF: jene Dienststelle, in deren Verwahrungsraum (Einzel- und Sammelverwahrungsraum) die Haft vollzogen wird.

DFQ: § 1a (2) Anhalteordnung

NOT: Diese Definition ist spezifisch für die Anhalteordnung, die eine Präzisierung des Begriffs im Kontext der Anhaltung von Verdächtigen vornimmt.

DTM: **Polizeistation**; gesetzl.; 4; Hauptb.; Subst.; fem.; sg.; **Polizeikommissariat**, **Polizeirevier**

DQM Organisation der Polizei des Landes Niedersachsen, RdErl. d. MI vom 28.11.2012 - P22-01512 (Nds.MBl. Nr.44/2012 S.1108; ber. Nr.1/2013 S.19)

DEF: Polizeistationen gemäß Anlage 6 sind Organisationseinheiten der Polizeiinspektionen oder Polizeikommissariate.

DFQ: Organisation der Polizei des Landes Niedersachsen, RdErl. d. MI vom 28.11.2012 - P22-01512 (Nds.MBl. Nr.44/2012 S.1108; ber. Nr.1/2013 S.19) 2.5.1.2

NOT: Das Äquivalent für die österr. „**Polizeiinspektion**" ist in Niedersachsen die „**Polizeistation**", die hier als allgemeines Beispiel angeführt ist und in jedem Fall einen Verwahrungsraum für Anhaltungen hat.

***

ATM: **Polizeiinspektion (3)**; gesetzl.; 4; Hauptb.; Subst.; fem.; sg.; 0421; Öffentl. Sicherheit
ETM: police station; FTM: commissariat de police

TMQ: § 1a (2) Anhalteordnung

DEF: jene Dienststelle, in deren Verwahrungsraum (Einzel- und Sammelverwahrungsraum) die Haft vollzogen wird.

DTQ: § 1a (2) Anhalteordnung

NOT: Diese Definition ist spezifisch für die Anhalteordnung, die eine Präzisierung des Begriffs im Kontext der Anhaltung von Verdächtigen vornimmt. Die Organisation der Polizei ist in DE Ländersache. Die Organisationssturkturen und Benennungen unterscheiden sich daher zum Teil erheblich. Die vorliegende Definition stammt aus Niedersachsen, wo eine Polizeiinspektion eine übergeordnete Dienststelle ist, die ungefähr dem österr. „**Bezirkskommando**" entspricht und damit ein falscher Freund ist.

REL: Falscher Freund

DTM: **Polizeiinspektion**; gesetzl.; 4; Hauptb.; Subst.; fem.; sg.; **Polizeistation**, **Polizeikommissariat**, **Polizeirevier u**

DQM Organisation der Polizei des Landes Niedersachsen, RdErl. d. MI vom 28.11.2012 - P22-01512 (Nds.MBl. Nr.44/2012 S.1108; ber. Nr.1/2013 S.19)

DEF: Polizeistationen gemäß Anlage 6 sind Organisationseinheiten der Polizeiinspektionen oder Polizeikommissariate.

DFQ: Organisation der Polizei des Landes Niedersachsen, RdErl. d. MI vom 28.11.2012 - P22-01512 (Nds.MBl. Nr.44/2012 S.1108; ber. Nr.1/2013 S.19) 2.5.1.2

***

ATM: **Polizeidirektor/in**; gesetzl.; 4; Hauptb.; Subst.; mask./fem.; sg.; 0421; Öffentl. Sicherheit; **Polizeipräsident/in**
ETM: Chief Constable; FTM: préfet de police

TMQ: § 8 (1) SPG

DEF: an der Spitze einer Bundespolizeidirektion steht der Polizeidirektor, an der Spitze der Bundespolizeidirektion Wien der Polizeipräsident.

DFQ: § 8 (1) SPG

REL: Synonym

DTM: **Polizeipräsident/in**; gesetzl.; 4; Hauptb.; Subst.; mask./fem.; sg.

DTQ: Organisation der Polizei des Landes Niedersachsen, RdErl. d. MI vom 28.11.2012 - P22-01512 (Nds.MBl. Nr.44/2012 S.1108; ber. Nr.1/2013 S.19)

DEF: der Behördenleiter eines Großverbandes der Polizei, meist eines Polizeipräsidiums, das unter die Kompetenz der deutschen Bundesländer fällt.

DFQ: nach http://de.wikipedia.org/wiki/Polizeipr%C3%A4sident (18.01.2015)

NOT: Die dt. Bundesländer haben eigene Gesetze, die die Organisation der Polizei regeln.

***

ATM: **Polizeipräsident/in**; gesetzl.; 4; Hauptb.; Subst.; mask./fem.; sg.; 0421; Öffentl. Sicherheit

ETM: Chief Commissioner of Police; FTM: préfet de police

TMQ: § 8 (1) SPG

DEF: der Leiter der Bundespolizeidirektion Wien.

DFQ: §§ 8 (1), 12 SPG

NOT: Die Leiter der anderen Bundespolizeidirektionen in AT tragen die Verwendungsbezeichnung „**Polizeidirektor**".

REL: Teilsynonym

DTM: **Polizeipräsident/in**; gesetzl.; 4; Hauptb.; Subst.; mask./fem.; sg.; 1211; Bürgerl. Recht

DEF: Leiter eines Großverbandes der Polizei, meist eines Polizeipräsidiums in den Polizeidirektionen der deutschen Bundesländer.

DFQ: nach http://de.wikipedia.org/wiki/Polizeipr%C3%A4sident (18.01.2015)

NOT: Die dt. Bundesländer haben eigene Gesetze, die die Organisation der Polizei regeln. Die Organisationsformen und die Benennungen der einzelnen Funktionen innerhalb der Organisationsstrukturen unterscheiden sich daher teilweise erheblich.

***

ATM: **Pönale**; gesetzl.; 4; Nebenb.; Subst.; fem.; sg.; 1211; Bürgerl. Recht; **Reugeld, Vertragsstrafe; Konventionalstrafe**

ETM: contractual penalty; FTM: pénalité contractuelle

TMQ: § 99 BVergG 2006

DEF: ein pauschalierter Schadenersatz für den Fall, dass der Vertrag entweder gar nicht, nicht auf gehörige Art und Weise oder zu spät erfüllt wird. Dabei handelt es sich um einen bestimmten Geldbetrag, unabhängig von der Höhe des Schadens.

DFQ: http://www.help.gv.at/Content.Node/99/Seite.991346.html (28.01.2015)

REL: Synonym

DTM: **Vertragsstrafe**; gesetzl.; 4; Hauptb.; Subst.; neutr.; sg.; **Konventionalstrafe**

DTQ: § 339 BGB

DEF: eine Strafe, die zwischen zwei Vertragsparteien für den Fall vereinbart wird, dass eine Partei die geschuldete Leistung nicht vertragsgemäß erbringt.

DFQ: nach http://www.lexexakt.de/glossar/vertragsstrafe.php (28.01.2015)

***

ATM: **Prädialservitut**; fachlit.; 3; Nebenb.; Subst.; neutr.; sg.; 1211; Bürgerl. Recht; **Realservitut; Grunddienstbarkeit**

ETM: predial servitude; FTM: servitudes réelles

TMQ: OGH, 2Ob252/05f, 03.11.2005

DEF: die Dienstbarkeit an einer Liegenschaft, welche der besseren Nutzung des begünstigten Grundstücks dient.

DFQ: nach §§ 474 ff. ABGB; Welser, FWB Bürgerliches Recht

REL: Synonym

DTM: **Grunddienstbarkeit**; gesetzl.; 4; Hauptb.; Subst.; fem.; sg.

DTQ: §§ 1018 ff. BGB

DEF: die Einschränkung des Nutzungsrechts eines Grundstückes zugunsten des Inhabers eines anderen Grundstücks.

DFQ: http://www.rechtslexikon-online.de/Grunddienstbarkeit.html (14.12.2014); §§ 1018 ff. BGB

***

ATM: **Präsenzdiener/in**; gesetzl.; 4; Hauptb.; Subst.; mask./fem.; sg.; 0821; Militärrecht; **Wehrpflichtige**, **Grundwehrdiener/in**

ETM: military service conscript; FTM: conscrit du service militaire

TMQ: Anl. 1 (10) Allgemeine Beförderungsbedingungen für den Kraftfahrlinienverkehr

DEF: Person, die zum Präsenzdienst oder zum Ausbildungsdienst einberufen ist, vom Beginn des Tages, für den sie einberufen worden ist, bis zum Ablauf des Tages, mit dem sie entlassen wird. Der Zeitpunkt, an dem dieser Präsenzdienst erstmalig anzutreten ist, hat vor Vollendung des 35. Lebensjahres des/der Wehrpflichtigen zu liegen.

DFQ: nach §§ 1 (3) Z. 1, 20 WG 2005

NOT: Der Begriff wurde analog zu „**Präsenzdienst**“ (anstatt „**Militärdienst**“) gebildet, kommt aber in Gesetzen nur vereinzelt vor. Er ist jedoch in der Rechtssprechung und in Dokumenten der Minsterien gängig. In den Gesetzen ist in der Regel von „**Wehrpflichtigen**“ die Rede.

REL Synonym

DTM: **Grundwehrdienstleistende/r**; fachlit.; 3; Hauptb.; Subst.; mask./fem.; sg.; **Rekrut/in**

DTQ: http://www.bundeswehr.de/portal/; www.wehrsold.org/

DEF: Person nach dem vollendeten 18. Lebensjahr und vor dem 25. Lebensjahr, die eine verpflichtende Zeit von mindestens neun Monaten bei der Bundeswehr absolviert, um Kenntnisse und Fähigkeiten für Kampf- und Hilfseinsätze zu erwerben.

DFQ: nach AlpBrock2

***

ATM: **Präsenzdienst**; gesetzl.; 4; Hauptb.; Subst.; mask.; sg.; 0821; Militärrecht

ETM: military service; FTM: service militaire

TMQ: § 19 (1) WG

DEF: Teil der Wehrpflicht, die in Form des Grundwehrdienstes, Milizübungen oder freiwilligen Waffenübungen abzuleisten ist.

DFQ: nach § 19 (1) WG

REL Synonym

DTM: **Wehrdienst**; gesetzl.; 4; Hauptb.; Subst.; mask.; sg.

DTQ: § 4 WPflG

DEF: leisten Wehrpflichtige, die zu dem für den Diensteintritt festgesetzten Zeitpunkt das 23. Lebensjahr noch nicht vollendet haben in der Dauer von (dzt.) 9 Monaten.

DFQ: nach § 5 WPflG

NOT: Die allgemeine Wehrpflicht ist in DE seit 2011 in Friedenszeiten ausgesetzt. An die Stelle der Wehrpflicht tritt der Freiwillige Wehrdienst.

***

ATM: **Präsenzstand**; gesetzl.; 4; Hauptb.; Subst.; mask.; sg.; 0821; Militärrecht

ETM: state of service; FTM: état de service militaire

TMQ: § 1WG

DEF: einer von drei Ständen (Präsenzstand, Milizstand, Reservestand), denen Wehrpflichtige für die Dauer ihrer Wehrpflicht angehören.

DFQ: nach § 1 WG

NOT: Oberbegriff für Formen des Wehrdienstes.

REL: Teilsynonym

DTM: **Wehrdienst**; gesetzl.; 4; Hauptb.; Subst.; mask.; sg.

DTQ: § 4 (1) WPflG

DEF: umfasst 1. den Grundwehrdienst (§ 5), 2. die Wehrübungen (§ 6), 3. die besondere Auslandsverwendung (§ 6a), 4. den freiwilligen zusätzlichen Wehrdienst im Anschluss an den Grundwehrdienst (§ 6b), 5. die Hilfeleistung im Innern (§ 6c), 6. die Hilfeleistung im Ausland (§ 6d) und 7. den unbefristeten Wehrdienst im Spannungs- und Verteidigungsfall.

DFQ: § 4 (1) WPflG

***

ATM: **Präsident/in des Arbeits- und Sozialgerichtes**; gesetzl.; 4; Hauptb.; MWA; mask./fem.; sg.; 2826; Sozialrecht; **Präs. ASG**

ETM: President of the Court of Labour and Social Affairs; FTM: Président du tribunal du travail et du contentieux social (Conseil des prud'hommes)

TMQ: § 65 RStDG

DEF: Leiter/in eines Arbeits- und Sozialgerichtes.

DFQ: nach § 65 RStDG

REL: Teilsynonym

DTM: **Präsident/in des Arbeitsgerichtes**; gesetzl.; 4; Hauptb.; MWA; mask./fem.; sg.; **Präsident/in des Sozialgerichtes**

DTQ: BBesO R 3-4

DEF: Leiter/in eines Arbeitsgerichts.

DFQ: nach § 36 (1) ArbGG; BBesO R 3-4

NOT: In DE ist die Arbeits- und Sozialgerichtsbarkeit eigenen Gerichtshöfen zugeordnet.

***

ATM: **Präsident/in des Asylgerichtshofes**; gesetzl.; 4; Hauptb.; MWA; mask./fem.; sg.; 1226; Gerichtsorganisation; **Präs. AsylGH**

ETM: President of the Court of Asylum; FTM: Président du Cour nationale du droit d'asile

TMQ: § 42 AsylG 2005

DEF: Vorsitzende/r des Gerichtshofes für Berufungen und Säumnisbeschwerden in Asylangelegenheiten in Österreich.

DFQ: www.asylgh.gv.at (28.07.2009); Art. 1 §§ 2 ff. Asylgerichtshof-Einrichtungsgesetz

DTM: FEHLT

***

ATM: **Präsident/in des Handelsgerichtes**; gesetzl.; 4; Hauptb.; MWA; mask./fem.; sg.; 1226; Gerichtsorganisation;**, Präs. HG**

ETM: President of the Commercial Court; FTM: Président du tribunal de commerce

TMQ: § 65 RStDG

DEF: Vorsitzende/r des Handelsgerichtes.

DFQ: nach § 65 RStDG

REL: Synonym

DTM: **Vorsitzende/r der Kammer für Handelssachen**; gesetzl.; 4; Hauptb.; MWA; mask./fem.; sg.

DTQ: § 349 ZPO

DEF: Berufsrichter/in am Vorsitz der Kammer für Handelssachen.

DFQ: nach § 105 GVG; § 349 ZPO

***

ATM: **Präsident/in des Jugendgerichtshofes**; gesetzl.; 4; Hauptb.; MWA; mask./fem.; sg.; 1226; Gerichtsorganisation;**, Präs JGH**

ETM: President of the Juvenile Court; FTM: Président du tribunal pour enfants

TMQ: § 65 RStDG

DEF: Leiter/in des Jugendgerichtshofes.

DFQ: nach § 65 RStDG

USE historisch

NOT: Mit 30.06.2003 wurde der JGH Wien aufgelassen. Die Agenden des JGH wurden auf 14 Wiener Gerichte, das Landesgericht für Strafsachen, das Landesgericht für Zivilrechtssachen und zwölf Wiener Bezirksgerichte aufgeteilt.

DTM: FEHLT

NOT: Es gibt drei mögliche Besetzungen eines Jugendgerichts: 1. der Jugendrichter, 2. das Jugendschöffengericht, und 3. die Jugendkammer. Einen eigenen „**Jugendgerichtshof**" als solchen gibt es im dt. Recht nicht.

***

ATM: Präsident/in des Landesgerichtes; gesetzl.; 4; Hauptb.; MWA; mask./fem.; sg.; 1226; Gerichtsorganisation; **Präs. LG**

ETM: president of a provincial court; FTM: Président du tribunal de première instance

TMQ: § 30 (1)-(2) GEO

DEF: leitet den Gerichtshof, übt die Dienstaufsicht über das gesamte Personal Gerichtshofes aus und führt die anderen Justizverwaltungsgeschäfte für den Gerichtshof, soweit diese nicht auf Grund des Gesetzes durch Senate zu erledigen sind.

DFQ: § 31 (1) GEO

REL Teilsynonym; funkt. Äquiv.

DTM: Präsident/in des Landgerichts; gesetzl.; 4; Hauptb.; MWA; mask./fem.; sg.

DTQ: §§ 21a, 77 GVG

DEF: Leiter/in eines Landgerichts.

DFQ: §§ 59 ff. GVG; § 19a DRiG

***

ATM: Präsident/in des Landesschulrates; gesetzl.; 4; Hauptb.; MWA; mask./fem.; sg.; 3206; Schulrecht; **Landeshauptmann/-frau**

ETM: president of provincial education; FTM : Président de l'inspection scolaire de l'état fédéré (Land)

TMQ: § 6 (1) Bundes-Schulaufsichtsgesetz

DEF: Leiter der Schulaufsichtsbehörde eines Bundeslandes (Landesschulrat) und immer der Landeshauptmann.

DFQ: § 6 (1) Bundes-Schulaufsichtsgesetz

REL: Teilsynonym; funkt. Äquiv.

NOT: In der Regel werden die Geschäfte des Landesschulrates von einem „**Geschäftsführenden Präsidenten**" geführt.

DTM: Schulpräsident/in; gesetzl.; 4; Hauptb.; Subst.; mask./fem.; sg.; **Ministerialbeauftragte/r**

NOT: Bedingt durch die Kompetenz der Länder in Schulsachen variieren die Organisationsformen. Das funktional nächste Äquivalent sind: „**Schulpräsident**", „**Ministerialbeauftragte**" (vgl. z.B. § 88 NRW Schulgesetz).

***

ATM: Präsident/in des Nationalrates; gesetzl.; 4; Hauptb.; MWA; mask./fem.; sg.; 0421; Öffentl. Recht; **Nationalratspräsident/in; Präs.NR**

ETM: President of the National Council; FTM: président du Conseil national

TMQ: § 31d (4) GOG-NR

DEF: der/die Vorsitzende des Nationalrats, der Abgeordnetenkammer des österreichischen Parlaments.

DFQ: nach Art. 30 ff. B-VG; www.parlinkom.gv.at (14.12.2014)

REL: Synonym

DTM: **Bundestagspräsident/in**; gesetzl.; 4; Hauptb.; Subst.; mask./fem.; sg.; **Präsident/in des Deutschen Bundestages, BT-Präs**

DTQ: § 14 WahlprüfG

DEF: der/die Vorsitzende des deutschen Bundestages, der/die von Letzterem gewählt wird.

DFQ: nach Art. 40 (1) GG; www.lexexact.de (14.12.2014); www.bundestag.de (14.12.2014)

NOT: Der Bundestagspräsident vertritt den Bundestag nach außen und ist Inhaber des Hausrechts und der Polizeigewalt im Bundestag.

***

ATM: **Präsident/in des Obersten Gerichtshofes**; gesetzl.; 4; Hauptb.; MWA; mask./fem.; sg.; 1226; Gerichtsorgansisation; **Präs. OGH**

ETM: President of the Supreme Court; FTM: Président de la Cour suprême

TMQ: § 3 OGHG

DEF: leitet den Obersten Gerichtshof, übt die Dienstaufsicht über das gesamte Personal des Gerichtshofes aus und führt die anderen Justizverwaltungsgeschäfte für den Gerichtshof.

DFQ: nach www.ogh.gv.at (20.01.2015); §§ 3 ff. OGHG

REL: Teilsynonym; funkt. Äquiv.

DTM: **Präsident/in des Bundesgerichtshofes**; gesetzl.; 4; Hauptb.; MWA; mask./fem.; sg.

DTQ: § 124 GVG

DEF: Dienstvorgesetzter der Richterinnen und Richter, der wissenschaftlichen Mitarbeiter sowie der dem Gericht angehörenden Beamten und Tarifbeschäftigten.

DFQ: nach www.bundesgerichtshof.de (20.01.2015); § 124 GVG; § 19a DRiG

***

ATM: **Präsident/in des Stadtschulrates für Wien**; gesetzl.; 4; Hauptb.; MWA; mask./fem.; sg.; 3206; Schulrecht; **Präs. SSR Wien**

ETM: President of the Viennese Board of Education; FTM: Président du conseil scolaire de la ville de Vienne

TMQ: § 6 (1) Bundes-Schulaufsichtsgesetz

DEF: Leiter der Schulaufsichtsbehörde eines Bundeslandes (Landesschulrat) und immer der Landeshauptmann / Bürgermeister.

DFQ: § 6 (1) Bundes-Schulaufsichtsgesetz; www.stadtschulrat.at

NOT: In der Regel werden die Geschäfte des Landesschulrates von einem „**Geschäftsführenden Präsidenten**" geführt.

REL: Teilsynonym; funkt. Äquiv.

DTM: **Schulpräsident/in**; fachlit.; 4; Hauptb.; MWA; mask./fem.; sg.; **Ministerialbeauftragter; Schulrätin oder Schulrat, Schulamtsdirektor/in, Regierungsschuldirektor/in usw.**

DTQ: http://de.wikipedia.org/wiki/Ministerialbeauftragter (25.01.2015)

DEF: Leiter der Schulaufsichtsbehörde des jeweiligen Bundeslandes.

DFQ: Art. 7 GG; http://de.wikipedia.org/wiki/Ministerialbeauftragter; www.dbs.schule.de

NOT: Die funktional nächste Äquivalente sind: „**Schulpräsident/in**", „**Ministerialbeauftragte**" (vgl. z.B. § 88 NRW Schulgesetz). Die begriffliche Vielfalt existiert auch für die Institution der Schulaufsicht selbst: „**staatliches Schulamt**", „**mittlere (obere) Regierungspräsidium**",

„das Oberschulamt", **„Landesschulbehörde"**, **„sächsische Bildungsagentur (SBA)"**, **„Landesverwaltungsamt"**. Bedingt durch die Kompetenz der Länder in Schulsachen variieren die Organisationsformen erheblich, sodass nur ein Begriff exemplarisch angeführt wird. Ein Überblick über die Schulaufsicht in den deutschen Bundesländern findet sich auf dem Bildungsserver: http://www.bildungsserver.de/Schulverwaltung-Schulaufsicht-641.html (28.01.2015)

***

ATM: Präsident/in des Verfassungsgerichtshofes; gesetzl.; 4; Hauptb.; MWA; mask./fem.; sg.; 1226; Gerichtsorganisation; **Präs. VfGH**

ETM: President of the Constitutional Court; FTM: Président du Conseil Constitutionnel

TMQ: § 1 (1) VfGG

DEF: leitet den Verfassungsgerichtshof und überwacht die Geschäftsführung. Zu den Leitungsgeschäften gehören neben den die Rechtsprechung betreffenden Angelegenheiten die Vertretung des Gerichtshofes nach außen und die Justizverwaltung.

DFQ: https://www.vfgh.gv.at/cms/vfgh-site/vfgh/organisation.html (28.01.2015); § 3 (1) VfGG

REL Synonym

DTM: Präsident/in des Bundesverfassungsgerichts; gesetzl.; 4; Hauptb.; MWA; mask./fem.; sg.; **Präs. BVerfG**

DTQ: §§ 9 ff. BVerfGG

DEF: Vorsitzender des Bundesverfassungsgerichts.

DFQ: Art 94 GG; §§ 9 ff. BVerfGG; www.bundesverfassungsgericht.de (28.01.2015)

***

ATM: Präsidentenkonferenz der Landwirtschaftskammern Österreichs; gesetzl.; 4; Hauptb.; MWA; fem.; sg.; 5606; Agrarrecht

ETM: Conference of the Presidents of the Agricultural Chambers of Austria; FTM: conférence des présidents des chambres d'agriculture d'Autriche

TMQ: § 7 (1) Landwirtschaftsgesetz 1992

DEF: die Dachorganisation der neun Landes-Landwirtschaftskammern ist der Verein „Präsidentenkonferenz der Landwirtschaftskammern Österreichs".

DFQ: https://www.lko.at/?+LK-OEsterreich-Organigramm+&id=2500,1037424 (28.01.2015)

NOT: Laut Verfassung sind nur die Länder berechtigt Interessenvertretungen für die bäuerliche Bevölkerung zu schaffen.

REL Synonym

DTM: Verband der Landwirtschaftskammern; gesetzl.; 4; Hauptb.; MWA; mask.; sg.; **VLK**

DTQ: § 2 (4) Klärschlamm-Entschädigungsfondsverordnung

DEF: die Landwirtschaftskammern und die Deutsche Landwirtschafts-Gesellschaft sowie der Bayerische Bauernverband sind im Verband der Landwirtschaftskammern zusammengeschlossen.

DFQ: http://landwirtschaftskammern.de/verband.htm (28.01.2015)

***

ATM: Präsidialkonferenz; gesetzl.; 4; Hauptb.; Subst.; fem.; sg.; 0421; Öffentl. Recht; **Präsidiale**

ETM: parliamentary governing committee; FTM: comité de gouvernance parlementaire

TMQ: § 8 GOG-NR

DEF: besteht aus den Präsidenten und den Obmännern der Parlamentklubs.

DFQ: nach § 8 GOG-NR; Glossar des österr. Parlaments.

REL: Teilsynonym; funkt. Äquiv.

DTM: **Ältestenrat**; gesetzl.; 4; Hauptb.; Subst.; mask.; sg.

DTQ: § 6 BTGO

DEF: besteht aus dem Bundestagspräsidenten, seinen Stellvertreterinnen und -vertretern sowie 23 weiteren Abgeordneten. Er unterstützt den Bundestags-präsidenten bei seiner Arbeit und sorgt für einen koordinierten und möglichst reibungslosen Arbeitsablauf im Bunj destag. Ferner fungiert er als Schlichtungsorgan.

DFQ: nach http://www.bundestag.de/parlament/aeltestenrat/index.html (28.07.2014)

***

ATM: **Präsidium des Nationalrates**; gesetzl.; 4; Hauptb.; MWA; neutr.; sg.; 0421; Öffentl. Recht; **Nationalratspräsidium**

ETM: Executive Committee of the National Council; FTM: Presidence du Conseil national

TMQ: § 6 (2) NRGOG

DEF: wird vom Nationalrat gewählt und besteht aus dem Nationalratspräsidenten sowie Zweitem und Drittem Präsidenten.

DFQ: nach Mayer, FWB Öffentl. Recht

REL Synonym

DTM: **Präsidium des Deutschen Bundestages**; gesetzl.; 4; Hauptb.; MWA; neutr.; sg.; **Bundestagspräsidium**

DTQ: § 31c (2) ParteiG

DEF: der Präsident und seine Stellvertreterinnen und Stellvertreter bilden das Bundestagspräsidium.

DFQ: nach www.bundestag.de (04.07.2009)

NOT: Es wird für Dauer der Wahlperiode gewählt.

***

ATM: **prätorischer Vergleich**; gesetzl.; 4; MWA; mask.; sg.; 1211; Zivilrecht; **prätorische Ladung**

ETM: pre-trial mediation by the district court; FTM: résolution extrajudiciaire avant un procès arrangée par le tribunal d'instancee

TMQ: § 433 ZPO

DEF: eine Gegenüberstellung der Tatsachen eines Streitfalles noch vor Erhebung einer Klage beim Bezirksgericht, um eventuell eine gütliche Einigung zu erzielen.

DFQ: nach § 433 ZPO; http://www.help.gv.at/Content.Node/101/Seite.1010160.html (23.01.2015)

NOT: Bildet einen Exekutionstitel nach § 1 (1) Z. 5 EO.

DTM: FEHLT

***

ATM: **Preisminderung**; gesetzl.; 4; Hauptb.; Subst.; fem.; sg.; 1211; Bürgerl. Recht

ETM: reduction of price; FTM: réduction du prix

TMQ: § 932 ABGB

DEF: gesetzlicher Anspruch auf Herabsetzung des vereinbarten Entgelts für eine Leistung, wenn diese bestimmte Mängel aufweist.

DFQ: ÖRWB

REL Synonym

DTM: **Minderung**; gesetzl.; 4; Hauptb.; Subst.; fem.; sg.

DTQ: § 441 BGB

DEF: Herabsetzung des Kaufpreises wegen eines Mangels bzw. Herabsetzung der Vergütung des Werkunternehmers wegen mangelhafter Herstellung des Werkes.

DFQ: AlpBrock2

***

ATM: **Prekarium**; gesetzl.; 4; Hauptb.; Subst.; neutr.; sg.; 1211; Bürgerl. Recht; **Bittleihe**

ETM: loan terminable at will; FTM: prêt résiliable à volonté

TMQ: § 974 ABGB

DEF: ein Leihvertrag, bei dem weder die Dauer noch ein genau bestimmtes Gebrauchsrecht geregelt ist und der Verleiher die Sache jederzeit zurückfordern kann.

DFQ: ÖRWB

DTM: **FEHLT**

NOT: Das dt. Recht kennt das Prekarium/die Bittleihe nicht, steht aber einer entsprechenden vertraglichen Vereinbarung nicht entgegen: http://www.lexexakt.de/glossar/bittleihe.php (28.01.2014)

***

ATM: **Primararzt**; gesetzl.; 4; Hauptb.; Subst.; mask./fem.; sg.; 2841; Gesundheitsrecht; **Primarius / Primaria**; **Primar**

ETM: chief physician, head of a department; FTM: médecin-chef

TMQ: § 43 (2) ÄrzteG

DEF: Berufsbezeichnung für Fachärzte, die diese unter der Voraussetzung führen dürfen, daß sie in Krankenanstalten dauernd mit der ärztlichen Leitung einer Krankenabteilung, die mindestens 15 systemisierte Betten aufweist, betraut sind, und ihnen mindestens ein Arzt unterstellt ist.

DFQ: § 43 (2) ÄrzteG

REL: Teilsynonym

DTM: **Chefarzt / Chefärztin**; fachlit.; 3; Hauptb.; Subst.; mask./fem.; sg.; **Leitender Arzt / Leitende Ärztin**

DTQ: LAG-KOELN 2 Sa 357/08

DEF: Ärztlicher Leiter einer Krankenhausabteilung, der entweder in einem privatrechtlichen Anstellungsverhältnis (Hauptfall) oder einem Beamtenverhältnis zum Krankenhausträger steht.

DFQ: nach AlpBrock2; LAG-KOELN Urteil 2 Sa 357/08

***

ATM: **primäre Gewährleistungsbehelfe**; fachlit.; 3; Hauptb.; MWA; mask.; pl.; 1211; Zivilrecht

ETM: primary consumer guarantees; FTM: moyen primaires de garantie

TMQ: KoWe 2014/2015

DEF: Oberbegriff für die Gewährleistungsansprüche auf Verbesserung bzw. Austausch.

DFQ: nach § 932 (2) ABGB; KoWe 2014/2015

NOT: Es handelt sich um Gewährleistungsansprüche, nicht um Gestaltungsrechte.

REL: Teilsynonym; funkt. Äquiv.

DTM: **Nacherfüllung**; gesetzl.; 4; Hauptb.; Subst.; mask.; pl.

DTQ: § 439 BGB

DEF: Gewährleistungsanspruch des Käufers, je nach seiner Wahl gerichtet auf die Beseitigung des Mangels (beim Kaufvertrag z.B. durch Reparatur) oder die Lieferung einer mangelfreien Sache.

DFQ: nach § 439 BGB; www.lexexact.de (20.01.2015); AlpBrock2

NOT: Nacherfüllung ist ein Oberbegriff für Nachbesserung und Nachlieferung, zwischen denen der Käufer wählen kann.

***

ATM: **Primarius / Primaria**; gesetzl.; 4; Hauptb.; Subst.; mask./fem.; sg.; 2841; Gesundheitsrecht;
Primar; Primararzt / Primarärztin
ETM: chief physician; FTM: médecin-chef

TMQ: § 43 (6) ÄrzteG

DEF: Facharzt, der die ärztliche Leitung in einer Krankenabteilung mit mindestens fünfzehn Betten in einer Krankenanstalt übernimmt. Ihm muss mindestens ein Arzt unterstellt sein.

DFQ: nach § 43 (6) ÄrzteG

REL: Teilsynonym

DTM: **Chefarzt / Chefärztin**; fachlit.; 3; Hauptb.; Subst.; mask./fem.; sg.

DTQ: LAG-KOELN 2 Sa 357/08

DEF: ärztlicher Leiter einer Krankenhausabteilung, der entweder in einem privatrechtlichen Angestelltenverhältnis (Hauptfall) oder in einem Beamtenverhältnis zum Krankenhausträger steht.

DFQ: AlpBrock2

***

ATM: **Privatanklage**; gesetzl.; 4; Hauptb.; Subst.; fem.; sg.; 1216; Strafrecht
ETM: civil action; FTM: action civile

TMQ: § 4 (1) StPO

DEF: strafbare Handlungen, deren Begehung nur auf Verlangen des Opfers zu verfolgen sind.

DFQ: nach § 71 (1) StPO

REL Synonym

DTM: **Privatklage**; gesetzl.; 4; Hauptb.; Subst.; fem.; sg.

DTQ: § 374 StPO

DEF: Delikte, die vom Verletzten verfolgt werden, ohne dass es einer vorgängigen Anrufung der Staatsanwaltschaft bedarf.

DFQ: nach § 374 StPO

***

ATM: **Privatanklagedelikt**; fachlit.; 3; Hauptb.; Subst.; neutr.; sg.; 1216; Strafrecht
ETM: criminal offence pursued through civil action; FTM: délit poursuivi sur action civile

TMQ: OLG Linz 8Bs93/08w

DEF: eine strafbare Handlung, welche aufgrund gesetzlicher Bestimmungen nur von dem Verletzten oder einem anderen Beteiligten verfolgt werden kann.

DFQ: nach § 366 StPO; ÖRWB

REL: Synonym

DTM: **Antragsdelikt**; fachlit.; 3; Hauptb.; Subst.; neutr.; sg.

DTQ: BGH 8.10.2002 1 StR 150/02

DEF: eine Straftat, bei der es grundsätzlich dem Verletzten zuzumuten ist, seine Interessen an der Bestrafung des Täters selbst im Wege der Privatklage durchzusetzen.

DFQ: nach § 374 ff. StPO

***

ATM: **Privatankläger/in**; gesetzl.; 4; Hauptb.; Subst.; mask./fem.; sg.; 1216; Strafrecht
ETM: civil party; FTM: partie civile

TMQ: §§ 65, 71 StPO

DEF: Verfolgungsberechtigter bei einem Privatanklagedelikt. Er muss bei sonstigem Verlust seines Anklagerechtes, binnen sechs Wochen von dem Tag, an dem ihm die strafbare Handlung und ein der Tat hinlänglich Verdächtiger bekannt geworden sind, einen Verfolgungsantrag gegen diesen stellen. Dieser Antrag kann auf die Einleitung der Voruntersuchung oder auf die Bestrafung des Täters gerichtet sein und muss beim Strafgericht mündlich oder schriftlich gestellt werden

DFQ: nach §§ 65, 71 StPO

NOT: Der Privatankläger ist berechtigt, während der Vorerhebungen und der Voruntersuchung dem Gericht alles an die Hand zu geben, was seine Anklage unterstützen kann, in die Akten Einsicht zu nehmen und zur Geltendmachung seiner Anklage alle Schritte bei Gericht einzuleiten, zu denen sonst der Staatsanwalt berechtigt ist.

REL Synonym

DTM: **Privatkläger/in**; gesetzl.; 4; Hauptb.; Subst.; mask./fem.; sg.

DTQ: §§ 374 ff. StPO

DEF: jemand, der auf dem Wege einer Privatklage eine gewisse Straftat verfolgt, ohne daß es einer vorgängigen Anrufung der Staatsanwaltschaft bedarf.

DFQ: nach §§ 374 ff. StPO

***

ATM: **Privatbeteiligte/r**; gesetzl.; 4; Hauptb.; Subst.; mask./fem.; sg.; 1216; Strafrecht

ETM: civil party; FTM: partie civile

TMQ: §§ 65, 67 StPO

DEF: Opfer, das sich am Strafverfahren beteiligt, um Ersatz für einen Schaden oder eine Beeinträchtigung zu erhalten.

DFQ: nach §§ 65, 67 StPO

NOT: Der Privatbeteiligte muss seine Berechtigung, sich am Verfahren zu beteiligen und sein Begehren auf Schadenersatz oder Entschädigung begründen. Die Erklärung, sich als Privatbeteiligter am Strafverfahren zu beteiligen, ist bei der Kriminalpolizei, der Staatsanwaltschaft bzw. nach Einbringung der Anklage bei Gericht abzugeben.

REL Synonym

DTM: **Nebenkläger/in**; gesetzl.; 4; Hauptb.; Subst.; mask./fem.; sg.

DTQ: § 395 StPO

DEF: Verletzte/r, der/die sich, wenn der Staatsanwalt Anklage erhoben hat, dem Verfahren anschließt.

DFQ: nach Creif21; § 395 StPO

***

ATM: **Privatbeteiligung**; gesetzl.; 4; Hauptb.; Subst.; fem.; sg.; 1216; Strafrecht

ETM: civil claim for criminal injuries compensation; FTM: action civile pour demande de dommages et intérêts

TMQ: §65 StPO

DEF: Beteiligung des Opfers am Strafverfahren, um Ersatz für einen Schaden oder eine Beeinträchtigung zu erhalten.

DFQ: nach §65 StPO

NOT: siehe auch „**Privatbeteiligter**"

REL: Teilsynonym; enger

DTM: **Nebenklage**; gesetzl.; 4; Hauptb.; Subst.; fem.; sg.

DTQ: § 395 St PO

DEF: die Erweiterung des Kreises der Prozessbeteiligten im Strafverfahren, bei dem eine mit eingen prozessualen Rechten ausgestattete Privatperson neben der Staatsanwaltschaft als Nebenkläger auftritt.

DFQ: AlpBrock; § 395 StPO

***

ATM: **Privatkonkurs**; gesetzl.; 4; Hauptb.; Subst.; mask.; sg.; 1211; Insolvenzrecht; **gerichtliches Schuldenregulierungsverfahren**

ETM: personal insolvency; FTM: faillite personnelle

TMQ: Lehrpläne - Höhere technische und gewerbliche Lehranstalten BGBl. II Nr. 284/2014

DEF: Verfahren, das bei bei Zahlungsunfähigkeit einer Privatperson, die keiner selbstständigen wirtschaftlichen Tätigkeit nachgeht, stattfindet und in drei Stufen abläuft: außergerichtlicher Ausgleich, gerichtliches Zahlungsplanverfahren, Abschöpfungsverfahren.

DFQ: nach § 182 IO; www.privatkonkurs.at

NOT: Der Begriff „**Privatkonkurs**" kommt in der Insolvenzordnung nicht vor, ist allerdings in der Fachlichteratur und Alltagssprache der vorherrschend verwendete.

REL Synonym

DTM: **Verbraucherinsolvenzverfahren**; gesetzl.; 4; Hauptb.; Subst.; neutr.; sg.; **Privatinsolvenz**

DTQ: § 305 (5) InsO

DEF: spezielles Insolvenzverfahren, das zur Anwendung kommt, wenn der Insolvenzschuldner eine natürliche Person ist, die keine selbständige wirtschaftliche Tätigkeit ausübt oder ausgeübt hat, und in drei Stufen abläuft: außergerichtliche Schuldenbereinigung, gerichtliche Schuldenbereinigung, vereinfachtes Insolvenzverfahren.

DFQ: nach AlpBrock2

***

ATM: **Privatschulen**; gesetzl.; 4; Hauptb.; Subst.; fem.; pl.; 3206; Schulrecht

ETM: private school; FTM: école privée

TMQ: Art. 14 (7) B-VG

DEF: jene Schulen, die von anderen als den gesetzlichen Schulerhaltern errichtet und erhalten werden und gemäß den Bestimmungen des Privatschulgesetzes, zur Führung einer gesetzlich geregelten Schulartbezeichnung berechtigt sind.

DFQ: § 8b SchOG

REL: Synonym

DTM: **Schulen in freier Trägerschaft**; gesetzl.; 4; Hauptb.; MWA; mask.; sg.; **Privatschulen**

DTQ: Brandenburgisches Schulgesetz- BbgSchulG § 2 (3)

DEF: Schulen, deren Träger inländische natürliche oder juristische Personen des Privatrechts sowie Kirchen, Religionsgemeinschaften oder Weltanschauungsgemeinschaften sind, die die Rechte einer Körperschaft des öffentlichen Rechts besitzen.

DFQ: Brandenburgisches Schulgesetz- BbgSchulG § 2 (3)

***

ATM: **Probeführerschein**; gesetzl.; 4; Hauptb.; Subst.; mask.; sg.; 4806; Kraftfahrzeugrecht

ETM: probationary driver's license; FTM: permis de conduire probatoire

TMQ: § 4 (1) Führerscheingesetz

DEF: Lenkberechtigungen für alle Klassen mit Ausnahme der Klassen AM und F, die Personen erteilt werden, die vorher keine in- oder ausländische Lenkberechtigung für eine dieser Klassen besessen haben, unterliegen einer Probezeit von zwei Jahren.

DFQ: § 4 (1) Führerscheingesetz

REL: Synonym

DTM: **Fahrerlaubnis auf Probe**; gesetzl.; 4; Hauptb.; MWA; fem.; sg.

DTQ: § 2a Straßenverkehrsgesetz

DEF: wer auf öffentlichen Straßen ein Kraftfahrzeug führt, bedarf der Fahrerlaubnis.

DFQ: § 2a Straßenverkehrsgesetz

***

ATM: Probezeit; gesetzl.; 4; Hauptb.; Subst.; fem.; sg.; 1216; Strafrecht; **Bewährungsfrist**
ETM: probation; FTM: période d'essai; période probatoire

TMQ: §§ 48 f. StGB

DEF: der vom Strafgericht festgesetzte Zeitraum, in dem Straftaten eines Verurteilten zum Widerruf einer bedingten Strafnachsicht oder einer bedingten Entlassung aus einer Freiheitsstrafe führen können. Die Probezeit beginnt mit der Rechtskraft der Entscheidung, mit der die bedingte Nachsicht oder die bedingte Entlassung ausgesprochen worden ist. bei einer bedingten Nachsicht der Strafe: zwischen einem Jahr und drei Jahren bei einer bedingten Entlassung: zwischen einem Jahr und zehn Jahren als Diversionsform: zwischen einem Jahr und zwei Jahren.

DFQ: nach §§ 48 f. StGB

REL Synonym

DTM: Bewährungszeit; gesetzl.; 4; Hauptb.; Subst.; fem.; sg.

DTQ: § 56a StGB

DEF: damit wird bei Aussetzung der Strafe bzw. eines Strafrest der Zeitraum bezeichnet in dem der Täter zeigen muss, dass er die Erwartungen die für die Aussetzung bzw. den Erlass auschlaggebend waren erfüllt. U.a. dadurch, dass er nicht wieder straffällig wird. Die Bewährungszeit ist nicht deckungsgleich mit der ausgesetzten Strafzeit, sie beträgt 2 bis 5 Jahre.

DFQ: § 56a StGB

***

ATM: Problemstoffe; gesetzl.; 4; Hauptb.; Subst.; mask.; pl.; 5206; Umweltrecht
ETM: household hazardous waste; FTM: substances problématiques

TMQ: Abfallwirtschaftsgesetz 2002

DEF: gefährliche Abfälle, die üblicherweise in privaten Haushalten anfallen. Weiters gelten als Problemstoffe jene gefährlichen Abfälle aller übrigen Abfallerzeuger, die nach Art und Menge mit üblicherweise in privaten Haushalten anfallenden gefährlichen Abfällen vergleichbar sind.

DFQ: Abfallwirtschaftsgesetz 2002

NOT: Sammelbgriff für alle Arten gefährlicher Abfälle.

DTM: FEHLT

NOT: Ist im Rahmen der Fachliteratur zur Umweltwissenschaft in Gebrauch, jedoch kein Rechtsbegriff.

***

ATM: Professor/in; gesetzl.; 4; Hauptb.; Subst.; mask./fem.; sg.; 3216; Schulrecht; **Professorin, Prof.**
ETM: professor; FTM: professeur

TMQ: StbG § 25

DEF: ein Amtstitel für ernannte Lehrer an höheren Schulen -ein Berufstitel für Personen, die auf dem Gebiet der Erwachsenenbildung, der Kunst, der Volkskultur und des musealen Sammelns tätig sind, und für Personen, die im Bereich der Wissenschaft tätig sind.

DFQ: Art 1 Schaffung von Berufstiteln; www.bmukk.gv.at

REL: Falscher Freund; enger

DTM: Professor/in; gesetzl.; 4; Hauptb.; Subst.; mask./fem; sg.

DTQ: § 7 DRiG

DEF: die Amtsbezeichnung für einen hauptamtlichen Hochschulehrer.

DFQ: www.lexexact.de (18.01.2015)

NOT: Voraussetzung dafür ist die Lehrbefugnis (venia legendi). Diese wird in der Regel durch die Habilitation erworben, kann aber auch aus anderen Gründen erteilt werden.

***

ATM: Promulgationsklausel; gesetzl.; 4; Hauptb.; Subst.; fem.; sg.; 1206; Öffentl. Recht; **Präambel**
ETM: legislative preamble; FTM: préambule

TMQ: AWG 2002 § 91

DEF: eine Formel, die Verordnungen und Gesetzen vorangestellt ist und den Gesetzgeber bzw. geänderte Gesetze beinhaltet.

DFQ: Handbuch der Rechtssetzungstechnik

NOT: Inhaltlich weichen Promulgationsklausel und Präambel ab, werden aber oft ident gebraucht.

REL Teilsynonym

DTM: Präambel; gesetzl.; 4; Hauptb.; Subst.; fem.; sg.;

DTQ: GG Präambel

DEF: ein Vorspruch, der meist bei völkerrechtlichen Verträgen und bei Verfassungen, gelegentlich auch bei sonstigen wichtigen Gesetzen dem eigentlichen Vertrags- und Gesetzestext vorangestellt wird.

DFQ: Creif21

***

ATM: Protokollarklage; fachlit.; 3; Hauptb.; Subst.; fem.; sg.; 1226; Gerichtsorganisation
ETM: complaint presented orally in court; FTM: plainte orale

TMQ: OGH 9Rs23/07d, 01.03.2007

DEF: eine bei Gericht mündlich vorgebrachte und zu Protokoll gegebene Klage, die das Gericht zu Protokoll nehmen muss. Gerichtsgebühren fallen dabei nicht an.

DFQ: www.arbeiterkammer.at/.../Beendigung_von_Arbeitsverhaeltnissen_201... (08.09.2009)

DTM: FEHLT (Benennungslücke)

NOT: Benennungslücke: Im Amtsgerichts-, Arbeits-, Sozial-, Verwaltungs- und Finanzgerichtsprozess kann die Klage auch mündlich zu Protokoll des Urkundenbeamten der Geschäftsstelle gebracht werden. Ein spezieller Terminus dafür existiert aber nicht.

***

ATM: Protokollsvermerk; gesetzl.; 4; Hauptb.; Subst.; mask.; sg.; 1216; Strafrecht
ETM: judge's note dispensing with minute-taking requirements at trial; FTM: : note remplaçant le protocole de procédure

TMQ: JGG § 32 a.F.

DEF: ersetzt das Verhandlungsprotokoll eines Strafverfahrens, wenn alle Beteiligten auf ein Rechtsmittel verzichten und enthält lediglich die Bezeichnung der Gerichts, Ort, Beginn und Ende der Hauptverhandlung, die Beteiligten der Verfahrens und des Schöffengerichts und die Namen der beigezogenen Dolmetscher, der Zeugen und Sachverständigen.

DFQ: nach §§ 271a, 458 (2) StPO

NOT: § 271a StPO: Unter den Voraussetzungen des § 270 (4) kann das Verhandlungsprotokoll durch einen vom Vorsitzenden zu unterschreibenden Vermerk ersetzt werden, der lediglich die in Abs. 1 Z. 1-3 angeführten Angaben enthält.

DTM: FEHLT

***

ATM: Prozesseinreden; fachlit; 3; Hauptb.; Subst.; fem.; pl.; 1211; Pozessrecht; **EinredeZus**
ETM: objection on procedural grounds; FTM: moyen d'irrecevabilité

TMQ: OGH 8Ob33/08y, 28.04.2008; ZPO § 261

DEF: Prozesshindernisse wegen des Fehlens der inländischen Gerichtsbarkeit, wegen der Unzulässigkeit des Rechtsweges, wegen des Fehlens der sachlichen oder örtlichen Zuständigkeit, wegen der Streitanhängigkeit oder der Rechtskraft.

DFQ: nach § 261 ZPO

NOT: Über die vorgebrachten Einreden oder Anträge ist nach vorgängiger mündlicher Verhandlung zu entscheiden.

REL Synonym

DTM: **Zulässigkeitsrügen**; fachlit.; 3; Hauptb.; Subst.; fem.; pl.; **Einreden**, **Verteidigungsmittel**

DTQ: BGH, KZR 28/03, 22.2.2005

DEF: die echten prozesshindernden Einreden, die das Gericht nur bei Erheben berücksichtigt.

DFQ: www.lexexakt.de (29.01.2015)

NOT: Davon zu unterscheiden ist die Rüge anderer Zulässigkeitsvoraussetzungen, die nur eine Anregung an das Gericht zur Prüfung sind, das dass Gericht insoweit von Amts wegen das Vorliegen prüft.

***

ATM: **Prozesskurator**; fachlit.; 3; Hauptb.; Subst.; mask.; sg.; 1221; Prozessrecht

ETM: litigation curator; FTM: curateur

TMQ: OGH 6Ob186/08h, 06.11.2008

DEF: Person, die zu bestellen ist, wenn gegen einen Prozessunfähigen, der keinen gesetzlichen Vertreter hat, eine Prozesshandlung vorgenommen werden soll.

DFQ: nach § 8 ZPO

NOT: Das Gericht hat den Kurator nur auf Antrag und (zumindest vorläufig) auf Kosten des Gegeners zu bestellen, wenn für diesen Gefahr im Verzug besteht. Der Kurator hat für diese Partei bis zum Eintreten des gesetzlichen Vertreters am gerichtlichen Verfahren teilzunehmen und, wenn nötig, die Bestellung des gesetzlichen Vertreters durch geeignete Anträge zu veranlassen.

REL: Teilsynonym; breiter

DTM: **Abwesenheitspfleger**; gesetzl.; 4; Hauptb.; Subst.; mask.; sg.

DTQ: § 1911 BGB

DEF: ein Vertreter, der vom Gericht zur Wahrnehmung der vermögensrechtlichen Interessen einer volljährigen Person bestellt wird, deren Aufenthalt unbekannt ist.

DFQ: § 1911 BGB

***

ATM: **Prüfungstagsatzung**; gesetzl.; 4; Hauptb.; Subst.; fem.; sg.; 1211; Insolvenzrecht; **Prüfungsverhandlung**

ETM: hearing date for the verification of creditor claims; FTM: date de l'assemblée de l'examen

TMQ: § 7 (3) IO

DEF: Gerichtstermin bei dem der Insolvenzverwalter und der Schuldner zu erscheinen haben. Die Geschäftsbücher und Aufzeichnungen des Schuldners sind, soweit tunlich, mitzubringen. Die angemeldeten Forderungen sind nach ihrer Rangordnung, bei gleicher Rangordnung nach der Reihenfolge der Anmeldung zu prüfen.

DFQ: http://www.edikte.justiz.gv.at/edikte/ex/edparm3.nsf/h/ID_Glossar#P (28.01.2015)

NOT: Parallelbegriff zu „**Prüfungsverhandlung**"

REL: Synonym

DTM: **Prüfungstermin**; gesetzl.; 4; Hauptb.; subst.; mask.; sg.
DTQ: §§ 29 (1)-(2), 176 InsO
DEF: Termin beim Insolvenzgericht, bei dem die Forderungen der Insolvenzgläubiger nach Betrag und Rang geprüft werden.
DFQ: nach § 171 InsO

***

ATM: **Prüfungsverhandlung**; gesetzl.; 4; Hauptb.; Subst.; fem.; sg.; 1211; Insolvenzrecht; **Prüfungstagsatzung**
ETM: hearing date for the verification of creditor claims; FTM: date de l'examen
TMQ: § 106 IO
DEF: Gerichtstermin bei dem der Insolvenzverwalter und der Schuldner zu erscheinen haben. Die Geschäftsbücher und Aufzeichnungen des Schuldners sind, soweit tunlich, mitzubringen. Die angemeldeten Forderungen sind nach ihrer Rangordnung, bei gleicher Rangordnung nach der Reihenfolge der Anmeldung zu prüfen.
DFQ: http://www.edikte.justiz.gv.at/edikte/ex/edparm3.nsf/h/ID_Glossar#P (28.01.2015)
NOT: Parallelbegriff zu „**Prüfungsverhandlung**" in der Insolvenzordnung.
REL: Synonym

DTM: **Prüfungstermin**; gesetzl.; 4; Hauptb.; subst.; mask.; sg.
DTQ: §§ 28, 176 InsO
DEF: Termin beim Insolvenzgericht, bei dem die Forderungen der Insolvenzgläubiger nach Betrag und Rang geprüft werden.
DFQ: nach § 171 InsO

***

ATM: **Punktation**; gesetzl.; 4; Hauptb.; Subst.; fem.; sg.; 1211; Bürgerl. Recht
ETM: binding term sheet; FTM: contrat provisoire suite à des négociations
TMQ: ABGB § 885
DEF: eine vorläufige schriftliche Vereinbarung, der nach dem Willen der Parteien noch eine formelle Vetragsurkunde folgen soll. Die Punktation ist ein gültiger Vertrag, wenn sie die Hauptpunkte des Geschäftes enthält und von beiden Parteien unterfertigt ist. Aus ihr kann unmittelbar auf die vereinbarte Leistung geklagt werden.
DFQ: nach § 885 ABGB; KoWe 2014/2015
NOT: Der Vorvertrag verpflichtet zum Abschluss des Hauptvertrags, die Punktation (nach „Abgabe" der Erklärung) bereits zu seiner Erfüllung.
(http://www.uibk.ac.at/zivilrecht/buch/kap6_0.xml?section-view=true;section=3)
REL: Teilsynonym; funkt. Äquiv.;

DTM: **Punktation**; fachlit.; 3; Hauptb.; Subst.; fem.; sg.
DTQ: Beisel/Klumpp, Unternehmenskauf, 5. Auflage 2006
DEF: wird die Fixierung einzelner Punkte eines intendierten Vertrages durch die Vertragsparteien bezeichnet. Die Punktation enthält keinen Rechtsbindungswillen.
DFQ: lexexakt.de (30.01.2015); § 145 BGB
NOT: Bezüglich der äußeren Form ident, aber unterschiedliche Rechtsfolgen: Die Punktuation ist nicht bindend. Der Terminus „**Punktation**" erscheint nicht im Gesetzestext, wird aber regelmäßig verwendet.

***

ATM: **Quälen oder Vernachlässigen unmündiger jüngerer oder wehrloser Personen**; gesetzl.; 4; Hauptb.; MWA; neutr.; sg.; 1216; Strafrecht

ETM: torture or neglect of children or helpless persons; FTM: sévices infligés à des enfants ou personnes sans défense

TMQ: § 92 StGB

DEF: Straftat, die darin besteht, dass jemand, der einem anderen, der seiner Fürsorge oder Obhut untersteht und der das achtzehnte Lebensjahr noch nicht vollendet hat oder wegen Gebrechlichkeit, Krankheit oder Schwachsinns wehrlos ist, körperliche oder seelische Qualen zufügt, oder seine Verpflichtung zur Fürsorge oder Obhut einem solchen Menschen gegenüber gröblich vernachlässigt und dadurch, wenn auch nur fahrlässig, dessen Gesundheit oder dessen körperliche oder geistige Entwicklung beträchtlich schädigt.

DFQ: § 92 StGB

REL: Teilsynonym; breiter

DTM: **Misshandlung von Schutzbefohlenen**; gesetzl.; 4; Hauptb.; MWA; fem.; sg.

DTQ: § 225 StGB

DEF: Straftat, die darin besteht, dass jemand, der eine Person unter achtzehn Jahren oder eine wegen Gebrechlichkeit oder Krankheit wehrlose Person, die seiner Fürsorge oder Obhut untersteht, seinem Hausstand angehört, von dem Fürsorgepflichtigen seiner Gewalt überlassen worden oder ihm im Rahmen eines Dienst- oder Arbeitsverhältnisses untergeordnet ist, quält oder roh mißhandelt, oder durch böswillige Vernachlässigung seiner Pflicht, für sie zu sorgen, sie an der Gesundheit schädigt, und durch die Tat in die Gefahr des Todes oder einer schweren Gesundheitsschädigung oder einer erheblichen Schädigung der körperlichen oder seelischen Entwicklung bringen könnte.

DFQ: § 225 StGB

***

DTM: **dualifizierter Mietspiegel**; gesetzl.; 4; Hauptb.; MWA; mask.; sg.; 2846; Mietrecht

ETM: official rent index; FTM: indice qualifié des loyers

DTQ: § 558d BGB

DEF: Mietspiegel, der nach anerkannten wissenschaftlichen Grundsätzen erstellt und von der Gemeinde oder von Interessenvertretern der Vermieter und der Mieter anerkannt worden ist.

DFQ: § 558d (1) BGB

NOT: Dient dazu, um die ortsübliche Vergleichsmiete zu erstellen, auf deren Basis die laufenden Mieten berechnet werden.

ATM: FEHLT

***

ATM: **Quantitätseigentum**; fachlit.; 3; Hauptb.; Subst.; mask.; sg.; 1211; Bürgerl. Recht

ETM: quantity-based co-ownership interest; FTM: propriété partagé par quantité

TMQ: Welser, FWB Bürgerliches Recht

DEF: Sonderfall des Miteigentums, bei dem Miteigentum an einem Gemenge vertretbarer (ununterscheidbarer) Sachen besteht.

DFQ: nach Welser, FWB Bürgerliches Recht

NOT: Die Anteile werden nicht in einer Quote, sondern in einem Quantum ausgedrückt. Es findet eine vereinfachte Auseinandersetzung statt.

DTM: FEHLT

***

ATM: **Quantitätsvindikation**; fachlit.; 3; Hauptb.; Subst.; fem.; sg.; 1211; Bürgerl. Recht

ETM: claim to secure one's quantity-based proprietary share; FTM: plainte pour la séparation d'une certaine quantité de la copropriété

TMQ: Welser, FWB Bürgerliches Recht

DEF: Klage, die unmittelbar auf die Abtrennung einer entsprechenden Teilmenge des Eigentums gerichtet ist.

DFQ: Welser, FWB Bürgerliches Recht

NOT: Vgl. Term: „**Quantitätseigentum**"

DTM: FEHLT

***

ATM: Querschnittsmaterie; gesetzl.; 4; Hauptb.; Subst.; mask.; sg.; 0436; Öffentl. Recht; **Weder-noch-Kompetenz**

ETM: cross-jurisdictional issue; FTM: matière horizontale

TMQ: BMSG-Grundausbildungsverordnung 2004

DEF: Regelungsmaterie für die kompetenzmäßig weder der Bund noch die Länder zuständig sind.

DFQ: Mayer, FWB Öffentl. Recht

NOT: VfGH G256/98: Der Naturschutz ist - kompetenzrechtlich gesehen - weder eine Querschnittsmaterie, noch eine Annexmaterie, welche der jeweils zuständige Gesetzgeber mitzuregeln befugt wäre. Der Naturschutz ist vielmehr im allgemeinen der Kompetenz der Länder in Gesetzgebung und Vollziehung zugeordnet.

REL: Teilsynonym

DTM: Querschnittsgesetz; fachlit; 3; Nebenb.; Subst; neutr.; sg.; **juristisches Querschnittsgebiet**

DTQ: §10 GeWO

DEF: Gesetz, das Regelungen verschiedener Sachgebiete enthält. Z.B. wird das Hessische Datenschutzgesetz Querschnittsgesetz genannt, da es in allen Bereichen der Landesverwaltung gilt.

DFQ: Langbein, Mike (2009): Arbeitnehmerdatenschutz und der Einsatz von Telekommunikationsmitteln im Arbeitsverhältnis.

***

ATM: Radfahrerüberfahrt; gesetzl.; 4; Hauptb.; Subst.; fem.; sg.; 2826; Straßenverkehrsrecht; **„Zebrastreifen"**

ETM: bicycle crossing; FTM: passage velo

TMQ: §§ 2, 12 STVO

DEF: ein auf beiden Seiten durch gleichmäßig unterbrochene Quermarkierungen gekennzeichneter, für die Überquerung der Fahrbahn durch Radfahrer bestimmter Fahrbahnteil; ist unmittelbar neben der Radfahrerüberfahrt ein Schutzweg markiert, so kann auf dieser Seite der Radfahrerüberfahrt die Quermarkierung entfallen.

DFQ: §§ 2, 12 STVO

DTM: FEHLT

***

ATM: radiziertes Gewerbe; gesetzl.; 4; Nebenb.; MWA; neutr.; sg.; 0436; Gewerberecht; **Realgewerbe; Maria-Theresien-Konzession**

ETM: inheritable proprietary right in the exercise of a specific trade; FTM: métier pouvant être exercé grâce à un droit inscrit au livre foncier

TMQ: OGH, 3Ob100/72, 28.09.1972

DEF: Gewerbe, das aufgrund einer im Grundbuch eingetragenen Berechtigung vom jeweiligen Grundeigentümer ausgeübt werden durfte und wie Sachen verkauft, verschenkt, verpfändet und vererbt werden konnten.

DFQ: nach http://de.wikipedia.org/wiki/Maria-Theresien-Konzession (30.01.2015); § 377 GewO 1994 und § 377 GewO 1973

USE historisch

NOT: Seit 1973 abgeschafft, § 377 GewO 1994; Der Begriff kommt jedoch noch im Zuammenhang mit dem Grundbuch und mit Apotheken (radizierte Apotheke) vor.

REL: Synonym

DTM: **Realgewerbeberechtigung**; gesetzl.; 4; Hauptb.; Subst.; fem.; sg.

DTQ: §10 GeWO

DEF: Realgewerbe waren in der Regel an eine Liegenschaft gebunden Monopole ein bestimmtes Gewerbe auszuüben wie z.B. das Braurecht, das Brennrecht oder das Recht einer bestimmten Familie als Besitzer eines Anwesens eine Fähre zu betreiben.

DFQ: http://de.wikipedia.org/wiki/Realgewerbeberechtigung (30.01.2015)

NOT: Realgewerbeberechtigungen dürfen fortan nicht mehr begründet werden. (§10 GeWO)

***

ATM: **Rangordnung**; gesetzl.; 4; Hauptb.; Subst.; fem.; sg.; 1211; Bürgerl. Recht

ETM: order of proprietary rights; FTM: rang; ordre de priorité

TMQ: § 29 GBG

DEF: der Rang dinglicher Rechte, der durch das Verfahren seiner Eintragung in das Grundbuch bestimmt wird.

DFQ: nach §§ 29, 53 ff. GBG

NOT: Im Grundbuchsrecht geht bei konkurrierenden Ansuchen um die Einräumung des gleichen dinglichen Rechtes der frühere Antrag dem späteren vor. Maßgebend ist das Einlangen bei Gericht. Die Anmerkung der Rangordnung dient der vorläufigen Sicherung eines bücherlichen Ranges.

REL Synonym

DTM: **Rangverhältnis**; gesetzl.; 4; Hauptb.; Subst.; neutr.; sg.

DTQ: § 879 BGB

DEF: das Verhältnis unter mehreren Rechten, mit denen ein Grundstück belastet ist, das sich bestimmt, wenn die Rechte in derselben Abteilung des Grundbuchs eingetragen sind, nach der Reihenfolge der Eintragungen.

DFQ: nach § 879 BGB

NOT: Rangverhältnis mehrerer Rechte

***

ATM: **Rangprinzip**; fachlit.; 3; Hauptb.; Subst; neutr.; sg.; 1211; Grundbuchsrecht; **Prioritätsprinzip**

ETM: principle of priority; FTM: principe du rang

TMQ: OGH, RS0003020, 14.11.1984

DEF: die Rangordnung einer Eintragung im Grundbuch nach dem Zeitpunkt, in dem die Eingabe beim Grundbuchsgericht eingelangt ist.

DFQ: §§ 438, 440 ABGB; § 29 GBG

NOT: Das Rangprinzip existiert in anderer Bedeutung auch im Arbeitsrecht.

REL Synonym

DTM: **Lokusprinzip**; fachlit.; 3; Hauptb.; Subst.; mask.; sg.; **Rang**

DTQ: http://www.rechtslexikon.net/d/lokusprinzip/lokusprinzip.htm (14.01.2015)

DEF: der Grundsatz, daß das Rangverhältnis mehrerer Rechte an einem Grundstück, die in derselben Grundbuchabteilung eingetragen sind, sich nach der Reihenfolge der Eintragungen bestimmt.

DFQ: nach http://www.zeno.org/Meyers-1905/A/Lokusprinzip (14.01.2015)

***

ATM: **Rapunzel**; gesetzl.; 4; Hauptb.; Subst.; fem.; sg.; 6006; Agrarrecht; **Vogerlsalat**

ETM: lamb's lettuce; FTM: mâche

TMQ: Saatgutverordnung 2006 2.10.34.

DEF: Laterr., Valerianella locusta

DFQ: Saatgutverordnung 2006 2.10.34.

NOT: Der in AT übliche Begriff ist „**Vogerlsalat**". „**Rapunzel**" ist veraltet bzw. fachsprachlich.

REL: Synonym

DTM: **Feldsalat**; gesetzl.; 4; Hauptb.; Subst.; mask.; sg.

DTQ: SatV 7.1.1.6

DEF: Valerianella locusta (L.)

DFQ: Saatgutverordnung 2006 2.10.34.

***

ATM: **Ratenbrief**; gesetzl.; 4; Hauptb.; Subst.; mask.; sg.; 1211; Bürgerl. Recht

ETM: contract for delivery by instalments; FTM: contrat de livraison avec paiement échelonné

TMQ: § 24 KschG

DEF: ein Schriftstück, das über einen Ratenkauf (Abzahlungsgeschäft) auszustellen und vom Verbraucher zu unterzeichnen ist.

DFQ: nach §§ 24 f. KSchG; Welser, FWB Bürgerliches Recht

REL Synonym

DTM: **Ratenlieferungsvertrag**; gesetzl.; 4; Hauptb.; Subst.; mask.; sg.

DTQ: § 505 BGB

DEF: Vereinbarung über die Lieferung mehrerer als zusammengehörend verkaufter Sachen in Teilleistungen und bei dem das Entgelt für die Gesamtheit der Sachen in Teilzahlungen zu entrichten ist oder die regelmäßige Lieferung von Sachen gleicher Art zum Gegenstand hat oder die Verpflichtung zum wiederkehrenden Erwerb oder Bezug von Sachen zum Gegenstand hat.

DFQ: § 505 BGB

***

ATM: **Raufhandel**; gesetzl.; 4; Hauptb.; Subst.; mask.; sg.; 1216; Strafrecht

ETM: affray; FTM: rixe

TMQ: § 91 StGB

DEF: die tätliche Teilnahme an einer Schlägerei, die eine schwere Körperverletzung (§ 84 (1)) eines anderen oder den Tod eines anderen verursacht.

DFQ: nach § 91 StGB

NOT: Die „**Schlägerei**" ist ein objektives Tatbestandsmerkmal. Diese liegt vor, wenn zumindest drei Personen ernsthaft miteinander raufen.

REL Synonym

DTM: **Beteiligung an einer Schlägerei**; gesetzl.; 4; Hauptb.; MWA; mask.; sg.

DTQ: § 231 StGB

DEF: die Teilnahme an einer Schlägerei oder an einem von mehreren verübten Angriff, durch die der Tod eines Menschen oder eine schwere Körperverletzung (§ 226) verursacht worden ist.

DFQ: nach § 231 dStGB

NOT: Früher: „**Raufhandel**".

***

ATM: **raumnutzende Organisationen**; gesetzl.; 4; Hauptb.; MWA; fem.; pl.; 0436; Öffentl. Recht

ETM: space utilising organisation; FTM: organisation utilisant d'espace

TMQ: Bundesimmobiliengesetz § 1 (2) Z. 5 (BImmoG)

DEF: einem Ressortbereich zuzuordnende selbständige, über Raum verfügende Gliederungseinheiten (z.B. Schule, Polizeiinspektion).

DFQ: § 1 (2) Z. 5 BImmoG

DTM: FEHLT

***

ATM: **Raumordnungs-Informationssystem**; gesetzl.; 4; Hauptb.; MWA; neutr.; sg.; 2846; Raumordnungsrecht

ETM: information system for regional planning; FTM: système d'information pour l'aménagement du territoire

TMQ: Handbuch der Planungsbegriffe

DEF: geographisches System zur Erfassung, Verwaltung, Bearbeitung, Analyse, Modelierung und Visualierung raumbezogener/geographischer Daten und Informationen und ihrer Beziehungen zueinander.

DFQ: Handbuch der Planungsbegriffe

REL: Teilsynonym; funkt. Äquiv.

DTM: **raumbezogenes Informationssystem**; gesetzl.; 4; Hauptb.; MWA; neutr.; sg.; **Rauminformationssystem**

DTQ: http://de.wikipedia.org/wiki/Raumbezogenes_Informationssystem (28.01.2015)

DEF: besteht aus einer Datensammlung zur Bevölkerungs-, Wirtschafts- und Siedlungsentwicklung, zum Infrastrukturausbau, zur Flächennutzung und zu den Ressourcen, die in regionale Entwicklungsprogramme und raumbedeutsame Vorhaben einfließen.

DFQ: http://de.wikipedia.org/wiki/Raumbezogenes_Informationssystem (28.01.2015)

NOT: Dienen als Instrumente zur Entscheidungsfindung sowie als Hilfsmittel für Planung und Entwicklung. Ebenso sind die Verfahren und Methoden zur Erfassung, Aktualisierung und Umsetzung dieser Daten wesentlicher Bestandteil des Informationssystems.

***

ATM: **Räumungsexekution**; gesetzl.; 4; Hauptb.; Subst.; fem.; sg.; 1211; Insolvenzrecht; **Exekution auf Überlassung oder Räumung von unbeweglichen Sachen**

ETM: eviction notice; FTM: exécution judiciaire pour restitution de locaux

TMQ: § 12a AO

DEF: eine Exekution zur Räumung eines Bestandobjekts wegen Nichtzahlung des Bestandzinses in der Zeit vor Ausgleichseröffnung. Sie darf nur unter bestimmten Umständen erfolgen.

DFQ: nach §12a AO

NOT: Die Räumung wird nur dann vollzogen, wenn der betreibende Gläubiger die zur Öffnung der Räumlichkeiten und zur Wegschaffung der zu entfernenden beweglichen Sachen erforderlichen Arbeitskräfte und Beförderungsmittel bereitstellt.

REL: Synonym; breiter

DTM: **Zwangsvollstreckung auf Räumung und Herausgabe**; gesetzl.; 4; Hauptb.; MWA; fem.; sg.; **Räumungsvollstreckung, Herausgabevollstreckung**

DTQ: § 93 ZVG

DEF: eine Herausgabevollstreckung mit dem Ziel der Räumung und Herausgabe des Grundstücks sowie der Herausgabe der mitversteigerten Sachen zu erreichen.

DFQ: nach § 93 ZVG; AlpBrock2; § 758a (2) ZPO

***

ATM: **Räumungsschutz des Scheinuntermieters**; gesetzl.; 4; Hauptb.; MWA; mask.; sg.; 2846; Mietrecht

ETM: apparent subtenant's protection from eviction; FTM: protection contre l'expulsion du sous-locataire fictif

TMQ: § 34a MRG

DEF: § 34a (1) MRG

DFQ: ist gegeben, wenn den zu räumenden Mietgegenstand ein Mieter nutzt, der glaubhaft macht, daß die Räumungsexekution zur Umgehung der Ansprüche des Mieters nach § 2 (3) MRG auf Anerkennung als Hauptmieter vollzogen werden soll, ist mit der Räumung innezuhalten.

NOT: Dies ist jedenfalls dann nicht anzunehmen, wenn der betreibende Gläubiger nachweist, daß er den Mieter gemäß § 2 (2); vor Entstehung des der Räumung zugrunde liegenden Exekutionstitels von der Endigung des Hauptmietverhältnisses schriftlich verständigt hat.

DTM: **FEHLT**

NOT: Diesbezügliche gesetzliche Regelungen fehlen, der BGH hat jedoch Urteile in diesem Zusammenhang gefällt.

***

ATM: **Realkonkurrenz**; gesetzl.; 4; Hauptb.; Subst.; fem.; sg.; 1216; Strafrecht; **Zusammentreffen strafbarer Handlungen** (§ 28 StGB)

ETM: multiplicity of offences; FTM: concours matériel d'infractions

TMQ: OGH RS0122421, 28.08.2007

DEF: ein Zusammentreffen strafbarer Handlungen, auf die eine einzige Freiheitsstrafe oder Geldstrafe zu erkennen ist.

DFQ: nach § 28 StGB

NOT: Zwei oder mehrere Handlungen verwirklichen mehrere Tatbilder, z.B. Banküberfall und Geiselnahme.

REL Synonym

DTM: **Tatmehrheit**; gesetzl.; 4; Hauptb.; Subst.; fem.; sg.; **Realkonkurrenz, Konkurrenz von Straftaten**

DTQ: § 53 dStGB

DEF: mehrere selbstständige Handlungen, welche ein oder mehrere Strafgesetze mehrfach verletzen und gleichzeitig abgeurteilt werden.

DFQ: nach § 53 dStGB; http://www.lexexakt.de/glossar/realkonkurrenz.php (14.01.2015)

NOT: Der Begriff „**Realkonkurrenz**" kommt auch im dt. Recht vor, nicht jedoch der Begriff „**Tatmehrheit**" im österr. Recht.

***

ATM: **Realservitut**; fachlit.; 3; Nebenb.; Subst.; neutr.; sg.; 1211; Bürgerl. Recht; **Prädialservitut; Grunddienstbarkeit**

ETM: appurtenant easement; FTM: servitude foncière

TMQ: OGH, 5Ob88/07p, 08.05.2007

DEF: die Dienstbarkeit an einer Liegenschaft, welche die Berechtigung der Nutzung des dienenden Grundstücks einschließt.

DFQ: nach Welser, FWB Bürgerliches Recht; § 474 ff. ABGB

NOT: Nebenbegriff zu „**Grunddienstbarkeit**".

REL: Synonym

DTM: **Grunddienstbarkeit**; gesetzl.; 4; Hauptb.; Subst.; fem.; sg.; **Prädialservitut**

DTQ: § 1018 ff. BGB

DEF: ein Grundstück kann zugunsten des jeweiligen Eigentümers eines anderen Grundstücks in der Weise belastet werden, dass dieser das Grundstück in einzelnen Beziehungen benutzen darf oder dass auf dem Grundstück gewisse Handlungen nicht vorgenommen werden dürfen oder dass die Ausübung eines Rechts ausgeschlossen ist, das sich aus dem Eigentum an dem belasteten Grundstück dem anderen Grundstück gegenüber ergibt.

DFQ: § 1018 ff. BGB

***

ATM: **Reassümierung**; gesetzl.; 4; Hauptb.; Subst.; fem.; sg.; 0421; Öffentliches Recht

ETM: amendment of a parliamentary resolution through revote; FTM: amendement d'un décision du parlement par répétition du vote

TMQ: Glossar des österr. Parlaments. (21.08.2014)

DEF: Abänderung eines in einem Ausschuss gefassten Beschlusses durch eine Wiederholung der Abstimmung. Eine solche Abänderung ist nur möglich, solange der Ausschuss seinen Bericht noch nicht an das Plenum erstattet hat.

DFQ: Glossar des österr. Parlaments. (21.08.2014)

NOT: Die Stimmenzahl, mit der ein Beschluss geändert werden soll, darf nicht geringer sein als jene, mit welcher der Beschluss ursprünglich gefasst wurde. Ist die ursprüngliche Stimmenzahl nicht mehr festzustellen, dann ist zur Abänderung des Beschlusses eine Zweidrittelmehrheit der anwesenden Ausschussmitglieder notwendig.

DTM: **FEHLT**

***

ATM: **Rechnungshof**; gesetzl.; 4; Hauptb.; Subst.; mask.; sg.; 1211; Bürgerl. Recht; **RH**

ETM: Austrian Court of Audit; FTM: Cour des Comptes de l'Autriche

TMQ: http://www.parlament.gv.at/LI/GL/show.psp?P_BUCH=R (15.01.2015)

DEF: die oberste, unabhängige Finanzkontrolle, die zur Überprüfung der Gebarung des Bundes, der Länder, der Gemeindeverbände, der Gemeinden und anderer durch Gesetz bestimmter Rechtsträger berufen ist.

DFQ: nach §§ 121 ff. B-VG; www.rechnungshof.gv.at

REL: Name; Synonym

NOT: Der Rechnungshof verfasst den Bundesrechnungsabschluss und legt ihn dem Nationalrat vor, dem er unmittelbar untersteht. Die Kernaufgabe des Rechnungshofes ist die Prüfung der finanziell wirksamen Tätigkeit des Staates nach den Prüfungsmaßstäben Sparsamkeit, Wirtschaftlichkeit und Zweckmäßigkeit auf der Grundlage der Rechtmäßigkeit.

DTM: **Bundesrechnungshof**; gesetzl.; 4; Hauptb.; Subst.; mask.; sg.; **BRH**

DTQ: § 1 BRHG

DEF: eine oberste Bundesbehörde und als unabhängiges Organ der Finanzkontrolle nur dem Gesetz unterworfen.

DFQ: Art 114 GG; §§ 1 ff. BRHG; www.bundestag.de

***

ATM: **rechtlicher Besitz**; fachlit.; 3; Hauptb.; MWA; mask.; sg.; 1211; Bürgerl. Recht; **Besitzrecht, Ersitzungsbesitz**

ETM: lawful possession; FTM: possession légale

TMQ: OGH 7Ob215/71 (7Ob214/71), ko-we (13)

DEF: der rechtmäßige, redliche und echte Besitz.

DFQ: Welser, FWB Bürgerliches Recht

NOT: Der Begriff spielt im Zusammenhang mit der Ersitzung von Besitz (§§ 1466, 339 ABGB) eine zentrale Rolle, da er einer der drei Komponenten der Voraussetzung für die Ersitzung ist (Ersitzung des Eigentumsrechtes setzt Alleinbesitz voraus, OGH).

DTM: FEHLT

***

ATM: rechtmäßiger Besitz; gesetzl.; 4; Hauptb.; MWA; mask.; sg.; 1211; Bürgerl. Recht; **titulierter Besitz**

ETM: legitimate possession; FTM: possession légitime

TMQ: § 316 ABGB

DEF: Besitz, der auf einem gültigen Titel, d.h. auf einem zur Erwerbung tauglichen Rechtsgrund beruht (z.B. Rechtsgeschäft mit dem bisherigen Besitzer (Vertrag) oder richterlichen Ausspruch).

DFQ: nach § 316 ABGB; Welser, FWB Bürgerliches Recht

REL: Falscher Freund; breiter

DTM: rechtmäßiger Besitz; gesetzl.; 4; Hauptb.; MWA; mask.; sg.

DTQ: § 5 Bundeswildschutzverordnung

DEF: wer Tiere der in Anlage 5 genannten Arten besitzt oder die tatsächliche Gewalt darüber ausübt, kann sich gegenüber der zuständigen Behörde auf eine Berechtigung hierzu nur berufen, wenn er auf Verlangen nachweist, daß die Voraussetzungen für eine Ausnahme nach § 2 (2)-(5) vorliegen oder glaubhaft macht, daß er oder ein Dritter die Tiere bei Inkrafttreten dieser Verordnung in Besitz hatte.

DFQ: § 5 Bundeswildschutzverordng

NOT: Nach Staud, Kommentar zum BGB, wird auch im dt. Recht die Unterscheidung zwischen „rechtmäßigen und unrechtmäßigen Besitz gemacht, doch fehlen entsprechende Gesetzestellen und BGH-Urteile.

***

ATM: Rechtsanwaltsanwärter/in; gesetzl.; 4; Hauptb.; Subst.; mask./fem.; sg.; 1226; Rechtspflege

ETM: trainee lawyer; FTM: stagiaire en droit

TMQ: § 15 RAO

DEF: Rechtsanwaltsanwärter, der nach Ablegen der akademische Prüfung mindestens eine neunmonatige zivil- und strafgerichtliche Praxis bei einem Gerichtshof erster Instanz und bei einem Bezirksgericht sowie eine achtzehnmonatige praktische Verwendung bei einem Rechtsanwalt oder bei der Finanzprokuratur nachzuweisen vermag.

DFQ: § 15 RAO

REL: Teilsynonym; funkt. Äquiv.

DTM: Rechtsreferendar/in; gesetzl.; 4; Hauptb.; Subst.; mask./fem.; sg.

DTQ: § 8 JAG

DEF: Beamtinnen und Beamte auf Widerruf in den Vorbereitungsdienst eingestellt. Sie führen als Dienstbezeichnung die Amtsbezeichnung des Eingangsamts ihrer Laufbahn mit dem Zusatz „**Anwärterin**" oder „**Anwärter**", in Laufbahnen des höheren Dienstes die Dienstbezeichnung. „**Referendarin**" oder „**Referendar**".

DFQ: § 8 JAG

***

ATM: Rechtsanwaltstarif; gesetzl.; 4; Hauptb.; Subst.; mask.; sg.; 1226; Rechtspflege

ETM: lawyer's fee; FTM: rémunération de l'avocat

TMQ: §§ 2 ff. RATG

DEF: die Entlohnung für eine anwaltliche Tätigkeit.

DFQ: nach §§ 2 ff. RATG

NOT: Durch den Tarif wird das Recht der freien Vereinbarung nicht berührt. Der für die Anwendung eines bestimmten Tarifsatzes maßgebende Betrag (Bemessungsgrundlage) ist im Zivilprozess nach dem Wert des Streitgegenstandes, im Exekutions(Sicherungs)verfahren nach dem Wert des Anspruches, im Konkurs- und Ausgleichsverfahren für einen Gläubiger nach der Höhe der angemeldeten Forderung samt Nebengebühren, im außerstreitigen Verfahren nach dem Wert des Gegenstandes, auf den sich die Leistung bezieht, zu berechnen.

REL: Synonym; funkt. Äquiv.

DTM: **Rechtsanwaltsvergütung**; gesetzl.; 4; Hauptb.; Subst.; fem.; sg.

DTQ: §§ 1 ff. RVG

DEF: das Entgelt, welches ein Rechtsanwalt für seine Tätigkeiten erhält.

DFQ: nach §§ 1 ff. RVG; http://www.juraforum.de/lexikon/rechtsanwaltsverguetung (15.12.2014)

NOT: Die Gebühren werden nach dem Wert berechnet, den der Gegenstand der anwaltlichen Tätigkeit hat.

***

ATM: **Rechtsbehelf**; gesetzl.; 4; Hauptb.; Subst.; mask.; sg.; 1221; Prozessrecht

ETM: legal remedy; FTM: moyen de recours; voie de droit

TMQ: §§ 611 ff. ZPO

DEF: auf Abänderung oder Aufhebung einer Entscheidung in einem Verfahren oder einer Rechtsfolge gerichtet, wird jedoch nicht zu den „Rechtsmitteln" gezählt wird, weil der Rechtsbehelf kein Aufsteigen des Prozesses zu dem im Instanzenzug übergeordneten Gericht bewirkt.

DFQ: §§ 611 ff. ZPO; 295 ff. StPO

REL: Falscher Freund

DTM: **Rechtsbehelf**; gesetzl.; 4; Hauptb.; Subst.; mask.; sg.

DTQ: § 7 Gesetz zur Durchführung der EG-Beitreibungsrichtlinie

DEF: ein Oberbegriff für jedes von der Rechtsordnung zugelassene verfahrensrechtliche Mittel, mit welchem eine behördliche, insbesondere eine gerichtliche Entscheidung, angefochten werden kann.

DFQ: nach www.rechtslexikon-online.de; AlpBrock2

NOT: Zu den Rechtsbehelfen gehören **Einspruch, Widerspruch, Rechtsmittel, Erinnerung, Gegenvorstellung**.

***

ATM: **Rechtsbesitz**; fachlit.; 3; Hauptb.; Subst.; mask.; sg.; 1211; Bürgerl. Recht

ETM: ownership of immaterial rights; FTM: droit de propriété

TMQ: OGH, 13.01.2009 5Ob204/08y

DEF: die Ausübung eines besitzfähigen Rechts (Miete, Pacht, Dienstbarkeiten, Pfandrechte) mit dem Willen, es als das eigene zu haben. In den Besitz unkörperlicher Sachen oder Rechte kommt man durch den Gebrauch derselben im eigenen Namen.

DFQ: KoWe (13); § 312 ABGB

DTM: FEHLT

NOT: Dieser Begriff existiert im BGB nicht, er fällt unter den Überbegriff „**Besitz**".

***

ATM: **Rechtsfreund**; fachlit.; 3; Hauptb.; Subst.; mask.; sg.; 1221; Rechtspflege

ETM: legal adviser; FTM: conseiller juridique

TMQ: http://www.rechtsfreund.at/

DEF: eine Person, die berufsmäßig Standesvertretung in Rechtssachen ausübt, womit Standespflichten verbunden sind.
DFQ: nach http://www.rechtsfreund.at/; § 879 (2) Z. 2 ABGB
NOT: Mit Rechtsfreund wird im österr. Recht ein Rechtsbeistand und zwar Anwälte, Steuerberater, Buchprüfer und Wirtschaftsprüfer bezeichnet.

DTM: **FEHLT**
DFQ: http://lexexakt.de/glossar/rechtsfreund.php (16.12.2014)

***

ATM: **Rechtsirrtum**; gesetzl.; 4; Hauptb.; Subst.; mask.; sg.; 1216; Strafrecht; **Verbotsirrtum**
ETM: mistake of law; FTM: erreur de droit
TMQ: § 9 StGB
DEF: wenn jemand das Unrecht der Tat wegen eines Rechtsirrtums nicht erkennt. Handelt dann nicht schuldhaft, wenn ihm der Irrtum nicht vorzuwerfen ist.
DFQ: nach § 9 StGB
NOT: Es ist zu unterscheiden zwischen direktem und indirektem Rechtsirrtum.
REL Synonym

DTM: **Verbotsirrtum**; gesetzl.; 4; Hauptb.; Subst.; mask.; sg.
DTQ: § 17 dStGB
DEF: Fehlt dem Täter bei Begehung der Tat die Einsicht, Unrecht zu tun, so handelt er ohne Schuld, wenn er diesen Irrtum nicht vermeiden konnte.
DFQ: nach § 17 dStGB; www.lexexact.de (16.01.2015)
NOT: Zum Entfallen der Schuld führt gemäß § 17 (1) StGB nur ein unvermeidbarer Verbotsirrtum. Es ist zu unterscheiden zwischen: unvermeidbarer und vermeidbarer Verbotsirrtum.

***

ATM: **Rechtskraftbestätigung**; gesetzl.; 4; Hauptb.; Subst.; fem.; sg.; 1226; Gerichtsorganisation Recht; **Rechtskraftstempel; Rechtskraftvermerk**
ETM: statement of legal enforceability; FTM: déclaration relative à l'autorité de la chose jugée
TMQ: § 143 Geschäftsordnung für die Gerichte I. und II. Instanz
DEF: wird nur auf Antrag vom Gericht (konkret in der Gerichtskanzlei) auf einem Beschluss oder einem Urteil aufgebracht. Die Rechtskraft kann von der Richterin/dem Richter bzw. von der Rechtspflegerin/dem Rechtspfleger nur dann bestätigt werden, wenn sie/er die Voraussetzungen der Rechtskraft prüft und diese in einem Aktenvermerk festhält.
DFQ: http://www.help.gv.at/Content.Node/99/Seite.990004.html (05.01.2015)
NOT: Das Gericht versieht ein Urteil mit einem Rechtskraftstempel, wenn kein ordentliches Rechtsmittel mehr zulässig ist oder die Rechtsmittelfrist ungenützt verstrichen ist. Erst dann ist das Urteil rechtskräftig.
REL Synonym

DTM: **Rechtskraftzeugnis**; fachlit.; 3; Hauptb.; Subst.; neutr.; sg.; **Rechtskraftvermerk**
DTQ: http://www.juraforum.de/lexikon/rechtskraftzeugnis (05.01.2015)
DEF: Bescheinigung, dass eine gerichtliche Entscheidung formell rechtskräftig geworden ist.
DFQ: § 706 ZPO; http://www.juraforum.de/lexikon/rechtskraftzeugnis (05.01.2015)

***

ATM: **Rechtskraftstempel**; gesetzl.; 4; Nebenb.; Subst.; mask.; sg.; 1226; Gerichtsorganisation; **Rechtskraftbestätigung**
ETM: res judicata stamp; FTM: cachet de l'autorité de chose jugée

TMQ: http://www.help.gv.at/ (16.01.2015)

DEF: ein auf Antrag vom Gericht (konkret in der Gerichtskanzlei) auf einem Beschluss oder einem auf dem Urteil aufgebrachter Vermerk.

DFQ: nach http://www.help.gv.at/ (16.01.2015)

NOT: Das Gericht versieht ein Urteil mit einem Rechtskraftstempel, wenn kein ordentliches Rechtsmittel mehr zulässig ist oder die Rechtsmittelfrist ungenützt verstrichen ist. Erst dann ist das Urteil rechtskräftig.

REL: Synonym

DTM: **Rechtskraftvermerk**; fachlit.; 3; Hauptb.; Subst.; mask.; sg.; **Rechtskraftzeugnis**

DTQ: Creif21

DEF: die auf Antrag durch das Gericht auf dem Urteil anzubringende Bestätigung zum Eintritt seiner Rechtskraft.

DFQ: Creif21

***

ATM: **Rechtsmittel**; gesetzl.; 4; Hauptb.; Subst.; neutr.; sg.; 1221; Prozessrecht

ETM: avenues of appeal; FTM: moyen de recours; voie de droit

TMQ: §§ 461 ff. ZPO

DEF: eine formalisierte Anfechtung einer gerichtlichen Entscheidung.

DFQ: §§ 366 ff. ZPO; www.uibk.ac.at/zivilrecht

NOT: **Berufung; Revision; Rekurs; Revisionsrekurs; Nichtigkeitsklage; Wiederaufnahmsklage.**

REL: Teilsynonym; funkt. Äquiv.

DTM: **Rechtsbehelf**; fachlit.; 3; Hauptb.; Subst.; mask.; sg.

DTQ: AlpBrock2; Creif21

DEF: ein Oberbegriff für jedes von der Rechtsordnung zugelassenes verfahrensrechtliches Mittel, mit welchem eine behördliche, insbesondere eine gerichtliche Entscheidung, angefochten werden kann.

DFQ: AlpBrock2; Creif21

***

ATM: **Rechtsmittelbelehrung**; gesetzl.; 4; Hauptb.; Subst.; fem.; sg.; 1221; Prozessrecht; **Rechtsbelehrung, Manuduktionspflicht**

ETM: proper explanation of the right to appeal; FTM: instructions relatives aux voies de recours

TMQ: § 93 (1) BAO

DEF: die Belehrung in der eingehend erklärt wird, welche Möglichkeiten der weiteren Vorgehensweise in einem konkreten Fall (z.B. Strafurteil, Einberufungsbefehl, Strafverfügung) zur Verfügung stehen.

DFQ: § 58 AVG; www.help.gv.at

NOT: Enthält der Bescheid keine Rechtsmittelbelehrung oder keine Angabe über die Rechtsmittelfrist oder erklärt er zu Unrecht ein Rechtsmittel für unzulässig, so wird die Rechtsmittelfrist nicht in Lauf gesetzt.

REL Synonym

DTM: **Rechtsbehelfsbelehrung**; gesetzl.; 4; Hauptb.; Subst.; fem.; sg.

DTQ: § 36 SBG X

DEF: die Belehrung des Bürgers über seine Rechtsschutzmöglichkeiten gegen Maßnahmen der Verwaltung oder der Gerichte.

DFQ: AlpBrock2; § 58 VwGO

NOT: siehe „**Rechtsbehelf**"

***

ATM: **Rechtspraktikant/in**; gesetzl.; 4; Hauptb.; Subst.; mask./fem.; sg.; 1226; Rechtspflege

ETM: legal trainee; FTM: stagiaire en droit

TMQ: § 1 (2) Rechtspraktikantengesetz

DEF: Universitätsabsolventinnen, die erste wichtige Einblicke in die Ausübung des breitgefächerten juristischen Berufsangebotes - sei es als Richterin bzw. Richter, Rechtsanwältin bzw. Rechtsanwalt, Notarin bzw. Notar oder auch in der öffentlichen Verwaltung und in der Wirtschaft - gewinnen und somit Erfahrungen sammeln, die sie in die Lage versetzen, ihre Berufswahl im Rahmen der vielfältigen Möglichkeiten zu treffen.

DFQ: nach http://gerichtspraxis.justiz.gv.at/ (30.01.2015)

REL: Teilsynonym; funkt. Äquiv.

DTM: **Rechtsreferendar/in**; gesetzl.; 4; Hauptb.; Subst.; mask./fem.; sg.

DTQ: § 25 (3) Hessisches Justizausbildungsgesetz

DEF: in Hessen die Bezeichnung, die gemäß § 25 (3) HJAG führen darf, wer das erste juristische Staatsexamen abgelegt hat. Rechts- oder Gerichtsreferendar/in ist die Bezeichnung für einen Juristen, der sich im Vorbereitungsdienst vor dem 2. juristischen Staatsexamen befindet.

DFQ: nach http://www.lexexakt.de/glossar/rechtsreferendar.php (16.01.2015)

NOT: Als Rechtsreferendariat wird in Deutschland der ungefähr zwei Jahre (früher drei Jahre) dauernde Vorbereitungsdienst zwischen dem ersten Staatsexamen („**Referendarexamen**", „**kleines Staatsexamen**") und dem zweiten Staatsexamen („**Assessorexamen**", „**großes Staatsexamen**") bezeichnet, in der die Anwärter die Befähigung zum Richteramt (§ 5 (1) DRiG) und zum höheren Dienst erlangen. Die Befähigung zum Richteramt qualifiziert auch für die Tätigkeit im höheren nichttechnischen Verwaltungsdienst, als Staatsanwalt, als Rechtsanwalt (§ 4 BRAO) und als Notar (§ 5 BNotO).

***

ATM: **Rechtsschutzbeauftragte/r (1)**; gesetzl.; 4; Hauptb.; Subst. fem./mask.; sg.; 0421; Öffentl. Sicherheit

ETM: authorised representative responsible for ensuring compliance of police criminal investigations with applicable laws and rules; FTM: représentant chargé du contrôle de la conformité à la loi d'une enquête judiciaire des forces de sécurité (police)

TMQ: § 91a SPG

DEF: „zur Wahrnehmung des besonderen Rechtsschutzes im Ermittlungsdienst der Sicherheitsbehörden ... beim Bundesminister für Inneres ein Rechtsschutzbeauftragter mit zwei Stellvertretern eingerichtet, die bei der Besorgung der ihnen nach dem Sicherheitspolizeigesetz zukommenden Aufgaben unabhängig und weisungsfrei sind und der Amtsverschwiegenheit unterliegen."

DFQ: § 91a SPG; http://www.bmi.gv.at/cms/BMI_Rechtsschutzbeauftragter/aufgaben/start.aspx (16.01.2015)

NOT: Siehe auch Rechtsschutzbeauftragte nach der StPO und dem MBG.

REL: Falscher Freund

DTM: **Rechtsschutzbeauftragte/r**; fachlit.; 2; Hauptb.; Subst.; mask./fem.; sg.; **Rechtsberatung**

DTQ: http://infobub.arbeitsagentur.de/berufe/... Rechtsschutzbeauftragte/r (20.01.2015)

DEF: geben Auskünfte in Rechtsfragen und beraten Mitglieder von Verbänden (zum Beispiel Berufsverbänden), Vereinigungen und Behörden. Rechtschutzbeauftragte finden Beschäftigung bei

Behörden aller Art, bei Innungen, Industrie- und Handelskammern sowie bei Handwerkskammern, bei Arbeitgeberverbänden, bei Gewerkschaften und bei Verbraucherorganisationen.

DFQ: http://infobub.arbeitsagentur.de/berufe/../Rechtsschutzbeauftragte/r (20.01.2015)

NOT: In DE gibt es zahlreiche „**Rechtsschutzbeauftragte**" auf verschiedenen Gebieten, diese bedürfen jedoch keiner bestimmten Ausbildung (teilweise juristisches Studium Voraussetzung). Ihre Funktion ist gesetzlich nicht verankert und ihre Stellung in der Regel lediglich beratender Art, während die österr. Rechtsschutzbeauftragten gesetzlich verankert sind und exektive Gewalt haben, indem sie die Einhaltung der gesetzlichen Vorrschriften im Sicherheits- und Justizbereich überwachen.

***

ATM: **Rechtsschutzbeauftragte/r (2)**; gesetzl.; 4; Hauptb.; Subst.; fem./mask.; sg.; 0436; Öffentl. Sicherheit

ETM: authorised representative responsible for ensuring compliance of police criminal investigations with applicable laws and rules; FTM: représentant chargé du contrôle de la conformité à la loi d'une enquête judiciaire des forces de sécurité (police)

TMQ: § 57 MBG

DEF: Beauftragter beim Bundesministerium für Landesverteidigung, der zur Prüfung der Rechtmäßigkeit von Maßnahmen der nachrichtendienstlichen Aufklärung und Abwehr zuständig ist. Der Rechtsschutzbeauftragte ist bei der Besorgung der ihm nach diesem Bundesgesetz zukommenden Aufgaben unabhängig und weisungsfrei und er unterliegt der Amtsverschwiegenheit.

DFQ: nach § 57 MBG

NOT: Siehe auch Rechtsschutzbeauftragte nach dem SPG und der StPO.

REL: Falscher Freund

DTM: **Rechtsschutzbeauftragte/r**; fachlit.; 2; Hauptb.; Subst.;fem./mask.; sg.

DTQ: http://infobub.arbeitsagentur.de/berufe/... Rechtsschutzbeauftragte/r (20.01.2015)

DEF: geben Auskünfte in Rechtsfragen und beraten Mitglieder von Verbänden (zum Beispiel Berufsverbänden), Vereinigungen und Behörden. Rechtschutzbeauftragte finden Beschäftigung bei Behörden aller Art, bei Innungen, Industrie- und Handelskammern sowie bei Handwerkskammern, bei Arbeitgeberverbänden, bei Gewerkschaften und bei Verbraucherorganisationen.

DFQ: http://infobub.arbeitsagentur.de/berufe/... Rechtsschutzbeauftragte/r (20.01.2015)

NOT: In DE gibt es zahlreiche „**Rechtsschutzbeauftragte**" auf verschiedenen Gebieten, diese bedürfen jedoch keiner bestimmten Ausbildung (teilweise juristisches Studium Voraussetzung). Ihre Funktion ist gesetzlich nicht verankert und ihre Stellung in der Regel lediglich beratender Art, während die österr. Rechtsschutzbeauftragten gesetzlich verankert sind und exektive Gewalt haben, indem sie die Einhaltung der gesetzlichen Vorrschriften im Sicherheits- und Justizbereich überwachen.

***

ATM: **redlicher Besitz**; gesetzl.; 4; Hauptb.; MWA; mask.; sg.; 1211; Bürgerl. Recht

ETM: bona fide possession; FTM: possession de bonne foi

TMQ: § 326 ABGB

DEF: wenn ein Besitzer die Sache, die er besitzt, aus wahrscheinlichen Gründen für die seinige hält.

DFQ: nach §§ 326, 328 ABGB

REL: Teilsynonym; funkt. Äquiv.

NOT: Im Zweifel muss angenommen werden, dass ein Besitzer redlich ist.

DTM: **Eigenbesitz**; gesetzl.; 4; Hauptb.; MWA; mask.; sg.

DTQ: § 872 BGB

DEF: wer eine Sache als ihm gehörend besitzt, ist Eigenbesitzer.
DFQ: § 872 BGB
NOT: Es ist nicht notwendig, dass die Sache auch tatsächlich dem Besitzer gehört - auch ein Dieb kann Eigenbesitzer sein. Gemäß § 937 ff. BGB kann man an einer Sache, die im Eigentum eines anderen steht, das Eigentum erwerben, wenn man die Sache für 10 Jahre im Eigenbesitz hat.

***

ATM: **Refundierung**; gesetzl.; 4; Hauptb.; Subst.; fem.; sg.; 1211; Bürgerl. Recht; **Rückvergütung**
ETM: refund; FTM: remboursement
TMQ: § 13 (1) Z. 8 Bauarbeiter-Urlaubs- und Abfertigungsgesetz (BUAG)
DEF: die Rückerstattung eines Geldbetrages oder eines Aufwandes.
DFQ: nach § 42 Karenzurlaubsgeldgesetz (KUG)
REL Synonym

DTM: **Rückvergütung**; gesetzl.; 4; Hauptb.; Subst.; fem.; sg.
DTQ: § 22 Körperschaftsteuergesetz
DEF: die Rückerstattung eines finanziellen Beitrags, einer Prämie usw.
DFQ: § 22 KStG; http://wirtschaftslexikon.gabler.de/Definition/rueckverguetung.html

***

ATM: **Regierungsvorlage**; gesetzl.; 4; Hauptb.; Subst.; fem.; sg.; 0426; Öffentl. Recht; **Vorlage der Bundesregierung**
ETM: parliamentary bill; FTM: projet de loi
TMQ: § 69 GOG-NR
DEF: ein Gesetzesvorschlag der Bundesregierung, der dem Nationalrat vorgelegt wird.
DFQ: nach § 69 (1) GOG-NR; Art. 41 B-VG
REL: Teilsynonym; enger

DTM: **Gesetzesvorlage der Bundesregierung**; gesetzl.; 4; Hauptb.; MWA; fem.; sg.; **Vorlage der Bundesregierung**
DTQ: § 30 BRGO
DEF: ein Gesetzantrag, der von der Bundesregierung, aus der Mitte des Bundestags oder durch den Bundesrat beim Bundestag eingebracht wird.
DFQ: nach Art. 76, 81 GG

***

ATM: **regionale Raumordnung**; gesetzl.; 4; Hauptb.; MWA; fem.; sg.; 2846; Raumordnungsrecht; **regionales Raumordnungskonzept**
ETM: regional planning; FTM: aménagement régional du territoire
TMQ: Handbuch der Planungsbegriffe
DEF: eine Verordnung der Landesregierung für das gesamte Landesgebiet, mit welcher Gemeindeverbände (Planungsverbände) zur Gewährleistung der Mitwirkung der Gemeinden an der Erfüllung der Aufgaben der überörtlichen Raumordnung und zur Unterstützung der Gemeinden bei der Erfüllung der Aufgaben der örtlichen Raumordnung zu bilden sind.
DFQ: § 23 (1) TROG 2006
REL Synonym

DTM: **Regionalplanung**; gesetzl.; 4; Hauptb.; Subst.; fem.; sg.
DTQ: http://www.ml.niedersachsen.de/portal/live.php? (16.12.2014)
DEF: bezeichnet die Planungsebene der Raumordnung, auf der für einzelne Teilräume eines Landes Raumordnungspläne (§ 8 (1) Nr. 2 Raumordnungsgesetz) aufgestellt werden.
DFQ: http://www.ml.niedersachsen.de/portal/live.php? (16.12.2014)

NOT: Regionalplanung ist damit die Raumordnung der Teilräume bzw. Regionen der Länder.

***

ATM: **Regionalparteiliste**; gesetzl.; 4; Hauptb.; Subst.; fem.; sg.; 0421; Öffentl. Recht

ETM: regional party list; FTM: liste régionale d'un parti

TMQ: § 43 (1) NRWO

DEF: der Wahlvorschlag (Kandidatenliste um ein Nationalratsmandat) einer wahlwerbenden Partei für das erste Ermittlungsverfahren auf der Ebene der Ebene der Regionalwahlkreise, der bei der Landeswahlbehörde eingereicht werden muss.

DFQ: nach § 42 (1) NRWO

DTM: **Kreiswahlvorschlag**; gesetzl.; 4; Hauptb.; Subst.; mask.; sg.

DTQ: § 1 (2) BWahlG

DEF: eine Liste von Kandidaten einer Partei, die sich um eines der 299 Direktmandate des Bundestages bewerben.

DFQ: nach § 1 (2) BWahlG; § 38 BWO

***

ATM: **Regionalwahlkreis**; gesetzl.; 4; Hauptb.; Subst.; mask.; sg.; 0421; Öffentl. Recht

ETM: regional constituency; FTM: circonscription régionale

TMQ: § 3 (1) NRWO

DEF: die kleinste elektorale Einheit bei Nationalratswahlen. In Österreich gibt es 39 Regionalwahlkreise. Das erste der drei Ermittlungsverfahren bei Nationalratswahlen findet auf Ebene der Regionalwahlkreise statt.

DFQ: http://www.parlament.gv.at/

NOT: Das Bundesgebiet wird in 9 Landeswahlkreise untergliedert. Diese wiederum lassen sich in 43 Regionalwahlkreise unterteilen. Die Einteilung ist Bestandteil der Nationalratswahlordnung.

REL: Teilsynonym; funkt. Äquiv.

DTM: **Bundestagswahlkreis**; gesetzl.; 4; Hauptb.; Subst.; mask.; sg.

DTQ: § 55 BTBWahlG

DEF: Einheit, in die das Wahlgebiet eingeteilt wird. Es gibt so viele Bundestagswahlkreise, wie Sitze im Parlament zu vergeben sind. In jedem Wahlkreis wird ein Kandidat gewählt.

DFQ: nach AlpBrock2

NOT: Das Bundesgebiet wird in 16 Länder aufgeteilt, die sich in 299 Bundestagswahlkreise gliedern.

***

ATM: **reglementiertes Gewerbe**; gesetzl.; 4; Hauptb.; MWA; neutr.; sg.; 4426; Gewerberecht; **gebundenes Gewerbe**

ETM: regulated trade; FTM: métier réglementé

TMQ: § 94 GewO

DEF: eine der in § 94 GewO aufgezählten Tätigkeiten, für deren Ausübung ein Befähigungsnachweis erforderlich ist.

DFQ: §§ 18 ff., 94 ff. GewO; Mayer, FWB Öffentl. Recht; http://www.help.gv.at/Content.Node/130/Seite.1300102.html

NOT: Voraussetungen sind z.B. Absolvieren bestimmter Schulen, einschlägige Tätigkeit usw.

REL: Teilsynonym; funkt. Äquiv.

DTM: **erlaubnispflichtiges Gewerbe**; gesetzl.; 4; Hauptb.; MWA; neutr.; sg.; **Gewerbe, das einer besonderen Genehmigung bedarf**; **zulassungspflichtiges Handwerk**

DTQ: § 55a GeWO

DEF: ein Gewerbe, für das eine behördliche Zulassung erforderlich ist.

DFQ: §§ 29 ff., insbesondere § 35 GewO

***

ATM: **Reifeprüfung**; gesetzl.; 4; Hauptb.; Subst.; mask.; sg.; 3206; Schulrecht; **Matura**
ETM: British A levels/American SAT exam; FTM: baccalauréat

TMQ: § 2b (1) SchuG

DEF: darunter ist eine abschließende Prüfung wie die Reifeprüfung, die Reife- und Diplomprüfung, die Diplomprüfung oder die Abschlussprüfung zu verstehen.

DFQ: § 2b (1) SchuG

NOT: „**Reifeprüfung**" ist der offizielle, gesetzliche Oberbegriff für die Abschlussprüfung am Ende einer Schulausbildung einer Höheren allgemein- oder berufsbildenden Schule, „**Matura**" der allgemein gebräuchliche.

REL: Synonym

DTM: **Abiturprüfung**; gesetzl.; 4; Hauptb.; Subst.; mask.; sg.; **Abi**

DTQ: § 8 (5) 4 Baden-Württemberg (SchG)

DEF: die Oberstufe (des Gymnasiums) schließt mit der Abiturprüfung ab.

DFQ: § 8 (5) 4 Baden-Württemberg (SchG)

***

ATM: **reines Viertel**; gesetzl.; 4; Hauptb.; Subst.; neutr.; sg.; 1211; Erbrecht; **freies Viertel**
ETM: absolute quarter (of inheritance); FTM: quart net de l'héritage

TMQ: https://www.help.gv.at/Portal.Node/hlpd/public/content/79/Seite.795000.html

DEF: der Teil des Vermögens, hinsichtlich dessen der Erblasser sich nicht durch Erbvertrag binden darf, sondern der ihm zur freien letztwilligen Verfügung verbleiben muss. Auf diesem „reinen Viertel" dürfen weder Pflichtteile noch anderen Schulden haften.

DFQ: nach § 1253 ABGB

DTM: **FEHLT**

***

ATM: **Rekurs**; gesetzl.; 4; Hauptb.; Subst.; mask.; sg.; 1226; Prozessrecht
ETM: recourse against decisions in civil proceedings; FTM: recours

TMQ: §§ 514 ff. ZPO

DEF: ein aufsteigendes, nicht aufschiebendes, einseitig oder zweiseitig ausgestaltetes Rechtsmittel gegen Beschlüsse bzw. Bescheide im Zivilprozess.

DFQ: nach §§ 514 ff. ZPO; http://www.help.gv.at/Content.Node/101/Seite.1010340.html#rek (17.01.2015)

NOT: Das Rechtsmittel des Rekurses gibt es auch im Außerstreitverfahren, bei den Verfahren vor dem Arbeits- und Sozialgericht, im Insolvenzverfahren usw.

REL: Teilsynonym; breiter

DTM: **Beschwerde**; gesetzl.; 4; Hauptb.; Subst.; fem.; sg.

DTQ: http://www.juraforum.de/lexikon/Beschwerde (17.01.2014)

DEF: Sammelbegriff für Rechtsbehelfe gegen prozessuale Entscheidungen, Entscheidungen in Nebenverfahren, gegen Beschlüsse oder für außerordentliche Rechtsbehelfe.

DFQ: §§ 567 ff. dZPO http://www.juraforum.de/lexikon/Beschwerde (17.01.2015)

NOT: Unterscheidung in sofortige Beschwerde, Rechtsbeschwerde und Anschlussbeschwerde. Das Rechtsmittel der Beschwerde gibt es ebenso im Strafprozess, sowie im Verwaltungsprozess.

ATM: **relativ zwingendes Recht**; fachlit.; 3; Hauptb.; MWA; neutr.; sg.; 1206; Bürgerl. Recht
ETM: relatively mandatory law; FTM: droit relativement impératif

TMQ: OGH 5Ob288/08a

DEF: ein Recht, das von den Parteien hingenommen werden muss und grundsätzlich nicht abgeändert werden kann, es sei denn zum Vorteil Betroffener.

DFQ: nach www.uibk.ac.at/Zivilrecht

NOT: Ein Kollektivvertrag beispielsweise ist einem relativ zwingenden Recht unterworfen, wonach er nicht unter- sehr wohl aber überschritten werden darf. Damit werden Mindeststandards gesetzt.

DTM: **FEHLT**

***

ATM: **Remuneration**; gesetzl.; 4; Hauptb.; Subst.; fem.; sg.; 4421; Arbeitsrecht; **Sonderzahlung**
ETM: special bonus; FTM: prime

TMQ: § 16 (1) AngG

DEF: eine Leistung des Arbeitgebers, die dieser aus besonderen Anlässen aufgrund vertraglicher Vereinbarung oder freiwillig zusätzlich zum üblichen Entgelt gewährt.

DFQ: § 16 (1) AngG

NOT: Typischerweise werden Remunerationen jährlich z.B. als Weihnachtsremunerationen, Bilanzgelder nach Jahresabschluss oder als Treueprämien für eine bestimmte Dauer der Betriebszugehörigkeit gewährt.

REL: Teilsynonym; funkt. Äquiv.

DTM: **Gratifikation**; gesetzl.; 4; Hauptb.; Subst.; fem.; sg.; **Sonderzahlung**

DTQ: § 19 EStG

DEF: eine zusätzliche Geldleistung des Arbeitgebers über den Arbeitslohn hinaus.

DFQ: AlpBrock2; http://www.rechtspraxis.de/arbeit/gratifikation.html (17.01.2015)

NOT: Beispiele dafür sind: Jahresabschlussvergütungen, Erfolgsbeteiligungen, Weihnachtsgeld, Betriebliche Sonderzahlungen, 13. und sonstiges zusätzliches Monatsgehalt u.a.

***

ATM: **Rente**; gesetzl.; 4; Hauptb.; Subst.; fem.; sg.; 2836; Pensionsrecht
ETM: annuity; FTM: rente

TMQ: § 35 Beamten-Kranken- und Unfallversicherungsgesetz

DEF: regelmäßige Geldleistungen aus der Unfallversicherung, Versehrtenrente, Zusatzrente für Schwerversehrte oder privat abgeschlossenen Versicherungen (Unfallrente, Invalidenrente, Pflegerente, Waisenrente u.a.).

DFQ: nach ASVG; https://www.help.gv.at/Portal.Node/hlpd/public/content/289/Seite.2893004.html

NOT: In AT wird zwischen „**Pension**" als Leistung aus der Pensionsversicherung und anderen gesetzlichen Versicherungen und der „**Rente**" als Zahlung aus der gesetzlichen Unfallversicherung u.ä. unterschieden.

REL: Falscher Freund

DTM: **Rente**; gesetzl.; 4; Hauptb.; Subst.; fem.; sg.

DTQ: SGB VI

DEF: die regelmäßigen Geldleistungen aus der gesetzlichen Rentenversicherung, insbes. die Altersrente, Erwerbsminderungs- rente, Hinterbliebenenrente u.a.

DFQ: nach http://de.wikipedia.org/wiki/Gesetzliche_Rentenversicherung_(Deutschland) (22.01.2015)

***

ATM: **Restitution (1)**; gesetzl.; 4; Hauptb.; Subst.; fem.; sg.; 0436; Öffentl. Recht
ETM: restitution (for victims of Nazi crimes); FTM: restitution (pour les victimes de crimes nazis)

TMQ: § 0 Versöhnungsfonds

DEF: Maßnahmen für Opfer des Nationalsozialismus, die die sofortige Entschädigung für Überlebende aus den Mitteln des Allgemeinen Entschädigungsfonds (Nationalfonds) zum Gegenstand haben.

DFQ: Anhang A, Art. 1 Entschädigung und Restitution für Opfer des Nationalsozialismus

NOT: Der österr. Begriff bezieht sich ausschließlich auf die Entschädigung von überlebenden Opfern des NS-Regimes, der dt. Begriff auf die Rückübertragung von Eigentum, das in der DDR den Eigentümern entzogen wurde. Insofern besteht funktionale Ähnlichkeit, die jedoch in einem völlig verschiedenen Sachbereich zur anwendung kommt.

REL: Falscher Freund

DTM: **Restitution**; gesetzl.; 4; Hauptb.; Subst.; fem.; sg.; **Rückübertragung**

DTQ: § 11 VZOG

DEF: Rückübertragung von Vermögensgegenständen nach Art. 21 (3) Halbsatz 1 und Art. 22 (1) Satz 7 in Verbindung mit Art. 21 (3) Halbsatz 1 des Einigungsvertrages.

DFQ: § 11 VZOG

***

ATM: **Restitution (2)**; gesetzl.; 4; Hauptb.; Subst.; fem.; sg.; 0436; Öffentl. Recht; **Restitution**

ETM: restitution (for victims of Nazi crimes); FTM: restitution (pour les victimes de crimes nazis)

TMQ: § 0 Versöhnungsfonds

DEF: Maßnahmen für Opfer des Nationalsozialismus, die die sofortige Entschädigung für Überlebende aus den Mitteln des Allgemeinen Entschädigungsfonds (Nationalfonds) zum Gegenstand haben.

DFQ: Anhang A, Art. 1 Entschädigung und Restitution für Opfer des Nationalsozialismus

NOT: Der österr. Begriff bezieht sich ausschließlich auf die Entschädigung von überlebenden Opfern des NS-Regimes, der dt. Begriff auf die Rückübertragung von Eigentum, das in der DDR den Eigentümern entzogen wurde. Insofern besteht funktionale Ähnlichkeit, die jedoch in einem völlig verschiedenen Sachbereich zur anwendung kommt.

REL: Synonym

DTM: **Rückgabe**; gesetzl.; 4; Hauptb.; Subst.; fem.; sg.

DTQ: § 1 Entschädigungsgesetz (EntschG)

DEF: die Rückübertragung von Vermögenswerten an die Berechtigten, die den Maßnahmen im Sinne des § 1 VermG unterlagen und in Volkseigentum überführt oder an Dritte veräußert wurden.

DFQ: nach § 3 Entschädigungsgesetz (EntschG)

NOT: Ist Rückgabe nach dem Gesetz zur Regelung offener Vermögensfragen (Vermögensgesetz) ausgeschlossen (§ 4 (1)-(2), § 6 (1) Z. 1 und § 11 (5) des Vermögensgesetzes) oder hat der Berechtigte Entschädigung gewählt (§ 6 (7), § 8 (1) und § 11 (1) Z. 2 des Vermögensgesetzes), besteht ein Anspruch auf Entschädigung.

***

ATM: **Revisionsrekurs**; gesetzl.; 4; Hauptb.; Subst.; mask.; sg.; 1221; Prozessrecht

ETM: further recourse; FTM: pourvoi en cassation

TMQ: §§ 527 f. ZPO

DEF: im Zivilprozess ein Rechtsmittel gegen Beschlüsse der zweiten Instanz (Rekursgericht) über einen Rekurs, wenn er vom Rekursgericht für zulässig erklärt wurde und wenn es um Rechtsfragen von erheblicher Bedeutung geht.

DFQ: nach §§ 527 f. ZPO; http://www.help.gv.at/Content.Node/101/Seite.1010340.html#revrek (17.01.2015)

NOT: Zuständig für die Entscheidung über den Revisionsrekurs ist der OGH.

REL: Teilsynonym; funkt. Äquiv.

DTM: **Rechtsbeschwerde**; gesetzl.; 4; Hauptb.; Subst.; fem.; sg.

DTQ: § 574 ZPO

DEF: im Zivilprozess ein Rechtsmittel gegen Beschlüsse des Beschwerdegerichts oder des Berufungsgerichts oder gegen erstinstanzliche Beschlüsse des Oberlandesgerichts, wenn sie vom Gesetz vorgesehen ist, vom betreffenden Gerciht zugelassen ist und wenn es um Rechtssachen von grundsätzlicher Bedeutung geht.

DFQ: nach AlpBrock2

NOT: Die Rechtsbeschwerde geht immer an den BGH.

***

ATM: **Richter/in des Arbeits- und Sozialgerichtes**; gesetzl.; 4; Hauptb.; MWA; mask./fem.; sg.; 1226; Arbeitsgerichtsbarkeit; **R ASG**

ETM: Judge of the Court of Labour and Social Affairs; FTM: juge au tribunal du travail et du contentieux social (Conseil des prud'hommes)

TMQ: § 65 RStDG

DEF: Inhaber eines öffentlichen Amtes bei einem Arbeits- und Sozialgericht.

DFQ: § 65 RStDG § 10 Abs. 2 ASGG

NOT: Die Arbeits- und Sozialgerichtsbarkeit wird in Senaten ausgeübt. Diese setzen sich aus Berufsrichtern und fachkundigen Laienrichtern zusammen. In DE ist die Arbeitsgerichtbarkeit und die Sozialgereichtbarkeit in eigenständigen Gerichten organisiert.

REL: Synonym; breiter

DTM: **Richter/in am Arbeitsgericht**; gesetzl.; 4; Hauptb.; MWA; mask./fem.; sg.

DEF: Inhaber eines öffentlichen Amtes bei einem Arbeits oder Sozialgericht.

DFQ: § 6 (1) ArbGG; § 19a DRiG BBesO R 2

***

ATM: **Richter/in des Bezirksgerichtes**; gesetzl.; 4; Hauptb.; MWA; mask./fem.; sg.; 1226; Gerichtsorganisation; **R BG**

TMQ: § 24 (1) Gerichtsorganisationsgesetz

DEF: Inhaber eines öffentlichen Amtes der bei den Bezirksgerichten die Gerichtsbarkeit ausübt

DFQ: §§ 24 ff. GOG

REL Synonym

DTM: **Richter/in beim Amtsgericht**; gesetzl.; 4; Hauptb.; MWA; mask./fem.; sg.

ETM: Judge of the Disctrict Court; FTM: juge au tribunal de première instance

DTQ: § 47 Gesetz über die internationale Rechtshilfe in Strafsachen

DEF: Inhaber eines öffentlichen Amtes der bei den Amtsgerichten die Gerichtsbarkeit ausübt.

DFQ: § 19a DRiG; www.jurawiki.de

NOT: Frühere Bezeichnungen für Richter, die ihr Richteramt an einem Amtsgericht versahen und als Richter auf Zeit ernannt waren, waren Amtsgerichtsrat, Oberamtsrichter.

***

ATM: **Richter/in des Handelsgerichtes**; gesetzl.; 4; Hauptb.; MWA; mask./fem.; sg.; 1226; Gerichtsorganisation; **RHG**

ETM: Judge of the Commercial Court; FTM: juge au tribunal de commerce

TMQ: § 65 Richter- und Staatsanwaltschaftsdienstgesetz

DEF: Inhaber eines öffentlichen Amtes, der an Handelsgerichten tätig ist.
DFQ: § 65 RStDG; www.bmj.gv.at
REL Synonym

DTM: **Handelsrichter/in**; gesetzl.; 4; Hauptb.; Subst.; mask./fem.; sg.
DTQ: § 45a Deutsches Richtergesetz
DEF: berufliche, nebenberufliche oder ehrenamtliche Richter, die an Handelsgerichten tätig sind.
DFQ: § 45a DRiG; §§ 107 ff. GVG; www.lexexact.de
***

ATM: **Richter/in des Jugendgerichtshofes**; gesetzl.; 4; Hauptb.; MWA; mask./fem.; sg.; 1221; Gerichtsorgansation
ETM: Judge of the Juvenile Court; FTM: juge du tribunal pour enfants
TMQ: § 30 (2) GOG
DEF: Strafrichter am Jugendgerichtshof
DFQ: www.parlament.gv.at; § 30 (2) GOG
USE historisch
NOT: Art. 3 § 2 JGG 1988 ÜR; Der Jugendgerichtshof Wien wurde 2003 abgeschafft.
REL Synonym

DTM: **Jugendrichter/in**; gesetzl.; 4; Hauptb.; Subst.; mask./fem.; sg.
DTQ: § 33 (2) JGG
DEF: Strafrichter am Jugendgericht.
DFQ: § 33 (2) JGG
***

ATM: **Richter/in des Landesgerichts**; gesetzl.; 4; Hauptb.; MWA; mask./fem.; sg.; 1226; Gerichtsorganisation
ETM: Judge of the Provincial Court; FTM: juge au tribunal de grande instance
TMQ: § 65 RStDG
DEF: Person, die ein öffentliches Amt innehat und bei den Landesgerichten die Gerichtsbarkeit ausübt.
DFQ: § 65 RStDG
REL Synonym

DTM: **Richter/in am Landgericht**; gesetzl.; 4; Hauptb.; MWA; mask./fem.; sg.
DTQ: §§ 59 ff. GVG
DEF: Person, die ein öffentliches Amt innehat und bei den Landgerichten die Gerichtsbarkeit ausübt.
DFQ: §§ 59 ff. GVG; § 19a DRiG
NOT: Bezeichnungen für Richter, die ihr Richteramt an einem Landgericht versahen und als Richter auf Zeit ernannt waren, war Landgerichtsrat.
***

ATM: **Richter/in des Oberlandesgerichtes**; gesetzl.; 4; Hauptb.; MWA; mask./fem.; sg.; 1226; Gerichtsorganisation; **R OLG**
ETM: Judge of the Higher Provincial Court; FTM: juge au tribunal régional supérieur (en France : juge d'appel)
TMQ: § 43 (2) GOG
DEF: Person, die ein öffentliches Amt innehat und bei den Oberlandesgerichten die Gerichtsbarkeit ausübt.
DFQ: nach § 43 GOG

REL Synonym

DTM: **Richter/in am Oberlandesgericht**; gesetzl.; 4; Hauptb.; MWA; mask./fem.; sg.; **in Berlin: Richter/in am Kammergericht**

DTQ: § 19a (1) DRiG

DEF: Person, die ein öffentliches Amt innehat und bei den Oberlandesgerichten die Gerichtsbarkeit ausübt.

DFQ: nach § 19a (1) DRiG

***

ATM: **Richteramtsanwärter/in**; gesetzl.; 4; Hauptb.; Subst.; mask./fem.; sg.; 1226; Gerichtsorganisation; **RiAA**

ETM: judicial trainee; FTM: magistrat stagiaire

TMQ: Art. 1 RStDG

DEF: Bundesbeamter/-beamtin im richterlichen Vorbereitungsdienst.

DFQ: Art. 3 RStDG

NOT: Durch die Unterschiede in der juristischen Ausbildung AT-DE nur bedingt äquivalent.

REL Teilsynonym

DTM: **Rechtsreferendar/in**; fachlit.; 3; Hauptb.; Subst.; mask./fem.; sg.; **Rechtsreferendar/in, Assessor/in**

DTQ: http://www.juraforum.de/juraexamen/rechtsreferendariat (30.01.2015)

DEF: Person, die sich im Vorbereitungsdienst zum Erwerb der Befähigung zum Richteramt befindet und die sich während des Vorbereitungsdienstes in einem Beamtenverhältnis auf Widerruf oder in einem öffentlich-rechtlichen Ausbildungsverhältnis befindet.

DFQ: AlpBrock2

NOT: Dient dazu festzustellen, ob der Referendar vor dem Hintergrund seiner fachlichen und allgemeinen juristischen Kenntnisse zur Befähigung des Richteramtes geeignet ist. Erst wenn diese Prüfung erfolgt ist und die zweite juristische Staatsprüfung (Rechtsreferendariat) erfolgreich abgeschlossen werden konnte, kann der Zugang zu bestimmten juristischen Berufen gewährt werden (z.B. Rechtsanwalt, Staatsanwalt oder Notar). (http://www.juraforum.de...)

***

ATM: **richterliches Mäßigungsrecht**; fachlit.; 3; Hauptb.; MWA; neutr.; sg.; 1211; Zivilrecht

ETM: judge's right to reduce a codebtor or guarantor's liability; FTM: droit du juge de réduire la peine

TMQ: Welser, FWB Bürgerliches Recht

DEF: das Recht eines Richters, unter Berücksichtigung aller Umstände die Verpflichtung eines Bürgen bzw. Mitschuldners zu mäßigen oder auch ganz zu erlassen.

DFQ: nach §§ 7, 25d KSchG; § 1336 (2) ABGB; Welser, FWB Bürgerliches Recht

NOT: Ist der Verbraucher zur Zahlung eines Reugeldes (§ 909 ABGB) verpflichtet, so kann es der Richter in sinngemäßer Anwendung des § 1336 (2) ABGB mäßigen.

DTM: FEHLT

NOT: § 343 BGB normiert jedoch die Herabsetzung der Strafe, wenn diese als unverhältnismäßig hoch betrachtet wird. Ist eine verwirkte Strafe unverhältnismäßig hoch, so kann sie auf Antrag des Schuldners durch Urteil auf den angemessenen Betrag herabgesetzt werden. Bei der Beurteilung der Angemessenheit ist jedes berechtigte Interesse des Gläubigers, nicht bloß das Vermögensinteresse, in Betracht zu ziehen. Nach der Entrichtung der Strafe ist die Herabsetzung ausgeschlossen.

***

ATM: **Richtwert (1);** gesetzl.; 4; Hauptb.; Subst.; mask.; sg.; 3206; Schulrecht; **Klassenschülerhöchstzahl**

ETM: guideline specifying maximum number of pupils per class; FTM: nombre maximum d'élèves par classe

TMQ: § 8 (k) SchuOG

DEF: jene Klassenschülerzahl, welche durch landesausführungsgesetzliche Regelungen unter Bedachtnahme auf Über- und Unterschreitungen anzustreben ist. Der Richtwert bildet zugleich eine der Grundlagen für die im Rahmen der Stellenpläne vom Bund zur Verfügung zu stellenden Ressourcen, die bei Überschreitung des Richtwertes auch für andere Maßnahmen der Förderung am jeweiligen Schulstandort zum Einsatz kommen können.

DFQ: § 8 (k) SchuOG

REL Synonym

DTM: **Klassenschülerhöchstzahl**; gesetzl.; 4; Hauptb.; Subst.; fem.; sg.

DTQ: RdErl. d. MK v. 7. 7. 2011 - 15- 84001/3 - VORIS 22410

DEF: die für die Bildung von Schulklassen maximale Anzahl von SchülerInnen pro Klasse.

DFQ: RdErl. d. MK v. 7. 7. 2011 - 15- 84001/3 - VORIS 22410

NOT: Diesbezüglich gibt es in Deutschland keine einheitliche Terminologie. Die vorliegende stammt aus Niedersachsen.

***

ATM: **Richtwert (2);** gesetzl.; 4; Hauptb.; Subst.; mask.; sg.; 2846; Mietrecht

ETM: prescribed value of standardised rental apartments; FTM: : loyer de base qui sert au calcul du loyer indexé

TMQ: § 1 (1) RichtWG

DEF: jener Betrag, der für die mietrechtliche Normwohnung (§ 2) festgesetzt ist. Er bildet die Grundlage für die Berechnung des angemessenen Hauptmietzinses nach § 16 (2) MRG.

DFQ: § 1.(1) RichtWG

NOT: In DE wird die Miethöhe durch den lokalen Immobilienpreisspiegel festgelegt, der ein System von Wohnungskategorien enthält, das jedoch nicht bundesgesetzlich festgelegt ist.

DTM: FEHLT

***

ATM: **Rieddeckel**; gesetzl.; 4; Hauptb.; Subst.; mask.; sg.; 6026; Lebensmittelrecht

TMQ: Österr. Lebensmittelbuch, Kap. 14 A.3.1.3

DEF: M. latissimus dorsi; liegt über dem Rostbraten und der Schulter.

DFQ: Österr. Lebensmittelbuch, Kap. 14 A.3.1.3

REL: Teilsynonym

DTM: **Hochrippendeckel**; gesetzl.; 4; Hauptb.; Subst.; mask.; sg.

DTQ: http://www.fleischwirtschaft.de/dokumentation/fachbegriffe/pages/ (14.09.2014)

DEF: äußere, flache Muskelpartie der Hochrippe.

DFQ: http://www.fleischwirtschaft.de/dokumentation/fachbegriffe/pages/ (14.09.2014)

NOT: Ist Teil des Rostbratens.

***

ATM: **RIS**; gesetzl.; 4; Hauptb.; Abkürzung.; MWA; neutr.; sg.; 0436; Rechtsorganisation; **Rechtsinformationssystem des Bundes**

ETM: Legal Information System of the Republic of Austria; FTM: site web officiel du gouvernement autrichien pour la diffusion des textes législatifs et réglementaires et des décisions de justice (en France : Légifrance)

TMQ: § 6 Kundmachungsreformgesetz 2004

DEF: eine vom Bundeskanzleramt betriebene elektronische Datenbank. Es dient der Kundmachung der im Bundesgesetzblatt zu verlautbarenden Rechtsvorschriften (§ 7) sowie der Information über das Recht der Republik Österreich (§ 13).

DFQ: nach http://www.ris.bka.gv.at/UI/Info.aspx (22.01.2015)

NOT: Das Informationssystem ersetzt die gedruckte Veröffentlichung der Gesetze.

REL: Synonym

DTM: **Juris**; fachlit.; 3; Hauptb.; Subst.; neutr.; sg.; **Gesetze im Internet**

DTQ: www.gesetze-im-internet.de/ (22.01.2015)

DEF: eine vom eine vom Bundesministerium für Justiz gemeinsamen mit der juris GmbH auf Internetbasis betriebene elektronische Datenbank, die der Information über das aktualle Bundesrecht dient, jeeoch keine amtliche Fassung der Rechtsdokumente darstellt.

DFQ: www.gesetze-im-internet.de (22.01.2015)

NOT: Die amtliche Fassung der Bundesgesetze ist nur im Bundesgesetzblatt enthalten.

***

ATM: **Rose**; gesetzl.; 4; Hauptb.; Subst.; fem.; sg.; 6026; Lebensmittelrecht; **Gab**, **Niederer Grat**

TMQ: Österr. Lebensmittelbuch, Kap. 14 A.3.1.1

DEF: Aus dem Hinteren Ausgelösten herausgeschnittener, langer Rückenmuskel.

DFQ: Österr. Lebensmittelbuch, Kap. 14 A.3.1.1

REL: Teilsynonym

DTM: **Hochrippenherz**; gesetzl.; 4; Hauptb.; Subst.; neutr.; sg.

DTQ: http://fleischteilstuecke.agmedia.net/de/tsdetail-rind/fts/1425/1000.1004.1402.1421.1424/ (15.09.2015)

DEF: Teil der Hochrippe.

DFQ: http://fleischteilstuecke.agmedia.net/de/tsdetail-rind/fts/1425/1000.1004.1402.1421.1424/ (15.09.2015)

***

ATM: **Rostbraten**; gesetzl.; 4; Hauptb.; Subst.; mask.; sg.; 6026; Lebensmittelrecht; **Ried**
ETM: roast beef; FTM: rosbif

TMQ: Österr. Lebensmittelbuch, Kap. 14 A.3.1.3

DEF: M. longissimus dorsi, M. spinalis et semispinalis dorsi, M. multifidus (7.-13. Rippe). Liegt vor dem Beiried und ist zur Hälfte vom Rieddeckel überdeckt.

DFQ: Österr. Lebensmittelbuch, Kap. 14 A.3.1.3

REL: Teilsynonym

DTM: **Hochrippe**; gesetzl.; 4; Hauptb.; Subst.; fem.; sg.; **Rundes Roastbeef**, **Hochrücken**, **Beinried**

DTQ: Leitsätze für Fleisch und Fleischerzeugnisse, GMBl Nr. 5/6 ff. vom 04.02.2010

DEF: die von den Lendenwirbeln gelöste äußere Lendenmuskulatur (hintere rückseitige Rückenstreckmuskulatur, in erster Linie M. longissimus dorsi) des Rindes, zwischen der 8. und 12. Rippe.

DFQ: http://www.fleischwirtschaft.de/dokumentation/fachbegriffe/ (15.09.2015)

***

ATM: **Rotationsarbeitskraft**; gesetzl.; 4; Hauptb.; Subst.; fem.; sg.; 4426; Arbeitsrecht
ETM: rotational worker; FTM: travailleur itinérant

TMQ: § 2 AuslBG

DEF: als Rotationsarbeitskräfte gelten Ausländer, deren Arbeitsvertrag mit ihrem international tätigen Dienstgeber sie entweder 1. als leitende Angestellte, denen maßgebliche Führungsaufgaben selbstverantwortlich übertragen sind, oder 2. als der Unternehmensleitung zugeteilte qualifizierte Mitarbeiter, die zur innerbetrieblichen Aus- oder Weiterbildung (Führungskräftenachwuchs) verpflichtet sind, oder 3. als Vertreter repräsentativer ausländischer Interessenvertretungen ausweist und Rotationen im Hinblick auf den Dienstort vorsieht.

DFQ: § 2 AuslBG

DTM: FEHLT

***

ATM: **Rotkraut**; gesetzl.; 4; Hauptb.; Subst.; neutr.; sg.; 6006; Agrarrecht
ETM: red cabbage; FTM: chou rouge

TMQ: Saatgutverordnung 2006 2.10.6.

DEF: Brassica oleracea L.

DFQ: Saatgutverordnung 2006 2.10.6.

REL Synonym

DTM: **Rotkohl**; gesetzl.; 4; Hauptb.; Subst.; mask.; sg.; **Blaukraut**

DTQ: SatV 7.1.1.2

DEF: Brassica oleracea L.

DFQ: Saatgutverordnung 2006 2.10.6.

***

ATM: **Rotsiegelbeschluss**; gesetzl.; 4; Hauptb.; Subst.; mask.; sg.; 1221; Verfahrensrecht

ETM: court order issued under a red seal; FTM: ordonnance du tribunal pourvue du sceau rouge

TMQ: OGH 27.04.2001, 7Ob83/01h

DEF: ein mit einem besonderen Gerichtssiegel in eckiger Form ausgefertigter Gerichtsbeschluss, womit eine Ausfolgung bewilligt oder über Werte verfügt wird, die bei der Verwahrungsabteilung beim Oberlandesgericht, der Verwahrungsstelle, dem Postsparkassenamt, Sparkassen, Banken, Behörden oder anderen Stellen erliegen, ist ein besonderes Gerichtssiegel in eckiger Form zu verwenden; für den Abdruck ist rote Farbe zu benützen.

DFQ: nach § 68 (2) GEO

NOT: Heute reicht eine Ausfertigung des rechtskräftigen Einantwortungsbeschlusses zur Überwindung einer Sperre aus (§ 179 AußStrG); ein „**Rotsiegelbeschluss**" ist nicht mehr erforderlich.

DTM: FEHLT

***

ATM: **Rsb-Brief**; gesetzl.; 4; Hauptb.; Subst.; mask.; sg.; 1221; Zustellrecht; **weißer Brief; Zustellung zu eigenen Handen und Ersatzzustellung**
ETM: special registered post; FTM: courrier spécial

TMQ: § 218 (3) Geschäftsordnung für die Gerichte I. und II. Instanz

DEF: behördliches Schriftstück, dessen Empfang mit einem Rückschein bestätigt wird.

DFQ: nach § 127 Geschäftsordnung für die Gerichte I. und II. Instanz; http://www.help.gv.at/ (18.12.2014)

NOT: Es ist zwischen Rückscheinbrief weiß und blau zu unterscheiden. Details siehe dort.

REL Synonym

DTM: **Einschreiben mit Rückschein**; gesetzl.; 4; Hauptb.; MWA; neutr.; sg.

DTQ: § 175 ZPO

DEF: ein Schriftstück kann durch Einschreiben mit Rückschein zugestellt werden. Zum Nachweis der Zustellung genügt der Rückschein.

DFQ: § 175 ZPO

NOT: Nach dt. Zustellungsrecht kommt entweder eine Zustellung mit Zustellungsurkunde oder eine Zustellung durch Einschreiben mit Rückschein in Frage.

***

ATM: **Rubrik**; gesetzl.; 4; Hauptb.; Subst.; fem.; sg.; 1221; Prozessrecht; **Halbschrift**
ETM: recitals; FTM: intitulé d'un jugement

TMQ: § 80 ZPO

DEF: der Kopf eines Schriftsatzes, bestehend aus den Angaben über Gericht, Parteien, Parteienvertreter, Streitgegenstand und Gegenstand des Schriftsatzes.

DFQ: nach § 80 ZPO

NOT: Die Halbschrift wird vom Gericht abgestempelt und dem Einschreiter zum Nachweis der Einbringung des Schriftsatzes übergeben bzw. zugeschickt. (ÖRWB)

REL: Teilsynonym; breiter

DTM: **Rubrum**; gesetzl.; 4; Hauptb.; Subst.; neutr.; sg.

DTQ: § 28 Geschäftsordnung des Bundesverfassungsgerichts

DEF: einer der Bestandteile eines Urteils (Kopf) mit gesetzlich vorgeschriebenem Inhalt.

DFQ: Creif21

NOT: Gesetzliche Vorschriften je nach Verfahrensordnung: § 313 I Nr. 1, 2 ZPO; § 117 II Nr. 1, 2 VwGO; § 105 II Nr. 1, 2 FGO; § 136 I Nr. 1, 2, 3 SGG; § 275 StPO.

***

ATM: **Rücklage**; gesetzl.; 4; Hauptb.; Subst.; fem.; sg.; 2846; Wohnungseigentumsrecht
ETM: statutory reserve fund for maintenance costs; FTM: réserve pour les frais d'entretien

TMQ: § 31 (1) WEG

DEF: eine angemessene Geldsumme, die zur Vorsorge für künftige Aufwendungen eines Gemeinschafteigentums im Sinne des WEG 2002 zu bilden ist.

DFQ: nach § 31 (1) WEG

REL: Synonym

DTM: **Instandhaltungsrückstellung**; gesetzl.; 4; Hauptb.; Subst.; fem.; sg.

DTQ: § 21 (5) 4 WoEigG

DEF: eine finanzielle Summe, die von den Wohnungseigentümern zum Zweck der Instandhaltung des gemeinsamen Eigentums angespart wird.

DFQ: nach §§ 21, 22 WoEigG

***

ATM: **Rückschein**; gesetzl.; 4; Hauptb.; Subst.; mask.; sg.; 1221; Zustellrecht; **Zustellausweis**
ETM: acknowledgement of receipt; FTM: accusé de réception

TMQ: § 126 Geschäftsordnung für die Gerichte I. und II. Instanz

DEF: der Zustellausweis bei Zustellung eines behördlichen Schriftstücks durch die Post (Rsa-und RSb-Brief).

DFQ: § 126 Geschäftsordnung für die Gerichte I. und II. Instanz

NOT: Der Rückschein ist zwar funktional äquivalent, die Unterschiede liegen jedoch im Umstand, dass diese für unterschiedliche Typen der Zustellung verwendet werden.

REL: Teilsynonym; enger

DTM: **Rückschein**; gesetzl.; 4; Hauptb.; Subst.; mask.; sg.

DTQ: § 175 ZPO

DEF: ein Dokument kann durch die Post mittels Einschreiben durch Übergabe oder mittels Einschreiben mit Rückschein zugestellt werden. Zum Nachweis der Zustellung genügt der Rückschein.

DFQ: § 175 ZPO

***

ATM: **Rückscheinbrief blau (RSa-Brief)**; gesetzl.; 4; Hauptb.; MWA; mask.; sg.; 1221; Zustellrecht; **blauer Brief; Ausfertigung mit Zustellnachweis**

ETM: "blue" letter requiring acknowledgment of receipt and personal delivery; FTM: lettre recommandée (bleue) avec accusé de réception

TMQ: http://www.help.gv.at/; § 127 (2) Geschäftsordnung für die Gerichte I. und II. Instanz

DEF: ein behördliches Schriftstück mit Rückschein, das nur dem Empfänger selbst zu eigenen Handen zugestellt werden darf.

DFQ: nach http://www.help.gv.at/ (18.12.2014); § 127 (2) Geschäftsordnung für die Gerichte I. und II. Instanz

NOT: Der RSa-Brief ist kein eingeschriebener Brief. Er ist für die Zustellung durch einen Zustelldienst bestimmt. Bei Zustellung durch die Gemeinde wird anstelle des Rückscheins ein Zustellschein verwendet.

REL: Synonym; enger

DTM: **Einschreiben mit Rückschein**; gesetzl.; 4; Hauptb.; MWA; neutr.; sg.

DTQ: § 175 ZPO

DEF: ein Schriftstück kann durch Einschreiben mit Rückschein zugestellt werden. Zum Nachweis der Zustellung genügt der Rückschein.

DFQ: § 175 ZPO

NOT: Nach dt. Zustellungsrecht kommt entweder eine Zustellung mit Zustellungsurkunde oder eine Zustellung durch Einschreiben mit Rückschein eigenhändig in Frage.

***

ATM: **Rückscheinbrief weiß (RSb-Brief)**; fachlit.; 3; Hauptb.; Subst; mask.; sg.; 1221; Zustellrecht; **Zustellung zu eigenen Handen und Ersatzzustellung**

ETM: "white" letter requiring acknowledgement of receipt; FTM: lettre recommandée (blanche) accusé de réception

TMQ: http://www.help.gv.at/ (18.7.2009); § 127 (2) Geschäftsordnung für die Gerichte I. und II. Instanz

DEF: ein behördliches Schriftstück, das auch an einen Ersatzempfänger oder an eine Ersatzempfängerin zugestellt werden kann („Zustellung auch an Ersatzempfänger oder Ersatzempfängerin").

DFQ: http://www.help.gv.at/ (18.12.2014); § 125 (2) Geschäftsordnung für die Gerichte I. und II. Instanz

NOT: Die Rsb-Briefe werden im Normalfall nicht eingeschrieben, sondern nur in Ausnahmefällen. (§ 127 (2) Geschäftsordnung für die Gerichte I. und II. Instanz)

REL: Teilsynonym; funkt. Äquiv.

DTM: **Einschreiben mit Rückschein**; gesetzl.; 4; Hauptb.; MWA; neutr.; sg.

DTQ: § 175 ZPO

DEF: ein Schriftstück kann durch Einschreiben mit Rückschein zugestellt werden. Zum Nachweis der Zustellung genügt der Rückschein.

DFQ: § 175 ZPO

NOT: Nach dt. Zustellungsrecht kommt entweder eine Zustellung mit Zustellungsurkunde oder eine Zustellung durch Einschreiben mit Rückschein in Frage.

***

ATM: **Rückstandsausweis**; gesetzl.; 4; Hauptb.; Subst.; mask.; sg.; 1211; Bürgerl. Recht

ETM: statement of arrears; FTM: déclaration d'arriérés

TMQ: § 229 BAO

DEF: Exekutionstitel für das finanzbehördliche und gerichtliche Vollstreckungsverfahren und Grundlage für die Einbringung über die vollstreckbar gewordenen Abgabenschuldigkeiten.

DFQ: nach § 229 BAO

NOT: Im Rückstandsnachweis ist die im dt. Recht in „**Leistungsnachweis**" und „**Vollstreckungsanordnung**" getrennte Durchführung in einem enthalten.

REL Synonym

DTM: **Vollstreckungsanordnung**; gesetzl.; 4; Hauptb.; Subst.; fem.; sg.

DTQ: § 3 Verwaltungs-Vollstreckungsgesetz (VwVG)

DEF: im Verwaltungsvollstreckungsverfahren der Auftrag der Behörde, der ein Geldbetrag geschuldet wird, an die Vollstreckungsbehörde, die Vollstreckung durchzuführen.

DFQ: nach AlpBrock2 (Beitreibungsvefahren)

NOT: Es müssen die Voraussetzungen für die Einleitung der Vollstreckung gem. § 3 VwVG gegeben sein.

***

ATM: **Rückstellung**; gesetzl.; 4; Hauptb.; Subst.; fem.; sg.; 0436; Öffentl. Recht; **Restitution**

ETM: restitution (for property confiscated during the Nazi period); FTM: restitution

TMQ: §29 (1) Staatsvertragsdurchführungsgesetz

DEF: die Zurückzustellung von Vermögen an geschädigte Eigentümer, die während der Zeit des 3. Reiches den Eigentümern entzogen worden sind.

DFQ: nach §29 (1) Staatsvertragsdurchführungsgesetz

NOT: Der Begriff wird in einer Reihe von spezifischen Bedeutungen verwendet, denen die Grundbedeutung „**Rückgabe einer Sache**" zugrundeliegt. Im vorliegenden Fall ist damit „Restitution" von widerrechtlich entzogenem Vermögen gemeint.

REL: Synonym; funkt. Äquiv.

DTM: **Rückgabe**; gesetzl.; 4; Hauptb.; Subst.; fem.; sg.

DTQ: § 1 Entschädigungsgesetz (EntschG)

DEF: die Rückübertragung von Vermögenswerten an die Berechtigten, die den Maßnahmen im Sinne des § 1 VermG unterlagen und in Volkseigentum überführt oder an Dritte veräußert wurden.

DFQ: nach § 3 Entschädigungsgesetz (EntschG)

NOT: Ist die Rückgabe nach dem Gesetz zur Regelung offener Vermögensfragen (Vermögensgesetz) ausgeschlossen (§ 4 (1)-(2), § 6 (1) Z. 1 und § 11 (5) des Vermögensgesetzes) oder hat der Berechtigte Entschädigung gewählt (§ 6 (7), § 8 (1) und § 11 (1) Z. 2 des Vermögensgesetzes), besteht ein Anspruch auf Entschädigung.

***

ATM: **Rücktritt von der Verfolgung**; gesetzl.; 4; Hauptb.; MWA; mask.; sg.; 1216; Strafrecht; **Diversion**

ETM: withdrawal from prosecution / diversion; FTM: retrait des poursuites / diversion

TMQ: § 198 (1) StPO

DEF: die Möglichkeit der Staatsanwaltschaft oder des Gerichts, bei hinreichend geklärtem Sachverhalt auf die Durchführung eines förmlichen Strafverfahrens zu verzichten. Der Beschuldigte bzw. der Angeklagte bekommt im Fall der Diversion das Angebot, sich einer belastenden Maßnahme zu unterwerfen (z.B. gemeinnützige Arbeit).

DFQ: www.help.gv.at (08.09.2014)

NOT: Der in AT dafür übliche Begriff ist „**Diversion**". Sie wird auch im Erwachsenenstrafrecht angewendet.

REL: Teilsynonym; breiter

DTM: **Absehen von der Verfolgung**; gesetzl.; 4; Hauptb.; MWA; neutr.; sg.; **Diversion**

DTQ: § 45 Jugendgerichtsgesetz

DEF: der Staatsanwalt sieht von der Verfolgung ab, wenn eine erzieherische Maßnahme bereits durchgeführt oder eingeleitet ist und er weder eine Beteiligung des Richters nach Absatz 3 noch die Erhebung der Anklage für erforderlich hält. Einer erzieherischen Maßnahme steht das Bemühen des Jugendlichen gleich, einen Ausgleich mit dem Verletzten zu erreichen.

DFQ: § 45 Jugendgerichtsgesetz

NOT: Wird nur im Bereich der Jugendstrafgerichtsbarkeit angewendet.

***

ATM: **Rückverkaufsrecht**; fachlit.; 3; Hauptb.; Subst.; neutr.; sg.; 1211; Bürgerl. Recht; **Wiederverkaufsrecht**

ETM: right of resale (back to original seller); FTM: droits de revente (au vendeur)

TMQ: OGH 2Ob164/55

DEF: das vertraglich ausbedungene Recht, die Sache dem Verkäufer wieder zurück zu verkaufen.

DFQ: nach § 1071 ABGB

NOT: Der Rückverkauf unterliegt den analogen Regeln wie der Wiederkauf.

REL Synonym

DTM: **Wiederverkaufsrecht**; fachlit.; 3; Hauptb.; Subst.; neutr.; sg.; 1211; Bürgerl. Recht; **Wiederverkauf**

DTQ: BGH 22.6.2007 V ZR 260/06

DEF: Hat sich der Verkäufer in dem Kaufvertrag das Recht des Wiederkaufs vorbehalten, so kommt der Wiederkauf mit der Erklärung des Verkäufers gegenüber dem Käufer, dass er das Wiederkaufsrecht ausübe, zustande.

DFQ: § 456ff BGB

NOT: Das Wiederverkaufsrecht wird analog den Regelungen über das Wiederkaufsrecht behandelt.

***

ATM: **Rückverweisungsantrag**; gesetzl.; 4; Hauptb.; Subst.; mask.; sg.; 0421; Öffentl. Recht

ETM: motion for reconsideration; FTM: demande de renvoi

TMQ: § 54 GOG-NR

DEF: das Begehren von Mandataren und Mandatarinnen, eine Materie, die bereits im Plenum beraten wird, nochmals im vorberatenden Ausschuss zu behandeln.

DFQ: http://www.parlament.gv.at/PERK/GL/ALLG/R.shtml

REL: Teilsynonym

DTM: **Zurückverweisung in zweiter Beratung**; gesetzl.; 4; Hauptb.; MWA; fem.; sg.

DTQ: § 82 (1) BTGO

DEF: Änderungen zu Gesetzentwürfen in zweiter Beratung können beantragt werden, solange die Beratung des Gegenstandes, auf den sie sich beziehen, noch nicht abgeschlossen ist.

DFQ: nach § 82 (1) BTGO

***

ATM: **Rückwidmung**; gesetzl.; 4; Hauptb.; Subst.; fem.; sg.; 2846; Raumplanungsrecht

ETM: rehabilitation of land; FTM: réhabilitation du terrain

TMQ: Handbuch der Planungsbegriffe

DEF: als Bauland festgelegte Grundflächen dürfen zur Anpassung der Baulandreserven in der Gemeinde an den abschätzbaren Baulandbedarf (§ 15 (4)) nur dann in Grünland rückgewidmet werden, wenn seit ihrer erstmaligen Festlegung zumindest zwanzig Jahre verstrichen sind und mit einer widmungsgemäßen Bebauung seither nicht begonnen worden ist.

DFQ: Kärntner Gemeindeplanungsgesetz 1995 (11.01.2015)

NOT: In AT hauptsächlich zur Rückwidmung von Bauland in Grünland verwendet.

DTM: FEHLT

***

ATM: **Ruf zur Ordnung**; gesetzl.; 4; Hauptb.; MWA; mask.; sg.; 0426; Öffentl. Recht

ETM: call to order; FTM: rappel à l'ordre

TMQ: § 103 (2) GOG-NR

DEF: die Missbilligung des Verhaltens eines Abgenordneten durch den Präsidenten des Nationalrates, wenn jemand den Anstand oder die Würde des Nationalrates verletzt, beleidigende Äußerungen gebraucht oder Anordnungen des Präsidenten nicht Folge leistet.

DFQ: nach § 103 (2) GOG-NR

REL: Synonym

DTM: **Ordnungsruf**; gesetzl.; 4; Hauptb.; Subst.; mask.; sg.

DTQ: § 36 (1) BTGO

DEF: das Recht des Präsidenten des Bundestages, Mitglieder des Bundestages, wenn sie die Ordnung oder die Würde des Bundestages verletzen, mit Nennung des Namens zur Ordnung rufen.

DFQ: nach § 36 (1) BTGO

***

ATM: **Ruf zur Sache**; gesetzl.; 4; Hauptb.; MWA; mask.; sg.; 0421; Öffentl. Recht

ETM: call for a member to stay on topic; FTM: rappel à la question

TMQ: § 101 (1) GOG-NR

DEF: der Ruf des Präsidenten „zur Sache" zu sprechen wenn Abgeordnete von der Sache abschweifen.

DFQ: nach § 101 (1) GOG-NR

REL: Synonym

DTM: **Sachruf**; gesetzl.; 4; Hauptb.; Subst.; mask.; sg.

DTQ: § 36 BTGO

DEF: der Verweis des Präsidenten an den Redner, der vom Verhandlungsgegenstand abschweift, zur Sache zu sprechen.

DFQ: nach § 36 BTGO

***

ATM: **Ruhebezug**; gesetzl.; 4; Hauptb.; Subst.; mask.; sg.; 2836; Pensionsrecht; **Ruhegenuss**

ETM: retirement benefit (for public servants); FTM: pension de retraite

TMQ: § 3 (2) Pensionsgesetz

DEF: Der Ruhegenuss und die nach diesem Bundesgesetz gebührenden Zulagen bilden zusammen den Ruhebezug des Beamten.

DFQ: nach § 3 (2) Pensionsgesetz

NOT: Oberbegriff für alle Bezüge, die ein Beamter im Ruhestand bekommt. Sie setzt sich zusammen aus dem Ruhegenuss und übrigen monatlich wiederkehrenden Geldleistungen mit Ausnahme der Kinderzulage. Die Unterscheidung zwischen „**Ruhegenuss**" (eigentliche Pension) und Zulagen, die zusammen die endgültige Pension ausmachen, wird in DE nicht gemacht.

REL: Teilsynonym

DTM: **Ruhegehalt**; gesetzl.; 4; Hauptb.; Subst.; mask.; sg.; **Pension**

DTQ: § 2 BeamtVG

DEF: Versorgungsbezüge, die dem Beamten, Richter oder Berufssoldaten bei Dienstunfähigkeit oder als Altersversorgung gewährt werden.

DFQ: AlpBrock2; § 4 (1) BeamtVG

NOT: Ein Ruhegehalt wird nur gewährt, wenn der Beamte 1. eine Dienstzeit von mindestens fünf Jahren abgeleistet hat oder 2. infolge Krankheit, Verwundung oder sonstiger Beschädigung, die er sich ohne grobes Verschulden bei Ausübung oder aus Veranlassung des Dienstes zugezogen hat, dienstunfähig geworden ist.

***

ATM: **Ruhegebiete**; gesetzl.; 4; Hauptb.; Subst.; neutr.; pl.; 2846; Naturschutzrecht

ETM: nature-based rest and relaxation region; FTM: sites de repos

TMQ: Handbuch der Planungsbegriffe

DEF: für naturverträgliche Erholung außerhalb geschlossener Ortschaften gelegene Gebiete, in denen weitere technische Erschließungen im Tourismus- oder Verkehrsbereich unterbunden sind.

DFQ: nach http://www.naturpark-oetztal.at/natur- kultur/schutzgebiete/ruhegebiet-oetztaler-alpen.html (11.01.2015)

NOT: Die Landesregierung kann außerhalb geschlossener Ortschaften gelegene Gebiete, die für die Erholung in der freien Natur dadurch besonders geeignet sind, dass sie sich wegen des Fehlens von lärmerregenden Betrieben, von Seilbahnen für die Personenbeförderung, von Schleppliften sowie von Straßen mit öffentlichem Verkehr durch weitgehende Ruhe auszeichnen, per Verordnung zu Ruhegebieten erklären. Dies erfolgt dann, wenn die Erhaltung dieser Gebiete für die Erholung von besonderer Bedeutung ist oder voraussichtlich sein wird.

DTM: **FEHLT**

***

ATM: **Ruhegenuss**; gesetzl.; 4; Hauptb.; Subst.; mask.; sg.; 0436; Beamtenpensionsrecht

ETM: special retirement benefit (for public servants); FTM: pension spéciale de retraite

TMQ: § 3 (1) Pensionsgesetz 1965

DEF: dem Beamten gebührt ein monatlicher Ruhegenuss, wenn seine ruhegenussfähige Gesamtdienstzeit mindestens zehn Jahre beträgt. Der Ruhegenuss wird auf der Grundlage der Ruhegenussberechnungsgrundlage, der Ruhegenussbemessungsgrundlage und der ruhegenussfähigen Gesamtdienstzeit ermittelt.

DFQ: § 3 (1) Pensionsgesetz

NOT: Anspruch auf Ruhegenuss besteht, sobald die ruhegenussfähige Gesamtdienstzeit mindestens 15 Jahre beträgt.

REL Synonym

DTM: **Ruhegehalt**; gesetzl.; 4; Hauptb.; Subst.; mask.; sg.; **Pension**

DTQ: § 4 BeamtVG

DEF: Versorgungsbezüge, die dem Beamten, Richter oder Berufssoldaten bei Dienstunfähigkeit oder als Altersversorgung gewährt werden.

DFQ: AlpBrock2; § 4 (1) BeamtVG

NOT: Ein Ruhegehalt wird nur gewährt, wenn der Beamte 1. eine Dienstzeit von mindestens fünf Jahren abgeleistet hat oder 2. infolge Krankheit, Verwundung oder sonstiger Beschädigung, die er sich ohne grobes Verschulden bei Ausübung oder aus Veranlassung des Dienstes zugezogen hat, dienstunfähig geworden ist.

***

ATM: **ruhender Nachlass**; fachlit.; 3; Hauptb.; MWA; mask.; sg.; 1211; Erbrecht; **hereditas iacens**
ETM: dormant estate; FTM: succession en suspens

TMQ: Welser, FWB Bürgerliches Recht

DEF: das Vermögen der Verstorbenen/des Verstorbenen von ihrem/seinem Tod bis zur Beendigung des Verlassenschaftsverfahrens.

DFQ: http://www.help.gv.at/Content.Node/79/Seite.792020.html (28.01.2015)

NOT: Der Nachlass wird in dieser Zeit wie eine juristische Person behandelt.

DTM: FEHLT

NOT: Der Nachlass wird nicht durch das Gericht übergeben. Der Erbe tritt entweder sofort sein Erbe an oder er schlägt dieses aus.

***

ATM: **Rustikalservitut**; fachlit.; 3; Hauptb.; Subst.; fem.; sg.; 1211; Bürgerl. Recht; **Felddienstbarkeit, Feldservitut**
ETM: easement over agricultural land; FTM: servitude rurale

TMQ: Welser, FWB Bürgerliches Recht

DEF: eine Dienstbarkeit, bei der im Regelfall das herrschende Grundstück landwirtschaftlich genutzt wird und die Servitut am dienenden Grundstück der besseren Nutzung des herrschenden Grundstücks dient.

DFQ: § 477 ABGB

NOT: Seltener Parallelbegriff zu „**Felddienstbarkeit**“ bzw. „**Feldservitut**“

DTM: FEHLT

***

ATM: **Sachbesitz**; fachlit.; 3; Hauptb.; Subst.; mask.; sg.; 1211; Bürgerl. Recht
ETM: ownership of personal and real property; FTM: possession d'un bien corporel

TMQ OGH 3Ob121/14m; 22.10.2014

DEF: liegt vor, wenn jemand eine körperliche Sache in seiner Macht oder Gewahrsam hat und darüber hinaus den Willen, sie als die seinige zu behalten.

DFQ: nach § 309 iVm § 311 ABGB

NOT: Der Besitzbegriff des dtBGB unterscheidet sich von dem des ABGB und damit auch vom römischen Recht. § 854 (1) dtBGB formuliert: „Der Besitz einer Sache wird durch die Erlangung der tatsächlichen Gewalt über die Sache erworben.“ – Das dtBGB verlangt demnach für den Erwerb des (Sach)Besitzes kein animus-Element. Auch den Rechtsbesitz kennt das dtBGB im Gegensatz zu ALR und ABGB nicht. Das hängt damit zusammen, dass das dtBGB nur körperliche, nicht aber unkörperliche Sachen kennt. (Barta, Zivilrecht online)

REL: Teilsynonym; breiter

DTM: **unmittelbarer Besitz**; fachlit.; 3; Hauptb.; MWA; mask.; sg.

DTQ: Münchener Kommentar zum BGB

DEF: wenn jemand tatsächliche Gewalt über die Sache erworben hat.

DFQ: §854 (1) BGB

***

ATM: **Sache**; gesetzl.; 4; Hauptb.; Subst.; fem.; sg.; 1211; Bürgerl. Recht

ETM: corporeal property; FTM: bien corporel

TMQ: § 285 ABGB

DEF: alles, was von der Person unterschieden ist, und zum Gebrauche der Menschen dient.

DFQ: § 285 ABGB

REL: Teilsynonym

DTM: **Sache**; gesetzl.; 4; Hauptb.; Subst.; fem.; sg.

DTQ: § 90 BGB

DEF: ein körperlicher Gegenstand.

DFQ: § 90 BGB

***

ATM: **Sachprogramm**; gesetzl.; 4; Hauptb.; Subst.; neutr.; sg.; 1211; Bürgerl. Recht

ETM: regional development plan; FTM: programme de développement régional

TMQ: § 10 ROG 2009; Handbuch der Planungsbegriffe

DEF: ergänzende Teile des Landesentwicklungsprogramms, die Vorgaben für die Regionalprogramme und die örtliche Raumplanung auf bestimmten raumbezogenen Sachbereichen beinhalten.

DFQ: nach § 10 ROG 2009

NOT: Die Vorgaben können in Form von Leitlinien, aber auch in der Festlegung von Richt- und Grenzwerten in Bezug auf raumbezogene Entwicklungsziele getroffen werden.

DTM: FEHLT

***

ATM: **sachverständige Ärzte für Allgemeinmedizin**; gesetzl.; 4; Hauptb.; MWA; mask.; pl.; 2841; Gesundheitsrecht

ETM: medical expert; FTM: médecin expert

TMQ: § 22 (1) Führerscheingesetz-Gesundheitsverordnung

DEF: Ärzte für Allgemeinmedizin, die 1. Besitzer einer gültigen Lenkberechtigung für die Klasse B sind und 2. die Physikatsprüfung gemäß der Verordnung des Ministers des Innern vom 21. März 1873 betreffend die Prüfung der Ärzte und Tierärzte zur Erlangung einer bleibenden Anstellung im öffentlichen Sanitätsdienst bei den politischen Behörden in der Fassung der Verordnung BGBl. Nr. 294/1986 abgelegt haben und 3. in die Ärzteliste als Ärzte für Allgemeinmedizin eingetragen sind.

DFQ: § 22 (1-3) Führerscheingesetz-Gesundheitsverordnung

REL: Synonym

DTM: **ärztliche Gutachter**; gesetzl.; 4; Hauptb.; MWA; mask.; sg.

DTQ: § 65 FeV

DEF: Fachärzte, die ihre verkehrsmedizinische Qualifikation (§ 11 (2) Satz 3 Nr. 1), die sich aus den maßgeblichen landesrechtlichen Vorschriften ergibt, auf Verlangen der Fahrerlaubnisbehörde nachzuweisen haben. Der Nachweis erfolgt durch die Vorlage eines Zeugnisses der zuständigen Ärztekammer. Abweichend von Satz 1 und 2 reicht auch eine mindestens einjährige Zugehörigkeit zu einer Begutachtungsstelle für Fahreignung (Anlage 14) aus.

DFQ: § 65 Verordnung über die Zulassung von Personen zum Straßenverkehr

***

ATM: **Sachwalter/in**; gesetzl.; 4; Hauptb.; Subst.; mask./fem.; sg.; 1211; Bürgerl. Recht; **Kurator/in**

ETM: guardian; FTM: curateur

TMQ: § 274 (1) ABGB

DEF: gerichtlich bestellte Person, die Aufgaben übernimmt, die eine volljährige Person, die an einer psychischen Krankheit leidet oder geistig behindert ist (behinderte Person), alle oder einzelne ihrer Angelegenheiten nicht ohne Gefahr eines Nachteils für sich selbst zu besorgen.

DFQ: nach § 268 (1) ABGB

NOT: Er kann mit der Besorgung einzelner Angelegenheiten, eines bestimmten Kreises von Angelegenheiten oder aller Angelegenheiten betraut werden. Der Sachwalter hat persönlichen Kontakt mit der behinderten Person zu halten und auch die erforderliche Personensorge sicherzustellen.

REL Synonym

DTM: **Betreuer/in**; gesetzl.; 4; Hauptb.; Subst.; mask./fem.; sg.; **rechtliche/r Betreuer/in**

DTQ: § 1896 (1) BGB

DEF: Person, die vom Vormundschaftsgericht auf Antrag oder von Amts wegen für einen Volljährigen bestellt wird, wenn dieser auf Grund einer psychischen Krankheit oder einer körperlichen, geistigen oder seelischen Behinderung seine Angelegenheiten ganz oder teilweise nicht besorgen kann.

DFQ: § 1896 (1) BGB

***

ATM: **Sachwalterschaft**; gesetzl.; 4; Hauptb.; Subst.; fem.; sg.; 1211; Bürgerl. Recht; **Kuratel**
ETM: guardianship; FTM: curatelle

TMQ: § 274 (2) ABGB

DEF: Rechtsinstitut, umfasst alle Tätigkeiten umfasst, die erforderlich sind, um die dem Sachwalter (Kurator) übertragenen Angelegenheiten zu besorgen. Der Sachwalter (Kurator) hat dabei das Wohl des Pflegebefohlenen bestmöglich zu fördern.

DFQ: § 275 (1) ABGB

REL Synonym

DTM: **rechtliche Betreuung**; gesetzl.; 4; Hauptb.; MWA; fem.; sg.

DTQ: BGB, Buch 4, Abschnitt 3, Titel 2

DEF: sie dient der Regelung der Rechtsstellung psychisch kranker sowie körperlich, geistig oder seelisch behinderter volljähriger Personen.

DFQ: nach Creif21

***

ATM: **Saisonier/Saisonnière**; fachlit.; 3; Hauptb.; Subst; mask./fem.; sg.; 4406; Arbeitsrecht; **Saisonarbeiter/in**
ETM: seasonal worker; FTM: travailleur saisonnier

TMQ: OGH, 4Ob175/85; 16.12.1986

DEF: registrierter befristet beschäftigter Drittstaatenangehöriger, dem vom Arbeitsmarktservice Beschäftigungsbewilligungen ohne Arbeitsmarktprüfung erteilt werden.

DFQ: nach help.gv.at (20.11.2014)

NOT: Saisoniers dürfen ohne Visum D + C nach AT einreisen und erhalten nach Ausstellung einer Unbedenklichkeitsbescheinigung durch die zuständige Fremdenpolizeibehörde eine Beschäftigungsbewilligung.

REL Synonym

DTM: **Saisonarbeiter/in**; fachlit.; 3; Hauptb.; Subst.; mask./fem.; sg.; **Saisonnier/Saisonnière**

DTQ: BGH IV ZR 25/04, 11.5.2005

DEF: Mitarbeiter eines Saison- bzw. Kampagne-Betriebs.

DFQ: nach Kania, Küttner, Personalbuch, 16. Auflage 2009

***

ATM: Sanierungsplan; gesetzl.; 4; Hauptb.; Subst.; mask.; sg.; 1211; Insolvenzrecht

ETM: reorganisation plan; FTM: plan de redressement

TMQ: § 140 IO

DEF: ein Antrag des Schuldners mit dem Antrag auf Eröffnung des Insolvenzverfahrens oder danach bis zur Aufhebung des Insolvenzverfahrens auf Abschluss eines Sanierungsplans. Im Antrag ist anzugeben, in welcher Weise die Gläubiger befriedigt oder sichergestellt werden sollen. Die Quote innerhalb von längstens zwei Jahren vom Tag der Annahme des Sanierungsplans hat mindestens 20 % der Forderungen zu betragen.

DFQ: § 140 (1) IO

REL: Synonym

DTM: Insolvenzplan; gesetzl.; 4; Hauptb.; Subst.; mask.; sg.

DTQ: § 284 InsO

DEF: eine Regelung im Rahmen eines Insolvenzverfahrens insbesondere zum Erhalt des Unternehmens. Wenn ein Erlass oder sonstige Einschränkungen der Rechte der Gläubiger vorgesehen sind, kann in diesem Verfahren nur bestätigt werden, wenn alle betroffenen Gläubiger dem Plan zugestimmt haben.

DFQ: nach § 1 und 355 InsO

***

ATM: Sanierungsplanvorschlag; gesetzl.; 4; Hauptb.; Subst.; mask.; sg.; 1211; Insolvenzrecht

ETM: reorganisation plan proposal; FTM: proposition pour un plan de redressement

TMQ: § 114c IO

DEF: ein Antrag des Schuldners auf Sanierung. Ist der Sanierungsplanantrag fristgerecht und zulässig, ist das Unternehmen erst zu verwerten, wenn der Sanierungsplanvorschlag nicht innerhalb von 90 Tagen angenommen wird oder wenn er nicht mehr dem gemeinsamen Interesse der Insolvenzgläubiger entspricht oder wenn die Voraussetzungen für eine Fortführung nicht mehr gegeben sind.

DFQ: § 114c (1) IO

DTM: FEHLT

NOT: In der dt. Insolvenzordnung exisitert ein solcher Begriff nicht, doch ist von „**Insolvenzplan**" die Rede, der einen Vorschlag auf Sanierung impliziert.

***

ATM: Sanierungsverfahren; gesetzl.; 4; Hauptb.; Subst.; neutr.; sg.; 1211; Insolvenzrecht

ETM: insolvency proceedings; FTM: procédure de sauvegarde et de redressement

TMQ: § 167 (3) Insolvenzordnung (IO)

DEF: das Insolvenzverfahren ist als Sanierungsverfahren zu bezeichnen, wenn der Schuldner 1. dessen Eröffnung sowie 2. unter Anschluss eines zulässigen Sanierungsplans die Annahme eines Sanierungsplans beantragt und dieser Antrag vom Gericht nicht zugleich mit der Eröffnung des Insolvenzverfahrens zurückgewiesen wird.

DFQ: § 167 (1) IO

REL Teilsynonym; funkt. Äquiv.

DTM: Insolvenzverfahren; gesetzl.; 4; Hauptb.; Subst.; neutr.; sg.

DTQ: § 1 InsO

DEF: Eröffnungsgrund ist die Zahlungsunfähigkeit, die drohende Zahlungsunfähigkeit und bei einer juristischen Person auch die Überschuldung.

DFQ: nach §§ 17-19 InsO

NOT: Im dt. Insolvenzrecht wird nicht wie im österr. Recht zwischen Sanierungsverfahren und Konkursverfahren unterschieden, obwohl es auch die Möglichkeit der „**Sanierung**" gibt.

***

ATM: **Satzung**; gesetzl.; 4; Hauptb.; Subst.; fem.; sg.; 4406; Arbeitsrecht

ETM: charter; FTM: les statuts

TMQ: § 18 ArbVG; § 2 AktG

DEF: 1. im Arbeitsrecht: Kollektivvertrag, dem auch außerhalb seines räumlichen, fachlichen und persönlichen Geltungsbereiches durch das Bundeseinigungsamt auf Antrag einer kollektivvertragsfähigen Körperschaft rechtsverbindliche Wirkung zuerkannt wird 2. im Gesellschaftsrecht bzw. öffentl. Recht: synonym zu „**Statut**"

DFQ: nach §§ 18 ff. ArbVG

NOT: Hat im österr. Recht mehrere Bedeutungen, die im dt. Recht fehlen.

REL: Teilsynonym; breiter

DTM: **Satzung**; gesetzl.; 4; Hauptb.; Subst.; fem.; sg.

DTQ: § 34 (1) SGB VI

DEF: Rechtsnormen, die von bestimmten rechtlichen Zusammenschlüssen (z.B. Vereinen, AGs, aber auch Gemeinden, Kreisen, Universitäten etc.) zur Regelung ihrer eigenen Angelegenheiten erlassen werden.

NOT: Nur in der Bedeutung von „**Statut**" verwendet.

DFQ: nach Creif21

***

ATM: **Säumnisbeschwerde**; gesetzl.; 4; Hauptb.; Subst.; fem.; sg.; 1221; Verwaltungsrecht

ETM: action for failure to act; FTM: recours en carence de l'administration

TMQ: § 284 Bundesabgabenordnung

DEF: eine Beschwerde (Säumnisbeschwerde) beim Verwaltungsgericht wegen Verletzung der Entscheidungspflicht, wenn Bescheide der Abgabenbehörden nicht innerhalb von sechs Monaten nach Einlangen der Anbringen oder nach dem Eintritt zur Verpflichtung zu ihrer amtswegigen Erlassung bekanntgegeben (§ 97) werden.

DFQ: § 284 Bundesabgabenordnung

REL Synonym

DTM: **Verpflichtungsklage**; gesetzl., 4; Hauptb.; Subst.; fem.; sg.; **Untätigkeitsklage**

DTQ: § 42 VVG

DEF: eine Klage beim Verwaltungsgericht, die auf Erlass eines abgelehnten oder unterlassenen Verwaltungsakts gerichtet ist.

DFQ: nach AlpBrock2

NOT: Das Synonym Untätigkeitsklage ist kein gesetzlicher Terminus, sondern ein Überbegriff für eine Anfechtungsklage oder Verpflichtungsklage in einer besonderen verwaltungsprozessualen Konstellation

***

ATM: **Schädigung fremder Gläubiger**; gesetzl.; 4; Hauptb.; MWA; fem.; sg.; 1216; Strafrecht

ETM: loss sustained by third-party creditors; FTM: porter préjudice à des tiers créanciers

TMQ: § 157 StGB

DEF: das Verheimlichen, Beiseiteschaffen, Veräußern oder Beschädigen eines Bestandteils des Vermögens des Schuldners ohne dessen Einverständnis bzw. das Geltendmachen eines nicht bestehenden Rechts gegen das Vermögen des Schuldners, wodurch die Befriedigung der Gläubiger oder wenigstens eines von ihnen vereitelt oder geschmälert wird.

DFQ: nach § 157 StGB

REL: Teilsynonym; funkt. Äquiv.

DTM: **Schuldnerbegünstigung**; gesetzl.; 4; Hauptb.; Subst.; fem.; sg.

DTQ: § 283d StGB

DEF: der Fall, wenn jemand 1. in Kenntnis der einem anderen drohenden Zahlungsunfähigkeit oder 2. nach Zahlungseinstellung, in einem Insolvenzverfahren oder in einem Verfahren zur Herbeiführung der Entscheidung über die Eröffnung des Insolvenzverfahrens eines anderen Bestandteile des Vermögens eines anderen, die im Falle der Eröffnung des Insolvenzverfahrens zur Insolvenzmasse gehören, mit dessen Einwilligung oder zu dessen Gunsten beiseite schafft oder verheimlicht oder in einer den Anforderungen einer ordnungsgemäßen Wirtschaft widersprechenden Weise zerstört, beschädigt oder unbrauchbar macht.

DFQ: § 283d (1) StGB

***

ATM: **schädliche Neigung**; gesetzl.; 4; Hauptb.; MWA; fem.; sg.; 1216; Strafrecht

ETM: destructive tendency; FTM: tendance nuisible

TMQ: § 71 StGB

DEF: die kriminelle Gesinnung eines Täters, der mit Strafe bedrohte Handlungen begeht, die gegen dasselbe Rechtsgut gerichtet oder auf gleichartige verwerfliche Beweggründe oder auf den gleichen Charaktermangel zurückzuführen sind.

DFQ: nach § 71 StGB

NOT: Im österr. Recht richtet sich der Tatbestand auf die Frage der weiteren Bestrafung, im dt. Recht eher auf die weitere Erziehung des Jugendlichen.

REL: Teilsynonym; breiter

DTM: **schädliche Neigung**; gesetzl.; 4; Hauptb.; MWA; fem.; sg.

DTQ: §§ 17, 27 JGG

DEF: erhebliche Anlage- und Erziehungsmängel von Jugendlichen, welche die Gefahr begründen, dass die Gemeinschaftsordnung ohne längere Gesamterziehung durch weitere Straftaten gestört wird

DFQ: nach AlpBrock2; § 27 JGG

NOT: Der Terminus wird nur im JGG verwendet, im StGB existiert er nicht.

***

ATM: **Schale**; gesetzl.; 4; Hauptb.; Subst.; fem.; sg.; 6026; Lebensmittelrecht; **Ortschwanzel**

ETM: topside

TMQ: Österr. Lebensmittelbuch, Kap. 14 A.3.1.3

DEF: M. gracilis, in Beinscherzel M. adductor; liegt unter dem Tafelstück und wird in der Mitte willkürlich in das schwanzseitige „**Beinscherzel**" und das kopfseitige „**Schwarze Scherzel**" geteilt.

DFQ: Österr. Lebensmittelbuch, Kap. 14 A.3.1.3

REL: Teilsynonym

DTM: **Unterschale**; gesetzl.; 4; Hauptb.; Subst.; fem.; sg.; **Schwanzstück, Fricandeau, Unterstück**

DTQ: Leitsätze für Fleisch und Fleischerzeugnisse, GMBl Nr. 5/6 ff. vom 04. 02. 2010)

DEF: liegt im unteren Bereich der Keule und wird zur Oberschale, zur Schwanzrolle und zur Rindernuss abgegrenzt.

DFQ: http://www.gutekueche.de/rezepte/kochwissen/warenkunde/fleischstuecke-rind.1814.htm

***

ATM: **Schalendeckel**; gesetzl.; 4; Hauptb.; Subst.; mask.; sg.; 6026; Lebensmittelrecht

TMQ: http://www.fleisch-teilstuecke.at/../Teilstuecke/Poster/Poster_Rind1.pdf (15.09.2015)

DEF: M. glutaeus medius, ist Teil der Hüfte, das an die Beiried anschließt.

DFQ: http://www.fleisch-teilstuecke.at/../Teilstuecke/Poster/Poster_Rind1.pdf (15.09.2015)

REL: Synonym

DTM: **Oberschalendeckel**; gesetzl.; 4; Hauptb.; Subst.; mask.; sg.; **Schalendeckel.**

DTQ: http://www.ama-marketing.at/../6/teilstuecke/RIND40.SWF (15.09.2015)

DEF: auf der Oberschale liegende Muskelpartie.

DFQ: http://www.ama-marketing.at/../6/teilstuecke/RIND40.SWF (15.09.2015)

***

ATM: **Scheidung aus anderen Gründen**; gesetzl.; 4; Hauptb.; MWA; fem.; sg.; 2806; Eherecht
ETM: divorce because of other reasons; FTM: divorce basé sur d'autres raisons

TMQ: EheG, Zweiter Abschnitt, II

DEF: Scheidung, die bei auf geistiger Störung beruhendem Verhalten, Geisteskrankheit, ansteckender oder ekelerregender Krankheit, Vermeidung von Härten oder Auflösung der häuslichen Gemeinschaft auf Begehren eines Ehegatten durchgeführt werden kann.

DFQ: nach §§ 50-55 EheG

DTM: FEHLT

NOT: ein Terminus fehlt als solcher, beachte jedoch: „Es kommt nach dem neuen Recht auch nicht mehr darauf an, dass die Gründe für das Scheitern der Ehe von einem Partner verschuldet sind.", „Die Voraussetzungen für eine Scheidung", in: Münch v. Backhaus, in: Die Scheidung nach neuem Recht, 12. Auflage 2006

***

ATM: **Scheidung wegen Verschuldens**; gesetzl.; 4; Hauptb.; MWA; fem.; sg.; 1211; Eherecht; **Verschuldensscheidung; Scheidung aus Verschulden**
ETM: fault divorce; FTM: divorce pour faute

TMQ: § 56 EheG

DEF: eine Scheidung auf Begehren eines Ehepartners hin, wenn der andere durch eine schwere Eheverfehlung oder durch ehrloses oder unsittliches Verhalten die Ehe schuldhaft so tief zerrüttet hat, daß die Wiederherstellung einer ihrem Wesen entsprechenden Lebensgemeinschaft nicht erwartet werden kann. Eine schwere Eheverfehlung liegt insbesondere vor, wenn ein Ehegatte die Ehe gebrochen oder dem anderen körperliche Gewalt oder schweres seelisches Leid zugefügt hat.

DFQ: § 49 EheG

DTM: FEHLT

DFQ: Creif21

NOT: Die rechtlichen Bestimmungen zur Ehescheidung wurden 1976 grundlegend reformiert und das Verschuldensprinzip, das die Schwierigkeit der Nachweisbarkeit mit sich brachte, durch das Zerrüttungsprinzip ersetzt: Einziger Ehescheidungsgrund ist nunmehr das Scheitern der Ehe. (siehe § 1565 BGB).

***

ATM: **Scheidungsbeschluss**; gesetzl.; 4; Hauptb.; Subst.; mask.; sg.; 1211; Familienrecht
ETM: (uncontested) divorce decree; FTM: jugement de divorce

TMQ: § 94 AußStrG

DEF: gerichtlich erlassene Entscheidung über eine einvernehmliche Ehescheidung.

DFQ: nach § 94 AußStrG; http://www.help.gv.at/.. /Seite.1010500.html (14.07.2009)

NOT Im österr. Scheidungsrecht wird zwischen „einvernehmlicher" und „strittiger" Scheidung unterschieden. Die Scheidung wird wird im 1. Fall durch einen „**Scheidungsbeschluss**" und im 2. Fall mit einem „**Scheidungsurteil**" vollzogen. Im dt. Recht immer durch einen Scheidungsbeschluss.

REL: Falscher Freund

DTM: **Scheidungsbeschluss;** fachlit.; 3; Hauptb.; Subst.; mask.; sg.

TMQ: https://www.justiz.nrw.de/../scheidung_folgesachen/index.php (20.02.2015)

DEF: im Fall der Scheidung ist über sämtliche im Verbund stehenden Familiensachen durch einheitlichen Beschluss zu entscheiden.

DFQ: § 142 FamFG

NOT: Die Voraussetzungen, unter denen die Scheidung begehrt werden kann, ergeben sich aus den folgenden Vorschriften. (§ 1564 BGB)

***

ATM: **Scheinhersteller**; fachlit.; 3; Hauptb.; Subst.; mask.; sg.; 1211; Unternehmensrecht; **Anscheinshersteller, Als-Ob-Hersteller**

ETM: fake manufacturer; FTM: fabricant fictif

TMQ: OGH, 21.12.2004, 5Ob217/04d

DEF: jeder, der als Hersteller auftritt, indem er seinen Namen, seine Marke oder ein anderes Erkennungszeichen auf dem Produkt anbringt, obwohl er an der Produktion nicht beteilgt war.

DFQ: nach Welser, FWB Bürgerliches Recht

REL Synonym

DTM: **Quasi-Hersteller**; fachlit.; 3; Hauptb.; Subst.; mask.; sg.

DTQ: BGH 30.07.2013, VI ZR 327/12

DEF: derjenige, der ein fremdes Produkt mit eigenem Namen oder Warenzeichen versieht und sich damit als Hersteller dieses Produktes ausgibt.

DFQ: AlpBrock2

***

ATM: **Schenkungsanrechnung**; gesetzl.; 4; Hauptb.; Subst.; fem.; sg.; 1211; Erbrecht

ETM: settling the donations to the calculation of the inheritance; FTM: règlement**des dons pour le calcul de l'héritage**

TMQ: OGH 24.07.2013, 9Ob47/13x

DEF: das Anrechnen von zu Lebzeiten getätigten Schenkungen des Erblassers bei der Berechnung des Nachlasses auf Verlangen eines pflichtteilsberechtigten Kindes oder des pflichtteilsberechtigten Ehegatten.

DFQ: nach § 785 (1) ABGB

NOT: siehe auch §§ 787 (2), 951 ABGB

REL Synonym

DTM: **Anrechnung von Zuwendungen auf den Pflichtteil;** gesetzl.; 4; Hauptb.; MWA; fem.; sg.; **Ausgleichung**

DTQ: § 2315 BGB

DEF: das Anrechnen auf den Pflichtteil des Pflichtteilsberechtigten von dem, was ihm von dem Erblasser durch Rechtsgeschäft unter Lebenden mit der Bestimmung zugewendet worden ist, dass es auf den Pflichtteil angerechnet werden soll.

DFQ: nach § 2315 BGB

***

ATM: **Schenkungspflichtteil**; gesetzl.; 4; Hauptb.; Subst.; mask.; sg.; 1211; Erbrecht
ETM: statutory share of grants; FTM: réserve héréditaire en cas de donation
TMQ: OGH 14.03.2013, 2Ob219/12p
DEF: jener Pflichtteil, den ein Pflichtteilsberechtigter aus der Anrechnung von Schenkungen erhält, die ein Erblasser zu Lebzeiten tätigt.
DFQ: nach § 787 (2) ABGB
DTM: **FEHLT**
***
ATM: **Schlagobers**; gesetzl.; 4; Hauptb.; Subst.; mask.; sg.; 1211; Bürgerl. Recht; **Schlagrahm, Kaffeeobers**
ETM: whipped cream; FTM: crème Chantilly
TMQ: ÖLMB Kap. B32
DEF: wird aus Milch durch Zentrifugation (Entrahmen) oder durch Phasentrennung nach ruhigem Stehenlassen der Milch (Aufrahmen) gewonnen, enthält mindestens 10 % (m/m) Milchfett.
DFQ: ÖLMB Kap. B32
REL Synonym
DTM: **Schlagsahne**; gesetzl.; 4; Hauptb.; Subst.; mask.; sg.; 1211; Bürgerl. Recht
DTQ: MilchErzV
DEF: hergestellt aus Milch durch Abscheiden von Magermilch oder Einstellung des Fettgehaltes auf mindestens 10% Fett, auch angereichert mit Milcheiweißerzeugnissen.
DFQ: MilchErzV
***
ATM: **Schlechtwetterentschädigung**; gesetzl.; 4; Hauptb.; Subst.; fem.; sg.; 4426; Arbeitsrecht
ETM: bad weather compensation; FTM: indemnité d'intempéries
TMQ: § 4 Bauarbeiter-Schlechtwetterentschädigungsgesetz 1957
DEF: Lohneinkünfte, die Mitarbeitern bestimmter Branchen für ausgefallene Arbeitsstunden gebühren, in denen ohne Störung durch Schlechtwetter nach der für die Arbeitsstelle geltenden betrieblichen Arbeitszeit gearbeitet worden wäre.
DFQ: nach § 4 (2) Bauarbeiter-Schlechtwetterentschädigungsgesetz 1957
REL Synonym
DTM: **Saison-Kurzarbeitergeld**; gesetzl.; 4; Hauptb.; Subst.; neutr.; sg.
DTQ: § 252 SGB VI
DEF: eine Lohnersatzleistung mit dem Ziel, Arbeitnehmer bei Arbeitsmangel oder bei saisonalen Arbeitsausfällen in der Schlechtwetterzeit im Betrieb zu halten und damit die Beschäftigungsverhältnisse zu stabilisieren.
DFQ: http://www.arbeitsagentur.de [1.2.2015]; § 101 SGB III
NOT: Das Schlechtwettergeld wurde zunächst durch das Winterausfallgeld und später gemäß BGBl. I 926 durch das Saison- Kurzarbeitergeld ersetzt.
***
ATM: **schlichte Abmahnung**; fachlit.; 3; Hauptb.; MWA; fem.; sg.; 4426; Arbeitsrecht; **schlichte Verwarnung**
ETM: clear warning; FTM: rappel à l'ordre simple
TMQ: OGH RS0044168, 10.05.1995
DEF: eine Verwarnung des Arbeitnehmers, wobei der Arbeitgeber seine vertraglichen Rügerechte ausübt, den Arbeitnehmer zu vertragsgerechtem zukünftigen Verhalten anzuhalten und vor

Konsequenzen für den Bestand oder Inhalt des Arbeitsverhältnisses bei weiteren Verletzungen zu warnen.

DFQ: OGH 10.05.1995, 9ObA51/95

REL: Synonym

DTM: **Abmahnung**; gesetzl.; 4; Hauptb.; Subst.; fem.; sg.; **Kündigungsankündigung; Abmahnung vor Kündigung**

DTQ: § 12 Gleichbehandlungsgesetz

DEF: eine Möglichkeit zur Rüge von Vertragsverstößen im Arbeitsverhältnis zur Vorbereitung einer Kündigung (daher auch Kündigungsankündigung) bezeichnet.

DFQ: lexexakt.de

***

ATM: **schlichte Verwarnung**; fachlit.; 3; Hauptb.; MWA; fem.; sg.; 4426; Arbeitsrecht; **schlichte Abmahnung**

ETM: clear warning; FTM: rappel à l'ordre simple

TMQ: OGH 8ObA23/98k; 29.01.1998

DEF: eine Verwarnung des Arbeitnehmers, wobei der Arbeitgeber seine vertraglichen Rügerechte ausübt, den Arbeitnehmer zu vertragsgerechtem zukünftigen Verhalten anzuhalten und vor Konsequenzen für den Bestand oder Inhalt des Arbeitsverhältnisses bei weiteren Verletzungen zu warnen.

DFQ: OGH 8ObA23/98k; 29.01.1998

REL: Synonym

DTM: **Abmahnung**; gesetzl.; 4; Hauptb.; Subst.; fem.; sg.

DTQ: § 97a UrhG Abmahnung

DEF: damit wird eine Möglichkeit zur Rüge von Vertragsverstößen im Arbeitsverhältnis zur Vorbereitung einer Kündigung (daher auch Kündigungs-ankündigung) bezeichnet. Die Abmahnung ist formlos möglich (d.h. mündlich), muss der Arbeitnehmerin aber zugehen. Aus Beweisgründen sind aber allein schriftliche Abmahnungen sinnvoll. Die Abmahnung ist in die Personalakte aufzunehmen.

DFQ: http://www.lexexakt.de (01.02.2015)

***

ATM: **Schlichtungsstelle**; gesetzl.; 4; Hauptb.; Subst.; fem.; sg.; 4426; Arbeitsrecht

ETM: conciliation body; FTM: organe de conciliation

TMQ: § 144 ArbVG

DEF: Stelle, die zur Entscheidung von Streitigkeiten über den Abschluss, die Änderung oder die Aufhebung von Betriebsvereinbarungen auf Antrag eines der Streitteile einzurichten ist.

DFQ: nach § 76 (1)-(2) BetrVG

NOT: Die Schlichtungsstelle ist am Sitz des mit Arbeits- und Sozialrechtssachen in erster Instanz befassten Gerichtshofes, in dessen Sprengel der Betrieb liegt, zu errichten und besteht aus einem Vorsitzenden und vier Beisitzern.

REL: Teilsynonym; enger

DTM: **Einigungsstelle**; gesetzl.; 4; Hauptb.; Subst.; fem.; sg.; 1211; Bürgerl. Recht

DTQ: § 76 BetrVG

DEF: Stelle, die bei Bedarf zur Beilegung von Meinungsverschiedenheiten zwischen Arbeitgeber und Betriebsrat, Gesamtbetriebsrat oder Konzernbetriebsrat zu bilden ist.

DFQ: nach § 76 BetrVG

NOT: Durch Betriebsvereinbarung kann eine ständige Einigungsstelle errichtet werden. Durch Tarifvertrag kann bestimmt werden, dass an die Stelle einer Einigungsstelle eine tarifliche Schlichtungsstelle tritt.

***

ATM: **Schlögel**; gesetzl.; 4; Hauptb.; Subst.; mask.; sg.; 6026; Lebensmittelrecht; **Schinken**

ETM: haunch; FTM: cuissot

TMQ: Österr. Lebensmittelbuch, Kap. 14 A.3.3.3

DEF: besteht aus: Schlussbraten, Kaiserteil (Schale), Nuss, Frikandeau, Hintere Stelze Fuß.

DFQ: Österr. Lebensmittelbuch, Kap. 14 A.3.3.3

REL: Teilsynonym

DTM: **Keule**; fachlit., 3; fem.; sg.; Hauptb.; Subst.; **Schlegel**

DTQ: Leitsätze für Fleisch und Fleischerzeugnisse, GMBl Nr. 5/6 ff. vom 04. 02. 2010)

DEF: ein Teilstück des Hinterviertels des Schweins und besteht aus Stelze, Haxe, Hüfte, Kugel, Oberschale und Unterschale.

DFQ: http://www.gutekueche.de/rezepte/kochwissen/warenkunde/fleischstuecke-schwein.1813.htm

***

ATM: **Schmerzengeld**; gesetzl.; 4; Hauptb.; Subst.; neutr.; sg.; 1216; Strafrecht

ETM: compensation for pain and suffering; FTM: dommages et intérêts pour le préjudice moral

TMQ: § 1325 ABGB

DEF: ein immaterieller Schadensersatzanspruch, als Ausgleich für Schäden, die jemanden aufgrund der Körperbeschädigung durch einen anderen entstanden sind.

DFQ: nach § 1325 ABGB

NOT: Wer jemanden an seinem Körper verletzt, muss neben den Heilungskosten und dem entgangenen Gewinn auch Ersatz für alle körperlichen und seelischen Schmerzempfindungen leisten.

REL Synonym

DTM: **Schmerzensgeld**; gesetzl.; 4; Subst.; neutr.; sg.

DTQ: § 406 (1) StPO

DEF: Entschädigung für Nichtvermögensschäden wie Schmerzen, Sorgen, entgangene Lebensfreude, Verletzung des Körpers, der Gesundheit, der Freiheit oder der sexuellen Selbstbestimmung.

DFQ: nach § 253 BGB

NOT: Schmerzensgeld wird unter den Voraussetzungen von § 253 BGB gezahlt.

***

ATM: **Schöffengericht in Jugendstrafsachen**; gesetzl.; 4; Hauptb.; MWA; neutr.; sg.; 1226; Jugendgerichtsbarkeit

ETM: juvenile court with lay judges; FTM: tribunal d'échevins pour délinquants mineurs

TMQ: § 27 (1) JGG

DEF: Gericht, das für Jugendstrafsachen und für Strafsachen wegen Straftaten, die vor Vollendung des einundzwanzigsten Lebensjahres begangen worden sind, zuständig ist.

DFQ: § 27 (1) JGG

NOT: Dem Schöffengericht muss eine im Lehrberuf, als Erzieher oder in der öffentlichen oder privaten Jugendwohlfahrt oder Jugendbetreuung tätige oder tätig gewesene Personen als Schöffe angehören.

REL: Synonym

DTM Jugendschöffengericht; gesetzl.; 4; Hauptb.; Subst.; neutr.; sg.

DTQ: § 33a JGG

DEF: Gericht, das aus dem Jugendrichter als Vorsitzenden und zwei Jugendschöffen besteht. Als Jugendschöffen sollen zu jeder Hauptverhandlung ein Mann und eine Frau herangezogen werden.

DFQ: § 33a (1) JGG

***

ATM: Schopfbraten; gesetzl.; 4; Hauptb.; Subst.; mask.; sg.; 6026; Lebensmittelrecht

ETM: neck of pork; FTM: collet de porc

TMQ: http://www.ama-marketing.at/../SCHWEIN40.SWF (15.09.2014)

DEF: bildet den kopfseitigen Anschluß des Karrees.

DFQ: marketing.at/../SCHWEIN40.SWF (15.09.2014)

REL Synonym

DTM: Kammbraten; gesetzl.; 4; Hauptb.; Subst.; mask.; sg.

DTQ: http://www.fleischwirtschaft.de/../index.prl?name=Kammbraten&currChar=K (15.09.2014)

DEF: Hals, i.d.R. wie gewachsen.

DFQ: http://www.fleischwirtschaft.de/../index.prl?name=Kammbraten&currChar=K (15.09.2014)

***

ATM: schriftliche Anfrage; gesetzl.; 4; Hauptb.; MWA; fem.; sg.; 0431; Öffentl. Recht

ETM: written request; FTM: demande écrite

TMQ: § 31f (1) GOG-NR

DEF: eine Anfrage von mindestens 5 Abgeordneten zum Nationalrat bzw. 3 Mitgliedern des Bundesrates an die Bundesregierung bzw. ihre Mitglieder mit der Auskünfte über alle in ihren Verantwortungsbereich fallenden Angelegenheiten zu verlangen.

DFQ: nach § 31f (1) GOG-NR

NOT: Die Beantwortung muss innerhalb von zwei Monaten erfolgen.

REL: Teilsynonym; funkt. Äquiv.

DTM: Große Anfrage; gesetzl.; 4; Hauptb.; Subst.; fem.; sg.

DTQ: § 100 BTGO

DEF: eine schriftliche Anfrage an die Bundesregierung um Stellungnahmen zu wichtigen politische Fragen.

DFQ: nach http://www.bundestag.de/service/glossar/ (01.02.2015)

NOT: Diese Anfragen werden schriftlich beantwortet und auf jeden Fall auch im Plenum debattiert, sofern dies von mindestens fünf Prozent der Abgeordneten verlangt wird.

***

ATM: Schriftführer/in; gesetzl.; 4; Hauptb.; Subst.; mask./fem.; sg.; 0421; Öffentl. Recht; Parlament

ETM: recording clerk; FTM: greffier

TMQ: § 3 Geschäftsordnung für die Gerichte I. und II. Instanz

DEF: bei jedem Gerichte muß ständige Vorsorge für den Schriftführerdienst getroffen sein. Sie sollen durch entsprechende Schulung instand gesetzt werden, das Protokoll über mündliche Verhandlungen selbständig zu verfassen und womöglich in Maschinschrift herzustellen. Zu diesem Dienst sind Hilfsrichter, Richteramtsanwärter, die zur Gerichtspraxis zugelassenen oder die in der Geschäftsstelle verwendeten Personen heranzuziehen.

DFQ: nach § 3 Geschäftsordnung für die Gerichte I. und II. Instanz

REL Synonym

DTM: Protokollführer/in; gesetzl.; 4; Hauptb.; Subst.; mask./fem.; sg.

DTQ: § 168 StPO

DEF: ein Urkundsbeamter der Geschäftsstelle, der bei Grichtsverhandlungen das Protokoll führt.

DFQ: nach § 168 StPO

***

ATM: **Schriftführereid**; gesetzl.; 4; Hauptb.; Subst.; mask.; sg.; 1221; Gerichtsverfassung

ETM: recording clerk's oath; FTM: prestation de serment d'un greffier

TMQ: § 3 Geschäftsordnung für die Gerichte I. und II. Instanz

DEF: der Eid, den Schriftführer bei Gericht zu leisten haben, die ihnen übertragenen Geschäfte gewissenhaft auszuführen und das Amtsgeheimnis zu wahren.

DFQ: nach § 3 Geschäftsordnung für die Gerichte I. und II. Instanz

REL Synonym

NOT: Die Instanz des Schriftführers fehlt im dt. Rechtssystem. Die Tätigkeit des Schriftführers wird vom Urkundenbeamten der Geschäftsstelle besorgt.

DTM: FEHLT

NOT Der Vorsitzende der Kammer des Anwaltsgerichts verpflichtet den Protokollführer vor der ersten Dienstleistung durch Handschlag auf die gewissenhafte Erfüllung der Obliegenheiten eines Protokollführers. (§ 140 Bundesrechtsanwaltsordnung)

***

ATM: **Schubhaft**; gesetzl.; 4; Hauptb.; Subst.; fem.; sg.; 2811; Fremdenrecht

ETM: detention pending deportation; FTM: rétention administrative (avant expulsion)

TMQ: Art. 78 FPG

DEF: Haft, die ausschließlich Fremden zuteil werden kann und deren Zweck es ist, ein Verfahren zur Erlassung einer Ausweisung oder eines Aufenthaltsverbotes und in weiterer Folge die Abschiebung, Zurückschiebung oder Durchbeförderung der Person sicherzustellen.

DFQ: nach http://www.help.gv.at/ (20.01.2015)

REL Synonym

DTM: **Abschiebungshaft**; gesetzl.; 4; Hauptb.; Subst.; fem.; sg.

DTQ: § 62 AufenthG

DEF: der richterlich angeordnete Freiheitsentzug zur Sicherung der Abschiebung bis zu höchstens einem Jahr oder zur Vorbereitung einer Ausweisung bis zu sechs Wochen.

DFQ: http://www.rechtslexikon.net (01.02.2015)

NOT: § 62 AufenthG unterscheidet hierbei zwischen 2 Arten der Abschiebungshaft: Vorbereitungshaft und Sicherungshaft.

***

ATM: **Schubhaftbetreuung**; gesetzl.; 4; Hauptb.; Subst.; fem.; sg.; 2811; Fremdenrecht

ETM: mentoring of persons in detention pending deportation; FTM: soutien aux personnes en rétention administrative en attente d'expulsion

TMQ: Sicherheitspolizeigesetz § 1a Z. 8

DEF: die vertraglich dem Bundesministerium für Inneres zur Betreuung von Fremden in Schubhaft verpflichtete tätige Hilfseinrichtung.

DFQ: Sicherheitspolizeigesetz § 1a Z. 8

NOT: In DE gibt es private Vereine, die die soziale Betreuung von Personen in Schuhaft übernehmen.

DTM: FEHLT

***

ATM: **Schuldausspruch**; gesetzl.; 4; Hauptb.; Subst.; mask.; sg.; 1211; Eherecht

ETM: determination of guilt; FTM: verdict de culpabilité

TMQ: § 60 EheG

DEF: die Angabe der Schuldverhältnisse im Scheidungsurteil, wenn eine Ehe wegen Verschuldens geschieden wird.

DFQ: nach § 60 EheG

DTM: **FEHLT**

NOT: In DE gilt als einziger Ehescheidungsgrund nur mehr das Scheitern der Ehe (§ 1565 BGB).

***

ATM: **Schuldeintritt**; fachlit.; 3; Hauptb.; Subst.; mask.; sg.; 1211; Bürgerl. Recht; **privative Schuldübernahme; befreiende Schuldübernahme**

ETM: assumption of debts; FTM: reprise de la dette

TMQ: OGH, 03.04.2008, 1Ob43/08t

DEF: Vorgang, bei dem der alte Schuldner aus der Schuld entlassen wird und ein neuer Schuldner an seine Stelle tritt.

DFQ: nach § 1405 ABGB; Welser, FWB Bürgerliches Recht

NOT: Ein Schuldeintritt ist nur mit Zustimmung des Gläubigers möglich.

REL Synonym

DTM: **befreiende Schuldübernahme**; fachlit.; 3; Hauptb.; MWA; fem.; sg.; **privative Schuldübernahme**

DTQ: BGH, 6.12.2002, V ZR 184/02

DEF: eine Schuld kann von einem Dritten durch Vertrag mit dem Gläubiger in der Weise übernommen werden, dass der Dritte an die Stelle des bisherigen Schuldners tritt.

DFQ: § 414 BGB

***

ATM: **Schuldenregulierungsverfahren**; gesetzl.; 4; Hauptb.; Subst.; neutr.; sg.; 1211; Insolvenzrecht; **Privatkonkurs**

ETM: personal bankruptcy proceedings; FTM: procédure procédure de régularisation de la dette d'une personne privée

TMQ: § 182 IO

DEF: ein Verfahren vor dem Bezirksgericht, in dem für natürliche Personen, die kein Unternehmen betreiben, Lösungen zwischen Gläubigern und Schuldnern gefunden werden sollen, die die Zahlungsunfähigkeit des Schuldners beheben.

DFQ: https://www.help.gv.at (10.02.2015)

NOT: Der Begriff „**Privatkonkurs**" kommt in der Konkursordnung nicht vor, ist allerdings in der Fachlichteratur und umgangssprachlich gebräuchlich.

REL Synonym

DTM: **Verbraucherinsolvenzverfahren**; gesetzl.; 4; Hauptb.; Subst.; neutr.; sg.; **Privatinsolvenz**

DTQ: § 305 (5) InsO

DEF: spezielles Insolvenzverfahren, das zur Anwendung kommt, wenn der Insolvenzschuldner eine natürliche Person ist, die keine selbständige wirtschaftliche Tätigkeit ausübt oder ausgeübt hat, und in drei Stufen abläuft.

DFQ: nach http://www.juraforum.de (04.02.2015)

***

ATM: **Schuldspruch ohne Strafe**; gesetzl.; 4; Hauptb.; MWA; mask.; sg.; 1216; Jugendstafrecht

ETM: conviction without penalty; FTM: verdict de culpabilité sans sanction

TMQ: § 12 (1) JGG

DEF: ein Schuldspruch im Jugendstrafverfahren ohne Verhängung einer Strafe, der zu fällen ist, wenn nur eine geringe Strafe zu verhängen wäre und wenn anzunehmen ist, dass der Schulspruch allein genügt, um den Rechtsbrecher von weiteren strafbaren Handlungen abzuhalten.

DFQ: § 12 (1) Jugendgerichtsgesetz 1988

DTM: FEHLT

NOT: Das deutsche Jugendgerichtsgesetz sieht Erziehungsmaßregeln (§§ 9-12) wie die Erteilung von Weisungen und Anordnung, Hilfe zur Erziehung usw. vor. Diese Mapnahmen gehen jedoch mit einer Veruteilung einher.

***

ATM: **Schuldspruch unter Vorbehalt der Strafe**; gesetzl.; 4; Hauptb.; MWA; mask.; sg.; 1216; Jugendstafrecht

ETM: conviction with suspended sentence; FTM: verdict de culpabilité sous réserve de sanction

TMQ: § 13 (1) JGG 1988

DEF: der Ausspruch der wegen einer Jugendstraftat zu verhängenden Strafe ist für eine Probezeit von einem bis zu drei Jahren vorzubehalten, wenn anzunehmen ist, daß der Schuldspruch und die Androhung des Strafausspruchs allein oder in Verbindung mit anderen Maßnahmen genügen werden, um den Rechtsbrecher von weiteren strafbaren Handlungen abzuhalten. Die Probezeit beginnt mit Eintritt der Rechtskraft des Urteils.

DFQ: § 13 (1) JGG 1988

REL: Teilsynonym

DTM: **Strafaussetzung**; gesetzl.; 4; Hauptb.; Subst.; fem.; sg.

DTQ: § 21 (1) JGG

DEF: das Aussetzen der Vollstreckung einer Jugendstrafe in Höhe von nicht mehr als einem Jahr zur Bewährung.

DFQ: § 21 (1) JGG

NOT: Dazu kommt es, wenn zu erwarten ist, dass der Jugendliche sich schon die Verurteilung zur Warnung dienen lassen und auch ohne die Einwirkung des Strafvollzugs unter der erzieherischen Einwirkung in der Bewährungszeit künftig einen rechtschaffenen Lebenswandel führen wird.

***

ATM: **Schulerhalter**; gesetzl.; 4; Hauptb.; Subst.; mask.; sg.; 3206; Schulrecht

ETM: educational authority; FTM: autorité scolaire

TMQ: § 2 StPEG 2004

DEF: eine Gebietskörperschaft, der die Errichtung, Erhaltung und Auflassung der Pflichtschulen obliegt.

DFQ: nach § 2 (1) StPEG

NOT: Bei öffentlichen Schulen ist der Schulerhalter meist die Gemeinde, bei Privatschulen sind es Kirchenträger oder Privatpersonen.

REL Synonym

DTM: **Schulträger**; gesetzl.; 4; Hauptb.; Subst.; mask.; sg.

DTQ: § 2 SchVG (Nordrhein-Westfalen)

DEF: für die Errichtung, Unterhaltung und Verwaltung der Schule verantwortlich und trägt idR die Sachkosten (während die Personalkosten für Lehrer an öffentlichen Schulen vom Land übernommen werden).

DFQ: http://www.bildungsserver.de/glossarset.html?sp=0&Id=144 (20.01.2015)
NOT: Bei öffentlichen Schulen ist der Schulträger idR eine kommunale Körperschaft (Gemeinde, Kreis); bei Schulen in freier Trägerschaft sind die Schulträger entweder gemeinnützige Körperschaften (vor allem die Kirchen) oder Privatpersonen.

***

ATM: **Schulgeldfreiheit**; gesetzl.; 4; Hauptb.; Subst.; fem.; sg.; 3206; Schulrecht; **unentgeltlicher Schulbesuch**
ETM: schooling free of charge; FTM: scolarité gratuite
TMQ: § 5 SchOG
DEF: der unentgeltliche Besuch der öffentlichen Pflichtschulen, die im Schulorganisatonsgesetz genannt werden.
DFQ: nach § 5 (1)
REL: Synonym

DTM: **gebührenfreier Schulbesuch**; fachlit.; 3; Hauptb.; MWA; mask.; sg.
DTQ: http://dip21.bundestag.de/dip21/btd/17/064/1706484.pdf (10.02.2015)
DEF: der kostenlose Besuch der öffentlichen Pflichtschulen.
DFQ: nach http://dip21.bundestag.de/dip21/btd/17/064/1706484.pdf (10.02.2015)

***

ATM: **Schulgemeinschaftsausschuss**; gesetzl.; 4; Hauptb.; Subst.; mask.; sg.; 3206; Schulrecht
ETM: school community committee; FTM: comité de la communauté scolaire
TMQ: § 64 SchOG
DEF: ein Gremium der Schulorganisation, das in den Polytechnischen Schulen, in den Sonderschulen, die nach dem Lehrplan der Polytechnischen Schule geführt werden, in den Berufsschulen und in den mittleren und höheren Schulen zur Förderung und Festigung der Schulgemeinschaft Entscheidungen über schulbezogene Aktivitäten trifft und aus dem Schulleiter sowie je drei Vertreter der Lehrer, der Schüler und der Erziehungsberechtigten besteht.
DFQ: nach §§ 64 (1), (3) SchOG
REL: Synonym

DTM: **Schulkonferenz**; gesetzl.; 4; Hauptb.; Subst.; mask.; sg.; 1211; Bürgerl. Recht; **Gesamtkonferenz**, **Schulvorstand**
DTQ: § 47 SchuG Baden-Württemberg
DEF: das gemeinsame Organ der Schule. Sie hat die Aufgabe, das Zusammenwirken von Schulleitung, Lehrern, Eltern, Schülern und der für die Berufserziehung Mitverantwortlichen zu fördern, bei Meinungsverschiedenheiten zu vermitteln sowie über Angelegenheiten, die für die Schule von wesentlicher Bedeutung sind, zu beraten und nach Maßgabe der Absätze 2 bis 5 zu beschließen.
DFQ: § 47 (1) SchuG Baden-Württemberg
NOT: In den dt. Bundesländern werden die Eltern durch den **Elternbeirat, Elternrat, Elternausschuss, Elternkuratorium** oder **Elternpflegschaft** eingebunden. Die Schülervertretung wird auch als **Schülermitverantwortung, Schülermitverwaltung, Schülerverwaltung** oder **Schülermitwirkung** genannt. Die Organisationsformen von sogenannten Schulkonferenzen und Eltern- und Schülervertretungen variieren stark je nach Bundesland.

***

ATM: **schulische Führungstätigkeit**; gesetzl.; 4; Hauptb.; MWA; fem.; sg.; 3206; Schulrecht
ETM: school management activities; FTM: activités de gestion de l'école
TMQ: § 1 Z. 1 Gestaltung des Lehrganges zur hochschulischen Nachqualifizierung

DEF: eine jedenfalls einjährige Tätigkeit, die eine pädagogische Führungs- und strategische Steuerungsfunktion, Organisations- und Personalentwicklung, Qualitätssicherung, Beratung und Konfliktmanagement umfasst wie insbesondere die Funktion als Schulleiterin bzw. Schulleiter, als Abteilungs- oder Fachvorständin bzw. -vorstand, als Organ der Schulaufsicht oder eine Führungsfunktion an einer Pädagogischen Hochschule.
DFQ: § 1 Z. 1 Gestaltung des Lehrganges zur hochschulischen Nachqualifizierung

DTM: **FEHLT**

***

ATM: **Schulrat**; gesetzl.; 4; Hauptb.; Subst.; mask.; sg.; 3206; Schulrecht; **SR**
ETM: senior teacher at secondary school level; FTM: proviseur de lycée
TMQ: Art. 1 Schaffung von Berufstiteln
DEF: Berufstitel für Personen, die im Lehr- oder Erziehungsdienst tätig sind.
DFQ: nach http://www.help.gv.at/Content.Node/173/Seite.1730200.html (20.07.2009)
REL: Falscher Freund

DTM: **Schulrat**; gesetzl.; 4; Hauptb.; Subst.; mask.; sg.
DTQ: § 130 (2) SchulG (Schleswig-Holstein)
DEF: staatlicher Aufsichtsbeamter der unteren Schulaufsichtsbehörde (Schulamt).
DFQ: nach www.lexikon.meyers.de (21.01.2015); BesGr A 14 Besoldungsgruppe A 14
NOT: In AT erfüllen Bezirks- und Landesschulinspektoren die Funktion des Schulrats.

***

ATM: **Schulsprengel**; gesetzl.; 4; Hauptb.; Subst.; mask.; sg.; 3206; Schulrecht
ETM: school district; FTM: district scolaire
TMQ: § 13 Pflichtschulerhaltungs-Grundsatzgesetz
DEF: das Gebiet innerhalb einer Gemeinde, für die jede öffentliche Pflichtschule zuständig ist und in die die in diesem Gebiet lebenden SchulschülerInnen zugewiesen werden.
DFQ: nach § 13 (1), (7) Pflichtschulerhaltungs-Grundsatzgesetz
NOT: In Österreich wie in Deutschland ist die Festlegung von Schulsprengeln Ländersache.
REL: Synonym

DTM: **Schulbezirk**; gesetzl.; 4; Hauptb.; Subst.; mask.; sg.
DTQ: BVerfG, 1 BvQ 37/09 vom 26.08.2009
DEF: die Schulbehörde legt für jede Grundschule, und Berufsschule im Benehmen mit dem Schulträger ein räumlich abgegrenztes Gebiet als Schulbezirk fest. Schülerinnen und Schüler der Grundschulen besuchen die Schule, in deren Bezirk sie wohnen. Schülerinnen und Schüler der Berufsschule besuchen die Berufsschule, in deren Schulbezirk sie beschäftigt sind.
DFQ: http://www.rhein-lahn-kreis.de/html/cs_7342.html? (05.09.2014)

***

ATM: **Schulterscherzel**; gesetzl.; 4; Hauptb.; Subst.; neutr.; sg.; 6026; Lebensmittelrecht
TMQ: Österr. Lebensmittelbuch, Kap. 14 A.3.1.3
DEF: M. infra spinam, M. multifidus - Länglicher, teilweise von Sehnen durchzogener Muskel der Schulter zwischen Dicker Schulter und Magerem Meisel.
DFQ: Österr. Lebensmittelbuch, Kap. 14 A.3.1.3
REL: Teilsynonym

DTM: **Schaufelstück**; gesetzl.; 4; Hauptb.; Subst.; neutr.; sg.; **Mittelbug**
DTQ: http://www.gutekueche.de/rezepte/kochwissen/warenkunde/fleischstuecke-rind.1814.htm
DEF: der mittlere Teil der Schulter - gehört zum Rinderbug und liegt zwischen dem Schaufelstück und dem Dicken Bug.

DFQ: http://www.gutekueche.de/rezepte/kochwissen/warenkunde/fleischstuecke-rind.1814.htm

***

ATM: **Schutzweg**; gesetzl.; 4; Hauptb.; Subst.; mask.; sg.; 4806; Straßenverkehrsrecht; **„Zebrastreifen"**

ETM: pedestrian crossing; FTM: passage piétons

TMQ: § 1 (12) StVO

DEF: ein durch gleichmäßige Längsstreifen (sogenannte „Zebrastreifen") gekennzeichneter, für die Überquerung der Fahrbahn durch Fußgänger bestimmter Fahrbahnteil.

DFQ: § 1 (12) StVO

REL Synonym

DTM: **Fußgängerüberweg**; gesetzl.; 4; Hauptb.; Subst.; mask.; sg.; **„Zebrastreifen"**

DTQ: § 26 StVO

DEF: ein solcher Fußgängerüberweg ist durch breite Linien auf der Fahrbahn (Zebrastreifen) gekennzeichnet, die als Verkehrszeichen dienen.

DFQ: http://de.wikipedia.org/ (17.02.2015)

***

ATM: **Schweigen auf einen Vertragsantrag**; fachlit.; 3; Hauptb.; MWA; neutr.; sg.; 1211; Bürgerl. Recht

ETM: contractual offeree's silence; FTM: silence suite à une offre de contrat

TMQ: OGH 9ObA34/90 8ObA287/97g 14.0199

DEF: das Schweigen auf einen Vertragsantrag hat grundsätzlich nicht die Bedeutung der Annahme.

DFQ: OGH 9ObA34/90; 8ObA287/97g; 14.02.1990

NOT: Schweigt jemand auf ein Angebot, liegt darin eine Ablehnung. Etwas anderes gilt im bürgerlichen Recht aber, wenn das Gesetz es anordnet (z.B. § 362 UGB)

REL: Teilsynonym

DTM: **untätiges Schweigen**; fachlit.; 3; Hauptb.; MWA; neutr.; sg.

DTQ: http://lexexakt.de/glossar/schweigen.php

DEF: kann gemäß BGB grundsätzlich nicht als Willenserklärung ausgelegt werden, d.h. schweigt jemand auf ein Angebot liegt darin eine Ablehnung. Etwas anderes gilt im bürgerlichen Recht aber, wenn das Gesetz es anordnet (z.B. bei der Annahme der Schenkung gemäß § 516 (2)) oder die Parteien Schweigen als Willenserklärung vereinbart haben.

DFQ: § 133 BGB und Staudinger, Kommentar zum BGB

***

ATM: **schwere Eheverfehlung**; gesetzl.; 4; Hauptb.; MWA; fem.; sg.; 2806; Eherecht

ETM: serious marital misconduct; FTM: violation grave des devoirs et obligations du mariage (faute grave)

TMQ: § 49 EheG

DEF: liegt insbesondere vor, wenn ein Ehegatte die Ehe gebrochen oder dem anderen körperliche Gewalt oder schweres seelisches Leid zugefügt hat.

DFQ: nach § 49 EheG

NOT: Darauf kann der betroffene Teil Scheidung begehren, wenn der andere die Ehe schuldhaft so tief zerrüttet hat, dass die Wiederherstellung einer ihrem Wesen entsprechenden Lebensgemeinschaft nicht erwartet werden kann.

DTM: **FEHLT**

DFQ: § 1565 BGB

NOT: Im dt. Recht ist der einzige Scheidungsgrund das „**Scheitern der Ehe**".

***

ATM: schwere Körperverletzung (1); gesetzl.; 4; Hauptb.; MWA; fem.; sg.; 1216; Strafrecht

ETM: grievous bodily harm; FTM: lésions corporelles graves

TMQ: § 84 StGB

DEF: die Verletzung eines anderen, die begangen worden ist, mit einem solchen Mittel und auf solche Weise, womit in der Regel Lebensgefahr verbunden ist;von mindestens drei Personen in verabredeter Verbindung; unter Zufügung besonderer Qualen oder an an einem Beamten, Zeugen oder Sachverständigen während oder wegen der Vollziehung seiner Aufgaben oder der Erfüllung seiner Pflichten.

DFQ: nach § 84 (2) StGB

REL: Teilsynonym

DTM: gefährliche Körperverletzung; gesetzl.; 4; Hauptb.; MWA; fem.; sg.

DTQ: § 224 StGB

DEF: Körperverletzung entstanden durch 1. durch Beibringung von Gift oder anderen gesundheitsschädlichen Stoffen, 2. mittels einer Waffe oder eines anderen gefährlichen Werkzeugs, 3. mittels eines hinterlistigen Überfalls, 4. mit einem anderen Beteiligten gemeinschaftlich oder 5. mittels einer das Leben gefährdenden Behandlung.

DFQ: nach § 224 (1) StGB

***

ATM: schwere Körperverletzung (2); gesetzl.; 4; Hauptb.; MWA; fem.; sg.; 1216; Strafrecht

ETM: grievous bodily harm; FTM: lésions corporelles graves

TMQ: § 84 StGB

DEF: die Verletzung eines anderen, die begangen worden ist, mit einem solchen Mittel und auf solche Weise, womit in der Regel Lebensgefahr verbunden ist; von mindestens drei Personen in verabredeter Verbindung; unter Zufügung besonderer Qualen oder an an einem Beamten, Zeugen oder Sachverständigen während oder wegen der Vollziehung seiner Aufgaben oder der Erfüllung seiner Pflichten.

DFQ: nach § 84 (2) StGB

REL: Falscher Freund

DTM: schwere Körperverletzung; gesetzl.; 4; Hauptb.; MWA; fem.; sg.

DTQ: § 226 StGB

DEF: die Verletzung eines anderen am Körper, die zur Folge hat, dass die verletzte Person das Sehvermögen auf einem Auge oder beiden Augen, das Gehör, das Sprechvermögen oder die Fortpflanzungsfähigkeit verliert; ein wichtiges Glied des Körpers verliert oder dauernd nicht mehr gebrauchen kann oder in erheblicher Weise dauernd entstellt wird oder in Siechtum, Lähmung oder geistige Krankheit oder Behinderung verfällt,

DFQ: nach § 226 (1) StGB

***

ATM: schwere Nötigung; gesetzl.; 4; Hauptb.; MWA; fem.; sg.; 1216; Strafrecht

ETM: grave coercion; FTM: coercition grave

TMQ: § 106 StGB

DEF: Straftat, bei der jemand mit dem Tod, mit einer erheblichen Verstümmelung oder einer auffallenden Verunstaltung, mit einer Entführung, mit einer Brandstiftung, mit einer Gefährdung durch Kernenergie, ionisierende Strahlen oder Sprengmittel oder mit der Vernichtung der wirtschaftlichen Existenz oder gesellschaftlichen Stellung u.a.m. droht.

DFQ: nach § 106 (1) StGB

REL: Teilsynonym

DTM: **besonders schwere Fälle der Nötigung**; gesetzl.; 4; Hauptb.; MWA; fem.; sg.

DTQ: § 240 (4) StGB

DEF: Straftat, bei der jemand eine andere Person zu einer sexuellen Handlung nötigt, eine Schwangere zum Schwangerschaftsabbruch nötigt oder seine Befugnisse oder seine Stellung als Amtsträger missbraucht.

DFQ: nach § 240 (4) StGB

***

ATM: **schwere Sachbeschädigung**; gesetzl.; 4; Hauptb.; MWA; fem.; sg.; 1216; Strafrecht

ETM: serious criminal damage to property; FTM: déprédation grave à la propriété

TMQ: § 126 StGB

DEF: das Zerstören, Beschädigen, Verunstalten oder Unbrauchmarmachen von Sachen, die dem Gottesdienst oder der Verehrung gewidmet sind; Gräbern und Beisetzungsstätten; öffentlichen Denkmälern; Sachen von allgemein anerkanntem wissenschaftlichen, volkskundlichem, künstlerischem oder geschichtlichem Wert, die sich in einer allgemein zugänglichen Sammlung oder sonst an einem solchen Ort oder in einem öffentlichen Gebäude befindet; an einer Einrichtung, Anlage oder anderen Sache, die der öffentlichen Sicherheit, der Verhütung oder Bekämpfung von Katastrophen, dem öffentlichen Gesundheitsdienst, der öffentlichen Versorgung mit Wasser, Licht, Wärme oder Kraft oder dem öffentlichen Verkehr dient, oder an einer für diesen Verkehr oder sonst für öffentliche Zwecke bestimmten Fernmeldeanlage, an einem Wehrmittel oder an einer Einrichtung oder Anlage, die ausschließlich oder vorwiegend der Landesverteidigung oder dem Schutz der Zivilbevölkerung gegen Kriegsgefahren dient, und dadurch die Landesverteidigung oder die Einsatzbereitschaft des Bundesheeres gefährdet, einen den Zweck eines Einsatzes gefährdenden Mangel an Menschen oder Material herbeiführt oder den Schutz der Zivilbevölkerung gefährdet, oder durch die der Täter an der Sache einen 3 000 Euro übersteigenden Schaden herbeiführt.

DFQ: nach §§ 125, 126 (1) StGB

REL Synonym

DTM: **gemeinschädliche Sachbeschädigung**; gesetzl.; 4; Hauptb.; MWA; fem.; sg.

DTQ: § 304 StGB

DEF: das rechtswidrige Beschädigen oder Zerstören von Gegenständen der Verehrung einer im Staat bestehenden Religionsgesellschaft oder Sachen, die dem Gottesdienst gewidmet sind, oder von Grabmälern, öffentlichen Denkmälern, Naturdenkmälern, Gegenstände der Kunst, der Wissenschaft oder des Gewerbes, welche in öffentlichen Sammlungen aufbewahrt werden oder öffentlich aufgestellt sind, oder Gegenstände, welche zum öffentlichen Nutzen oder zur Verschönerung öffentlicher Wege, Plätze oder Anlagen dienen.

DFQ: nach § 304 (1) StGB

***

ATM: **schwerer Diebstahl**; gesetzl.; 4; Hauptb.; MWA; mask.; sg.; 1216; Strafrecht

ETM: aggravated theft; FTM: vol qualifié

TMQ: § 128 StGB

DEF: das Begehen eines Diebstahls deren Wert € 3.000,- übersteigt, während einer Feuersbrunst, einer Überschwemmung oder einer allgemeinen oder doch dem Bestohlenen zugestoßenen Bedrängnis oder unter Ausnützung eines Zustands des Bestohlenen, der ihn hilflos macht; in einem der Religionsübung dienenden Raum oder an einer Sache, die dem Gottesdienst oder der Verehrung durch eine im Inland bestehende Kirche oder Religionsgesellschaft gewidmet ist, an einer Sache von allgemein anerkanntem wissenschaftlichem, volkskundlichem, künstlerischem oder geschichtlichem Wert, die sich in einer allgemein zugänglichen Sammlung oder sonst an einem solchen Ort oder in einem öffentlichen Gebäude befindet.

DFQ: § 128 (1) StGB

REL: Teilsynonym; breiter

DTM: **besonders schwerer Fall des Diebstahls**; gesetzl.; 4; Hauptb.; MWA; mask.; sg.

DTQ: § 243 StGB

DEF: ein Diebstahl, bei dem der Täter gewerbsmäßig stiehlt, zur Ausführung der Tat in ein Gebäude, einen Dienst- oder Geschäftsraum oder in einen anderen umschlossenen Raum einbricht, einsteigt, mit einem falschen Schlüssel oder einem anderen nicht zur ordnungsmäßigen Öffnung bestimmten Werkzeug eindringt oder sich in dem Raum verborgen hält, eine Sache stiehlt, die durch ein verschlossenes Behältnis oder eine andere Schutzvorrichtung gegen Wegnahme besonders gesichert ist, aus einer Kirche oder einem anderen der Religionsausübung dienenden Gebäude oder Raum eine Sache stiehlt, die dem Gottesdienst gewidmet ist oder der religiösen Verehrung dient, eine Sache von Bedeutung für Wissenschaft, Kunst oder Geschichte oder für die technische Entwicklung stiehlt, die sich in einer allgemein zugänglichen Sammlung befindet oder öffentlich ausgestellt ist, stiehlt, indem er die Hilflosigkeit einer anderen Person, einen Unglücksfall oder eine gemeine Gefahr ausnutzt oder eine Handfeuerwaffe, zu deren Erwerb es nach dem Waffengesetz der Erlaubnis bedarf, ein Maschinengewehr, eine Maschinenpistole, ein voll- oder halbautomatisches Gewehr oder eine Sprengstoff enthaltende Kriegswaffe im Sinne des Kriegswaffenkontrollgesetzes oder Sprengstoff stiehlt.

DFQ: § 243 (1) StGB

***

ATM: **schwerer Raub (1)**; gesetzl.; 4; Hauptb.; MWA; mask.; sg.; 1216; Strafrecht

ETM: aggravated robbery /grand theft (US); FTM: brigandage

TMQ: § 143 StGB

DEF: das Begehen eines Raubes als Mitglied einer kriminellen Vereinigung unter Mitwirkung (§ 12) eines anderen Mitglieds dieser Vereinigung; oder unter Verwendung eines Waffe; oder wenn durch die ausgeübte Gewalt jemand schwer verletzt wird; oder wenn die eine Körperverletzung mit schweren Dauerfolgen oder den Tod eines Menschen zur Folge hat.

DFQ: § 143 StGB

REL: Teilsynonym; breiter

DTM: **Raub mit Todesfolge**; gesetzl.; 4; Hauptb.; MWA; mask.; sg.

DTQ: § 251 StGB

DEF: das wenigstens leichtfertige Verursachen des Todes eines anderen Menschen durch einen Raub.

DFQ: nach § 251 StGB

***

ATM: **schwerer Raub** (2); gesetzl.; 4; Hauptb.; MWA; mask.; sg.; 1216; Strafrecht

ETM: aggravated robbery /grand theft (US); FTM: brigandage

TMQ: § 143 StGB

DEF: das Begehen eines Raubes als Mitglied einer kriminellen Vereinigung unter Mitwirkung (§ 12) eines anderen Mitglieds dieser Vereinigung; oder unter Verwendung eines Waffe; oder wenn durch die ausgeübte Gewalt jemand schwer verletzt wird; oder wenn die eine Körperverletzung mit schweren Dauerfolgen oder den Tod eines Menschen zur Folge hat.

DFQ: § 143 StGB

REL: Teilsynonym; enger

DTM: **schwerer Raub**; gesetzl.; 4; Hauptb.; MWA; mask.; sg.

DTQ: § 250 StGB

DEF: wenn 1. der Täter oder ein anderer Beteiligter am Raub eine Waffe oder ein anderes gefährliches Werkzeug bei sich führt, sonst ein Werkzeug oder Mittel bei sich führt, um den Widerstand einer anderen Person durch Gewalt oder Drohung mit Gewalt zu verhindern oder zu überwinden, eine andere Person durch die Tat in die Gefahr einer schweren Gesundheitsschädigung bringt oder 2. der Täter den Raub als Mitglied einer Bande, die sich zur fortgesetzten Begehung von Raub oder Diebstahl verbunden hat, unter Mitwirkung eines anderen Bandenmitglieds begeht.

DFQ: nach § 251 StGB

***

ATM: **schwerer Unglücksfall**; gesetzl.; 4; Hauptb.; MWA; mask.; sg.; 5211; Naturkatastrophen; **Katastrophe**

ETM: severe disaster; FTM: accident grave

TMQ: Art. 2 Gegenseitige Hilfeleistung bei Katastrophen

DEF: ein bereits eingetretener oder unmittelbar drohender außerordentlicher, teilweise oder völlig außer Kontrolle geratener, zeitlich wie räumlich begrenzter Zwischenfall, der im Zusammenhang mit dem Betrieb technischer Einrichtungen, zerstörenden Naturkräften, Umgang mit gefährlichen Stoffen und ihrem Transport entsteht und zu einer Gefahr für das Leben oder die Gesundheit von Mensch und Tier, Bedrohung der Umwelt, Gefährdung des Eigentums, bedeutenden wirtschaftlichen Verlusten oder ökologischen Beeinträchtigungen führen kann, und zu dessen Bewältigung die eigenen Kräfte der betroffenen Vertragspartei nicht ausreichen.

DFQ: Art. 2 Gegenseitige Hilfeleistung bei Katastrophen

REL: Teilsynonym

DTM: **schwerer Unglücksfall**; gesetzl.; 4; Hauptb.; MWA; mask.; sg.; **Katastrophe**

DTQ: GG Art. 35 (3)

DEF: gefährdet die Naturkatastrophe oder der Unglücksfall das Gebiet mehr als eines Landes, so kann die Bundesregierung, soweit es zur wirksamen Bekämpfung erforderlich ist.

DFQ: GG Art. 35 (3)

***

ATM: **Schwerpunktkrankenanstalten**; gesetzl.; 4; Hauptb.; Subst.; mask.; sg.; 2841; Gesundheitsrecht

ETM: priority hospitals; FTM: hôpitaux prioritaires

TMQ: § 2a Z. 1 lit. b KAKuG

DEF: Krankenhäuser, die über die Standardkrankenhäuser hinausgehende Abteilungen umfassen. 1. Augenheilkunde, 2. Chirurgie, 3. Frauenheilkunde und Geburtshilfe.

DFQ: nach § 2a Z. 1 lit. b KAKuG

DTM: FEHLT

***

ATM: **Schwerversehrte**; gesetzl.; 4; Hauptb.; Subst.; mask./fem.; pl.; 2841; Sozialrecht

ETM: severely handicapped persons; FTM: handicapés sévères

TMQ: § 205 (4) ASVG

DEF: Personen, die Anspruch auf eine Versehrtenrente von mindestens 50 vH oder auf mehrere Versehrtenrenten nach diesem oder einem anderen Bundesgesetz haben, deren Hundertsätze zusammen die Zahl 50 erreichen, gelten als Schwerversehrte.

DFQ: nach § 205 (4) ASVG

REL Teilsynonym

DTM: **Schwerbehinderte**; gesetzl.; 4; Hauptb.; Subst.; mask./fem.; pl.
DTQ: § 2 Z. 2 SGB (IX)
DEF: Menschen, deren Grad der Behinderung mindestens 50% beträgt und die in Deutschland rechtmäßig wohnen, ihren gewöhnlichen Aufenthalt haben oder hier beschäftigt sind.
DFQ: nach § 2 Z. 2 SGB (IX)
NOT: Beachte: Der Begriff „**Schwerbeschädigte**" gilt nur für Personen, die im Rahmen militärischer oder militärähnlicher Dienstverrichtung oder durch einen Unfall eine gesundheitliche Schädigung erlitten haben.

***

ATM: **Schwurgerichtshof**; gesetzl.; 4; Hauptb.; Subst.; mask.; sg.; 1216; Strafrecht
ETM: Criminal Court presided over by three judges and jury; FTM: Cour d'Assises
TMQ: § 32 (1) StPO
DEF: Gericht, das aus drei Berufsrichtern besteht und gemeinsam mit der Geschworenenbank, die sich aus acht Laienrichtern zusammensetzt, das Geschworenengericht bildet.
DFQ: nach § 32 (1) StPO
REL: Synonym

DTM: **Strafkammer als Schwurgericht**; gesetzl.; 4; Hauptb.; MWA; mask.; sg.; **große Strafkammer**
DTQ: § 76 GVG
DEF: die Strafkammern sind mit drei Richtern einschließlich des Vorsitzenden und zwei Schöffen besetzt.
DFQ: § 76 GVG

***

ATM: **Seetestament**; fachlit.; 3; Hauptb.; Subst.; neutr.; sg.; 1211; Erbrecht; **Schiffstestament**
ETM: nuncupative will created in circumstances of distress at sea; FTM: testament privilégié en cas de situation de détresse en mer
TMQ: http://www.parlament.gv.at/PAKT/VHG/V/I/I_00275/imfname_338234.pdf
DEF: eine begünstigte letzte Anordnung, die auf Schifffahrten errichtet wird und bei der auch Personen, die das vierzehnte Jahr zurückgelegt haben, gültige Zeugen sind.
DFQ: nach § 597 ABGB aF
NOT: Es werden nur zwei Zeugen erfordert, wovon einer das Testament schreiben kann. Sechs Monate nach geendigter Schiffahrt verliert die begünstigte letzte Willenserklärungen ihre Kraft (§§ 598 f. ABGB aF).
REL: Teilsynonym; enger

DTM: **Nottestament auf See**; gesetzl.; 4; Hauptb.; MWA; neutr.; sg.
DTQ: § 2251 BGB
DEF: ein Testament, das von einer Person, die sich während einer Seereise an Bord eines deutschen Schiffes außerhalb eines inländischen Hafens befindet, durch mündliche Erklärung vor drei Zeugen errichtet wird.
DFQ: nach § 2251 BGB

***

ATM: **Sektion im Bundesministerium**; gesetzl.; 4; Hauptb.; MWA; fem.; sg.; 0436; Öffentl. Recht
ETM: Section of the Federal Ministry; FTM: section du ministère fédéral
TMQ: § 7 (1) BMG
DEF: die Bundesministerien gliedern sich in Sektionen, diese wieder in Abteilungen.
DFQ: § 7 (1) BMG

NOT: Abteilung (AT) ist nicht identisch mit Abteilung (DE).
REL: Teilsynonym; funkt. Äquiv.

DTM: **Abteilung im Bundesministerium**; fachlit.; 3; Hauptb.; MWA; fem.; sg.
DTQ: http://dip21.bundestag.de/dip21/btd/15/020/1502040.pdf (20.01.2015)
DEF: Das Bundesministerium gliedert sich in Abteilungen und Referate.
DFQ: nach http://www.bmi.bund.de/DE/../strukturabteilungen_node.html (20.01.2015)

***

ATM: **Sektionschef/in im Bundesministerium**; fachlit.; 3; Hauptb.; MWA; mask./fem.; sg.; 0436; Öffentl. Recht

ETM: Chief of Section within the Federal Ministry; FTM: Chef de section au ministère fédéral

TMQ: OGH, Beschluss v. 26.08.2004 8ObA3/04f
DEF: die Verwendungsbezeichnung der Leiter von Sektionen in Bundesministerien.
DFQ: http://de.wikipedia.org/wiki/Sektionschef (18.02.2015)
REL: Teilsynonym; funkt. Äquiv.

DTM: **Abteilungsleiter/in im Bundesministerium**; fachlit.; 3; Hauptb.; MWA; mask./fem.; sg.
DTQ: http://www.bmi.bund.de/.. /Minister_Staatssekretaere_Beauftagte/stbeus.html?nn=10967 2 (20.01.2015)
DEF: Leiter einer Abteilung im Bundesministerium.
DFQ: nach http://www.bmi.bund.de/DE/../strukturabteilungen_node.html (20.01.2015)

***

ATM: **sekundäre Gewährleistungsbehelfe**; fachlit.; 3; Hauptb.; MWA; mask.; pl.; 1211; Bürgerl. Recht

ETM: secondary consumer guarantees; FTM: moyens secondaires de garantie

TMQ: OGH 8Ob108/06z18.12.2006 KoWe 13/II
DEF: Oberbegriff für die Gestaltungsrechte der Preisminderung und Wandlung.
DFQ: nach § 932 (4) ABGB und KoWe 13/II
NOT: Es handelt sich um Gestaltungsrechte, NICHT um Gewährleistungsansprüche! - zulässig nur insoweit primäre Gewährleistungsbehelfe unmöglich sind oder untunlich sind.

DTM: FEHLT
NOT: Entspricht dem Rücktritsrecht und der Minderung, es gibt aber keinen Oberbegriff dafür.

***

ATM: **selbständige Ambulatorien**; gesetzl.; 4; Hauptb.; MWA; neutr.; sg.; 2841; Gesundheitsrecht

ETM: independent outpatient clinics; FTM: policliniques autonomes

TMQ: § 2a (1) (4) KAKuG
DEF: Krankenanstalten, die durch ihre besondere Ausstattung höheren Ansprüchen hinsichtlich Verpflegung und Unterbringung entsprechen.
DFQ: § 2a (1) (4) KAKuG (LD)

DTM: FEHLT

***

ATM: **Selbständige Anträge auf Erlassung von Gesetzen;** gesetzl.; 4; Hauptb.; MWA; mask.; pl.; 0421; Öffentl. Recht; Parlament

ETM: autonomous motions by parliamentary committees for the enactment of laws; FTM: propositions de loi autonomes des commissions du parlament

TMQ: § 27 GO-NR

DEF: Recht von Ausschüssen des Nationalrats, eigene Anträge zur Beschlussfassung von Gesetzen an den Nationalrat zu richten.

DFQ: nach § 27 GO-NR

DTM: FEHLT

NOT: Nach § 62 BTGGO haben die Auschüsse „die Pflicht, dem Bundestag bestimmte Beschlüsse zu empfehlen, die sich nur auf die ihnen überwiesenen Vorlagen oder mit diesen in unmittelbarem Sachzusammenhang stehenden Fragen beziehen dürfen." Ein Recht, selbständige Anträge zu stellen, fehlt daher.

***

ATM: Selbständige Anträge auf Fassung von Beschlüssen; fachlit.; 3; Hauptb.; MWA; mask.; pl.; 0421; Öffentl. Recht; Parlament

ETM: autonomous motions by parliamentary committees for the passing of resolutions; FTM: propositions de résolution autonomes des commissions du parlament pour passer des résolutions

TMQ: § 27 (3) GO-NR

DEF: Recht von Ausschüssen des Nationalrats, Anträge auf Fassung von Beschlüssen zu stellen, die nicht die Erlassung von Gesetzen betreffen, aber mit dem im Ausschuß behandelten Gegenstand in inhaltlichem Zusammenhang stehen.

DFQ: nach § 27 (3) GO-NR

DTM: FEHLT

NOT: Nach § 62 BTGGO haben die Auschüsse „die Pflicht, dem Bundestag bestimmte Beschlüsse zu empfehlen, die sich nur auf die ihnen überwiesenen Vorlagen oder mit diesen in unmittelbarem Sachzusammenhang stehenden Fragen beziehen dürfen." Ein Recht, selbständige Anträge auf die Fassung von Beschlüssen zu stellen, fehlt.

***

ATM: selbständige Anträge von Abgeordneten; gesetzl.; 4; Hauptb.; MWA; mask.; pl.; 0421; Öffentl. Recht; Parlament

ETM: independent motion brought by a member of parliament; FTM: motions autonomes déposées par un ou plusieurs députés

TMQ: § 21 GO-NR

DEF: jeder Abgeordnete ist berechtigt, in den Sitzungen des Nationalrates Selbständige Anträge einzubringen.

DFQ: § 26 (1) GO-NR

NOT: Der Antrag muss von mindestens 5 Abgeordneten des Nationarats unterstützt werden.

REL Synonym

DTM: selbständige Vorlagen; gesetzl.; 4; Hauptb.; MWA; fem.; pl.

DTQ: § 75 (1) GOBT

DEF: Verhandlungsgegenstände, die auf die Tagesordnung des Bundestages gesetzt werden können, wie z.B. Gesetzesentwürfe, Beschlußempfehlungen, Anträge usw.

DFQ: nach §§ 75 f. GOBT

NOT: § 76 (1) GOBT Vorlagen von Mitgliedern des Bundestages (§ 75) müssen von einer Fraktion oder von fünf vom Hundert der Mitglieder des Bundestages unterzeichnet sein, es sei denn, daß die Geschäftsordnung etwas anderes vorschreibt oder zuläßt.

***

ATM: Selbständige/r; gesetzl.; 4; Hauptb.; Subst.; mask./fem.; sg.; 2446; Steuerrecht; **Freiberufler/in**

ETM: entrepreneur; FTM: travailleur indépendant; personne exerçant une profession libérale

TMQ: BauKG § 2 (1) Z. 8

DEF: Person, die nicht Arbeitgeber oder Arbeitnehmer ist und die ihre berufliche Tätigkeit auf eigene Rechnung ausübt. Dazu gehören gewerbliche Erwerbstätigkeit, Tätigkeiten in der Land- und Forstwirtschaft, Freiberufliche Tätigkeit und „neue" Selbständigkeit.

DFQ: BauKG § 2 (1) Z. 8

NOT: Der Begriff „**Selbständiger**" fehlt im dt. Rechtssystem. Es gibt wie in AT die „**Selbständige Tätigkeit**". Im weitesten Sinne entspricht dem Begriff „**Selbständiger**" der dt. Begrriff „**Unternehmer**".

REL: Synonym

DTM: Unternehmer/in; gesetzl.; 4; Hauptb.; Subst.; mask./fem.; sg.

DTQ: § 14 (1) BGB

DEF: natürliche oder juristische Person oder eine rechtsfähige Personengesellschaft, die bei Abschluss eines Rechtsgeschäfts in Ausübung ihrer gewerblichen oder selbständigen beruflichen Tätigkeit handelt.

DFQ: BGB § 14 (1)

***

ATM: Selbstberechnungserklärung; gesetzl.; 4; Hauptb.; Subst.; fem.; sg.; 1211; Grundbuchsrecht

ETM: declaration of self-calculation of fees and taxes (thereby waiving the requirement for a tax clearance certificate); FTM: : déclaration du calcul des taxes et impôts faite par un notaire ou avocat remplaçant une déclaration de non-opposition

TMQ: § 10a (2) KVG

DEF: Erklärung eines Notars oder Rechtsanwalts, welche die Unbedenklichkeitsbescheinigung ersetzt, die für die Einverleibung im Grundbuch notwendig ist.

DFQ: nach http://www.help.gv.at (14.02.2015)

NOT: Dadurch wird bescheinigt, dass anfallende Steuern (z.B. Grunderwerbsteuer, Erbschafts- oder Schenkungssteuer) und Eintragungsgebühren vom Notar bzw. Rechtsanwalt selbst berechnet und abgeführt werden, wodurch das Verfahren insgesamt rascher durchgeführt werden kann.

DTM: FEHLT

***

ATM: Selbsteintritt (des Kommissionärs); gesetzl.; 4; Hauptb.; MWA; mask.; sg.; 2016; Handelsrecht

ETM: transaction entered into in one's own name; FTM: : contrat conclu par le commissionnaire avec lui-même

TMQ: § 400 UGB

DEF: Eintritt als Eigenhändler: bei Kommissionen zum Einkauf oder zum Verkauf von Waren, Wechseln und anderen Wertpapieren, die einen Börsenpreis oder Marktpreis haben, ist der Kommissionär (wenn der Kommitent nicht etwas anderes bestimmt hat) befugt, das Gut, das er einkaufen soll, als Verkäufer selbst zu liefern, oder das Gut, das er zu verkaufen beauftragt ist, als Käufer für sich zu behalten.

DFQ: nach § 400 (1) UGB

NOT: in AT nur im Handelsrecht üblich.

REL: Teilsynonym; enger

DTM: **Selbsteintritt**; gesetzl.; 4; Hauptb.; Subst.; mask.; sg.; 0436; Öffentl. Recht; 2846; Wohnungsrecht; 2016; Handelsrecht

DTQ: § 458 HGB

DEF: Von Selbsteintritt spricht man, wenn: 1. eine Behörde eine Angelegenheit, die von einer ihr nachgeordneten Behörde bearbeitet wird, an sich zieht 2. Wohnungseigentum von Verwandten übernommen wird 3. im Handelsrecht bei der Übernahme eines Geschäfts durch die Person, die eigentlich mit dem Geschäftsabschluss für eine Person mit einem Dritten beauftragt war.

DFQ: nach www.lexexakt.de (18.01.2015), Creif21 und AlpBrock2

***

ATM: **Selbsterhaltungsfähigkeit**; gesetzl.; 4; Hauptb.; Subst.; fem.; sg.; 1211; Bürgerl. Recht

ETM: ability to support oneself; FTM: d'assurer sa subsistance

TMQ: § 233 ABGB; OGH 27.06.2006, 3Ob76/06g

DEF: die Fähigkeit eines Kindes, die bei selbstständiger Haushaltsführung für eine Deckung des angemessenen Lebensbedarfs erforderlichen Mittel aufzubringen bzw. durch Einkünfte aus einer zumutbaren Tätigkeit selbst für die angemessene Befriedigung seiner Bedürfnisse zu sorgen.

DFQ: https://www.help.gv.at/; § 140 ABGB

NOT: Der Eintritt der Selbsterhaltungsfähigkeit hängt von verschiedenen Faktoren ab (z.B. Ausbildung) und steht nicht in Zusammenhang mit der Volljährigkeit des Kindes.

REL Synonym

DTM: **Fähigkeit, sich selbst zu unterhalten**; gesetzl.; 4; Hauptb.; MWA; fem.; sg.

DTQ: BFH 19.08.2002, BStBl II 2003

DEF: die Fähigkeit eines minderjährigen unverheirateten Kindes, den eigenen Unterhalt zu bestreiten, indem die Einkünfte des Vermögens des Kindes und der Ertrag seiner Arbeit dafür ausreichen.

DFQ: nach § 1602 (2) BGB

***

ATM: **Senat des Landesgerichts (für Arbeits- und Sozialrechtssachen)**; gesetzl.; 4; Hauptb.; MWA; mask.; sg.; 4426; Arbeitsrecht; 2841; Sozialrecht

ETM: Court of First Instance for Labour and Social Affairs; FTM: tribunal de première instance en matière de droit du travail et droit social

TMQ: § 11 (1) Arbeits- und Sozialgerichtsgesetz (ASGG)

DEF: Richterkollegium, bestehend aus drei Berufsrichtern und zwei Laienrichtern die als erste Instanz für arbeits- uns sozialrechtliche Verfahren in Österreich zuständig sind.

DFQ: §§ 2 ff., § 11 ASGG

NOT: Es ist nur eine funktionale Äquivalenz gegeben, da sowohl die Differenzierung in Arbeits- und Sozialgerichte, als auch die Differenzierung in einzelne Sachzuständigkeiten innerhalb des Gerichte in AT fehlt.

REL: Teilsynonym; funkt. Äquiv.;

DTM: **Kammer für Angelegenheiten der Sozialversicherung usw. (beim Sozialgericht);** gesetzl.; 4; Hauptb.; MWA; fem.; sg.

DTQ: § 31 SGG

DEF: Richterkollegium, bestehend aus einem Berufsrichter und zwei Laienrichtern, die als erste Instanz Angelegenheiten in sozialrechtlichen Verfahren verhandeln.

DFQ: §§ 12 SGG

NOT: Bei den deutschen Sozialgerichten müssen aufgrund gesetzlicher Vorschriften (§ 10) spezifische Kammern für verschiedene Bereiche des Sozialrechts (Angelegenheiten der Sozialversicherung, der Arbeitsförderung einschließlich der übrigen Aufgaben der Bundesagentur für Arbeit, für Angelegenheiten der Grundsicherung für Arbeitsuchende, für Angelegenheiten der Sozialhilfe und des Asylbewerberleistungsgesetzes sowie für Angelegenheiten des sozialen Entschädigungsrechts (Recht der sozialen Entschädigung bei Gesundheitsschäden) und des Schwerbehindertenrechts) gebildet werden. Eine entsprechende Differenzierung ist in Österreich nicht vorgesehen.

***

ATM: **Senatspräsident/in des Oberlandesgerichtes**; gesetzl.; 4; Hauptb.; MWA; mask./fem.; sg.; 1226; Gerichtsverfassung; **Sen. Präs. OLG**

ETM: President of the Senate of the Higher Provincial Court; FTM: président du sénat sénat de la cour d'appel régional superieur

TMQ: § 41 GOG

DEF: der Senatsvorsitzende am Oberlandesgericht.

DFQ: nach §§ 41 ff. GOG; § 65 RStDG

REL: Teilsynonym; funktionale Äquiv.

DTM: **Vorsitzende/r Richter/in am Oberlandesgericht**; gesetzl.; 4; Hauptb.; MWA; mask./fem.; sg.; **in Berlin: Vorsitzende/r Richter am Kammergericht**

DTQ: § 115 GVG

DEF: der Senatsvorsitzende am OLG.

DFQ: nach §§ 115 ff. GVG; § 19a DRiG

NOT: Senatspräsident war eine frühere Amtsbezeichnung für die Vorsitzenden Richter; in den 1970er abgeschafft.

***

ATM: **Senatspräsident/in des Obersten Gerichtshofes**; gesetzl.; 4; Hauptb.; MWA; mask./fem.; sg.; 1226; Gerichtsverfassung; **Sen. Präs. OGH**

ETM: President of the Senate of the Supreme Court; FTM: président du sénat de la cour suprême

TMQ: § 65 RStDG

DEF: der Senatsvorsitzende am OGH.

DFQ: www.ogh.gv.at (10.02.2015)

REL Synonym

DTM: **Vorsitzende/r Richter/in am Bundesgerichtshof**; gesetzl.; 4; Hauptb.; MWA; mask./fem.; sg.; 1211; Bürgerl. Recht

DTQ: § 124 GVG

DEF: der Senatsvorsitzende am BGH.

DFQ: nach www.bundesgerichtshof.de (20.7.2009) sowie §§ 124, 139 GVG und § 19a DRiG

NOT: Senatspräsident war eine frühere Amtsbezeichnung für die Vorsitzenden Richter; in den 1970er abgeschafft.

***

ATM: **Sensarie**; gesetzl.; 4; Hauptb.; Subst.; fem.; sg.; 1211; Bürgerl. Recht; **Courtage**; **Maklergebühr**; **Mäklergebühr**

ETM: brokerage fee; FTM: courtage

TMQ: § 39 (1) BörseG

DEF: Gebühr für die Vermittlung von Geschäften, die Börsesensale zusteht.

DFQ: nach § 13 (1) Börsesensale-Gesetz

NOT: Dem Börsesensal steht für die von ihm vermittelten Geschäfte (§ 1 (2)) die Mäklergebühr (Sensarie, Courtage) zu.

REL: Teilsynonym; enger

DTM: **Courtage**; fachlit.; 3; Hauptb.; Subst.; fem.; sg.; **Maklergebühr**

DTQ: Creif21

DEF: 1. Vermittlungsprovision eines Maklers 2. Provision einer Bank für die Kreditvermittlung.

DFQ: nach AlpBrock2; Creif21

***

ATM: **sensible Daten;** gesetzl.; 4; Hauptb.; MWA; fem.; pl.; 0431; Öffentl. Sicherheit; **besonders schutzwürdige Daten**

ETM: sensitive data; FTM: données sensibles

TMQ: Art. 2 § 4 Z. 2 DSG

DEF: Daten natürlicher Personen über ihre rassische und ethnische Herkunft, politische Meinung, Gewerkschaftszugehörigkeit, religiöse oder philosophische Überzeugung, Gesundheit oder ihr Sexualleben.

DFQ: Art. 2 § 4 Z. 2 DSG

NOT: Hinsichtlich dieser Daten besteht bei der Rasterfahndung ein generelles Verarbeitungsverbot.

REL: Synonym

DTM: **besondere Arten personenbezogener Daten;** gesetzl.; 4; Hauptb.; MWA; fem.; pl.; **sensible Daten**

DTQ: § 3 Z. 9 BDSG

DEF: Angaben über die rassische und ethnische Herkunft, politische Meinungen, religiöse oder philosophische Überzeugungen, Gewerkschaftszugehörigkeit, Gesundheit oder Sexualleben.

DFQ: § 3 Z. 9 BDSG

NOT: Hinsichtlich dieser Daten besteht bei der Rasterfahndung kein generelles Verarbeitungsverbot. Üblicherweise wird der Terminus „**sensible Daten**" verwendet, im Gesetzestext findet sich jedoch bei den Definitionen „**besondere Arten personenbezogener Daten**".

***

ATM: **Separationskurator**; fachlit.; 3; Hauptb.; Subst.; fem.; sg.; 1211; Erbrecht; **Absonderungskurator**

ETM: curator for the separation of estates; FTM: curateur pour la séparation des biens de successions

TMQ: OGH 1Ob43/09v, 31.03.2009

DEF: eine bei Bedarf gerichtlich bestellte Person, die im Fall einer Nachlassseparation (Trennung des Nachlassvermögens vom sonstigen Vermögen des Erben zum Schutz der Gläubiger) die Vermengung des Nachlasses mit dem Vermögen des Erben zu verhindern hat.

DFQ: nach Welser, FWB Bürgerliches Recht

DTM: FEHLT

***

ATM: **Servitut**; gesetzl.; 4; Hauptb.; Subst.; neutr.; sg.; 1211; Bürgerl. Recht; **Dienstbarkeit**

ETM: servitude; FTM: servitude

TMQ: § 479 ABGB

DEF: ein beschränktes dingliches Nutzungsrecht an einer fremden Sache. Die Eigentümerin/der Eigentümer dieser Sache ist verpflichtet, etwas zu dulden oder zu unterlassen.

DFQ: https://www.help.gv.at/ (17.02.2015)

REL Synonym

NOT: Diesem Recht steht eine Verpflichtung des Eigentümers der Sache zur Duldung dieser Nutzung gegenüber (ÖRWB).

DTM: **Dienstbarkeit**; gesetzl.; 4; Hauptb.; Subst:, neutr.; sg.

DTQ: § 1018 BGB

DEF: die dingliche Belastung an einem Belastungengegenstand (Grundstück, bewegliche Sachen, Rechte, Vermögen), welche auf ein Dulden (der Benutzung oder Nutzungsziehung durch den Berechtigten) oder Unterlassen (tatsächliche Handlungen, Rechtsausübung) gerichtet sind.

DFQ: AlpBrock2

***

ATM: **Servitut der Wohnung**; gesetzl.; 4; Hauptb.; MWA; neutr.; sg.; 1211; Bürgerl. Recht; **Dienstbarkeit der Wohnung; Wohnungsrecht**

ETM: residential easement; FTM: servitude de séjour et d'usage du domicile

TMQ: § 521 ABGB

DEF: das Recht, die bewohnbaren Teile eines Hauses zu seinem Bedürfnisse zu benützen.

DFQ: nach § 521 ABGB

REL: Synonym

DTM: **Wohnungsrecht**; gesetzl.; 4; Hauptb.; MWA; fem.; sg.

DTQ: § 1093 BGB

DEF: als beschränkte persönliche Dienstbarkeit kann (auch) das Recht bestellt werden, ein Gebäude oder einen Teil eines Gebäudes unter Ausschluss des Eigentümers als Wohnung zu benutzen.

DFQ: § 1093 (1) BGB

***

ATM: **Seuchentestament**; fachlit.; 3; Hauptb.; Subst.; neutr.; sg.; 1211; Erbrecht

ETM: noncupative will (in circumstances of an epidemic); FTM: testament privilégié en cas d'épidémie

TMQ: Welser, FWB Bürgerliches Recht, Band II

DEF: eine begünstigte letzte Anordnung, die in Orten, wo die Pest oder ähnliche ansteckende Seuchen herrschen, errichtet wird, und bei der auch Personen, die das vierzehnte Jahr zurückgelegt haben, gültige Zeugen sind.

DFQ: nach § 597 ABGB aF

NOT: Es werden nur zwei Zeugen erfordert, wovon einer das Testament schreiben kann. Sechs Monate nach geendigter Seuche verliert die begünstigte letzte Willenserklärungen ihre Kraft (§§ 598 f. ABGB aF).

DTM: FEHLT

***

ATM: **Sicherheitsbehörde**; gesetzl.; 4; Hauptb.; Subst.; fem.; sg.; 0421; Öffentl. Sicherheit

ETM: National Security Authority; FTM: autorité nationale de sécurité

TMQ: § 4 (1) SPG

DEF: Behörde, die für die Sicherheitsverwaltung zuständig ist.

DFQ: nach www.polizei.gv.at www.bundespolizei.gv.at (20.07.2009)

NOT: Dazu zählen: Bundesministerium für Inneres, Landespolizeidirektionen (eine pro Bundesland), Bezirkshauptmannschaften (eine pro politischem Bezirk) und Bürgermeister der Statuarstädte.

DTM: **Fehlt** (**Benennungslücke als bundesweit definierter Terminus**) in Bayern: **Sicherheitsbehörde**

DEF: eine Gefahrenabwehrbehörde, die Aufgabe hat, Gefahren für die öffentliche Sicherheit oder Ordnung abzuwehren.

DFQ: www.verwaltungsrecht-ratgeber.de (20.07.2009)

NOT: Das Polizei- und Sicherheitsrecht fällt in die Regelungskompetenz der Bundesländer, Art. 30, 70 GG. In Deutschland ist der Begriff Sicherheitsbehörde - außer im Land Bayern - nicht gesetzlich definiert. In Bayern versteht man darunter bestimmte Behörden, die für die Abwehr von Gefahren und die öffentliche Sicherheit zuständig sind. Diese Behörden werden in anderen Ländern als „**Polizeibehörde**" (Baden-Württemberg, Sachsen), „**Ordnungsbehörde**" (Berlin, Nordrhein- Westfalen) oder „**Ordnungsamt**" (Hessen) bezeichnet.

***

ATM: **Landespolizeidirektion**; gesetzl.; 4; Hauptb.; Subst.; fem.; sg.; 0421; Öffentl. Sicherheit

ETM: Provincial Police Directorate; FTM: direction de police de l'état fédéré (Land)

TMQ: § 7 (1) SPG

DEF: besorgen dem Bundesminister für Inneres unmittelbar unterstellt und ihnen nachgeordnet die Bezirksverwaltungsbehörden die Sicherheitsverwaltung in den Ländern.

DFQ: § 7 (1) SPG

NOT: Es bestehen in Österreich neun Landespolizeidirektionen, also eine pro Bundesland, mit Sitz in der jeweiligen Landeshauptstadt.

DTM: **FEHLT** (als gesamtstaatlich einheitliche Verwaltungsbehörde)

NOT: Das Polizei- und Sicherheitsrecht fällt in die Regelungskompetenz der Bundesländer (Art 30, 70 GG). Eine Landespolizeidirektion gibt es nur im Bundesland Thüringen.

***

ATM: **Landespolizeidirektor/in**; gesetzl.; 4; Hauptb.; Subst.; mask./fem.; sg.; 0421; Öffentl. Sicherheit

ETM: Provincial Police Directorate Commissioner; FTM: directeur de la direction de police de l'état fédéré (Land)

TMQ: § 7 (1) SPG

DEF: steht an der Spitze einer Sicherheitsdirektion.

DFQ: § 7 (2) SPG

DTM: **FEHLT** (als gesamtstaatlich einheitliche Leitungsfunktion)

NOT: Das Polizei- und Sicherheitsrecht fällt in die Regelungskompetenz der Bundesländer (Art. 30, 70 GG). Einen Landespolizeidirektor gibt es nur im Bundesland Thüringen.

***

ATM: **Sicherstellungsauftrag**; gesetzl.; 4; Hauptb.; Subst.; mask.; sg.; 0436; Verwaltungsrecht

ETM: safeguarding order; FTM: ordre de saisie

TMQ: § 232 BAO

DEF: Anordnung zur Vornahme von Vollstreckungshandlungen zur Sicherung von Abgaben und Finanzstrafen und zwar schon vor Eintritt der Rechtskraft bzw. der Fälligkeit, um einer Gefährdung oder wesentlichen Erschwerung der Einbringung der Abgabe zu begegnen.

DFQ: nach FachWB zum Steuerrecht, Achatz

NOT: Dies ist möglich, sobald der Tatbestand verwirklicht ist, an den die Abgabenvorschriften die Abgabepflicht knüpfen, selbst bevor die Abgabenschuld dem Ausmaß nach feststeht, und zwar bis zum Eintritt der Vollstreckbarkeit.

REL: Falscher Freund

DTM: **Sicherstellungsauftrag**; gesetzl.; 4; Hauptb.; Subst.; mask.; sg.

DTQ: § 75 (1) SGB V

DEF: Verpflichtung der kassenärztlichen Landesvereinigungen und der kassenärztlichen Bundesvereinigung, die ambulante ärztliche Versorgung der gesetzlich Krankenversicherten auch in sprechstundenfreien Zeiten (Notdienst) zu garantieren.

DFQ: nach § 75 SGB V

***

ATM: **Sicherstellungsexekution**; fachlit.; 3; Hauptb.; Subst.; fem.; sg.; 1211; Exekutionsrecht; **Exekution zur Sicherstellung; Exekutionshandlungen zur Sicherung von Geldforderungen**
ETM: arrest on property; FTM: saisie conservatoire sur les biens

TMQ: OGH, 8Ob112/07i; 16.01.2008

DEF: Sicherung bestimmter noch nicht vollstreckbarer Ansprüche, deren Einbringung ansonsten – wie die EO formuliert (§ 370) – „vereitelt oder erheblich erschwert würde".

DFQ: nach http://www.uibk.ac.at/zivilrecht/ (15.01.2015)

NOT: Die Möglichkeit der Sicherstellungsexekution besteht nur für einen sehr beschränkten Kreis möglicher Exekutionstitel, nämlich für Endurteile und Zahlungsaufträge von Zivilgerichten und gerichtliche Beschlüsse in Außerstreitsachen und auch das bloß dann, wenn sie Geldforderungen betreffen.

REL Synonym

DTM: **dinglicher Arrest**; gesetzl.; 4; Hauptb.; MWA; mask.; sg.

DTQ: § 916 ZPO

DEF: Mittel zur Sicherung einer Zwangsvollstreckung wegen einer Geldforderung oder wegen eines Anspruchs, der in eine Geldforderung übergehen kann.

DFQ: nach §§ 916 f. ZPO

NOT: Der dingliche Arrest findet statt, wenn zu besorgen ist, dass ohne dessen Verhängung die Vollstreckung des Urteils vereitelt oder wesentlich erschwert werden würde.

***

ATM: **Simultanhypothek**; gesetzl.; 4; Hauptb.; Subst.; fem.; sg.; 1211; Grundbuchrecht
ETM: blanket **mortgage; FTM: hypothèque portant sur plusieurs immeubles**

TMQ: § 15 (1) GBG

DEF: wenn ein Pfandrecht für dieselbe Forderung ungeteilt auf zwei oder mehrere Grundbuchskörper oder Hypothekarforderungen eingetragen wird.

DFQ: nach § 15 GBG

NOT: Der Gläubiger ist in solchen Fällen berechtigt, die Bezahlung der ganzen Forderung aus jeder einzelnen Pfandsache zu verlangen.

REL Synonym

DTM: **Gesamthypothek**; gesetzl.; 4; Hauptb.; Subst.; fem.; sg.; 1211; Bürgerl. Recht

DTQ: § 1132 BGB

DEF: eine einheitliche Hypothek für eine Forderung an mehreren Grundstücken.

DFQ: nach Creif21

NOT: Jedes der belasteten Grundstücke haftet für die gesamte Forderung.

***

ATM: **Singularsukzessor**; gesetzl.; 4; Nebenb.; Subst.; mask.; sg.; 1211; Erbrecht; **Einzelrechtsnachfolger**
ETM: singular successor; FTM: successeur à titre particulier

TMQ: OGH 3Ob215/10d; 14.12.2010

DEF: eine Person, die in bestimmte Rechte und Pflichten eintritt, wenn der Erblasser einen Bruchteil des Erbes und oder dem Erben nur einen obligatorischen Anspruch auf einzelne Nachlassstücke oder einen Geldbetrag vermacht.

DFQ: http://www.uibk.ac.at/zivilrecht/buch/ (20.02.2015)

REL Synonym

DTM: **Einzelrechtsnachfolger**; gesetzl.; 4; Hauptb.; Subst.; mask.; sg.

DTQ: http://www.rechtslexikon.net/d/../singularsukzession.htm (20.02.2015)

DEF: eine Person, die in ein einzelnes Rechtsverhältnis eintritt, z.B. ein Erbe, der in eine einzelne Rechtsposition eintritt.

DFQ: http://www.rechtslexikon.net/d/.. /singularsukzession.htm (20.02.2015)

NOT: Die Einzelrechtsnachfolge ist dem deutschen Erbrecht eher fremd und kommt nur in der Höfeordnung, bei dem Eintritt in ein Mietverhältnis und bei dem Erwerb eines Gesellschaftsanteils an einer Personengesellschaft durch mehrere Miterben vor.

***

ATM: **sofortiger Polizeizwang**; fachlit.; 3; Hauptb.; MWA; mask.; sg.; 0436; Öffentl. Sicherheit; **Akt unmittelbarer verwaltungsbehördlicher Befehls- und Zwangsgewalt; faktische Amtshandlung; verfahrensfreier Verwaltungsakt**

ETM: police regulation; FTM: contrainte immédiate de la police

TMQ: VwGH, 2005/06/0018; 19.09.2006

DEF: ein von den Organen der Verwaltung im Rahmen der Hoheitsverwaltung gesetzter individueller normativer Akt, mit dem einseitig ein Befehl erteilt oder Zwang ausgeübt wird.

DFQ: nach Mayer, FWB Öffentl. Recht

REL: Synonym

DTM: **Polizeiverfügung**; fachlit.; 3; Hauptb.; MWA; fem.; sg.; **Verwaltungszwang**

DTQ: BGH VI ZR 166/05 26.09.2006

DEF: eine Maßnahme zur Gefahrenabwehr, die in die Rechte eines Einzelnen eingreift und als Verwaltungsakte welche auf ein Verbot, Gebot oder eine Duldung gerichtet sind erlassen werden.

DFQ: nach http://www.juraforum.de/lexikon/Polizeiverf%C3%Bcgung (28.11.2014); Creif21

***

ATM: **Sonderbegünstigungen**; gesetzl.; 4; Hauptb.; Subst.; mask.; sg.; 1211; Bürgerl. Recht

ETM: favourable treatment of selected creditors; FTM: traitement privilégié des créanciers sélectionnés

TMQ: § 150a IO

DEF: eine Vereinbarung des Schuldners oder anderer Personen mit einem Gläubiger, wodurch diesem vor Abschluss des Sanierungsplans oder in der Zeit zwischen dem Abschluss und dem Eintritt der Rechtskraft des Bestätigungsbeschlusses besondere Vorteile eingeräumt werden.

DFQ: nach § 150a IO

NOT: Diese sind ungültig und können innerhalb von drei Jahren nach Abschluss des Ausgleichs zurückgefordert werden.

DTM: FEHLT

***

ATM: **Sonderkrankenanstalten**; gesetzl.; 4; Hauptb.; Subst.; fem.; pl.; 2841; Gesundheitsrecht

ETM: specialist hospitals; FTM: hôpitaux spéciaux

TMQ: § 2 (1) Z. 2 KAKuG

DEF: Krankenanstalten für die Untersuchung und Behandlung von Personen mit bestimmten Krankheiten oder von Personen bestimmter Altersstufen oder für bestimmte Zwecke.

DFQ: § 2 (1) Z. 2 KAKuG

REL: Synonym

DTM: **Sonderkrankenhäuser**; fachlit; 3; Hauptb.; Subst.; neutr.; pl.

TMQ: https://www.berlin.de/../krankenhausaufsicht/krankenhausgesamtverzeichnis.pdf (19.02.2015)

DEF: Krankenhäuser, die nur einem begrenzten Personenkreis zur Verfügung stehen.

DFQ: https://www.berlin.de/../krankenhausaufsicht/krankenhausgesamtverzeichnis.pdf (19.02.2015)

***

DTM: **Sonderkündigungsrecht des Mieters nach Mieterhöhung;** gesetzl.; 4; Hauptb.; MWA; neutr.; sg.; 2846; Mietrecht

ETM: tenant's special right to termination after rent increase; FTM: droit exceptionnel de résiliation du locataire suite à une augmentation de loyer

DTQ: § 561 BGB

DEF: das gesetzliche Recht, wonach der Mieter bis zum Ablauf des zweiten Monats nach dem Zugang der Erklärung des Vermieters das Mietverhältnis außerordentlich zum Ablauf des übernächsten Monats kündigen kann, wenn der Vermieter eine Mieterhöhung nach § 558 BGB (Mieterhöhung bis zur ortsüblichen Vergleichsmiete) oder § 559 BGB (Mieterhöhung nach Modernisierungsmaßnahmen) geltend macht. Kündigt der Mieter, so tritt die Mieterhöhung nicht ein.

DFQ: nach § 561 (1) BGB

ATM: FEHLT

***

ATM: **Sonderschutzgebiet**; gesetzl.; 4; Hauptb.; Subst.; neutr.; sg.; 5206; Naturschutzrecht

ETM: Special Nature Reserve; FTM: zone de protection spéciale

TMQ: § 9 Nationalpark Hohe Tauern; LGBl.Nr. 73/2011

DEF: ein Gebiet, das in seiner Ursprünglichkeit erhalten geblieben ist und in denen jeder Eingriff verboten ist.

DFQ: Handbuch der Planungsbegriffe

DTM: FEHLT

***

ATM: **Sozialversicherungskarte**; fachlit.; 3; Nebenb.; Subst.; fem.; sg.; 2841; Gesundheitsrecht; **e-card**, **SV-Chipkarte**

ETM: Social Insurance Identification Card; FTM: carte vitale

TMQ: OGH 15Os6/07g, 23.04.2007

DEF: Chipkarte, die mit Name, Titel und Sozialversicherungsnummer der Karteninhaberin/des Karteninhabers versehen ist und von der Informationen über den Versicherungsstatus (z.B. zuständige Krankenversicherungsträger) abgerufen werden können (z.B. von einer Ärztin/einem Arzt mit Chipkarten-Leser).

DFQ: nach § 31c (1) ASVG und help.gv.at (24.11.2014)

REL Synonym

DTM: **Krankenversichertenkarte**; gesetzl.; 4; Hauptb.; Subst.; fem.; sg.; **Krankenversicherungskarte**, **KV-Karte**, **KVK**

DTQ: § 291 SGB V

DEF: Karte, die vorbehaltlich § 291a nur für den Nachweis der Berechtigung zur Inanspruchnahme von Leistungen im Rahmen der vertragsärztlichen Versorgung sowie für die Abrechnung mit den Leistungserbringern verwendet werden darf.

DFQ: § 291 SGB V

***

ATM: **Speisetopfen**; gesetzl.; 4; Hauptb.; Subst.; mask.; sg.; 6026; Lebensmittelrecht
ETM: quark; FTM: fromage blanc
TMQ: ÖLMB Kap. B32 3.3.1.1.1
DEF: ein aus Käsereimilch verschiedener Fettstufen durch Säuerung und Labwirkung hergestelltes Produkt, das mindestens einen Gehalt von 10% F.i.T und einen Höchstwassergehalt von 78% hat.
DFQ: ÖLMB Kap. B32 3.3.1.1.1
REL Synonym

DTM: **Speisequark**; gesetzl.; 4; Hauptb.; Subst.; mask.; sg.; 1211; Bürgerl. Recht
DTQ: KäseV
DEF: ein Frischkäse der mit entrahmter und pasteurisierter Milch mit Hilfe von Sauermilchbakterien und durch dickgelegtes Lab hergestellt wird.
DFQ: nach www.lebensmittellexikon.de (24.08.2014)

***

ATM: **Spekulationsgeschäft**; gesetzl.; 4; Hauptb.; Subst.; neutr.; sg.; 2446; Steuerrecht
ETM: speculative transaction; FTM: transaction spéculative
TMQ: § 124b EStG
DEF: Veräußerungsgeschäft, bei dem zwischen Anschaffung und Veräußerung des Wirtschaftsgutes ein bestimmter Zeitraum nicht überschritten wird.
DFQ: nach § 30 EStG
REL Synonym

DTM: **privates Veräußerungsgeschäft**; gesetzl.; 4; Hauptb.; Subst.; neutr.; sg.; 1211; Bürgerl. Recht
DTQ: § 23 (1) EStG
DEF: Geschäft, bei dem die Veräußerung von Gegenständen des Privatvermögens ausnahmsweise besteuert wird, wenn die Gegenstände innerhalb bestimmter Fristen erworben und wieder verkauft werden.
DFQ: nach Creif21; siehe auch: „**Spekulationsgewinne**"
NOT: Um zu dokumentieren, dass eine Spekulationsabsicht bei der Veräußerung nicht erforderlich ist, wurde der gesetzlich verwendete Begriff „**Spekulationsgeschäft**" durch „**private Veräußerungsgeschäfte**" ersetzt.

***

ATM: **Sperrrecht**; fachlit.; 3; Hauptb.; Subst.; neutr.; sg.; 1211; Mietrecht; **Perklusionsrecht, gesetzliches Vermieterpfandrecht**
ETM: (landlord's) statutory right of lien; FTM: droit de rétention légal
TMQ: Welser, FWB Bürgerliches Recht
DEF: Zurückbehaltungsrecht des Vermieters an eingebrachten Sachen, wenn der Mieter auszieht oder Sachen verschleppt, ohne dass der Zins entrichtet oder sichergestellt ist.
DFQ: nach § 1101 ABGB
NOT: Der Vermieter muss binnen drei Tagen um die pfandweise Beschreibung ansuchen oder die Sachen herausgeben.
REL Synonym

DTM: **Selbsthilferecht**; gesetzl.; 4; Hauptb.; Subst:, neutr.; sg.
DTQ: § 562b BGB
DEF: Recht des Vermieters die Entfernung der Sachen, die seinem Pfandrecht unterliegen, auch ohne Anrufen des Gerichts zu verhindern.

DFQ: nach § 562b BGB

***

ATM: Sperrgeld; gesetzl.; 4; Hauptb.; Subst.; neutr.; sg.; 2846; Mietrecht

ETM: caretaker charge; FTM: frais du concierge

TMQ: § 10 (1) Hausbesorgergesetz

DEF: wer in der vorgeschriebenen Sperrzeit die Dienste des Hausbesorgers oder des bestellten Vertreters zum Öffnen des Tores in Anspruch nimmt, hat hiefür an den Hausbesorger bzw. dessen Vertreter ein Sperrgeld zu entrichten.

DFQ: § 10 (1) Hausbesorgergesetz

DTM: FEHLT

***

ATM: Spezialdebatte; gesetzl.; 4; Hauptb.; Subst.; fem.; sg.; 0421; Öffentliches Recht; Parlament

ETM: special debate; FTM: débat spécial

TMQ: § 70 (2) GPR-NR

DEF: Beratungen über einzelne Teile der Gesetzesvorlage.

DFQ: nach § 70 (2) GPR-NR

DTM: FEHLT

***

ATM: Sponsion; fachlit.; 3; Hauptb.; Subst.; fem.; sg.; 3211; Studienrecht; **universitärer Festakt**

ETM: academic ceremony for graduates of bachelors and masters studies; FTM: cérémonie universitaire de remise des diplômes

TMQ: OGH 9ObA57/11i; 30.04.2012

DEF: Festakt zur Verleihung des Magister-, Bachelor-, Diplomingenieur- oder Mastertitels und zur Übgergabe des Verleihungsbescheids.

DFQ: http://studienabteilung.uni-graz.at/de/../sponsion-und-promotion/ (21.02.2015)

NOT: Der Begriff „**akademische Abschlussfeier**" wird als formeller Begriff auch an der Universität Wien verwendet. Allgemeinsprachlich üblich ist jedoch „**Sponsion**".

REL: Teilsynonym; funkt. Äquiv.

DTM: Akademische Abschlussfeier; fachlit.; 3; Hauptb.; MWA; fem.; sg.

DTQ: http://www.med.uni-frankfurt.de/stud_med/klinik/abschlussfeier/ (20.02.2015)

DEF: die Übergabe der Abschlussurkunden, die von der Universitätsleitung und den Dekanen der Fakultäten überreicht werden.

DFQ: https://www.tu-ilmenau.de/gross/aktuelles/.. /newsbeitrag/16972/ (21.02.2015)

***

ATM: Sprengel (1); gesetzl.; 4; Hauptb.; Subst.; mask.; sg.; 0436; Öffentl. Recht

ETM: legal administrative district; FTM: ressort judiciaire

TMQ: § 32 (1) JN

DEF: bezeichnet den örtlichen Zuständigkeitsbereich bestimmter Stellen (z.B. Gericht, Behörde).

DFQ: nach http://www.help.gv.at/ (21.02.2015)

REL Synonym

DTM: Gerichtsbezirk; gesetzl.; 4; Hauptb.; Subst.; mask.; sg.; **Bezirk**

DTQ: § 3 Bundesnotarordnung

DEF: Gebiet, für das ein Gericht örtlich zuständig ist.

DFQ: § 13a GVG

NOT: „Sprengel" ist in DE eine Bezeichnung für einen Kirchenbezirk.

***

ATM: **Sprengel (2)**; gesetzl.; 4; Hauptb.; Subst.; mask.; sg.; 0436; Öffentl. Recht; **Gerichtsbezirk**
ETM: parish; FTM: district ecclésiastique

TMQ: § 32 (1) JN

DEF: bezeichnet man den örtlichen Zuständigkeitsbereich bestimmter Stellen (z.B. Gericht, Behörde).

DFQ: nach http://www.help.gv.at/ (21.02.2015)

REL: Falscher Freund

DTM: **Sprengel**; gesetzl.; 4; Hauptb.; Subst.; mask.; sg.; 2831; Kirchenrecht

DTQ: § 21 Kirchengemeindeordnung der Evangelisch-Lutherischen Kirche in Bayern

DEF: ein räumlich festgelegter Bereich, der einem Pfarrer bzw. einer Pfarrerin zur Ausübung seines bzw. ihres Amtes zugeteilt ist.

DFQ: nach der amtlichen Anmerkung zu § 21 Kirchengemeindeordnung der Evangelisch-Lutherischen Kirche in Bayern.

NOT: Begriff, der in der evangelischen Kirche verwendet wird.

***

ATM: **sprengelangehörig**; gesetzl.; 4; Hauptb.; Adj.; 3206; Schulrecht
ETM: resident of the school district; FTM: personne résidant dans le district scolaire

TMQ: § 13 (1) Pflichtschulerhaltungs-Grundsatzgesetz

DEF: jene Schulpflichtigen, die im Schulsprengel, wenn auch nur zum Zwecke des Schulbesuches, wohnen.

DFQ: § 13 (7) Pflichtschulerhaltungs-Grundsatzgesetz

DTM: **FEHLT**

NOT: Ein spezieller Fachbegriff fehlt in deutschen Schulgesetzen. Entscheidend ist der ständige Wohnsitz innerhalb eines Schulbezirks.

***

ATM: **Sprengelrichter/in**; gesetzl.; 4; Hauptb.; Subst.; mask./fem.; sg.; 1226; Gerichtsverfassung
ETM: substitute judge; FTM: juge suppléant

TMQ: Art. 88a B-VG

DEF: bei einem übergeordneten Gericht ernannter Richter, der erforderlichenfalls mit der Vertretung von Richtern nachgeordneter Gerichte des betreffenden Sprengels betraut wird.

DFQ: nach Art. 88a B-VG

NOT: Sprengelrichter dürfen nur im Falle der Verhinderung der eigentlich zuständigen Richter oder dann betraut werden, wenn diese Richter wegen des Umfangs ihrer Aufgaben an deren Erledigung innerhalb einer angemessenen Frist gehindert sind.

DTM: **FEHLT**

NOT: Die Vertretung von Richtern ist in §22b GVG geregelt.

***

ATM: **Sprengelwahlbehörde**; gesetzl.; 4; Hauptb.; Subst.; fem.; sg.; 0416; Wahlrecht; **Leiter eines Wahllokals**
ETM: district electoral authority; FTM: autorité électorale de district

TMQ: § 9 (1) NRWO

DEF: die zuständige Wahlbehörde in Gemeinden, die in Wahlsprengel eingeteilt sind und zugleich die unterste Ebene des Wahlsystems darstellen.

DFQ: § 9 (1) NRWO

REL: Synonym

DTM: **Wahlvorstand**; gesetzl.; 4; Hauptb.; Subst.; mask.; sg.

DTQ: § 6 (7) BWO

DEF: die zuständige Behörde, die für die ordnungsmäßige Durchführung der Wahl im jeweiligen Wahlbezirk zuständig ist. Der Wahlvorsteher leitet die Tätigkeit des Wahlvorstandes in den einzelnen Wahllokalen.

DFQ: § 6 (7) BWO

***

ATM: **Sprengelwahlleiter/in**; gesetzl.; 4; Hauptb.; Subst.; mask./fem.; sg.; 0416; Wahlrecht; **Wahlleiter/in**, **Leiter/in eines Wahllokals**

ETM: chief district electoral officer; FTM: directeur d'une autorité électorale de district

TMQ: § 9 NRWO

DEF: Vorsitzende der Wahlbehörde eines Wahlsprengels, der zusammen mit den drei Beisitzern von der Gemeindewahlbehörde bestellt wird und für die ordnungsgemäße Durchführung der Wahl zuständig ist.

DFQ: nach § 9 NRWO

REL: Synonym

DTM: **Wahlvorsteher/in**; gesetzl.; 4; Hauptb.; Subst.; mask./fem.; sg.

DTQ: § 6 BWO

DEF: Leiter eines Wahlvorstands für einen Wahlbezirk. Er/sie wird aus den Wahlberechtigten der Gemeinde von den Gemeindebehörden für dieses Ehrenamt bestellt.

DFQ: nach nach § 6 BWO

***

ATM: **Sprossenkohl**; gesetzl.; 4; Hauptb.; Subst.; mask.; sg.; 6006; Agrarrecht

ETM: brussel sprouts; FTM: chou de Bruxelles

TMQ: Saatgutverordnung 2006 2.10.8.

DEF: Brassica oleracea.

DFQ: Saatgutverordnung 2006 2.10.8

REL: Synonym

DTM: **Rosenkohl**; gesetzl.; 4; Hauptb.; Subst.; mask.; sg.

DTQ: SatV 7.1.1.2

DEF: Brassica oleracea; Brassica rapa.

DFQ: Saatgutverordnung 2006 2.10.8

***

ATM: **Staatsangehörigkeitsehe**; gesetzl.; 4; Hauptb.; Subst.; fem.; sg.; 1231; Eherecht/Fremdenrecht; **Staatsbürgerschaftsehe**

ETM: marriage for citizenship; FTM: mariage de convenance pour acquérir une nationalité

TMQ: § 23 EheG

DEF: eine Ehe ist nichtig, wenn sie ausschließlich oder vorwiegend zu dem Zweck geschlossen ist, der Frau die Führung des Familiennamens des Mannes oder den Erwerb der Staatsangehörigkeit des Mannes zu ermöglichen, ohne daß die eheliche Lebensgemeinschaft begründet werden soll.

DFQ: § 23 (1) EheG

NOT: **Auschließlich** im österr. Ehegesetz existiert der Begriff „**Staatsangehörigkeitsehe**", der eine terminologische Fehlbildung darstellt, da das zugrundeliegende Rechtsinstitut „**Staatbürger-**

schaft" und nicht „**Staatangehörigkeit**" (wie in DE) ist. Die Hochstgerichte verwenden beide Begriffe, jedoch den nicht-normierten (und korrekten) Begriff „**Staatsbürgerschaftsehe**" deutlich öfter.

REL: Teilsynonym

DTM: **Scheinehe**; fachlit.; 3; Hauptb.; Subst.; fem.; sg.

DTQ: BGH 22.6.2005, XII ZB 247/03

DEF: eine Ehe, die geschlossen wurde, bei der sich beide Ehegatten bei der Eheschließung darüber einig waren, dass sie keine Verpflichtung gemäß § 1353 (1) BGB begründen wollen, d.h. keine eheliche Lebensgemeinschaft zu errichten.

DFQ: nach §§ 1353 (1), 1314 BGB

***

ATM: **Staatsbürgerschaft**; gesetzl.; 4; Hauptb.; Subst.; fem.; sg.; 1231; Staatsbürgerschaftsrecht

ETM: citizenship; FTM: nationalité

TMQ: Art. 6 B-VG

DEF: besonderer Status einer Person im Rechtsverhältnis zur Republik Österreich, an den die Rechtsordnung bestimmte Rechte und Pflichten knüpft.

DFQ: nach Mayer, FWB Öffentl. Recht

REL Synonym

DTM: **Staatsangehörigkeit**; gesetzl.; 4; Hauptb.; Subst.; fem.; sg.

DTQ: Art. 16 (1) GG

DEF: die rechtliche Mitgliedschaft einer Person in einem Staat, aus der sich zahlreiche Rechte und Pflichten ableiten lassen.

DFQ: nach Creif21

***

ATM: **Staatsbürgerschaftsehe**; fachlit.; 3; Hauptb.; Subst.; fem.; sg.; 1211; Bürgerl. Recht; **Staatsangehörigkeitsehe**

ETM: marriage for citizenship; FTM: mariage de convenance pour acquérir une nationalité

TMQ: OGH 1Ob389/97f, 27.01.1998

DEF: Ehe, die ausschließlich oder vorwiegend zu dem Zweck geschlossen wurde, einem Partner die Staatsangehörigkeit zu verschaffen, und nicht zum Zwecke der ehelichen Lebensgemeinschaft.

DFQ: nach § 23 EheG

REL Synonym

NOT: Im österr. Ehegesetz existiert der Begriff „**Staatsangehörigkeitsehe**", der eine terminologische Fehlbildung darstellt, da das zugrundeliegende Rechtsinstitut „**Staatbürgerschaft**" und nicht „**Staatangehörigkeit**" (wie in DE) ist. Die Hochstgerichte verwenden beide Begriffe, jedoch den nicht-normierten (und korrekten) Begriff „**Staatsbürgerschaftsehe**" deutlich öfter.

DTM: **Scheinehe**; gesetzl.; 4; Hauptb.; Subst.; fem.; sg.

DTQ: BGH 22.6.2005, XII ZB 247/03

DEF: Ehe, die geschlossen wurde, bei sich beide Ehegatten bei der Eheschließung darüber einig waren, dass sie keine Verpflichtung gemäß § 1353 (1) BGB begründen wollen, d.h. keine eheliche Lebensgemeinschaft zu errichten.

DFQ: nach §§ 1353 (1), 1314 BGB

***

ATM: **Staatsbürgerschaftsevidenz**; gesetzl.; 4; Hauptb.; Subst.; fem.; sg.; 0436/1231; Öffentl. Recht/Staatsbürgerschaftsrecht

ETM: register of persons holding Austrian citizenship; FTM: registre des personnes de nationalité autrichienne

TMQ: § 48 (1) StbG

DEF: Register der Staatsangehörigen, das gesetzlich vorgeschrieben von den Gemeinden zu führen ist und alle Personen verzeichnet, die auf dem Gebiet der Republik geboren werden.

DFQ: nach § 48 (1) StbG

REL Synonym

DTM: Register der Entscheidungen in Staatsangehörigkeitsangelegenheiten; gesetzl.; 4; Hauptb.; MWA; neutr.; sg.; **Staatsangehörigkeitsregister**

DTQ: § 33 StaG

DEF: Register der Entscheidungen in Staatsangehörigkeitsangelegenheiten das beim Bundesverwaltungsamt geführt wird und Entscheidungen zu Erwerb, Bestand und Verlust der deutschen Staatsangehörigkeit verzeichnet.

DFQ: nach § 33 StaG

***

ATM: Staatsbürgerschaftsnachweis; gesetzl.; 4; Hauptb.; Subst.; mask.; sg.; 0436; Öffentl. Recht

ETM: citizenship certificate; FTM: certificat de nationalité

TMQ: § 44 StbG

DEF: Urkunde, dass eine bestimmte Person die österreichische Staatsbürgerschaft besitzt.

DFQ: nach § 44 (1) StbG

REL Synonym

NOT: Die Staatsbürgerschaft kann durch Abstammung oder Verleihung erworben werden. http://www.help.gv.at/Content.Node/26/Seite.260100.html (24.07.2009)

DTM: Staatsangehörigkeitsausweis; gesetzl.; 4; Hauptb.; Subst.; mask.; sg.

DTQ: § 3 (2) StAG

DEF: eine Urkunde mit der das Bestehen der deutschen Staatsangehörigkeit auf Antrag festgestellt und von der Staatsangehörigkeitsbehörde ausgestellt wird.

DFQ: § 30 (3) StAG

***

ATM: Staatskommissär/in; gesetzl.; 4; Hauptb.; Subst.; mask./fem.; sg.; 2416; Bankwesenrecht

ETM: federal commissioner for financial compliance; FTM: commissaire d'Etat à la conformité financière

TMQ: Art. 1 § 76 BWG

DEF: Person, die vom Bundesminister für Finanzen bei Kreditinstituten, deren Bilanzsumme eine Milliarde Euro übersteigt, für eine Funktionsperiode von längstens fünf Jahren zu bestellen ist und als Organ der Finanzmarktaufsichtsbehörde handelt.

DFQ: nach Art. 1 § 76 BWG

NOT: Die Staatskommissäre und deren Stellvertreter sind ausschließlich den Weisungen der Finanzmarktaufsichtsbehörde unterworfen. Zum Staatskommissär und zu dessen Stellvertreter dürfen nur eigenberechtigte natürliche Personen mit Hauptwohnsitz im Europäischen Wirtschaftsraum bestellt werden.

DTM: FEHLT

DFQ: www.bafin.de (24.07.2009)

NOT: Es gibt in DE die Bundesanstalt für Finanzdienstleistungsaufsicht, die verschiedene Banken und Finanzdienstleistungsinstitute beaufsichtigt, jedoch keine dem österr. Staatskommissär entsprechende Einrichtung.

***

ATM: **Staatssekretär/in**; gesetzl.; 4; Hauptb.; Subst.; mask./fem.; sg.; 1206; Öffentl. Recht

ETM: Federal Departmental Secretary; FTM: secrétaire d'État

TMQ: Art. 19 (1) B-VG

DEF: natürliche Person, die einem Bundesministern zur Unterstützung in der Geschäftsführung und zur parlamentarischen Vertretung beigegeben werden kann.

DFQ: nach Art. 78 (2) und (3) B-VG

NOT: Ein Staatssekretär wird in gleicher Weise wie ein Bundesminister bestellt und scheidet ebenso aus dem Amt. Der Bundesminister kann den Staatssekretär mit dessen Zustimmung auch mit der Besorgung bestimmter Aufgaben betrauen. Der Staatssekretär ist dem Bundesminister auch bei Erfüllung dieser Aufgaben unterstellt und an seine Weisungen gebunden, hat jedoch Ministerrang und nimmt an allen Sitzungen der Regierung teil.

REL: Falscher Freund

DTM: **Parlamentarische/r Staatssekretär/in**; gesetzl.; 4; Hauptb.; MWA; mask./fem; sg.; 0421; Bürgerl. Recht; **PSt**

DTQ: § 1 ParlStG

DEF: Abgeordneter des Bundestages, die Mitglieder der Bundesregierung, denen sie beigegeben sind, bei der Erfüllung ihrer Regierungsaufgaben unterstützen. Sie stehen zum Bund in einem öffentlich-rechtlichen Amtsverhältnis.

DFQ: nach § 1 ParlStG

NOT: Es gibt sie im Unterschied zu AT in allen Bundesministerien. Einem Parlamentarischen Staatssekretär kann auch das Recht verliehen werden, die Bezeichnung „**Staatsminister**" zu führen. „**Staatsminister**" ist in einigen Ländern (z.B. in Bayern und Sachsen) auch eine Bezeichnung für einen Minister auf Landesebene.

***

ATM: **Staatsvertrag**; gesetzl.; 4; Hauptb.; Subst.; mask.; sg.; 1206; Verfassungsrecht

ETM: state treaty; FTM: traité international
traité m intergouvernemental

TMQ: Art. 16 B-VG

DEF: Vertrag mit anderen Staaten bzw. Völkerrechtssubjekten, der vom Bund oder von den Bundesländern abgeschlossen wird.

DFQ: nach Art. 10 (1) Z. 2, Art. 65 (1) und Art. 16 B-VG

NOT: Die Vertragsschlusskompetenz der Bundesländer ist auf Angelegenheiten, die nach der Kompetenzverteilung in ihren selbstständigen Wirkungsbereich fallen, begrenzt; Vertragspartner dürfen in diesem Fall nur an AT angrenzende (Teil-) Staaten sein. In AT können die Länder untereinander bzw. der Bund und die Länder so genannte „**Gliedstaatsverträge**" schließen.

REL: Teilsynonym

DTM: **Staatsvertrag**; gesetzl.; 4; Hauptb.; Subst.; mask.; sg.

DTQ: Art 29 GG

DEF: völkerrechtlicher Vertrag, der nicht nur vom Bund bzw. einem Land mit anderen Staaten oder Völkerrechtssubjekten abgeschlossen werden kann, sondern auch zwischen den einzelnen Ländern untereinander bzw. zwischen Bund und Ländern.

DFQ: nach Creif21

***

ATM: **Stadt mit eigenem Statut**; gesetzl.; 4; Hauptb.; MWA; fem.; sg.; 0436; Öffentl. Recht; **Statutarstadt**

ETM: town with its own municipal charter; FTM: ville à statut particulier

TMQ: Art. 116 (3) B-VG

DEF: Gemeinde mit mindestens 20.000 Einwohnern, der auf ihren Antrag hin durch Landesgesetz ein eigenes Statut (Stadtrecht) verliehen wurde.

DFQ: nach Art. 116 B-VG

NOT: Eine Stadt mit eigenem Statut ist zugleich Bezirksverwaltungssprengel und hat neben den Aufgaben der Gemeindeverwaltung auch jene der Bezirksverwaltung zu besorgen.

REL: Synonym

DTM: **kreisfreie Stadt**; gesetzl.; 4; Hauptb.; MWA; fem.; sg.; **Stadtkreis**

DTQ: § 28 VwGO

DEF: kommunale Gebietskörperschaft, die wegen ihrer Größe und Bedeutung nicht in einen Landkreis eingegliedert ist.

DFQ: nach Creif21

NOT: Neben den der Gemeinde obliegenden Aufgaben haben die kreisfreien Städte auch all jene Aufgaben wahrzunehmen, die bei kreisangehörigen Gemeinden der Kreisverwaltung obliegen.

***

ATM: **Stadtrat (1);** gesetzl.; 4; Hauptb.; Subst.; mask.; sg.; 0436; Öffentl. Recht; **Gemeindevorstand; Gemeinderat**

ETM: city council; FTM: gouvernement municipal

TMQ: Art. 117 (1) B-VG

DEF: der Gemeindevorstand (Stadtrat), bei Städten mit eigenem Statut der Stadtsenat.

DFQ: nach Art. 117 (1) B-VG

NOT: Der Stadtrat bzw. Stadtsenat fungiert als Stadtregierung, seine Mitglieder werden als „**Stadträte**" bezeichnet.

REL: Falscher Freund

DTM: **Stadtrat**; gesetzl.; 4; Hauptb.; Subst.; mask.; sg.

DTQ: § 25 (1) GemO

DEF: in vielen dt. Bundesländern (wie z.B. in Bayern, Sachsen etc.) die Bezeichnung für die gewählte, kommunale Volksvertretung in den Städten (in anderen Gemeinden: Gemeinderat) 2) in wenigen Bundesländern (z.B. Hessen) die Bezeichnung für den Magistrat (Gemeindevorstand) einer Stadt.

DFQ: nach Creif2; http://de.wikipedia.org/wiki/Stadtrat (28.07.2009)

NOT: Die entsprechenden Bezeichnungen in den übrigen Ländern sind „**Stadtvertretung**" oder „**Stadtverordnetenversammlung**" (z.B. Hessen). In den meisten dt. Bundesländern fehlt ein entsprechendes Organ auf kommunaler Ebene jedoch.

***

ATM: **Stadtrat (2);** gesetzl.; 4; Hauptb.; Subst.; mask.; sg.; 0436; Gemeinderecht; bei Städten mit eigenem Statut: **Stadtsenatsmitglied**;

ETM: alderman; FTM: conseiller municipal

TMQ: § 26 Statut der Stadt Graz

DEF: ein Mitglied des Stadtsenats und damit ein Mitglied der Stadtregierung in Städten mit eigenem Statut.

DFQ: nach § 26 Statut der Stadt Graz

DTM: FEHLT

NOT Ein entsprechendes Organ fehlt in den meisten dt. Bundesländern. Außer z.B. in Hessen, wo es auf kommunaler Ebene neben der Gemeindevertretung und dem vom Volk gewählten Bürgermeister auch einen so genannten Magistrat (Gemeindevorstand) gibt.

DFQ: Creif21

***

ATM: **Stadtschulrat für Wien**; gesetzl.; 4; Hauptb.; MWA; mask.; sg.; 3206; Schulrecht
ETM: Municipal School Council Vienna; FTM: Conseil scolaire municipal de Vienne

TMQ: § 3 (3) Bundes-Schulaufsichtsgesetz

DEF: im Bundesland Wien die Bezeichnung für den dortigen Landesschulrat siehe: Landesschulrat

DFQ: § 3 (3) Bundes-Schulaufsichtsgesetz

NOT: In den übrigen Bundesländern: Landesschulrat.

DTM: FEHLT

DFQ: www.dbs.schule.de (28.7.2009); Creif21

NOT: In DE ist die oberste Schulaufsichtsbehörde stets das zuständige Landesministerium. Dem Stadtschulrat bzw. Landeschulrat entspricht funktional in der Regel das **Schulamt beim Regierugspräsidium**.

***

ATM: **Stadtsenat**; gesetzl.; 4; Hauptb.; Subst.; mask.; sg.; 0436; Öffentl. Recht; **in Städten ohne eigenem Statut: Stadtrat; in den übrigen Gemeinden: Gemeindevorstand**
ETM: city council; FTM: gouvernement municipal

TMQ: Art. 117 (1) B-VG

DEF: in Städten mit eigenem Statut Bezeichnung für den dortigen Stadtrat (= Stadtregierung) (siehe Eintrag „**Stadtrat**").

DFQ: nach Art. 117 (1) B-VG

DTM: FEHLT

NOT: Ein entsprechendes Verwaltungsorgan fehlt in den meisten dt. Bundesländern. Außer z.B. in Hessen, wo es auf kommunaler Ebene neben der Gemeindevertretung und dem vom Volk gewählten Bürgermeister auch einen so genannten Magistrat (Gemeindevorstand) gibt.

***

DTM: **Staffelmiete**; gesetzl.; 4; Hauptb.; Subst.; fem.; sg.; 2846; Mietrecht
ETM: graduated rent; FTM: loyer échelonné

DTQ: § 557a (1) BGB

DEF: eine Miete, die für bestimmte Zeiträume in unterschiedlicher Höhe schriftlich vereinbart werden kann; in der Vereinbarung ist die jeweilige Miete oder die jeweilige Erhöhung in einem Geldbetrag auszuweisen.

DFQ: § 557a (1) BGB

ATM: FEHLT

***

ATM: **Standespflichtverletzung (der Notare)**; gesetzl.; 4; Hauptb.; Subst.; fem.; sg.; 1211; Bürgerl. Recht
ETM: breach of professional duties (of notaries); violation de l'obligation professionnelle (des notaires)

TMQ: § 155 (1) NO

DEF: entweder Disziplinarvergehen, die vom Oberlandesgericht als Disziplinargericht nach Anhörung des Oberstaatsanwalts mit Disziplinarstrafe zu ahnden sind, oder Ordnungswidrigkeiten, die von der Notariatskammer mit Ordnungsstrafe zu ahnden sind.

DFQ: § 155 (1) NO

DTM: FEHLT

***

ATM: **Ständiger Unterausschuss (des Hauptausschusses des Nationalrats)**; gesetzl.; 4; Hauptb.; MWA; mask.; sg.; 0426; Öffentl. Recht; Parlament

ETM: standing sub-committee (of the main committee of the National Council); FTM: Sous-comité permanent (de la commission générale du Conseil national)

TMQ: § 31 (1) GOG-NR

DEF: ein Organ des Nationalrats, mit dem nach Art. 18 (3) Einvernehmen herzustellen ist, wenn die sofortige Erlassung von Maßnahmen, die verfassungsgemäß einer Beschlussfassung des Nationalrates bedürfen, zur Abwehr eines offenkundigen, nicht wieder gutzumachenden Schadens für die Allgemeinheit zu einer Zeit notwendig wird, in der der Nationalrat nicht versammelt ist, nicht rechtzeitig zusammentreten kann oder in seiner Tätigkeit durch höhere Gewalt behindert ist.

DFQ: nach Art. 18 (3) B-VG; Mayer, FWB Öffentl. Recht

NOT: Diesem muss mindestens ein Mitglied jeder im Hauptausschuss des Nationalrates vertretenen Partei angehören. Bei der Auflösung des Nationalrates übernimmt der ständige Unterausschuss die Aufgabe der Mitwirkung an der Vollziehung.

REL: Teilsynonym; funkt. Äquiv.

DTM: **Gemeinsamer Ausschuss**; gesetzl.; 4; Hauptb.; MWA; mask.; sg.

DTQ: Art. 53a GG

DEF: stellt das Notparlament im Verteidigungsfall dar, wenn dem rechtzeitigen Zusammentreten des Bundestages unüberwindliche Hindernisse entgegenstehen. Er entscheidet mit einer Mehrheit von zwei Dritteln der abgegebenen Stimmen, mindestens der Mehrheit seiner Mitglieder.

DFQ: http://www.bundestag.de/../gemeinsamer_ausschuss/index.jsp (20.02.2015)

***

ATM: **Ständiger Unterausschuß in Angelegenheiten der Europäischen Union**; gesetzl.; 4; Hauptb.; MWA; mask.; sg.; 0426; Öffentl. Recht; Parlament

ETM: standing sub-committee for matters concerning the European Union; FTM: Commission des Affaires de l'Union européenne

TMQ: § 31 (1) GO-NR

DEF: nach Maßgabe der Vorschriften für die Behandlung von Vorhaben im Rahmen der Europäischen Union zuständig.

DFQ: § 31 (1) GO-NR

REL Synonym

DTM: **Ausschuss für die Angelegenheiten der Europäischen Union**; gesetzl.; 4; Hauptb.; MWA; mask.; sg.

DTQ: § 93 BTGO

DEF: Organ des Bundestages, das zuständig ist für Grundsatzfragen der europäischen Integration und die Zusammenarbeit mit dem Europäischen Parlament und den nationalen Parlamenten der Mitgliedstaaten.

DFQ: nach http://www.bundestag.de/../ausschuesse/a21/index.jsp (20.02.2015)

***

ATM: **Statutarstadt**; gesetzl.; 4; Hauptb.; Subst.; fem.; sg.; 0436; Öffentl. Recht; **Stadt mit eigenem Statut**

ETM: town with its own municipal charter; FTM: ville à statut particulier

TMQ: Art. 1 § 11 (5) FAG 2008

DEF: Gemeinde mit mindestens 20.000 Einwohnern, der auf ihren Antrag hin durch Landesgesetz ein eigenes Statut (Stadtrecht) verliehen wurde.

DFQ: nach Art. 116 B-VG

REL: Synonym

DTM: **kreisfreie Stadt**; gesetzl.; 4; Hauptb.; MWA; fem.; sg.; **Stadtkreis**

DTQ: § 28 VwGO

DEF: kommunale Gebietskörperschaft, die wegen ihrer Größe und Bedeutung nicht in einen Landkreis eingegliedert ist.

DFQ: nach Creif21

NOT: Neben den der Gemeinde obliegenden Aufgaben haben die kreisfreien Städte auch all jene Aufgaben wahrzunehmen, die bei kreisangehörigen Gemeinden der Kreisverwaltung obliegen.

***

ATM: **Stehpräsidiale**; fachlit.; 3; Hauptb.; Subst.; fem.; sg.; 0426; Öffentl. Recht; Parlament

ETM: ad-hoc meeting of the presidents of the National Council; FTM: courte réunion à court terme des présidents des présidents du Conseil national

TMQ: http://www.parlament.gv.at/PERK/GL/ALLG/S.shtml (10.02.2015)

DEF: eine ad-hoc-Beratung der Mitglieder der Präsidialkonferenz des Nationalrats/Bundesrats während einer Plenarsitzung zur schnellen Klärung eines Sachverhalts.

DFQ: http://www.parlament.gv.at/PERK/GL/ALLG/S.shtml (10.02.2015)

DTM: **FEHLT**

***

ATM: **Stellung**; gesetzl.; 4; Hauptb.; Subst.; fem.; sg.; 0821; Militärrecht; **Feststellung der Eignung**

ETM: medical examination for military service; FTM: examen médical militaire

TMQ: § 15 (1) Wehrgesetz

DEF: Feststellung der notwendigen körperlichen und geistigen Eignung der Wehrpflichtigen zum Wehrdienst.

DFQ: § 15 (1) Wehrgesetz

REL: Synonym

DTM: **Musterung**; gesetzl.; 4; Hauptb.; Subst.; fem.; sg.; **Eignungsuntersuchung, Eignungsfeststellung**

DTQ: § 16 Wehrpflichtgesetz

DEF: durch die Musterung entscheiden die Kreiswehrersatzämter, welche ungedienten Wehrpflichtigen für den Wehrdienst zur Verfügung stehen. Weiterhin können Feststellungen über die Eignung der Wehrpflichtigen für Verwendungen in den Streitkräften getroffen werden.

DFQ: § 16 (2) Wehrpflichtgesetz

***

ATM: **Stellungskommission**; gesetzl.; 4; Hauptb.; Subst.; fem.; sg.; 0821; Militärrecht

ETM: military recruiting commission; FTM: commission de recrutement du service militaire

TMQ: § 15 (1) Wehrgesetz

DEF: obliegt die Feststellung der Eignung der Personen, die sich der Stellung unterziehen, zum Wehrdienst. Die Stellungskommission haben die Eignung der Personen nach Abs. 1 zum Wehrdienst auf Grund der ärztlichen und psychologischen Untersuchungen mit einem der folgenden Beschlüsse festzustellen: „**Tauglich**" oder „**Vorübergehend untauglich**" oder „**Untauglich**".

DFQ: § 17 (1) Wehrgesetz

REL: Teilsynonym; funkt. Äquiv.

DTM: **Kreiswehrersatzamt**; gesetzl.; 4; Hauptb.; Subst.; neutr.; sg.

DTQ: § 14 Wehrpflichtgesetz

DEF: Bundesunterbehörden, die die Musterung durchführen.

DFQ: nach §§ 14 (1), 17 (1) Wehrpflichtgesetz

***

ATM: **Stellungspflicht**; gesetzl.; 4; Hauptb.; Subst.; fem.; sg.; 1211; Bürgerl. Recht

ETM: duty to appear before the military recruiting commission; FTM: obligation de se présenter à la commission de recrutement du service militaire

TMQ: § 18 Wehrgesetz 2001

DEF: umfasst 1. die Befolgung der Aufforderung zur Stellung, 2. die Mitwirkung an den für die Feststellung der Eignung zum Wehrdienst erforderlichen ärztlichen und psychologischen Untersuchungen, 3. die Erteilung der zur Durchführung des Stellungsverfahrens notwendigen Auskünfte und die Vorlage der zu diesem Zweck angeforderten Unterlagen und 4. die Inanspruchnahme der auf besondere Anordnung der Stellungskommission nach Maßgabe militärischer Erfordernisse zugewiesenen Unterkunft.

DFQ: § 18 (1a) Wehrgesetz 2001

NOT: Die „**Stellungspflicht**" ist in DE Teil der Wehrpflicht, sie wird nicht mit einem pezifischen Begriff ausgewiesen.

REL: Teilsynonym

DTM: **Wehrpflicht**; gesetzl.; 4; Hauptb.; Subst.; fem.; sg.

DTQ: § 3 (1) Wehrpflichtgesetz

DEF: umfasst die Pflicht, sich zu melden, vorzustellen, nach Maßgabe dieses Gesetzes Auskünfte zu erteilen und Unterlagen vorzulegen, sich auf die geistige und körperliche Tauglichkeit und auf die Eignung für die Verwendungen in den Streitkräften untersuchen zu lassen sowie zum Gebrauch im Wehrdienst bestimmte Bekleidungs- und Ausrüstungsstücke zu übernehmen und entsprechend dem Einberufungsbescheid zum Dienstantritt mitzubringen.

DFQ: § 3 (1) Wehrpflichtgesetz

***

ATM: **Stelze**; gesetzl.; 4; Hauptb.; Subst.; fem.; sg.; 6006; Lebensmittelrecht

ETM: knuckle of pork ; FTM: jambonneau

TMQ: A.3.3.3 ÖLMB /B14/ BMGF-75210/0010-IV/B/10/2005 vom 19.10.2005

DEF: unterer Teil des Fußes eines Schweins, Rinds oder Kalbs.

DFQ: nach A.3.3.3 ÖLMB /B14/ BMGF-75210/0010-IV/B/10/2005 vom 19.10.2005

NOT: ÖLMB /B14/ BMGF-75210/0010-IV/B/10/2005 vom 19.10.2005

REL: Teilsynonym

DTM: **Eisbein**; gesetzl.; 4; Hauptb.; Subst.; neutr.; sg.; **Schweinshaxen**

DTQ: Leitsätze für Fleisch und Fleischerzeugnisse, GMBl Nr. 5/6 ff. vom 04.02.2010

DEF: die Teile der Extremitäten des Schweines zwischen Knie- bzw. Ellenbogengelenk und den Fußwurzelgelenken. Ihr knochenfreier Teil wird für die Verarbeitung i.d.R. entschwartet.

DFQ: http://www.fleischwirtschaft.de/dokumentation/fachbegriffe/ (10.02.2015)

***

ATM: **Stempelgebühr**; gesetzl.; 4; Hauptb.; Subst.; fem.; sg.; 0436; Öffentl. Recht

ETM: stamp duty; FTM: droit de timbre

TMQ: § 12 (2) Gebührengesetz 1957

DEF: Abgabe, die für amtliche Ausfertigungen (Berechtigungen, Bescheinigungen) zu entrichten ist.

DFQ: nach §§ 12 f. Gebührengesetz 1957

NOT: Zur Entrichtung der Stempelgebühren sind verpflichtet: 1. bei Eingaben, deren Beilagen und den die Eingaben vertretenden Protokollen sowie sonstigen gebührenpflichtigen Protokollen derjenige, in dessen Interesse die Eingabe eingebracht oder das Protokoll verfasst wird; 2. bei amtlichen Ausfertigungen und Zeugnissen derjenige, für den oder in dessen Interesse diese ausgestellt werden; 3. bei Amtshandlungen derjenige, in dessen Interesse die Amtshandlung erfolgt.

DTM: **FEHLT**

NOT: Die Stempelgebühr ist eine Art der Verwaltungsgebühr im dt. Recht. Es fehlt jedoch eine eigene Bezeichnung.

***

ATM: **Sterbebuch**; gesetzl.; 4; Hauptb.; Subst.; neutr.; sg.; 0436; Öffentl. Recht/Personenstandsrecht; **Eintragung im Sterbebuch**

ETM: register of deaths; FTM: registre des décès

TMQ: § 3 Personenstandsverordnung

DEF: Verzeichnis, das beim Standesamt geführt wird und das Ableben einer Person mit Name, Datum des Ablebens usw. vermerkt.

DFQ: § 28 (1) Personenstandsgesetz (alt)

USE historisch

NOT: Mit dem Personenstandsgesetz 2014 wurden alle Personenstandsbücher in das Zentrale Personenstandsregister (ZPR) integriert und werden daher bei den Standesämtern nicht mehr weitergeführt. Todelmeldungen sind daher direkt an das ZPR zu melden.

REL Synonym

DTM: **Sterberegister**; gesetzl.; 4; Hauptb.; Subst.; fem.; sg.; **Sterbebuch**

DTQ: § 31 PStG

DEF: Verzeichnis, das beim Standesamt geführt wird und das Ableben einer Person mit Name, Datum des Ablebens usw. vermerkt.

DFQ: nach § 31 PStG

***

ATM: **Steuereinhebung**; fachlit.; 3; Hauptb.; Subst.; fem.; sg.; 2446; Steuerrecht; **Steuererhebung**

ETM: tax collection; FTM: perception de l'impôt / recouvrement de l'impôt

TMQ: VwGH 2004/07/0174, 02.06.2005

DEF: Verfahren zur Abfuhr von Steuern.

DFQ: nach VwGH 2004/07/0174, 02.06.2005

REL Synonym

DTM: **Steuererhebung**; gesetzl.; 4; Hauptb.; Subst.; fem.; sg.; 1211; Bürgerl. Recht

DTQ: § 38 (3a) EStG

DEF: Verfahren zur Abfuhr von Steuern.

DFQ: nach § 38 (3a) EStG

***

ATM: **Stimmbezirk**; gesetzl.; 4; Hauptb.; Subst.; mask.; sg.; 0416; Öffentliches Recht/Wahlrecht

ETM: constituency; FTM: circonscription électorale

TMQ: § 2 NRWO

DEF: grundsätzlich bildet jeder politische Bezirk, in den Bundesländern Niederösterreich und Vorarlberg jeder Verwaltungsbezirk, und jede Stadt mit eigenem Statut einen Stimmbezirk. In der Stadt Wien ist jeder Gemeindebezirk ein Stimmbezirk.

DFQ: § 2 (3) NRWO

NOT: Die beiden Begriffe sind nur teilweise Synonym. „**Stimmbezirk**“ ist auf einer höheren Ebene angesiedelt, als der „**Wahlbezirk**“, der zugleich die letzte und vorletzte Ebene des Wahlsystems bezeichnet. Die unterste Ebene des österr. Wahlrechts ist der „**Wahlsprengel**“.
REL: Teilsynonym

DTM: **Allgemeine Wahlbezirke**; gesetzl.; 4; Hauptb.; MWA; mask.; pl.; **Stimmbezirke**
DTQ: § 12 BWO
DEF: Gemeinde mit nicht mehr als 2.500 Einwohnern, sie bildet in der Regel einen Wahlbezirk. Bevölkerungsmäßig größere Gemeinden werden in mehrere Wahlbezirke eingeteillt.
DFQ: § 12 (1) BWO

***

ATM: **Stoppelrübe**; gesetzl.; 4; Hauptb.; Subst.; fem.; sg.; 6006; Agrarrecht
ETM: turnip; FTM: navet
TMQ: Saatgutverordnung 2006 2.11.2
DEF: Brassica rapa
DFQ: Saatgutverordnung 2006 2.11.2
REL: Synonym

DTM: **Herbstrübe**; gesetzl.; 4; Hauptb.; Subst.; mask.; sg.
DTQ: SatV 7.1.1.5
DEF: Brassica rapa
DFQ: Saatgutverordnung 2006 2.11.2

***

ATM: **Störung der Beziehungen zum Ausland**; gesetzl.; 4; Hauptb.; MWA; fem.; sg.; 1216; Strafrecht
ETM: disrupting Austria’s relations with foreign countries; FTM: atteinte aux relations avec les pays étrangers
TMQ: StGB
DEF: alle Delikte, die im Besonderen Teil, 24. Abschnitt, des österr. StGB geregelt werden.
DFQ: §§ 316-320 StGB
REL: Teilsynonym; funkt. Äquiv.

DTM: **Straftaten gegen ausländische Staaten**; gesetzl.; 4; Hauptb.; MWA; fem.; sg.
DTQ: StGB
DEF: alle Delikte, die im 3. Abschnitt des dt. StGB geregelt werden.
DFQ: §§ 102-104a StGB

***

ATM: **Störung der Funktionsfähigkeit eines Computers;** gesetzl.; 4; Hauptb.; MWA; fem.; sg.; 1216; Strafrecht
ETM: serious computer sabotage (through the unauthorised entry or transmission of data); FTM: perturbation du fonctionnement d'un ordinateur
TMQ: § 126b StGB
DEF: das schwere Stören der Funktionsfähigkeit eines Computersystems, über das der Täter nicht allein verfügungsberechtigt ist, durch Dateneingabe oder Datenübermittlung.
DFQ: nach § 126b (1) StGB
REL: Teilsynonym

DTM: **Computersabotage**; gesetzl.; 4; Hauptb.; Subst.; fem.; sg.
DTQ: § 303b StGB

DEF: das erhebliche Stören einer Datenverarbeitung, die für einen anderen von wesentlicher Bedeutung ist, durch eine Tat nach § 303a (1) StGB; durch das Eingeben oder Übermitteln von Daten bzw. durch das Zerstören, Beschädigen, Unbrauchbarmachen, Beseitigen oder zerstören von Datenträgern.

DFQ: nach § 303b (1) StGB

***

ATM: **Strafantrag**; gesetzl.; 4; Hauptb.; Subst.; mask.; sg.; 1216; Strafrecht

ETM: criminal charge; FTM: plainte

TMQ: § 210 (1) StPO

DEF: Bezeichnung für die Anklage im Verfahren vor dem Bezirksgericht und dem Einzelrichter.

DFQ: nach §§ 210, 451 StPO

NOT: Beim Landesgericht als Geschworenen- oder Schöffengericht spricht man hingegen von der so genannten „**Anklageschrift**". Der Strafantrag muss alle Bestandteile einer Anklageschrift aufweisen und die Beweismittel nennen. Nicht notwendig ist jedoch eine Begründung. Gegen den Strafantrag hat der Beschuldigte keine Möglichkeit eines Einspruchs.

REL: Teilsynonym; enger

DTM: **Strafantrag**; gesetzl.; 4; Hauptb.; Subst.; mask.; sg.

DTQ: § 301 (2) StGB

DEF: Erklärung des Verletzten oder sonst gesetzlich dazu Berechtigten, dass er die Strafverfolgung wünsche, wenn das Gesetz die Verfolgung eines Delikts von einer solchen Erklärung abhängig macht (= Antragsdelikt).

DFQ: nach §§ 77 ff. StGB

NOT: In AT ist der Strafantrag vom Staatsanwalt bei allen Delikten einzubringen, die vor dem BG bzw. mittels ER- Verfahren erledigt werden. In DE ist er hingegen auf die Antragsdelikte beschränkt.

***

ATM: **strafbare Handlungen bei Wahlen und Volksabstimmungen;** gesetzl.; 4; Hauptb.; MWA; fem.; pl.; 1216; Strafrecht

ETM: criminal offences concerning elections and referendums; FTM: infractions contre les élections et référendums

TMQ: §§ 261-268 StGB

DEF: alle Delikte, die im Besonderen Teil, 18. Abschnitt, des österr. StGB geregelt werden.

DFQ: §§ 261-268 StGB

REL: Synonym; funkt. Äquiv.

DTM: **Straftaten bei Wahlen und Abstimmungen**; gesetzl.; 4; Hauptb.; MWA; fem.; pl.

DTQ: § 107-108e StGB

DEF: Delikte, die in einem Teil des 4. Abschnitts des 4. Titels des dt. StGB geregelt werden.

DFQ: nach § 107-108e StGB

***

ATM: **strafbare Handlungen gegen den religiösen Frieden und die Ruhe der Toten;** gesetzl.; 4; Hauptb.; MWA; fem.; pl.; 1216; Strafrecht

ETM: criminal offences against religious peace and the repose of the dead;
FTM: délits contre la paix religieuse et la paix des morts

TMQ: §§ 188-191 StGB

DEF: alle Delikte, die im Besonderen Teil, Achter Abschnitt, des österr. StGB geregelt werden.

DFQ: §§ 188-191 StGB

REL: Synonym; funkt. Äquiv.

DTM: Straftaten, welche sich auf Religion und Weltanschauung beziehen; gesetzl.; 4; Hauptb.; MWA; fem.; pl.

DTQ: StGB

DEF: alle Delikte, die im 11. Abschnitt des dt. StGB geregelt werden.

DFQ: §§ 166-168 StGB

***

ATM: strafbare Handlungen gegen die Ehre; gesetzl.; 4; Hauptb.; MWA; fem.; pl. 1216; Strafrecht

ETM: criminal offences against honour; FTM: infractions contre l'honneur

TMQ: §§ 111-117 StGB

DEF: alle Delikte, die im Besonderen Teil, Vierter Abschnitt des österr. StGB geregelt werden.

DFQ: §§ 111-117 StGB

REL: Teilsynonym; funkt. Äquiv.

DTM: Beleidigung; gesetzl.; 4; Hauptb.; Subst.; fem.; pl.

DTQ: §§ 185-200 StGB

DEF: Überbergiff für alle Delikte, die im 14. Abschnitt des dt. StGB geregelt werden.

DFQ: §§ 185-200 StGB

***

ATM: strafbare Handlungen gegen die Freiheit; gesetzl.; 4; Hauptb.; MWA; fem.; pl.; 1216; Strafrecht

ETM: criminal offences against personal freedom; FTM: infractions contre la liberté (d'une personne)

TMQ: §§ 99-110 StGB

DEF: alle Delikte, die im Besonderen Teil, Dritter Abschnitt des österr. StGB geregelt werden.

DFQ: §§ 99-110 StGB

REL: Teilsynonym; funkt. Äquiv.

DTM: Straftaten gegen die persönliche Freiheit; gesetzl.; 4; Hauptb.; MWA; fem.; pl.

DTQ: §§ 232-241a StGB

DEF: alle Delikte, die im 18. Abschnitt des dt. StGB geregelt werden.

DFQ: §§ 232-241a StGB

***

ATM: strafbare Handlungen gegen die Sicherheit des Verkehrs mit Geld, Wertpapieren, Wertzeichen und unbaren Zahlungsmitteln; gesetzl.; 4; Hauptb.; MWA; fem.; pl.; 1216; Strafrecht

ETM: criminal offences against integrity of the market for money, securities, trading stamps and other non-cash payment instruments;

FTM: infractions contre la sécurité de la circulation de l'argent, des titres, des timbres et des moyens non monétaires de paiement

TMQ: §§ 232-241g StGB

DEF: alle Delikte, die im Besonderen Teil, 13. Abschnitt, des österr. StGB geregelt werden.

DFQ: §§ 232-241g StGB

REL: Synonym; funk. Äquiv.

DTM: Geld- und Wertzeichenfälschung; gesetzl.; 4; Hauptb.; MWA; fem.; pl.

DTQ: §§ 146-152b StGB

DEF: alle Delikte, die im 8. Abschnitt des dt. StGB geregelt werden.

DFQ: nach §§ 146-152b StGB

***

ATM: **strafbare Handlungen gegen die Zuverlässigkeit von Urkunden und Beweiszeichen;** gesetzl.; 4; Hauptb.; MWA; fem.; pl.; 1216; Strafrecht

ETM: criminal offences of tampering with deeds and evidence; FTM: infractions contre la fiabilité des documents et des signes de la preuve

TMQ: §§ 223-231 StGB

DEF: alle Delikte, die im Besonderen Teil, Zwölfter Abschnitt, des österr. StGB geregelt werden.

DFQ: §§ 223-231 StGB

REL: Teilsynonym; funkt. Äquiv.

DTM: **Urkundenfälschung**; gesetzl.; 4; Hauptb.; Subst.; fem.; pl.

DTQ: §§ 267-282 StGB

DEF: alle Delikte, die im 23. Abschnitt des dt. StGB geregelt werden.

DFQ: nach §§ 267-282 StGB

***

ATM: **strafbare Handlungen gegen Ehe und Familie**; gesetzl.; 4; Hauptb.; MWA; fem.; pl.; 1216; Strafrecht

ETM: criminal offences against marriage and family; FTM: infractions contre le mariage et la famille

TMQ: §§ 192-200 StGB

DEF: alle Delikte, die im Besonderen Teil, Neunter Abschnitt, des österr. StGB geregelt werden.

DFQ: nach §§ 192-200 StGB

REL: Teilsynonym; funkt. Äquiv.

DTM: **Straftaten gegen den Personenstand, die Ehe und die Familie;** gesetzl.; 4; Hauptb.; MWA; fem.; pl.

DTQ: §§ 169-173 StGB

DEF: alle Delikte, die im 12. Abschnitt des dt. StGB geregelt werden.

DFQ: nach §§ 169-173 StGB

***

ATM: **strafbare Handlungen gegen fremdes Vermögen;** gesetzl.; 4; Hauptb.; MWA; fem.; pl.; 1216; Strafrecht

ETM: criminal offences against third-party assets; FTM: infractions contre du patrimoine des étrangers

TMQ: §§ 125-168b StGB

DEF: alle Delikte, die im Besonderen Teil, Sechster Abschnitt, des österr. StGB geregelt werden.

DFQ: §§ 125-168b StGB

REL: Teilsynonym; funkt. Äquiv.

DTM: **Diebstahl und Unterschlagung; Raub und Erpressung; Begünstigung und Hehlerei; Betrug und Untreue;** gesetzl.; 4; Hauptb.; MWA; mask.; pl.

DTQ: §§ 242-266b StGB

DEF: alle Delikte, die in den Abschnitten 19 bis 22 des dt. StGB geregelt werden. Es gibt im Gesetzestext keinen Überbegriff wie im österr. StGB.

DFQ: nach §§ 242-266b StGB

***

ATM: **strafbare Handlungen gegen Leib und Leben**; gesetzl.; 4; Hauptb.; MWA; fem.; pl.; 1216; Strafrecht

ETM: criminal offences against bodily integrity and life; FTM: infractions contre contre la vie et l'intégrité physique

TMQ: §§ 75-95 StGB

DEF: alle Delikte, die im Besonderen Teil, Erster Abschnitt des österr. StGB geregelt werden.

DFQ: nach §§ 75-95 StGB

REL: Teilsynonym; funkt. Äquiv.

DTM: **Straftaten gegen das Leben und Straftaten gegen die körperliche Unversehrtheit;** gesetzl.; 4; Hauptb.; MWA; fem.; pl.; 1216; Strafrecht

DTQ: §§ 211-231 StGB

DEF: alle Delikte, die im 16. und 17. Abschnitt des dt. StGB geregelt werden.

DFQ: nach §§ 211-231 StGB

***

ATM: **Straferkenntnis**; gesetzl.; 4; Hauptb.; Subst.; fem.; sg.; 0436; Verwaltungsrecht

ETM: administrative penalty order; FTM: décision administrative à caractère pénal

TMQ: § 43 VStG

DEF: Entscheidung, mit der ein ordentliches Verwaltungsstrafverfahren beendet wird.

DFQ: nach §§ 43 ff. VStG

NOT: Die Niederschrift eines Straferkenntisses hat alle Bestandteile eines Bescheids zu enthalten. Das Rechtsmittel gegen das im ordentlichen Verfahren erlassene Straferkenntnis ist seit 01.01.2014 die Berufung an das Verwaltungsgericht.

REL: Teilsynonym; enger

DTM: **Bußgeldbescheid**; gesetzl.; 4; Hauptb.; Subst:, neutr.; sg.

DTQ: § 67 (1) OWiG

DEF: die Entscheidung der Verwaltungsbehörde, mit dem eine Geldbuße wegen Begehung einer Ordnungswidrigkeit verhängt wird.

DFQ: nach Alpbrock2; Creif21

NOT: Gegen den B. kann der Betroffene Einspruch erheben und dadurch die Entscheidung des Amtsgerichts herbeiführen.

***

ATM: **Straflosigkeit von Unmündigen**; gesetzl.; 4; Hauptb.; MWA; mask.; sg.; 1216; Strafrecht

ETM: impunity of minors; FTM: impunité de mineurs

TMQ: § 4 (1) Jugendgerichtsgesetz 1988 - JGG

DEF: Unmündige, die eine mit Strafe bedrohte Handlung begehen, sind nicht strafbar.

DFQ: § 4 (1) Jugendgerichtsgesetz 1988 - JGG

DTM: **Schuldunfähigkeit des Kindes**; gesetzl.; 4; Hauptb.; MWA; mask.; sg.

DTQ: § 19 STGB

DEF: schuldunfähig ist, wer bei Begehung der Tat noch nicht vierzehn Jahre alt ist.

DFQ: § 19 STGB

***

ATM: **Strafregister**; gesetzl.; 4; Hauptb.; Subst.; neutr.; sg.; 1216; Strafrecht

ETM: criminal records register; FTM: service fédéral des casiers judiciaires

TMQ: § 1 Strafregistergesetz 1968

DEF: zum Zwecke der Evidenthaltung strafgerichtlicher Verurteilungen wird für das gesamte Bundesgebiet ein Strafregister geführt.

DFQ: § 1 Strafregistergesetz 1968

REL Synonym

DTM: **Bundeszentralregister**; gesetzl.; 4; Hauptb.; Subst.; neutr.; sg.; **BZR**; **Strafregister**

DTQ: § 1 BZRG

DEF: Justizregister der strafrechtlichen Verurteilungen, das bundesweit beim Bundesamt für Justiz geführt wird.

DFQ: nach § 3 BZRG

NOT: Eingetragen werden strafgerichtliche Verurteilungen, Entscheidungen von Verwaltungsbehörden und Gerichten, Vermerke über Schuldunfähigkeit, gerichtliche Feststellungen nach § 17 (2), § 18, nachträgliche Entscheidungen und Tatsachen, die sich auf eine der in den Nummern 1 bis 4 genannten Eintragungen beziehen.

***

ATM: **Strafregisterauskunft**; gesetzl.; 4; Hauptb.; Subst.; fem.; sg.; 1216; Strafrecht

ETM: extract from the criminal records register; FTM: extrait du casier judiciaire

TMQ: § 9 (1) Strafregistergesetz

DEF: die von der Bundespolizeidirektion Wien an alle inländischen Behörden und Behörden der Europäischen Union sowie Jugendwohlfahrtsträgern auf Verlangen kostenfrei zu erteilende Mitteilung, welche Daten über eine bestimmte Person im Strafregister verzeichnet sind.

DFQ: nach § 9 (1) Strafregistergesetz

REL: Synonym

DTM: **Führungszeugnis für Behörden**; gesetzl.; 4; Hauptb.; Subst.; neutr.; sg.; 1216; Strafrecht

DTQ: § 32 (3) BZRG

DEF: ein Führungszeugnis, das Behörden auf Antrag über eine bestimmte Person erhalten, soweit sie es zur Erledigung ihrer hoheitlichen Aufgaben benötigen und eine Aufforderung an den Betroffenen, ein Führungszeugnis vorzulegen, nicht sachgemäß ist oder erfolglos bleibt.

DFQ: nach § 31 BZRG

NOT: Das Führungszeugnis für Behörden enthält die in § 31 (3) angeführten zusätzlichen Auskünfte. In bestimmten gesetzlich geregelten Fällen gibt darüber hinaus die Möglichkeit einer Unbeschränkten Auskunft aus dem BZR.

***

ATM: **Strafregisterbescheinigung**; gesetzl.; 4; Hauptb.; Subst.; fem.; sg.; 1216; Strafrecht; **früher auch: Leumundszeugnis**, **Führungszeugnis**, **Leumundsnote**

ETM: clear criminal record certificate; FTM: certificat de bonne conduite casier judiciaire

TMQ: § 10 Strafregistergesetz 1968

DEF: eine Bescheinigung über sämtliche gemäß § 2 (1a) gekennzeichneten Verurteilungen des Antragstellers, über Daten gemäß § 2 (1) Z. 7-8 oder darüber, dass das Strafregister keine solche Verurteilungen oder Einträge enthält.

DFQ: § 10 (1a) Strafregistergesetz 1968

REL Synonym

NOT: Sind im Strafregister keine oder nur solche Verurteilungen enthalten, die in die Bescheinigung nicht aufgenommen werden dürfen, so hat die Bescheinigung zu lauten: „Im Strafregister scheint keine Verurteilung auf."

DTM: **Führungszeugnis**; gesetzl.; 4; Hauptb.; Subst.; fem.; sg.

DTQ: § 31 BZRG

DEF: schriftliche Auskunftserteilung der Behörde, auf der aufscheint, ob und ggf. welche Strafvermerke für die betreffende Person im Bundeszentralregister eingetragen sind

DFQ: nach Creif21

***

ATM: **Strafverfügung**; gesetzl.; 4; Hauptb.; Subst.; fem.; sg.; 0436; Verwaltungsstrafrecht
ETM: administrative fine; FTM: amende administrative

TMQ: § 47 (1) VStG

DEF: ein verwaltungsstrafrechtlicher Bescheid, der von einer Behörde ohne vorangegangenes Ermittlungsverfahren erlassen werden darf.

DFQ: Mayer, FWB Öffentl. Recht

REL: Teilsynonym; funkt. Äquiv.

NOT: Die Erlassung ist zulässig, wenn eine Verwaltungsübertretung von einem Gericht, einer Verwaltungsbehörde, einem Organ der öffentlichen Aufsicht oder einer Militärwache auf Grund eigener dienstlicher Wahrnehmung oder eines vor ihnen abgelegten Geständnisses eine Verwaltungsübertretung angezeigt oder wenn das strafbare Verhalten auf Grund automatischer Überwachung festgestellt wird., Durch Strafverfügung kann eine Geldstrafe bis zu 365 Euro festsetzt werden (nach Mayer, FWB Öffentl. Recht).

DTM: **Bußgeldbescheid**; gesetzl.; 4; Hauptb.; Subst.; fem.; sg.

DTQ: § 65 Gesetz über Ordnungswidrigkeiten

DEF: die Entscheidung der Verwaltungsbehörde, mit der eine Ordnungswidrigkeit soweit dieses Gesetz nichts anderes bestimmt, durch Bußgeldbescheid geahndet wird.

DFQ: nach § 65 Gesetz über Ordnungswidrigkeiten

NOT: Ein Bußgeldbescheid wird erlassen, wenn die Behörde nach Aufklärung des Sachverhalts das Verfahren nicht einstellt oder lediglich eine Verwarnung erteilt, sondern eine Ahndung für erforderlich hält. (nach AlpBrock2)

***

ATM: **Strafvollzugsakademie**; gesetzl.; 4; Hauptb.; Subst.; mask.; sg.; 1216; Strafrecht
ETM: training academy for correctional facilities personell; FTM: Académie pour le personnel du système pénal

TMQ: § 2 (6) Justizbetreuungsagentur-Gesetz

DEF: die zentrale Einrichtung für die Aus- und Fortbildung des im Strafvollzug tätigen Personals sowie die Wiener Jugendgerichtshilfe.

DFQ: http://www.justiz.gv.at/web2013/html/default/strafvollzug.de.html (11.01.2015)

REL: Teilynonym, funkt. Äquiv.

DTM: **2-jähriger Vorbereitungsdienst**; fachlit.; 3; Hauptb.; MWA; mask.; sg.; 1211; Bürgerl. Recht; **Bayerische Justizakademie usw.**

DTQ: http://berufenet.arbeitsagentur.de/berufe/start?dest=profession&prof-id=8271 (12.01.2015)

DEF: die Ausbildung für den mittleren Justizdienst (Vollzugs- und Verwaltungsdienst) erfolgt im Rahmen eines zweijährigen Vorbereitungsdienstes, der sich in eine fachpraktische und in eine fachtheoretische Ausbildung gliedert.

DFQ: http://verwaltung.hessen.de/irj/HMdJ_Internet?cid=ce25ff851304922bcd03c949aba6364b (12.01.2015)

NOT: Entsprechungen für „mittlerer Dienst" sind „Laufbahngruppe 1, zweites Einstiegsamt", „Laufbahngruppe 1, zweite Einstiegsebene", „zweite Qualifikationsebene" sowie „zweites Einstiegsamt" (http://berufenet.arbeitsagentur.de/berufe/start?dest=profession&prof-id=827) (12.01.2015)

***

ATM: **Strafvollzugsanstalt**; gesetzl.; 4; Hauptb.; Subst.; fem.; sg.; 1216; Strafvollzugsrecht; **Gefängnis**
ETM: correctional facility; FTM: établissement pénitentiaire; prison

TMQ: § 8 (1) StVzG

DEF: Justizanstalten sind Institutionen, die dem Strafvollzug gerichtlich verhängter Freiheitsstrafen dienen.

DFQ: nach www.justiz.gv.at

REL Synonym

DTM: **Justizvollzugsanstalt**; gesetzl.; 4; Hauptb.; Subst.; fem.; sg.; **Gefängnis**

DTQ: § 1 StVollzG

DEF: eine Einrichtung, die für den Vollzug von Freiheitsstrafen zuständig ist.

DFQ: nach § 1 StVollzG

***

ATM: **Straßenbankett**; gesetzl.; 4; Hauptb.; Subst.; neutr.; sg.; 4806; Straßenverkehrsrecht

ETM: road verge; FTM: accotement non stabilisé

TMQ: § 1 (1) Z. 6 Straßenverkehrsordnung 1960

DEF: der seitliche, nicht befestigte Teil einer Straße, der zwischen der Fahrbahn und dem Straßenrande liegt, soweit dieser Straßenteil nicht besonderen Zwecken vorbehalten ist (z.B. Gehsteige, Rad- oder Reitwege und sonstige besondere straßenbauliche Anlagen).

DFQ: § 1 (1) Z. 6 Straßenverkehrsordnung 1960

REL Synonym

DTM: **unbefestigtes Bankett**; fachlit.; 3; Hauptb.; MWA; neutr.; sg.; **unbefestigter Seitenstreifen**

DTQ: BGH, III ZR 176/04, 27.01.2005

DEF: der seitliche, nicht befestigte Teil einer Straße, der zwischen der Fahrbahn und dem Straßenrande liegt.

DFQ: http://www.rechtslexikon.net/d/bankett/bankett.htm (12.02.2015)

***

ATM: **Streitanhängigkeit**; gesetzl.; 4; Hauptb.; Subst.; fem.; sg.; 1211; Zivilrecht/Prozessrecht

ETM: pending proceedings; FTM: litispendance

TMQ: §§ 232 ff. ZPO

DEF: die Rechtshängigkeit der Streitsache (Streitanhängigkeit) wird durch die Zustellung der Klageschrift an den Beklagten begründet.

DFQ: §§ 232 ff. ZPO

REL Synonym

NOT: Die Streitanhängigkeit tritt mit ordnungsgemäßer Zustellung des verfahrenseinleitenden Schriftsatzes an den Beklagten ein und endet entweder durch ihre Umwandlung in die Rechtskraftwirkung oder durch ihren Fortfall bei definitiver (Nicht-) Erledigung des Streitgegenstandes im anhängig gewesenen Verfahren. Mit Streitanhängigkeit wird das Prozessrechtsverhältnis dreiseitig. Die Streitanhängigkeit hat die Wirkung, dass während ihrer Dauer über den geltend gemachten Anspruch weder bei demselben noch bei einem anderen Gerichte ein Rechtsstreit durchgeführt werden darf.

DTM: **Rechtsanhängigkeit**; gesetzl.; 4; Hauptb.; Subst.; fem.; sg.; **Litispendenz**

DTQ: § 261 dZPO

DEF: die Erhebung der Klage beim Gericht oder die Geltendmachung eines Anspruchs während der mündlichen Verhandlung.

DFQ: §§ 261 ff. dZPO; AlpBrock2; www.lexexact.de

NOT: Die Rechtshängigkeit mit Zustellung der Klage an den Beklagten und tritt durch die Erhebung der Klage oder die Geltendmachung eines Anspruchs während der mündlichen Verhandlung ein. Die Rechtshängigkeit endet mit Eintritt der formellen Rechtskraft. Von der Rechtshängigkeit zu unterscheiden ist die früher eintretende Anhängigkeit.

***

ATM: **Streitanmerkung**; gesetzl.; 4; Hauptb.; Subst.; fem.; sg.; 1211; Grundbuchrecht; **Anmerkung des Streites**

ETM: notice of disputed title; FTM: mention relative à un litige

TMQ: § 61 (1) GBG

DEF: Eintragung ins Grundbuch, die von jemanden verlangt werden kann, der meint, durch die Einverleibung in seinem bücherlichen Rechte verletzt zu sein, die Einverleibung aus dem Grunde der Ungültigkeit im Prozessweg bestreitet und die Wiederherstellung des vorigen bücherlichen Standes begehrt.

DFQ: nach § 61 (1) GBG

NOT: Die Anmerkung eines solchen Streites im Grundbuch kann entweder gleichzeitig mit der Klage oder später verlangt werden.

DTM: FEHLT

NOT: Ein analoges Rechtsinstitut fehlt im dt. Recht. Die „**Vormerkung**" hat jedoch im dt. Recht hinsichtlich der Sicherung von künftigen Rechten im Rahmen des Sachenrechts in vielerlei Hinsicht dieselbe Funktion wie die „**Anmerkung**" im österr. Recht.

***

ATM: **Streitkurator**; fachlit.; 3; Hauptb.; Subst.; mask.; sg.; 1211; Erbrecht

ETM: curator as representative of estate; FTM: curateur représentant la succession

TMQ: Welser, FWB Bürgerliches Recht, Band II

DEF: ein auf Antrag der Gläubiger des Erblassers bestellter Vertreter des Nachlasses, gegen welchen sie ihre Forderungen ausführen können.

DFQ: nach § 811 ABGB

NOT: Der Streitkurator ist vom Verlassenschaftskurator zu unterscheiden, denn der Streitkurator vertritt nur in einer bestimmten Streitsache (Welser, FWB Bürgerliches Recht, Band II).

DTM: FEHLT

***

ATM: **streng geheime Verschlusssachen**; gesetzl.; 4; Hauptb.; MWA; fem.; pl.; 0436; Öffentl. Sicherheit

ETM: top secret classified information; FTM: informations classifiées très secret

TMQ: BS 2001/264 Anhang 2

DEF: wenn die Informationen geheim sind und überdies ihr Bekanntwerden eine schwere Schädigung der Interessen der Aufrechterhaltung der öffentlichen Ruhe, Ordnung und Sicherheit, der umfassenden Landesverteidigung oder der auswärtigen Beziehungen, der wirtschaftlichen Interessen einer Körperschaft des öffentlichen Rechts, der Vorbereitung einer Entscheidung oder der überwiegenden Interessen der Parteien wahrscheinlich machen würde.

DFQ: BGBl. III Nr. 54/2007

NOT: Äquivalenz aufgrund zwischenstaatlicher Verträge

REL: Teilsynonym; funkt. Äquiv.

DTM: **streng geheime Verschlusssachen**; gesetzl.; 4; Hauptb.; MWA; fem.; pl.; 0436; Öffentl. Sicherheit

DTQ: § 16, Allgemeine Verwaltungsvorschrift des Bundesministeriums des Inneren zum materiellen und organisatorischen Schutz von Verschlusssachen (VS-Anweisung) vom 31. März 2006

DEF: wenn die Kenntnisnahme durch Unbefugte den Bestand oder lebenswichtige Interessen der Bundesrepublik Deutschland oder eines ihrer Länder gefährden kann.

DFQ: BGBl. III Nr. 54/2007

***

ATM: **Studienrat/-rätin**; gesetzl.; 4; Hauptb.; Subst.; mask./fem.; sg.; 3206; Schulrecht; **Studienrätin, StR**
ETM: honorary teacher; FTM: professeur certifié
TMQ: § 1 Schaffung von Berufstiteln
DEF: Ehrentitel für Personen, die im Lehr- oder Erziehungsdienst tätig sind.
DFQ: § 1 Schaffung von Berufstiteln; www.help.gv.at /www.bmukk.gv.at
NOT: Typische Anwendungsfälle: Lehrkräfte mit Universitätsstudium an höheren Schulen.
REL: Falscher Freund

DTM: **Studienrat/-rätin**; gesetzl.; 4; Hauptb.; Subst.; mask./fem.; sg.; 1211; Bürgerl. Recht
DTQ: § 1, Anlage I Bundesbesoldungsordnungen A und B
DEF: Amtsbezeichnung für das Eingangsamt der beamteten Lehrer an Gymnasien, seit 1965 auch an den berufsbildenden Schulen.
DFQ: § 1 Laufbahnämter BesGr A 13 Besoldungsgruppe A 13 11

***

ATM: **Sublegat**; fachlit.; 3; Nebenb.; Subst.; neutr.; sg.; 1211; Erbrecht; **Untervermächtnis**
ETM: sublegacy; FTM: **legs en sous-ordre**
TMQ: OGH 24.04.2002, 3Ob176/01f
DEF: wenn ein Erblasser einen Legatar mit einem Vermächtnis belastet, d.h. wenn ein Legatar zur Erfüllung eines Legats verpflichtet wird.
DFQ: OGH 24.04.2002, 3Ob176/01f; siehe auch § 650 ABGB
REL Synonym

DTM: **Untervermächtnis**; gesetzl.; 4; Hauptb.; Subst.; neutr.; sg.; 1211; Bürgerl. Recht
DTQ: § 2186 BGB
DEF: liegt vor, wenn ein Vermächtnisnehmer mit einem Vermächtnis beschwert ist.
DFQ: nach § 2186 BGB

***

ATM: **Subsidiaranklage**; gesetzl.; 4; Hauptb.; Subst.; fem.; sg.; 1211; Strafrecht
ETM: subsidiary prosecution; FTM: plainte subsidiaire privée
TMQ: § 4 StPO
DEF: die vom Privatbeteiligten anstelle des Staatsanwaltes erhobene Anklage, wenn der Staatsanwalt die Anzeige zurückgelegt hat, vor Rechtskraft der Anklage, vor oder in der Hauptverhandlung von der Verfolgung zurücktritt.
DFQ: § 71 (1) StPO, ÖRWB
REL: Teilsynonym; funkt. Äquiv.

DTM: **Klageerzwingungsverfahren**; gesetzl.; 4; Hauptb.; Subst.; neutr.; sg.
DTQ: § 53 Gesetz über die Vergütung der Rechtsanwältinnen und Rechtsanwälte
DEF: dabei kann der Verletzte den Staatsanwalt zur Anklageerhebung zwingen. Er selbst kann sich jedoch nur als Nebenkläger anschließen.
DFQ: nach § 172 StPO

***

ATM: **Substitutionsband**; gesetzl.; 4; Hauptb.; Subst.; neutr.; sg.; 1211; Verfahrensrecht
ETM: substitution class; FTM: lien de substitution
TMQ: OGH 22.12.2011, 2Ob58/11k
DEF: die Eintragung einer Substitution im Hinterlegungsmassebuch oder im Hinterlegungsgeldbuch, die das Verwahrschaftsgericht der Verwahrungsabteilung aufzutragen hat.

DFQ: nach § 309 (1) GVGO

NOT: Der Terminus kam auch in § 158 (1) AußStrG aF vor; diese Norm wurde allerdings aufgehoben.

DTM: FEHLT

***

ATM: Substitutionskurator; gesetzl.; 4; Hauptb.; Subst.; mask.; sg.; 1211; Erbrecht; **Posteritätskurator, Kurator für eine bereits vorhandene Leibesfrucht, Kurator für die Nachkommenschaft**
ETM: substitution curator representing descendants' rights; FTM: curateur représentant les droits des descendants

TMQ: OGH 27.05.2004, 6Ob275/03i (6Ob276/03m)

DEF: ein gesetzlicher Vertreter, der vom Abhandlungsgericht im Rahmen der Vertretungsvorsorge von Amts wegen zu bestellen ist, wenn beim Tod des Erblassers noch nicht Geborene oder noch nicht Gezeugte als Substituten (Ersatzerben, Nacherben) berufen sind.

DFQ: Welser, FWB Bürgerliches Recht, Band II; § 156 (2) iVm § 5 Z. 2 lit. a AußStrG 2005

DTM: FEHLT

***

ATM: Suchtmittel; gesetzl., 4; Hauptb.; Subst.; neutr.; pl.; 1216; Strafrecht
ETM: narcotics; FTM: stupéfiants

TMQ: § 1 SMG

DEF: (im Sinne des Suchtmittelgesetzes) Suchtgifte und psychotrope Stoffe.

DFQ: § 1 SMG

REL Synonym

DTM: Betäubungsmittel; gesetzl., 3; Hauptb.; Subst.; neutr.; pl.

DTQ: § 1 Betäubungsmittelgesetz (BtMG)

DEF: Betäubungsmittel im Sinne (des Betäubungsmittelgesetzes) sind die in den Anlagen I bis III aufgeführten Stoffe und Zubereitungen.

DFQ: § 1 Betäubungsmittelgesetz (BtMG)

***

ATM: Superädifikat; gesetzl.; 4; Hauptb.; Subst.; neutr.; sg.; 1211; Bürgerl. Recht; **Überbau**
ETM: temporary construction on leased land; FTM: construction temporaire sur le terrain d'autrui

TMQ: Welser, FWB Bürgerliches Recht

DEF: ein selbständiges Bauwerk, das auf fremdem Grund in der Absicht errichtet wird, dass es nicht stets darauf bleiben soll, sofern es nicht Zugehör eines Baurechtes ist.

DFQ: nach § 435 ABGB; Welser, FWB Bürgerliches Recht; http://www.help.gv.at/Content.Node/99/Seite.991300.html (14.07.09)

NOT: Eigentümer und Eigentümerinnen von Superädifikaten müssen üblicherweise dem Grundstückseigentümer oder der Grundstückseigentümerin ein Entgelt für die Nutzung des Grundstücks zahlen.

REL Synonym

DTM: Scheinbestandteil; gesetzl.; 4; Hauptb.; Subst.; neutr.; sg.; **Überbau**

DTQ: Creif21

DEF: ein nicht wesentlicher Bestandteil eines Grundstückes oder Gebäudes, wie Sachen, die nach dem Willen des Einfügenden nur vorübergehend mit dem Grund und Boden verbunden sind und auch die Errichtung eines Gebäudes oder anderen Werkes in Ausübung eines dinglichen Rechts auf einem fremden Grundstück.

DFQ: nach § 95 BGB; Creif21

***

ATM: **SV-Chipkarte**; gesetzl.; 4; Hauptb.; Subst.; fem.; sg.; 2841; Gesundheitsrecht; **e-card, Sozialversicherungskarte**

ETM: social security identification card; FTM: carte vitale

TMQ: § 31a (4) ASVG

DEF: eine Chipkarte, welche als Grundlage für die Inanspruchnahme von ärztlichen Leistungen dient; auf dem Chip befinden sich zahlreiche persönliche Daten, die zur Abrechnung mit den Leistungserbringern herangezogen werden.

DFQ: nach § 31a (4); help.gv.at (24.07.2009)

REL Synonym

DTM: **Krankenversichertenkarte**; gesetzl., 4; Hauptb.; Subst.; fem.; sg.; **Krankenversicherungskarte, KV-Karte, KVK**

DTQ: § 291 SGB

DEF: eine Speicher-Chipkarte, die dem Nachweis der Berechtigung zur Inanspruchnahme von Leistungen im Rahmen der vertragsärztlichen Versorgung sowie für die Abrechnung mit den Leistungserbringern dient.

DFQ: nach § 291 SGB; http://de.wikipedia.org/wiki/Krankenversichertenkarte (24.07.2009)

***

ATM: **Syndikatsvertrag**; gesetzl.; 4; Hauptb.; Subst.; mask.; sg.; 1211; Aktienrecht

ETM: syndicate agreement; FTM: contrat consortial

TMQ: § 3 Aktienübertragung - Vorarlberger Illwerke AG

DEF: eine außerhalb des Gesellschaftsvertrages getroffene schuldrechtliche Vereinbarung, in der mehrere Gesellschafter ihren Einfluss vereinigen, um z.B. ihr Abstimmungsverhalten zu koordinieren (Stimmbindungsvertrag) oder auch anderweitige Absprachen zu treffen (z.B. über die Bestellung von Organmitgliedern, über die Geschäfts- und Unternehmenspolitik und vieles mehr).

DFQ: nach Tichy, Münchener Kommentar zum Aktiengesetz, 2. Auflage 2004, „Zum österreichischen Recht"

NOT: In AT wird in diesem Zusammenhang auch häufig die etwas irreführende Bezeichnung „**Konsortialvertrag**" verwendet (s. Straube, FWB Handels- u. Gesellschaftsrecht). Ein solcher wird jedoch idR zwischen mehreren rechtlich und wirtschaftlich selbstständigen Unternehmen (Konsorten) geschlossen. Hier handelt es sich aber um eine Abrede zwischen Gesellschaftern desselben Unternehmens.

REL: Teilsynonym; breiter

DTM: **Stimmbindungsvertrag**; fachlit.; 3; Hauptb.; Subst.; mask.; sg.

DTQ: AlpBrock2

DEF: ein schuldrechtlicher Vertrag, in dem sich ein Gesellschafter zu einem bestimmten Abstimmverhalten in einer Gesellschafterversammlung (bzw. Hauptversammlung) verpflichtet

DFQ: nach AlpBrock2

NOT: Stimmbindungsverträge sind grundsätzlich wirksam, einklagbar und gem. §894 ZPO vollstreckbar.

***

ATM: **Tabularbesitz**; fachlit.; 3; Hauptb.; Subst; mask.; sg.; 1211; Bürgerl. Recht; **Buchbesitz**

ETM: right in rem over immovable property; FTM: possession légale d'un droit réel sur un immeuble

TMQ: OGH 5Ob172/08t

DEF: der rechtmäßige Besitz eines dinglichen Rechtes auf unbewegliche Sachen (wo öffentliche Register eingeführt sind).

DFQ: nach § 321 ABGB; KoWe 2014/2015

DTM: **FEHLT**

DFQ: § 900 BGB; Creif21

NOT: jedoch: § 900 BGB (Tabularersitzung): Wer als Eigentümer ein Grundstücks im Grundbuch eingetragen ist, ohne dass er d. Eigentum erlangt hat, erwirbt das Eigentum, wenn d. Eintragung 30 Jahre bestanden und er während dieser Zeit das Grunstück im Eigenbesitz hatte.

***

ATM: **Tafelbutter**; gesetzl.; 4; Hauptb.; Subst.; fem.; sg.; 6026; Lebensmittelrecht
ETM: second-class butter; FTM: beurre de qualité secondaire

TMQ: ÖLMB Kap. B32 2.1.1.6

DEF: Butter der zweiten Qualitätsstufe. Sie kann leichte sensorische Fehler aufweisen. Sie wird aus pasteurisiertem Milchrahm oder aus einer Mischung von Milchrahm und Molkerahm hergestellt.

DFQ: ÖLMB Kap. B32 2.1.1.6

REL: Teilsynonym

DTM: **Deutsche Molkereibutter**; fachlit.; 3; Hauptb.; Subst.; fem.; sg.

DTQ: MilchErzV § 6 (2)

DEF: erfüllt die Voraussetzungen, wenn sie 1. in einer Molkerei hergestellt worden ist, die nach § 8 ButtV berechtigt ist, für die von ihr hergestellte Butter die Bezeichnung „**Deutsche Markenbutter**" zu führen, und 2. für jede der in § 7 (3) Satz 2 Nr. 1 bis 3 genannten Eigenschaften mit mindestens drei Punkten bewertet worden ist.

DFQ: MilchErzV § 6 (2)

***

ATM: **Tafelspitz**; gesetzl.; 4; Hauptb.; Subst.; mask.; sg.; 6026; Lebensmittelrecht; **Lange Seite**

TMQ: Österr. Lebensmittelbuch, Kap. 14 A.3.1.3

DEF: M. glutaeobiceps; liegen dem Hüferscherzel an und überdecken die Schale.

DFQ: Österr. Lebensmittelbuch, Kap. 14 A.3.1.3

REL: Teilsynonym

DTM: **Hüftdeckel**; gesetzl.; 4; Hauptb.; Subst.; mask.; sg.; **Blume, Rosenspitz, Kaiserstück**

DTQ: Leitsätze für Fleisch und Fleischerzeugnisse, GMBl Nr. 5/6 ff. vom 04.02.2010

DEF: an das Roastbeef anschließende, an der Außenfläche des Beckenbodens liegende und zum Kreuzbein reichende äußere Hüftmuskulatur; die Spitze der in die Hüfte reichenden Unterschale wird als „**Tafelspitz**" bezeichnet (LS 2.505)

DFQ: http://www.fleischwirtschaft.de/dokumentation/fachbegriffe/

***

ATM: **Tafelstück (Lange Seite)**; gesetzl.; 4; Hauptb.; Subst.; neutr.; sg.; 6026; Lebensmittelrecht
ETM: silverside without eye of round and heel; FTM: gîte à la noix

TMQ: Österr. Lebensmittelbuch, Kap. 14 A.3.1.3

DEF: M. glutaeobiceps, überdeckt die Schale

DFQ: Österr. Lebensmittelbuch, Kap. 14 A.3.1.3, http://www.ama-marketing.at/ (15.09.2014)

REL: Teilsynonym

NOT: In manchen Darstellungen ist das Tafelstück lediglich Teil der unteren Schale.

DTM: **Unterschale ohne Schwanzrolle**; gesetzl.; 4; Hauptb.; MWA; fem.; sg.

DTQ: www.fleisch-teilstuecke.at/de/tsdetail-rind/fts/1211/1000.1200/

DEF: das ausgelöste Fleisch der Innenseite des Oberschenkels sowohl vom Rind als auch vom Schwein.

DFQ: Leitsätze für Fleisch und Fleischerzeugnisse, GMBl Nr. 5/6 ff. vom 04.02.2010

***

ATM: **Tagesblockzeit**; fachlit.; 3; Hauptb.; Subst.; fem.; sg.; 0431; Öffentliches Recht

ETM: total available speaking time for speakers during National Council parliamentary debate sessions; FTM: : temps de parole total disponible aux orateurs pendant une session de du Conseil national

TMQ: http://www.parlament.gv.at/PERK/GL/ALLG/T.shtml (20.10.2015)

DEF: die für die DebattenrednerInnen zu den Tagesordnungspunkten einer Sitzung des Nationalrates insgesamt zur Verfügung stehende Redezeit. Sie wird in der Präsidialkonferenz vereinbart und zu Beginn der Sitzung vom Nationalrat beschlossen. Sie wird in „**Wiener Stunden**" angegeben und nach deren Schlüssel auf die Klubs aufgeteilt. Daraus ergeben sich die Blockredezeiten der Klubs.

DFQ: http://www.parlament.gv.at/PERK/GL/ALLG/T.shtml (20.01.2015)

DTM: FEHLT

NOT: Die Verteilung der Redezeit erfolgt im Bundestag im Rahmen der „**Berliner Stunde**".

***

ATM: **Taggeld bei Gewährung von Anstaltspflege**; gesetzl.; 4; Hauptb.; MWA; neutr.; sg.; 2841; Sozialrecht;

ETM: daily allowance while in residential care; FTM: indemnité journalière pour les soins résidentiels

TMQ: § 195 (1) ff. ASVG

DEF: finanzielle Unterstützung aus den Mitteln der Unfallversicherung für einen Versehrten, während der Unfallheilbehandlung in einer Kranken-, Kur- oder sonstigen Anstalt wegen der Folgen eines Arbeitsunfalles oder wegen einer Berufskrankheit, wenn wegen Fehlens von in für Betracht kommende Familienangehörige kein Anspruch auf Familiengeld besteht.

DFQ: nach § 195 (1) ff. ASVG

DTM: FEHLT

***

ATM: **Tagsatzung**; gesetzl.; 4; Hauptb.; Subst.; fem.; sg.; 1226; Gerichtsorganisation; **Gerichtstermin**

ETM: date of hearing; FTM: date d'audience

TMQ: Art. 1 § 56 Geschäftsordnung für die Gerichte I. und II. Instanz

DEF: ein Zeitraum (Termin) zu gemeinschaftlichem Handeln des Gerichts mit den Parteien.

DFQ: nach http://www.help.gv.at/Content.Node/99/Seite.991310.html (28.07.2009)

NOT: Eine Gerichtsverhandlung setzt sich idR aus mehreren Tagsatzungen zusammen.

REL Synonym

DTM: **Termin**; gesetzl.; 4; Hauptb.; Subst.; fem.; sg.; **Verhandlungstermin bei Gericht, Gerichtstermin**

DTQ: § 216 ZPO

DEF: die nach Datum, Uhrzeit und Ort im Voraus festgelegte Gerichtssitzung im konkreten Rechtsstreit.

DFQ: nach Münchener Kommentar zur Zivilprozessordnung, 3. Auflage 2008, Gehrlein

***

ATM: **Tarifgemeinschaft**; fachlit.; 3; Hauptb.; Subst.; fem.; sg.; 4811 Öffentlicher Verkehr

ETM: public transport suppliers association for fare standardisation; FTM: société des transports et des tarifs en commun

TMQ: OGH, 03.10.2006, 10Ob25/06h

DEF: ein Zusammenschluss mehrerer verschiedener Linien des öffentlichen Verkehrs, mit dem Ziel, etwa ein einheitliches Tarifsystem oder die Anerkennung der Fahrausweise auf den in die Gemeinschaft einbezogenen Linien zu ermöglichen.

DFQ: nach www.wien.gv.at; www.kontrollamt.wien.at (28.07.2009)

REL: Falscher Freund

DTM: **Tarifgemeinschaft**; gesetzl.; 4; Hauptb.; Subst.; fem.; sg.;

DTQ: § 69 BAT

DEF: Zusammenschluss mehrerer Arbeitgeber für eine gemeinsame Verhandlung mit den Gewerkschaften bei Tarifauseinandersetzungen.

DFQ: nach Duden online (25.01.2015)

NOT: Sie sind in lockerer oder fester Form auf Arbeitgeber- oder Gewerkschaftsseite gegründet.

***

ATM: **Tatausgleich**; gesetzl.; 4; Hauptb.; Subst.; mask.; sg.; 1211; Strafrecht

ETM: offender's atonement; FTM: médiation entre la victime et le délinquant

TMQ: § 204 Strafprozessordnung

DEF: die unter bestimmten Bedingungen mögliche Wiedergutmachung einer strafbaren Handlung durch den Täter, die bewirkt, dass der Staatsanwalt von der gerichtlichen Verfolgung der Handlung zurücktritt.

DFQ: nach § 204 Strafprozessordnung

NOT: § 204 (1) Unter den Voraussetzungen des § 198 kann die Staatsanwaltschaft von der Verfolgung einer Straftat zurücktreten, wenn durch die Tat Rechtsgüter einer Person unmittelbar beeinträchtigt sein könnten und der Beschuldigte bereit ist, für die Tat einzustehen und sich mit deren Ursachen auseinander zu setzen, wenn er allfällige Folgen der Tat auf eine den Umständen nach geeignete Weise ausgleicht, insbesondere dadurch, dass er aus der Tat entstandenen Schaden gutmacht oder sonst zum Ausgleich der Folgen der Tat beiträgt, und wenn er erforderlichenfalls Verpflichtungen eingeht, die seine Bereitschaft bekunden, Verhaltensweisen, die zur Tat geführt haben, künftig zu unterlassen.

REL: Synonym

DTM: **Täter-Opfer-Ausgleich**; gesetzl.; 4; Hauptb.; MWA; mask.; sg.; **Schadenswiedergutmachung**

DTQ: StGB § 46a

DEF: Bemühungen des Täters, mit dem Verletzten einer Straftat durch Wiedergutmachung oder Schadenskompensation einen friedensstiftenen Ausglieich zu schaffen. Diese Bemühungen können zu einer Strafminderung oder zu einem Absehen von Bestrafung führen.

DFQ: nach AlpBrock2

NOT: StGB § 46a Täter-Opfer-Ausgleich, Schadenswiedergutmachung: Hat der Täter 1. in dem Bemühen, einen Ausgleich mit dem Verletzten zu erreichen (Täter-Opfer-Ausgleich), seine Tat ganz oder zum überwiegenden Teil wiedergutgemacht oder deren Wiedergutmachung ernsthaft erstrebt oder 2. in einem Fall, in welchem die Schadenswiedergutmachung von ihm erhebliche persönliche Leistungen oder persönlichen Verzicht erfordert hat, das Opfer ganz oder zum überwiegenden Teil entschädigt, so kann das Gericht die Strafe nach § 49 (1) mildern oder, wenn keine höhere Strafe als Freiheitsstrafe bis zu einem Jahr oder Geldstrafe bis zu dreihundertsechzig Tagessätzen verwirkt ist, von Strafe absehen.

***

ATM: **Tatbeitrag**; gesetzl.; 4; Hauptb.; Subst.; mask.; sg.; 1216; Strafrecht

ETM: aiding and abetting; FTM: complicité d'un acte illégal

TMQ: § 41a StGB

DEF: strafbare Handlung, die jeder begeht, der einen anderen dazu bestimmt, eine Straftat auszuführen, oder der sonst zu ihrer Ausführung beiträgt.

DFQ: nach § 12 StGB

NOT: Der frühere Begriff war „**Beihilfe**".

REL: Synonym

DTM: **Beihilfe**; gesetzl.; 4; Hauptb.; Subst.; mask/fem.; sg.; 1211; Bürgerl. Recht; **Gehilfe / Gehilfin**

DTQ: § 27StGB

DEF: strafbare Handlung, die jemand begeht, der vorsätzlich einem anderen zu dessen vorsätzlich begangener rechtswidriger Tat Hilfe geleistet hat.

DFQ: nach § 27StGB

***

ATM: **Tatbegehungsgefahr**; gesetzl.; 4; Hauptb.; Subst.; fem.; sg.; 1216; Strafrecht

ETM: danger of recidivism; FTM: risque de récidive

TMQ: StPO § 173

DEF: die Gefahr, dass ein Verdächtiger eine strafbare Handlung begehen werde, die gegen dasselbe Rechtsgut gerichtet ist, wie die ihm angelastete, oder dass er die ihm angelastete versuchte oder angedrohte Tat ausführen werde.

DFQ: nach § 175StPO

REL Synonym

DTM: **Wiederholungsgefahr**; gesetzl.; 4; Hauptb.; Subst.; fem.; sg.

DTQ: § 112aStPO

DEF: die Gefahr, dass ein Verdächtiger eine Straftat abermals begeht.

DFQ: nach § 112aStPO

***

ATM: **tätige Reue**; gesetzl.; 4; Hauptb.; MWA; fem.; sg.; 1216; Strafrecht

ETM: active repentance FTM: repentir actif

TMQ: § 167 StGB

DEF: ein Strafaufhebungsgrund: Gutmachung des ganzen aus einer Tat enstandenen Schadens durch den Täter, bzw. dessen vertragliche Verpflichtung, dem Verletzten binnen einer bestimmten Zeit solche Schadensgutmachung zu leisten.

DFQ: nach § 167 StGB

NOT: Die Strafbarkeit lebt wieder auf, wenn der Täter seine Verpflichtung nicht einhält. Dem Täter kommt die tätige Reue nur zustatten, wenn er diese übt, bevor die Behörde von seinem Verschulden erfahren hat, wenngleich auf Andringen des Verletzten, so doch ohne hiezu gezwungen zu sein.

REL: Teilsynonym

DTM: **tätige Reue**; gesetzl.; 4; Hauptb.; MWA; fem.; sg.

DTQ: § 306e StGB

DEF: ein fakultativer oder obligatorischer Strafmilderungsgrund bzw. Grund zum Absehen von der Strafe: Sammelbegriff für „**Rücktritt**" von der vollendeten Tat, insbesondere bei Delikten, die Vorbereitungshandlungen, Unternehmen oder abstrakte Gefährdungen unter Strafe stellen.

DFQ: AlpBrock2

NOT: Die tätige Reue wird im Besonderen Teil des StGB oder im Nebenstrafrecht uneinheitlich geregelt.

***

ATM: **Tatsachenirrtum**; gesetzl.; 4; Hauptb.; Subst.; mask.; sg.; 1216; Strafrecht

ETM: error of fact; FTM: erreur de fait

TMQ: Erlass zur Wiedereinsetzung in den vorigen Stand (§ 308 BAO)

DEF: die irrtümliche Annahme eines nicht gegebenen Sachverhaltes.

DFQ: nach § 8 StGB

NOT: Wer irrtümlich einen Sachverhalt annimmt, der die Rechtswidrigkeit der Tat ausschließen würde, kann wegen vorsätzlicher Begehung nicht bestraft werden.

REL Synonym

DTM: **Irrtum über Tatumstände**; gesetzl.; 4; Hauptb.; MWA; mask.; sg.; **Tatbestandsirrtum**

DTQ: § 16 StGB

DEF: liegt vor, wenn der Täter ein Tatbestandsmerkmal objektiv verwirktlicht, ohne dies zu wissen.

DFQ: Creif21; § 16 StGB

***

ATM: **tatsächliche Berichtigung**; gesetzl.; 4; Hauptb.; MWA; fem.; sg.; 1211; Bürgerl. Recht

ETM: formal correction of inaccurate statements made before parliament; FTM: correction des faits pendant une séance parlementaire

TMQ: § 58 GOG-NR

DEF: Richtigstellung eines behaupteten Sachverhalts durch eine Rednerin/einen Redner während einer Sitzung des Nationalrates bzw. des Bundesrates. Hiefür gelten besondere Formvorschriften und Redezeitbestimmungen (§ 58 GOG-NR) (§ 48 GO-BR).

DEF: hat mit der Wiedergabe der zu berichtigenden Behauptung zu beginnen und hat dieser Behauptung den berichtigten Sachverhalt gegenüberzustellen.

DFQ: § 58 (1) GOG-NR

REL: Synonym

DTM: **Erklärung zur Aussprache**; gesetzl.; 4; Hauptb.; Subst.; fem.; sg.

DTQ: § 30 BTGO

DEF: eine direkte Erwiderung zu Äußerungen, die sich in der Aussprache auf die eigene Person bezogen haben, die zurückgewiesen oder durch eigene Ausführungen richtiggestellt werden. Sie darf nicht länger als fünf Minuten dauern.

DFQ: nach § 30 BTGO

***

ATM: **tatsächliches Pensionsantrittsalter**; gesetzl.; 4; Hauptb.; Subst.; neutr.; sg.; 2836; Pensionsrecht

ETM: actual retirement age; FTM: âge réel de départ à la retraite

TMQ § 8 Frauenförderungsplan der Volksanwaltschaft

DEF: tatsächliches, durchschnittliches Alter, in dem Menschen in den Ruhestand treten und eine staatliche Altersversorgung in Anspruch nehmen.

DFQ: Österr. Rechnungshof, Wahrnehmungsbericht, 08/2008

REL: Synonym

DTM: **Renteneintrittsalter**; gesetzl.; 4; Hauptb.; Subst.; mask.; sg.

DTQ: Drucksache 16/11060, Deutscher Bundestag, Bericht der Bundesregierung über die gesetzliche Rentenversicherung

DEF: das Renteneintrittsalter ist eine statistische Rechengröße, die Auskunft darüber gibt, mit welchem Altersdurchschnitt Personen eine Rente der gesetzlichen Rentenversicherung (GRV) in Anspruch nehmen.

DFQ: nach Drucksache 16/11060, Deutscher Bundestag, Bericht der Bundesregierung über die gesetzliche Rentenversicherung

***

ATM: Täuschung; gesetzl.; 4; Hauptb.; Subst.; fem.; sg.; 1216; Strafrecht

ETM: deceit; FTM: escroquerie

TMQ: § 108 StGB

DEF: begeht, wer einem anderen in seinen Rechten dadurch absichtlich einen Schaden zufügt, daß er ihn oder einen Dritten durch Täuschung über Tatsachen zu einer Handlung, Duldung oder Unterlassung verleitet, die den Schaden herbeiführt.

DFQ: nach § 108 StGB

NOT: Täuschung ist in AT ein eigener strafrechtlicher Tatbestand. In DE ist „**Täuschung**" in verschiedenen Prüfungsordnungen verankert, jedoch kein Tatbestand des Strafrechts.

DTM: FEHLT

***

ATM: taxative Aufzählung; fachlit.; 3; MWA; fem.; sg.; 0426; Gesetzgebung

ETM: exhaustive list; FTM: énumération limitative

TMQ: OGH 23.05.2000 GZ 10ObS110/00z

DEF: Aufzählung von Tatbeständen oder Begriffen in einem Gesetz, einer Verordnung oder einem Vertrag, die vollständig ist.

DFQ: Russwurm

REL: Synonym

DTM: enumerative Aufzählung; fachlit.; 3; MWA; fem.; sg.

DTQ: BGH 9.2.2005, XII ZB 40/02

DEF: eine abschließende Aufzählung.

DFQ: nach Creif21

***

ATM: Technischer Rat; gesetzl.; 4; Hauptb.; MWA; fem.; sg.; 3206; Berufsrecht; **TR**

TMQ: Art. 1 Entschließung des Bundespräsidenten betreffend die Schaffung von Berufstiteln StF: BGBl. II Nr. 261/2002

DEF: ein Berufstitel für Angehörige technischer Berufe.

DFQ: http://www.help.gv.at/Content.Node/173/Seite.1730200.html (21.01.2015)

DTM: FEHLT

***

ATM: Teebutter; gesetzl.; 4; Hauptb.; Subst.; mask.; sg.; 6026; Lebensmittelrecht

ETM: Austrian first-class butter; FTM: la meilleure qualité de beurre autrichien

TMQ: ÖLMB Kap. B32

DEF: Butter hoher Qualität. Sie wird aus pasteurisiertem Milchrahm hergestellt und weist einen mild-säuerlich-aromatischen Geschmack auf.

DFQ: ÖLMB Kap. B32

REL Synonym

DTM: Deutsche Markenbutter; gesetzl.; 4; Hauptb.; MWA; mask.; sg.

DTQ: ButtV 1997 § 6 (1)

DEF: erfüllt die Voraussetzungen, wenn sie 1. in einer Molkerei hergestellt worden ist, die nach § 8 ButtV berechtigt ist, für die von ihr hergestellte Butter die Bezeichnung „**Deutsche Markenbutter**" zu führen, und 2. für jede der in § 7 (3) Z. 2 Nr. 1-3 genannten Eigenschaften mit mindestens vier Punkten bewertet worden ist.

DFQ: ButtV 1997 § 6 (1)

***

ATM: **Teilkündigung**; gesetzl.; 4; Hauptb.; Subst.; fem.; sg.; 1211; Mietrecht

ETM: partial termination of lease; FTM: résiliation partielle du bail

TMQ: § 31 Mietrechtsgesetz

DEF: benötigt der Vermieter oder ein Miteigentümer des Hauses, der wenigstens Eigentümer zur Hälfte ist, einzelne Teile eines Mietgegenstandes für sich oder für Verwandte in gerader Linie dringend, so kann er den Mietvertrag in Ansehung dieser Teile aufkündigen, wenn der restliche Teil des Mietgegenstandes abgesondert benutzbar ist oder ohne unverhältnismäßige Schwierigkeiten abgesondert benutzbar gemacht werden kann und zur Befriedigung des Wohnbedürfnisses des Mieters und der schon bisher mit ihm im gemeinsamen Haushalt darin wohnenden eintrittsberechtigten Personen oder zur Besorgung seiner Geschäfte ausreicht.

DFQ: § 31 Mietrechtsgesetz

REL: Falscher Freund

DTM: **Teilkündigung**; gesetzl.; 4; Hauptb.; Subst.; fem.; sg.

DTQ: BGB § 573b

DEF: der Vermieter kann nicht zum Wohnen bestimmte Nebenräume oder Teile eines Grundstücks ohne ein berechtigtes Interesse im Sinne des § 573 kündigen, wenn er die Kündigung auf diese Räume oder Grundstücksteile beschränkt und sie dazu verwenden will, 1. Wohnraum zum Zwecke der Vermietung zu schaffen oder 2. den neu zu schaffenden und den vorhandenen Wohnraum mit Nebenräumen oder Grundstücksteilen auszustatten.

DFQ: BGB § 573b

NOT: Im Arbeitsrecht bezeichnet Teilkündigung die Kündigung einzelner vertraglicher Regelungen, die jedoch unzulässig ist.

***

ATM: **Teilzeitkarenz (1)**; gesetzl.; 4; Hauptb.; Subst.; fem.; sg.; 4426; Arbeitsrecht; 2841; Sozialrecht; **Teilzeitbeschäftigung**

ETM: part-time parental leave; FTM: congé parental à temps

TMQ: § 19 (1) Frauenförderungsplan BMGFJ

DEF: eine Teilzeitbeschäftigung im Rahmen der Väter- oder Mütterkarenz.

DFQ: nach § 19 (2) Frauenförderungsplan BMGFJ

REL Synonym

DTM: **Teilzeitarbeit (während der Elternzeit)**; gesetzl.; 4; Hauptb.; Subst.; mask.; sg.

DTQ: § 15 (5) Z. 1 BEEG

DEF: Eltern in der Elternzeit haben einen grundsätzlichen Anspruch auf Verringerung der Arbeitszeit (Teilzeitarbeit), wenn der Arbeitgeber mehr als 15 Personen beschäftigt und im konkreten Fall nicht innerhalb von vier Wochen schriftlich dringende betriebliche Gründe mitteilt, die dem Anspruch auf Teilzeitarbeit entgegenstehen.

DFQ: nach § 15 (5) Z. 1 BEEG

NOT: 1. § 15 (5) Z. 1 BEEG Der Arbeitnehmer oder die Arbeitnehmerin kann eine Verringerung der Arbeitszeit und ihre Ausgestaltung beantragen. 2. Über den Antrag sollen sich der Arbeitgeber und der Arbeitnehmer oder die Arbeitnehmerin innerhalb von vier Wochen einigen. 3. Der Antrag kann mit der schriftlichen Mitteilung nach Absatz 7 Satz 1 Nr. 5 verbunden werden.

4Unberührt bleibt das Recht, sowohl die vor der Elternzeit bestehende Teilzeitarbeit unverändert während der Elternzeit fortzusetzen, soweit Absatz 4 beachtet ist, als auch nach der Elternzeit zu der Arbeitszeit zurückzukehren, die vor Beginn der Elternzeit vereinbart war.

***

ATM: **Teilzeitkarenz (2)**; gesetzl.; 4; Nebenb.; Subst.; fem.; sg.; 4426; Arbeitsrecht; **Elternteilzeit, Teilzeitbeschäftigung während der Karenz**

ETM: part-time employment (during parental leave); FTM: travail à temps partiel (pendant le congé parental)

TMQ: § 19 (1) Frauenförderungsplan BMG - 2014

DEF: Teilzeitbeschäftigung haben Mütter und Väter längstens bis zum siebenten Geburtstag des Kindes bzw. bis zu einem späteren Schuleintritt, wenn sie in Betrieben mit mehr als 20 Arbeitnehmer/innen beschäftigt sind und das Arbeitsverhältnis zum Zeitpunkt des Antritts der Teilzeitbeschäftigung ununterbrochen mindestens drei Jahre gedauert hat.

DFQ: nach http://www.help.gv.at/Content.Node/106/Seite.1060000.html (17.01.2015)

REL Synonym

DTM: **Elternteilzeit**; fachlit.; 3; Hauptb.; Subst.; fem.; sg.

DTQ: BAG, Urteil vom 5. Juni 2007 - 9 AZR 82/07 § 15 (6)-(7), § 16 (1) Z. 1 BErzGG (jetzt BEEG)

DEF: die Beanspruchung der Verringerung seiner Arbeitszeit während der Elternzeit (Elternteilzeit).

DFQ: nach § 15 BEEG und Urteil BAG

***

ATM: **Termingeschäft**; gesetzl.; 4; Hauptb.; Subst.; neutr.; sg.; 2421; Börsenrecht

ETM: forward transaction; FTM: opération à terme

TMQ: Anl. 1 Derivate-Meldesystemverordnung

DEF: der Kauf/Verkauf bestimmter Vermögensgegenstände zu einem festgelegten Preis, wobei die Erfüllung zu einem bestimmten zukünftigen Zeitpunkt (Termin) erfolgen soll.

DFQ: Straube, FWB Handels- u. Gesellschaftsrecht

NOT: „**Zeitgeschäft**" kommt in AT vor, ist aber ein Nebenbegriff.

REL Synonym

DTM: **Zeitgeschäft**; fachlit.; 3; Hauptb.; Subst.; neutr.; sg.; **Termingeschäft, Börsentermingeschäft, Finanztermingeschäft**

DTQ: http://lexexakt.de/glossar/zeitgeschaeft.php (20.01.2015)

DEF: ein Fixgeschäft, bei dem ein Vertrag mit einem festen Kaufpreis geschlossen und der Erfüllungstermin auf einen bestimmten späteren Zeitpunkt festgelegt wird.

DFQ: nach http://lexexakt.de/glossar/zeitgeschaeft.php (20.01.2015)

***

ATM: **Terminsverlust**; gesetzl.; 4; Hauptb.; Subst.; mask.; sg.; 1211; Bürgerl. Recht

ETM: expiration clause; FTM: clause d'exigibilité

TMQ: § 13 Konsumentenschutzgesetz

DEF: eine vertragliche Vereinbarung, die dem Gläubiger das Recht auf sofortige Geltendmachung der Forderung trotz vereinbarter späterer Fälligkeiten einräumt.

DFQ: Welser, FWB Bürgerliches Recht

USE historisch

NOT: § 13 Konsumentenschutzgesetz ist mit 10.06.2010 außer Kraft geteten, der Terminus wird aber noch in Gerichtsurteilen verwendet.

REL Synonym

DTM: **Fälligkeitsklausel**; fachlit.; 3; Hauptb.; Subst.; mask.; sg.; 1211; Bürgerl. Recht

DTQ: BGH 19.9.2006 X ZR 49/05

DEF: eine Klausel, die beinhaltet, dass die gesamte Schuld sofort fällig wird, wenn der Schuldner einzelne fällige Teile oder Nebenschulden, wie z.B. Ratenzahlungen, nicht fristgemäß erfüllt.

DFQ: nach http://www.zessack.de/blog/2008/09/falligkeitsklausel/ (20.07.09)

***

ATM: Testamentserfüllungsausweis; fachlit.; 3; Hauptb.; Subst.; mask.; sg.; 1211; Erbrecht

ETM: beneficiary's proof of fulfillment of conditions of inheritance; FTM: preuve d'exécution du testament

TMQ: OGH 1Ob2138/96k 26.11.1996

DEF: ein durch den Erben dem Gericht gegenüber zu erbringender Nachweis, dass er die letztwilligen Anordnungen des Erblassers erfüllt hat.

DFQ: nach § 817 ABGB; Welser, FWB Bürgerliches Recht

NOT: Der Testamentserfüllungsausweis ist Voraussetzung für die Einantwortung.

DTM: FEHLT

NOT: Da es im dt. Recht keine Einantwortung im Rahmen eines Verlassenschaftsverfahrens gibt, ergibt sich keine Notwendigkeit für einen Testamentserfüllungsausweis. Mit dem Tod des Erblassers geht dessen Vermögen auf den Erben über.

***

ATM: Testamentskundmachung; fachlit.; 3; Hauptb.; Subst.; fem.; sg.; 1211; Bürgerl. Recht; **Testamentseröffnung**

ETM: reading of the will; FTM: ouverture du testament

TMQ: OGH, 25.11.2008 9Ob57/07h

DEF: die gesetzlich vorgeschriebene Bekanntmachung eines Testaments durch einen Gerichtsabgeordneten oder das Verlassenschaftsgericht.

DFQ: Russwurm

REL Synonym

DTM: Testamentseröffnung; fachlit.; 3; Hauptb.; Subst.; fem.; sg.; **Testamentsverkündung**

TQL AlpBrock2

DEF: die Feststellung des Inhalts eines amtlich vewahrten oder beim Nachlassgericht abgelieferten Testaments nach dem Tod des Erblassers.

DFQ: AlpBrock2

***

ATM: Testamentswiderruf; fachlit.; 3; Nebenb.; Subst.; mask.; sg.; 1211; Erbrecht; **Widerruf eines Testaments**

ETM: revocation of will; FTM: révocation du testament

TMQ: 7Ob161/99y, 09.06.1999; OGH

DEF: ein unverzichtbares Recht des Testators, seine letztwillige Anordnung zu widerrufen.

DFQ: nach KoWe 2014/2015

NOT: Wortform

REL: Teilsynonym

DTM: Widerruf eines Testaments; gesetzl.; 4; Hauptb.; Subst.; mask.; sg.; 1211; Bürgerl. Recht

DTQ: § 2253 BGB

DEF: das Recht des Erblassers, sein Testament durch ein Widerrufstestament zu widerrufen.

DFQ: nach Creif21

NOT: Weiterhin kann ein Widerruf durch die Vernichtung oder Veränderung eines bestehenden Testaments erfolgen oder aber durch die Rücknahme eines Testaments aus einer amtlichen Verwahrung.

***

ATM: **Testierfähigkeit**; gesetzl.; 4; Hauptb.; Subst.; fem.; sg.; 1211; Bürgerl. Recht
ETM: testamentary capacity; FTM: capacité de tester
TMQ: Welser, FWB Bürgerliches Recht
DEF: die Fähigkeit, letztwillige Verfügungen rechtswirksam zu errichten oder aufzuheben. Voll testierfähig sind Personen über 18, Personen ab dem vollendeten 14. Lebensjahr sind beschränkt testierfähig.
DFQ: nach Welser, FWB Bürgerliches Recht
REL: Teilsynonym

DTM: **Testierfähigkeit**; gesetzl.; 4; Hauptb.; Subst.; fem.; sg.; 1211; Bürgerl. Recht
DTQ: Creif21
DEF: die Fähigkeit, ein wirksames Testament zu errichten. Voll testierfähig sind Personen ab dem vollendeten 16. Lebensjahr.
DFQ: nach Creif21
NOT: Testierunfähig sind Personen, die wegen krankhafter Störung der Geistestätigkeit oder -schwäche nicht in der Lage sind, die Bedeutung einer solchen Willenserklärung einusehen und nach dieser Einsicht zu handeln.

***

ATM: **Tilgung von Verurteilungen**; gesetzl.; 4; Hauptb.; MWA; fem.; sg.; 1216; Strafrecht; **Straftilgung**
ETM: spent convictions; FTM: extinction de la peine
TMQ: § 1 (1)-(2) Tilgungsgesetz 1972
DEF: die Tilgung gerichtlicher Verurteilungen tritt, sofern sie nicht ausgeschlossen ist (§ 5), mit Ablauf der Tilgungsfrist kraft Gesetzes ein. Mit der Tilgung einer Verurteilung erlöschen alle nachteiligen Folgen, die kraft Gesetzes mit der Verurteilung verbunden sind, soweit sie nicht in dem Verlust besonderer auf Wahl, Verleihung oder Ernennung beruhender Rechte bestehen.
DFQ: § 1 (1)-(2) Tilgungsgesetz 1972
NOT: Die Tilgung tritt nach gesetzlich festgelegten Fristen ein und bedarf daher keines Antrages.
REL: Teilsynonym

DTM: **Tilgung nach Fristablauf**; gesetzl.; 4; Hauptb.; Subst.; fem.; sg.;**Straftilgung; Tilgung des Schuldspruchs**
DTQ: § 45 BRZG
DEF: Eintragungen über Verurteilungen (§ 4) werden nach Ablauf einer bestimmten Frist getilgt.
DFQ: § 45 BZRG
NOT: Im JGG wird der Begriff „**Tilgung des Schuldspruchs**" verwendet.

***

ATM: **Todesbestätigung**; gesetzl.; 4; Hauptb.; Subst.; fem.; sg.; 0436; Personenstandsrecht; **Anzeige und Eintragung des Todes; Totenschein**
ETM: death certificate; FTM: certificat de décès
TMQ: § 36 (6) Personenstandsgesetz
DEF: eine öffentliche Urkunde, in der der Tod einer Person bescheinigt wird.
DFQ: nach www.help.gv.at (20.01.2015)

NOT: Sie wird von dem Sprengelarzt oder der Sprengelärztin ausgestellt und enthält die Personalien des Verstorbenen oder der Verstorbenen, Ort und Zeitpunkt des Todes, die Todesart (natürlicher oder nicht-natürlicher Tod) und wenn möglich, die Todesursache.

REL Synonym

DTM: **Todesbescheinigung**; gesetzl,; 4; Hauptb.; Subst.; fem.; sg.; **Totenschein, Leichenbeschauschein**

DTQ: Anlage (zu § 3) BestAusbV

DEF: dokumentiert die Leichenschau. Die Leichenschau dient der Feststellung des Todes, der Todesart und der Todesursache. Diese Angaben muss auch – neben persönlichen Daten - die Todesbescheinigung enthalten.

DFQ: https://www.verwaltungsservice.bayern.de/dokumente/leistung/30665052348 (10.01.2015)

NOT: Generell müssen folgende Angaben gemacht werden: Personalien des Verstorbenen, Zeit und Ort des Todes, wenn möglich die Todesursache, Todesart: natürlich, ungeklärt oder Anhaltspunkte für einen nicht-natürlichen Tod.

***

ATM: **Todeserklärungsgesetz**; gesetzl.; 4; Hauptb.; Subst.; neutr.; sg.; 1211; Bürgerl. Recht; **TEG**

ETM: missing persons presumption of death law; FTM: loi relative à la déclaration d'absence

TMQ: Todeserklärungsgesetz 1950

DEF: ein Gesetz aus dem Jahr 1950, das regelt, wann jemand als verschollen gilt und wann ein Verschollener für Tod erklärt werden kann.

DFQ: nach Todeserklärungsgesetz 1950

REL Synonym

DTM: **Verschollenheitsgesetz**; gesetzl.; 4; Hauptb.; Subst.; neutr.; sg.; 1211; Bürgerl. Recht; **VerschG**

DTQ: § 1 VerschG

DEF: ein Gesetz vom 4. Juli 1939 über die Verschollenheit, die Todeserklärung und die Feststellung der Todeszeit.

DFQ: nach § 1 VerschG

***

ATM: **Todesfallaufnahme**; gesetzl.; 4; Hauptb.; Subst.; fem.; sg.; 0436/1211; Personenstandsrecht/Erbrecht; **Todfallsaufnahme**

ETM: initial probate proceedings (presided over by a notary); FTM: acte administratif pour la sauvegarde de la succession

TMQ: § 145 AußStrG

DEF: Teil des Verlassenschaftsverfahrens, das die Notarin/der Notar, die/der je nach Wohnort und Sterbetag zuständig ist, als „Gerichtskommissär" mit den Hinterbliebenen durchführt, wobei das hinterlassene Vermögen samt Rechten und Verbindlichkeiten; die Begräbniskosten und die Person, die sie allenfalls vorgestreckt hat; die Urkunden über letztwillige Anordnungen (Testamente, Kodizille) und deren Widerruf usw. festgestellt werden.

DFQ: nach § 145 AußStrG

NOT: Der Gerichtskommissär hat neben den persönlichen Daten, die Umstände des Ablebens, das hinterlassene Vermögen, die Rechtsverbindlichkeiten usw. festzustellen.

DTM: **FEHLT**

***

ATM: **Todfallsaufnahme**; gesetzl.; 4; Nebenb.; Subst.; fem.; sg.; 1211; Bürgerl. Recht; **Todesfallaufnahme**

ETM: initial probate proceedings (presided over by a notary); FTM: acte administratif pour la sauvegarde de la succession

TMQ: Art. 1 § 412 Geschäftsordnung für die Gerichte I. und II. Instanz

DEF: Teil des Verlassenschaftsverfahrens, das die Notarin/der Notar, die/der je nach Wohnort und Sterbetag zuständig ist, als „Gerichtskommissär" mit den Hinterbliebenen durchführt, wobei das hinterlassene Vermögen samt Rechten und Verbindlichkeiten; die Begräbniskosten und die Person, die sie allenfalls vorgestreckt hat; die Urkunden über letztwillige Anordnungen (Testamente, Kodizille) und deren Widerruf usw. festgestellt werden.

DFQ: nach § 145 AußStrG

NOT: Der Gerichtskommissär hat neben den persönlichen Daten, die Umstände des Ablebens, das hinterlassene Vermögen, die Rechtsverbindlichkeiten usw. festzustellen.

DTM: **FEHLT**

***

ATM: **Topfencremen**; gesetzl.; 4; Hauptb.; Subst.; fem.; sg.; 6026; Lebensmittelrecht

ETM: curd; FTM: crème de fromage blanc

TMQ: ÖLMB Kap. B32 4.4.1

DEF: werden aus Speisetopfen, Zucker und/oder Zuckerarten/ Süßungsmittel, Fruchtsüßen/Fruchtsaftkonzentraten und geschmacksgebenden Zutaten, auch unter Zugabe von Rahm, Jogurt und anderen flüssigen Milchprodukten hergestellt. Der Anteil an Milchprodukten beträgt mindestens 51 %, davon mindestens 51 % Topfen.

DFQ: ÖLMB Kap. B32 4.4.1

REL Synonym

DTM: **Quarkcremen**; gesetzl.; 4; Hauptb.; Subst.; fem.; sg.

TMQ www.chefkoch.de/rs/s0/quarkcremen+schnell/Rezepte.html

NOT: Die Zusammensetzung von Quarkcremen ist in DE gestzlich nicht geregelt.

***

ATM: **Topfen-Obers-Torte**; gesetzl.; 4; Hauptb.; Subst.; fem.; sg.; 1211; Bürgerl. Recht

ETM: cake with curd and whipped cream; FTM: tarte avec fromage blanc et à la crème Chantilly

TMQ: ÖLMB Kap. B34 2.5

DEF: Konditorwaren, die mit einem Hinweis auf Topfen-Obers, Topfen-Sahne, Käse-Sahne oder gleichsinnig in Verkehr gebracht werden, enthalten die Füllungen kein anderes Fett als Milchfett (Butter).

DFQ: ÖLMB Kap. B34 2.5

REL Synonym

DTM: **Quark-Sahnetorte**; gesetzl.; 4; Hauptb.; Subst.; mask.; sg.

DTQ: GMB1. Nr. 17 S. 325

DEF: bei **Quark-Sahnetorte (Käse-Sahnetorte), Frischkäse-Sahnetorte, Buttermilch-Sahnetorte, Kefir-Sahnetorte, Joghurt-** oder **Wein- Sahnetorte** beträgt der Schlagsahneanteil in der Füllung und/oder Garnierung mindestens 20 Prozent.

DFQ: GMB1. Nr. 17 S. 325

***

ATM: **Totenbeschau**; gesetzl.; 4; Hauptb.; Subst.; fem.; sg.; 1216; Strafrecht; **Leichenbeschau**

ETM: coroner's inquest; FTM: autopsie; examen du cadavre

TMQ: § 1 Vornahme der gerichtlichen Totenbeschau RGBl. Nr. 26/1855

DEF: die Leichenschau und Leichenöffnung durch einen berufenen Sachverständigen und ist vor der Beerdigung eines Verstorbenen bei jedem unnatürlichen Todesfalle vorzunehmen.

DFQ: nach § 2 Vornahme der gerichtlichen Totenbeschau

NOT: Eine gerichtliche Totenbeschau kann in der Regel nur auf Anordnung des zuständigen Untersuchungsgerichtes vorgenommen werden.

REL: Synonym

DTM: **Leichenschau**; gesetzl.; 4; Hauptb.; Subst.; fem.; sg.

DTQ: § 87 (1) StPO

DEF: die Besichtigung der äußeren Beschaffenheit einer Leiche und wird von der Staatsanwaltschaft, auf Antrag der Staatsanwaltschaft auch vom Richter, unter Zuziehung eines Arztes vorgenommen. Sie ist erforderlich, wenn eine Straftat als Todesursache nicht ausgeschlossen werden kann.

DFQ: nach § 87 (1) StPO; AlpBrock2

NOT: Ein Arzt wird nicht zugezogen, wenn dies zur Aufklärung des Sachverhalts offensichtlich entbehrlich ist.

***

ATM: **Totschlag (1)**; gesetzl.; 4; Hauptb.; Subst.; mask.; sg.; 1216; Strafrecht

ETM: manslaughter; FTM: homicide involontaire

TMQ: § 76 StGB

DEF: wer sich in einer allgemein begreiflichen heftigen Gemütsbewegung dazu hinreißen läßt, einen anderen zu töten.

DFQ: § 76 StGB

NOT: Im Gegensatz zum deutschen Recht hat Totschlag im österreichischen Recht eingeschränkte Bedeutung gegenüber Mord, der grundsätzlich jede vorsätzliche Tötung eines Menschen bedeutet.

REL: Teilsynonym

DTM: **Totschlag**; gesetzl.; 4; Hauptb.; Subst.; mask.; sg.; 1211; Bürgerl. Recht

DTQ: § 212 StGB

DEF: wer einen Menschen tötet, ohne Mörder zu sein, wird als Totschläger mit Freiheitsstrafe nicht unter fünf Jahren bestraft.

DFQ: nach § 212 StGB

NOT: Mörder ist, wer aus Mordlust, zur Befriedigung des Geschlechtstriebs, aus Habgier oder sonst aus niedrigen Beweggründen, heimtückisch oder grausam oder mit gemeingefährlichen Mitteln oder um eine andere Straftat zu ermöglichen oder zu verdecken, einen Menschen tötet. Im deutschen Recht ist Totschlag - im Gegensatz zum österreichischen Recht - jede vorsätzliche Tötung eines Menschen, soweit es nicht Mord ist.

***

ATM: **Totschlag (2)**; gesetzl.; 4; Hauptb.; Subst.; mask.; sg.; 1211; Bürgerl. Recht

ETM: manslaughter; FTM: homicide involontaire

TMQ: § 76 StGB

DEF: die Tötung einer anderen Person, wenn der Täter sich in einer allgemein begreiflichen heftigen Gemütsbewegung dazu hinreißen lässt.

DFQ: nach § 76 StGB

REL Synonym

NOT: Dem österr. Begriff „**Totschlag**" entspricht am ehesten der „**minder schwere Totschlag**" des dt. Rechts, da damit keine Vorsätzlichkeit verbunden ist.

DTM: minder schwerer Fall des Totschlags; gesetzl.; 4; Hauptb.; MWA; mask.; sg.
DTQ: § 213 StGB
DEF: die Tötung einer anderen Person, wenn der Täter ohne eigene Schuld durch eine ihm oder einem Angehörigen zugefügte Misshandlung oder schwere Beleidigung von dem getöteten Menschen zum Zorn gereizt und hierdurch auf der Stelle zur Tat hingerissen wurde.
DFQ: nach § 213 StGB

***

ATM: Tötung eines Kindes bei der Geburt; gesetzl.; 4; Hauptb.; MWA; fem.; sg.; 1216; Strafrecht;
Kindesmord, Kindstötung
ETM: infanticide; FTM: infanticide
TMQ: § 79 StGB
DEF: Töten des Kindes durch die Mutter während der Geburt oder solange sie noch unter der Einwirkung des Geburtsvorgangs steht.
DFQ: nach § 79 StGB
NOT: Diese Straftat ist mit einer Freiheitsstrafe von einem bis zu fünf Jahren zu bestrafen.

DTM: FEHLT
NOT: Die vorsätzliche Tötung eines unehelichen Kindes gleich nach der Geburt durch die Mutter ist seit 01.04.1998 kein eigener Tatbestand mehr und fällt unter die allgemeinen Strafbestimmungen für Totschlag.

***

ATM: Transmission; fachlit.; 3; Hauptb.; Subst.; fem.; sg.; 1211; Erbrecht
ETM: transfer (to a secondary beneficiary); FTM: transmission de succession
TMQ: OGH 09.11.2006, 6Ob218/06m
DEF: das Übergehen des Erbrechts auch vor Übernahme der Erbschaft auf die eigenen Erben, mit anderen Worten: das Eintreten der Erben in das Recht, die Erbschaft anzunehmen, oder auszuschlagen, wenn der (ursprüngliche) Erbe stirbt, bevor er die angefallene Erbschaft antreten konnte.
DFQ: nach §§ 537, 809 ABGB

DTM: FEHLT

***

ATM: Treuhänder/in; gesetzl.; 4; Hauptb.; Subst.; mask./fem.; sg.; 1211; Insolvenzrecht
ETM: trustee in bankruptcy; FTM: administrateur des biens
TMQ: § 157 (1) InSO
DEF: im Insolvenzverfahren eine gerichtlich bestellte Person, die die Einhaltung des Sanierungsplans überwacht.
DFQ: nach § 157 (1) InSO
NOT: Der dt. Begriff „**Sachwalter**" wird im österr. Recht nur im Zusammenhang mit der „**Besachwaltung**" von Personen verwendet, die nicht geschäftsfähig sind und ist daher eigentlich ein falscher Freund.
REL: Synonym

DTM: Sachwalter/in; gesetzl.; 4; Hauptb.; Subst.; mask./fem.; sg.
DTQ: § 270 (1) InsO
DEF: im Insolvenzrecht eine Person, die im Insolvenzverfahren bei Eigenverwaltung der Insolvenzmasse durch den Schuldner, die Aufsicht über den Insolvenzschuldner ausübt.
DFQ: nach §§ 270 ff. InsO

NOT: 1. Zwischen dem Sachwalter und Verhandlungspartner besteht ein rechtsgeschäftliches Schuldverhältnis. 2. Seine Befugnisse sind im Vergleich zum Insolvenzverwalter sehr eingeschränkt.

***

ATM: **Treuhandregister des österreichischen Notariats;** gesetzl.; 4; Hauptb.; MWA; neutr.; sg.; 1226; Gerichtsorganisation

ETM: trust register of the Austrian notary; FTM: registre fiduciaire du notaire autrichien

TMQ: § 140d (1) NO

DEF: dient der Registrierung der nach § 109a (2) eintragungspflichtigen Treuhandschaften. Einzutragen sind insbesondere der Notar, die Versicherung des Notars, der Treuhandrahmen, die Treugeber und der Beginn und das Ende der Treuhandschaft.

DFQ: § 140d (1) NO

DTM: **FEHLT**

***

ATM: **Trödelvertrag**; fachlit.; 3; Hauptb.; Subst; mask.; sg.; 1211; Bürgerl. Recht; **Verkaufsauftrag, Verkaufsvertrag**

ETM: contract of sale or return; FTM: contrat de consignation de marchandises

TMQ: OGH 6Ob34/61 22.03.1961; § 1086 ABGB

DEF: ein Realvertrag, bei dem der Eigentümer einer bewegliche Sache diese einem anderen (Trödler) übergibt mit der Abrede, dass der Trödler binnen einer bestimmten Frist das vereinbarte Kaufgeld bezahlt oder die Sache zurückgibt.

DFQ: ÖRWB

REL: Teilsynonym

DTM: **Trödelvertrag**; fachlit.; 3; Hauptb.; Subst.; mask.; sg.; **Kommissionsverkauf**

DTQ: http://www.rechtslexikon.net/d/tr%C3%B6delvertrag/tr%C3%B6delvertrag.htm (26.01.2015)

DEF: der gesetzlich nicht geregelte Vertrag, durch den (gebrauchte) Sachen zum Verkauf überlassen werden mit der Abrede, zu einem gewissen Zeitpunkt entweder einen vereinbarten Preis zu zahlen oder die Sachen zurückzugeben.

DFQ: http://www.rechtslexikon.net/d/tr%C3%B6delvertrag/tr%C3%B6delvertrag.htm (26.01.2015)

NOT: Je nach Abrede zwischen den Vertragspartner liegt Kauf, Kommission, ein Mäklervertrag oder ein Darlehensvertrag vor.

***

ATM: **Turnusarzt**; gesetzl.; 4; Hauptb.; Subst.; mask.; sg.; 2841; Gesundheitsrecht

ETM: trainee doctor / medical resident; FTM: médecin stagiaire

TMQ: § 1 (1) Ärztegesetz

DEF: Personen, die die Erfordernisse für die unselbstständige Ausübung des ärztlichen Berufes als Turnusarzt erfüllen und beabsichtigen, die selbstständige Berufsberechtigung als Arzt für Allgemeinmedizin oder als Facharzt zu erlangen, haben zuvor eine im Rahmen eines Arbeitsverhältnisses mindestens neunmonatige praktische Ausbildung (Basisausbildung) zur Vermittlung klinischer Basiskompetenzen in chirurgischen und konservativen Fachgebieten zu absolvieren.

DFQ: § 6a (1) Ärztegesetz

DTM: **FEHLT**

NOT: Bis 2004 gab es in DE den „**Arzt im Praktikum**". Die Mediziner in DE erhalten seither sofort nach dem abgeschlossenen Studium die Berufsberechtigung und können danach in einer Klinik als Assistenzarzt arbeiten.

***

ATM: **Typenschein**; gesetzl.; 4; Hauptb.; Subst.; mask.; sg.; 4816; Kraftfahrzeugrecht

ETM: vehicle registration document; FTM: certificat d'immatriculation du véhicule

TMQ: § 30 Kraftfahrgesetz 1967

DEF: die Bestätigung, dass ein durch die Fahrgestellnummer bestimmtes Fahrzeug der genehmigten Type entspricht, und setzt sich zusammen aus einer Typengenehmigung, einer technische Beschreibung und den Zulassungsdaten.

DFQ: nach § 30 Kraftfahrgesetz 1967; § 21a Kraftfahrgesetz-Durchführungsverordnung 1967

NOT: Jedes in AT zugelassene Fahrzeug benötigt einen Typenschein.

REL Synonym

DTM: **Zulassungsbescheinigung II**; gesetzl.; 4; Hauptb.; Subst.; fem.; sg.; **Fahrzeugbrief**

DTQ: § 20 StVZO

DEF: eine amtliche Urkunde über die allgemeine Zulassung eines Kraftfahrzeugs für den öffentlichen Straßenverkehr.

DFQ: http://de.wikipedia.org/wiki/Fahrzeugbrief (26.01.2015)

***

ATM: **Überanstrengung unmündiger, jüngerer und schonungsbedürftiger Personen**; gesetzl.; 4; Hauptb.; MWA; fem.; sg.; 1216; Strafrecht

ETM: overexertion of minors, younger and vulnerable persons; FTM: surmenage des mineurs, des jeunes et des personnes vulnérables

TMQ: § 93 StGB

DEF: wer einen anderen, der von ihm abhängig ist oder seiner Fürsorge oder Obhut untersteht und der das achtzehnte Lebensjahr noch nicht vollendet hat oder wegen seines Gesundheitszustandes offensichtlich schonungsbedürftig ist, aus Bosheit oder rücksichtslos überanstrengt und dadurch, wenn auch nur fahrlässig, die Gefahr des Todes oder einer beträchtlichen Körperverletzung oder Gesundheitsschädigung des Überanstrengten herbeiführt.

DFQ: nach § 93 (1) StGB

DTM: **FEHLT**

NOT: Im dt. StGB fällt eine derartige Handlung unter den Tatbestand des § 225 StGB (Misshandlung von Schutzbefohlenen). Einen eigenen Paragraphen für Überanstrengung dieser Personengruppe gibt es nicht.

***

ATM: **Übergangsgeld**; gesetzl.; 4; Hauptb.; Subst.; neutr.; sg.; 4426; Arbeitsrecht

ETM: retirement bonus; FTM: prime de retraite

TMQ: § 39a Arbeitslosengesetz

DEF: eine Form des Arbeitslosengeldes für Personen, die das frühestmögliche Anfallsalter für die vorzeitige Alterspension in den Jahren 2004 bis 2010 erfüllen, haben bis zur Erfüllung der Voraussetzungen für eine Alterspension, Anspruch auf ein Übergangsgeld.

DFQ: nach § 39a (1) Arbeitslosengesetz

NOT: Stellt nur eine Überbrückungshilfe unmittelbar vor dem Pensionsantritt zur Verfügung.

REL: Falscher Freund

DTM: **Übergangsgeld**; gesetzl.; 4; Hauptb.; Subst.; neutr.; sg.

DTQ: § 18 AbgG; § 47 BeamtVG; § 119 SBGIII

DEF: ein ausscheidendes Mitglied mit einer Mitgliedschaft von mindestens einem Jahr erhält Übergangsgeld.

DFQ: § 18 AbgG

NOT: Es gibt verschiedene Formen des Übergangsgeldes in dt. Gesetzen, denen jedoch gemeinsam ist, dass es bei Verlust des Arbeitsplatzes für Abgeordnete, Beamte, Behinderte usw. eine Überbrückshilfe darstellt.

***

ATM: **Überbot**; gesetzl.; 4; Hauptb.; Subst.; neutr.; sg.; 1211; Bürgerl. Recht

ETM: higher bid; FTM: surenchère

TMQ: § 195 EO

DEF: ein Mittel zur Erlangung der Unwirksamkeit eines Meistbots bei einer Versteigerung einer Liegenschaft und des Zubehörs, wenn das Meistbot weniger als drei Viertel des Schätzwertes erreicht hat.

DFQ: nach § 195 EO

NOT: Ein solches Überbot ist zu berücksichtigen, wenn dem Überbieter kein ihn vom Bieten im Versteigerungstermin ausschließendes Hindernis entgegensteht und wenn er sich bereit erklärt, einen das frühere Meistbot mindestens um ein Viertel übersteigenden Preis zu entrichten

REL Synonym

DTM: **Übergebot**; gesetzl.; 4; Hauptb.; Subst.; neutr.; sg.

DTQ: § 72 ZVG

DEF: ein Mittel zur Erlangung der Unwirksamkeit eines anderen Gebotes, wenn es zugelassen wird und ein Beteiligter der Zulassung nicht sofort widerspricht.

DFQ: nach § 72 ZVG

NOT: Das Übergebot gilt als zugelassen, wenn es nicht sofort zurückgewiesen wird. Ein Gebot erlischt nicht, wenn für ein zugelassenes Übergebot die nach § 68 (2) und (3) zu erbringende Sicherheitsleistung nicht bis zur Entscheidung über den Zuschlag geleistet worden ist.

***

ATM: **Übereinstimmungserklärung**; gesetzl.; 4; Hauptb.; Subst.; fem.; sg.; 4806; Kraftfahrzeugrecht

ETM: declaration of compliance with safety regulations; FTM: déclaration de conformité avec le règlement de sécurité

TMQ: § 71 (3) GeWO

DEF: die Überprüfung von Maschinen, Geräten, Ausrüstungen sowie deren Teile und Zubehör, die wegen der Bauart oder Wirkungsweise Gefahren für das Leben oder die Gesundheit ihrer Benützer herbeiführen können, ob diese den Sicherheitsanforderungen entsprechen.

DFQ: nach § 71 (3)-(4) GeWO

REL: Teilsynonym; funkt. Äquiv.

DTM: **Bauartzulassung und Unbedenklichkeitsbescheinigung;** gesetzl.; 4; Hauptb.; MWA; fem.; sg.;

DTQ: § 33e GWO

DEF: Zulassung der Bauart eines Spielgerätes oder ihrer Nachbaugeräte und die Unbedenklichkeitsbescheinigung für andere Spiele.

DFQ: § 33e GWO

NOT: Die Zulassung von Geräten von Gewerbebetrieben ist bis auf Spielgeräte nicht mehr explizit in der GWO geregelt.

***

ATM: **Übergabe auf den Todesfall**; fachlit.; 4; Hauptb.; MWA; fem.; sg.; 1211; Erbrecht

ETM: transfer on death; FTM: transfert en cas de décès

TMQ: OGH 28.07.2004, 7Ob176/04i

DEF: die Übergabe einer Sache durch den Erblasser an einen anderen mit dem Zusatz, dass dieser sie nach dem Tod des Erblassers behalten kann.

DFQ: Welser, FWB Bürgerliches Recht, Band II

DTM: FEHLT

***

ATM: Überlasser/in; gesetzl.; 4; Hauptb.; Subst.; mask./fem.; sg.; 4426; Arbeitsrecht

ETM: supplier of temporary workers; FTM: : entreprise spécialisée dans la mise à disposition d'intérimaires

TMQ: Art. 1 § 9 ASchG

DEF: jemand, der als Arbeitgeber Arbeitnehmer zur Arbeitsleistung an Dritte verpflichtet.

DFQ: nach Art. 1 § 9 ASchG

NOT: Überlasser sind verpflichtet, die Arbeitnehmer vor einer Überlassung über die Gefahren, denen sie auf dem zu besetzenden Arbeitsplatz ausgesetzt sein können, über die für den Arbeitsplatz oder die Tätigkeit erforderliche Eignung oder die erforderlichen Fachkenntnisse sowie über die Notwendigkeit von Eignungs- und Folgeuntersuchungen zu informieren.

REL Synonym

DTM: Verleiher/in; gesetzl.; 4; Hauptb.; Subst.; mask./fem.; sg.

DTQ: § 1 AÜG

DEF: Arbeitgeber, der als Verleiher Dritten (Entleihern) Arbeitnehmer (Leiharbeitnehmer) gewerbsmäßig zur Arbeitsleistung überlässt.

DFQ: nach § 1 AÜG

***

ATM: Überlassung an Zahlungs statt; gesetzl.; 4; Hauptb.; MWA; fem.; sg.; 1211; Erbrecht

ETM: transfer in lieu of payment; FTM: dation en paiement

TMQ: § 154 (1) Außerstreitgesetz

DEF: Verpflichtung des Verlassenschaftsgerichts, die Aktiven einer überschuldeten Verlassenschaft auf Antrag den Gläubigern zu überlassen, wenn nicht schon eine unbedingte Erbantrittserklärung oder ein Antrag auf Überlassung als erblos vorliegt und kein Verlassenschaftskonkurs eröffnet wurde.

DFQ: nach § 154 (1) Außerstreitgesetz

DTM: FEHLT (Benennungslücke)

NOT: Der konkrete Term fehlt im dt. Recht, doch sind die entsprechenden Inhalte in § 1967-1992 BGB geregelt. § 224a Abgabenordnung kennt den Begriff „**Hingabe von Kunstgegenständen an Zahlungs statt**", wo normiert ist, dass Erbschaft- oder Vermögensteuer erlassen werden können, wenn jmd., der nicht in der Lage ist Erbschaft- oder Vermögensteuer zu bezahlen, öffentl. Einrichtungen Kunstgegenstände überlässt.

***

ATM: Überlieferung an eine ausländische Macht; gesetzl.; 4; Hauptb.; MWA; fem.; sg.; 1216; Strafrecht

ETM: abduction and delivery to a foreign power; FTM: abduction et livraison à une puissance étrangerère

TMQ: § 103 StGB

DEF: die Straftaat, jemanden ohne dessen Einwilligung mit Gewalt oder nachdem er dessen Einwilligung durch gefährliche Drohung oder List erlangt hat, ebenso eine unmündige, geisteskranke oder wegen ihres Zustands zum Widerstand unfähige Person einer ausländischen Macht zu überliefern, sofern der Täter oder der Überlieferte ein Staatsbürger ist oder sich der Überlieferte zur Zeit der Tat im Inland aufgehalten hat.

DFQ: nach § 103 StGB

NOT: Solche Straftäter sind mit einer Freiheitsstrafe von zehn bis zu zwanzig Jahren zu bestrafen.

REL: Teilsynonym; funkt. Äquiv.

DTM: **Verschleppung**; gesetzl.; 4; Hauptb.; Subst.; fem.; sg.

DTQ: § 234a StGB

DEF: die Straftat, jemand anderen durch List, Drohung oder Gewalt in ein Gebiet außerhalb des räumlichen Geltungsbereichs des Gesetzes zu bringen oder zu veranlassen, sich dorthin zu begeben, oder davon abzuhalten, von dort zurückzukehren, und dadurch der Gefahr auszusetzen, aus politischen Gründen verfolgt zu werden und hierbei im Widerspruch zu rechtsstaatlichen Grundsätzen durch Gewalt- oder Willkürmaßnahmen Schaden an Leib oder Leben zu erleiden, der Freiheit beraubt oder in seiner beruflichen oder wirtschaftlichen Stellung empfindlich beeinträchtigt zu werden.

DFQ: nach § 234a StGB

NOT: Solche Straftäter sind mit einer Freiheitsstrafe nicht unter einem Jahr zu bestrafen. In minder schweren Fällen ist die Strafe Freiheitsstrafe von drei Monaten bis zu fünf Jahren. Wer eine solche Tat vorbereitet, wird mit Freiheitsstrafe bis zu fünf Jahren oder mit Geldstrafe bestraft.

***

ATM: **Übernahmsantrag**; gesetzl.; 4; Hauptb.; Subst.; mask.; sg.; 1211; Bürgerl. Recht

ETM: claim for possession of attached goods; FTM: demande de prise de possession des biens saisies

TMQ: § 271 EO

DEF: ein Antrag auf Übernahme gepfändeter Sachen, der spätestens 14 Tage vor dem Versteigerungstermin eingereicht werden muss.

DFQ: nach § 271 EO

NOT: Unter der Vorraussetzung, dass die gepfändeten Sachen im ganzen oder größere Partien derselben um einen Preis übernommen werden, welcher ihren Schätzungswert um mindestens ein Viertel übersteigt, wenn der betreibende Gläubiger und diejenigen Personen zustimmen, die ein Pfandrecht an diesen Gegenständen erworben haben.

DTM: FEHLT

***

ATM: **Übernahmserklärung**; gesetzl.; 4; Hauptb.; Subst.; fem.; sg.; 1211; Bürgerl. Recht

ETM: statement of acceptance of transfer; FTM: déclaration des prise en charge

TMQ: § 19 Fremdenpolizeigesetz 2005 - FPG

DEF: von einer Vertretungsbehörde auf Ersuchen einer zuständigen Behörde eines anderen Staates für einen Staatsbürger auszustellen, der zwangsweise aus dem Gebiet dieses Staates in das Bundesgebiet überstellt werden soll und auf Grund einer zwischenstaatlichen Vereinbarung, auf Grund eines Abkommens der Europäischen Gemeinschaft oder nach internationalen Gepflogenheiten von der Republik Österreich zu übernehmen ist.

DFQ: nach § 19 Fremdenpolizeigesetz 2005 - FPG

NOT: Diese ist ausdrücklich als solche zu bezeichnen und aus ihr müssen die Identität und die Staatsbürgerschaft der Person zu ersehen sein.

DTM: FEHLT

***

ATM: **Übernahmspreis**; gesetzl.; 4; Hauptb.; Subst.; mask.; sg.; 1211; Erbrecht

ETM: financial compensation to pay out non-farming heirs; FTM: prix de reprise possession d'une ferme héréditaire

TMQ: § 11 AnerbG

DEF: der Preis, den der Anerbe zur Übernahme des Erbhofs in den Nachlass einzuzahlen hat. Der Übernahmspreis ist, sofern er nicht von den Miterben im Vergleichsweg bestimmt wird, durch das Verlassenschaftsgericht unter Berücksichtigung aller auf dem Erbhof.

DFQ: nach §§ 10 (1), 11 (1) AnerbG

DTM: FEHLT

***

ATM: übertragener Wirkungsbereich; gesetzl.; 4; Hauptb.; MWA; mask.; sg.; 1211; Verfassungsrecht

ETM: transfered operational sphere; FTM: sphère d'influence conféré

TMQ: Art. 119 B-VG

DEF: umfasst die Angelegenheiten, die die Gemeinde nach Maßgabe der Bundesgesetze im Auftrag und nach den Weisungen des Bundes oder nach Maßgabe der Landesgesetze im Auftrag und nach den Weisungen des Landes zu besorgen hat.

DFQ: nach Art. 119 B-VG

REL: Synonym

DTM: Ausführung im Auftrage des Bundes; gesetzl.; 4; MWA; fem.; sg.

DTQ: Art 85 GG

DEF: eine Ausführung von Bundesgesetzen durch die Bundesländer, wobei die Landesbehörden dabei den Weisungen der zuständigen obersten Bundesbehörden unterstehen.

DFQ: nach Art. 85 GG

***

ATM: Überweisung der Klage an ein anderes Gericht; gesetzl.; 4; Hauptb.; Subst.; fem.; sg.; 1211; Prozessrecht; Zivilrecht; **Überweisung (bei Unzuständigkeit)**

ETM: transfer of proceedings to another court; FTM: renvoi d'un acte de procédure à un autre tribunal

TMQ: § 230a ZPO

DEF: eine Entscheidung des Gerichts, wenn seine örtliche oder sachliche Unzuständigkeit ausgesprochen wird, dass die Klage an ein vom Kläger namhaft gemachtes Gericht überwiesen wird, wenn es nicht für offenbar unzuständig erachtet wird.

DFQ: nach §§ 230a, 261 (6) ZPO

NOT: Der Kläger kann den Antrag stellen, dass die Klage an das vom ihm namhaft gemachte Gericht überwiesen wird. Eine solche Überweisung ist mit dem Beschluss über die Unzuständigkeit zu verbinden.

REL Synonym

DTM: Verweisung bei Unzuständigkeit; gesetzl.; 4; Hauptb.; MWA; fem.; sg.

DTQ: AlpBrock2

DEF: eine förmliche Entscheidung durch Beschluss, in dem das Gericht seine eigene (örtliche oder sachliche) Unzuständigkeit oder die Unzulässigkeit des Rechtsweges zu der Gerichtsbarkeit, der das Gericht angehört, ausspricht und den Rechtsstreit an das aus seiner Sicht zuständige, konkret bezeichnete Gericht verweist.

DFQ: nach § 281 dZPO; AlpBrock2

***

ATM: Überweisungsantrag; gesetzl.; 4; Hauptb.; Subst.; mask.; sg.; 1211; Prozessrecht; Zivilrecht

ETM: application for transfer of proceedings to another court; FTM: demande de renvoi d'un acte de procédure à un autre tribunal

TMQ: § 230 ZPO

DEF: ein Antrag des Klägers, dass das Gericht für den Fall, dass es seine Unzuständigkeit ausspricht, die Klage an das vom Kläger namhaft gemachte Gericht überweist.

DFQ: nach § 261 (6) ZPO

REL Synonym

DTM: Antrag auf Verweisung bei Unzuständigkeit; gesetzl.; 4; Hauptb.; MWA; mask.; sg.

DTQ: § 281 ZPO

DEF: ein Antrag des Klägers bei Gericht, sich durch Beschluss für unzuständig zu erklären und den Rechtsstreit an das zuständige Gericht zu verweisen.

DFQ: nach § 281 ZPO; AlpBrock2

***

ATM: UFS-Entscheidung; fachlit.; 3; Hauptb.; Subst.; fem.; sg.; 2436; Finanzrecht; **rechtsgültiger Entscheid des Unabhängigen Finanzsenats**

ETM: decision of the Independent Tax Tribunal; FTM: décision de la chambre indépendante compétente en matière financière

TMQ: https://www.bfg.gv.at/entscheidungen/Entscheidungen.html (10.02.2015)

DEF: ein rechtsgültiger Entscheid des Unabhängigen Finanzsenats.

DFQ: https://www.bfg.gv.at/entscheidungen/Entscheidungen.html (10.02.2015)

USE historisch

NOT: Mit 01.01.2014 wurden in AT Verwaltungsgerichte eingeführt und rund 120 Senate aufgelöst und ihre Kompetenz an die Verwaltungsgerichte übertragen. Letztzinstanzliche Entscheidungen in Finanzsachen sind seither Angelegenheit des Bundesfinanzgerichts. Der Begriff findet sich in Entscheidungen vor dem 31.12.2013. Die entscheidungen können über die FINDOK Datenbank abgerufen werden.

DTM: FEHLT

***

ATM: UFS-Rechtssätze; fachlit.; 3; Hauptb.; Subst.; mask.; pl.; 2436; Finanzrecht

TMQ: UFS, 14.03.2005 RV/1301-W/04

DEF: eine kurze und prägnante Zusammenfassung der rechtlichen Aussagen wichtiger UFS-Entscheidungen. Eine UFS- Entscheidung kann mehrere Rechtssätze enthalten.

DFQ: https://www.bfg.gv.at/entscheidungen/Entscheidungen.html (10.02.2015)

USE historisch

DTM: FEHLT

***

ATM: Umgehung der Wehrpflicht; gesetzl.; 4; Hauptb.; MWA; fem.; sg.; 0821; Militärrecht

ETM: evasion of military service; FTM: évasion du service militaire

TMQ: § 48 (1) MilStG

DEF: wenn ein Soldat sich listiger Umtriebe bedient, um sich oder einen anderen der Erfüllung der Wehrpflicht ganz oder teilweise zu entziehen.

DFQ: § 48 (1) MilStG

REL: Synonym

DTM: Dienstentziehung durch Täuschung; gesetzl.; 4; Hauptb.; MWA; fem.; sg.

DTQ: § 18 WStG

DEF: wer sich oder einen anderen Soldaten durch arglistige, auf Täuschung berechnete Machenschaften dem Wehrdienst dauernd oder für eine gewisse Zeit, ganz oder teilweise entzieht.

DFQ: § 18 (1) WStG

***

ATM: **umweltgefährdendes Behandeln und Verbringen von Abfällen;** gesetzl.; 4; Hauptb.; MWA; neutr.; sg.; 1216/0526; Strafrecht/Umweltrecht

ETM: environmentally-hazardous treatment and shipment of waste; FTM: traitement et transfert de déchets dangereux pour l'environnement

TMQ: § 181b StGB

DEF: begeht, wer Abfälle so sammelt, befördert, verwertet, beseitigt, diese Tätigkeiten betrieblich überwacht oder so kontrolliert, dass dadurch 1. eine Gefahr für das Leben oder einer schweren Körperverletzung (§ 84 Abs. 1) eines anderen oder sonst für die Gesundheit oder körperliche Sicherheit einer größeren Zahl von Menschen, 2. eine Gefahr für den Tier- oder Pflanzenbestand in erheblichem Ausmaß, 3. eine lange Zeit andauernde Verschlechterung des Zustands eines Gewässers, des Bodens oder der Luft oder 4. ein Beseitigungsaufwand, der 50 000 Euro übersteigt.

DFQ: nach § 181b (1) StGB

REL: Teilsynonym

DTM: **unerlaubter Umgang mit Abfällen**; gesetzl.; 4; Hauptb.; MWA; mask.; sg.;

DTQ: § 326 StGB

DEF: das Sammeln, Befördern, Behandeln, Verwerten, Lagern, Ablagern, Ablassen, Beseitigen, Handeln, Makeln oder sonstige Bewirtschaften außerhalb einer dafür zugelassenen Anlage oder wer unter wesentlicher Abweichung von einem vorgeschriebenen oder zugelassenen Verfahren sammelt, befördert, behandelt, verwertet, lagert, ablagert, ablässt, beseitigt, handelt, makelt oder sonst bewirtschaftet.

DFQ: nach § 326 (1) StGB

***

ATM: **Unabhängiger Finanzsenat**; gesetzl.; 4; Hauptb.; MWA; mask.; sg.; 2446; Steuerrecht

ETM: independant chamber of appeal for fiscal matters; FTM: Chambre indépendante compétente en matière financière

TMQ: § 1 UFS-Gesetz

DEF: Bundesbehörde im zweitinstanzlichen Rechtsmittelverfahren in Steuer- und Zollangelegenheiten sowie in Finanzstrafsachen.

DFQ: Niedermaier, Der unabhängige Finanzsenat als zweitinstanzliche Rechtsmittelbehörde in Abgabensachen, Linz

USE historisch

NOT: Wurde durch die Schaffung der Verwaltungsgerichtshöfe ab 01.01.2014 aufgelöst.

DTM: **FEHLT**

***

ATM: **unabhängiger Verwaltungssenat**; gesetzl.; 4; Hauptb.; MWA; mask.; sg.; 0436; Öffentl. Recht; **UVS**

ETM: Independent Administrative Chamber of Appeal; FTM: Chambre administrative indépendantel

TMQ: Mayer, FWB Öffentl. Recht

DEF: diente zur Sicherung der Gesetzmäßigkeit der gesamten öffentlichen Verwaltung und ist jeweils für ein Bundesland zuständig.

DFQ: nach Mayer, FWB Öffentl. Recht

USE historisch

NOT: Wurde durch die Schaffung der Verwaltungsgerichtshöfe ab 01.01.2014 aufgelöst.

DTM: FEHLT

NOT: In DE waren dafür immer schon die Verwaltungsgerichtsgerichte zuständig.

***

ATM: **Unbedenklichkeitsbescheinigung**; gesetzl.; 4; Hauptb.; Subst.; fem.; sg.; 1231; Aufenthaltsrecht

ETM: no-objection statement; FTM: déclaration de non-opposition

TMQ: § 31 (2) Fremdenpolizeigesetz 2005

DEF: Bescheinigung, dass keine fremdenpolizeilichen Einwände gegen den Aufenthalt des Fremden in Österreich bestehen, sodass ein Arbeitgeber einen Fremden, der zur visumfreien Einreise berechtigt ist und dem kein unionsrechtliches Aufenthaltsrecht zukommt, gemäß § 5 AuslBG beschäftigen kann.

DFQ: § 31 (2) Fremdenpolizeigesetz 2005

REL: Falscher Freund

DTM: **Unbedenklichkeitsbescheinigung**; gesetzl.; 4; Hauptb.; Subst.; fem.; sg.; 1236; Gewerbeordnung/Grundverkehrsrecht

DTQ: § 33e GWO; § 58 Außenwirtschaftsverordnung; § 19 Beurkundungsgesetz

DEF: Bescheinigung, die im Rahmen von außenwirtschaftlichen Geschäften bzw. von Grunderwerb ausgestellt, wonach das importierte Gut den inländischen Bestimmungen entspricht bzw. vom Finanzamt, das bestätigt, dass der Eintragung des Grundstückserwerbers im Grundbuch keine steuerlichen Bedenken entgegenstehen.

DFQ: § 33e GWO; § 58 Außenwirtschaftsverordnung; § 19 Beurkundungsgesetz

***

ATM: **unbedingte Erbantrittserklärung**; gesetzl.; 4; Hauptb.; MWA; fem.; sg.; 1211; Bürgerl. Recht; Erbrecht; **vor dem 1.1.2005: unbedingte Erbserklärung**

ETM: unconditional declaration of acceptance of inheritance; FTM: déclaration inconditionelle d'acceptation d'une succession

TMQ: § 801 ABGB

DEF: die Annahme der Erbschaft ohne Haftungsvorbehalt. Sie führt zur persönlichen Haftung des Erben für die Verbindlichkeiten des Nachlasses mit seinem ganzen Vermögen.

DFQ: Welser, FWB Bürgerliches Recht

NOT: Soweit in Bundesgesetzen der Begriff „**Erbserklärung**" verwendet wird, ist darunter ab 01.01.2005 die Erbantrittserklärung zu verstehen.

DTM: FEHLT

***

ATM: **unbefugter Gebrauch von Fahrzeugen**; gesetzl.; 4; Hauptb.; MWA; mask.; sg.; 1216; Strafrecht

ETM: unauthorised use of vehicles; FTM: l'utilisation non autorisée de véhicules

TMQ: § 136 StGB

DEF: das In-Gebrauch-Nehmen eines Fahrzeugs, das zum Antrieb mit Maschinenkraft eingerichtet ist, ohne Einwilligung des Berechtigten.

DFQ: nach § 136 StGB

REL: Teilsynonym

DTM: **unbefugter Gebrauch eines Fahrzeugs**; gesetzl.; 4; Hauptb.; MWA; mask.; sg.

DTQ: § 248b StGB

DEF: das In-Gebrauch-Nehmen eines Kraftfahrzeugs oder eines Fahrrads gegen den Willen des Berechtigten.

DFQ: nach § 248b StGB

***

ATM: **unechter Besitz**; gesetzl.; 4; Hauptb.; MWA; mask.; sg.; 1211; Bürgerl. Recht; **fehlerhafter Besitz**

ETM: unlawful possession; FTM: possesseur vicié

TMQ: § 345 ABGB

DEF: eine Sache, in die jemand eindringt, sich aneignet oder durch List oder Bitte heimlich einschleicht, und das, was man ihm aus Gefälligkeit, ohne sich einer fortdauernden Verbindlichkeit zu unterziehen gestattet, in ein fortwährendes Recht zu verwandeln sucht.

DFQ: § 345 ABGB

NOT: Die Unterteilung in „**echten**" und „**unechten**" Besitz gibt es weder im BGB noch in anderen deutschen Gesetzen.

DTM: FEHLT

***

ATM: **unechter Besitzer**; gesetzl.; 4; Hauptb.; MWA; mask.; sg.; 1211; Bürgerl. Recht

ETM: unlawful possessor; FTM: possesseur clandestin

TMQ: § 345 ABGB

DEF: derjenige, der in den Besitz eines anderen eindringt bzw. durch List oder Bitte heimlich einschleicht und der daraufhin das, was man diesem, ohne einer fortdauernden Verbindlichkeit zu unterziehen gestattet, in ein fortwährendes Recht zu verwandeln versucht.

DFQ: nach § 345 ABGB

NOT: Der Begriff spielt bei Besitzstörung und bei Ersitzung eine Rolle.

DTM: FEHLT

***

ATM: **unechtes Versäumungsurteil**; gesetzl.; 4; Hauptb.; MWA; neutr.; sg.; 1211; Prozessrecht

ETM: improper default judgment (in light of the absent party's prior conduct) FTM: faux jugement par défaut

TMQ: OGH 8ObA193/02v

DEF: ein Erlass des Richters bei Fernbleiben einer Partei, die sich bereits durch mündliches Vorbringen zur Hauptsache in den Streit eingelassen hat.

DFQ: nach § 399 ZPO

NOT: Das Fernbleiben einer Partei von einer Tagsatzung hindert weder den Fortgang des Verfahrens noch berechtigt es die andere Partei dazu, die Fällung eines Versäumungsurteils zu beantragen.

REL: Synonym

DTM: **Entscheidung nach Aktenlage**; gesetzl.; 4; Hauptb.; MWA.; fem.; sg.

DTQ: § 331a ZPO

DEF: ein Antrag, den der Gegner bei Ausbleiben der anderen Partei, stellen kann.

DFQ: § 331a ZPO

NOT: Dem Antrag ist zu entsprechen, wenn der Sachverhalt für eine derartige Entscheidung hinreichend geklärt erscheint.

***

ATM: **uneheliches Kind**; gesetzl.; 4; Hauptb.; MWA; fem.; sg.; 2806; Familienrecht

ETM: illegitimate child; FTM: enfant illégitime

TMQ: § 2 Rechtsstellung der unehelichen Kinder

DEF: ein direkter männlicher oder weiblicher Nachkomme, das von einer Mutter, die zum Zeitpunkt der Geburt nicht mit dem Kindesvater verheiratet war oder nach Ablauf von 300 Tagen nach dem Tod des Ehemanns geboren wurde.

DFQ: help.gv.at (18.01.2015)

REL: Synonym

NOT: Ein uneheliches Kind hat die gleichen Rechte am Nachlaß seines Vaters und seiner Mutter und an dem der Mitglieder ihrer Familien, wie wenn es ehelich wäre.

DTM: nichteheliches Kind; gesetzl.; 4; Hauptb.; MWA; fem.; sg.

DTQ: § 8 Gesetz über die rechtliche Stellung der nichtehelichen Kinder

DEF: ein direkter männlicher oder weiblicher Nachkomme, das von einer Mutter, die zum Zeitpunkt der Geburt nicht mit dem Kindesvater verheiratet war oder nach Ablauf von 300 Tagen nach dem Tod des Ehemanns geboren wurde.

DFQ: nach § 1592 BGB

***

ATM: uneigentliche Zusatzfrage; gesetzl.; 4; Hauptb.; MWA; fem.; sg.; 1216; Strafrecht

ETM: supplementary question; FTM: demande additionnelle

TMQ: §316 StPO

DEF: eine Frage an die Geschworenen nach im Gesetz genannten Erschwerungs- und Milderungsumständen, die einen anderen Strafsatz für die angeklagte Tat zur Anwendung kommen lassen.

DFQ: nach § 316 StPO

DTM: FEHLT

***

ATM: unerlaubte Abwesenheit; gesetzl.; 4; Hauptb.; MWA; fem.; sg.; 0821; Militärrecht

ETM: absence without leave; FTM: absence sans permission

TMQ: § 8 MilStG

DEF: wer seine Truppe, militärische Dienststelle oder den ihm sonst zugewiesenen Aufenthaltsort verläßt oder ihnen fernbleibt und sich dadurch, wenn auch nur fahrlässig, dem Dienst für länger als vierundzwanzig Stunden entzieht, ist mit Freiheitsstrafe bis zu sechs Monaten oder mit Geldstrafe bis zu 360 Tagessätzen, entzieht er sich aber dem Dienst für länger als acht Tage, mit Freiheitsstrafe bis zu einem Jahr zu bestrafen.

DFQ: § 8 MilSt.

REL Synonym

DTM: eigenmächtige Abwesenheit; gesetzl.; 4; Hauptb.; MWA; fem.; sg.

DTQ: § 15 WStG

DEF: wer eigenmächtig seine Truppe oder Dienststelle verläßt oder ihr fernbleibt und vorsätzlich oder fahrlässig länger als drei volle Kalendertage abwesend ist, wird mit Freiheitsstrafe bis zu drei Jahren bestraft.

DFQ: § 15 WStG

***

ATM: Ungehorsam; gesetzl.; 4; Hauptb.; Subst.; mask.; sg.; 0821; Militärrecht

ETM: insubordination; FTM: insoumission; désobéissance

TMQ: § 12 (1) MilStG

DEF: wer einen Befehl nicht befolgt, indem er 1. sich gegen den Befehl durch Tätlichkeiten oder mit beleidigenden Worten oder solchen Gebärden auflehnt oder 2. trotz Abmahnung im Ungehorsam verharrt.

DFQ: § 12 (1) MilStG

REL: Synonym

DTM: **Gehorsamsverweigerung**; gesetzl.; 4; Hauptb.; Subst.; fem.; sg.

DTQ: § 20 WStG

DEF: wer 1. die Befolgung eines Befehls dadurch verweigert, daß er sich mit Wort oder Tat gegen ihn auflehnt, oder 2. wer darauf beharrt, einen Befehl nicht zu befolgen, nachdem dieser wiederholt worden ist.

DFQ: § 20 (1) WStG

***

ATM: **Ungültigerklärung der Ehe**; gesetzl.; 4; Nebenb., MWA; fem.; sg.; 1211; Bürgerl. Recht / Eherecht

ETM: annulment; FTM: annulation de mariage

TMQ: § 118 EheG

DEF: eine Art der Nichtigkeitserklärung für Ehen, die vor einem Priester der katholischen Kirche geschlossenen Ehen vor dem 30.04.1934 geschlossen wurden.

DFQ: nach § 118 ff.

DTM: **FEHLT**

NOT: In DE gibt es eine Nichtigkeit der Ehe ex tunc seit 01.07.1998 nicht mehr, da der Gesetzgeber heute davon ausgeht, dass es unbillig wäre, einen ganzen Lebensabschnitt, in dem die Beteiligten zumindest dem öffentlichen Anschein und in der Regel auch der eigenen Überzeugung nach verheiratet waren, rechtlich als quasi „nicht gewesen" zu qualifizieren, selbst wenn es objektive Gründe dafür gab, dass die Eheschließung seinerzeit eigentlich als nicht zustande gekommen hätte angesehen werden müssen. An die Stelle der Ehenichtigkeit ist im deutschen Recht nach deren Abschaffung die so genannte Aufhebung der Ehe getreten. Deren Ausspruch wirkt aber anders als die Nichtigkeit ex nunc, also nicht auf den Tag der Eheschließung zurück.

***

ATM: **Universalsukzessor**; fachlit.; 3; Nebenb.; Subst.; mask.; sg.; 1211; Bürgerl. Recht; Erbrecht; **Gesamtrechtsnachfolger**

ETM: universal successor; FTM: successeur universel

TMQ: OGH 5Ob225/12t, 16.07.2013

DEF: eine Person, die in sämtliche Rechte und Pflichten einer anderen Person, z.B. eines Erblassers, uno actu eintritt.

DFQ: www.uibk.ac.at/zivilrecht/buch/pdf/zivilrecht2004_kapitel17.pdf (02.02.2015)

REL Synonym

DTM: **Gesamtrechtsnachfolger**; gesetzl.; 4; Hauptb.; Subst.; mask.; sg.; 1211; Bürgerl. Recht

DTQ: http://www.rechtslexikon.net/d/gesamtrechtsnachfolge/gesamtrechtsnachfolge.htm (02.02.2015)

DEF: eine Person (z.B. ein Erbe), auf die das Vermögen (Erbschaft) einer anderen Person (des Erblassers) als Ganzes übergeht.

DFQ: nach § 1922 (1) BGB

***

ATM: **Gesamtsache**; gesetzl.; 4; Hauptb.; MWA; fem.; sg.; 1211; Bürgerl. Recht; ***universitas rerum***

ETM: totality of assets; FTM: ensemble de biens; universalité de choses

TMQ: § 302 ABGB

DEF: Inbegriff von mehreren besonderen Sachen, die als eine Sache angesehen, und mit einem gemeinschaftlichen Namen bezeichnet werden.

DFQ: nach § 302 ABGB

REL: Synonym

DTM: **Sachgesamtheit**; gesetzl.; 4; Hauptb.; Subst.; fem.; sg.

DTQ: § 3 VereinsGDV

DEF: Gesamtheit mehrerer Einzelsachen, die aufgrund einer gemeinsamen Zweckbestimmung eine wirtschaftliche Einheit bilden.

DFQ: nach § 92 BGB

NOT: Wegen des im Sachenrecht geltenden Spezialitätsprinzips kann über Sachgesamtheiten nur durch Bestimmung über jede einzelne Sache verfügt werden.

***

ATM: **unmittelbare Bundesverwaltung**; gesetzl.; 4; Hauptb.; MWA; fem.; sg.; 0436; Öffentl. Recht

ETM: direct administration by a federal government body; FTM: administration directe par un organisme gouvernemental fédéral

TMQ: Mayer, FWB Öffentl. Recht

DEF: Vollziehung der Verwaltungsaufgaben im Bereich der Länder durch eigene Bundesbehörden.

DFQ: nach Art. 102 B-VG; Mayer, FWB Öffentl. Recht

REL Synonym

DTM: **bundeseigene Verwaltung**; gesetzl.; 4; Hauptb.; MWA; fem.; sg.

DTQ: AlpBrock2

DEF: Ausführung der Bundesgesetze durch bundeseigene Verwaltungsträger oder durch bundesunmittelbare Körperschaften oder Anstalten des öffentlichen Rechtes.

DFQ: Art. 86 ff. GG; www.lexexact.de; AlpBrock2

***

ATM: **unmittelbare Diskriminierung**; gesetzl.; 4; Hauptb.; MWA; fem.; sg.; 1236; Menschenrecht

ETM: direct discrimination; FTM: discrimination directe

TMQ: § 13a (1) Bundes-Gleichbehandlungsgesetz - B-GlB; § 5. (1) Gleichbehandlungsgesetz

DEF: liegt vor, wenn eine Person auf Grund der ethnischen Zugehörigkeit, der Religion oder der Weltanschauung, des Alters oder der sexuellen Orientierung darf im Zusammenhang mit einem Dienst- oder Ausbildungsverhältnis in einer vergleichbaren Situation eine weniger günstige Behandlung erfährt, als eine andere Person erfährt, erfahren hat oder erfahren würde. Liegt vor, wenn eine Person auf Grund ihres Geschlechtes in einer vergleichbaren Situation eine weniger günstige Behandlung erfährt, als eine andere Person erfährt, erfahren hat oder erfahren würde.

DFQ: nach §§ 13 (1), 13a (1) B-GlB; § 5 (1) Gleichbehandlungsgesetz

REL: Synonym

DTM: **unmittelbare Benachteiligung**; gesetzl.; 4; Hauptb.; MWA; fem.; sg.; 1211; Bürgerl. Recht; **unmittelbare Diskriminierung**

DTQ: § 3 (1) AGG

DEF: liegt vor, wenn eine Person wegen eines in § 1 GG genannten Grundes eine weniger günstige Behandlung erfährt, als eine andere Person in einer vergleichbaren Situation erfährt, erfahren hat oder erfahren würde.

DFQ: § 3 (1) AGG

***

ATM: **unmittelbarer Besitzerwerb**; gesetzl.; 4; Hauptb.; MWA; mask.; sg.; 1211; Bürgerl. Recht
ETM: direct acquisition; FTM: occupation directe de choses sans maître
TMQ: § 314 ABGB
DEF: Besitzerwerb an freistehenden Sachen, die in niemandes Macht oder Gewahrsame stehen.
DFQ: nach § 314 ABGB
REL: Synonym; breiter

DTM: **Eigentumserwerb an beweglichen herrenlosen Sachen**; gesetzl.; 4; Hauptb.; MWA; mask.; sg.
DTQ: § 958 BGB
DEF: wer eine herrenlose bewegliche Sache in Eigenbesitz nimmt, erwirbt das Eigentum an der Sache.
DFQ: § 958 (1) BGB

***

ATM: **Unmündiger;** gesetzl.; 4; Hauptb.; MWA; mask.; sg.; 1211; Bürgerl. Recht; **mündiger Minderjähriger**
ETM: minor between the ages of 7 and 14; FTM: mineur
TMQ: § 1 Z. 2 Jugendgerichtsgesetz 1988
DEF: wer das vierzehnte Lebensjahr noch nicht vollendet hat.
DFQ: § 1 Z. 2 Jugendgerichtsgesetz 1988
REL: Synonym

DTM: **Kind**; gesetzl.; 4; Hauptb.; Subst.; neutr.; sg.
DTQ: § 7 SGB VIII
DEF: wer noch nicht 14 Jahre alt ist.
DFQ: § 7 SGB VIII

***

ATM: **unmündiger Minderjähriger**; gesetzl.; 4; Hauptb.; MWA; mask.; sg.; 1211; Bürgerl. Recht
ETM: underage minor between the ages of 7 and 14; FTM: mineur irresponsable
TMQ: Welser, FWB Bürgerliches Recht
DEF: wer das 14. Lebensjahr noch nicht vollendet hat (im Strafrecht).
DFQ: § 74 (1) Z. 1 StGB; § 1 JGG; § 21 ABGB; Welser, FWB Bürgerliches Recht
REL: Teilsynonym; funkt. Äquiv.
NOT: Im ABGB sind das Personen, die das 7. Lebensjahr erreicht, das 14. jedoch noch nicht vollendet haben; sie können sich zwar berechtigen (z.B. etwas schenken lassen) oder ein zu ihren Gunsten gemachtes Versprechen annehmen, aber sich nicht verpflichten. Sie sind nicht deliktsfähig.

DTM: **Schuldunfähigkeit des Kindes**; gesetzl.; 4; Hauptb.; MWA; mask.; sg.; 1211; Bürgerl. Recht
DTQ: § 19 dStGb
DEF: wer bei Begehung der Tat noch nicht vierzehn Jahre alt ist (im Strafrecht)
DFQ: § 19 dStGB; §§ 2, 106 BGB; § 3 dJGG
NOT: Die Begriffe „**Unmündigkeit**" oder „**unmündig**" werden in dt. Gesetzen als Rechtsbegriffe nicht verwendet. Anstelle von „**Unmündigkeit**" benutzt das dt. Recht je nach Bedeutungszusammenhang die Rechtsbegriffe **Minderjährigkeit** (§§ 2, 106 BGB), **Geschäftsfähigkeit** (bzw. Geschäftsunfähigkeit oder **beschränkte Geschäftsfähigkeit**, §§ 104, 106 BGB) oder **Deliktsfähigkeit** (§ 828 BGB).

***

ATM: **unnütze und unerlaubte Geschäftsführung**; fachlit.; 3; Hauptb.; MWA; fem.; sg.; 1211; Bürgerl. Recht

ETM: negotiorum gestio; FTM: gestion inutile et non autorisée

TMQ: KoWe 2014/2015

DEF: Handeln des Geschäftsführers nicht zum klaren und überwiegenden Vorteil des Geschäftsherrn oder gar gegen dessen ausdrücklichen Willen.

DFQ: KoWe 2014/2015; §§ 1037 ff. ABGB

REL: Synonym

DTM: **unberechtigte Geschäftsführung ohne Auftrag**; fachlit.; 3; Hauptb.; MWA; fem.; sg.

DTQ: http://www.juraforum.de/lexikon/ (08.09.2014)

DEF: Übernahme eines Geschäfts, das nicht dem Interesse und dem Willen des Berechtigten entspricht.

DFQ: §§ 677 ff. BGB; http://www.juraforum.de/lexikon/ (08.09.2014)

***

ATM: **unpfändbarer Freibetrag**; gesetzl.; 4; Hauptb.; MWA; mask.; sg.; 1211; Insolvenzrecht; **Existenzminimum**

ETM: amounts exempt from seizure; FTM: montant insaisissable et exonéré de l'exécution

TMQ: § 291a ZPO

DEF: is Betrag, der dem Verpflichteten zur Gänze zu verbleiben hat.

DFQ: nach § 291a ZPO

NOT: Wird synonym zu „**Existenzminimum**" gebraucht.

REL Synonym

DTM: **Pfändungsfreigrenze**; gesetzl.; 4; Hauptb.; Subst.; fem.; sg.; **Pfändungsgrenze für Arbeitseinkommen**, **Pfändungsfreibetrag**, **Existenzminimum**

DTQ: § 850c ZPO

DEF: Betrag, der bei Arbeitseinkommen unpfändbar ist.

DFQ: nach www.lexexact.de; §§ 850a ff. dZPO; AlpBrock2

NOT: Gegenüber Unterhaltspflichten gelten diese Grenzen gemäß § 850d ZPO nicht, hier ist dem Schuldner nur das was er für seinen notwendigen Unterhalt und zur vollständigen Erfüllung vorrangiger oder zur anteiligen Erfüllun gleichrangiger Unterhaltsverpflichtungen benötigt.

***

ATM: **unrechtmäßiger Besitz**; gesetzl.; 4; Hauptb.; MWA; mask.; sg.; 1211; Bürgerl. Recht

ETM: unlawful possession; FTM: possession équivoque

TMQ: § 316 ABGB

DEF: Besitz, der auf keinem gültigen Titel, d.h. auf einem zur Erwerbung tauglichen Rechtsgrund, beruht.

DFQ: nach § 316 ABGB

DTM: FEHLT (Bennnungslücke)

NOT: Nach Staud, Kommentar zum BGB, wird auch im dt. Recht die Unterscheidung zwischen **rechtmäßigen** und **unrechtmäßigen Besitz** gemacht, doch fehlen entsprechende Gesetzestellen und BGH-Urteile.

***

ATM: **unredlicher Besitz**; gesetzl.; 4; Hauptb.; MWA; mask.; sg.; 1211; Bürgerl. Recht

ETM: mala fide possession; FTM: possession de mauvaise foi

TMQ: §§ 326, 328 ABGB

DEF: eine Sache, bei der gewusst oder zumindest aus den Umständen vermutet wird, dass sie einem anderen gehört als dem, von dem sie besessen wird.

DFQ: nach §§ 326, 328 ABGB
NOT: Im Zweifel muss angenommen werden, dass ein Besitzer redlich ist.
REL: Synonym

DTM: **Besitzerlangung durch verbotene Eigenmacht**; gesetzl.; 4; Hauptb.; MWA; fem.; sg.; **Fremdbesitz**
DTQ: 858 BGB
DEF: der Entzug eines Besitzes vom Besitzer ohne dessen Willen oder die Störung des Besitzers in seinem Besitz.
DFQ: nach § 858 ff. BGB

***

ATM: **unselbständiger Antrag**; gesetzl.; 4; Hauptb.; MWA; mask.; sg.; 0421; Öffentl. Recht / Parlament
ETM: subordinate motion; FTM: motion subordonnée
TMQ: http://www.parlament.gv.at/PERK/GL/ALLG/A.shtml (10.02.2015)
DEF: in der Regel ein unselbständiger Entschließungsantrag, aber auch Abänderungsanträge, die keinen selbständigen Verhandlungsgegenstand bilden, sondern der in inhaltlichem Zusammenhang mit einem anderen Verhandlungsgegenstand stehen und im Rahmen der Debatte zu diesem Verhandlungsgegenstand eingebracht und nach Schluss der Debatte sogleich mit abgestimmt werden.
DFQ: nach http://www.parlament.gv.at/PERK/GL/ALLG/A.shtml (22.01.2015)
REL: **Synonym**

DTM: **unselbständige Vorlagen**; gesetzl.; 4; Hauptb.; MWA; fem.; pl.
DTQ: § 75 (2) BTGO
DEF: a) Beschlußempfehlungen und Berichte der Ausschüsse, b) Änderungsanträge, c) Entschließungsanträge zu Gesetzentwürfen, Unterrichtungen, Regierungserklärungen, Großen Anfragen, Entschließungen des Europäischen Parlaments, Unionsdokumente, Stabilitätsvorlagen und Rechtsverordnungen.
DFQ: § 75 (2) BTGO

***

ATM: **unselbständiger Bestandteil**; fachlit.; 3; Hauptb.; MWA; mask.; sg.; 1211; Bürgerl. Recht
ETM: inseparable component; FTM: composant inséparable
TMQ: OGH 26.03.1992, 8Ob550/92
DEF: mit dem Rest der Sache untrennbar oder so mit ihr verbunden, dass eine Trennung untunlich wäre.
DFQ: nach §§ 297, 302 ABGB; KoWe 2014/2015
NOT: Eine Absonderung ist nicht möglich oder unwirtschaftlich. Unselbständige Bestandteile sind nicht sonderrechtsfähig.
REL: Synonym

DTM: **wesentlicher Bestandteil**; gesetzl.; 4; Hauptb.; MWA; mask.; sg.
DTQ: § 93 BGB
DEF: Bestandteile, die nicht von der Sache getrennt werden können, ohne dass der eine oder der andere Bestandteil zerstört, oder in seinem Wesen verändert wird.
DFQ: nach § 93 BGB
NOT: Zu den wesentlichen Bestandteilen eines Grundstücks gehören die mit dem Grund und Boden fest verbundenen Sachen, insbesondere Gebäude, sowie die Erzeugnisse des Grundstücks, solange sie mit dem Boden zusammenhängen. Zu den wesentlichen Bestandteilen eines Gebäudes gehören die zur Herstellung des Gebäudes eingefügten Sachen.

***

ATM: **Unterbrechung der Freiheitsstrafe**; gesetzl.; 4; MWA; fem.; sg.; 1216; Strafrecht;

ETM: suspension of custodial penalty; FTM: suspension de peine privative de liberté

TMQ: § 99 StVG

DEF: eine Genehmigung für einen Strafgefangenen, der nach der Art und dem Beweggrund der strafbaren Handlung, sowie nach seinem Lebenswandel vor der Anhaltung und seiner Aufführung während dieser weder für die Sicherheit des Staates, noch für die der Person oder des Eigentums besonders gefährlich ist, sodass ihm unter bestimmten Vorraussetzungen auf seinen Antrag eine Unterbrechung der Freiheitsstrafe in der Dauer von höchstens acht Tagen zu gewähren ist.

DFQ: nach § 99 StVG

NOT: Die Entscheidung über die Unterbrechung der Freiheitsstrafe und den Widerruf steht dem Anstaltsleiter zu.

REL: Synonym; funkt. Äquiv.

DTM: **Strafunterbrechung**; gesetzl.; 4; Hauptb.; Subst.; fem.; sg.

DTQ: Creif21

DEF: eine Anordnung der Strafvollstreckungsbehörde, wenn der Verurteilte in Geisteskrankheit oder eine andere lebensbedrohliche Krankheit, die innerhalb des Vollzugs nicht erkannt oder behandelt werden kann, verfällt und es zu erwarten ist, dass die Krankheit für eine erhebliche Zeit fortbestehen wird.

DFQ: nach Creif21

NOT: Nur möglich, wenn keine überwiegenden Gründe, wie z.B. öffentliche Sicherheit, entgegenstehen.

***

ATM: **Unterbringung in einer Anstalt für entwöhnungsbedürftige Rechtsbrecher;** gesetzl.; 4; Hauptb.; MWA; fem.; sg.; 1216; Strafrecht

ETM: placement in a substance dependence rehabilitation centre; FTM: placement en centre de désintoxication

TMQ: § 22 StGB

DEF: eine Form des Maßnahmenvollzugs für Personen, die dem Missbrauch eines berauschenden Mittels oder Suchtmittels ergeben sind und die wegen einer im Rausch oder sonst im Zusammenhang mit der Gewöhnung begangenen strafbaren Handlung oder wegen Begehung einer mit Strafe bedrohten Handlung im Zustand voller Berauschung verurteilt wurden.

DFQ: nach § 22 StGB

REL: Synonym

DTM: **Unterbringung in einer Entziehungsanstalt**; gesetzl.; 4; Hauptb.; MWA; fem.; sg.

DTQ: § 64 StGB

DEF: wird angeordnet, wenn jemand, der aus Gewohntheit im Übermaß alkoholische Getränke oder andere berauschende Mittel zu sich nimmt, wegen einer auf den Hang zu Rauschmitteln zurückzuführenden rechtswidrigen Tat zu Strafe verurteilt oder wegen (möglicher) Schuldunfähigkeit nicht bestraft wird und seine Unterbringung wegen der Gefahr neuer erheblicher rechtswidriger taten erforderlich ist.

DFQ: Creif21

***

ATM: **Unterbringung in einer Anstalt für gefährliche Rückfallstäter;** gesetzl.; 4; Hauptb.; MWA; fem.; sg.; 1216; Strafrecht

ETM: imprisonment in a special unit for dangerous repeat offenders;

FTM: emprisonnement dans un établissement spécialisé de détention pour récidivistes dangereux

TMQ: § 23 StGB

DEF: eine Form des Maßnahmenvollzugs, die in der gerichtlichen Einweisung von Gewohnheitsverbrechern und Tätern mit erhöhtem Sicherheitsrisiko in besondere Anstalten nach dem Strafvollzug besteht.

DFQ: nach § 23 StGB

NOT: Seit dem Erlass des Strafrechtsänderungsgesetzes aus dem Jahr 1987 kann diese Form der Maßnahmenunterbringung als Auslaufmodell bezeichnet werden. Am 01.12.2006 wurden lediglich zwei Personen im Maßnahmenvollzug gegen gefährliche Rückfallstäter angehalten. Somit kann de facto von „**totem Recht**" gesprochen werden.

REL Synonym

DTM: Unterbringung in der Sicherungsverwahrung; gesetzl.; 4; Hauptb.; MWA; fem.; sg.; **Sicherungsverwahrung**

DTQ: § 66 StGB

DEF: die Unterbringung in der Sicherungsverwahrung ist eine freiheitsentziehende Maßregel der Besserung und Sicherung und soll dazu dienen, die Allgemeinheit vor gefährlichen Straftätern zu schützen.

DFQ: http://de.wikipedia.org/wiki/Sicherungsverwahrung (18.01.2015)

***

ATM: Unterbringung in einer Anstalt für geistig abnorme Rechtsbrecher; gesetzl.; 4; Hauptb.; MWA; fem.; sg.; 1216; Strafrecht

ETM: detention in a special unit for mentally ill offenders; FTM: détention dans un établissement specialisé pour délinquants mentalement anormaux

TMQ: § 21 StGB

DEF: eine Maßnahme gegen einen Rechtsbrecher, der eine Tat begangen hat, die mit einer ein Jahr übersteigenden Freiheitsstrafe bedroht ist, und er nur deshalb nicht bestraft werden kann, weil er unter dem Einfluß eines die Zurechnungsfähigkeit ausschließenden Zustandes (§ 11) begangen hat, der auf einer geistigen oder seelischen Abartigkeit von höherem Grad beruht oder er ohne zurechnungsunfähig zu sein, unter dem Einfluß seiner geistigen oder seelischen Abartigkeit von höherem Grad eine Tat begeht, die mit einer ein Jahr übersteigenden Freiheitsstrafe bedroht ist.

DFQ: nach § 21 StGB

REL: Synonym

DTM: Unterbringung in einem psychiatrischen Krankenhaus; gesetzl.; 4; Hauptb.; MWA; fem.; sg.

DTQ: § 63 StGB

DEF: eine Maßregel der Besserung und Sicherung, wenn der Täter eine rechtswidrige Tat im Zustand der Schuldunfähigkeit oder verminderten Schuldfähigkeit begangen hat und wenn die öffentliche Sicherheit die Unterbringung erfordert.

DFQ: nach Creif21

***

ATM: Unterdrückung von Briefen; gesetzl.; 4; Hauptb.; MWA; fem.; sg.; 1216; Strafrecht

ETM: misappropriation of letters; FTM: violation du secret de la correspondance; détournement de lettres

TMQ: § 118 (3) StGB

DEF: das Unterschlagen oder sonstiges Unterdücken eines Briefes oder eines anderen Schriftstückes vor Kenntnisnahme durch den Empfänger.

DFQ: nach § 118 (3) StGB

REL: Teilsynonym

DTM: Verletzung des Postgeheimnisses; gesetzl.; 4; Hauptb.; MWA; fem.; sg.

DTQ: § 206 (2) Z. 2 StGB

DEF: das Unterdrücken einer Sendung durch den Inhaber oder Beschäftigten eines Unternehmens, das geschäftsmäßig Post- oder Telekommunikationsdienste erbringt, wobei die Sendung einem solchen Unternehmen zur Übermittlung anvertraut wurde.

DFQ: nach § 206 (2) Z. 2 StGB

***

ATM: Unterdrückung von Eingaben; gesetzl.; 4; Hauptb.; MWA; mask.; sg.; 1211; Bürgerl. Recht
ETM: suppression of reports; FTM: détournement de rapports

TMQ: § 37 MilStG

DEF: wenn ein soldat einen Untergebenen oder Rangniedereren durch Befehle, Zuwendung oder Versprechen von Geschenken oder anderen Vorteilen oder durch Drohungen zu bewegen sucht, eine Anzeige, Meldung, Beschwerde oder andere Eingabe zu unterlassen oder zurückzuziehe. (2) Ebenso ist zu bestrafen, wer eine solche Eingabe eines Untergebenen oder Rangniedereren, die er weiterzuleiten oder selbst zu erledigen hätte, unterdrückt.

DFQ: § 37 (1)-(2) MilStG

REL: Synonym

DTM: Unterdrücken von Beschwerden; gesetzl.; 4; Hauptb.; MWA; neutr.; sg.

DTQ: § 35 WStG

DEF: wenn ein Soldat einen Untergebenen durch Befehle, Drohungen, Versprechungen, Geschenke oder sonst auf pflichtwidrige Weise davon abhält, Eingaben, Meldungen oder Beschwerden bei der Volksvertretung der Bundesrepublik Deutschland oder eines ihrer Länder, bei dem Wehrbeauftragten des Bundestages, bei einer Dienststelle oder bei einem Vorgesetzten anzubringen, Anzeige zu erstatten oder von einem Rechtsbehelf Gebrauch zu machen oder eine solche Erklärung, zu deren Prüfung oder Weitergabe er dienstlich verpflichtet ist, unterdrückt.

DFQ: § 35 (1)-(2) WStG

***

ATM: Untergebrachte/r; gesetzl.; 4; Hauptb.; Subst.; mask./fem.; sg.; 1216; Strafvollzugsrecht
ETM: person in preventive detention; FTM: personne en rétention de sûreté

TMQ: § 1 StVG

DEF: jede Person, an der eine mit Freiheitsentziehung verbundene vorbeugende Maßnahme vollzogen wird.

DFQ: § 1 StVG

REL: Synonym

DTM: Sicherungsverwahrte/r; gesetzl.; 4; Hauptb.; Subst.; mask./fem.; sg.; **Untergebrachte/r**

DTQ: § 129 StVollzG

DEF: einzige Maßregel der Besserung und Sicherung, die zeitlich unbegrenzt sein kann und in erster Linie dem Schutz der Allgemeinheit vor gefährlichen Hangtätern dient.

DFQ: nach AlpBrock2

***

ATM: Unterhaltsvorschuss; gesetzl.; 4; Hauptb.; Subst.; mask.; sg.; 1211; Familienrecht
ETM: advance payment of child support; FTM: avance sur pension alimentaire

TMQ: Welser, FWB Bürgerliches Recht

DEF: der vom Bund bei Säumigkeit des Unterhaltspflichtigen gewährte Vorschuss auf den gesetzlichen Unterhalt minderjähriger Kinder.

DFQ: nach Welser, FWB Bürgerliches Recht

NOT: Im österr. Recht gibt es die zeitlichen Einschränkungen nicht.

REL: Teilsynonym

DTM: **Unterhaltsvorschuss**; gesetzl.; 4; Hauptb.; Subst.; mask.; sg.

DTQ: Creif21

DEF: der Anspruch auf Unterhalt oder Ausfallleistungen gegen die landesrechtlich bestimmte Stelle für höchstens 72 Monate für ein noch nicht 12-jähriges Kind, das bei einem alleinstehenden Elternteil lebt, wenn der andere Elternteil trotz eines Vollstreckungstitels seiner Unterhaltsplicht nicht nachkommt.

DFQ: nach Creif21

***

ATM: **Unterkunftgeber**; gesetzl.; 4; Hauptb.; Subst.; mask.; sg.; 0436; Melderecht

ETM: accommodation provider; FTM: fournisseur d'hébergement

TMQ: § 1 (2) Meldegesetz

DEF: wer jemandem, aus welchem Grunde immer, Unterkunft gewährt.

DFQ: § 1 (2) Meldegesetz

NOT: „**Unterkunftgeber**" ist ein Oberbegriff für jede Person, die einer anderen eine Unterkunft privat oder gewerblich zur Verfügung stellt. fehlt im dt. Recht, wo entweder Vermieter oder Verpächter verwendet wird.

DTM: **FEHLT**

***

ATM: **Unterlassung der Hilfeleistung**; gesetzl.; 4; Hauptb.; MWA; fem.; sg.; 1216; Strafrecht

ETM: failure to adminster first-aid; FTM: non-assistance à personne en danger

TMQ: § 95 StGB

DEF: das Verabsäumen, bei einem Unglücksfall oder einer Gemeingefahr, die zur Rettung eines Menschen aus der Gefahr des Todes oder einer beträchtlichen Körperverletzung oder Gesundheitsschädigung offensichtlich erforderliche Hilfe zu leisten.

DFQ: nach § 95 StGB

NOT: Dies kann mit Freiheitsstrafe bis zu einem Jahr oder mit Geldstrafe bestraft werden. Jedoch ist die Hilfeleistung insbesondere dann nicht zuzumuten, wenn sie nur unter Gefahr für Leib oder Leben oder unter Verletzung anderer ins Gewicht fallender Interessen möglich wäre.

REL: Synonym

DTM: **unterlassene Hilfeleistung**; gesetzl.; 4; MWA; fem.; sg.

DTQ: § 323c StGB

DEF: das Verabsäumen, bei Unglücksfällen oder Not, Hilfe zu leisten, obwohl dies erforderlich und den Umständen nach zuzumuten ist, insbesondere ohne erhebliche eigene Gefahr und ohne Verletzung anderer wichtiger Pflichten.

DFQ: nach § 323c StGB

NOT: Wird mit Freiheitsstrafe bis zu einem Jahr oder mit Geldstrafe bestraft.

***

ATM: **Untermietzins**; gesetzl.; 4; Hauptb.; Subst.; mask.; sg.; 1211; Bürgerl. Recht

ETM: subtenancy rental amount; FTM: loyer en sous-location

TMQ: § 26 MRG

DEF: ein zu bezahlendes Nutzungsentgelt für eine untervermietete Wohnung auf die Dauer des Mietvertrags.

DFQ: nach §§ 1 (1), 26 (1) MRG

DTM: FEHLT

NOT: Ein spezieller Begriff fehlt im dt. Recht. Sowohl für die Hauptmiete als auch die Untermiete wird als Nutzungsentgeld als „**Miete**" bezeichnet.

***

ATM: Unternehmen; gesetzl.; 4; Hauptb.; Subst.; neutr.; sg.; 4006; Unternehmensrecht
ETM: enterprise; FTM: entreprise

TMQ: § 1 UGB

DEF: jede auf Dauer angelegte Organisation selbständiger wirtschaftlicher Tätigkeit, auch wenn sie nicht auf Gewinn gerichtet ist.

DFQ: nach § 1 UGB

NOT: Der Begriff „**Unternehmen**" ersetzte den des „**Handelsgewerbes**" nach dem alten HGB.

REL Synonym

DTM: Handelsgewerbe; gesetzl.; 4; Subst.; neutr.; sg.

DTQ: § 1 (2) HGB

DEF: jeder Gewerbebetrieb, außer wenn der Betrieb nach Art und Umfang einen in kaufmännischer Weise eingerichteten Geschäftsbetrieb nicht erfordert.

DFQ: nach Creif21

***

ATM: Unternehmensgesetzbuch; gesetzl.; 4; Hauptb.; Subst.; neutr.; sg.; 4006; Unternehmensrecht; **UGB; Handelsgesetzbuch**
ETM: Commercial Code; FTM: code de commerce

TMQ: § 1 UGB (HGB)

DEF: ein Bundesgesetz über besondere zivilrechtliche Vorschriften für Unternehmen, das seit 01.01.2007 in Kraft ist und das alte Handelsgesetzbuch ersetzte.

DFQ: nach §§ 1 ff. UGB (HGB)

REL Synonym

DTM: Handelsgesetzbuch; gesetzl.; 4; Hauptb.; Subst.; neutr.; sg.; **HGB**

DTQ: Creif21

DEF: ein Gesetz von 10.05.1897, das die Rechte und Vorschriften für Personen, die ein Handelsgewerbe betreiben, regelt.

DFQ: nach Creif21

***

ATM: Unternehmer/in; gesetzl.; 4; Hauptb.; Subst.; mask./fem.; sg.; 4006; Unternehmensrecht
ETM: entrepreneur; FTM: entrepreneur

TMQ: AchSteuR1

DEF: Person, die eine gewerbliche oder berufliche Tätigkeit selbstständig ausübt.

DFQ: nach AchSteuR1

REL Synonym

NOT: Gewerblich oder beruflich ist jede nachhaltige Tätigkeit zur Erzielung von Einnahmen. Unternehmereigenschaft: Selbstständigkeit, Nachhaltigkeit, Einnameerzielung.

DTM: Kaufmann / Kauffrau; gesetzl.; 4; Hauptb.; Subst.; mask./fem.; sg.; 1211; Bürgerl. Recht

DTQ: Creif21

DEF: Person, die ein Handelsgewerbe betreibt oder deren gewerbliches Unternehmen als Handelsgewerbe gilt.

DFQ: nach Creif21

NOT: Umfasst Unternehmen des Warenhandelsverkehrs, des Dienstleistungsgewerbes, des Handwerks und der Urproduktion.

***

ATM: **Unterrichtsgegenstand**; gesetzl.; 4; Hauptb.; Subst.; mask.; sg.; 3206; Schulrecht
ETM: subject; FTM: matière

TMQ: § 203b (1) Beamten-Dienstrechtsgesetz

DEF: mit dem Arbeitsplatz einer Lehrperson verbundenen Aufgaben (insbesondere den Unterrichtsgegenstand oder die Unterrichtsgegenstände).

DFQ: § 203b (1) Z. 1 Beamten-Dienstrechtsgesetz

REL: Synonym

DTM: **Unterrichtsfach**; gesetzl.; 4; Hauptb.; Subst.; neutr.; sg.

DTQ: § 5 BbgSchulG

DEF: Gegenstandsbereiche des Unterrichts nach näherer Bestimmung durch die Stundentafel.

DFQ: § 5 (1) BbgSchulG

***

ATM: **Unterschlagung**; gesetzl.; 4; Hauptb.; Subst.; fem.; sg.; 1216; Strafrecht
ETM: embezzlement; FTM: détournement

TMQ: § 134 StGB

DEF: sich oder einem Dritten Zueignen eines fremden Gutes, das der Täter gefunden hat oder das durch Irrtum oder sonst ohne sein Zutun in seinen Gewahrsam geraten ist, mit dem Vorsatz, sich oder den Dritten dadurch unrechtmäßig zu bereichern.

DFQ: nach § 134 (1) StGB

REL: Teilsynonym

DTM: **Unterschlagung**; gesetzl.; 4; Hauptb.; Subst.; fem.; sg.

DTQ: § 246 StGB

DEF: rechtswidrige sich oder einem Dritten Zueignen einer fremden Sache.

DFQ: nach § 246 (1) StGB

***

ATM: **Unterstützungserklärung**; gesetzl.; 4; Hauptb.; Subst.; fem.; sg.; 0416; Öffentl. Recht / Parlament
ETM: declaration of support for an election proposal of a political party in the context of parliamentary elections; FTM: déclaration de soutien pour la candidature d'un parti politique lors des élections législatives

TMQ: § 42 (3) NRWO

DEF: die Befürwortung des Landeswahlvorschlags einer politischen Partei bei der Nationalratswahl entweder durch drei Mitglieder des Nationalrats oder durch die Unterschrift einer entsprechenden Anzahl von Personen, die am Stichtag in einer Gemeinde des Landeswahlkreises im Wählerverzeichnis eingetragen und wahlberechtigt waren.

DFQ: nach § 42 (3) NRWO

REL: Synonym; Funkt. Äquiv.

DTM: **Unterstützungsunterschrift**; gesetzl.; 4; Hauptb.; Subst.; fem.; sg.

DTQ: § 34 (4) BWO

DEF: eine Unterschrift, mit der ein wahlberechtigter Bürger in einem Wahlkreis den Kreiswahlvorschlag einer politischen Partei bei der Wahl zum Deutschen Bundestag unterstützt.

DFQ: nach § 34 (4) BWO

***

ATM: **Unterstützungsfrage**; fachlit.; 3; Hauptb.; Subst.; fem.; sg.; 0416; Öffentliches Recht / Parlament

ETM: final question of support for a motion; FTM: question de soutien pour une motion

TMQ: http://www.parlament.gv.at/PERK/GL/ALLG/U.shtml (20.01.2015)

DEF: ein im Nationalrat oder Bundesrat eingebrachter Antrag durch eine ungenügende Anzahl von Abgeordneten unterstützt, stellt der/die Präsidentln die Unterstützungsfrage, um über die Zulassung des Antrags befinden zu können.

DFQ: http://www.parlament.gv.at/PERK/GL/ALLG/U.shtml (20.01.2015)

DTM: FEHLT

***

ATM: **Untersuchungsrichter/in**; gesetzl.; 4; Hauptb.; Subst.; mask./fem; sg.; 1216; Strafrecht

ETM: investigating magistrate; FTM: juge d'instruction

TMQ: § 74 VfGG

DEF: Richter/in, der/die zur persönlichen und unmittelbaren Durchführung der Voruntersuchung vom Gerichtshof erster Instanz bestellt wird und nach geschlossener Voruntersuchung die Akten dem Präsidenten vorlegt.

DFQ: nach §§ 74 f. VfGG

USE historisch

NOT: Mit 01.01.2008 ist die Reform der Österreichischen Strafprozessordnung (StPO) in Kraft getreten. Die Stelle des Untersuchungsrichters wurde gänzlich abgeschafft. An seine Stelle tritt der Staatsanwalt, der nunmehr zum Leiter der Vorerhebungen wurde. In DE gibt es nach wie vor die Position des Ermittlungsrichters.

REL Synonym

DTM: **Ermittlungsrichter/in**; gesetzl.; 4; Hauptb.; Subst.; mask./fem; sg.

DTQ: § 169 StPO

DEF: Richter/in in Ermittlungsverfahren der Staatsanwaltschaft beim Amtsgericht, der/die auf Antrag der Staatsantwaltschaft richterliche Untersuchungen vornimmt, wie Vernehmungen von Beschuldigten und Zeugen oder Erlass eines Haftbefehls.

DFQ: nach § 169 StPO; Creif21

NOT: Führt der Generalbundesanwalt die Ermittlungen, so sind an deren Stelle Ermittlungsrichter des Bundesgerichtshofes zuständig.

***

ATM: **Untreue**; gesetzl.; 4; Hauptb.; Subst.; fem.; sg.; 1216; Strafrecht

ETM: breach of trust; FTM: abus de confiance

TMQ: § 153 StGB

DEF: wissentliche Missbrauchen einer durch das Gesetz, einen behördlichen Auftrag oder ein Rechtsgeschäft eingeräumte Befugnis, über fremdes Vermögen zu verfügen oder einen anderen zu verpflichten mit der Konsequenz, dass ein Vermögensnachteil des anderen entsteht.

DFQ: nach § 153 StGB

NOT: Freiheitsstrafe bis zu sechs Monaten oder Geldstrafe bis zu 360 Tagessätzen.

REL: Teilsynonym

DTM: **Untreue**; gesetzl.; 4; Hauptb.; Subst.; fem.; sg.

DTQ: § 266 StGB

DEF: Missbrauch einer durch das Gesetz, einen behördlichen Auftrag, ein Rechtsgeschäft oder ein Treueverhältnis eingeräumte Befugnis bzw. Pflicht, über fremdes Vermögen zu verfügen oder einen anderen zu verpflichten.

DFQ: nach § 266 StGB

NOT: Freiheitsstrafe bis zu fünf Jahren oder Geldstrafe.

***

ATM: **Unvereinbarkeitsausschuss**; gesetzl.; 4; Hauptb.; Subst.; mask.; sg.; 0421; Öffentl. Recht

ETM: parliamentary committee on matters of consistency and transparency in public office;

FTM: comité parlementaire concernant l'incompatibilité des fonctions dans la fonction publique

TMQ: http://www.parlament.gv.at/PAKT/VHG/XXV/A-UV/A-UV_00001_00347/index.shtml (25.08.2014)

DEF: ein Gremium des Österreichischen Nationalrats, das über die gemäß dem Unvereinbarkeits- und Transparenz-Gesetz von ihm zu behandelnden Meldungen von Abgeordneten zum Nationalrat, Regierungsmitgliedern und StaatssekretärInnen berät.

DFQ: http://www.parlament.gv.at/PAKT/VHG/XXV/A-UV/A-UV_00001_00347/index.shtml (25.08.2014)

DTM: FEHLT

***

ATM: **Urbanalservitut**; gesetzl.; 4; Hauptb.; Subst.; neutr.; sg.; 1211; Bürgerl. Recht; **Gebäudedienstbarkeit, Haus-Servitut, Hausdienstbarkeit**

ETM: urban servitude; FTM: servitude urbaine sur un immeuble

TMQ: Welser, FWB Bürgerliches Recht

DEF: nach § 477 ff. ABGB eine sog. Grunddienstbarkeit (Servitut), die das Benutzen von Wohngebäuden erleichtert und z.B. das Recht einschließt, Wasser über das Grundstück des Nachbarn zu leiten oder das Haus höher zu bauen usw.

DFQ: nach §§ 475 ff. ABGB; Welser, FWB Bürgerliches Recht

DTM: FEHLT

***

ATM: **Urkundenarchiv des österreichischen Notariats;** gesetzl.; 4; Hauptb.; MWA; neutr.; sg.; 1226; Gerichtswesen

ETM: Austrian Archive of Notarial Documents; FTM: Archive des documents du notariat autrichiens

TMQ: § 140e (1) NO

DEF: dient der Speicherung der Urkunden. Auf Antrag der Parteien hat der Notar in sinngemäßer Anwendung des § 110 (3) auch sonstige Urkunden zu speichern. Das Urkundenarchiv dient auch der Speicherung von Urkunden, die für den elektronischen Urkundenverkehr mit den Gerichten bestimmt sind.

DFQ: § 140e (1) NO

DTM: FEHLT

***

ATM: **Urkundensammlung**; gesetzl.; 4; Hauptb.; Subst.; fem.; sg.; 1226; Gerichtswesen

ETM: collection of deeds (as part of the land titles and commercial register); FTM: recueil de documents (faisant partie du plan cadastral et du registre du commerce et des sociétés)

TMQ: Welser, FWB Bürgerliches Recht

DEF: ein Bestandteil des Grundbuchs wie auch des Firmenbuchs, worin Urkunden (oder Urkundenabschriften), die Grundlagen für Eintragungen im Hauptbuch waren oder für die die Aufbewahrung bei Gericht angeordnet ist, aufzunehmen sind.

DFQ: nach Welser Bürgerliches Recht; §§ 1, 6 GBG 1955; Art. 1 §§ 1, 12 FBG

NOT: Besonderer Teil des Grundbuchs, der im dt. Grundbuchrecht fehlt.

DTM: FEHLT

***

ATM: Urlaubsabfindung; gesetzl.; 4; Hauptb.; Subst.; fem.; sg.; 4426; Arbeitsrecht

ETM: entitlement to holiday pay on termination of employment; FTM: indemnité compensatrice pour congé non pris

TMQ: § 1 ABVO

DEF: ein Anspruch des Arbeitnehmers bei Beendigung des Arbeitsverhältnisses, den noch nicht verbrauchten Urlaub aliquot finanziell abgegolten zu bekommen.

DFQ: nach § 10 Urlaubsgesetz

NOT: Wird ausbezahlt, wenn kein Anspruch auf Urlaubsentschädigung besteht, außer das Arbeitsverhältnis endet durch unbegründeten vorzeitigen Austritt des Arbeitnehmers.

REL: Teilsynonym

DTM: Urlaubsabgeltung; gesetzl.; 4; Hauptb.; Subst.; fem.; sg.

DTQ: § 143 SGB

DEF: der Anspruch des Arbeitnehmers bei Beendigung des Arbeitsverhältnisses, den ganz oder teilweise nicht mehr gewährten Urlaub ausbezahlt zu bekommen.

DFQ: nach § 7 BUrlG

NOT: Urlaubsabgeltung ist mit den österr. Begriffen „**Urlaubsabfindung**", „**Urlaubsablöse**" und „**Urlaubsentschädigung**" gleichbedeutend. In DE findet sich auf begrifflicher Ebene keine Differenzierung.

***

ATM: Urlaubsablöse; fachlit.; 3; Hauptb.; Subst.; fem.; sg.; 4426; Arbeitsrecht

ETM: entitlement to holiday pay on termination of employment; FTM: indemnité compensatrice pour congé non pris

TMQ: http://www.wgkk.at/... Begriffe und Grundlagen von A bis Z. (13.02.1015)

DEF: eine rechtsunwirksame Vereinbarung zwischen Arbeitgeber und Arbeitnehmer, die eine Abgeltung durch Geld oder sonstige vermögenswerte Leistungen für den Nichtverbrauch des Urlaubs des Arbeitnehmers vorsehen.

DFQ: nach § 7 Urlaubsgesetz

REL: Teilsynonym

DTM: Urlaubsabgeltung; gesetzl.; 4; Hauptb.; Subst.; fem.; sg.

DTQ: § 143 SGB

DEF: der Anspruch des Arbeitnehmers bei Beendigung des Arbeitsverhältnisses, den ganz oder teilweise nicht mehr gewährten Urlaub ausbezahlt zu bekommen.

DFQ: nach § 7 BUrlG

NOT: Urlaubsabgeltung ist mit den österr. Begriffen „**Urlaubsabfindung**", „**Urlaubsablöse**" und „**Urlaubsentschädigung**" gleichbedeutend. In DE findet sich auf begrifflicher Ebene keine Differenzierung.

***

ATM: Urlaubsentschädigung; gesetzl.; 4; Hauptb.; Subst.; fem.; sg.; 4426; Arbeitsrecht; **Urlaubsabfindung**

ETM: entitlement to holiday pay on termination of employment; FTM: indemnité compensatrice pour congé non pris

TMQ: § 44 ASVG

DEF: der Anspruch des Arbeitnehmers bei Beendigung des Arbeitsverhältnisses, den gesamten noch nicht verbrauchten Urlaub in vollem Ausmaß finanziell abgegolten zu bekommen.

DFQ: nach § 10 Urlaubsgesetz

NOT: Diese gebührt dem Arbeitnehmer bei Beendigung des Arbeitsverhältnisses nach Entstehen des Urlaubsanspruches, aber vor Verbrauch des Urlaubs im Fall einer Entlassung ohne Verschulden des Arbeitnehmers, bei begründetem vorzeitigen Austritt des Arbeitnehmers, bei Kündigung seitens des Arbeitgebers wie bei einvernehmlicher Auflösung.

REL: Teilsynonym

DTM: Urlaubsabgeltung; gesetzl.; 4; Hauptb.; Subst.; fem.; sg.

DTQ: § 143 SGB

DEF: der Anspruch des Arbeitnehmers bei Beendigung des Arbeitsverhältnisses, den ganz oder teilweise nicht mehr gewährten Urlaub ausbezahlt zu bekommen.

DFQ: nach § 7 BUrlG

NOT: Urlaubsabgeltung ist mit den österr. Begriffen Urlaubsabfindung, Urlaubsablöse und Urlaubsentschädigung gleichbedeutend. Im DE findet sich auf begrifflicher Ebene keine Differenzierung.

***

ATM: Urlaubsgeld; gesetzl.; 4; Nebenb.; MWA; mask./neutr.; sg.; 4426; Arbeitsrecht; **14. Gehalt**

ETM: holiday payment; FTM: prime de vacances

TMQ: § 91 (1a) ASVG

DEF: eine Sonderzahlung (meist in der Höhe eines Monatsgehaltes), die dem Arbeitnehmer aufgrund des Kollektivvertrags zusätzlich zum Gehalt in der Regel im Juni/Juli vor der Urlaubszeit ausgezahlt wird.

DFQ: nach http://www.akstmk.at/online/urlaubs-weihnachtsgeld-43676.html (19.09.2014)

REL: Synonym

DTM: Urlaubsentgelt; gesetzl.; 4; Hauptb.; Subst.; neutr.; sg.

DTQ: § 11 BUrlG

DEF: eine Zahlung, die sich nach dem durchschnittlichen Arbeitsverdienst bemisst, das der Arbeitnehmer in den letzten dreizehn Wochen vor dem Beginn des Urlaubs erhalten hat, mit Ausnahme des zusätzlich für Überstunden gezahlten Arbeitsverdienstes.

DFQ: § 11 (1) BUrlG

NOT: Der Begriff „**Urlaubsgeld**" ist ein Falscher Freund – es ist im Gegensatz zum „**Urlaubsentgeld**" in DE eine freiwillige Leistung des Arbeitgebers (vgl. www.rechtswörterbuch.de). Parallel dazu existiert der Begriff „**Urlaubsgratifikation".**

***

ATM: Urlaubszuschuss; gesetzl.; 4; Hauptb.; Subst.; mask.; sg.; 4426; Arbeitsrecht

ETM: holiday bonus; FTM: prime de congé

TMQ: § 13 Land- und Forstarbeiter-Dienstrechtsgesetz

DEF: der Geldbetrag, welcher dem Dienstnehmer einmal im Dienstjahr neben dem laufenden Entgelt während des Urlaubs gebührt.

DFQ: nach § 9 Hausgehilfen- und Hausangestelltengesetz; Art. 1 § 16 Landarbeitsgesetz 1984

NOT: Zum Urlaubszuschuss gibt es keine generelle gesetzliche Regelung, er wird im jeweiligen Branchenkollektivvertrag geregelt.

REL: Teilsynonym; funkt. Äquiv.

DTM: **Urlaubszuschuss**; fachlit.; 3; Hauptb.; Subst.; mask.; sg.; 2841; Sozialrecht

DTQ: http://www.ferienzentrum-oberhof.de/urlaubszuschuss.html?act=Sachsen-Anhalt (24.01.2015)

DEF: ein im Rahmen der jeweiligen Landesförderung einzelner Bundesländer geregelter Geldbetrag, der einkommensschwachen Familien unter bestimmten Umständen als Zuschuss für einen Familienurlaub gewährt werden kann.

DFQ: nach http://www.ferienzentrum-oberhof.de/urlaubszuschuss.html?act=Sachsen-Anhalt (24.01.2015)

NOT: Betrifft in AT und DE je unterschiedliche Rechtsbereiche (Arbeitsrecht vs. Sozialrecht).

***

ATM: **Urteilsvermerk**; gesetzl.; 4; Hauptb.; Subst.; mask.; sg.; 1226; Strafrecht

ETM: formal notice of decision to forgo recording requirements; FTM: note formelle de jugement qui remplace le protocole

TMQ: § 541 Geo

DEF: ersetzt das Verhandlungsprotokoll, wenn durch Versäumnisurteil nach dem Begehren des Klägers oder durch Verzicht- oder Anerkenntnisurteil erkannt wird.

DFQ: nach § 541 f. Geo; § 418 ZPO

NOT: Der Urteilsvermerk ist bloß vom Richter, also weder vom Schriftführer noch von den Parteien zu unterschreiben. Die näheren Vorschriften über den Urteilsvermerk werden durch Verordnung erlassen. Der Urteilsvermerk ersetzt auch die Urschrift des Urteils.

DTM: FEHLT

***

ATM: **Usufruktuar**; gesetzl.; 4; Nebenb.; Subst.; mask.; sg.; 1211; Bürgerl. Recht; **Fruchtnießer; Nießbraucher**

ETM: usufructuary; FTM: usufruitier

TMQ: Welser, FWB Bürgerliches Recht

DEF: ein Berechtigter aus einem Fruchtgenussrecht und hat ein Recht auf den vollen Ertrag, ebenso ist er verbunden, die dienstbare Sache als ein guter Haushälter in dem Stande, in welchem er sie übernommen hat, zu erhalten.

DFQ: nach §§ 511 ff. ABGB; Welser, FWB Bürgerliches Recht

NOT: der Fruchtnießer übernimmt alle Lasten, welche zur Zeit der bewilligten Fruchtnießung mit der dienstbaren Sache verbunden waren.

REL: Synonym

DTM: **Nießbraucher**; gesetzl.; 4; Hauptb.; Subst.; mask.; sg.

DTQ: § 1036 BGB

DEF: zum Besitz und zum umfassenden Nutzen der Sache berechtigt und hat bei der Ausübung des Nutzungsrechts die bisherige wirtschaftliche Bestimmung der Sache aufrechtzuerhalten und nach den Regeln einer ordnungsmäßigen Wirtschaft zu verfahren.

DFQ: nach § 1036 BGB

***

ATM: **UVS**; gesetzl.; 4; Hauptb.; Subst.; mask.; sg.; 0436; Verwaltungsrecht; **unabhängiger Verwaltungssenat**

ETM: Independent Administrative Committee; FTM: Chambre administrative indépendante

TMQ: Mayer, FWB Öffentl. Recht

DEF: dient zur Sicherung der Gesetzmäßigkeit der gesamten öffentlichen Verwaltung und ist jeweils für ein Bundesland zuständig.

DFQ: nach Mayer, FWB Öffentl. Recht

USE historisch, da mit 01.01.2014 in die Verwaltungsgerichtsbarkeit übergeführt.

DTM: FEHLT

NOT: In DE gibt es schon seit Ende des 19.Jhds. eine voll ausgebildete Verwaltungsgerichtsbarkeit, in deren Zuständigkeit verwaltungsrechtliche Angelegenheiten fielen.

***

ATM: **Vadium**; gesetzl.; 4; Hauptb.; Subst.; neutr.; sg.; 1211; Insolvenzrecht

ETM: bid bond; FTM: constitution de sûreté en cas de vente judiciaire

TMQ: § 147 (1) EO; § 2 Z. 32 Bundesvergabegesetz 2006

DEF: Sicherheitsleistung im Rahmen einer gerichtlich angeordneten Zwangsversteigung in der Höhe von 10% des Schätzwertes, die in der Regel Form einer Sparkurkunde auf den Namen des Bieters.

NOT: Im Wesentlichen entspricht das Vadium einer Sicherheitsleistung: §§ 232, 843, 1051,1039, 1051, 1067, 1389 BGB

DFQ: nach § 147 (1) EO

DTM: FEHLT

NOT: Der Erlag einer Sicherstellung fehlt im deutschen Recht bei öffentlichen Versteigerungen, da die Kaufsumme sofort in bar zu entrichten ist. (§ 1238 BGB)

***

ATM: **Väterkarenz**; gesetzl.; 4; Hauptb.; Subst.; mask.; sg.; 1211; Bürgerl. Recht

ETM: paternity leave; FTM: congé de paternité

TMQ: §§ 2, 4 Frauenförderungsplan BMGFJ

DEF: Teilzeitarbeit auf Grund von Kinderbetreuungspflichten durch Männer.

DFQ: §§ 2, 4 Frauenförderungsplan BMGFJ

REL Synonym

DTM: **Elternzeit**; gesetzl.; 4; Hauptb.; Subst.; mask.; sg.

DTQ: § 15 Gesetz zum Elterngeld und zur Elternzeit

DEF: zeitlich begrenzte Beurlaubung vom Beruf für maixmal 3 Jahre zur Betreuung eines Kindes, das im Haushalt des Arbeitnehmers lebt und von diesem selbst betreut und erzogen wird.

DFQ: nach § 15 Gesetz zum Elterngeld und zur Elternzeit

**

ATM: **Vaterschaftsanerkenntnis**; gesetzl.; 4; Hauptb.; Subst.; fem.; sg.; 1211; Kindschaftsrecht; **Vaterschaftsanerkennung**

ETM: acknowledgement of paternity; FTM: reconnaissance de paternité

TMQ: § 147 (2) ABGB

DEF: die persönliche Erklärung eines Mannes in einer inländischen öffentlichen oder öffentlich-beglaubigten Urkunde, wodurch seine außereheliche Vaterschaft festgestellt wird.

DFQ: nach 147 (2) ABGB

REL Synonym

DTM: **Vaterschaftsanerkennung**; gesetzl.; 4; Hauptb.; Subst.; fem.; sg.; **Vaterschaftsanerkenntnis**

DTQ: § PStV, Anlage 1 (zu § 11)

DEF: die persönliche Erklärung eines Mannes in einer öffentlichen Urkunde, wodurch seine außereheliche Vaterschaft festgestellt wird.

DFQ: nach § 1594 BGB; Creif21

NOT: Eine Anerkennung der Vaterschaft ist nicht wirksam, solange die Vaterschaft eines anderen Mannes besteht. Eine Anerkennung unter einer Bedingung oder Zeitbestimmung ist unwirksam. Die Anerkennung ist schon vor der Geburt des Kindes zulässig. Die Anerkennung bedarf der Zustimmung der Mutter bzw. des Kindes, wenn der Mutter insoweit die elterliche Sorge nicht zusteht.

***

ATM: **vaterschaftsdurchbrechendes Anerkenntnis**; gesetzl.; 4; Hauptb.; MWA; neutr.; sg.; 1211; Kindschaftsrecht

ETM: acknowledgement of paternity revoking the previously established paternity of another; FTM: reconnaissance de paternité révoquant la paternité d'un autre homme

TMQ: Welser, FWB Bürgerliches Recht

DEF: ein qualifiziertes Anerkenntnis, dass die - auf einer Ehelichkeitsvermutung, einer gerichtlichen Entscheidung oder ebenfalls auf Anerkenntnis beruhende - feststehende Vaterschaft eines anderen Mannes beseitigt.

DFQ: § 163e (2) ABGB; Welser, FWB Bürgerliches Recht

DTM: **FEHLT**

***

ATM: **Verabredung zum gemeinschaftlichen Angriff auf militärische Vorgesetzte**; gesetzl.; 4; Hauptb.; MWA; fem.; sg.; 0821; Militärrecht

ETM: conspiracy to commit a collective attack on military superiors; FTM: complot pour commettre une attaque en complicité contre des supérieurs militaires

TMQ: § 21 MilStG

DEF: wer sich mit mehreren anderen Soldaten zu einem gemeinschaftlichen Angriff auf einen militärischen Vorgesetzten, Ranghöheren oder eine Wache verabredet.

DFQ: § 21 WStG

REL Synonym

DTM: **Verabredung zur Unbotmäßigkeit**; gesetzl.; 4; Hauptb.; MWA; fem.; sg.

DTQ: § 28 WStG

DEF: wenn sich Soldaten, gemeinschaftlich zu einer Gehorsamsverweigerung (§ 20), einer Bedrohung (§ 23), einer Nötigung (§ 24), einem tätlichen Angriff (§ 25) oder einer Meuterei (§ 27) verabreden.

DFQ: § 28 WStG

***

ATM: **Verabredung zum gemeinschaftlichen Ungehorsam;** gesetzl.; 4; Hauptb.; MWA; fem.; sg.; 0821; Militärrecht

ETM: conspiracy for collective acts of insubordination; FTM: complot pour commettre insubordination en complicité

TMQ: § 16 MilStG

DEF: 1. wenn sich ein Soldat mit mehreren anderen Soldaten zum gemeinschaftlichen Ungehorsam nach § 14 verabredet und dabei sich gegen den Befehl durch Tätlichkeiten oder mit beleidigenden Worten oder solchen Gebärden auflehnt oder 2. trotz Abmahnung im Ungehorsam verharrt.

DFQ: §§ 12, 16 (1) MilStG

REL: Synonym

DTM: **Verabredung zur Unbotmäßigkeit**; gesetzl.; 4; Hauptb.; MWA; fem.; sg.

DTQ: § 28 WStG

DEF: wenn sich Soldaten verabreden, gemeinschaftlich eine Gehorsamsverweigerung (§ 20), eine Bedrohung (§ 23), eine Nötigung (§ 24), einen tätlichen Angriff (§ 25) oder eine Meuterei (§ 27).

DFQ: § 28 WStG

***

ATM: **Verabredung zur Meuterei**; gesetzl.; 4; Hauptb.; MWA; fem.; sg.; 0821; Militärrecht

ETM: conspiracy to commit mutiny; FTM: complot pour pour inciter à la mutinerie

TMQ: § 19 MilStG

DEF: wer sich mit einem oder mehreren anderen Soldaten zu einer Meuterei verabredet.

DFQ: § 19 (1) MilStG

REL: Teilsynonym

DTM: **Verabredung zur Unbotmäßigkeit**; gesetzl.; 4; Hauptb.; MWA; fem.; sg.

DTQ: § 28 WStG

DEF: wenn sich Soldaten verabreden, gemeinschaftlich eine Gehorsamsverweigerung (§ 20), eine Bedrohung (§ 23), eine Nötigung (§ 24), einen tätlichen Angriff (§ 25) oder eine Meuterei (§ 27).

DFQ: § 28 WStG

***

ATM: **Verabredungs- oder Verdunkelungsgefahr**; gesetzl.; 4; Hauptb.; MWA; fem.; sg.; 1216; Strafrecht; **Verdunkelungsgefahr**

ETM: danger of collusion or suppression of evidence; FTM: risque de destruction des preuves

TMQ: § 59 StPO

DEF: die Gefahr des Versuchs eines Verdächtigen, Zeugen, Sachverständige oder Mitbeschuldigte zu beeinflussen, die Spuren der Tat zu beseitigen oder sonst die Ermittlung der Wahrheit zu erschweren.

DFQ: nach § 59 StPO

REL: Synonym

DTM: **Verdunkelungsgefahr**; gesetzl.; 4; Hauptb.; Subst.; fem.; sg.

DTQ: § 116 StPO

DEF: die Gefahr, dass der Beschuldigte Beweismittel vernichten, verändern, beiseite schaffen, unterdrücken oder fälschen werde, sowie dass er auf Mitbeschuldigte, Zeugen oder Sachverständige in unlauterer Weise einwirken, oder dass er anderen zu solchem Verhalten veranlassen werde.

DFQ: nach § 112 StPO

NOT: Der Terminus „**Verabredungsgefahr**" wird im dt. Recht nicht verwendet. „**Verdunkelungsgefahr**" ist gleichsam ein Überbegriff und schließt die Verabredungsgefahr mit ein.

***

ATM: **Verbesserung**; gesetzl.; 4; Hauptb.; Subst.; fem.; sg.; 1211; Bürgerl. Recht
ETM: rectification of defaults; FTM: exécution a posteriori
TMQ: § 932 ABGB
DEF: eine gewährleistungsrechtliche Behebung eines Mangels durch Verbesserung oder Nachtrag des Fehlenden.
DFQ: nach § 932 ABGB; Welser, FWB Bürgerliches Recht
NOT: Der Übernehmer kann wegen eines Mangels die Verbesserung, den Austausch der Sache, eine angemessene Preisminderung oder die Aufhebung des Vertrags fordern.
REL: Teilsynonym

DTM: **Nachbesserung**; gesetzl.; 4; Hauptb.; Subst.; fem.; sg.
DTQ: § 440 BGB
DEF: die Beseitigung des Mangels einer mangelhaften Ware und muss vom Verkäufer, wenn möglich und nicht mit unverhältnismäßig hohen Kosten verbunden, getragen werden.
DFQ: nach §§ 439 f. BGB; Creif21
NOT: „**Nacherfüllung**“ ist ein Oberbegriff für „**Nachbesserung**“ und „**Nachlieferung**“.

***

ATM: **Verbesserungsauftrag**; gesetzl.; 4; Hauptb.; Subst.; mask.; sg.; 1211; Prozessrecht
ETM: court order directing rectification of procedural irregularities in filed documents; FTM: ordre de rectification d'un document presenté en justice
TMQ: AWG 2002 § 7 aF
DEF: das Gericht hat die Beseitigung von Formgebrechen, welche die ordnungsmäßige geschäftliche Behandlung einer Urkunde behindern, von Amts wegen anzuordnen.
DFQ: nach § 84 ZPO

DTM: FEHLT

***

ATM: **verbindlichen Übungen**; gesetzl.; 4; Hauptb.; MWA; mask.; sg.; 3206; Schulrecht
ETM: compulsory activities; FTM: exercices obligatoires
TMQ: § 8 (e) SchuOG
DEF: jene Unterrichtsveranstaltungen, deren Besuch für alle in die betreffende Schule aufgenommenen Schüler verpflichtend ist, sofern sie nicht vom Besuch befreit sind, und die nicht beurteilt werden.
DFQ: § 8 (e) SchuOG

DTM: FEHLT
NOT: Hinweis: Es ist anzunehmen, dass ähnliche Unterrichtsveranstaltungen auch in einzelnen dt. Ländern existieren, eine Überprüfung unterblieb aufgrund der Vielfalt des dt. Bildungssystems.

***

ATM: **Verbot des ultra alterum tantum**; gesetzl.; 4; Hauptb.; MWA; neutr.; sg.; 1211; Bürgerl. Recht; **ultra-alterum-tantum-Verbot**
ETM: in duplum rule; FTM: interdiction de ultra alterum tantum
TMQ: Welser, FWB Bürgerliches Recht
DEF: ein Gesetz, das besagt, dass rückständige Zinsen den Betrag der Hauptschuld nicht übersteigen dürfen, sonst erlischt das Recht des Gläubigers, vom Kapital weitere Zinsen zu fordern.
DFQ: nach § 1335 ABGB; Welser, FWB Bürgerliches Recht
NOT: Gilt nur bis zur gerichtlichen Geltendmachung, um eine Verschleppung des Prozesses für den Schuldner unattraktiv zu machen; gilt nicht bei Geschäften zwischen Unternehmern.

DTM: FEHLT
NOT: Fehlt als explizite Regelung in dt. Gesetzen.
***

ATM: Verbotsgesetz; gesetzl.; 4; Hauptb.; Subst.; neutr.; sg.; 0421; Öffentl. Recht
ETM: prohibition act (concerning Nazi organisations); FTM: loi relative à l'interdiction d'organisations national-socialistes
TMQ: § 0 Verbotsgesetz 1947
DEF: ein Gesetz, dass die Neubildung nationalsozialistischer Organisationen und jede Art von Unterstützung oder Handlung als Mittel der Betätigung im nationalsozialistischen Sinn verbietet.
DFQ: nach §§ 1 ff. Verbotsgesetz 1947

DTM: FEHLT
NOT: Im dt. Recht gibt es kein direktes Verbotsgesetz, es befinden sich dort lediglich viele verschiedene Wiedergutmachungsgesetze und Gesetzte zur Ahndung von NS-Straftaten.
***

ATM: Verbrechen; gesetzl.; 4; Hauptb.; Subst.; neutr.; sg.; 1211; Strafrecht
ETM: (serious) crime; FTM: crime (grave)
TMQ: § 17 (1) StGB
DEF: vorsätzliche Handlung, die mit lebenslanger oder mit mehr als dreijähriger Freiheitsstrafe bedroht ist.
DFQ: nach § 17 (1) StGB
REL: Teilsynonym

DTM: Verbrechen; gesetzl.; 4; Hauptb.; Subst.; neutr.; sg.
DTQ: § 12 (1) StGB
DEF: rechtswidrige Tat, die im Mindestmaß mit Freiheitsstrafe von einem Jahr oder darüber bedroht ist.
DFQ: nach § 12 (1) StGB
NOT: Die Anzahl an Delikten, die zur Kategorie der „**Verbrechen**" gezählt werden, ist in DE wesentlich höher: Einerseits genügt die Rechtswidrigkeit der Tat (Vorsatz nicht erforderlich), andererseits beginnt der Strafrahmen bereits bei einem Jahr.
***

ATM: Verbrechensopfergesetz; gesetzl.; 4; Hauptb.; Subst.; neutr.; sg.; 1211; Gerichtswesen; **VOG**
ETM: law for the compensation of victims of crimes; FTM: loi relative au dédommagement de victimes der crime
TMQ: § 0 VOG
DEF: Bundesgesetz von 09.07.1972 über die Gewährung von Hilfeleistungen an Opfer von Verbrechen.
DFQ: nach §§ 0 ff. VOG
REL Synonym

DTM: Opferentschädigungsgesetz; gesetzl.; 4; Hauptb.; Subst.; neutr.; sg.; **OEG**
DTQ: OEG Anhang EV Auszug aus EinigVtr Anlage I Kapitel VIII Sachgebiet K Abschnitt III (BGBl. II 1990, 889, 1069)
DEF: Gesetz über die Entschädigung für Opfer von Gewalttaten in der Fassung der Bekanntmachung von 07.01.1985.
DFQ: nach OEG Anhang EV Auszug aus EinigVtr Anlage I Kapitel VIII Sachgebiet K Abschnitt III (BGBl. II 1990, 889, 1069)
***

ATM: **verbrecherisches Komplott**; gesetzl.; 4; Hauptb.; MWA; neutr.; sg.; 1216; Strafrecht
ETM: conspiracy; FTM: conspiration
TMQ: § 277 StGB
DEF: wenn sich mind. zwei Personen zusammenschließen, gemeinsam genau vorher bestimmte, taxativ aufgezählte Straftaten auszuführen.
DFQ: nach § 277 StGB
REL: Teilsynonym; funkt. Äquiv.

DTM: **Verabredung eines Verbrechens**; fachlit.; 3; Hauptb.; MWA; neutr.; sg.
DTQ: BGH 3 StR 29/04; AlpBrock2; Creif21
DEF: wenn sich jemand bereit erklärt, jemand das Erbieten eines anderen annimmt oder jemand mit einem anderen verabredet, ein Verbrechen zu begehen oder zu ihm anzustiften.
DFQ: nach § 30 (1) StGB
NOT: Das Komplott ist kein eigener Straftatbestand, sondern ein bloßes Merkmal der Mittäterschaft. Das StGBD kennt jedoch in § 30 den Tatbestand der „**Versuch der Beteiligung ein Verbrechen zu begehen**", das funktional dem Komplott entspricht.

***

ATM: **verbücherungsfähige Rechte**; fachlit.; 4; Hauptb.; Subst.; neutr.; pl.; 1211; Bürgerl. Recht
ETM: registrable rights; FTM: droit pouvant être inscrit
TMQ: OGH 5Ob100/13m; 20.09.2013
DEF: bücherliche Rechte, also Rechte, die im Grundbuch eingetragen werden können, d.h. alle dinglichen und verdinglichten Rechte.
DFQ: nach Welser, FWB Bürgerliches Recht
REL: Teilsynonym

DTM: **eintragungsfähige Rechte**; gesetzl.; 4; Hauptb.; Subst.; neutr.; pl.
DTQ: Creif21
DEF: im Grundbuch nur Grundstücksrechte, Vormerkungen, Widersprüche, relative Verfügungsbeschränkungen sowie sonstige vom Gesetz als eintragungsfähig anerkannte Tatsachen. Es dürfen nur solche Rechte an Grundstücken in das Grundbuch eingetragen werden, die im Gesetz ausrücklich als eintragungsfähig bezeichnet sind.
DFQ: nach Creif21; http://www.gesetze-im-internet.de/..eintragungsfähige Rechte (10.02.2015)

***

ATM: **verbundene Gewerbe**; gesetzl.; 4; Hauptb.; MWA; neutr.; pl.; 1231; Unternehmensrecht;
ETM: interdependent trades; FTM: activités jointes ou composées
TMQ: § 6 GewO
DEF: Gewerbe, bei denen die Erbringung von Leistungen des jeweils anderen Gewerbes ohne zusätzlichen Befähigungsnachweis zulässig ist. Verbundene Gewerbe sind jene, die einen besonders engen fachlichen Zusammenhang aufweisen und die ausdrücklich in der Gewerbeordnung als solche bezeichnet werden.
DFQ: http://www.bmwfw.gv.at/Seiten/Suchergebnisse.aspx?k=verbundene%20Gewerbe (10.01.2015); §§ 6, 94 GewO
NOT: z.B. Metalltechnik für Metall- und Maschinenbau; Metalltechnik für Schmiede und Fahrzeugbau; Metalltechnik für Land- und Baumaschinen.

DTM: FEHLT

***

ATM: **Verdachtsflächenkataster**; gesetzl.; 4; Hauptb.; Subst.; mask.; sg.; 5206; Umweltrecht; **Altlastenatlas**

ETM: register of suspected contaminated sites; FTM: inventaire des sites potentiellement contaminés

TMQ: § 11 (1) Altlastensanierungsgesetz

DEF: Verzeichnis aller von den Bundesländern gemeldeten Altablagerungen und Altstandorte, für die der Verdacht einer erheblichen Umweltgefährdung aufgrund früherer Nutzungsformen ausreichend begründet ist.

DFQ: nach § 2 (1) Altlastensanierungsgesetz

NOT: Wird vom Umweltbundesamt geführt.

DTM: FEHLT

***

ATM: **verdecktes Geschäft**; fachlit.; 3; Hauptb.; MWA; neutr.; pl.; 1211; Bürgerl. Recht; **Scheingeschäft**

ETM: sham transaction; FTM: acte simulé

TMQ: OGH, 8ObA82/11h 26.07.2012

DEF: ein wirklich gewolltes Geschäft, das durch ein Scheingeschäft verschleiert werden soll. Das verdeckte Geschäft ist nach seiner wahren Beschaffenheit zu beurteilen.

DFQ: nach § 916 ABGB; Welser, FWB Bürgerliches Recht

REL: Synonym

DTM: **dissimuliertes Geschäft**; fachlit.; 3; Hauptb.; MWA; neutr.; sg.; **Dissimulation**; **verdecktes Rechtsgeschäft**

DTQ: Creif21

DEF: durch ein Scheingeschäft ein anderes Rechtsgeschäft, das verdeckt ist.

DFQ: nach § 117 (2) BGB; Creif21

***

ATM: **Verdienstentgang**; gesetzl.; 4; Hauptb.; Subst.; mask.; sg.; 2841/2826; Gesundheitsrecht/Sozialrecht; **Verdienstausfall**, **Verdienstentfall**

ETM: loss of income; FTM: manque à gagner; perte de salaire

TMQ: § 4 (1) Gewebesicherheitsgesetz

DEF: Betrag, der dem Verletzten wegen der Folgen einer Verletzung an Verdienst entgeht und ihm desalb als Verdienstentgang für die Vergangenheit und für die Zukunft zu ersetzen ist.

DFQ: nach § 1325 ABGB; Welser, FWB Bürgerliches Recht

NOT: Der Ersatz umfasst jeden Vermögensnachteil aus der Verringerung oder dem Entfall von Einkünften, auch aus dem Verlust beruflicher Aufstiegschancen.In den Urteilen der Höchstgerichte ist auch der Begriff „**Verdienstentfall**" in Gebrauch, ohne dass ein Bedeutungsunterschied erkennbar wäre.

REL Synonym

DTM: **Verdienstausfall**; gesetzl.; 4; Hauptb.; Subst.; mask.; sg.

DTQ: AlpBrock2

DEF: Aufhebung oder Minderung der Erwerbsfähigkeit des Verletzten nach einer Verletzung des Körpers oder der Gesundheit und ist dem Verletzten durch Entrichtung einer Geldrente als Schadensersatz zu leisten.

DFQ: nach AlpBrock2; Creif21

***

ATM: **Vereidigung**; gesetzl.; 4; Hauptb.; Subst.; fem.; sg.; 0421; Öffentl. Recht; **Beeidigung**

ETM: swearing-in; FTM: prestation de serment

TMQ: §10 GOG 1945

DEF: besondere Art des Versprechens, das den Eidleistenden zu einer Wahrheitsaussage in beispielsweise einem Prozess oder zur Treue einer Organisation gegenüber verpflichtet.

DFQ: nach § 288 StGB

NOT: In Österreich werden der Bundespräsident, die Abgeordneten der Parlamente, die Berufssoldaten wie auch Grundwehrdiener angelobt und Zeugen vor Gericht vereidigt.

REL: Teilsynonym

DTM: **Beeidigung**; gesetzl.; 4; Hauptb.; Subst.; fem.; sg.; **Vereidigung**, **Diensteid**

DTQ: § 452 ZPO

DEF: Begriff der ZPO für die Vereidigung - die Versicherung der Wahrheit einer zeugen- und Sachverständigenaussage oder Parteivernehmung durch Eid.

DFQ: AlpBrock2

***

ATM: **Vereinbarte Teilzeitbeschäftigung (im Rahmen der Karenz)**; gesetzl.; 4; Hauptb.; MWA; fem.; sg.; 4426; Arbeitsrecht

ETM: part-time employment (during parental leave); FTM: travail à temps partiel (pendant le congé parental)

TMQ: § 15i Mutterschutzgesetz 1979 - MSchG

DEF: Dienstnehmer, die keinen Anspruch auf Teilzeitbeschäftigung nach § 15h (1) oder (4) des Mutterschutzgesetzes haben, können mit dem Dienstgeber eine Teilzeitbeschäftigung einschließlich Beginn, Dauer, Ausmaß und Lage längstens bis zum Ablauf des vierten Lebensjahres des Kindes vereinbaren. Dies gilt für Betriebe mit höchstens 20 Arbeitnehmern und ohne Betriebszugehörigkeit von drei Jahren.

DFQ: nach § 15h (1) Z. 4

NOT: Es besteht kein Rechtsanspruch!

DTM: **FEHLT**

NOT: Im dt. Recht gibt es den Begriff der „**Elternteilzeit**", der einen Rechtsanspruch darstellt, jedoch lediglich bis zum 3. Lebensjahr des Kindes gilt.

***

ATM: **Vereinigung**; gesetzl.; 4; Hauptb.; Subst.; fem.; sg.; 1211; Bürgerl. Recht; **Konfusion**

ETM: confusion of rights; FTM: réunion de créancier et débiteur en une même personne

TMQ: § 526 AGBG; Welser, FWB Bürgerliches Recht

DEF: entweder die Vereinigung der Gläubiger- und Schuldnerstellung in einer Person, sodass die Forderung untergeht oder das körperliche Zusammenfügen bisher selbstständiger Sachen, wenn diese nicht mehr absonderbar sind, so werden sie unselbstständige Bestsandteile einer einheitlichen Sache.

DFQ: nach Welser, FWB Bürgerliches Recht

REL Synonym

DTM: **Konfusion**; gesetzl.; 4; Hauptb.; Subst.; fem.; sg.

DTQ: Creif21

DEF: die Vereinigung von Gläubiger und Schuldner in einer Person, wodurch beim Schuldverhältnis grundsätzlich Erlöschen der Forderung eintritt, weil niemand zugleich Schuldner und Gläubiger derselben Forderung sein kann.

DFQ: nach Creif21

NOT: Die Konfusion ist im BGB nicht ausdrücklich geregelt. Das Synonym „**Vereinigung**" wird in diesem Zusammenhang nicht verwendet.

***

ATM: **Verfahren außer Streitsachen**; gesetzl.; 4; Hauptb.; MWA; neutr.; sg.; 1226; Gerichtsorganisation; **Außerstreitverfahren**

ETM: non-litigious proceedings; FTM: juridiction non-contentieuse / juridiction gracieuse

TMQ: § 1 AußStrG

DEF: Verfahren vor den Zivilgerichten, in denen über Rechtssachen verhandelt wird, die das Gesetz dem Außerstreitrichter zuweist, wie zum Beispiel Verlassenschaftssachen, Vormundschaftsangelegenheiten, Adoption, Eheangelegenheiten; Unterhalt usw.

DFQ: AußStrG; https://www.help.gv.at/../ Außerstreitverfahren (10.02.2015)

NOT: Die Sachbereiche der beiden Gesetze decken sich nicht zur Gänze.

REL: Teilsynonym

DTM: **freiwillige Gerichtsbarkeit**; gesetzl.; 4; Hauptb.; MWA; fem.; sg.

DTQ: § 1 FamFG

DEF: geregeltes Verfahren für bestimmte (meist privatrechtliche) Angelegenheiten, das teils von Amts wegen, teils auf Antrag eingeleitet wird.

DFQ: Creif21

***

ATM: **verfahrensfreier Verwaltungsakt**; gesetzl.; 4; Hauptb.; MWA; mask.; sg.; 0436; Öffentl. Sicherheit; **sofortiger Akt unmittelbarer verwaltungsbehördlicher Befehls- und Zwangsgewalt; Polizeizwang; faktische Amtshandlung,**

ETM: administrative constraint; FTM: contrainte administrative

TMQ: Art. 130 B-VG

DEF: ein von den Organen der Verwaltung im Rahmen der Hoheitsverwaltung gesetzter individueller normativer Akt, mit dem einseitig ein Befehl erteilt oder Zwang ausgeübt wird.

DFQ: nach Mayer, FWB Öffentl. Recht

REL: Teilsynonym; funkt. Äquiv.

DTM: **polizeiliche Maßnahmen**; gesetzl.; 4; Hauptb.; Subst.; mask.; sg.; **Polizeiverfügung**

DTQ: § 3 Polizeigesetz, Baden Württemberg

DEF: die Polizei hat innerhalb der durch das Recht gesetzten Schranken zur Wahrnehmung ihrer Aufgaben diejenigen Maßnahmen zu treffen, die ihr nach pflichtmäßigem Ermessen erforderlich erscheinen.

DFQ: nach Creif21

NOT: Oberbegriff für polizeiliches und ordnungsbehördliches Handeln zur Gefahrenabwehr. Es sind Verwaltungsakte, die Gebote oder Verbote aussprechen und der Gefahrenabwehr dienen und können nur von Polizeibehörde, Polizeiverwaltungsbehörde sowie Ordnungsbehörde erlassen werden. Je nach Bundesland ist von „**Polizeiverfügung**", „**polizeilichen Maßnahmen**" bzw. „**Polizeiverordnungen**" die Rede.

***

ATM: **Verfahrenshilfe**; gesetzl.; 4; Hauptb.; Subst.; fem.; sg.; 1226; Gerichtsorganisation

ETM: legal aid; FTM: aide judiciaire

TMQ: Mayer, FWB Öffentl. Recht

DEF: besteht in der Regel in der vorläufig unentgeltlichen Beigabe eines Rechtsanwaltes oder anderen Vertreters bzw. auch in einer vorläufigen Befreiung von den Kosten eines Rechtsstreites, wenn die Prozessführung nicht ohne Beeinträchtigung ihres notwendigen Unterhalts möglich wäre und die beabsichtigte Rechtsverfolgung oder -verteidigung nicht als offenbar mutwillig oder aussichtslos erscheint.

DFQ: nach Mayer, FWB Öffentl. Recht; §§ 63 ff. ZPO

REL Synonym

DTM: **Prozesskostenhilfe**; gesetzl.; 4; Hauptb.; Subst.; fem.; sg.

DTQ: Creif21

DEF: die vollständige oder teilweise Befreiung einer minderbemittelten Partei von den Prozesskosten unter den entsprechenden Vorraussetzungen.

DFQ: nach Creif21

***

ATM: **Verfahrenshilfeantrag**; fachlit.; 3; Hauptb.; Subst.; mask.; sg.; 1226; Gerichtsorganisation; **Antrag auf Bewilligung der Verfahrenshilfe**

ETM: application for legal aid; FTM: demande d'aide juridictionnelle

TMQ: OGH 4Ob104/09m, 14.07.2009

DEF: Antrag auf Gewährung von Verfahrenshilfe.

DFQ: nach OGH 4Ob104/09m, 14.07.2009

REL Synonym

DTM: **Prozesskostenhilfeantrag**; fachlit.; 3; Hauptb.; Subst.; mask.; sg.

DTQ: www.rechtsportal.de/.../Prozesskostenhilfeantrag.html

DEF: Antrag auf die vollständige oder teilweise Befreiung einer minderbemittelten Partei von den Prozesskosten unter den entsprechenden Vorraussetzungen.

DFQ: nach §§ 114-127 ZPO

***

ATM: **Verfahrenshilfeverteidiger/in**; gesetzl.; 4; Hauptb.; Subst.; mask./fem.; sg.; 1226; Gerichtsorganisation; **Vertreter von Amts wegen**, **Pflichtverteidiger/in**

ETM: public defender; FTM: avocat d'office

TMQ: § 49 (2) StPO

DEF: ein vom Gericht beigegebener Verteidiger, dessen Kosten er nicht oder nur zum Teil (§ 393 (1a)) zu tragen hat, wenn und soweit dies im Interesse der Rechtspflege, vor allem im Interesse einer zweckentsprechenden Verteidigung, erforderlich ist.

DFQ: nach §§ 61 (3), 393 (1) StPO

REL: Synonym

DTM: **Pflichtverteidiger/in**; gesetzl.; 4; Hauptb.; Subst.; mask./fem.; sg.; **notwendige/r Verteidiger/in**

DTQ: § 140 StPO

DEF: ein vom Gereicht ernannter Verteidiger, der dem Angeschuldigten beigestellt wird, wenn er noch keinen Verteidiger hat, sobald er gemäß § 201 zur Erklärung über die Anklageschrift aufgefordert worden ist und die Hauptverhandlung im ersten Rechtszug vor dem Oberlandesgericht oder dem Landgericht stattfindet oder wenn ihm ein Verbrechen zur Last gelegt wird.

DFQ: nach §§ 140 (1), (2), 142 StPO

***

ATM: **Verfahrenskarte**; gesetzl.; 4; Hauptb.; Subst.; fem.; sg.; 1231; Asylrecht

ETM: procedural identity card; FTM: carte de procédure

TMQ: § 50 AsylG 2005

DEF: Ausweiskarte, die dem Asylwerber in der Erstaufnahmestelle für die Dauer des Zulassungsverfahrens ausgestellt wird und zum Aufenthalt in der Erstaufnahmestelle berechtigt.

DFQ: Asyl-Termbank:
http://mtsrv.trans.univie.ac.at:8090/TermbaseFinderApp/faces/TermbaseFinder.jsp (19.01.2015)

DTM: FEHLT

NOT: das dt. Asylrecht kennt nur die „**Bescheinigung über die Aufenthaltsgestattung**", die den gesamten Aufenthalt des Asylbegehrenden erfaßt.

***

ATM: Verfallsklausel; gesetzl.; 4; Hauptb.; Subst.; fem.; sg.; 1211; Bürgerl. Recht; ***lex commissoria***
ETM: acceleration clause; FTM: clause de suppression automatique

TMQ: VwGH; 2013/08/0084, 11.06.2014

DEF: (1) ist eine Verabredung bei einem Pfandverhältnis, dass die Sache nach Fälligkeit der Schuld dem Gläubiger zufallen soll, wobei diese Verfallsklausel unzulässig ist. (2) Vereinbarung, dass Ansprüche aus einem Dienstverhältnis verfallen (z.B. Ersatzansprüche wegen vorzeitigen Austritts oder vorzeitiger Entlassung).

DFQ: nach § 1371 ABGB; Welser, FWB Bürgerliches Recht

REL: Teilsynonym

DTM: Verfallklausel; fachlit.; 4; Hauptb.; Subst.; fem.; sg.; 1211; Bürgerl. Recht; **Verwirkungsklausel; kassatorische Klausel; *lex commissoria***

DTQ: Creif21

DEF: eine Vereinbarung, wonach der Schuldner aller seiner Rechte aus einem Vertrag verlieren soll, wenn er seine Verbindlichkeit nicht oder nicht rechtzeitig erfüllt, wobei diese Klausel im Zweifel nur als Rücktrittsvorbehalt des Gläubigers gilt.

DFQ: nach Creif21; § 354 BGB

***

ATM: Verfassungsdienst; gesetzl.; 4; Hauptb.; Subst.; mask.; sg.; 0421; Öffentl. Recht
ETM: constitutional affairs service; FTM: service des affaires constitutionnelles

TMQ: § 3 Einsetzung und Geschäftsordnung der Arbeitsgruppe für Integrationsfragen

DEF: eine Sektion des Bundeskanzleramtes mit den Aufgabenbereichen Beratung und Begutachtungstätigkeit, Gesetzesvorbeireitung und Vollziehung.

DFQ: nach austria.gv.at

DTM: FEHLT

***

ATM: Verfassungsgerichtshof; gesetzl.; 4; Hauptb.; Subst.; mask.; sg.; 1226; Gerichtsorganisation; **VfGH**
ETM: Constitutional Court; FTM: Cour constitutionnelle

TMQ: Art. 137 B-VG

DEF: der Gerichtshof des öffentlichen Rechts, der die Verfassungsgerichtsbarkeit ausübt und als solcher eine der bedeutendsten Rechtsschutzeinrichtungen darstellt.

DFQ: nach Welser, FWB Bürgerliches Recht; Art. 137 B-VG

NOT: Der Verfassungsgerichtshof erkennt über vermögensrechtliche Ansprüche gegen den Bund, die Länder, die Gemeinden und die Gemeindeverbände, die weder im ordentlichen Rechtsweg auszutragen noch durch Bescheid einer Verwaltungsbehörde zu erledigen sind.

REL: Synonym

DTM: Bundesverfassungsgericht; gesetzl.; 4; Hauptb.; Subst.; mask.; sg.

DTQ: Creif21

DEF: ein gegenüber allen übrigen Verfassungsorganen selbstständiger und unabhängiger Gerichtshof des Bundes und übt neben den Verfassungsgerichtshöfen der Länder die Verfassungsgerichtsbarkeit der Bundesrepublik aus.

DFQ: nach Creif21

NOT: Sitz in Karlsruhe. Mitglieder werden je zur Hälfte vom Bundestag und Bundesrat gewählt.

***

ATM: **Verfolgungsverjährung**; gesetzl.; 4; Hauptb.; Subst.; fem.; sg.; 1216; Verwaltungsstrafrecht

ETM: limitation period for prosecution; FTM: prescription des poursuites pénales

TMQ: § 31 VStG

DEF: das Erlöschen der Strafbarkeit bzw. das Ende der Strafverfolgung einer Person, wenn Verjährungsvoraussetzungen vorliegen (Ablauf einer gewissen Frist nach Abschluss des mit Strafe bedrohten Verhaltens).

DFQ: nach § 57 StGB, §31 VStG

NOT: Strafbare Handlungen, die ausschließlich oder auch mit lebenslanger Freiheitsstrafe bedroht sind, verjähren nicht. Es handelt sich um einen Strafaufhebungsgrund.

REL Synonym

DTM: **Strafverfolgungsverjährung**; gesetzl.; 4; Hauptb.; Subst.; fem.; sg.

DTQ: Creif21

DEF: das Erlöschen der Strafverfolgung und Strafvollstreckung, sowie das Erlöschen der Befugnis zur Anordnung von Maßregeln der Besserung und Sicherung unter den Verjährungsvorraussetzungen.

DFQ: nach Creif21; §§ 78, 79 StGB

NOT: Mord und Verbrechen nach dem Völkerstrafgesetzbuch verjähren nicht. Die Verjährung der Verfolgung tritt bei Taten, die mit lebenslanger Freiheitsstrafe bedroht sind, nach 30 Jahren ein, bei Freiheitsstrafen von mehr als 10 Jahren, nach 20 Jahren, bei Freiheitsstrafen von 5-10 Jahre, 10 Jahre, bei Freiheitsstrafen von 1-5 Jahre, 5 Jahre und bei allen anderen 3 Jahre.

***

ATM: **Vergehen**; gesetzl.; 4; Hauptb.; Subst.; neutr.; sg.; 1216; Strafrecht

ETM: offence; FTM: délit

TMQ: § 17 StGB

DEF: eine strafbare Handlung, die mit weniger als dreijähriger Freiheitsstrafe bedroht ist.

DFQ: nach § 17 StGB

NOT: Verbrechen sind vorsätzliche Handlungen, die mit lebenslanger oder mit mehr als dreijähriger Freiheitsstrafe bedroht sind.

REL: Teilsynonym

DTM: **Vergehen**; gesetzl.; 4; Hauptb.; Subst:, neutr.; sg.

DTQ: § 12 StGB

DEF: eine rechtswidrige Tat, die im Mindestmaß mit einer geringeren Freiheitsstrafe als einem Jahr oder die mit Geldstrafe bedroht ist.

DFQ: nach § 12 StGB; Creif21

***

ATM: **Verhaftung**; gesetzl.; 4; Nebenb.; Subst.; fem.; sg.; 1211; Strafrecht; **Festnahme**

ETM: arrest; FTM: arrestation

TMQ: § 360 EO; § 181 (1) StPO

DEF: eine Maßnahme von Organen des öffentlichen Sicherheitsdienstes (Polizei) gegen eine Person, die eine Freiheitsbeschränkung zur Folge hat. Sie bedarf eines von einem Untersuchungsrichter mit Gründen versehenen schriftlichen Haftbefehls. Weitere Voraussetzungen: Die festzunehmende Person ist verdächtigt, eine Straftat begangen zu haben oder wurde auf frischer Tat ertappt; bei Gefahr im Verzug; bei Vorliegen zumindest eines Haftgrundes.

DFQ: nach §§ 175 f. StPO; help.gv.at

NOT: Der formell übliche Begriff in der öStPO ist ebenfalls „**Festnahme**" (§ 170 ff.)

REL Synonym

DTM: **Festnahme**; gesetzl.; 4; Hauptb.; Subst.; fem.; sg.; **Verhaftung**

DTQ: § 127b StPO

DEF: eine Maßnahme, die gemäß § 229 BGB im Wege der Selbsthilfe jedermann erlaubt, wenn ein Verpflichteter der Flucht verdächtig ist. Der so Festgenommene muß unter Beantragung persönlichen Arrests unverzüglich dem Amtsrichter vorgeführt werden.

DFQ: nach § 127 ff. StPO

NOT: Es gibt in DE auch den Begriff „**Verhaftung**", viel häufiger ist jedoch der Terminus „**Festnahme**".

***

ATM: **verhandlungsfreie Zeit**; gesetzl.; 4; Hauptb.; MWA; fem; sg.; 1211; Zivilrecht; **Gerichtsferien**

ETM: court vacation; FTM: vacances judiciaires

TMQ: § 222 ff. ZPO; § 23 (1) Geschäftsordnung für die Gerichte I. und II. Instanz

DEF: die Zeit während die Tagssatzungen nicht abgehalten werden dürfen.

DFQ: nach §§ 221 ff. ZPO

NOT: Die Zeit vom 15. Juli bis 25. August und vom 24. Dezember bis 6. Jänner ist verhandlungsfrei. Während der verhandlungsfreien Zeit werden nur in sog. „**Ferialsachen**" Tagsatzungen abgehalten. Bis 01.01.2003 galt die Bezeichnung „**Gerichtsferien**".

DTM: FEHLT

NOT: Früher bezeichneten Gerichtsferien den Zeitraum von 15. Juli bis 15. September, in dem die Abhaltung von Terminen der Nichtferiensachen, die Verkündung von Entscheidungen unterlassen, sowie der Lauf von Fristen gehemmt wurde. Zum 01.01.1997 wurden die Gerichtsferien abgeschafft und durch ein Recht auf Terminsverlegung (Terminsänderung) bei Terminen in der Zeit vom 1. Juli bis zum 31. August abgelöst.

***

ATM: **Verjährung der Strafbarkeit**; gesetzl.; 4; Hauptb.; MWA; fem.; sg.; 1211; Bürgerl. Recht; **Verjährung**

ETM: limitation period for criminal conviction; FTM: prescription de la pénalité

TMQ: § 1451 ABGB; § 57 (1) StGB

DEF: die Verjährung ist der Verlust eines Rechtes, welches während der von dem Gesetze bestimmten Zeit nicht ausgeübt worden ist.

DFQ: nach Welser, FWB Bürgerliches Recht

NOT: Unverjährbar sind insbesondere Hoheitsrechte des Staates, Sachenrechte, persönliche Freiheitsrechte sowie Personen- und Familienrechte und die damit verbundenen Pflichten. Den Begriff der Verjährung gibt es auch Kontext des Strafrechts, wobei wie im dt. Recht zwischen „**Verfolgungsverjährung**" und „**Vollstreckungsverjährung**" wird.

REL: Synonym

DTM: **Verjährung**; gesetzl.; 3; Hauptb.; Subst.; fem.; sg.; **Vollstreckungsverjährung**

DTQ: § 194 BGB

DEF: das Erlischen eines bürgerlich-rechtlichen Anspruches, nicht des subjektiven Rechtes, nach einer bestimmten Zeit, wobei sowohl die Ahndung der Tat und die Anordnung von Maßnahmen als auch die Vollstreckung einer rechtskräftig verhängten Strafe oder Maßnahme verjähren kann.

DFQ: nach Creif21; § 194 BGB

***

ATM: **Verkauf aus freier Hand**; gesetzl.; 4; Hauptb.; MWA; mask.; sg.; 1211; Exekutionsrecht; **Freihandverkauf, freihändiger Verkauf**

ETM: private sale (of securities); FTM: vente de gré à gré

TMQ: § 269 EO

DEF: der Verkauf gepfändeter Gegenstände, die einen Börsenpreis haben, durch Vermittlung eines Handelsmaklers oder Vollstreckungsorgans zum Börsenpreis aus freier Hand, anstelle einer Versteigerung.

DFQ: nach § 268 EO

REL: Synonym

DTM: **freihändiger Verkauf**; gesetzl.; 4; Hauptb.; MWA; mask.; sg.

DTQ: § 1221 BGB

DEF: eine Anordnung des Vollstreckungsgerichtes, wobei der Gerichtsvollzieher anstatt einer öffentlichen Versteigerung die gepfändeten Gegenstände durch einen öffentlich ermächtigten Handelsmäkler verkaufen kann, wenn sie Börsen- oder Marktpreise haben.

DFQ: nach § 1221 BGB; Creif21

***

ATM: **Verkaufsauftrag**; gesetzl.; 4; Hauptb.; Subst.; mask.; sg.; 1211; Bürgerl. Recht; **Verkaufsvertrag, Trödelvertrag**

ETM: mandate to sell; FTM: dépôt-vente

TMQ: § 1086 ABGB

DEF: ein Vertrag, bei dem der Eigentümer eine bewegliche Sache dem Übernehmer (Trödler) übergibt, der sie innerhalb einer bestimmten Frist zurückzugeben oder für sie den im vorausbestimmten Kaufpreis zu zahlen hat.

DFQ: nach § 1086 ABGB

REL: Nebenbegriff

NOT: Der Übergeber ist nicht berechtigt, vor Verlauf der Zeit die Sache zurück zu fordern; der Übernehmer aber muss nach deren Ablauf das bestimmte Kaufgeld entrichten.

DTM: **Trödelvertrag**; fachlit.; 3; Hauptb.; Subst.; mask.; sg.; **Kommissionsverkauf**

DTQ: http://www.rechtslexikon.net/d/tr%C3%B6delvertrag/tr%C3%B6delvertrag.htm (26.01.2015)

DEF: der gesetzlich nicht geregelte Vertrag, durch den (gebrauchte) Sachen zum Verkauf überlassen werden mit der Abrede, zu einem gewissen Zeitpunkt entweder einen vereinbarten Preis zu zahlen oder die Sachen zurückzugeben.

DFQ: http://www.rechtslexikon.net/d/tr%C3%B6delvertrag/tr%C3%B6delvertrag.htm (26.01.2015)

NOT: Je nach Abrede zwischen den Vertragspartner liegt Kauf, Kommission, ein Mäklervertrag oder ein Darlehensvertrag vor.

***

ATM: **Verkehrsübertretung**; gesetzl.; 4; Hauptb.; Subst.; fem.; sg.; 4806; Straßenverkehrsrecht; **Verkehrsdelikt,**

ETM: traffic violation; FTM: infraction au code de la route

TMQ: § 84 (1) Kraftfahrgesetz 1967

DEF: die Straßenverkehrssicherheit gefährdendes Frahrverhalten von StraßenverkehrsteilnehmerInnen wie Geschwindidkeitsüberschreitung, Lenken eines Kraftfahrzeuges in einem durch Alkohol beeinträchtigten Zustand, ichtbeachten des roten Lichtes einer Verkehrslichtsignalanlage usw.

DFQ: nach § 47a (3) Kraftfahrgesetz 1967

NOT: In österr. Gesetzen findet sich auch der Begriff „**Verkehrsdelikt**", der in AT mit „**Verkehrsübertretung**" synonym ist. In dt. Gesetzen kommt der Begriff ebenfalls vor, ist dort aber ein Überbegriff für „**Verkehrsordnungswidrigkeit**" und „**Verkehrs-Straftaten**" (z.B. Fahrerflucht, Trunkenheit im Verkehr, Nötigung, Fahren ohne Führerschein usw.)

REL: Synonym

DTM: **Verkehrsordnungswidrigkeit**; gesetzl.; 4; Hauptb.; Subst.; fem.; sg.;

DTQ: § 24 StVG

DEF: eine rechtswidrige und vorwerfbare Handlung, die den Tatbestand eines Gesetzes verwirklicht, das die Ahndung mit einer Geldbuße zulässt.

DFQ: § 1 (1) Ordnungswidrigkeitengesetz

***

ATM: **Verkehrsdelikt**; gesetzl.; 4; Hauptb.; Subst.; neutr.; sg.; 4806; Straßenverkehrsrecht; **Verkehrsstrafe**

ETM: traffic violation; FTM: infraction au code de la route

TMQ: Anl. 7 zur Kraftfahrgesetz-Durchführungsverordnung 1967

DEF: Verwaltungsübertretungen nach dem Kraftfahrgesetz wie z.B. Geschwindigkeitsüberschreitung, Nichtbeachten des roten Lichtes einer Verkehrslichtsignalanlage oder eines sonstigen relevanten Stoppzeichens, Inbetriebnehmen oder Lenken eines Kraftfahrzeuges in einem durch Alkohol beeinträchtigten Zustand usw.

DFQ: § 47a (3) Kraftfahrgesetz 1967

REL: Teilsynonym

DTM: **Verkehrsdelikt**; gesetzl.; 4; Hauptb.; Subst.; neutr.; sg.

DTQ: § 24 Straßenverkehrsgesetz

DEF: beziehen sich auf sanktionswürdiges Verhalten im Straßenverkehr. Der Gesetzgeber unterscheidet hier Ordnungswidrigkeiten und Straftaten. Ordnungswidrigkeiten betreffen eher leichtere Verfehlungen wie z.B. geringe Geschwindigkeitsüberschreitungen. Sie werden mit Bußgeldern sanktioniert. Straftaten beziehen sich auf schwerere Verfehlungen, z.B. eine Fahrerflucht.

DFQ: http://www.automobilkanzlei.de/verkehrsdelikte-verkehrsordnungswidrigkeiten-verkehrsstraftaten (10.02.2015)

NOT: Überbegriff für Verkehrsordnungswidrigkeiten und Verkehrsstraftaten.

***

ATM: **Verkehrsvergehen**; fachlit.; 3; Nebenb.; Subst.; neutr.; sg.; 4806; Straßenverkehrsrecht

ETM: traffic violation; FTM: infraction au code de la route

TMQ: OGH 15Os158/97, 04.12.1997

DEF: die Straßenverkehrssicherheit gefährdendes Frahrverhalten von StraßenverkehrsteilnehmerInnen wie Geschwindidkeitsüberschreitung, Lenken eines Kraftfahrzeuges in einem durch Alkohol beeinträchtigten Zustand, ichtbeachten des roten Lichtes einer Verkehrslichtsignalanlage usw.

DFQ: § 47a (3) Kraftfahrgesetz 1967

NOT: Nebenbegriff zu „**Verkehrsübertretung**", der vor allem in Gerichtsurteilen vorkommt.

REL: Synonym

DTM: **Verkehrsordnungswidrigkeit**; gesetzl.; 4; Hauptb.; Subst.; fem.; sg.

DTQ: § 24 StVG

DEF: ordnungswidrig handelt, wer vorsätzlich oder fahrlässig einer Vorschrift einer auf Grund des § 6 (1) oder des § 6e (1) (STVG) erlassenen Rechtsverordnung oder einer auf Grund einer solchen Rechtsverordnung ergangenen Anordnung zuwiderhandelt, soweit die Rechtsverordnung für einen bestimmten Tatbestand auf diese Bußgeldvorschrift verweist.

DFQ: § 24 STVG

***

ATM: **Verkehrszuverlässigkeit**; gesetzl.; 4; Hauptb.; Subst.; fem.; sg.; 4806; Straßenverkehrsrecht

ETM: fitness to drive; FTM: aptitude à la conduite

TMQ: § 7 (1) Führerscheingesetz

DEF: als verkehrszuverlässig gilt eine Person, wenn nicht auf Grund erwiesener bestimmter Tatsachen (Abs. 3) und ihrer Wertung (Abs. 4) angenommen werden muss, dass sie wegen ihrer Sinnesart beim Lenken von Kraftfahrzeugen 1. die Verkehrssicherheit insbesondere durch rücksichtsloses Verhalten im Straßenverkehr oder durch Trunkenheit oder einen durch Suchtmittel oder durch Medikamente beeinträchtigten Zustand gefährden wird, oder 2. sich wegen der erleichternden Umstände, die beim Lenken von Kraftfahrzeugen gegeben sind, sonstiger schwerer strafbarer Handlungen schuldig machen wird.

DFQ: § 7 (1) Führerscheingesetz

REL: Synonym

DTM: **Fahreignung**; gesetzl.; 4; Hauptb.; Subst.; fem.; sg.

DTQ: § 2a StVG

DEF: die Feststellung von Kenntnissen zum Risikoverhalten, die Verbesserung der Gefahrenkognition, die Anregung zur Selbstreflexion und die Entwicklung von Verhaltensvarianten.

DFQ: § 42 Fahrerlaubnis-Verordnung

***

ATM: **verkürztes Verfahren**; gesetzl.; 4; MWA; neutr.; sg.; 0421; Öffentl. Recht

ETM: simplified procedure; FTM: procédure simplifiée

TMQ: § 28a (1) GO-NR

DEF: Recht des Paralementspräsidenten, nach Rücksprache mit den Mitgliedern der Präsidialkonferenz bei Vorlagen über Staatsverträge unmittelbar nach der Mitteilung über deren Einlangen gemäß § 23 (4) dem Nationalrat vorzuschlagen, von ihrer Zuweisung an Ausschüsse abzusehen und diese auf eine der Tagesordnungen der nächsten Sitzungen zu stellen.

DFQ: § 28a (1) GO-NR

REL: Teilsynonym; enger

DTM: **vereinfachtes Verfahren**; gesetzl.; 4; Hauptb.; Mehrwort.; neutr.; sg.; 1211; Bürgerl. Recht

DTQ: § 80 (4) BTGO

DEF: die unmittelbare Aufnahme der zweiten Beratung eines Gesetzesvorschlags durch Beschluss des Bundestags, ohne Ausschussüberweisung bzw. eine Zuweisung einer Vorlage durch den Präsidenten an einen Ausschuss nach Absprache mit dem Ältestenrat.

DFQ: nach § 80 BTGO

NOT: Berichte und Materialien zur Unterrichtung des Bundestages (§ 75 (1) lit. e BTGO) kann der Präsident, ohne sie auf die Tagesordnung zu setzen, nach Vereinbarung im Ältestenrat einem Ausschuß überweisen.

***

ATM: **Verkürzung über die Hälfte**; gesetzl.; 4; Hauptb.; MWA; fem.; sg.; 1211; Bürgerl. Recht; ***laesio enormis***

ETM: laesio enormis; FTM: lésion (droit civil français)

TMQ: § 934 ABGB

DEF: das Recht zur Anfechtung eines Vertrages, wenn bei einem entgeltlichen Rechtsgeschäft ein Vertragsteil weniger als die Hälfte dessen bekommt, was der andere Vertragsteil als Gegenleistung erhält.

DFQ: nach Welser, FWB Bürgerliches Recht; § 934 ABGB

NOT: Für die Beurteilung des Missverhältnisses ist der „gemeine Wert" (Marktpreis) des Vertragsgegenstandes im Zeitpunkt des Vertragsabschlusses maßgebend.

REL: Teilsynonym; funkt. Äquiv.

DTM: **Verbot der enormen Verletzung**; fachlit.; 3; Hauptb.; MWA; neutr.; sg.; ***laesio enormis***

DTQ: http://www.lexexakt.de/glossar/laesioenormis.php (18.01.2015)

DEF: das Recht zur Anfechtung eines Vertrages, wenn ein auffälliges Missverhältnis zwischen dem Wert der Leistung und dem der Gegenleistung besteht.

DFQ: nach § 138 BGB

NOT: Das dt. Zivilrecht kennt keinen geschriebenen Grundsatz der *laesio enormis*. Der Bundesgerichtshof geht aber in ständiger Rechtsprechung davon aus, dass ein Geschäft nach § 138 (1) BGB sittenwidrig und damit nichtig ist, wenn ein auffälliges Missverhältnis zwischen dem Wert der Leistung und dem der Gegenleistung besteht.

***

ATM: **Verlassenschaft**; gesetzl.; 4; Hauptb.; Subst.; fem.; sg.; 1211; Erbrecht; **Erbschaft, Nachlass**
ETM: estate; FTM: succession

TMQ: § 531 ABGB

DEF: der Inbegriff der Rechte und Verbindlichkeiten eines Verstorbenen, insofern sie nicht in bloß persönlichen Verhältnissen gegründet sind, unter Ausschluss seiner höchstpersönlichen Rechte und Pflichten. So fallen etwa Staatsbürgerschaft und akademische Titel nicht in den Nachlass.

DFQ: nach § 531 ABGB; Welser, FWB Bürgerliches Recht

REL Synonym

DTM: **Nachlass**; gesetzl.; 4; Hauptb.; Subst.; mask.; sg.; **Erbschaft**

DTQ: § 1958 BGB

DEF: die Gesamtheit der Rechtsverhältnisse der Erblassers, die beim Erbfall als Ganzes auf den Erben übergeht.

DFQ: nach § 1922 BGB; Creif21

***

ATM: **Verlassenschaftsabhandlung**; gesetzl.; 4; Hauptb.; Subst.; fem.; sg.; 1211; Bürgerl. Recht / Erbrecht
ETM: probate proceedings; FTM: procédure concordataire

TMQ: § 156 AußStrG

DEF: das gerichtliche Hauptverfahren des Verlassenschaftsverfahrens, das zur Ermittlung von Erben und zur Übergabe des Erbes dient.

DFQ: nach http://www.uibk.ac.at/zivilrecht/buch/kap17_0.xml?section-view=true;section=8 (18.06.2009)

NOT: Sobald der Erbe sein Erbrecht gehörig ausgewiesen und alle ihm obliegenden Verbindlichkeiten erfüllt hat, ist ihm die Verlassenschaft einzuantworten, die allenfalls erfolgte Versiegelung der Masse aufzuheben und die Verlassenschaftsabhandlung für beendet zu erklären.

REL Synonym

DTM: **Erbscheinsverfahren**; gesetzl.; 4; Hauptb.; Subst.; neutr.; sg.; **Nachlassverfahren**

DTQ: http://www.justiz.nrw.de/BS/../Nachlassverfahren/Erbscheinverfahren/index.php (25.01.2015)

DEF: dient der Prüfung des Erbrechts und der Feststellung des Erben (Rechtsnachfolgers) nach einem Verstorbenen. Über das Erbrecht wird ein Erbschein ausgestellt, der das Erbrecht im Rechtsverkehr ausweist und öffentlichen Glauben genießt, § 2366 BGB.

DFQ: nach http://www.justiz.nrw.de/BS/../Nachlassverfahren/Erbscheinverfahren/index.php (25.01.2015)

***

ATM: **Verlassenschaftsgericht**; gesetzl.; 4; Hauptb.; Subst.; neutr.; sg.; 1211; Erbrecht; **Abhandlungsgericht**

ETM: Court of probate ; FTM: tribunal des successions

TMQ: Welser, FWB Bürgerliches Recht

DEF: das Gericht, das zur Durchführung des Verlassenschaftsverfahrens zuständig ist, wobei das Bezirksgericht, in dessen Sprengel der Verstorbene seinen allgemeinen Gerichtsstand hatte, zuständig ist.

DFQ: nach Welser, FWB Bürgerliches Recht

REL Synonym

DTM: **Nachlassgericht**; gesetzl.; 4; Hauptb.; Subst.; neutr.; sg.

DTQ: § 2353 BGB

DEF: das Amtsgericht im Verfahren der freiwilligen Gerichtsbarkeit, wobei sich die örtliche Zuständigkeit nach dem letzten Wohnsitz des Erblassers richtet.

DFQ: nach Creif21

NOT: Die Aufgaben des Nachlassgerichts sind heute weitgehend dem Rechtspfleger übertragen; nur schwierige Vorgänge sind dem Nachlassrichter vorbehalten.

***

ATM: **Verlassenschaftsgläubiger/in**; gesetzl.; 4; Hauptb.; Subst.; mask./fem.; sg.; 1211; Erbrecht;

ETM: beneficiary of the estate; FTM: créancier de la succession

TMQ: § 813 ABGB

DEF: eine natürliche oder juristische Person, die gegenüber der Verlassenschaft eines Verstorbenen offene Forderungen geltend machen kann.

DFQ: nach Welser, FWB Bürgerliches Recht

REL Synonym

DTM: **Nachlassgläubiger/in**; gesetzl.; 4; Hauptb.; Subst.; mask./fem.; sg.

DTQ: § 1975 BGB

DEF: Person, denen der Erbe aufgrund von Nachlassverbindlichkeiten verpflichtet ist.

DFQ: Alpmann und Schmidt, Per defintionen: Zivilrecht: 3. Aufl.

***

ATM: **Verlassenschaftsinsolvenzverfahren**; gesetzl.; 4; Hauptb.; Subst.; neutr.; sg.; 1211; Insolvenzrecht; **Nachlasskonkurs**

ETM: administration of an involvent estate; FTM: procédure d'insolvabilité de la succession d'un défunt

TMQ: § 154 (1) Außerstreitgesetz

DEF: bei Überschuldung des Nachlasses eine Möglichkeit, ein Verlassenschaftsverfahren ohne Einantwortung zu beenden, wobei ein Konkursantrag nach den Regeln der Konkursordnung einzubringen ist.

DFQ: nach Welser, FWB Bürgerliches Recht

NOT: Das Verlassenschaftsinsolvenzverfahren ist im AußerStrG nicht geregelt und ist daher nach den Regeln der IO einzubringen (WelBüRE). Bis 2010 war „**Verlassenschaftskonkurs**" der normierte Begriff. Er wurde durch die Neuregelung des Insolvenzverfahrens in „**Verlassenschaftsinsolvenzverfahren**" geändert.

REL Synonym

DTM: **Nachlassinsolvenzverfahren**; gesetzl.; 4; Hauptb.; Subst.; neutr.; sg.

DTQ: § 1980 BGB

DEF: Verfahren, das der Erbe zu beantragen hat, wenn er von der Zahlungsunfähigkeit oder der Überschuldung des Nachlasses Kenntnis erlangt.

DFQ: nach § 1980 BGB

NOT: Verletzt er diese Pflicht, so ist er den Gläubigern für den daraus entstehenden Schaden verantwortlich.

***

ATM: **Verlassenschaftskurator/in**; gesetzl.; 4; Hauptb.; Subst.; mask./fem.; sg.; 1211; Erbrecht

ETM: curator of estate; FTM: curateur à succession vacante

TMQ: § 813 ABGB

DEF: Person, die zur Sicherung des Nachlasses bestellt wird, wenn das Bedürfnis danach besteht. Ist der Verwalter bzw. Vertreter einer Verlassenschaft, der zur Sicherung des Nachlasses bestellt wird, wenn die Verlassenschaft nicht durch die Erben vertreten wird oder sich diese nicht einigen können.

DFQ: nach § 811 ABGB

REL Synonym

DTM: **Nachlasspfleger/in**; gesetzl.; 4; Hauptb.; Subst.; mask./fem.; sg.

DTQ: § 1960 BGB

DEF: gesetzlicher Vertreter des zukünftigen endgültigen Erben, der entweder vom Nachlassgericht bestellt wird, um für die Sicherung des Nachlasses zu sorgen oder von Nachlassgläubigern, bis zur Annahme der Erbschaft oder bis zur Ermittlung des unbekannten Erben.

DFQ: nach Creif21; § 1960 BGB

***

ATM: **Verlassenschaftsprovisorium**; fachlit.; 3; Hauptb.; Subst.; neutr.; sg.; 1211; Erbrecht

ETM: provisionary administrator of a deceased's business; FTM: succession provisoire

TMQ: § 4 (2) Firmenbuchgesetz

DEF: die Verwaltung eines zum ruhenden Nachlass gehörenden Unternehmens durch einen vorläufigen Verwalter, wenn ein im Firmenbuch eingetragener Einzelunternehmer oder ein vertretungsbefugter Gesellschafter einer offenen Gesellschaft oder Kommanditgesellschaft verstorben ist.

DFQ: nach § 32 (2) UGB

DTM: FEHLT

***

ATM: **Verlassenschaftsverfahren**; gesetzl.; 4; Hauptb.; Subst.; neutr.; sg.; 1211; Bürgerl. Recht/Erbrecht

ETM: probate proceedings; FTM: procédure concordataire

TMQ: §§ 143-185 AußStrG

DEF: bezirksgerichtliches, außerstreitiges Verfahren zum Zwecke der rechtmäßigen Überleitung des Nachlasses vom Erblasser auf seine Rechtsnachfolger (Erben, Legatare, Pflichtteilsberechtigte).

DFQ: nach §§ 143-185 AußStrG

REL Synonym

DTM: **Nachlassverfahren**; gesetzl.; 4; Hauptb.; Subst.; neutr.; sg.
DTQ: § 345 FamG
DEF: das gesetzlich geregelte Verfahren zur Sicherung und Übergabe des Erbes.
DFQ: nach § 345 FamG; § 1922 BGB

***

ATM: **Verletzung behördlicher Bekanntmachung**; gesetzl.; 4; Hauptb.; MWA; fem.; sg.; 1216; Strafrecht

ETM: tampering with official notices; FTM: déparer des annonces officelles

TMQ: § 273 StGB
DEF: das Zerstören, Beschädigen, Beseitigen, Verändern oder den Inhalt des Schriftstücks ganz oder zum Teil unkenntlich Machen eines von der Behörde zur Bekanntmachung angeschlagenen oder ausgelegten Schriftstückes, wenn dadurch der Zweck der Bekanntmachung dieses Schriftstücks vereitelt oder beeinträchtigt wird.
DFQ: nach § 273 StGB
REL: Synonym

DTM: **Verletzung amtlicher Bekanntmachung**; gesetzl.; 4; Hauptb.; MWA; fem.; sg.
DTQ: § 134 StGB
DEF: das wissentliche Zerstören, Beseitigen, Verunstalten, unkenntlich Machen oder Entstellen eines zur Bekanntmachung öffentlich angeschlagenen oder ausgelegten Schriftstückes.
DFQ: nach § 134 StGB
NOT: Im Unterschied zu § 273 öStGB ist allerdings die Vereitelung oder Beeinträchtigung des Zwecks der Bekanntmachung nicht ausdrückliches Tatbestandserfordernis. (Triffterer/Rosbaud/Hinterhofer, Salzburger Kommentar zum Strafgesetzbuch)

***

ATM: **Verletzung von Berufsgeheimnissen**; gesetzl.; 4; Hauptb.; MWA; fem.; sg.; 1216; Strafrecht

ETM: breach of professional's duty of confidentiality; FTM: violation du secret professionnel

TMQ: § 121StGB
DEF: das vorsätzliche Offenbaren und Verwerten eines berufsmäßig bekannt gewordenen Geheimnisses über den Gesundheitszustand einer Person bzw. eines berufsmäßig bekannt gewordenes Sachverständigengeheimnisses usw., dessen Offenbarung oder Verwertung geeignet ist.
DFQ: nach § 121StGB
NOT: Ist mit Freiheitsstrafe bis zu sechs Monaten oder mit Geldstrafe bis zu 360 Tagessätzen zu bestrafen.
REL: Synonym

DTM: **Verletzung von Privatgeheimnissen**; gesetzl.; 4; Hauptb.; MWA; fem.; sg.
DTQ: § 203 StGB
DEF: das unbefugte Offenbaren eines fremden Geheimnisses, das jemandem als Arzt, Psychologe, Anwalt, Berater, Sozialarbeiter oder Angehörigem eines solchen Unternehmens anvertraut oder sonst bekanntgeworden ist.
DFQ: nach § 203 StGB
NOT: Das selbe gilt für Amtsträger, für den öffentlichen Dienst besonders Verpflichteten, Person, die Aufgaben oder Befugnisse nach dem Personalvertretungsrecht wahrnimmt, Mitglied eines für ein Gesetzgebungsorgan des Bundes oder eines Landes tätigen Untersuchungsausschusses, sonstigen Ausschusses oder Rates, das nicht selbst Mitglied des Gesetzgebungsorgans ist, oder als Hilfskraft eines solchen Ausschusses oder Rates, öffentlich bestelltem Sachverständigen, der auf die gewissenhafte Erfüllung seiner Obliegenheiten auf Grund eines Gesetzes förmlich

verpflichtet worden ist, oder Person, die auf die gewissenhafte Erfüllung ihrer Geheimhaltungspflicht bei der Durchführung wissenschaftlicher Forschungsvorhaben auf Grund eines Gesetzes förmlich verpflichtet worden ist.

***

ATM: Verletzungen der Privatsphäre und bestimmter Berufsgeheimnisse; gesetzl.; 4; Hauptb.; MWA; fem.; pl.; 1216; Strafrecht

ETM: Violations of privacy and certain professional secrets; FTM: violations de la vie privée et certains secrets professionnels

TMQ: StGB

DEF: alle Delikte, die im Besonderen Teil, Fünfter Abschnitt des österr. StGB geregelt werden.

DFQ: §§ 118-124 StGB

REL: Synonym; funkt. Äquiv.

DTM: Verletzung des persönlichen Lebens- und Geheimbereichs; gesetzl.; 4; Hauptb.; MWA; fem.; pl.

DTQ: StGB 15. Abschnitt

DEF: alle Delikte, die im 15. Abschnitt des deutschen StGB geregelt werden

DFQ: §§ 201-206 StGB

***

ATM: Verleumdung; gesetzl.; 4; Hauptb.; Subst.; fem.; sg.; 1216; StGB

ETM: defamation in the form of false allegations; FTM: calomnie délibérée; injure diffamatoire

TMQ: § 297 StGB

DEF: die Aussetzung eines Anderen der Gefahr einer behördlichen Verfolgung dadurch, dass er ihn einer von Amts wegen zu verfolgenden mit Strafe bedrohten Handlung oder der Verletzung einer Amts- oder Standespflicht falsch verdächtigt.

DFQ: nach § 297 StGB

REL: Teilsynonym; enger

DTM: Verleumdung; gesetzl.; 4; Hauptb.; Subst.; fem.; sg.

DTQ: § 187 StGB

DEF: eine Behauptung und Verbreitung einer unwahren Tatsache wider besseres Wissen in Beziehung auf einen anderen, welche denselben verächtlich zu machen oder in der öffentlichen Meinung herabzuwürdigen oder dessen Kredit zu gefährden geeignet ist.

DFQ: nach § 187 StGB

NOT: Im dt. Recht reicht die Verleumdung weiter: Es wird das Verbreiten unwahrer Tatsachen, die den Anderen herbabwürdigen, bestraft; in AT wird das Opfer konkret einer strafbaren Handlung bzw. der Verletzung einer Amtspflicht bezichtigt.

***

ATM: Vermögensbekenntnis; gesetzl.; 4; Hauptb.; Subst.; neutr.; sg.; 1211; Bürgerl. Recht; **Vermögenserklärung**

ETM: declaration of assets (in an application for legal aid); FTM: déclaration de patrimoine

TMQ: § 66 ZPO

DEF: das Bekenntnis einer Partei (ihres gesetzlichen Vertreters) über ihre Vermögens-, Einkommens- und Familienverhältnisse bei einem Antrag um Verfahrenshilfe.

DFQ: nach § 66 ZPO

NOT: Im Vermögensbekenntnis sind besonders auch die Belastungen anzugeben, weiter die Unterhaltspflichten und deren Ausmaß, sowie ob eine andere Person für die Partei unterhaltspflichtig ist. Über einen Antrag auf Verfahrenshilfe ist auf der Grundlage des Vermögensbekenntnisses zu entscheiden.

REL Synonym

DTM: **Erklärung über die persönlichen und wirtschaftlichen Verhältnisse;** gesetzl.; 4; Hauptb.; MWA; fem.; sg.

DTQ: § 117 ZPO

DEF: eine Erklärung über Familienverhältnisse, Beruf, Vermögen, Einkommen und Lasten, die für einen Antrag auf Bewilligung der Prozesskostenhilfe nötig ist.

DFQ: nach § 117 ZPO

***

ATM: **Vermögenserklärung**; gesetzl.; 4; Hauptb.; MWA; fem.; sg.; 1211; Zivilrecht; Erbrecht; **eidesstättiges Vermögensbekenntnis**

ETM: declaration of assets; FTM: déclaration de patrimoine

TMQ: OGH 7Ob587/95, 06.09.1995

DEF: die Erklärung des unbedingt erbserklärten Erben über das Verlassenschaftsvermögen, in welcher er alle Bestandteile zu beschreiben und zu bewerten sowie die Richtigkeit und Vollständigkeit der Erklärung durch seine oder seines Vertreters Unterschrift zu bestätigen hat.

DFQ: nach § 170 AußStrG

USE historisch

NOT: Die „**Vermögenserklärung**", vormals geregelt in § 114 AußStrG alt, wird seit 31.01.2004 in § 170 AußStrG 2005 als „**eidesstättiges Vermögensbekenntnis**" bezeichnet.

REL: Teilsynonym; funkt. Äquiv.

DTM: **eidesstattliche Versicherung**; gesetzl.; 4; Hauptb.; Subst.; fem.; sg.

DTQ: § 2006 BGB

DEF: die protokollarische Versicherung des Erben, dass er nach bestem Wissen die Nachlassgegenstände so vollständig angegeben habe, als er dazu imstande sei.

DFQ: nach § 2006 BGB

***

ATM: **Vermögensgerichtsstand**; gesetzl.; 4; Hauptb.; Subst.; mask.; sg.; 1211; Bürgerl. Recht; **Gerichtsstand des Vermögens**

ETM: lex loci situs; FTM: forum du patrimoine / forum rei sitae

TMQ: § 99 JN

DEF: jeder Gerichtsstand, in dessen Sprengel sich Vermögen der beklagten Personen oder der mit der Klage in Anspruch genommene Gegenstand selbst befindet.

DFQ: nach § 99 JN

NOT: Gegen Personen, die im Inland keinen allgemeinen Gerichtsstand haben, kann bei einem Vermögensgerichtsstand eine Klage angebracht werden.

REL: Synonym; enger

DTM: **Gerichtsstand des Vermögens und des Gegenstands**; gesetzl.; 4; Hauptb.; MWA; mask.; sg.; 1211; **Vermögensgerichtsstand**

DTQ: § 23 ZPO

DEF: jeder Gerichtsstand, in dessen Bezirk sich Vermögen der beklagten Personen oder der mit der Klage in Anspruch genommene Gegenstand selbst befindet.

DFQ: nach § 23 ZPO

NOT: Bei Forderungen gilt als der Ort, wo das Vermögen sich befindet, der Wohnsitz des Schuldners und, wenn für die Forderungen eine Sache zur Sicherheit haftet, auch der Ort, wo die Sache sich befindet.

***

ATM: **Vermögensverzeichnis**; gesetzl.; 4; Hauptb.; Subst.; neutr.; sg.; 1211; Bürgerl. Recht; **früher: Offenbarungseid**

ETM: statement of assets and obligations; FTM: inventaire des biens

TMQ: § 100 Insolvenzordnung

DEF: Auflistung der einzelnen Vermögensstücke (Aktiven) und Verbindlichkeiten (Passiven) unter Anführung ihres Betrages oder Wertes eines Schuldners im Insolvenzverfahren.

DFQ: nach § 100 Insolvenzordnung

REL Teilsynonym

DTM: **Vermögensauskunft**; fachlit.; 3; Hauptb.; MWA; fem.; sg.; **eidesstattliche Offenbarungsversicherung**; **früher: Offenbarungseid**

DTQ: § 807 ZPO

DEF: Aufstellung des Schuldners über seine Vermögenswerte, die er beim Vollstreckungsgericht anfertigt und eidesstattlich versichert, dass er nur das in der Aufstellung angegebene Vermögen hat.

DFQ: www.rechtslexikon.net (10.02.2015)

NOT: Sie verhilft dem Gläubiger zu einem Überblick über das tatsächliche Vermögen seines Schuldners: § 22a GVO; § 57 (2) lit. e GVGA

***

ATM: **Vermutung der Mangelhaftigkeit**; gesetzl.; 4; Hauptb.; MWA; fem.; sg.; 1211; Gewährleistungsrecht. Recht

ETM: presumption of defectiveness; FTM: présomption d'imperfection

TMQ: § 924 ABGB

DEF: eine gesetzliche Vermutung, dass der Mangel zum Zeitpunkt der Übergabe und Übernahme der Ware bereits bestanden hat.

DFQ: nach § 924 ABGB

NOT: Der Übergeber leistet Gewähr für Mängel, die bei der Übergabe vorhanden sind. Dies wird bis zum Beweis des Gegenteils vermutet, wenn der Mangel innerhalb von sechs Monaten nach der Übergabe hervorkommt. Die Vermutung tritt nicht ein, wenn sie mit der Art der Sache oder des Mangels unvereinbar ist.

REL: Synonym

DTM: **Keimtheorie**; fachlit.; 3; Hauptb.; MWA; fem.; sg.

DTQ: http://bgb.jura.uni-hamburg.de/a/a--gutachten.htm (19.01.2015)

DEF: die Vermutung, dass bestimmte Mängel, die innerhalb der gesetzlichen Gewährleistungsfrist auftreten, zwar unsichtbar, aber im Keim schon bei Übergabe vorhanden waren.

DFQ: http://de.wikipedia.org/wiki/Gew%C3%A4hrleistung (19.06.2009)

NOT: Die Gewährleistungsfrist beträgt ein halbes Jahr.

***

ATM: **Vernachlässigung der Obsorgepflicht**; gesetzl.; 4; Hauptb.; MWA; fem.; sg.; 0821; Militärrecht

ETM: neglecting the care of military subordinates: FTM: négligence de soins aux officiers subalternes

TMQ: § 35 MilStG

DEF: wenn ein Soldat, als militärischer Vorgesetzter, wenn auch nur fahrlässig, die ihm obliegende Sorge für die Erhaltung und Schonung der ihm unterstellten Soldaten gröblich vernachlässigt und dadurch fahrlässig eine schwere Körperverletzung oder eine Körperverletzung mit Dauerfolgen eines Soldaten herbeiführt.

DFQ: § 35 MilStG

REL: Synonym

DTM: **mangelhafte Dienstaufsicht**; gesetzl.; 4; Hauptb.; MWA; fem.; sg.

DTQ: § 41 WStG

DEF: wenn ein Soldat es unterläßt, Untergebene pflichtgemäß zu beaufsichtigen oder beaufsichtigen zu lassen, und dadurch wenigstens fahrlässig eine schwerwiegende Folge (§ 2 (3)) verursacht.

DFQ: § 41 WStG

***

ATM: **Vernehmung der Partei**; gesetzl.; 4; Nebenb.; MWA; fem.; sg.; 1211; Zivilrecht; **Parteienvernehmung**

ETM: examination of parties; FTM: audition des parties

TMQ: § 371 ZPO

DEF: eine Anordnung durch Beschluss zur Beweisführung über streitige, für die Entscheidung erheblicher Tatsachen, wobei die Beweisführung durch geeignete Fragestellungen des Gerichts geschieht.

DFQ: nach §§ 371 ff. ZPO

NOT: Gegen diesen Beschluss ist ein abgesondertes Rechtsmittel nicht zulässig. Die Parteien sind zuerst ohne Beeidigung zu befragen; der unbeeideten Vernehmung kann die Abhörung unter Eid folgen. Wenn das Ergebnis der unbeeideten Befragung nicht ausreicht, um das Gericht von der Wahrheit oder Unwahrheit der zu beweisenden Tatsachen zu überzeugen, so kann das Gericht die eidliche Vernehmung anordnen.

REL: Synonym

DTM: **Parteivernehmung**; gesetzl.; 4; Hauptb.; MWA; fem.; sg.

DTQ: § 536 ZPO

DEF: ein Beweismittel des Zivilprozesses, bei dem eine Partei ähnlich einem Zeugen vernommen wird.

DFQ: nach Creif21

NOT: Anstelle der Partei kann ihr gesetzlicher Vertreter venommen werden. Es ist keine Pflicht, sich vernehmen zu lassen, jedoch kann eine Weigerung das Gericht dazu veranlassen, entsprechende Schlüsse zu ziehen.

***

ATM: **Vernehmungsverbot**; gesetzl.; 4; Hauptb.; Subst.; neutr.; sg.; 1211; Prozessrecht

ETM: bar to calling certain witnesses; FTM: interdiction d'audition

TMQ: § 170 BAO

DEF: ein Verbot, das besagt, dass es Personen unter bestimmten Umständen untersagt ist, als Zeugen vernommen zu werden.

DFQ: nach § 320 ZPO

NOT: Dies gilt für Personen mit beschränkter Wahrnehmung, für Geistliche, Staatsbeamte und eingetragene Mediatoren.

DTM: **FEHLT**

***

ATM: **Verordnerin (von Heilmitteln)**; gesetzl.; 4; Hauptb.; Subst.; fem.; sg.; 2841; Gesundheitsrecht

ETM: prescribers (of medications); FTM: prescripteurs (de remèdes);

TMQ: § 2 (1) Heilmittel-Bewilligungs- und Kontroll-Verordnung

DEF: der niedergelassene Arzt/die niedergelassene Ärztin, der niedergelassene Zahnarzt/die niedergelassene Zahnärztin, die Gruppenpraxis und die Krankenanstalt, der/die für Patienten und Patientinnen aufgrund vertraglicher Regelung Arzneispezialitäten und Stoffe für magistrale Zubereitungen auf Kosten der Sozialversicherung verschreiben darf.

DFQ: § 2 (1) Heilmittel-Bewilligungs- und Kontroll-Verordnung

DTM: FEHLT

***

ATM: **Verordnung**; gesetzl.; 4; Hauptb.; Subst.; fem.; sg.; 1211; Verwaltungsrecht

ETM: regulation; FTM: règlement; ordonnance

TMQ: Welser, FWB Bürgerliches Recht

DEF: eine von einer Verwaltungsbehörde erlassene, generelle Rechtsnorm.

DFQ: https://www.help.gv.at/../ Verordnung (10.02.2015)

NOT: Jede Verwaltungsbehörde kann im Rahmen ihrer gesetzlich geregelten Zuständigkeit Verordnungen erlassen, dies jedoch nur „auf Grund der Gesetze".

REL Synonym

DTM: **Rechtsverordnung**; gesetzl.; 4; Hauptb.; Subst.; fem.; sg.; **Allgemeinverfügung**

DTQ: § 35 (1) VwVfG

DEF: eine allgemein verbindliche Anordnung für eine unbestimmte Vielzahl von Personen, die nicht im förmlichen Gesetzgebungsverfahren ergeht, sondern von Organen der vollziehenden Gewalt gesetzt wird.

DFQ: nach Creif21

***

ATM: **Verpflichtete/r**; fachlit.; 4; Hauptb.; Subst.; mask./fem.; sg.; 1211; Bürgerl. Recht; **Schuldner/in**

ETM: debtor; FTM: débiteur

TMQ: § 3 EO

DEF: Person, die aus einem Schuldverhältnis dem Gläubiger gegenüber verpflichtet ist, eine Leistung zu erbringen und gegen die eine Exekution geführt werden soll.

DFQ: nach §§ 3 ff. EO

REL Synonym

DTM: **Schuldner/in**; gesetzl.; 4; Hauptb.; Subst.; mask./fem.; sg.

DTQ: § 415 BGB

DEF: Person, die gegenüber einem Gläubiger in einem Schuldverhältnis steht, gegen die einem Gläubiger ein Anspruch zusteht.

DFQ: nach Creif21

***

ATM: **Verpflichtungswille**; gesetzl.; 4; Hauptb.; Subst.; mask.; sg.; 1211; Bürgerl. Recht; **animus obligandi**

ETM: intention to be legally bound; FTM: volonté de s'obliger

TMQ: OGH 7Ob238/13w, 19.03.2014

DEF: Teil des Vertragskonsenses und der von der Rechtsperson für einen Ersatz geforderte Wille des Leistenden, Ersatz zu verlangen.

DFQ: nach Welser, FWB Bürgerliches Recht

NOT: § 1042 ABGB ist ein Verwendungsanspruch.

DTM: FEHLT

***

ATM: Versammlungsfreiheit; gesetzl.; 4; Hauptb.; Subst.; fem.; sg.; 0421; Verfassungsrecht

ETM: freedom of assembly; FTM: liberté de réunion

TMQ: Art. 3 Beschluß der Provisorischen Nationalversammlung über die Aufhebung der Zensur

DEF: das verfassungsgesetzlich gewährleistete Recht, sich zu versammeln und Vereine zu bilden.

DFQ: nach Mayer, FWB Öffentl. Recht

NOT: Grundlage: Art. 12 StGG 1867: Versammlungen sind nach Maßgabe der Bestimmungen dieses Gesetzes gestattet.

REL: Teilsynonym

DTM: Versammlungsfreiheit; gesetzl.; 4; Hauptb.; Subst.; fem.; sg.

DTQ § 1 VersammlG

DEF: das Recht, sich ohne Anmeldung oder Erlaubnis friedlich und ohne Waffen zu versammeln.

DFQ: nach Creif21

NOT: Die Versammlungsfreiheit wird im deutschen Recht genauer definiert, es wird das Waffenverbot besonders unterstrichen: § 2 (3): Niemand darf bei öffentlichen Versammlungen oder Aufzügen Waffen oder sonstige Gegenstände, die ihrer Art nach zur Verletzung von Personen oder zur Beschädigung von Sachen geeignet und bestimmt sind, mit sich führen, ohne dazu behördlich ermächtigt zu sein. § 3: Es ist verboten, öffentlich oder in einer Versammlung Uniformen, Uniformteile oder gleichartige Kleidungsstücke als Ausdruck einer gemeinsamen politischen Gesinnung zu tragen.

***

ATM: Versäumung; gesetzl.; 4; Hauptb.; Subst.; fem.; sg.; 1211; Bürgerl. Recht; **Säumnis**

ETM: failure to appear or to observe a time limit; FTM: retard

TMQ: § 600 ZPO

DEF: das Nichterscheinen zu einer Tagsatzung oder das Nichteinbringen einer Klage in der dafür bestimmten Frist oder zu dem dazu bestimmten Zeitpunkt.

DFQ: nach § 600 ZPO

REL Teilsynonym

DTM: Säumnis; gesetzl.; 4; Hauptb.; Subst.; fem.; sg.

DTQ: § 1048 ZPO

DEF: das Nichterscheinen oder Nichtverhandeln einer Partei in einem zivilprozessualen Termin.

DFQ: nach AlpBrock2

NOT: Im schriftlichen Vorverfahren ist der Beklagte säumig, wenn er nicht binnen einer Notfrist von zwei Wochen nach Zustellung der Klageschrift dem Gericht schriftlich die Verteidigungsabsicht anzeigt.

***

ATM: Versäumungsurteil; gesetzl.; 4; Hauptb.; Subst.; neutr.; sg.; 1211; Zivilrecht

ETM: default judgment; FTM: jugement par défaut

TMQ: § 396 ZPO

DEF: kann ein Prozessgegner oder eine Prozessgegnerin beantragen, wenn die andere Partei eine aufgetragene Verfahrenshandlung versäumt und wird vom Vorsitzenden des Senats entschieden.

DFQ: nach § 396 (1) ZPO; help.gv.at

NOT: Das Vorbringen der säumigen Partei bleibt dabei völlig unberücksichtigt, das Vorbringen der erschienenen Partei ist für wahr zu halten.

REL Synonym

DTM: **Versäumnisurteil**; gesetzl.; 4; Hauptb.; Subst.; neutr.; sg.

DTQ: § 330 ZPO

DEF: erscheint der Kläger im Termin zur mündlichen Verhandlung nicht, so ist auf Antrag das Versäumnisurteil dahin zu erlassen, dass der Kläger mit der Klage abzuweisen sei.

DFQ: § 330 ZPO

NOT: Versäumnisurteile gibt es nur im Zivilprozess und in arbeitsgerichtlichen Verfahren.

***

ATM: **Verschlusssachen**; gesetzl.; 4; Hauptb.; Subst.; fem.; pl.; 0436; Öffentl. Sicherheit

ETM: classified information; FTM: informations classifiées

TMQ: § 8a DV-StAG

DEF: klassifizierte Informationen, d.h. Informationen, Tatsachen, Gegenstände und Nachrichten, unabhängig von Darstellungsform und Datenträger, die auf Grund ihres Inhalts im Interesse einer Gebietskörperschaft oder einer Partei einer besonderen Geheimhaltung bedürfen und die daher nur einem begrenzten Personenkreis zugänglich gemacht werden sollen.

DFQ: BGBl. III Nr. 54/2007

NOT: Äquivalenz aufgrund zwischenstaatlicher Verträge.

REL: Teilsynonym; funkt. Äquiv.

DTM: **Verschlusssachen**; gesetzl.; 4; Hauptb.; Subst.; fem.; pl.

DTQ: § 93 BPersVG

DEF: im öffentlichen Interesse geheimhaltungsbedürftige Tatsachen, Gegenstände oder Erkenntnisse, unabhängig von ihrer Darstellungsform. Sie werden entsprechend ihrer Schutzbedürftigkeit von einer amtlichen Stelle oder auf deren Veranlassung eingestuft.

DFQ: BGBl. III Nr. 54/2007

***

ATM: **Verschuldensausspruch**; gesetzl.; 4; Hauptb.; Subst.; mask.; sg.; 2806; Eherecht

ETM: assignment of fault in divorce; FTM: décision (divorce) prononcée aux torts exclusifs d'un époux

TMQ: OGH 1Ob194/14g, 22.10.2014

DEF: die ausdrückliche Feststellung vor Gericht, dass einer der Ehepartner der allein oder überwiegend Schuldige an der Ehescheidung ist.

DFQ: nach § 60 EheG; http://www.goeschke.at/eherecht//der_unterhalt.htm (19.06.2009)

NOT: Der allein oder überwiegend schuldig geschiedene und leistungsfähige Gatte muss dem anderen angemessenen Unterhalt leisten.

DTM: **FEHLT**

NOT: Die rechtlichen Bestimmungen zur Ehescheidung wurden 1976 grundlegend reformiert. Einziger Ehescheidungsgrund ist nunmehr das Scheitern der Ehe (siehe § 1565 BGB) aufgrund von Zerrüttung (§ 1565 BGB).

***

ATM: **Verschuldensscheidung**; fachlit.; 3; Hauptb.; Subst.; fem.; sg.; 2806; Eherecht

ETM: fault divorce; FTM: divorce pour faute

TMQ: OGH, 30.06.2004, 7Ob158/04t

DEF: eine Scheidung auf Begehren eines Ehepartners hin, wenn der andere durch eine schwere Eheverfehlung oder durch ehrloses oder unsittliches Verhalten die Ehe schuldhaft so tief zerrüttet hat, dass die Wiederherstellung einer Lebensgemeinschaft nicht mehr erwartet werden kann

DFQ: nach § 49 EheG

NOT: Eine schwere Eheverfehlung liegt insbesondere vor, wenn ein Ehegatte die Ehe gebrochen oder dem anderen körperliche Gewalt oder schweres seelisches Leid zugefügt hat.

DTM: **FEHLT**

DFQ: Creif21

NOT: Die rechtlichen Bestimmungen zur Ehescheidung wurden 1976 grundlegend reformiert. Einziger Ehescheidungsgrund ist nunmehr das Scheitern der Ehe (siehe § 1565 BGB) aufgrund von Zerrüttung (§ 1565 BGB).

***

ATM: **Versehrtengeld**; gesetzl.; 4; Hauptb.; Subst.; neutr.; sg.; 2841; Sozialrecht

ETM: one-off personal injury compensation payment; FTM: indemnités journalières pour accident du travail ou maladie professionnelle

TMQ: § 212 ASVG

DEF: eine einmalige Entschädigung, wenn die unfallbedingte Minderung der Erwerbsfähigkeit mindestens 20 Prozent beträgt und länger als drei Monate dauert.

DFQ: nach § 212 ASVG

NOT: Im Gegensatz zum dt. „**Verletztengeld**" eine einmalige finanzielle Leistung.

REL: Teilsynonym; enger

DTM: **Verletztengeld**; gesetzl.; 4; Hauptb.; Subst.; neutr.; sg.

DTQ: §§45 ff. SGBVII

DEF: Lohnersatzleistung während der Heilbehandlung nach einem Unfall, solange sie infolge des Versicherungsfalls arbeitsunfähig sind oder wegen der Heilbehandlung eine ganztägige Erwerbstätigkeit nicht ausüben können. Das Verletztengeld soll das in diesem Zeitraum ausfallende Entgelt ersetzen.

DFQ: nach §§ 45 ff. SGB VII

NOT: Beträgt 80% des Bruttolohns für die Dauer von maximal 78 Monaten.

***

ATM: **Versehrtenrente**; gesetzl.; 4; Hauptb.; Subst.; fem.; sg.; 2841; Sozialrecht

ETM: personal injury compensation; FTM: rente d'accident de travail

TMQ: § 203 ASVG

DEF: eine Barleistung der Unfallversicherung, wenn die Erwerbsfähigkeit des Versehrten durch die Folgen eines Arbeitsunfalles oder eine Berufskrankheit eingeschränkt oder verloren wird.

DFQ: nach § 203-205 ASVG

NOT: Voraussetzung: Erwerbsfähigkeit muss über drei Monate nach dem Eintritt des Unfalls hinaus um mindestens 20 Prozent vermindert sein.

REL Synonym

DTM: **Unfallrente**; gesetzl.; 4; Hauptb.; Subst.; fem.; sg.

DTQ: § 252a SBG VI

DEF: eine Barleistung der gesetzlichen Unfallversicherung, bei Verlust oder lang andauernder Minderung der Erwerbsfähigkeit durch Arbeitsunfall oder Berufskrankheit bzw. als Hinterbliebenenrente bei Tod des Versicherten durch Arbeitsunfall oder Berufskrankheit.

DFQ: nach Creif21

NOT: Voraussetzung für Anspruch: Erwerbsfähigkeit muss über die 26. Woche nach dem Unfall hinaus um mindestens 20 Prozent gemindert sein. Auch eine Vorschädigung kann Berücksichtigung finden, wenn sie die Erwerbsfähigkeit um 10 Prozen vermindert.

***

ATM: **Versicherungspolizze**; gesetzl.; 4; Hauptb.; Subst.; fem.; sg.; 2431; Versicherungsrecht; **Versicherungsschein; Versicherungspolice**

ETM: insurance policy; FTM: police d'assurance

TMQ: Art. 8 Abkommen über die Förderung und den Schutz von Investitionen

DEF: eine Beweisurkunde über einen Versicherungsvertrag, die vom Versicherer zu unterzeichnen und dem Versicherungsnehmer auszuhändigen ist.

DFQ: nach § 3 VersVGÖRWB 1997, BGBl.Nr. 601/1986, § 3 EStG

NOT: Es existiert auch die Schreibweise „Versicherungspolice" jedoch wird diese deutlich weniger oft verwendet

REL Synonym

DTM: **Versicherungsschein**; gesetzl.; 4; Hauptb.; Subst.; fem.; sg.; **Versicherungspolice**

DTQ: § 3 VVG

DEF: eine verpflichtende Beweisurkunde über einen Versicherungsvertrag, die vom Versicherer zu unterzeichnen und dem Versicherungsnehmer auszuhändigen ist.

DFQ: nach § 3 VVG; Creif21

NOT: Die Schreibweise „Versicherungspolizze" ist in DE unüblich.

***

ATM: **Verständigungen**; gesetzl.; 4; Hauptb.; Subst.; fem.; pl.; 2816; Pflegschaftsrecht

ETM: obligation to notify the Youth Welfare Authority of intention to prosecute a minor; FTM: notification obligatoire de l'autorité de protection de la jeunesse

TMQ: § 33 (1) JGG

DEF: obligatorische Verständigung der Staatsanwaltschaft an den Jugendwohlfahrtsträger und das Pflegschaftsgericht von der Einleitung eines Strafverfahrens gegen einen Jugendlichen.

DFQ: nach § 33 (1) JGG

NOT: In DE wird die Jugendgerichtshilfe von den Jugendämtern mit der Jugendhilfe ausgeübt.

REL: **Synonym**

DTM: **Mitteilungen**; gesetzl.; 4; Hauptb.; Subst.; fem.; pl.

DTQ: § 70 (1) JGG

DEF: Mitteilungen an die Jugendgerichtshilfe, in geeigneten Fällen auch das Familiengericht und die Schule werden von der Einleitung und dem Ausgang eine Jugendgerichtsverfahrens unterrichtet.

DFQ: nach § 70 (1) JGG

***

ATM: **verstärkter Senat**; fachlit.; 3; Hauptb.; MWA; mask.; sg.; 1226; Gerichtsorganisation

ETM: extraordinary panel of eleven judges; FTM: collège élargi composé de 11 juges

TMQ: § 8 (1) OGHG

DEF: ein einfacher Senat des OGH, der durch sechs weitere Mitglieder des Obersten Gerichtshofes verstärkt wird, 1. dass die Entscheidung einer Rechtsfrage von grundsätzlicher Bedeutung ein Abgehen von der ständigen Rechtsprechung des Obersten Gerichtshofes oder von der in dieser Rechtsfrage zuletzt ergangenen Entscheidung eines verstärkten Senates des Gerichtshofes bedeuten würde oder 2. dass eine zu lösende Rechtsfrage von grundsätzlicher Bedeutung in der Rechtsprechung des Obersten Gerichtshofes nicht einheitlich beantwortet worden ist.

DFQ: nach § 8 OGHG

REL: Teilsynonym

DTM: **Großer Senat**; gesetzl.; 4; Hauptb.; MWA; mask.; sg.

DTQ: § 132 (1) GVG

DEF: besonderer kollegialer Spruchkörper bei den obersten Gerichtshöfen des Bundes (nicht aber beim Bundesverfassungsgerichts), um innerhalb des jeweiligen Gerichts eine unterschiedliche Rechtsprechung der einzelnen Senate zu vermeiden.

DFQ: nach AlpBrock2

NOT: Beim Bundesgerichtshof werden ein Großer Senat für Zivilsachen und ein Großer Senat für Strafsachen gebildet. Die Großen Senate bilden die Vereinigten Großen Senate. (§ 132 (1) GVG)

***

ATM: **Versteigerungsedikt**; gesetzl.; 4; Hauptb.; Subst.; neutr.; sg.; 1211; Exekutionsrecht

ETM: order for public sale; FTM: ordre de vente forcée

TMQ: § 71 EO

DEF: eine Liste von Sachen (Liegenschaften, bewegliche Sachen), die im Rahmen von Exekutionsverfahren zwangsversteigert werden.

DFQ: nach §§ 71 ff. EO; http://www.bmj.gv.at/ediktdatei/content.php?nav=98

NOT: Eine Versteigerung ist mit einem Edikt bekannt zu machen und im Edikt sind die zu versteigernden Sachen zu beschreiben: deutliche Bezeichnung der zur Versteigerung gelangenden Liegenschaft -kurze Bezeichnung des mitzuversteigernden Zubehörs -Angabe des Wertes der Liegenschaft und des Zubehörs -Grundstücksgröße -Zeit und Ort der Versteigerung.

DTM: **FEHLT** (Benennungslücke)

NOT: § 9 (1) der Insolvenzordnung hält fest, dass alle Insolvenzverfahren im Internet bekannt gemacht werden müssen. Diese finden sich auf http://www.zvg-portal.de und schließen ein Verzeichnis der versteigerten Güter ein.

***

ATM: **Verstöße gegen die Pflichten zur Meldung und zur Befehlsübermittlung**; gesetzl.; 4; Hauptb.; MWA; mask.; pl.; 0821; Militärrecht

ETM: breach of the obligation to report and to convey orders; FTM: violations de l'obligation de faire rapport et de transmettre les ordres

TMQ: § 29 MilStG

DEF: wenn ein Soldat, 1. eine wichtige Meldung unrichtig erstattet, 2. eine wichtige Meldung nicht oder verspätet erstattet oder eine wichtige Meldung oder einen wichtigen Befehl nicht oder unrichtig oder verspätet weitergibt oder 3. eine wichtige Meldung oder einen wichtigen Befehl weitergibt, ohne auf eine ihm bekannte Unrichtigkeit aufmerksam zu machen, und dadurch, wenn auch nur fahrlässig, eine Gefahr für das Leben, die Gesundheit oder die körperliche Sicherheit von Menschen oder die Gefahr eines erheblichen Nachteils (§ 2 Z. 4) herbeiführt.

DFQ: § 29 MilStG

REL: Teilsynonym

DTM: **unwahre dienstliche Meldung**; gesetzl.; 4; Hauptb.; MWA; fem.; sg.; 0821; Militärstrafrecht

DTQ: § 42 WStG

DEF: wenn ein Soldat 1. in einer dienstlichen Meldung oder Erklärung unwahre Angaben über Tatsachen von dienstlicher Bedeutung macht, 2. eine solche Meldung weitergibt, ohne sie pflichtgemäß zu berichtigen, oder 3. eine dienstliche Meldung unrichtig übermittelt. und dadurch wenigstens fahrlässig eine schwerwiegende Folge (§ 2 (3)) verursacht,

DFQ: § 42 WStG

***

DTM: **Vertrauensantrag des/der Bundeskanzlers/Bundeskanzlerin**; gesetzl.; 4; Hauptb.; MWA; mask.; sg.; 0421; Öffentliches Recht

ETM: motion of the Federal Chancellor for a vote of confidence; FTM: motion du Chancelier fédéral pour un vote de confiance

DTQ: § 98 BTGO

DEF: Antrag des/der Bundeskanzlers/Bundeskanzlerin, dass ihm/ihr gemäß Art. 68 GG das Vertrauen ausgesprochen wird.

DFQ: nach § 98 BTGO

ATM: **FEHLT**

NOT: In AT gibt es nur die Möglichkeit des Nationalrates einen Misstrauensantrag gegen einzelne Minister oder die Bundesregierung zu stellen: Misstrauenskundgebung gegen ein Mitglied der Bundesregierung oder die gesamte Bundesregierung durch Abgeordnete zum Nationalrat.

***

DTM: **Verstümmelung weiblicher Genitalien**; gesetzl.; 4; Hauptb.; MWA; fem.; sg.; 1216; Strafrecht

ETM: female genital mutilation; FTM: mutilation des organes génitaux féminins

DTQ: § 226a StGB

DEF: Verstümmelung der äußeren Genitalien einer weiblichen Person.

DFQ: nach § 226a (1) StGB

NOT: Die Tat ist mit Freiheitsstrafe nicht unter einem Jahr zu bestrafen.

ATM: **FEHLT**

NOT: Im österr. StGB fällt eine derartige Handlung unter den Tatbestand des § 85 (2) StGB (Körperverletzung mit schweren Dauerfolgen: erhebliche Verstümmelung). Einen eigenen Paragraphen für die Verstümmelung weiblicher Genitalien gibt es nicht.

***

ATM: **Versuch**; gesetzl.; 4; Hauptb.; Subst.; mask.; sg.; 1216; Strafrecht

ETM: attempting to commit an offence; FTM: tentative d'infraction pénale

TMQ: § 15 StGB

DEF: die Betätigung des Beschlusses eines Täters, eine Tat auszuführen oder einen anderen dazu zu bestimmen, durch eine der Ausführung unmittelbar vorangehende Handlung.

DFQ: nach § 15 StGB

NOT: Die Strafdrohungen gegen vorsätzliches Handeln gelten nicht nur für die vollendete Tat, sondern auch für den Versuch und für jede Beteiligung an einem Versuch. Bei Straftatbeständen (Verbrechen und Vergehen) ist der Versuch immer strafbar.

REL: Teilsynonym; breiter

DTM: **Versuch**; gesetzl.; 4; Hauptb.; Subst.; mask.; sg.

DTQ § 22 StGB

DEF: wer nach seiner Vorstellung von der Tat zur Verwirklichung des Tatbestandes unmittelbar ansetzt.

DFQ: nach § 22 StGB

NOT: Der Versuch eines Verbrechens ist stets strafbar, der Versuch eines Vergehens nur dann, wenn das Gesetz es ausdrücklich bestimmt.

***

ATM: **Verteidiger/in**; gesetzl.; 4; Hauptb.; Subst.; mask./fem.; sg.; 1216; Strafrecht; **Verteidiger/in in Strafsachen**

ETM: criminal defence lawyer; FTM: avocat de la défense

TMQ: § 11 (1) Geschäftsordnung für die Gerichte I. und II. Instanz

DEF: eine zur Ausübung der Rechtsanwaltschaft, eine sonst gesetzlich zur Vertretung im Strafverfahren berechtigte oder eine Person, die an einer inländischen Universität die Lehrbefugnis für Strafrecht und Strafprozessrecht erworben hat, sobald sie der Beschuldigte als Rechtsbeistand bevollmächtigt hat, und eine Person, die dem Beschuldigten nach den Bestimmungen dieses Gesetzes als Rechtsbeistand bestellt wurde.

DFQ: StPO § 48 (5)

NOT: In AT sind als Strafverteidiger nur Personen zugelassen, die an einer inländischen Universität die Lehrbefugnis für Strafrecht und Strafprozessrecht erworben haben.

REL: Synonym; enger

DTM: **Verteidiger/in**; gesetzl.; 4; Hauptb.; Subst.; mask./fem.; sg.

DTQ: § 137 StPO

DEF: zu Verteidigern können Rechtsanwälte sowie die Rechtslehrer an deutschen Hochschulen im Sinne des Hochschulrahmengesetzes mit Befähigung zum Richteramt gewählt werden. Andere Personen können nur mit Genehmigung des Gerichts gewählt werden. Gehört die gewählte Person im Fall der notwendigen Verteidigung nicht zu den Personen, die zu Verteidigern bestellt werden dürfen, kann sie zudem nur in Gemeinschaft mit einer solchen als Wahlverteidiger zugelassen werden.

DFQ: § 137 StPO

***

ATM: **Verteidigerliste**; gesetzl.; 4; Hauptb.; Subst.; fem.; sg.; 1216; Strafrecht; **Liste der Strafverteidiger**

ETM: list of licensed criminal defence lawyers; FTM: liste des avocats de la défense autorisées

TMQ: § 50 Rechtsanwaltsordnung

DEF: Liste aller im Sprengel des Gerichtshofes zweiter Instanz die Rechtsanwaltschaft wirklich ausübender Rechtsanwälte. Die Liste ist mit Anfang jedes Jahres zu erneueren und allen Strafgerichten zuzustellen, bei denen sie zu jedermanns Einsicht offenzuhalten ist.

DFQ: nach § 39 (3) StPO 1975

USE historisch, da mit 01.01.2008 aufgehoben.

DTM: **FEHLT** (Benennungslücke)

NOT: Bei Amtsgerichten liegen Listen aller bei ihnen zugelassener Rechtsanwälte auf. In Fällen von Pflichtverteidigung wählen sie einen Anwalt aus dieser Liste. Für diese Liste existiert jedoch kein eigener Terminus.

***

ATM: **Verteidigerzwang**; gesetzl.; 4; Nebenb.; Subst.; mask.; sg.; 1216; Strafrecht; **Beigebung eines Verteidigers, notwendige Verteidigung**

ETM: right to defence counsel (under certain conditions); FTM: défense obligatoire

TMQ: OGH 12Os74/89, 21.09.1989

DEF: die gesetzlich vorgeschriebene Vertretung eines Beschuldigten oder Angeklagten durch einen Strafverteidiger in konkreten Fällen.

DFQ: nach §§ 61 StPO; § 38 JGG

NOT: Z.B., wenn sich der Beschuldigte in Untersuchungshaft befindet, bei der Unterbringung in einer Anstalt für geistig abnorme Rechtsbrecher; für die erste Haftverhandlung, - in der Hauptverhandlung vor dem Schöffen- und Geschworenengericht etc. besondere Bedeutung auch im Jugenstrafrecht usw.

REL Synonym

DTM: **notwendige Verteidigung**; gesetzl.; 4; Hauptb.; MWA; fem.; sg.; **Pflichtverteidigung**, **Offizialverteidigung**

DTQ: § 68 JGG; § 142 StPO

DEF: die gesetzlich vorgeschriebene Vertretung eines Beschuldigten oder Angeklagten durch einen Pflichtverteidiger in bestimmten Fällen.

DFQ: nach Creif21

***

ATM: **Verteidigungsministerium**; gesetzl.; 4; Hauptb.; Subst; neutr.; sg.; 0421; Öffentl. Recht; **Bundesministerium für Landesverteidigung und Sport**; **BMLVS**

ETM: Ministry of Defence; FTM: ministère de la Défense

TMQ: http://www.bmlvs.gv.at/

DEF: oberste Behörde, die für alle militärischen Angelegenheiten zuständig ist, insbesondere die, die das Österreichische Bundesheer und die sportpolitischen Agenden betreffen.

DFQ: nach http://www.bmlvs.gv.at/ §§ 1 f. Bundesministeriengesetz 1986

REL: Synonym

DTM: **Bundesverteidigungsministerium**; gesetzl.; 3; Hauptb.; Subst.; neutr.; sg.; **Bundesministerium der Verteidigung**; **BMVg**

DTQ: § 7 Gefahrgutverordnung

DEF: im Frieden und im Spannungsfall die Inhaberin der Befehls- und Kommandogewalt (IBuK). Nur im Verteidigungsfall gehen diese auf die Bundeskanzlerin über.

DFQ: http://www.bmvg.de/portal/a/bmvg (10.02.2015)

***

ATM: **Verteilungsquote**; gesetzl.; 4; Hauptb.; Subst.; neutr.; sg.; 1226; Gerichtsorganisation; **Insolvenzquote**

ETM: distribution ratio in insolvency proceedings; FTM: taux de distribution de procédure en cas d'insolvabilité

TMQ: § 130 (1) IO

DEF: Teil des Verteilungsentwurfs, der die vorgesehene Verteilungsquote enthält, mit der die Forderungen der einzelnen Gläubiger befriedigt werden.

DFQ: § 130 (1) IO

REL: Teilsynonym; enger

DTM: **Verteilungsverzeichnis**; gesetzl.; 4; Hauptb.; Subst.; neutr.; sg.; 1211; Bürgerl. Recht

DTQ: § 188 InsO

DEF: vor einer Verteilung hat der Insolvenzverwalter ein Verzeichnis der Forderungen aufzustellen, die bei der Verteilung zu berücksichtigen sind. Das Verzeichnis ist auf der Geschäftsstelle zur Einsicht der Beteiligten niederzulegen. Der Verwalter zeigt dem Gericht die Summe der Forderungen und den für die Verteilung verfügbaren Betrag aus der Insolvenzmasse an; das Gericht hat die angezeigte Summe der Forderungen und den für die Verteilung verfügbaren Betrag öffentlich bekannt zu machen.

DFQ: § 188 InsO

***

ATM: **Vertragsbedienstete/r**; gesetzl.; 4; Hauptb.; Subst.; mask./fem.; sg.; 0436; Öffentl. Recht

ETM: contractual public servant; FTM: agent contractuel

TMQ: § 20 (1) (6) Beamten-Dienstrechtsgesetz 1979

DEF: Arbeitnehmer von Bund, Ländern, Gemeinden oder Gemeindeverbänden, die in einem privatrechtlichen Dienstverhältnis zum Bund stehen.

DFQ: nach § 1 (1) Vertragsbedienstetengesetz

REL Teilsynonym, funkt. Äquiv.

DTM: **Angestellte und Arbeiter des öffentlichen Dienstes;** gesetzl.; 4; Hauptb.; MWA; mask.; sg.; **Tarifbeschäftigte**

DTQ: § 8 Abgeordnetengesetz

DEF: Arbeiter bzw. Angestellter, der in einem privatrechtlichen Arbeitsverhältnis zum Verwaltungsträger steht.

DFQ: AlpBrock2

NOT: Ein äquivalenter Begriff fehlt ihm dt. Recht. Die Unterteilung in Arbeiter und Angestellte wurde im „Tarifvertrag öffentlicher Dienst", der mit 01.01.2015 in Kraft getreten ist, aufgehoben. In einzelnen Gesetzen ist dennoch von „Angestellten und Arbeitern des öffentlichen Dienstes" bzw. von „Tarifbeschäftigten" die Rede.

***

ATM: **Vertragszwang**; fachlit.; 4; Nebenb.; Subst.; mask.; sg.; 1211; Öffentl. Recht; **Kontrahierungszwang**

ETM: obligation to contract; FTM: obligation de contracter

TMQ: 1Ob55/97p, 29.04.1997; Welser, FWB Bürgerliches Recht

DEF: die Verpflichtung durch die Rechtsordnung, dass einige Versorgungsunternehmen (Post, Eisenbahn) mit jedermann unter Einhaltung der Geschäftsbedingungen einen Vertrag abschließen müssen.

DFQ: nach Welser, FWB Bürgerliches Recht

NOT: Ausnahme vom Grundsatz der Vertragsfreiheit; der Vertragszwang gilt insbesondere für lebenswichtige Unternehmen, auf deren Leistung jeder angewiesen ist.

REL Synonym

DTM: **Kontrahierungszwang**; gesetzl.; 4; Hauptb.; Subst.; mask.; sg.; **Abschlusszwang**

DTQ: § 3

DEF: Pflicht zum Abschluss eines Vertrags aufgrund öffentlichen Interesses oder wegen Verstoßes gegen das Diskriminierungsverbot.

DFQ: nach AlpBrock2

NOT: Ist entgegen dem Grundsatz der Privatautonomie und besteht insbesondere für Monopolanbieter von Versorgungsleistungen.

***

ATM: **vertrauliche Verschlusssachen**; gesetzl.; 4; Hauptb.; MWA; fem.; pl.; 0431; Öffentl. Sicherheit

ETM: confidential classified information; FTM: informations classifiées confidentielles

TMQ: §§ 2, 2a Abkommen über den gegenseitigen Schutz von Verschlusssachen

DEF: Informationen, wenn die Informationen unter strafrechtlichem Geheimhaltungsschutz stehen und ihre Geheimhaltung im öffentlichen Interesse gelegen ist.

DFQ: §§ 2, 2a Abkommen über den gegenseitigen Schutz von Verschlusssachen

REL: Synonym; breiter

DTM: **VS-vertraulich**; gesetzl.; 4; Hauptb.; MWA; fem.; sg.; **vertrauliche Verschlusssachen**

DTQ: §§ 2, 2a Abkommen über den gegenseitigen Schutz von Verschlusssachen

DEF: Informationen, wenn die Kenntnisnahme durch Unbefugte für die Interessen der Bundesrepublik Deutschland oder eines ihrer Länder schädlich sein kann.

DFQ: §§ 2, 2a Abkommen über den gegenseitigen Schutz von Verschlusssachen

***

ATM: Veruntreuung; gesetzl.; 4; Hauptb.; Subst.; fem.; sg.; 1216; Strafrecht
ETM: embezzlement; FTM: détournement
TMQ: § 133 StGB
DEF: sich oder einem Dritten rechtswidrige Zueignen eines einem anvertrauten Gutes mit dem Vorsatz, sich oder den Dritten dadurch unrechtmäßig zu bereichern.
DFQ: nach § 133 StGB
NOT: Wer ein Gut veruntreut, das ihm anvertraut wurde, ist mit einer Freiheitsstrafe bis zu sechs Monaten oder mit Geldstrafe bis zu 360 Tagessätzen zu bestrafen, bei einem Wert über € 3.000,-, mit einer Freiheitsstrafe bis zu drei Jahren, bei mehr als € 50.000,- mit einer Freiheitsstrafe von einem bis zu zehn Jahren.
REL: Synonym

DTM: Unterschlagung; gesetzl.; 4; Hauptb.; Subst.; fem.; sg.
DTQ: § 246 StGB
DEF: sich oder einem Dritten rechtswidrige Zueignen einer fremden beweglichen Sache.
DFQ: nach § 246 StGB
NOT: Freiheitsstrafe bis zu drei Jahren oder Geldstrafe, wenn die Tat nicht in anderen Vorschriften mit schwererer Strafe bedroht ist. Wenn die Sache dem Täter anvertraut ist: Freiheitsstrafe bis zu fünf Jahren oder Geldstrafe. Der Versuch ist strafbar.

***

ATM: Verwahrungshaft; gesetzl.; 4; Hauptb.; Subst.; fem.; sg.; 1216; Strafrecht; **Untersuchungshaft**
ETM: police custody; FTM: détention provisoire
TMQ: Art. 1 § 85 FinStrG
DEF: nennt man die Zeit (höchstens 48 Stunden nach Festnahme), die der Festgenommene aufgrund von Flucht-, Begehungs- oder Verdunkelungsgefahr festgehalten wird, bevor er in die Untersuchungshaft überstellt wird.
DFQ: nach Art. 1 §§ 85 ff. FinStrG

DTM: FEHLT

***

DTM: Verwarnung; gesetzl.; 4; Hauptb.; Subst.; fem.; sg.; 2806; Jugendstrafrecht
ETM: judicial reprimand; FTM: avertissement
DTQ: § 14 JGG
DEF: damit soll dem Jugendlichen das Unrecht der Tat eindringlich vorgehalten werden.
DFQ: § 14 JGG
ATM: FEHLT

***

ATM: Verwahrungsraum; gesetzl.; 4; Hauptb.; Subst.; mask.; sg.; 0431; Öffentl. Sicherheit
ETM: holding cell; FTM: cellule de détention
TMQ: Sicherheitspolizeigesetz § 1a Z. 4
DEF: die bauliche Gesamtheit der in einer Polizeiinspektion für kurzfristige Anhaltungen zur Verfügung stehenden Räume.
DFQ: Sicherheitspolizeigesetz § 1a Z. 4
REL: Synonym

DTM: Arrestzelle; fachlit.; 3; Hauptb.; Subst.; fem.; sg.; **Haftzelle**

DTQ http://www.polizei.bayern.de/oberfranken/news/presse/aktuell/index.html/214032 (10.01.2015)

DEF: ein Raum, in dem der Arrest vollzogen wird, sofern es sich nicht um einen Hausarrest handelt. Diese gibt es beim Militär, der Polizei und in einer Justizvollzugsanstalt.

DFQ: http://de.wikipedia.org/wiki/Arrestzelle (10.01.2015)

***

ATM: **Bundesverwaltungsgericht**; gesetzl.; 4; Hauptb.; MWA; neutr.; sg.; 1226; Gerichtsorganisation;

ETM: Federal Administrative High Court; FTM: Tribunal Administratif de la République Autriche

TMQ: Art. 129 BV-G

DEF: erkennt über Beschwerden in Rechtssachen in den Angelegenheiten der Vollziehung des Bundes, die unmittelbar von Bundesbehörden besorgt werden, über Beschwerden in Rechtssachen in den Angelegenheiten des öffentlichen Auftragswesens und über Streitigkeiten in dienstrechtlichen Angelegenheiten der öffentlich Bediensteten des Bundes.

DFQ: nach Art. 130 (1) BV-G

NOT: Obwohl beide Gerichte für Letztentscheidungen in Verwaltungsverfahren zuständig sind, unterscheiden sich ihre Aufgabengebiete z.T. deutlich.

REL: Teilsynonym; funkt. Äquiv.

DTM: **Bundesverwaltungsgericht**; gesetzl.; 4; Hauptb.; Subst.; neutr.; sg.

DTQ: § 10 VwGO

DEF: entscheidet im ersten und letzten Rechtszug über 1. öffentlich-rechtliche Streitigkeiten nichtverfassungsrechtlicher Art zwischen dem Bund und den Ländern und zwischen verschiedenen Ländern, 2. über Klagen gegen Vereinsverbote und Verfügungen, 3. über Streitigkeiten gegen Abschiebungsanordnungen und ihre Vollziehung, 4. über Klagen, denen Vorgänge im Geschäftsbereich des Bundesnachrichtendienstes zugrunde liegen u.a.m.

DFQ: § 50 VwGO

***

ATM: **Verwaltungsgericht des Landes**; gesetzl.; 4; Hauptb.; MWA; neutr.; sg.; 1226; Gerichtsorganisation

ETM: Provincial Administrative Court; FTM: tribunal administratif de l'état fédéré (Land)

TMQ: Art. 129 BV-G

DEF: erkennen über Beschwerden 1. gegen den Bescheid einer Verwaltungsbehörde wegen Rechtswidrigkeit; 2. gegen die Ausübung unmittelbarer verwaltungsbehördlicher Befehls- und Zwangsgewalt wegen Rechtswidrigkeit; 3. wegen Verletzung der Entscheidungspflicht durch eine Verwaltungsbehörde; 4. gegen Weisungen gemäß Art. 81a (4) BV-G.

DFQ: Art. 130. (1) BV-G

REL: Teilsynonym; funkt. Äquiv.

DTM: **Verwaltungsgerichshof (Ländername)**; gesetzl.; 4; Hauptb.; MWA; neutr.; sg.

DTQ: § 2 VwGO

DEF: der Verwaltungsrechtsweg ist in allen öffentlich-rechtlichen Streitigkeiten nichtverfassungsrechtlicher Art gegeben, soweit die Streitigkeiten nicht durch Bundesgesetz einem anderen Gericht ausdrücklich zugewiesen sind.

DFQ: § 40 VwGO

***

ATM: **Verwaltungssprengel**; gesetzl.; 4; Hauptb.; Subst.; mask.; sg.; 0436; Öffentl. Recht

ETM: administrative district; FTM: district administratif

TMQ: 116 B-VG

DEF: der einer Verwaltungsbehörde gesetzlich unterstehende Wirkungsbereich und als Verwaltungssprengel ist die Gemeinde Teil der Verwaltung des Bundes oder des Landes.

DFQ: nach Art. 116 B-VG

NOT: Dabei erfüllt die Gemeinde Aufgaben, die ihr vom Bund oder vom Land übertragen werden.

REL: Teilsynonym; funkt. Äquiv.

DTM: **staatlicher Verwaltungsbezirk**; fachlit.; 3; Hauptb.; MWA; mask.; sg.; 1211; Bürgerl. Recht

DTQ: Creif21

DEF: in den meisten Ländern deckungsgleich mit dem Kreis, in Niedersachsen und Sachsen, wo die staatlichen Verwaltungsaufgaben durch den Kreis als Gebietskörperschaft wahrgenommen werden.

DFQ: Creif21

NOT: Durch die Unterschiede zwischen den dt. Bundesländern nur bedingt Äquivalenz.

***

ATM: **Verwaltungsstrafgesetz**; gesetzl.; 4; Hauptb.; Subst.; neutr.; sg.; 1216/0436; Verwaltungsrecht/Strafrecht; **VStG**

ETM: General Administrative Procedures Act; FTM: loi relative aux administratives

TMQ: VStG

DEF: Bundesgesetz, das die Bestrafung von Verwaltungsübertretungen regelt.

DFQ: nach VStG, § 1

REL: Teilsynonym; funkt. Äquiv.

DTM: **Gesetz über Ordnungswidrigkeiten**; gesetzl.; 4; Hauptb.; MWA; neutr.; sg.; **OWiG**

DEF: Gesetz, das sich mit der Bestrafung von rechtswidrigen, vorwerfbaren Handlungen beschäftigt, die gegen einen gesetzlich normierten Zustand vertoßen, denen der Gesetzgeber aber keinen solchen kriminellen Unwertgehalt beigemessen hat, dass er sie mit Strafe bedroht und somit den Straftaten gleichgestellt hat.

DFQ: AlpBrock2

***

ATM: **Verwaltungsübertretung**; gesetzl.; 4; Hauptb.; Subst.; fem.; sg.; 1216/0436; Verwaltungsrecht

ETM: administrative offence; FTM: infraction administrative

TMQ: § 99 StVO Verwaltungsübertretung

DEF: begeht jemand, der gegen Verwaltungsvorschriften verstößt. Die zuständige Verwaltungsbehörde kann dagegen Verwaltungsstrafen verhängen.

DFQ: www.help.gv.at (15.08.2014)

REL: Synonym

DTM: **Ordnungswidrigkeit**; gesetzl.; 4; Hauptb.; Subst.; fem.; sg.

DTQ: § 1 OWiG

DEF: eine rechtswidrige und vorwerfbare Handlung, die den Tatbestand eines Gesetzes verwirklicht, das die Ahndung mit einer Geldbuße zuläßt.

DFQ: § 1 OWiG

NOT: Eine rechtswidrige und vorwerfbare Handlung, die den Tatbestand eines Gesetzes verwirklicht, das die Ahndung mit einer Geldbuße zuläßt. Für die Verfolgung von Ordnungswidrigkeiten ist die Verwaltungsbehörde zuständig, soweit nicht hierzu nach diesem Gesetz die Staatsanwaltschaft oder an ihrer Stelle für einzelne Verfolgungshandlungen der Richter berufen ist.

***

ATM: **Verwaltungsverordnung**; gesetzl.; 4; Hauptb.; Subst.; fem.; sg.; 0436; Verwaltungsrecht; **Erlass, Weisung**

ETM: administrative regulation; FTM: règlement administratif

TMQ: Art. 2 § 11 (3) BBKG (BSRG)

DEF: generelle Anordnung einer Verwaltungsbehörde, deren Adressaten ausschließlich nachgeordnete Verwaltungsorgane sind; eine Verwaltungsverordnung muss eine imperative Formulierung aufweisen.

DFQ: nach § 4 BGBlG; öhl7, 451

REL Synonym

DTM: **Verwaltungsvorschrift**; gesetzl.; 4; Hauptb.; Subst.; fem.; sg.; **Erlass, Runderlass, Richtlinie**

DTQ: § 8 (2) Z. 2 LVG

DEF: Verwaltungsvorschriften enthalten Anordnungen der vorgesetzten gegenüber den nachgeordneten Behörden, die innerhalb der Verwaltung für eine Vielzahl von Fällen gelten sollen.

DFQ: Creif21

***

ATM: **Verwendungsansprüche**; fachlit.; 3; Hauptb.; Subst; fem.; pl.; 1211; Bürgerl. Recht

ETM: claim based on unjust enrichment; FTM: obligation fondée sur un enrichissement sans cause (action en répétition de l'indu)

TMQ: Welser, FWB Bürgerliches Recht

DEF: Ansprüche, die einen Ausgleich dann gewähren, wenn die ungerechtfertigte Vermögensverschiebung oder -zuwendung nicht durch eine bewusste oder gewollte Leistung des Verkürzten, sondern auf andere Weise bewirkt wurde.

DFQ: nach §§ 1041 f. ABGB; Welser, FWB Bürgerliches Recht

NOT: Durch Verwendung einer Sache zum Nutzen eines andern (§ 1041 ABGB, sog. Verwendungsklage), dass jemand einen Aufwand getätigt hat, den eigentlich ein anderer hätte machen müssen; vgl. § 1042 ABGB.

REL Synonym

DTM: **Nichtleistungskondiktion**; fachlit.; 3; Hauptb.; Subst.; fem.; sg.

DTQ: AlpBrock2

DEF: Sammelbegriff für die Ansprüche aus ungerechtfertigter Bereicherung, bei denen die tatbestandliche Vermögensverschiebung nicht durch Leistung, sondern in sonstiger Weise erfolgt.

DFQ: nach §§ 812 (1) S 1 2. Fall, 816 BGB; AlpBrock2

NOT: Verwandte Begriffe: „**Eingriffskondiktion**"; „**Verwendungskondiktion**"; „**Rückgriffskondiktion**"

***

ATM: **Verwendungszusage**; gesetzl.; 4; Hauptb.; Subst.; fem.; sg.; 1211; Bürgerl. Recht

ETM: assurance of third party performance under the contract; FTM: accord qu'un tiers agit pour la partie contractante

TMQ: OGH RS0022438, 13.11.1928

DEF: § 880a ABGB regelt den Fall, dass „jemand einem anderen eine Leistung eines Dritten" verspricht und fügt hinzu, dass dies „als Zusage seiner Verwendung bei dem Dritten" zu verstehen ist; sog Verwendungszusage (§ 880a (1) HalbS ABGB)

DFQ: http://www.uibk.ac.at/zivilrecht/buch/kap15_0.xml?section-view=true;section=4

DTM: **FEHLT**

***

ATM: **Verwertungshandlung**; gesetzl.; 4; Hauptb.; Subst.; fem.; sg.; 1216; Strafrecht; **Hehlerei durch Verwerten**

ETM: act of exploitation of stolen goods; FTM: acte de l'exploitation de biens volés

TMQ: OGH 14Os47/96, 04.04.1996

DEF: eine Tätigkeit, durch die der Hehler dem Vortäter hilft, einen wirtschaftlichen Nutzen für die Sache oder durch die Sachen zu erlangen (z.B. Veranlassen der Schätzung einer entzogenen Sache; Hilfe beim Verpfänden oder Vermieten der Beute).

DFQ: Birklbauer/Hilf/Tipold, Strafrecht BT 1

NOT: Es handelt sich um eine Form der Hehlerei. Die Sanktion ist Freiheitsstrafe bis zu sechs Monaten oder Geldstrafe bis zu 360 Tagessätzen.

REL Synonym

DTM: **Absatzhilfe**; gesetzl.; 4; Hauptb.; Subst.; fem.; sg.

DTQ: § 259 StGB

DEF: jede vom Absatzwillen getragene vorbereitende, ausführende oder helfende Tätigkeit, die geeignet ist, den Vortäter bei seinem Bemühen um wirtschaftliche Verwertung der Beute zu unterstützen.

DFQ: BGH 3 StR 200/07, 30.08.2007

NOT: Es handelt sich um eine Form der Hehlerei. Die Sanktion ist Freiheitsstrafe bis zu fünf Jahren oder Geldstrafe.

***

ATM: **Verwirkungsabrede**; fachlit.; 3; Hauptb.; Subst.; fem.; sg.; 1211; Bürgerl. Recht

ETM: forfeiture agreement; FTM: clause de déchéance

TMQ: OGH, 1Ob658/78; 28.06.1978

DEF: Vereinbarung in einem Vertrag, dass der Schuldner seine Rechte aus dem Vertrag verlieren soll, wenn er seine Verbindlichkeit nicht oder nicht rechtzeitig erfüllt.

DFQ: nach Welser, FWB Bürgerliches Recht

NOT: Der Gläubiger ist bei dem Eintritt dieses Falles zum Rücktritt von dem Vertrag berechtigt.

REL Synonym

DTM: **Verwirkungsklausel**; gesetzl.; 3; Hauptb.; Subst.; fem.; sg.; **Verfallklausel**, **Klausel, kassatorische**, ***lex commissoria***

DTQ: § 354 BGB

DEF: Vereinbarung, wonach der Schuldner alle seine Rechte aus einem Vertrag verlieren soll, wenn er seine Verbindlichkeiten nicht oder nicht rechtzeitig erfüllt.

DFQ: nach § 354 BGB

***

ATM: **Verzögerungsstreifen**; gesetzl.; 4; Hauptb.; Subst.; mask.; sg.; 4806; Straßenverkehrsrecht

ETM: deceleration lane; FTM: voie de décélération

TMQ: § 2 (1) Z. 6b StVO

DEF: der Fahrstreifen, der bei Ausfahrten zum Einordnen in die Ausfahrt dient.

DFQ: § 2 (1) Z. 6b StVO

REL: Teilsynonym; funkt. Äquiv.

DTM: **Ausfädelungsstreifen**; gesetzl.; 4; Hauptb.; Subst.; mask.; sg.

DTQ: § 7a StVO

DEF: Fahrstreifen, insbesondere auf Autobahnen und Kraftfahrstraßen, die von der durchgehenden Fahrbahn abgehen.

DFQ: nach § 7a StVO

***

ATM: **Veterinärrat**; gesetzl.; 3; Hauptb.; Subst; mask.; sg.; 5696; Agrarrecht; **Veterinärrätin, VetR**
ETM: veterinary expert; FTM: expert vétérinaire

TMQ: Art. 1 Schaffung von Berufstiteln

DEF: ein Berufstitel für Angehörige des tierärztlichen Berufes.

DFQ: nach Art. 1 Schaffung von Berufstiteln

DTM: **FEHLT**

***

ATM: **VfGH**; gesetzl.; 4; Hauptb.; Subst.; mask.; sg.; 1226; Gerichtsorganisation; **Verfassungsgerichtshof**
ETM: Federal Constitutional Court; FTM: Cour constitutionnelle fédérale

TMQ: § 1 VfGG

DEF: erkennt über vermögensrechtliche Ansprüche gegen den Bund, die Länder, die Gemeinden und die Gemeindeverbände, die weder im ordentlichen Rechtsweg auszutragen noch durch Bescheid einer Verwaltungsbehörde zu erledigen sind.

DFQ: Art. 137 B-VG

REL: Kurzform; Name; Synonym

DTM: **Bundesverfassungsgericht**; gesetzl.; 4; Hauptb.; Subst.; neutr.; sg.

DTQ: § 1 BVerfGG

DEF: besteht aus zwei Senaten mit jeweils acht gewählten Richtern und entscheidet über die Verwirkung von Grundrechten, die Verfassungswidrigkeit von Parteien, Beschwerden gegen Entscheidungen des Bundestages, bei Meinungsverschiedenheiten über Rechte und Pflichten des Bundes und der Länder, in anderen öffentlich-rechtlichen Streitigkeiten zwischen dem Bund und den Ländern und a.m.

DFQ: nach §§ 1 ff. BVerfGG

***

ATM: **Vidimierung**; gesetzl.; 4; Hauptb.; Subst.; fem.; sg.; 0436; Verwaltungsrecht
ETM: notarial certification of true copies; FTM: authentification officielle de la copie d'un document

TMQ: § 76 NO

DEF: eine Beglaubigung der Übereinstimmung einer Abschrift oder Kopie mit einer Urkunde durch einen Notar, wobei die Übereinstimmung vom Notar auf der Kopie beglaubigt wird.

DFQ: nach § 77 NO

REL: Synonym

DTM: **Beglaubigung von Dokumenten**; gesetzl.; 4; Hauptb.; MWA; fem.; sg.; **Legalisation**

DTQ: § 33 Verwaltungsverfahrensgesetz

DEF: die Bestätigung, dass eine schriftlich abgefasste Urkunde echt ist. Dies wird mit der Unterschrift oder des Handzeichens (§ 126 BGB) erreicht.

DFQ: nach http://www.juraforum.de/lexikon/beglaubigung

***

ATM: **Vizepräsident/in des Arbeits- und Sozialgerichtes**; gesetzl.; 4; Hauptb.; MWA; mask./fem.; sg.; 1226; Gerichtsorganisation; **Vizepräsident/in des Arbeits- und Sozialgerichtes, Vpräs. ASG**
ETM: Vice-President of Court of Labour and Social Affairs; FTM: Vice-président du tribunal du travail et du contentieux social (Conseil des prud'hommes)

TMQ: RStDG § 168
DEF: Vertreter des Präsidenten des Arbeits- und Sozialgerichtes.
DFQ: nach § 65 RStDG
REL: Teilssynonym

DTM: **Vizepräsident/in des Arbeitsgerichtes**; gesetzl.; 4; Hauptb.; MWA; mask./fem.; sg.; **Vizepräsident/in des Sozialgerichtes**
DTQ: BBesO R 3
DEF: Vertretender des Präsidenten des Arbeits- oder Sozialgerichtes.
DFQ: nach BBesO R 3-4
NOT: In DE existieren gesonderte Höchstgerichte für die Arbeits- und Sozialgerichtsbarkeit.

***

ATM: **Vizepräsident/in des Asylgerichtshofes**; gesetzl.; 4; Hauptb.; MWA; mask./fem.; sg.; 1226; Gerichtsorganisation; **VPräs. AsylGH**

ETM: Vice-President of the Court of Asylum; FTM: Vice-président de la Cour nationale du droit d'asile

TMQ: § 2 AsylGHG
DEF: der Vertreter des Präsidenten des Asylgerichtshofes.
DFQ: www.asylgh.gv.at (14.02.2015); Art. 1 §§ 2 ff. Asylgerichtshof - Einrichtungsgesetz

DTM: FEHLT

***

ATM: **Vizepräsident/in des Handelsgerichtes**; gesetzl.; 4; Hauptb.; MWA; mask./fem.; sg.; 1226; Gerichtsorganisation; **Vizepräsident des Handelsgerichtes**

ETM: Vice-President of the Commercial Court; FTM: Vice-président du tribunal de commerce

TMQ: § 65 RStDG
DEF: Vertreter des Präsidenten des Handelsgerichtes
DFQ: nach § 65 RStDG; www.bmj.gv.at

DTM: FEHLT
NOT: Die Kammer für Handelssachen sind Spruchkörper bei deutschen Landgerichten. Ein eigenes Gericht gibt es für Handelssachen nicht. Sie sind mit einem Berufsrichter (dem vorsitzenden Richter an der Kammer für Handelssachen) und zwei fachkundigen ehrenamtlichen Richtern (sog. Handelsrichtern) besetzt.

***

ATM: **Vizepräsident/in des Landesgerichtes**; gesetzl.; 4; Hauptb.; MWA; mask./fem.; sg.; 1226; Gerichtsorganisation; **Vpräs. LG**

ETM: Vice-President of the Provincial Court; FTM: Vice-président du tribunal de grande instance

TMQ: GOG § 78b
DEF: der ständige Vertreter eines Präsidenten des Landesgerichtes.
DFQ: nach www.justiz.gv.at (14.02.2015)
REL Synonym

DTM: **Vizepräsident/in des Landgerichtes**; gesetzl.; 4; Hauptb.; MWA; mask./fem.; sg.
DFQ: http://www.mv-justiz.de/pages/ordent_gerichte/lg_nb.htm (14.02.2015)
DEF: der ständige Vertreter eines Präsidenten des Landgerichtes.
DFQ: nach §§ 59 ff. GVG; § 19a DRiG

***

ATM: **Vizepräsident/in des Landesschulrates für (...mit Beifügung des Bundeslandes);** gesetzl.; 4; Hauptb.; MWA; mask./fem.; sg.; 3206; Schulrecht; **Vizepräsident/in des Landesschulrates für (...mit Beifügung des Bundeslandes), VPräs. LSR**

ETM: Vice-President of the Regional Education Authority; FTM: Vice-président de l'inspection scolaire

TMQ: § 8 Bundes-Schulaufsichtsgesetz

DEF: in jenen fünf Bundesländern zu bestellen, die nach dem Ergebnis der letzten durchgeführten amtlichen Volkszählung die meisten Einwohner haben.

DFQ: nach §§ 6, 8 Bundes-Schulaufsichtsgesetz

NOT: Hat das Recht der Akteneinsicht und der Beratung in allen Angelegenheiten des Landesschulrates.

DTM: **FEHLT**

NOT: Keine Entsprechung vorhanden, da das jeweilige Landesrecht die Zuständigkeit für die Schulaufsicht schulartspezifisch unterschiedlich regelt.

***

ATM: **Vizepräsident/in des Obersten Gerichtshofes**; gesetzl.; 4; Hauptb.; MWA; mask./fem.; sg.; 1226; Gerichtsorganisation; **Vizepräsident/in des Obersten Gerichtshofes, Vpräs. OGH**

ETM: Vice-President of the Supreme Court; FTM: Vice-président de la Cour suprême

TMQ: § 3 OGHG

DEF: Vertreter des Präsidenten des Obersten Gerichtshofes. Ihm obliegen die Aufgaben des Präsidenten bei dessen Verhinderung.

DFQ: www.ogh.gv.at; § 3 (5) OGHG

DTM: **FEHLT**

DFQ: §§ 123 ff. GVG; www.bundesgerichtshof.de

***

ATM: **Vizepräsident/in des Stadtschulrates für Wien**; gesetzl.; 4; Hauptb.; MWA; mask./fem.; sg.; 3206; Schulrecht; **Vizepräsident/in des Stadtschulrates für Wien, Vpräs. SSR Wien**

ETM: Vice-President of the Viennese Board of Education; FTM: Vice-président du conseil scolaire de la ville de Vienne

TMQ: § 1 B-KUVG

DEF: Vertreter des Präsidenten im Verhinderungsfall.

DFQ: § 3 Bundes-Schulaufsichtsgesetz

NOT: Der Benennungsunterschied ergibt sich aus dem Umstand, dass Wien gleichzeitig Stadt und Bundesland ist.

DTM: **FEHLT**

NOT: Keine Entsprechung vorhanden, da das jeweilige Landesrecht die Zuständigkeit für die Schulaufsicht schulartspezifisch unterschiedlich regelt.

***

ATM: **Vizepräsident/in des Verfassungsgerichtshofes**; gesetzl.; 4; Hauptb.; MWA; mask./fem.; sg.; 1226; Gerichtsorganisation; **Vpräs. VfGH**

ETM: Vice-President of the Constitutional Court; FTM: Vice-président du Cour Constitutionnelle

TMQ: § 3 VfGG

DEF: Vertreter des Präsidenten des Verfassungsgerichtshofes bei Verhinderung und kann in alle Akten, Register und Vormerkungen des Gerichtshofes Einsicht nehmen.

DFQ: nach Art. 1, 4, 7 B-VG; §§ 1 ff. VfGG; www.vfgh.gv.at

REL Synonym

DTM: **Vizepräsident/in des Bundesverfassungsgerichts**; gesetzl.; 4; Hauptb.; MWA; mask./fem.; sg.; **Vpräs. BVerfGG**

DTQ: § 9 BVerfGG

DEF: der Vertreter des Präsidenten des Bundesverfassungsgerichts und ist aus dem Senat zu wählen, dem der Präsident nicht angehört.

DFQ: nach Art. 94 GG; §§ 9 ff. BVerfGG; www.bundesverfassungsgericht.de

NOT: Bei der ersten Wahl wählt der Bundestag den Präsidenten, der Bundesrat den Vizepräsidenten.

***

ATM: **Vizepräsident/in des Verwaltungsgerichtshofes**; gesetzl.; 4; Hauptb.; MWA; mask./fem.; sg.; 1226; Gerichtsorganisation; **VPräs VwGH**

ETM: Vice-President of the Federal Administrative High Court; FTM: Vice-président du Cour supreme fédérale administrative

TMQ: Art. 2 und 4 VwGG

DEF: Berufsrichter, der in der Ausübung seines richterlichen Amtes unabhängig ist. Er ist der Vertreter des Präsidenten im Verhinderungsfall.

DFQ: Art. 2 und 4 VwGG; www.vwgh.gv.at

REL Synonym

DTM: **Vizepräsident/in am Bundesverwaltungsgericht**; gesetzl.; 4; Hauptb.; MWA; mask./fem.; sg.

DTQ: www.bundesverwaltungsgericht.de

DEF: Berufsrichter, der in der Ausübung seines richterlichen Amtes unabhängig ist. Er ist der Vertreter des Präsidenten im Verhinderungsfall.

DFQ: www.bundesverwaltungsgericht.de

***

ATM: **Volksanwalt/-wältin**; gesetzl.; 4; Hauptb.; Subst.; mask./fem.; sg.; 0436; Öffentl. Recht; **VA**

ETM: Austrian national ombudsman; FTM: ombudsman; médiateur national

TMQ: § 1 Geschäftsordnung der Volksanwaltschaft

DEF: Organ zur Kontrolle der öffentlichen Verwaltung sowie ein Ombudsmann, der zwischen Bürgern einerseits, Ämtern und Behörden andererseits vermitteln soll, wenn erstere sich ungerecht behandelt fühlen und die Rechtsmittel ausgeschöpft sind.

DFQ: nach §§ 1 ff. Geschäftsordnung der Volksanwaltschaft (GeO der VA 2007) BGBl. II 161/2007

NOT: Anmerkung: Rechtsgrundlage in Verbindung mit der Geschäftsordnung der Volksanwaltschaft.

DTM: **FEHLT**

NOT: In DE fehlt ein dem Ombudsmann ähnliches Organ.

***

ATM: **Volksanwaltschaft**; gesetzl.; 4; Hauptb.; Subst.; fem.; sg.; 0436; Öffentl. Recht

ETM: Office of the Austrian National Ombudsman; FTM: institution du médiateur national autrichienautrichien

TMQ: 148a B-VG

DEF: eine Einrichtung des Bundes, bei der sich jede Person wegen behaupteter Missstände in der Verwaltung des Bundes einschließlich dessen Tätigkeit als Träger von Privatrechten, insbesondere wegen einer behaupteten Verletzung in Menschenrechten, beschweren kann, sofern er/sie von diesen Missständen betroffen ist und soweit ein Rechtsmittel nicht oder nicht mehr zur Verfügung steht.

DFQ: nach Art. 148a ff. BVG

NOT: Jedermann kann sich bei der Volksanwaltschaft wegen behaupteter Missstände in der Verwaltung des Bundes einschließlich dessen Tätigkeit als Träger von Privatrechten beschweren, sofern er von diesen Missständen betroffen ist und soweit ihm kein Rechtsmittel zur Verfügung steht. Jede solche Beschwerde ist von der Volksanwaltschaft zu prüfen. Daneben ist die Volksanwaltschaft berechtigt, von ihr vermutete Missstände von Amts wegen zu prüfen.

DTM: FEHLT

***

ATM: Volksbefragung; gesetzl.; 4; Hauptb.; Subst.; fem.; sg.; 1226; Öffentl. Recht

ETM: public consultation; FTM: consultation populaire

TMQ: Art. 49b. (1) B-VG

DEF: eine bundesweite Abstimmung über eine Angelegenheit von grundsätzlicher und gesamtösterreichischer Bedeutung, zu deren Regelung die Bundesgesetzgebung zuständig ist.

DFQ: Art. 49b. (1) B-VG

NOT: Eine Volksbefragung hat stattzufinden, sofern der Nationalrat dies auf Grund eines Antrages seiner Mitglieder oder der Bundesregierung nach Vorberatung im Hauptausschuss beschließt. Das Ergebnis ist gesetzlich unverbindlich, wohl aber von großer politischer Bedeutung.

REL: Falscher Freund

DTM: Volksbefragung; gesetzl.; 4; Hauptb.; Subst.; fem.; sg.

DTQ: Art. 29 (5) GG

DEF: darauf gerichtet festzustellen, ob eine in dem Gesetz vorzuschlagende Änderung der Landeszugehörigkeit Zustimmung findet. Das Gesetz kann verschiedene, jedoch nicht mehr als zwei Vorschläge der Volksbefragung vorlegen.

DFQ: Art. 29 (5) GG

NOT: Stimmt eine Mehrheit einer vorgeschlagenen Änderung der Landeszugehörigkeit zu, so ist durch Bundesgesetz innerhalb von zwei Jahren zu bestimmen, ob die Landeszugehörigkeit gemäß Absatz 2 geändert wird.

***

ATM: Volksbegehren; gesetzl.; 4; Hauptb.; Subst.; neutr.; sg.; 1226; Öffentl. Recht

ETM: popular initiative; FTM plébiscite

TMQ: § 1 Volksbegehrengesetz 1973

DEF: ein von (mindestens) 100 000 Stimmberechtigten oder von je einem Sechstel der Stimmberechtigten dreier Länder gestellter Antrag, der von der Bundeswahlbehörde dem Nationalrat zur Behandlung vorzulegen ist. Das Volksbegehren muss eine durch Bundesgesetz zu regelnde Angelegenheit betreffen und kann in Form eines Gesetzesantrages gestellt werden.

DFQ: § 69 (2) GOG-NR

NOT: In AT kann jede durch Bundesgesetz zu regelnde Angelegenheit betreffende Sache Gegenstand eines Volksbegerhens sein und sie kann in Form eines Gesetzesantrages gestellt werden. (Art. 41 (2) B-VG)

REL: Teilsynonym

DTM: Volksbegehren; gesetzl.; 4; Hauptb.; Subst.; neutr.; sg.

DTQ: G Art.29 (6)

DEF: eine Initiative von Bewohnern in einem zusammenhängenden, abgegrenzten Siedlungs- und Wirtschaftsraum, dessen Teile in mehreren Ländern liegen und der mindestens eine Million

Einwohner hat (Neugliederungsraum), das darauf gerichtet sein muss, für den Neugliederungsraum eine einheitliche Landeszugehörigkeit herbeizuführen.

DFQ: nach § 18 G Art. 29 (6)

***

DTM: Volksentscheid; gesetzl.; 4; Hauptb.; Subst.; mask.; sg.; 1226; Öffentl. Recht

ETM: referendum; FTM: référendum

DTQ: Erster Abschn. G Art. 29 (6)

DEF: eine Abstimmung über das gemäß Art. 29 (2) des Grundgesetzes beschlossene Gesetz über eine Maßnahme zur Neugliederung über die Frage, ob die betroffenen Länder wie bisher bestehenbleiben sollen oder ob das neue oder neu umgrenzte Land gebildet werden soll.

DFQ: § 1 G Art. 29 (6)

ATM: FEHLT

***

ATM: Volksschule (1); gesetzl.; 4; Hauptb.; Subst.; fem.; sg.; 3206; Schulrecht

ETM: primary school; FTM: école primaire

TMQ: § 3 (1) SCHUOG

DEF: die Grundstufe des Schulwesens in Österreich, die die ersten vier Schulstufen vom 6.-10 Lebensjahr umfasst und die Aufgabe hat, eine für alle Schüler gemeinsame Elementarbildung unter Berücksichtigung einer sozialen Integration behinderter Kinder zu vermitteln.

DFQ: nach § 3 (1) SCHUOG

NOT: Bis 1968 auch in Deutschland gesetzlicher Begriff für die ersten vier Schuljahre. Der Begriff Volksschule existiert aber auch noch nach 1968 - er wird zumeist für Schulen verwendet, die Grund- und Hauptschule unter einem Dach vereinen (oft aber auch für reine Grundschulen). Außerdem wird in Bayern das Schulwesen an Grund- und Hauptschulen unter anderem durch die Bayerische Volksschulordnung (VSO) geregelt, die unter anderem besagt, dass einzuschulende Kinder volksschulpflichtig werden. (http://de.wikipedia.org/wiki/Volksschule)

REL Synonym

DTM: Grundschule; gesetzl.; 4; Hauptb.; Subst.; fem.; sg.

DTQ: § 5 Schulgesetz für Baden-Württemberg

DEF: die gemeinsame Grundstufe des Schulwesens. Sie vermittelt Grundkenntnisse und Grundfertigkeiten und umfasst vier Schuljahre.

DFQ: nach § 5 Schulgesetz für Baden-Württemberg

NOT: Das Schulgesetz für Baden-Württemberg wird als exemplarisches Beispiel verwendet, da das Schulwesen in DE Landessache ist.

***

ATM: Volksschule (2); gesetzl.; 4; Hauptb.; Subst.; fem.; sg.; 1211; Bürgerl. Recht

ETM: primary school; FTM: école primaire, école élémentaire

TMQ: § 3 (1) SCHUOG

DEF: die Grundstufe des Schulwesens in Österreich, die die ersten vier Schulstufen vom 6.-10 Lebensjahr umfasst und die Aufgabe hat, eine für alle Schüler gemeinsame Elementarbildung unter Berücksichtigung einer sozialen Integration behinderter Kinder zu vermitteln.

DFQ: nach § 3 (1) SCHUOG

NOT: Bis 1968 auch in DE gesetzlicher Begriff für die ersten vier Schuljahre. Der Begriff Volksschule existiert aber auch noch nach 1968 - er wird zumeist für Schulen verwendet, die Grund- und Hauptschule unter einem Dach vereinen (oft aber auch für reine Grundschulen). Außerdem wird in Bayern das Schulwesen an Grund- und Hauptschulen unter anderem durch die Bayerische Volksschulordnung (VSO) geregelt, die unter anderem besagt, dass einzuschulende Kinder volksschulpflichtig werden. (http://de.wikipedia.org/wiki/Volksschule)

REL: Falscher Freund

DTM: **Volksschule**; gesetzl.; 4; Hauptb.; Subst.; fem.; sg.

DTQ: Schulordnung für die Grund- und Hauptschulen (Volksschulen) in Bayern

DEF: ein spezifischer Schulytyp Bayerns, der als Sammelbezeichnung die Grund- und Hauptschulen umfasst.

DFQ: nach § 1 Schulordnung für die Grund- und Hauptschulen (Volksschulen) in Bayern

NOT: Diese Schulordnung gilt für die öffentlichen Grundschulen und Hauptschulen (Volksschulen) und die staatlich anerkannten Ersatzschulen mit dem Charakter einer öffentlichen Schule. (§ 1 Schulordnung für die Grund- und Hauptschulen (Volksschulen) in Bayern)

***

ATM: **Vollpension**; gesetzl.; 4; Hauptb.; Subst.; fem.; sg.; 2836; Pensionsrecht

ETM: unreduced pension; FTM: pension de retraite complète

TMQ: § 1 (2) Teilpensionsgesetz

DEF: eine Pension in ungekürzter Höhe.

DFQ: § 1 (2) Teilpensionsgesetz

REL: Synonym

DTM: **Vollrente**; gesetzl.; 4; Hauptb.; Subst.; fem.; sg.

DTQ: § 42 SBGB VI

DEF: eine Rente wegen Alters in voller Höhe (Vollrente).

DFQ: § 42 (1) SBGB VI

NOT: In AT wird der Begriff „**Pension**" für die Altersversorgungen aller Bevölkerungsgruppen verwendet und nicht nur für Beamte (wie in DE). „**Rente**" bezeichnet Versorgungsleistungen aus der Unfallsversicherung.

***

ATM: **vollstreckbarer Notariatsakt**; gesetzl.; 4; Hauptb.; MWA; mask.; sg.; 1211; Exekutionsrecht

ETM: enforceable notarial deed; FTM: acte notarié exécutoire

TMQ: § 54 (2) EO

DEF: ein exekutionsfähiger Notariatsakt.

DFQ: nach § 3 NO; § 1 EO

REL: Synonym

DTM: **vollstreckbare Urkunde**; gesetzl.; 4; Hauptb.; MWA; fem.; sg.; **vollstreckbare notarielle Urkunde**, **vollstreckbare Ausfertigung**

DTQ: § 797 (2) ZPO

DEF: eine von einer Notarin oder von einem Notar aufgenommene amtliche Urkunde. Aus ihr kann unter besonderen Umständen die Zwangsvollstreckung wie aus einem Urteil betrieben werden.

DFQ: http://www.justiz.nrw.de/BS/recht_a_z/N/Notarielle_Urkunde/index.php (18.01.2015); § 797 (2) ZPO

***

ATM: **Vollstreckbarkeitsbestätigung**; gesetzl.; 4; Hauptb.; Subst.; fem.; sg.; 1211; Exekutionsrecht

ETM: declaration of enforceability; FTM: décision d'exequatur

TMQ: § 7 (3) EO

DEF: die Bestätigung eines Gerichtes oder einer Verwaltungsbehörde, dass eine Entscheidung oder Verfügung vollstreckbar ist.

DFQ: ÖRWB; § 7 (3) EO

REL Synonym

NOT: Für die Ausfertigung der Vollstreckbarkeitsbestätigung ist eine besondere Stampiglie (blau) nach einem bestimmten Muster zu verwenden.

DTM: **Vollstreckbarkeitsentscheidung**; gesetzl.; 4; Hauptb.; Subst.; fem.; sg.

DTQ: AlpBrock2

DEF: eine gerichtliche (Neben-) Entscheidung in der Urteilsformel eines Urteils über die Vollstreckbarkeit des Urteils.

DFQ: nach AlpBrock2

***

ATM: **Vollstreckbarkeitsverjährung**; gesetzl.; 4; Hauptb.; Subst.; fem.; sg.; 1216; Strafrecht

ETM: limitation period for enforcement of a sentence; FTM: prescription de la force exécutoire

TMQ: OGH 13Os88/94 (13Os89/94); 13Os132/05v

DEF: die Frist, ab der eine verhängte Strafe nicht mehr vollzogen werden darf.

DFQ: nach OGH 13Os88/94 (13Os89/94); 13Os132/05v

NOT: Die Frist der Vollstreckbarkeitsverjährung beginnt mit der Rechtskraft des Strafurteils zu laufen; allerdings ist in die laufende Verjährungsfrist (u.a.) die Probezeit einer bedingten Strafnachsicht nicht einzurechnen.

DTM: **FEHLT**

***

ATM: **Vollstreckungsbekämpfungsklage**; gesetzl.; 4; Hauptb.; Subst.; fem.; sg.; 1221; Prozessrecht; **Impugnationsklage**

ETM: foreclosure suit; FTM: plainte contre l'exécution

TMQ: OGH, 26.11.1996, 1Ob2095/96m

DEF: die Klage des aus einer Exekution Verpflichteten gegen seinen Gläubiger zur Geltendemachung seiner Einwendungen, wenn er: 1. bestreitet, dass die für die Fälligkeit oder Vollstreckbarkeit des Anspruches maßgebenden Tatsachen oder die angenommene Rechtsnachfolge eingetreten seien 2. bestreitet, dass sich der Anspruch, zu dessen Hereinbringung die Exekution bewilligt wurde, auf Grund einer Wertsicherungsklausel ergibt 3. behauptet, dass der betreibende Gläubiger auf die Einleitung der Exekution überhaupt oder für eine einstweilen noch nicht abgelaufene Frist verzichtet hat.

DFQ: nach § 36 EO

NOT: Wenn der Klage rechtskräftig stattgegeben wird, ist die Exekution einzustellen.

DTM: **Klage gegen Vollstreckungsklausel**; gesetzl.; 4; Hauptb.; Subst.; fem.; sg.; **Klauselgegenklage**;

DTQ: § 768 ZPO

DEF: ein Rechtsmittel mit dem der Schuldner sich gegen die Erteilung einer qualifzierten Klausel wehren kann, wenn es an materiellen Voraussetzungen für die Erteilung fehlt.

DFQ: www.lexexakt.de/glossar/klauselgegenklage.php (12.12.2014)

***

ATM: **Vollstreckungsgegenklage**; gesetzl.; 4; Hauptb.; Subst.; fem.; sg.; 1211; Insolvenzrecht; **Oppositionsklage**

ETM: foreclosure defence claim; FTM: action en opposition à une exécution

TMQ: § 374 StPO

DEF: eine Klage, mit der im Zuge des Exekutionsverfahrens Einwendungen erhoben werden gegen den Anspruch, zu dessen Gunsten die Exekution bewilligt wurde.

DFQ: nach § 35 EO

NOT: Nur insofern möglich, als diese auf den Anspruch aufhebenden oder hemmenden Tatsachen beruhen, die erst nach Entstehung des diesem Verfahren zugrunde liegenden Exekutionstitels eingetreten sind. Falls jedoch dieser Exekutionstitel in einer gerichtlichen Entscheidung besteht, ist der Zeitpunkt maßgebend, bis zu welchem der Verpflichtete von den bezüglichen Tatsachen im vorausgegangenen gerichtlichen Verfahren wirksam Gebrauch machen konnte.

REL: Synonym

DTM: **Vollstreckungsabwehrklage**; gesetzl.; 4; Hauptb.; Subst.; fem.; sg.; **Vollstreckungsgegenklage**

DTQ: Creif21

DEF: eine Klage, durch die Einwendungen gegen den im Urteil festgestellten Anspruch beim Prozessgericht geltend gemacht werden.

DFQ: nach Creif21

***

ATM: **Vollstreckungsvereitelung**; gesetzl.; 4; Hauptb.; Subst.; fem.; sg.; 1216; Strafrecht; **Exekutionsvereitelung**

ETM: actions to defeat recovery under an enforcement order; FTM: mise en échec d'une exécution judiciare

TMQ: § 162 StGB

DEF: die Verheimlichung, das beiseite Schaffen, die Veräußerung oder Beschädigung eines Bestandteiles des Schuldnervermögens, um die Befriedigung des Gläubigers durch Zwangsvollstreckung oder in einem anhängigen Zwangsvollstreckungsverfahren zu vereiteln oder zu schmälern.

DFQ: nach § 162 StGB

REL Synonym

DTM: **Zwangsvollstreckungsvereitelung**; gesetzl.; 4; Hauptb.; Subst.; fem.; sg.; **Vereiteln der Zwangsvollstreckung**

DTQ: AlpBrock2

DEF: ein Sonderdelikt für Vollstreckungsschuldner, die bei einer drohenden Zwangsvollstreckung eigene Vermögensbestandteile veräußern oder beiseite schaffen, um die Befriedigung des Gläubigers zu vereiteln.

DFQ: nach AlpBrock2

NOT: Der Straftatbestand im dt. StGB ist bei weitem nicht so detailliert wie im österr. StGB.

***

ATM: **Vollzug mit Freiheitsentziehung verbundener vorbeugender Maßnahmen**; gesetzl.; 4; Hauptb.; MWA; mask.; sg.; 1216; Jugendstrafrecht

ETM: custodial sentence in special institutions for offenders with substance dependencies; FTM: détention pénale par privation de liberté et mesures de prévention

TMQ: § 57 JGG

DEF: die Unterbringung in Anstalten für geistig abnorme Rechtsbrecher bzw. in Anstalten für entwöhnungsbedürftige Rechtsbrecher (§§ 158 f. StVG).

DFQ: nach § 57 JGG; §§ 158 f. StVG

NOT: Es ist lediglich eine bestimmte Deckungsgleichheit gegeben, da das dJGG zusätzliche Maßnahmen vorsieht.

REL: Teilsynonym

DTM: Maßregeln der Besserung und Sicherung; gesetzl.; 4; Hauptb.; MWA; fem.; pl.

DTQ: § 7 JGG

DEF: als Maßregeln der Besserung und Sicherung im Sinne des allgemeinen Strafrechts können die Unterbringung in einem psychiatrischen Krankenhaus oder einer Entziehungsanstalt, die Führungsaufsicht oder die Entziehung der Fahrerlaubnis angeordnet werden.

DFQ: § 7 JGG

***

ATM: Vollzugsdirektion; gesetzl.; 4; Hauptb.; Subst.; fem.; sg.; 1216; Strafrecht; **Direktion für den Vollzug freiheitsentziehender Maßnahmen**

ETM: Enforcement of Custodial Penalties Directorate; FTM: direction de l'application des mesures de détention

TMQ: § 12 (1) StVG

DEF: die Vollzugsoberbehörde, sie ist dem Bundesministerium für Justiz unmittelbar nachgeordnet.

DFQ: § 12 (1) StVG

NOT: In den dt. Bundesländern existieren unterschiedliche Organisationsformen. In manchen gibt es sog. Justizvollzugsämter, die eine ähnliche Funktion haben wie die Vollzugsdirektion.

DTM: FEHLT

***

ATM: Vollzugssenate; gesetzl.; 4; Hauptb.; Subst.; mask.; sg.; 1216; Strafvollzugsrecht

ETM: senate for the execution of custodial sentences; FTM: sénat pour l'exécution des peines

TMQ: § 18 (1) StVG

DEF: im Verfahren nach den §§ 16 (3) und 16a steht die Entscheidung einem Senat zu. Die Senate setzen sich aus zwei Richtern, von denen einer den Vorsitz führt, und einem fachkundigen Laienrichter zusammen.

DFQ: § 18 (1) StVG

DTM: FEHLT

***

ATM: Vorbehaltserbe; fachlit.; 3; Hauptb.; Subst.; mask.; sg.; 1211; Erbrecht; **Erbe mit Vorbehalt**

ETM: an heir's conditional acceptance of inheritance; FTM: héritier ayant délivré une acceptation de l'héritage sous bénéfice d'inventaire

TMQ: 5Ob311/62, 07.02.1963; OGH

DEF: ein Erbe, der eine bedingte Erbserklärung abgegeben hat.

DFQ: nach § 802 ABGB

DTM: FEHLT

***

ATM: Vorbehaltsfläche; fachlit.; 3; Hauptb.; Subst.; fem.; sg.; 2846; Raumplanung

ETM: reserved area; FTM: terrain réservé

TMQ: Handbuch der Planungsbegriffe

DEF: Flächen für öffentliche Einrichtungen und Anlagen, für die eine nachweisbare Notwendigkeit besteht, die öffentlichen Zwecken dienen und dem umliegenden Gebiet zugeordnet sind.

DFQ: Handbuch der Planungsbegriffe; § 26c Steiermärkisches Raumordnungsgesetz 1974; http://www.rechnungshof.gv.at/

REL Synonym

DTM: Vorbehaltsgebiet; fachlit.; 3; Hauptb.; Subst.; neutr.; sg.

DTQ: Handbuch der Planungsbegriffe

DEF: Gebiete, in denen einem bestimmten, überörtlich bedeutsamen fachlichen Belang bei der Abwägung mit konkurrierenden Nutzungsansprüchen besonderes Gewicht beizumessen ist.

DFQ: de.wikipedia.org/wiki/Vorbehaltsgebiet (15.02.2015)

NOT: In Bayern „**Vorbehaltsfläche**"

***

ATM: **vorbereitende Tagsatzung**; gesetzl.; 4; Hauptb.; MWA; fem.; sg.; 1221; Prozessrecht

ETM: preparatory hearing; FTM: audience préliminaire

TMQ: § 258 ZPO

DEF: ist als Teil der mündlichen Streitverhandlung anzuberaumen, wenn der Beklagte die Klage beantwortet oder Einspruch gegen einen Zahlungsbefehl im Mahnverfahren erhoben hat.

DFQ: nach § 258 ZPO; http://www.help.gv.at/Content.Node/101/Seite.1010324.html (28.07.2009)

NOT: Sie dient idR der Entscheidung über die Prozesseinreden; Darstellung des Sachverhalts und der Rechtsansprüche durch die Parteien; Erörterung des Sach- und Rechtsvorbringens der Parteien durch das Gericht und der Vornahme eines Vergleichsversuchs. Kommt es zu keinem Vergleich, wird der weitere Fortgang des Prozesses besprochen.

REL: Synonym

DTM: **früher erster Termin**; gesetzl.; 4; Hauptb.; MWA; mask.; sg.

DTQ: § 275 ZPO

DEF: der Termin zur Durchführung der mündlichen Verhandlung über einen Zivilrechtsstreit, den der Vorsitzende sogleich mit Zustellung der Klageschrift und möglichst kurzfristig anzuberaumen hat, wenn er kein schriftliches Vorverfahren anordnet.

DFQ: nach § 275 ZPO; AlpBrock2

***

ATM: **vorbeugende Maßnahmen**; gesetzl.; 4; Hauptb.; MWA; fem.; pl.; 1216; Strafvollzug; **Maßnahmenvollzug**

ETM: involuntary commitment; FTM: dispositif préventif

TMQ: § 1 (1) StGB

DEF: anzuordnen, wenn die Voraussetzungen hierfür auf Grund einer oder mehrerer der mit Strafe bedrohten Handlungen, über die gleichzeitig geurteilt wird, gegeben sind.

DFQ: nach §§ 24 ff., § 28 (1) StGB,

NOT: Dazu gehören: die Unterbringung in einer Anstalt für geistig abnorme Rechtsbrecher, entwöhnungsbedürftige Rechtsbrecher sowie gefährl. Rückfalltäter.

REL: Teilsynonym; funkt. Äquiv.

DTM: **Maßregeln der Besserung und Sicherung**; gesetzl.; 4; Hauptb.; MWA; fem.; pl.

DTQ: §§ 61 ff. StGB

DEF: es handelt sich dabei um die die Unterbringung in einem psychiatrischen Krankenhaus, die Unterbringung in einer Entziehungsanstalt, die Unterbringung in der Sicherungsverwahrung, u.a.

DFQ: § 61 ff. StGB

***

ATM: **Ermittlungsverfahren**; gesetzl.; 4; Hauptb.; Subst.; neutr.; sg.; 1216; Strafrecht; **Ermittlungen**

ETM: police investigation; FTM: procédure d'enquête préalable

TMQ: § 50 StPO

DEF: dient dazu, Sachverhalt und Tatverdacht durch Ermittlungen soweit zu klären, dass die Staatsanwaltschaft über Anklage, Rücktritt von der Verfolgung oder Einstellung des Verfahrens entscheiden kann und im Fall der Anklage eine zügige Durchführung der Hauptverhandlung ermöglicht wird.

DFQ: nach § 91 (1) StPO

REL: Teilsynonym

DTM: **Vorverfahren**; gesetzl.; 4; Hauptb.; Subst.; fem.; sg.; **Ermittlungen**

DTQ: § 51 StPO

DEF: ein Teil des Erkenntnisverfahrens im Strafprozess, das der Sachverhaltsermittlung dient.

DFQ: nach AlpBrock2

NOT: Der Begriff wird in den verschiedenen Verfahrensarten in unterschiedlichem Sinne gebraucht. Strafprozess: Ermittlungsverfahren; Verwaltungsrecht: Widerspruchsverfahren; Steuerrecht: Einspruchsverfahren (Finanzgerichtsbarkeit); Zivilprozess: Nachverfahren (Vorbehaltsurteil).

***

ATM: **Vorkaufsrecht**; gesetzl.; 4; Hauptb.; Subst.; neutr.; sg.; 1211; Bürgerl. Recht

ETM: right of pre-emption; FTM: droit de préemption

TMQ: § 1072 ABGB

DEF: das Recht desjenigen, der eine Sache mit der Bedingung verkauft, dass ihm der Käufer, wenn er sie wieder verkaufen will, die Einlösung anbieten muss.

DFQ: nach §§ 1072 ff. ABGB

NOT: Es ist in der Regel ein persönliches Recht. In Rücksicht auf unbewegliche Güter kann es durch Eintragung in die öffentlichen Bücher in ein dingliches verwandelt werden. Das Vorkaufsrecht kann weder einem Dritten abgetreten, noch auf die Erben des Berechtigten übertragen werden.

REL: Teilsynonym

DTM: **Vorkaufsrecht**; gesetzl.; 4; Hauptb.; Subst:, neutr.; sg.

DTQ: § 463 BGB

DEF: ein schuldrechtliches Recht, das ausgeübt werden kann, sobald der Verpflichtete mit einem Dritten einen Kaufvertrag über den Gegenstand geschlossen hat.

DFQ: nach §§ 463 ff. bzw. 1094 ff. BGB

NOT: Die Ausübung des Vorkaufsrechts erfolgt durch Erklärung gegenüber dem Verpflichteten. Diese bedarf nicht der für den Kaufvertrag bestimmten Form. Mit der Ausübung des Vorkaufsrechts kommt der Kauf zwischen dem Berechtigten und dem Verpflichteten unter den Bestimmungen zustande, welche der Verpflichtete mit dem Dritten vereinbart hat. Dingliches: Ein Grundstück kann in der Weise belastet werden, dass derjenige, zu dessen Gunsten die Belastung erfolgt, dem Eigentümer gegenüber zum Vorkauf berechtigt ist. Das Vorkaufsrecht kann auch zugunsten des jeweiligen Eigentümers eines anderen Grundstücks bestellt werden.

***

DTM: **vorläufige Anordnungen über die Erziehung des Jugendlichen**; gesetzl.; 4; Hauptb.; MWA; fem.; pl.; 2816; Jugendstrafrecht

ETM: interim orders regarding the education and upbringing of an adolescent offender; FTM: ordonnances provisoires relatives à l'éducation d'un adolescent

DTQ: § 71 (1) JGG

DEF: bis zur Rechtskraft des Urteils kann der Richter vorläufige Anordnungen über die Erziehung des Jugendlichen treffen oder die Gewährung von Leistungen nach dem Achten Buch Sozialgesetzbuch anregen.

DFQ: § 71 (1) JGG

NOT: Der Richter kann die einstweilige Unterbringung in einem geeigneten Heim der Jugendhilfe anordnen, wenn dies auch im Hinblick auf die zu erwartenden Maßnahmen geboten ist, um den Jugendlichen vor einer weiteren Gefährdung seiner Entwicklung, insbesondere vor der Begehung neuer Straftaten, zu bewahren.

ATM: FEHLT

NOT: Eine derartige Maßnahme ist im öJGG nicht vorgesehen.

***

ATM: Vorläuferstoffe; gesetzl.; 4; Hauptb.; Subst.; mask.; pl.; 0436; öffentl. Sicherheit; **Drogenausgangsstoffe**

ETM: drug precursor; FTM: précurseurs de drogues

TMQ: Abkommen über gegenseitige Amtshilfe und Zusammenarbeit in Zollsachen (Albanien)

DEF: chemische Substanzen, die unter Aufsicht bei der Produktion von Suchtgift und psychotropen Substanzen verwendet werden und die in den Anhängen I und II des Übereinkommens der Vereinten Nationen gegen den unerlaubten Verkehr mit Suchtgift und psychotropen Stoffen vom 20. Dezember 1988 angeführt sind.

DFQ: Abkommen über gegenseitige Amtshilfe und Zusammenarbeit in Zollsachen (Albanien)

NOT: In DE wird „**Vorläuferstoffe**" primär im Bereich Emmission (Ozon) verwendet.

REL: Teilsynonym

DTM: Drogenausgangsstoffe; gesetzl.; 4; Hauptb.; Subst.; mask.; pl.; **Grundstoffe**

DTQ: § 1 Gesetz zur Überwachung des Verkehrs mit Grundstoffen, die für die unerlaubte Herstellung von Betäubungsmitteln missbraucht werden können

DEF: erfasste Stoffe im Sinne des Art. 2a in Verbindung mit Anhang I der Verordnung (EG) Nr. 273/2004 des Europäischen Parlaments und des Rates vom 11. Februar 2004 betreffend Drogenausgangsstoffe

DFQ: Gesetz zur Überwachung des Verkehrs mit Grundstoffen, die für die unerlaubte Herstellung von Betäubungsmitteln missbraucht werden können, § 1

***

ATM: vorläufige Verwahrung; gesetzl.; 4; Hauptb.; MWA; fem.; sg.; 1216; Finanzstrafrecht; **Verwahrungshaft**

ETM: police custody; FTM: détention provisoire

TMQ: Art. 1 § 85 FinStrG

DEF: nennt man im Finanzrecht die Zeit (höchstens 48 Stunden nach Festnahme), die der Festgenommene aufgrund von Flucht-, Begehungs- oder Verdunkelungsgefahr festgehalten wird, bevor er in die Untersuchungshaft überstellt wird.

DFQ: nach Art. 1 §§ 85 ff. FinStrG

REL: Synonym

DTM: vorläufige Festnahme; gesetzl.; 4; Hauptb.; MWA; fem.; sg.

DTQ: § 127 StpO

DEF: die Befugnis der Polizei, einen Verdächtigen bzw. Beschuldigten festzunehmen, auch wenn noch kein Haft- / Unterbringungsbefehl vorliegt, sollte Gefahr in Verzug sein.

DFQ: nach §§ 127 ff. StPO

NOT: Die Entscheidung über den Erlass des Haft- oder Unterbringungsbefehls ist unverzüglich, spätestens binnen einer Woche herbeizuführen.

***

ATM: vorläufiges Wohnungseigentum; gesetzl.; 4; Hauptb.; MWA; neutr.; sg.; 1211; Bürgerl. Recht/Wohnungseigentumsrecht

ETM: temporary condominium; FTM: propriété d'habitation provisoire

TMQ: § 2 (1) WEG 2002

DEF: das beschränkte Wohnungseigentum, das nach § 45 (1) WEG 2002 vom Alleineigentümer einer Liegenschaft auf Grundlage einer schriftlichen Errichtungserklärung begründet werden kann.

DFQ: nach §§ 2 (1), 45 (1) WEG 2002

DTM: FEHLT

***

ATM: Vormann; gesetzl.; 4; Hauptb.; Subst.; mask.; sg.; 1211; Bürgerl. Recht

ETM: preceding owner; FTM: prédécesseur; propriétaire précédent

TMQ: 373 ABGB

DEF: der Voreigentümer (Überträger) einer Sache.

DFQ: nach §§ 373 ff. ABGB

REL Synonym

DTM: Berechtigter; gesetzl.; 4; Hauptb.; Subst.; mask.; sg.

DTQ: § 1104 BGB

DEF: der verfügungsbefugte Inhaber und der gesetzlich oder kraft Einwilligung ermächtigte Nichtinhaber eines dinglichen Rechts.

DFQ: nach §§ 892 ff., 929 ff. BGB

***

ATM: Vormerksystem; gesetzl.; 4; Hauptb.; Subst.; neutr.; sg.; 4806; Verkehrsrecht

ETM: register for the recording of severe driving offences; FTM: system pour l'enregistrement des infractions de conduite sévères

TMQ: § 30a (1) FSG

DEF: Eintragung im örtlichen Führerscheinregister, wenn die in § 30a (2) genannten Delikte den Tatbestand einer in die Zuständigkeit der Gerichte fallenden strafbaren Handlung verwirklichten und es zu einer rechtskräftigen Verurteilung kam.

DFQ: nach § 30a (1) FSG

NOT: Dazu gehören das Lenken eines Kraftfahrzeugs unter Alkoholeinfluss, Gefährdung von Fußgängern auf Schutzwegen, Behinderung von Einsatzfahrzeugen usw.

REL: Synonym

DTM: Fahreignungsregister; gesetzl.; 4; Hauptb.; Subst.; neutr.; sg.; **Fahreignungs-Bewertungssystem**; **Verkehrssünderkartei**

DTQ: § 28 StVG

DEF: dient zur Speicherung von Daten 1. für die Beurteilung der Eignung und der Befähigung von Personen zum Führen von Kraftfahrzeugen und 2. für die Ahndung der Verstöße von Personen, die wiederholt Straftaten oder Ordnungswidrigkeiten, die im Zusammenhang mit dem Straßenverkehr stehen. Enthält Daten über rechtskräftige Entscheidungen der Strafgerichte wegen einer Straftat, rechtskräftige Entscheidungen der Strafgerichte, die die Entziehung der Fahrerlaubnis und rechtskräftige Entscheidungen wegen einer Ordnungswidrigkeit.

DFQ: § 28 StVG

***

ATM: Vormerkung; gesetzl.; 4; Hauptb.; Subst.; fem.; sg.; 1211; Grundbuchsrecht; **Pränotation**

ETM: provisional registration (of proprietary interest); FTM: prénotation au livre foncier

TMQ: § 8 GBG

DEF: Eintragung ins Grundbuch, die einen bedingten Rechtserwerb oder Verlust mit sich bringt und nur unter der Bedingung ihrer nachfolgenden Rechtfertigung die Erwerbung, Übertragung, Beschränkung oder Erlöschung bücherlicher Rechte bewirkt.

DFQ: nach § 8 GBG

NOT: Mit der Vormerkung wahrt der Antragsteller seinen Rang und verhindert damit, dass inzwischen Dritte Rechte an der Liegenschaft erwerben, die seinem Rechtserwerb entgegenstehen.

REL Synonym

DTM: **Zwischenverfügung**; gesetzl.; 4; Hauptb.; Subst.; fem.; sg.

DTQ: § 42 Grundbuchverfügung

DEF: vorläufige Eintragung ins Grundbuch, wenn einer beantragten Eintragung ein Hindernis entgegensteht, das innerhalb einer angemessenen Frist vom Antragsteller behoben werden muss. Geschieht dies nicht, ist der Antrag nach dem Ablauf der Frist zurückzuweisen, wenn nicht inzwischen die Hebung des Hindernisses nachgewiesen ist.

DFQ: nach § 18 GBO

NOT: Das BGB spricht nur von „**Eintragungen ins Grundbuch**", hat jedoch keinen eigenen Terminus für die Eintragung, die einem bedingten Rechtserwerb dient.

***

ATM: **Vormerkung des Bestandrechts**; gesetzl.; 4; Hauptb.; MWA; fem.; sg.; 1211; Bürgerl. Recht / Grundbuchsrecht

ETM: provisional registration of tenancy relationship; FTM: prénotation d'un droit relatif au louage

TMQ: § 37 GBG

DEF: spezielle Grundbucheintragung, mit der sich ein Bestandnehmer (Mieter oder Pächter) den Bestandvertrag grundbücherlich absichern lassen kann.

DFQ: nach § 1095 ABGB; § 37 GBG

NOT: Das Recht des Bestandnehmers ist als ein dingliches Recht zu betrachten, welches auch für nachfolgende Besitzer güktigkeit hat. (§ 1095 ABGB)

DTM: FEHLT

***

ATM: **Vormerkung des Vorkaufsrechts**; gesetzl.; 4; Hauptb.; MWA; fem.; sg.; 1211; Grundbuchrecht

ETM: provisional registration of pre-emptive rights; FTM: prénotation d'un droit de préemption

TMQ: § 1073 ABGB; § 37 GBG

DEF: spezielle Grundbucheintragung, mit der sich ein Verkäufer von unbeweglichen Sachen nach § 1073 ABGB sicherstellen kann, die veräußerte Sache vor allen anderen zu erwerben. Ist in der Regel ein persönliches Recht, das nicht auf Dritte übertragen werden kann.

DFQ: nach § 1073 ABGB; § 37 GBG

DTM: FEHLT

NOT: Ein analoges Rechtsinstitut mit derselben spezifischen Festlegung fehlt im dt. Recht. Die Eintragung derartiger Rechte „**Vormerkung**" ermöglicht im dt. Recht hinsichtlich der Sicherung von künftigen Rechten generell die Möglichkeit einer (vorläufigen) Sicherstellung. (Vgl. Creif21, Vormerkung)

***

ATM: **Vormerkung des Wiederkaufsrechts**; gesetzl.; 4; Hauptb.; MWA; fem.; sg.; 1211; Bürgerl. Recht / Grundbuchsrecht

ETM: provisional registration of a priority right of repurchase; FTM: prénotation du droit de rachat

TMQ: § 37 GBG; § 1073 ABGB

DEF: spezielle Grundbucheintragung, mit der sich ein Verkäufer von unbeweglichen Sachen nach § 1070 ABGB für die Dauer sein Lebenszeit das Recht sicherstellen kann, die veräußerte Sache vor allen anderen wieder zu erwerben.

DFQ: nach § 1070 ABGB; § 37 GBG

DTM: FEHLT

NOT: Ein analoges Rechtsinstitut mit derselben spezifischen Festlegung fehlt im dt. Recht. Die Eintragung derartiger Rechte „**Vormerkung**" ermöglicht im dt. Recht hinsichtlich der Sicherung von künftigen Rechten generell die Möglichkeit einer (vorläufigen) Sicherstellung. (Vgl. Creif21, Vormerkung)

***

ATM: Vormerkung zur Erwirkung des Pfandrechtes; gesetzl.; 4; Hauptb.; MWA; fem.; sg.; 1211; Grundbuchrecht; **ETM: provisional registration of a lien; FTM: prénotation de l'obtention d'un droit de gage**

TMQ: § 37 GBG

DEF: spezifische Eintragung ins Grundbuch über ein Pfandrecht, die nur dann stattfindet, wenn sowohl die Forderung, als auch der Rechtsgrund zum Pfandrecht hinlänglich bescheinigt sind.

DFQ: nach § 37 GBG

DTM: FEHLT

NOT: Ein analoges Rechtsinstitut mit derselben spezifischen Festlegung fehlt im deutschen Recht. Die Eintragung derartiger Rechte „Vormerkung" ermöglicht im dt. Recht hinsichtlich der Sicherung von künftigen Rechten generell die Möglichkeit einer (vorläufigen) Sicherstellung. (Vgl. Creif21, Vormerkung)

***

ATM: Vorrang; gesetzl.; 4; Hauptb.; Subst.; mask.; sg.; 4806; Straßenverkehrsrecht
ETM: right of way; FTM: droit de priorité

TMQ: § 19 StVO

DEF: Fahrzeuge, die von rechts kommen, haben, sofern die folgenden Absätze nichts anderes bestimmen, den Vorrang; Schienenfahrzeuge jedoch auch dann, wenn sie von links kommen.

DFQ: § 19 StVO

REL Synonym

DTM: Vorfahrt; gesetzl.; 4; Hauptb.; Subst.; fem.; sg.

DTQ: § 8 StVO

DEF: an Kreuzungen und Einmündungen hat die Vorfahrt, wer von rechts kommt.

DFQ: § 8 StVO

***

ATM: vorsätzliche Gemeingefährdung; gesetzl.; 4; Hauptb.; MWA; fem.; sg.; 1216; Strafrecht
ETM: endangering public safety; FTM: danger collectif

TMQ: § 176 StGB

DEF: Straftat, bei der jemand eine Gefahr für Leib oder Leben einer größeren Zahl von Menschen oder für fremdes Eigentum in großem Ausmaß herbeiführt.

DFQ: §§ 176 ff., 187 StGB

REL: Teilsynonym

DTM: gemeingefährliche Straftaten; gesetzl.; 4; Hauptb.; MWA; fem.; pl.; **gemeine Gefahr**, **Gefährdung von Leib oder Leben eines anderen oder fremder Sachen von bedeutendem Wert**

DTQ: §§ 306-323c StGB

DEF: Sammelbegriff für eine Vielzahl von Straftaten, bei denen eine unbestimmte Vielzahl von Personen oder zahlreiche Sachwerte von mindestens insgesamt hohem Wert gefährdet sind. Dies gilt besonders für Herbeiführen einer Explosion durch Kernenergie bzw. einer Sprengstoffexplosion. (§§ 306 f. StGB)

DFQ: nach §§ 306-323c StGB

NOT: Z.B. bei Naturkatastrophen Gefahr für Leib oder Leben eines anderen oder fremde Sachen von bedeutendem Wert.

***

ATM: **vorsätzliche Preisgabe eines militärischen Geheimnisses;** gesetzl.; 4; Hauptb.; MWA; fem.; sg.; 0821; Militärrecht

ETM: intentional disclosure of military intelligence; FTM: divulgation intentionnelle d'un secret militaire

TMQ: § 26 (1) MilStG

DEF: Straftat, bei der jemand ein militärisches Geheimnis preisgibt. Führt er dadurch, wenn auch nur fahrlässig, eine Gefahr für das Leben, die Gesundheit oder die körperliche Sicherheit von Menschen oder die Gefahr eines erheblichen Nachteils (§ 2 Z. 4) herbei, so ist er mit Freiheitsstrafe von einem bis zu zehn Jahren zu bestrafen.

DFQ: § 26 (1) MilStG

NOT: Lediglich funktionale Synonymie, da das dt. Recht den Begriff des „**militärischen Geheimnisses**" nicht kennt, sondern den begriff „**Staatsgeheimnis**". Dieser Begriff ist auch im österr. StGB verankert und ähnlich breit wie der dt. Begriff.

REL: Synonym

DTM: **Offenbaren von Staatsgeheimnissen**; gesetzl.; 4; Hauptb.; MWA; neutr.; sg.

DTQ: § 95 StGB

DEF: Straftat, bei der jemand ein Staatsgeheimnis, das von einer amtlichen Stelle oder auf deren Veranlassung geheimgehalten wird, an einen Unbefugten gelangen läßt oder öffentlich bekanntmacht und dadurch die Gefahr eines schweren Nachteils für die äußere Sicherheit der Bundesrepublik Deutschland herbeiführt.

DFQ: § 95 StGB (1)

***

ATM: **vorsätzliche Wachverfehlung**; gesetzl.; 4; Hauptb.; MWA; fem.; sg.; 0821; Militärrecht

ETM: wilful misconduct during guard duty; FTM: faute grave intentionnelle pendant le service de garde

TMQ: § 24 MilStG

DEF: wer 1. sich außerstande setzt, den ihm befohlenen Wachdienst zu versehen, 2. als Wache, wenn auch nur zeitweilig, den ihm zugewiesenen Bereich verläßt oder ihm fernbleibt, 3. als Wache sonst, wenn auch nur zeitweilig, seinen Dienst nicht oder mangelhaft versieht.

DFQ: § 24 WStG

NOT: Das MilStG unterscheidet die Tatbestände „**vorsätzlichen Wachverfehlung**" und „**Fahrlässige Wachverfehlung**". Beide sind im DE-Begriff „**Wachverfehlung**" enthalten.

REL Teilsynonym

DTM: **Wachverfehlung**; gesetzl.; 4; Hauptb.; Subst.; fem.; sg.; 1211; Bürgerl. Recht

DTQ: § 44 (1)-(3) WStG

DEF: begeht, wer als Wachvorgesetzter es unterläßt, die Wache pflichtgemäß zu beaufsichtigen, 2. pflichtwidrig seinen Postenbereich oder Streifenweg verläßt oder 3. sich außerstande setzt, seinen Dienst zu versehen. (2) Ebenso wird bestraft, wer im Wachdienst in anderen als den in

Absatz 1 bezeichneten Fällen Befehle nicht befolgt, die für den Wachdienst gelten, und dadurch wenigstens fahrlässig eine schwerwiegende Folge (§ 2 (3)) verursacht.

DFQ: **nach** § 44 (1)-(3) WStG

***

ATM: **Vorsitzende/r der Volksanwaltschaft**; gesetzl.; 4; Hauptb.; MWA; mask./fem.; sg.; 0436; Öffentl. Recht; **Vorsitzende der Volksanwaltschaft, Vors. VA**

ETM: Chairman of the Austrian National Obmudsman Office; FTM: Président de l'institution du médiateur national (ombudsman) autrichien

TMQ: 148 B-VG

DEF: das Mitglied des Volksanwaltschaftsdreiergremiums, das den jährlichen Vorsitz hat.

DFQ: nach Art. 148h f. B-VG; § 1 (1) Geschäftsordnung der Volksanwaltschaft (GeO der VA 2007) BGBl. II 161/2007

NOT: Die Volksanwaltschaft hat ihren Sitz in Wien. Sie besteht aus drei Mitgliedern, von denen jeweils eines den Vorsitz ausübt. Die Funktionsperiode beträgt sechs Jahre. Eine mehr als einmalige Wiederwahl der Mitglieder der Volksanwaltschaft ist unzulässig.

DTM: FEHLT

***

ATM: **Vorsitzende/r des Bezirksschulrates**; gesetzl.; 4; Hauptb.; MWA; mask./fem.; sg.; 3206; Schulrecht; **BSR**

ETM: chairman of the local education authority; FTM: président du rectorat de l'académie

TMQ: § 3 (1) Bundes-Schulaufsichtsgesetz

DEF: der Leiter der Bezirksschulverwaltungsbehörde.

DFQ: Art. 81a (3) lit. b B-VG

NOT: Seit 2014 ist eine Reform des Schulwesens in Österreich im Gang, was dazu geführt hat, dass in einigen Bundesländern die Bezirks- und Landesschulräte durch sog. Bildungsdirektionen ersetzt wurden.

REL: Teilsynonym; funkt. Äquiv.

DTM: **Leiter/in des Schulamts**; gesetzl.; 4; Hauptb.; MWA; mask./fem.; sg.

DTQ: § 88 (3) Schulgesetz NW

DEF: Verwaltungseinrichtung, die dem Land oder der Bezirksregierung einige Verwaltungsaufgaben abnehmen.

DFQ: Wikipedia; § 88 (3) Schulgesetz NW

NOT: Aufgrund der Unterschiede in der Schulorganisation der Bundesländer nur bedingte / funtkionale Äquivalenz.

***

ATM: **Vorsteher/in des Bezirksgerichtes**; gesetzl.; 4; Hauptb.; MWA; mask./fem.; sg.; 1221; Gerichtsorganiation; **Vorst. BG**

ETM: president of the district court; FTM: président du tribunal d'instance

TMQ: § 25 GOG

DEF: Leiter/in des Gerichts, übt die Dienstaufsicht über das gesamte Personal aus und führt die anderen Justizverwaltungsgeschäfte für das Gericht.

DFQ: nach §§ 25 ff. GOG

REL: Teilsynonym; funkt. Äquiv.

DTM: **Direktor/in des Amtsgerichts**; gesetzl.; 4; Hauptb.; MWA; mask./fem.; sg.; **DirAG**

DTQ: § 19a Deutsches Richtergesetz

DEF: Leiter eines Gerichts mit vier und mehr Richterplanstellen, erhält an einem Gericht mit acht und mehr Richterplanstellen eine Amtszulage nach Anlage IX.

DFQ: nach BesGr R 2

NOT: Bei diesen Amtsgerichten liegt die weitere Dienstaufsicht beim Präsidenten eines anderen Amtsgerichts oder beim Präsidenten des im Instanzenzug übergeordneten Landgerichts.

***

ATM: **Vorstellung an den Richter**; gesetzl.; 4; Hauptb.; MWA; fem.; sg.; 1221; Prozessrecht

ETM: application for review of a decision by the judicial registrar; FTM: demande formelle de révision de la décision de l'auxiliaire de justice

TMQ: § 12 RpflG

DEF: ein nicht aufsteigendes Rechtsmittel gegen eine (nach sonstigen Verfahrensvorschriften wegen des Streitwerts nicht oder nur beschränkt anfechtbare) Entscheidung des Rechtspflegers, welches an den Richter erhoben wird.

DFQ: nach §§ 11, 12 RpflG

NOT: Die Vorstellung ist binnen vierzehn Tagen beim erkennenden Gericht mündlich zu Protokoll zu erklären oder schriftlich einzubringen.

DTM: **FEHLT**

***

ATM: **Voruntersuchung**; gesetzl.; 4; Hauptb.; Subst.; fem.; sg.; 1206; Verfassungsrecht

ETM: pre-trial hearing; FTM: examen préliminaire

TMQ: § 74 VfGG

DEF: eine Untersuchung in Verfahren vor dem VfGH, die durchgeführt wird, wenn es sich um ein Verbrechen oder Vergehen handelt, dessen Aburteilung dem Geschworenengericht zukommt, oder wenn gegen einen Abwesenden das Strafverfahren eingeleitet werden soll.

DFQ: nach § 74 VfGG

NOT: Der Begriff der „Voruntersuchung" kommt nur im Zusammenhang mit Verfahren vor dem VfGh vor.

DTM: **FEHLT**

***

ATM: **vorzeitige Beendigung der Probezeit**; gesetzl.; 4; Hauptb.; MWA; fem.; sg.; 4426; Strafvollzug

ETM: early termination of probation; FTM: résiliation anticipée de la probation

TMQ: § 18 JGG

DEF: wenn neue Tatsachen bekräftigen, daß der Verurteilte keine weiteren strafbaren Handlungen begehen werde, kann das Gericht die Probezeit nach einem Schuldspruch unter Vorbehalt der Strafe, nach einer bedingten Strafnachsicht oder einer bedingten Entlassung aus einer wegen einer Jugendstraftat verhängten Freiheitsstrafe nach Ablauf von mindestens einem Jahr vorzeitig beenden und das Absehen vom Strafausspruch, die bedingte Strafnachsicht oder die bedingte Entlassung für endgültig erklären.

DFQ: § 18 JGG

DTM: **Aussetzung der Jugendstrafe zur Bewährung**; gesetzl.; 4; Hauptb.; MWA; fem.; sg.

TMQ 4. Unterabschnitt JGG

DEF: die Aussetzung der Jugendstrafe zur Bewährung wird im Urteil oder, solange der Strafvollzug noch nicht begonnen hat, nachträglich durch Beschluß angeordnet.

DFQ: § 57 JGG

***

ATM: **vorzeitiger Austritt (seitens des Arbeitnehmers)**; gesetzl.; 4; Hauptb.; MWA; mask.; sg.; 4426; Arbeitsrecht

ETM: termination of employment by employee without notice; FTM: démission sans préavis

TMQ: § 26 AngG

DEF: einseitige und sofortige Beendigung des Arbeitsverhältnisses seitens des Arbeitnehmers bei Vorliegen berechtigter Gründe (vorenthaltenes Entgelt, gefährdete Gesundheit, Ehrverletzungen, Tätlichkeiten).

DFQ: nach § 26 AngG

REL: Synonym

DTM: **fristlose Kündigung (seitens des Arbeitnehmers)**; gesetzl.; 4; MWA; fem.; sg.

DTQ: § 626 BGB

DEF: einseitige und sofortige Beendigung des Arbeitsverhältnisses seitens des Arbeitnehmers bei Vorliegen berechtigter Gründe (vorenthaltenes Entgelt, gefährdete Gesundheit, Ehrverletzungen, Tätlichkeiten).

DFQ: § 626 (1) BGB

***

ATM: **Vorzugsstimme**; gesetzl.; 4; Hauptb.; Subst.; fem.; sg.; 0416; Öffentl. Recht/Parlament

ETM: open-list preferential vote; FTM: vote préférentiel

TMQ: § 79 (1) Nationalrats-Wahlordnung 1992

DEF: bei der Nationalratswahl eine zusätzliche Stimme für einen Bewerber der Bundesparteiliste, der Landesparteiliste oder der Regionalparteiliste der von ihm gewählten Partei.

DFQ: nach § 79 (1) NRWO

REL: Teilsynonym; funkt. Äquiv.

DTM: **Zweitstimme**; gesetzl.; 4; Hauptb.; Subst.; fem.; sg.

DEF: jeder Wähler hat zwei Stimmen, eine Erststimme für die Wahl eines Wahlkreisabgeordneten, eine Zweitstimme für die Wahl einer Landesliste.

DFQ: § 4 (1) BWahlG

***

ATM: **Vorzugsstimmenprotokoll**; gesetzl.; 4; Hauptb.; Subst.; neutr.; sg.; 0416; Öffentl. Recht / Parlament

ETM: protocol of open-list preferential votes; ETM: protocole des votes préférentiels

TMQ: § 84 (6) NRWO

DEF: Verzeichnis einer Wahlbehörde, das die Vorzugsstimmen enthält, die auf einen jeden Bewerber auf den Parteilisten eines im Landeswahlkreis veröffentlichten Landeswahlvorschlages sowie die auf einer Bundesparteiliste entfallenden Vorzugsstimmen enthält.

DFQ: nach § 84 (6) NRWO

NOT: In DE werden die Zweitstimmen, die den österreichischen Vorzugsstimmen entsprechen, in einem allgemeinen Protokoll über das Abstimmungsergebnis festgehalten.

DTM: FEHLT

***

ATM: **VStG**; gesetzl.; 4; Hauptb.; Subst.; neutr.; sg.; 1216; Verwaltungsstrafrecht; **Verwaltungsstrafgesetz**

ETM: Administrative Criminal Law Act; FTM: loi pénale administrative

TMQ: § 1VStG

DEF: Bundesgesetz aus dem Jahr 1991 (zuletzt geändert am 09.08.2002) und ist ein Teil des Allgemeinen Verwaltungsverfahrensgesetzes (Verwaltungsverfahrensgesetze außer Finanz- und Dienstrechtsverfahren).

DFQ: nach § 1VStG

NOT: Als Verwaltungsübertretung kann eine Tat (Handlung oder Unterlassung) nur bestraft werden, wenn sie vor ihrer Begehung mit Strafe bedroht war.

REL: Synonym

DTM: **OWiG**; gesetzl.; 4; Hauptb.; Subst.; neutr.; sg.; **Gesetz über Ordnungswidrigkeiten**

DTQ: § 1 OWiG

DEF: Gesetz über Ordnungswidrigkeiten, wobei unter Ordnungswidrigkeiten rechtswidrige und vorwerfbare Handlungen, die den Tatbestand eines Gesetzes verwirklichen, die die Ahndung mit einer Geldbuße zuläßt, zu verstehen ist.

DFQ: nach § 1 OWiG

***

ATM: **Vulgarsubstitution**; fachlit.; 3; Hauptb.; Subst.; fem.; sg.; 1211; Bürgerl. Recht/Erbrecht; **gemeine Substitution, Ersatzerbschaft**

ETM: ordinary substitution; FTM: substitution vulgaire

TMQ: OGH 30.01.1990, 5Ob506/90

DEF: Anordnung des Erblassers, dass für den Fall, dass der eingesetzte Erbe die Erbschaft nicht erlangt, ein oder mehrere Nacherben an dessen Stelle treten sollen.

DFQ: nach § 604 ABGB

NOT: Der Ersatzerbe tritt an die Stelle des eingesetzten Erben. Er kommt zum Zuge, wenn der Ersteigensetzte nicht erben kann (z.B. vorverstorben oder erbunwürdig ist) oder nicht erben will (die Erbschaft ausschlägt), vgl. Welser, FWB Bürgerliches Recht, Band II

REL Synonym

DTM: **Ersatzerbfolge**; gesetzl.; 4; Hauptb.; Subst.; fem.; sg.; **Ersatzerbeinsetzung, Ersatzerbschaft**

DTQ: https://beck- online.beck.de/default.aspx?vpath=bibdata%2fform%2fBrambringBeckFbErbR_1%2fMono%2fcont%2fBrambringBeckFbErb

DEF: das Einsetzen eines anderen als Erben für den den Fall, dass ein Erbe vor oder nach dem Eintritt des Erbfalls wegfällt.

DFQ: nach § 2096 BGB

***

ATM: **Wachkörper**; gesetzl.; 4; Hauptb.; Subst.; mask.; sg.; 0436; Öffentl. Sicherheit

ETM: law enforcement agencies; FTM: services de prévention et de répression

TMQ: Art. 78d B-VG

DEF: eine bewaffnete oder uniformierte oder sonst nach militärischem Muster eingerichtete Formation, der Aufgaben polizeilichen Charakters übertragen sind.

DFQ: nach Art. 78d B-VG

NOT: Im örtlichen Wirkungsbereich einer Bundespolizeidirektion darf von einer anderen Gebietskörperschaft ein Wachkörper nicht errichtet werden.

DTM: FEHLT

***

ATM: **Waffenpass**; gesetzl.; 4; Hauptb.; Subst.; mask.; sg.; 0436; Öffentl. Sicherheit

ETM: licence to carry firearms; FTM: permis de port d'armes

TMQ: Art. 1 § 21 WaffG

DEF: eine Urkunde, die neben dem Erwerb und dem Besitz (Waffenbesitzkarte) auch zum Führen (Bei-sich-Tragen) von genehmigungspflichtigen Waffen (Faustfeuerwaffen, Repetierflinten, halbautomatische Schusswaffen) berechtigt.

DFQ: nach Art. 1 §§ 21 ff. WaffG

REL Synonym

DTM: **Waffenschein**; gesetzl.; 4; Hauptb.; Subst.; mask.; sg.

DTQ: § 38 Waffengesetz

DEF: eine Erlaubnis zum Besitz einer Waffe, wenn der Antragsteller 1. das 18. Lebensjahr vollendet hat (§ 2 Abs. 1), 2. die erforderliche Zuverlässigkeit (§ 5) und persönliche Eignung (§ 6) besitzt, 3. die erforderliche Sachkunde nachgewiesen hat (§ 7), 4. ein Bedürfnis nachgewiesen hat (§ 8) und 5. bei der Beantragung eines Waffenscheins oder einer Schießerlaubnis eine Versicherung gegen Haftpflicht in Höhe von 1 Million Euro - pauschal für Personen- und Sachschäden - nachweist.

DFQ: nach § 4 WaffG

***

ATM: **Wahlbehinderung**; gesetzl.; 4; Hauptb.; Subst.; fem.; sg.; 1216/0416; Strafrecht/Wahlrecht; **Wahldelikte**

ETM: intimidation of voters; FTM: intimidation des électeurs

TMQ: § 262 StGB

DEF: begeht jemand, der einen anderen mit Gewalt oder durch gefährliche Drohung nötigt oder hindert, überhaupt oder in einem bestimmten Sinn zu wählen oder zu stimmen.

DFQ: nach § 262 StGB

NOT: Als Wahlbehinderung wird auch das Hindern an der Ausübung seines Wahl- oder Stimmrechts durch andere Weise als durch Nötigung bezeichnet.

REL: Teilsynonym; funkt. Äquiv.

DTM: **Wählernötigung**; gesetzl., 4; Hauptb.; Subst.; fem.; sg.; **Wahldelikte**

DTQ: § 108 StGB

DEF: die Nötigung bzw. Hinderung zu wählen oder sein Wahlrecht in einem bestimmten Sinne auszuüben (mit Gewalt, durch Drohung mit einem empfindlichen Übel, durch Missbrauch eines beruflichen oder wirtschaftlichen Abhängigkeitsverhältnisses oder durch sonstigen wirtschaftlichen Druck).

DFQ: nach § 108 StGB

***

ATM: **Wahlberechtigung zum Nationalrat**; gesetzl.; 4; Hauptb.; MWA; fem.; sg.; 0416; Öffentl. Recht/Parlament

ETM: right to vote in Austrian National Council elections; FTM: droit de vote aux élections législatives

TMQ: Art. 26 (4) B-VG

DEF: die Befähigung von Männern und Frauen, die vor dem 1. Jänner des Wahljahres das 16. Lebensjahr vollendet, bei den Nationalratswahlen ihre Stimme abzugeben.

DFQ: nach Art. 26 (4) B-VG

REL: Synonym

DTM: **Wahlberechtigung zum Bundestag**; gesetzl.; 4; Hauptb.; MWA; fem.; sg.

DTQ: Art. 38 (2) GG

DEF: die Berechtigung von Männern und Frauen, die vor dem 1. Jänner des Wahljahres das 18. Lebensjahr vollendet haben, bei den Bundestagswahlen ihre Stimme abzugeben.

DFQ: nach Art. 38 (2) GG

***

ATM: **Wahleltern**; gesetzl.; 4; Hauptb.; Subst.; fem.; pl.; 1211; Familienrecht

ETM: adoptive parents; FTM: parents adoptifs

TMQ: § 182 ABGB

DEF: Einzelpersonen oder (Ehe)paare, die sich dazu entscheiden, ein Kind anzunehmen, wenn es dem Wohl des Kindes dient und unter der Vorraussetzung, dass ein echtes Eltern-Kind-Verhältnis entsteht.

DFQ: nach Creif21

REL Synonym

DTM: **Adoptiveltern**; gesetzl.; 4; Hauptb.; Subst.; fem.; pl.

DTQ: § 49 BVG

DEF: Einzelpersonen oder (Ehe)paare, die sich dazu entscheiden, ein Kind anzunehmen, wenn es dem Wohl des Kindes dient und unter der Vorraussetzung, dass ein echtes Eltern-Kind-Verhältnis entsteht.

DFQ: nach Creif21

***

DTM: **Wählbarkeitsbescheinigung**; gesetzl.; 4; Hauptb.; Subst.; fem.; sg.

ETM: certificate of electability; FTM: attestation d'éligibilité

DTQ: § 34 (7) BWO

DEF: ein Dokument, das das Bundesministerium des Innern Bewerbern um ein Mandat ausstellt und ihre Wählbarkeit bestätigt, wenn Sie keine Wohnung in der Bundesrepublik Deutschland innehaben und sich dort auch sonst nicht gewöhnlich aufhalten.

DFQ: nach § 34 (7) BWO

NOT: Ist bei der für den Wohnort des Bewerbers zuständigen diplomatischen oder berufskonsularischen Vertretung der Bundesrepublik Deutschland, sonst unmittelbar unter Vorlage der erforderlichen Nachweise zu beantragen.

ATM: **FEHLT**

***

ATM: **Wählerevidenz**; gesetzl.; 4; Hauptb.; Subst.; fem.; sg.; 0416; Öffentl. Recht/Wahlrecht; **Wählerevidenz**

ETM: electoral register; FTM: liste électorale

TMQ: § 1 (1) Wählerevidenzgesetz 1973

DEF: die Grundlage für die vor einer Wahl des Bundespräsidenten oder des Nationalrates sowie bei Volksbegehren, Volksabstimmungen und Volksbefragungen anzulegenden Verzeichnisse der Wahlberechtigten.

DFQ: nach § 1 (1) Wählerevidenzgesetz 1973

REL: Synonym

DTM: **Wählerverzeichnis**; gesetzl.; 4; Hauptb.; Subst.; mask.; sg.

DTQ: § 14 BWO

DEF: die Grundlage für die vor jeder Wahl anzulegenden Verzeichnisse der Wahlberechtigten in den Wahlkreisen.

DFQ: nach §§ 14 ff. BWO

***

ATM: **Wahlgerichtsstand**; fachlit.; 3; Hauptb.; Subst.; mask.; sg.; 1221; Prozessrecht

ETM: preselected forum; FTM: for alternatif

TMQ: RS0102259, 09.09.1996
DEF: der Gerichtsstand, denen sich Vertragsparteien durch ausdrückliche Vereinbarung unterwerfen.
DFQ: nach JN §104
NOT: Der Kläger hat kein Wahlrecht, wenn gesetzlich ein ausschließlicher Gerichtsstand bestimmt ist.
REL: Falscher Freund

DTM: **Wahlgerichtsstand**; fachlit.; 3; Hauptb.; Subst.; mask.; sg.; **Wahl unter mehreren Gerichtsständen**
DTQ: Creif21
DEF: der Gerichtsstand, den der Kläger unter mehreren zuständigen Gerichten die Wahl hat.
DFQ: nach § 35 ZPO
***

ATM: **Wahlkarte**; gesetzl.; 4; Hauptb.; Subst.; fem.; sg.; 0416; Öffentl. Recht; Wahlrecht
ETM: absentee ballot; FTM: carte d'électeur
TMQ: § 38 NRWO
DEF: ein Dokument, das Wahlberechtigten die voraussichtlich am Wahltag verhindert sein werden, auf Antrag von der Gemeindewahlbehörde ausgestellt wird, die Stimmabgabe in einem anderen Wahllokal als am Hauptwohnsitz oder durch Briefwahl ausüben können.
DFQ: nach § 38 (1) NRWO
REL Synonym

DTM: **Wahlschein**; gesetzl.; 4; Hauptb.; Subst.; mask.; sg.
DTQ: § 25 BWO
DEF: ein Dokument, das es den Wahlberechtigten ermöglicht, an einem anderen Ort als an seinem Wohnort die Stimme bei einer Wahl abzugeben.
DFQ: nach http://www.bundeswahlleiter.de/de/glossar/texte/Wahlschein.html (03.08.2014)
***

ATM: **Wahlkind**; gesetzl.; 4; Hauptb.; Subst.; neutr.; sg.; 1211; Familienrecht; **Adoptivkind**
ETM: adopted child; FTM: enfant adopté
TMQ: § 179a ABGB
DEF: ein Person, die an Kindes Statt angenommen wird.
DFQ: nach § 179a ABGB
NOT: Die Annahme als Wahlkind geschieht durch gerichtliche Bewilligung auf Antrag eines Vertragsteiles mit einem schriftlichen Vertrag zwischen dem Annehmenden und dem Wahlkind bzw. wenn dieses nicht eigenberechtigt ist, seinem gesetzlichen Vertreter.
REL Synonym

DTM: **Adoptivkind**; gesetzl.; 4; Hauptb.; Subst.; neutr.; sg.
DTQ: § 3 STzV
DEF: eine Person, die als Kind angenommen wird.
DFQ: nach §§ 1741 BGB ff.
NOT: Die Annahme als Kind ist zulässig, wenn sie dem Wohl des Kindes dient und zu erwarten ist, dass zwischen dem Annehmenden und dem Kind ein Eltern-Kind-Verhältnis entsteht.
***

ATM: **Wahlkuvert**; gesetzl.; 4; Hauptb.; Subst.; neutr.; sg.; 0416; Öffentliches Recht
ETM: special postal vote envelope; FTM: enveloppe pour le vote par correspondance
TMQ: § 64 (1) NRWO

DEF: ein beige-farbenes Kuvert in das ein Wähler im Rahmen der Briefwahl den von ihm ausgefüllten amtlichen Stimmzettel geben muss.

DFQ: nach § 60 (2) NWRO

NOT: Das Wahlkuvert muss anschließend in die Wahlkarte gelegt werden und kann entweder per Post geschickt oder in einem Wahllokal abgegeben werden.

REL: Synonym

DTM: **amtlicher Stimmzettelumschlag**; gesetzl.; 4; Hauptb.; MWA; mask.; sg.

DTQ: § 28 (3) BWO

DEF: ein blauer Briefumschlag zur Durchführung der Briefwahl, in das der ausgefüllte Stimmzettel gelegt werden muss.

DFQ: nach § 66 (1) BWO

NOT: Der Stimmzettelumschlag ist anschließend zusammen mit dem Wahlschein in den roten Wahlbriefumschlag zu stecken und bei einer der in der darauf angegebenen Stelle abzugeben.

***

ATM: **Wahlleiter/in (1)**; gesetzl.; 4; Hauptb.; Subst.; mask./fem.; sg.; 0416; Wahlrecht
ETM: returning officer; FTM: directeur du scrutin

TMQ: § 6 (1) NRWO

DEF: Vorsitzende/r einer Wahlbehördeauf verschiedenen Ebenen des Wahlsystems, denen die Durchführung und Leitung der Wahlen und der Wahlbehörden obliegt.

DFQ: § 6 (1) NRWO

NOT: Ist zugleich Synonym zu „**Wahlvorsteher**", aber auch zum dt. Begriff „**Wahlleiter**", der für den österr. Begriff „**Wahlbehörde**" steht, der ein falscher Freund ist.

REL: Teilsynonym

DTM: **Wahlvorsteher/in**; gesetzl.; 4; Hauptb.; Subst.; mask./fem.; sg.

DTQ: § 6 BWO

DEF: der Leiter eines Wahlvorstands für einen Wahlbezirk. Er/sie wird aus den Wahlberechtigten der Gemeinde von den Gemeindebehörden für dieses Ehrenamt bestellt.

DFQ: nach § 6 BWO

***

ATM: **Wahlleiter/in (2)**; gesetzl.; 4; Hauptb.; Subst.; mask./fem.; sg.; 0416; Wahlrecht
ETM: returning officer; FTM: directeur du scrutin

TMQ: § 7 (1) NRWO

DEF: der Vorsitzende einer Wahlbehörde auf den verschiedenen Ebenen des Wahlsystems, denen die Durchführung und Leitung der Wahlen und der Wahlbehörden obliegt.

DFQ: § 7 NRWO

NOT: Auf Bundesebene ist dies der Bundes dem Minister für Inneres, auf Landesebene der Landeshauptmann, auf Bezirksebene der Bezirkshauptmann und auf Gemeindeebene der Bürgermeister. bestehen aus einem Vorsitzenden als Wahlleiter oder seinem Stellvertreter sowie einer Anzahl von Beisitzern.

REL: Teilsynonym; funkt. Äquiv.

DTM: **Wahlleiter/in**; gesetzl.; 4; Hauptb.; Subst.; mask./fem.; sg.

DTQ: § 1-3 BWO

DEF: der Bundeswahlleiter, die Landeswahlleiter, die auf unbestimmte Zeit ernannt werden.

DFQ: nach § 1-3 BWO; http://www.bundeswahlleiter.de/de/glossar/texte/Bundeswahlleiter.html (30.08.2014)

NOT: Die Wahlleiter haben die Aufgabe die jeweiligen Wahlen zu organisieren und durchzuführen. In der Regel weden die Leiter der jeweiligen Statistikämter auf Bundes- und Landesebene mit diesem Amt betraut. Die Kreiswahlleiter werden für jede Wahl neu bestimmt.

***

ATM: **Wahllokal**; gesetzl.; 4; Hauptb.; Subst.; neutr.; sg.; 0416; Wahlrecht; **Wahlort**
ETM: polling station; FTM: bureau de vote

TMQ: § 52 (2) NRWO

DEF: ein für die Durchführung der Wahlhandlung geeigneter Raum, in dem die für die Vornahme der Wahl erforderlichen Einrichtungsstücke, wie der Tisch für die Wahlbehörde, in dessen Nähe ein Tisch für die Wahlzeugen, die Wahlurne und die erforderlichen Wahlzellen mit Einrichtung, sowie ein Tisch für die Wahlbeobachter vorhanden sind.

DFQ: nach § 54 NRWO

REL: Synonym

DTM: **Wahlraum**; gesetzl.; 4; Hauptb.; Subst.; mask.; sg.

DTQ: § 46 BWO

DEF: ein von der Gemeindebehörde bestimmer Raum für jeden Wahlbezirk, in dem die Wahl stattfindet. Üblicherweise stellen die Gemeinden Wahlräume in Gemeindegebäuden zur Verfügung.

DFQ: nach § 61 (1) BWO

***

ATM: **Wahllokale für Wahlkartenwähler**; gesetzl.; 4; Hauptb.; MWA; neutr.; pl.; 0416; Wahlrecht
ETM: special polling station for absentee voters; FTM: bureau de vote pour les électeurs munis de cartes d'électeur

TMQ: § 56 NRWO

DEF: ein in jeder Gemeinde eingerichtetes Wahllokal, in dem die mit Wahlkarten versehenen Wähler ihr Stimmrecht auszuüben haben.

DFQ: § 56 (1) NRWO

DTM: FEHLT

***

ATM: **Wahlpartei**; gesetzl.; 4; Nebenb.; Subst.; fem.; sg.; 0416; Wahlrecht; **wahlwerbende Partei**, **politische Partei**
ETM: political party; FTM: parti politique

TMQ: § 43 (1) Wehrgesetz 2001

DEF: eine Wählergruppe, die sich unter Führung einer unterscheidenden Parteibezeichnung und Aufstellung einer Parteiliste an der Wahlwerbung zu einem allgemeinen Vertretungskörper oder dem Europäischen Parlament beteiligt.

DFQ: § 2 (2) Parteiengesetz 2012

NOT: Der Hauptbegriff ist wie in DE **„politische Partei**", im Kontext der Wahlgesetze **„wahlwerbe Partei"**

REL: Synonym

DTM: **politische Partei**; gesetzl.; 4; Hauptb.; MWA; fem.; sg.; **Partei**

DTQ § 2 Gesetz über die politischen Parteien

DEF: Vereinigung von Bürgern, die dauernd oder für längere Zeit für den Bereich des Bundes oder eines Landes auf die politische Willensbildung Einfluß nimmt und an der Vertretung des Volkes im Deutschen Bundestag oder einem Landtag mitwirken will, wenn sie nach dem Gesamtbild der tatsächlichen Verhältnisse, insbesondere nach Umfang und Festigkeit ihrer Organisation, nach der Zahl ihrer Mitglieder und nach ihrem Hervortreten in der Öffentlichkeit eine ausreichende Gewähr für die Ernsthaftigkeit dieser Zielsetzung bieten.

DFQ: § 2 Gesetz über die politischen Parteien

***

ATM: Wahlschein (1); gesetzl.; 4; Hauptb.; Subst.; mask.; sg.; 0416; Wahlrecht

ETM: legitimation statement held by elected representatives to the National Council; FTM: certificat de légitimité des députés élus

TMQ: §1 Geschäftsordnungsgesetz 1975

DEF: die Legitimationsurkunde des gewählten Abgeordneten, die von der Bundeswahlbehörde ausgestellt wird und ihn zur Ausübung seines Amtes berechtigt.

DFQ: nach §1 Geschäftsordnungsgesetz 1975

NOT: Jedem Abgeordneten wird nach seiner Wahl oder nach seiner Berufung als Ersatzmann von der Bundeswahlbehörde ein Wahlschein ausgestellt, der in der Parlamentsdirektion zu hinterlegen ist. Die Parlamentsdirektion stellt jedem Abgeordneten, für den der Wahlschein hinterlegt ist, eine amtliche Legitimation mit seinem Lichtbild aus.

REL: Falscher Freund

DTM: Wahlschein; gesetzl.; 4; Hauptb.; Subst.; mask.; sg.

DTQ: § 17 BWahlG

DEF: ein Dokument, das dem Wahlberechtigten ermöglicht, an einem anderen Ort als an seinem Wohnort die Stimme bei einer Wahl abzugeben.

DFQ: nach http://www.bundestag.de/wissen/glossar/W/wahlschein.html

NOT: Wer am Wahltag aus einem wichtigen Grund den ihm zugewiesenen Wahlraum nicht aufsuchen kann, dem wird auf Antrag ein Wahlschein ausgestellt. Außerdem kann unter bestimmten Umständen jemand einen Wahlschein beantragen, wenn er nicht in das Wählerverzeichnis eingetragen ist. Der Wahlschein wird auch allen Briefwählern zugestellt. Mit diesem Wahlschein kann der Wahlberechtigte in jedem beliebigen Wahllokal in seinem Wahlkreis wählen.

***

ATM: Wahlschein (2); gesetzl.; 4; Hauptb.; Subst.; mask.; sg.; 0416; Wahlrecht

ETM: legitimation statement held by elected representatives to the National Council; FTM: certificat de légitimité des députés élus

TMQ: § 113 NRWO

DEF: ein Dokument, das jeder Abgeordnete nach seiner Wahl oder nach seiner gemäß § 111 erfolgten Berufung vom Bundeswahlleiter erhält, der ihn zum Eintritt in den Nationalrat berechtigt.

DFQ: § 113 NRWO

DTM: FEHLT

***

DTM: Wahlschein mit Gültigkeitsvermerk; gesetzl.; 4; Hauptb.; MWA; mask.; sg.; 0416; Wahlrecht

ETM: validated ballot card; FTM: carte d'électeur avec déclaration de validité

DTQ: § § 83 BWO

DEF: wird die Wahl vor Ablauf von sechs Monaten nach der Hauptwahl nur in einzelnen Wahlbezirken wiederholt, so erhalten Personen, die bei der Hauptwahl in diesen Wahlbezirken mit Wahlschein gewählt haben, auf Antrag ihren Wahlschein mit Gültigkeitsvermerk für die Wiederholungswahl zurück, wenn sie inzwischen aus dem Gebiet der Wiederholungswahl verzogen sind.

DFQ: § 83 (5) BWO

ATM: FEHLT

***

ATM: **Wahlsprengel**; gesetzl.; 4; Hauptb.; Subst.; mask.; sg.; 0416; Wahlrecht; **Wahllokal**
ETM: constituency; FTM: circonscription électorale

TMQ: § 53 NRWO

DEF: ein Wahlgebiet einer größeren Gemeinde, das so abzugrenzen ist, daß am Wahltag in einem Wahlsprengel durchschnittlich höchstens etwa siebzig Wähler in der Stunde abgefertigt werden müssen. Auch Gemeinden mit weit auseinanderliegenden Ortsteilen (Streulage) können, um den Wählern den Weg zum Wahllokal zu erleichtern, in Wahlsprengel eingeteilt werden.

DFQ: nach § 53 (1) NRWO

NOT: Die Begriffe sind nur teilweise synonym, weil Wahlbezirke im deutschen Wahlsystem sowohl ganze Gemeinden, als auch Teile davon umfassen können.

REL Teilsynonym

DTM: **Wahlbezirk**; gesetzl.; 4; Hauptb.; Subst.; mask.; sg.

DTQ: § 12 BWO

DEF: das Wahlgebiet einer Gemeinde mit nicht mehr als 2.500 Einwohnern, die in bevölkerungsmäßig größeren Gemeinden werden in mehrere Wahleinheiten eingeteillt und zusätzlich noch mehrere Wahlräume pro Wahlbezirk errichtet werden können.

DFQ: nach § 12 BWO

***

ATM: **wahlwerbende Partei**; gesetzl.; 4; Hauptb.; MWA; fem.; sg.; 0416; Wahlrecht; **Wahlpartei**
ETM: (political) party; FTM: parti (politique)

TMQ: § 2 (2) Parteiengesetz; § 42 (1) NWRO

DEF: eine Wählergruppe, die sich unter Führung einer unterscheidenden Parteibezeichnung und Aufstellung einer Parteiliste an der Wahlwerbung zu einem allgemeinen Vertretungskörper oder dem Europäischen Parlament beteiligt.

DFQ: § 2 (2) Parteiengesetz

REL: Synonym

DTM: **Partei**; gesetzl.; 4; fem.; Hauptb.; Subst.; sg.; **Parteien**

DTQ: § 2 Parteiengesetz

DEF: Vereinigungen von Bürgern, die dauernd oder für längere Zeit für den Bereich des Bundes oder eines Landes auf die politische Willensbildung Einfluß nehmen und an der Vertretung des Volkes im Deutschen Bundestag oder einem Landtag mitwirken wollen, wenn sie nach dem Gesamtbild der tatsächlichen Verhältnisse, insbesondere nach Umfang und Festigkeit ihrer Organisation, nach der Zahl ihrer Mitglieder und nach ihrem Hervortreten in der Öffentlichkeit eine ausreichende Gewähr für die Ernsthaftigkeit dieser Zielsetzung bieten.

DFQ: § 2 Parteiengesetz

NOT: Im dt. Recht wird vorausgesetzt, dass sich eine Partei im Sinne des Gesetzes am politischen Willensbildungsprozess beteiligt und an Wahlen teilnimmt.

***

ATM: **Wahlzahl**; gesetzl.; 4; Hauptb.; Subst.; fem.; sg.; .; 0416; Wahlrecht
ETM: electoral quota; FTM: quotient électoral

TMQ: § 96 NRWO

DEF: die Anzahl der Stimmen, die nötig ist, um ein Mandat zu erlangen.

DFQ: nach § 96 NRWO

NOT: Die Wahlzahl wird in der Regel dadurch ermittelt, dass die Zahl der abgegebenen Stimmen (etwa in einem Wahlkreis) durch die Zahl der hier zu vergebenden Mandate geteilt wird. Die so errechnete Zahl ist die Wahlzahl.

DTM: FEHLT

NOT: Das Wahlsystem in AT und DE unterscheiden sich erheblich (Zweistimmensystem usw.), das gilt auch für die Verteilung der Mandate auf die Wahlkreise usw. http://www.wahlrecht.de/bundestag/

***

ATM: Wahlzeuge; gesetzl.; 4; Hauptb.; Subst.; mask.; sg.; 0416; Wahlrecht

ETM: election scrutineer; FTM: témoin d'un parti politique surveillant la bonne exécution de l 'élection

TMQ: § 61 NWRO

DEF: wahlberechtigte Vertrauensleute von wahlwerbenden Parteien, die im Landeswahlvorschlag veröffentlicht wurden. Sie können in jede örtliche Wahlbehörde und in jede besondere Wahlbehörde entsendet werden.

DFQ: nach § 61 (1) NWRO

DTM: FEHLT

NOT: Ein Einfluß auf den Gang der Wahlhandlung steht ihnen nicht zu. Nicht zu verwechseln mit den Vertrauenspersonen auf der Ebene der Kreiswahlvorschläge, die verbindliche Erklärungen zum Kreisvorschlag geben können.

***

ATM: wahre Einwilligung; gesetzl.; 4; Hauptb.; MWA; fem.; sg.; 1211; Bürgerl. Recht

ETM: consent; FTM: consentement

TMQ: § 869 ABGB

DEF: eine freie Willenserklärung, mit der das Einverständnis zu einem Vertrag erklärt wird. Sie muß frei, ernstlich, bestimmt und verständlich erklärt werden. Ist dies nicht der Fall, entsteht kein Vertrag.

DFQ: nach § 869 ABGB

NOT: Ist die Erklärung unverständlich, ganz unbestimmt, oder erfolgt die Annahme unter andern Bestimmungen, als unter welchen das Versprechen geschehen ist, entsteht kein Vertrag.

REL Synonym

DTM: Einwilligung; gesetzl.; 4; Hauptb.; Subst.; mask.; sg.

DTQ: §§ 182 f. BGB

DEF: im bürgerlichen Recht die Erklärung des Einverständnisses mit einem regelmäßig von anderen Personen abgeschlossenen Rechtsgeschäft.

DFQ: Creif21, § 182 BGB

***

ATM: Wahrheitsbeweis; gesetzl.; 4; Hauptb.; Subst.; mask.; sg.; 1216; Strafrecht

ETM: proof of truth; FTM: preuve de verité

TMQ: § 112 StGB

DEF: ein besonderer Entlastungsbeweis des Beschuldigten im Strafverfahren wegen übler Nachrede, der darin besteht, dass der Beschuldigte die Richtigkeit seiner Behauptungen oder seinen guten Glauben zur Tatzeit (Beweis des guten Glaubens) dartut, wobei der gelungene Wahrheitsbeweis strafausschließend wirkt.

DFQ: nach § 112 StGB

REL: Synonym

DTM: Wahrheitsbeweis durch Strafurteil; gesetzl.; 4; Hauptb.; MWA; mask.; sg.

DTQ: § 190 StGB

DEF: der Beweis der Schuld bzw. Unschuld des Beklagten durch ein gerichtliches Urteil und mit Verurteilung bzw. Freispruch bewertet.

DFQ: nach § 190 StGB

***

ATM: Wahrspruch; gesetzl.; 4; Hauptb.; Subst.; mask.; sg.; 1216; Strafrecht

ETM: unanimous jury verdict; FTM: déclaration du jury

TMQ: § 340 StPO

DEF: nennt man das Urteil der Geschworenen mit absoluter Mehrheit der Stimmen über die Schuldfrage, das vom Obmann der Geschworenen verkündet wird.

DFQ: nach § 340 StPO

DTM: FEHLT

***

ATM: Waldentwicklungsplan; gesetzl.; 4; Hauptb.; Subst.; mask.; sg.; 5696; Agrarrecht / Forstwirtschaft

ETM: forestry development plan; FTM: plan d'aménagement forestier

TMQ: Handbuch der Planungsbegriffe

DEF: hat die Darstellung und vorausschauende Planung der Waldverhältnisse zu enthalten und ist unter Bedachtnahme auf alle für die forstliche Raumplanung bedeutsamen öffentlichen Interessen zu erstellen.

DFQ: § 1 Waldentwicklungsplan; § 9 Forstgesetz 1975

NOT: Erstreckt sich auf das Bundesgebiet (Gesamtplan) und setzt sich aus Teilplänen zusammen.

DTM: FEHLT

***

ATM: Wammerl wie gewachsen; gesetzl.; 4; Hauptb.; MWA; neutr.; sg.; 1211; Lebensmittelrecht

TMQ: http://www.fleisch-teilstuecke.at/tsdetail-kalb/fts/3402/3000.3002.3400/ (15.09.2015)

DEF: wird wie gewachsen oder ausgelöst angeboten. Das vordere Stück wird „Brüstl" genannt, das Mittelstück stellt das Klassische Bauch- fleisch dar und das hintere Ende wird oft als „Wammerl" bezeichnet.

DFQ: http://www.fleisch-teilstuecke.at/tsdetail-kalb/fts/3402/3000.3002.3400/ (15.09.2015)

REL: Teilsynonym

DTM: Lappen; gesetzl.; 4; Hauptb.; Subst.; mask.; sg.;

DTQ: http://www.fleisch-teilstuecke.at/tsdetail-kalb/fts/3402/3000.3002.3400/ (15.09.2014)

DEF: Flankenstück (Bauchstück) von Rind, Kalb, Schaf.

DFQ: http://www.fleisch-teilstuecke.at/tsdetail-kalb/fts/3402/3000.3002.3400/ (15.09.2014)

***

ATM: Wandlung; gesetzl.; 4; Hauptb.; Subst.; fem.; sg.; 1211; Bürgerl. Recht

ETM: termination of contract due to material breach; FTM: rédhibition

TMQ: § 932 ABGB

DEF: die Aufhebung eines Vertrags wegen eines wesentlichen Mangels, wenn dieser nicht durch eine Verbesserung oder den Austausch der Sache behoben werden kann bzw. wenn keine Einigung auf Preisminderung erfolgt.

DFQ: nach § 932 ABGB

NOT: Wandlung ist ein Gestaltungsrecht, kein Gewährleistungsanpruch.

REL Synonym

DTM: Rücktritt; gesetzl.; 4; Hauptb.; Subst.; fem.; sg.

DTQ: § 323 BGB

DEF: die Aufhebung eines Vertrags wegen eines wesentlichen Mangels, wenn dieser nicht durch eine Verbesserung oder den Austausch der Sache behoben werden kann bzw. wenn keine Einigung auf Preisminderung erfolgt.

DFQ: §§ 323 ff. BGB

***

ATM: **Warnpflicht**; fachlit.; 3; Hauptb.; Subst.; fem.; sg.; 1211; Bürgerl. Recht

ETM: duty to warn; FTM: obligation d'avertir

TMQ: RS0125489; 2Ob277/08m; 15.10.2009

DEF: die Verpflichtung eines Unternehmers, den Werkbesteller bei offenbarer Untauglichkeit des beigestellten Stoffs oder bei offenbar unrichtiger Anweisung vor dem Misslingen des Werkes zu warnen.

DFQ: nach § 1168a ABGB

NOT: Misslingt ein Werk infolge offenbarer Untauglichkeit des vom Besteller gegebenen Stoffes oder offenbar unrichtiger Anweisungen des Bestellers, so ist der Unternehmer für den Schaden verantwortlich, wenn er den Besteller nicht gewarnt hat.

DTM: **FEHLT**

***

ATM: **Wechselmandatsverfahren**; fachlit.; 4; Hauptb.; Subst.; neutr.; sg.; 1211; Bürgerl. Recht

ETM: summary proceedings for the enforcement of bills of exchange; FTM: procédure sur lettre de change

TMQ: OGH OGh 8Ob101/13f, 28.10.2013

DEF: ein reiner Urkundenprozess, bei dem Wechselansprüche effektiv und schnell in einem Sonderverfahren durchgesetzt werden können.

DFQ: nach ZPO §§ 556-559 ZPO

NOT: Ist ein vereinfachtes Verfahren bei Geltendmachung einer Forderung auf Geld oder andere vertretbare Sachen aufgrund eines Urkundenbeweises.

REL Synonym

DTM: **Wechselprozess**; gesetzl.; 4; Hauptb.; Subst:, neutr.; sg.

DTQ: § 602 Wechselprozess

DEF: eine Unterart des Urkundenprozesses, wobei über die Ansprüche des Wechsels besonders rasch entschieden wird.

DFQ: nach Creif21

***

ATM: **Wechselstubengeschäft**; gesetzl.; 4; Hauptb.; Subst.; neutr.; sg.; 1211; Bürgerl. Recht

ETM: currency exchange service; FTM: commerce de bureau de change

TMQ: § 1 BWG

DEF: der Handel mit ausländischen Zahlungsmitteln sowie den schaltermäßigen An- und Verkauf ausländischer Geldsorten und Reisechecks.

DFQ: nach Art. 1 § 1 BWG

DTM: **FEHLT** (Benennungslücke)

NOT: Der Begriff „**Wechselstube**" existiert auch im dt. Recht. Die Geschäfte von Wechstelstuben sind gesetzlich geregelt und nicht nur auf den Umtausch von Währungen beschränkt. Es fehlt jedoch ein spezieller Begriff dafür.

***

ATM: **Wechselzahlungsauftrag**; gesetzl.; 4; Hauptb.; Subst.; mask.; sg.; 1211; Bürgerl. Recht; **Zahlungsauftrag**

ETM: payment order; FTM: ordre de paiement

TMQ: § 555 ZPO

DEF: eine gerichtliche Anordnung im Rahmen von Wechselstreitigkeiten, wonach die beklagte Partei binnen vierzehn Tagen nach Zustellung des Zahlungsauftrags bei sonstiger Exekution die gegen sie geltend gemachten Ansprüche samt den vom Gericht bestimmten Kosten zu befriedigen oder Einwendungen gegen den Zahlungsauftrag zu erheben hat.

DFQ: nach § 556 (3) ZPO

NOT: Der Zahlungsauftrag ist ohne vorhergehende mündliche Verhandlung und ohne Einvernehmung des Beklagten zu erlassen.

DTM: FEHLT

NOT: Ein spezfischer Begriff für gerichtliche Zahlungsbefehle im Wechselstreitigkeitsverfahren fehlt im dt. Recht. Derartige Anordnungen werden unter dem Begriff „**Mahnbescheid**" zusammengefasst.

***

DTM: **Wegnahmerecht des Mieters**; gesetzl.; 4; Hauptb.; MWA; neutr.; sg.; 2846; Mietrecht

ETM: tenant's right of removal; FTM: droit de reprise du locataire

DTQ: § 539 BGB

DEF: das Recht eines Mieters, eine Einrichtung wegzunehmen, mit der er die Mietsache versehen hat.

DFQ: § 539 (2) BGB

ATM: FEHLT

***

ATM: **Wehrdienstverweigerer**; fachlit.; 4; Hauptb.; Subst.; mask.; sg.; 0821; Militärrecht; **Zivildiener**

ETM: conscientious objector; FTM: objecteur de conscience

TMQ: OGH 13Os139/12h; 14.02.2013

DEF: jemand, der aus Gewissensgründen unter Berufung auf das Grundrecht der Kriegsdienstverweigerung, den Kriegsdienst mit der Waffe verweigert und deshalb einen Zivildienst außerhalb des Bundesheers als Ersatzdienst leistet.

DFQ: nach Art. 1 EMRK

REL Synonym

DTM: **Kriegsdienstverweigerer**; gesetzl.; 4; Hauptb.; Subst.; mask.; sg.; **Zivildiener**

DTQ: § 1 Kriegsdienstverweigerungsgesetz

DEF: jemand, der aus Gewissensgründen unter Berufung auf das Grundrecht der Kriegsdienstverweigerung, den Kriegsdienst mit der Waffe verweigert und deshalb einen Zivildienst außerhalb der Bundeswehr als Ersatzdienst leistet.

DFQ: nach §§ 1 ff. Gesetz über die Verweigerung des Kriegsdienstes mit der Waffe aus Gewissensgründen.

***

ATM: **Weihnachtsremuneration**; gesetzl.; 4; Hauptb.; Subst.; fem.; sg.; 4426; Arbeitsrecht; **Weihnachtsgeld; 13. Gehalt**

ETM: Christmas bonus; FTM: prime de Noël

TMQ: § 10 (1) Z. 7 Heimarbeitsgesetz 1960

DEF: eine Sonderzahlung (meist in der Höhe einers Monatsgehaltes), die dem Arbeitnehmer aufgrund des Kollektivvertrags zusätzlich zum Gehalt in der Regel im November/Dezember zur Weihnachtszeit ausgezahlt wird.
DFQ: nach http://www.akstmk.at (28.01.2015)
REL: Teilsynonym; funkt. Äquiv.

DTM: **Weihnachtsgratifikation**; fachlit.; 3; Hauptb.; Subst.; fem.; sg.; **Weihnachtsgeld**
DTQ: Creif21
DEF: eine freiwillige Sonderzahlung des Arbeitgebers zur Weihnachtszeit, wobei es sich um einen steuerpflichtigen Arbeitslohn handelt.
DFQ: nach http://www.handelswissen.de/.../Weihnachtsgratifikation.php (28.01.2015)

***

ATM: **weißer Brief**; allgmspr.; 3; Hauptb.; MWA; mask.; sg.; 1221; Zustellrecht; **Rückscheinbrief weiß, Rsb-Brief**
ETM: white special registered post able to be signed for by substitutes; FTM: lettre avec accusé de réception
TMQ: www.privatkonkurs.at/content/woerterbuch.php? (19.07.2009)
DEF: ein behördliches Schriftstück mit Rückschein, das auch an einen Ersatzempfänger zugestellt werden kann.
DFQ: nach http://www.help.gv.at/Content.Node/99/Seite.991272.html (18.07.2009)
NOT: Der weiße Brief bzw. RSb-Brief ist kein eingeschriebener Brief. Er ist für die Zustellung durch einen Zustelldienst bestimmt. Bei Zustellung durch die Gemeinde wird anstelle des Rückscheins ein Zustellschein verwendet.

DTM: **FEHLT**
NOT: Nach dt. Zustellungsrecht kommt entweder eine Zustellung mit Zustellungsurkunde oder eine Zustellung durch Einschreiben mit Rückschein in Frage.

***

ATM: **Weißes Scherzel**; gesetzl.; 4; Hauptb.; MWA; neutr.; sg.; 6026; Lebensmittelrecht
ETM: eye of round a heel; FTM: rond de gîte de noix
TMQ: Österr. Lebensmittelbuch, Kap. 14 A.3.1.3
DEF: M. semitendineus; Bildet den hinteren Teil des Knöpfels.
DFQ: Österr. Lebensmittelbuch, Kap. 14 A.3.1.3; http://www.ama-marketing.at/ (15.09.2014)
REL: Teilsynonym

DTM: **Schwanzrolle**; gesetzl.; 4; Hauptb.; Subst.; fem.; sg.; **Rolle, Seemerrolle, Runder Mocken**
DTQ: http://www.gutekueche.de/.../fleischstuecke-rind.1814.htm (28.08.2015)
DEF: befindet sich im hinteren Bereich der Keule - wird häufig zur Unterschale gezählt.
DFQ: http://www.gutekueche.de/../fleischstuecke-rind.1814.htm (28.08.2015)

***

ATM: **Weißkraut**; gesetzl.; 4; Hauptb.; Subst.; neutr.; sg.; 6006; Agrarrecht
ETM: white cabbage; FTM: chou blanc
TMQ: Saatgutverordnung 2006 2.10.5.
DEF: Brassica oleracea L.
DFQ: Saatgutverordnung 2006 2.10.5.
REL Synonym

DTM: **Weißkohl**; gesetzl.; 4; Hauptb.; Subst.; mask.; sg.
DTQ: SatV 7.1.1.2

DEF: Brassica oleracea L.

DFQ: Saatgutverordnung 2006 2.10.5.

***

ATM: **Weisung**; gesetzl.; 4; Hauptb.; Subst.; fem.; sg.; 0436; Öffentl. Recht; **Verwaltungsverordnung, Erlass**

ETM: administrative regulation; FTM: instruction (réglementation administrative)

TMQ: § 44 Beamten-Dienstrechtsgesetz 1979

DEF: generelle Anordnung einer Verwaltungsbehörde, deren Adressaten ausschließlich nachgeordnete Verwaltungsorgane sind; eine Verwaltungsverordnung muss eine imperative Formulierung aufweisen.

DFQ: nach § 4 BGBlG; öhl7, 451

REL Synonym

DTM: **Verwaltungsvorschrift**; gesetzl.; 4; Hauptb.; Subst.; fem.; sg.; **Erlass, Runderlass, Richtlinie**

DTQ: § 8 (2) Z. 2 LVG

DEF: Verwaltungsvorschriften enthalten Anordnungen der vorgesetzten gegenüber den nachgeordneten Behörden, die innerhalb der Verwaltung für eine Vielzahl von Fällen gelten sollen.

DFQ: Creif21

***

ATM: **Weiterbildungsgeld**; gesetzl.; 4; Hauptb.; Subst.; neutr.; sg.; 4426; Arbeitsrecht

ETM: education grants for the unemployed; FTM: aide à la formation continue

TMQ: § 26 (1) Arbeitslosengesetz

DEF: eine Form des Arbeitslosengeldes für Personen, die eine Bildungskarenz oder eine Freistellung gegen Entfall des Arbeitsentgeltes in Anspruch nehmen und die Anwartschaft auf Arbeitslosengeld erfüllen.

DFQ: nach § 26 (1) Arbeitslosengesetz

NOT: Die Dauer dieser Bildungskarenz kann zwischen drei Monaten und einem Jahr liegen.

REL: Synonym

DTM: **Bildungsgutschein**; gesetzl.; 4; Hauptb.; Subst.; mask.; sg.

DTQ: § 81 SGB III

DEF: eine Bescheinigung der Agentur für Arbeit, dass die Anspruchsbedingungen für die berufliche Weiterbildung bestehen und bei einem anerkannten Bildungsträger und bei ihm eine für die Förderung zugelassene Maßnahme besucht werden kann.

DFQ: nach Übersicht über das Sozialrecht 2014; BM f. Arbeit und Soziales

***

ATM: **Weiterfresserschaden**; fachlit.; 4; Hauptb.; Subst.; mask.; sg.; 1211; Bürgerl. Recht

ETM: defective component causing damage to the whole; FTM: dommage lié à la déficience d'un sous-produit

TMQ: OHG 2Ob188/97d; 28.01.1999

DEF: ein Schaden, der durch ein von einem Teilhersteller stammendes, in ein Endprodukt eingebautes Teilprodukt entsteht.

DFQ: Welser, FWB Bürgerliches Recht

NOT: Hersteller haftet nach nicht, weil keine „vom Produkt verschiedene Sache“ iSd § 1 (1) PHG beschädigt wurde.

REL Synonym

DTM: **Weiterfressermangel**; fachlit.; 3; mask.; sg.; Hauptb.; Subst.; **weiterfressender Mangel**

DTQ: http://www.lexexakt.de/glossar/weiterfresserschaden.php (26.01.2015)

DEF: ein entstandener Schaden, der über den Mangelunwert, den die Sache von vornherein hatte, hinausgeht.

DFQ: nach http://www.lexexakt.de/glossar/weiterfresserschaden.php (26.01.2015)

***

ATM: **Werknutzungsvertrag**; fachlit.; 3; Hauptb.; Subst.; mask.; sg.; 1211; Bürgerl. Recht

ETM: licence for the use of copyright material; FTM: contrat d'usage de l'œuvre; licence

TMQ: 94/16/0193, 19.04.1995; Verwaltungsgerichtshof

DEF: ein urheberrechtlicher Vertrag, mit dem der Urheber die ihm vorbehaltenen Verwertungsrechte an seinem Werk Dritten überträgt.

DFQ: nach § 33 Gebührengesetz 1957

DTM: **FEHLT**

***

ATM: **Wert der besonderen Vorliebe**; gesetzl.; 4; Hauptb.; MWA; mask.; sg.; 1211; Bürgerl. Recht; **Affektionsinteresse**

ETM: collector's value; FTM: valeur d'affection

TMQ: § 935 ABGB; Welser, FWB Bürgerliches Recht

DEF: der Wert einer Sache, der über ihren mit Rücksicht auf Zeit und Ort gewöhnlich und allgemein geschätzten Nutzen hinausgeht und zudem auf die besonderen Verhältnisse bzw. auf zufällige Eigenschaften der Sache begründet ist.

DFQ: nach §§ 305, 1331 ABGB

NOT: Dieser wird nur berücksichtigt, wenn eine vorsätzliche oder durch auffallende Sorglosigkeit entstandene Beschädigung durch eine strafbare Handlung, aus Mutwillen oder Schadenfreude verursacht wurde.

REL: Synonym

DTM: **Affektionsinteresse**; fachlit.; 3; Nebenb.; Subst.; neutr.; sg.

DTQ: www.rechtslexikon.net (12.02.2015)

DEF: der Liebhaberwert einer Sache, der nicht in Geld meßbar ist.

DFQ: www.rechtslexikon.net (12.02.2015)

NOT: Spielt eine Rolle beim Schadensersatzanspruch nach den §§ 249 ff. BGB.

***

ATM: **Wertsicherung** (der Miete); gesetzl; 4; Hauptb.; Subst.; fem.; sg.; 2846; Mietrecht; **Valorisierung**

ETM: indexation of rent; FTM: indexation du loyer (indice de référence des loyers)

TMQ: Art. III Baurechtsgesetz

DEF: Beginnend mit 01.04.2010 vermindern oder erhöhen sich die in Abs. 1 Richtwertgesetz angeführten Richtwerte jedes zweite Jahr in dem Maß, das sich aus der Veränderung des von der Bundesanstalt Statistik Österreich verlautbarten Jahresdurchschnittswerts des Verbraucherpreisindex 2000 des jeweiligen Vorjahrs gegenüber dem Indexwert 114,6 (Durchschnittswert des Jahres 2007) ergibt.

DFQ: § 2 Richtwertgesetz

NOT: Im österr. Mietrecht ist nach § 16 (6) MRG die Bindung/Valorisierung des Mietzinses an den Lebenhaltskostenindex der Statistik Austria explizit vorgesehen.

REL: Teilsynoym

DTM: **Indexmiete**; gesetzl.; 4; Hauptb.; Subst.; fem.; sg.

DTQ: § 557b BGB

DEF: eine Miete, die durch den vom Statistischen Bundesamt ermittelten Preisindex für die Lebenshaltung aller privaten Haushalte in Deutschland bestimmt wird.

DFQ: § 557b BGB

***

ATM: **Wertzuständigkeit**; gesetzl.; 4; Nebenb.; Subst.; fem.; sg.; 1226; Gerichtsorganisation

ETM: monetary jurisdiction; FTM: compétence judiciaire

TMQ: OGH 5Ob169/13h; 30.06.2014

DEF: regelt die Gerichtszuständigkeit der Zivilgerichte, die je nach dem Wert des Streitgegenstandes ermittelt wird.

DFQ: nach § 49 JN; https://www.wko.at/../Gerichtszuständigkeit (26.01.2015)

NOT: Nach der Wertzuständigkeit sind Rechtssachen bis zu einem Streitwert von € 20.000,- vor Bezirksgerichten auszutragen. Diese Wertgrenze von € 15.000,- gilt bis 31.12.2015. Für die Zeit ab 01.01.2016 bis zu einem Streitwert von € 25.000,-. Vor die Landesgerichte gehören alle bürgerlichen Rechtsstreitigkeiten, welche nicht den Bezirksgerichten zugewiesen sind.

DTM: FEHLT

***

ATM: **Wesentlichkeit des Irrtums**; fachlit.; 3; Hauptb.; MWA; fem.; sg.; 1211; Bürgerl. Recht; **Kausalität des Irrtums**

ETM: gravity of mistake; FTM: erreur essentiel

TMQ: OGH 8Ob19/12w; 28.03.2012

DEF: die Frage, ob die Kenntnis der wahren Sachlage den Abschluß des Rechtsgeschäftes beeinflußt hätte.

DFQ: Welser, FWB Bürgerliches Recht

NOT: Unterschieden werden: **wesentlicher Irrtum**; **unwesentlicher Irrtum**; **unerheblicher Irrtum**

DTM: FEHLT

***

ATM: **Widerlage**; gesetzl.; 4; Hauptb.; Subst.; fem.; sg.; 1211; Bürgerl. Recht; **donatio propter nuptias, antidos**

ETM: counter-dowry; FTM: capital pour augmenter le dot

TMQ: § 1230 ABGB aF

DEF: das, was der Bräutigam oder ein Dritter der Braut zur Vermehrung des Heiratsgutes aussetzt.

DFQ: Legaldefinition nach § 1230 ABGB aF

USE historisch

NOT: Diese Bestimmunge wurde mit BGBl. I Nr. 75/2009 aufgehoben.

DTM: FEHLT

***

ATM: **widerrechtlicher Zugriff auf ein Computersystem**; gesetzl.; 4; Hauptb.; MWA; mask.; sg.; 1216; Strafrecht

ETM: unauthorised access to a computer system; FTM: accès non autorisé aux systèmes informatiques

TMQ: § 118a STGB

DEF: das absichtliche Verschaffen (sich oder anderen Unbefugten) eines Zugangs zu einem geschützten Computersystem und den darauf gespeicherte Daten.

DFQ: nach § 118a STGB

REL: Synonym

DTM: **Ausspähen von Daten**; gesetzl.; 4; MWA; neutr.; sg.

DTQ: § 202a StGB

DEF: das absichtliche Verschaffen (sich oder anderen Unbefugten) eines Zugangs zu einem geschützten Computersystem und den darauf gespeicherte Daten.

DFQ: nach § 202a StGB

NOT: Der dt. Gesetzgeber hat in der Strafbestimmung des § 202a dStGB das „**Ausspähen von Daten**" pönalisiert, wobei der für § 118a StGB relevante Bereich des strafbaren Hackings insoweit nur einen Teilaspekt darstellt. (Triffterer/Rosbaud/Hinterhofer, Salzburger Kommentar zum Strafgesetzbuch)

***

ATM: **Widerstand gegen die Staatsgewalt**; gesetzl.; 4; Hauptb.; MWA; mask.; sg.; 1216; Strafrecht

ETM: resisting official authority; FTM: résistance à l'autorité de l'État

TMQ: § 269 StGB

DEF: eine mit Gewalt oder durch Drohung mit Gewalt erzielte Hinderung einer Behörde oder eines Beamten an einer Amtshandlung oder Nötigung zu einer solchen.

DFQ: nach § 269 StGB

NOT: Deckt im Vergleich mit dem dt-Term nur den Tatbestand des Widerstands gegen Vollstreckungsbeamte bzw. gegen Personen, die diesen gleichstehen ab, beinhaltet jedoch nicht öffentliche Aufforderung zu Straftaten, Gefangenenbefreiung und Gefangenenmeuterei.

REL: Teilsynonym

DTM: **Widerstand gegen die Staatsgewalt**; gesetzl.; 4; Hauptb.; MWA; mask.; sg.

DTQ: sechster Abschnitt StGB

DEF: nennt man den Widerstand gegen Vollstreckungsbeamte bzw. gegen Personen, die diesen gleichstehen (d.h. mit Gewalt oder durch Drohung mit Gewalt erzielte Hinderung einer Behörde oder eines Beamten an einer Amtshandlung oder Nötigung zu einer solchen) und zudem fallen darunter auch öffentliche Aufforderung zu Straftaten, Gefangenenbefreiung und Gefangenenmeuterei.

DFQ: nach §§ 111-114, 120 f. StGB

***

ATM: **Widmungsart**; gesetzl.; 4; Hauptb.; Subst.; fem.; sg.; 2846; Wasserrecht

ETM: land development plan; FTM: type de habilitation de sols et de terres

TMQ: § 7 Schutz des Grundwasservorkommens für Zwecke der Trinkwasserversorgung – Tullnerfeld; Handbuch der Planungsbegriffe

DEF: ist zur räumlichen Gliederung des Gemeindegebietes im Flächenwidmungsplan nach den Raumornungs- bzw. Raumplanungsgesetzen der Länder festzulegen.

DFQ: § 13 (1) Burgenländisches Raumplanungsgesetz; Handbuch der Planungsbegriffe

NOT: Im Flächenwidmungsplan sind folgende Widmungsarten festzulegen: Bauland, Verkehrsflächen und Grünflächen.

DTM: FEHLT

***

ATM: **Widmungssperre**; fachlit.; 3; Hauptb.; Subst.; fem.; sg.; 2846; Raumplanungsrecht

ETM: development freeze; FTM: blocage de l'habilitation de sols et de terres

TMQ: Handbuch der Planungsbegriffe

DEF: eine Verordnung der Landesregierung über ein bestimmtes Gebiet, in dem während der Geltungsdauer keine örtlichen Raumordnungsprogramme der Gemeinde für dieses Gebiet erlassen oder geändert werden dürfen.

DFQ: Handbuch der Planungsbegriffe

REL: Teilsynonym; funkt. Äquiv.

DTM: **Veränderungssperre**; gesetzl.; 4; Hauptb.; Subst.; fem.; sg.

DTQ: § 14 BauGB

DEF: eine Satzung der Gemeinde, wodurch die Erteilung von Baugenehmigungen im Interesse einer angestrebten neuen Bauplanung verhindert werden soll.

DFQ: §§ 14 ff. BauGB; http://www.rechtslexikon-online.de/Veraenderungssperre.html (13.08.2009)

NOT: Bauliche Vorhaben, wie die Errichtung, die Änderung und die Nutzungsänderung einer baulichen Anlage dürfen grundsätzlich nicht mehr durchgeführt werden. Auch sonstige wesentliche Veränderungen von Grundstücken oder baulichen Anlagen sind unzulässig.Nach dem Baugesetzbuch tritt die Veränderungssperre nach zwei Jahren außer Kraft; eine Verlängerung ist aber möglich. Dauert sie länger als vier Jahre, besteht ein Anspruch auf Entschädigung

***

ATM: **Wiederaufnahmsklage**; gesetzl.; 4; Hauptb.; Subst.; fem.; sg.; 1211; Prozessrecht

ETM: application for retrial; FTM: recours en révision

TMQ: § 529 ZPO

DEF: dient dazu, das Wiederaufnehmen eines Verfahrens auf Antrag einer Partei, das durch eine die Sache erledigende Entscheidung vorerst abgeschlossen wurde, einzuleiten.

DFQ: nach § 530 ZPO

NOT: Grunde hiefür sind neben anderen insbesonders, wenn eine Urkunde, auf welche die Entscheidung gegründet ist, fälschlich angefertigt oder verfälscht ist, wenn eine falsche Zeugenaussage oder andere strafbare Handlungen getätigt wurden oder wenn die Kenntnis von neuen Tatsachen oder das Auffinden neuer Beweismittel eine andere Entscheidung herbeigeführt haben könnte.

REL Synonym

DTM: **Restitutionsklage**; gesetzl.; 4; Hauptb.; Subst.; fem.; sg.

DTQ: § 580 ZPO

DEF: dient dazu, das Wiederaufnehmen eines Verfahrens auf Antrag einer Partei, das durch eine die Sache erledigende Entscheidung vorerst abgeschlossen wurde, einzuleiten.

DFQ: nach § 580 ZPO

NOT: Grunde hiefür sind neben anderen insbesonders, wenn eine Urkunde, auf welche die Entscheidung gegründet ist, fälschlich angefertigt oder verfälscht ist, wenn eine falsche Zeugenaussage oder andere strafbare Handlungen getätigt wurden oder wenn die Kenntnis von neuen Tatsachen oder das Auffinden neuer Beweismittel eine andere Entscheidung herbeigeführt haben könnte.

***

ATM: **Wiederherstellungspflicht**; gesetzl.; 4; Hauptb.; Subst.; fem.; sg.; 2846; Mietrecht

ETM: Obligation to recover a rental property by the landlord; FTM: obligation de récupération d'une propriété en location par le locateur;

TMQ: § 7 MRG

DEF: die Pflicht des Vermieters, einen Mietgegenstand, der durch Zufall zur Gänze oder zum Teil unbrauchbar geworden ist, zur baurechtlich zulässigen und bautechnisch möglichen Wiederherstellung des Mietgegenstandes in dem Maß, als die Leistungen aus einer bestehenden Versicherung ausreichen.

DFQ: nach § 7 (1) MRG

NOT: Die Möglichkeit zur Selbsthilfe durch den Mieter und damit der Ersatzanspruch der Aufwendungen ist gesetzlich nicht normiert.

REL: Synonym

DTM: **Schadens- und Aufwendungsersatzanspruch des Mieters wegen eines Mangels**; gesetzl.; 4; Hauptb.; MWA; mask.; sg.

DTQ: § 536a BGB

DEF: das Recht eines Mieters, der unbeschadet der Rechte aus § 536 BGB Schadensersatz verlangen kann, wenn ein Mangel im Sinne des § 536 BGB bei Vertragsschluss vorhanden oder wenn ein solcher Mangel später wegen eines Umstands entsteht, den der Vermieter zu vertreten hat oder wenn er mit der Beseitigung eines Mangels in Verzug kommt.

DFQ: nach § 536a (1) BGB

NOT: Der Mieter kann den Mangel selbst beseitigen und Ersatz der erforderlichen Aufwendungen verlangen, wenn der Vermieter mit der Beseitigung des Mangels in Verzug ist oder die umgehende Beseitigung des Mangels zur Erhaltung oder Wiederherstellung des Bestands der Mietsache notwendig ist.

***

ATM: **wiederkehrende Begutachtung**; gesetzl.; 4; Hauptb.; MWA; fem.; sg.; 4816; Kraftfahrzeugrecht

ETM: periodic roadworthy test; FTM: contrôle sur route

TMQ: § 57a KFG 1967

DEF: Verpflichtung des Zulassungsbesitzers eines Fahrzeuges dieses zu den festgesetzten Zeitpunkten von einer hiezu Ermächtigten wiederkehrend begutachten zu lassen, ob es den Erfordernissen der Verkehrs- und Betriebssicherheit entspricht.

DFQ: nach § 57a (1) KFG 1967

REL: Synonym

DTM: **Hauptuntersuchung**; gesetzl.; 4; Hauptb.; MWA; fem.; sg.

DTQ: § 29 StVZO

DEF: Verpflichtung des Zulassungsbesitzers eines Fahrzeuges, dieses in festgelegten Zeitabständen von hierzu ermächtigten Ziviltechnikern oder technischen Büros des einschlägigen Fachgebietes, Vereinen oder zur Reparatur von Kraftfahrzeugen oder Anhängern berechtigten Gewerbetreibenden wiederkehrend begutachten zu lassen, ob es den Erfordernissen der Verkehrs- und Betriebssicherheit entspricht und ob mit dem Fahrzeug nicht übermäßig Lärm, Rauch, übler Geruch oder schädliche Luftverunreinigungen verursacht werden.

DFQ: nach § 29 StVZO

***

ATM: **Wiederverlautbarung**; gesetzl.; 4; Hauptb.; Subst.; fem.; sg.; 1226; Rechtssetzung

ETM: reenactment of law; FTM: publication d'amendements

TMQ: Art. 49a B-VG

DEF: neuerliche Kundmachung eines Gesetzes.

DFQ: nach Art. 49a B-VG

NOT: Ist ein Instrument der Rechtsbereinigung, mit dessen Hilfe Änderungen und Ergänzungen berücksichtigt werden können. Der Bundeskanzler ist gemeinsam mit den zuständigen Bundesministern ermächtigt, Bundesgesetze und im Bundesgesetzblatt kundgemachte Staatsverträge in ihrer geltenden Fassung durch Kundmachung im Bundesgesetzblatt wiederzuverlautbaren.

REL: Teilsynonym

DTM: **Bekanntmachung der Neufassung**; gesetzl.; 4; Hauptb.; MWA; fem.; sg.

DTQ: §§ 2 f. ZustAnpG

DEF: Instrument der Rechtsbereinigung, mit dessen Hilfe das Bundesministerium der Justiz durch Rechtsverordnung ohne Zustimmung des Bundesrates im Einvernehmen mit den beteiligten obersten Bundesbehörden in Gesetzen und Rechtsverordnungen bei Änderungen von Zuständigkeiten die Behördenbezeichnung der bisher zuständigen durch jene der neu zuständigen obersten Bundesbehörde und bei Änderungen von Behördenbezeichnungen die bisherige durch die neue Behördenbezeichnung ersetzen kann sowie dadurch veranlasste Anpassungen des Wortlauts der Vorschriften vornehmen kann.

DFQ: nach §§ 2 f. ZustAnpG

NOT: Die zuständigen Bundesminister werden ermächtigt, den Wortlaut der in diesem Gesetz angesprochenen Gesetze in neuer Fassung, mit neuem Datum und unter neuen Überschriften bekanntzumachen, dabei die Paragraphenfolge zu ändern und Unstimmigkeiten des Wortlauts zu beseitigen.

***

ATM: **Wiener Stunde**; fachlit.; 3; Hauptb.; MWA; mask.; sg.; 1226; Öffentl. Recht; Parlament

ETM: Viennese hour; FTM: heure viennoise

TMQ: http://www.parlament.gv.at/PERK/GL/ALLG/W.shtml

DEF: Aufteilung der Redezeit einer Stunde auf die Fraktionen, zum Teil nach gleichen Teilen, zum Teil nach Klubstärke im Nationalrat. Mit Stand vom 28.01.2014 beträgt die Wiener Stunde 61 Minuten. Ihre Dauer ist von der Anzahl der Fraktionen im Nationalrat abhängig.

DFQ: http://www.parlament.gv.at/PERK/GL/ALLG/W.shtml

REL: Teilsynonym; funkt. Äquiv.

DTM: **Berliner Stunde**; fachlit.; 4; Hauptb.; MWA; fem.; sg.

DTQ: Broschüre „Auf einem Blick. Das Plenum des Deutschen Bundestages“, hgg. vom Deutschen Bundestag. Berlin, 2014.

DEF: Aufteilung der Redezeit einer Stunde entsprechend ihrem Stärkeverhältnis auf die Fraktionen im Bundestag der 18. Wahlperiode hat die CDU/CSU in einer sogenannten Berliner Stunde 27 Minuten Redezeit, die SPD 17 Minuten, Die Linke und Bündnis 90 / Die Grünen jeweils acht Minuten.

DFQ: Broschüre „Auf einem Blick. Das Plenum des Deutschen Bundestages“, hgg. vom Deutschen Bundestag. Berlin, 2014.

***

ATM: **Winkelschreiber/in**; gesetzl.; 4; Hauptb.; Subst.; mask./fem.; sg.; 1226; Rechtswesen

ETM: bogus lawyer; FTM: avocat marron

TMQ: § 1 Winkelschreibereiverordnung

DEF: eine Person, die, ohne von der zuständigen Behörde dazu berechtigt zu sein, Rechtsurkunden verfasst bzw., ohne berechtigter Rechtsbeistand zu sein, in Streitsachen, in welchen sich die Parteien vorschriftsmäßig eines Rechtsbeistand bedienen müssen, unbefugterweise im Namen einer Partei einschreitet oder Eingaben für sie verfasst.

DFQ: nach § 1 Winkelschreibereiverordnung

REL Synonym

DTM: **Winkeladvokat/in**; fachlit.; 2; Hauptb.; Subst.; mask./fem.; sg.

DTQ: Creif21

DEF: eine Person, die gewerbsmäßig unbefugt auf dem Gebiet der Rechtsberatung tätig ist.

DFQ: nach Creif21

NOT: In DE nicht gesetzlich normiert. Heute auch Bezeichnung für Rechtsanwalt, der mit übertriebener Spitzfindigkeit und Formalismus der falschen Sache dient.

***

ATM: **Wirkungsbereich**; gesetzl.; 4; Hauptb.; Subst.; mask.; sg.; 1206; Verfassungsrecht; **Wirkungskreis**

ETM: municipal operational sphere; FTM: compétence générale

TMQ: Art. 10 B-VG

DEF: der Aufgabenbestand der Gemeinden.

DFQ: www.help.gv.at (20.01.2015)

NOT: Es wird zwischen den Angelegenheiten unterschieden, die sich auf die Selbstverwaltung beziehen und denen, die von außen in Auftrag gegeben werden.

REL Synonym

DTM: **Allzuständigkeit der Gemeinde**; fachlit.; 3; Hauptb.; Subst.; mask.; sg.; **Universalität des Wirkungskreises**

DTQ: Creif21

DEF: das Recht der Gemeinden gemäß Art. 28 GG alle Angelegenheiten der örtlichen Gemeinschaft im Rahmen der Gesetze in eigener Verantwortung zu regeln.

DFQ: nach Art. 28 GG

***

ATM: **Wirtschaftsfuhren**; gesetzl.; 4; Hauptb.; Subst.; fem.; pl.; 4806; Straßenverkehrsrecht

ETM: agricultural transport; FTM: transport de produits agricoles

TMQ: § 30 StVO

DEF: gilt die Beförderung von Gütern im Betriebe eines land- und forstwirtschaftlichen Unternehmens innerhalb seines örtlichen Bereiches, insbesondere zwischen den zu diesem Unternehmen gehörenden Liegenschaften mit Fahrzeugen eines land- und forstwirtschaftlichen Unternehmens.

DFQ: § 30 StVO

DTM: **FEHLT**

***

ATM: **Wirtschaftskammer Österreich**; gesetzl.; 4; Hauptb.; MWA; fem.; sg.; 4426; Öffentl. Recht; **Wirtschaftskammer Österreich**; **WKO**

ETM: Austrian Federal Economic Chamber; FTM: Chambre de commerce d'Autriche

TMQ: www.wko.at

DEF: eine Körperschaft des öffentlichen Rechts, die die Tätigkeit der Landeskammern, der Vereinigungen der gewerblichen Wirtschaftstreibenden koordiniert.

DFQ: www.portal.wko.at

REL Synonym

DTM: **Deutscher Industrie- und Handelskammertag**; gesetzl.; 4; Hauptb.; MWA; mask.; sg.; **DIHK**

DTQ: www.dihk.de

DEF: Eigentragener Verein der 80 deutschen IHKs der im Auftrag und in Abstimmung mit den IHKs die Interessenvertretung der deutschen Wirtschaft gegenüber den Entscheidern der Bundespolitik und den europäischen Institutionen übernimmt.

DFQ: www.dihk.de

NOT: Die Industrie- und Handelskammern, IHKs, vertreten als eigenverantwortliche öffentlich-rechtliche Körperschaften der wirtschaftlichen Selbstverwaltung das Interesse ihrer zugehörigen Unternehmen gegenüber Kommunen, Landesregierungen sowie Politik und Öffentlichkeit.

***

ATM: **Wirtschaftstreuhänder/in**; gesetzl.; 4; Hauptb.; Subst.; mask./fem.; sg.; 4426; Wirtschaftsrecht

ETM: certified public accountant; FTM: expert-comptable

TMQ: § 1 WTBG

DEF: Parteienvertreter/in (etwa vor Finanzbehörden oder Sozialversicherungsträgern) bzw. Berater/in in Bereichen wie Abgabenrecht, Rechnungswesen, Wirtschafts- und Sozialrecht und Betriebswirtschaft.

DFQ: nach §§ 1 ff. WTBG

NOT: **Oberbegriff.** Wirtschaftstreuhandberufe sind freie Berufe und werden unterschieden in Wirtschaftsprüfer und Steuerberater.

DTM: **FEHLT**

NOT: Der Begriff „**Wirtschaftstreuhänder**" fehlt im dt. Recht, findet jedoch in den damit umfassten Bezeichnungen „**Wirtschaftsprüfer**" und „**Steuerberater**" zusammen genommen eine Entsprechung.

***

ATM: **Wissentlichkeit**; gesetzl.; 4; Hauptb.; Subst.; fem.; sg.; 1216; Strafrecht; **Vorsatz**

ETM: oblique intent; FTM: dol général

TMQ: § 5 (3) StGB

DEF: das Handeln eines Täters, wenn er den Umstand oder Erfolg, für den das Gesetz Wissentlichkeit voraussetzt, nicht bloß für möglich hält, sondern sein Vorliegen oder Eintreten für gewiß hält.

DFQ: § 5 (3) StGB

REL: Synonym

DTM: **direkter Vorsatz**; fachlit.; 3; mask.; sg.; Hauptb.; Subst.; ***dolus directus*** **zweiten Grades**

DTQ: BGH 4 StR 162/00, 20.06.2000

DEF: eine Vorsatzform, bei der sicheres Wissen oder ein Für-sicher-halten vorausgesetzt wird, wobei es auf das Willenselement nicht ankommt.

DFQ: nach AlpBrock2

***

ATM: **Witwengehalt**; gesetzl.; 4; Hauptb.; Subst.; neutr.; sg.; 2841; Sozialrecht

ETM: widow's pension; FTM: pension de veuve

TMQ: § 1242 ABGB

DEF: das, was einer Gattin auf den Fall des Witwenstandes zum Unterhalte bestimmt wird. Der Witwengehalt gebührt der Witwe gleich nach dem Tode des Mannes und soll immer auf drei Monate vorhinein entrichtet werden.

DFQ: nach § 1242 ABGB

USE historisch

NOT: Diese Bestimmung wurde mit BGBl. I Nr. 75/2009 aufgehoben. Sie war durch die staatliche Sozialversicherung überholt.

DTM: **Witwengeld;** gesetzl.; 4; Hauptb.; Subst.; neutr.; sg.

DTQ: § 20 BeamtVG

DEF: eine Hinterbliebenenversorgung eines Beamten. Sie beträgt 55 Prozent des Ruhegehaltes, das der Beamte erhalten hat oder hätte erhalten können, wenn er am Todestag in den Ruhestand getreten wäre.

DFQ: nach § 20 BeamtVG

***

ATM: Wochenfreizeit für Jugendliche; gesetzl.; 4; Hauptb.; MWA; fem.; sg.; 2806; Jugendschutz

ETM: five-day working week for adolescent employees; FTM: semaine de cinq jours ouvrés (pour mineurs)

TMQ: § 19 KJBG

DEF: eine Regelung, die besagt, dass Jugendlichen wöchentlich eine ununterbrochene Freizeit von zwei Kalendertagen zu gewähren ist.

DFQ: nach § 19 KJBG

NOT: Diese Wochenfreizeit hat den Sonntag zu umfassen, soweit an diesem die Beschäftigung von Jugendlichen aufgrund bestimmter gesetzlicher Regelungen gestattet ist. Unter anderem regelt die Wochenfreizeit für Jugendliche auch die Arbeit am Samstag sowie die Freizeitregelungen gewisser Berufsgruppen.

REL: Teilsynonym; breiter

DTM: Fünf-Tage-Woche für Jugendliche; gesetzl.; 4; Hauptb.; MWA; fem.; sg.

DTQ: § 15 JArbSchG

DEF: eine Regelung, die besagt, dass Jugendliche nur an fünf Tagen in der Woche beschäftigt werden dürfen, wobei die beiden wöchentlichen Ruhetage nach Möglichkeit aufeinander folgen sollen.

DFQ: nach § 15 JArbSchG

NOT: In DE wird die Arbeit am Samstag durch die Samstagsruhe für Jugendliche geregelt.

***

ATM: Wochengeld; gesetzl.; 4; Hauptb.; Subst.; neutr.; sg.; 2841; Sozialrecht

ETM: maternity bonus; FTM: indemnités journalières de maternité

TMQ: AlVG § 14

DEF: eine finanzielle Stütze für werdende Mütter, die acht Wochen vor dem voraussichtlichen Geburtstermin, am Tag der Geburt bzw. acht Wochen nach der Geburt und bei Mehrlings-, Früh- oder Kaiserschnittgeburten bis zwölf Wochen nach der Geburt gewährt wird.

DFQ: nach http://www.help.gv.at/ (17.02.2015)

REL Synonym

DTM: Mutterschaftsgeld; gesetzl.; 4; Hauptb.; Subst.; neutr.; sg.

DTQ: SGBV §§ 13 f.

DEF: eine Unterstützungszahlung für alle Frauen, die in einem Arbeitsverhältnis stehen, von Seiten des Staates, die von 6 Wochen vor der Geburt und 8 Wochen nach der Geburt beantragt werden kann.

DFQ: nach SGBV § 24i (17.02.2015)

***

ATM: Wohnbeihilfe (1); gesetzl.; 4; Hauptb.; Subst.; fem.; sg.; 2841; Sozialrecht

ETM: housing benefit; FTM: allocation de logement

TMQ: § 7 Bundessonder-Wohnbaugesetz

DEF: eine finanzielle Ausgleichszahlung für Personen mit geringem Einkommen, die sowohl für gefördert errichtete beziehungsweise sanierte Wohnungen als auch für ungeförderte (private) Mietwohnungen ausbezahlt wird.

DFQ: nach http://www.wien.gv.at/wohnen/wohnbaufoerderung/wohnbeihilfe/index.html

NOT: Sozialleistung, die an Mieter von den Bundesländern gewährt wird.

REL Synonym

DTM: **Wohngeld**; gesetzl.; 4; Hauptb.; Subst.; neutr.; sg.

DTQ: § 26 SGB

DEF: ein gewährter Zuschuss zur Miete oder ein Zuschuss zu den Aufwendungen für den eigengenutzten Wohnraum zur Sicherung eines angemessenen Wohnraums.

DFQ: nach § 26 SGB

NOT: Wohngeld kann in Form eines Mietzuschusses (für Mieter) oder eines Lastenzuschusses (für Eigentümer) auftreten.

***

ATM: **Wohnbeihilfe (2)**; gesetzl.; 4; Hauptb.; Subst.; fem.; sg.; 2841; Sozialrecht

ETM: housing benefit; FTM: allocation de logement

TMQ: § 7 Bundessonder-Wohnbaugesetz

DEF: eine finanzielle Ausgleichszahlung für Personen mit geringem Einkommen, die sowohl für gefördert errichtete beziehungsweise sanierte Wohnungen als auch für ungeförderte (private) Mietwohnungen ausbezahlt wird.

DFQ: nach http://www.wien.gv.at/wohnen/wohnbaufoerderung/wohnbeihilfe/index.html

NOT: Sozialleistung, die an Mieter von den Bundesländern gewährt wird.

REL Synonym

DTM: **Mietzuschuss**; gesetzl.; 4; Hauptb.; Subst.; fem.; sg.

DTQ: § 57 BBesG

DEF: eine Form des Wohngeldes und wird als Zuschuss zur Miete für den selbst genutzten Wohnraum geleistet.

DFQ: nach § 1 WoGG

***

ATM: **Wohnbeihilfe (3)**; gesetzl.; 4; Hauptb.; Subst.; fem.; sg.; 2841; Sozialrecht

ETM: housing benefit; FTM: allocation de logement

TMQ: § 7 Bundessonder-Wohnbaugesetz

DEF: eine finanzielle Ausgleichszahlung für Personen mit geringem Einkommen, die sowohl für gefördert errichtete beziehungsweise sanierte Wohnungen als auch für ungeförderte (private) Mietwohnungen ausbezahlt wird.

DFQ: nach http://www.wien.gv.at/wohnen/wohnbaufoerderung/wohnbeihilfe/index.html

NOT: Sozialleistung, die an Mieter von den Bundesländern gewährt wird.

REL Synonym

DTM: **Lastenzuschuss**; gesetzl.; 4; Hauptb.; Subst.; fem.; sg.

DTQ: § 1 WoGG

DEF: eine Form des Wohngeldes und wird als Zuschuss zu den Kosten für den selbst genutzten Wohnraum geleistet.

DFQ: nach § 1 WoGG

***

ATM: **Wohnsitz**; gesetzl.; 4; Hauptb.; Subst.; mask.; sg.; 0436; Melderecht

ETM: main place of residence FTM: résidence principale

TMQ: § 1 (8) Meldegesetz 1991 - MeldeG

DEF: an jener Unterkunft begründet, an der er sich in der erweislichen oder aus den Umständen hervorgehenden Absicht niedergelassen hat, dort bis auf weiteres einen Anknüpfungspunkt von Lebensbeziehungen zu haben.

DFQ: § 1 (6) MeldeG 1991

REL: Teilsynonym

DTM: Wohnsitz; gesetzl.; 4; Hauptb.; Subst.; mask.; sg.

DTQ: § 8 Abgabenordnung

DEF: hat jemand dort, wo er eine Wohnung unter Umständen innehat, die darauf schließen lassen, dass er die Wohnung beibehalten und benutzen wird.

DFQ: § 8 Abgabenordnung

***

ATM: Wohnsitzerklärung; gesetzl.; 4; Hauptb.; Subst.; fem.; sg.; 0436; Melderecht

ETM: Statement of residence; FTM: déclaration de résidence

TMQ: § 15a (1) Meldegesetz 1991

DEF: enthält Fragen nach jenen Kriterien, die für die Bestimmung des Mittelpunktes der Lebensbeziehungen maßgeblich sind. Anhand dieser Angaben kann überprüft werden, ob Ihre Lebensumstände mit der in den Melderegistern eingetragenen Wohnsitzqualität (Hauptwohnsitz/(Neben)Wohnsitz) übereinstimmen.

DFQ: Anlage C Meldegesetz 1991

NOT: Sie kann von der Meldebehörde (Bürgermeister) verlangt werden, wenn nicht klar ist, ob der Wohnsitz in der jeweiligen Gemeinde tatsächlich der Hauptwohnsitz ist.

DTM: FEHLT

***

ATM: Wohnungseigentum; gesetzl.; 4; Hauptb.; Subst.; neutr.; sg.; 2846; Wohnungseigentumsrecht

ETM: ownership of residential property; FTM: propriété résidentielle

TMQ: § 2 (1) WEG 2002

DEF: das dem Miteigentümer einer Liegenschaft oder einer Eigentümerpartnerschaft eingeräumte dingliche Recht, ein Wohnungseigentumsobjekt ausschließlich zu nutzen und allein darüber zu verfügen.

DFQ: § 2 (1) WEG 2002

REL: Teilsynonym; breiter

DTM: Wohnungseigentum; gesetzl.; 4; Hauptb.; Subst.; neutr.; sg.

DTQ: § 1 (2) WoEigG

DEF: das Sondereigentum an einer Wohnung in Verbindung mit dem Miteigentumsanteil an dem gemeinschaftlichen Eigentum, zu dem es gehört.

DFQ: § 1 (2) WoEigG

***

ATM: Wohnungseigentumsbewerber; gesetzl.; 4; Hauptb.; Subst.; mask.; sg.; 2846; Wohnungseigentumsrecht

ETM: applicant for purchase of residential property; FTM: candidat à la propriété du logement

TMQ: § 2 (6) WEG

DEF: derjenige, dem schriftlich, sei es auch bedingt oder befristet, von einem Wohnungseigentumsorganisator die Einräumung von Wohnungseigentum an einem bestimmt bezeichneten wohnungseigentumstauglichen Objekt zugesagt wurde.

DFQ: § 2 (6) WEG

DTM: FEHLT

***

ATM: **Wohnungseigentumsorganisator**; gesetzl.; 4; Hauptb.; Subst.; mask.; sg.; 1211; Wohnungseigentumsrecht

ETM: residential apartment group coordinator; FTM: organisateur de la propriété du logement

TMQ: § 2 (6) WEG

DEF: sowohl der Eigentümer oder außerbücherliche Erwerber der Liegenschaft als auch jeder, der mit dessen Wissen die organisatorische Abwicklung des Bauvorhabens oder - bei bereits bezogenen Gebäuden - der Wohnungseigentumsbegründung durchführt oder an dieser Abwicklung in eigener Verantwortlichkeit beteiligt ist.

DFQ: § 2 (6) WEG

DTM: FEHLT

***

ATM: **Wortmeldung zur Geschäftsbehandlung**; gesetzl.; 4; Hauptb.; MWA; fem.; sg.; 0421; Öffentl. Recht; Parlament

ETM: request to raise a point of order; FTM: motion de procédure

TMQ: § 59 (2) GOG-NR

DEF: die Klarstellung der Position einer Fraktion zu einer Verfahrensfrage.

DFQ: http://www.parlament.gv.at/PERK/GL/ALLG/W.shtml (26.08.2014)

NOT: Wortmeldungen zur Geschäftsbehandlung werden im Plenum des Nationalrates von den Sitzreihen aus, im Plenum des Bundesrates in der Regel vom Rednerpult aus getätigt und haben Vorrang vor „normalen“ Redebeiträgen.

REL: Teilsynonym

DTM: **Wortmeldung zur Geschäftsordnung**; gesetzl.; 4; Hauptb.; MWA; fem.; sg.

DTQ: § 29 (3) BTO

DEF: eine Wortmeldung eines Mitglieds des Bundestages zur Geschäftsordnung, die nicht länger als 5 Minuten dauern darf.

DFQ: nach § 29 (3) (4) BTO

***

ATM: **Wurzelmangel**; fachlit.; 3; Hauptb.; Subst; mask.; sg.; 1211; Bürgerl. Recht; **Abschlussmangel**

ETM: fundamental defect (in contractual formation); FTM: vice fondamental d'un contract

TMQ: OGH 1Ob75/14g; 22.05.2014

DEF: ein grundsätzlicher Mangel eines Rechtsgeschäftes. Der Vertrag trägt das Risiko einer Auflösung mit ex tunc-Wirkung von vornherein in sich. Macht eine Partei den Willensmangel erfolgreich geltend, wird rückwirkend ein Zustand hergestellt, der einem Nichtzustandekommen des Vertrags entspricht.

DFQ: nach OGH 1Ob75/14g; 22.05.2014

DTM: FEHLT

***

ATM: **zahlungshalber**; fachlit.; 3; Hauptb.; Adj.; 1211; Bürgerl. Recht

ETM: in lieu of payment; FTM: à titre de paiement

TMQ: OGH 7Ob25/14y; 22.04.2014

DEF: die Erfüllung einer Forderung durch etwas anderes als die ursprünglich geschuldete Leistung.

DFQ: Welser, FWB Bürgerliches Recht

NOT: Die Forderung des Gläubigers ist nur als getilgt anzusehen, wenn er durch eine andere Leistung tatsächlich Befriedigung erlangt.

DTM: FEHLT

***

ATM: Zedent; gesetzl.; 4; Hauptb.; Subst.; mask.; sg.; 1211; Bürgerl. Recht; **Altgläubiger**

ETM: assignor; FTM: cédant

TMQ: § 1395 ABGB

DEF: eine Person, von welcher eine Forderung auf eine andere Person übertragen wird, wobei zwischen Überträger und Übernehmer der Forderung eine neue Verbindlichkeit entsteht.

DFQ: nach § 1395 ABGB

REL Synonym

DTM: bisheriger Gläubiger; gesetzl.; 4; Hauptb.; Subst.; mask.; sg.

DTQ: § 407 BGB

DEF: eine Person, durch die eine Forderung auf eine andere Person übertragen wird, wobei zwischen Überträger und Übernehmer der Forderung eine neue Verbindlichkeit entsteht.

DFQ: nach §§ 398, 407 BGB

***

ATM: zeitliche Freiheitsstrafe; gesetzl.; 4; Hauptb.; MWA; fem.; sg.; 1216; Strafrecht

ETM: fixed-term custodial sentence; FTM: peine d'emprisonnement pour une certaine durée (et non à perpétuité)

TMQ: StGB § 18 (2)

DEF: beträgt mindestens einen Tag und höchstens zwanzig Jahre.

DFQ: § 18 (2) StGB

REL: Synonym

DTM: zeitige Freiheitsstrafe; gesetzl.; 4; Hauptb.; MWA; fem.; sg.

DTQ: § 38 StGB

DEF: wenn das Gesetz nicht lebenslange Freiheitsstrafe androht.

DFQ: § 38 StGB

NOT: Sie ist auf höchstens 15 Jahre beschränkt.

***

ATM: Zeitstempelregister des österreichischen Notariats; gesetzl.; 4; Hauptb.; MWA; mask.; sg.; 1226; Notariatsrecht

ETM: register of Austrian notarial time stamps; FTM: registre d'horodatage du notariat autrichien

TMQ: § 140g (1) NO

DEF: dient der Registrierung des Zeitpunkts der Vorweisung einer Urkunde vor dem Notar sowie des Zeitpunkts der elektronischen Absendung einer Urkunde oder des Zeitpunkts des Empfangs einer elektronischen Urkunde durch den Notar.

DFQ: § 140g (1) NO

DTM: FEHLT

***

ATM: Zentralbetriebsrat; gesetzl.; 4; Hauptb.; Subst.; mask.; sg.; 4426; Arbeitsrecht;

ETM: central works council; FTM: comité central d'entreprise

TMQ: § 80 ArbVG

DEF: besteht aus Mitgliedern, die von der Gesamtheit der Mitglieder der im Unternehmen errichteten Betriebsräte gewählt werden.

DFQ: nach §§ 80 ff. ArbVG

REL Synonym

DTM: **Gesamtbetriebsrat**; gesetzl.; 4; Hauptb.; Subst.; mask.; sg.

DTQ: § 47 BetrVG

DEF: besteht aus jeweils einem Mitglied der bis zu dreiköpfigen Betriebsräte und jeweils zwei Mitgliedern der mehrköpfigen Betriebsräte.

DFQ: nach §§ 47 ff. BetrVG

NOT: Ist dann zu errichten, wenn in einem Unternehmen mehrere Betriebsräte bestehen.

***

ATM: **Zentrales Gewerberegister**; gesetzl.; 4; Hauptb.; MWA; neutr.; sg.; 4426; Gewerberecht

ETM: Central Trade and Industry Register; FTM: registre central de l'industrie, de l'artisanat et du commerce

TMQ: § 365c GewO 1994

DEF: die Zusammenführung aller Daten der dezentralen Gewerberegister. Enthält die wichtigsten unternehmensbezogenen Daten aller in Österreich niedergelassenen Gewerbebetriebe.

DFQ: nach help.gv.at; § 365c GewO 1994

REL: Falscher Freund

DTM: **Gewerbezentralregister**; gesetzl.; 4; Hauptb.; Subst.; neutr.; sg.

DTQ: § 149 (2) Gewerbeordnung

DEF: dient der Aufzeichnung gewerblicher Verstöße wie beispielsweise Bußgeld- und Verwaltungsentscheidungen und strafgerichtlicher Verurteilungen.

DFQ: nach Creif21

***

ATM: **Zentrales Melderegister**; gesetzl.; 4; Hauptb.; MWA; mask.; sg.; 1226; Melderecht

ETM: central civil registry; FTM: registre central de la population

TMQ: § 16 (1) Meldegesetz 1991

DEF: ein öffentliches Register, in dem der Hauptwohnsitz eines Menschen oder jener Wohnsitz, an dem dieser Mensch zuletzt mit Hauptwohnsitz gemeldet war, verzeichnet und abgefragt werden kann.

DFQ: nach § 16 (1) Meldegesetz 1991

DTM: **FEHLT**

NOT: In DE existiert derzeit (2015) noch kein zentrales Melderegister. Es ist jedoch in Aufbau.

***

ATM: **Zentrales Personenstandsregister**; gesetzl.; 4; Hauptb.; Subst; neutr.; sg.; 1211; Personenstandsrecht; **Personenstandsbuch**

ETM: register of births, deaths and marriages; FTM: registre d'état civil

TMQ: § 44 (1) Personenstandsgesetz 2013

DEF: ein bundesweit eingesetztes Register bei allen Personenstandsbehörden, in dem die Daten über Personenstandsfälle (Geburt, Ehe, Eingetragene Partnerschaft, Tod) und damit in Zusammenhang stehende Sachverhalte (z.B. Namen) erfasst werden.

DFQ: http://www.bmi.gv.at/cms/BMI_Service/zpr/start.asp (15.01.2015)

NOT: Das zentrale Personenstandsregister (ZPR) startete mit 01.11.2014

REL Synonym

DTM: Zentrales Personenstandsregister (beim Land); gesetzl.; 4; Hauptb.; Subst:, neutr.; pl.

DTQ: Kap. 2.1 Personenstandsverordnung

DEF: ein mit 01.01.2009 in Deutschland eingeführtes elektronisches Register, welches die bisherigen Personenstandsbücher ablöste.

DFQ: http://de.wikipedia.org/wiki/Personenstandsregister (15.01.2015)

NOT: In DE fehlt ein zentrales Personenstandsregister beim Bund. Die Daten aller lokalen Personenstandsregister werden lediglich auf Landesebene zusammenfasst und sind erst im Aufbau.

***

ATM: Zentraljugendvertrauensrat; gesetzl.; 4; Hauptb.; Subst.; mask.; sg.; 4426; Jugendarbeitsrecht; **Zentralbetriebsrat, Jugendversammlung, Jugendvertretung**

ETM: central young workers council; FTM: comité d'entreprise central des jeunes

TMQ: § 123 (1) ArbVG

DEF: die Gesamtheit der Mitglieder der im Unternehmen bestellten Jugendvertrauensräte und die Jugendvertrauensräteversammlung einberuft.

DFQ: nach § 131b ArbVG

REL: Synonym

DTM: Jugend- und Auszubildendenvertretung; gesetzl.; 4; Hauptb.; MWA; fem.; sg.; **JAV**

DTQ: § 62 Betriebsverfassungsgesetz

DEF: wird in Betrieben mit mind. 5 noch nicht 18-jährigen bzw. mind. 5 Auszubildenden unter 25 von ihnen selbst zusätzlich gewählt und nehmen die besonderen Belange dieser Arbeitnehmer wahr.

DFQ: nach § 60 Betriebsverfassungsgesetz

NOT: Bestehen in einem Unternehmen mehrere Jugend- und Auszubildendenvertretungen, so ist eine Gesamt-Jugend- und Auszubildendenvertretung zu errichten.

***

ATM: Zentralkrankenanstalten; gesetzl.; 4; Hauptb.; Subst.; fem.; pl.; 2841; Gesundheitsrecht

ETM: general hospitals; FTM: hôpitaux centraux

TMQ: § 2a (1) lit. c KAKuG

DEF: mit grundsätzlich allen dem jeweiligen Stand der medizinischen Wissenschaft entsprechenden spezialisierten Einrichtungen ausgestattet.

DFQ: § 2a (1) lit. c KAKuG (LD)

DTM: FEHLT

***

ATM: Zentralnachweis für Lenkerberechtigungen; gesetzl.; 4; Hauptb.; MWA; mask.; sg.; 4806; Kraftfahrzeugrecht

ETM: central register of driving licences; FTM: registre central des permis de conduire

TMQ: § 78 Kraftfahrgesetz 1967

DEF: bundesweites Register, in dem alle rechtskräftigen Entziehungen, Abweisung eines Ansuchens, rechtskräftigen Bestrafungen von Kraftfahrzeuglenkern ohne Lenkerberechtigung, Wiedererteilung einer Lenkerberechtigung eingetragen werden müssen.

DFQ: nach § 78 Kraftfahrgesetz 1967

DTM: Zentrales Fahrerlaubnisregister; gesetzl.; 4; Hauptb.; MWA; mask.; sg.

DTQ: § 49 STVO

DEF: zentrales Verzeichnis aller Personen, in dem alle Personen verzeichnet werden, denen eine Fahrerlaubnis (einschließlich der Führerscheinklasse) erteilt wurde.

DFQ: nach § 49 STVO

***

ATM: **Zentralstellen**; gesetzl.; 4; Hauptb.; Subst.; mask.; pl.; 0436; Verfassungsrecht
ETM: federal administrative centres; FTM: centres administratif d'etat

TMQ: § 278 (1) Beamten-Dienstrechtsgesetz 1979

DEF: im Sinne dieses Bundesgesetzes sind das Bundeskanzleramt, die übrigen Bundesministerien und jene Dienststellen, die keinem Bundesministerium nachgeordnet sind.

DFQ: § 278 (1) Beamten-Dienstrechtsgesetz 1979

NOT: Im Unterschied zu DE sind damit überwiegend Ministerien gemeint und nicht zentrale Behörden auf der darunter liegenden Verwaltungsebene.

REL: Teilsynonym

DTM: **Zentralstelle**; gesetzl.; 4; Hauptb.; Subst.; mask.; pl.

DTQ: § 12 KultGüRückG

DEF: verschiedene organisatorische Einheiten des Staates, die in ihrem Bereich zentrale Verwaltungsfunktionen wahrnehmen.

DFQ: § 12 KultGüRückG

***

ATM: **Zession**; gesetzl.; 4; Hauptb.; Subst.; fem.; sg.; 1211; Bürgerl. Recht; **Forderungsabtretung**
ETM: assignment; FTM: cession d'une créance

TMQ: §§ 1392 ff. ABGB

DEF: ein Gläubigerwechsel, bzw. die Abtretung einer Forderung an einen Dritten.

DFQ: §§ 1392 ff. ABGB

REL Synonym

DTM: **Abtretung**; gesetzl.; 4; Hauptb.; Subst.; fem.; sg.

DTQ: § 398 BGB

DEF: ein Vertrag, durch den ein Gläubiger eine Forderung auf einen anderen überträgt.

DFQ: nach § 398 BGB

***

ATM: **Zivildienstpflichtiger**; gesetzl.; 4; Hauptb.; Subst.; mask.; sg.; 0821; Militärrecht; **Zivildiener**;
ETM: non-military conscript; FTM: personne effectuant son service civil obligatoire

TMQ: § 1 (5) Zivildienstgesetz

DEF: Wehrpflichtige im Sinne des Wehrgesetzes 2001, die die Wehrpflicht nicht erfüllen können, weil sie es von den Fällen der persönlichen Notwehr oder Nothilfe abgesehen aus Gewissensgründen ablehnen, Waffengewalt gegen Menschen anzuwenden, und daher bei Leistung des Wehrdienstes in Gewissensnot geraten würden und deshalb Zivildienst leisten wollen.

DFQ: nach § 1 (5) Zivildienstgesetz

NOT: Der allgemeinsprachlich übliche Begriff ist in AT „Zivildiener".

REL Synonym

DTM: **Kriegsdienstverweigerer**; gesetzl.; 4; Hauptb.; Subst.; mask.; sg.; **Zivildiener**

DTQ: § 1 Kriegsdienstverweigerungsgesetz

DEF: jemand, der aus Gewissensgründen unter Berufung auf das Grundrecht der Kriegsdienstverweigerung, den Kriegsdienst mit der Waffe verweigert und deshalb einen Zivildienst außerhalb der Bundeswehr als Ersatzdienst leistet.

DFQ: nach §§ 1 ff. Gesetz über die Verweigerung des Kriegsdienstes mit der Waffe aus Gewissensgründen

***

ATM: **Zivildienstserviceagentur**; gesetzl.; 4; Hauptb.; Subst.; fem.; sg.; 0821; Militärrecht

ETM: non-military conscription agency; FTM: agence de services pour les conscrits au service civil

TMQ: § 2a Zivildienstgesetz

DEF: Behörde, die für die Wahrnehmung der Aufgaben auf dem Gebiet der Zivildienstverwaltung zuständig ist.

DFQ: § 2a (1) Zivildienstgesetz

REL Synonym

DTM: Bundesamt für den Zivildienst; gesetzl.; 4; Hauptb.; Subst.; neutr.; sg.; **Bundesamt für Familie und zivilgesellschaftliche Aufgaben**

DTQ: § 2 Zivildienstgesetz

DEF: leistet mit dem Zivildienst einen Wehrersatzdienst und muss dafür bei der Stellung auch als tauglich befunden worden sein.

DFQ: nach § 2 Zivildienstgesetz

NOT: Das Bundesamt für den Zivildienst wurde in „Bundesamt für Familie und zivilgesellschaftliche Aufgaben" umbenannt. Der frühere Begriff steht jedoch unverändert im Zivildienstgesetz.

***

ATM: Zivilmäkler/in; gesetzl.; 4; Hauptb.; Subst.; mask./fem.; sg.; 2416; Handelsrecht; **selbständige/r Handelsvertreter/in**, **Handelsagent/in**

ETM: commercial agent; FTM: agent commercial

TMQ: § 1 Handelsvertretergesetz

DEF: Person, die auf die Vermittlung von Geschäften über unbewegliche Sachen (Immobilienmarkler, Realitätenvermittler) spezialisiert ist.

DFQ: Anmerkung zu § 1 (1) Handelsvertretergesetz

USE historisch

NOT: Das Handelsvertretergesetz 1921 wurde 1993 durch das Handelsvertretergesetz 1993 bzw. 2003 ersetzt.

REL: Synonym

DTM: Zivilmakler/in; fachlit.; 4; Hauptb.; Subst.; mask./fem.; sg.

DTQ: http://wirtschaftslexikon.gabler.de/Definition/zivilmakler.html (20.01.2015)

DEF: Makler, der entgeltlich eine Gelegenheit zum Vertragsabschluss nachweist oder einen Vertrag vermittelt, z.B. die Häuser-, Güter-, Hypothekenmakler, auch Darlehens-, Ehevermittler. Das Rechtsverhältnis beruht nur auf den §§ 652 ff. BGB

DFQ: http://wirtschaftslexikon.gabler.de/Definition/zivilmakler.html (20.01.2015)

***

ATM: Ziviltechniker; gesetzl.; 4; Hauptb.; Subst.; mask.; sg.; 6806; Ingenieurwesen

ETM: civil engineer; FTM: ingénieur civil

TMQ: §§ 1-4 ZTG

DEF: eine staatlich befugte und beeidete Person, die auf ingenieurwissenschaftlichen oder naturwissenschaftlichen Fachgebieten aufgrund einer vom Bundesminister für Wirtschaft und Arbeit verliehenen Befugnis freiberuflich tätig ist.

DFQ: nach §§ 1-4 ZTG

NOT: Ziviltechniker werden unterteilt in Architekten und Ingenieurkonsulenten und sie können unter anderem für (Ver-)Messungen, die Ausfertigung von Gutachten und für die berufsmäßigen Vertretung vor Behörden zuständig sein, da sie mit öffentlichem Glauben ausgestattet ist und dadurch die von ihr ausgestellten Urkunden als öffentliche, d.h. wie von der Behörde ausgestellten, Urkunden zu betrachten sind.

DTM: FEHLT

***

ATM: Zivilteilung; fachlit.; 3; Hauptb.; Subst.; fem.; sg.; 1211; Bürgerl. Recht

ETM: partition by sale; FTM: séparation civile (par vente) entre les co-propriétaires

TMQ: OGH RS0125003 07.07.2009

DEF: die Teilung einer im Miteigentum mehrerer Personen stehenden Sache durch Verkauf der Sache und Aufteilung des Erlöses auf diese Personen, wenn eine Naturalteilung nicht möglich ist.

DFQ: nach § 843 ABGB; Welser, FWB Bürgerliches Recht

NOT: Bei Bestandsverträgen geht die echte Realteilung der richterlichen Wohnungseigentumsbegründung vor.

REL Synonym

DTM: Teilung durch Verkauf; gesetzl.; 4; Hauptb.; MWA; fem.; sg.

DTQ: § 753 BGB

DEF: die Aufhebung der Gemeinschaft durch Verkauf des gemeinschaftlichen Gegenstands nach den Vorschriften über den Pfandverkauf, bei Grundstücken durch Zwangsversteigerung, und durch Teilung des Erlöses. Ist die Veräußerung an einen Dritten unstatthaft, so ist der Gegenstand unter den Teilhabern zu versteigern.

DFQ: § 753 BGB

***

ATM: ZMR-Zahl; gesetzl.; 4; Hauptb.; Subst.; fem.; sg.; 0436; Melderecht; **Melderegisterzahl**

ETM: civil registry identifier code; FTM: numéro d'identification au registre central des déclarations domiciliaires

TMQ: § 16 MeldeG

DEF: ein Nummerncode zur Sicherung der Unverwechselbarkeit der An- und Abgemeldeten auf dem Meldezettel, der keine Informationen über den Betroffenen enthält.

DFQ: nach § 16 (4) MeldeG; www.zmr.bmi.gv.at

DTM: FEHLT

NOT: Ein zentrales Melderegister fehlt derzeit (2015) in DE.

***

ATM: Zollzuwiderhandlung; gesetzl.; 4; Hauptb.; Subst.; fem.; sg.; 1216; Verwaltungsstrafrecht

ETM: customs violation; FTM: violation des normes douanières

TMQ: Abkommen über gegenseitige Amtshilfe und Zusammenarbeit in Zollsachen (Albanien), Abs. 3

DEF: alle Verstöße oder versuchten Verstöße gegen die Zollvorschriften.

DFQ: Abkommen über gegenseitige Amtshilfe und Zusammenarbeit in Zollsachen (Albanien), Abs. 3

NOT: Kommt auch in zahlreichen anderen zwischenstaatlichen Abkommen vor.

DTM: FEHLT

***

ATM: Zubehör-Wohnungseigentum; gesetzl.; 4; Hauptb.; MWA; neutr.; sg.; 2846; Wohnungseigentumsrecht

ETM: shared rights to common areas; FTM: droit supplémentaire lié à la propriété d'habitation

TMQ: § 2 (3) WEG

DEF: das mit dem Wohnungseigentum verbundene Recht, andere, mit dem Wohnungseigentumsobjekt baulich nicht verbundene Teile der Liegenschaft, wie etwa Keller- oder Dachbodenräume, Hausgärten oder Lagerplätze, ausschließlich zu nutzen.

DFQ: § 2 (3) WEG

REL: Synonym

DTM: **Teileigentum**; gesetzl.; 4; Hauptb.; Subst.; neutr.; sg.

DTQ: § 1 (3) WoEigG

DEF: das Sondereigentum an nicht zu Wohnzwecken dienenden Räumen eines Gebäudes in Verbindung mit dem Miteigentumsanteil an dem gemeinschaftlichen Eigentum, zu dem es gehört.

DFQ: § 1 (3) WoEigG

***

DTM: **Zuchtmittel**; gesetzl.; 4; Hauptb.; Subst.; neutr.; pl.; 2816; Jugendstrafrecht

ETM: disciplinary measures for juvenile offenders; FTM: mesures disciplinaires pour mineurs

DTQ: § 13 JGG

DEF: 1. die Verwarnung, 2. die Erteilung von Auflagen, 3. der Jugendarrest.

DFQ: § 13 (2) JGG

NOT: Der Richter ahndet die Straftat mit Zuchtmitteln, wenn Jugendstrafe nicht geboten ist, dem Jugendlichen aber eindringlich zum Bewusstsein gebracht werden muss, dass er für das von ihm begangene Unrecht einzustehen hat.

ATM: FEHLT

***

ATM: **Zueignung (1)**; gesetzl.; 4; Hauptb.; Subst.; fem.; sg.; 1211; Bürgerl. Recht; **Aneignung, Okkupation**

ETM: acquisition of abandoned property; FTM: appropriation

TMQ: § 381 ABGB

DEF: wenn man sich einer freystehenden Sache bemächtigt, in der Absicht, sie als die seinige zu behandeln.

DFQ: nach § 381 ABGB

NOT: Im österr. Recht gehört die Zueignung in den Bereich der dinglichen Rechte.

REL: Falscher Freund

DTM: **Zueignung**; gesetzl.; 4; Hauptb.; Subst.; fem.; sg.; 1211/1216; Bürgerl. Recht/Strafrecht

DTQ: § 242 StGB; § 958 BGB

DEF: das Ziel, eine fremde, bewegliche Sache sich oder einem Anderen zuzueignen (Diebstahl).

DFQ: nach § 242 StGB; § 958 BGB

NOT: Im dt. Recht ist die Zueignung ein Tatbestandsmerkmal des Diebstahls.

***

ATM: **Zueignung (2)**; gesetzl.; 4; Hauptb.; Subst.; fem.; sg.; 1211; Bürgerl. Recht; **Aneignung, Okkupation**

ETM: acquisition of abandoned property; FTM: appropriation

TMQ: § 381 ABGB

DEF: wenn man sich einer freystehenden Sache bemächtigt, in der Absicht, sie als die seinige zu behandeln

DFQ: nach § 381 ABGB

REL Synonym

DTM: **Aneignung**; gesetzl.; 4; Hauptb.; Subst.; fem.; sg.

DTQ: § 958 BGB

DEF: Wer eine herrenlose bewegliche Sache in Eigenbesitz nimmt, erwirbt das Eigentum an der Sache.

DFQ: nach § 958 BGB
NOT: Zueignung bezieht sich im deutschen Recht auf den Diebstahl.
***
ATM: **Zuerkennung der aufschiebenden Wirkung einer Beschwerde**; gesetzl.; 4; Hauptb.; MWA; fem.; sg.; 1231; Asylrecht
ETM: granting deferred action in the case of an appeal against deportation; FTM: donnant l'effet suspensif d'un recours contre l'expulsion
TMQ: § 37 Asylgesetz
DEF: die Verschiebung des Ausweisungszeitpunktes aufgrund der Beschwerde einer Person aus einem Land, wenn eine reale Gefahr der Menschenrechte oder des menschlichen Lebens festgestellt wird.
DFQ: nach Art. 2 § 37 Asylgesetz
REL: Teilsynonym; funkt. Äquiv.

DTM: **Duldung**; gesetzl.; 4; Hauptb.; Subst.; fem.; sg.; **vorübergehende Aussetzung der Abschiebung**
DTQ: § 60a AufenthG
DEF: die Verschiebung des Ausweisungszeitpunktes einer Person aus einem Land für maximal sechs Monate.
DFQ: nach § 60a AufenthG
NOT: Die Gründe dafür können humanitär, strafrechtlich oder völkerrechtlich sein, weitere Gründe sind Unmöglichkeit der Abschiebung oder Wahrung von politischen Interessen.
***
ATM: **Zugehör**; gesetzl.; 4; Hauptb.; Subst.; neutr.; sg.; 1211; Bürgerl. Recht; **Zubehör, Nebensache**
ETM: appurtenance; FTM: accessoires
TMQ: § 294 ABGB
DEF: dasjenige, was mit einer Sache in fortdauernde Verbindung gesetzt wird. Dahin gehören nicht nur der Zuwachs einer Sache, so lange er von derselben nicht abgesondert ist, sondern auch die Nebensachen, ohne welche die Hauptsache nicht gebraucht werden kann, oder die das Gesetz oder der Eigentümer zum fortdauernden Gebrauche der Hauptsache bestimmt hat.
DFQ: nach § 294 ABGB
REL Synonym

DTM: **Zubehör**; gesetzl.; 4; Hauptb.; Subst:, neutr.; sg.
DTQ: § 97 BGB
DEF: selbständige, bewegliche Dinge, die, ohne Bestandteil der Hauptsache zu sein, dem wirtschaftlichen Zweck der Hauptsache zu dienen bestimmt sind und zu ihr in einem dieser Bestimmung entsprechenden räumlichen Verhältnis stehen.
DFQ: nach Creif21
***
ATM: **Zugewinngemeinschaft**; gesetzl.; 4; Hauptb.; Subst.; fem.; sg.; 1211; Eherecht
ETM: community property; FTM: communauté réduite aux acquêts
TMQ: §§ 81, 94 EheG
DEF: eine in einem Ehepakt festzuhaltende Form des ehelichen Güterstands, wobei das in die Ehe eingebrachte wie auch das während dieser erworbene Vermögen der beiden Partner nicht gemeinschaftliches Vermögen der Ehegatten wird, der Zugewinn, den die Ehegatten in der Ehe erzielen, jedoch ausgeglichen wird, wenn die Zugewinngemeinschaft endet.

DFQ: nach §§ 81, 94 EheG

NOT: Grundsätzlich gilt wie in DE eine Aufteilung des ehelichen Gebrauchsvermögens und der ehelichen Ersparnisse, welcher in die Ehe eingebrachte Sachen nicht unterliegen. Jedoch ist die Ehewohnung, die ein Ehegatte in die Ehe eingebracht hat unter bestimmten Umständen in die Aufteilung einzubeziehen.

REL: Teilsynonym; enger

DTM: **Zugewinngemeinschaft**; gesetzl.; 4; Hauptb.; Subst.; fem.; sg.; 1211; Bürgerl. Recht

DTQ: § 1363 BGB

DEF: der gesetzlich als Normalfall vorgesehene Güterstand in der Ehe bzw. Lebenspartnerschaft, wobei das Vermögen der beiden Partner nicht gemeinschaftliches Vermögen der Ehegatten wird.

DFQ: nach § 1363 BGB

NOT: Dies gilt auch für Vermögen, das ein Ehegatte nach der Eheschließung erwirbt. Der Zugewinn, den die Ehegatten in der Ehe erzielen, wird jedoch ausgeglichen, wenn die Zugewinngemeinschaft endet.

***

ATM: **Zulassungsbesitzer**; gesetzl.; 4; Hauptb.; Subst.; mask.; sg.; 4806; Kraftfahrzeugrecht; **Fahrzeughalter**

ETM: vehicle owner; FTM: propriétaire du véhicule

TMQ: § 84 (1) Kraftfahrgesetz 1967

DEF: natürliche oder juristische Person, auf der das Kraftfahrzeug zugelassen ist.

DFQ: nach § 40 Kraftfahrgesetz

REL: Synonym

DTM: **Fahrzeughalter**; gesetzl.; 4; Hauptb.; Subst.; mask.; sg.

DTQ: § 7 Straßenverkehrsgesetz

DEF: derjenige, dem ein Kennzeichen für das Fahrzeug zugeteilt oder ausgegeben wird.

DFQ: § 33 Straßenverkehrsgesetz

***

ATM: **Zurechnungsunfähigkeit**; gesetzl.; 4; Hauptb.; Subst.; fem.; sg.; 1216; Strafrecht

ETM: mental incapacity; FTM: irresponsabilité

TMQ: § 11 StGB

DEF: Wer zur Zeit der Tat wegen einer Geisteskrankheit, wegen einer geistigen Behinderung, wegen einer tiefgreifenden Bewußtseinsstörung oder wegen einer anderen schweren, einem dieser Zustände gleichwertigen seelischen Störung unfähig ist, das Unrecht seiner Tat einzusehen oder nach dieser Einsicht zu handeln, handelt nicht schuldhaft.

DFQ: § 11 StGB

NOT: Zurechnungsunfähig ist auch, wer zur Zeit der Tat das 14. Lebensjahr noch nicht vollendet hat.

REL Synonym

DTM: **Schuldunfähigkeit wegen seelischer Störungen**; gesetzl.; 4; Hauptb.; MWA; fem.; sg.

DTQ: § 20 StGB

DEF: Ohne Schuld handelt, wer bei Begehung der Tat wegen einer krankhaften seelischen Störung, wegen einer tiefgreifenden Bewußtseinsstörung oder wegen Schwachsinns oder einer schweren anderen seelischen Abartigkeit unfähig ist, das Unrecht der Tat einzusehen oder nach dieser Einsicht zu handeln.

DFQ: § 20 StGB

NOT: Zurechnungsunfähig ist auch, wer zur Zeit der Tat das 14. Lebensjahr noch nicht vollendet hat.

***

ATM: **Zurückstellung**; gesetzl.; 4; Nebenb.; Subst.; fem.; sg.; 1211; Bürgerl. Recht; **Rückstellung**
ETM: return; FTM: restitution

TMQ: § 338 ABGB

DEF: die Rückgabe eines Gegenstandes an den ursprünglichen Besitzer.

DFQ: nach § 973 ABGB; § 13 Beschussverordnung

REL: Teilsynonym

DTM: **Rückgabe**; gesetzl.; 4; Hauptb.; Subst.; fem.; sg.

DTQ: § 312g BGB

DEF: die Rückgabe einer hinterlegten Sache. Sie hat an dem Ort zu erfolgen, an welchem die Sache aufzubewahren war.

DFQ: nach § 3697 BGB

***

ATM: **Zurückstellung zur Verbesserung**; fachlit.; 3; Hauptb.; MWA; fem.; sg.; 1211; Bürgerl. Recht
ETM: adjournment for correction of procedural irregularities in filed documents; FTM: sursis pour réparation

TMQ: OGH 18R30/03w; 13.03.2003

DEF: die Anordnung eines Gerichts zur Beseitigung von Formgebrechen eines Schriftsatzes, welche dessen ordnungsmäßige geschäftliche Behandlung zu hindern geeignet sind. Durch solche Verbesserungen und sonstige Ergänzungen des zu verbessernden Schriftsatzes darf jedoch das darin enthaltene Vorbringen nicht so geändert werden, dass dadurch in die bereits eingetretene Rechtskraft einer Entscheidung eingegriffen würde.

DFQ: nach § 84 ZPO

DTM: **FEHLT**

***

ATM: **Zurückweisungsbeschluss (1)**; gesetzl.; 4; Hauptb.; Subst.; mask.; sg.; 1231; Patentrecht
ETM: decision to reject (a patent application); FTM: décision de rejet

TMQ: § 101a (1) Patentgesetz 1970

DEF: die Zurückweisung eines Patentantrags durch das Patentamt.

DFQ: nach § 101a (1) Patentgesetz 1970

REL: Falscher Freund

DTM: **Zurückweisungsbeschluss**; gesetzl.; 4; Hauptb.; Subst.; mask.; sg.

DTQ: § 522 ZPO

DEF: die Zurückweisung der Berufung durch ein Gericht.

DFQ: nach § 522 ZPO

NOT: § 296 Zurückweisung verspäteten Vorbringens; § 552a Revisionsgericht weist die vom Berufungsgericht zugelasssenen Revision zurück; § 598 Klagszurückweisung von Einwendungen.

***

ATM: **Zurückweisungsbeschluss (2)**; gesetzl.; 4; Hauptb.; Subst.; mask.; sg.; 1231; Patentrecht
ETM: decision to reject (filed documents); FTM: décision de rejet

TMQ: § 86a (2) ZPO

DEF: die Zurückweisung eines Schriftsatzes, wenn er aus verworrenen, unklaren, sinn- oder zwecklosen Ausführungen besteht, das Begehren nicht erkennen lässt oder sich in der Wiederholung bereits erledigter Streitpunkte erschöpft oder schon vorgebrachter Behauptungen.

DFQ: nach § 101a (1) Patentgesetz 1970

REL: Falscher Freund

DTM: **Zurückweisungsbeschluss**; gesetzl.; 4; Hauptb.; Subst.; mask.; sg.; 1211; Bürgerl. Recht
DTQ: § 522 ZPO
DEF: die Zurückweisung der Berufung durch ein Gericht.
DFQ: nach § 522 ZPO
NOT: Eine entfernte Ähnlichkeit ist in § 598 Zurückweisung von Einwendungen gegeben, die aber nur Einwendungen des Beklagten im Urkundenprozess betreffen.

***

ATM: **Zusammenlegung**; gesetzl.; 4; Hauptb.; Subst.; fem.; sg.; 6006; Agrarrecht; **Kommassierung; Flurbereinigung**
ETM: land consolidation; FTM: remembrement
TMQ: Art. 1 § 1 Flurverfassungs-Grundsatzgesetz
DEF: eine Neueinteilung oder Erschließung des land- und forstwirtschaftlichen Grundbesitzes im Interesse der Schaffung und Erhaltung einer leistungsfähigen und umweltverträglichen Landwirtschaft.
DFQ: nach Art. 1 § 1 Flurverfassungs-Grundsatzgesetz 1951; § 1 AllgGAV
REL: Teilsynonym; enger

DTM: **Flurbereinigung**; gesetzl.; 4; Hauptb.; Subst.; fem.; sg.; **Umlegung**
DTQ: BauGB
DEF: eine Erschließung oder Neugestaltung von Gebieten, wodurch bebaute und unbebaute Grundstücke durch Umlegung in der Weise neu geordnet werden können, dass nach Lage, Form und Größe für die bauliche oder sonstige Nutzung zweckmäßig gestaltete Grundstücke entstehen.
DFQ: nach §§ 45 ff. BauGB

***

ATM: **Zusammentreffen strafbarer Handlungen**; gesetzl.; 4; MWA; neutr.; sg.; 1216; Strafrecht; **Kumulationsprinzip, Deliktskonkurrenz**
ETM: concurrence of offences; FTM: concours d'infractions
TMQ: § 28 StGB
DEF: hat jemand durch eine Tat oder durch mehrere selbständige Taten mehrere strafbare Handlungen derselben oder verschiedener Art begangen und wird über diese strafbaren Handlungen gleichzeitig erkannt, so ist, wenn die zusammentreffenden Gesetze nur Freiheitsstrafen oder nur Geldstrafen vorsehen, auf eine einzige Freiheitsstrafe oder Geldstrafe zu erkennen. Diese Strafe ist nach dem Gesetz zu bestimmen, das die höchste Strafe androht.
DFQ: § 28 (1) StGB
REL: Synonym

DTM: **Strafbemessung bei mehreren Gesetzesverletzungen**; gesetzl.; 4; Hauptb.; MWA; fem.; sg.; **Kumulationsprinzip, Tatmehrheit, Tateinheit**
DTQ: §§ 53-55 StGB
DEF: verletzt dieselbe Handlung mehrere Strafgesetze oder dasselbe Strafgesetz mehrmals, so wird nur auf eine Strafe erkannt. Sind mehrere Strafgesetze verletzt, so wird die Strafe nach dem Gesetz bestimmt, das die schwerste Strafe androht.
DFQ: §§ 53-55 StGB

***

ATM: **Zusatzrente für Schwerversehrte**; gesetzl.; 4; Hauptb.; MWA; fem.; sg.; 2841; Sozialrecht
ETM: severe disablement allowance; FTM: pension complémentaire pour grands invalides

TMQ: § 205a (1) ASVG
DEF: Zuatzrente für Personen, die eine zumindest unter 70% verminderte Erwerbsfähigkeit haben.
DFQ: nach § 205a (1) ASVG
REL: Teilsynonym; funkt. Äquiv.

DTM: **Rente wegen Erwerbsminderung;** gesetzl.; 4; Hauptb.; MWA; fem.; sg.
DTQ: § 43 SGB 6
DEF: voll erwerbsgemindert sind Versicherte, die wegen Krankheit oder Behinderung auf nicht absehbare Zeit außerstande sind, unter den üblichen Bedingungen des allgemeinen Arbeitsmarktes mindestens drei Stunden täglich erwerbstätig zu sein.
DFQ: § 43 (2) SGB 6

***

ATM: **Zuschuss zum Kinderbetreuungsgeld**; gesetzl.; 4; Hauptb.; MWA; mask.; sg.; 2841; Sozialrecht
ETM: parental allowance supplementary payment; FTM: subvention supplémentaire à l'allocation parentale d'éducation
TMQ: § 1 Kinderbetreuungsgeldgesetz
DEF: eine zusätzliche finanzielle Unterstützung zum Kinderbetreuungsgeld.
DFQ: nach § 1 Kinderbetreuungsgeldgesetz

DTM: **Kinderzuschlag**; gesetzl.; 4; Hauptb.; Subst.; mask.; sg.
DTQ: § 6a Bundeskindergeldgesetz
DEF: eine Sozialleistung für Personen für in ihrem Haushalt lebende unverheiratete Kinder, die noch nicht das 25. Lebensjahr vollendet haben.
DFQ: § 6a Bundeskindergeldgesetz
NOT: Mit Wirkung zum 01.01.2005 wurde ein Kinderzuschlag von bis zu € 140 je Kind neu eingeführt.

***

ATM: **Zuständigkeitsvereinbarung**; fachlit.; 3; Hauptb.; Subst.; fem.; sg.; 1226; Prozessrecht; **Prorogation; Gerichtsstandsvereinbarung;**
ETM: parties' agreed choice of forum; FTM: clause attributive juridiction
TMQ: OGH 8Nc70/14g; 10.12.2014
DEF: die Wahl des zuständigen Gerichtes in einem zivil- oder handelsrechtlichen Streitverfahren durch Übereinkunft der Streitparteien.
DFQ: nach § 104 JN
REL Teilsynonym

DTM: **zugelassene Gerichtsstandsvereinbarung**; gesetzl.; 4; Hauptb.; Subst.; fem.; sg.
DTQ: § 38 ZPO
DEF: ein an sich unzuständiges Gericht des ersten Rechtszuges, das durch ausdrückliche oder stillschweigende Vereinbarung der Parteien zuständig, wenn die Vertragsparteien Kaufleute, juristische Personen des öffentlichen Rechts oder öffentlich-rechtliche Sondervermögen sind. Die Zuständigkeit eines Gerichts des ersten Rechtszuges kann ferner vereinbart werden, wenn mindestens eine der Vertragsparteien keinen allgemeinen Gerichtsstand im Inland hat.
DFQ: § 38 ZPO

***

ATM: **Zustellausweis**; gesetzl.; 4; Hauptb.; Subst.; mask.; sg.; 1226; Zustellrecht; **Rückschein, Zustellschein**
ETM: postal delivery receipt; FTM: accusé de réception

TMQ: § 126 (1) Geschäftsordnung für die Gerichte I. und II. Instanz
DEF: bildet bei der Postzustellung der Rückschein, bei der Zustellung durch Gerichtsbedienstete, durch die Ortsgemeinde oder im Auslande der Zustellschein.
DFQ: § 126 (1) Geschäftsordnung für die Gerichte I. und II. Instanz
REL: Teilsynonym

DTM: Zustellungsurkunde; gesetzl.; 4; Hauptb.; Subst.; fem.; sg.; **Rückschein**
DTQ: § 182 ZPO; § 3 Verwaltungszustellungsgesetz
DEF: Nachweis der Zustellung nach den §§ 171, 177-181 ZPO auf dem hierfür vorgesehenen Formular, das gesetzlich vorgeschriebene Angaben enthalten muss.
DFQ: § 182 (1) ZPO
***

ATM: Zustellgesetz; gesetzl.; 4; Hauptb.; Subst.; neutr.; sg.; 1226; Zustellrecht
ETM: Service of Official Documents Act; FTM: loi relative à la notification de documents officielles
TMQ: § 1 ff. ZustG
DEF: eine gesetzliche Regelung über die Zustellung behördlicher Schriftstücke.
DFQ: nach §§ 1 ff. ZustG
REL Synonym

DTM: Verwaltungszustellungsgesetz; gesetzl.; 4; Hauptb.; Subst:, neutr.; sg.
DTQ: VwZG
DEF: eine gesetzliche Regelung für das Zustellungsverfahren der Bundesbehörden, der bundesunmittelbaren Körperschaften, Anstalten und Stiftungen des öffentlichen Rechts und der Landesfinanzbehörden.
DFQ: nach § 1 VwZG
***

ATM: Zustellnachweis (1); gesetzl.; 4; Hauptb.; Subst.; mask.; sg.; 1226; Zustellrecht**; Zustellschein; Rückschein**
ETM: record of service; FTM: accusé de réception
TMQ: § 22 ZustG
DEF: der Nachweis in Papierform über die Zustellung eines Dokumentes, versehen mit dem Datum und der Unterschrift des Übernehmers.
DFQ: nach § 22 ZustG
REL: Synonym

DTM: Zustellungsurkunde; gesetzl.; 4; Hauptb.; Subst.; mask.; sg.; **PZU**
DTQ: § 3 VwZG
DEF: die Urkunde, die von der zustellenden Person über die vorgenommene Zustellung errichtet wird.
DFQ: nach Creif19
***

ATM: Zustellnachweis (2); gesetzl.; 4; Hauptb.; Subst.; mask.; sg.; 1226; Zustellrecht; **Zustellschein**; **Rückschein**
ETM: record of service; FTM: accusé de réception
TMQ: § 22 ZustG
DEF: Urkunde über den Empfang eines amtlichen Dokuments, wobei es sich üblicherweise um einen Zustellsschein oder einen Rückschein handelt.
DFQ: nach § 22 ZustG

REL Synonym

DTM: **Empfangsbekenntnis**; gesetzl.; 4; Hauptb.; Subst.; mask.; sg.

DTQ: § 5 VwZG

DEF: Urkunde, auf der der Empfang eines amtlichen Dokuments durch den Empfänger durch eine Unterschrift bestätigt wird.

DFQ: nach § 5 VwZG

***

ATM: **zustellungsbevollmächtigte/r Vertreter/in**; gesetzl.; 4; Hauptb.; MWA; mask./fem.; sg.; 0416; Öffentl. Recht; Parlament; **Zustellungsbevollmächtigte/r**

ETM: authorised representative for delivery of the regional list in general elections;

FTM: représentant autorisé à livrer la liste régionale pour les élections générales;

TMQ: § 45 (1) NRWO

DEF: Repräsentant einer wahlwerbenden Partei im Rahmen der Nationalratswahl, der befugt ist, Landeswahlvorschläge einzureichen bzw. zu ändern und die Kontaktperson für die Wahlbehörden ist.

DFQ: nach § 45 NRWO

REL: Synonym

DTM: **Vertrauensperson**; gesetzl.; 4; Hauptb.; Subst.; fem.; sg.

DTQ: § 34 (2) BWO

DEF: Vertreter einer Partei, die eine umfassende Vertretungsmacht hinsichtlich der Wahlvorschläge auf Kreiswahl und Landeslistenebene hat und befugt ist, selbständig verbindliche Erklärungen zu den Wahlvorschlägen abzugeben und entgegenzunehmen.

DFQ: nach § 34 (2) BWO und http://www.bundeswahlleiter.de/../Vertrauensperson.html (30.08.2014)

***

ATM: **Zuwachs**; gesetzl.; 4; Hauptb.; Subst.; mask.; sg.; 1211; Bürgerl. Recht; **Zugehör**

ETM: growth of assets; FTM: accroissement des actifs

TMQ: § 404 ABGB

DEF: alles, was aus einer Sache entsteht oder neu zu derselben kommt, ohne dass es dem Eigentümer von jemand anderem übergeben worden ist.

DFQ: §§ 404, 405, 414 ABGB

NOT: Natürlicher Zuwachs bezeichnet Zuwachs an Natur-Produkten oder durch Werfen von Tieren, künstlicher Zuwachs bezeichnet Zuwachs durch Verarbeitung oder Vereinigung.

REL: Synonym

DTM: **FEHLT**

***

ATM: **Zwangsausgleich**; gesetzl.; 4; Hauptb.; Subst.; mask.; sg.; 1211; Insolvenzrecht

ETM: composition proecedings; FTM: concordat forcé

TMQ: § 140 KO

DEF: der gerichtlich angeordnete Ausgleich in einem laufenden Konkursverfahren, bei dem es zu einer Schuldenfreistellung kommt und die Vermögenswerte erhalten bleiben, wenn der Schuldner 20% der Forderungen abdecken kann.

DFQ: nach §§ 140 ff. KO

USE historisch

NOT: Der Begriff wurde mit dem neuen Insolvenzrecht 2010 durch „Sanierungsplan" ersetzt, kommt aber noch in verschiedenen gültigen Gesetzen vor.

DTM: FEHLT

***

ATM: Zwangsgeld; gesetzl.; 4; Hauptb.; Subst.; neutr.; sg.; 1211; Kartellrecht

ETM: administrative fine (in matters of competition law); FTM: astreinte administrative

TMQ: § 35 KartG 2005

DEF: ein Mittel zur zwangsweisen Durchsetzung einer Handlungspflicht, insbesondere im Zusammenhang mit Klagen vor dem Kartellgericht.

DFQ: nach http://www.bwb.gv.at/BWB/Veroeffentlichungen/Sonstiges/zwangsgeld.htm (20.02.2105)

NOT: Gemeinschaftsrechtlich seit 2005 eingeführter Begriff. (Art 24 VO 1/03). In AT nur im Bereich des Kartellrechts üblich.

REL: Teilsynonym; enger

DTM: Zwangsgeld; gesetzl.; 4; Hauptb.; Subst.; neutr.; sg.

DTQ: § 11 VwVG

DEF: ein Mittel zur zwangsweisen Durchsetzung einer Handlungspflicht und ein Beugemittel: Der Handlungspflichtige soll durch einen drohenden Vermögensnachteil zur Erfüllung seiner Verpflichtung veranlasst werden.

DFQ: nach § 11 VwVG

NOT: In DE wird auch eine Strafe der Polizei und der Ordnungsbehörden als „Zwangsgeld" bezeichnet (§ 50 HSOG). Zugleich eine Maßnahme, um jmd. zur Übernahme der Vormundschaft zu zwingen BGB § 1788 (Zwangsgeld).

***

ATM: Zwangsgerichtsstand; fachlit.; 3; Hauptb.; Subst.; mask.; sg.; 1226; Prozessrecht; **allgemeiner Gerichtsstand**

ETM: court with exclusive jurisdiction; FTM: for exclusif

TMQ: OGH 6Ob43/13m, 16.12.2013

DEF: ein gesetzlich vorgeschriebener, ausschließlicher Gerichtsstand (der sowohl den allgemeinen Gerichtsstand wie auch Wahlgerichtsstände ausschließt), von welchem zudem auch mit einer Gerichtsstandsvereinbarung nicht abgewichen werden kann.

DFQ: nach http://ec.europa.eu/civiljustice/jurisdiction_courts/jurisdiction_courts_aus_de.htm

REL: Synonym

DTM: ausschließlicher Gerichtsstand; gesetzl.; 4; Hauptb.; MWA; mask.; sg.

DTQ: § 29a ZPO

DEF: bedeutet, dass nur ein bestimmtes Gericht (Bezirk) für einen Fall zuständig ist und deshalb eine Klage auch dort eingereicht werden muss.

DFQ: nach § 29a ZPO

***

ATM: Zwangsverpachtung; gesetzl.; 4; Hauptb.; Subst.; fem.; sg.; 2846; Mietrecht

ETM: compulsory lease; FTM: bail obligatoire

TMQ: Welser, FWB Bürgerliches Recht

DEF: Zwangsvollstreckung durch gerichtliche Vermietung einer Liegenschaft oder eines Unternehmens eines Schuldners zur Befriedigung der Gläubigerforderungen, die auf Antrag anstatt der Zwangsverwaltung angeordnet werden kann.

DFQ: nach §§ 340 f. EO

DTM: **FEHLT**

***

ATM: **zweiter Präsident des Nationalrates**; gesetzl.; 4; Hauptb.; MWA; mask.; sg.; 0421; Öffentl. Recht; **2. Präs. NR**

ETM: Vice-President of the National Council; FTM: Vice-président du Conseil national

TMQ: § 15 Geschäftsordnungsgesetz 1975

DEF: Vorsitzender des Nationalrates und bei Verhinderung des Präsidenten sein Stellvertreter.

DFQ: nach www.parlament.gv.at Art. 64 B-VG

NOT: Ist unter bestimmten Umständen berufen, den Bundespräsidenten zu vertreten.

REL: Synonym

DTM: **Vizepräsident/in des Deutschen Bundestages**; gesetzl.; 4; Hauptb.; MWA; mask./fem.; sg.; **Stellvertreter**

DTQ: http://www.bundestag.de/mdb/bio/T/thierwo0.html

DEF: Stellvertreter des Präsidenten des deutschen Bundestages, die zusammen mit jenem das Bundestagspräsidium bilden.

DFQ: nach § 2 GO des Bundestages

***

ATM: **Zwerchspitz**; gesetzl.; 4; Hauptb.; Subst.; mask.; sg.; 6026; Lebensmittelrecht

TMQ: http://www.fleisch-teilstuecke.at/tsdetail-rind/fts/1403/1000.1311/ (15.09.2014)

DEF: unter der Schulter und dem Rieddeckel gelegenes Fleisch.

DFQ: http://www.fleisch-teilstuecke.at/tsdetail-rind/fts/1403/1000.1311/ (15.09.2014)

REL: Teilsynonym

DTM: **Querrippe**; gesetzl.; 4; Hauptb.; Subst.; fem.; sg.; **Blattrippe**

DTQ: http://www.fleischwirtschaft.de/../pages/index.prl?name=Blattrippe&currChar=B (15.09.2014)

DEF: der mit Rippenknochen durchzogene Teil der Rinderwand.

DFQ: http://www.fleischwirtschaft.de/../fachbegriffe/pages/index.prl?name=Blattrippe&currChar=B (15.09.2014)

***

ATM: **Zwischenantrag auf Feststellung**; gesetzl.; 4; Hauptb.; MWA; mask.; sg.; 1211; Bürgerl. Recht

ETM: petition for an interlocutory order; FTM: demande incidente

TMQ: § 236 ZPO

DEF: Antrag einer Partei, dass ein im Laufe des Prozesses streitig gewordenes Rechtsverhältnis oder Recht, von dessen Bestehen oder Nichtbestehen die Entscheidung über das Klagebegehren ganz oder zum Teil abhängt, in dem über die Klage ergehenden oder in einem demselben vorausgehenden Urteil festgestellt werde.

DFQ: nach §§ 236, 393 ZPO

REL: Synonym

DTM: **Zwischenfeststellungsklage**; fachlit.; 3; Hauptb.; Subst.; fem.; sg.

DTQ: Creif21

DEF: eine in § 256 (2) ZPO geregelte Klage, nach der das Bestehen oder Nichtbestehen eines im Laufe des Prozesses streitig gewordenen Rechtsverhältnisses festgestellt wird.

DFQ: nach Creif21; www.lexexact.de (23.03.2015)

Alphetische Entsprechungsliste – ausgehend von den deutscher Rechtsbegriffen

Hinweis:
Diese Aufstellung soll das Auffinden der österreichischen Rechtsbegriffe erleichtern, wenn man von deutschen Begriffen ausgeht

DTM	2-jähriger Vorbereitungsdienst; Bayerische Justizakademie usw.	ATM	Strafvollzugsakademie
DTM	abergläubischer Versuch; irrealer Versuch	ATM	absolut untauglicher Versuch
DTM	Abfindung	ATM	Abfertigung
DTM	Abfindungsanspruch	ATM	Abfertigungsanspruch
DTM	Abfindungsrückstellung	ATM	Abfertigungsrückstellung
DTM	Abgabenhinterziehung	ATM	Abgabenhinterziehung (1); Steuerhinterziehung
DTM	Abgeordnete/r	ATM	Mandatar/in; Abgeordnete/r
DTM	Abgeordnete/r des Bundestages; Bundestagsabgeordnete/r, Mitglied des Bundestages	ATM	Abgeordnete/r zum Nationalrat; Nationalratsabgeordnete/r, Mitglied des Nationalrats
DTM	Abhilfe	ATM	Berufungsvorentscheidung; Abänderung der Entscheidung
DTM	Abitur; Reifeprüfung	ATM	Matura; Reifeprüfung
DTM	Abiturient/in	ATM	Maturant/in
DTM	Abiturprüfung; Abi	ATM	Reifeprüfung; Matura
DTM	Ablehnung des Asylantrags	ATM	Abweisung des Antrages auf internationalen Schutz; Abweisung des Asylantrages
DTM	Abmahnung	ATM	schlichte Verwarnung; schlichte Abmahnung
DTM	Abmahnung; Kündigungsankündigung; Abmahnung vor Kündigung	ATM	schlichte Abmahnung; schlichte Verwarnung
DTM	Abrogation	ATM	Derogation (2)
DTM	Absatzhilfe	ATM	Verwertungshandlung; Hehlerei durch Verwerten
DTM	Abschiebungshaft	ATM	Schubhaft
DTM	Abschlussbescheinigung des Wählerverzeichnisses	ATM	Abschluss des Wählerverzeichnisses
DTM	Absehen von der Verfolgung; Diversion	ATM	Absehen von der Verfolgung; Diversion
DTM	Absehen von der Verfolgung; Diversion	ATM	Diversion; Rücktritt von der Verfolgung,
DTM	Absehen von der Verfolgung; Diversion	ATM	Rücktritt von der Verfolgung
DTM	Absenderausfertigung des Frachtbriefs	ATM	Frachtbriefdoppel; Frachtbriefduplikat; Duplikatfrachtbrief
DTM	Absicht, sich im Besitz des gestohlenen Gutes zu erhalten	ATM	Absicht, sich oder einem Dritten die weggenommene Sache zu erhalten
DTM	absoluter Revisionsgrund; Verfahrensmängel	ATM	Nichtigkeitsgrund
DTM	Abteilung 1	ATM	Eigentumsblatt; B-Blatt
DTM	Abteilung im Bundesministerium	ATM	Sektion im Bundesministerium
DTM	Abteilungsleiter/in im Bundesministerium	ATM	Sektionschef/in im Bundesministerium
DTM	Abteilungsleiter/in; Studiendirektor/in	ATM	Abteilungsvorstand/Abteilungsvorständin

DTM	Abtretung	ATM	Zession; Forderungsabtretung
DTM	Abwassergebühr	ATM	Kanalbenützungsgebühr
DTM	Abwesenheitspfleger/in	ATM	Prozesskurator/in
DTM	Abwesenheitspfleger/in	ATM	Abwesenheitskurator/in
DTM	Adoptiveltern	ATM	Wahleltern
DTM	Adoptivkind	ATM	Wahlkind; Adoptivkind
DTM	Affektionsinteresse	ATM	Wert der besonderen Vorliebe; Affektionsinteresse
DTM	Agrarverwaltung; Landwirtschaftskammern	ATM	Agrarbehörde
DTM	akademische Abschlussfeier	ATM	Sponsion; universitärer Festakt
DTM	Akte, die	ATM	Akt, der
DTM	Aktenzeichen; Aktenzahl	ATM	Aktenzahl; Aktenzeichen; Geschäftszahl
DTM	Aktienregister; Aktienbuch	ATM	Aktienbuch; Aktienregister
DTM	allgemeine Aussprache; Beratung von Gesetzentwürfen	ATM	Generaldebatte; zweite Lesung
DTM	Allgemeine Ortskrankenkasse; AOK	ATM	Gebietskrankenkasse; Gebietskrankenkassa; GKK
DTM	allgemeiner Wahlbezirk; Stimmbezirk	ATM	Stimmbezirk
DTM	Allgemeiner Studentenausschuss; AStA	ATM	Österreichische Hochschülerschaft; ÖH
DTM	allgemeiner Vollzugsdienst in den Justizvollzugsanstalten	ATM	Justizwache
DTM	Allzuständigkeit der Gemeinde; Universalität des Wirkungskreises	ATM	Wirkungsbereich; Wirkungskreis
DTM	Altenteil; Ausgedinge	ATM	Ausgedinge; Altenteil
DTM	Alterspräsident/in	ATM	der/die an Jahren älteste am Sitz des Nationalrates anwesende Abgeordnete
DTM	Altersrente für langjährig Versicherte; Altersrente, Ruhegehalt	ATM	Alterspension
DTM	Altersteilzeitzuschlag	ATM	Altersteilzeitgeld (1)
DTM	Ältestenrat	ATM	Präsidialkonferenz; Präsidiale
DTM	Altlastenkataster	ATM	Altlastenatlas
DTM	Amt: ein Amt niederlegen	ATM	Amt: ein Amt zurücklegen; Amt: ein Amt niederlegen; eine Funktion zurücklegen
DTM	amtlicher Stimmzettelumschlag	ATM	Wahlkuvert
DTM	Amtmann / Amtfrau	ATM	Amtsrat / Amtsrätin
DTM	Amtsanwalt / Amtsanwältin	ATM	Bezirksanwalt / Bezirksanwältin
DTM	Amtsarzt / Amtsärztin	ATM	Amtsarzt / Amtsärztin; Polizeiarzt / Polizeiärztin
DTM	Amtsbezeichnung	ATM	Berufstitel
DTM	Amtsbezeichnungen; Dienstbezeichnungen	ATM	Amtstitel und Verwendungsbezeichnungen
DTM	Amtsgericht	ATM	Bezirksgericht
DTM	Amtshaftungsklage	ATM	Amtshaftungsbeschwerde
DTM	Amtspflichtverletzung	ATM	Berufspflichtverletzung
DTM	Amtstag	ATM	Amtstag (1)
DTM	Amtsverteidiger/in	ATM	Pflichtverteidiger/in
DTM	Änderung des Grundgesetzes; Grundge-	ATM	Gesamtänderung der Bundesverfassung

	setzänderung		
DTM	Änderungsantrag	ATM	Abänderungsantrag
DTM	Aneignung	ATM	Zueignung (2); Aneignung; Okkupation
DTM	Anerkennung ausländischer Bildungsabschlüsse	ATM	Nostrifikation ausländischer Zeugnisse
DTM	Anfall der Erbschaft; Erbanfall; Erbschaftsanfall	ATM	Einantwortung; gerichtliche Übergabe
DTM	Anfechtung der Vaterschaft; früher: Ehelichkeitsanfechtung bzw. Anfechtung der Anerkennung	ATM	Feststellung der Nichtabstammung vom Ehemann der Mutter; früher: Ehelichkeitsbestreitung
DTM	Angebot; Offerte	ATM	Anbot; Angebot; Offert
DTM	Angebotslegung; Offertlegung	ATM	Anbotslegung; Angebotslegung
DTM	Angehörige	ATM	Angehörige
DTM	Angehörige; Familienangehörige	ATM	nahe Angehörige; Familienangehörige
DTM	Angeklagte/r	ATM	Angeklagte/r (2)
DTM	Angeschuldigte/r	ATM	Angeklagte/r (1)
DTM	Angestellte und Arbeiter des öffentlichen Dienstes; Tarifbeschäftigte	ATM	Vertragsbedienstete/r
DTM	Anhängigkeit	ATM	Gerichtsanhängigkeit
DTM	Anhörung	ATM	Begutachtungsverfahren
DTM	Ankündigung von Modernisierungsmaßnahmen	ATM	FEHLT (Benennungslücke)
DTM	Anmeldung der Eheschließung	ATM	Ermittlung der Ehefähigkeit; Aufgebot; Anmeldung der Eheschließung
DTM	Anmeldung zur Eheschließung	ATM	Niederschrift für die Ermittlung der Ehefähigkeit; Aufgebot
DTM	Annahme als Kind; Adoption	ATM	Annahme an Kindes Statt; Adoption
DTM	Annahme und Ausschlagung der Erbschaft	ATM	Erbantrittserklärung; Erbserklärung; Antretung der Erbschaft
DTM	Anordnung des/der Bundespräsidenten/in	ATM	Entschließung des/der Bundespräsidenten/in
DTM	Anrechnung von Leistungsnachweisen	ATM	Nostrifikation
DTM	Anrechnung von Zuwendungen auf den Pflichtteil; Ausgleichung	ATM	Schenkungsanrechnung
DTM	Anschlusspfändung	ATM	Anschlusspfändung
DTM	Anspruch wegen Besitzstörung	ATM	Besitzstörungsklage
DTM	Anstifter/in	ATM	Bestimmungstäter/in; Anstifter/in
DTM	Antrag auf Schluss der Aussprache	ATM	Antrag auf Schluss der Debatte
DTM	Antrag auf Verweisung bei Unzuständigkeit	ATM	Überweisungsantrag
DTM	Antragsdelikt	ATM	Ermächtigungsdelikt
DTM	Antragsdelikt	ATM	Privatanklagedelikt
DTM	Antragsteller/in	ATM	Einschreiter/in; Antragsteller/in
DTM	Anwaltszwang	ATM	Anwaltspflicht; Anwaltszwang
DTM	Anweisung	ATM	Assignation; Anweisung
DTM	anzeigepflichtiges Gewerbe	ATM	Anmeldungsgewerbe
DTM	Arbeitgeber/in	ATM	Dienstgeber/in; Arbeitgeber/in
DTM	Arbeitnehmer/in	ATM	Dienstnehmer/in; Arbeitnehmer/in

DTM	Arbeitnehmerhaftung; Haftung des Arbeitnehmers	ATM	Dienstnehmerhaftung
DTM	Arbeitnehmerüberlasssungsgesetz; AÜG	ATM	Arbeitskräfteüberlassungsgesetz
DTM	Arbeitnehmerüberlassung; Leiharbeit	ATM	Arbeitskräfteüberlassung; Überlassung von Arbeitskräften; Leiharbeit; Personalbereitstellung; Personalleasing
DTM	Arbeitnehmerüberlassungsvertrag	ATM	Arbeitskräfteüberlassungsvertrag
DTM	Arbeitserlaubnis; Arbeitsgenehmigung	ATM	Arbeitserlaubnis
DTM	Arbeitsgericht	ATM	Arbeits- und Sozialgericht Wien (1)
DTM	Arbeitskammer	ATM	Kammer für Arbeiter und Angestellte; Arbeiterkammer; AK
DTM	Arbeitslosengeld II	ATM	Notstandshilfe
DTM	Arbeitsplatzschutz	ATM	Arbeitsplatzsicherung
DTM	Arbeitsschutz	ATM	Arbeitnehmerschutz
DTM	Arbeitsverhältnis; Dienstverhältnis	ATM	Dienstverhältnis; Arbeitsverhältnis
DTM	Arbeitsvertrag	ATM	Dienstvertrag (2); Arbeitsvertrag
DTM	Arglisteinrede	ATM	FEHLT (Benennungslücke)
DTM	Arrestzelle; Haftzelle	ATM	Verwahrungsraum
DTM	ärztliche Gutachter	ATM	sachverständige Ärzte für Allgemeinmedizin
DTM	Asylantrag	ATM	Antrag auf internationalen Schutz
DTM	Asylbewerber/in; Asylbegehrende/r	ATM	Asylwerber/in; Asylbegehrende/r
DTM	Aubergine	ATM	Eierfrucht; Melanzani
DTM	Aufbauseminar	ATM	Nachschulung
DTM	Aufenthaltserlaubnis; Aufenthaltsgenehmigung	ATM	Aufenthaltsbewilligung
DTM	Aufenthaltsgenehmigung	ATM	Niederlassungsnachweis
DTM	Aufenthaltstitel zur Ausübung einer Beschäftigung	ATM	Niederlassungsbewilligung
DTM	Aufgaben; Obliegenheiten; Pflichten	ATM	Agenden; Obliegenheiten
DTM	Aufgebot der Nachlassgläubiger	ATM	Gläubigereinberufung; Gläubigerkonvokation; Einberufung der Verlassenschaftsgläubiger
DTM	Aufhebungsfreiheit; Vertragsfreiheit	ATM	Endigungsfreiheit
DTM	Aufhebungsvertrag; Auflösungsvertrag; Auflösungsvereinbarung	ATM	Dissolutionsvereinbarung; Auflösungsvereinbarung
DTM	Auflagen	ATM	FEHLT
DTM	Auflassung	ATM	Auflassung (1)
DTM	Aufnahmevoraussetzungen	ATM	Aufnahmsvoraussetzungen
DTM	Aufrechnung; Kompensation	ATM	Kompensation; Aufrechnung
DTM	Auftragsverwaltung; Bundesauftragsverwaltung	ATM	mittelbare Bundesverwaltung
DTM	Augenschein; Inaugenscheinnahme	ATM	Lokalaugenschein; Augenschein
DTM	Ausfädelungsstreifen	ATM	Verzögerungsstreifen
DTM	Ausführung im Auftrage des Bundes	ATM	übertragener Wirkungsbereich
DTM	Ausgleichsabgabe; Schwerbehindertenabgabe	ATM	Ausgleichstaxe
DTM	Aushändigung	ATM	Ausfolgung
DTM	Auskunftsklage	ATM	Manifestationsklage
DTM	Auslagenersatz für Inhaber von Wahläm-	ATM	FEHLT

	tern		
DTM	Ausländer/in	ATM	Fremde/r
DTM	Ausländer/innen; Devisenausländer/innen; Gebietsfremde	ATM	Devisenausländer/-innen
DTM	Ausländeramt; Zentrale Ausländerbehörde	ATM	Fremdenpolizei
DTM	Ausländersicherheit; Ausländersicherheitsleistung	ATM	aktorische Kaution; Sicherheitsleistung für Prozesskosten
DTM	Ausschlagung der Erbschaft; Erbausschlagung	ATM	Erbsausschlagung; Erbsentschlagung; negative Erbantrittserklärung;
DTM	Ausschlagung der Erbschaft; Erbausschlagung	ATM	Erbsentschlagung; negative Erbantrittserklärung
DTM	Ausschlagung der Erbschaft; Erbausschlagung	ATM	negative Erbantrittserklärung; Erbsentschlagung; Erbverzicht
DTM	ausschließliche Gesetzgebung des Bundes	ATM	Bundessache in Gesetzgebung und Vollziehung
DTM	ausschließlicher Gerichtsstand	ATM	ausschließlicher Gerichtsstand
DTM	ausschließlicher Gerichtsstand	ATM	Zwangsgerichtsstand; allgemeiner Gerichtsstand
DTM	Ausschlussfrist; Verfallfrist; Präklusivfrist	ATM	Fallfrist; Ausschlussfrist, Präklusivfrist
DTM	Ausschuss für die Angelegenheiten der Europäischen Union	ATM	Ständiger Unterausschuß in Angelegenheiten der Europäischen Union
DTM	Ausschuss für Jugendarbeitsschutz bei der Aufsichtsbehörde	ATM	FEHLT
DTM	Ausschussobmann / Ausschussobfrau	ATM	Ausschussobmann / Ausschussobfrau (2)
DTM	Ausschussvorsitzende/r (des Bundestags); Vorsitzende/r des Ausschusses des Bundestags	ATM	Ausschussobmann / Ausschussobfrau (des Nationalrats) (1); Obmann / Obfrau des Ausschusses des Parlaments
DTM	Außenklasse; Partnerklasse	ATM	Expositurklasse
DTM	außerordentliche fristlose Kündigung aus wichtigem Grund	ATM	Aufkündigung wegen erheblich nachteiligen Gebrauches des Mietgegenstandes
DTM	Aussetzung der Jugendstrafe zur Bewährung	ATM	vorzeitige Beendigung der Probezeit
DTM	Aussetzung durch Im-Stich-Lassen	ATM	Imstichlassen eines Verletzten
DTM	Ausspähen von Daten	ATM	widerrechtlicher Zugriff auf ein Computersystem
DTM	Ausstattung	ATM	Ausstattung
DTM	Ausstattung	ATM	Heiratsgut; Ausstattung
DTM	Auszubildende/r; Azubi	ATM	Lehrling
DTM	Bande	ATM	kriminelle Organisation
DTM	Bande; kriminelle Vereinigung	ATM	Bande; kriminelle Vereinigung
DTM	Bandendiebstahl	ATM	Diebstahl im Rahmen einer kriminellen Vereinigung
DTM	Bankrott	ATM	betrügerische Krida
DTM	Bankrott	ATM	Bankrott; Zahlungsunfähigkeit
DTM	Bauantrag	ATM	Bauansuchen
DTM	Bauartzulassung und Unbedenklichkeitsbescheinigung	ATM	Übereinstimmungserklärung
DTM	Baugenehmigung	ATM	Baubewilligung; Baugenehmigung

DTM	Baugenehmigungsverfahren	ATM	Baubewilligungsverfahren
DTM	Baulinie	ATM	Fluchtlinie
DTM	Bauvorschrift	ATM	Bebauungsvorschrift; Bauvorschrift
DTM	Bebauungsplan	ATM	allgemeiner und ergänzender Bebauungsplan
DTM	Bedrohung	ATM	gefährliche Drohung
DTM	Beeidigung; Vereidigung; Diensteid	ATM	Vereidigung; Beeidigung
DTM	befreiende Schuldübernahme; privative Schuldübernahme	ATM	Schuldeintritt; privative Schuldübernahme; befreiende Schuldübernahme
DTM	befreite Vorerbschaft	ATM	fideikommissarische Substitution auf den Überrest; Nacherbschaft auf den Überrest; befreite Vorerbschaft
DTM	Befreiungsschein; Befreiungsausweis	ATM	Befreiungsschein (2)
DTM	Begehen durch Unterlassen	ATM	Begehung durch Unterlassung
DTM	beglaubigter Auszug aus dem Geburtenregister; beglaubigter Ausdruck aus dem Geburtenregister	ATM	Abschrift aus dem Geburtenbuch; Registerauszug Geburt
DTM	beglaubigter Registerausdruck; beglaubigte Abschrift aus dem Geburtenregister; Abstammungsurkunde	ATM	Geburtsurkunde
DTM	Beglaubigung von Dokumenten; Legalisation	ATM	Vidimierung
DTM	Begründung der Vorlage	ATM	erläuternde Bemerkungen
DTM	Behördenkennzahl; BKZ	ATM	Behördenkennzahl; Aktenzeichen; Aktenzahl; Geschäftszahl
DTM	Beihilfe; Gehilfe / Gehilfin	ATM	Tatbeitrag
DTM	Beischlaf zwischen Verwandten; Inzest; Blutschande	ATM	Blutschande; Inzest
DTM	Bekanntgabe des Tarifvertrags	ATM	Kundmachung des Kollektivvertrages
DTM	Bekanntmachung der Neufassung	ATM	Wiederverlautbarung
DTM	Belehrungspflicht; Rechtsbelehrungspflicht	ATM	Manuduktionspflicht; Rechtsmittelbelehrung
DTM	Beleidigung	ATM	strafbare Handlungen gegen die Ehre
DTM	Bemessung der Miteigentumsanteile	ATM	Nutzwertberechnung; Parifizierung
DTM	Bemessung der Miteigentumsanteile	ATM	Parifizierung; Nutzwertberechnung
DTM	berechtigte Geschäftsführung ohne Auftrag	ATM	Geschäftsführung im Notfall
DTM	berechtigte Geschäftsführung ohne Auftrag	ATM	nützliche Geschäftsführung; nützliche GoA
DTM	Berechtigter	ATM	Vormann
DTM	Bereitschaftsdienst	ATM	Journaldienst; Dienststellenbereitschaft
DTM	Berggrundbuch	ATM	Bergbuch
DTM	Berichtstermin	ATM	Berichtstagsatzung
DTM	Berliner Stunde	ATM	Wiener Stunde
DTM	Berufsausbildungsverhältnis	ATM	Lehrverhältnis
DTM	Berufsausbildungsvertrag	ATM	Lehrvertrag
DTM	Berufsgenossenschaft	ATM	Allgemeine Unfallversicherungsanstalt
DTM	Berufung	ATM	Berufung; Schuldberufung
DTM	Berufungsgrund; Grund der Berufung	ATM	Berufstitel; Delationsgrund; Berufungsgrund

DTM	Berufungskläger/in	ATM	Berufungswerber/in
DTM	Beschäftigte des öffentlichen Dienstes des Bundes; Beschäftigte im öffentlichen Dienst (Bund, Länder, Kommunen)	ATM	Bundesbedienstete; Bedienstete; Dienstnehmer/innen im öffentlichen Dienst
DTM	Bescheinigung über die Aufenthaltsgestattung	ATM	Aufenthaltsberechtigungskarte
DTM	beschleunigtes Familienverfahren	ATM	Familienverfahren
DTM	Beschlussfähigkeit (des Deutschen Bundestags)	ATM	Anwesenheitsquorum
DTM	beschränkte persönliche Dienstbarkeiten	ATM	Personaldienstbarkeiten; Personalservitute; persönliche Dienstbarkeiten
DTM	beschränkte persönliche Dienstbarkeit	ATM	Personalservitut; Personaldienstbarkeiten;
DTM	Beschränkung der Zwangsvollstreckung	ATM	Exekutionsbeschränkung
DTM	Beschuldigte/r	ATM	Beschuldigte/r
DTM	Beschwerde	ATM	Rekurs
DTM	Beseitigungs- und Unterlassungsanspruch; quasinegatorischer Unterlassungsanspruch	ATM	Eigentumsfreiheitsklage; *actio negatoria*
DTM	Beseitigungsverfügung; Baubeseitigungsverfügung	ATM	Demolierungsauftrag; Abbruchbescheid
DTM	Besitzer/in	ATM	Besitzer/in
DTM	Besitzerlangung durch verbotene Eigenmacht; Fremdbesitz	ATM	unredlicher Besitz
DTM	Besitzkonstitut; *constitutum possessorium*	ATM	Besitzauftragung; Besitzkonstitut; *constitutum possessorium*
DTM	Besitzmittlungsverhältnis; mittelbarer Besitz	ATM	doppelter Besitz
DTM	besondere Arten personenbezogener Daten; sensible Daten	ATM	besonders schutzwürdige Daten; sensible Daten
DTM	besondere Arten personenbezogener Daten; sensible Daten	ATM	sensible Daten; besonders schutzwürdige Daten
DTM	besonders schwere Fälle der Nötigung	ATM	schwere Nötigung
DTM	besonders schwerer Fall des Diebstahls	ATM	schwerer Diebstahl
DTM	Bestallungsurkunde; Betreuerausweis	ATM	Bestallungsurkunde; Bestallungsdekret
DTM	Bestandsnummer	ATM	Einlagezahl; EZ
DTM	Bestandsverzeichnis	ATM	Gutsbestandsblatt; A-Blatt
DTM	Betäubungsmittel	ATM	Suchtmittel
DTM	Beteiligung an einer Schlägerei	ATM	Raufhandel
DTM	Beteiligungsanzeige	ATM	FEHLT
DTM	Betreuer/in	ATM	Kurator/in; Sachwalter/in
DTM	Betreuer/in; rechtliche/r Betreuer/in	ATM	Sachwalter/in; Kurator/in
DTM	Betriebsbuße	ATM	Disziplinarmaßnahme; Disziplinarstrafe
DTM	Betriebsbußordnung	ATM	betriebliche Disziplinarordnung
DTM	Betriebsjustiz	ATM	betriebliches Disziplinarstrafrecht
DTM	Betriebskrankenkassen öffentlicher Verwaltungen	ATM	Kranken- und Unfallversicherung öffentlich Bediensteter; BVA
DTM	Betroffene/r	ATM	Betroffene/r
DTM	Bevollmächtigte/r	ATM	Erbenmachthaber/in
DTM	Bevollmächtigte/r	ATM	Machthaber/in; Gewalthaber/in

DTM	Bewährungszeit	ATM	Probezeit; Bewährungsfrist
DTM	beweglicher Wahlvorstand	ATM	besondere Wahlbehörde; fliegende Wahlkommission
DTM	Beweistermin	ATM	Beweistagsatzung
DTM	bezahlter Erholungsurlaub	ATM	bezahlter Urlaub
DTM	Bezirksjugendrichter/in	ATM	FEHLT
DTM	Bildung bewaffneter Gruppen	ATM	bewaffnete Verbindung
DTM	Bildung krimineller Vereinigungen	ATM	kriminelle Vereinigung
DTM	Bildungsgutschein	ATM	Weiterbildungsgeld
DTM	Bildungsurlaub	ATM	Bildungskarenz
DTM	bisheriger Gläubiger	ATM	Zedent; Altgläubiger
DTM	Blattrippe; Leiter	ATM	dicker Spitz; Zwerchspitz, Beinfleisch
DTM	Blumenkohl	ATM	Karfiol
DTM	Bodenschätzung; Bodenbonitierung; DTM	ATM	Bonitierung; Bodenschätzung
DTM	Briefwahlvorsteher/in	ATM	FEHLT
DTM	Bruchteilsgemeinschaft; Miteigentum nach Bruchteilen	ATM	Miteigentumsgemeinschaft
DTM	Brust; Brustspitze; Brustkern; Nachbrust	ATM	Brustkern; Brustkern ausgelöst, Dickes Kügerl
DTM	Brustkern und Nachbrust	ATM	mittleres und dünnes Kügerl
DTM	Bundesagentur für Arbeit; BA	ATM	Arbeitsmarktservice; AMS
DTM	Bundesamt für den Zivildienst; Bundesamt für Familie und zivilgesellschaftliche Aufgaben	ATM	Zivildienstserviceagentur
DTM	Bundesamt für Verbraucherschutz und Lebensmittelsicherheit	ATM	Österreichische Agentur für Gesundheit und Ernährungssicherheit GmbH; AGES
DTM	Bundesamt für Verfassungsschutz; BfV	ATM	Bundesamt für Verfassungsschutz und Terrorismusbekämpfung; BVT
DTM	Bundesanstalt für Finanzdienstleistungsaufsicht; BaFin	ATM	Finanzmarktaufsichtsbehörde; Finanzmarktaufsicht, FMA
DTM	Bundesanwaltschaft	ATM	Generalprokuratur
DTM	Bundesarchitektenkammer; BAK	ATM	Bundeskammer der Architekten und Ingenieurkonsulenten; BAIK
DTM	Bundesärztekammer	ATM	Österreichische Ärztekammer
DTM	Bundesbetreuung; Versorgung von Asylbewerbern	ATM	Grundversorgung (von Asylwerbern); Bundesbetreuung
DTM	Bundesdatenschutzgesetz; BDSG	ATM	Datenschutzgesetz; DSG
DTM	bundeseigene Verwaltung	ATM	unmittelbare Bundesverwaltung
DTM	Bundesfinanzhof	ATM	Bundesfinanzgericht
DTM	Bundesflagge	ATM	Fahne der Republik Österreich; Flagge der Republik Österreich
DTM	Bundesgerichtshof; BGH	ATM	Oberster Gerichtshof; OGH
DTM	Bundeshaushaltsordnung; BHO	ATM	Bundeshaushaltsgesetz; BHG
DTM	Bundesminister/in	ATM	Bundesminister/in
DTM	Bundesministerium des Innern; Bundesministerium des Inneren; Bundesinnenministerium; BMI	ATM	Bundesministerium für Inneres; BMI
DTM	Bundesnachrichtendienst; BND	ATM	Heeresnachrichtenamt; HNaA
DTM	Bundesnotarkammer	ATM	Österreichische Notariatskammer

DTM	Bundespolizeipräsidium	ATM	Bundespolizeidirektion
DTM	Bundesrechnungshof; BRH	ATM	Rechnungshof; RH
DTM	Bundesrechtsanwaltskammer; BRAK	ATM	Österreichischer Rechtsanwaltskammertag; ÖRAK
DTM	Bundesschuldbuch	ATM	Buch der Staatsschuld
DTM	Bundessteuerberaterkammer; Wirtschaftsprüferkammer	ATM	Kammer der Wirtschaftstreuhänder; KWT
DTM	Bundestag	ATM	Nationalrat; NR
DTM	Bundestagsabgeordnete/r; Mitglied des Bundestages	ATM	Nationalratsabgeordnete/r; Abgeordnete/r zum Nationalrat
DTM	Bundestagsausschuss; Ausschuss des Bundestages	ATM	Ausschuss des Nationalrates; Nationalratsausschuss
DTM	Bundestagsausschuss; Ausschuss des Bundestages	ATM	Nationalratsausschuss; Ausschuss des Nationalrates
DTM	Bundestagspräsident/in; Präsident/in des Deutschen Bundestages, BT-Präs	ATM	Nationalratspräsident/in; Präsident/in des Nationalrates
DTM	Bundestagspräsident/in; Präsident/in des Deutschen Bundestages, BT-Präs	ATM	Präsident/in des Nationalrates; Nationalratspräsident/in; Präs.NR
DTM	Bundestagswahl	ATM	Nationalratswahl
DTM	Bundestagswahlkreis	ATM	Regionalwahlkreis
DTM	Bundestierärztekammer; Arbeitsgemeinschaft der Deutschen Tierärztekammern e. V.; BTK	ATM	Bundeskammer der Tierärzte Österreichs; Österreichische Tierärztekammer; ÖTK
DTM	Bundesvereinigung deutscher Apothekervereinigungen	ATM	Österreichische Apothekerkammer
DTM	Bundesverfassungsgericht	ATM	Verfassungsgerichtshof; VfGH
DTM	Bundesverfassungsgericht	ATM	VfGH; Verfassungsgerichtshof
DTM	Bundesversammlung	ATM	Bundesversammlung
DTM	Bundesverteidigungsministerium; Bundesministerium der Verteidigung; BMVg	ATM	Verteidigungsministerium; Bundesministerium für Landesverteidigung und Sport; BMLVS
DTM	Bundesverwaltungsgericht	ATM	Bundesverwaltungsgericht
DTM	Bundeswahlleiter/in	ATM	Bundeswahlleiter/in
DTM	Bundeswehr	ATM	Bundesheer
DTM	Bundeszahnärztekammer	ATM	Österreichische Zahnärztekammer
DTM	Bundeszentralregister; Strafregister; BZR	ATM	Strafregister
DTM	Bund-Länder-Vereinbarung	ATM	Art. 15a-Vereinbarung
DTM	Bürgerliches Gesetzbuch; BGB	ATM	Allgemeines Bürgerliches Gesetzbuch; ABGB
DTM	Bürgermeisterstück; Hüftspitze; falsches Filet; Schaufelstück	ATM	Hüferschwanzel; Hüferl; Hieferschwanzel
DTM	Bußgeldbescheid	ATM	Straferkenntnis
DTM	Bußgeldbescheid	ATM	Strafverfügung
DTM	Chef der Staatskanzlei	ATM	Landesamtsdirektor/in
DTM	Chefarzt / Chefärztin	ATM	Primarius; Primaria; Primararzt
DTM	Chefarzt /Chefärztin; Leitender Arzt / Leitende Ärztin	ATM	Primararzt; Primarius; Primaria
DTM	Computerbetrug	ATM	betrügerischer Datenverarbeitungsmissbrauch
DTM	Computersabotage	ATM	Störung der Funktionsfähigkeit eines Computers

DTM	Courtage	ATM	Courtage; ensarie; Maklergebühr; Mäklergebühr; S
DTM	Courtage; Maklergebühr	ATM	Sensarie; Courtage; Maklergebühr; Mäklergebühr
DTM	Datenveränderung	ATM	Datenbeschädigung
DTM	Dauerarrest	ATM	FEHLT
DTM	Dauermietvertrag	ATM	FEHLT
DTM	Dauerwohnrecht	ATM	FEHLT
DTM	Deckungsverhältnis	ATM	Einlösungsverhältnis
DTM	Derogation	ATM	Derogation (1)
DTM	Deutsche Bundesbank	ATM	Österreichische Nationalbank; OeNB
DTM	Deutsche Markenbutter	ATM	Teebutter
DTM	Deutsche Molkereibutter	ATM	Tafelbutter
DTM	Deutscher Gewerkschaftsbund	ATM	Österreichischer Gewerkschaftsbund
DTM	Deutscher Industrie- und Handelskammertag; DIHK	ATM	Wirtschaftskammer Österreich; WKO
DTM	Deutscher Mieterverbund e.V.; DMB	ATM	Mietervereinigung Österreichs
DTM	Deutscher Städte- und Gemeindebund	ATM	Österreichischer Städte- und Gemeindebund
DTM	Deutscher Städtetag	ATM	Österreichischer Städtetag
DTM	Deutsches Patent- und Markenamt; DPMA	ATM	Österreichisches Patentamt; ÖPA
DTM	Dicker Bug; Dickes Bugstück; Schulter	ATM	Dicke Schulter
DTM	Dickes Beinfleisch; Beinscheiben; Hesse; Wade	ATM	Hinterer Wadschinken ohne Knochen; Wadelstutzen; Gschnatter mit Ludl
DTM	Diebstahl und Unterschlagung geringwertiger Sachen	ATM	Entwendung
DTM	Diebstahl und Unterschlagung; Raub und Erpressung; Begünstigung und Hehlerei; Betrug und Untreue	ATM	strafbare Handlungen gegen fremdes Vermögen
DTM	dienendes Grundstück	ATM	belastetes Grundstück; dienendes Grundstück; Grunddienstbarkeit
DTM	Dienstaufsichtsbeschwerde	ATM	Aufsichtsbeschwerde (1); Dienstaufsichtbeschwerde
DTM	Dienstaufsichtsbeschwerde	ATM	Aufsichtsbeschwerde (2); Anrufung des Aufsichtsrechtes der Vollzugsbehörden
DTM	Dienstbarkeit	ATM	Servitut; Dienstbarkeit
DTM	Diensteid; Vereidigung	ATM	Diensteid; Beeidigung; Angelobung
DTM	Dienstentziehung durch Täuschung	ATM	Umgehung der Wehrpflicht
DTM	Diensterfindung; Arbeitnehmererfindung; gebundene Erfindung	ATM	Diensterfindung; Arbeitnehmererfindung
DTM	Dienstfahrerlaubnis; militärischer Führerschein	ATM	Heereslenkberechtigung
DTM	diensthabende/r Beamter/Beamtin	ATM	Journalbeamter / Journalbeamtin; diensthabende/r Beamter/Beamtin
DTM	Dienstvertrag	ATM	Dienstvertrag (1); Arbeitsvertrag
DTM	digitale topografische Karte; DTK	ATM	Österreichische Karte; ÖK
DTM	dinglicher Arrest	ATM	Exekution zur Sicherstellung; Sicherstellungsexekution
DTM	dinglicher Arrest	ATM	Exekutionshandlungen zur Sicherung von

			Geldforderungen
DTM	dinglicher Arrest	ATM	Sicherstellungsexekution; Exekution zur Sicherstellung, Exekution zur Sicherung von Geldforderungen
DTM	direkter Vorsatz; *dolus directus* zweiten Grades	ATM	*dolus principalis*; Wissentlichkeit
DTM	direkter Vorsatz; *dolus directus* zweiten Grades	ATM	Wissentlichkeit; Vorsatz
DTM	Direktor/in des Amtsgerichts; DirAG	ATM	Vorsteher/in des Bezirksgerichtes; Vorst. BG
DTM	Diskontierung	ATM	Eskomptierung; Eskontierung, Diskontierung
DTM	Diskontierung	ATM	Eskontierung; Eskomptierung, Diskontierung
DTM	Dispositionsmaxime; Dispositionsgrundsatz; Verfügungsgrundsatz	ATM	Dispositionsgrundsatz; Dispositionsmaxime
DTM	dissimuliertes Geschäft; Dissimulation; verdecktes Rechtsgeschäft	ATM	verdecktes Geschäft; Scheingeschäft
DTM	Disziplinarmaßnahme; Disziplinarverfügung	ATM	Disziplinarstrafe
DTM	Dokumentationsstelle des BGH	ATM	Evidenzbüro des Obersten Gerichtshofs
DTM	Doppelehe; Bigamie	ATM	mehrfache Ehe; Bigamie
DTM	Draufgabe; Naturalrabatt; Angeld	ATM	Angeld
DTM	Dritte Abteilung	ATM	Lastenblatt (1); C-Blatt
DTM	Drittwiderspruchsklage; Widerspruchsklage; Interventionsklage	ATM	Exszindierungsklage; Widerspruchsklage
DTM	Drogenausgangsstoffe; Grundstoffe	ATM	Vorläuferstoffe
DTM	Duldung; vorübergehende Aussetzung der Abschiebung	ATM	Zuerkennung der aufschiebenden Wirkung einer Beschwerde
DTM	dünnes Schulterblatt	ATM	Kavalierspitz; dünnes Schulterblatt
DTM	Durchsuchung der Wohnung und anderer Räume; Haussuchung; Hausdurchsuchung	ATM	Hausdurchsuchung
DTM	Durchsuchung einer Person; Personendurchsuchung	ATM	Durchsuchung von Menschen; Personendurchsuchung; Personsdurchsuchung
DTM	Durchsuchung einer Person; Personendurchsuchung	ATM	Personsdurchsuchung; Personendurchsuchung; Durchsuchung einer Person
DTM	Ehefähigkeitszeugnis	ATM	Bestätigung der Ehefähigkeit; Ehefähigkeitszeugnis
DTM	Ehename; (gemeinsamer) Familienname	ATM	Familienname (1)
DTM	Eheregister	ATM	Ehebuch
DTM	Eheurkunde; Heiratsurkunde	ATM	Heiratsurkunde
DTM	Ehevertrag	ATM	Ehepakt; Ehevertrag; Heiratsvertrag
DTM	Ehevertrag	ATM	Ehevertrag
DTM	eidesstattliche Versicherung	ATM	Vermögenserklärung; eidesstättiges Vermögensbekenntnis
DTM	eidesstattliche Versicherung; Versicherung an Eides statt	ATM	eidesstattliche Erklärung; eidesstättige Erklärung; Erklärung an Eides statt
DTM	Eigenbesitz	ATM	redlicher Besitz
DTM	eigene Angelegenheiten	ATM	eigener Wirkungsbereich
DTM	eigenhändiges Testament; holographisches Testament	ATM	holographes Testament; eigenhändiges Testament
DTM	eigenmächtige Abwesenheit	ATM	unerlaubte Abwesenheit

DTM	Eigenschaftsirrtum; ausnahmsweise beachtlicher Motivirrtum	ATM	Geschäftsirrtum ieS (über die Natur des Geschäfts oder bedeutsame Eigenschaft des Partners)
DTM	Eigentumserwerb an beweglichen herrenlosen Sachen	ATM	unmittelbarer Besitzerwerb
DTM	Eigenzuständigkeit (des Kindes)	ATM	Eigenzuständigkeit
DTM	Eignungsprüfung im Inland	ATM	Nostrifikationsprüfung
DTM	Einbehalt; Sicherheitseinbehalt	ATM	Haftrücklass; Haftungsrücklass
DTM	Einberufungsbescheid	ATM	Bereitstellungsschein
DTM	Einfädelungsstreifen	ATM	Beschleunigungsstreifen
DTM	Eingabe	ATM	Anbringen
DTM	eingetragene Kauffrau; e. Kfm	ATM	eingetragene Unternehmerin; e.U.
DTM	eingetragener Kaufmann; e. Kfm	ATM	eingetragener Unternehmer; e.U.
DTM	Einigungsstelle	ATM	Schlichtungsstelle
DTM	Einmalzahlung	ATM	Einmalerlag; Einmalprämie; Einmalzahlung
DTM	Einpersonengesellschaft; Einmanngesellschaft	ATM	Einmanngesellschaft
DTM	Einrichtung für den Vollzug der Jugendstrafe; Jugendstrafanstalt	ATM	Anstalt für den Jugendstrafvollzug; Jugendstrafanstalt
DTM	Einschreiben mit Rückschein	ATM	Rsb-Brief; weißer Brief; Zustellung zu eigenen Handen und Ersatzzustellung
DTM	Einschreiben mit Rückschein	ATM	Rückscheinbrief blau (RSa-Brief); blauer Brief; Ausfertigung mit Zustellnachweis
DTM	Einschreiben mit Rückschein	ATM	Rückscheinbrief weiß (RSb-Brief); Zustellung zu eigenen Handen und Ersatzzustellung
DTM	Einsichtsfähigkeit	ATM	Diskretionsfähigkeit
DTM	Einspruch gegen das Amtliche Protokoll	ATM	Einwendung; Einwendungsdebatte
DTM	Einspruch gegen das Wählerverzeichnis	ATM	Berichtigungsantrag gegen das Wählerverzeichnis
DTM	einstweilige Anordnung	ATM	einstweilige Vorkehrung
DTM	einstweilige Verfügung; Regelungsverfügung	ATM	einstweilige Verfügung
DTM	Eintragung der Begründung von Wohnungseigentum	ATM	Anmerkung der Einräumung von Wohnungseigentum
DTM	Eintragung der Eröffnung des Insolvenzverfahrens ins Grundbuch	ATM	Anmerkung der Konkurseröffnung
DTM	Eintragung in das Grundbuch	ATM	Intabulation
DTM	Eintragung ins Grundbuch	ATM	Einverleibung; Intabulation
DTM	Eintragungsbewilligung	ATM	Aufsandungserklärung; Intabulationsklausel
DTM	Eintragungsbewilligung	ATM	Intabulationsklausel; Aufsandungserklärung
DTM	eintragungsfähige Rechte	ATM	verbücherungsfähige Rechte
DTM	Eintrittsrecht bei Tod des Mieters	ATM	Abtretung des Mietrechts
DTM	einverständliche Scheidung; Konventionalscheidung, einvernehmliche Scheidung	ATM	einvernehmliche Scheidung; Scheidung im Einvernehmen, einverständliche Scheidung
DTM	Einwilligung	ATM	wahre Einwilligung
DTM	Einwohnermeldeamt; Meldebehörde	ATM	Meldeamt; Meldebehörde
DTM	Einzelrechtsnachfolger	ATM	Singularsukzessor; Einzelrechtsnachfolger
DTM	Eisbein; Schweinshaxe	ATM	hintere Stelze

DTM	Eisbein; Schweinshaxen	ATM	Stelze
DTM	elektronischer Bundesanzeiger; eBAnz	ATM	Ediktsdatei
DTM	elterliche Sorge	ATM	Obsorge
DTM	Elterngeld	ATM	Karenzgeld
DTM	Elterngeld; früher: Erziehungsgeld	ATM	Kinderbetreuungsgeld; früher: Karenzgeld
DTM	Elternrente	ATM	Eltern- und Geschwisterrente
DTM	Elternteilzeit	ATM	Teilzeitkarenz (2); Elternteilzeit; Teilzeitbeschäftigung während der Karenz
DTM	Elternzeit	ATM	Elternkarenz; Elternkarenzurlaub; Familienpause
DTM	Elternzeit	ATM	Karenz; Mutterschaftskarenz; Karenzurlaub
DTM	Elternzeit	ATM	Väterkarenz
DTM	Elternzeit; Erziehungsurlaub	ATM	Karenzurlaub; Karenz; Beurlaubung gegen Entfall der Bezüge
DTM	Empfangsbekenntnis	ATM	Zustellnachweis (2); Zustellschein; Rückschein
DTM	Enquete-Kommission	ATM	Enquete-Kommission; Untersuchungsausschuss
DTM	entgangener Gewinn	ATM	entgangener Gewinn
DTM	Entleiher/in	ATM	Beschäftiger/in
DTM	Entscheidung nach Aktenlage	ATM	unechtes Versäumungsurteil
DTM	Entschließungsantrag	ATM	Entschließungsantrag
DTM	entwürdigende Behandlung	ATM	entwürdigende Behandlung
DTM	Entziehung der Fahrerlaubnis	ATM	Entziehung der Lenkberechtigung; Führerscheinentzug; Entziehung der Lenkerberechtigung
DTM	Entziehung elektrischer Energie	ATM	Entziehung von Energie
DTM	Entziehungsanstalt	ATM	Anstalt für entwöhnungsbedürftige Rechtsbrecher
DTM	enumerative Aufzählung	ATM	taxative Aufzählung
DTM	Erbbauberechtigte/r	ATM	Bauberechtigte/r
DTM	Erbbaurecht	ATM	Baurecht
DTM	Erbbauzins	ATM	Bauzins
DTM	Erbeinsetzung	ATM	Erbseinsetzung; Erbeinsetzung
DTM	Erbprätendent	ATM	Erbansprecher; Erbprätendent
DTM	Erbschaftsklage	ATM	Erbschaftsklage
DTM	Erbschein	ATM	Einantwortungsurkunde
DTM	Erbschein	ATM	Einantwortungsbeschluss
DTM	Erbscheinsverfahren	ATM	Abhandlungsverfahren; Verlassenschaftsverfahren
DTM	Erbscheinsverfahren; Nachlassverfahren	ATM	Verlassenschaftsabhandlung
DTM	Erfassung	ATM	Ergänzung
DTM	Erfrischungsgeld	ATM	FEHLT
DTM	Erfüllungsgarantie; Vertragserfüllungsgarantie	ATM	Erfolgszusage
DTM	Ergänzungsabgabe	ATM	Ergänzungsabgabe
DTM	Ergänzungsrichter/in	ATM	Ersatzrichter/in
DTM	erkennungsdienstliche Maßnahmen; erkennungsdienstliche Behandlung	ATM	erkennungsdienstliche Behandlung

DTM	Erklärung außerhalb der Tagesordnung	ATM	FEHLT
DTM	Erklärung über die persönlichen und wirtschaftlichen Verhältnisse	ATM	Vermögensbekenntnis; Vermögenserklärung
DTM	Erklärung zur Abstimmung	ATM	FEHLT
DTM	Erklärung zur Aussprache	ATM	tatsächliche Berichtigung
DTM	Erlass; Verzicht	ATM	Entsagung; Verzicht; Erlass; Schulderlass
DTM	Erlasse; Verwaltungsvorschrift; Runderlass; Richtlinie	ATM	Erlässe; Verwaltungsverordnung; Weisung
DTM	erlaubnispflichtiges Gewerbe; genehmigungspflichtiges Gewerbe	ATM	gebundenes Gewerbe; reglementiertes Gewerbe
DTM	erlaubnispflichtiges Gewerbe; Gewerbe, das einer besonderen Genehmigung bedarf; zulassungspflichtiges Handwerk	ATM	reglementiertes Gewerbe; gebundenes Gewerbe
DTM	Ermittlung; Fahndung	ATM	Ausforschung; Ermittlung; Fahndung
DTM	Ermittlungsgrundsatz; Inquisitionsprinzip; Untersuchungsgrundsatz	ATM	materielle Wahrheitsforschung
DTM	Ermittlungsrichter/in	ATM	Untersuchungsrichter/in
DTM	Ernennung auf Lebenszeit; Verbeamtung	ATM	Definitivstellung; definitives Dienstverhältnis; Pragmatisierung
DTM	Eröffnungsantrag	ATM	Antrag auf Eröffnung eines Insolvenzverfahrens
DTM	erpresserischer Menschenraub	ATM	erpresserische Entführung
DTM	Ersatz sonstiger Aufwendungen	ATM	Ersatz von Aufwendungen auf eine Wohnung; Ablöse
DTM	Ersatzerbe	ATM	gemeine Substitution; Ersatzerbschaft; Nacherbschaft
DTM	Ersatzerbfolge; Ersatzerbeinsetzung, Ersatzerbschaft	ATM	Vulgarsubstitution; Ersatzerbschaft; gemeine Substitution
DTM	Ersatzzustellung durch Niederlegung	ATM	Hinterlegung
DTM	Ersatzzwangshaft; Zwangshaft; Erzwingungshaft; Ersatzfreiheitsstrafe	ATM	Ersatzfreiheitsstrafe
DTM	Erschließung	ATM	Aufschließung
DTM	Erschließungsbeitrag	ATM	Aufschließungsbeitrag
DTM	Erschließungsgebiet	ATM	Aufschließungsgebiet
DTM	Erstattung des Aufstockungsbetrags für Arbeitgeber	ATM	Altersteilzeitgeld (2)
DTM	Erstattung nach dem Aufwendungsausgleichsgesetz für Arbeitgeberaufwendungen	ATM	Entgeltfortzahlungs-Zuschuss
DTM	Erwerb der deutschen Staatsangehörigkeit durch Geburt	ATM	Erwerb der Staatsbürgerschaft durch Legitimation; Erwerb der Staatsbürgerschaft durch Geburt
DTM	Erwerb durch Einigung und Eintragung; Eintragung ins Grundbuch	ATM	Intabulation (2); Eintragung ins Grundbuch; Einverleibung
DTM	Erwerb durch Einigung und Eintragung; Übereignung unbeweglicher Sachen; Eigentumsübertragung an einem Grundstück	ATM	Buchbesitz; Tabularbesitz
DTM	Erziehungsgeld; Elterngeld; Bundeserziehungsgeld; Landeserziehungsgeld	ATM	Karenzurlaubsgeld; Karenzgeld

DTM	Erziehungsmaßregeln	ATM	FEHLT
DTM	Etatmittel (der Behörde); Budgetmittel	ATM	Amtsverlag; Budget
DTM	Externen-Abiturprüfung	ATM	Externistenreifeprüfung
DTM	Fähigkeit, sich selbst zu unterhalten	ATM	Selbsterhaltungsfähigkeit
DTM	Fahnenflucht	ATM	Desertion
DTM	Fahreignung	ATM	Verkehrszuverlässigkeit
DTM	Fahreignungsregister; Fahreignungs-Bewertungssystem; Verkehrssünderkartei	ATM	Vormerksystem
DTM	Fahrerlaubnis	ATM	Lenkberechtigung; Lenkerberechtigung
DTM	Fahrerlaubnis	ATM	Lenkerberechtigung; Lenkberechtigung
DTM	Fahrerlaubnis auf Probe	ATM	Lenkberechtigung für Anfänger; Probeführerschein
DTM	Fahrerlaubnis auf Probe	ATM	Probeführerschein
DTM	Fahrerlaubnis; Führerschein	ATM	Führerschein
DTM	Fahrerlaubnisklassen	ATM	Führerscheinklassen; Lenkberechtigung für die Klasse x
DTM	Fahrerlaubnisprüfung	ATM	Fahrprüfung; Führerscheinprüfung
DTM	fahrlässige Brandstiftung	ATM	fahrlässige Herbeiführung einer Feuersbrunst
DTM	fahrlässige Tötung	ATM	fahrlässige Tötung unter besonders gefährlichen Verhältnissen
DTM	fahrlässiger Bankrott	ATM	grob fahrlässige Beeinträchtigung von Gläubigerinteressen
DTM	Fahrlehrer bei der Bundeswehr; Ausbildungsfahrlehrer	ATM	Heeresfahrschullehrer; Heeresfahrlehrer; Heeresfahrlehrpersonal
DTM	Fahrzeughalter	ATM	Zulassungsbesitzer; Fahrzeughalter
DTM	Fälligkeitsklausel	ATM	Terminsverlust
DTM	falsche uneidliche Aussage	ATM	falsche Beweisaussage
DTM	falsches Filet; Schaufelstück; Schulterfilet	ATM	mageres Meisel
DTM	Falschlieferung; Aliud	ATM	Anderslieferung; Aliudlieferung, Falschlieferung
DTM	familienbedingte Teilzeit; familienbedingte Beurlaubung	ATM	Elternteilzeit; Teilzeitkarenz; Teilzeitbeschäftigung
DTM	Familiengericht; Vormundschaftsgericht (alt)	ATM	Pflegschaftsgericht; Vormundschaftsgericht (alt)
DTM	Familienleistungsausgleich	ATM	Familienlastenausgleich
DTM	Faustpfand	ATM	Handpfand; Faustpfand
DTM	Faustpfand	ATM	Pfand in enger Bedeutung; Faustpfand, Handpfand
DTM	federführender Ausschuss	ATM	FEHLT
DTM	Fehlbetrag; Defizit	ATM	Abgang; Defizit
DTM	Fehlrippenkamm; Halsgrad	ATM	hinteres Ausgelöstes
DTM	Feldsalat	ATM	Rapunzel; Vogerlsalat
DTM	Ferienarbeit	ATM	Ferialarbeit
DTM	Festnahme; Verhaftung	ATM	Verhaftung; Festnahme
DTM	Filet; Lende; Schlachtbraten	ATM	Lungenbraten; Filet
DTM	Firmentarifvertrag	ATM	Firmenkollektivvertrag
DTM	Flächennutzungsplan	ATM	Flächenwidmungsplan
DTM	Flurbereinigung	ATM	Arrondierung

DTM	Flurbereinigung; Bodenreform	ATM	Kommassierung; Flurbereinigung; Arrondierung
DTM	Flurbereinigung; Umlegung	ATM	Zusammenlegung; Kommassierung; Flurbereinigung
DTM	Flurstück; Parzelle	ATM	Grundstücke; Parzelle
DTM	Flurstücksnummer	ATM	Grundstücksnummer
DTM	Forderungen der Insolvenzgläubiger	ATM	Insolvenzforderungen
DTM	förderungswürdige Leistung	ATM	förderungswürdige Leistung; Subvention
DTM	Formular	ATM	Drucksorte
DTM	Frachtführer; Transportunternehmer	ATM	Frächter; Frachtführer; Transportunternehmer
DTM	Fraktion	ATM	Klub; Parlamentsklub
DTM	Fraktion	ATM	Parlamentarischer Klub; Parlamentsklub, Fraktion
DTM	Fraktionsvorsitzende/r	ATM	Klubobmann / Klubobfrau
DTM	Fraktionszwang; Fraktionsdisziplin	ATM	Klubzwang
DTM	Freibetrag	ATM	Absetzbetrag
DTM	freie/r Mitarbeiter/in; Scheinselbstständige; freie/r Arbeitnehmer/in	ATM	freie/r Dienstnehmer/in
DTM	freihändiger Verkauf	ATM	Freihandverkauf; Verkauf aus freier Hand
DTM	freihändiger Verkauf	ATM	Verkauf aus freier Hand; Freihandverkauf; freihändiger Verkauf
DTM	Freiheitsberaubung	ATM	Freiheitsentziehung; Freiheitsberaubung
DTM	freiheitsentziehende Maßregeln der Besserung und Sicherung; Maßregelvollzug	ATM	mit Freiheitsentziehung verbundene vorbeugende Maßnahmen; Maßnahmenvollzug; vorbeugende Maßnahmen
DTM	Freilassung	ATM	Enthaftung; Freilassung
DTM	freiwillige Gerichtsbarkeit	ATM	Außerstreitverfahren; Verfahren außer Streitsachen
DTM	freiwillige Gerichtsbarkeit	ATM	Verfahren außer Streitsachen; Außerstreitverfahren
DTM	Freizeitarrest	ATM	FEHLT
DTM	fristlose Kündigung (seitens des Arbeitnehmers)	ATM	vorzeitiger Austritt (seitens des Arbeitnehmers)
DTM	fristlose Kündigung aus wichtigem Grund	ATM	Entlassung; fristlose Entlassung
DTM	früher erster Termin	ATM	vorbereitende Tagsatzung
DTM	früher erster Termin; erster Verhandlungstermin	ATM	erste Tagsatzung; vorbereitende Tagsatzung
DTM	Führungszeugnis	ATM	Leumundszeugnis; Strafregisterbescheinigung; früher auch: Leumundsnote, Führungszeugnis
DTM	Führungszeugnis	ATM	Strafregisterbescheinigung; früher auch: Leumundszeugnis; Führungszeugnis; Leumundsnote
DTM	Führungszeugnis für Behörden	ATM	Strafregisterauskunft
DTM	Führungszeugnis; Strafregisterauszug	ATM	Leumundsnote; Strafregisterbescheinigung
DTM	Fünf-Tage-Woche für Jugendliche	ATM	Wochenfreizeit für Jugendliche
DTM	Fußgängerüberweg; „Zebrastreifen"	ATM	Schutzweg; „Zebrastreifen"
DTM	Gebäudehaftung	ATM	Bauwerkehaftung
DTM	gebührenfreier Schulbesuch	ATM	Schulgeldfreiheit; unentgeltlicher Schulbesuch
DTM	Geburtsname der Mutter; Familienname	ATM	Geschlechtsname der Mutter; Familienname

	der Mutter		der Mutter; Mädchenname der Mutter
DTM	gefährliche Körperverletzung	ATM	schwere Körperverletzung (1)
DTM	Gegenstände des ehelichen Haushalts; Haushaltsgegenstände; Hausrat	ATM	eheliches Gebrauchsvermögen
DTM	geheime Verschlusssachen	ATM	geheime Verschlusssachen
DTM	Gehilfe / Gehilfin	ATM	Beitragstäter/in (2)
DTM	Gehorsamsverweigerung	ATM	Ungehorsam
DTM	Gehweg; Bürgersteig	ATM	Gehsteig; Gehweg
DTM	Geld- und Wertzeichenfälschung	ATM	strafbare Handlungen gegen die Sicherheit des Verkehrs mit Geld, Wertpapieren, Wertzeichen und unbaren Zahlungsmitteln
DTM	Geldbuße; Bußgeld	ATM	Bußgeld; Organstrafverfügung
DTM	Geldwäsche	ATM	Geldwäscherei
DTM	Gelenkfahrzeug	ATM	Gelenkkraftfahrzeug
DTM	GEMA	ATM	AKM
DTM	Gemeindeeinwohner/in; Gemeindebürger/in	ATM	Gemeindebewohner/in; Gemeindebürger/in
DTM	Gemeindevertretung; Stadtverordnetenversammlung; Gemeinderat	ATM	Gemeinderat; Gemeindevertretung
DTM	gemeingefährliche Straftaten; gemeine Gefahr; Gefährdung von Leib oder Leben eines anderen oder fremder Sachen von bedeutendem Wert	ATM	vorsätzliche Gemeingefährdung
DTM	Gemeinsamer Ausschuss	ATM	Ständiger Unterausschuss (des Hauptausschusses des Nationalrats)
DTM	gemeinsamer Familienname; Ehename	ATM	Familienname (2)
DTM	gemeinschädliche Sachbeschädigung	ATM	schwere Sachbeschädigung
DTM	Gemeinschaft der Wohnungseigentümer	ATM	Eigentümergemeinschaft
DTM	Gemeinschaft zur gesamten Hand; Gesamthandgemeinschaft	ATM	Gesamthandgläubigerschaft
DTM	gemeinschaftliche elterliche Sorge; gemeinsames Sorgerecht	ATM	gemeinsame Obsorge
DTM	gemeinschaftliche Schuld; Schuldnergemeinschaft	ATM	Gesamthandschuld
DTM	gemeinschaftliches Eigentum	ATM	allgemeine Teile der Liegenschaft
DTM	gemeinschaftliches Vermächtnis	ATM	Mitvermächtnis
DTM	Generalbundesanwalt	ATM	Generalprokurator
DTM	Generalbundesanwalt	ATM	Leiter der Generalprokuratur
DTM	Generalstaatsanwalt/-anwältin	ATM	Oberstaatsanwalt/-anwältin
DTM	Gericht erster Instanz	ATM	Gerichtshöfe erster Instanz
DTM	gerichtliche Bestimmung der Zuständigkeit; Delegation	ATM	Delegation
DTM	gerichtliche Fristsetzung	ATM	Fristsetzungsantrag (2)
DTM	Gerichtsbezirk	ATM	Gerichtssprengel; Sprengel; Gerichtsbezirk
DTM	Gerichtsbezirk; Bezirk	ATM	Sprengel (1)
DTM	Gerichtshof	ATM	Gerichtshof
DTM	Gerichtsstand des Erfüllungsorts; Leistungsort; Erfüllungsort	ATM	Fakturengerichtsstand; Gerichtsstand des Erfüllungsortes
DTM	Gerichtsstand des Vermögens und des	ATM	Vermögensgerichtsstand; Gerichtsstand des

	Gegenstands; Vermögensgerichtsstand		Vermögens
DTM	Gerichtsstandvereinbarung	ATM	Zuständigkeitsvereinbarung; Prorogation; Gerichtsstandsvereinbarung
DTM	Gerichtsverfassungsgesetz; GVG	ATM	Jurisdiktionsnorm; JN
DTM	Gerichtsvollzieher	ATM	Exekutor (1); Gerichtsvollzieher; Vollzugsbeamter
DTM	Gesamtbetriebsrat	ATM	Zentralbetriebsrat
DTM	Gesamthypothek	ATM	Simultanhypothek
DTM	Gesamtrechtsnachfolger	ATM	Universalsukzessor; Gesamtrechtsnachfolger
DTM	Geschäftsfähigkeit	ATM	Eigenberechtigung; Geschäftsfähigkeit; Volljährigkeit
DTM	Geschäftsordnung des Deutschen Bundestages; BTGO 1980	ATM	Geschäftsordnungsgesetz des Nationalrates; GOG-NR
DTM	Geschäftsordnungsantrag	ATM	Antrag zur Geschäftsbehandlung; Geschäftsordnungsantrag
DTM	Geschmacksmustergesetz; GeschmMG	ATM	Musterschutzgesetz; MuSchG
DTM	Gesetz über die Zwangsversteigerung und Zwangsverwaltung; Zwangsversteigerungsgesetz; ZVG	ATM	Exekutionsordnung; EO
DTM	Gesetz über Ordnungswidrigkeiten; OWiG	ATM	Verwaltungsstrafgesetz; VStG
DTM	Gesetz- und Verordnungsblatt	ATM	Landesgesetzblatt
DTM	Gesetzesvorlage der Bundesregierung; Vorlage der Bundesregierung	ATM	Regierungsvorlage; Vorlage der Bundesregierung
DTM	Gesetzgebungsnotstand	ATM	Notverordnungsrecht
DTM	gesetzliche Rentenversicherung	ATM	Pensionsversicherung
DTM	gesetzlicher Forderungsübergang; Legalzession	ATM	gesetzliche Zession; Legalzession
DTM	gesetzliches Erbrecht des Fiskus; Staatserbrecht	ATM	Kaduzität; Heimfallsrecht
DTM	gesetzliches Erbrecht des Staates (Fiskus); Staatserbrecht	ATM	Heimfallsrecht; Heimfallrecht; Kaduzität
DTM	Gesuch	ATM	Ansuchen
DTM	Gewaltenteilung; Funktionentrennung	ATM	Gewaltentrennung
DTM	Gewerbeaufsichtsbehörde; Gewerbeaufsicht	ATM	Arbeitsinspektorat
DTM	Gewerbesteuer	ATM	Kommunalsteuer; früher: Gewerbesteuer
DTM	Gewerbesteuer	ATM	Kommunalsteuer; Körperschaftssteuer
DTM	Gewerbezentralregister	ATM	Zentrales Gewerberegister
DTM	Gewerbezulassung	ATM	Gewerbeberechtigung
DTM	Gewerbsmäßigkeit	ATM	Gewerbsmäßigkeit
DTM	Gläubigerbegünstigung	ATM	Begünstigung eines Gläubigers; Gläubigerbevorzugung; Gläubigerbegünstigung
DTM	Gratifikation; Sonderzahlung	ATM	Remuneration; Sonderzahlung
DTM	Große Anfrage	ATM	schriftliche Anfrage
DTM	Große Anfrage; Eilantrag	ATM	Dringlicher Antrag
DTM	Große Jugendkammer	ATM	FEHLT
DTM	Große Strafkammer des Landgerichts; Schwurgericht	ATM	Geschworenengericht
DTM	Großer Senat	ATM	verstärkter Senat

DTM	Grundbuchblatt	ATM	Einlage; Grundbuchseinlage
DTM	Grundbuchblatt	ATM	Grundbuchseinlage; Grundbuchskörper
DTM	Grundbuchsbezirk; Katasterbezirk; Gemarkung	ATM	Katastralgemeinde
DTM	Grunddienstbarkeit	ATM	Buchservitut; ruhende Dienstbarkeit
DTM	Grunddienstbarkeit	ATM	Prädialservitut; Realservitut; Grunddienstbarkeit
DTM	Grunddienstbarkeit; Prädialservitut	ATM	Realservitut; Prädialservitut; Grunddienstbarkeit
DTM	Grundfläche	ATM	Nutzfläche
DTM	Grundgesetz; GG	ATM	Bundesverfassungsgesetz; B-VG
DTM	Grundschule	ATM	Volksschule (1)
DTM	Grundwehrdienstleistende/r; Rekrut/in	ATM	Präsenzdiener/in; Wehrpflichtige; Grundwehrdiener/in
DTM	Grünkohl	ATM	Krauskohl
DTM	Haftung für den Verrichtungsgehilfen	ATM	Haftung für Besorgungsgehilfen
DTM	Halsteil	ATM	fettes Meisel
DTM	Hammelsprung	ATM	FEHLT
DTM	Hammelsprung	ATM	namentliche Abstimmung
DTM	Handelsgesetzbuch; HGB	ATM	Unternehmensgesetzbuch; UGB; Handelsgesetzbuch
DTM	Handelsgewerbe	ATM	Unternehmen
DTM	Handelsregister	ATM	Firmenbuch
DTM	Handelsvertreter/in	ATM	Handelsagent/in
DTM	Handlungsfähigkeit	ATM	Handlungsfähigkeit
DTM	Hauptuntersuchung	ATM	wiederkehrende Begutachtung
DTM	Hauptwohnung; Hauptwohnsitz	ATM	Hauptwohnsitz
DTM	Haushaltsausschuss des Deutschen Bundestages	ATM	Budgetausschuss des Nationalrates
DTM	Haushaltsgesetz	ATM	Bundesfinanzgesetz
DTM	Haushaltsplan	ATM	Bundesvoranschlag
DTM	Haushaltsplan; Haushalts- und Wirtschaftsführung; Bundeshaushaltsplan; Bundesbudget	ATM	Gebarung; Finanzgebarung; finanzielle Gebarung
DTM	Hausratsversicherung; Haushaltsversicherung	ATM	Haushaltsversicherung
DTM	Hauswart; Hausmeister/in	ATM	Hausbesorger/in; Hauswart; Hausmeister/in
DTM	Hehlerei	ATM	eigennützige Hehlerei
DTM	Hehlerei	ATM	fremdnützige Hehlerei
DTM	Hehlerei	ATM	Hehlerei
DTM	Heiratsbuch	ATM	Ehebuch
DTM	Heranwachsende	ATM	junge Erwachsene
DTM	Herausgabeklage	ATM	Eigentumsklage; *rei vindicatio*
DTM	Herbstrübe	ATM	Stoppelrübe
DTM	herrenlose Sache	ATM	freistehende Sache; *res nullius*
DTM	Hilfsantrag; Eventualantrag	ATM	Eventualbegehren
DTM	Hinterbliebenenrente	ATM	Hinterbliebenenpension
DTM	Hinterhesse	ATM	hinterer Wadschinken

DTM	Hinterlegung	ATM	gerichtliche Hinterlegung der Schuld
DTM	Hinterlegung	ATM	gerichtlicher Erlag
DTM	Hinterlegung	ATM	Hinterlegung bei Gericht
DTM	Hochrippe; Rundes Roastbeef, Hochrücken, Beinried	ATM	Rostbraten; Ried
DTM	Hochrippendeckel	ATM	Rieddeckel
DTM	Hochrippenherz	ATM	Rose; Niederer Grat
DTM	Hof	ATM	Erbhof
DTM	Höfeordnung; HöfeO	ATM	Anerbengesetz; AnerbenG
DTM	Hoferbe / Hoferbin	ATM	Anerbe / Anerbin
DTM	Hoffnungskauf	ATM	Glücksvertrag
DTM	Hüftdeckel; Blume, Rosenspitz, Kaiserstück	ATM	Tafelspitz; Lange Seite
DTM	Hüfte; Flanke	ATM	Hüferscherzel; Hüferl
DTM	im Fall der Uneinbringlichkeit; uneinbringliche Geldstrafe, Uneinbringlichkeit des Zwangsgeldes	ATM	im Nichteinbringungsfall; uneinbringlich, nicht einbringlich
DTM	Immunität	ATM	Immunität
DTM	in Streit befangene Sache	ATM	in Streit verfangene Sache; Streitsache
DTM	Indexmiete	ATM	Wertsicherung (der Miete); Valorisierung
DTM	Inhaltsirrtum	ATM	Geschäftsirrtums ieS (über den Inhalt des RG); Inhaltsirrtum
DTM	Inländer/innen; Deviseninländer/innen, Gebietsansässige (alte Ausdrücke, die im Gesetz nicht mehr vorkommen)	ATM	Deviseninländer/innen
DTM	Innungskrankenkassen	ATM	Gewerbliche Selbständigen-Kranken- und Pensionsversicherung
DTM	Insolvenzbekanntmachung; Bekanntmachung	ATM	Insolvenzdatei; Ediktdatei
DTM	Insolvenzbekanntmachung; Bekanntmachung	ATM	Ediktsdatei; Insolvenzdatei
DTM	Insolvenzgeld	ATM	Insolvenz-Entgelt; Insolvenz-Ausfallgeld
DTM	Insolvenzgericht	ATM	Insolvenzgericht
DTM	Insolvenzmasse; erfasstes Vermögen	ATM	Insolvenzvermögen
DTM	Insolvenzplan	ATM	Sanierungsplan
DTM	Insolvenzverfahren	ATM	Insolvenzverfahren; Sanierungsverfahren, Konkursverfahren
DTM	Insolvenzverfahren	ATM	Konkursverfahren
DTM	Insolvenzverfahren	ATM	Sanierungsverfahren
DTM	Instandhaltungsrückstellung	ATM	Rücklage
DTM	Irrtum über Tatumstände; Tatbestandsirrtum	ATM	Tatsachenirrtum
DTM	Jagdschein	ATM	Jagdkarte
DTM	Jagdwilderei und Fischwilderei	ATM	Eingriff in fremdes Jagd- oder Fischereirecht
DTM	Jägerprüfung	ATM	Jagdprüfung
DTM	Jugend- und Auszubildendenversammlung	ATM	Jugendversammlung
DTM	Jugend- und Auszubildendenvertretung; JAV	ATM	Zentraljugendvertrauensrat; Zentralbetriebsrat, Jugendversammlung, Jugendvertretung

DTM	Jugend- und Auszubildendenvertretung; JAV	ATM	Jugendvertrauensrat
DTM	Jugendamt	ATM	Kinder- und Jugendhilfeträger
DTM	Jugendarrest	ATM	FEHLT
DTM	Jugendarrestanstalt	ATM	Justizanstalt für Jugendliche Gerasdorf
DTM	Jugendgericht	ATM	FEHLT
DTM	Jugendhilfe	ATM	Kinder- und Jugendhilfe
DTM	Jugendliche	ATM	Jugendliche (1)
DTM	Jugendrichter/in	ATM	Richter/in des Jugendgerichtshofes
DTM	Jugendschöffengericht	ATM	Schöffengericht in Jugendstrafsachen
DTM	Jugendstaatsanwalt/-anwältin	ATM	FEHLT
DTM	Jugendstrafe	ATM	FEHLT
DTM	junge Menschen; junge Volljährige	ATM	Jugendliche (2)
DTM	Jura; Rechtswissenschaft(en)	ATM	Jus; Rechtswissenschaft(en)
DTM	Juris; Gesetze im Internet	ATM	RIS; Rechtsinformationssystem des Bundes
DTM	Justizvollzugsanstalt	ATM	Justizanstalt
DTM	Justizvollzugsanstalt; Gefängnis	ATM	Justizanstalt; Gefängnis
DTM	Justizvollzugsbeamter/-beamtin; Beamter/Beamtin im allgemeinen Vollzugsdienst	ATM	Justizwachebeamter/-beamtin; Justizwachebedienstete
DTM	Justizvollzugsfachwirt/in	ATM	FEHLT
DTM	Kaltscharrraum	ATM	Außenscharrraum
DTM	Kammbraten	ATM	Schopfbraten
DTM	Kammer für Angelegenheiten der Sozialversicherung usw. (beim Sozialgericht)	ATM	Senat des Landesgerichts (für Arbeits- und Sozialrechtssachen)
DTM	Kammer für Handelssachen; Handelsgericht	ATM	Handelsgericht
DTM	Katasterplan	ATM	Grenzkataster
DTM	Kaufmann / Kauffrau	ATM	Unternehmer/in
DTM	Kaution; Sicherheit	ATM	Kaution (1); Sicherheitsleistung
DTM	Keimtheorie	ATM	Vermutung der Mangelhaftigkeit; Gewährleistungsrecht
DTM	Keule; Schlegel	ATM	Schlögel; Schinken
DTM	Kind	ATM	Unmündige/r; mündige/r Minderjährige/r
DTM	Kinderfreibetrag	ATM	Kinderfreibetrag
DTM	Kindergeld	ATM	Familienbeihilfe; Kinderbetreuungsgeld, Kindergeld
DTM	Kinderzuschlag	ATM	Mehrkindzuschlag
DTM	Kinderzuschlag	ATM	Zuschuss zum Kinderbetreuungsgeld
DTM	Klage gegen Vollstreckungsklausel; Klauselgegenklage	ATM	Impugnationsklage; Vollstreckungsbekämpfungsklage
DTM	Klage gegen Vollstreckungsklausel; Klauselgegenklage	ATM	Vollstreckungsbekämpfungsklage; Impugnationsklage
DTM	Klage; Anklage	ATM	Anklage
DTM	Klageänderung	ATM	Klagsänderung
DTM	Klageantrag	ATM	Klagebegehren
DTM	Klagebefugnis; Rechtszuständigkeit	ATM	Klagslegitimation (1); Klagebefugnis
DTM	Klagebegründung	ATM	Klagserzählung

DTM	Klageerwiderung	ATM	Klagebeantwortung; Beantwortung der Klage
DTM	Klageerzwingungsverfahren	ATM	Subsidiaranklage
DTM	Klagerücknahme	ATM	Klagsrücknahme; Klagsrückziehung
DTM	Klagerücknahme	ATM	Klagsrückziehung; Klagsrücknahme, Klage-rücknahme
DTM	Klassenlehrer/in; Klassenleiter/in	ATM	Klassenlehrer/in
DTM	Klassenlehrer/in; Klassenleiter/in, Klass-leiter/in, Kollegstufenleiter/in	ATM	Klassenvorstand/-vorständin; Klassenleh-rer/in, Jahrgangsvorstand/-vorständin
DTM	Klassenleiter/in; Kollegstufenleiter/in	ATM	Jahrgangsvorstand/-vorständin; Klassenvor-stand/-vorständin
DTM	Klassenschülerhöchstzahl	ATM	Richtwert (1); Klassenschülerhöchstzahl
DTM	Kleine Jugendkammer	ATM	FEHLT
DTM	kleiner Lauschangriff	ATM	kleiner Späh- und Lauschangriff
DTM	Kleinkraftrad	ATM	Kleinmotorrad
DTM	Kommerzienrat/-rätin	ATM	Kommerzialrat/-rätin; KommR
DTM	Kompetenz-Kompetenz; Richtlinienkom-petenz	ATM	Adhäsionskompetenz
DTM	Konfusion	ATM	Vereinigung; Konfusion
DTM	konkurrierende Gesetzgebung	ATM	Generalklausel zugunsten der Länder
DTM	Kontrahierungszwang; Abschlusszwang	ATM	Vertragszwang; Kontrahierungszwang
DTM	Konzernbetriebsrat	ATM	Konzernvertretung
DTM	Körperverletzung mit Todesfolge	ATM	Körperverletzung mit tödlichem Ausgang
DTM	Kraftfahrer/in der Bundeswehr	ATM	Heereskraftfahrer/in
DTM	Kraftomnibus	ATM	Omnibus
DTM	Krankenhäuser	ATM	Allgemeine Krankenanstalten (1)
DTM	Krankenhäuser	ATM	Krankenanstalten (Heil- und Pflegeanstalten)
DTM	Krankenversichertenkarte; elektronische Gesundheitskarte, Krankenversiche-rungskarte, KV-Karte, KVK	ATM	e-card; Sozialversicherungskarte, SV-Chipkarte
DTM	Krankenversichertenkarte; Krankenversi-cherungskarte, KV-Karte, KVK	ATM	Sozialversicherungskarte; e-card, SV-Chipkarte
DTM	Krankenversichertenkarte; Krankenversi-cherungskarte, KV-Karte, KVK	ATM	SV-Chipkarte; e-card, Sozialversicherungskar-te
DTM	Kreditfinanzierungsplan	ATM	Geldfluss aus der Finanzierungstätigkeit
DTM	kreisfreie Stadt; Stadtkreis	ATM	Stadt mit eigenem Statut; Statutarstadt
DTM	kreisfreie Stadt; Stadtkreis	ATM	Statutarstadt; Stadt mit eigenem Statut
DTM	Kreisgericht; Amtsgericht	ATM	Kreisgericht
DTM	Kreisverwaltungsbehörde; Landratsamt, Kreishaus, Kreisverwaltung	ATM	Bezirksverwaltungsbehörde; Bezirkshaupt-mannschaft
DTM	Kreisverwaltungsbehörde; Landratsamt, Kreisverwaltung, Kreishaus	ATM	Bezirkshauptmannschaft (2); Bezirksverwal-tungsbehörde
DTM	Kreiswahlausschuss	ATM	Bezirkswahlbehörde
DTM	Kreiswahlleiter/in	ATM	Bezirkswahlleiter/in
DTM	Kreiswahlvorschlag	ATM	Landeswahlvorschlag; Regionalparteiliste
DTM	Kreiswahlvorschlag	ATM	Regionalparteiliste
DTM	Kreiswehrersatzamt	ATM	Stellungskommission
DTM	Kriegsdienstverweigerer	ATM	Wehrdienstverweigerer; Zivildiener
DTM	Kriegsdienstverweigerer; Zivildiener	ATM	Zivildienstpflichtiger; Zivildiener

DTM	Kugel; Blume, Rose	ATM	Nuss; Zapfen
DTM	Kugeldeckel	ATM	Nussdeckel
DTM	Kurzarbeitergeld	ATM	Kurzarbeitsbeihilfe
DTM	Ladung durch öffentliche Bekanntmachung	ATM	Ediktalladung
DTM	Landesarbeitsgericht	ATM	Oberlandesgericht als Arbeits- und Sozialgericht
DTM	Landesausschuss für Jugendarbeitsschutz	ATM	FEHLT
DTM	Landesdenkmalamt	ATM	Bundesdenkmalamt; BDA
DTM	Landesgericht; Gerichte der Länder (meist Plural)	ATM	Landesgericht (2); LG
DTM	Landesminister/in; Staatsminister/in, Senator/in, Minister/in	ATM	Landesrat/-rätin
DTM	Landesplanung	ATM	örtliches Raumordnungskonzept; ÖROKO
DTM	landesverräterische Ausspähung; Auskundschaften von Staatsgeheimnissen	ATM	Ausspähung von Staatsgeheimnissen
DTM	Landeswahlleiter/in	ATM	Landeswahlleiter/in
DTM	Landgericht	ATM	Landesgericht (1)
DTM	Landkreis; Kreis	ATM	politischer Bezirk (1); Bezirk
DTM	Landrat; Landrätin, Landratsamt	ATM	Bezirkshauptmann; Bezirkshauptfrau, BH
DTM	Landrätin; Landrat, Landratsamt	ATM	Bezirkshauptfrau; Bezirkshauptmann, BH
DTM	Landratsamt; Kreishaus, Kreisverwaltung, Kreisverwaltungsbehörde	ATM	Bezirkshauptmannschaft (1); Bezirksverwaltungsbehörde
DTM	Landtag; Abgeordnetenhaus, Bürgerschaft	ATM	Landtag
DTM	Lappen	ATM	Wammerl wie gewachsen
DTM	Lappen; Dünnung	ATM	Platte
DTM	Lastenzuschuss	ATM	Wohnbeihilfe (3)
DTM	Legitimation durch Verfügung des Vormundschaftsgerichts auf Antrag des Vaters; Ehelicherklärung	ATM	Legitimation durch Erklärung des Bundespräsidenten; Ehelicherklärung durch den Bundespräsidenten, *legitimatio per rescriptum principis*
DTM	Leichenschau	ATM	Leichenbeschau; Totenbeschau
DTM	Leichenschau	ATM	Totenbeschau; Leichenbeschau
DTM	leichtfertige Abgabenverkürzung	ATM	fahrlässige Abgabenverkürzung
DTM	leichtfertiges Nichtbefolgen eines Befehls	ATM	fahrlässige Nichtbefolgung von Befehlen
DTM	Leiter/in des Schulamts	ATM	Vorsitzende/r des Bezirksschulrates; BSR
DTM	Leitvorstellung der Raumordnung; Leitbild der Raumordnung	ATM	Österreichisches Raumordnungskonzept; ÖRK
DTM	letztwillige Verfügung; Testament, letzter Wille	ATM	Erklärung des letzten Willens; Testament
DTM	Liegenschaftskataster, das; Kataster	ATM	Grundsteuerkataster, der; Kataster, Hauptbuch des Grundbuchs
DTM	Lohnpfändung; Gehaltspfändung	ATM	Lohnexekution; Gehaltsexekution; Exekution wegen Geldforderungen
DTM	lokale Melderegister	ATM	Melderegister; Informationsverbundsystem
DTM	Lokusprinzip; Rang	ATM	Rangprinzip; Prioritätsprinzip
DTM	Löschung (im Grundbuch)	ATM	Extabulation
DTM	Löschungsbewilligung	ATM	Freilassungserklärung

DTM	Löschungsklage; Klage auf Löschung, Klage wegen Nichtigkeit	ATM	Löschungsklage
DTM	Luftfahrt-Bundesamt; LBA	ATM	Oberste Zivilluftfahrtbehörde; OZB
DTM	Magistrat; Gemeindevorstand	ATM	Magistrat; Stadtamt, Gemeindeamt
DTM	Mahnantrag	ATM	Mahnklage
DTM	Mahnbescheid	ATM	bedingter Zahlungsbefehl
DTM	Mahnverfahren	ATM	Mahnverfahren
DTM	Mängelansprüche; Gewährleistungsansprüche	ATM	Gewährleistungsansprüche
DTM	Mängelanzeige	ATM	Mängelrüge
DTM	mangelhafte Dienstaufsicht	ATM	Vernachlässigung der Obsorgepflicht
DTM	Mängelhaftung; Gewährleistung, Mängelbürgschaft, Sachmängelhaftung	ATM	Gewährleistung
DTM	Mängelrecht; Gewährleistungsrecht	ATM	Gewährleistungsrecht
DTM	Markengesetz; MarkenG	ATM	Markenschutzgesetz; MSchG
DTM	Massenverfahren	ATM	Großverfahren; Massenverfahren
DTM	Maßregeln der Besserung und Sicherung	ATM	Vollzug mit Freiheitsentziehung verbundener vorbeugender Maßnahmen
DTM	Maßregeln der Besserung und Sicherung	ATM	vorbeugende Maßnahmen; Maßnahmenvollzug
DTM	Maßregelvollzug; Maßregeln der Besserung und Sicherung; Sicherungsverwahrung	ATM	Maßnahmenvollzug; Vollzug mit Freiheitsentziehung verbundenen vorbeugenden Maßnahmen
DTM	medizinisch unterstützte Erzeugung menschlichen Lebens	ATM	medizinisch unterstützte Fortpflanzung
DTM	Mehrarbeit	ATM	Mehrdienstleistung (1)
DTM	Mehrarbeitsstunden	ATM	Mehrarbeitsstunden
DTM	Meistgebot	ATM	Meistbot
DTM	Meldebescheinigung; Meldebestätigung	ATM	Meldebestätigung (aus dem zentralen Melderegister); Bestätigung der Meldung
DTM	Melderegisterauskunft	ATM	Meldeauskunft
DTM	Meuterei	ATM	Meuterei
DTM	Miet- oder Pachtzins; Miete	ATM	Bestandzins
DTM	Miete	ATM	Mietzins
DTM	Mieterhöhung bis zur ortsüblichen Vergleichsmiete	ATM	FEHLT
DTM	Mieterhöhung nach Modernisierungsmaßnahmen	ATM	Erhöhung des Hauptmietzinses
DTM	Mieterhöhungsverlangen	ATM	Anhebungsbegehren
DTM	Mietkaution	ATM	Kaution (3)
DTM	Mietminderung bei Sach- und Rechtsmängeln	ATM	Erlassung des Zinses
DTM	Mietsache	ATM	Mietgegenstände
DTM	Mietzuschuss	ATM	Wohnbeihilfe (2)
DTM	militärischer Abschirmdiens; MAD	ATM	Abwehramt; AbwA, Inlandsnachrichtendienst
DTM	minder schwerer Fall des Totschlags	ATM	Totschlag (2)
DTM	Minderung	ATM	Preisminderung
DTM	Mindestgebot	ATM	geringstes Gebot

DTM	Ministerialrat; Parlamentsrat	ATM	Hofrat; HR (Kurzbez.)
DTM	Ministerkonferenz für Raumordnung; MKRO	ATM	Österreichische Raumordnungskonferenz; ÖROK
DTM	Ministerpräsident/in	ATM	Landeshauptmann / Landeshauptfrau; LH
DTM	Ministerpräsidentenkonferenz; MPK	ATM	Landeshauptleutekonferenz
DTM	Missbrauch der Befehlsbefugnis zu unzulässigen Zwecken	ATM	Missbrauch der Dienststellung
DTM	Missbrauch von Titeln, Berufsbezeichnungen und Abzeichen	ATM	missbräuchliche Verwendung des militärischen Hoheitszeichens
DTM	Misshandlung	ATM	Körperverletzung von Untergebenen und tätlicher Angriff auf Untergebene
DTM	Misshandlung von Schutzbefohlenen	ATM	Quälen oder Vernachlässigen unmündiger jüngerer oder wehrloser Personen
DTM	Misstrauensantrag gegen den Bundeskanzler	ATM	Misstrauensantrag
DTM	Miteigentum nach Bruchteilen; Bruchteilseigentum	ATM	Miteigentum
DTM	Mitglied des Bundestages; Abgeordnete/r des Bundestages	ATM	Nationalratsabgeordnete/r; Abgeordnete/r zum Nationalrat
DTM	Mitglied des Landtages; Mitglied der Bürgerschaft, Mitglied des Abgeordnetenhauses, Landtagsabgeordnete/r	ATM	Landtagsabgeordnete/r
DTM	Mittäter/in	ATM	Beitragstäter/in (1)
DTM	mitteilen, ankündigen	ATM	Aviso geben; Hinweis geben
DTM	Mitteilung (des Ministeriums); Verlautbarung (des Ministeriums)	ATM	Aussendung (des Ministeriums)
DTM	Mitteilungen	ATM	Verständigungen
DTM	mittelbare Benachteiligung; mittelbare Diskriminierung	ATM	mittelbare Diskriminierung
DTM	mittelbare Stellvertretung; verdeckte Stellvertetung	ATM	indirekte Stellvertretung; mittelbare Stellvertretung
DTM	mittelbarer Besitz	ATM	mittelbare Erwerbungsart des Besitzes; mittelbarer Erwerb
DTM	Mittelschule	ATM	berufsbildende mittlere Schule; mittlere Schule, Fachschule, BMS
DTM	Mittelschule; Realschule	ATM	Mittelschule; AHS, Gymnasium, BHS
DTM	Mobiliarzwangsvollstreckung; Zwangsvollstreckung in das bewegliche Vermögen	ATM	Fahrnisexekution; Mobiliarexekution, Exekution auf das bewegliche Vermögen
DTM	Modernisierungsmaßnahmen	ATM	nützliche Verbesserung durch bautechnische Maßnahmen
DTM	Molkensahne; Molkenrahm	ATM	FEHLT
DTM	mündliche Verhandlung	ATM	mündliche Streitverhandlung
DTM	Musterung; Eignungsuntersuchung, Eignungsfeststellung	ATM	Stellung; Feststellung der Eignung
DTM	Mutterschaftsgeld	ATM	Wochengeld
DTM	Nachbesserung	ATM	Verbesserung
DTM	Nacherbschaft; Erwerb von Todes wegen	ATM	fideikommissarische Substitution; Nacherbschaft
DTM	Nacherfüllung	ATM	primäre Gewährleistungsbehelfe

DTM	Nacherfüllung; Ersatzlieferung, Nachliefe-rung	ATM	Austausch
DTM	Nachlass; Erbschaft	ATM	Verlassenschaft; Erbschaft, Nachlass
DTM	Nachlassgericht	ATM	Abhandlungsgericht; Verlassenschaftsgericht
DTM	Nachlassgericht	ATM	Verlassenschaftsgericht; Abhandlungsgericht
DTM	Nachlassgläubiger/in	ATM	Verlassenschaftsgläubiger/in
DTM	Nachlassinsolvenzverfahren	ATM	Verlassenschaftsinsolvenzverfahren; Nach-lasskonkurs
DTM	Nachlasspfleger/in	ATM	Verlassenschaftskurator/in
DTM	Nachlasspfleger/in; Prozesspfleger/in	ATM	FEHLT
DTM	Nachlasspflegschaft; Sicherung des Nach-lasses	ATM	Abhandlungspflege
DTM	Nachlassverbindlichkeiten; Erbfallschul-den	ATM	Erblasserschulden; Erbgangsschulden, Erb-fallsschulden, Nachlassschulden
DTM	Nachlassverfahren	ATM	Verlassenschaftsverfahren
DTM	Nachlassverwaltung	ATM	Nachlassverwaltung
DTM	Nachlassverwaltung; Befriedigung der Nachlassgläubiger	ATM	Nachlassseparation
DTM	Nachstellung; Stalking	ATM	beharrliche Verfolgung; Stalking
DTM	Nacken; Hals, Vorderer Kamm	ATM	Hals; Tristel, Vorderes Ausgelöstes
DTM	Nebenklage	ATM	Privatbeteiligung
DTM	Nebenkläger/in	ATM	Privatbeteiligte/r
DTM	Nennwert; Nominalwert	ATM	Nominale; Nominalwert, Nennwert
DTM	Nest	ATM	Nest
DTM	nichteheliches Kind	ATM	uneheliches Kind
DTM	Nichtleistungskondiktion	ATM	Verwendungsansprüche
DTM	Niederlassungserlaubnis	ATM	Niederlassungsbewilligung
DTM	Nierenzapfen	ATM	Gratfleisch
DTM	Nierenzapfen und Saumfleisch	ATM	Kronfleisch mit Herzzapfen; Dünnes und Di-ckes Kronfleisch, Herzzapfen
DTM	Nießbrauch; Fruchtgenuss, *ususfructus*	ATM	Fruchtgenuss; Fruchtnießung, Fruchtgenuss-recht, Nießbrauch, *ususfructus*
DTM	Nießbrauch; Fruchtgenuss, *ususfructus*	ATM	Fruchtnießung; Fruchtgenussrecht
DTM	Nießbraucher	ATM	Fruchtnießer; Nießbraucher;, Usufruktuar
DTM	Nießbraucher	ATM	Usufruktuar; Fruchtnießer, Nießbraucher
DTM	Nießbrauchvermächtnis; Nießbrauch an einer Erbschaft	ATM	Fruchtgenusslegat; Fruchtgenussvermächtnis, Vermächtnis des Fruchtgenusses
DTM	Notanwalt/-anwältin	ATM	Notverteidiger/in; Dringlichkeitsverteidiger/in
DTM	Notarassessor/in	ATM	Notariatskandidat/in
DTM	Notariatsverwalter/in	ATM	Notariatssubstitut/in; Notarsubstitut/in
DTM	notarielle Fachprüfung	ATM	Notariatsprüfung
DTM	notarielle Urkunde	ATM	Notariatsurkunde; Notariatsakt
DTM	notarielle Urkunde; Notariatsakt	ATM	Notariatsakt; Notariatsurkunde
DTM	Notarkammer	ATM	Notariatskammer
DTM	Notarvertreter/in	ATM	Notarsubstitut/in; substituierende/r Notar/in
DTM	Nottestament auf See	ATM	Seetestament; Schiffstestament
DTM	Nottestament vor dem Bürgermeister; DTM	ATM	Nottestament (1); begünstigte letzte Anord-nung

DTM	notwendige Streitgenossenschaft	ATM	einheitliche Streitpartei; gebundene Streitgenossenschaft
DTM	notwendige Verteidigung; Pflichtverteidiger, Offizialverteidiger	ATM	Verteidigerzwang; Beigebung eines Verteidigers, notwendige Verteidigung
DTM	Novation; Schuldersetzung, Schuldumwandlung, Schuldumschaffung	ATM	Neuerungsvertrag; Novation, Novationsvertrag
DTM	Nutzungsart	ATM	Benützungsart
DTM	Oberschalendeckel; Schalendeckel	ATM	Schalendeckel
DTM	Oberstudienrat/-rätin	ATM	Oberstudienrat/-rätin; OStR
DTM	Offenbaren von Staatsgeheimnissen	ATM	vorsätzliche Preisgabe eines militärischen Geheimnisses
DTM	offenkundige Tatsache	ATM	notorische Tatsache; offenkundige Tatsache
DTM	Offenkundigkeitsprinzip	ATM	Offenlegungsgrundsatz
DTM	öffentlich bestellte/r Vermessungsingenieur/in; ÖbVI	ATM	Ingenieurkonsulent/in für Vermessungswesen; IKV
DTM	öffentliche Bekanntmachung	ATM	Edikt (1)
DTM	öffentliche Bekanntmachung	ATM	Edikt (2)
DTM	öffentliche Bekanntmachung	ATM	Insolvenzedikt; Ediktdatei
DTM	(öffentliche) Aufforderung zur Anmeldung der Erbrechte	ATM	Ediktalverfahren (2)
DTM	öffentlich-rechtliche Bauabnahme; behördliche Bauabnahme, Endabnahme	ATM	Kollaudierung; Benützungsbewilligung
DTM	Offerte, die; Angebot	ATM	Offert, das; Anbot, Angebot
DTM	Öffnungszeiten; Amtsstunden	ATM	Parteienverkehr; Amtsstunden, Öffnungszeiten
DTM	ohne obligo; ohne Gewähr	ATM	außer obligo; unter Ausschluss der Haftung, ohne Gewähr
DTM	Opferentschädigungsgesetz; OEG	ATM	Verbrechensopfergesetz; VOG
DTM	ordentliche Kündigung des Vermieters	ATM	Kündigung aus wichtigen Gründen
DTM	Ordnung	ATM	Linie; Parentel, gesetzliches Erbrecht der Verwandten
DTM	Ordnungsgeld	ATM	Beugestrafe
DTM	Ordnungshaft; Ersatzzwangshaft	ATM	Beugehaft; Ersatzfreiheitsstrafe
DTM	Ordnungsmittel; Zwangsmittel, Beugemittel	ATM	Beugemittel; Zwangsmittel
DTM	Ordnungsruf	ATM	Ruf zur Ordnung
DTM	Ordnungssystem; Erbenordnung	ATM	Liniensystem; Parentelensystem
DTM	Ordnungswidrigkeit	ATM	Verwaltungsübertretung
DTM	Ort der Zustellung	ATM	Abgabestelle
DTM	ortsübliche Vergleichsmiete; Grundmiete	ATM	Hauptmietzins; Kategorienbetrag
DTM	OWiG; Gesetz über Ordnungswidrigkeiten	ATM	VStG; Verwaltungsstrafgesetz
DTM	Parlamentarische/r Staatssekretär/in	ATM	Staatssekretär/in
DTM	Partei	ATM	wahlwerbende Partei; Wahlpartei
DTM	Parteivernehmung	ATM	Vernehmung der Partei; Parteienvernehmung
DTM	Parteivernehmung; Beweis durch Parteivernehmung	ATM	Parteienvernehmung; Beweis durch Vernehmung der Parteien
DTM	Parteiverrat; Prävarikation	ATM	Doppelvertretung
DTM	Patientenfürsprecher/in; Patientenom-	ATM	Patientensprecher/in; Patientenombuds-

	budsmann/-frau		mann/-frau
DTM	Person mit dem Hang, alkoholische Getränke oder andere berauschende Mittel im Übermaß zu sich zu nehmen	ATM	entwöhnungsbedürftiger Rechtsbrecher
DTM	personenbezogene Daten	ATM	Identitätsdaten
DTM	Pfandsiegel	ATM	Pfändungsmarke; Kuckuck
DTM	Pfändungsfreigrenze; Pfändungsgrenze für Arbeitseinkommen, Pfändungsfreibetrag, Existenzminimum	ATM	unpfändbarer Freibetrag; Existenzminimum
DTM	Pflegezeit	ATM	Pflegefreistellung
DTM	Pflegschaft für eine Leibesfrucht	ATM	Kurator/in für die Leibesfrucht; *curator ventris*
DTM	Pflichtfächer	ATM	Pflichtgegenstände
DTM	Pflichtteilsberechtigte/r	ATM	Noterbe/-erbin; Pflichtteilsberechtigte/r
DTM	Pflichtteilsbeschränkung	ATM	Pflichtteilsminderung
DTM	Pflichtteilsbetrag; Pflichtteilswert	ATM	Nachlasspflichtteil; gemeiner Pflichtteil
DTM	Pflichtverteidiger/in; notwendige/r Verteidiger/in	ATM	Verfahrenshilfeverteidiger/in; Vertreter von Amts wegen, Pflichtverteidiger/in
DTM	Platzverweisung	ATM	Platzverbot
DTM	politische Partei; Partei	ATM	Wahlpartei; wahlwerbende Partei, politische Partei
DTM	Polizei	ATM	Exekutive; Polizei, Wachkörper, Organe des öffentlichen Sicherheitsdienstes
DTM	Polizeibeamter/-beamtin	ATM	Exektutionsbedienstete/r
DTM	Polizeihauptwachtmeister/in	ATM	Bezirksinspektor/in
DTM	Polizeiinspektion; Polizeistation, Polizeikommissariat, Polizeirevier	ATM	Polizeiinspektion (3)
DTM	polizeiliche Maßnahmen; Polizeiverfügung	ATM	verfahrensfreier Verwaltungsakt; sofortiger Akt unmittelbarer verwaltungsbehördlicher Befehls- und Zwangsgewalt, Polizeizwang, faktische Amtshandlung,
DTM	Polizeipräsident/in	ATM	Polizeidirektor/in; Polizeipräsident/in
DTM	Polizeipräsident/in	ATM	Polizeipräsident/in
DTM	Polizeistation; Polizeikommissariat, Polizeirevier	ATM	Polizeiinspektion (1)
DTM	Polizeiverfügung	ATM	faktische Amtshandlung; Akt unmittelbarer verwaltungsbehördlicher Befehls- und Zwangsgewalt
DTM	Polizeiverfügung; Amtshandlung	ATM	Ausübung unmittelbarer Zwangsgewalt; faktische Amtshandlung, verfahrensfreier Verwaltungsakt
DTM	Polizeiverfügung; Verwaltungszwang	ATM	sofortiger Polizeizwang; Akt unmittelbarer verwaltungsbehördlicher Befehls- und Zwangsgewalt
DTM	Präambel	ATM	Promulgationsklausel; Präambel
DTM	Präsident/in des Landgerichts	ATM	Präsident/in des Landesgerichtes; Präs. LG
DTM	Präsident/in des Arbeitsgerichtes; Präsident/in des Sozialgerichtes	ATM	Präsident/in des Arbeits- und Sozialgerichtes; Präs. ASG
DTM	Präsident/in des Bundesgerichtshofes	ATM	Präsident/in des Obersten Gerichtshofes; Präs. OGH
DTM	Präsident/in des Bundesverfassungsge-	ATM	Präsident/in des Verfassungsgerichtshofes;

	richts; Präs. BVerfG		Präs. VfGH
DTM	Präsidium des Deutschen Bundestages; Bundestagspräsidium	ATM	Präsidium des Nationalrates; Nationalratspräsidium
DTM	Preisgabe von Staatsgeheimnissen	ATM	fahrlässige Preisgabe eines militärischen Geheimnisses
DTM	Pressegesetz	ATM	Mediengesetz; MedienG
DTM	privates Veräußerungsgeschäft	ATM	Spekulationsgeschäft
DTM	Privatklage	ATM	Privatanklage
DTM	Privatkläger/in	ATM	Privatankläger/in
DTM	Protokollführer/in	ATM	Schriftführer/in
DTM	Prozesskostenhilfe	ATM	Verfahrenshilfe
DTM	Prozesskostenhilfeantrag	ATM	Verfahrenshilfeantrag; Antrag auf Bewilligung der Verfahrenshilfe
DTM	Prüfplakette; TÜV-Plakette	ATM	Begutachtungsplakette; Pickerl
DTM	Prüfplakette; TÜV-Plakette	ATM	Pickerl; Begutachtungsplakette
DTM	Prüfungsamt für die notarielle Fachprüfung bei der Bundesnotarkammer	ATM	Notariatsprüfungskommission; Senat der Notariatsprüfungskommission
DTM	Prüfungstermin	ATM	Prüfungstagsatzung; Prüfungsverhandlung
DTM	Prüfungstermin	ATM	Prüfungsverhandlung; Prüfungstagsatzung
DTM	Prunkbohne	ATM	Feuerbohne
DTM	psychisch kranke/r Rechtsbrecher/in	ATM	geistig abnorme/r Rechtsbrecher/in
DTM	publizistische Grundhaltung	ATM	Blattlinie; grundlegende Richtung
DTM	publizistische Grundhaltung	ATM	grundlegende Richtung; Blattlinie
DTM	Punktation	ATM	Punktation
DTM	qualifizierte elektronische Signatur; einfaches elektronisches Zeugnis	ATM	elektronische Beurkundungssignatur
DTM	qualifizierter Mietspiegel	ATM	FEHLT
DTM	Quarantäne	ATM	Kontumaz; Quarantäne, Seuchensperre
DTM	Quarkcremen	ATM	Topfencremen
DTM	Quark-Sahnetorte	ATM	Topfen-Obers-Torte
DTM	Quasi-Hersteller	ATM	Scheinhersteller; Anscheinshersteller, Als-Ob-Hersteller
DTM	Querrippe; Blattrippe	ATM	Zwerchspitz
DTM	Querrippe; Zwerchrippe, Vordere Spannrippe	ATM	Beinfleisch; Zwerchspitz
DTM	Querschnittsgesetz; juristisches Querschnittsgebiet	ATM	Querschnittsmaterie; Weder-noch-Kompetenz
DTM	Rahmengesetz	ATM	Grundsatzgesetz
DTM	Rangverhältnis	ATM	Rangordnung
DTM	Ratenlieferungsvertrag	ATM	Ratenbrief
DTM	Raub mit Todesfolge	ATM	schwerer Raub (1)
DTM	raumbezogenes Informationssystem; Rauminformationssystem	ATM	Raumordnungs-Informationssystem
DTM	Realgewerbeberechtigung	ATM	radiziertes Gewerbe; Realgewerbe, Maria-Theresien-Konzession
DTM	Recht am eigenen Bild; Bildnisschutz	ATM	Bildnisschutz
DTM	rechtliche Betreuung	ATM	Besachwalterung
DTM	rechtliche Betreuung	ATM	Kuratel; Sachwalterschaft

DTM	rechtliche Betreuung	ATM	Sachwalterschaft; Kuratel
DTM	rechtliches Gehör	ATM	Parteiengehör
DTM	rechtmäßiger Besitz	ATM	rechtmäßiger Besitz; titulierter Besitz
DTM	Rechtsanhängigkeit; Litispendenz	ATM	Streitanhängigkeit
DTM	Rechtsantragstelle	ATM	Einlaufstelle
DTM	Rechtsanwaltsvergütung	ATM	Rechtsanwaltstarif
DTM	Rechtsanwaltsverzeichnis; Bundesweites Amtliches Anwaltsverzeichnis	ATM	Anwaltsverzeichnis
DTM	Rechtsanwaltsverzeichnis; Liste der Rechtsanwälte	ATM	Liste der Rechtsanwälte; Rechtsanwaltsliste
DTM	Rechtsbehelf	ATM	Rechtsbehelf
DTM	Rechtsbehelf	ATM	Rechtsmittel
DTM	Rechtsbehelfsbelehrung	ATM	Rechtsmittelbelehrung; Rechtsbelehrung, Manuduktionspflicht
DTM	Rechtsbeschwerde	ATM	Revisionsrekurs
DTM	Rechtskraftvermerk; Rechtskraftzeugnis	ATM	Rechtskraftstempel; Rechtskraftbestätigung
DTM	Rechtskraftzeugnis; Rechtskraftvermerk	ATM	Rechtskraftbestätigung Rechtskraftstempel; Rechtskraftvermerk
DTM	Rechtsreferendar/in	ATM	Konzipient/in
DTM	Rechtsreferendar/in	ATM	Rechtsanwaltsanwärter/in
DTM	Rechtsreferendar/in; Assessor/in	ATM	Richteramtsanwärter/in; RiAA
DTM	Rechtsreferendariat; Vorbereitungsdienst	ATM	Gerichtspraxis
DTM	Rechtsschutzbeauftragte/r	ATM	Rechtsschutzbeauftragte/r (1)
DTM	Rechtsschutzbeauftragte/r	ATM	Rechtsschutzbeauftragte/r (2)
DTM	Rechtsverordnung; Allgemeinverfügung	ATM	Verordnung
DTM	Regelaltersgrenze; Rentenzugangsalter	ATM	Anfallsalter; Pensionsanfallsalter
DTM	Regierungsbezirk	ATM	politischer Bezirk (2); Bezirk
DTM	Regionalplanung	ATM	regionale Raumordnung; regionales Raumordnungskonzept
DTM	Register der Entscheidungen in Staatsangehörigkeitsangelegenheiten; Staatsangehörigkeitsregister	ATM	Staatsbürgerschaftsevidenz
DTM	Reisegewerbe	ATM	Feilbieten im Umherziehen
DTM	Rente	ATM	Rente
DTM	Rente wegen Erwerbsminderung	ATM	Zusatzrente für Schwerversehrte
DTM	Rente wegen Erwerbsunfähigkeit	ATM	Invaliditätspension (2); Berufsunfähigkeitspension, Erwerbsunfähigkeitspension
DTM	Rente wegen voller Erwerbsminderung	ATM	Berufsunfähigkeitspension; Invaliditätspension
DTM	Rente wegen voller Erwerbsminderung; Rente wegen verminderter Erwerbsfähigkeit	ATM	Invaliditätspension (1)
DTM	Rente wegen voller Ewerbsminderung	ATM	Erwerbsunfähigkeitspension; Invaliditätspension
DTM	Renteneintrittsalter	ATM	tatsächliches Pensionsantrittsalter
DTM	Restitution; Rückübertragung	ATM	Restitution (1)
DTM	Restitutionsklage	ATM	Wiederaufnahmsklage
DTM	Revision	ATM	Nichtigkeitsbeschwerde

DTM	Richter/in am Arbeitsgericht	ATM	Richter/in des Arbeits- und Sozialgerichtes; R ASG
DTM	Richter/in am Landgericht	ATM	Richter/in des Landesgerichts; R LG
DTM	Richter/in am Oberlandesgericht; Berlin: Richter/in am Kammergericht	ATM	Richter/in des Oberlandesgerichtes; R OLG
DTM	Richter/in beim Amtsgericht	ATM	Richter/in des Bezirksgerichtes; R BG
DTM	Roastbeef	ATM	Beiried
DTM	Rosenkohl	ATM	Sprossenkohl
DTM	Rotkohl; Blaukraut	ATM	Rotkraut
DTM	Rubrum	ATM	Rubrik; Halbschrift
DTM	Rubrum; Urteilskopf	ATM	Halbschrift; Rubrik
DTM	Rückbürge/-bürgin	ATM	Entschädigungsbürge/-bürgin
DTM	Rücken mit Filet und Niere	ATM	Nierenbraten mit Niere
DTM	Rückgabe	ATM	Restitution (2)
DTM	Rückgabe	ATM	Rückstellung; Restitution
DTM	Rückgabe	ATM	Zurückstellung; Rückstellung
DTM	Rückschein	ATM	Rückschein; Zustellausweis
DTM	Rücktritt	ATM	Wandlung
DTM	Rückvergütung	ATM	Refundierung; Rückvergütung
DTM	Ruhegehalt; Pension	ATM	Ruhebezug; Ruhegenuss
DTM	Ruhegehalt; Pension	ATM	Ruhegenuss
DTM	Runkelrübe	ATM	Futterrübe
DTM	Sabotagehandlungen an Verteidigungs-mitteln	ATM	Beschädigung von Heeresgut
DTM	Sachbefugnis (aktive und passive); Sach-legitimation (Aktivlegitimation bzw. Pas-sivlegitimation)	ATM	Klagslegitimation (aktive und passive) (2); Sachlegitimation
DTM	Sache	ATM	Sache
DTM	Sachgesamtheit	ATM	Gesamtsache
DTM	Sachgesamtheit	ATM	Gesamtsache; *universitas rerum*
DTM	Sachruf	ATM	Ruf zur Sache
DTM	Sachwalter/in	ATM	Treuhänder/in
DTM	Saisonarbeiter/in; Saisonnier/Saisonnière	ATM	Saisonnier/Saisonnière; Saisonarbeiter/in
DTM	Saison-Kurzarbeitergeld	ATM	Schlechtwetterentschädigung
DTM	Satzung	ATM	Satzung
DTM	Säumnis	ATM	Versäumung; Säumnis
DTM	Schadens- und Aufwendungsersatzan-spruch des Mieters wegen eines Mangels	ATM	Wiederherstellungspflicht
DTM	schädliche Neigung	ATM	schädliche Neigung
DTM	Schaufelstück; Mittelbug	ATM	Schulterscherzel
DTM	Scheidungsbeschluss	ATM	Scheidungsbeschluss
DTM	Scheinbestandteil; Überbau	ATM	Superädifikat; Überbau
DTM	Scheinehe	ATM	Namensehe (1)
DTM	Scheinehe	ATM	Staatsangehörigkeitsehe; Staatsbürgerschaft-sehe
DTM	Scheinehe	ATM	Staatsbürgerschaftsehe; Staatsangehörigkeit-sehe
DTM	Schlagsahne	ATM	Schlagobers; Schlagrahm, Kaffeeobers

DTM	Schmerzensgeld	ATM	Schmerzengeld
DTM	Schöffe / Schöffin	ATM	Geschworene/r
DTM	Schornsteinfegerwesen; Schornsteinfegerhandwerk	ATM	Gewerbe der Rauchfangkehrer
DTM	schriftliches Zeugnis über das Dienstverhältnis; Zeugnis	ATM	Dienstzeugnis; Zeugnis
DTM	Schulamt	ATM	Bezirksschulrat; BSR
DTM	Schulamtsdirektor/in	ATM	Bezirksschulinspektor/in
DTM	Schularten im Bereich der allgemeinen Bildung	ATM	öffentliche Pflichtschulen; allgemeinbildende Pflichtschulen
DTM	Schulbezirk	ATM	Schulsprengel
DTM	Schuldner/in	ATM	Kridatar/in; Gemeinschuldner/in, Schuldner/in
DTM	Schuldner/in	ATM	Verpflichtete/r; Schuldner/in
DTM	Schuldnerbegünstigung	ATM	Schädigung fremder Gläubiger
DTM	Schuldunfähigkeit des Kindes	ATM	Straflosigkeit von Unmündigen
DTM	Schuldunfähigkeit wegen seelischer Störungen	ATM	Zurechnungsunfähigkeit
DTM	Schulen in freier Trägerschaft; Privatschulen	ATM	Privatschulen
DTM	Schülerhöchstzahl	ATM	Klassenschülerzahl; Richtwert
DTM	Schulfremdenprüfung; Abschlussprüfung für Schulfremde, Externenprüfung, Nichtschülerprüfung	ATM	Externistenprüfung
DTM	Schulkonferenz; Gesamtkonferenz, Schulvorstand	ATM	Schulgemeinschaftsausschuss
DTM	Schulpräsident/in; Ministerialbeauftragte/r	ATM	Präsident/in des Landesschulrates; Landeshauptmann/-frau
DTM	Schulpräsident/in; Ministerialbeauftragte/r (des staatlichen Schulamts, des mittleren oberen Regierungspräsidiums, des Oberschulamts, der Landesschulbehörde, der sächsischen Bildungsagentur (SBA), des Landesverwaltungsamts usw.)	ATM	Amtsführende/r Präsident/in des Landesschulrates für (mit Beifügung des Bundeslandes)
DTM	Schulpräsident/in; Ministerialbeauftragte/r (des staatlichen Schulamts, des mittleren (oberen) Regierungspräsidiums, des Oberschulamts, der Landesschulbehörde, der sächsischen Bildungsagentur (SBA), des Landesverwaltungsamts usw.)	ATM	Amtsführende/r Präsident/in des Stadtschulrates für Wien; Schulverwaltung; Amtsf. Präs. SSR Wien
DTM	Schulpräsident/in; Ministerialbeauftragte/r; Schulrat / Schulrätin, Schulamtsdirektor/in, Regierungsschuldirektor/in	ATM	Präsident/in des Stadtschulrates für Wien; Präs. SSR Wien
DTM	Schulrat	ATM	Schulrat; SR
DTM	Schulträger	ATM	gesetzlicher Schulerhalter
DTM	Schulträger	ATM	Schulerhalter
DTM	Schutz vor außerordentlicher Kündigung	ATM	Entlassungsschutz
DTM	Schwanzrolle; Rolle, Seemerrolle, Runder Mocken	ATM	Weißes Scherzel
DTM	Schwarzarbeit	ATM	organisierte Schwarzarbeit

DTM	Schwarzarbeiter/in	ATM	Pfuscher/in; Schwarzarbeiter/in
DTM	Schwerbehinderte	ATM	Schwerversehrte
DTM	schwere Körperverletzung	ATM	absichtliche schwere Körperverletzung
DTM	schwere Körperverletzung	ATM	Körperverletzung mit schweren Dauerfolgen
DTM	schwere Körperverletzung	ATM	schwere Körperverletzung (2)
DTM	schwerer Raub	ATM	schwerer Raub (2)
DTM	schwerer Unglücksfall; Katastrophe	ATM	schwerer Unglücksfall; Katastrophe
DTM	selbständige Vorlagen	ATM	selbständige Anträge von Abgeordneten
DTM	selbständiges Beweisverfahren; früher: Beweissicherungsverfahren	ATM	Beweissicherungsverfahren
DTM	Selbsteintritt	ATM	Selbsteintritt (des Kommissionärs)
DTM	Selbsthilferecht	ATM	Perklusionsrecht; Sperrecht
DTM	Selbsthilferecht	ATM	Sperrrecht; Perklusionsrecht, gesetzliches Vermieterpfandrecht
DTM	selbstschuldnerische Bürgschaft	ATM	Bürge und Zahler
DTM	Selbstverstümmelung	ATM	Herbeiführung der Dienstuntauglichkeit
DTM	sexueller Missbrauch von Schutzbefohle-nen	ATM	Missbrauch eines Autoritätsverhältnisses
DTM	Sicherheitsleistung	ATM	Kaution (2); Sicherheitsleistung
DTM	Sicherstellungsauftrag	ATM	Sicherstellungsauftrag
DTM	Sicherungsverwahrte/r; Untergebrachte/r	ATM	Untergebrachte/r
DTM	Sonderkrankenhäuser	ATM	Sonderkrankenanstalten
DTM	Sonderkündigungsrecht des Mieters nach Mieterhöhung	ATM	FEHLT
DTM	Sonderwahlbezirk	ATM	besonderer Wahlsprengel
DTM	soziale Wohnungsraumförderung; sozia-ler Wohnungsbau	ATM	Gemeindebau; sozialer Wohnbau
DTM	Sozialgericht	ATM	Arbeits- und Sozialgericht Wien (2)
DTM	Sozialversicherung für Landwirtschaft, Forsten und Gartenbau	ATM	Kranken-, Unfall- und Pensionsversicherung der Bauern
DTM	Speisequark	ATM	Speisetopfen
DTM	Spitzenverband Bund der Krankenkassen	ATM	Hauptverband der österreichischen Sozialver-sicherungsträger
DTM	Sprechtag; Beratungshilfe	ATM	Amtstag (2)
DTM	Sprengel	ATM	Sprengel (2); Gerichtsbezirk
DTM	staatlicher Verwaltungsbezirk	ATM	Verwaltungssprengel
DTM	Staatsangehörigkeit	ATM	Staatsbürgerschaft
DTM	Staatsangehörigkeitsausweis	ATM	Staatsbürgerschaftsnachweis
DTM	Staatshaftung; Haftung bei Amtspflicht-verletzung	ATM	Amtshaftung
DTM	Staatskanzlei	ATM	Amt der Landesregierung
DTM	Staatsvertrag	ATM	Gliedstaatsvertrag; Konkordat
DTM	Staatsvertrag	ATM	Staatsvertrag
DTM	städtebauliche Sanierungsmaßnahmen	ATM	Assanierung; Stadterneuerung
DTM	Stadtpolizei; Ordnungspolizei	ATM	Gemeindewachkörper; Gemeindesicherheits-wache, Stadtpolizei
DTM	Stadtrat	ATM	Stadtrat (1); Gemeindevorstand, Gemeinderat
DTM	Staffelmiete	ATM	FEHLT

DTM	ständige/r Vertreter/in; Notarvertreter/in	ATM	Dauersubstitut/in
DTM	Standort	ATM	Garnisonsort
DTM	stationäre Pflegeeinrichtungen; Pflegeheime, geriatrische Fachkrankenhäuser, Allgemeinkrankenhäuser mit selbstständigen geriatrischen Abteilungen	ATM	Pflegeanstalten für chronisch Kranke
DTM	Sterbefallmitteilung	ATM	Anzeige des Todes
DTM	Sterberegister; Sterbebuch	ATM	Sterbebuch; Eintragung im Sterbebuch
DTM	Steuererhebung	ATM	Steuereinhebung; Steuererhebung
DTM	Steuerhinterziehung	ATM	Abgabenhinterziehung (2); Steuerhinterziehung
DTM	Steuerordnungswidrigkeit	ATM	Finanzordnungswidrigkeit
DTM	Steuerungsfähigkeit	ATM	Dispositionsfähigkeit
DTM	Stillstand der Rechtspflege	ATM	Einstellung der Amtstätigkeit des Gerichtes
DTM	Stimmbindungsvertrag	ATM	Konsortialvertrag; Syndikatsvertrag, Poolvertrag, Stimmbindungsvertrag
DTM	Stimmbindungsvertrag	ATM	Syndikatsvertrag
DTM	Störung des öffentlichen Friedens durch Androhung von Straftaten; Landzwang	ATM	Landzwang
DTM	Strafantrag	ATM	Strafantrag
DTM	Strafaussetzung	ATM	bedingte Entlassung aus einer Freiheitsstrafe
DTM	Strafaussetzung	ATM	Schuldspruch unter Vorbehalt der Strafe
DTM	Strafaussetzung zur Bewährung	ATM	bedingte Strafnachsicht; teilbedingte Strafnachsicht
DTM	Strafbefehlsverfahren	ATM	Mandatsverfahren (2)
DTM	Strafbemessung bei mehreren Gesetzesverletzungen; Kumulationsprinzip, Tatmehrheit, Tateinheit	ATM	Zusammentreffen strafbarer Handlungen; Kumulationsprinzip, Deliktskonkurrenz
DTM	Strafkammer als Schwurgericht; große Strafkammer	ATM	Schwurgerichtshof
DTM	Strafmilderung	ATM	außerordentliche Stafmilderung
DTM	Straftaten bei Wahlen und Abstimmungen	ATM	strafbare Handlungen bei Wahlen und Volksabstimmungen
DTM	Straftaten gegen ausländische Staaten	ATM	Störung der Beziehungen zum Ausland
DTM	Straftaten gegen das Leben und Straftaten gegen die körperliche Unversehrtheit	ATM	strafbare Handlungen gegen Leib und Leben
DTM	Straftaten gegen den Personenstand, die Ehe und die Familie	ATM	strafbare Handlungen gegen Ehe und Familie
DTM	Straftaten gegen die persönliche Freiheit	ATM	strafbare Handlungen gegen die Freiheit
DTM	Straftaten gegen Verfassungsorgane	ATM	Angriffe auf oberste Staatsorgane
DTM	Straftaten im Amt; Amtsdelikte	ATM	Missbrauch der Amtsgewalt; Amtsmissbrauch, strafbare Verletzungen der Amtspflicht, Korruption und verwandte strafbare Handlungen
DTM	Straftaten, welche sich auf Religion und Weltanschauung beziehen	ATM	strafbare Handlungen gegen den religiösen Frieden und die Ruhe der Toten
DTM	Strafunterbrechung	ATM	Unterbrechung der Freiheitsstrafe
DTM	Strafverfolgungsbehörden	ATM	Exekutivorgane
DTM	Strafverfolgungsverjährung	ATM	Verfolgungsverjährung
DTM	streng geheime Verschlusssachen	ATM	streng geheime Verschlusssachen

DTM	Studienrat/-rätin	ATM	Studienrat/-rätin; StR
DTM	Stundung	ATM	Exekutionsstundung
DTM	Tarifautonomie	ATM	Kollektivvertragsautonomie
DTM	Tarifgebundenheit	ATM	Kollektivvertragsangehörigkeit; Kollektivvertragsunterworfenheit
DTM	Tarifgebundenheit	ATM	Kollektivvertragsunterworfenheit; Kollektivvertragsangehörigkeit
DTM	Tarifgemeinschaft	ATM	Tarifgemeinschaft
DTM	Tarifvertrag	ATM	Kollektivvertrag
DTM	Tateinheit	ATM	Deliktskonkurrenz; Zusammentreffen strafbarer Handlungen
DTM	Tateinheit; Idealkonkurrenz	ATM	Idealkonkurrenz; Tateinheit
DTM	Täter-Opfer-Ausgleich; Schadenswiedergutmachung	ATM	Tatausgleich
DTM	tätige Reue	ATM	tätige Reue
DTM	tätlicher Angriff gegen einen Vorgesetzten	ATM	Körperverletzung eines Vorgesetzten und tätlicher Angriff auf einen Vorgesetzten
DTM	Tatmehrheit; Realkonkurrenz, Konkurrenz von Straftaten	ATM	Realkonkurrenz; Zusammentreffen strafbarer Handlungen
DTM	Tauglichkeitsgrade	ATM	Eignung der Person zum Wehrdienst
DTM	Täuschung; arglistige Täuschung	ATM	List; Argglist
DTM	Teileigentum	ATM	Zubehör-Wohnungseigentum
DTM	Teilkündigung	ATM	Teilkündigung
DTM	Teilung durch Verkauf	ATM	Zivilteilung
DTM	Teilungsanordnung	ATM	Hineinvermächtnis (2)
DTM	Teilzahlungsgeschäft	ATM	Abzahlungsgeschäft; Kreditverkauf, Ratengeschäft
DTM	Teilzeitarbeit (während der Elternzeit)	ATM	Teilzeitkarenz (1); Teilzeitbeschäftigung
DTM	Telemedien; Teledienste und Mediendienste	ATM	Dienst der Informationsgesellschaft
DTM	Termin zur Verteilung des Versteigerungserlöses	ATM	Meistbotsverteilungstagsatzung
DTM	Termin; Verhandlungstermin bei Gericht, Gerichtstermin	ATM	Tagsatzung; Gerichtstermin
DTM	Testament; letztwillige Verfügung	ATM	letztwillige Verfügung; Testament, Kodizill
DTM	Testamentseröffnung; Testamentsverkündung	ATM	Testamentskundmachung; Testamentseröffnung
DTM	Testamentsvollstrecker/in	ATM	Exekutor (2); Testamentsexekutor, Testamentsvollstrecker/in
DTM	Testierfähigkeit	ATM	Testierfähigkeit
DTM	Tilgung nach Fristablauf; Straftilgung, Tilgung des Schuldspruchs	ATM	Tilgung von Verurteilungen; Straftilgung
DTM	Tilgungsdarlehen; Abzahlungskredit, Ratenkredit, Konsumentenkredit	ATM	Abstattungskredit; Kreditverkauf
DTM	Todesbescheinigung; Totenschein, Leichenbeschauschein	ATM	Todesbestätigung; Anzeige und Eintragung des Todes, Totenschein
DTM	Totschlag	ATM	Totschlag (1)
DTM	Transportkosten	ATM	Manipulationsgebühr; Bearbeitungsgebühr
DTM	Trödelvertrag; Kommissionsverkauf	ATM	Trödelvertrag; Verkaufsauftrag, Verkaufsver-

			trag
DTM	Trödelvertrag; Kommissionsverkauf	ATM	Verkaufsauftrag; Verkaufsvertrag, Trödelvertrag
DTM	Übergabe kurzer Hand; *brevi manu traditio*	ATM	Besitzauflassung; *brevi manu traditio*; Übergabe kurzer Hand
DTM	Übergangsgeld	ATM	Übergangsgeld
DTM	Übergebot	ATM	Überbot
DTM	Übersendungs- und Mitteilungspflicht des Tarifvertrages	ATM	Hinterlegung und Kundmachung des Kollektivvertrages
DTM	Überstunden	ATM	Mehrdienstleistung (2)
DTM	Umgangsrecht; Umgangspflegschaft	ATM	Besuchsrecht
DTM	Umlegung	ATM	Kommassierung; Flurbereinigung
DTM	Umlegung; Baulandumlegung	ATM	Baulandumlegung; Umlegung
DTM	Unbedenklichkeitsbescheinigung	ATM	Unbedenklichkeitsbescheinigung
DTM	unbefestigtes Bankett; unbefestigter Seitenstreifen	ATM	Straßenbankett
DTM	unbefugter Gebrauch eines Fahrzeugs	ATM	unbefugter Gebrauch von Fahrzeugen
DTM	unberechtigte Geschäftsführung ohne Auftrag	ATM	unnütze und unerlaubte Geschäftsführung
DTM	unechte Urkunde	ATM	falsche Urkunde
DTM	unentschuldigtes Fernbleiben von der Musterung	ATM	Nachstellung
DTM	unerlaubter Umgang mit Abfällen	ATM	umweltgefährdendes Behandeln und Verbringen von Abfällen
DTM	Unfallrente	ATM	Versehrtenrente
DTM	unmittelbare Benachteiligung; unmittelbare Diskriminierung	ATM	unmittelbare Diskriminierung
DTM	unmittelbarer Besitz	ATM	Sachbesitz
DTM	unmittelbares Ansetzen; Versuch (einer Straftat)	ATM	ausführungsnahe Handlung
DTM	unselbständige Vorlagen	ATM	unselbständiger Antrag
DTM	untätiges Schweigen	ATM	Schweigen auf einen Vertragsantrag
DTM	Unterbringung in der Sicherungsverwahrung; Sicherungsverwahrung	ATM	Unterbringung in einer Anstalt für gefährliche Rückfallstäter
DTM	Unterbringung in einem psychiatrischen Krankenhaus	ATM	Unterbringung in einer Anstalt für geistig abnorme Rechtsbrecher
DTM	Unterbringung in einer Entziehungsanstalt	ATM	Unterbringung in einer Anstalt für entwöhnungsbedürftige Rechtsbrecher
DTM	Unterdrücken von Beschwerden	ATM	Unterdrückung von Eingaben
DTM	Unterhaltsvorschuss	ATM	Unterhaltsvorschuss
DTM	unterlassene Hilfeleistung	ATM	Unterlassung der Hilfeleistung
DTM	Unternehmer/in	ATM	Selbständige/r; Freiberufler,
DTM	Unterrichtsfach	ATM	Unterrichtsgegenstand
DTM	Unterschale	ATM	Frikandeau
DTM	Unterschale ohne Schwanzrolle	ATM	Tafelstück (Lange Seite)
DTM	Unterschale; Schwanzstück, Fricandeau, Unterstück	ATM	Schale; Ortschwanzel
DTM	Unterschlagung	ATM	dauernde Sachentziehung (2)
DTM	Unterschlagung	ATM	Unterschlagung

DTM	Unterschlagung	ATM	Veruntreuung
DTM	Unterstützungsunterschrift	ATM	Unterstützungserklärung
DTM	Untersuchungshaftanstalt; Justizvollzugs-anstalt	ATM	gerichtliches Gefangenenhaus
DTM	Untervermächtnis	ATM	Sublegat; Untervermächtnis
DTM	Untreue	ATM	Untreue
DTM	unwahre dienstliche Meldung	ATM	Verstöße gegen die Pflichten zur Meldung und zur Befehlsübermittlung
DTM	Urheberbenennung bei Besitz	ATM	Auktorbenennung
DTM	Urkundenfälschung	ATM	strafbare Handlungen gegen die Zuverlässig-keit von Urkunden und Beweiszeichen
DTM	Urkundenprozess	ATM	Mandatsverfahren (1)
DTM	Urlaubsabgeltung	ATM	Urlaubsabfindung
DTM	Urlaubsabgeltung	ATM	Urlaubsablöse
DTM	Urlaubsabgeltung	ATM	Urlaubsentschädigung; Urlaubsabfindung
DTM	Urlaubsentgelt	ATM	4. Gehalt; Urlaubsgeld
DTM	Urlaubszuschuss	ATM	Urlaubszuschuss
DTM	Vaterschaftsanerkennung; Vaterschafts-anerkenntnis	ATM	Vaterschaftsanerkenntnis; Vaterschaftsaner-kennung
DTM	Vaterschaftsanfechtungsklage; Ehelich-keitsanfechtungsklage	ATM	Ehelichkeitsbestreitungsklage; Feststellung der Nichtabstammung vom Ehemann der Mutter
DTM	Verabredung eines Verbrechens	ATM	verbrecherisches Komplott
DTM	Verabredung zur Unbotmäßigkeit	ATM	Verabredung zum gemeinschaftlichen Angriff auf militärische Vorgesetzte
DTM	Verabredung zur Unbotmäßigkeit	ATM	Verabredung zum gemeinschaftlichen Unge-horsam
DTM	Verabredung zur Unbotmäßigkeit	ATM	Verabredung zur Meuterei
DTM	Veränderungssperre	ATM	Widmungssperre
DTM	Verantwortliche/r im Sinne des Presse-rechts; V.i.S.d.P.	ATM	Medieninhaber/in
DTM	Verband der Landwirtschaftskammern; VLK	ATM	Präsidentenkonferenz der Landwirtschafts-kammern Österreichs;
DTM	Verbot der enormen Verletzung; *laesio enormis*	ATM	Verkürzung über die Hälfte; *laesio enormis*
DTM	Verbotsirrtum	ATM	Rechtsirrtum; Verbotsirrtum
DTM	Verbraucherinsolvenzverfahren; Privatin-solvenz	ATM	Privatkonkurs; gerichtliches Schuldenregulie-rungsverfahren
DTM	Verbraucherinsolvenzverfahren; Privatin-solvenz	ATM	Schuldenregulierungsverfahren; Privatkon-kurs;
DTM	Verbraucherinsolvenzverfahren; verein-fachtes Insolvenzverfahren	ATM	Abschöpfungsverfahren; Privatkonkurs, Schuldenregulierungsverfahren
DTM	Verbraucherschutz	ATM	Konsumentenschutz
DTM	Verbrechen	ATM	Verbrechen
DTM	Verdienstausfall	ATM	Verdienstentgang; Verdienstausfall, Ver-dienstentfall
DTM	Verdunkelungsgefahr	ATM	Verabredungs- oder Verdunkelungsgefahr; Verdunkelungsgefahr
DTM	vereidigte/r Buchprüfer/in	ATM	beeidete/r Buchprüfer/in

DTM	vereidigte/r Dolmetscher/in	ATM	beeidigte/r Dolmetscher/in
DTM	Vereidigung; Beeidigung, Ablegung des Diensteides	ATM	Angelobung
DTM	Vereidigung; Beeidigung, Ablegung des Diensteides	ATM	Beeidigung; Angelobung
DTM	vereinfachtes Verfahren	ATM	verkürztes Verfahren
DTM	Vereiteln der Zwangsvollstreckung	ATM	Exekutionsvereitelung; Vollstreckungsvereitelung
DTM	Verfallklausel; Verwirkungsklausel, kassatorische Klausel, *lex commissoria*	ATM	Verfallsklausel; *lex commissoria*
DTM	Vergehen	ATM	Vergehen
DTM	Verhängung der Jugendstrafe	ATM	nachträglicher Strafausspruch
DTM	Verjährung; Vollstreckungsverjährung	ATM	Verjährung der Strafbarkeit; Verjährung
DTM	Verkehrsdelikt	ATM	Verkehrsdelikt; Verkehrsstrafe
DTM	Verkehrsordnungswidrigkeit	ATM	Verkehrsübertretung; Verkehrsdelikt
DTM	Verkehrsordnungswidrigkeit	ATM	Verkehrsvergehen
DTM	Verkündung	ATM	Kundmachung
DTM	Verlegung; Vertagung	ATM	Erstreckung; Vertagung
DTM	Verleiher/in	ATM	Überlasser/in
DTM	Verletztengeld	ATM	Versehrtengeld
DTM	Verletzung amtlicher Bekanntmachung	ATM	Verletzung behördlicher Bekanntmachung
DTM	Verletzung der Vertraulichkeit des Wortes	ATM	Missbrauch von Tonaufnahme- und Abhörgeräten
DTM	Verletzung des persönlichen Lebens- und Geheimbereichs	ATM	Verletzungen der Privatsphäre und bestimmter Berufsgeheimnisse
DTM	Verletzung des Postgeheimnisses	ATM	Unterdrückung von Briefen
DTM	Verletzung von Privatgeheimnissen	ATM	Verletzung von Berufsgeheimnissen
DTM	Verleumdung	ATM	Verleumdung
DTM	Verlöbnis	ATM	Eheverlöbnis; Verlöbnis
DTM	Vermächtnisnehmer/in	ATM	Legatar/in; Vermächtnisnehmer/in
DTM	vermisst	ATM	abgängig gemeldet; abgängig ausgeschrieben
DTM	Vermisste/r	ATM	Abgängige/r; Vermisste/r
DTM	Vermisstenanzeige; Vermisstenmeldung, Vermissung	ATM	Abgängigkeitsanzeige; Vermisstenanzeige
DTM	Vermögensauskunft; eidesstattliche Offenbarungsversicherung, früher: Offenbarungseid	ATM	Vermögensverzeichnis; früher: Offenbarungseid
DTM	Vernehmung	ATM	Einvernahme; Vernehmung, Einvernehmung
DTM	Verpflichtungsklage; Untätigkeitsklage	ATM	Devolutionsantrag
DTM	Verpflichtungsklage; Untätigkeitsklage	ATM	Säumnisbeschwerde
DTM	Verrichtungsgehilfe/-gehilfin	ATM	Besorgungsgehilfe/-gehilfin; Verrichtungsgehilfe/-gehilfin
DTM	Versammlungsfreiheit	ATM	Versammlungsfreiheit
DTM	Versäumnisurteil	ATM	Versäumungsurteil
DTM	Verschleppung	ATM	Überlieferung an eine ausländische Macht
DTM	Verschlusssachen	ATM	Verschlusssachen
DTM	Verschollenheitsgesetz; VerschG	ATM	Todeserklärungsgesetz; TEG
DTM	Versicherungsschein; Versicherungspolice	ATM	Versicherungspolizze; Versicherungsschein;

DTM	zugelassene Krankenhäuser	ATM	allgemeine Krankenanstalten (2)
DTM	Zugewinngemeinschaft	ATM	Zugewinngemeinschaft
DTM	Zulässigkeitsrügen; Einreden; Verteidigungsmittel	ATM	Prozesseinreden; Einreden
DTM	Zulassungsbescheinigung II; Fahrzeugbrief	ATM	Typenschein
DTM	zulassungsfreies Handwerk; handwerksähnliches Gewerbe	ATM	freies Gewerbe
DTM	Zurückverweisung in zweiter Beratung	ATM	Rückverweisungsantrag
DTM	Zurückweisungsbeschluss	ATM	Zurückweisungsbeschluss (1); Patentrecht
DTM	Zurückweisungsbeschluss	ATM	Zurückweisungsbeschluss (2); Patentrecht
DTM	Zustellung	ATM	Ediktalzustellung; Zustellung durch öffentliche Bekanntmachung
DTM	Zustellungsurkunde; PZU	ATM	Zustellnachweis (1); Zustellschein, Rückschein
DTM	Zustellungsurkunde; Rückschein	ATM	Zustellausweis; Rückschein, Zustellschein
DTM	Zwangsgeld	ATM	Zwangsgeld
DTM	Zwangsvollstreckung	ATM	Exektution; Zwangsvollstreckung
DTM	Zwangsvollstreckung auf Räumung und Herausgabe; Räumungsvollstreckung, Herausgabevollstreckung	ATM	Räumungsexekution; Exekution auf Überlassung oder Räumung von unbeweglichen Sachen
DTM	Zwangsvollstreckung in das bewegliche Vermögen	ATM	Exektution auf das bewegliche Vermögen; Mobiliarexekution, Fahrnisexekution
DTM	Zwangsvollstreckung in das unbewegliche Vermögen; Immobiliarvollstreckung, Immobiliarzwangsvollstreckung	ATM	Exektution auf das unbewegliche Vermögen; Immobiliarexekution, Liegenschaftsexekution
DTM	Zwangsvollstreckung in das unbewegliche Vermögen; Immobilienvollstreckung; Immobiliarzwangsvollstreckung; Immobiliarvollstreckung;	ATM	Immobiliarexekution; Exekution auf Überlassung oder Räumung von unbeweglichen Sachen
DTM	Zwangsvollstreckung in das unbewegliche Vermögen; Immobilienvollstreckung, Immobiliarzwangsvollstreckung, Immobiliarvollstreckung	ATM	Liegenschaftsexekution; Exekution auf Überlassung oder Räumung von unbeweglichen Sachen
DTM	Zwangsvollstreckung wegen einer Geldforderung; Gehaltspfändung, Lohnpfändung	ATM	Gehaltsexekution; Lohnexekution
DTM	Zwangsvollstreckung wegen Geldforderungen	ATM	Forderungsexekution
DTM	Zwangsvollstreckung zur Erwirkung der Herausgabe von Sachen und zur Erwirkung von Handlungen oder Unterlassungen;	ATM	Exektution zur Erwirkung von Handlungen oder Unterlassungen
DTM	Zwangsvollstreckungsvereitelung; Vereiteln der Zwangsvollstreckung	ATM	Vollstreckungsvereitelung; Exekutionsvereitelung
DTM	Zwangsvollstreckungsverfahren	ATM	Exekutionsverfahren
DTM	zweite Abteilung	ATM	Lastenblatt (2); C-Blatt
DTM	Zweitstimme	ATM	Parteistimme
DTM	Zweitstimme	ATM	Vorzugsstimme
DTM	Zwischenfeststellungsklage	ATM	Zwischenantrag auf Feststellung
DTM	Zwischenverfügung	ATM	Vormerkung; Pränotation

Österreichische Rechtstermini ohne deutsche Entsprechung

ATM	Abänderungsangebot	DTM	FEHLT
ATM	Abfallbehandler	DTM	FEHLT
ATM	Abfallsammler	DTM	FEHLT
ATM	Abfertigungsanwartschaft	DTM	FEHLT
ATM	abgeirrte Exekution	DTM	FEHLT
ATM	Ablehnung der Beschwerdebehandlung	DTM	FEHLT
ATM	ablehnungsfeste Beschwerde	DTM	FEHLT
ATM	Ableugnung des Besitzes	DTM	FEHLT
ATM	Abolition	DTM	FEHLT
ATM	Abschreibung von Bestandteilen eines Grundbuchskörpers	DTM	FEHLT
ATM	Absonderungskurator; Separationskurator	DTM	FEHLT
ATM	Abteilungsinspektor/in; Abtl	DTM	FEHLT
ATM	Abtuung armutshalber; Unterbleiben der Abhandlung	DTM	FEHLT
ATM	abweichende persönliche Stellungnahme	DTM	FEHLT
ATM	Adhäsionsprinzip	DTM	FEHLT
ATM	Advitalitätsvertrag; Fruchtnießung auf den Todesfall	DTM	FEHLT
ATM	Afterbestandnehmer/in; Untermieter/in bzw. Unterpächter/in	DTM	FEHLT
ATM	Afterpfand	DTM	FEHLT
ATM	Aktuelle Europastunde	DTM	FEHLT
ATM	alkoholauffällig	DTM	FEHLT
ATM	allgemein begreifliche heftige Gemütsbewegung	DTM	FEHLT (Benennungslücke)
ATM	allographes Testament; fremdhändiges Testament	DTM	FEHLT
ATM	Alm- und Weidebuch	DTM	FEHLT
ATM	Altabfertigungsanwartschaft	DTM	FEHLT
ATM	Alternativangebot	DTM	FEHLT
ATM	amtliche Besucher/-innen	DTM	FEHLT
ATM	amtliche Tätigkeiten	DTM	FEHLT
ATM	Amtsbeschwerde	DTM	FEHLT
ATM	Amtssachverständige/r; amtlicher Sachverständige/r	DTM	FEHLT
ATM	Amtsvermerk	DTM	FEHLT
ATM	Anfrage außerhalb einer Tagung	DTM	FEHLT
ATM	Angebotsbestandteil	DTM	FEHLT
ATM	Angebotshauptteil	DTM	FEHLT
ATM	Angebotsinhaltsverzeichnis	DTM	FEHLT
ATM	Anheimsagung	DTM	FEHLT
ATM	Anklage gegen Mitglieder der Bundesregierung; Ministeranklage	DTM	FEHLT
ATM	Anmerkung der Abschreibung	DTM	FEHLT (Benennungslücke)

ATM	Anmerkung der Aufkündigung; Anmerkung einer gerichtlich oder notariell beurkundeten Aufkündigung einer Hypothekarforderung	DTM	FEHLT (Benennungslücke)
ATM	Anmerkung der Erteilung des Zuschlages	DTM	FEHLT (Benennungslücke)
ATM	Anmerkung der Hypothekarklage	DTM	FEHLT (Benennungslücke)
ATM	Anmerkung der Klage	DTM	FEHLT (Benennungslücke)
ATM	Anmerkung der Simultanhaftung	DTM	FEHLT
ATM	Anmerkung der vorbehaltenen Verpfändung	DTM	FEHLT (Benennungslücke)
ATM	Anmerkung der Zwangsverwaltung	DTM	FEHLT (Benennungslücke)
ATM	Anmerkung des Streites; Streitanmerkung	DTM	FEHLT
ATM	Anmerkung einer Hypothekarklage	DTM	FEHLT
ATM	Anmerkung persönlicher Verhältnisse	DTM	FEHLT
ATM	Anonymverfügung	DTM	FEHLT
ATM	Anrainerverzeichnis; Verwaltung	DTM	FEHLT
ATM	Anspannungsgrundsatz; Familien- und Unter	DTM	FEHLT
ATM	Anspannungstheorie; Familien- und Unterhaltsrecht; Anspannungsgrundsatz; Anspannungspflicht	DTM	FEHLT
ATM	ansprüchige Sache	DTM	FEHLT (Benennungslücke)
ATM	Anstalt für geistig abnorme Rechtsbrecher	DTM	FEHLT
ATM	Anteilbuch	DTM	FEHLT
ATM	Antrag gemäß § 27 GOG-NR; Selbständige Anträge von Ausschüssen	DTM	FEHLT
ATM	Approbationsbefugnis; Ver	DTM	FEHLT
ATM	Äquivalenzprinzip	DTM	FEHLT
ATM	Asylgerichtshof; AsylGH	DTM	FEHLT
ATM	Asylwerber im Zulassungsverfahren	DTM	FEHLT
ATM	Aufgriffsrecht	DTM	FEHLT
ATM	Auflassung (2)	DTM	FEHLT
ATM	Auflösende Aussetzung; Unterbrechung	DTM	FEHLT
ATM	Aufschließungszone	DTM	FEHLT
ATM	Aufseher im Betrieb	DTM	FEHLT
ATM	Auftrag auf den Todesfall	DTM	FEHLT
ATM	Ausfolgungsverfahren; Er	DTM	FEHLT
ATM	Ausführungsnähe; ausführungsnahe Handlung	DTM	FEHLT
ATM	ausgegliederte Verwaltungseinrichtungen	DTM	FEHLT
ATM	ausgestalteter Käfig	DTM	FEHLT
ATM	Ausgleichsquote	DTM	FEHLT
ATM	Ausgleichstagsatzung; Gerichtstermin beim Ausgleichsgericht	DTM	FEHLT
ATM	Ausgleichsverfahren	DTM	FEHLT

ATM	Ausgleichsvermittler; Schiedsrichter	DTM	FEHLT
ATM	Ausgleichsverwalter	DTM	FEHLT
ATM	Ausländergrunderwerb	DTM	FEHLT
ATM	Aussetzung des Wahrspruchs der Geschworenen	DTM	FEHLT
ATM	Ausstattungskategorie	DTM	FEHLT
ATM	Ausstufung	DTM	FEHLT
ATM	Baugrundlagenbestimmung	DTM	FEHLT (Benennungslücke)
ATM	Baulandgrenze; Siedlungsgrenze	DTM	FEHLT
ATM	Baulandsicherungsgesellschaft	DTM	FEHLT
ATM	Baulandvertrag	DTM	FEHLT
ATM	bautechnisch betreute Fremdobjekte	DTM	FEHLT
ATM	Bedarfskompetenz; Bedarfsgesetzgebungskompetenz	DTM	FEHLT
ATM	bedingte Erbantrittserklärung	DTM	FEHLT
ATM	Befreiungsschein (1)	DTM	FEHLT
ATM	befugter Gewerbsmann befugte Gewerbsfrau	DTM	FEHLT (Benennunglücke)
ATM	begünstigte Drittstaatsangehörige	DTM	FEHLT
ATM	Begutachtungssenat	DTM	FEHLT
ATM	Beharrungsadresse; ständige Adresse, Klärungsadresse	DTM	FEHLT
ATM	Beharrungsbeschluss	DTM	FEHLT
ATM	Beobachtungsfahrt	DTM	FEHLT
ATM	Berauschung im Dienst	DTM	FEHLT
ATM	Berechtigungssprengel	DTM	FEHLT
ATM	Bereichssprecher/in	DTM	FEHLT
ATM	Berücksichtigungsprinzip der überörtlichen Raumordnung	DTM	FEHLT
ATM	Beschaffungsgruppen	DTM	FEHLT
ATM	Beschäftigungsbewilligung	DTM	FEHLT
ATM	Bescheidbeschwerde	DTM	FEHLT (Benennungslücke)
ATM	Besorgnisjudikatur	DTM	FEHLT
ATM	Bestandgeber/in; Vermieter/in, Verpächter/in	DTM	FEHLT als Oberbegriff; stattdessen: „Vermieter/in" und „Verpächter/in"
ATM	Bestandnehmer/in; Mieter/in, Pächter/in	DTM	FEHLT als Oberbegriff; stattdessen: „Mieter/in" und „Pächter/in"
ATM	Bestandrecht; Bestandsrecht	DTM	FEHLT
ATM	Bestandrechtsschutz; Bestandschutz	DTM	FEHLT
ATM	Bestandverfahren	DTM	FEHLT
ATM	Bestandvertrag	DTM	FEHLT als Oberbegriff; stattdessen: „Mietvertrag" „Pachtvertrag"
ATM	Betreuungstierarzt -ärztin	DTM	FEHLT
ATM	Betriebshilfe	DTM	FEHLT
ATM	Betriebsstandort mit überörtlicher Bedeutung	DTM	FEHLT
ATM	bevorrechtete Gläubigerschutzverbände	DTM	FEHLT
ATM	Bewilligung (von Heilmitteln)	DTM	FEHLT

ATM	Bewilligungsanfrage	DTM	FEHLT
ATM	Bewilligungspflicht	DTM	FEHLT
ATM	Bildungsrahmenplan und Bildungsplan	DTM	FEHLT
ATM	Bildungsstandards zur Sprech- und Sprachkompetenz zu Beginn der Schulpflicht	DTM	FEHLT
ATM	Bildungsteilzeitgeld	DTM	FEHLT
ATM	Bittleihe; Prekarium	DTM	FEHLT
ATM	blauer Brief; RSa-Brief, Rückscheinbrief blau	DTM	FEHLT
ATM	Bleistiftwert	DTM	FEHLT
ATM	Blockredezeit; Wiener Stunde	DTM	FEHLT
ATM	Bodenbeschaffungsfonds	DTM	FEHLT
ATM	Bringungsrecht	DTM	FEHLT
ATM	Bringungsweg	DTM	FEHLT
ATM	bücherlicher Vormann	DTM	FEHLT
ATM	Bundesgesundheitsagentur	DTM	FEHLT
ATM	Bundesgesundheitskommission	DTM	FEHLT
ATM	Bundeswahlvorschlag	DTM	FEHLT
ATM	Bundes-Zielsteuerungskommission	DTM	FEHLT
ATM	Bürgerinitiative	DTM	FEHLT
ATM	Chefinspektor/in	DTM	FEHLT
ATM	Croquis (1)	DTM	FEHLT
ATM	Croquis (2)	DTM	FEHLT
ATM	Datenverarbeitungsregister	DTM	FEHLT
ATM	dauernde Sachentziehung (1)	DTM	FEHLT
ATM	Dauersiedlungsraum	DTM	FEHLT
ATM	Depurierungspflicht	DTM	FEHLT
ATM	derogatorische Klausel; Widerrufsverzicht	DTM	FEHLT
ATM	Devolution	DTM	FEHLT
ATM	Dienstbezeichnung	DTM	FEHLT
ATM	Dienstzettel	DTM	FEHLT
ATM	differenzierte Pflichtgegenstände	DTM	FEHLT
ATM	direkte Exekution	DTM	FEHLT
ATM	Dirimierungsrecht	DTM	FEHLT (Benennungslücke)
ATM	dislozierte Wochenkliniken; Gesundheitswesen	DTM	FEHLT
ATM	Dringliche Anfrage	DTM	FEHLT
ATM	Drittschuldneranfrage	DTM	FEHLT
ATM	Drittschuldnerauskunft	DTM	FEHLT
ATM	DVR-Nummer; Datenverarbeitungsregister-Nummer	DTM	FEHLT
ATM	Ediktalfrist	DTM	FEHLT
ATM	Ediktalverfahren (1)	DTM	FEHLT
ATM	eigentliche Zusatzfrage	DTM	FEHLT
ATM	Eigentümerpartnerschaft	DTM	FEHLT

ATM	eingetragene Erwerbsgesellschaft	DTM	FEHLT
ATM	Eintrittserklärung	DTM	FEHLT
ATM	Eintrittsschein; Wahlrecht	DTM	FEHLT
ATM	Eisenbahnbuch	DTM	FEHLT
ATM	Endbeschluss	DTM	FEHLT
ATM	Endbesteuerung	DTM	FEHLT
ATM	Englischer	DTM	FEHLT
ATM	Entführung einer geisteskranken oder wehrlosen Person	DTM	FEHLT
ATM	Entführung einer unmündigen Person	DTM	FEHLT
ATM	entschuldbare Fehlleistung	DTM	FEHLT
ATM	Enunziation	DTM	FEHLT
ATM	Erbrechtsausweis	DTM	FEHLT
ATM	Erbrechtsklage	DTM	FEHLT
ATM	Erfüllung des Sanierungsplans.	DTM	FEHLT
ATM	erhöhte Fütterungen	DTM	FEHLT
ATM	Ermahnung	DTM	FEHLT
ATM	Ersatz des Ausmietungsschadens	DTM	FEHLT
ATM	Ersatzempfänger/in	DTM	FEHLT
ATM	Ersichtlichmachung	DTM	FEHLT
ATM	erste allgemeine Hilfeleistungspflicht	DTM	FEHLT (Benennungslücke)
ATM	Erwiderung auf eine tatsächliche Berichtigung	DTM	FEHLT
ATM	Eventualfrage (an die Geschworenen)	DTM	FEHLT
ATM	Evidenzgemeinde	DTM	FEHLT
ATM	Familiengeld bei Gewährung von Anstaltspflege	DTM	FEHLT
ATM	Familienhärteausgleich	DTM	FEHLT
ATM	Familienhospizkarenz; Hospizkarenz	DTM	FEHLT
ATM	Februarpatent; Reichsverfassung	DTM	FEHLT
ATM	Felddienstbarkeit; Feldservitut, Rustikalservitut	DTM	FEHLT
ATM	Ferialsachen	DTM	FEHLT
ATM	Fledermaus; Schalblattel	DTM	FEHLT
ATM	Formgebrechen	DTM	FEHLT
ATM	Freifahrt und Fahrtenbeihilfe	DTM	FEHLT
ATM	Freihaltefläche	DTM	FEHLT
ATM	Freizeichen	DTM	FEHLT
ATM	Fristerstreckungsantrag	DTM	FEHLT
ATM	Fristsetzungsantrag (1)	DTM	FEHLT
ATM	Fruchtnießung auf den Todesfall; Advitalitätsrecht	DTM	FEHLT
ATM	Gästeblattsammlung	DTM	FEHLT
ATM	Gebarungsüberprüfung; Prüfungsauftrag an den Rechnungshof	DTM	FEHLT (Benennungslücke)
ATM	Gebäudedienstbarkeit; Haus-Servitut, Hausdienstbarkeit	DTM	FEHLT

ATM	gefährdete Partei	DTM	FEHLT
ATM	Gefahrenzonenplan	DTM	FEHLT
ATM	gefährlicher Rückfallstäter	DTM	FEHLT
ATM	Gegner der gefährdeten Partei	DTM	FEHLT
ATM	Gelegenheitsmarkt; Quasimarkt	DTM	FEHLT
ATM	Generaldirektion für die öffentliche Sicherheit	DTM	FEHLT
ATM	gerichtliches Gefangenenhaus; Gefängnis, Justizanstalt	DTM	FEHLT
ATM	Gerichtskommissär	DTM	FEHLT
ATM	Gerichtstag zur öffentlichen Verhandlung	DTM	FEHLT
ATM	Geschworenenbank	DTM	FEHLT
ATM	Gesellschaftsinsolvenzverfahren	DTM	FEHLT (Benennunglücke)
ATM	Gesetzliches Vorzugspfandrecht	DTM	FEHLT
ATM	Gesichtspunktetheorie; Gesichtspunkttheorie	DTM	FEHLT
ATM	Grenzübertrittskarte; Grenzübertrittsschein, Ausflugsschein, Sammelausflugsschein	DTM	FEHLT
ATM	grobe Fahrlässigkeit	DTM	FEHLT
ATM	große Legitimationsurkunde	DTM	FEHLT (Benennungslücke)
ATM	Grundrechtsbeschwerde	DTM	FEHLT
ATM	Grundsatzgesetzgebung	DTM	FEHLT
ATM	Grundverkehrsgesetz	DTM	FEHLT
ATM	Grundversorgungsvereinbarung	DTM	FEHLT
ATM	Grundwasserschongebiet	DTM	FEHLT
ATM	Gruppeninspektor; Gruppeninspektorin, GrInsp;	DTM	FEHLT
ATM	haber	DTM	FEHLT
ATM	Handelsgroßbetrieb	DTM	FEHLT
ATM	Hauptausschuss des Nationalrates	DTM	FEHLT
ATM	Hauptfrage	DTM	FEHLT
ATM	Hauptmiete	DTM	FEHLT
ATM	Hauptwohnsitzbestätigung	DTM	FEHLT
ATM	Hausdienstbarkeit; Urbanalservitut, Haus-Servitut, Gebäudedienstbarkeit	DTM	FEHLT
ATM	Haus-Servitut; Gebäudedienstbarkeit, Urbanalservitut, Hausdienstbarkeit	DTM	FEHLT
ATM	Heimatrollenauszug; Heimatschein	DTM	FEHLT
ATM	Heimatschein; Heimatrollenauszug	DTM	FEHLT
ATM	Heimfälligkeitsklage; Erbschaftsklage	DTM	FEHLT
ATM	Herausgeber	DTM	FEHLT
ATM	Hineinvermächtnis (1); unechtes Vorausvermächtnis; unechtes Prälegat	DTM	FEHLT
ATM	Hochschullehrgänge	DTM	FEHLT
ATM	Höfeabteilung	DTM	FEHLT
ATM	Hofrat des Obersten Gerichtshofes; Hofrätin des Obersten Gerichtshofes, HR	DTM	FEHLT

	OGH		
ATM	Hypothekarklage	DTM	FEHLT
ATM	immerwährende Neutralität	DTM	FEHLT
ATM	Individualantrag; Individualbeschwerde	DTM	FEHLT
ATM	Industriebetrieb	DTM	FEHLT
ATM	Inkapazität; Erbunfähigkeit	DTM	FEHLT (Benennungslücke)
ATM	Innehabung	DTM	FEHLT
ATM	Insolvenz-Entgelt-Fonds; IEF	DTM	FEHLT
ATM	Institutionelle Kinderbetreuungseinrichtungen; Kinderbetreuung	DTM	FEHLT
ATM	Integrationsförderung; Aufenthaltsrecht	DTM	FEHLT
ATM	Integritätsabgeltung	DTM	FEHLT
ATM	Intimationsbescheid; Gerichts- und Verwaltungsorganisation; timierungsbescheid	DTM	FEHLT
ATM	Judikatschuld	DTM	FEHLT
ATM	Kaiserteil; Schale	DTM	FEHLT
ATM	Kammerschauspieler; Kammerschauspieler/in	DTM	FEHLT
ATM	Karenzurlaub zur Pflege eines behinderten Kindes	DTM	FEHLT
ATM	Kategoriebetrag	DTM	FEHLT
ATM	Kausalgerichtsbarkeit	DTM	FEHLT
ATM	Kinderabsetzbetrag	DTM	FEHLT
ATM	Kindesmord; Kindestötung; Tötung eines Kindes bei der Geburt	DTM	FEHLT
ATM	Klage aus dem rechtlich vermuteten Eigentum; Actio Publiciana	DTM	FEHLT (Benennungslücke)
ATM	klassifizierter Vertrag	DTM	FEHLT
ATM	kleine Legitimationsurkunde; kleine LU	DTM	FEHLT (Benennungslücke)
ATM	Kochbutter	DTM	FEHLT
ATM	Kodizill	DTM	FEHLT
ATM	Kolleg	DTM	FEHLT
ATM	Kollegialbehörde mit richterlichem Einschlag	DTM	FEHLT
ATM	Kollegium des Bezirksschulrates	DTM	FEHLT
ATM	Kollegium des Landesschulrates	DTM	FEHLT
ATM	Kollisionskurator	DTM	FEHLT
ATM	Kommuniqué	DTM	FEHLT
ATM	Kompetenzartikel	DTM	FEHLT
ATM	Konsulararchiv	DTM	FEHLT
ATM	Koordinator für Sicherheit und Gesundheitsschutz für die Ausführungsphase; Baustellenkoordinator; Planungskoordinator	DTM	FEHLT
ATM	Kruspelspitz	DTM	FEHLT
ATM	Landbutter	DTM	FEHLT
ATM	Landespolizeidirektion	DTM	FEHLT (als gesamtstaatlich einheitliche Ver-

			waltungsbehörde)
ATM	Landespolizeidirektor/in	DTM	FEHLT (als gesamtstaatlich einheitliche Leitungsfunktion)
ATM	Landesschulinspektor	DTM	FEHLT
ATM	Landesschulrat; LSR	DTM	FEHLT
ATM	Legisvakanz; vacatio legis	DTM	FEHLT
ATM	Mängelbehebungsauftrag	DTM	FEHLT
ATM	Maßnahmenbeschwerde	DTM	FEHLT
ATM	Mehrzweckstreifen	DTM	FEHLT
ATM	Melderegisterzahl; ZMR-Zahl	DTM	FEHLT
ATM	Mengeneigentum; Quantitätseigentum	DTM	FEHLT
ATM	Mengenvindikation; Quantitätsvindikation	DTM	FEHLT
ATM	mietrechtliche Normwohnung	DTM	FEHLT
ATM	Mietzinsreserve	DTM	FEHLT
ATM	militärische Diebstahl	DTM	FEHLT
ATM	militärische Rechtsgüter	DTM	FEHLT
ATM	Minderheitsbericht	DTM	FEHLT (Benennungslücke); Berichterstattung
ATM	Mindestanteil	DTM	FEHLT
ATM	Miteigentumsbewerber	DTM	FEHLT
ATM	Mittelpunkt der Lebensbeziehungen	DTM	FEHLT
ATM	Mitwirkung am Selbstmord	DTM	FEHLT
ATM	Motorkarren	DTM	FEHLT
ATM	mündiger Minderjähriger; licher	DTM	FEHLT
ATM	Musterfirmazeichnung; Musterzeichnung	DTM	FEHLT
ATM	Musterzeichnung; Musterfirmazeichnung	DTM	FEHLT
ATM	Nachbarn	DTM	FEHLT
ATM	Nachsicht von Voraussetzungen für die Ausübung von Gewerben; Nachsicht vom Gewerbeausschluss	DTM	FEHLT
ATM	Nachtragserbteilung	DTM	FEHLT
ATM	nahestehende Organisation	DTM	FEHLT
ATM	Neue Mittelschule	DTM	FEHLT
ATM	Neuerungsverbot	DTM	FEHLT
ATM	Nichtigkeit der Ehe	DTM	FEHLT
ATM	Nichtigkeitsbeschwerde zur Wahrung des Gesetzes	DTM	FEHLT
ATM	Notariatskollegium	DTM	FEHLT
ATM	Notbetrug	DTM	FEHLT
ATM	Nötigung zur Teilnahme an politischen Vereinigungen	DTM	FEHLT
ATM	Nuncupatio; mündliche Erklärung, Bekräftigung, Bestätigung	DTM	FEHLT
ATM	Nutzwert	DTM	FEHLT
ATM	ordentlicher Schüler	DTM	FEHLT
ATM	Ordination; Bestimmung der Zuständigkeit durch den Obersten Gerichtshof	DTM	FEHLT
ATM	Ordner	DTM	FEHLT

ATM	Österreichischer Amtskalender	DTM	FEHLT
ATM	Parallelbeschwerde	DTM	FEHLT
ATM	Paritätische Schiedskommission	DTM	FEHLT
ATM	Paritionsfrist; Leistungsfrist	DTM	FEHLT
ATM	Permanenterklärung	DTM	FEHLT
ATM	Pfandvorrechtsklage	DTM	FEHLT
ATM	Pflichtenangelobung	DTM	FEHLT
ATM	Pflichtteilsausweis	DTM	FEHLT
ATM	Physikatsprüfung	DTM	FEHLT
ATM	Präsident des Jugendgerichtshofes; Präsidentin des Jugendgerichtshofes, Präs JGH	DTM	FEHLT
ATM	Präsidentin des Asylgerichtshofes; Präsidentin des Asylgerichtshofes, Präs. AsylGH	DTM	FEHLT
ATM	prätorischer Vergleich; prätorische Ladung	DTM	FEHLT
ATM	Prekarium; Bittleihe	DTM	FEHLT
ATM	Problemstoffe	DTM	FEHLT
ATM	prokuratur; verwaltung	DTM	FEHLT
ATM	Protokollarklage	DTM	FEHLT (Benennungslücke)
ATM	Protokollsvermerk	DTM	FEHLT
ATM	Quantitätsvindikation	DTM	FEHLT
ATM	Radfahrerüberfahrt; Zebrastreifen	DTM	FEHLT
ATM	raumnutzende Organisationen	DTM	FEHLT
ATM	Räumungsschutz des Scheinuntermieters	DTM	FEHLT
ATM	Reassümierung	DTM	FEHLT
ATM	Rechtlicher Besitz; Besitzrecht, Ersitzungsbesitz	DTM	FEHLT
ATM	Rechtsbesitz	DTM	FEHLT
ATM	Rechtsfreund	DTM	FEHLT
ATM	reines Viertel; freies Viertel	DTM	FEHLT
ATM	richterliches Mäßigungsrecht	DTM	FEHLT
ATM	Richtwert (2)	DTM	FEHLT
ATM	Rotationsarbeitskraft	DTM	FEHLT
ATM	Rotsiegelbeschluss	DTM	FEHLT
ATM	Rückwidmung	DTM	FEHLT
ATM	Ruhegebiete	DTM	FEHLT
ATM	ruhende Verlassenschaft; hereditas iacens; ruhende Erbschaft	DTM	FEHLT
ATM	ruhender Nachlass; Inhereditas iacens	DTM	FEHLT
ATM	Rustikalservitut; Felddienstbarkeit, Feldservitut	DTM	FEHLT
ATM	Sachprogramm	DTM	FEHLT
ATM	Sanierungsplanvorschlag	DTM	FEHLT
ATM	Scheidung aus anderen Gründen	DTM	FEHLT
ATM	Scheidung wegen Verschuldens; Verschuldensscheidung; Scheidung aus Ver-	DTM	FEHLT

	schulden		
ATM	Schenkungspflichtteil	DTM	FEHLT
ATM	Schriftführereid	DTM	FEHLT
ATM	Schubhaftbetreuung	DTM	FEHLT
ATM	Schuldausspruch	DTM	FEHLT
ATM	Schuldspruch ohne Strafe	DTM	FEHLT
ATM	schulische Führungstätigkeit	DTM	FEHLT
ATM	schwere Eheverfehlung	DTM	FEHLT
ATM	Schwerpunktkrankenanstalten	DTM	FEHLT
ATM	sekundäre Gewährleistungsbehelfe	DTM	FEHLT
ATM	selbständige Ambulatorien	DTM	FEHLT
ATM	Selbständige Anträge auf Erlassung von Gesetzen	DTM	FEHLT
ATM	Selbständige Anträge auf Fassung von Beschlüssen	DTM	FEHLT
ATM	Selbstberechnungserklärung	DTM	FEHLT
ATM	Separationskurator; Absonderungskurator	DTM	FEHLT
ATM	Seuchentestament	DTM	FEHLT
ATM	Sicherheitsbehörde	DTM	Fehlt (Benennungslücke als bundesweit definierter Terminus) in Bayern: Sicherheitsbehörde
ATM	Sonderbegünstigungen	DTM	FEHLT
ATM	Sperrgeld	DTM	FEHLT
ATM	Spezialdebatte	DTM	FEHLT
ATM	sprengelangehörig	DTM	FEHLT
ATM	Sprengelrichter/in	DTM	FEHLT
ATM	Staatskommissär/in	DTM	FEHLT
ATM	Stadtrat (2); bei Städten mit eigenem Statut: Stadtsenatsmitglied	DTM	FEHLT
ATM	Stadtschulrat für Wien	DTM	FEHLT
ATM	Stadtsenat; Städten ohne eigenem Statut: Stadtrat; den übrigen Gemeinden: Gemeindevorstand	DTM	FEHLT
ATM	Stehpräsidiale	DTM	FEHLT
ATM	Stempelgebühr	DTM	FEHLT
ATM	Streitanmerkung; Anmerkung des Streites	DTM	FEHLT
ATM	Streitkurator	DTM	FEHLT
ATM	Substitutionsband	DTM	FEHLT
ATM	Substitutionskurator; Posteritätskurator, Kurator für eine bereits vorhandene Leibesfrucht, Kurator für die Nachkommenschaft	DTM	FEHLT
ATM	Tabularbesitz; Buchbesitz	DTM	FEHLT
ATM	Tagesblockzeit	DTM	FEHLT
ATM	Taggeld bei Gewährung von Anstaltspflege	DTM	FEHLT
ATM	Täuschung	DTM	FEHLT

ATM	Technischer Rat; TR	DTM	FEHLT
ATM	Testamentserfüllungsausweis	DTM	FEHLT
ATM	Todesfallaufnahme; Todfallsaufnahme	DTM	FEHLT
ATM	Todfallsaufnahme; Todesfallaufnahme	DTM	FEHLT
ATM	Tötung eines Kindes bei der Geburt; Kindesmord, Kindstötung	DTM	FEHLT
ATM	Transmission	DTM	FEHLT
ATM	Treuhandregister des österreichischen Notariats	DTM	FEHLT
ATM	Turnusarzt	DTM	FEHLT
ATM	Überanstrengung unmündiger, jüngerer und schonungsbedürftiger Personen	DTM	FEHLT
ATM	Übergabe auf den Todesfall	DTM	FEHLT
ATM	Überlassung an Zahlungs statt	DTM	FEHLT (Benennungslücke)
ATM	Übernahmsantrag	DTM	FEHLT
ATM	Übernahmserklärung	DTM	FEHLT
ATM	Übernahmspreis	DTM	FEHLT
ATM	UFS-Entscheidung; sgültiger Entscheid des Unabhängigen Finanzsenats	DTM	FEHLT
ATM	UFS-Rechtssätze	DTM	FEHLT
ATM	Unabhängiger Finanzsenat	DTM	FEHLT
ATM	unabhängiger Verwaltungssenat; UVS	DTM	FEHLT
ATM	unbedingte Erbantrittserklärung; vor dem 1.1.2005: unbedingte Erbserklärung	DTM	FEHLT
ATM	unechter Besitz; fehlerhafter Besitz	DTM	FEHLT
ATM	unechter Besitzer	DTM	FEHLT
ATM	uneigentliche Zusatzfrage	DTM	FEHLT
ATM	Ungültigerklärung der Ehe	DTM	FEHLT
ATM	unrechtmäßiger Besitz	DTM	FEHLT (Bennnungslücke)
ATM	Unterkunftgeber	DTM	FEHLT
ATM	Untermietzins	DTM	FEHLT
ATM	Unterstützungsfrage	DTM	FEHLT
ATM	Unvereinbarkeitsausschuss	DTM	FEHLT
ATM	Urbanalservitut; Gebäudedienstbarkeit, Haus-Servitut, Hausdienstbarkeit	DTM	FEHLT
ATM	Urkundenarchiv des österreichischen Notariats	DTM	FEHLT
ATM	Urkundensammlung	DTM	FEHLT
ATM	Urteilsvermerk	DTM	FEHLT
ATM	UVS; unabhängiger Verwaltungssenat	DTM	FEHLT
ATM	Vadium	DTM	FEHLT
ATM	vaterschaftsdurchbrechendes Anerkenntnis; Kindschaftsrecht	DTM	FEHLT
ATM	Verbesserungsauftrag	DTM	FEHLT
ATM	Verbindliche Übungen	DTM	FEHLT
ATM	Verbot des ultra alterum tantum; ultra-alterum-tantum-Verbot	DTM	FEHLT
ATMz	Verbotsgesetz	DTM	FEHLT

ATM	Verbundene Gewerbe	DTM	FEHLT
ATM	Verdachtsflächenkataster; Altlastenatlas	DTM	FEHLT
ATM	Vereinbarte Teilzeitbeschäftigung (im Rahmen der Karenz)	DTM	FEHLT
ATM	Verfahrenskarte	DTM	FEHLT
ATM	Verfassungsdienst	DTM	FEHLT
ATM	verhandlungsfreie Zeit; Gerichtsferien	DTM	FEHLT
ATM	Verlassenschaftsprovisorium	DTM	FEHLT
ATM	Vernehmungsverbot	DTM	FEHLT
ATM	Verordner/in (von Heilmitteln)	DTM	FEHLT
ATM	Verpflichtungswille; animus obligandi	DTM	FEHLT
ATM	Verschuldensausspruch	DTM	FEHLT
ATM	Verschuldensscheidung	DTM	FEHLT
ATM	Versteigerungsedikt	DTM	FEHLT (Benennungslücke)
ATM	Verteidigerliste; Liste der Strafverteidiger	DTM	FEHLT (Benennungslücke)
ATM	Verwahrungshaft; Untersuchungshaft	DTM	FEHLT
ATM	Verwendungszusage	DTM	FEHLT
ATM	Veterinärrat; Veterinärrätin, VetR	DTM	FEHLT
ATM	Vizepräsidentin des Asylgerichtshofes; VPräs. AsylGH	DTM	FEHLT
ATM	Vizepräsidentin des Handelsgerichtes; Vizepräsident des Handelsgerichtes	DTM	FEHLT
ATM	Vizepräsidentin des Landesschulrates für...mit; Beifügung des Bundeslandes; VPräs. LSR	DTM	FEHLT
ATM	Vizepräsidentin des Obersten Gerichtshofes; Vpräs. OGH	DTM	FEHLT
ATM	Vizepräsidentin des Stadtschulrates für Wien; Vpräs. SSR Wien	DTM	FEHLT
ATM	Volksanwaltschaft	DTM	FEHLT
ATM	Volksanwaltwältin; VA	DTM	FEHLT
ATM	Vollstreckbarkeitsverjährung	DTM	FEHLT
ATM	Vollzugsdirektion; Direktion für den Vollzug freiheitsentziehender Maßnahmen	DTM	FEHLT
ATM	Vollzugssenate; srecht	DTM	FEHLT
ATM	Vorbehaltserbe; Erbe mit Vorbehalt	DTM	FEHLT
ATM	vorläufiges Wohnungseigentum	DTM	FEHLT
ATM	Vormerkung des Bestandrechts	DTM	FEHLT
ATM	Vormerkung des Vorkaufsrechts	DTM	FEHLT
ATM	Vormerkung des Wiederkaufsrechts	DTM	FEHLT
ATM	Vormerkung zur Erwirkung des Pfandrechtes	DTM	FEHLT
ATM	Vorsitzender der Volksanwaltschaft; Vorsitzende der Volksanwaltschaft, Vors. VA	DTM	FEHLT
ATM	Vorstellung an den Richter	DTM	FEHLT
ATM	Voruntersuchung	DTM	FEHLT
ATM	Vorzugsstimmenprotokoll	DTM	FEHLT
ATM	Wachkörper	DTM	FEHLT

ATM	Wahllokale für Wahlkartenwähler	DTM	FEHLT
ATM	Wahlschein (2)	DTM	FEHLT
ATM	Wahlzahl; .	DTM	FEHLT
ATM	Wahlzeuge	DTM	FEHLT
ATM	Wahrspruch	DTM	FEHLT
ATM	Waldentwicklungsplan; Forstwirtschaft	DTM	FEHLT
ATM	Warnpflicht	DTM	FEHLT
ATM	Wechselstubengeschäft	DTM	FEHLT (Benennungslücke)
ATM	Wechselzahlungsauftrag; Zahlungsauftrag	DTM	FEHLT
ATM	weißer Brief; Rückscheinbrief weiß, Rsb-Brief	DTM	FEHLT
ATM	Werknutzungsvertrag	DTM	FEHLT
ATM	Wertzuständigkeit	DTM	FEHLT
ATM	Wesentlichkeit des Irrtums; Kausalität des Irrtums	DTM	FEHLT
ATM	Widerlage; donatio propter nuptias, antidos	DTM	FEHLT
ATM	Widmungsart	DTM	FEHLT
ATM	Wirtschaftsfuhren	DTM	FEHLT
ATM	Wirtschaftstreuhänder	DTM	FEHLT
ATM	Wohnsitzerklärung	DTM	FEHLT
ATM	Wohnungseigentumsbewerber	DTM	FEHLT
ATM	Wohnungseigentumsorganisator	DTM	FEHLT
ATM	Wurzelmangel; Abschlussmangel	DTM	FEHLT
ATM	zahlungshalber	DTM	FEHLT
ATM	Zeitstempelregister des österreichischen Notariats; Notariatsrecht	DTM	FEHLT
ATM	Zentrales Melderegister	DTM	FEHLT
ATM	Zentralkrankenanstalten	DTM	FEHLT
ATM	Ziviltechniker	DTM	FEHLT
ATM	ZMR-Zahl; Melderegisterzahl	DTM	FEHLT
ATM	Zollzuwiderhandlung	DTM	FEHLT
ATM	Zurückstellung zur Verbesserung	DTM	FEHLT
ATM	Zuwachs; Zugehör	DTM	FEHLT
ATM	Zwangsausgleich	DTM	FEHLT
ATM	Zwangsverpachtung	DTM	FEHLT

Band	1	Rud euro
Band	2	Eva rec
Band	3	
Band		

Ba